ZUR EINFÜHRUNG

Der heutige Mensch hält wieder Ausschau nach den Heiligen. Auf die entscheidende Frage nach dem Sinn und dem Ziel des Lebens sind sie die unverzichtbaren Leitbilder – heute wie in den Tagen des frühen Christentums. Zwar sind die Heiligen Menschen mit Schwächen und Fehlern wie wir (was eine idealisierende Heiligengeschichtsschreibung der Vergangenheit zumeist verschwiegen hat), aber sie sind mit diesen Fehlern und mit den Härten und Widersprüchen des Lebens fertiggeworden. Das ist das Beispielhafte an den Heiligen, das den heutigen Menschen überzeugt. Er will mehr erfahren über die Kraft, aus der heraus sie ihr kompromißloses Leben lebten und darüber hinaus Taten vollbrachten, die dem vielgepriesenen gesunden Menschenverstand unerklärlich erscheinen. Aus dieser Kraft leisteten sie Unvorstellbares. Sie wurden zu Bewegern der Welt. Wer glaubt, die Heiligen in eine ‚überholte' Vergangenheit verweisen zu können, der wird eine solche Auffassung revidieren müssen, wenn er sich näher mit ihnen befaßt hat.

Jede Zeit hat ihre eigene Grundgestalt des Heiligen. Immer aber sind es Menschen, die aus einem tiefen Sendungsbewußtsein den Kampf mit den negativen Tendenzen ihrer Zeit aufnehmen. Als solche haben sie oft genug den Verlauf der Geschichte maßgeblich beeinflußt. Der entscheidende Aspekt jedoch, der die Heiligen als außerordentliche Menschen kennzeichnet: sie leben aus dem Übernatürlichen – also ein zweites, die diesseitige Wirklichkeit unendlich übersteigendes Leben! Hier liegt die Ursache, warum sich das Leben des Heiligen weder durch die wissenschaftliche Geschichtsschreibung noch durch die Methoden der modernen Psychologie je endgültig fassen läßt. Es bleibt unbegreiflich für den Verstand, unfaßlich für alle menschliche Erfahrung. Dennoch ist gerade diese Seite ihres Wesens und Lebens das, was den außergewöhnlichen Begriff des ‚Heiligseins', des vollkommenen ‚Heil-Seins' ausmacht.

„Das große Buch der Heiligen", das die Geschichte und die Legende von über 365 Heiligen aus nahezu zwei Jahrtausenden umfaßt, möchte dem Leser zu einer leisen Ahnung jener geheimnisvollen Wirklichkeit verhelfen, die das Leben der Heiligen zutiefst geprägt hat. So versucht es einerseits durch das Voranstellen des Geschichtlichen, also der historisch belegten Lebensdaten und -tatsachen, zunächst den geschichtlichen Lebensweg der Heiligen aufzuzeigen. Der Leser wird rasch erkennen, daß die Heiligen aus allen sozialen Schichten kommen und allen Altersstufen angehören. Er wird bemerken, daß sie nicht als Heilige geboren wurden, sondern zumeist erst in einem langen Ringen, nach oft schweren inneren Kämpfen und großen Überwindungen, heilig geworden sind. Dabei dürfen wir nicht übersehen, daß neben Leid und Läuterung auch Freude und Heiterkeit

Triebkräfte ihres Lebens sind. – Auf der anderen Seite versucht dieses Buch, wo es möglich ist, vom Geschichtlichen die Legende abzusondern und besonders herauszustellen. Nicht immer kann das in klarer Trennung geschehen: oftmals durchdringt die Legende die ‚Vita' so eng, daß beide eins werden. Schließlich gibt es auch die vielen Heiligen, deren Leben ohne alles Legendäre verläuft, in dem schon die bloßen Fakten ebenso stark zu uns sprechen wie die Legende als Ausdruck einer gleichnishaften Wirklichkeit.

Hüten wir uns aber davor, die Legenden als bloße Wundermären oder nur als bunten Kranz der Ausschmückung aufzufassen, der eine ins Dunkel der Vergangenheit gerückte Figur gleichsam plastisch und ‚sichtfest' machen soll. Die Legende macht ‚innerlich anschaulich'. In der Legende schimmert die eigentliche Wahrheit durch, von der die uns umgebende Wirklichkeit immer nur ein Spiegelbild ist. Wenn wir versuchen, die Legende in diesem Sinn zu verstehen, durch sie hindurch das zu sehen, was im tieferen Sinn des Erkennens dahintersteht, dann werden wir ein wenig von jener Kraft ahnen, durch die der Heilige wirkt.

Was haben die Heiligen uns Heutigen zu sagen? Ist ihre Botschaft noch aktuell? Kein Zweifel, ihr beispielhaftes, überzeugendes Leben behält seine Gültigkeit. Und ihre Taten wirken weiter bis in unsere Zeit, ob sie vor Hunderten von Jahren lebten oder ob sie heute mitten unter uns wirken. Die frühchristlichen und mittelalterlichen Menschen haben an ihren Heiligen kaum gezweifelt, denn sie erfuhren ihr Leben und ihr Wirken in aller Unmittelbarkeit und Unbefangenheit. Die Denkart der Gegenwart jedoch hat Schranken zwischen ihnen und uns aufgestellt. Dennoch können die Heiligen sich auch uns erschließen: wenn wir ebenso vorbehaltlos ihr Leben studieren und geduldig lernen, das Wunderbare als etwas zu begreifen, das gerade dadurch, daß es außerhalb unserer erklärbaren Gesetzlichkeit steht, die Existenz einer höheren Wirklichkeit erkennen läßt. Und damit ist auch dem modernen Menschen, der nach dem Sinn und dem Ziel des Lebens fragt, ein Weg gewiesen.

Noch ein Wort zum Aufbau des Buches. Sein Untertitel ‚Geschichte und Legende im Jahreslauf' besagt, daß dieses Werk als Kalender angelegt ist. Es umfaßt alle Tage des Jahres vom 1. Januar bis zum 31. Dezember und berücksichtigt auch den neuen Regionalkalender für das deutsche Sprachgebiet. Im einzelnen sei hier noch nachgetragen, daß die Überschneidungen gewisser Festdaten ein besonderes Vorgehen erforderlich machten. Der Leser wird an einigen Stellen bestimmt Heilige nicht an ihrem eigentlichen Gedenktag finden, sondern an einem anderen Tag möglichst des gleichen Monats. Das hängt damit zusammen, daß an dem betreffenden Tag das Gedächtnis von mehreren Heiligen begangen wird, ein anderer Tag aber einen der Zielsetzung unseres Buches nicht entsprechenden Tagesheiligen aufweist. In diesem Fall folgt das Buch der oft

geübten Praxis, den betreffenden Heiligen an einem anderen Tag einzuordnen. In jedem Fall ist dies aber unter dem Datum vermerkt; zudem wird der Benutzer des Buches solche Heilige, die nicht an ihrem Tag dargestellt werden konnten, im Register finden. Eine Verlegung von Gedenktagen einiger Heiliger wurde 1969 im Anschluß an das Zweite Vatikanische Konzil beschlossen. Es wurden vor allem Heiligenfeste verlegt, die bisher in die Advents- oder Fastenzeit fielen und den besonderen liturgischen Charakter dieser Zeiträume in den Hintergrund drängten. Das bedeutet beispielsweise, daß das Fest des hl. Thomas, bisher am 21. Dezember, nun am Tag der Überführung seiner Gebeine – dem 3. Juli – gefeiert wird. Eine weitere Änderung, die nicht sofort verstanden wurde, ist 1969 beschlossen worden. Das Verzeichnis der Heiligen, die in der gesamten Kirche auch im Gottesdienst gefeiert werden müssen, enthält manche Namen nicht mehr. Das bedeutet aber keinesfalls, daß beispielsweise der hl. Christophorus nicht mehr als Heiliger verehrt werden soll, sondern lediglich, daß sein Gedenktag nicht mehr in allen Ländern im Meßbuch aufgenommen ist. Die Römische Kurie hat es jedoch den einzelnen Regionen und Bistümern überlassen, diese Heiligen in ihren gottesdienstlichen Büchern weiterhin zu führen. So steht der hl. Christophorus auch jetzt noch im deutschen Meßbuch.
Über die Darstellung eines Tagesheiligen hinaus werden an manchen Tagen und unter manchen Namen mehrere Heilige aufgeführt. Der Leser findet hier verschiedene Heilige des gleichen Namens, die an ihrem eigenen Festtag nicht gewürdigt werden konnten. Diese Erwähnungen konnten aus Raumgründen leider nur knapp abgefaßt werden. Auch hier wird sich das Register zur Auffindung als hilfreich erweisen.
Das Buch benutzt eine Fülle von Quellen älteren und neueren Datums sowie eine umfangreiche Sekundärliteratur, die in einem besonderen Literaturverzeichnis angegeben ist. Der Umfang des vorliegenden Werkes, das historische, geistesgeschichtliche, theologische, kunsthistorische und wegen der zahlreichen Legenden auch ikonographische Gesichtspunkte einbezieht, machte die sinnvolle Benutzung und Erwähnung bereits vorhandener Darstellungen notwendig.

Carlo Melchers

Der heilige Basilius *(Gedenktag: 2. Januar)*

Basilius der Große, Kirchenlehrer, hinreißender Prediger, kraftvoller Bischof und gelehrter Schriftsteller, war der Bruder des hl. Gregor von Nyssa und Freund des hl. Gregor von Nazianz. Er wird oftmals zusammen mit den anderen Kirchenvätern der Ostkirche abgebildet. Er war einer der tapfersten Streiter für die Kirche Christi.

Geboren wurde er um 330 in Cäsarea in Kappadozien aus einer angesehenen, sehr frommen christlichen Familie. Während der schweren Krankheit, die er als Kind hatte, versprachen seine Eltern, ihn der Kirche zu weihen, falls er gesund würde. Er studierte in Cäsarea, Konstantinopel und Athen, wo er den hl. Gregor von Nazianz kennenlernte, mit dem ihn eine innige Freundschaft verband. Nach abgeschlossenem Studium unterrichtete er um 356 als Lehrer der Rhetorik in Cäsarea. Seine Schwester, die hl. Macrina, lebte mit ihrer Mutter in strengster Abgeschiedenheit auf dem Familiengute am Iris. Basilius folgte diesem Beispiel, verschenkte sein Vermögen und zog sich mit seinem Freunde Gregor in die Einöde zurück, in die Gegend des heutigen Niksar. Dort arbeitete er die Mönchsregeln aus, die für das Mönchsleben der Ostkirche (Basilianer) bestimmend wurden. Diese Regeln wurden später vom hl. Benedikt (s. 11. Juli) für seinen Orden zum Teil übernommen. Basilius hatte sich gründlich dafür vorbereitet, indem er auf Reisen das Einsiedlerwesen an den Quellen studierte, dabei als Gast in vielen Klöstern Ägyptens, Palästinas und Mesopotamiens geweilt, Wüstenheilige, Äbte und Brüder besucht und Alexandrien, Jerusalem und Antiochia kennengelernt hatte. „Von dem Geschauten gekräftigt, von dem Gelernten gereift", entschloß sich Basilius zum Leben eines Mönches. Schon 360 hatte er Gefährten. Gregor von Nazianz schrieb über diese Zeit: „Das Brot war dort so hart, daß man sich die Zähne daran zerbrach, und der Mangel so groß, daß, hätte die sorgsame Mutter Emilie nicht geholfen, wir Hungers gestorben wären." Es entstand ihr gemeinsames Buch ‚Philokalia', das die Schönheit der Gottesliebe preist.

Nach fünf Jahren mönchischen Lebens rief der Kampf gegen die Arianer Basilius in die Welt zurück. Von Bischof Eusebius 364 zum Priester geweiht, unterrichtete er das Volk im rechten Glauben. Er erregte jedoch durch seine Erfolge zeitweilig die Eifersucht des Erzbischofs, so daß er sich wiederum in seine Einöde zurückzog. Bald aber wurde er nach Cäsarea zurückgerufen, weil der Arianismus wieder überhand genommen hatte. Wiewohl nur einfacher Priester, war er des Bischofs rechte Hand und das eigentliche Haupt der Gemeinde. Besonders bewährte er sich während einer schrecklichen Hungersnot. Er feuerte die Reichen zur Mildtätigkeit an und opferte sein eigenes Erbteil für die Notleidenden. In dieser Zeit schrieb er viel, es entstanden die zweite seiner Regeln und seine Liturgie. Es war nur natürlich, daß die Gläubigen ihn nach dem Tode des Eusebius 370 zu dessen Nachfolger im Bischofsamte wählten. Er wurde damit Metropolit von Kappadozien, und es unterstanden ihm fünfzig kleinere Bistümer. Mehrmals war er in Gefahr, durch den Kaiser, der auf seiten des Arianismus stand, abgesetzt zu werden; doch immer mißlangen derartige Absichten. Ja, der Präfekt, der damit betraut worden war, berichtete dem Kaiser, daß dieser mannhafte Bischof nicht zu überwinden sei. Es kam soweit, daß Kaiser Valens ihm beträchtlichen Grundbesitz für die Kirche schenkte, worauf Basilius die sogenannte ‚Basilias' gründete, eine geistliche Stadt, die aus Kranken-, Armenhäusern und Herbergen bestand, die um Kirche und Bischofshaus lagen; auch ein abseits liegendes Aussätzigenasyl wie etliche Wirtschaftsgebäude gehörten dazu. Sicherlich befolgte er hier das Vorbild des hl. Pachomius (s. 14. Mai). Kaiser Valens ließ Basilius fortan ganz in Ruhe. „Er aber leitete der Welt gegenüber seine Kirche nach dem Grundsatz, es sei der Beruf des Christen, den Staat zu durchleuchten." Basilius gelangte zu hohem Ansehen, das ihm nicht nur Geltung im Osten gab, sondern auch im Westen, blieb dabei aber zutiefst demütig vor Gott. Der große Mailänder Kirchenfürst, der hl. Ambrosius (s. 7. Dezember) kannte die Schriften des Basilius, schrieb ihm und pflegte freundschaftliche Beziehungen zu ihm.

Acht Jahre konnte Basilius seines Metropolitanamtes walten. Wenige Monate, nachdem im Herbst 378 Kaiser Valens nach seiner Niederlage durch die Goten auf der Flucht umgekommen war, erlag Basilius einer längeren Krankheit am 1. Januar 379, erst 49 Jahre alt. Gregor von Nazianz hielt eine großartige Gedächtnisrede auf ihn. Sein Grab befindet sich in Cäsarea.

Der Heilige hinterließ viele in klassischem Griechisch verfaßte Schriften, außer den Regeln und seiner Liturgie noch Märtyrergeschichten, Predigten, zahlreiche Briefe und eine sehr verbreitete Abhandlung ‚An die Jünglinge, wie sie aus der heidnischen klassischen Literatur Nutzen schöpfen können'.

Der hl. Basilius wird dargestellt in beschöflichem Ornat oder in Meßgewändern, als Benediktinermönch oder als Eremit, mit Kirchenmodell oder Taube in der Hand.

Legende

Als Kaiser Valens sah, daß die Arianer nichts ausrichten würden, solange Basilius wie ein Turm wider ihre Angriffe stand, schickte er seinen Präfekten Modestus an den Bischof ab, um ihn teils mit Drohungen, teils mit Versprechungen dahin zu bringen, daß er mit den Irr-

gläubigen Gemeinschaft mache. Modestus bestieg den Richterstuhl und ließ den Bischof vor sich kommen: „Bedenkst du, Basilius", so sprach er zornig zu ihm, „daß du dich einem großen Kaiser widersetzest, dem die ganze Welt gehorcht? Fürchtest du nicht seine Macht?" Basilius entgegnete: „Wie weit geht denn seine Macht?" „Er kann dein Vermögen einziehen, dich verbannen, dich zur Folter und zum Tode verurteilen." „Drohe mit etwas anderem, denn dieses alles fürchte ich nicht." „Was sagst du da?" „Ich sage, daß der, welcher nichts hat, vor der Einziehung seines Vermögens sicher ist; ich besitze nur einige Bücher und die Lumpen, welche ich am Leibe trage; ich denke nicht, daß du mir diese nehmen willst." „Aber die Verbannung?" „Du wirst mich nicht leicht dazu verurteilen können, denn die ganze Erde ist für mich ein Verbannungsort, der Himmel allein ist mein Vaterland." „So fürchte die Folter!" „Ich fürchte sie wenig, denn mein Leib ist so mager und schwach, daß er sie nicht lange wird aushalten können; der erste Schlag wird mein Leben enden." „So fürchtest du den Tod nicht?" „Den fürchte ich noch weniger, er ist für mich eine Gnade, weil er mich mit Gott vereinigt, für den ich allein lebe." „Noch nie hat jemand so zu mir gesprochen!" „Ohne Zweifel, weil du noch nie einem Bischof gegenüber gestanden." „Ich will dir bis morgen Zeit geben zu überlegen, wozu du entschlossen bist." „Dieser Aufschub ist unnütz, ich werde morgen der nämliche sein wie heute."

Der Statthalter, erstaunt über die Unerschrockenheit des Bischofs, ging zum Kaiser und berichtete ihm den Hergang der Sache. Dieser, aufgebracht, ließ den Heiligen vor sich kommen, und da auch er nichts ausrichtete, sprach er das Urteil der Verbannung über ihn aus. Schon sollte Basilius bei Nacht fortgebracht werden, als plötzlich des Kaisers Sohn schwer erkrankte. Der Kaiser wurde unsicher und sah dieses Unglück in Verbindung mit dem, was er angeordnet. Auf Bitten seiner Gemahlin widerrief er seinen Befehl. Kaum war das geschehen, besserte sich das Befinden des Prinzen. Bald aber reute es den Kaiser, und er verurteilte den Bischof zum zweiten Mal zur Verbannung. Als er aber den Befehl hierzu unterschreiben wollte, zerbrach ihm die Feder; er forderte eine zweite, aber auch diese zerbrach, ebenso eine dritte. Nun begehrte er zornig eine vierte Feder, aber siehe, da fing seine Hand zu zittern an und erstarrte. Von Schrecken ergriffen, zerriß er das Papier und ließ fortan den heiligen Bischof in Frieden.

Der heilige Gregor von Nazianz

Unter den Heiligen mit Namen Gregor ist Gregor von Nazianz insofern bedeutsam, als dieser ‚christliche Demosthenes', wie man ihn nannte, zusammen mit den Heiligen Athanasius (s. 2. Mai), Basilius (s. dort) und Chrysostomus (s. 13. September) bei der Ostkirche besondere Verehrung genießt und auch oftmals gemeinsam mit ihnen abgebildet wird. Er gehört zu den griechischen Kirchenlehrern und wird seit dem 5. Jahrhundert wegen seiner überzeugenden Verteidigung des christlichen Glaubens als ‚der Theologe' bezeichnet.

Dargestellt wird der Heilige als griechischer Bischof, Taube auf der Schulter, schreibend, während ihm die Gestalten der Weisheit und Keuschheit erscheinen. Er ist Patron der Dichter, seinen Beistand erbittet man für eine gute Ernte.

Der hl. Gregor von Nazianz darf nicht verwechselt werden mit Papst Gregor dem Großen, der um 540 in Rom geboren wurde und dessen Gedenktag am 3. September gefeiert wird. Geboren wurde der hl. Gregor von Nazianz um das Jahr 329 auf dem bescheidenen Landgut Arianz bei Nazianz in Kappadozien. Sein Vater Gregor d. Ä. und seine Mutter Nonna sowie seine beiden Geschwister Cäsarius und Gorgona zählen alle unter die Heiligen. Er war also schon im Elternhaus umgeben von tiefer Frömmigkeit und Gottesfurcht. Früh erwachte in ihm der Durst nach Weisheit. So gab er sich zunächst ganz seinen Studien hin, die er an den berühmten Schulen von Cäsarea, Alexandrien, wo er den hl. Athanasius kennenlernte, und gegen 348 in Athen betrieb. In Athen begegnete er dem hl. Basilius, mit dem ihn eine lebenslange innige Freundschaft verband.

Nach seiner Rückkehr empfing Gregor in Nazianz die Taufe und Priesterweihe, wahrscheinlich aus der Hand seines bischöflichen Vaters. Danach begab er sich in die Einsamkeit zu Basilius, der mit einigen Gleichgesinnten am Flusse Iris in strenger klösterlicher Zucht lebte. Sie bebauten miteinander das Feld und lasen in den heiligen Schriften. Gregor wurde zwar nicht Mönch, führte jedoch ganz das beschauliche Leben eines solchen. Und nur ungern trennte er sich, als ihn sein alter Vater 362 zurück nach Nazianz rief, damit er ihm in seinen bischöflichen Angelegenheiten beistehe. 372 wurde er von Basilius, der inzwischen Erzbischof von Cäsarea geworden war, zum Bischof von Sasima ernannt, konnte jedoch sein Amt nicht ausüben, weil er sich gegen die anderen Bischöfe nicht durchzusetzen vermochte. Gregor fügte sich demütig und verwaltete weiterhin das Amt seines

Vaters, bis dieser, hundertjährig, starb. Dann zog er wiederum büßend in die Abgeschiedenheit zurück, und zwar nach Seleuzia, wo er sich von 375 bis 380 aufhielt. Während dieser Zeit starb Basilius der Große, dessen Tod ein großer Schmerz für ihn war.

380 wurde Gregor von Nazianz gegen seinen Willen auf den Bischofsstuhl von Konstantinopel berufen. Er fand sich dort vor eine sehr schwierige Aufgabe gestellt, da die byzantinische Kirche zu dieser Zeit durch die mächtig gewordenen Arianer fast ganz ohne Einfluß war. Nur wenige Rechtgläubige hielten noch zu ihrem Bischof, der von allen Seiten schmähliche Angriffe, die bis zur tätlichen Verfolgung seiner Person gingen, zu erdulden hatte. Dennoch gelang es dem Bischof, viele Irrgläubige kraft der siegreichen Überzeugung seiner Predigten zurückzugewinnen. Da es damals keine katholische Kirche in Konstantinopel gab, gründete Gregor in seinem bescheidenen Hause die Kirche Sankt Anastasia, zu deutsch Auferstehung, denn er war fest davon überzeugt, daß der katholische Glaube wieder auferstehen würde. Durch Wort und Beispiel versuchte der gelehrte und belesene Mann die rechte Lehre zu verbreiten. Er lehrte, daß ein wahrer Katholik auch seinen Brüdern, die kirchlich von ihm getrennt sind, mit Achtung zu begegnen hätte. Nach dem zweiten Allgemeinen Konzil wurde der hl. Gregor 381 von Kaiser Theodosius zum Erzbischof von Konstantinopel erhoben. Da ihm jedoch seine Feinde keine Ruhe ließen und seine Wahl anfochten, dankte er 383 in einer ergreifenden Predigt ab, damit weitere Unruhen vermieden wurden. Er zog sich nun endgültig auf sein Landgut Arianz zurück.

Hier verbrachte er seine letzten Jahre, die er ganz seiner literarischen Betätigung widmete. Jetzt endlich konnte seine im Grunde besinnlich-empfindsame Natur seiner schriftstellerischen Begabung nachgehen und zu den theologischen Fragen seiner Zeit, darunter vor allem der Trinitätslehre und Christologie, gründlich Stellung nehmen. Seine Lebensform blieb auch jetzt streng asketisch. Er schreibt darüber: „Ich lebe zwischen Felsen und wilden Tieren, nie sehe ich Feuer und bediene mich keiner Schuhe. Stroh ist mein Lager und zur Decke habe ich einen Sack. Mein Fußboden ist allzeit befeuchtet von meinen Tränen..." Jahrelang ertrug der Heilige eine sehr schmerzhafte Krankheit in vollkommener Ergebung, bis er um 390 durch den Tod erlöst wurde.

Gregor von Nazianz lebt in seinen herrlichen Schriften fort, die ein kostbares Gut der Kirche geworden sind. Durch sie wird offenbar, daß er ein vollendeter Meister der Prosa und Poesie war. Seine Gebeine wurden 950 nach Konstantinopel gebracht und in die Apostelkirche übertragen. Während der Kreuzzüge wurden Reliquien von ihm nach Rom überführt, sie ruhen in der Peterskirche. Sein Fest wurde seit 1505 am 9. Mai begangen. Das 2. vatikanische Konzil verlegte den Festtag auf den 2. Januar.

Legende

Es wird erzählt, daß Gregor als zarter Knabe einen wunderbaren Traum hatte. Es erschienen ihm zwei Jungfrauen in langen weißen Gewändern. Die errötenden Wangen und gesenkten Blicke der einen bedeckte ein Schleier. Sie nahmen ihn in ihre Arme und küßten ihn, und als er verwundert nach ihren Namen fragte, sagte die eine, sie würde Keuschheit genannt, die andere nannte sich Weisheit. Und sie erklärten ihm, daß sie Begleiterinnen Jesu Christi und derjenigen seien, die um ein Leben nach dem Willen Gottes zu führen, sich ganz der Reinheit weihten. Diese wunderbare Erscheinung senkte sich tief in das Herz des Knaben, und von da an lebte er keusch bis an sein Lebensende und diente der Weisheit mit all seiner Kraft.

Erschütternd sind die Worte, mit denen der demütige Bischof Abschied von seinem Volke nahm, als er sah, daß seine Feinde hartnäckig seine Wahl anfochten. „Wenn meine Wahl so viel Unruhe veranlaßt, so sage ich mit dem Propheten Jonas: Nehmet mich und werfet mich ins Meer, um das Ungewitter zu stillen –, das ich aber nicht erregt habe. Ich habe nie verlangt, Bischof zu werden, und wenn ich es bin, so ist es gegen meinen Willen. Scheint es euch nützlich, daß ich mich zurückziehe, so eile ich in meine Einsamkeit, damit die Kirche Gottes ruhig sein kann. Ich bitte euch nur, bestimmet zu meinem Nachfolger einen tugendhaften Mann, der mit Eifer den Glauben verteidigt." Nach diesen Worten verließ er die Versammlung und entsagte seiner Würde. Ehe er hinwegzog, hielt er in der großen Sophienkirche in Gegenwart der Geistlichkeit und einer großen Volksmenge seine letzte Predigt. Gewaltig war der Eindruck, als er feierlich von seiner kleinen Kirche S. Anastasia, von den übrigen Kirchen der Stadt, von den heiligen Aposteln, die darinnen verehrt werden, von seinen Priestern, von allen Dienern Gottes, von dem Kaiser und seinem Hofe, von Morgen- und Abendland, von den Schutzengeln seiner Kirche und der Heiligsten Dreifaltigkeit, die er so innig verehrte, Abschied nahm. Und als er mit den Worten schloß: „Meine Kinder, bewahret den euch anvertrauten Schatz des Glaubens und erinnert euch der Steinigungen, die ich erlitt, weil ich den wahren Glauben in eure Herzen pflanzte", da brach alles in Tränen aus.

Die heilige Genoveva

Genoveva war das Kind armer Bauern und wie Johanna von Orléans eine Hirtin. Ihr Vater hatte den römischen Namen Severus, ihre Mutter den griechischen Gerontia. Genoveva wurde um 422 zu Nanterre geboren, siedelte aber nach dem frühen Tod ihrer Eltern schon als junges Mädchen nach Paris über, wo sie zunächst bei einer Tante lebte. Sie führte ein untadeliges Leben strengster Zurückgezogenheit, half den Armen, pflegte Kranke und tröstete alle, die in Not waren. Schon frühzeitig hatte sie aus der Hand des Bischofs von Paris beim Gelöbnis der Jungfräulichkeit den Schleier empfangen. Ein Engel der Barmherzigkeit, tat sie überall Gutes. Sie nahm nur wenig Speise zu sich und durchwachte die Nächte im Gebet. Als Paris – damals noch Lutetia geheißen – von einer Hungersnot heimgesucht wurde, beschaffte die schwache Jungfrau Korn bei den Bauern der Umgebung und brachte es selbst auf Kähnen über den Fluß in die darbende Stadt. Bei einer Seuche nahm sie sich der Kranken ohne Schonung ihrer eigenen Person an. Das Volk verehrte sie, aber ihre Widersacher verbreiteten üble Gerüchte über die Heilige, so daß der Bischof sich genötigt sah, eine Untersuchung darüber anzustellen. Ihre Tugend erwies sich jedoch als makellos und die Verdächtigungen als Lüge.
Auf Genoveva geht auch die Gründung der dem hl. Dionysius geweihten Kirche nahe dem Montmartre zurück. Bald nach ihrem Tode erhob Chlodwig, der Begründer des fränkischen Königtums, die gallisch-römische Lutetia zur Hauptstadt des Frankenreiches. In späteren Zeiten erbaute man ihr zu Ehren an der Stelle ein Gotteshaus wo heute das ‚Panthéon' steht, das ursprünglich ihren Namen trug.
Die Heilige wird als Schäferin mit Hirtenstab und Tasche, meist jedoch mit brennender Kerze, den Teufel zu Füßen, dargestellt, auch mit zwei Schlüsseln der Stadt Paris, deren Patronin sie heute noch ist. Nach ihr sind viele Orden und Vereine benannt; sie ist die Patronin der Wachszieher, der Hirten, Hutmacher, Weingärtner; sie schützt vor Augenleiden (in Spanien), vor Blattern, Pest und Krieg.

Legende

Es wird berichtet, daß die Heilige schon als kleines Mädchen ausgezeichnet worden sei, als der hl. Germanus von Auxerre auf einer seiner Missionsreisen durch das Dorf kam. Das Kind war mit den anderen fröhlich herbeigelaufen, um den frommen Mann zu sehen. Der Bischof legte den Kindern die Hand auf und segnete sie. Als die Reihe an Genoveva kam, stutzte er, und eine Ahnung von der künftigen Heiligkeit des Mädchens mag in ihm aufgestiegen sein. Simeon gleich, beglückwünschte er die Eltern und schenkte dem Kinde eine kupferne Medaille, auf der das Kreuz eingraviert war. Sie möge nichts anderes tragen und das Kreuz unseres Herrn immer vor Augen haben. Mit diesen Ermahnungen entließ er sie.

Es wird von der hl. Genoveva ähnlich wie von der hl. Gudula (s. 10. Januar) erzählt, daß eines Nachts, als sie sich zur Vigil in die Kirche begab, der Teufel ihre brennende Kerze auslöschte. Doch seien alsbald Engel vom Himmel erschienen, die sie wieder anzündeten, damit die fromme Jungfrau die Stunde der Vigilien nicht versäumte.

Später begab es sich, daß die grausamen Hunnen ins Frankenreich einfielen und sich Paris näherten. Die Bewohner der Stadt wollten in panischer Angst die Flucht ergreifen. Genoveva aber beschwor das Volk, es solle die Seineinsel nicht verlassen, denn Attila werde die Stadt nicht angreifen. Denn es war der frommen Jungfrau von Gott offenbart worden, daß Paris verschont bleiben würde. Die Geängstigten, vor allem die Männer, wollten Genoveva steinigen, ja sogar in den Fluß werfen. Die Frauen jedoch ließen sich von der Jungfrau umstimmen und knieten nieder, um mit ihr zu beten. Und siehe, das Wunder geschah: die Hunnen wichen zurück und umgingen die Stadt, um sich nach Orléans zu wenden, also gerade dorthin, wohin die Bevölkerung hatte fliehen wollen. In der Schlacht bei den Katalaunischen Feldern wurden dann die asiatischen Horden geschlagen. Gott hatte das Gebet der Jungfrau erhört.

Von nun an wurde Genoveva als Retterin der Stadt gefeiert und als Heilige verehrt. Wallfahrer kamen von weither zu ihr, denn die Kunde von ihren Wundertaten hatte sich rasch im ganzen Land verbreitet. Ja, sogar König Chlodwig soll sie als Ratgeberin gehört haben und die Königin soll ihre Freundin geworden sein und, als sie hochbetagt starb, ihren Leib im Grabe des Königs zur Ruhe gebracht haben.

Als im Jahre 1129 in Frankreich eine bisher unbekannte Fieberkrankheit, die Blattern, die man ‚feu sacré' nannte, auftrat, bei welcher menschliche Heilkunst versagte, wandte man sich in höchster Not an die bewährte Schutzheilige um Fürsprache, und tatsächlich wurden alle, die gläubig ihre Reliquien berührten, geheilt.

Die selige Angela von Foligno

In ihren auf Weisung ihres Beichtvaters Bruder Arnold diktierten Visionen und Ekstasen enthüllt sich die hl. Angela als eine der größten Mystikerinnen. Sie gehört zu den heiligen Frauen, die das dunkle ‚Duecento' in Italien mit ihrem Licht erhellten. Zeitgenossin der hl. Margareta von Cortona, hat das Schicksal der beiden Frauen große Ähnlichkeit. Beide lebten zunächst ein weltliches Leben der Lust und Sünde, beide bekehrten sich, wurden Terziarinnen und wunderbarer Visionen gewürdigt. Angela begründete in Foligno eine Genossenschaft von Schwestern des Dritten Ordens des hl. Franziskus. Sie trägt den Titel einer ‚theologorum magistra' – mystischen Lehrerin der Theologen. Sie führt in der Darstellung einen gefesselten Teufel mit sich.

Angela stammte aus Foligno, das wenige Meilen von Assisi entfernt liegt, und wurde 1248 geboren. Der hl. Franziskus war tot, als sie auf die Welt kam. Das schöne Mädchen von guter Herkunft heiratete einen wohlhabenden Bürger und gebar ihm mehrere Kinder. Unbekümmert gab Angela sich den Genüssen der Welt hin, die ihr das Vermögen ihres Gatten ermöglichten. Sie war tief in das gesellschaftliche Leben der Stadt verstrickt und spielte darin wegen ihrer großen Schönheit eine bedeutende Rolle. Von Zeit zu Zeit mag ihr belastetes Gewissen erwacht sein, das bezeugt jene Beichte, die sie in einer solchen Anwandlung ablegte. Aber wir wissen aus ihrer eigenen Lebensbeschreibung, daß sie darin gewisse Sünden wissentlich verschwieg. Mehrmals empfing sie die Sakramente unwürdig und befand sich in großer seelischer Qual. Es war, als riefe sie Gott. Im Schlaf wurde sie von bösen Träumen erschreckt. Sie berichtet aus dieser Zeit: „Unzufrieden mit mir, fing ich an, über meinen Lebenswandel nachzudenken..." Sie fühlte sich also zu Gott hingezogen, vermochte aber noch nicht, ein offenes Bekenntnis abzulegen. „Ich zitterte in großer Angst vor der ewigen Verdammnis." In ihrer Not wandte sie sich im Gebet an den Heiligen von Assisi. Nun endlich fand sie, gestärkt durch ein Gesicht, in dem Christus ihr erschien, die Kraft, mit ihrem bisherigen Leben zu brechen, eine rückhaltlose Beichte abzulegen und wahre Reue zu erwecken. Jetzt faßte Angela den Entschluß, sich ganz dem Herrn zu weihen. Sie zog sich von der Welt zurück und brach mit allen ihr lieb gewordenen Gewohnheiten. Geduldig trug sie die harten Schicksalsschläge, die Gott ihr auferlegte: sie verlor ihre Mutter, bald darauf den Gatten, dann wurden ihr ihre hoffnungsvollen Kinder eines nach dem anderen durch den Tod entrissen. Angela verkaufte ihre Güter, schenkte den Erlös den Armen und lebte in frommer Vorbereitung ein opfervolles und an Entbehrungen reiches Dasein allein mit einer gleichgesinnten Freundin. Die beiden Frauen gingen nach Assisi und traten in den Dritten Orden des hl. Franziskus ein.

Angela führte ein Leben harter Buße, doch nahm sie die vielen Heimsuchungen, die Gott ihr in der Form körperlicher Leiden schickte, demutsvoll und ergeben hin. Zwar hatte sie wunderbare Gesichte und durfte oftmals Gott ganz nahe sein, aber ihr äußeres Leben blieb Leiden und die himmlischen Entzückungen wechselten immer wieder mit tiefster Seelenqual, ja mit dem Erwachen böser Triebe ab, die sie längst überwunden zu haben glaubte. Doch führte Gott sie weiter auf dem Wege der Läuterung und zuletzt lebte sie ganz in seiner Anschauung: „Ich sah Gott", so schreibt sie, „aber fragst du, was ich sah, so sage ich, ich sah Ihn, und etwas anderes kann ich nicht sagen. Ich sah eine Fülle und Klarheit, die mich so erfüllte, daß ich nicht imstande bin es auszudrücken. . ." Fortan war ihr Leben unausgesetztes Gebet: „Willst du zu den höchsten Zinnen der Vollkommenheit gelangen, so bete! Hast du begonnen und willst fortfahren, so bete! Bete und bete immer wieder, denn der Heilige Geist kommt nur über die herab, die beten." Die fromme Büßerin starb am 4. Januar 1309, sie ist begraben in der Franziskuskirche in Foligno und wurde 1693 selig gesprochen.

Anstelle der Legende

Eines ihrer mystischen Erlebnisse mag hier anstelle einer Legende berichtet werden:

Mit allem Eifer suchte Angela Jesu nachzufolgen. Einst machte sie sich auf nach Assisi zur dortigen Kirche, und einige Bekannte gingen mit ihr. Auf einem steilen Wege neben einem fürchterlichen Abgrund in Richtung auf Assisi zu bewegte sich etwas in ihr, und sie vernahm die Worte: „Ich bin der Heilige Geist und will mit dir nach Assisi gehen, ohne daß es deine Gefährten wahrnehmen. Liebe mich, meine Tochter, denn ich liebe dich unaussprechlich, mehr als du mich lieben kannst. Gott fordert nichts von einer Seele, als daß sie ihn liebe, weil er sie liebt und weil er die Liebe der Seele ist." Da dachte Angela an ihre Sünden und schämte sich und sprach: „Wenn du der Heilige Geist wärest, würdest du nicht so zu mir sprechen und mich zur Eitelkeit verleiten." Da sprach der Heilige Geist: „Versuche es und denke jetzt an eitle Dinge." Angela versuchte es, sie schaute um sich und wollte sich an der Welt zerstreuen. Aber wohin sie auch blickte, hörte sie die eine Stimme, die sprach: „Betrachte dies alles, es ist das Werk meiner Hände." Da fühlte sie in sich eine unbeschreibliche Wonne und erkannte, wie sündig sie war, und fand nichts, was sie in ihren Augen hätte groß machen können.

Der heilige Odilo von Cluny

(Gedenken: 3. Januar)

Um 910 hatten zwölf Mönche auf Grund einer Stiftung des Herzogs Wilhelm von Aquitanien in den burgundischen Bergen nördlich von Lyon das Kloster Cluny gegründet. Von dort sollte jene bedeutsame Reform ausgehen, die das religiöse Leben der Kirche grundlegend erneuerte. Große Äbte, unter ihnen fünf Heilige, standen der benediktinischen Abtei vor. Sie alle waren durchdrungen von dem Wert einer strengen Regel. Die cluniazensische Observanz stellte die alten mönchischen Ideale des hl. Benedikt, Askese, Bußübungen, Betrachtung und Gebet, wieder in die Mitte des klösterlichen Daseins. Daß die alten Gelübde des Mönches, Armut, Gehorsam und Keuschheit, unnachgiebig die Voraussetzung bildeten, versteht sich von selbst. Aber etwas Neues geschah, das das Leben der Benediktiner bis heute bereichert hat, nämlich die besondere Pflege von Musik und Chorgesang zur Ausgestaltung der feierlichen Liturgie sowie die Einrichtung umfassender Bibliotheken als Grundlage gelehrten Studiums. Auch das cluniazensische Bauprogramm war von einer ganz bestimmten geistigen Konzeption geprägt. „Fast alle frühen Äbte Clunys", so schreibt Helmut Domke, „haben sich stets als Sachverwalter ihres geistlichen Amtes gefühlt... Jede cluniazensisch reformierte Abtei stellte einen Hort des Friedens und der inneren Sauberkeit dar, und es bleibt das historische Verdienst der Äbte von Cluny, dem Abendland ein neues Wertbewußtsein geschenkt zu haben, – eine Aufgabe, die angesichts der Korruption und Verrohung der Zeit ungeheuer anmutet." Das Erstaunliche an Cluny ist, daß sich alles „zur gegebenen Stunde" einstellt: Da erscheint als zweiter Abt der erste der heilig gesprochenen Äbte Clunys, Odo (Fest 18. November); unter dessen tatkräftiger Führung dem Kloster eine Menge ernsthaft gesinnter Mönche zuströmten. Er „brachte die Unbestechlichkeit seines Charakters und die Tiefgründigkeit seiner Einsichten mit". Odo trat sein Amt 927 an und starb 942 in Tours, nahe dem Grabe seines Lieblingsheiligen, des hl. Martin. Papst Johannes XI. hatte ihn mit der Missionierung der römischen Klöster beauftragt, wo er die neue Regel einführte. Odo hinterließ unter anderen Schriften eine Biographie über den hl. Gerald von Aurillac (Fest. 13. Oktober).

Unter seinen Nachfolgern befand sich der große Abt Majolus oder Mayeul (Festtag 11. Mai), Berater der Kaiser Otto I. und Otto II. und der hl. Kaiserin Adelheid. Unter ihm verbreiteten sich die cluniazensischen Reformideen über ganz Westeuropa. Und Majolus war es auch, der „wiederum zur rechten Zeit und rechten Stunde“ zu seinem Nachfolger Odilo wählte. Odilo von Cluny, den die Kirche seit dem II. Vatikanischen Konzil am 3. Januar feiert, ist vielen Gläubigen dadurch bekannt, daß ihm die Einführung des Allerseelentages am 2. November zugeschrieben wird. Daher wurde er auch zum Patron der armen Seelen im Fegfeuer, denen Zeit seines Lebens sein Mitleid und seine fürbittende Liebe gegolten hatte. Dargestellt wird er in der benediktinischen Kutte mit Abtsstab, neben sich das Fegfeuer, aus dem Engel erlöste Seelen in den Himmel geleiten. Angerufen wird er bei Gelbsucht auf Grund eines Wunders.

Geboren um 962 auf Schloß Corrèze in der Auvergne als Sohn eines Grafen von Mercoeur, ermöglichte seine Herkunft dem jungen Mann einen frühen Aufstieg zu hohen kirchlichen Ämtern. Denn schon als Kind hatte er nach wunderbarer Heilung von einer Krankheit der Gottesmutter gelobt, sein Leben in den Dienst ihres Sohnes zu stellen. Odilo bewahrte der hl. Jungfrau bis zu seinem Tode eine besondere Verehrung. Als Domherr von St. Julien bei Le Puy führte er zunächst das damals übliche Leben eines reichen Kirchenfürsten, der sich nichts versagen braucht. Hier schon lernte ihn Majolus kennen. Vielleicht war diese Begegnung Anstoß zu der Erkenntnis, daß er sich auf dem falschen Wege befand. Zwar entschied Odilo sich keineswegs leicht für einen Eintritt bei den schwarzen Mönchen von Cluny, erst der Abt von St. Bénigne in Dijon, an den er sich um Rat wandte, vermochte ihn zu seinem Entschluß zu bestimmen. Im Jahre 991 trat er in Cluny ein und wurde bereits zwei Jahre später wegen seiner menschlichen und geistlichen Qualitäten von Abt Majolus zur Assistenz und Nachfolge bestimmt. Nach seinem Tode leitete Odilo das Kloster fünfundfünfzig Jahre lang. Sein unerschütterlicher Glaube an die mönchische Berufung, die Tatkraft und Beweglichkeit, mit der er alle Dinge anging und die kühnsten Entschlüsse traf, seine Geschicklichkeit im Umgang mit Menschen, die der eines klugen Staatsmannes gleichkam sowie seine hervorragende organisatorische Begabung machten den Heiligen zu einer der faszinierendsten Gestalten unter den Äbten Clunys.

Die Zahl der unter Cluny stehenden Klöster stieg unter seiner Leitung auf fünfundsechzig; auch viele der alten Klöster führten die neue Regel ein. Die Abtei gelangte unter ihm zu Macht und Ansehen, er verstand es, den Gedanken Clunys auf breiter Basis durchzusetzen. Nachdem der heilige Abt innerhalb der ihm unterstellten Gemeinschaften die volle Durchführung seiner Ideen erreicht hatte, wobei er zäh und streng zu Werke ging, wandte er sich nach außen. Unzählige Reisen führten den von Statur zarten kleinen Mann zu Gesprächen mit Päpsten und Kaisern, Bischöfen und anderen Großen der Zeit. Bald wurde er als Schiedsrichter angerufen und in den meisten Fällen gelang es ihm, Frieden und Verständigung unter den streitenden Parteien herbeizuführen. Odilo setzte auch die ‚Treuga Dei', den Gottesfrieden, durch, das heißt das Ruhen aller kriegerischen Handlungen vom Mittwochabend bis Montag früh in jeder Woche. Vor allem aber kümmerte er sich um die Fürsorge für die Armen. Er scheute sich nicht, ihretwillen klösterliches Gut zu veräußern. Die großartigen karitativen Einrichtungen der Abtei, die Jahrhunderte lang in der von Odilo erdachten Ordnung bestanden, zeigen sein eigentlichstes Wesen auf, das in der Liebe zu seinen Mitmenschen gipfelte. Er lebte so demütig und bescheiden wie der geringste seiner Mönche. Von seinen Zeitgenossen wurde Odilo ‚Archangelos Monachorum', der Erzengel der Mönche, genannt. Als er, von der Vielfalt seiner anstrengenden Tätigkeit aufgerieben, am Silvestertag des Jahres 1048 auf einer Inspektionsreise in Souvigny starb, betrauerten ihn nicht nur seine Mönche, sondern das ganze Abendland.

Odilo wurde bereits 1063 heiliggesprochen. Seine Reliquien, die 1345 erhoben wurden, verbrannten 1793 in Souvigny. Die berühmte Wallfahrt und Pilgerstraße zum Grab des hl. Jakobus nach Compostela ist eine von Odilo geschaffene Einrichtung. Sie galt ursprünglich seinem besonderen Anliegen, Spanien vom Islam zu befreien, und erreichte im 12. Jahrhundert ihre stärkste Beteiligung von Pilgern aller Länder. „Das abendländische Christentum hatte damit Auftrag empfangen, die durch den Leib des hl. Jakobus, des ältesten Jüngers Christi, geheiligte Erde Spaniens den Ungläubigen zu entreißen." Odilo hatte dazu den Anstoß gegeben.

Legende

Der hl. Petrus Damiani erzählt uns, daß der heilige Abt Odilo vom burgundischen Kloster Cluny vielerlei Reisen unternahm, weil er bei den Großen der Zeit für seine Reformen ein offenes Ohr zu finden hoffte. So kam er bis hinunter auf die Insel Sizilien. Da vernahm er, daß beim Berge Vulcanus häufig Stimmen gehört würden, die dem Heulen von Teufeln glichen. Die Leute aber vermeinten, daß die Teufel so schrien, weil ihnen durch Almosen und Gebete der Gläubigen die Seelen der Verstorbenen entrissen würden. Da gebot der heilige Abt, daß in seinen Klöstern am Tage nach dem Fest Allerheiligen das Gedächtnis der Seelen gefeiert werden solle, damit alle sich ihrer jährlich aufs neue erinnerten. Der Tag Allerseelen aber wurde später von der ganzen Christenheit angenommen und bestätigt.

Der hl. Abt besaß in hohem Maße die Gabe, Wunder zu wirken, und es wird berichtet, daß er einst ein aus Alexandria stammendes kostbares Glas, das ein Mönch zerbrochen hatte, wieder zusammenfügte, ein Sinnbild dafür, daß der hl. Odilo durch die Kraft seines Glaubens im Stande war, schon Zerstörtes wieder heil zu machen.

DIE HEILIGEN DREI KÖNIGE ODER DAS FEST DER ERSCHEINUNG

Der 6. Januar ist der erste große Feiertag des neuen Jahres. An diesem Tage schreibt man mit geweihter Kreide den Jahresbeginn unter der Hinzufügung von drei Buchstaben C + M + B – an die Türen: Christus mansionem benedicat – zu deutsch: Christus segne die Wohnung!

Der Volksmund hat daraus die Anfangsbuchstaben der Heiligen Drei Könige: Caspar, Melchior und Balthasar gemacht.

Das Fest der Erscheinung des Herrn wurde schon im 2. Jahrhundert im Orient kurz nach der Wintersonnenwende im ersten Drittel des Januar gefeiert. Für die Wahl des 6. Januar soll ein heidnisches Fest der alten Ägypter aus späterer Zeit maßgebend gewesen sein, das Geburtsfest des ‚Äon' – der vergöttlichten Zeit –, der eine Zeit des Heils eröffnet, weil nach dem ägyptischen Kalender um diese Zeit die Wintersonnenwende eintrat und man den Beginn eines neuen Sonnenjahres feierte. Im 4. Jahrhundert nahm der Orient das römische Weihnachtsfest, den 25. Dezember, zum Epiphaniefeste hinzu und umgekehrt das Abendland zu dem hier schon bestehenden 25. Dezember den 6. Januar. Seitdem begann man die beiden Feste überall zu feiern, bis im 5. Jahrhundert die Hochfeier der Erscheinung des Herrn als eines der ältesten Feste der Christenheit allgemein wurde. Das Festgeheimnis des 6. Januar ist im Abendland die ‚Offenbarung an die Heidenwelt'. Da die Hl.Drei Könige aus dem Morgenland als die Erstberufenen aus der Heidenwelt an der Krippe des Herrn stehen, ist im Deutschen die Festbezeichnung ‚Heilige Drei Könige'. Das Gotteskind tritt aus der Verborgenheit von Bethlehem und Nazareth heraus und läßt sich von den Hl. Drei Königen oder Magiern huldigen. Einer von ihnen wird als Mohr dargestellt, um auszudrücken, daß die Erlösungsbotschaft Christi an alle Völker und alle Rassen gerichtet ist. Schon der Prophet Jesaia hat auf dies Ereignis hingewiesen, als er das neue Jerusalem aufruft, sich zum Empfang des Königs zu bereiten „... Kamele in Fülle überfluten dich, Dromedare aus Madian und Epha; sie alle kommen von Saba mit Gaben von Gold und Weihrauch, laut kündend das Lob des Herrn."

Den Bericht über das Erscheinen jener unbekannten Männer, die als erste aus der Heidenwelt kamen, um dem göttlichen Kind zu huldigen, verdanken wir dem Evangelisten Matthäus. Wahrscheinlich waren es nicht Könige im heutigen Sinn, sicher aber Weise, Erleuchtete, Magier, das heißt, sie gehörten einer Priesterklasse an. Ungefähr ein Jahr nach der Geburt des Heilandes zogen sie aus dem ‚Morgenland' – wohl Persien oder Mesopotamien – zum göttlichen Stall nach Bethlehem. Auf den besonders schönen Malereien in den Katakomben, die ihren weiten Weg nach Westen, den Stern, der sie führte und ihre Anbetung des göttlichen Kindes schildern, sind meistens vier Männer dargestellt. Später schloß man, wohl im Hinblick auf die Dreizahl ihrer Gaben, auf die gleiche Zahl der Magier und bezeichnete sie seit dem 6. Jahrhundert als Könige. Die Geschenke, die sie nach morgenländischer Sitte dem Kinde darbrachten, sind voll tiefer Bedeutung: mit dem Golde erkennen sie seine Königswürde an, mit dem Weihrauch verherrlichen sie es als Gott und beten es an, mit der Myrrhe ehren sie seine sterbliche Menschheit. Getreu der Überlieferung nennen wir die Heiligen des heutigen Tages Caspar, Melchior und Balthasar, Namen, die sich aus dem Persischen herleiten lassen und seit dem 9. Jahrhundert allgemein volkstümlich sind, wenngleich anzunehmen ist, daß sie frei erfunden sind.

Später sollen die Hl. Drei Könige durch den Apostel Thomas in Persien die Taufe empfangen haben. Nach ihrem Tode seien ihre Gebeine zunächst durch die Kaiserin Helena nach Konstantinopel und dann durch den Bischof Eustorgius nach Mailand gekommen, wo sie bis ins 12. Jahrhundert als ein heiliger Schatz bewahrt und verehrt wurden. In St. Eustorgio befindet sich heute noch ihr leeres Grab mit einer darauf bezüglichen Inschrift.

Nach der Eroberung Mailands unter Kaiser Friedrich Barbarossa 1164 nämlich überführte dessen Kanzler Rainald von Dassel, Erzbischof von Mainz, die Reliquien in abenteuerlicher Fahrt nach Köln. Dort ruhen sie im Hohen Dom in jenem kostbaren Schrein, den die Werkstatt des Nikolaus von Verdun angefertigt hatte. Seit dieser Zeit gelten sie als die kölnischen Stadtpatrone. Rund 300 Jahre später malte Stephan Lochner für die Ratskapelle der Stadt sein berühmtes Bild, auf dem die Könige das göttliche Kind auf dem Schoße der Gottesmutter anbeten: das heutige Dombild.

Eng ist der Aufstieg Kölns im hohen Mittelalter mit dem Einzug der Hl. Drei Könige verknüpft. Ihnen verdankte die Stadt einen solchen Zuwachs an Ansehen, Reichtum und Macht, daß sie um 1180 den Mauergürtel beträchtlich erweitern mußte. Die Könige machten Köln zu einem der Mittelpunkte der Welt. Nicht umsonst führt die Stadt die drei Kronen im Wappen. In unzähligen Testamenten Kölner Bürger ist der Hl. Drei Könige gedacht, Könige und Fürsten machten ihnen ansehnliche Schenkungen. Früh schon hat man in Köln den feierlichen Beschluß gefaßt, nicht der kleinste Teil der heiligen Gebeine dürfe je hinausgebracht werden. Endlos war der Zug der Pilger, die zu ihnen wallfahrteten. Unermeßlich war der Strom der verschiedensten Güter, die mit ihnen an den Rhein zogen. Dargestellt werden die Hl. Drei Könige meistens als Könige mit dem Stern und mit ihren Geschenken Gold, Weihrauch und Myrrhe, das Jesuskind anbetend, wobei einer der Magier ein Mohr ist. Sie gelten als Patrone der Wallfahrer und Reisenden, was für die wandernden Kaufleute vom Rhein im Mittelalter von großer wirtschaftlicher Bedeutung wurde. Gasthäuser und Apotheken „Zu den Hl. Dreikönigen", „Zum goldenen Stern", „Zum Mohren", „Zur Krone" und dergleichen halten das Andenken an diese Zusammenhänge wach.

Legende

Da uns die Geschichte von den Hl. Drei Königen im zweiten Kapitel des Matthäus-Evangeliums erzählt wird und sie somit zu den offenbarten Wahrheiten gehört, soll hier statt der Legende die Geschichte ihrer Überführung nach Köln stehen. Friedrich Barbarossa gab die Reliquien seinem Kanzler Erzbischof Rainald von Dassel „zum Dank für unermeßliche und unvergleichliche Dienste", weil dieser am tatkräftigsten zum Siege über die unbotmäßige Stadt Mailand beigetragen hatte. Er sprach dazu den Wunsch aus, daß „durch sein Geschenk die heilige Kirche und die Stadt Köln auf das glücklichste bereichert und auf ewige Zeiten gerühmt werden möge". Am 11. Juni 1164 teilte Rainald „dem Klerus und den Bürgern der lieben Stadt Köln..." mit, er bringe solche Gaben heim, „daß sie mit nichts auf Erden verglichen werden könnten".

Voller Gefahren war der Zug der Drei Könige nach Köln, so daß bald ein Legendenkranz die Reise umwob. Rainald, der sich verfolgt wußte, wandte sich zunächst nach Burgund. Dann ging es in eiligen Tag- und Nachtmärschen nach Norden. Überall wurden die Spuren aufs sorgfältigste getilgt. Den Zugtieren schlug man die Eisen verkehrt herum an, und mitunter täuschte der Kanzler einen Leichenkondukt in Italien gefallener Deutscher vor. So haben sich nur wenige Hinweise auf die eingeschlagene Route erhalten. In Estrabonne bei Besançon deuten eine wundertätige Dreikönigenquelle, eine Tagereise weiter in Longueville ein Dreikönigentor, und weit ab vom Wege, in Schwäbisch-Gmünd, eine Hausinschrift darauf hin. Die Inschrift lautet: „Als man zalt nach Christi gepurt eilfhundertvierundsechzig jar waren die heilige drey könig geführt von Mailandt und lagen in diesem hauss uber nacht." Von Remagen aus sandte der Erzbischof Boten voraus, um in Köln die Ankunft zu melden. Am 23. Juli 1164 zog er ein, prunkvoll empfangen „vor allem wegen der Reliquien, die er zum ewigen Ruhme Deutschlands brachte". „Da ward ein solcher Andrang von Volk, Rittern, Damen und Pfaffen, daß etwas ähnliches nie gesehen war und man beschloß, dieses Fest alljährlich zu wiederholen."

Der heilige Raimund von Pennaforte

Der hl. Raimund war ein bedeutender Gelehrter, dessen Arbeiten 1917 bei der Neuherausgabe der kirchlichen Rechtsbücher als Quelle und Grundlage dienten; auch sein Buch über die Unterrichtung der Beichtiger besitzt heute noch Gültigkeit. Der Heilige hat in den hundert Jahren seines Lebens voller Eifer der Kirche gedient, große Sünder auf den rechten Weg zurückgeführt und viele Irrgläubige bekehrt. Papst Klemens VIII. sprach ihn 1601 heilig, seit 1969 wird sein Fest am 7. Januar gefeiert. Raimund wird in Dominikanerkleidung, im Meere auf seinem Mantel stehend, abgebildet.

Er wurde 1175 auf Schloß Peñafort in Katalonien geboren. Mit zwanzig Jahren galt er bereits als ein bedeutender Lehrer an der Universität Barcelona. Als er dreißig Jahre alt geworden war, ging er nach Bologna, wo er die Rechtswissenschaften studierte. Nachdem er die Doktorwürde erlangt hatte, hielt er unentgeltliche Vorlesungen; seine zahlreichen Schüler schätzten sich glücklich, einen so vorzüglichen Lehrer zu haben. Im Jahre 1210 folgte er dem Rufe des Bischofs Berengar und kehrte nach Barcelona zurück. Dort empfing er die Priesterweihe und wurde schon kurze Zeit darauf Generalvikar. Raimund wurde nun zum Vorbild für die Geistlichkeit, vor allem aber liebten ihn die Armen, denen seine ganze Sorge galt und die er „seine Gläubiger" zu nennen pflegte.

In diese Zeit fällt das Auftreten des hl. Dominikus, dessen Predigerorden Raimund sich mit großer Begeisterung anschloß. Als Dominikanermönch übte er voll Eifer all jene Tugenden aus, die den vollkommenen Ordensmann ausmachen. Der Ruf seiner ausgezeichneten Predigten veranlaßte Papst Gregor IX., ihn 1223 nach Rom zu berufen, wo er Berater und Beichtvater des Papstes wurde. Auch in Rom galt sein segensreiches Wirken weiterhin vornehmlich den Armen. Um seinen Schützlingen zu helfen, legte der Heilige dem Papst die Buße auf, daß er alle Bittschriften, die ihm überreicht würden, annehmen, lesen und ohne Verzug beantworten sollte. Hier in Rom verfaßte Raimund auf Geheiß des Papstes auch sein berühmtes Werk der ‚Dekretalien'. Er verwandte auf diese Arbeit drei Jahre und vollendete sie zum großen Nutzen der Kirche. 1235 ernannte der Papst den verdienten Priester zum Erzbischof von Tarragona, aber er verzichtete aus Bescheidenheit auf diese hohe Auszeichnung.

In den vielen Jahren, die ihm auf Erden noch beschieden waren, war Raimund unablässig bestrebt, sich weiter im Geiste Christi zu vervollkommnen und seinen Mitmenschen, wo er nur konnte, zu helfen. Seine Demut und sein unermüdlicher Eifer für die Seelen waren schließlich die Ursache, daß seine Ordensbrüder ihn zu ihrem General erhoben. Diesmal mußte Raimund sich aus Gehorsam fügen. Nachdem er sein Amt zum Segen der Ordenshäuser ausgeübt, kehrte er als Siebzigjähriger in die Stellung des einfachen Ordenspriesters zurück. Nun wandte er sich mit aller Kraft noch einem neuen Werke zu, nämlich der Bekehrung der Juden und Mauren in Spanien. Zu ihrer Unterweisung gründete er Schulen für die hebräische und arabische Sprache, und es gelang ihm auf diese Weise, Tausende für Christus zu gewinnen! Raimund gehörte auch zu den Mitbegründern des geistlichen Ritterordens der Merzedarier zum Loskauf der Gefangenen, der dazu geschaffen worden war, um den in die Sklaverei der Mohammedaner gefallenen Christen zu helfen. So stand sein ganzes Leben im Zeichen der Hilfe für seine Mitmenschen.

Als er sein Ende herannahen fühlte, bereitete er sich durch strenge Bußübungen und eifriges Gebet auf seinen Tod vor. An seinem Krankenbette besuchten ihn die Könige von Aragon und Kastilien und baten um seinen Segen. Ruhig und sanft verschied der Heilige in Barcelona am 6. Januar 1275.

Legende

Der Heilige wurde besonders geliebt und verehrt von Jaime I., König von Aragon, der ihn zu seinem Beichtvater wählte. Dieser König war zwar der Religion aufrichtig ergeben, aber in die Bande der Wollust verstrickt. Vergeblich mahnte der Heilige ihn wieder und wieder, seine verderblichen Leidenschaften zu überwinden. Der König versprach es, hielt aber nicht Wort. Als nun der hl. Raimund eines Tages erfuhr, daß der König wieder unerlaubten Umgang mit einer Hofdame hatte, drang er in ihn, die Dame zu entlassen. Allein der König hielt sein Versprechen, sich zu bessern, wiederum nicht. Da faßte der Heilige den Entschluß, den König zu verlassen, der jedoch befahl, keiner dürfe den Heiligen über das Meer schiffen. Als nun der Heilige sich nachts ans Meer begab, wo ein Schiff nach Barcelona bereit stand, weigerte sich der Schiffer, ihn mitzunehmen und zeigte ihm den Befehl des Königs. Voll des Vertrauens auf Gott sprach der Heilige zu seinen Gefährten: „Ein König auf Erden versperrt uns die Abfahrt, allein der König des Himmels wird sich ins Mittel legen!" Mit diesen Worten breitete der Heilige seinen Mantel auf das Wasser aus, nahm seinen Stab, bezeichnete sich mit dem Zeichen des Kreuzes, trat dann mutig auf den Mantel und überquerte auf ihm in sechs Stunden das 60 Meilen breite Meer. Vor den Augen einer großen Menge stieg er in Barcelona an Land, nahm seinen Mantel, der nicht im geringsten naß geworden war, um die Schultern und ging mit dem Stab in der Hand seinem Kloster zu, dessen Pforte sich von selbst öffnete.

Der heilige Reinhold

Die legendenumsponnene Heiligengestalt des hl. Reinhold zeigt ein Beispiel, wie aus einem Kriegsmann ein Gottesmann werden kann. Geschichtlich überliefert ist nur sein Todesjahr mit 960 und daß seine Gebeine durch ein Wunder von Köln nach Dortmund kamen, welche Stadt seitdem seinem besonderen Schutz unterstellt ist. Man findet seinen Kopf, von drei Sternen umgeben, auf alten Münzen der Stadt Dortmund. Sein Festtag ist am 7. Januar, dargestellt wird der hl. Reinhold als Ritter oder Mönch mit einem Hammer in der Rechten. Er ist Patron der Steinmetzen. Eine Kolossalfigur von ihm aus Holz befindet sich in der Reinoldikirche in Dortmund.

Legende

Es wird erzählt, daß der hl. Reinhold aus einem Adelsgeschlecht stammte, das den Karolingern nahe verwandt war; Karl der Große soll sein Onkel gewesen sein. In seiner Jugend soll er große Rittertaten vollbracht haben, ja die Sage will wissen, daß er das tapferste der vier Haimonskinder war. Wie dem auch sei: es traf ihn der Strahl der Gnade! Und Reinhold warf die Waffen des Kriegsmannes von sich, um sich mit den Waffen des Geistes zu bekleiden. Er wurde Einsiedler und diente Gott mit allen seinen Kräften. Da vernahm er, daß in Köln der Erzbischof einen mächtigen, dem hl. Petrus geweihten Dom errichten ließ. Und Reinhold glaubte, daß an einer solchen Arbeit demütig mitzuwirken lauteres Gotteswerk sei. So zog er nach Köln, nahm Wohnung bei den Benediktinern von Sankt Pantaleon und half als dienender Bruder am Dombau mit. Als unermüdlicher Arbeiter trug er die Steine herbei und wurde um seiner Zuverlässigkeit und seines Fleißes willen bald schon zum Aufseher der Steinmetzen bestellt. Diese sahen scheel auf den frommen Mann herab, der seine Nächte mit Bußgängen und im Gebete in den Kölner Kirchen verbrachte, anderntags aber um so fleißiger werkelte und dazu noch sein Brot mit den Armen teilte. Zuerst wurde er von seinen Arbeitskameraden verlacht, aber je öfter Reinhold mahnend versuchte, sie zu einem reinen und guten Leben im Herrn zu bekehren, je höher stiegen Haß und Neid auf ihn.

Eines Nachts stellten sie ihm nach, die lieber faulenzten und schimpften, und folgten ihm heimlich auf seinem Gang durch die abgelegenen Heiligtümer der ‚hilligen Stadt'. Sie lauerten ihm an einsamer Stelle auf, überfielen ihn und erschlugen ihn. Seine Leiche bargen sie in einem Sack und versenkten sie im Rhein, annehmend, daß keiner ihre böse Tat erkennen werde.

Das Volk von Köln aber trauerte um den Gottesknecht Reinhold, der im Rufe der Heiligkeit gestanden ob seiner guter Werke und seiner Frömmigkeit. Doch als von nun an des Nachts über dem Rhein ein Leuchten und Blinken zu sehen war, wußte dennoch keiner, was das zu bedeuten hatte. Gott aber bediente sich einer kranken Frau, damit der Leib seines Dieners gefunden werde. Diese litt lange schon an unstillbaren Schmerzen und lag Tag und Nacht wachend auf ihrem Lager. Da hörte sie eine Stimme, die ihr gebot, sich an das Ufer des Stromes tragen zu lassen und sie werde Heilung finden. Man erfüllte ihr den Wunsch und brachte sie hinab an den Rhein. Plötzlich erspähte die Kranke einen Gegenstand, der auf den Wellen schwamm. Miteins kehrten ihre Kräfte zurück und sie half selbst mit bei der Bergung des Sackes, der den Leichnam des Heiligen umschloß. Nachdem sie ihn berührt hatte, wurde sie ganz gesund. Und es geschah ein neues Wunder : alle Kölner Glocken fingen von selbst an zu läuten, so daß der Erzbischof hinunter an den Rhein kam mit großem Gefolge und den Toten heimholte in den Dom, wo er angesichts des Volkes aufgebahrt wurde. Später barg man seine Reliquien in einem kostbaren Schrein.

Nun fügte es sich, daß lange Zeit danach Männer aus Dortmund zum Bischof von Köln kamen und um Reliquien baten für ihre Stadt. Da ließ der Bischof seine Geistlichkeit versammeln und sie redeten hin und her, welchen Heiligen sie den Dortmundern geben sollten. Als sie noch unschlüssig verharrten, siehe, da stand mit einem der Schrein des hl. Reinhold mitten unter ihnen, als wolle er ihnen Antwort erteilen. Nun verstanden sie, daß er als Beschirmer von Dortmund in die fremde Stadt ziehen wollte. Also übergab der Bischof den Dortmundern die kostbaren Gebeine. Und sie führten sie von Köln nach Dortmund in feierlicher Prozession und alles Volk folgte dem Schrein mit Lobpreisungen und großer Andacht. Seitdem beschützt Sankt Reinhold, dem die Dortmunder eine große Kirche weihten, getreulich die Stadt als ihr Patron und Helfer in allen Nöten.

Der heilige Severin von Norikum

Severin – Sören –, zu deutsch der ‚Gestrenge‘, wirkte zur Zeit der Völkerwanderung in der römischen Provinz Norikum, dem Land an der Donau zwischen Passau und Wien. Obgleich er anscheinend die südlichen Alpenländer nie besucht hat, reichte sein Einfluß bis nach Salzburg, Tirol, Steiermark und Kärnten. So kann man den hl. Severin wohl als den Apostel des heutigen Österreich bezeichnen, und sein Andenken als Prediger und Wohltäter ist dort allenthalben lebendig geblieben. Um die Mitte des 5. Jahrhunderts war dieses Land eine entlegene Provinz des Römerreichs und dem Ansturm der Germanen fast schutzlos preisgegeben, denn das schwach gewordene Imperium Romanum konnte ihm nicht mehr zu Hilfe kommen.

Der hl. Severin hat sein Fest am 8. Januar; er wird dargestellt als Pilger mit Buch oder Abtsstab, Kruzifix in der Rechten, dem Volke predigend, an einem Grabmal betend. Er ist Patron der Leinweber, Winzer, Gefangenen und wird gegen Hungersnot angerufen.

Die Lebensgeschichte des Apostels verfaßte der Mönch Eugippius um 511.

„Durch die Lebensbeschreibung des hl. Severin erhalten wir klaren Einblick, welche Anschauungen sich die Römer-Christen zu dieser Zeit von den wichtigsten Glaubenswahrheiten, von der Kirche, von Kult und Frömmigkeit gebildet hatten", schreibt Hugo Schnell. „Folgende Dogmen werden als Zentralgeheimnisse des christlichen Glaubens festgehalten: die Dreifaltigkeit, die Erlösung durch Christus von der Sündenschuld, die Gemeinschaft der Heiligen, die Heiligenverehrung, die Unsterblichkeit der Seele, die Läuterung nach dem Tode, die Engels- und Teufelswelt. Die priesterliche Hierarchie wird geschildert in ihrem Aufbau von den niederen Weihegraden zu den Diakonen und Diakonissen, über die Priester zu den Bischöfen. Von den Sakramenten werden die Taufe und die Eucharistie – als Opfer wie als Mahl und Wegzehrung – hervorgehoben. Im Bereich des Gebetes steht das Lobgebet zu Gott höher als das persönliche Bittgebet. In der Mönchsgemeinschaft wird das Gemeinschaftsgebet und ebenso die Caritas betont: der besondere Einsatz für Arme, Bedrückte und Kriegsgefangene."

Severin erschien an der Donau bald nach 453, dem Todesjahr des gefürchteten Hunnenkönigs Attila, in Favianis – dem heutigen Mautern. Er wurde dort zum geistlichen Führer der christlich-römischen Siedler. Bis heute weiß man nicht, woher er eigentlich kam. Seine Zellengründungen nach dem Beispiel der morgenländischen Einsiedler und sein persönliches asketisches Leben deuten darauf hin, daß er als Mönch im Orient gelebt hat, seine Sprache und seine Gesittung aber lassen darauf schließen, daß er eine römische Erziehung genossen hatte. Fragte man ihn, woher er stamme, so antwortete der Heilige, wie Eugippius berichtet: „Unser Vaterland ist der Himmel und nach dem Himmel wollen wir trachten!"

Bald war Severin hochangesehen bei Römern und Germanen. Es gelang ihm, zwischen den arianischen und römischen Christen den völligen Glaubensfrieden herzustellen, so daß sie zusammen lebten, ja sogar dieselben Kirchen benutzten. Seine ausgedehnte Liebestätigkeit und seine nachdrücklichen Ermahnungen zur Barmherzigkeit und Friedfertigkeit trugen reiche Frucht. Die Grundbesitzer veranlaßte er, einen jährlichen Zehnten als regelmäßige Abgabe zu wohltätigen Zwecken beizusteuern. Die Städte wetteiferten miteinander, ihn möglichst lange in ihren Mauern zu behalten, denn sie vertrauten darauf, daß während seiner Anwesenheit kein Feind eindringen werde. So wurde der Heilige zu einem

wahren Hirten und Beschützer. Oftmals wagte er sich mutig allein und ungeschützt mitten in das Lager der Feinde, um die Freilassung von Gefangenen zu erreichen und bewahrte manche Ortschaft durch sein Dazwischentreten vor Plünderung und Zerstörung. Seltsamerweise wurde ihm nichts zuleide getan: die Macht seiner Persönlichkeit und seine prophetische Gabe waren so groß, daß sogar die Feinde Roms dem katholischen Priester Achtung und Ehrfurcht nicht versagten. Seine politische Tätigkeit gipfelte in seinen Beziehungen zu Odoaker, dem er den Weg nach Italien ebnete.
Am Ende seines Lebens zog Severin sich in seine Klostergründung Göttweig zurück, wo er am 8. Januar 482 starb. Sein Leib wurde auf seine Weisung von den zurückgedrängten Christen 488 nach Italien geflüchtet, wo er später (910) in Neapel in dem Benediktinerkloster beigesetzt wurde, das noch heute seinen Namen trägt. Im Jahre 1807 übertrug man seine Gebeine in die Pfarrkirche von Fratta Maggiore in Aversa bei Neapel.

Legende

Der Abt Eugippius erzählt uns in seiner Lebensbeschreibung von Sankt Severin: „Batavis (Passau) heißt die Stadt, welche zwischen den beiden Flüssen Inn und Donau liegt. Hier hatte der heilige Severin nach seiner Gewohnheit eine kleine Zelle für wenige Mönche gegründet, darum, weil er selbst auf die Einladung der Bürger oftmals dorthin kam, hauptsächlich aber wegen der unaufhörlichen Einfälle der Alemannen, deren König Gibuld ihn sehr verehrte und liebte. Dieser zog auch einst aus mit dem Wunsch, ihn zu sehen, aber der Heilige ging ihm entgegen, damit er nicht die Stadt beträte, und sprach mit so gewaltiger Kraft zu dem Könige, daß dieser vor ihm heftig zu zittern begann. Er wich von der Stadt zurück und gestand seinen Kriegsleuten, noch niemals hätten ihm in der Schlacht oder in schwerer Gefahr so sehr die Glieder gebebt. Als er dem Knecht Gottes freistellte, zu fordern, was er wünsche, bat der fromme Meister, er solle lieber für sein eigenes Bestes sorgen, sein Volk von der Plünderung der Römer zurückhalten und die Gefangenen, welche er gemacht hätte, ohne Lösegeld freigeben."

Bei seiner Tätigkeit zur Verbreitung des Glaubens kam der hl. Severin einmal in die Ortschaft Kuchl. Dort hingen noch einige Einwohner dem heidnischen Aberglauben an. Severin ließ die Bewohner alle zusammen in die Kirche kommen und befahl ihnen, unangezündete Wachskerzen mitzubringen. Dann warf er sich vor dem Altar nieder und betete. Und siehe, alsbald entzündeten sich die Kerzen der Gläubigen von selbst, während die der Heiden dunkel blieben. Da fürchteten diese sich sehr und bekehrten sich zu Christus dem Herrn.

Über seine prophetische Gabe berichtet Eugippius: „Zur selbigen Zeit bestürmten die Bürger der Stadt Batavis den heiligen Mann mit Bitten, daß er sich zu Feba, dem Fürsten der Rugier, begäbe und für sie die Erlaubnis erwirke, in seinem Lande Handel zu treiben. Er er-

widerte ihnen: ‚Diese Stadt wird wüst und der Bewohner beraubt dastehen gleich wie die oberen Kastelle. Was ist es also nötig, sich Gedanken zu machen über den Handel von Orten, wo in Zukunft kein Kaufmann wird erscheinen können.‘ Da jene antworteten, er solle sie doch nicht verachten, sondern ihnen wie sonst immer durch seine Fürsorge Hilfe schaffen, warf ein Presbyter, vom Geist des Teufels erfüllt, die Worte hin: ‚Gehe, heiliger Mann, ich bitte dich, geh schnell, damit wir uns nach deiner Entfernung ein wenig von Fasten und Wachen erholen.‘ Nach diesen Worten brach der Mann Gottes in heftiges Weinen aus. Von den Brüdern befragt, warum er weine, sprach er: ‚Ich sehe, daß der schwerste Schlag in meiner Abwesenheit bald diesen Ort treffen wird, und Christi Heiligtümer, was ich nur jammernd aussprechen kann, werden von menschlichem Blut überströmen, so daß auch diese Stätte entweiht werden wird.‘ Diese Worte sprach er im Baptisterium des Domes zu Passau, und man weiß, daß dem also geschah.“

Die Geschichte kennt noch einen zweiten Heiligen gleichen Namens, den HL. SEVERIN, Erzbischof von Köln. Er lebte etwa um die gleiche Zeit wie der hl. Martin von Tours und soll im Jahre 418 gestorben sein. Der Heilige wurde in der von ihm erweiterten Kirche bestattet, die seither seinen Namen trägt. Der heutige Bau ist im Ausdruck der Spätgotik zuzurechnen. Der hl. Severin wird besonders in Köln verehrt. Sein Gedenktag ist der 23. Oktober.

DER HEILIGE ERHARD *(Gedenken: 8. Januar)*

Der hl. Erhard lebte in der Zeit nach der Völkerwanderung etwa am Ende des 7. Jahrhunderts. Er war einer jener frühen ‚Wanderbischöfe‘, die das Land durchzogen und ihre Arbeit im Weinberg des Herrn, in der Verkündigung des Christentums sahen. Sein Leben gehört beinahe ins Reich der Legende, so wenig wissen wir von ihm. Aber viele Klostergründungen gehen auf ihn zurück, vor allem das berühmte Reichsstift Kloster Niedermünster bei Regensburg, das er einige Zeit selbst als Abt leitete. Im ganzen soll er allein in Bayern vierzehn Klöster und in den Vogesen etwa sieben Klöster gegründet haben. Nach dem Martertod des hl. Emmeram (s. 24. September) wurde Erhard Bischof von Regensburg. Später wurde Regensburg dank der aufopfernden Tätigkeit dieses Heiligen eine der ersten Diözesen Deutschlands. Dargestellt wird er wie die hl. Ottilie (s. 13. Dezember), die er heilte, mit zwei Augen auf einem Buch, auch mit einer Axt, weil er den Baum des Heidentums fällte. Er ist Schutzheiliger bei Augenleiden, wacht über die Viehherden und ist Patron der Schuhmacher. Er wird in allen Nöten des Lebens angerufen. Der Überlieferung nach soll Erhard ein Ire gewesen sein, der aus Schottland kam.

Zunächst bereitete er sich bei seinem Bruder Hidolf, Bischof von Trier, auf seinen Beruf vor. Als sein Bruder starb, fürchtete er, zu dessen Nachfolger bestimmt zu werden und flüchtete deshalb aus der Metropole an der Mosel zusammen mit seinem anderen Bruder Albert, einem ebenfalls heiligmäßigen Manne. Die Brüder durchwanderten verschiedene Länder Deutschlands und verkündeten die christliche Lehre. Es war ihnen mancher Erfolg beschieden. Als Nachfolger des hl. Emmeram verbreitete Erhard viel Segen in seiner Gemeinde. Das Amt eines Bischofs war zu dieser Zeit, in der noch ein großer Teil der Bevölkerung heidnisch war, mit großen Mühen und Drangsalen verbunden. Durch seine Weisheit und Geduld gelang es ihm jedoch, viele, die den Weg der Wahrheit verlassen hatten, wieder zur Kirche zurückzuführen. Seine Gebeine ruhen in der Niedermünsterkirche in Regensburg. Der mittlere der gotischen Altäre ist dem Heiligen geweiht. Eine schöne gotische Steinfigur, die ihn darstellt, befindet sich im Museum von Regensburg.

Legende

Mitten in seiner Arbeit als Bischof von Regensburg fühlte der hl. Erhard sich eines Tages von Gottes Geist erleuchtet und angetrieben, ins Elsaß zu ziehen, um einem Kind zu Hilfe zu kommen.

Dort hatte dem Herzog Attich seine Gemahlin ein blindes Mädchen geboren. Furchtbar aufgebracht über eine solche ‚Entehrung' seines Hauses, wie er es empfand, befahl der Herzog, das Kind aus der Welt zu schaffen. Allein die fromme Mutter, die mit zärtlicher Liebe an dem unglücklichen Kinde hing, ließ heimlich dasselbe durch eine treue Dienerin aus dem Schloß bringen. Leider konnte sie dem Kind nicht mehr die Taufe erteilen lassen und mußte froh sein, daß sie sein Leben retten konnte. Die treue Magd pflegte das Kind und erzog es so gut sie es verstand. Da aber die Mutter, die sich von Zeit zu Zeit heimliche Nachricht über ihr Kind verschaffte, fürchtete, es möge dem Herzog von dem Dasein desselben etwas zu Ohren kommen, ließ sie es zu einer guten Freundin, der Äbtissin des Klosters Palme bringen und dort erziehen. Unaufhörlich sandte sie indessen ihr flehendes Gebet zu Gott um Hilfe für das Kind und fand schließlich Erhörung. Es erschien nämlich eines Tages der hl. Erhard an der Pforte des Klosters und begehrte die Tochter des Herzogs vom Elsaß zu sehen. Die Äbtissin stellte dem Heiligen, den sie kannte, das Mädchen, das schon zu einer lieblichen Jungfrau herangewachsen war, mit Freude vor. Der Heilige segnete die junge Herzogstochter, unterrichtete sie selbst in der christlichen Religion und erteilte ihr dann feierlich die Taufe, wobei sie den Namen Odilia erhielt. In dem Augenblick, als Odilia mit dem Taufwasser besprengt wurde und ihre Seele das Licht des Heiligen Geistes empfing, erhielt sie wunderbarerweise auch das Licht ihrer Augen. Alle, welche dies Wunder sahen, staunten und lobten Gott. Ohnehin von der Welt verstoßen, nahm Odilia aus der Hand des hl. Bischofs den klösterlichen Schleier und weihte sich von nun an ganz dem Dienste Gottes.

Die heilige Gudula

(Gedenken: 8. Januar)

Der Name Gudula oder Gudrun bedeutet im Althochdeutschen ‚die Gottliebe', ‚die Gütige'. Gudula ist die Landesheilige der Belgier und Patronin der Stadt Brüssel, wo die weltbekannte Kathedrale ihr geweiht ist. Auch in Deutschland wird sie verehrt. Ihr Attribut ist eine Laterne, an die sich ein Dämon krallt, ihr Gedenktag der 8. Januar. Das meiste, was von der Heiligen berichtet wird, ist legendär. Gudula wurde um die Mitte des 7. Jahrhunderts als Kind des brabantischen Fürsten Witger und der aus einem fränkischen Geschlecht stammenden hl. Amalberga geboren. Zu dieser Zeit stand der christliche Glaube im heutigen Belgien schon in Blüte, denn das fränkische Königshaus mühte sich nachhaltig um seine Verbreitung, und es entstanden damals zahlreiche Kirchen und Klöster. Gudulas Eltern müssen außerordentlich fromm gewesen sein, denn ihr Vater ging, ebenso wie ihre Mutter, in seinen späteren Jahren ins Kloster, ihre Schwester, die hl. Nonne Reinhildis, starb als Märtyrerin, ihr Bruder Adalbert wurde Bischof von Arras und Cambray, Gudula selbst soll von der hl. Gertrud (s. 17. März) über die Taufe gehoben und im Kloster von Nivelles von ihr in der christlichen Religion unterwiesen worden sein. Aber nach dem Tode ihrer frommen Erzieherin kehrte Gudula auf die elterliche Burg zurück. Schon frühzeitig hatte sie sich Gott geweiht und führte ein für die damalige Zeit äußerst strenges Leben, das ganz den Werken der Nächstenliebe gewidmet war. Vor allem war es ungewöhnlich, daß sich die Tochter eines so edlen Hauses um Arme und Kranke sorgte und dienend Barmherzigkeit an ihnen übte. Später entschloß sich Gudula, die sich im Ringen um christliche Vollkommenheit auszeichnete, Inkluse zu werden, das heißt, als Eremitin in einer geschlossenen Zelle zu leben. Als solche starb sie nach einem entbehrungsreichen, asketischen Leben im Jahre 712. Die zahlreichen Erhörungen bewirkten, daß ihr Leib erhoben und später in der St. Gudulakirche zu Brüssel bestattet wurde.

Legende

Von Gudula erzählt man sich folgende Geschichte, die auch ihr Attribut erklärt: Alle Tage in der Frühe, noch vor Sonnenaufgang, pflegte Gudula, von einer einzigen Dienerin begleitet, die ihr mit einem Licht voranleuchtete, sich in die Kirche Saint-Sauveur von Moorsel zur Messe zu begeben. An einem Morgen war es so windig, daß ihre Laterne ausging als habe sie der Teufel ausgeblasen, so daß sich die beiden Frauen im weglosen Dunkel befanden. Ein Feuerzeug hatten sie nicht bei sich, konnten also das Licht nicht wieder anzünden. Gudula aber ließ sich nicht entmutigen und warf sich, wie einstmals die hl. Genoveva, auf die Knie nieder und bat Gott um Hilfe. Und siehe da, ihre Laterne wurde wunderbarerweise wieder hell, und die beiden Frauen konnten gefahrlos ihren Weg fortsetzen.

Der heilige Makarius *(Gedenken: 2. Januar)*

Der Name Makarius stammt aus dem Griechischen und bedeutet ‚der Glückselige'. Es gibt eine Reihe frommer Männer, die diesen Namen trugen; die meisten gehörten zu jenen Wüstenheiligen der frühen nachchristlichen Jahrhunderte, die von ihren Zeitgenossen wie auch von der Nachwelt teils als Heilige teils als Narren bezeichnet wurden, weil sie der Welt den Rücken drehten, um nach Christi Wort „vollkommen" zu werden. Ob sie in Höhlen hausten, Körbe flochten oder mit ausgebreiteten Armen Stunden um Stunden standen und beteten, ob sie sich unvorstellbare Entbehrungen auferlegten, Einsamkeit, Finsternis, Schweigen und Eingeschlossensein ertrugen, ihr Ziel war stets das gleiche. In der schrecklichen Öde der Wüste, diesem „Meer ohne Wasser", führten sie einen wilden Kampf gegen die Anfechtungen ihrer Sinne, sie bestanden Hunger und Durst, Dämonen und wilde Tiere. Fünftausend Einsiedler-Mönche lebten, wie berichtet wird, gegen Ende des 4. Jahrhunderts in den Wüsten des oberen und unteren Ägypten.

Die Kirche unterscheidet zwei Heilige mit Namen Makarius, einmal Makarius den Älteren, auch „der Große" oder „der Ägypter" genannt, mit dem Festtag am 15. Januar. Zum anderen Makarius den Jüngeren, „den Alexandriner", von dem hier berichtet werden soll, mit dem Festtag am 2. Januar. Beide lebten als Eremiten in der gefürchteten Nitriawüste südlich von Alexandria. Dort war der Boden so schwefelhaltig, daß alles Leben erstarrte. Der ältere Makarius starb um 390. Er gilt zusammen mit dem hl. Antonius als Vater des ägyptischen Mönchtums. Von ihm sagt sein Schüler und Biograph Serapion, er sei „das große Licht" gewesen, der „ganz große von Gott Erleuchtete", das „Haupt der Mönche auf dem heiligen Berg der Sketis". Makarius vereinte in sich alle Eigenschaften eines wahren Anachoreten (Zurückgezogenen), ihn erreichte weder Furcht noch Freude mehr. Der Welt abgestorben, besaß er die vollkommene Ruhe der Seele, jenes Schweigen von Herz und Hirn, zu dem der Eremit erst nach langen Jahren des Gebets und der Abtötung gelangt.

Das wunderreiche Leben des jüngeren Makarius, einem Zeitgenossen des Älteren, mit dem er oft verwechselt wird, hat uns dessen Schüler Palladius in der ‚Historia Lausiaca' beschrieben. Dieser verbrachte selbst viele Jahre in der Wüste, darunter drei bei dem großen Asketen. Von ihm stammt auch jene gleichnishaft anmutende Beschreibung der Zellen des Makarius. Die Einsiedler pflegten sich ihre Behausungen in den Berg zu graben, manche hatten keinen Eingang und konnten nur durch ein Loch erreicht werden, durch das sich der Büßer hinunterließ. Kein Auge vermochte den sich in der Tiefe dieser Gruft kasteienden Einsiedler zu erblicken. Palladius erzählt, des Makarius eine Höhle sei so eng gewesen, daß er darin kaum noch stehen konnte: hier entzog er sich den Schlaf; die zweite so dunkel, daß die Finsternis ihn einhüllte wie der Tod: hier entbehrte er der Nahrung; allein die dritte Zelle war geräumiger: in ihr unterwies er seine Schüler und empfing die zahlreichen Pilger, die ihn wegen seiner Heiligkeit von allen Enden des römischen Reiches her aufsuchten und ihm Fragen stellten.

Es wird erzählt, daß Makarius der Alexandriner ursprünglich ein gutgehendes Gewerbe in Alexandria betrieben habe und schon in der Mitte des Lebens stand, als ihn der Anruf Gottes traf. Da verschenkte er alles an die Armen und ging in die Wüste, wo er noch sechzig Jahre lebte. Er war bald der berühmteste unter allen Einsiedlern, denn seine Askese war gewaltiger als die aller anderen Mönche. Auch war er ein großer Wundertäter und Lehrer. Makarius von Alexandrien konnte, wie Abbé Duchesne schreibt, „von keiner asketischen Tat hören, ohne sie augenblicks überbieten zu wollen". So setzte er sich zwanzig Tage und Nächte ungeschützt der unbarmherzigen Sonne des Tages und der eisigen Kälte der Nacht aus, weil er Schlaf, Hunger und Durst überwinden wollte. Er hielt sich seinen Brotvorrat in einem Gefäß, dessen Öffnung so klein war, daß er täglich nur ein winziges Stück herausziehen konnte, um ja nicht zu viel zu essen. Seine unerhörten Abtötungen, so berichtet sein Schüler, ließen seinen langen Bart, den Stolz der Anachoreten, bis auf wenige Haare verkümmern, womit er seine Demut bewies. Weiter schreibt Paladius, daß Makarius einmal von einer Mücke gestochen, dieselbe gedankenlos tötete, ihm aber alsbald bewußt geworden sei, daß er aus Rache gehandelt habe. Deshalb legte er sich zur Buße auf, sechs Monate nackt in den Sümpfen am Nil zuzubringen, wo die Mücken so groß wie Wespen waren. Die Tiere zerstachen den Heiligen so sehr, daß ihn die anderen Einsiedler nach seiner Rückkehr fast nicht wiedererkannten.

Gegen Ende seines Lebens erfuhr Makarius, daß im oberen Niltal, in der Thebais, sich Klöster gebildet hätten, wo die Gottesmänner nach ganz anderen Regeln lebten wie die Eremiten der sketischen Wüste. Entsetzt fragte er sich, wie man ein Heiliger werden könne, wenn man mit anderen zusammen lebte und sich nicht mehr freiwillig allen Kasteiungen unterziehen durfte? Um sich selbst davon zu überzeugen, machte er sich trotz seines hohen Alters auf den Weg nach Tabenesi, wo der hl. Pachomius Klöster gegründet hatte, in denen er die Mönche im Gegensatz zu den Anachoreten zum erstenmal zu gemeinsamen Leben zusammenschloß. Makarius ließ sich in einem dieser Klöster aufnehmen, ohne seinen Namen zu nennen und lebte dort sieben Jahre. Aber die asketischen Übungen der Mönche dünkten ihn ein Kinderspiel, und er erschreckte seine Umgebung, indem er sie in allem bei weitem überbot. So stand er während der ganzen Fastenzeit aufrecht in einer Ecke seiner Zelle ohne sich anzulehnen, ohne einen Tropfen Wasser oder ein Stück Brot zu sich zu nehmen mit Ausnahme der Sonntage, an denen er rohe Kohlblätter genoß. Die Gegenwart dieses Menschen war seinen Gefährten unheimlich und sie beklagten sich beim Abt über ihn. Dieser ließ Makarius zu sich kommen und erfuhr zu seinem Erstaunen, daß er den großen Asketen der nitrischen Wüste vor sich habe, dessen Ruf bis zu ihm gedrungen war. So entließ er Makarius voll Bewunderung für die Vollkommenheit eines bußfertigen Gotteseifers. Der Hundertjährige kehrte zurück in die Wüste von Sketis und starb bald darauf friedlich in seiner Höhle, beweint von der Menge der Wüstenväter. Das geschah etwa um das Jahr 394. Der hl. Makarius der Alexandriner wird dargestellt als Einsiedler, Licht oder Laterne neben sich.

Legende

Der Ruf seiner Tugend versammelte viele Jünger um ihn, die nach seiner Anleitung Gott zu dienen begehrten. Einmal hatte man dem hl. Makarius eine schöne große Traube zum Geschenk gemacht. Er wollte einem kranken Bruder damit eine Freude machen und brachte sie ihm. Dieser aber sandte sie ganz unberührt zu seinem Nachbar; aber auch dieser wollte sie nicht annehmen und schickte sie zu seinem nächsten Mitbruder. So wanderte die Traube denn von Zelle zu Zelle, doch keiner wollte von ihren Früchten kosten und sie kam unversehrt wieder in die Hände des Heiligen zurück. Da war er über die brüderliche Liebe und große Enthaltsamkeit seiner Jünger zutiefst gerührt und legte die Traube als Opfer am Altare nieder.

„Weil die Heiligen zumeist in wahrer Unschuld und reinem Gehorsam, in Heiligkeit, Liebe, Glauben und Gerechtigkeit vor dem Herrn vollkommen befunden werden, gewinnen sie gleichsam vom Herrn zurück das alte Recht und die natürliche Herrschaft, wenn sie den Tieren und den Elementen, der Krankheit und dem Tode gebieten", so steht es in den ‚Acta Sanctorum'. Jene „unbegreifliche Verständigkeit der Kreatur in der Fühlung mit den Gottesmännern" schildert die bekannte Legende von Makarius und der Hyäne, die wir in der Übersetzung von Joseph Bernhart gekürzt wiedergeben:

Als eines Tages Makarius in seiner Zelle saß, da geschah es, daß eine Hyäne zu ihm kam, ihr Junges im Maule. Er war erstaunt und sagte: „Was willst du hier?" Sie hielt ihr Junges dem alten Manne hin und weinte. Er nahm es in seine Hände und besah sich's, was ihm fehle und fand, daß es blind war auf beiden Augen. Da spuckte er ihm ins Gesicht und berührte es an den Augen mit seinem Finger. Sogleich sah das Junge. Es verlangte nach der Zitze der Mutter, sog an ihr und folgte ihr.

An einem der nächsten Tage kam die Hyäne wieder zu Makarius: sie hielt in ihrem Maul ein Schaffell, dick von Wolle und noch frisch vom Töten. Makarius sah die Hyäne und sagte zu ihr: „Wo bist du gewesen! Wo hättest du das gefunden, wenn du nicht ein Schaf gefressen hättest! Was du mir da bringst, kommt vom Unrecht – das nehm ich nicht!“ Die Hyäne senkte ihren Kopf, sie beugte ihre Pfoten als ob sie kniete und wie bittend, es zu nehmen, legte sie das Fell zu seinen Füßen. Er sprach: „Ich nehme es nur, wenn du mir versprichst, daß du kein lebendes Wesen mehr töten wirst. Von heut an wirst du keine Beute fressen, wenn sie nicht tot ist. Wenn du nichts findest, komm hierher und ich werde dir Brot geben.“ Die Hyäne sah ihn an, als ob sie es ihm verspräche. Da gab der Heilige Gott die Ehre, der den Tieren Verständnis gibt, und er nahm das Fell von der Hyäne und sie ging hinweg.

DER HEILIGE SIMEON, DER STYLIT *(Gedenken: 5. Januar)*

Eine der bemerkenswertesten Erscheinungen unter den Wüstenheiligen ist bis heute Simeon der Stylit geblieben. Er war der erste der großen Asketen in der syrischen Wüste, der eine Säule bestieg, auf der er siebenunddreißig Jahre lebte, „um dem Himmel näher zu sein“. Wenn auch von vielen deswegen als „irrsinnig“ angesehen, ist die Bedeutung dieses Heiligen für die frühe Kirchengeschichte unbestreitbar. Sein Leben ist uns mit vielen Einzelheiten überliefert worden, und diese Berichte beruhen auf den Aussagen von Augenzeugen, von denen einige seine Geschichte niedergeschrieben haben.

Um 390 in Sis in Cilicien als Sohn christlicher Bauern geboren, war Simeon einige Jahre Hirte. Er verließ sein Elternhaus jedoch frühzeitig, um sich als Mönch Gott zu weihen. Zehn Jahre verbrachte er in einer syrischen Klostergemeinschaft in Telada, die unter der geistigen Führung eines Abtes namens Heliodor stand. Dort tat der junge Simeon sich durch so unmenschliche Bußübungen hervor, daß man ihn schließlich bitten mußte, das Kloster zu verlassen. Er gehorchte und begab sich an eine der einsamsten Stellen des Gebirges, wo er in einen trockenen Brunnenschacht hinabstieg, um darin „aufrecht stehend Gott zu loben“. Nach fünf Tagen zogen ihn seine ehemaligen Mitbrüder entsetzt wieder ans Tageslicht.

In der folgenden Fastenzeit ließ Simeon sich einmauern und blieb vierzig Tage lang ohne jede Nahrung – eine Übung, die er achtundzwanzig Jahre beibehielt. Wieder einige Zeit später bestieg der Asket den nach ihm benannten Berg ‚Kalat

Siman' und ließ sich dort an einer Kette am Felsen anschmieden, auf daß er den von ihm gewählten Platz nicht verlassen könne, „selbst wenn er gewollt hätte". Hier beschäftigte er sich Tag und Nacht damit, „mit den Augen des Glaubens und des Geistes jene Dinge zu betrachten, die über dem Himmel sind". Schon damals zog der Ruf seiner Heiligkeit eine Menge von Pilgern an, die den angeketteten Eremiten belagerten. Um der Bedrängnis und Ablenkung zu entgehen, verzichtete er auf diese Art der Askese, mit der er seinen Körper hatte fesseln wollen, damit sein Geist frei werde, und verließ die Stätte.

Jetzt kam ihm der Gedanke, eine Säule zu besteigen, wo ihn die Menschen in seiner Gottsuche nicht mehr stören könnten. Sie hatte zunächst eine Höhe von fünf Metern, später ließ er sie immer höher machen, bis die kleine Plattform, auf der er fortan lebte, sich fast zwanzig Meter hoch über der Erde befand. Dreißig Jahre verbrachte er meist aufrecht stehend hinter der kleinen Balustrade, die sein Lebensgeviert umschloß; hier verneigte er sich unzählige Male am Tage und in der Nacht zum Gebet, hier war sein Körper Hitze und Kälte ausgesetzt, hier ertrug er geduldig die Schmerzen seiner Schwären und Wunden. Nur einmal in der Woche nahm er Nahrung zu sich, die ihm in einem Almosenkorb gereicht wurde, den er zu sich heraufzog. Nur selten gönnte der strenge Büßer sich ein wenig Schlaf. Uns Heutigen scheint eine solche Lebensform unvorstellbar. Aber auch schon zu seiner Zeit erregte sie ungeheures Aufsehen. Theodoret, sein Biograph, schreibt, er habe die große Menge der Pilger gezählt, die sich an dem wunderbaren Anblick des Styliten – des Säulenstehers – erbauen wollte, und er sei einmal zu einer Zahl von 1244 gekommen. Sie kamen aus allen Himmelsrichtungen, so daß man von einem „Meer von Menschen" sprach, die sich tagsüber zu Füßen der Säule aufhielten. Unter ihnen befanden sich Juden und Perser, Armenier und Äthioper, Araber und Christen. Sie alle lauschten den Predigten und Ermahnungen des Styliten. Die Anachoreten kamen aus der Wüste, weil sie Simeon für einen eitlen Schausteller hielten, mußten sich aber von seiner unantastbaren Heiligkeit überzeugen. Bis nach Gallien und Spanien war der Ruf seiner Tugend und Weisheit gedrungen, so daß bald kirchliche wie weltliche Würdenträger der Zeit sich seinen Ratschlägen unterwarfen. Er schlichtete von seiner Säule herab Streitigkeiten und hörte sich die ihm vorgetragenen Nöte liebevoll an. Niemand wagte es, sich einem einmal von ihm ausgesprochenen Schiedsspruch zu widersetzen! Es gelang Simeon, die streitenden Patriarchen der Ostkirche zur Botmäßigkeit unter Rom zurückzuführen und bei den abtrünnigen Bischöfen die Anerkennung des Konzils von Chalcedon zu erreichen.

Als Simeon, vom Volke drei Tage lang unbemerkt, im Jahre 459 auf seiner Säule gestorben war, wurde sein Tod Anlaß zu ernsten Unruhen. Der römische Kaiser mußte sechshundert Soldaten aus Antiochia schicken, damit der Körper des Heiligen von seinen Verehrern nicht in Stücke gerissen wurde, den die Sarazenen als ihren Heiligen schon wegzuschleppen sich anschickten. Die Christen übertrugen seine Reliquien nach Antiochia. Sie wurden in einer ihm zu Ehren erbauten Kirche beigesetzt. Gott verherrlichte das Grab des heiligen Styliten mit vielen Wundern. Die eindrucksvollen Ruinen dieser riesigen Anlage (erbaut gegen Ende des 5. Jahrhunderts) zeugen noch heute für seine bezwingende Persönlichkeit.

Der hl. Simeon ist Patron der Hirten. Sein Fest ist am 5. Januar. Dargestellt wird er auf einer Säule stehend, die als Symbol für die geistige Erhebung des Menschen zu Gott gilt.

Legende

Die sonderbare Lebensweise des Heiligen rief neben vielfacher Bewunderung auch den Spott zahlreicher Menschen hervor. Sie nannten ihn einen eitlen und stolzen Sonderling, der nur deshalb so lebe, weil er bewundert werden wollte. Dies kam auch den Bischöfen zu Ohren und sie wollten ihn prüfen, ob er gehorsam und demütig sei. Also sandten sie fromme Einsiedler zu Simeon, die ihm im Namen der Bischöfe befahlen, von seiner Säule zu steigen und mit ihnen ein einfaches Leben in Demut zu führen. Kaum hatte Simeon den Befehl vernommen, da stieg er auch schon von seiner Säule und wollte mit den Einsiedlern gemeinsam leben. Dieser demütige Gehorsam des Heiligen überzeugte die Abgesandten der Bischöfe so sehr, daß sie ihm erlaubten, auch weiterhin sein Leben auf der Säule zu verbringen.

Die nachfolgende wunderbar gleichnishafte Legende stammt aus der Vita des Heiligen, die sein Schüler, genannt Antonius, verfaßt hat. „Simeon bestieg seine Säule und begann mit Wunderkraft zu wirken", heißt es in der Antwerpener ‚Vitae Patrum', die Joseph Bernhart seinem Text zugrunde legte. „Viele Lahme kamen zu ihm, viele mit bösen Geistern, und er heilte sie. Und Blinde wurden sehend und dürre Hände kräftig und Taube wieder hörend und Aussätzige wieder rein. Menschen vieler Völker hat dieser Mann zum Christenglauben gebracht... Nun hauste zu jener Zeit nicht weit von ihm gen Norden ein großmächtiger Drache – kein Gras konnte mehr in der Gegend wachsen –, dem fiel ein Aststück von einem Baum ins rechte Auge. Und siehe, eines Tages kam der blinde Drache von sich selbst herangeschleppt zu der Säule, auf der der Gottesmann sein Wohnen hatte, und rollte sich, wie um Verzeihung bittend, in sich zusammen, und so lag er mit geducktem Kopfe da. Und der selige Simeon sah herab auf ihn, und allsogleich fiel das ellenlange Holz aus seinem Auge. Und alle, die es sahen, lobten Gott, und dennoch flohen sie vor ihm in ihrer Furcht. Da rollte das Tier sich auseinander und blieb unbewegt auf demselben Platze, bis alles Volk sich verlaufen hatte. Dann stand es auf und hielt Anbetung am Fuße dieses heiligen Ortes, wohl zwei Stunden lang, und kehrte dann zurück zu seinem Lager und tat niemand einen Schaden."

Der heilige Hilarius

Außer den vier größten abendländischen Kirchenvätern, die in der Kunst vielfach den vier Evangelisten gegenübergestellt werden, kennt die Kirche noch eine ganze Reihe anderer Kirchenlehrer. Darunter befindet sich der hl. Hilarius von Poitiers. Er wurde 1851 von Papst Pius IX. zum Kirchenlehrer erhoben. Man sieht diesen unermüdlichen Bekämpfer der arianischen Irrlehre abgebildet in Bischofskleidung, Schlangen zu Füßen – die das Sinnbild für Häresie sind –, manchmal auch ein totes Kind erweckend oder mit Buch. Er hat das Patronat über kleine schwächliche Kinder. Leider ist der Bekennerbischof von Poitiers, Verfasser wichtiger Schriften, Retter der abendländischen Kirche, sehr in Vergessenheit geraten. Dabei ist er genauso bedeutsam wie der hl. Athanasius, der zur gleichen Zeit für den rechten Glauben stritt. Augustinus hat Hilarius als den „gewaltigen Verteidiger" der Kirche und Hieronymus ihn als „ihre Posaune gegen die Häresie" gepriesen.

Hilarius ist vermutlich um 310 als Kind wohlhabender heidnischer Eltern in Poitiers geboren. Er erhielt eine außerordentlich sorgfältige Ausbildung. Das gründliche Studium der Philosophie, das er nebst Rhetorik und der Lesung des Alten und Neuen Testamentes auch nach seiner frühen Heirat betrieb, führte ihn zu der Lehre von dem einen Gott und damit zum Christentum und der Taufe. Obgleich seine Frau zu dieser Zeit noch lebte, wurde er 350 vom Volk zum Bischof seiner Vaterstadt gewählt und empfing die Priester- und Bischofsweihe. Auch jetzt setzte er seine Bibelstudien mit Eifer fort und schrieb für seine Gemeinde eine Exegese des Matthäusevangeliums.

Sehr bald wurde er in den Streit, den die Arianer gegen die römischen Christen führten, hereingezogen. Hilarius setzte seine ganze Kraft ein zur Bekämpfung dieses Irrglaubens, der, vom Orient ausgehend, die römische Kirche bedrohte. Er wandte sich entschieden gegen den Metropoliten Saturnius von Arles, als dieser, unterstützt von Kaiser Konstantius II., im Anschluß an die Synode von Mailand in Gallien den Arianismus einzuführen versuchte. Nachdem Hilarius unter Mißachtung aller Warnungen öffentlich Anklage wider Saturnin erhoben und in einem Schreiben an den Kaiser mit kräftigen Worten die Wahrheit verteidigt und den Irrglauben bloßgestellt hatte, verbannte Konstantius, der selbst der Lehre des Arius anhing, den unbequemen Streiter nach Phrygien in Kleinasien. Obgleich man aus durchsichtigen Gründen dem Volke von Poitiers den

Aufenthalt seines Bischofs nicht mitgeteilt hatte, hielten Volk und Klerus von Gallien ihrem Bischof die Treue. Hilarius war auch im Exil nicht müßig. Hier in der Verbannung fand er die Zeit, sich ausgedehnten theologischen Studien zu widmen, die ihm das Material für die Fortsetzung seines Kampfes lieferten. Durch eigene bedeutende Schriften – darunter seine zwölf Bücher ‚Über den Glauben oder die göttliche Dreifaltigkeit' (‚De Trinitate') – suchte er die Wahrheit der katholischen Lehre zu beweisen. In seinem Hauptwerk widerlegte er sämtliche vorgebrachten Argumente gegen die Gottheit Jesu Christi. Wenn auch der gleichfalls vom Kaiser verbannte Papst Liberius sich „innerlich zermürbt und aus Friedensliebe" zu einem Kompromiß bekannte, so ließ sich Hilarius davon nicht beeinflussen. Im Frühjahr 359 schickte er seine berühmte Botschaft an alle Bischöfe des Abend- und Morgenlandes, die die wichtigsten Glaubensbekenntnisse aufgrund des Konzils von Nicea behandelt; sie wird als Anlaß für die alsbaldige Einberufung der Synoden von Seleucia und Rimini angesehen. Hilarius nahm selbst als Zuhörer an der Synode von Seleucia teil. Auf beiden Synoden wurde der Arianismus mit großer Mehrheit verworfen. Aber der Kaiser gab trotzdem nicht nach. Nun reiste Hilarius nach Konstantinopel, um dort vor dem Kaiser mit Saturnius, der sich zu dieser Zeit ebenfalls in Konstantinopel aufhielt, ein Streitgespräch zu führen. Jedoch der Kaiser lehnte ab und empfing Hilarius nicht, ja, seine arianischen Ratgeber erreichten, daß der „Störenfried" entfernt und wieder nach Poitiers zurückgeschickt wurde.

Hilarius wurde von den Gläubigen in Gallien mit großer Freude empfangen. Da bald danach Kaiser Julian zur Regierung kam, der der Kirche die Möglichkeit gab, ihre Angelegenheiten ohne staatliches Eingreifen selbst zu ordnen, beschloß die 361 auf Veranlassung von Hilarius zusammengetretene Synode von Paris die Absetzung des Saturnin. Unter dem Nachfolger Julians, Kaiser Valentinian I., trat der mutige Bischof noch einmal gegen die Häresie auf. Er versuchte, auf der Synode von Mailand die Absetzung des arianischen Gegenbischofs Auxentius zu erreichen. Dies gelang ihm zwar nicht, da Auxentius Kaiser Valentinian davon zu überzeugen wußte, daß es dem Kirchenfrieden dienlich sei, wenn Hilarius wieder in sein Bistum zurückgeschickt würde. Immerhin hatte das Eingreifen des Heiligen den Erfolg, daß Auxentius von da an vermied, sich öffentlich für die arianische Irrlehre einzusetzen.

Die eigentliche Neuordnung der Kirche auf der Grundlage von Nicea ist allerdings erst dem hl. Ambrosius geglückt, der die geistige Auseinandersetzung mit den Arianern zu Ende führte. Hilarius kann als sein Vorläufer und Wegbereiter bezeichnet werden.

Seine letzten Lebensjahre widmete Hilarius der Führung seines hohen Amtes und seiner Jugendliebe, der Dichtung. Er bereicherte, ähnlich wie später Ambrosius, die Liturgie durch den hymnischen Gesang und das Psalmengebet, einen Brauch, den er wahrscheinlich im Osten kennengelernt hatte. Auch geht auf ihn die Einführung der Neumen – abstrakten Zeichen anstelle von Noten – in Gallien zurück. Man sagt von Hilarius, daß er trotz seiner vielen Kämpfe sich stets ein freundliches, angenehmes Wesen bewahrte. Die von ihm praktizierte ‚vita communis' – das gemeinsame Leben mit dem Klerus – gab einen ersten Anstoß zu den unter seinem Schüler, dem hl. Martin von Tours, entstehenden ältesten klösterlichen Gemeinschaften in Gallien.

Der Bekennerbischof starb um 367 in Poitiers. Ein Teil seiner Reliquien kam nach St. Denis bei Paris. An seinem Grab ereigneten sich viele Wunder. Der hl. Hilarius wurde besonders verehrt vom hl. Fridolin, der mehrere Hilariuskirchen und ein Hilariuskloster an der Mosel erbaute.

Legende

Als Hilarius sich auf Befehl des Kaisers auf den Weg zurück nach Poitiers machte, kam er zu der Insel Gallinaria, die ganz voll Schlangen war: sie flohen allesamt, als er sich nahte. Da nahm er einen Pfahl und steckte ihn in die Mitte der Insel und gebot den Schlangen, diese Grenze nie mehr zu überschreiten: und sie konnten fortan nicht darüber wegkommen, als sei der andere Teil der Insel ein Wasser und nicht ein Land.

Als der Heilige in die Stadt Poitiers zurückgekehrt war, war dort ein Kind ohne Taufe gestorben, dem gab er mit seinem Gebet das Leben wieder. Lange lag der heilige Bischof im Staube, bis sie beide aufstanden, der Greis vom Gebete und das Kind vom Tode.

Sankt Hilarius wirkte noch viele andere Wunder. Als er seinen Tod nahen fühlte und krank darniederlag, rief er den Priester Leontius zu sich, den er sehr liebte. Und als die Nacht nahte, hieß er den Priester ausgehen und ihm melden, was er höre. Leontius tat nach seinem Gebot und kam wieder und sprach: „Ich höre nichts als den Lärm der Stadt." Und als er bei ihm wachte und seines Todes wartete, gebot ihm der Kranke um Mitternacht abermals, daß er ausgehe und ihm sage, was er höre. Und er kam wieder und sprach, er höre nichts. Aber siehe, da war auf einmal ein großes Licht um den Heiligen, dessen Klarheit der Priester nicht ertragen konnte, und als das Licht langsam wieder verschwand, war die Seele des Heiligen gen Himmel gefahren.

Der heilige Felix von Nola

Es gibt mehrere Heilige, die den Namen Felix, ‚der Glückliche', führen. Der hl. Felix von Nola mit dem Beinamen ‚in pincis' wird von der Kirche als Bekenner im alten Sinne bezeichnet, gilt also nicht als eigentlicher Märtyrer, obgleich er wahrscheinlich in der Verfolgung unter Kaiser Decius gepeinigt, eingekerkert, aber auf wunderbare Weise befreit wurde. Dargestellt wird der Heilige als Diakon, im Kerker, einen zerbrochenen Topf oder Scherben neben sich, in einer Höhle, vor der ein Spinngewebe hängt, das ihn vor seinen Verfolgern verbarg, manchmal auch mit einer Weintraube.

Er ist Patron gegen Meineid; man ließ später Angeklagte an seinem Grabe schwören, und bei falschem Eid konnten diese stets ihres Verbrechens überführt werden! Auch erweist er sich als Helfer bei Augenkrankheiten, denn aus seinem Grabe in Nola tropft eine Flüssigkeit, die sich gegen solche Krankheiten wirksam zeigte; ferner gilt er als Patron der Haustiere.

Der hl. Felix wurde etwa gegen Ende des zweiten oder Anfang des dritten Jahrhunderts zu Nola in Campanien als Sohn des reichen Syrers Hermias geboren, der sich dort angesiedelt hatte. Sein Vater hatte in kaiserlichen Diensten gestanden. Nach dem Tode seines Vaters verteilte Felix, der schon von Jugend auf sehr mildtätig gegen die Armen war, das Ererbte unter sie und trat in den Dienst der Kirche. Zunächst Lektor, dann Exorzist und später Priester, zeichnete sich Felix durch die Reinheit seiner Sitten und sein männlich-kluges Wesen aus, so daß er sich bald die Liebe und das Vertrauen des alten Bischofs Maximus erwarb. Nach dem Tode des Bischofs wollte das Volk Felix zu seinem Nachfolger machen, wie es auch Maximus gewünscht hatte, aber Felix lehnte die Würde ab und blieb zeit seines Lebens einfacher Priester. Er starb um das Jahr 260.

Der größte Teil seiner Reliquien befindet sich in der Kathedrale von Nola, andere Teile in Rom und Benevent. Sein Grab, das von vielen Pilgern und Kranken aufgesucht wird, wurde durch wunderbare Heilungen verherrlicht. Der hl. Felix wurde aber schon im christlichen Altertum im ganzen Abendlande hoch verehrt, besonders von Augustinus und dem berühmten Paulinus von Nola, der uns auch seine Geschichte übermittelt hat. Wohl wegen seiner vielen ausgestandenen Leiden wird der Heilige im römischen Martyrologium genannt.

Legende

Als unter Kaiser Decius Christenverfolgungen ausbrachen und der gefährdete Bischof, um sich seiner Herde zu erhalten, floh, ergriff man statt seiner den Diakon. Felix wurde mit Ruten gestrichen und an Händen und Füßen gefesselt in einen Kerker geworfen, dessen Boden mit Scherben bedeckt war. Da erschien ihm nachts ein leuchtender Engel, löste seine Bande, öffnete die Tür seines Gefängnisses und führte ihn zu seinem Bischof Maximus. Der Greis war auf der Flucht vor seinen Verfolgern unterwegs halb verhungert und erstarrt liegen geblieben. Der Engel bedeutete Felix, ihm Hilfe zu bringen. Da er aber keinerlei Speise bei sich hatte, die er dem Erschöpften hätte reichen können, kniete er sich nieder und betete inbrünstig. Da erblickte Felix auf einmal neben sich eine Traube an einem Dornenstrauch hängen. Er ließ den Saft der Beeren durch die erblaßten Lippen des alten Mannes träufeln, der allmählich zu sich kam. Dann trug er den völlig entkräfteten Bischof auf seinen Schultern in das bischöfliche Haus zurück und übergab ihn der Pflege einer alten Frau.

Während einer neuen Verfolgungswelle geschah es, daß die Götzendiener, die die Gewalt seiner begeisterten Predigten fürchteten, Felix anzeigten. Es gelang dem Priester, sich in einer verfallenen Höhle zu verbergen, deren Zugang alsbald von einem Spinnengewebe überzogen wurde, so daß die Verfolger glaubten, dahinter könne niemand sein. Dadurch getäuscht, stellten sie die Nachforschungen ein. Nun suchte Felix Zuflucht in einer Zisterne, wo ihn eine unbekannte Frau, deren Antlitz er niemals sah, mit Speise versorgte. Dort blieb er sechs Monate. Als wieder Friede eingezogen war, kehrte der Heilige zu seiner Gemeinde zurück, in deren Mitte er demütig und arm bis zu seinem Tode lebte. Um niemandem zur Last zu fallen, hatte er sich einen Acker gemietet, den er selbst bebaute und von dessen Ertrag er seinen Unterhalt bestritt.

Außer dem hl. Felix von Nola sind vor allem in der Schweiz der HL. FELIX VON ZÜRICH und die HL. REGULA bekannt. Beide Heilige sollen zur Thebaischen Legion des hl. Mauritius gehört und in Zürich um 300 den Märtyrertod erlitten haben. Über ihren Gebeinen steht heute das Großmünster von Zürich. Die hll. Felix und Regula sind die Stadtpatrone von Zürich. Dargestellt werden sie mit abgeschlagenen Köpfen, die sie in den Händen halten. Ihr Gedenktag ist der 11. September.

DER HEILIGE ROMEDIUS

Wenngleich Lebenszeit und -geschichte dieses Heiligen umstritten sind, soll er nicht unerwähnt bleiben, da sein Heiligtum im Tale von Trient noch heute ein vielbesuchtes Wallfahrtsziel ist.

Nach der Legende war Romedius ein Graf von Thauer aus Hall im Inntal, der in seiner Jugend noch den hl. Vigilius (s. 27. Juni), Bischof von Trient, der im Jahre 405 starb, gekannt haben soll. Trotz seiner vornehmen Erziehung blieb er Analphabet. Deshalb holte er sich einen Geistlichen auf sein Schloß, damit er ihm aus den Evangelien und den Lebensbeschreibungen der Heiligen vorlas. Als er schon in hohem Alter stand, erging an ihn der Ruf Gottes, den Rest seines Lebens der Ausbreitung und Sicherung des Christentums im Bistum seines inzwischen verstorbenen großen Freundes zu widmen. Romedius machte Ernst mit dem Worte der Schrift: „Wenn du vollkommen sein willst, gehe hin und verkaufe alles..." Er verschenkte ohne Zögern seinen Besitz an die Armen, sein Schloß machte er zu einer Art klösterlicher Niederlassung, und er selbst begab sich mit zwei Begleitern namens David und Abraham auf Pilgerreise.

Die drei Pilgerer kamen schließlich nach Rom und baten den Papst um die Erlaubnis, sich als Einsiedler in Südtirol niederlassen zu dürfen. Der Heilige Vater gab Romedius den Auftrag zur Christianisierung des Trentino mit der Auflage, er solle die Gebeine der drei Märtyrer Sisinus, Martyrus und Alexander suchen, die man nahe bei Trient im Jahre 397 erschlagen hatte, und ihnen am Orte ihres Martyriums eine würdige Grabstätte bereiten. So geschah es. Romedius fand mit Gottes Hilfe die Gebeine und bestattete sie in Sanzeno – der Name entstand aus ‚ad Sanctum Sisinum' – einem kleinen Orte im Nonstale, das von da an der Glanz der Heiligkeit umstrahlte. Als Romedius sein Werk vollbracht hatte, entdeckte er auf wunderbare Weise eine wilde Schlucht in einer engen Bergspalte. Einen steilen, fast hundert Meter hohen Felsen erwählte er als den abgeschiedenen Ort für seine Zelle und errichtete auf diesem steinernen Pfeiler – ein neuer Säulenheiliger – seine Einsiedelei. Dort lebten er und seine beiden getreuen Gefährten ganz der Buße und dem Gebet hingegeben. Wo sie nur konnten, halfen sie den Einwohnern der Gegend bei Krankheit und Not. Romedius wurde von allen geehrt und geliebt und starb an diesem Orte um die Mitte des 5. Jahrhunderts. Ein Teil seiner Reliquien wurde nach Thauer überführt, ein Teil blieb in San Romedio, jener Höhlenzelle, die der Heilige auf der Spitze der unzugänglichen Felsnadel sich eingerichtet hatte. Über ihr wurde die erste Kapelle in karolingischer Zeit errichtet und im Lauf der Jahrhunderte immer schöner und reicher ausgebaut. Das Heiligtum existiert heute noch, so wie sich das Andenken an den hl. Romedius in Südtirol und Bayern bis zum heutigen Tag erhalten hat.

Legende

Vom hl. Romedius erzählt man sich eine köstliche Legende: Als Romedius vom Inntal kommend den Gampenpaß überschritten hatte und in der Gegend von Romeno, das zu jener Zeit noch römische Militärstation war, rastete, erschien ein wilder Bär aus den tiefen Wäl-

dern und riß sein Pferd. Seine beiden Begleiter flohen voller Entsetzen. Der Graf aber ging unerschrocken auf den Bären zu, ergriff ihn am Ohr, zauste ihn tüchtig und sagte zu ihm: „Du hast mir mein Pferd gerissen, nun mußt du mir als Reittier dienen." Dann rief er seine Gefährten zurück, ließ dem wilden Tier den Sattel auflegen und seinen Pilgersack, und siehe da, gehorsam ließ es sich besteigen und trottete mit seiner Last nach Süden. Der Bär brachte Romedius tatsächlich nach Rom, und das Aufsehen in der Ewigen Stadt war ungeheuer, als der so offenkundig zu Großem ausersehene fromme Pilger auf seinem sonderbaren Reittier eintraf. Später, als der Heilige sein Werk getan hatte, trug ihn der Bär wieder zurück in die Südtiroler Berge. Der Bär habe dem Pilger auch den Weg zur Klause gewiesen, berichtet die Legende.

Heute noch hält man in San Romedio zum Andenken an diese Geschichte einen lebendigen Bären in einem Zwinger, und es gibt viele Darstellungen des heiligen Einsiedlers mit dem Bären.

Der heilige Gottfried von Kappenberg *(Gedenken: 13. Januar)*

Eine Grabtafel des hl. Gottfried, lateinisch: Godefridus, befindet sich in der Kirche von Kappenberg bei Dortmund in Westfalen. Darauf ist er zusammen mit seinem Bruder, dem sel. Otto, abgebildet. Die beiden Grafen stehen einander in edler Haltung als Ritter gegenüber und halten das Modell jener Kirche empor, die sie gestiftet haben und die noch heute existiert. Die Gebeine Gottfrieds wurden 1862 in Ilbenstadt – einer anderen frommen Stiftung des Heiligen – aufgefunden. Otto hingegen liegt in Kappenberg begraben.

Gottfried und sein Bruder sind einst in Kappenberg, dem Schloß ihrer Vorfahren, aufgewachsen. Beide waren echte Edelleute des hohen Mittelalters. Das kurze Leben Gottfrieds, der schon mit dreißig Jahren starb, ist durch eine wunderbare Wandlung geprägt. Aus dem reichen, jungen, kraftvollen und streitbaren westfälischen Ritter wurde ein Mönch! Diese Umkehr geschah mitten aus einem glücklichen, weltzugewandten Dasein heraus; in der Fülle seiner Gesundheit und Kraft faßte Gottfried seinen Entschluß der Welt zu entsagen. Wohl hatte er sich vorher schon durch einen ausgeprägten Gerechtigkeitssinn ausgezeichnet, denn der junge Burgherr und Grafensohn enthielt sich – ganz im Gegensatz zu seiner Zeit – jeder Grausamkeit und Willkür. Zu seinen Bauern hatte er trotz seiner Jugend ein patriarchalisches Verhältnis und mit seinen Dienstleuten stand er auf vertrautem Fuße. Er schützte seine Untergebenen gegen Strauchdiebe und Wegelagerer und eilte ihnen sofort zu Hilfe, wenn feindliche Heerhaufen sich nahten. Gottfried feierte auch mit seinen Leuten ihre Feste und

führte seine junge Frau, Jutta von Arnsberg, in ihre ärmlichen Katen, damit sie für die Armen und Kranken Sorge trage.
Den Anstoß zu der großen Umkehr in seinem Leben hatte eine Begegnung mit Norbert von Xanten, dem Begründer des Prämonstratenserordens, gegeben. Gottfried hörte seine Predigten in Köln und wurde von ihnen tief ergriffen. Als er in seine Burg nach Westfalen zurückkam, war er wie umgewandelt; er faßte den Entschluß, Kappenberg in ein Kloster umzuwandeln. Zunächst stellten sich ihm verständlicherweise große Widerstände entgegen. Man hielt den jungen Mann für verrückt. Sein Bruder sträubte sich mit allen ihm zu Gebot stehenden Mitteln, Besitz und Standesrechte für Gott hinzugeben. Seine junge Frau weinte bittere Tränen, als er ihr vorstellte, daß er alles, auch seine Ehe, aufopfern wollte. Dazu kam der Zorn seines Schwiegervaters, des stolzen Friedrich von Arnsberg, der ihm mit Gewalt und Rache drohte. Aber Gottfried ließ sich nicht wankend machen. Er traf seine Vorbereitungen unbeirrt. Als Norbert, sein geistlicher Führer, auf Kappenberg erschien, hatte er in seiner Gottesbegeisterung alle Hindernisse aus dem Wege geräumt. Sein Bruder und seine Gattin fügten sich ihm. Jutta nahm freiwillig den Schleier und trat in das von Gottfried gegründete Chorfrauenstift ein, zusammen mit seinen Schwestern Beatrix und Gerberga. Sein Bruder Otto erklärte den feierlichen Verzicht auf alle Güter und Rechte und faßte den Entschluß, Mönch zu werden. Gottfried übergab seine Güter dem Prämonstratenserorden, und am 15. August 1122 weihte der Bischof von Münster Schloß Kappenberg zum Kloster.
Zunächst blieb Gottfried dort als Novize, aber bald berief Norbert ihn nach Prémontré ins Stammkloster. Als Norbert Erzbischof von Magdeburg wurde, holte er den Jüngeren, der sich im Mutterkloster inzwischen mit Feuereifer die Reformideen des Ordensstifters zu eigen gemacht hatte, zu sich nach Magdeburg. Bald darauf schon ernannte ihn Norbert zum Vorsteher über alle deutschen Prämonstratenserklöster. Der begeisterte junge Abt wandelte noch zwei weitere Schlösser aus seinem Besitz, Ilbenstadt bei Frankfurt am Main und Valar westlich von Münster, in Klöster seines Ordens um. Indessen starb der Frühvollendete schon auf seiner ersten Visitationsreise am 12. Januar 1127 in Kloster Ilbenstadt.
Der hl. Gottfried wird dargestellt als Prämonstratenser im weißen Habit, eine Schüssel mit Broten – seiner großen Wohltätigkeit halber – oder auch die Kirchenmodelle seiner gestifteten Klöster tragend. So ist er auch unter den Heiligen der Prämonstratenser auf einem Fresko in der Klosterkirche zu Steingaden in Oberbayern wiedergegeben.
Man stößt auch auf Darstellungen mit Totenkopf und Krone zu seinen Füßen liegend; gelegentlich gab man ihm als Symbole die Marterwerkzeuge Christi in die Hand.

Der heilige Antonius, der Einsiedler

Am Ende des 3. und zu Anfang des 4. nachchristlichen Jahrhunderts fühlten sich fromme Männer berufen, das Wort Christi in die Tat umzusetzen, das im Markus-Evangelium (10, 20) festgehalten ist: sie gaben ihr bisheriges Leben auf und gingen in die Wüste. Die ersten Eremiten, die man auch Anachoreten nannte, entsagten also der Welt und forderten sie zugleich heraus, indem sie auf alle Genüsse des Leibes und der Sinne verzichteten, sich unerbittlicher Askese unterwarfen und sich vollkommener Kontemplation in der Nachfolge Jesu Christi hingaben. Zunächst allein lebend, schlossen sich die Wüstenväter im Laufe der Zeit zu Gemeinschaften zusammen: aus der Zelle wurde das Kloster, und die Gestalt des Mönches bildete sich heraus. Die Bewegung ging von Ägypten aus und griff dann nach Syrien über. Sie ist also ein orientalischer Gedanke – auch Christus entstammte dem Orient.

Die ersten großen Anachoreten (‚anachôrêsis' bedeutet Zurückgezogenheit), deren Leben uns durch Zeitgenossen überliefert wurde, waren der hl. Paulus von Theben und der hl. Antonius der Eremit (‚éremos' heißt Wüste, Einsamkeit). Beide führen den ehrenden Zusatz ‚der Große'; ihre denkwürdige, oftmals von der bildenden Kunst dargestellte Begegnung wird in der Legende beschrieben. Antonius, geboren um 251, stammte aus Komé (heute Keman) in der Gegend von Herakleopolis in Mittelägypten. Mit zwanzig Jahren schon vernahm er die Stimme, die ihn berief. Er gab sein reiches Erbe an gutem Land auf, verteilte seine Güter unter die Armen und wandte sich der Thebaischen Wüste im oberen Niltal zu, in deren Höhlen die während der Verfolgungen unter Kaiser Decius geflüchteten Christen ein frommes Leben führten. Unwissend im Sinne der Welt – Antonius konnte weder griechisch noch koptisch lesen oder schreiben –, drang der Gottsucher bald tief in Sinn und Wesen der Heiligen Schriften ein. Angeleitet von einem erfahrenen Führer, der auf dem Wege der Vollkommenheit schon fortgeschritten war, verbrachte er seine Tage bei harter Arbeit, seine Nächte im Gebet. Fünfzehn Jahre übte er sich, in einer Gruft lebend, in dem, was die Askese von einem Anachoreten fordert. Alles schien ihm mit Leichtigkeit zu gelingen, ein Minimum an Nahrung, Kleidung und Schlaf genügten dem Eifrigen. Zum Lebensunterhalt knüpfte er, wie die anderen Einsiedler, Palmblätter zu Körben und Matten. Die Vollkommenheit, die er aus ganzem Herzen erstrebte, schien nahe, er wurde nur noch ‚der Liebling Gottes' genannt.

Aber es kamen Rückschläge. Versuchungen fielen ihn an wie reißende Tiere, die bösen Geister der Einsamkeit gaukelten ihm das Wohlleben vor, das er so heroisch verlassen hatte, Vorstellungen der Wollust ließen ihn, der die Keuschheit gelobt hatte, nicht mehr los. Furchtbar war sein Kampf. Doch immer wieder bestand er, indem er die Waffen des Gebetes und der Gottesliebe zu Hilfe nahm. Zehn Jahre währten seine Anfechtungen. Dann kamen die Versuchungen des Hochmuts. Als er sich dieser neuen Gefahr bewußt wird, zieht er sich tiefer in die Einsamkeit zurück. Er überschreitet den Nil und läßt sich in der Nähe einer Quelle in der entsetzlichen Verlassenheit der Wüste von Pipir nieder. Doch auch hier wird er von Erscheinungen bedrängt, sie stehen auf aus der Unendlichkeit von Sand, Fels und Himmel. Athanasius von Alexandrien, dem wir die Lebensbeschreibung des Heiligen verdanken, berichtet, daß Antonius keineswegs ein überreizter, krankhafter Mensch gewesen sei und man diese quälenden Machwerke des Teufels, mit denen er sich so lange Zeit herumschlug, nicht als Ausgeburten einer erregten Phantasie abtun könne. Gesund und natürlich bis in sein hohes Alter, waren diese Erscheinungen für Antonius eine übernatürliche Wahrheit, der er sich geduldig beugte. Er wußte, daß Gottes Widersacher ihn mit allen Mitteln von seinem Wege abbringen wollte und setzte seine ganze Kraft daran, ihn zu besiegen. Die Künstler des späten Mittelalters, besonders die niederländischen Maler um Bosch und Breughel, hat es immer wieder gereizt, diese Visionen des hl. Antonius darzustellen: da sieht man den Heiligen, gequält von grauenhaften Teufelsfratzen, geneckt und gezaust von koboldartigen Wesen; Larven in Gestalt verführerischer Weiber bieten ihm Speise und Trank und stellen ihre Reize zur Schau, Tiere überfallen ihn, werfen ihn zu Boden und versuchen seiner Herr zu werden. Doch Antonius stieg weiter hinan auf der Leiter der Vollkommenheit. Der Ruf seiner Weisheit und Tugend zog Scharen von Jüngern an, und obgleich er allein sein wollte, konnte er sich ihnen nicht entziehen: er predigte und lehrte.

Im Jahre 312 versuchte er nochmals zu entfliehen; er schloß sich einer Karawane an und zog mit ihr gen Osten. In der Wüste des Berges Kolzim, nicht weit vom Roten Meer entfernt, entdeckte er den Ort, an dem er sich ungestört wähnte. Hier bleibt er bis zum Ende seines Lebens. Aber die gesuchte Abgeschiedenheit wird ihm auch hier nicht gewährt, ein neues Einsiedlerzentrum entsteht um ihn herum. Auch weltliche Besucher stellen sich ein, teils aus Neugier, teils um seinen Rat einzuholen. Das ging so weit, daß Antonius gegen Ende seines Lebens Briefe mit Kaiser Konstantin wechselte, ja ein regelrechter Postverkehr mit Dromedaren wurde zum ‚Antoniusberg' eingerichtet. Auf Einladung des Athanasius, griff der Neunzigjährige dann noch in den Kampf gegen die gefährliche Lehre des Arius ein. Er begab sich nach Alexandria und hielt eine mutige Predigt

gegen die Häretiker. Bis zu seinem Tode erfreute sich Antonius bester Gesundheit. Wenn die Daten stimmen, die uns überliefert sind, so erreichte der große Einsiedler ein Alter von hundertfünf Jahren. Als Erbe hinterließ er einen alten Mantel, zwei Tuniken in Sackform und eine von Mönchen bevölkerte Wüste.
Schon ein Jahr nach seinem Tode wurde seine von Athanasius verfaßte Biographie veröffentlicht. Dieses berühmte Werk spielte eine entscheidende Rolle bei der Ausbreitung des Mönchtums. Der Einfluß des Heiligen reicht bis weit ins Mittelalter hinein. Sein Grab befand sich zunächst auf dem Berge Kolzim, später, 561, wurden seine Gebeine in Alexandria beigesetzt.
Eine wunderbare Heilung, die im Jahre 1095 auf seine Anrufung hin in Frankreich geschah, gab Anlaß zur Gründung des Ordens der Antoniter, die sich der Pflege der vom sogenannten ‚Antoniusfeuer' (bei Schweinen nennt man die Krankheit ‚Rotlauf') Erkrankten widmeten. Die Antoniterbrüder hatten das Privileg, ihre Schweine frei in den Straßen herumlaufen zu lassen, und ihre Klöster waren mit dem Bild eines Schweines und einer Glocke gekennzeichnet. Daher ist wohl auch der hl. Antonius zum Patron der Haustiere, vor allem der Schweine und Schweinehirten, geworden. Im Rheinland wird er zum Unterschied vom hl. Antonius von Padua ‚Schwienetünnes' genannt. Zu den bekanntesten Antoniterklöstern des späteren Mittelalters gehörte das in Isenheim bei Colmar im Elsaß. Es war mit einem Seuchenspital verbunden, das im besten Ruf stand. Für die Kirche dieses Konvents schuf Matthias Grünewald seinen berühmten Isenheimer Altar, auf dem Vita und Legende des Heiligen ausführlich dargestellt sind. Er gehört zu den bedeutendsten Schöpfungen der Kunst überhaupt.
Dargestellt wird der hl. Antonius als Eremit mit Kreuzstab in T-Form – dem Antoniuskreuz –, der sich auf seine Wanderungen mit dem Krückstock bezieht; auch mit Schwein und Glocke.

Legende

Dieser frühe und viel genannte hl. Einsiedler gab durch seine ausgesprochene Persönlichkeit Veranlassung, sein Leben durch Legenden zu deuten, von denen hier einige folgen sollen.
Ein Schütze sah einmal den Antonius, der für heilig galt, fröhlich mit seinen Brüdern zusammen und nahm daran Ärgernis. Da rief ihm Antonius zu: „Nimm einen Pfeil und spanne deinen Bogen." Das tat der Schütze, aber Antonius hieß es ihn zum zweiten und zum dritten Male tun. Da sagte der Schütze: „Wenn ich den Bogen derart spannen

soll, wird er zerreißen." „Also ist es auch mit dem Dienste Gottes", antwortete Antonius, „wollten wir uns anspannen über unser Maß, so wären wir bald zerbrochen. Darum ist es ziemlich, daß wir manchmal von unserer Strenge ablassen." Also belehrt, ging jener von dannen.

Es geschah einmal, daß der hl. Antonius im Geist entrückt wurde und die ganze Welt mit Schlingen überspannt sah, die alle miteinander verknüpft waren. Da schrie er und sprach: „O Herr, wer mag diesen Schlingen entrinnen?", worauf er eine Stimme hörte, die sprach nur ein Wort „Demütigkeit".

Die selige Theodelinde (Dietlinde) *(Gedenken: 22. Januar)*

Wenn auch die gottselige Königin Theodelinde von der Kirche bisher nicht heiliggesprochen wurde, interessiert das Leben dieser großen Persönlichkeit doch wohl gerade in unseren Landen. Ihre Lebensbeschreibung mag im großen und ganzen den historischen Tatsachen entsprechen. Auch existieren von ihr noch einige Kostbarkeiten – der sogenannte Theodelindenschatz –, die ihr Leben und Wirken bezeugen, darunter das berühmte Handschreiben Gregors des Großen an die Königin.

Theodelinde oder auch Dietlinde war eine bayerische Prinzessin und die Tochter des ersten Bayernherzogs Garibald. Sie wurde noch jung an Jahren dem Langobardenkönig Authari vermählt. Für die als katholische Christin erzogene junge Prinzessin bedeutete die aus politischen Erwägungen zustande gekommene Heirat gewiß keine leichte Aufgabe. Denn nicht nur in Sitten und Gebräuchen, sondern auch bekenntnismäßig unterschieden die beiden Gatten sich erheblich voneinander: der Nachfolger des ermordeten Langobarden Alboin hing nämlich aufs leidenschaftlichste der arianischen Irrlehre an. So hatte Dietlinde einen schweren Stand. Als großes Ziel mag vor ihren Augen gestanden haben, als Missionarin des wahren Glaubens im fremden Lande zu wirken. Aber obgleich die fromme Frau ihrem Gemahl und Volk ein tugendreiches, beispielhaftes Leben vorlebte, blieb Authari allen ihren Überredungsversuchen unzugänglich. Bis zu seinem plötzlichen Tode im Jahre 590 beharrte er zu ihrem größten Schmerze im Irrglauben.

Jetzt bewarb sich der Graf von Turin, Agilulf, um die Hand der Königin. Dieser

zeigte sich ihren Missionsbestrebungen zugänglicher und erhielt durch sie die Königskrone. Auf ihre Bitte hin verbot er die Verfolgungen der rechtmäßigen Kirche und fortan konnte sich das Christentum im Langobardenreiche frei entfalten. 604 bekehrte sich der König zum Katholizismus, erkannte Christus als den Sohn Gottes an, und ein großer Teil der Langobarden folgte seinem Beispiel. Das größte Anliegen Theodelindes war nun die weitere Verbreitung und Vertiefung des Glaubens. Nach langen Unruhen begann eine Zeit des Friedens; die Klöster konnten sich ungehindert entfalten und erhielten ihre geraubten Güter zurück, die Bistümer wurden mit tüchtigen Bischöfen besetzt, die Irrlehre der Arianer ausgetilgt. Zu dieser Zeit kam der aus Burgund vertriebene hl. Kolumban über die Alpen in das Reich des Agilulf und gründete dort das Kloster Bobbio, die spätere Reichsabtei. Dieses Kloster erfreute sich bald der besonderen Gunst und Unterstützung der Königin und wurde eine Pflanzstätte christlicher Zucht.
Mit großer Genugtuung verfolgte Papst Gregor der Große diese Entwicklung im Langobardenreiche. Wie sein Handschreiben an die Königin zeigt, war sich der Heilige Vater bewußt, daß die günstigen Veränderungen auf ihren Einfluß zurückzuführen waren. Er sandte der königlichen Familie, die nach Monza übergesiedelt war, wertvolle Geschenke und, nachdem Dietlinde den Thronerben Adalvard geboren hatte, der sogleich die römisch-katholische Taufe empfing, schickte er diesem, als zukünftigem katholischen Herrscher, kostbare Taufgaben, darunter ein wertvolles Kreuz, das heute noch im Domschatz von Monza aufbewahrt wird.
Dietlinde ließ eine herrliche Kirche zu Ehren des hl. Johannes des Täufers in Monza erbauen, der von da an der Patron der Langobarden wurde und auch heute noch in der Lombardei große Verehrung genießt. Nach dem Tode ihres zweiten Gatten führte die Herrscherin die Regentschaft für ihren Sohn mit großer Umsicht und staatsmännischer Klugheit. Aber einen großen Schmerz hatte die fromme Königin noch zu erleiden, denn ihr Sohn starb allzu früh. Nach seinem Tod regierte sie allein und wurde von ihren Untertanen wie eine Heilige verehrt, bis sie im Jahre 628 einen seligen Tod starb. Auch heute noch steht das Grab der Königin im Dom von Monza bei den Italienern hoch in Ehren. Ihr Leben ist in einer Reihe von Fresken des 15. Jahrhunderts auf den Wänden jener Kapelle geschildert, in der auch die ‚Eiserne Krone' der Langobarden aufbewahrt wird.

Legendäres

Am Dome von Monza befindet sich ein gotisches Portal des Meisters Matteo da Campione aus dem Ende des 14. Jahrhunderts. Im Tympanon ist das geöffnete Grab der Königin Theodelinde zu sehen, und um den Sarkophag herum sind eine Reihe kostbarer Grabbeigaben ausgestreut, die man bei der Öffnung des Grabes gefunden hat und die seitdem den berühmten

Domschatz von Monza bilden. Darunter befindet sich das Abbild eines sehr merkwürdigen Stückes, nämlich eine Platte, auf der eine Henne lockend und pickend ihre sieben Küchlein um sich versammelt. Das Original, in Gold und Silber getrieben, hat sich bis auf den heutigen Tag erhalten.

Was es mit dieser spätrömischen Arbeit, die wohl um 600 n. Chr. entstanden ist, auf sich hat, können wir aus der zweihundert Jahre nach dem Tode der Königin verfaßten Schrift ‚De gestis langobadorum' des Paulus Diaconus entnehmen. Dort steht zu lesen, daß die Königin Theodelinde nach dem Tode ihres zweiten Gatten in eine tiefe Melancholie verfiel. Alle Kräfte schienen sie verlassen zu haben, und sie, die sich bis dahin voller Tatkraft der Verwaltung ihrer Länder und der Ausbreitung des wahren Glaubens hingegeben hatte, ging allen Ernstes mit dem Gedanken um, sich von den Regierungsgeschäften zurückzuziehen und die Verwaltung des Langobardenreiches den Erziehern ihres unmündigen Sohnes zu überlassen. Doch es sollte anders kommen. Als Theodelinde eines Tages außerhalb der Stadt Monza, ganz in ihre trüben Gedanken versunken, über Land ritt und in die Nähe eines Bauernhofes geriet, hörte sie plötzlich eine Stimme, die ihr zurief: „Theodelinde, fasse dich, beende die Betrübtheit deines Geistes und wende deine Gedanken wieder deinem Lande zu, das dich braucht. Sieh um dich und du wirst erkennen, was du tun sollst." Die Königin erschrak, denn die Stimme schien dem Papste Gregor zu gehören. Sie blickte auf und sah am Rande des Weges eine Henne eifrig ihren Küchlein Futter suchen, davon waren zwei zu ihrer Linken und fünf zu ihrer Rechten. Die Königin begriff sofort den Sinn der Mahnung: die Glucke war sie selbst und die sieben Küchlein stellten die sieben Provinzen des Reiches dar, die ihrer bedurften. Da fühlte sie, wie alle Betrübnis von ihr wich. Sie wandte ihr Pferd, kehrte nach Monza zurück und ergriff von Stund an mit alter Tatkraft wieder die Zügel der Regierung. Zum Gedächtnis an dies wunderbare Erlebnis ließ der Papst, dem sie alles berichtet hatte, ihr von kunstfertigen römischen Handwerkern jene kostbare Darstellung anfertigen, die dann später aus ihrem Grabe geborgen wurde und sich heute im Domschatz in Monza befindet.

Der heilige Meinrad von Einsiedeln *(Gedenktag: 21. Januar)*

Maria Einsiedeln in der Schweiz gehört heute zu den berühmtesten Wallfahrtsorten der Welt. Das Kloster entstand im 10. Jahrhundert um die Zelle des hl. Meinrad, Mönch und Einsiedler, der sich zeit seines Lebens „auf der Flucht vor der Welt und auf der Jagd nach Gott befand".

Der Graf Zollern auf Burg Sülchen am Neckar brachte seinen spätgeborenen Sohn Meinrad schon als Knaben zu den Mönchen des hl. Benedikt ins Kloster Reichenau. Dort besuchte er die Schule, strebte aber bald selbst nach dem Ideal des

mönchischen Lebens. Er verzichtete auf sein Erbteil und bat den Abt um Aufnahme in den Orden. Als Priester und Ordenslehrer waltete er nun an derselben Klosterschule, in der er zuvor als Schüler gesessen. Meinrads Gedanken kreisten um ein einziges Ziel, nämlich in völliger Abgeschiedenheit Gott zu dienen, jenen Wüstenvätern gleich, deren Leben er aus Büchern kannte. Das Kloster Reichenau bot eine solche Stille nicht. Es war zu dieser Zeit ein Durchgangsort für alle, die nach Italien zogen. Sogar Karl der Große hielt sich mit seinem ganzen Gefolge dort auf. Die benediktinische Regel aber legte ihm Ausharren im Mutterkloster auf, und er unterwarf seine Sehnsucht dem Gelübde des Gehorsams, das er abgelegt hatte. Doch Gott kam ihm zu Hilfe. Es fand sich, daß die Mönche aus Bollingen am Zürichsee das gelehrte Stift Reichenau um einen tüchtigen Lehrer für ihre Schule ersuchten. Da fiel die Wahl des Abtes auf Meinrad. Als er einige Zeit diese Tätigkeit ausgeübt, bat er in einem Briefe seinen Abt, ihn als Einsiedler auf die Berge ziehen zu lassen. Zwar hatte der hl. Benedikt sich grundsätzlich gegen eigenbrötlerisches Klausnertum erklärt, und sicherlich wurde es dem Abt nicht leicht, seinem Schüler und Freund Meinrad die Erlaubnis zu einem solchen Wagnis zu geben, aber das Verlangen desselben schien ihm von Gott eingegeben, so daß er sich nicht länger weigerte.
Meinrad zog also unverzüglich hinauf auf den Berg Etzel am Südufer des Zürichsees. Hier zimmerte er sich eine einfache Hütte in der Einsamkeit der Wälder; im Winter war er den Schneestürmen fast schutzlos preisgegeben, oftmals wurde er von Hunger gequält und von wilden Tieren bedroht. Aber Meinrad war glücklich. Er vertiefte sich so sehr in die Anschauung Gottes, daß er darüber alle Nöte des täglichen Lebens vergaß. Doch sollte er auch hier nicht ungestört bleiben. Das Gerücht, daß ein frommer Klausner oben auf dem Berge hause, hatte sich unter dem Volke herumgesprochen, und bald wanderten die Bauern mit ihren Anliegen zu ihm herauf in die Wildnis. Wiederum bedrängte ihn also die Welt und zerriß die Stille. Meinrad brachte es aber nicht übers Herz, seine Besucher ungehört zu entlassen, immer empfingen sie Stärkung und Trost von ihm. Damit wurde aber der Sinn seines Eremitentums bedroht und er entschloß sich zur Flucht. Unterhalb der Mythenstöcke baute er sich eine neue Wohnstätte auf. Hier war er endlich ganz allein mit Gott.
Nach Jahren wurde seine Zelle durch einen Zufall entdeckt; und sogleich pilgerten die Menschenscharen aufs neue zu ihm. Indessen entzog sich Meinrad ihnen jetzt nicht mehr. Sein seliger Gottesfrieden war inzwischen so gefestigt, daß keine irdische Störung ihn daraus mehr vertreiben konnte. Er wurde zum Beichtiger und Ratgeber für alle, die ihn aufsuchten. Die Äbtissin Hildegard vom Fraumünster in Zürich ließ ihm eine kleine Kapelle bauen und schenkte ihm ein altes schönes Marienbild, die ‚schwarze Muttergottes von Einsiedeln‘.

Die zahlreichen Gaben, die man dem Eremiten aus Dankbarkeit brachte, verwandte er zur Linderung von Not und Armut. Aber gerade diese Gaben sollten dem Gottesmann zum Verhängnis werden. Zwei Landstreicher hörten davon und überfielen am 21. Januar 861 den alten Mann, nachdem er sie gastfreundlich eingelassen. Der Eremit hatte während der hl. Messe seinen nahen Tod in einer Vision vorausgeschaut und ließ die Burschen nicht im unklaren, daß er von ihrem Vorhaben wisse. Dennoch erschlugen sie den Wehrlosen kaltblütig und raubten, was sie fanden. Das böse Gewissen trieb die Mörder ihren Richtern in die Hände, sie gestanden alles und büßten auf dem Rad.
Schon wenige Jahre nach der schrecklichen Tat wölbte sich ein stattliches Gotteshaus über dem hölzernen Kapellchen mit dem Gnadenbild der Muttergottes und dem Haupte des Märtyrers. Nach und nach wuchs um die Zelle des Heiligen ein berühmter Konvent mit einer herrlichen Stiftskirche und Bibliothek. Goethe berichtet über das ‚Monasterium Eremitarium' in Einsiedeln: „Es muß ernste Betrachtungen erregen, daß ein einzelner Funke von Sittlichkeit und Gottesfurcht hier ein immer brennendes Flämmchen angezündet, zu welchem gläubige Scharen mit großer Beschwerlichkeit heranpilgern sollten, um an dieser heiligen Flamme auch ihr Kerzlein anzuzünden."

Legende

Über den Tod des hl. Meinrad und wie er gar wunderbar gesühnt worden ist, wird erzählt: Der gottesfürchtige Einsiedler saß oftmals vor seiner selbsterbauten Klause und blickte auf den kristallblauen See. Eines Tages sah er nun in einer Tanne ein Nest, das ein Sperber bedrohlich umkreiste. Er verjagte den Sperber und fand im Nest zwei junge Raben, die er mit zu seiner Klause nahm im ‚Finsteren Walde'. Einmal – die Raben waren zu großen schönen Vögeln herangewachsen unter seiner Obhut – schlichen zwei Räuber durch den Wald, die in der Hütte des Einsiedlers Schätze zu finden hofften. Wie sie nun zu seiner Klause kamen, bewirtete der Eremit sie freundlich, so gut er es vermochte. Auf einmal aber stürzten sich die beiden Räuber auf ihn und schlugen ihn mit ihren Keulen tot. Sie erschraken allerdings sehr, als nun die zwei Raben sie laut krächzend umflatterten. Der Schrecken packte sie so sehr, daß sie entflohen. Hoch über ihren Köpfen flogen die schreienden Raben ihnen immer nach. In panischem Entsetzen liefen die Mordbuben durch die Wälder zu Tale, und endlich sahen sie die Stadt Zürich. Dort glaubten sie sich geborgen. Sie gingen in eine Wirtschaft, aber da schoß das treue Rabenpaar durchs offene Fenster auf die Mörder los, und das bedünkte die anderen Gäste gar seltsam. Sie nahmen die beiden Räuber fest, und siehe, bald erkannte man in den zwei Raben die Raben des Heiligen im Walde. Die Mörder gestanden ihre Untat und mußten hernach auf dem Rade sterben. Die treuen Raben aber fliegen noch heute im Fähnlein der schwyzerischen Waldleute von Einsiedeln.

Der heilige Sebastian

Der Name kommt aus dem Griechischen und bedeutet „der Erhabene". Dieser Heilige gehört zu den berühmtesten und wohl am meisten dargestellten frühchristlichen Märtyrern. Er wurde seit dem 7. Jahrhundert als Patron gegen die Pest hochverehrt, wahrscheinlich, weil die Auffassung herrschte, daß diese furchtbare Krankheit von Pestengeln oder Dämonen durch geheimnisvolle Pfeile hervorgerufen werde. Erst im 14. Jahrhundert trat ihm der hl. Rochus (s. 16. August) im Pestpatronat an die Seite.

Die ursprünglichen Akten über den Heiligen sind verloren gegangen, und was noch vorhanden ist, sind Überarbeitungen, die aus dem Anfang des 5. Jahrhunderts stammen und schon stark von Legenden durchsetzt sind. Gerade das Legendäre der Figur zeigt aber den hl. Sebastian als das Sinnbild aller soldatischen Tugenden, die bis heute ihre Gültigkeit behalten. Er verkörpert gleichsam das Musterbild des Offiziers, der seine Pflicht bis zum äußersten erfüllt, soweit eigene Verantwortung und sein Gewissen es zulassen.

Nach den nicht sehr glaubwürdigen biographischen Angaben wurde der hl. Sebastian in Narbonne im heutigen Frankreich geboren und in Mailand, woher seine Mutter stammte, erzogen. Hier lernte er in frühester Jugend das Christentum kennen und wurde ein eifriger Anhänger der Lehre Christi. Er war von einer starken Neigung zum Militärdienst erfüllt, kam nach Rom und erhielt bald den Posten eines Befehlshabers der Prätorianischen Leibwache des Kaisers.

Charakterlich bewährte sich der junge Offizier durch unbedingte Zuverlässigkeit mitten in einer Umgebung von Bestechlichkeit und Verrat. Allen Verführungen des Soldatenlebens gegenüber bewahrte er sich seine Reinheit, und sein Christenglauben stärkte ihn in seiner Liebefähigkeit zu seinen Mitmenschen. So benützte er seine Stellung, die ihm den freien Zutritt zu allen Gefängnissen erlaubte, um den gefangenen Christen zu helfen und beizustehen. Auch nahm er an den Versammlungen der Christengemeinde teil, obgleich dies für ihn Gefahr bedeutete.

Als unter Diokletian eine neue Welle allerärgster Christenverfolgung ausbrach, geschah es, daß er wegen Aufreizung zum Widerstand gegen die Staatsgewalt angeklagt wurde und man ihm den Prozeß machte. Da er Soldat war, wurde er zum Tode durch Erschießen verurteilt. Zur Vollstreckung des Urteils übergab man ihn den numidischen Bogenschützen, die ihn im flavischen Theater so lange mit Pfeilen beschossen, bis er blutüberströmt zu Boden sank und für tot liegen blieb.

Die hl. Witwe Irene, die ihn begraben wollte, fand ihn jedoch noch am Leben, nahm ihn nach Hause und pflegte ihn, bis er wieder gesund war. Doch hielt es ihn nicht lange in der sicheren Verborgenheit. Mutig stellte er sich dem Kaiser, um ihm öffentlich Vorhaltungen zu machen wegen seiner Grausamkeit gegen die Christen. Der Imperator erschrak zutiefst, als er den Totgeglaubten plötzlich wieder vor sich sah, ließ den kühnen Offizier aber erneut ergreifen und in der Arena auf dem Palatin niederknüppeln wie einen Hund. Sein Leichnam wurde in die anstoßende Kloake geworfen, von dort aber von Lucina, einer frommen Christin, der der Heilige im Traum erschienen war, an der Stelle der Via Appia ‚ad Catacum bas' begraben, die er selbst ihr im Traume angegeben hatte. Dort wurde im Jahre 367 von Papst Damasus eine der sieben Hauptbasiliken Roms, die heutige Kirche San Sebastiano, erbaut. Es war der gleiche Ort, an dem die Gebeine der Apostelfürsten Petrus und Paulus eine Zeitlang geruht hatten.
Das Fest des heiligen Märtyrers wird seit 354 am 20. Januar gefeiert. Dargestellt wird der hl. Sebastian meist als entblößter, von Pfeilen durchbohrter, an einen Baum gebundener Jüngling, in der älteren Kunst auch als bärtiger, bejahrter ganz bekleideter Krieger oder Ritter– so in S. Pietro in Vinculi in Rom, wo auch die Säule als Heiligtum aufbewahrt wird, an der er gelitten hat. Die Kirche in Ebersberg (Oberbayern) besitzt seit dem Jahre 931 als kostbarsten Schatz die Hirnschale des Heiligen. Raffael stellte ihn als einen vornehm gekleideten Jüngling dar, auf einem Gemälde im Palazzo Pitti in Florenz bringt Sebastian die Pfeile Gott zum Opfer dar. Auch die Auffindung seines Leichnams wählten die Maler gerne als Thema. In Deutschland findet man die Figur des Heiligen häufig an Brunnenstöcken, weil sein Leichnam in die Kloake geworfen wurde.
Eine der schönsten Darstellungen, von Georg de La Tour um 1630, befindet sich in den Staatlichen Museen von Berlin. Außer seinem Pestpatronat wird der Heilige als Schutzpatron des Soldatenstandes und der Schützenvereine sowie gegen Ketzerei und Religionsfeinde – weil er vor dem Kaiser seinen Glauben verteidigte – und auch bei Viehseuchen angerufen.

Legende

Wie schon gesagt, ist bei der Gestalt des hl. Sebastian Geschichtliches und Legendäres stark vermischt und schwer voneinander zu trennen. Die ‚Legenda aurea' berichtet, daß er um zweier Christen willen, die er mit seinen Worten während des Prozesses stärkte und vor dem Abfall bewahrte, den Richtern aufgefallen, angeklagt und verurteilt worden sei. Es geschah nämlich, daß zwei treffliche Männer um ihres Christenglaubens willen enthauptet werden sollten. Da kamen die Eltern der beiden – sie waren Zwillingsbrüder und hießen Marcellianus und Marcus –, um sie von ihrem Vorsatz abzubringen. Die Mutter stand mit gelöstem Haar und zerrissenen Kleidern vor ihren Söhnen und wies sie auf das Leid hin, das sie ihr mit ihrem Entschluß antäten, lieber zu sterben als ihren Glauben abzuschwören. Während sie mit bewegten Worten klagte und weinte, wurde der greise Vater herzugeführt, der Asche auf sein Haupt gestreut hatte und gen Himmel schrie, seine Söhne möchten sich erbarmen und nicht willentlich in den Tod gehen. Als nun auch noch Freunde und andere Frauen herbeieilten, um die beiden umzustimmen, da krampfte sich ihr Herz in der Brust zusammen und fast wären die beiden schwankend geworden. In diesem Augenblick trat Sebastian herzu und sprach: „Oh, ihr starken Ritter Christi, laßt euch nicht die ewige Krone rauben durch Bitten und süße Worte.“ Und sprach zu den Eltern: „Fürchtet euch nicht, denn diese werden nicht von euch geschieden, sondern sie gehen hin, daß sie euch eine Wohnung bereiten im Himmel. Die Verfolgung, die wir hier leiden, die glühet heute und ist morgen verraucht, in einer Stunde nimmt sie ein Ende, aber die Feuer der ewigen Pein werden alle Zeit erneuert und gemehrt, damit die Strafe vollkommen sei.“ Nachdem der Heilige so gesprochen hatte, warf sich ihm Zoe zu Füßen, des Nicostratus Weib, die stumm war. Sie winkte ihm, daß er sich ihrer erbarme. Da sprach Sebastian: „Bin ich Gottes Knecht und sind die Dinge wahr, die ich gesagt habe, so tue ihr der den Mund auf, der seinem Propheten Zacharias die Zunge löste.“ Da rief das Weib: „Gesegnet sei die Rede deines Mundes und gesegnet alle, die deinen Worten glauben; denn ich sah einen Engel bei dir stehen, der hielt dir ein Buch vor, darin waren alle die Worte geschrieben, die du gesprochen hast.“ Also blieben Marcellianus und Marcus standhaft in der Marter durch die Kraft und Gnade, die Gott den Worten Sankt Sebastianus verliehen hatte. Auch ihr Vater und ihre Mutter und viele andere Menschen, die dabei waren, wurden gläubig und empfingen die Taufe.

Die heilige Agnes

Eine der lieblichsten Heiligengestalten ist die frühchristliche Märtyrin Agnes. Kaum dem Kindesalter entwachsen, wurde sie zur Blutzeugin für Jesus Christus. Sie ist immer mit dem Lamm als dem Sinnbild der Reinheit abgebildet, das sie im Arme trägt, meist hält sie in der Rechten die Siegespalme des Martyriums. Ihre Gebeine sind in Sant' Agnese fuori le mura an der Via Nomentana in Rom beigesetzt, einer sehr alten Kirche, deren Ursprünge bis in die Konstantinische Zeit reichen. Diese wurde im 7. Jahrhundert über ihrem Grabe errichtet, das sich auf einem Grundstück ihrer Eltern befand. Wie die Berichte des hl. Ambrosius, des Papstes Damasus und des frühchristlichen Dichters

Prudentius zeigen, erfreute sich die Jungfrau schon im 4. Jahrhundert allgemeiner Verehrung. Sie ist die Schutzpatronin der jungen Mädchen.
Der Überlieferung nach entstammte Agnes einem vornehmen römischen Haus und war von Kindheit an Christin. Die übereinstimmenden Quellen sagen aus, daß sie ihr Martyrium, zu dem sie sich freiwillig stellte, bereits als junges Mädchen von zwölf oder dreizehn Jahren erlitt. Über ihrem Hinrichtungsplatz im Stadion des Domitian, der heutigen Piazza Navona in Rom, erhebt sich heute die Kirche Sant'Agnese in Agone, die Carlo Rainaldi begann, Borromini seit 1653 weiterführte und der jüngere Rainaldi beendete. In ihrem Inneren ist das Martyrium der Heiligen auf einem großen Marmorrelief neben anderen dargestellt.

Legende

Man erzählt, daß der Sohn des Präfekten die hl. Agnes erblickte, als sie von der Schule nach Hause ging, und sie von Herzen lieb gewann, um sie warb, aber abgewiesen wurde. In seinem gekränkten Stolz wußte er nichts anderes zu tun, als Agnes wegen ihres Christenglaubens anzuzeigen. Noch nie hatte ein so jugendliches Mädchen in Rom vor dem Richter gestanden. Der Richter vermeinte, im Handumdrehn mit diesem Kinde fertig werden zu können. Aber er täuschte sich: weder schmeichelnde Überredungskünste noch zornige Drohungen konnten das Mädchen einschüchtern. Agnes blieb stark und stand fest zu ihrem Glauben, sogar die Drohungen des Richters, sie in ein öffentliches Freudenhaus zu stecken, erschütterten sie nicht, war sie doch fest davon überzeugt, daß ihr himmlischer Bräutigam sie vor Entehrung schützen würde. Und so geschah es auch. Ein anderer Richter ließ sie in ein großes Feuer werfen, aber das Feuer teilte sich und Agnes blieb unversehrt. Daraufhin wurde sie zum Tode durch das Schwert verurteilt. Ambrosius erzählt, daß Agnes das Todesurteil mit frohem Mut aufnahm und so heiter zum Richtplatz schritt, als sei es zu ihrer Hochzeit. Mit dem gleichen Mut bot sie ihren Hals dem Todesstreiche dar. Während die Zuschauer vor Rührung weinten und sogar der Henker zitterte, blieb sie allein gefaßt. Weiter sagt Ambrosius: „Männer mögen bewundernd zu dieser Märtyrin aufschauen, deren Seele stark genug war, alle Marter zu überwinden. Mädchen ihres Alters ertragen es sonst kaum, daß die Eltern ihnen zürnen, und über einen Nadelstich weinen sie, als hätten sie sich schwer verletzt. Sie aber stand unerschrocken vor dem Henker. Sie hatte kaum eine Ahnung, was Sterben heißt, und schon war sie bereit, ihr junges Leben unter dem Schwerte auszuhauchen."
Als die tapfere Jungfrau beigesetzt war, wachten die Freunde an ihrem Grabe, aber am achten Tage war auf einmal bei dem Grab ein Reigen von Jungfrauen, die trugen Kleider von strahlendem Gold; mitten unter ihnen sahen sie Agnes stehen im goldenen Kleid mit einem Lämmlein zu ihrer Rechten, weißer denn Schnee. Und sie sprach: „Weinet nicht, als wäre ich tot, sondern freuet euch mit mir und preiset mein Glück, denn ich wohne in einem lichten Reich mit allen diesen Jungfrauen."

Der heilige Vincentius (Vinzenz)

Der hl. Augustinus hat einmal gesagt: Es lehren uns die Martern der Heiligen, wie die Welt mit all ihrer Irrsal, unreinen Liebe und ihrer Schrecknis überwunden werden muß. – Er hat uns auch das Leben dieses Heiligen, eines der glorreichsten Blutzeugen Jesu aus der Frühzeit, überliefert. Der heilige Vincentius gehört mit Stephanus und Laurentius zu den Erzmärtyrern. Er wird abgebildet in Levitenkleidung mit einem Roste und einem Raben neben sich. Vinzenz ist der Patron der Dachdecker, Seeleute, Töpfer, Winzer, Ziegelmacher, er hilft bei Körperschwäche und bei Wiedererlangung gestohlener Sachen. Er ist der Schutzheilige von Portugal. Der hl. Ambrosius sagte von Vincentius: „Er wurde gefoltert, gestoßen, gegeißelt und gebrannt, aber er blieb unbesiegt..."

Vincentius wurde zu Saragossa in Spanien geboren und schon in sehr jungen Jahren wegen seiner Kenntnisse der Heiligen Schrift vom Bischof Valerius von Saragossa zum Diakon geweiht. 304 erlitt er im Verlauf der diokletianischen Verfolgungen den Märtyrertod in Valencia.

Ihm kommt – nach Georg Schreiber – „abendländische, ja ökumenische Heiligkeit" zu; denn sein Name wird nicht nur in der Allerheiligenlitanei angerufen, auch die Ostkirche feiert sein Fest am 22. Januar. Seine Verehrung breitete sich schon bald nach seinem Tod über das ganze Abendland aus. Wie kaum ein anderer Märtyrer setzte sich „dieser Philosoph des Leidens mit den Naturelementen Erde, Wasser, Luft und Feuer auseinander", die er, wie seine Legende erkennen läßt, alle bestand. Diesen Läuterungsgedanken hat später Mozart in seiner ‚Zauberflöte' wieder aufgenommen. Dem Andenken dieses heiligen Märtyrers sind eine Vielzahl von Kirchen geweiht, drei allein in Rom, und seine Reliquienspur führt ostwärts bis Breslau. Um die Mitte des 11. Jahrhunderts wurde ein Teil der Reliquien dorthin verbracht und Mitte des 12. Jahrhunderts eine Kirche über ihnen errichtet. Adrian de Vries schuf 1614 für sie ein schönes Relief, auf dem das Martyrium des hl. Vincentius dargestellt ist. Sein Kult wurde in Spanien nach der Auffindung des Santiago-Grabes um 812 durch den des hl. Jakobus Major abgelöst.

Legende

Während der grausamen Christenverfolgungen im Jahre 304 unter dem Kaiser Diokletian wurden auch Valerius und Vincentius in Valencia dem römischen Statthalter von Spanien, Dacianus, vorgeführt. Dieser ließ beide in den Kerker werfen und überantwortete sie dem Hungertode. Als Dacianus glaubte, sie müßten von Hunger geschwächt und am Rande des Todes sein, ließ er sie nochmals vor sich bringen. Zu seinem Erstaunen sah er die beiden Bekenner in voller Kraft und Lebensfrische vor sich treten und erkannte, daß ihr Mut keineswegs gebrochen war. Er forderte sie also noch einmal auf, dem Gebot seines Fürsten und den Göttern Gehorsam zu erweisen. Der Bischof, der ein alter Mann war, bekannte sich mit leiser und sanfter Stimme zu Christus, aber da griff Vincentius ein und sprach für ihn mit lauten, beredten Worten, die aus einem von heiliger Glut für Christus entbrannten Herzen diktiert waren: „Du, ein Priester des Todes, vermagst nur Götzen aus Stein anzubeten, wir aber beten den lebendigen Gott des Lichtes an, und bekennen damit den allein wahren und einzigen Gott und seinen Sohn Jesus Christus." Wutentbrannt verurteilte der Statthalter den greisen Bischof Valerius zur Verbannung, Vincentius indessen zur schrecklichsten Marter. Er ließ ihn auf die Folter spannen und an allen Gliedern zerren. Aber der Jüngling spottete der Henker und sprach: „Das habe ich mir immer gewünscht." Da wurde der Richter noch zorniger und ließ mit eisernen Zangen die Seiten des Heiligen aufreißen, so daß man seine Eingeweide sehen konnte. Mitten unter den Qualen lächelte dieser jedoch heiter und machte den Schergen Vorwürfe, daß sie ihre Werkzeuge so schwach handhabten. Die Henker wurden müde und ließen ermattet die Arme sinken. Aber Dacianus ließ sie mit Peitschenhieben zu neuem gräßlichen Tun antreiben. Noch einmal versuchte er den mutigen Jüngling zum Abfall zu bewegen, indem er ihm seine schöne Jugend vorhielt. Von himmlischer Kraft beseelt, antwortete der Gequälte: „Du irrst, wenn du mich zu quälen vermeinst, weil du meine Glieder, die sowieso einmal verfaulen, verstümmelst. In mir lebt einer, dem du nichts anhaben kannst und der deiner spottet, weil du Ihn nicht erreichen kannst." Als der Richter sah, daß er nichts ausrichten konnte, ließ er ihn auf einen glühenden Rost legen, der mit Fett bestrichen war. Ruhig legte der Heilige sich auf dieses entsetzliche Bett, die glühenden Stacheln drangen tief in seinen Leib, in seine Wunden streute man Salz, er aber hob die Augen zum Himmel und lächelte aller Pein. Daraufhin ließ der Prokonsul ihn in einen dunklen feuchten Kerker sperren, dessen Boden mit Glasscherben und spitzen Steinen bedeckt war. Hier sollte er mit seinem wunden Leibe unter Schmerzen, ohne jeden Trost sterben. Allein Gott wollte es anders. Engel kamen und verwandelten seine Pein in Glorie; sie vertrieben die Finsternis und machten aus den spitzigen Scherben zarte Blumen; sie nahmen seine Bande von ihm und spendeten ihm Trost. Als er nun mit den Engeln über die Blumen schritt und Gott lobte, erscholl süßer Gesang weithin, und der Duft der Blumen verbreitete sich überall im Gefängnis.

Dacian aber geriet außer sich vor Wut und Entsetzen, als er es hörte. Indessen befahl er, den Jüngling zu pflegen und auf ein weiches Bett zu legen, damit er, genesen, neuen Martern überantwortet werde, denn er fürchtete, es würde den Ruhm des Märtyrers noch mehren, wenn er ihn in dem dunklen Gewölbe an seinen Wunden sterben ließe. Kaum hatte man Vincentius jedoch auf das weiche Kissen gelegt, als er friedlich im Herrn entschlief. Nun kannte der Zorn des Prokonsuls keine Grenzen mehr, daß ihm der Heilige doch noch entgangen war. In seinem Rachedurst ließ er den Leichnam auf das Feld hinausfahren und den Vögeln und wilden Tieren zum Fraß vorwerfen. Aber die Tiere wichen scheu zurück und ein Rabe stellte sich vor den geschundenen Leib und verteidigte ihn sogar gegen einen gefräßigen Wolf. Als Dacian das vernahm, rief er: „Kann ich ihn denn nicht einmal im Tode überwinden!" und ließ einen Mühlstein an den Leichnam binden und ihn draußen im Meere versenken. Aber der Korb mit den Steinen und dem Leichnam kam schwimmend zurück ans Ufer. Und die Christen fanden ihn und bestatteten den Leib des Vincentius.

Der selige Heinrich Seuse (Suso), genannt Amandus

Der liebenswürdigste und gemütstiefste unter den deutschen Mystikern war Heinrich Seuse (lat. Suso). Man hat ihn mit dem hl. Franziskus verglichen und ihn als den ‚schwäbischen Franz' bezeichnet. Auch einen ‚Minnesänger Gottes' hat man ihn zu Recht genannt; seine vielgelesenen Schriften zeigen dichterischen Schwung und schöpferische Phantasie und sind in einem bezaubernden Deutsch geschrieben. Vor allem wurde er berühmt durch sein ‚Büchlein der ewigen Weisheit' (1327/28), das er unter dem Titel ‚Horologium sapientiae' auch lateinisch bearbeitete.

Seine Verehrung wurde 1831 von Papst Gregor XVI. bestätigt. Auf Bildern wird der sel. Heinrich Suso folgendermaßen dargestellt: hinter ihm ein Baum, von dem das Jesuskind Blütenzweige auf ihn herabwirft; Kranz von Rosen um das Haupt; Griffel in der Hand; neben ihm Hund mit rotem Tuch im Maule.

Heinrich Seuse war der Sohn Heinrichs von Berg, eines eher rohen, auf Reichtum und Genuß bedachten Ritters und seiner frommen tugendhaften Ehefrau aus der Familie Seuse, genannt ‚die Seuserin'. Er wurde wahrscheinlich zu Konstanz am 21. März 1295 geboren. Als er in jungen Jahren in das Inselkloster der Dominikaner zu Konstanz eintrat, ließ er sich mit dem Namen der von ihm innig verehrten Mutter ‚Seuse' nennen; dann kam er als Dominikaner auf die Hochschule nach Köln, wo er ein Schüler des großen Mystikers und Theologen Meister Eckehart wurde. Dort entstand um 1326 sein ‚Büchlein der Wahrheit', in dem er sich schützend vor die Persönlichkeit seines Lehrers stellte, den man aufs übelste angegriffen hatte. Nach dem Abschluß seiner Studien kehrte Heinrich Seuse in sein Mutterkloster nach Konstanz zurück und leitete lange Jahre als Lektor die wissenschaftliche Schulung seiner Mitbrüder.

Schon seit seinem achtzehnten Lebensjahr unterwarf er sich insgeheim Bußübungen, die seine zarte Konstitution oftmals bedrohten. Vor allem aber war er als Prediger tätig. Zu Fuß durchwanderte er das Land von der Schweiz bis in die Niederlande. Seine Sprache war eher zart und tiefsinnig als mächtig. Sie zog zwar nicht die Massen an, wirkte aber bei jenen, die ihn anhörten, lange nach. So verehrten ihn besonders die Nonnen der schwäbischen Frauenklöster wie einen Heiligen; sie schrieben seine Betrachtungen nieder und bewahrten seine Briefe auf. Eine innige Freundschaft verband ihn mit seiner ‚geistlichen Tochter' Elisabeth Stäglin, der wir seine Lebensgeschichte verdanken. Sie soll in Kloster Thöß bei Winterthur um 1360 gestorben sein. Großen Schmerz fügte Suso seine eigene Schwester zu, die zunächst wie er in ein Kloster eingetreten war, dieses dann aber verließ, um ein sündhaftes Leben zu führen. Es scheint Heinrich Seuse jedoch gelungen zu sein, sie wieder zu Gott zurückzuführen.

Suso war sein Leben lang mit Visionen und Wundern begnadet. Auf der anderen Seite hatte er viel zu erdulden: er wurde verfolgt, verleumdet und als Häretiker verschrien. Seine Schriften riefen oftmals Widerspruch hervor. Auch hatte er vielerlei Anfechtungen und Glaubenszweifel zu bestehen, die ihn in jähem Wechsel mit glühenden religiösen Ekstasen in seinen Gefühlen hin- und herrissen. In seinen letzten Lebensjahren fand er jedoch seinen Seelenfrieden.

Suso hat uns in Bildern und Gleichnissen von dem Trost und der Süße der Gottesminne, die ihn all sein Leben beseelte, erzählt. Am liebsten hätte er alle Menschen auf den Weg zur Vollkommenheit geführt. Trotzdem wurde er bis ins Alter mit gehässiger Nachrede verfolgt, so daß er sein Kloster verlassen und nach Ulm ziehen mußte, wo er am 25. Januar 1366 starb. Sein Leichnam wurde im Dominikanerkloster zu Ulm beigesetzt.

Heinrich Murer berichtete in seiner ‚Helvetia sancta' folgendes: „Nachdem er aber 248 Jahre dort geruht und im Jahre 1613 die Reichsstadt Ulm bei den Predigern in dem Kreuzgang hat graben lassen, um etwas zu bauen, kamen die Werkleute von ungefähr auf den Leichnam unseres gottseligen Vaters Suso und fanden ihn ganz unversehrt in seinen gewöhnlichen Ordenskleidern allda liegen, der auch einen lieblichen Geruch von sich gab... Während aber die Werkleute zum Bürgermeister gingen, um ihm von dem Wunder zu berichten, stieg eine fromme Person in das Grab und schnitt nach altem katholischen Brauch ein Stück von seinem schwarzen Mantel und seinem weißen Skapulier und verehrte es etlichen katholischen Personen, dessen auch ich ein Stücklein zu haben mich höchlich erfreue."

Legende

Außer der von ihm selbst erzählten und von Elisabeth Stäglin niedergeschriebenen Vita enthält das Vorwort zur deutschen Ausgabe von 1512 einige, wahrscheinlich aus dem Ulmer Dominikanerkloster herrührende wunderbare Einzelheiten. Da heißt es in altem verschlüsseltem Deutsch etwa wie folgt:

„Der würdige Vater und andächtige Liebhaber und Diener Gottes, der ewigen Weisheit, von dem der Inhalt dieses Buches stammt und gesetzt ist, Seuse oder lateinisch Suso genannt, hat je zwei Vor- und zwei Zunamen. Bei der Taufe erhielt er den Namen Heinrich, weil er durch das Sakrament der Taufe ein Christ wurde. Aber weil er voller Tugend und durch die

Gnade Gottes ein vollkommener, geistlicher und Gott liebender, dem Himmel zugewandter Mensch war, geschah es, daß Gott, die ewige Weisheit selbst, ihm den ersten Namen Heinrich abnahm und den Namen ‚Amandus' – der Liebende – erteilte.
Von diesem Namen wußte man aber bei seinen Lebzeiten nichts, weil er ihn aus Demut verschwieg. Als er aber aus dieser Zeitlichkeit verschied, fand man in seinen heimlichen Offenbarungen, daß Gott ihm selbst den Namen Amandus gegeben hatte, weil er Gott so innig liebte. Und wenn es einmal durch Gottes Fügung dazu kommen sollte, daß man ihn aus päpstlicher Vollmacht in Ulm erheben würde, so geschähe das unter dem Namen Amandus und nicht Heinrich.
Als er nun zu Konstanz in den Predigerorden eintrat und ein andächtiger seliger Mensch wurde, dazu auf der Hohen Schule in Köln hochgelehrt, so daß er Doktor der Theologie hätte werden sollen, wurde ihm dies vom Heiligen Geist untersagt. Dieser sagte zu ihm: „Du kannst genug, um dich Gott zuzuwenden und andere Menschen durch deine Predigt Gott zuzuführen." Da fing Heinrich Seuse mit großem Ernst an zu predigen und wurde ein berühmter, strenger Prediger. Nun hatte er, während er predigte, die Gewohnheit, wenn er etwas besonderes mitteilen wollte, etwas, worauf er das Volk aufmerksam machen wollte, zu sagen: „Merket auf, denn der Seus will sausen", oder wenn er sich selbst stärken und ermannen wollte, zu schreien: „Nun wohlan, Seus, du mußt sausen!" Oder wenn er dem Volke eine große Strafe androhte: „Da muß der Seus' sausen, daß euch die Ohren sausen." Oder wenn er eine Sache nicht wagte zu predigen: „Der Seus' getraut sich nicht zu sausen."
Da der würdige Bruder vor langer Zeit gestorben ist und nicht mehr bei der Verkündigung des Gotteswortes sauset, so heißt er nicht mehr Seuse, wenn er auch so genannt wird, sondern Amandus wegen seiner überaus großen Liebe, die er zu Gott hier in der Zeit gehabt hat und noch in der Ewigkeit haben wird; denn der Glaube und die Hoffnung, die man in dieser Welt hat, werden in jener Welt abgelegt, aber die Liebe Gottes bleibt ewiglich ..."

Der heilige Franz von Sales

Franziska von Chantal, die geistliche Tochter des hl. Franz von Sales und Mitbegründerin des Salesianerinnen-Ordens, gab über diesen Heiligen der Gegenreformation eine Schilderung in einem Briefe an einen Ordenspriester: „Darf ich's sagen, was ich denke? Ich will es sagen, wenn ich es kann: es scheint mir, daß mein Vater Franz ein lebendiges Bild war, in welchem die Züge unseres Herrn Jesus abgemalt waren; ich, und nicht nur ich, unzählige andere auch, die ihn sahen, glaubten unsern Herrn auf Erden zu sehen." Die Wahrheit dieser Worte findet man bestätigt, wenn man die Lebensgeschichte des hl. Franz von Sales liest. Hier kann nur ein kurzer Abriß daraus gegeben werden.

Franz von Sales wurde 1567 in Schloß Sales in Hochsavoyen geboren. Er erhielt eine sorgfältige Erziehung, studierte die Rechtswissenschaften in Annecy, Paris und an der Universität Padua. Sein Entschluß, Priester zu werden, reifte in diesen Jahren, in denen er Gelegenheit hatte, das recht zügellose Leben der Studenten zu beobachten. Belesen in allen Klassikern der Theologie und vorbereitet durch freiwilliges Fasten und allerlei Bußübungen, denen er sich unterwarf, fühlte er sich bald genügend vorbereitet, trotz des starken Widerstandes seines Vaters, den geistlichen Beruf zu wählen. 1593 zum Priester geweiht, lehnte der junge Geistliche die ihm aufgrund seiner Herkunft angetragenen Würden und Ämter ab und begab sich als Apostel in die Gegend von Chablais, in der der Kalvinismus breiten Fuß gefaßt hatte. Diese Mission war keineswegs ungefährlich. Nur mit einem Sack ausgerüstet, in dem sich Bibel und Brevier befanden, wanderte der junge Idealist in das ihm und seinem Glauben feindlich gesinnte Land. Vier Jahre verbrachte er bei seiner mühevollen Arbeit – oftmals gänzlich mittellos, geschmäht von den Menschen, verfolgt von wilden Tieren – in harten Bergwintern unter unsäglichen Strapazen. Er predigte überall, wo sich Gelegenheit bot, beseelt vom Geiste der Liebe und vom Feuer der Überzeugung. Er erreichte viel: an die achttausend Abgefallene kehrten zum katholischen Glauben zurück! Franz stellte sich den kalvinistischen Predigern in theologischen Streitgesprächen und ließ sich durch Mißerfolge, die ihn besonders zu Anfang hätten entmutigen können, nicht abschrecken. Hielt man ihn dortzulande doch als Helfer des Papstes für den Antichrist! Nachdem die Vormachtstellung der kalvinistischen Irrlehre im Chablais gebrochen war, konnte sich Franz von Sales anderen Aufgaben zuwenden.

Im Jahre 1599 ernannte man ihn zum Koadjutor des Bischofs von Genf, zu dessen Amtsnachfolger man ihn dann einige Jahre später bestellte. Sogleich bemühte sich Franz um die Erneuerung und Reorganisation seiner recht schwierigen Diözese. Unermüdlich auch betätigte er sich als Prediger. Er sagte dazu, daß derjenige, der nicht die Liebe zum Grundsatz seiner Predigten mache, umsonst predige. Dabei war die Sanftmut, die einen der hervorragendsten Wesenszüge des Heiligen ausmachte, ihm von der Natur keineswegs mitgegeben worden; er hatte sie schwer erkämpfen müssen, denn seiner Veranlagung nach war er heftigen und leicht erregbaren Gemüts. Alle Verleumdungen und Beschimpfungen seiner Person überwand er durch Güte und Liebe. Sein geduldiges Verzeihen kannte keine Grenzen. Von diesem ‚Doktor der Vollkommenheit' stammt das Wort: „Es ist mir eine solche Wonne, meine Feinde zu lieben, daß es mir, wenn es mir Gott verböte, schwer fallen würde ihm zu gehorchen." Er befolgte in Wahrheit das Wort der Bergpredigt „Selig sind die Sanftmütigen..." Wie schwer ihm aber diese christliche Tugend gefallen ist und wie sehr er sein auf-

brausendes Naturell Tag um Tag zügeln hat müssen, zeigt eine eigentümliche Entdeckung bei der Öffnung seines Leichnams nach seinem Tode: man fand seine Galle verhärtet und in mehrere kleine Steine geteilt von der beständigen Gewalt, die er sich bei der Überwindung des Zorns angetan.
Über 20000 Briefe hat der vielbeschäftigte Bischof während seiner anstrengenden Amtstätigkeit geschrieben, und neben seinen unzähligen Predigten, die er verfaßte und hielt, fand er noch die Zeit, um seine ‚Abhandlungen über die Liebe Gottes' herauszugeben und die ‚Philothea' zu schreiben, jene vortreffliche Anleitung zu einem frommen Leben, die der ‚Nachfolge Christi' an Geist und Eindringlichkeit nicht nachsteht und die sich zudem durch eine höchst elegante Sprache auszeichnet.
Einige Jahre nach der Übernahme des Bischofsamtes hatte Franz die denkwürdige Begegnung mit Johanna Franziska von Chantal, mit der zusammen er den Orden von der ‚Heimsuchung Mariens' gründete, dessen Mitglieder auch Visitantinnen oder Salesianerinnen genannt werden. Eine weitere bedeutsame Gründung geht auf ihn zurück: dreißig Jahre, ehe die ‚Académie Française' ins Leben gerufen wurde, gründete Franz von Sales in Annecy die ‚Académie Florimontane' zur Pflege der Wissenschaften, der Künste und der französischen Sprache.
Franz von Sales starb auf einer Reise in Lyon am Feste der Unschuldigen Kinder im Jahre 1622. Die Salesianerinnen von Annecy setzten ihn in ihrer Kirche bei. Vierzig Jahre später heiliggesprochen, wurde er 1877 zum Kirchenlehrer und 1923 durch Pius XI. zum Patron der katholischen Schriftsteller ernannt. Der schönste Nachruf über den Heiligen stammt aus dem Munde eines kalvinistischen Beamten aus Genf, der von ihm sagte: „Wenn wir irgendeinen Menschen als Heiligen anerkennen würden, so weiß ich seit den Tagen der Apostel keinen, der würdiger wäre als dieser Mann."
Abgebildet wird der hl. Franz von Sales als Bischof, über sich oder in der Hand ein durchbohrtes, mit einer Dornenkrone umwundenes Herz zum Zeichen seiner Verehrung des göttlichen Herzens Jesu.

Legende

Auch vom hl. Franz von Sales erzählt man sich liebenswürdige Geschichten, die gleichsam die Essenz seines Wesens darstellen. Ein Edelmann hatte ohne Ursache einen großen Haß auf den Heiligen geworfen und verbreitete, um sich zu rächen, alle Arten von Verleumdungen und boshaften Beschuldigungen über ihn. Der hl. Bischof aber blieb ganz ruhig und zeigte nicht die geringste Erbitterung. Dadurch noch mehr erbost, zog der Edelmann mehrere Nächte hindurch mit Hunden, Waldhörnern und einem Haufen von Jägern vor die Wohnung des Bischofs und veranstaltete einen höllischen Lärm. Aufgebracht, wollten die Diener des

Heiligen hinauslaufen und die Ruhestörer züchtigen. Er aber untersagte es ihnen strenge, so daß sie nicht wagten, ungehorsam zu sein. Da nun der Edelmann auf diese Weise den Bischof nicht zu erzürnen vermochte, ließ er ihm durch seine Leute die schändlichsten Schmachreden sagen und alle Fenster des bischöflichen Hauses mit Steinen einwerfen. Als das bekannt wurde, kamen die Freunde des Heiligen und forderten ihn auf, den Edelmann zu verklagen. Er aber antwortete ihnen in aller Ruhe: „Ich werde mich hüten das zu tun, denn dadurch würde ich ihn ja nur ins Verderben bringen, ich aber will ihn gewinnen!" Als der Edelmann diese Antwort des Heiligen vernahm, war er tief beschämt und gerührt. Einige Tage danach begegnete der Bischof seinem Feinde in der Stadt. Und was tat er? Er redete ihn mit großer Höflichkeit an, bat ihn um seine Freundschaft und umarmte ihn mit aller Herzlichkeit. Sprachlos vor Erstaunen über diese wunderbare Sanftmut des heiligen Mannes bat der Edelmann ihn um Verzeihung, wollte ihm alle Genugtuung geben und war von da an einer seiner eifrigsten Freunde.

Pauli Bekehrung

Am 25. Januar feiert die Kirche das Fest von der Bekehrung des hl. Paulus. Ursprünglich hieß dieses Fest ‚Fest der Translatio', also der Reliquienübertragung des hl. Paulus. Es war im 10. Jahrhundert unter fränkischem Einfluß entstanden. Durch Übertragung der beim Apostelgrab in Rom berührten Tücher sowie von Teilchen der Kette, mit der der Heilige im Kerker gefesselt war, nach Gallien, hatte man bildlich sozusagen damit das Paulusgrab übertragen und vervielfältigt. Allmählich entstand aus dem Fest der ‚translatio' ein solches der ‚conversio', also der geistigen Umwandlung des Apostelfürsten. Im Volksmund wird der 25. Januar ‚der kalte Paul' genannt, im Gegensatz zum Hauptfest des Heiligen am 29. Juni. Die ‚Bekehrung Pauli' hat Ernest Hello so eindringlich geschildert, daß wir hier seiner Darstellung in verkürzter Form folgen:

Ganz nahe bei Damaskus, zehn Minuten vom Südtor, sieht man noch etwa zwei Dutzend Säulenstümpfe, alle nach derselben Seite umgelegt. Der Ort ist ein wenig erhöht und ähnelt einem Schutthügel. Hier war es, wo der Pharisäer Saulus, von einer Erscheinung geblendet, zur Erde fiel. Die Christen ziehen jedes Jahr am 25. Januar in Prozession dorthin. Von da aus betrat der Heilige die Stadt und folgte der Straße, die den Namen ‚Gerade Straße' hat; das Tor, das der hl. Paulus durch-

schritt, wird von den Bewohnern ‚Osttor' genannt. Das alte Tor ist noch deutlich zu erkennen, es hatte drei Bogen, die auf sehr starken Pfeilern ruhten. Über dem Tor erhob sich ein Turm.
Als der jüdische Schriftgelehrte Saulus auf dem Wege nach Damaskus war, schien er für alles andere bereit als für seine Bekehrung. Sein Geist glühte von Drohung und Mordlust. Ihn dürstete nach dem Blut der Christen. Pharisäischer Hochmut erfüllte ihn, ein Hochmut, der sich ganz besonders der Gnade widersetzt. Und doch war er auserwählt! Gott verabscheut die Lauen; und dieser Mann war nicht lau. Der Charakter des hl. Paulus enthüllt sich in der Art, wie der Blitz des Erkennens ihn traf; die übernatürliche Wirkung paßt sich immer der Natur dessen an, auf den sie zielt. Saulus überfiel sie am hellen Tage, zur Mittagszeit, und er war nicht allein, Zeugen waren zugegen. Diesen unermüdlich tätigen Mann ergriff es mitten im Tun, auf einer Reise, während seine Freunde ihn umgaben. Er, der Mann der Gewalt, wurde gewaltsam geweiht. Die Stimme von oben beginnt mit einem kurzen, strengen Vorwurf:
„Saulus, Saulus, was verfolgst du mich?"
„Herr, wer bist du?" fragte dieser, die Augen auf die strahlende Erscheinung geheftet, denn Jesus Christus erschien ihm in seiner Herrlichkeit.
„Ich bin Jesus von Nazareth, den du verfolgst."
„Herr, was willst du, daß ich tun soll?"
Auch hier ist er wie immer der Mann der Tat! Ergriffen, überrascht, niedergeworfen, geblendet, zerschmettert verliert er keine Sekunde. Er ist so sehr der Mann der Tat, daß er sofort, hier und jetzt, einen wirksam sich äußernden Beruf braucht. Er wird Jesus von Nazareth nicht mehr verfolgen. Was soll er dann tun? Er läßt sich nicht einmal Zeit, auf seine Blendung zu achten und geht stracks auf eine neue Wirksamkeit los. Da er nicht mehr verfolgen will, muß er etwas anderes tun, und er will unverzüglich wissen, was. Er ist blind in diesem Augenblick, aber er gönnt sich nicht zu warten, bis seine Augen sich wieder öffnen. Er muß vom ersten Augenblick an seinen neuen Weg kennen. Seine Reisegefährten hatten nur ein Licht wahrgenommen, ohne Jesus Christus zu sehen. Nur Saulus, zum Paulus geworden, erblickte die Erscheinung; nur er verstand die Worte, die in syrochaldäischer Sprache gesprochen wurden. Seine Begleiter waren griechische Juden.
Als Paulus sich erhob, war er, wie man weiß, blind. Man mußte ihn bei der Hand nehmen und führen. Dieser Einzug in Damaskus hatte wenig Ähnlichkeit mit dem seiner früheren Vorstellung. Drei Tage lang sah er nichts. Diese drei Tage in der Dunkelheit verbrachte er im Gebet versunken. Inzwischen empfing Ananias den Befehl, Paulus das Augenlicht wiederzugeben. Ananias geht in die ‚Gerade Straße'. Er klopft an die Tür eines Juden namens Judas, bei dem Saulus wohnt. Er tritt ein und spricht: „Lieber Bruder Saul, der Herr Jesus, der dir auf dem Wege erschienen

ist, hat mich zu dir gesandt, um dir das Augenlicht wiederzugeben und dich mit dem Heiligen Geist zu erfüllen."
Und Ananias legte die Hände auf Saul, und es fiel wie Schuppen von seinen Augen. Und Paulus stand auf und ließ sich taufen.
Eine ergreifende Darstellung der Bekehrung des hl. Paulus hat Michelangelo im Vatikan in der Cappella Paolina gemalt.

Die heilige Paula von Rom

Paula stammte aus dem altrömischen Hause der Gracchen. Sie wurde am 5. Mai 347 in Rom geboren und von ihrer Mutter in dem Glanz und Reichtum erzogen, wie er in den vornehmen Familien des 4. Jahrhunderts üblich war. Man war Christ, weil es zum guten Ton gehörte und weil das Herrscherhaus christlich war, im übrigen aber kümmerte man sich nicht um die Lehren Christi und lebte ein weltliches Leben, las griechische und römische Klassiker, trieb Musik und tanzte. Mit fünfzehn Jahren heiratete Paula den jungen römischen Senator Toxotius aus dem Geschlechte der Julier. Paula führte eine glückliche Ehe mit ihm und gebar ihm fünf Kinder, die sie über alles liebte. Aber schon im Alter von dreiunddreißig Jahren verlor sie ihren Mann durch den Tod. Sie war wie von Sinnen vor Schmerz. „Ihrem Gatten trauerte sie so heftig nach, daß sie beinahe selbst gestorben wäre", schreibt der hl. Hieronymus, der uns ihr Leben übermittelt hat.
Zu dieser Zeit hatte sich in Rom eine neue asketische Bewegung gebildet, deren Mittelpunkt der Palast war, den die Witwe Marcella mit ihrer Mutter und Tochter auf dem Aventin bewohnten. Um sie scharten sich andere junge Mädchen und Witwen, die das weltlich ausgerichtete gesellschaftliche Treiben Roms satt waren. Sie übten Wohltätigkeit und führten ein fast klösterliches Dasein. Hier fand Paula Zuflucht und Trost: sie pflegte Kranke und Arme, verteilte Almosen und widmete sich der Erziehung ihrer Kinder; die Nöte anderer Menschen ließen sie ihr eigenes Leid vergessen. In dieser Gesellschaft begegnete Paula Hieronymus und erkor sich den gelehrten Gottesmann zu ihrem geistlichen Führer. „Der Unterricht ließ uns ständig zusammensein." Paula begann ihren Reichtum zu verachten und schenkte alles hin in ihrer wachsenden Liebe zu

Christus: „... ihr Lied waren die Psalmen, ihre Rede das Evangelium, ihre Last die Enthaltsamkeit und ihr Lebensinhalt das Fasten.“ Ihre älteste Tochter Blesilla ereilte dasselbe Schicksal wie ihre Mutter: auch ihr Mann starb. Von da an lebte sie das gleiche asketische Leben wie ihre Mutter, das aber ihre ohnehin zarte Gesundheit bald untergrub, so daß Paula abermals an einem Totenbett stand. Wiederum gab sie sich ihrem leidenschaftlichen Schmerz hin und Hieronymus mußte sie ernstlich mahnen, sich zu fassen.

Im Jahre 385 entschloß sie sich auf Anraten von Hieronymus, Rom und damit alles, was sie kannte und liebte, zu verlassen und ins Heilige Land zu pilgern. Sie wollte sich in Bethlehem, an der Stätte von Christi Geburt, ganz dem Dienste Gottes weihen. Nur von ihrer Tochter Eustochium begleitet, folgte sie ihrem Lehrer auf seiner ausgedehnten Reise durch Palästina. Der Abschied von ihren Kindern war herzzerreißend, wie Hieronymus schreibt.

In Bethlehem gründete Paula ein großes Frauenkloster mit dem, was ihr von ihrem Reichtum noch geblieben war. Es lag auf der gleichen Anhöhe wie das Männerkloster, dessen Leitung der Kirchenlehrer selbst übernommen hatte. Paula lebte ein Leben allerstrengster Kasteiung, so daß ihr Lehrer oft ihre allzu große Härte gegen sich selbst tadelte und die ungestüme Askese der Heiligen in maßvollere Bahnen zu lenken versuchte. Noch weitere Opfer forderte Gott von seiner Auserwählten: alle ihre Kinder starben vor ihr bis auf jene Tochter Eustochium, die ihr auf dem Wege zur Heiligkeit gefolgt war. Und jedesmal wieder durchlitt Paula das unermeßliche Leid der liebenden Mutter. Aber die tiefe Mütterlichkeit ihres Wesens wandte sich nun denen zu, die sich ihrer Führung anvertraut hatten. Noch zwanzig Jahre konnte sie ihrer klösterlichen Gemeinschaft vorstehen, mit deren Hilfe sie ein Spital und ein Pilgerhaus führte. Jedoch lange vor ihrem geistlichen Führer Hieronymus, tief betrauert von allen, die sie kannten, starb die Heilige am 26. Januar 404.

Ihr Begräbnis war wohl das größte, das Bethlehem je gesehen hatte. Man setzte ihre sterbliche Hülle unter der Kirche bei, die über der Geburtshöhle unseres Herrn Jesus Christus errichtet wurde.

Paula von Rom hat sicherlich kein außergewöhnliches Schicksal erlebt, wenngleich sie von Gott hart geprüft wurde. Aber sie zeigte beispielhaft, daß ein von Natur aus leidenschaftlicher Mensch durch Beherrschung in der Lage ist, sein Temperament zu vergeistigen und für seine Mitmenschen fruchtbar zu machen. Ihre Tochter Eustochium, die man unter dem 28. September in den Heiligenkalendern findet, führte ihr Werk fort. Wir wissen hauptsächlich aus den Briefen des hl. Hieronymus von ihr. Sie war, wie Hieronymus es ausdrückte, „eine Frau mit einem großen Geist in einem kleinen Körper“.

Dargestellt wird die hl. Paula als Pilgerin mit Stab und Kürbisflasche oder mit Geißel.

Anstelle der Legende

Ein Auszug aus dem Bericht über die hl. Paula von der Hand des hl. Hieronymus:

„Wenn alle Glieder meines Leibes Zungen hätten, so möchten sie doch nicht Lobes genug sprechen von der heiligen Paula. Sie war edel von Geschlecht, aber noch viel edler in ihren Tugenden; sie war vordem gewaltig an Reichtum, aber darnach leuchtender in der Armut Christi. Durch ihre Tugenden wurde sie derart entzündet, daß sie daran gedachte, ihre Heimat zu verlassen. Ich will es kurz sagen: sie stieg zuletzt zum Hafen hinab, gefolgt von Verwandten und Freunden, sonderlich von den ihr gebliebenen Kindern, die die Mutter mit Bitten wollten überwinden da zu bleiben. Schon waren die Segel gerichtet, und die Ruder führten das Schiff aufs hohe Meer, da sah man ihr jüngstes Kind Toxoctius am Strande, das streckte die Hände sehnlich nach ihr aus, und Rufina, die Tochter, beschwor die Mutter mit stummen Tränen. Paula aber blickte trockenen Auges unverwandt gen Himmel und kämpfte die Mutterliebe mit göttlicher Liebe nieder. Ihr Herz tat ihr weh, und sie fühlte einen Schmerz, als würden ihr die Glieder vom Leibe gerissen.

Da sie nun in das Heilige Land kamen, sandte der Landpfleger von Palästina, der ein Freund ihres Hauses war, seine Diener, daß sie ihr in seinem Palast eine Wohnung bereiten möchten: sie aber wählte eine arme Hütte... Sie erniedrigte sich so sehr in ihrer Demut, daß niemand sie erkennen mochte, der sie zu sehen kam um ihres Namens willen, sondern sie für die letzte der Mägde hielt... Sie hatte kein weiches Bett, auf härenen Tüchern, die auf den harten Boden gebreitet waren, war ihre Ruhe, die doch nichts anderes war denn Beten Tag und Nacht. Über eine kleine Sünde weinte sie so sehr, daß man annehmen mußte, sie sei die größte Sünderin von der Welt. So sprach sie: ‚Dies Angesicht soll zerstört werden, das ich so oft wider Gottes Gebot geschminkt habe und gemalt, der Leib soll gepeinigt werden, der so viel Wollust hat gehabt, das viele Lachen will ich büßen mit ewigem Weinen, das weiche Linnen und die köstliche Seide müssen verwandelt sein in ein härenes Hemd; denn nun trachte ich allein nach Christi Wohlgefallen, da ich zuvor meinem Gemahl zu gefallen begehrte und der Welt.‘ ... Große Teile der Heiligen Schrift wußte sie fast auswendig, und was ich nun sage, wird ihren Neidern unglaublich dünken: das Hebräische, welches ich von Jugend auf mit großer Arbeit und vielem Schweiße einigermaßen erlernt habe und in täglicher Übung wieder und wieder lerne, damit es mich nicht im Stich lasse, das begehrte sie zu lernen. Und sie lernte es. Wer aber mag trockenen Auges reden von Paulas Tod? Sie fiel in schwere Krankheit. Sie wußte, daß ihr Tod nahte, denn die äußeren Teile ihres Leibes waren schon alle erkaltet, und nichts mehr lebte an ihr denn das heilige Herz, in dem die Seele noch ihr Wirken hatte. Und mit einer Freude, als sollte sie von der Fremde fahren in ihre Heimat, flüsterte sie die Verse des Psalms: ‚Herr, ich habe lieb gehabt die Zierde deines Hauses und die Stätte, da dein Ruhm wohnt‘ (Ps. 25, 8) und ‚Wie lieblich sind deine Wohnungen, Herr, ich möchte im Hause meines Gottes die Letzte sein‘ (Ps. 83, 2; 11). Ich fragte sie, warum sie nun schwiege, ob ihr etwa gebräche. Da antwortete sie auf griechisch: ‚Ich habe kein Ungemach: ich schaue eine große Ruhe und Stille.‘ Danach schwieg sie, und mit geschlossenen Augen, als verachte sie die Welt, wiederholte sie jene Verse bis zum letzten Atemzuge, aber so schwach, daß wir kaum mit hingehaltenem Ohr es verstehen mochten. Doch nun lebe wohl, o Sankt Paula, und hilf deinem Diener mit deinem Gebet in seinen letzten Tagen.'"

Die heilige Angela Merici

Angela Merici wurde am 21. März 1474 in Desenzano am Gardasee geboren. Sie war ein frommes kleines Mädchen und erlebte eine glückliche Kindheit. Indessen verlor sie frühzeitig beide Eltern und wurde mit ihrer Schwester bei einem Onkel in Salò aufgenommen. Die Geschwister steigerten sich in eine Art religiöser Begeisterung, die in ihnen den Wunsch nach Einsamkeit erweckte. So kamen sie auf die absonderliche Idee, in einer Felsenhöhle hausen zu wollen wie die Anachoreten Ägyptens. Natürlich holte man sie zurück und verwies ihnen derartige Phantastereien. Beide Schwestern waren so eng miteinander verbunden, daß man sie scherzhaft die „zwei Turteltauben von Salò" nannte. Der zweite Schmerz, den Angela durchmachen mußte, war der Tod ihrer Schwester; bald darauf verlor sie auch den Onkel. Angela entsagte nun dem Erbe ihrer Familie und nahm das Kleid des Dritten Ordens des hl. Franziskus.

Nach Desenzano zurückgekehrt, lebte sie zwanzig Jahre in harter Weltentsagung. Vor allem nahm sie Kinder unter ihre Obhut. Sie unterrichtete sie so anschaulich und lebendig in den Wahrheiten der Religion, daß diese wiederum ihren Geist in die Familien trugen. Ihr Beispiel bewirkte, daß gleichgesinnte Frauen sich ihr anschlossen. Vornehmlich waren es kleine Mädchen, die betreut wurden. Angela kam nun auf den Gedanken, mit den religiösen Unterweisungen auch andere weibliche Kenntnisse wie Waschen, Nähen, Putzen, Kochen und Krankenpflege zu vermitteln.

Ihr Ruf sprach sich herum, und durch Vermittlung einer vermögenden, einflußreichen Familie aus Brescia ließ sie sich dazu bestimmen, ihre Tätigkeit in diese Stadt zu verlegen. Hier gründete sie Schulen, und zusammen mit ihren Gefährtinnen betreute sie die Jugend Brescias. Trotz ihres weltabgeschiedenen, rein apostolischen Lebens holte man aus allen Schichten der Bevölkerung ihren Rat ein und suchte und fand Trost bei ihr. Angela erkannte, daß die neue Zeit neue Formen für das Ordensleben brauchte, in ihr formte sich immer ausgeprägter der Gedanke, eine geistliche Gesellschaft zu gründen, die sich der Erziehung der weiblichen Jugend widmen und die bedrohte Religiosität der Familien schützen sollte. Anläßlich einer Wallfahrt nach Jerusalem im Jahre 1524 nahm sie ihren Weg über Rom, wo sie dem Papste Klemens VII. ihren Plan darlegte. Es mußten aber noch viele Jahre verstreichen, ehe aus der losen Verbindung, in der sie mit ihren Gefährtinnen lebte, eine regelrechte Ordensgemeinschaft wurde. Am 25. November 1535, ein Jahr nachdem der hl. Ignatius von Loyola (s. 31. Juli) seine ‚Compagnia di Jesu' – Gesellschaft Jesu – gegründet hatte, rief die hl. Angela Merici unabhängig davon, aber aus ähnlichen Beweggründen, in Brescia ihre ‚Compagnia di santa Orsola' – Gesellschaft der heiligen Ursula – ins Leben, die heute unter dem Namen ‚Ursulinen' in der ganzen Welt bekannt ist. Die Heilige stand bei der Gründung ihrer Genossenschaft bereits in ihrem 61. Lebensjahr. Sie hat diesen Frauenorden dem Schutz der hl. Ursula (s. 21. Oktober) unterstellt und nach dieser benannt. Er ist der größte und berühmteste Frauenorden für Erziehung und Unterricht. Angela war die erste Oberin.

Die Mitglieder sollten mitten in der Welt wirken und blieben daher anfänglich in ihren Familien wohnen. Später entstanden zwar Gemeinschaftshäuser, aber die Schwestern waren, um ihrem Apostolat ungestört nachgehen zu können, nicht an Klausur und Gelübde gebunden, was für die damalige Zeit ein unerhörtes Unterfangen war. Trotzdem fanden die von Angela entworfenen Satzungen schon ein Jahr später kirchliche Genehmigung. Ihr Werk machte rasche Fortschritte. Jeder, der Hilfe brauchte, war darin eingeschlossen. Ihre Schwestern waren nicht nur in Erziehung und Unterricht tätig, sondern auch in Spitälern, in den Familien und als Missionsschwestern.

Angela Merici überlebte ihre Gründung nicht lange. Sie starb am 27. Januar 1540. Die gewaltige Ausbreitung, die ihr Werk in vielen Ländern fand und die Erfolge, die es zeitigte, hat sie nicht mehr erlebt. Heute ist der Orden der Ursulinen mit weit über zehntausend Mitgliedern einer der wichtigsten der Kirche, der sich die Erziehungstätigkeit zum Hauptziel gemacht hat.

Ihr Grab befindet sich in der Kirche der hl. Afra zu Brescia. Bei ihrer Bestattung ereigneten sich Wunder. Sie wurde 1768 selig- und 1807 heiliggesprochen. Die Kirche gedenkt ihrer am heutigen Tag.

Dargestellt wird die Heilige als Oberin mit Kreuz, Rosenkranz und offenem Buch, auf das sie weist, und mit Leiter. Fresken mit Szenen aus ihrem Leben befinden sich im Dom von Brescia.

Legende

Die Darstellung der hl. Angela Merici mit einer Himmelsleiter geht auf eine Vision zurück, die Gott ihr schickte, nachdem sie ratlos über das, was sie für Gott tun könne, nächtelang im Gebet zugebracht. Unablässig stellte sie die Frage: „Herr, was willst du, daß ich tun soll?" Die Vision wurde dann zum entscheidenden Erlebnis für sie. Sie erblickte ein himmliches Licht, klar, unirdisch, gleich leuchtenden Tönen, die sie umfluteten und von der Erde hoben wie auf Wellen von Flammen und Klängen. Dann sah sie eine Leiter zwischen

Himmel und Erde, und auf und nieder stiegen singend weiße Jungfrauen, geschmückt mit strahlenden Kronen. Aus der Schar trennte sich eine und sprach: „Du sollst wissen, Angela, daß Gott dir dieses Bild zeigt, um dir zu sagen, daß du vor deinem Tode eine Gesellschaft (Compagnia) gründen wirst, die dieser gleicht.“ Damit wurde Angela allmählich ihre Berufung klar, und sie begann zu ahnen, welchem Ziel sie auf Erden zueilen sollte.
Um den Beistand Gottes zu erflehen, wallfahrtete sie nach Jerusalem. Auf dem Wege dorthin verlor sie ihr Augenlicht, aber ihr Gottvertrauen war dadurch nicht erschüttert. An der Hand einer Führerin kam sie wohlbehalten in das Gelobte Land. Sie besuchte Bethlehem, den Ölberg und Golgotha. Mit den Augen des Geistes schaute sie die Geheimnisse der göttlichen Stätten und ehrte mit der Glut ihres Herzens die Wege des kreuztragenden Erlösers. Auf der Rückfahrt wurde das Schiff auf die Insel Candia verschlagen, wo in der Nähe des Hafens ein wundertätiges Kruzifix stand. Angela kniete flehend vor ihm nieder. Während ihrer Andacht wurde ihr Gebet erhört, und sie stand mit gesunden Augen wieder auf. Voll des Dankes pilgerte sie nach Rom, um hier den Jubiläumsablaß des Jahres 1525 zu erhalten.

Der heilige Thomas von Aquin

Der große Kirchenlehrer und Fürst der Scholastik wurde um 1224 auf der Burg Roccasecca bei Aquino in der Nähe von Neapel geboren. Er stammte aus lombardischem Adelsgeschlecht und war ein Großneffe Kaiser Friedrich I. Bei seiner Taufe stand Papst Honorius III. Pate. Erzogen wurde er bei den Benediktinern in Monte Cassino. Die ehrgeizigen Eltern hätten ihren Sohn am liebsten als einflußreichen Abt dieses berühmten Klosters gesehen. Thomas jedoch äußerte den Wunsch, Dominikaner zu werden. Damals galt aber der arme und noch sehr junge Predigerorden als nicht standesgemäß, und so kam es, daß Thomas auf der Reise zum Studienseminar der Dominikaner in Paris von seinen Brüdern entführt wurde. Solch brutales Vorgehen war in der damaligen Zeit durchaus nicht ungewöhnlich. Während eines ganzen Jahres, in dem man ihn in

Hausarrest hielt, versuchte seine Familie vergeblich, ihn von seinem Entschluß abzubringen. Juni oder Juli 1245 erlangte Thomas endlich seine Freiheit wieder und begab sich nach Paris. Hier findet er einen Menschen, der im Denken ihm den Weg eröffnet und sein späteres Werk bestimmt hat: Albertus Magnus von Köln (s. 15. November), den großen Lehrer, der ihn mit Aristoteles vertraut machte. Er folgte ihm von 1248–1252 nach Köln. Keiner ahnte, welch ein Genie im Verborgenen heranreifte. Die Mitstudenten hielten nicht viel von dem bescheidenen, immer schweigsamen Thomas. Sie gaben ihm den Namen ‚der stumme Ochse'. Albertus aber war schon damals seines Schülers sicher, als er über ihn sagte: „Dieser stumme Ochse wird einst brüllen, daß die ganze Welt davon widerhallt."

Um das Jahr 1248 empfing Thomas die Priesterweihe und hielt seine ersten Vorlesungen. Kaum hatte der junge Professor sein wissenschaftliches Amt angetreten, als sein Ruf schon weit über die Grenzen von Köln hinaus ganz Europa in Staunen versetzte. Seine zahlreichen Schriftbetrachtungen und Aufsätze erregten das größte Aufsehen. Unsterblich wurde er durch sein großes Meisterwerk, die ‚Summa theologica', die das bis heute fortwirkende christlich-katholische Weltbild enthält, sowie seine ‚Summa contra gentiles', die die gewaltigste mittelalterliche Auseinandersetzung mit der arabischen Philosophie ist. Seine Werke fassen siebzehn bedeutende Bücher. Mit Staunen sieht man, daß dieser Mann, der knapp fünfzig Jahre alt wurde und daneben manch aufreibende Tätigkeit im Auftrag des Papstes und des Ordens zu leisten hatte, ein solch umfassendes Lehrgebäude aufstellen konnte.

Ab 1265 unterstand Thomas auch die Leitung der Ordensschule in Rom; er war dann später wieder in Paris und zuletzt in Neapel (1272–74) tätig. Fleiß und Sammlung geben noch nicht die volle Erklärung für die so unglaublich fruchtbare Lebensarbeit des Heiligen. Die tiefe Gotteserkenntnis hatte er, wie er selbst bezeugte, weniger durch seine natürlichen Anlagen als durch jene Kraft von Oben bekommen, die er in inniger Gebetsgemeinschaft mit Gott erlangte.

Bei der Aufzählung seiner Werke darf man darum auch nicht die herrlichen Hymnen vergessen, die er im Auftrag Urbans IV. verfaßte und die noch heute in der ganzen katholischen Kirche beim Fronleichnamsfeste gesungen und gebetet werden. Von Krankheit schwer gezeichnet, machte sich der heilige Thomas, den inständigen Bitten des Papstes folgend, auf den Weg, um die katholische Sache auf dem Konzil zu Lyon zu vertreten. Doch noch ganz am Anfang seiner Reise, in

Begleitung einiger Mitbrüder, verschied der schwerkranke Mann am 7. März 1274 im Zisterzienserkloster Fossanova, nördlich von Terracina.
Den Herrn allein hatte er gesucht und geliebt; auf die ihm angetragenen hohen kirchlichen Ämter hatte er verzichtet, um ihn allein auf dem Katheder und in seinen Werken zu verkünden. So strahlen die letzten Worte, die er vor seinem Tode beim Empfang der hl. Wegzehrung sprach, noch einmal seine ganze Gottesliebe und Treue zur Kirche aus: „Ich empfange Dich als Lösepreis meiner Seele, als Wegzehr meiner Pilgerschaft. Dir zuliebe habe ich studiert, gewacht, gearbeitet, gepredigt, gelernt. Mit Wissen habe ich niemals etwas gegen Dich gesagt. Sollte ich aber über dieses Sakrament oder über andere Gegenstände weniger gut gelehrt oder geschrieben haben, so unterstelle ich es dem verbessernden Urteil der heiligen römischen Kirche, in deren Gehorsam ich aus diesem Leben scheide."
Als ‚Doctor communis' oder ‚angelicus' ging er in die Kirchengeschichte ein. Schon 1323 wurde Thomas heiliggesprochen, 1567 verlieh ihm die Kirche den Ehrentitel eines Kirchenlehrers. Am 4. August 1880 erhob Papst Leo XIII. ihn feierlich zum Patron der katholischen Schulen und Studierenden – ein Vorbild für jeden, der geistig arbeitet. Seine Gebeine ruhen in S. Maria sopra Minerva in Rom, sein Schädel in Saint-Sernin in Toulouse.
Dargestellt wird der hl. Thomas als Dominikaner im weißen Habit mit Skapulier, Kapuze und schwarzem, offenem Mantel, mit strahlender Sonne oder Stern auf der Brust – die Kirche erleuchtend –, mit Buch und Feder, mit Monstranz oder Kelch und einer Taube, die aus seinem Munde fliegt oder in sein Ohr spricht – seine Weisheit andeutend, vor einem Kreuze betend, von zwei Engeln gegürtet – als Zeichen der Keuschheit, doch auch tafelnd im Kreise hoher Herren.

Legendäres

Man erzählt sich vom hl. Thomas, er sei – weil es bekannt war, daß er gerne gut aß – einst von König Ludwig von Frankreich zur Tafel geladen worden. Er habe aber einen so abwesenden Eindruck gemacht, daß man zweifeln konnte, ob er sich überhaupt bewußt war, ausgezeichnete Dinge zu verspeisen. Ohne ein Wort zu reden, mit nach innen gekehrtem Blick, habe er an der Tafel gesessen und die Nüsse seien schon aufgetragen worden, ohne daß er etwas gesagt hatte. Der König, der ein taktvoller Mann war, gab den Höflingen einen Wink, den großen Gelehrten keinesfalls zu stören. Plötzlich, ohne das geringste Zeichen vorhergehender Erregung, habe der Heilige sich in seiner ganzen Fülle erhoben und die geballte Faust mit großer Wucht auf die Tischplatte niedersausen lassen. Unter dem Geklapper der springenden Nüsse rief er mit zorngerötetem Gesicht den erschrockenen Höflingen die Worte zu: „Das wird die Häretiker erledigen!" – er hatte das entscheidende Argument gefunden, um die Irrlehre der Manichäer zu widerlegen!

So überzeugend, so klar und einleuchtend wie der hl. Thomas von Aquin hatte bis dahin noch niemand das katholische Weltbild umrissen: es konnte nur in einer Seele wachsen, die ganz in der Harmonie mit dem Göttlichen lebte. Wäre es anders denkbar, daß der Schöpfer der ‚Summa' in einer ununterbrochenen Gedankenverbindung mit dem Geist Gottes stand und daß er nachbildete, was er betend schaute? So vernahm der Heilige einmal vor dem Kruzifix, vor dem er betete, die Worte: „Gut hast du von mir geschrieben, Thomas; was willst du zur Belohnung?" Und Thomas antwortete: „Herr, nichts anderes als Dich allein."
Thomas blieb immer bescheiden, demütig und vor allem gehorsam. Als er eines Tages im Refektorium des Klosters vorlas, rief ihm der Aufseher verächtlich zu, er solle eine Silbe anders aussprechen, als er sie gelesen hatte. Obgleich Thomas die Silbe richtig betont hatte, wiederholte er sie ohne Widerrede sofort. Als ihm die Mitbrüder nach dem Essen sagten, er hätte dies nicht tun sollen, weil er richtig gelesen habe, gab er ihnen zur Antwort: „Es nützt uns allen wenig, ein Wort auf diese oder jene Art auszusprechen; aber dem Ordensmann nützt es, immer gehorsam und demütig zu sein."

Der heilige Theodosius

(Gedenken: 11. Januar)

Name und Andenken an diesen bedeutsamen Heiligen sind selten geworden. Dennoch sollte man ihn nicht vergessen, da er einer der ersten war, die die Betrachtung des Todes in ihr Leben hineinnahmen. Auch zählt dieser große Cönobiarch, d. h. Führer zu gemeinsamem Mönchsleben, zu den Erzvätern des Mönchtums.
Theodosius, dessen Name auf deutsch ‚Gabe Gottes' bedeutet, wurde gegen 425 zu Marissus in Kappadozien als Sohn frommer christlicher Eltern geboren. In seiner Jugend wurde er zum Lektor in der Kirche bestimmt, erwarb also durch beständiges Lesen der heiligen Schriften sich große Kenntnisse in der Erklärung des Gotteswortes. Diese Beschäftigung wurde ihm zum Antrieb, der Welt zu entsagen und in der Einsamkeit Gott zu dienen. Und er machte sich auf zum Besuch jener Stätten, die durch die Passion des Heilandes geheiligt waren. Auf seinem Wege nach Jerusalem besuchte er den hl. Simeon, den Styliten (s. 12. Januar). Als der Theodosius, den er nicht kannte, von weitem erblickte, rief er mit lauter Stimme: „Du Gabe Gottes, sei mir willkommen." Simeon lud ihn ein, die Säule zu besteigen, umarmte und segnete ihn und gab ihm gute Lehren für das geistliche Leben.

Nun wandte sich Theodosius nach Jerusalem, wo er sich unter der Führung eines angesehenen Eremiten für das Klosterleben entschied und bald große Fortschritte auf dem Wege der Tugend machte. Man betraute ihn mit der Leitung einer Kirche, einem Posten, den er aber aus Bescheidenheit bald wieder aufgab und sich in eine auf einem Berge gelegene Höhle zurückzog. Dort führte er das strengste Bußleben, beweinte täglich seine Sünden, lebte von Dattelkernen und Kräutern und aß dreißig Jahre lang kein Brot. Von seinem Rufe angezogen, kamen wißbegierige Jünglinge zu ihm, die der Heilige in seiner Höhle aufnahm. Die Grundregel, die er seinen Schülern gab, war das beständige Betrachten des Todes. Um diesen Gedanken zu verdeutlichen, ließ Theodosius eine große Grabstätte nahe bei der Einsiedelei errichten, damit sich alle auf ihren Tod vorbereiteten. Die Zahl seiner Jünger nahm täglich zu, so daß Theodosius, dessen Höhle zu klein wurde, nahe bei Bethlehem das Kloster Dêr Dôsi erbaute. Mit dem Kloster waren drei Krankenhäuser und eine nach ihm benannte Irrenanstalt verbunden, wo die Brüder voll liebender Hingabe Kranke und Bresthafte pflegten. Dazu errichtete er Herbergen für Pilger und Weltleute, deren Zahl mit der Zeit so anstieg, daß oftmals über hundert Tische mit Speisen versorgt werden mußten. Somit hatten die Brüder außer ihren Gebetspflichten – das Kloster umfaßte vier Kirchen! – vielerlei nützliche Arbeit zu verrichten. Handwerk und Kultur wurden gleichermaßen gepflegt und der Klosterbezirk wuchs zu einer Stadt des Friedens an.
Wegen seiner großen Verdienste ernannte der Bischof Sallust von Jerusalem Theodosius 493 zum Vorsteher aller Mönche in Palästina, den hl. Sabas aber, mit dem ihn eine große Freundschaft verband, zum Vorsteher aller Einsiedler. Die Freunde sollten später das gleiche Schicksal tragen, beide wurden wegen ihrer treuen Anhänglichkeit an die römisch-katholische Kirche verfolgt! Kaiser Anastasius hatte nämlich einen Mönch, der ein Ketzer war, statt des abgesetzten und verbannten Bischofs auf den Patriarchenstuhl von Jerusalem gesetzt. Theodosius und Sabas weigerten sich ihn anzuerkennen und setzten sich furchtlos in aller Öffentlichkeit für den rechtmäßigen Bischof ein. Der Kaiser drohte ihnen mit seiner Ungnade, doch sie blieben standhaft; er suchte sie mit Geld zu bestechen; Theodosius nahm zwar das Geld, verteilte es aber unter die Armen und behielt nichts für sich. Der Heilige schrieb einen Brief an den Kaiser, in welchem er die Ketzerei bündig widerlegte und erklärte, lieber mit all seinen Söhnen den Tod zu erleiden als von der Wahrheit abzugehen. Das beeindruckte den Kaiser derart, daß er zunächst besänftigt erschien. Doch bald darauf setzten neue Verfolgungen der Rechtgläubigen ein; da eilte der Greis mit seinen neunzig Jahren durch ganz Palästina, ermahnte die Christen, fest zu den vier ersten ökumenischen Konzilien zu stehen, und drohte in Jerusalem von der Kanzel herab denjenigen, die sie nicht wie die vier Evangelien als Glaubenssatz hinnähmen, mit dem Bann! Auf diese

mutige Tat hin schickte der Kaiser den Heiligen in die Verbannung; doch überlebte er den Kaiser. Der Nachfolger, der der römischen Kirche günstiger gesinnt war, rief Theodosius zurück. Elf Jahre lebte der Uralte noch in dem von ihm begründeten Kloster ein Leben strenger Buße. Nachdem er seinen versammelten Jüngern manch heilsame Lehren erteilt hatte, starb er, von einer schmerzhaften Krankheit befallen, im Jahre 529 in seinem 105. Lebensjahr. Er wurde in seiner ersten Zelle begraben und viele Wunder ereigneten sich nach seinem Tode.
Theodosius wird mit Geldbörse und Stundenglas abgebildet, weil er unbestechlich war und sein Leben lang den Tod vor Augen gehabt hat.

Die Heilige Martina

Die Kirche SS. Luca e Martina in Rom an der Via del Foro wurde im 8. Jahrhundert als Doppelkirche, nämlich mit Ober- und Unterkirche, gebaut und der hl. Martina, Bekennerin und Märtyrin der Frühzeit, geweiht. Sixtus V. (1585–1590) schenkte Gebäude und Platz der Lukasakademie, in der die Künstler Roms zusammengeschlossen waren. Als Pietro da Cortona 1634 zum Vorsteher dieser Akademie ernannt wurde, erbaute er auf Grund einer eigenen Stiftung eine neue Oberkirche und bezog die Unterkirche dabei seiner Neugestaltung ein. Der 1650 vollendete Bau erhielt dann den heutigen Namen SS. Luca e Martina. Die Urne der Heiligen steht auf dem von Pietro da Cortona geschaffenen Bronzealtar in der Unterkirche (A. Henze). Derselbe Künstler schuf – wohl zum Schmucke dieser Kirche – Bilder mit Szenen aus dem Leben der hl. Martina, die sich zum Teil im Pariser Louvre und im Pitti-Palast in Florenz befinden. Papst Urban VIII. verfaßte zu Ehren der Heiligen, die zu den Schutzheiligen der Stadt Rom gehört, klassische Hymnen.
Darstellung der hl. Martina: mit Palme und offenem Buch, zerbrochenem Götterbild, Marterwerkzeugen, manchmal auch mit Löwen.
Die hl. Jungfrau Martina lebte zur Zeit des Kaisers Alexanders Severus und starb etwa um das Jahr 226 den Martertod für Christus. Martina wurde schon im frühen Christentum hoch verehrt. Ihren außergewöhnlichen Bekennermut bewundern zahlreiche Gläubige noch heute. In ihrer ‚Passio‘ mischen sich Geschichtliches und Legendäres.

Legende
Martina war die Tochter eines angesehenen Römers, der dreimal das hohe Amt des Konsuls bekleidet hatte. In frühester Jugend verlor sie beide Eltern. Da sie ganz erfüllt war von der Liebe zum Heiland, wollte sie arm sein wie er und verteilte ihr reiches Erbgut unter die

Armen. Dann ließ sie sich unter die Diakonissinnen aufnehmen, welche in den Gemeinden den caritativen Dienst als ihre Pflicht erhoben hatten. Martina war ungewöhnlich schön und hatte viele Verehrer, darunter den Kaiser selbst, der sie sogar zu seiner Gattin erheben wollte. Aber sie schlug alle Bewerber aus, denn sie wollte ganz für ihren Glauben im Dienste Gottes und ihrer Mitmenschen leben.

Als Severus erfuhr, daß Martina Christin sei und ihr Glaube der Grund ihrer Absage gewesen war, wurde er wütend. Sie wurde vor Gericht geladen und aufgefordert, ihrem Glauben abzuschwören. Die Jungfrau wandte sich in ihrer Not an Gott und bat um Standhaftigkeit, denn sie kannte die Folterungsmethoden, mit denen man sie gefügig machen wollte. Während sie betete, erschütterte ein Erdbeben die ganze Stadt; das Standbild des Apoll und mit ihm ein großer Teil des Tempels stürzten ein.

Nun ergrimmte der Kaiser derartig, daß er befahl, die schöne Christin den grausamen Folterknechten zu überantworten. Die Schergen quälten Martina bis zur völligen Erschöpfung. Aber das schwache Mädchen bewies, was ein Mensch mit Gottes Hilfe aushalten kann und blieb standhaft. Zuletzt schleppte man Martina vor die Stadt und enthauptete sie.

Der heilige Johannes Bosco

Der hl. Johannes Bosco starb am 31. Januar 1888 in Turin und sein Fest wurde durch Dekret vom 25. März 1936 auf den 31. Januar festgelegt.

„Wer war Don Bosco?", so fragte die Dichterin Elisabeth Langgässer und beantwortete ihre Frage selbst: „. . . er war Kuhhirt und Winzer, Trapezkünstler, Lehrer und Tausendsassa, Pionier und Pfadfinder, Kaufmann und Priester, Sozialarbeiter und Jugendfreund, Gründer unzähliger Jugendheime in der alten und der neuen Welt, Kamerad und Vater von kleinen Dieben, von Räubern und Waisenkindern, Anführer ihrer Spiele und Tröster ihrer Leiden, Büßer und Beter für seine Jungenschar, die keiner mehr zählen kann, ein Baumeister, Spekulant und Träumer. . . Er war ganz einfach, so einfach wie ein wildes Gebirgswasser einfach ist, das gleichzeitig Steine mit sich reißt und Blumen und Tiere tränkt. Er war ein einfacher Mensch unserer Tage, ein Apostel der Neuzeit, ein Jugenderzieher von ungewöhnlichen Graden, dessen Lehre immer nur Güte und nichts als Güte hieß. Er war ein Heros der Liebe und als solcher wurde er am 1. April des Jahres 1934 von Papst Pius XI. heiliggesprochen, vielmehr es wurde nur ausgesprochen, was allen Leuten bereits bekannt war, die sich näher mit ihm beschäftigt hatten."

Geboren wurde der Heilige am 15. August 1815 zu Becchi in Piemont als Sohn armer Bauern. Er lernte schon als Kind Entbehrungen ertragen und mit der Hände

Arbeit für den Lebensunterhalt sorgen. Schon früh zeigte er Talente, die ihn bei seinen Spielkameraden zum unbestrittenen Anführer werden ließen: eine unerschöpfliche Erzählergabe, Fähigkeit zum Basteln, einen bezwingenden Einfluß auch auf die größten und wildesten Buben, sportliche Überlegenheit, Mut und Ehrlichkeit, und ein mitreißendes Eintreten für alles Gute. Hier schon keimte seine spätere Sendung.

Im Alter von neun Jahren hatte Johannes eine traumartige Vision, die sein Leben entscheidend bestimmte. Seit dieser Stunde wollte er Priester werden. Aber der Weg war mühevoll. Dennoch erreichte er es, daß er mit 16 Jahren endlich in das Gymnasium nach Chieri übersiedeln konnte, das er mit ungewöhnlichem Erfolg absolvierte.

„Warum willst du eigentlich Priester werden", hatte ihn damals der Kaplan gefragt. „Um vielen Kameraden näher zu kommen und sie in der Religion zu unterweisen, denn sie sind nicht schlecht, aber sie werden es, wenn sich niemand ihrer annimmt", war seine Antwort.

Im Seminar von Chieri überragte er alle durch seinen Studieneifer und seine Frömmigkeit. Am 6. Juni 1841 empfing er die Priesterweihe und ging danach in das Priesterkonvikt nach Turin, um sein Wissen zu vertiefen. Verlockende Angebote wies er ab, denn er wollte sein Leben der Jugenderziehung widmen. Gebet und Opfer – seine Lebensform – wurden die tragende Kraft seines großen Erziehungswerkes.

Am 8. Dezember 1841 führte ihm Gott in der Sakristei der Franziskuskirche von Turin den ersten seiner Schützlinge zu, einen elternlosen fünfzehnjährigen Maurerlehrling. Er nahm ihn gütig auf, versorgte ihn mit Essen und lud ihn ein, andere Kameraden mitzubringen. Am nächsten Sonntag waren es bereits sechs, nach drei Monaten schon 50 Buben, die sich Don Bosco anvertrauten. Er spielte mit ihnen, gab ihnen Unterricht und feierte mit ihnen die Messe. Er zog mit diesen Buben – immer wieder angefeindet und verjagt – von einem Spielplatz zum anderen, bis ihm schließlich ein alter Schuppen angeboten wurde, den er notdürftig zu seinem ersten Jugendheim ausbaute. Inzwischen war die Zahl der Buben, die mit Leib und Seele an ihm hingen, auf über dreihundert angewachsen.

Don Bosco versuchte zunächst denjenigen Jugendlichen, die in der Stadt Arbeit, aber kein Obdach gefunden hatten, eine Heimstatt zu bieten, um sie von den Gefahren der Straße fernzuhalten. Dann ging er daran, denen zu helfen, die keine Lehrstelle fanden und baute das ‚Oratorium' zu einer Volks- und Abendschule aus und richtete vor allem Lehrwerkstätten für Handwerker ein. Die Anfänge waren sehr bescheiden, aber er ließ sich nicht entmutigen. Beargwöhnt – einmal wollte man ihn sogar ins Irrenhaus stecken –, bespitzelt, bedroht, bestohlen und enttäuscht von jugendlichen Verbrechern, trieb er sein Jugendwerk voran. Zur

Betreuung des Haushaltes seiner Buben holte er seine Mutter aus Becchi, die bis zu ihrem Tode für sie sorgte und mit ihrem Sohn zugleich um das Wohl der gefährdeten Jugend bemüht war. Die Hauptsorge Don Boscos war nicht so sehr die Schul- und Berufsausbildung seiner Jugend, sondern die sittliche und religiöse Erziehung des ganzen Menschen. Dabei kam ihm sein außergewöhnliches psychologisches Einfühlungsvermögen und das ständige persönliche Zusammenleben mit den Jugendlichen in Schule, Arbeit, Spiel und Freizeit zu Hilfe. Sport, Musik, Theater und Wandern waren wichtige Mittel bei seiner Jugendarbeit.

Als die Schar der von ihm Betreuten und die Fülle seiner Aufgaben immer mehr anwuchsen, wurde Don Bosco klar, daß er Helfer brauchte. So gründete er nach vielen Schwierigkeiten eine Genossenschaft mit einfachen Gelübden, bestehend aus Klerikern und Laienbrüdern, die 1874 von Rom anerkannt wurde und heute mit über 19000 Mitgliedern zu einem der größten Männerorden der Kirche angewachsen ist. Da er vom hl. Franz von Sales (s. 24. Januar) wertvolle Impulse empfangen hatte, nannte er seine Gemeinschaft ‚Gesellschaft des hl. Franz von Sales', heute ist sie allgemein bekannt unter dem Namen ‚Salesianer Don Boscos'. Da er auch Mädchen in sein Werk einschließen wollte, gründete er mit Schwester Maria Mazzarello eine weibliche Kongregation, die Don Bosco-Schwestern, die einen ähnlichen Aufstieg erlebte. Als eine Art Dritter Orden rief er schließlich die ‚Fromme Vereinigung der Salesianischen Mitarbeiter' ins Leben, die durch Gebet und Opfer das Werk mitträgt.

Der gewaltige Andrang der Jugendlichen und das Bedürfnis nach ähnlichen sozialen Einrichtungen auch in anderen Städten und Ländern machte es notwendig, immer neue Heime, Schulen, Werkstätten und Kirchen zu bauen. In Deutschland wurde das Don Bosco-Werk mit einem bescheidenen Jugendheim 1916 begonnen und zählt heute viele Niederlassungen in Nord- und Süddeutschland.

Auch als Schriftsteller und Zeitungsverleger betätigte sich der Waisenvater aus Turin – eine mutige Tat im liberalistischen 19. Jahrhundert. Der Gesamtkatalog seiner Schriften umfaßt 135 Nummern. Sein Eintreten für Religion und Kirche trug ihm den Namen ‚Garibaldi des Vatikan' ein. Die Päpste zogen ihn in manch kritischer Auseinandersetzung ins Vertrauen und beauftragten ihn mehrmals mit vermittelnden Aufgaben. Das piemontesische Königshaus, dem er öfters prophetische Warnungen zukommen ließ, war ihm freundschaftlich zugetan. Die Päpste, die die Bedeutung der Salesianer erkannten, vertrauten ihnen immer mehr Missionsgebiete an. Mit der Mahnung „Sucht Seelen und nicht Geld, Ehren oder Würden und schenkt eure besondere Liebe den Kranken, den Kindern, den Alten und den Armen!" entließ Don Bosco seine Glaubensboten in alle Welt. Besonders verdienstvoll ist ihr Wirken bei den Aussätzigen in Kolumbien und bei den Indianern am Rio Negro.

Mit rein natürlichen Mitteln kann die Entwicklungsgeschichte des Werkes dieses Heiligen der Neuzeit ebenso wenig erklärt werden wie die Taten und das Verhalten der Heiligen, die längst der Geschichte angehören. Gottes Wille und Segen ist darin deutlich zu spüren.

Legende

Selbst bei einer so wirklichkeitsnahen Figur wie Don Bosco fehlt die Sphäre des Unerklärlichen nicht. Wie Joseph Bernart schreibt, „bedient sich Gott manchmal zur Verteidigung und zum Wohle seiner Diener der Tiere". Wir folgen hier seinen Ausführungen über den geheimnisvollen Hund Don Boscos.

Dem hl. Don Bosco nämlich stellte der Herr als ungewöhnliche Wache und Verteidigung den sogenannten ‚Grauen' zur Seite, einen riesigen, wolfsähnlichen Hund, der Gegenstand vieler Erörterungen und Vermutungen gewesen ist und dessen Herkunft und Wesen wohl niemals ganz geklärt werden wird. Diesen Hund haben viele der Schutzbefohlenen des Heiligen mit eigenen Augen gesehen, ja gestreichelt und zu füttern versucht. Niemand, auch Don Bosco nicht, wußte woher er kam und wer sein eigentlicher Herr war. Carlo Tomatis hat versichert, daß er den ‚Grauen', den Don Bosco seinen ‚Getreuen' nannte, auf der Straße gesehen und sich über seinen Anblick zutiefst erschreckt habe. Obgleich der Heilige seinen Freund beruhigte und ihm versicherte, der unheimliche Hund sei sein guter Wächter, sagte dieser, er könne es nicht zulassen, daß Don Bosco „mit diesem Mordshund" allein nach Hause ginge. Und er hob zwei Steine auf und warf sie mit aller Kraft auf den ‚Grauen'. Der aber rührte sich nicht vom Fleck, gerade als hätte man einen Felsen und nicht seinen Leib getroffen. Da entsetzte er sich noch mehr und hielt das Tier für einen ‚Werwolf'. Der Graue aber verschwand erst, als er sah, daß Don Bosco für seinen Heimweg Begleitung gefunden hatte.

Ein andermal, schon in der Nacht, ging Don Bosco über den Corso in Turin nach Hause, als ein Kerl, der hinter einer Ulme auf der Lauer stand – denn der Heilige sah sich beständig von üblen Menschen umlauert, die ihm nach dem Leben trachteten –, aus nächster Nähe zwei Pistolenschüsse auf ihn abfeuerte. Da sie beide fehlgingen, stürzte sich der Mörder auf den Priester, doch in diesem Augenblick war schon der ‚Graue' da, warf sich wütend auf den Angreifer, trieb ihn in die Flucht und begleitete Don Bosco bis zum Oratorium.

Noch einmal rettete der ‚Graue' dem Heiligen das Leben Ende November 1854, als er an einem dunklen nebligen Abend nach Hause ging. An einer Stelle der einsamen Straße bemerkte er, daß in geringem Abstand zwei Männer vor ihm hergingen. Sie blieben, was er auch machte, immer genau vor ihm und es war kein Zweifel, daß sie sich mit einer schlechten Absicht trugen. Als Don Bosco schließlich umkehren und sich in einem Hause in Sicherheit bringen wollte, drehten die beiden sich plötzlich um und warfen ihm – alles geschah völlig lautlos – einen Mantel über den Kopf. Einer der Verbrecher stopfte ihm ein Taschentuch in den Mund und in diesem gefährlichen Augenblick, da er, den Tod vor Augen, im Herzen den

Herrn anrief, erschien der ‚Graue'. In seiner Wut erhob er ein solches Gebell, daß man nicht einen Hund, nicht einen Wolf, sondern das Brüllen eines rasenden Bären zu hören glaubte. Nicht genug, er stürzte sich auf einen der Schurken und zwang ihn Don Bosco loszulassen. Dann warf er sich auf den andern, packte ihn mit den Zähnen und riß ihn zu Boden. Als der erste zu entkommen suchte, ließ der treue Wächter es nicht zu, sprang ihn an und warf ihn um. Darauf stand er unbeweglich da und behielt die beiden im Auge. Diese aber flehten nun den Priester an, daß er sich ihrer erbarmen und den Hund zu sich rufen möge. Und der Heilige hatte Mitleid und rief den Hund, der gehorsam kam und auf seinen Befehl die Übeltäter freiließ, die nunmehr – so eilig ihre Beine sie trugen – davonliefen. Der Hund aber begleitete ihn bis an die Treppe seines Zimmers im Oratorium.

Daß der Hund eine seltsame und unerklärliche Erscheinung gewesen ist, geht aus vielen Berichten hervor. So war er manchmal nur für Don Bosco selbst sichtbar. Darüber schrieb Don Garino Giovanni: An einem Samstag des Jahres 1862 nachmittags gegen 2 Uhr rief mich Don Bosco zu sich, weil ich ihn nach Turin begleiten sollte. Bei der Pförtnerstube wollte er den Fuß auf die Schwelle des Ausgangs setzen. Ich war hinter ihm und sah, daß es ihm Mühe machte, hinauszukommen, denn wie sehr er es auch versuchte, bald von der einen, bald von der anderen Seite, es gelang ihm nicht, die Schwelle zu überschreiten. Auf einmal drehte er sich um und sagte: „Ich kann nicht ausgehen, der ‚Graue' läßt mich nicht." Es war ihm nicht möglich, das Hindernis zu überwinden, er kehrte um und ging den ganzen Tag nicht aus dem Hause. Am folgenden Tage hörte ich, es gehe das Gerücht, daß jemand im Hinterhalt gestanden sei, um gegen Don Bosco einen Anschlag zu verüben.

MARIA WARD

(Gedenken: 20. Januar)

Zu den größten Frauengestalten der neueren Kirchengeschichte gehört die Engländerin Mary Ward. In seinen ‚Politischen Heiligen' sagt G. Kranz, auf dessen Darstellung wir uns stützen: „Vielleicht ist die Zeit nicht mehr fern, daß auch der Glanz ihrer Heiligkeit weithin erstrahlt. Nie hat Maria Ward einen Menschen gefürchtet, unbeirrbar ist sie ihren Weg gegangen, nie hat sie sich zu einem Zugeständnis bequemt, das ihr dem Willen Gottes zuwiderzulaufen schien. Man nannte sie halsstarrig und stolz, in Wirklichkeit besaß sie die Tugenden der Demut und des Gehorsams in vollkommener Weise; denn bei ihr standen diese Tugenden in Harmonie mit der Tugend der christlichen Selbständigkeit." 1703 hat Papst Klemens XI. das Institut der ‚Englischen Fräulein' anerkannt, doch erst 1877 erlangte das ‚Institutum Beatae Mariae Virginis' die endgültige päpstliche Bestätigung. 1909 erklärte der hl. Papst Pius X., es stehe nichts mehr im Wege, Maria Ward als Stifterin anzuerkennen; und Pius XI. sprach zur Generaloberin des Ordens: „Beten Sie, daß ich sie selbst noch heiligsprechen darf." Daß es Jahrhunderte bedurfte, bis Marias Idee und Person uneingeschränkte Zustimmung fanden, beweist, wie sehr diese große Engländerin und Katholikin ihrer Zeit voraus war. Was sie damals forderte: Apostolat, Selbstregierung und Klausurfreiheit – das sind heute die selbstverständlichsten Grundsätze zahlloser moderner Frauenkongregationen.

Maria Ward hat ihrerseits, ähnlich wie der hl. Franz von Sales (s. 24. Januar) gegen den Kalvinismus, gegen die Irrtümer der von Heinrich VIII. in England begründeten, von Rom abgefallenen Staatskirche gekämpft. Sie war die Stifterin der sogenannten ‚Englischen Fräulein', einer Ordensgenossenschaft für Unterricht und Erziehung der weiblichen Jugend, die heute mit etwa 9000 Mitgliedern besonders in Bayern, Hessen, Österreich, aber auch im Auslande verbreitet ist.

Maria Ward wurde geboren zur Zeit der Königin Elisabeth I. von England als Tochter einer frommen katholischen Grafenfamilie. Ihre Jugend stand noch ganz unter dem Zeichen der Katholikenverfolgung. Frühzeitig verspürte sie schon den dringenden Wunsch, selbst etwas für das Bekenntnis ihres Glaubens zu tun. Zur Sühne für den Abfall ihres Landes wollte sie in einem strengen Frauenorden ihr Leben aufopfern. Gegen den Willen der Eltern trat sie mit einundzwanzig Jahren bei den Klarissinnen in St. Omer in Belgien ein. Da die festgelegte Zahl der Klosterfrauen schon erreicht war, konnte Maria, das gebildete und verwöhnte Edelfräulein, nur als dienende Laienschwester Aufnahme finden. Sie hatte als solche schwere Magdarbeit zu leisten und mußte durch Bettelgänge in der Stadt für den Lebensunterhalt der Klosterinsassen sorgen. Erst als der Generalvisitator des Klosters ihr erklärte, diese Lebensweise eigne sich nicht für sie, zog sie mit der gleichen Demut, mit der sie sich zuvor selbst verleugnet hatte, gehorsam das Novizenkleid aus und verließ das Kloster.

Es war ihr bewußt, daß das seit Jahrhunderten praktizierte Klosterleben für England in der durch die neuen Religionsverhältnisse geschaffenen besonderen Situation nicht mehr anwendbar war, und so setzte sie jetzt all ihre Kräfte für die Erziehung der Jugend ein. Mit fünf adeligen Gefährtinnen aus England kehrte Maria Ward nach St. Omer zurück und begann mit ihrer Schulgründung. Die ‚Englischen Fräulein' gaben den Kindern Schulunterricht und unterwiesen sie in den üblichen Handarbeiten. Sie trugen zwar weltliche Kleider, lebten aber in einer der klösterlichen Ordnung angepaßten Gemeinschaft, für die Maria schließlich die Regel der Gesellschaft Jesu als geeignetste wählte. Der Gründung dieser ersten Erziehungsanstalt folgten bald weitere Häuser in Belgien, Italien und Deutschland. Sogar in England versuchte die mutige Streiterin Fuß zu fassen. Trotz des Schimpfnamens ‚Jesuitinnen' – der Jesuitenorden wurde in der Zeit des beginnenden Dreißigjährigen Kriegs verachtet und gehaßt –, den man ihren Schwestern voller Abneigung gab, und vieler böswilliger Verleumdungen und Mißverständnisse, gelang es ihren Bemühungen, die Genossenschaft zum raschen Aufblühen zu bringen. Alle Widerwärtigkeiten bedeuteten für ihre starke Seele nur einen neuen Ansporn. Die Anglikaner verfolgten sie, weil sie in ihr eine Todfeindin sahen. Dreimal wurde sie wegen ihrer religiösen Betätigung in den Kerker geworfen und entging nur durch Vermittlung einflußreicher Verwandter dem Tode.

Aber neue Enttäuschungen kamen über sie. Sie rang um die kirchliche Anerkennung ihrer Stiftung und da eine Bittschrift an Papst Paul v. ausweichend beantwortet wurde, ging sie 1621 selbst nach Rom. Drei Jahre bemühte sie sich umsonst; die Kurie lehnte das Institut der Englischen Fräulein ab und ließ ihre neugegründeten Häuser in Italien schließen. Solange jedoch nicht ein offizielles päpstliches Verbot ausgesprochen war, wollte sie ihre Idee weiter verfolgen. Kurfürst Maximilian von Bayern hatte die ‚Englischen Fräulein' nach München eingeladen, doch auch hier wurde ihr Werk von allen Seiten angegriffen. Am 17. Februar 1631 wurde Maria Ward in München als „Ketzerin und Aufrührerin gegen die Kirche" verhaftet, und, obgleich schwer krank, in einer armseligen Zelle des Angerklosters bei den Klarissen gefangen gehalten. Als sie nach zwei Monaten die Freiheit zurück erhielt, traf sie ein neuer Schlag: Papst Urban VIII. erließ in seiner Bulle vom 21. Mai 1631 ein Verbot ihrer Genossenschaft.

Die Entscheidung war gefallen, ihr großes Ziel, einen weiblichen Orden nach Art der Jesuiten zu gründen, war gescheitert. Fortan lebte Maria Ward verfemt mit den wenigen ihr treu gebliebenen Schwestern in München, wo zu dieser Zeit die Schweden hausten und Pest und Hunger herrschten. Mit Erlaubnis des Papstes durften später einige ihrer Häuser in veränderter Form als ‚Institute Englischer

Fräulein‘ weiterbestehen. Im Frühjahr 1632 gelang es der tapferen Frau, eine Audienz beim Papst zu erhalten, dessen Vertrauen sie zu erringen wußte und der ihr erlaubte, unter seinem Schutze eine neue Niederlassung in Rom zu gründen. Sie blieb bis 1637 zusammen mit ihren Schwestern in Rom. Beim Abschied sprach der Papst: „Wir halten Maria Ward für eine heilige und große Dienerin Gottes.“ Dieser Ausspruch bedeutete die Krönung ihres Werkes. Indessen war ihre ohnehin schwache Gesundheit nun völlig gebrochen, Krankheiten und Seelenleiden traten in verstärktem Maße auf, ihre letzten Lebensjahre waren ein qualvolles Siechtum. Sie unternahm trotzdem noch mehrere große Reisen und wirkte noch sechs Jahre in ihrem geliebten Vaterland. Ihre letzten Monate verbrachte sie im Hin und Her der Kämpfe zwischen den Truppen Cromwells und denen König Karls. Trotz ihrer starken Schmerzen singend, starb die Sechzigjährige am 20. Januar 1645.

Der heilige Ansgar (Oskar) *(Gedenktag: 3. Februar)*

Der Name Ansgar oder Oskar bedeutet ‚Speer Gottes‘. Er ist gleichsam eine Vorbedeutung für das, was dieser Mann wurde, nämlich der ‚Apostel des Nordens‘. Er wurde aber nicht, wie er sich so heiß gewünscht hatte, zum Blutzeugen. Dennoch kann er als Märtyrer gelten durch das Zeugnis seines schweren Lebens; denn er nahm sein Kreuz willig auf sich und folgte Christus nach. Das Leben Ansgars ist uns durch seinen Schüler und Nachfolger, den hl. Rimbert, getreulich übermittelt worden. Im Folgenden zitieren wir daraus.

Ansgar ist geboren im Jahre 801. Monat und Geburtsort kennt man nicht. Über seine Herkunft ist fast nichts bekannt. Mit fünf Jahren verlor er seine sehr fromme Mutter, wenig später brachte sein Vater ihn zur Ausbildung in die nordfranzösische Benediktinerabtei Corbie. Hier wuchs er mit einer Schar junger Sachsen auf. Der lebhafte, sehr beeindruckbare Knabe hatte zwei Erlebnisse in frühester Jugend, die ihm seinen späteren Weg wiesen. Er hatte ganz wie andere Jungen Umgang mit seinen Altersgenossen und beschäftigte sich in kindlicher Sorglosigkeit gern mit Spielen und Streichen, so steht in seiner Biographie zu lesen. Da hatte er nachts eine Traumerscheinung, die ihn so sehr beunruhigte, daß er sich von Grund auf wandelte. Einige Zeit später, als sein religiöser Eifer wieder nachließ, „erschütterte und erschreckte ihn aufs tiefste der Tod des großen Kaisers Karl (am 28. Januar 814). Er hatte ihn selbst in all seiner Machtfülle gesehen“. Der Kaiser pflegte nämlich auf seinen Reisen mehrmals in Corbie zu residieren. Wahrscheinlich hatte Ansgar als junger Mönch von dem mächtigen Kaiser nachhaltige Eindrücke empfangen. So wurde sein

Tod für ihn zum Menetekel... „er ging in sich ... sagte allem Leichtsinn ab... wandte sich dem Dienste des Herrn zu und mühte sich in Gebet, Nachtwachen und Enthaltsamkeit. In diesem unablässigen tiefen Ernst starb die Welt ihm ab und er der Welt".

Nach der Gründung von Neucorbie – Korvey an der Weser – im Jahre 822 wurde Ansgar dorthin versetzt. Er war hier ebenfalls als Lehrer tätig wie schon im Mutterkloster und empfing jetzt die Priesterweihe. Als König Harald von Dänemark, der sich mit Frau, Sohn und Gefolge feierlich in der Albanskirche in Mainz hatte taufen lassen, den neuen Kaiser Ludwig den Frommen um einen Missionar für sein Volk bat, schlug der Abt von Korvey Ansgar vor. Ansgar, „der vieles für den Namen des Herrn zu leiden wünschte", folgte ohne Zaudern dem Ruf, was keineswegs so selbstverständlich war, wie man annimmt. Denn, wie Rimbert schreibt: „es galt damals für abscheulich und unrecht, jemanden gegen seinen Willen zu einem Leben unter Heiden zu zwingen..." Und von da ab kannte Ansgar sein ganzes Leben lang keinen anderen Beruf als Apostel zu sein. Der neue Missionar zog nach Dänemark, mußte aber schon bald mit dem König zusammen auf Reichsgebiet ausweichen, weil die wilden Dänen keinen Sinn für die Botschaft des Friedens hatten. 829 baten die Schweden den Kaiser um Missionare und wiederum wurde Ansgar ausgewählt. Das Schiff fiel in die Hände von Seeräubern und Ansgar erreichte mit dem einzigen ihn begleitenden Klosterbruder die Stadt Birka völlig mittellos und ausgeplündert – alle Geschenke für den König sowie die mitgeführten Bücher waren verloren gegangen. Wiederum war der Erfolg seiner anderthalb Jahre dauernden Tätigkeit äußerst gering. Nur wenige hatten sich taufen lassen. Immerhin hatte er eine kleine christliche Gemeinde bilden können. 831 reiste Ansgar zum Kaiser und erstattete ihm Bericht. Ludwig der Fromme führte nun den alten Plan seines Vaters aus, für die Missionierung der nördlichen Völker in Hamburg ein eigenes Bistum zu gründen. Ansgar empfing als Abzeichen seiner erzbischöflichen Würde das Pallium und wurde zum päpstlichen Legaten für den Norden bestellt.

Er baute eine Domkirche, ein daran anschließendes Kloster, das er mit Mönchen aus Korvey besetzen ließ, und gründete eine Schule, in der er losgekaufte junge Dänen zu Missionaren ausbilden ließ. Auch in Turholt gründete er eine Missionarsschule, aus der dann sein Schüler und Biograph Rimbert hervorging. Aber schwere Rückschläge trafen sein Werk: die Normannen fielen plündernd und brennend in Hamburg ein, das sie 845 gänzlich zerstörten. Turholt ging durch die Reichsteilung an Karl den Kahlen, und damit verlor Ansgar die Einkünfte, aus denen er seine Missionarsarbeit hauptsächlich bestritten hatte. Hunger und Elend vertrieben viele Brüder, der Erzbischof irrte obdachlos umher, bis 864 Hamburg mit Bremen zu einer Diözese vereinigt wurde und Ansgar als ihr

Oberhirte von neuem mit seiner Arbeit beginnen konnte. Es blieb ihm indessen nur noch wenig Zeit. Eine lange, schwere Krankheit schwächte seine Kräfte.
Am Feste der Erscheinung im Januar 865 fühlte er seinen Tod nahen, bereitete sich aufs sorgfältigste vor, ordnete alle Angelegenheiten der ihm anvertrauten Herde, erbat vom Kaiser in einem Schreiben die weitere Unterstützung der Mission und starb am Lichtmeßtage des gleichen Jahres inmitten seiner Mönche. „Es war ein einmütiges gemeinsames Trauern und Klagen; am innigsten aber beweinten ihn die Priester, Waisen, Witwen, Unmündigen und Armen." Dem Heiligen war trotz seiner Bereitschaft zum Martyrium der Verfolgung nur das verborgene Martyrium im Dienste für die Kirche zuteil geworden.
Sein Werk setzten seine Nachfolger fort. „Kirchen und Klöster wurden ihm geweiht, Feste ihm zu Ehren gehalten. Und sanken in der Reformation auch seine Altäre dahin, so darf doch nie das Andenken eines edlen Mannes untergehen, der, wie wenige, der Wohltäter so vieler Jahrhunderte geworden ist", sagte ein evangelischer Christ von diesem Apostel des Nordens, der einer der bedeutendsten Vorkämpfer für den Siegeszug des Christentums war.
Dargestellt wird der hl. Ansgar mit Pelz im Bischofsgewand, von bekehrten Heiden umgeben.
Die Diözese Osnabrück fühlt sich ihm besonders verbunden, und alljährlich wird er an seinem Todestag von den Gläubigen besonders festlich gefeiert.

Legende

Der Biograph des Heiligen schreibt: „Im Traume, durch innere Enthüllungen im Geiste oder durch Verzückung ward ihm – Ansgar – fast stets all sein Geschick vorzeitig kund..." und weiter: „Von klein auf empfing er vom Himmel geistliche Offenbarungen... um seinen Sinn vom Irdischen zu lösen und mit ganzem Herzen nach den himmlischen Dingen zu trachten."
Als Ansgar nach dem Tode Kaiser Karls sich Gott ganz geschenkt hatte und nicht wußte, was er ihm noch geben könnte, hatte er in der Pfingstnacht einen Traum vom Himmel: Er hörte die Stimme Gottes: „Gehe hin, und mit dem Martyrium gekrönt kehre zu mir zurück!" Dieses Erlebnis erschreckte und tröstete ihn zugleich, er mühte sich eifriger in der Furcht Gottes, verlangte täglich brennender nach guten Werken und setzte seine Hoffnung auf Gottes Erbarmen, das ihm durch irgendeine Fügung zur Palme des Martyriums verhelfen werde."

Der heilige Blasius

Seit dem 11. Jahrhundert wird jedes Jahr am 3. Februar in der Kirche der Blasiussegen erteilt. Der Priester hält zwei gekreuzte Kerzen an den Hals des Gläubigen und spricht dabei segnend: „Durch die Anrufung des hl. Bischofs und Märtyrers Blasius befreie und bewahre dich der Herr von allem Übel des Halses und jedem anderen Übel im Namen des Vaters, des Sohnes und des Heiligen Geistes. Amen."
Sankt Blasius zählt als großer Wundertäter zu den vierzehn Nothelfern. In Italien führt er den Namen San Biagio. Viele Klöster und Kirchen halten durch sein Patronat die Erinnerung an ihn wach. In Deutschland ist das bekannteste Kloster, das seinen Namen trägt, das Schwarzwaldkloster St. Blasien. Schon im 6. Jahrhundert wurde er wegen Halsleiden aller Art angerufen. Außer seinem Patronat gegen Halsleiden ist er auch Schutzpatron der Ärzte, Bäcker, Bauarbeiter, Maurer, Steinhauer, Gipser und Schneider. Seine Gestalt ist im wesentlichen eine legendäre Figur.
Sankt Blasius war ein Arzt zu Sebaste in Armenien und soll zur Zeit des Kaisers Diokletian gelebt haben. Er wurde in der ganzen Stadt verehrt und geachtet wegen seiner unermüdlichen Hilfsbereitschaft und Menschenliebe. Er machte keinen Unterschied zwischen arm und reich, zwischen Heide oder Christ, zwischen Fremden oder Freunden. Jeden Kranken, der seine Hilfe erbat, sah er als seinen Bruder an. Aus diesen Gründen wählte ihn die junge Christengemeinde nach dem Tode des Bischofs zu dessen Nachfolger. Als er sein Hirtenamt noch nicht lange bekleidet hatte, setzten neue Christenverfolgungen ein und seine Herde bat ihren Bischof, daß er sich verberge, um sich für sie zu erhalten. Da versteckte Blasius sich in einer Höhle in der Einöde des argeischen Gebirges. Dort lebte er mit den Tieren der Wildnis, wie er zuvor liebend und sorgend mit den Menschen gelebt hatte. Er löste sie aus ihren Fallen, pflegte sie, wenn sie krank waren und beschützte sie in seiner Höhle, wenn sie verfolgt wurden. Die Vögel brachten ihm Speise und das Wild drängte sich an ihn, ja sogar die Raubtiere kamen herzu, ohne einander anzufallen. Es geschah aber, daß der Statthalter in den Wäldern eine große Jagd veranstaltete und die Jagdgesellschaft in die Gegend kam, wo Blasius sich verborgen hatte. Die Jäger und Treiber wunderten sich, daß alle Tiere, die sie aufscheuchten, erschreckt in der gleichen Richtung flohen. Sie folgten ihren Spuren und entdeckten jene Höhle, in der der Heilige Zuflucht gefunden hatte. Jetzt wurde er von den Soldaten des Statthalters gefangen genommen und in den Kerker geworfen. Men-

schen und Tiere aber trauerten, als ihr Helfer und Beschützer von ihnen genommen war. Blasius wurde am nächsten Tage vor den Statthalter geführt, der zunächst versuchte, ihn durch allerlei Versprechungen zum Abfall zu bringen. Als er sah, daß er nichts ausrichtete, ließ er den Heiligen mit Knütteln schlagen und nach mannigfaltigen Foltern enthaupten. Ehe man ihn aber tötete, betete Blasius zu Gott, daß die Bitten aller Menschen, die ein Leiden an ihrem Halse oder sonst eine Krankheit hätten und in seinem Namen Gesundheit begehrten, erhört würden. Danach empfahl er sich dem Herrn und starb. Dies geschah um das Jahr 287.

Legende

Nachdem man den Heiligen gefoltert hatte, wurde er wiederum vor den Statthalter geführt. Der fragte ihn: „Willst du nun endlich unsere Götter anbeten?“ Da antwortete Blasius: „Ich fürchte dich nicht, tu was du willst, aber ich werde meinem Herrn und Gott treu bleiben.“ Da hieß ihn der Statthalter in einen Teich werfen. Blasius aber machte das Kreuz über dem Wasser, da wurde es fest wie gutes Erdreich und er stand und rief seinen Peinigern zu: „Wenn eure Götter wahre Götter sind, so will ich ihre Macht sehen. Gehet her zu mir auf dem Wasser.“ Das versuchten fünfundsechzig Mann, aber sie ertranken alle.

Die heilige Veronika

Die Verehrung der hl. Veronika geht bis ins 4. Jahrhundert zurück. Als die Kreuzwegandachten aufkamen, bei denen die Gläubigen stationsweise den Leidensweg Christi miterleben, wurde als sechste Station die Begegnung Jesu mit Veronika aufgenommen. Legende und christliche Überlieferung haben von Veronika im Laufe der Zeit ein Lebensbild gestaltet, das sich bis in unsere Tage erhielt. Es wird berichtet, daß Veronika eine Jüngerin Christi gewesen ist. Als ihr Christus auf seinem Kreuzzug begegnete, hat sie ihm ihr Kopftuch zum Abtrocknen seines Schweißes gereicht. Und wunderbarerweise soll sich darin, wie uns die zahlreichen Darstellungen erzählen, das Antlitz Christi erhalten haben. Ihr Schweißtuch ist zu allen Zeiten von der Kirche hoch verehrt und heilig gehalten worden. Sie soll damit große Wunderheilungen vollbracht haben, wenn sie es Kranken auflegte, unter denen sich sogar, der Legende nach, der Kaiser Tiberius befand. Veronika ging von Rom wieder nach Jerusalem zurück, weil sie den Orten nahe sein wollte, die durch die Anwesenheit des Herrn besonders geheiligt waren. Die hl. Veronika ist Patronin der Wäscherinnen und Leinwandhändler.

Der eigentliche „Vroni-Tag" wird am 9. Juli gefeiert, dem Feste der frommen, stigmatisierten, 1839 heiliggesprochenen Kapuzinernonne Veronika Giuliani (1660–1727) aus Umbrien, die den Namen von jener hl. Veronika übernahm, deren legendäre Geschichte unsere Herzen heute noch rührt und bewegt.

Legende

Die Legende vom Schweißtuch der hl. Veronika ist eine zarte und ergreifende Erzählung, die unzählige Male die Künstler aller Zeiten zu bildlichen Darstellungen angeregt hat. Es gibt einen Meister, der nach einem solchen Bilde ‚Meister der Veronika' genannt wird. Sein berühmtes Gemälde stammt etwa vom Jahre 1410 und hängt in der Alten Pinakothek in München. Wir folgen hier dem Text von Werner Jaspert, der für sie eine besonders eindringliche und innige Form fand.

Als der Herr durch die Gassen Jerusalems hinausgeführt wurde nach Golgatha, da umsäumten seinen Leidensweg die Einwohner der Stadt. Von der furchtbaren Last des Kreuzes fast zu Boden gedrückt, brach der Herr auf der Straße zusammen, wobei ihm Schweiß und Blut in schweren Tropfen über sein Angesicht rannen. Da nun niemand unter den Zuschauern den Mut fand, ihm aufzuhelfen und ihn zu stützen, trat eine Frau vor mit Namen Veronika, die hing an Jesus mit ganzem Herzen. Voll Mitleid beugte sie sich nieder zu dem Gefallenen und reichte ihm, ohne auf das Murren des Pöbels zu achten, ein linnenes Tuch, damit er sich den Schweiß von der Stirne wischen könne. Jesus nahm es, drückte sein Antlitz in das Tuch und gab es Veronika mit einem Lächeln des Dankes zurück. Als sie nun das Tüchlein auseinanderfaltete, siehe, da trug es im Abbild die Züge des Herrn.

Von der Heilung des Kaisers Tiberius erzählt die ‚Legenda aurea': In Rom lag Kaiser Tiberius an einer schweren Krankheit darnieder. Da wurde ihm gesagt, daß zu Jerusalem ein Arzt lebe, der alles Siechtum durch sein bloßes Wort heilen könne. Er wußte aber nicht, daß Pilatus und die Juden ihn getötet hatten. So schickte der Kaiser seinen Diener Volusianus nach Jerusalem zu Pontius Pilatus, dem Landpfleger, um den Wunderarzt herbeizuholen. Als Volusianus die Botschaft des Kaisers überbrachte, da erschrak Pilatus sehr und bat ihn um eine Frist, denn er wußte wohl, daß der Gekreuzigte jener Arzt gewesen war. In dieser Zeit geschah es, daß Volusianus zu Jerusalem einer Frau begegnete, die Veronika hieß und mit Jesus befreundet gewesen war. Die fragte er, wo er ihn finden könne. Da sprach Veronika: „Ach, das war mein Herr und mein Gott, den haben die Juden voller Haß in die Hände des Landpflegers gegeben und der hat ihn ans Kreuz schlagen lassen." Über diese Nachricht war der Bote sehr bestürzt und sprach: „Wie konnte Pilatus einen solchen Mann zum Tode verurteilen! Nun kann ich das Gebot meines Herrn nicht erfüllen." Da erzählte ihm Veronika vom Leiden und Sterben des Herrn und wie er sein Antlitz in ihr Tüchlein gedrückt habe. „Das Bild", so versicherte sie, „ist so kräftig, daß derjenige, der es anschaut, ohne Zweifel gesund würde." Da bot Volusianus ihr Gold und Silber für das Tuch, doch sie erklärte ihm, daß ihr das Bild für alle Schätze der Welt nicht feil sei und es seine Kraft nur erweisen könne, wenn man es mit reinem und gläubigem Herzen anschaue. Sie versprach dem kaiserlichen Boten, mit ihm nach Rom zu fahren und das Bild dem kranken Kaiser zu zeigen. Und so geschah es. Veronika reiste mit Volusianus nach Rom, breitete das Tuch vor dem Kaiser aus und sobald er es angeschaut, wurde er gesund. Den Pontius Pilatus ließ der Kaiser aber gefangen nehmen und nach Rom führen, wo er, wie berichtet wird, sich im Kerker mit seinem eigenen Messer entleibte. Seinen Leichnam aber wollte kein Fluß behalten, bis man ihn in das ferne Helvetien brachte und in einen Abgrund warf, wo ein großer dunkler Berg liegt, den man dann nach ihm ‚Pilatus' nannte.

Die heilige Agatha von Catania

Im Meßkanon wird seit dem 5. Jahrhundert der Name dieser heiligen Märtyrerin täglich angerufen. Er kommt aus dem Griechischen und bedeutet ‚die Gute, Sanfte'. An ihrem Festtag, dem 5. Februar, wird vielerorts das sogenannte Agathabrot geweiht, ein Brauch, der auf die Umstände ihres Martyriums hindeutet. Wenn auch die aus dem Anfang des 6. Jahrhunderts stammenden Märtyrerakten historisch nicht beglaubigt sind, scheint die lückenlose Tradition der Kirche sicher zu bezeugen, daß ihr Martyrium sich um die Mitte des 3. Jahrhunderts in Catania in Sizilien ereignet hat. Dort wurde die Schutzpatronin der Stadt schon in allerfrühester Zeit verehrt. Ihr Kult hat sich dann rasch ausgebreitet und ihrer Fürbitte werden große Wundertaten zugeschrieben. So bewahrte die hl. Agatha die Stadt Catania mehrmals vor der Vernichtung bei Ausbrüchen des gefährlichen Vulkans Aetna. Auch bei späteren Eruptionen erwies sich der Schleier der Heiligen als wunderbarer Schutz für die Stadt, so vor allem bei dem großen Aetna-Ausbruch des Jahres 1674. Ein Fresko in der Sakristei des Domes von Catania hat das wunderbare Geschehen höchst anschaulich festgehalten. Die Reliquien der Heiligen sowie ihr Schleier werden in einem kostbaren Schrein in einer Chorkapelle der Domkirche aufbewahrt, die Ereignisse ihres Lebens und Sterbens aber sind an den Rückwänden des Chorgestühls in kunstvollen Holzschnitzereien abgebildet. Die furchtbaren Martern, mit denen man sie quälte, vor allem das grausame Abschneiden ihrer jungfräulichen Brüste haben sehr viele Maler zum Thema ihrer Bilder gewählt. Auch spätere Meister

wie Tintoretto, Veronese, Tiepolo, van Dyck und andere schufen eindrucksvolle Szenen ihres Martyriums.
Die hl. Agatha wird dargestellt: ihre Brüste auf einer Schüssel tragend, mit dem Horn eines Einhorns als Zeichen der Jungfräulichkeit, mit Marterwerkzeugen, Fackeln, auf einem Scheiterhaufen liegend. Sie hat viele Patronate inne, darunter das der Glockengießer (ihre Brüste gleichen der Form von Glocken), gegen Feuersgefahr (viele alte Bauernhäuser sind dem Schutze dieser Heiligen empfohlen), gegen Krankheiten der weiblichen Brust, gegen Erdbeben, Unglück und Unwetter.
Die Einzelheiten ihrer Lebensgeschichte sind legendär und wir erzählen sie im folgenden nach der ‚Legenda aurea' des Jacobus da Voragine. Unzweifelhaft aber war Agatha eine der vielen jungen Christinnen, die um der Liebe und Treue zum Heiland willen unsägliche Martern erduldeten und sich als mutige Bekennerinnen ihres Glaubens standhaft erwiesen bis in den Tod.

Legende

Aus der ‚Legenda aurea' entnehmen wir, daß die hl. Agatha eine Jungfrau war, edel von Geschlecht, schön von Angesicht, und Gott in großer Heiligkeit diente. Quintianus, der Landpfleger, dagegen war unedel von Geburt, wollüstig, habgierig und ein Heide. Er wollte die edle Magd in seine Gunst zwingen: ihr Adel sollte seinen geringen Stand erhöhen, ihre Schönheit seiner Wollust dienen, ihre Schätze wollte er rauben um seiner Habgier willen. Und weil er ein Götzenanbeter war, wollte er sie bewegen, den Göttern zu opfern. Als er sie aber unwandelbar sah, übergab er sie einer Kupplerin, Aphrodisia mit Namen, und ihren Töchtern, die alle in der Sünde lebten. Dreißig Tage lang suchten sie ihren Willen zu verkehren und sie bald mit süßen Worten, bald mit Drohungen von ihrem Vorsatz abzubringen. Agatha aber sprach: „Mein Mut ist auf einen starken Fels gegründet und in Christo gefestigt... und wieviel ich auch angefochten werde, so mag ich doch nicht fallen, denn der Grund meines Hauses steht fest." Da nun Aphrodisia sah, daß die Magd in ihrem Vorsatz beharrte, sprach sie zu Quintianus: „Viel leichter möchtest du Steine erweichen als diese Jungfrau von Christo abbringen." Da drohte Quintianus, er werde sie foltern lassen. Die Jungfrau sprach: „Lässest du wilde Tiere auf mich: so werden sie zahm, wenn sie den Namen Christi hören; drohst du mir Feuer: so werden die Engel mir helfen mit himmlischem Tau; willst du mich schlagen und mir andere Marter antun: des Hl. Geistes Macht läßt mich das alles für nichts erachten." Da gebot er, daß man sie ins Gefängnis führe. Sie aber ging so fröhlich in den Kerker, als sei sie zu einem Mahle geladen und empfahl sich Gott dem Herrn. Des andern Tags sprach der Richter zu ihr: „Schwöre Christum ab und bete die Götter an." Das wollte sie aber um keinen Preis tun; da ließ er sie aufhängen in der Folter und martern. Es sprach Agatha: „Ich habe an dieser Pein große Freude. Denn der Weizen kann nicht in die Scheuer kommen, wenn die Hülse nicht kräftig gewalkt ist und zu Spreu geworden: also kann meine Seele nicht ins Paradies eingehen mit der Marterpalme, wenn du meinen Leib nicht lässest von den Henkern zunichte machen." Da wurde Quintianus noch zorniger und ließ ihre Brüste peinigen und sie nach langer Pein abschneiden. Da sprach Agatha: „Du gottloser Wüterich, schämst du dich nicht, daß du an einem Weibe lässest abschneiden, was du selber an deiner Mutter gesogen hast? Aber wisse, daß ich noch ganze Brüste habe in meiner Seele, daraus ich all meine Sinne speise, die ich von Jugend auf Gott geweiht habe." Da hieß er sie wieder in den Kerker führen und gebot, daß kein Arzt zu ihr hineingehen dürfe, noch solle ihr jemand Wasser oder Brot reichen. Aber siehe, um Mitternacht kam zu ihr ein alter Mann, der war mit mannigfaltigen Arzneien beladen, dem trug ein Kindlein ein Licht voran. Und er sprach: „Wisse ich bin deines Herrn Apostel, er hat mich selber zu dir gesandt, daß ich dich in Seinem Namen gesund mache." Damit war Sankt Peter – denn er war es – verschwunden und Agatha fand, daß sie gesund war, kniete nieder und dankte Gott. Nach vier Tagen forderte Quintianus sie wiederum auf, sie solle den Göttern opfern. Da sprach Agatha: „Deine Worte sind eitel und ohne Sinn und verpesten die Luft. Du willst, ich soll tote Steine anbeten und den Herrn des Himmels verleugnen, der mich geheilt hat?" Da sprach der Richter: „Nun will ich sehen, ob dich Christus nochmals gesund machen kann." Und ließ glühende Kohlen bereiten und darauf spitze Scherben werfen und hieß die Jungfrau bloßen Leibes darauf wälzen. Als sie ihr diese Marter bereiteten, geschah ein großes Erdbeben, das erschütterte die Stadt derart, daß ein Teil davon niederfiel. Da lief das Volk zusammen und schrie vor dem Richter, diese Leiden kämen über sie um der Pein willen, die er Agatha antäte. Da fürchtete Quintianus sich und ließ die Jungfrau wieder ins Gefängnis führen. Sie aber kniete nieder und betete: „Herr Jesu Christ, du hast mich erschaffen und mich von Kind auf behütet, du hast meinen Leib in Reinheit bewahrt und hast die Liebe zur Welt von mir genommen, du hast mir Kraft und Geduld gegeben, daß ich alle Martern überwinden konnte; so nimm meinen Geist auf und laß mich zu deiner Barmherzigkeit eingehn." Nach diesem Gebet gab sie ihren Geist auf. Das geschah um das Jahr 253. Nachdem die Christen ihren Leib mit Wohlgerüchen einbalsamiert, begraben und in die Gruft gelegt hatten, siehe, da kam ein Jüngling in seidenem Gewand, der ging zu dem Grabe und setzte eine Marmortafel zu seinen Häupten und war alsbald verschwunden. Auf der Tafel stand geschrieben: „Heilig der Geist und willig, Gott die Ehre, Rettung dem Land." Das soll heißen: sie war heilig im Geist, willig bot sie sich zur Marter, Gott gab sie die Ehre und wird ihr Land retten. Vor diesem großen Zeichen fingen auch die Heiden und die Juden an, das Grab der hl. Märtyrin mit großer Andacht zu verehren.

Ein Jahr danach aber an dem Tag, als Sankt Agatha geboren war, geschah es, daß der große Berg Ätna nahe der Stadt mit Feuer ausbrach und das Feuer kam wie ein Gießbach den Berg herab, schmolz Stein und Erde und kam mit großem Ungestüm auf die Stadt zu. Da liefen die Heiden vor dem feuerspeienden Berge davon und flohen zu Sankt Agathas Grab und nahmen den Schleier, mit dem das Grab bedeckt war und hielten ihn dem Feuer entgegen. Und siehe, das Feuer stand still und ging nicht weiter!

Die heilige Dorothea

Der auch heute noch vielfach gebräuchliche Name Dorothea hat – aus dem Griechischen kommend – die Bedeutung ‚Geschenk Gottes'. Die Geschichte dieser frühchristlichen Jungfrau und Märtyrerin hat viel Ähnlichkeit mit der der hl. Agnes. Ihre legendäre Passio erzählt, daß sie in Kappadozien unter Diokletian um 304 den Zeugentod erlitt. Als Gefährtinnen ihres Martyriums werden Chrysta und Callista angeführt.
Dorothea war die Tochter des Senators Dorus. Sie fiel auf durch ihre besondere Schönheit und Anmut. Der Statthalter Spricius war gefesselt von ihrem Wesen und begehrte sie zur Frau. Da er aber keine Christin heiraten konnte, versuchte er sie zum Glaubensabfall zu bewegen. Als alle Versuche nicht fruchteten, ließ er sie aus Zorn grausam foltern und schließlich enthaupten.
So groß auch die Verehrung in der abendländischen Kirche ist, wird sie im Heiligenkalender der Ostkirche nicht aufgeführt. Dagegen hat die russische Kirche Dorothea einen festen Platz in ihrer Liturgie eingeräumt.
Die Darstellung der Heiligen mit Blumen und Früchten in einem Körbchen und einen Kranz von Rosen um die Stirn geht auf die nachfolgende Legende zurück.

Legende

Die poetische Legende der hl. Dorothea wirkt seit Jahrhunderten auf die Gläubigen mit der Magie eines alten Bildes, zumal alle geschichtliche Forschung hier versagt. Die Überlieferung erzählt, daß sich während ihres Martyriums folgende wunderbare Begebenheit zutrug:
Nachdem die Jungfrau um ihres christlichen Bekenntnisses willen aufs ärgste gequält und gefoltert worden war, führte man die zum Tod durch das Schwert Verurteilte hinaus. Eine große Volksmenge hatte sich versammelt, um dem erregenden Schauspiel zuzusehen. Da wandte sich die gemarterte Jungfrau zu ihr um und sagte: „In dieser Welt ist es kalt. Ich bin froh, daß ich jetzt in ein Land gehen darf, in dem es keinen Winter und keinen Schnee gibt und wo die Sonne nie untergeht." Ein junger Rechtsgelehrter, der im Volke stand, rief ihr daraufhin spöttisch zu: „Nun, wenn du in dieses schöne Land kommst, dann schicke mir doch Rosen und Äpfel aus dem Garten deines Bräutigams." Die Heilige versprach es ihm und hielt ihr Haupt dem Todesstreich hin.
Wie sehr aber erschrak Theophilus, denn so hieß der junge Rechtsgelehrte, als mitten im

Winter ein engelgleicher Knabe vor ihn hintrat und ihm im Auftrag von Dorothea ein Körbchen voll köstlicher Früchte und duftender Rosen überbrachte! Der heidnische Jüngling war davon so tief bewegt, daß er sich bekehrte und selbst den Martertod für Jesus Christus starb.

Der heilige Philippus Benitus

(Gedenken: 23. August)

In den meisten Kalendern wird man unter dem 23. August den Namen des 1285 zu Todi gestorbenen und 1671 zur Ehre der Altäre erhobenen Bekenners Philippus Benitus finden. Er wurde 1233 in Florenz geboren, also ein Jahr nach der Gründung des Servitenordens, dessen fünfter Generaloberer er später werden sollte. Der aus der vornehmen Adelsfamilie der Benizzi stammende junge Mann hatte nach abgeschlossenem Studium der Philosophie und Medizin in Paris und Padua sich als Neunzehnjähriger plötzlich entschlossen, Laienbruder bei den ‚Dienern Mariens' zu werden. Zunächst verbrachte er einige Zeit in einer Felsenhöhle auf dem Monte Senario bei Florenz, wo er sich zusammen mit den Brüdern der einfachen Feldarbeit und dem Gebete widmete. Doch bald schon erkannten seine Oberen die große Bildung und Tugend des Heiligen und ließen ihn 1259 zum Priester weihen. Steil empor führte nun die Leiter seines Erfolges. Zuerst wurde er Novizenmeister in Siena. Bald darauf wählte man ihn zum Prior des noch jungen Ordens. Er verfaßte einen systematischen Ausbildungslehrplan für die jungen Novizen und gab der späteren Ordensregel seine endgültige Form. 1267 wurde er einstimmig zum Ordensgeneral bestimmt. Zur Annahme konnte man den Heiligen nur unter Berufung auf seine Gehorsamspflicht bewegen. Der hl. Philippus Benitus leitete den Servitenorden bis zu seinem Tode.

Philippus bemühte sich nach Kräften um die Verbreitung des Ordens nach außen und seine Festigung nach innen; auch fügte er den weiblichen Zweig der Servitinnen an. Immer wieder stellte er sich und seine Arbeit unter den Gnadenschutz Mariens, zu der er zeit seines Lebens eine grenzenlose Liebe im Herzen trug. Wohl durch ihre Hilfe gelang es ihm auch, seine mächtigen Feinde zu überwinden, die mehrmals drohende Auflösung des Ordens zu verhindern und alle Gefahren, denen er auf seinen ausgedehnten Visitationsreisen ausgesetzt war, glücklich zu bestehen. Seine Reisen führten ihn als ‚Apostolischer Prediger' durch fast ganz Italien, nach Frankreich und Deutschland bis hinauf nach Friesland, sowie nach

Ungarn. In Deutschland übte er großen Einfluß auf Kaiser Rudolph von Habsburg aus. Ja, er soll dem Kaiser sogar das Kleid seines Ordens dargeboten haben. Als Rudolphs Ratgeber bekämpfte er erfolgreich die Häretiker. In Italien konnte Philippus viele der blutigen Bürgerfehden schlichten. Sein großes Geschick in der Behandlung aller politischen und kirchlichen Angelegenheiten bewog die in Viterbo versammelten Kardinäle, ihn ernstlich als Papstkandidat zu erwägen. Indessen verbarg der Heilige, der davon hörte, sich in seiner Demut so lange im Gebirge, bis Gregor x. zum Nachfolger des hl. Petrus gewählt worden war.

Auf seinen Missionsreisen war er oftmals großen Anfeindungen ausgesetzt. In der Stadt Forlì zum Beispiel riß man ihm die Kleider vom Leibe und schlug grausam auf den Heiligen ein. Philippus aber blieb dabei so ruhig und heiter, daß einer seiner Todfeinde ihm erschüttert nacheilte, sich ihm zu Füßen warf und um Aufnahme in den Orden bat. Er betonte in seinen Predigten vor allem die wunderbaren Tugenden der Gottesmutter und suchte überall Andacht und Vertrauen zu ihr zu erwecken. Immer darauf bedacht, Frieden zu stiften, gelang es ihm mehrmals, die Streitenden vor ihrem Altare zur Versöhnung zu bewegen. Seine unüberwindliche Sanftmut, die offensichtliche Gabe der Wunder, mit der er begnadet war – es geschahen viele Krankenheilungen durch ihn – unterstützten seinen eindringlichen Ruf zu Umkehr und Buße, so daß der Heilige in der dunklen Zeit der unablässigen Kämpfe zwischen den einzelnen Stadtstaaten einem Lichte glich, mit dem Gott den Menschen Trost und Hoffnung wies.

Allerdings wurden die Kräfte des Heiligen bei seinen Bemühungen frühzeitig aufgerieben. Schon ganz entkräftet und seinen nahen Tod vorausahnend, eilte er noch von Florenz nach Perugia, um von dem dort zum Oberhaupt der Christenheit gewählten Papst Honorius IV. gewisse Privilegien und den päpstlichen Segen für seinen Orden zu erbitten. Auf dem Rückweg kam er nur noch bis Todi; hier erlag er am 22. August 1285 einem heftigen Fieber. Kurz vor seinem Tode hatte der Heilige die Brüder, die sein hartes Lager umstanden, gebeten, ihm ‚sein Buch' zu geben. Man reichte ihm verschiedene Bücher, die er jedoch alle von sich wies, bis ihm einer seiner Vertrauten das Kruzifix in die Hand drückte, das er sterbend küßte und dazu sprach: „Das ist das Buch, in dem ich all mein Leben gelesen habe."

Der hl. Philippus wird abgebildet im schwarzen Ordenskleid mit Mantel, Kruzifix in der Hand, mit Lilie oder Totenkopf. Er ist Schutzheiliger der Kinder und des Ordens der Serviten.

Legende

Die Erkenntniskraft, die sich bei diesem heiligen Bekenner schon seit frühester Kindheit zeigte, wird durch folgende Geschichte erhellt:

Als seine Mutter einmal mit ihrem fünf Monate alten Kind auf dem Schoße im reich geschmückten Zimmer ihres Palastes zu Florenz am Fenster saß, erblickte sie zwei Männer im grauen Gewand, die demütig um eine milde Gabe baten. Als sie noch zögerte und überlegte, ob sie die Männer nicht von der Türe weisen lassen sollte, da öffnete zu ihrem größten Erstaunen das kleine Kind den Mund und sprach deutlich: „Sieh, da sind die Diener Mariens, gib ihnen Almosen!"

Die Bekehrung des an Kenntnissen und Gütern reichen Jünglings wird von der Legende folgendermaßen geschildert: Aus Paris in seine Vaterstadt zurückgekehrt, besuchte er einst kurz nach Ostern eine Muttergotteskapelle, die die Serviten außerhalb von Florenz errichtet hatten. Es wurde die Epistel verlesen, in der die Worte vorkamen, welche der Heilige Geist zum Diakon Philippus gesprochen hatte: „Gehe hin und nähere dich dem Wagen." Sogleich spürte der Jüngling, daß diese Worte besonders an ihn, der ja auch Philippus hieß, gerichtet schienen. Und er sann darüber nach, was sie bedeuten könnten. In der Nacht im Traume kam es ihm vor, als befände er sich auf einem weiten öden Feld voller Felsen, kahler Berge, Schluchten und Klippen, auf dem Boden unter sich sah er Schlamm, Ungeziefer, wildes Gestrüpp und Dornen. Vor Schrecken über diesen entsetzlichen Ort fing er an zu schreien. Da sah er über sich in den Lüften die seligste Gottesmutter schweben und um sie zahlreiche Engel. In ihrer Hand hielt sie das schwarze Kleid ihrer Diener, und er vernahm aus ihrem Munde die Worte: „Philippus, gehe hin und nähere dich dem Wagen." Als er erwachte, erkannte er den Sinn dieses Traumes und zweifelte nun nicht mehr, daß er in den Servitenorden eintreten sollte. Schon am frühen Morgen begab er sich zu dem Subprior, trug seine Bitte vor und wurde als Laienbruder eingekleidet.

Der heilige Johannes von Matha

Wenn man in Rom, vom Quirinal kommend, zu der eigenartigen Kirche S. Carlo alle Quattro Fontane pilgert, die kein Geringerer als der große Borromini im Jahre 1634 erbaute, so begegnet man hier den Trinitariern. Denn wenn man sich in den kleinen Kreuzgang neben der Kirche begibt, findet man zuweilen dort die ‚weißen Väter' in der Sonne sitzen. Die bärtigen Männer tragen auf dem weißen Ordenskleid ein auffallend großes blaurotes Kreuz. Die Trinitarier gehören einem Orden an, den der hl. Johannes von Matha zusammen mit dem hl. Felix von Valois im 12. Jahrhundert „zum Loskauf bzw. der Erlösung der Gefangenen" aus der Hand der Moslems begründete. Die Maturiner oder ‚Weißspanier' wurden auch ‚Eselsbrüder' genannt, weil sie – der Strenge des Ordens entsprechend – nur auf Eseln reiten durften. Der Ordensstifter hatte diesem Bettelorden die Augustinerregel zugrunde gelegt. Ihren Höhepunkt erlebten die Trinitarier im 14. Jahrhundert mit achthundert Klöstern in allen damals bekannten Erdteilen; später breitete sich der Orden auch in Amerika aus. Dann allerdings ging er zurück und umfaßte zu Anfang unseres Jahrhunderts nur noch etwa fünfhundert Klöster.

Der Ordenstifter wurde am 23. Juni 1160 zu Faucon in Südfrankreich geboren. Er studierte in Paris, erhielt die Weihen und wurde Priester. Eine Vision bei seiner Primiz bestimmte seinen Weg. Johannes verließ die Stadt und wanderte in den Wald von Gandeln bei Meaux, um sich als Einsiedler auf seine Sendung vorzubereiten. Hier fand er in Felix von Valois, der schon längere Zeit das Leben eines Eremiten geführt hatte, einen verständnisvollen Freund und Bruder. Er entdeckte ihm seinen Wunsch, sich der Seelsorge und Befreiung der Christensklaven zu widmen. In langen harten Bußübungen und mancherlei fruchtbaren Gesprächen reifte der Gedanke, der ihm von Gott in der genannten Vision eingegeben worden war, heran. Felix erklärte sich bereit, ihm bei der Ausführung zu helfen. Die beiden Eremiten holten bei dem zuständigen Bischof Erlaubnis zu ihrem Vorhaben ein, erhielten einen Geleitbrief und begaben sich nach Rom, um dem Heiligen Vater ihr Anliegen vorzutragen.

Innozenz III. nahm sie gütig auf, beriet sich mit seinen Kardinälen und ordnete feierliche Fasten und Gebete an, um den Willen Gottes zu erkennen. Es geschah nun, wie so oft im Leben der Heiligen, etwas Seltsames: der Papst erfuhr nämlich während der heiligen Meßfeier die gleiche Vision, die Johannes von Matha bei seiner Primiz gehabt hatte. Somit tat Gott unmißverständlich seinen Willen kund, an dem nun niemand mehr zweifeln konnte: die beiden frommen Männer waren dazu auserwählt, einen Orden zum Loskauf der Gefangenen zu gründen. Sie erhielten den Segen des Papstes, der den Orden von der Hl. Dreifaltigkeit (Trinitarier) offiziell bestätigte. Johannes und Felix kehrten nach Frankreich zurück, wo sie mit Hilfe von Almosen ihr erstes Kloster in Cerfroid errichteten. Rasch breitete sich ihr Werk aus, das von allen Seiten mit großzügigen Spenden unterstützt wurde, so daß der Ordensstifter schon bald seine ersten, gut geschulten Mönche nach Afrika aussenden konnte. Hier versuchten diese zunächst die Gefangenen zu trösten und seelsorgerisch zu stützen. Schon bei dieser ersten Reise gelang es, eine stattliche Zahl von Gefangenen loszukaufen. Unerhört war

der Jubel der Christenheit, als sie mit den Befreiten zurückkehrten. Man darf dabei nicht übersehen, wie groß die Schwierigkeiten zu dieser Zeit waren, die sich einem derartigen Unternehmen, zumal auch verkehrstechnisch, entgegenstellten. Immerhin bewies der Erfolg, daß die Gnade Gottes über den mutigen Männern von der Heiligen Dreifaltigkeit stand. Hiernach blühte der Orden kräftig auf, es entstanden weitere Klostergründungen. Die Dankbarkeit der Geretteten und ihrer Angehörigen kannte keine Grenzen. Weitere Reisen nach Marokko und Tunis wurden unternommen. Bald schon entstand für die Trinitarier neben der eigentlichen Gefangenenbefreiung eine missionarische Aufgabe: die Bekehrung der Mohammedaner zum Christentum.
Johannes von Matha soll sich – wie die Überlieferung berichtet – mehrmals selbst nach Afrika begeben haben. Dabei geriet gerade er, dem der Haß der Ungläubigen vor allem galt, in gefahrvolle Situationen, die er mit der offensichtlichen Hilfe Gottes überwand. Es hieß, der Papst habe Johannes in Rom behalten wollen und ihm den Kardinalshut zugedacht, um ihn zu binden. Indessen verfolgte der Heilige unbeirrt seinen ihm von Gott gewiesenen Weg. Als ihm seine angegriffene Gesundheit anstrengende Reisen versagte, betreute er persönlich in den von ihm gegründeten ‚Häusern der Barmherzigkeit' in Rom die vielfach an Leib und Seele kranken Losgekauften. Felix von Valois, sein Freund und Mitkämpfer, hatte sich unterdes hauptsächlich für die Ausbreitung des Ordens in Frankreich eingesetzt. Er starb noch vor Johannes und wurde im Hauptkloster Cerfroid bei Paris beigesetzt.
An die Hospitäler der Trinitarier erinnert ein noch heute erhaltenes Portal rechts von S. Maria in Domnica auf dem Coelius. Das Mosaik zeigt Christus unter den Sklaven, einem weißen und einem schwarzen.
Johannes von Matha starb am 17. Dezember 1213 in Rom, sein Grab befindet sich in Madrid. Er wurde 1694 kanonisiert. Dargestellt wird er als Trinitarier, zerbrochene Ketten in der Hand, gefesselte Sklaven neben sich; mit einem Hirsch, der ein Kreuz zwischen dem Geweih trägt (siehe Legende). Die Rubensschüler Erasmus Quellinus und Abraham van Diepenbeck wählten den Heiligen zu schönen Bilddarstellungen.

Legende

Als der junge Priester Johannes von Matha in Paris bei seiner Primiz seine erste hl. Messe las, begegnete ihm etwas Wunderbares. Als er nämlich, glühend vor Andacht, nach der Wandlung die heilige Hostie hob, erschien über dem Altar ein Engel in Gestalt eines schönen Jünglings. Er war weiß gekleidet und trug ein rotes und blaues Kreuz auf der Brust. Neben ihm kniete auf jeder Seite ein Sklave mit schweren Ketten beladen, in fremdartige Kleidung gehüllt. Der eine schien ein Christ, der andere ein Heide zu sein. Verzückt schaute der junge

Geistliche lange auf dieses Gesicht. Als er wieder zu sich gekommen war, entdeckte er das, was er gesehen hatte, dem Bischof von Paris, dem Rektor der Universität und den Äbten von St. Genoveva und St. Viktor, die alle zugegen waren. Von da an bereitete er sich auf die Ausführung seines großen Werkes, zu dem der Himmel ihn bestimmt hatte.
Eine andere Vision wurde ihm zuteil, als er bei seinem Freunde, dem frommen Einsiedler Felix von Valois, weilte. Als die beiden Männer einmal nahe bei einem Brunnen über die unendliche Güte Gottes sprachen, da sahen sie einen Hirsch auf den Brunnen zugehen. Der Hirsch trug zwischen seinen Geweihen ein Kreuz von roter und blauer Farbe. Diese wunderbare Erscheinung bewog sie, nach Rom zu pilgern, um vom Papst die Erlaubnis zur Gründung ihres Ordens zu erhalten; das rot-blaue Kreuz aber nahmen sie in das Ordensgewand auf.

Die heilige Apollonia

Diese Heilige der Frühzeit wird vom Volke besonders geliebt und verehrt, ihre Hilfe und Fürbitte seit alters her bei Zahnschmerzen angerufen, und auch heute noch gilt sie als Patronin der Zahnärzte. Ihre Gestalt wurde von vielen Künstlern abgebildet in Holz, Ton und Farbe. Wir finden sie in Fresken und Altarbildern: Perugino, Guido Reni, Carlo Dolci, Rubens und viele andere wählten sie für ihre Darstellungen, und so begegnet sie uns gleichermaßen im Norden – Antwerpen, Xanten, Münster, Breslau und Lübeck – wie im Süden – Mailand, Spoleto, Florenz und Sterzing. Die grausamen Szenen ihres Martyriums haben Maler wie Bildschnitzer immer wieder zu realistischen Szenen gereizt, meist trägt sie die Märtyrerpalme in der einen und eine Zange mit einem Zahn in der anderen Hand. Die hl. Apollonia lebte in der ersten Hälfte des 3. Jahrhunderts in Alexandrien. Unter Kaiser Decius hatte der Haß gegen die Christen seinen Höhepunkt erreicht. Ein Zauberer und Wahrsager wiegelte das Volk durch seine Prophezeihungen, der Stadt werde ein großes Unglück geschehen, auf und lenkte die Wut auf die Christen, weil sie seiner Kunst widerstanden und seine Götter nicht anbeteten. Der aufgebrachte Pöbel stürmte die Häuser, stahl und zerstörte, was er fand und zerrte die Anhänger jener geheimnisvollen Religion der Liebe zur Folterung, wenn sie ihren Gott nicht lästern wollten. Unter denen, welche man auf diese Weise zur Marter schleppte, befand sich auch die betagte, hochangesehene Jungfrau Apollonia, die zurückgezogen lebte und viel Gutes tat.

Unerschrocken bekannte sie Christus als den wahren und einzigen Gott, vielleicht trat sie der aufgehetzten Menge mahnend entgegen: jedenfalls wurde sie von den Wütenden so lange ins Gesicht geschlagen, bis ihr alle Zähne ausfielen. Dann zerrte man die Gepeinigte auf den Richtplatz vor der Stadt, wo schon der Scheiterhaufen aufgetürmt war. Die Isispriester drohten ihr, sie in das prasselnde Feuer zu werfen, wenn sie nicht ihren Christengott lästere, aber die alte Frau weigerte sich voller Würde. Schließlich erbat sie sich eine kleine Bedenkzeit, die ihr auch gewährt wurde. Von ihren Fesseln befreit, wandte Apollonia sich im Gebet an Gott und stürzte sich dann, wie von einer geheimnisvollen Gewalt ergriffen, selber ins Feuer, wo sie ihren Geist schnell aufgab. Der hl. Augustinus sagte über diesen Märtyrertod, daß Apollonia auf besondere Eingebung des Himmels gehandelt habe. Ohne Zweifel wollte Gott, der die Heilige zu einem mutigen, unerhörten Tode antrieb, den Heiden zeigen, wie die Liebe zu ihm sogar das eigene Leben freiwillig hingibt.

Die heilige Scholastika

Diese Heilige ist die Helferin gegen Blitz und für Regen, weil sie, wie die ‚Dialoge' des Papstes Gregor des Großen berichten, beides in ihren letzten Lebenstagen von Gott erbeten hatte.

Scholastika, deren Name im Deutschen ‚die Lernende' bedeutet, war die Zwillingsschwester des großen Benedikt (s. 11. Juli). Schon als Kind wurde sie Gott geweiht. Eine starke, rührende Liebe verband die beiden Geschwister durch ihr ganzes Leben miteinander. Scholastika nahm an allem, was ihren großen Bruder bewegte, Anteil und teilte in jugendlicher Begeisterung seine Sehnsucht, die Welt zu fliehen und Mönch zu werden. Zunächst lebte sie in einem Kloster bei Subiaco, das heute noch ihren Namen trägt. Als der hl. Benedikt jedoch das Stammkloster seines Ordens auf dem Monte Cassino gegründet hatte, flehte ihn seine fromme Schwester an, ihm folgen zu dürfen und ihr zu erlauben, nach seiner Regel zu leben. Benedikt richtete ihr am Fuß des Berges ein armseliges Klösterchen her und setzte sie als Äbtissin ein. Mit aller Umsicht leitete Scholastika das Kloster und ging in der Beobachtung der Regeln den Schwestern, die sich bald um sie scharten, mit gutem Beispiel voran. Mit besonderer Liebe widmete sie sich der Kranken- und Armenpflege. Unermüdlich war sie im Sühne- und Bittgebet für die, die falsche Wege gingen und das Gebet nicht mehr kannten.

Der hl. Benedikt hielt die Klosterregel, nach der kein weibliches Wesen die Zellen seines eigenen Klosters betreten durfte, so genau, daß er dies nicht einmal seiner leiblichen Schwester zugestand. So war es für Scholastika, die mit inniger Liebe und Verehrung an ihrem Bruder hing, jedesmal ein Festtag, wenn die Geschwister sich einmal in jedem Jahr an einem Tag in einem Landhause trafen. Sie verbrachten dabei die ganze Zeit in geistlichem Gespräch und gemeinsamem Gebet. Scholastika ist die eigentliche Mutter der Frauenklöster, die als eine der ersten die Regel des hl. Benedikt einführte. Sie hat auf diese Weise für die gesamte weibliche Ordenswelt völlig neue Maßstäbe gesetzt. Die Heilige starb 542, im Alter von sechzig Jahren. Ihre Reliquien wurden 874 nach Juvigny-sur-Loison und Le Mans in Frankreich überführt. Seit dem 12. Jahrhundert wird ihr Fest am 10. Februar gefeiert.

Die Heilige wird dargestellt als Äbtissin im schwarzen Ordenskleid, mit Regelbuch und Taube.

Legende

Die letzte Zusammenkunft der Heiligen mit ihrem geliebten Bruder war von einem wunderbaren Ereignis begleitet. Papst Gregor d. Große erzählt uns davon folgendes:

Scholastika hatte wie gewöhnlich mit Psalmengesang und heiligen Gesprächen den Tag mit ihrem Bruder zugebracht. Sie genossen zusammen das einfache Abendessen. Nun war es der Heiligen recht bang ums Herz; sie hatte eine Ahnung, als sähe sie den Bruder in diesem Leben das letzte Mal. Sie fürchtete sich vor der Stunde der Trennung und bat ihn deshalb, er möge seine Abreise auf den kommenden Morgen verschieben und die Nacht mit ihr durchwachen und weiter reden. Befremdet über eine solche ungewöhnliche Bitte der Schwester wehrte der Heilige ab: „Aber Schwester, wie kannst du nur so etwas verlangen? Denke doch an unsere Ordensregel. Es ist ganz unmöglich, die Nacht außerhalb des Klosters zuzubringen!" Tief betrübt über die Weigerung ihres Bruders legte Scholastika ihren Kopf in die gefalteten Hände auf den Tisch und fing bitterlich an zu weinen und flehte zu Gott, daß er sich ihrer erbarmen und den Bruder zurückhalten möge. Es war ein schöner Abend, der Himmel war heiter und wolkenlos. Kaum aber hatte Scholastika ihr Gebet geendet, als der Himmel sich plötzlich verfinsterte und unter Donner und Blitz ein heftiger Platzregen herabstürzte, wodurch es dem Bruder unmöglich wurde, das Haus zu verlassen. Wohl oder übel mußte Sankt Benedikt seinen Stab wieder in die Ecke stellen und bleiben. „Möge dir Gott verzeihen, was du getan!" sprach er klagend. Sie aber entgegnete: „Ich habe von dir etwas begehrt, du aber hast es mir abgeschlagen. Da habe ich zum Herrn meine Zuflucht genommen, und er hat mich erhört." Benedikt, erstaunt über die Macht des Gebets seiner frommen Schwester,

blieb nun bei ihr. Die ganze Nacht brachten sie wachend zu und redeten von der Glückseligkeit im Himmel. Am frühen Morgen nahmen sie Abschied von einander. Hart war die Trennung der Schwester von ihrem Bruder, in der Tat sahen sie sich auf Erden nicht wieder.
Aber es vergingen nur drei Tage, da erblickte Sankt Benedikt die Seele seiner Schwester in Gestalt einer Taube gen Himmel steigen. Nur wenig später erfuhr der Heilige, daß Scholastika um die gleiche Zeit gestorben sei.

Der Selige Jordanus von Sachsen *(Gedenken: 13. Februar)*

Der Name Jordanus ist seit den Kreuzzügen als Personenname gebräuchlich gewesen. Er kommt vom Fluße Jordan, der Immerfließende, her und paßt, wie einer seiner Biographen poetisch feststellt, zu dem heiligen „Dominikanermönch als sei er eigens für ihn gemacht". „Immer unterwegs für Christus, rastlos seinen Aufgaben hingegeben", setzte er all seine Fähigkeiten ein für die Ausbreitung des vom hl. Dominikus begründeten Predigerordens.
Jordan von Sachsen wurde kurz vor 1200 zu Borgeberge bei Dassel in Niedersachsen geboren und entstammte vermutlich einem vermögenden Adelsgeschlecht. Er studierte Philosophie und Theologie an der Universität Paris, wo er 1218 zum Magister artium promovierte. Hier lernte er Dominikus kennen und sogleich schätzen. Die Freundschaft mit dem gelehrten Ordensstifter bewog ihn 1220 in den Dominikanerorden einzutreten. Rasch erwarb sich der junge deutsche Mönch bei seinen Mitbrüdern beträchtliches Ansehen, so daß er noch als Novize dem Generalkapitel des Ordens in Bologna beiwohnen durfte. 1221 sehen wir ihn bereits als Provinzial der lombardischen Ordensprovinz, und als 1222 Dominikus starb, bestimmte man Jordanus zu seinem Nachfolger und damit zum zweiten Ordensgeneral. Wahrlich, ein unglaublicher Aufstieg in kürzester Zeit. Unter ihm breitete sich der junge Orden rasch über ganz Deutschland bis nach Dänemark aus. Jordanus war ein mächtiger Prediger und besaß ebensoviel Herz wie Verstand, wozu sich noch sein Organisationstalent gesellte, das mit angeborener Liebenswürdigkeit und tiefer Menschenkenntnis gepaart war. Er war also wie geschaffen für die Leitung einer Gemeinschaft, die die Wiedererweckung christlichen Denkens und Handelns zum Ziel hatte. Obgleich von Natur aus dynamisch und aktiv veranlagt, fand Jordanus immer Zeit für Kontemplation und Gebet. In seiner Chronik wird seine Hilfsbereitschaft gegenüber allen Leidenden besonders gepriesen. Jedem, der sich in leiblicher oder seelischer Not an ihn wandte, stand er mit allen seinen Kräften bei. Seine flammende Begeisterung für die Ausbreitung des Ordens, sein umfassendes Wissen und die geradezu

ans Wunderbare grenzende Suggestivität seiner Persönlichkeit verschafften dem Orden einen ungeheuren Zulauf. Professoren und Studenten bewarben sich um Aufnahme. Tauchte der Generalobere bei seinen zahllosen Visitationsreisen in einem der Klöster von Paris, Bologna, Padua, Oxford oder anderswo auf, so umdrängten ihn sogleich die Aufnahmeheischenden. Nur eine so überlegene und energiegeladene Persönlichkeit wie er konnte die Gefahren, die mit einer solchen, fast sturzbachähnlichen Vergrößerung des Ordens verbunden waren, meistern. In seinen Predigten bevorzugte er Beispiele und Gleichnisse aus dem täglichen Leben, so daß er in ihnen auch den einfachen Menschen die schwierigen Fragen der Theologie verständlich zu machen wußte und die trägsten Herzen aufrüttelte. Die Verfassung, die er dem Orden gab, war von dieser Verbundenheit mit dem Volke geprägt. Aber sicherlich schöpfte er seine Kraft immer wieder aus dem mystischen Gnadenleben, das er führte. Von hier aus floß ihm ständig Stärkung zu für seine fast übermenschliche, aufreibende Arbeit. Es darf nicht vergessen werden, daß Jordanus es war, der Albertus Magnus, den großen Heiligen der Scholastik, für den Dominikanerorden gewann. Gott rief seinen getreuen Diener mitten aus dem tätigen Leben zu sich: als der unermüdlich reisende Jordanus im Jahre 1237 gerade die Dominikanerklöster in Palästina besucht hatte, zerschellte bei der Rückfahrt sein Schiff in einem Sturm in der Nähe der syrischen Küste. Bei Akkon wurde der Leichnam des heiligen Mannes an Land gespült und in der Kapelle des dortigen Dominikanerklosters beigesetzt.
Der Kult des seligen Jordanus ist seit 1828 bestätigt. Dargestellt wird er mit der Lilie als dem schönen Symbol der Herzensreinheit. Die Kirche feiert sein Gedächtnis am 13. Februar.

Legendäres

Aus diesem Leben sind keine eigentlichen Legenden zu berichten, denn die Geschichten, die man sich von Jordanus erzählt, beruhen sicherlich auf Wahrheit. Zum mindesten werfen sie ein helles Licht auf die Art seines Wesens, das eine wunderbare Geschlossenheit kennzeichnete. Ein Weltmann fragte einst den Heiligen: „Meister, hat ein Paternoster im Munde von uns Laien genau so viel Wert wie aus dem Munde der Geistlichen?“ Er gab zur Antwort: „Es hat den gleichen Wert, so wie ein Edelstein in der Hand des Nichtkenners denselben Wert besitzt wie in der Hand des Kenners.“ Ein andermal fragte ein Bruder ihn, was besser sei, sich ganz dem Gebet zu widmen oder sich mit dem Studium der Hl. Schrift zu befassen. Die Antwort lautete: „Was ist besser, immer nur zu essen oder immer nur zu trinken? Wie man beim Essen und Trinken abwechseln muß, so auch beim Beten und Arbeiten.“

Die heilige Eulalia

Die heilige Jungfrau Eulalia, die im Jahre 304 für Christus litt und starb, ist die gefeiertste Märtyrin Spaniens. Wahrscheinlich ist sie identisch mit der gleichnamigen Eulalia von Mérida, weil ihre Leidensgeschichte sich mit dieser deckt.

Sie stammte aus Barcelona, wo sie auf dem Landgute ihrer Eltern frühzeitig in der Liebe zu Jesu angeleitet wurde. Schon als kleines Mädchen hatte sie sich freudig dem Heiland geweiht. Als sie vierzehn Jahre alt war, hörte sie von den Martern, mit denen der Statthalter Dacianus die Christen ihres Glaubens wegen quälte und zum Abfall zu bringen versuchte. Da erwachte in ihrer tapferen und liebenden Seele das Verlangen, auch für Christus zu leiden und zu sterben. Weil sie aber wußte, daß ihre Eltern und Verwandten sie davon abhalten würden, verließ sie heimlich das Landgut, eilte in die Stadt und trat vor den Tyrannen. Mit männlichem Freimut verwies sie ihm seine unmenschlichen Grausamkeiten gegen die Christen. Erstaunt über den Mut der Jungfrau, fragte der Statthalter, wer sie sei und wie sie es wagen könne, einem kaiserlichen Beamten derartige Vorwürfe zu machen, sie solle bedenken, daß er die Macht habe, sie zu töten. Da sprach Eulalia voller Bekennermut: „Ich selbst bin eine Christin, Dienerin Jesu, des Königs der Könige und des alleinigen wahren Gottes. Die Macht der Menschen währet nur eine kurze Zeit, so wie der Mensch heute ist und morgen stirbt. Aber die Macht Jesu Christi, unseres Herrn, nimmt nie ein Ende, sie dauert ewig, wie Er selbst ewig ist!" Voller Unmut über diese Worte befahl Dacianus, ihr die Kleider vom Leibe zu reißen und sie aufs schärfste zu geißeln. Aber die zarte Jungfrau ließ ihren Leib zerfleischen und rief ihren Peinigern standhaft zu: „Schlagt nur so lange ihr wollt, ich empfinde eure Streiche nicht, Gott ist mit mir, Gott stärkt mich." Ihren wunden Körper spannte man dann auf die Folter und tat ihr alle erdenkliche Pein an: sie wurde mit Fackeln gesengt, mit Haken zerrissen, geschmolzenes Blei über sie gegossen, Essig in ihre Wunden getan, ja ihre Augen ausgebrannt. Inmitten dieser schaudervollen Qualen rief die unerschrockene Jungfrau dem Henker zu: „Brennet, schneidet, zerreißet die aus Erde gebildeten Glieder, eine gebrechliche Sache ist nicht schwer zu zerstören. Der wütende Schmerz dringt nicht bis an den Geist, der Geist ist unzerstörbar. Ich leide für Jesus, Jesus stärkt mich, ich bleibe Ihm getreu." Als der Richter sah, daß keine noch so furchtbare Pein die Standhaftigkeit dieses jungen Mädchens zu zerbrechen vermochte, verurteilte er sie zum Kreuzestod. Nach dem römischen Mar-

tyrologium flog ihre Seele in Form einer Taube zum Himmel auf. Nach einer anderen Fassung starb sie auf dem Scheiterhaufen.
Ihre Verehrung ist seit dem 7. Jahrhundert bezeugt. Sie ist eine mächtige Helferin gegen jedes Unglück. Der hl. Isidor, Erzbischof von Sevilla, der als der ‚letzte abendländische Kirchenvater' gilt und im Jahre 636 starb, bezeugte, daß Gott, der ihre Reinheit schützen wollte, bei ihrem Tode Schnee fallen ließ, von dem ihr Körper wie von einem weißen Schleier wunderbar eingehüllt wurde. Zurbaran hat die Heilige gemalt. Ihre Attribute sind: Kreuz, Taube, Eisenhaken, Schnee.

Der heilige Adolf von Osnabrück

Adolf wurde um 1185 als Sohn des westfälischen Grafen Simon von Tecklenburg geboren. Erzogen wurde er bei den Mönchen des berühmten Klosters Camp am Niederrhein. Das Beispiel der Zisterzienser und ihres gottwohlgefälligen Lebens übte einen starken Eindruck auf den jungen Grafensohn aus. Er wäre am liebsten selber in den Orden eingetreten und hätte gern als einer der ihren mit den Mönchen gearbeitet und gebetet. Aber sein Vater widersetzte sich seinem Wunsch, mußte sich aber darin fügen, daß der Jüngling Theologie studierte und dann die Priesterweihe empfing. So sehr es auch Adolf zu einem Leben in demütiger Verborgenheit zog, mußte er diese Sehnsucht opfern: es war ihm ein Leben in der Öffentlichkeit bestimmt, seine Talente sollten nicht ungebraucht ruhen. Sehr bald schon nach der Priesterweihe erhielt er eine Domherrnstelle an der Kölner Metropolitankirche und war dort eine Zeitlang Kanonikus. Im Jahre 1216 erging an ihn der Ruf, den Bischofsstuhl von Osnabrück zu besteigen. Wenn ihn nun auch die Mitra schmückte, blieb Adolf doch weiterhin der demutsvolle Priester, der sich nicht als Herr seiner Herde, sondern als Freund und Vater fühlte. Er schuf mannigfache kirchenrechtliche Neuerungen während seiner Amtstätigkeit, aber die Werke seines Geistes traten zurück vor den Werken seines Herzens. Der Bischof entfaltete eine unermüdliche karitative Tätigkeit, sein Haus stand jedem offen, der mit einer Bitte oder einem Anliegen zu ihm kam. Arme und Bedrängte fanden in ihm ihren Helfer und Anwalt, er war ein gütiger Tröster der Kranken, und der Bischof dünkte sich nicht zu hoch, selber in die armseligen Hütten zu gehen, wo die Not und das Leid herrschte, um dort nach dem Rechten zu sehen und Hilfe zu bringen.
Am 11. Februar 1224 starb der große Bischof; sein Leichnam wurde in der Domkirche zu Osnabrück beigesetzt und 1651 von Bischof Franz Wilhelm erhoben. Das Andenken an diesen Mann voll mildtätiger Liebe, voll Verständnis für die

Nöte der Armen und Kranken erhielt sich durch alle Jahrhunderte im Volke lebendig.
Darstellung: als Bischof vor einem Pestkranken stehend und ihn unter Hinweis auf das Bild des Gekreuzigten tröstend.

Legende

Die Legende weiß eine für diesen echten Diener der Nächstenliebe bezeichnende Geschichte zu erzählen: Der heilige Bischof pflegte jedesmal, wenn er nach Fürstenau kam, in die Kammer eines Aussatzkranken zu treten. Er tröstete den Unglücklichen in seinem schweren Los und ermunterte ihn, es Gott zuliebe geduldig zu tragen. Den Begleitern des Bischofs waren diese Besuche nichts weniger als angenehm. Sie fürchteten sich vor Ansteckung an der entsetzlichen Krankheit und mochten zudem nicht immer warten, bis der Bischof seinen Besuch beendet hatte. So ließen sie, um der Sache ein Ende zu bereiten, ohne Wissen ihres Herrn den kranken Menschen beiseite schaffen. Als der ahnungslose Bischof am nächsten Tag seinen gewohnten Gang zu der Hütte machte, sollte er seinen Schützling nicht mehr vorfinden, und sie hatten sich bereits eine Erklärung für das Verschwinden des Kranken zurechtgelegt. Aber es kam anders, und sie erstaunten sehr, als der Heilige nach seinem Eintreten nicht sogleich wieder herauskam. Minute um Minute verrann. Was mochte der Bischof in der leeren Kammer tun? Neugierig gingen seine Diener hinzu und spähten hinein. Welch eine Überraschung! Der Kranke lag auf seinem Strohbett und lauschte dankbar den Trostworten des Bischofs wie an den anderen Tagen. Durch ein Wunder war der Kranke wieder in seine Hütte zurückgekehrt. Gott schenkte dem Schwergeprüften nun die Gnade, in den Armen des heiligen Bischofs zu sterben. Tief beschämt und erschüttert gestanden die Diener reumütig dem Heiligen ihre hinterlistige Tat.

Die heiligen Cyrill und Methodius

Seit dem Bruderkuß, den Papst Paul VI. mit dem Oberhaupt der getrennten Ostkirche im Januar 1964 in Jerusalem austauschte, heben sich für uns die Gestalten der beiden Slavenapostel Cyrillus und Methodius bedeutsamer denn je vor ihrem geschichtlichen Hintergrund ab und wirken mit ihren Aufgaben und dem von ihnen Erreichten bis in unsere Gegenwart hinein. Schon Papst Johannes XXIII. hat dies erkannt. Er segnete kurz vor seinem Tode im Konsistoriensaal des Vatikanpalastes den Grundstein für ein Institut, das den Namen der beiden Slavenapostel tragen sollte. Dies geschah, wie der Heilige Vater betonte, „anläßlich des hervorragenden Ereignisses der Elfhundertjahrfeier des Beginns ihrer Missionstätigkeit". Das Schreiben des Papstes trägt das beziehungsreiche Datum des

11. Mai, dem Tage ihres Festes im byzantinischen Ritus. Im römischen Kalender verlegte man 1969 ihr Fest vom 7. Juli auf den 14. Februar. In Böhmen-Mähren wird ihr Gedächtnis am 5. Juli, in Eichstätt am 6. Juli gefeiert.
In der Unterkirche von S. Clemente in Rom befindet sich ein Fresko, das die Überführung des Leichnams des hl. Cyrill vom Vatikan nach S. Clemente wiedergibt. Cyrill wird meist als Bischof dargestellt, bekehrte Heiden neben sich. Ein Engel reicht ihm während Messe aus den Wolken zwei Tafeln mit den kyrillischen Schriftzeichen und dem Befehl, sie auf Pergament abschreiben zu lassen. – Method hält ein Bild des Jüngsten Gerichts in Händen, weil er der Legende nach durch den Anblick der darauf dargestellten Vorgänge den heidnischen König und viele Slaven bekehrt haben soll.
Die Heiligen werden bei Gewittern um Beistand angerufen.
Cyrillus, obwohl der Jüngere der beiden Brüder, wird immer zuerst genannt, wahrscheinlich weil er dem älteren Bruder im Tode voranging. Er ist der Schöpfer der kyrillischen Schrift und wurde dadurch zum Begründer der slavischen Literatur. Seiner Bibelübersetzung in die slavische Sprache, die nach seinem Tod von Methodius vollendet wurde, „merkt man an, daß sie unmittelbar aus dem Griechischen hervorgegangen ist“. Otto v. Taube schreibt weiter dazu, daß „dieses großartige Werk an sprachlicher Wucht und Pracht den Vergleich mit der deutschen Bibelübersetzung Luthers aushält... Es war griechischer Sprachgeist, mit dem Cyrill und Methodius das Slavische befruchteten“.
Die beiden leiblichen Brüder stammten aus Griechenland. Sie wurden 815 (Method) und 826 (Cyrill) zu Tessalonike (dem heutigen Saloniki) als Söhne des Patriziers Leo und seiner Gattin Maria geboren. Neben der griechischen beherrschten die Brüder die slavische Sprache. Cyrillus hieß mit seinem Taufnamen Konstantin und nahm den Namen Cyrillus erst 868 als Mönch an. Wegen seines gründlichen Studiums der Philosophie und Theologie erhielt er den Beinamen ‚der Philosoph‘. Zum Priester geweiht, betätigte er sich als Lehrer. Sein Bruder Methodius schien zunächst mehr dem praktischen Leben zugewandt. Er schlug die politische Laufbahn ein und wurde Statthalter über die unter byzantinischer Herrschaft stehenden Slavengebiete. Dann wurde er Mönch. Auf Veranlassung der Kaiserin Theodora der Heiligen wurde er zur Missionierung der heidnischen Chasaren ausgesandt; sein Bruder begleitete ihn. Auf der Krim im Schwarzen Meer fanden sie in Chersones die Gebeine des hl. Papstes Clemens I., der dort in der Verbannung gestorben war. Im Jahre 862 sandte Kaiser Michael III. die Brüder nach Mähren, wo sie auf Bitten des Fürsten Rostislaw das Christentum verkündeten. Bei der Ähnlichkeit der slavischen Mundarten untereinander hatten die beiden Apostel mit ihren Predigten über die Lehre Christi guten Erfolg. Die von dem gelehrten Cyrillus ins Slavische übertragene Liturgie erwies sich hierbei als eine

große Hilfe. Doch bald wurde ihre Tätigkeit unter dem Vorwurf, die Brüder gebrauchten anstelle des Lateinischen das Slavische als Kirchensprache, durch das angrenzende Erzbistum Salzburg, das sich in seiner Zuständigkeit übergangen fand, stark angegriffen. Daraufhin begaben Cyrill und Method sich 867 zur Rechtfertigung nach Rom. Sie wurden von Papst Hadrian II., der gerade als Nachfolger Nikolaus I. die Tiara empfangen hatte, jedoch ehrenvoll aufgenommen. Der Papst erkannte die slavische Liturgie an. Bei dieser Gelegenheit fanden die Reliquien des hl. Clemens, die die Heiligen nach Rom mitgebracht hatten, in der bereits bestehenden Kirche S. Clemente ihre Ruhestätte. Während ihres Aufenthaltes in Rom erkrankte Cyrill schwer. Seinen Tod vorausahnend, ließ er sich in ein Kloster bringen. Er starb dort als Mönch am 14. Februar 869. Papst Hadrian, der ihn in seiner eigenen Gruft hatte beisetzen lassen, ließ seine sterblichen Überreste später nach S. Clemente überführen.

Methodius wurde nun vom Papst zum Bischof geweiht und als päpstlicher Legat in Pannonien (Ungarn) und Mähren ernannt. Er wirkte zuerst in Pannonien, begegnete aber wiederum großen Schwierigkeiten, weil der Erzbischof von Salzburg seine Ansprüche auf dieses Gebiet geltend machte, so daß der Missionar sich häßlichen Anfeindungen ausgesetzt sah. Mit Hilfe des deutschen Königs bemächtigten sich die bayerischen Bischöfe schließlich seiner Person, ein Scheingericht verurteilte ihn wegen seiner angeblichen Verfehlungen, und Methodius wurde zweieinhalb Jahre lang eingekerkert. In der Haft hatte er viel zu erdulden. Papst Johannes VIII. erwirkte seine Freilassung und setzte ihn in sein Amt und seine Rechte wieder ein. Von Stund an war das Bistum Mähren selbständig.

Methodius, gefestigt durch die erlittenen Drangsale, wirkte fortan nachdrücklicher noch als bisher in seinen Missionsgebieten. Er machte Welehrad zum Ausgangspunkt für seine Reisen, die ihn weit nach Osten bis in die Karpaten und den Süden des heutigen Rußlands führten. Ob er auch nach Böhmen kam, ist nicht erwiesen. 879 begab sich Methodius wiederum nach Rom, weil er noch einmal seitens der bayerischen Bischöfe verdächtigt worden war. Auch diesmal gelang es ihm, sich zu rechtfertigen: in einer Bulle vom Jahre 880 bestätigte Papst Johannes VIII. die slavische Kirchensprache. Aber sogar noch die allerletzten Lebensjahre des Heiligen waren durch Bespitzelungen und Anfeindungen beschattet. Methodius starb in Welehrad am 6. April 885 und wurde in der dortigen Marienkirche beigesetzt.

Das Werk der beiden Slavenapostel trug gute Frucht: etwa ein Jahrhundert nach ihrem Tode nahm der Großfürst Wladimir von Kiew das Christentum an. Gottesdienst und Kirchensprache in der Form, wie Cyrill und Methodius sie in den slavischen Ländern eingeführt hatten, sowie das kyrillische Alphabet fanden Eingang in Rußland.

Der heilige Valentin, Märtyrer *(Gedenken: 14. Februar)*

Seit der Mitte des 4. Jahrhunderts gab es eine Kirche zu Ehren dieses Heiligen an der Flaminischen Pforte in Rom. Die Märtyrerakten berichten, daß er dortselbst hingerichtet und die Kirche über seinem Grabe errichtet wurde. Valentin bedeutet ‚der Gesunde, Starke' und gilt als Patron der Bienenzüchter, vor allem aber der Verlobten und als Stifter einer guten Heirat. Noch heute wird am Vorabend des Valentintags hauptsächlich in angelsächsischen Ländern das Los gezogen, und der Jüngling oder das Mädchen, die es trifft, sind dann für ein Jahr ‚Valentin und Valentine'. Dies gilt auch für diejenigen, die einander an diesem Tag zuerst begegnen. Die eigenartige Sitte soll auf die im Mittelalter verbreitete Ansicht zurückgehen, daß die Vögel sich am 14. Februar zu paaren beginnen.

Die Hilfe des Heiligen ist besonders wirksam bei Ohnmachten, also ‚hinfallenden Krankheiten'. Die ‚Legenda aurea' erklärt das damit, daß er selbst niemals ‚gefallen' sei, das heißt, daß er seinen Glauben bis zum Martyrium verteidigte und den Sieg erlangte, indem er litt. Eher scheint uns aber die Erklärung aus der Sprache richtig: Valentin hat Gleichklang mit ‚fallen'. Das Patronat gegen Fallsucht ging später auch auf den bekannten gleichnamigen rätischen Bischof über, der in Passau beigesetzt ist und dessen Fest am 7. Januar gefeiert wird.

Das Fest des hl. Märtyrers Valentin begeht die Kirche seit etwa 350 am 14. Februar. In Deutschland galt dieser Tag als Schicksals-, Los- und Unglückstag. Der Heilige wird mit dem Schwerte, mit einem Krüppel, aber auch mit Hahn dargestellt. Ob er der gleiche ist, dem als Märtyrerbischof von Terni, nahe bei Rom, eine Basilika geweiht wurde, ist ungeklärt.

Legende

Von dem römischen Märtyrer wird berichtet, daß er ein Priester zu Rom gewesen sei, der in der Zeit des Kaisers Claudius wirkte und sich durch hohe Weisheit und große Tugend auszeichnete, so daß er bei Christen wie bei Heiden gleicherweise angesehen war. Auch Claudius hatte von ihm gehört und wollte ihn kennen lernen. Er ließ ihn vor sich bringen und sprach freundlich zu ihm: „Warum dienst du dem eitlen Aberglauben der Christen, da du doch so verständig bist? Ich möchte gern dein Freund sein, aber ich verlange von dir, daß du zu den alten Göttern Roms zurückkehrst." Valentin antwortete dem Kaiser: „Du würdest das nicht von mir verlangen, wenn du etwas von der Herrlichkeit Gottes ahntest, und daß

Christus wahrhaftig Sein Sohn ist." Befragt, was er von den alten Göttern halte, sagte der greise Priester furchtlos: „Es sind Dämonen." Alle Anwesenden empörten sich über ein solches Wort und verlangten den Tod des Lästerers, doch der Kaiser war tief beeindruckt und wollte sich noch weiter mit dem christlichen Gottesmann unterhalten. Der Präfekt aber erklärte, daß Valentin ein Zauberer sei und den Kaiser in seine Macht bringen wolle. Da konnte sich der Kaiser nicht länger gegen die Meinung seiner Ratgeber stellen, zumal er einen Volksaufstand befürchtete. Er übergab den Heiligen also dem Präfekt, der ihn dem Richter Asterius zuführte. Als Valentin vor diesen trat, bat er zunächst Gott, die Ungläubigen zu erleuchten. Da sprach der Richter zu ihm: „Wenn dein Christus ein Licht ist, wie du sagst, so will ich sehen, ob er von seinem Lichte meiner Tochter zu geben vermag, die schon lange blind ist. Kann er das tun, so will auch ich an ihn glauben." Da betete Valentin: „Herr Jesus Christus, der Du das wahre Licht der Welt bist, erleuchte auch diese Deine Dienerin." Auf dieses Wort hin empfing die Tochter des Richters alsbald ihr Augenlicht. Außer sich vor Erstaunen über das Wunder, fielen Asterius und sein Weib dem Heiligen zu Füßen nieder und wollten wissen, was sie tun sollten, um Christen zu werden. Nachdem sie sich so vorbereitet hatten, wie der Priester es ihnen geraten, empfing Asterius mit seinem ganzen Haus, vierzig Personen an der Zahl, die Taufe. Als dies dem Kaiser zu Ohren kam, ließ er alle ins Gefängnis werfen, den greisen Priester Valentin aber foltern und enthaupten.

Die heilige Juliana

Die Geschichte der heiligen Jungfrau und Märtyrin Juliana ist ihrer frühen Datierung wegen wiederum so eng mit legendären Zügen vermischt, daß in ihrem Falle, wie schon in anderen Heiligenviten aus frühchristlicher Zeit, eine Trennung nicht vorgenommen werden kann. Juliana gilt als Helferin bei Entbindungen und Infektionskrankheiten. Sie wird dargestellt mit Märtyrerkrone, Palme, Schwert und Gefäßen. Manchmal sieht man sie abgebildet mit einem geflügelten Teufel, den sie an einer Kette führt.

Juliana war die Tochter vornehmer Heiden in Nikomedien, im heutigen Kleinasien. Durch besondere göttliche Fügung fand sie schon als Kind Zutritt zu den Versammlungen der Christen und bekannte sich, nachdem sie getauft war, bald öffentlich als Christin. Ihr Vater hatte sie mit neun Jahren einem vornehmen Jüngling namens Eleusius zur Ehe versprochen. Als sie achtzehn Jahre alt geworden war, sollte die Ehe vollzogen werden, allein die Jungfrau erklärte zum Erstaunen ihrer Eltern, daß sie ihm nicht vermählt werden wolle, es sei denn, er empfinge den Christenglauben. Nachdem der Vater vergeblich versucht hatte, durch Schmeicheleien und glänzende Versprechungen ihre Einwilligung zu erhalten, Juliana aber nicht wankelmütig machen konnte, versuchte er sie durch Schläge umzustimmen. Aber auch dies grausame Mittel blieb fruchtlos. Als der Verlobte, der inzwischen Statthalter geworden war, das hörte, ließ er Juliana vor sich bringen. Sie erklärte ihm: „Wenn du meinen Gott anbetest, so will ich deinen Willen tun, anders wirst du niemals Herr über mich sein." Eleusius antwortete: „Wenn ich das täte, so schlüge der Kaiser mir den Kopf ab." Da entgegnete ihm die Heilige: „Wenn du den irdischen Kaiser derart fürchtest, wie muß ich erst meinen himmlischen Richter und Kaiser fürchten." Eleusius ließ nun seine Braut mit Ruten auspeitschen und als das nichts nützte, an ihrem schönen langen Haar aufhängen. Sechs Stunden lang hing sie so in qualvoller Pein zwischen Himmel und Erde. Gott aber, zu dem sie unaufhörlich flehte, stärkte sie, so daß sie auch noch weitere schreckliche Martern ertrug ohne in ihrem Glauben wankend zu werden. Dann warf man die Gepeinigte ins Gefängnis. Da erschien ihr ein Teufel in eines Engels Gestalt und sprach: „Juliana, ich bin zu dir gesandt, auf daß ich dich dazu bewege, den Abgöttern zu opfern, denn du sollst fürderhin nicht mehr gequält werden und nicht auf eine so jammervolle Weise sterben." Ja, er suchte sie durch allerlei eitle Vorspiegelungen zu verführen, indem er ihr vorstellte, daß sie den Eleusius ehelichen könne, ohne Gott zu beleidigen, denn sie habe ja die Treue zu ihrem Glauben schon bewiesen. Da weinte Juliana und betete: „O mein Herr und Gott, laß mich nicht verderben, tue mir kund, wer es ist, der mir das anrät." Da kam eine Stimme vom Himmel, die sprach: „Greife ihn und feßle ihn, dann wird er dir sagen, wer er ist." Da band Juliana dem Teufel die Hände auf den Rücken und warf ihn zu Boden. Nun gestand ihr der Teufel unter Wehklagen, daß er von seinem Vater Beelzebub gesandt sei, um sie zum Abfall zu bewegen. Juliana aber schlug ihn daraufhin hart mit der Kette, an die man sie angeschlossen hatte, so daß der Teufel laut um Erbarmen schrie. Als man sie am nächsten Tage erneut zum Richter brachte, waren alle ihre Wunden geheilt. Sie führte den Teufel an der Kette hinter sich her, so daß er zum Spott vor den Menschen wurde.

Der Mut der Heiligen machte großen Eindruck auf die Umstehenden, so daß viele sich bekehrten. Eleusius jedoch brachte sein Gewissen in der Furcht vor dem Kaiser zum Schweigen und ließ sie erneut foltern. Man schüttete siedendes Blei auf ihr Haupt, aber auch das konnte der mutigen Bekennerin nichts anhaben. Da gebot der Richter, daß sie enthauptet werde. Das geschah während der diokletianischen Verfolgung um das Jahr 303. Ihren Leib brachten die Christen nach Cumae bei Neapel; 1207 wurde er nach Neapel übertragen. Ihr Fest wird heute gefeiert.

Die heilige Margareta von Cortona *(Gedenken: 22. Februar)*

Margareta, die große Sünderin und Büßerin, liegt begraben in der Klosterkirche zu Cortona; an ihrem Grabe ereignete sich eine große Zahl von Wundern. Dargestellt wird sie als Franziskanerterziarin, Kreuz und Marterwerkzeuge Christi in der Hand, Rosenkranz am Gürtel, mit Buch, Totenkopf und Geißel, auch mit einem Hund, was sich auf die Geschichte ihrer Bekehrung bezieht. Große Künstler wie Guercino und Carlo Maratta haben die Heilige gemalt. Sie ist die Patronin der Büßer und Büßerinnen.

Aus ihrer Jugendzeit wissen wir nur, daß sie 1247 in dem italienischen Flecken Laviano als Bauernkind geboren wurde und schon mit sieben Jahren ihre Mutter verlor. Margareta, die schön war, geriet leider früh in schlechte Gesellschaft. Eines Tages wurde ein junger Adeliger auf sie aufmerksam. Verliebt und lebenslustig, wie sie war, der widrigen häuslichen Verhältnisse zudem überdrüssig, hatte der junge Mann es nicht schwer, das schöne Mädchen dazu zu bringen, ihm als Geliebte auf seine Burg zu folgen. Neun Jahre lebte sie mit ihm, gebar ihm einen Sohn und überließ sich ganz ihrer Leidenschaft. Sie ließ sich überall als die schönste Frau feiern. Eines Tages aber geschah etwas Furchtbares. Ihr Geliebter kehrte von einer Reise nicht zurück; er war unterwegs von Räubern erschlagen worden. Drei Tage danach erschien sein Hund bei Margareta und zog sie winselnd am Kleide. Die Ahnungslose folgte dem Tier und fand schließlich unter einem Holzhaufen den entstellten Leichnam ihres Liebhabers. Jetzt gingen Margareta die Augen auf. Ein tiefer Abscheu über ihr bisheriges Leben ergriff sie. Weinend nahm sie ihr Kind und irrte die ganze Nacht umher. In ihrer Verzweiflung suchte sie Zuflucht in ihrem Elternhaus, aber die Stiefmutter wies die Verfemte von sich. In dieser Not traten noch einmal Versuchungen an das schöne Weib heran: hatte sie nicht die Möglichkeit, sich andere Liebhaber zu suchen? Ihre innere Wandlung hatte sich jedoch schon vorbereitet: sie wandte sich nach Cortona an die Franziskaner, die ihr zur Buße und Umkehr verhalfen.

In Bruder Giunta fand sie einen verständnisvollen Seelenführer, dem sie eine umfassende Beichte ablegte. Er hat uns später ihr Leben aufgezeichnet. Doch verweigerten ihr die Franziskaner zunächst trotz ihres Sühneeifers das Kleid des Dritten Ordens. Drei harte Jahre mußte Margareta sich in Geduld fassen. Durch Krankenpflege und Übernahme schwerer körperlicher Arbeiten verdiente sie für sich und ihr Kind den notdürftigsten Lebensunterhalt. Was sie besaß, verschenkte sie an die Armen. Das ging so weit, daß sie sogar die armseligen Dinge ihres kleinen Haushalts wie Messer, Töpfe, Schüsseln, Kleider, Kissen, Brennholz, ja ihren Schleier und Rosenkranz hergab, und man erzählt sich, daß sie die Dachsparren ihrer Hütte verschenkt habe. „Wenn ich könnte“, pflegte sie zu sagen,

„gäbe ich mein Herz fort für die Armen." Oft geißelte sie sich, bis sie ohnmächtig niedersank, immerfort bestrebt, für die Vergangenheit zu sühnen, neuen Versuchungen entgegenzutreten.
Endlich wurde sie in die Familie der Terziaren aufgenommen. Ihr übermäßiger Bußeifer, verbunden mit der tiefen Betrachtung des Leidens Christi, unablässigem Gebet und inniger Liebe zu allen ihren Mitmenschen läuterten sie immer mehr. In geistigen Erleuchtungen und zahlreichen mystischen Verbindungen mit Gott wurde sie in ihrem Kampfe gestärkt und zu einer Heiligkeit emporgeführt, die schließlich ganz Cortona ergriff und verwandelte. Von weither kamen Hilfsbedürftige und viele Sünder zu der einst so Verachteten. Der Zustrom war manchmal so groß, daß die Minderbrüder ihre Aufgabe in den Beichtstühlen kaum mehr erfüllen konnten. Gott schenkte ihr die Gabe der Weissagung und der Erforschung der Herzen und eine große Macht über die bösen Geister. Sie begründete ein Spital und eine Genossenschaft von Drittordensschwestern in Cortona. Bis zum letzten Atemzug betete Margareta für die Bekehrung der Todsünder.
Geschwächt von ihren strengen Bußübungen, starb die Fünfzigjährige am 22. Februar 1297 „mit Jubel und leuchtendem Antlitz als Heilige", wie Giunta Bevegnati bezeugt hat. Als man ihren Leib nach vielen Jahren ausgrub, war er unversehrt. Ihre Kanonisierung erfolgte im Jahre 1728 durch Papst Benedikt XIII.

Der heilige Simon, Apostel und Bischof von Jerusalem

Simon der Apostel und Simeon, Bischof von Jerusalem, sind, wie neuere Forschungen ergaben, wahrscheinlich identisch gewesen. Der Apostel wird zusammen mit dem hl. Judas Thadäus am 28. Oktober gefeiert, als Bischof von Jerusalem jedoch am 18. Februar. Da er, nach vielen Quellen, in hohem Alter unter Trajan gekreuzigt wurde, wird er am Kreuze dargestellt. Nach anderer Überlieferung ist er auf einer Missionsreise in Persien durch Zersägen seines Leibes getötet worden. Daher findet man auch eine Säge unter seinen Attributen. Er ist der Patron der Färber, Gerber, Holzfäller, Lederarbeiter. Reliquien des Heiligen befinden sich vor allem in Rom, Köln, Hersfeld. Simon der Apostel trägt den Beinamen Zelotes, der ‚Eiferer'. Er war ein Bruder von Jakobus dem Jüngeren. Nur wenige Jahre älter als der Gottessohn, wurde er wegen seiner

Verwandtschaft mit diesem auch ‚Herrenbruder' genannt. Seine Mutter Maria gehörte zu den heiligen Frauen, die den Heiland durch Galiläa begleiteten und ihm bis unter das Kreuz folgten. Sein Vater Kleophas war ein Bruder des hl. Joseph. Nach Jesu Tod gesellte sich Simon zu dessen Jüngern und ging mit Jakobus d. J. nach Jerusalem. Mit allem Eifer predigte er nun den Juden und Christen die Lehre Christi und leitete seine Gemeinde durch Wort und gutes Beispiel. Als Jakobus d. Ä. im Jahre 42 auf Befehl des Herodes den Märtyrertod starb, prangerte Simon unerschrocken diesen Frevel vor dem Volke in aller Strenge an. Das furchtlose Auftreten dieses Gottesmannes und die nahe Verwandtschaft zu Christus mag die Gemeinde von Jerusalem bewogen haben, ihn zu ihrem zweiten Bischof zu wählen. Von nun an kämpfte er mit großem Eifer um die Verbreitung des wahren Glaubens, denn schon damals begannen Irrlehrer, das Volk mit ihren Lehren zu verwirren. Simon duldete das nicht und bekämpfte die Häresie kraft seiner ganzen Autorität. Als während des Krieges der Römer gegen die Juden Kaiser Titus, der Sohn des Kaisers Vespasian, die Stadt belagerte, sammelte er die Anhänger der urchristlichen Lehre um sich und verließ mit ihnen Jerusalem, gewarnt durch die Weissagung Jesu vom Untergang der Stadt. Flavius Josephus hat der Nachwelt ausführlich von den Schrecken der Belagerung berichtet, die, wie wir wissen, mit der Erstürmung der Stadt, dem Brand des Tempels und ihrer Vernichtung endete. Der Rest der Einwohner kam in Gefangenschaft und wurde in alle Welt zerstreut.

Nach dem Untergang Jerusalems zogen die Christen mit ihrem Bischof Simon wieder in die zerstörte Stadt zurück und wohnten in den Trümmern. Unter Kaiser Trajan brach eine heftige Christenverfolgung aus. Dieser Kaiser suchte vornehmlich alle Nachkommen des Königs David auszurotten, weil er fürchtete, es möchte sich einer von ihnen zum Messias aufwerfen und neue Empörung unter den Juden anstiften. Das kam den abtrünnigen Gegnern des inzwischen uralten Bischofs sehr gelegen und sie zeigten Simon als Christen und aus dem berühmten Hause Davids stammend, beim römischen Statthalter an! Da der mutige Greis seinen Glauben nicht abschwor, wurde er nach grausamen Martern ans Kreuz geschlagen wie sein Meister und Herr. Das soll sich im Jahre 107 begeben haben, als der Apostel in seinem hundertundzwanzigsten Lebensjahre stand.

Der hl. Simon gehört zu den Kanon-Heiligen der Liturgie. Er wird am Kreuze oder mit einer Säge dargestellt, weil er nach einer anderen Überlieferung durch Zersägen des Leibes getötet worden sei.

Der heilige Konrad, der Einsiedler

Konrad, ein junger italienischer Adeliger, war 1290 zu Piacenza geboren, hatte nach seiner Soldatenzeit geheiratet und lebte mit seinem Weibe Euphrosina dortselbst in den glücklichsten Umständen. Gott aber griff auf eine gar seltsame Weise in sein Leben ein. Konrad liebte leidenschaftlich die Jagd,und eines Tages entschied sich sein Schicksal, als er diesem Vergnügen nachging. Ein Wild, dem er nachjagte, hatte sich in ein Dickicht geflüchtet,und der junge Edelmann konnte ihm nicht beikommen. Um das Wild daraus zu vertreiben, zündete er kurz entschlossen das Gesträuch an. In seinem Jagdeifer hatte er nicht bemerkt, daß ein heftiger Wind ging, von dem das Feuer so angefacht wurde, daß es auf den ganzen Wald übergriff, der nun gänzlich niederbrannte. Konrad mußte ohnmächtig dem entfesselten Element zusehen, das den stolzen Besitz seiner Vaterstadt in Asche legte. Auf einen solchen Frevel stand zur damaligen Zeit strengste Strafe, denn der Wald galt im waldarmen Italien als ein großer Reichtum. Die Obrigkeit forschte sogleich nach dem Urheber der Tat und der Verdacht fiel unglücklicherweise auf einen armen Mann, der in der Gegend des brennenden Waldes angetroffen wurde. Der arme Tölpel gestand auf der Folter, was man ihm vorsagte und die Richter machten nicht viel Federlesen mit ihm und verurteilten ihn zum Tode. Die Nachricht hiervon drang auch zu Konrad. Jetzt erhoben sich in ihm schwerste Gewissensbisse, denn ein Unschuldiger sollte seinetwegen gemordet werden! Nach einem schmerzlichen Abschied von seiner Gemahlin stellte Konrad sich den Behörden und erklärte, daß er bereit sei, allen Schaden zu ersetzen. Man behandelte ihn milder als den Armen, zog jedoch sein gesamtes Vermögen ein; seine Schuld schien gesühnt.

Aber Konrad konnte nicht mehr froh werden. Er mied fortan die Jagd, und obgleich ihn seine Gefährten zu locken versuchten, indem sie jeden Morgen mit ihren Hifthörnern laut bliesen, blieb er zu Hause. Bald erkannte er die Eitelkeit aller irdischen Güter und Freuden und faßte den Entschluß, der Welt den Rücken zu kehren. Seine fromme Frau billigte dies und trat selbst bei den Klarissen ein; Konrad ließ sich in den dritten Orden des hl. Franziskus aufnehmen. Er begab sich nach Sizilien, wo er zunächst den Armen und Kranken diente.

Später ging er in die Einsamkeit der unwirtlichen Berge und führte dort ein strenges Bußleben. Er lebte nur von den Almosen, die er alle Wochen einmal sammelte, von denen er aber wiederum die Hälfte den Armen gab. Er schlief auf der bloßen Erde und seine einzige Freude war das Gebet. Konrad hatte wie der hl. Franz ein besonderes Verhältnis zu den Tieren, vor allem zu den Vögeln, mit denen er freundlich verkehrte. Daher wird er auch als Terziar dargestellt, kleine Vögel um sich, die ihm vorsingen. Nach dreißig Jahren Eremitenlebens starb er in Noto.

Als sein Todestag ist uns der 19. Februar 1351 überliefert. Er ist Patron der Jäger und hilft bei Bruchleiden.

Legende

Gott hat die Einsicht dieses Heiligen und seine Umkehr mit der Gabe der Wunder und Weissagung belohnt. So erzählt man sich, daß er einen guten Freund, der während einer Mahlzeit erkrankte, durch sein Gebet heilte. Auf dem Weg in seine Zelle machte er ein schwächliches verkrüppeltes Kind, das ihm begegnete, durch das Zeichen des Kreuzes augenblicklich gesund. Auch hat der heilige Einsiedler seine Todesstunde vorausgewußt. Drei Tage vor seinem Tod begab er sich zu seinem Beichtvater in die Stadt, empfing die heiligen Sakramente und forderte ihn auf, an einem bestimmten Tage in seine Klause zu kommen. Als der Priester zu ihm kam, fand er den Leichnam des Heiligen, der vor dem Bilde des Gekreuzigten auf den Knien lag.

Der heilige Willigis von Mainz *(Gedenken: 23. Februar)*

In der Kunst wird der große Erzbischof von Mainz, Kanzler und Staatsmann, mit dem Rade abgebildet, denn er war einfacher Leute Kind und wählte das Handwerkszeichen seines Vaters, eines Wagenmachers, zum Wappen.

Willigis stammte aus Schöningen bei Braunschweig. Von seiner Jugend ist fast nichts bekannt. Um 970 taucht er am Hofe Kaiser Ottos des Großen auf, der den damaligen Hildesheimer Domherrn zu seinem Hofkaplan machte. Sicherlich waren also schon zu dieser Zeit die Fähigkeiten und Kenntnisse des klugen und frommen Mannes bekannt. Bald schon wurde er der vertraute Berater des Kaisers, der ihn auch zu seinem Kanzler ernannte. Nach des Kaisers Tod wählte man Willigis unter Otto II. zum Nachfolger des verstorbenen Mainzer Erzbischofs; damit bekleidete er bis zu seinem Tode, 1011, eines der wichtigsten kirchlichen Ämter in Deutschland. Vier deutschen Kaisern sollte er dienen! Nach dem Tode Ottos II. verwaltete er für den minderjährigen Otto III. zusammen mit dessen Mutter, der Kaiserin Teophanu und der Kaiserinwitwe Ottos I., Adelheid, bis zu dessen Mündigkeitserklärung das ganze Reich mit höchstem Verantwortungsbewußtsein. Infolge seiner guten Beziehungen zu Rom hatte ihn Papst Benedikt VII. 976 zu seinem Stellvertreter für Deutschland bestellt. 996 führte Willigis den ersten deutschen Papst, Brun von Kärnten, den hochgebildeten, strengen Urenkel Ottos I., als Gregor V. in Rom ein. Dieser Papst krönte den jungen Otto III. zum Kaiser. „In dem Bund dieser beiden Gestalten schien verwirklicht, was Otto I. in seiner Vorstellung einer umfassenden Erneuerung des Papsttums vergebens erträumt hatte.“ (H. Kühner) Nach dem allzu frühen Tode des jungen

Kaisers bewahrte der Kanzler das Reich vor gefährlichen Wirren durch sein sofortiges kraftvolles Eintreten für den Bayernherzog Heinrich, den die Kurfürsten auf seinen Rat zum Kaiser wählten. Er selbst krönte das Kaiserpaar Heinrich und Kunigunde, die beide, wie man weiß, nach ihrem Tode zur Ehre der Altäre erhoben wurden. Fast vier Jahrzehnte lang war Willigis einer der wichtigsten Träger des staatlichen und kirchlichen Lebens in Deutschland. Seine Persönlichkeit prägte dem ganzen Zeitalter den Stempel auf. Der Heilige diente dem Vaterland ebenso wie der Kirche mit der gleichen pflichttreuen Selbstlosigkeit und Hingabe. Aber nicht nur als Staatsmann ist Willigis auch für spätere Geschlechter beispielhaft hervorgetreten; in seiner Eigenschaft als Bischof bewährte er sich wohl mindestens ebenso stark. Durch Abhaltung mehrerer Synoden versuchte er, die Kirchenzucht zu heben und eine einheitliche Verwaltung einzuführen. Seine Domschule, an der er gelegentlich selbst unterrichtete, brachte er zu hoher Blüte. Des weiteren betätigte er sich als Förderer von Kunst und Wissenschaften; 979 legte er den Grundstein zum Mainzer Martinsdom, 990 erbaute er die Stephanskirche. Fähige und würdige Männer verstand er zu Mitarbeitern heranzuziehen und besetzte mit ihnen frei werdende Bischofssitze. Darunter befanden sich der hl. Adalbert von Prag, Bernward von Hildesheim, Meinwerk von Paderborn, die alle – gleich ihm – durch gottgefälliges Leben und Wirken zur Heiligkeit aufstiegen. Seinen Anstrengungen ist es zu danken, daß das Christentum in Schleswig-Holstein und im Süden von Skandinavien Einzug hielt.
Wo Willigis Gelegenheit zum Wohltun fand, gab er mit vollen Händen; nie hatte der große Kirchenfürst das arme Volk, dem er entstammte, vergessen. Alle Chroniken heben hervor, daß er bescheiden und barmherzig blieb bis ans Ende seiner Tage. Daß jedoch auch Heilige menschlichen Schwächen und menschlichen Irren unterworfen sind, zeigt der lange und allzu hartnäckige Rechtsstreit, den Willigis um die Einkünfte aus dem Kloster Gandersheim führte.

Legende

Vom hl. Willigs erzählt uns Rathgeber eine liebenswerte alte Geschichte, die ein besonderes Licht auf seine große Demut wirft. „Als er zum Oberhirten von Mainz gewählt und auf den Bischofsstuhl des hl. Bonifatius erhoben war, ärgerten sich die adeligen Herren nicht wenig, daß gegen alles Herkommen ein Bürgerlicher, der Sohn eines Wagners, mit einer der höchsten Würden im Reiche betraut wurde. Um ihrem Ärger Luft zu machen und dem ‚Emporkömmling' Schimpf anzutun, ließen sie eines Nachts an der Tür seiner bischöflichen Residenz den Spottvers anbringen: ‚Willigis, Willigis, denk, woher du kommen bis'. Der Erzbischof aber war weder dumm noch stolz genug, um den Gekränkten zu spielen. Er brach vielmehr dem Spott die Spitze ab, indem er den Vers in seinem Arbeitszimmer anbringen und das Wagenrad in sein Bischofswappen aufnehmen ließ.

Der heilige Petrus Damiani

Zwei Kirchenlehrer mit Namen Petrus werden von der Kirche als Heilige verehrt: Petrus Damian, der um 1006 zu Ravenna das Licht der Welt erblickte, und Petrus Canisius, der 1925 kanonisierte Jesuit. Petrus Damiani, theologischer Schriftsteller, Hymnendichter, Gelehrter, Mönch, Bischof und Kardinal, wird meist mit Büchern, Geißel, Kruzifix und Totenkopf dargestellt. Er wird bei Kopfweh um seine Fürbitte angerufen.

Sein Wirken fällt in eine Zeit religiösen Verfalls, zunehmender erschreckender Sittenlosigkeit und Rohheit, der Simonie – des Verkaufs geistlicher Ämter – und des damit aufkommenden Pfründenwesens, was vornehmlich im Klerus üble Mißstände zur Folge hatte. Er war der jüngste Sohn einer armen Tagelöhnerfamilie zu Ravenna. Seine Eltern starben früh und ein verheirateter Bruder nahm den Nachgeborenen auf. In dessen Hause wurde der Knabe zu schweren Arbeiten gezwungen, ja des öfteren grausam mißhandelt. Da erschien es Petrus wie eine wunderbare Befreiung, als ihn sein anderer Bruder Damianus, der als Priester eine Anstellung in Ravenna hatte, zu sich nahm. Dieser erkannte bald die Begabung des Knaben und ließ ihn auf seine Kosten studieren. Petrus vergaß nie, was Damianus ihm Gutes getan und nannte sich aus Dankbarkeit ‚Petrus Damiani'. Durch unermüdlichen Fleiß brachte er es bald so weit, daß er andere unterrichten, sich als Professor niederlassen und eine eigene Schule eröffnen konnte. Rasch hatte er einen so großen Zulauf von Schülern, daß er es zu Ehre und Wohlstand brachte. Aber diese Erfolge befriedigten den ernsten jungen Mann nicht. Deshalb zog er sich 1035 in das Eremitenkloster Fonte Avellano bei Gubbio in Umbrien zurück und gab sich dort demütig und mit großem Eifer allen Bußübungen der Einsiedler hin.

Seine Belesenheit, seine Kenntnis der Heiligen Schrift und die theologisch-wissenschaftlichen Vorträge, die er vor den Mönchen hielt, erregten bald Aufsehen und hatten zur Folge, daß er auch von anderen Klöstern zu Predigten gerufen wurde. Petrus, den die Brüder inzwischen zum Prior ernannt hatten, erkannte, daß er zum Rufer in der Wüste berufen war, seine Reformbestrebungen aber nur dann von Erfolg gekrönt sein würden, wenn er in seinem eigenen Leben untadelig war. Mit einem Freimut sondergleichen brandmarkte er die Schäden der Zeit, besonders aber wandte er sich gegen die Zuchtlosigkeit und Lauheit der Priester.

Als nun der Herzogsohn und Abt von Monte Cassino, Friedrich von Lothringen, unter dem Namen Stephan IX. 1057 den Papstthron bestieg, ernannte er den schlichten, bescheidenen Mönch gegen dessen Willen zum Kardinalbischof von Ostia und stellte ihn an die Spitze der Reformbewegung. Der Heilige wandte sich nun scharf gegen die Laieninvestitur und vermochte in flammenden Reden das

Volk für seine Reformideen zu gewinnen. Petrus Damiani war es auch, der zusammen mit Hildebrand von Soana, dem späteren Papst Gregor VII., der ihn in seiner Reformarbeit zeit seines Lebens kräftig unterstützte, nach dem Tode Stephans IX. gegen die verhängnisvolle Aufstellung Benedikts X. zum Papste auftrat und eine Neuwahl durchsetzte. Mit Hilfe seines scharfen Verstandes und mit seinem durch ungestümen Tatendrang gegen alle Halbheiten kämpfenden Reformeifer verteidigte er überall, wo er hinkam und predigte, kraftvoll die Rechte und Reinheit der Kirche. Er hatte im Auftrag der Päpste wichtige Reisen durchzuführen, an mehreren Synoden war er beteiligt und verfaßte zahlreiche Schriften, die auf die eindringlichste Weise auf die Glaubensquellen hinwiesen. In seiner Theologie betonte er als Antidialektiker die Erkenntnis durch den Glauben allein und wies auf die tägliche Kommunion als Erziehungsmittel hin. Überall, wohin er kam, suchte er Zwistigkeiten auf friedliche Weise beizulegen und der damals häufig bis zur Überheblichkeit gehenden Vorliebe für die dialektischen Künste zu steuern, indem er Askese, Demut, Buße und Einkehr predigte, die er seinen Mitmenschen selber vorlebte.

Waren ihm auch große Erfolge beschieden – konnte er sich doch in seinen späten Lebensjahren noch auf dem Reichstag zu Frankfurt 1069 als päpstlicher Legat für den Frieden und die Rechte der Kirche einsetzen –, so wurde seine Auffassung doch oft auch heftig kritisiert. Müde und alt geworden, mußte er Papst Alexander II. mehrmals bitten, ihn zu entlassen, damit er in der stillen Zelle des Klosters seinem eigenen Seelenheil nützen und sich auf den Tod vorbereiten könne. Er lebte noch bis 1072, in welchem Jahre ihn nach der Aussöhnung seiner Vaterstadt Ravenna mit der Kirche, die ihm durch persönliches Eingreifen gelang, auf der Heimkehr im Kloster zu Faenza der Tod ereilte. Bestattet wurde er in S. Maria in Faenza. Gleich nach seinem Tode setzte die Verehrung des großen Heiligen ein, in dem man einen zweiten Hieronymus sah. Leo XII. erhob ihn 1828 wegen seiner Verdienste um die Kirche und wegen seiner Gelehrsamkeit zum Kirchenlehrer.

Legende

Wenn der Heilige auch stets darum bemüht war, mit unerbittlicher Zähigkeit vor allem seine eigenen Fehler zu besiegen, machten ihm Zorn und Sinnlichkeit oftmals zu schaffen. So erzählt er in einer seiner Schriften von sich: „Ich kenne einen Bruder in Christo, der ist sozusagen stets reisefertig. Überkommt ihn eine Versuchung zur Sinnlichkeit, so sagt er zu seiner Seele: Komm, wir wollen spazieren gehen. Sofort durchwandert er im Geiste alle Grab-

stätten und Friedhöfe. Während er überdenkt, daß alles Fleisch, das dort verwest, einst frisch und blühend war, so zweifelt er nicht, daß auch sein Leib bald sein wird, was jene schon sind. Es macht also kurzen Prozeß mit der Lust, wer sein Auge auf den Moder richtet. Wo sie ein Grab vorfindet, läßt sich die Lust nicht nieder.“

Aus einem Briefe, den der hl. Petrus Damiani an seinen Freund Hildebrand, den späteren Papst Gregor VII. *schrieb, entnehmen wir auf Grund der von Joseph Bernart erzählten Legenden, wie stark der Heilige auch in den kleinen Dingen die Hand Gottes erblickte:*

„... Als ich in deutschen Landen auf der Reise zu einem Bischof kam und bereits die Zeit des Abendessens war, begann er sich aufzuregen, weil er nichts hatte, was er mir schicklicherweise vorsetzen konnte, und ängstlich ging er mit sich zu Rate, wie dem abzuhelfen sei. Da ihn einerseits der Mangel drückte, andererseits ihm die Liebe das Herz weit machte, so war er in der Enge und wußte nicht, was tun. Da plötzlich, siehe – zu Häupten über uns, gleichsam einen Buchstaben miteinander formend, in zwei Linien, die festungsähnlich zu einer Spitze zueinandergehen, indem ein einziger als Führer vorstößt, erschien ein Schwarm von Kranichen im Fluge. Nun ermannte sich der Bischof in heißer Wallung seines Glaubens, und er rief: O Herr! Einen von diesen Kranichen wirf zu uns herab, daß ich, Dein Diener, von der Gabe Deines Segens geben kann, was die Liebe fordert. – Und wunderbar, wie schnell die göttliche Erhörung kam! Hatte kaum das Wort den Mund verlassen – schon sank ein Kranich vor unseren Augen, ein stattliches Tier, auf die Erde herab: der Glaube um der Liebe willen hatte sich erfüllt.“

Petri Stuhlfeier

‚Petri Stuhlfeier zu Rom‘ wurde bis 1558 am gleichen Tage wie ‚Petri Stuhlfeier zu Antiochien‘, und zwar am 22. Februar gefeiert. Von da ab ist das Fest im römischen Meßbuch auf den 18. Januar verlegt worden, seit 1969 hat man wieder das heutige Datum als Festtag eingesetzt. Gegenstand der Feier ist das oberste Lehramt, das durch die ‚Cathedra‘ – den Heiligen Stuhl – versinnbildlicht wird, und damit der päpstliche Primat überhaupt. Dieser Festtag zu Ehren des Apostelfürsten hatte zunächst das Ziel, ein gleichzeitiges heidnisches Fest zu verdrängen, das die Römer zu Ehren ihrer verstorbenen Angehörigen feierten. Im heidnischen Rom schloß sich an die achttägige Totenfeier am 22. Februar ein beliebtes und

lustiges Fest, die sogenannte ‚Charistia', bei dem es nach Tagen ernster Trauer sehr ausgelassen zuging. Bei dem Totengedächtnis dagegen wurde ein Totenmahl gehalten und durch Aufstellung eines leeren Stuhles der Toten gegenwärtig gedacht. Analog hierzu ersetzte in der römischen Christengemeinde die ‚Cathedra Petri' den antiken Totenstuhl. An das alte Festdatum erinnert heute noch die Weltgebetswoche für die Wiedervereinigung der getrennten Christen; sie dauert vom 18. bis zum 25. Januar. Gegründet wurde sie von dem anglikanischen Geistlichen J. Paul Francis im Jahre 1907, gebilligt von Papst Pius x., gutgeheißen von Papst Benedikt xv. und 1920 übernommen vom Weltkongreß der evangelischen und östlichen Kirchen.
Zu Petri Stuhlfeier werden Samen von Rettichen, Zwiebeln, Sellerie und Salat als Frühlingspflanzen geweiht. Die ‚Legenda aurea' behandelt das Fest ‚Sankt Peters Stuhl' ausführlich und berichtet, wie der hl. Petrus zu Antiochia mit großen Ehren auf den bischöflichen Stuhl erhoben wurde.

Legende

Als der hl. Petrus im Lande Antiochien predigte, sprach zu ihm Theophilus, der Herr der Stadt: Peter, warum bekehrst du mein Volk? Als ihm aber Petrus von Christus sagte, hieß er ihn gebunden ins Gefängnis werfen ohne Speise und Trank. Als Petrus schon dem Tode nahe war, sammelte er noch einmal alle Kraft, hob seine Augen auf zum Himmel und sprach: „Jesus Christe, Nothelfer aller armen Menschen, hilf mir, daß ich nicht verderbe." Da antwortete der Herr: „Petrus, wähnst du wirklich, daß ich dich verlassen habe? Du tust meiner Güte Unrecht, denn wisse, derjenige, der dir helfen soll, ist nicht mehr fern." Nun hatte aber der hl. Paulus vernommen, daß Petrus gefangen lag. Und so ging er zu Theophilus und gab sich als ein Meister aus, der in Holz schneiden und schnitzen könne. Da bat ihn der Fürst, er möge bei ihm bleiben und an seinem Hofe wohnen. Nach einigen Tagen begab sich Paulus heimlich in den Kerker und sah, daß Petrus ganz von Kräften war und nahe am Tode. Da weinte er bitterlich, umarmte ihn und sprach: „O Peter, lieber Bruder, empfange von meinem Kommen wieder Kraft." Da erkannte Petrus den Paulus und weinte auch, konnte aber vor Schwäche nicht sprechen. Und Paulus flößte ihm Speise ein. Als Petrus sich etwas gekräftigt hatte, fiel er Paulus in die Arme. Dann ging Paulus zu Theophilus und sprach zu ihm: „Groß ist dein Ruhm, aber ein Übel entehrt ihn, was du jenem Gottesdiener angetan hast, der Petrus heißt. Wie konntest du ihn ins Gefängnis werfen! Wenn du ihn frei ließest, so würde er dir nützlich sein; denn ich habe gehört, daß er die Kranken gesund macht und die Toten lebendig." Da antwortete Theophilus: „Was du da sagst, sind Märchen. Denn wenn er Tote erwecken könnte, so hätte er sich selbst aus den Banden erlösen können." Da sprach Paulus: „Ist nicht Christus auch vom Tode erstanden und hat dennoch sein Kreuz auf sich genommen? Deshalb will vielleicht dieser Petrus sich selber nicht erlösen sondern für Christus leiden." Da sprach Theophilus: „So geh hin und sage ihm, daß er meinen Sohn von den Toten erwecken soll. Tut er das, so will ich ihn frei lassen." So ging Paulus in den Kerker und sagte, daß er dem Fürsten die Erweckung seines Sohnes versprochen habe. Da sagte Petrus: „Paulus, da hast du etwas sehr Schweres gelobt, doch ist es für die Kraft Gottes ein leichtes Ding." Und man führte Petrus aus dem Gefängnis und öffnete das Grab. Da sprach Sankt Peter sein Gebet und der Jüngling erstand vom Tode. Theophilus aber wurde gläubig und mit ihm alles Volk von Antiochien und viele andere. Und er baute eine schöne Kirche; dahinein stellten sie einen hohen Stuhl und setzten Sankt Peter darauf, damit er von allem Volk gehört und gesehen werde. Da saß er in Würde und Ehren sieben Jahre. Danach fuhr er nach Rom und saß auf dem römischen Stuhl an die fünfundzwanzig Jahre.

Der heilige Polykarp

Die Kirche feiert das Fest des frühchristlichen Märtyrers Polykarp etwa seit dem Jahre 450. Dieser Heilige ist dadurch besonders interessant, weil die Niederschrift seines Martyriums im Jahre 156 den ältesten ausführlichen Bericht über ein Einzelmartyrium darstellt. Er ist im griechischen Original erhalten und bildet ein wertvolles Zeugnis für die katholische Heiligen- und Reliquienverehrung und zugleich das älteste Zeugnis einer jährlichen Gedächtnisfeier am Todestag eines Märtyrers. Der Name Polykarp kommt aus dem Griechischen und bedeutet ‚der Fruchtreiche'. Eusebius nannte ihn den „greisen Lehrer von Asien".

Er ist Schüler des Apostels Johannes gewesen, der ihn um das Jahr 80 getauft und später zum Bischof von Smyrna geweiht haben soll. Polykarp stellt gleichsam die Brücke her zwischen den Aposteln selbst und der jungen Christengemeinde in Kleinasien. Wahrscheinlich hat er auch noch andere Apostel gekannt. Der Bischof war ein Verfechter der reinen Lehre Christi; mit aller Kraft widersetzte er sich den damals gerade aufkommenden Irrlehren. Irenäus von Lyon schreibt in seinem Briefe an den irrgläubigen Priester Florinus über Polykarp: „Vor Gott kann ich bezeugen, daß, wenn der selige Polykarp eine solche Irrlehre gehört hätte, er laut aufgeschrien, sich die Ohren verstopft und ausgerufen hätte „O guter Gott, für welche Zeiten hast Du mich aufbewahrt, daß ich solches noch erleben muß. Er wäre fortgeeilt von dem Orte, an dem er solche Lehre vernommen hätte."

Polykarp erfreute sich eines großen Ansehens, nachdem er jahrelang seines Amtes gewaltet und darin ein hohes Alter erreicht hatte. So begab er sich um 155 noch persönlich nach Rom, um bei den Meinungsverschiedenheiten über den

Zeitpunkt des Osterfestes den Standpunkt der Christen des Orients gegenüber denen des Abendlandes, der davon abwich, zu vertreten. Er suchte zu diesem Zwecke den Bischof von Rom, Papst Anicet auf, konnte ihn allerdings nicht zu seiner Meinung bekehren. Jedoch trennten sich die beiden Gottesmänner in vollem Frieden, da man damals eine solche Sache nicht für so wichtig hielt, daß man sich ihretwegen hätte entzweien müssen. Die Einigkeit bezüglich des Tages der Osterfeier wurde übrigens erst später hergestellt. Da sich Polykarp aber noch auf die eigenen Worte der Apostel berufen konnte, gelang es ihm bei seinem Aufenthalt in Rom, viele irregeleitete Christen zum reinen Glauben zurückzuführen.
Kurz nach seiner Rückkehr nach Smyrna – Polykarp stand damals mitten in seinem achten Lebensjahrzehnt –, brach eine neue Christenverfolgung aus und die Bevölkerung von Smyrna, darunter vornehmlich auch die Juden, verlangten den Tod des Oberhauptes der dortigen Christengemeinde. Einen ausführlichen Bericht darüber, wie Polykarp gefangen genommen und anläßlich der großen Festspiele zum Martyrium geführt wurde, enthält der ergreifende Brief, den die Gemeinde von Smyrna „an sämtliche Gemeinden der heiligen und katholischen Kirche an allen Orten" gerichtet hat. Sein wunderbarer Inhalt rückt ihn in die Nähe der Legende.
Polykarp starb den Opfertod für Christus am 23. Februar 156. Sein Grab befindet sich auf dem Berg Mustasia bei Smyrna; die Kirche Sant'Ambrogio della Massima in Rom bewahrt Reliquien von ihm.
Dargestellt wird der Heilige mit Krone und Palme, Scheiterhaufen und Flammen, Schwert im Leibe. Er ist Patron gegen Ohrenleiden.

Anstelle der Legende

Anstelle der Legende soll hier der Inhalt des erwähnten Briefes wiedergegeben werden, der die genaue Schilderung vom Martyrium des hl. Bischofs Polykarp enthält.
Als Polykarp nach seiner Rückkehr aus Rom von der ihm drohenden Gefahr vernahm, wollte er in der Stadt ausharren, doch ließ er sich bereden, auf einem nahe gelegenen Landgute Zuflucht zu suchen. Dort verbrachte er mehrere Tage. Da hatte er des Nachts beim Beten ein Gesicht: er sah sein Kopfpolster Feuer fangen und verbrennen. Das legte er so aus, daß ihm der Feuertod bestimmt sei und teilte dies auch seinen Freunden mit. Die Heiden aber suchten ihn und fanden ihn auch. Als die Häscher das Haus umringt hatten, war Polykarp bereits im Obergeschoß zur Ruhe gegangen. Er hätte noch fliehen können, doch er sprach: „Dein Wille geschehe", ging herunter und öffnete ihnen. Er begrüßte sie so freundlich, ja, ließ ihnen Speise und Trank vorsetzen, daß sie über die Würde und Gelassenheit seines Benehmens erstaunten. Nur erbat er sich von ihnen eine Frist, um in Ruhe beten zu können. Stehend betete er nun lange Zeit und so innig, daß sich die Soldaten schämten, einen so ehrwürdigen Greis dem Tode überliefern zu müssen. Nachdem er geendet hatte, setzten sie den

Heiligen auf einen Esel und führten ihn in die Stadt. Unterwegs begegnete ihnen der Friedensrichter und dessen Vater in einem Wagen. Die beiden luden Polykarp ein, in der Kutsche Platz zu nehmen und versuchten ihn zum Abfall zu bewegen. Zunächst schwieg der Bischof; als sie aber nicht abließen, erklärte er ihnen, er sei nicht gewillt zu tun, wie sie ihm rieten. Da wurden sie wütend, stießen ihn heftig aus dem Wagen, so daß er hinfiel und sich das Schienbein verletzte. Polykarp aber achtete nicht darauf und setzte seinen Weg zu Fuß fort unter Begleitung der Soldaten, die ihn im Stadion ablieferten.

Als der Heilige das Amphitheater betrat, scholl eine Stimme vom Himmel: „Sei stark, Polykarp, und ermanne dich!" Diese Stimme wurde von vielen Christen vernommen. Der Statthalter verlangte, Polykarp solle Christus lästern. Der Greis aber gab zur Antwort: „Sechsundachtzig Jahre diene ich Christus und niemals hat er mir etwas zuleide getan. Wie kann ich meinen König, der mich erlöst hat, lästern?" Und er bekannte sich, um jedes Mißverständnis auszuschließen, öffentlich als Christ. Jetzt drohte ihm der aufgebrachte Statthalter mit den wilden Tieren und dem Scheiterhaufen. Polykarp aber sprach: „Du drohst mir mit einem Feuer, das nur eine Weile brennt und dann erlischt. Nicht aber kennst du das ewige Feuer, welches für die Gottlosen bestimmt ist." Und sein Gesicht strahlte von Anmut. Als das versammelte Volk der Heiden und Juden vernahm, daß er sich als Christ bekannt habe, verlangte es mit Geschrei, er solle lebendig verbrannt werden. Der Richter stimmte zu und alsbald holte man Holz herbei, um den Scheiterhaufen zu errichten. Polykarp entledigte sich selbst der Oberkleidung und zog seine Schuhe aus. Das Holz wurde rings um ihn aufgeschichtet, man band ihm die Hände auf den Rücken. Polykarp betete mit lauter Stimme und pries Gott, daß er ihn gewürdigt habe, diese Stunde des Martyriums zu erleben. Als er sein Gebet geendigt hatte und der Scheiterhaufen angezündet wurde, geschah ein erstaunliches Wunder: das Feuer loderte zwar mächtig auf – wie berichtet wird – doch rührte es ihn nicht an, sondern machte einen Bogen über den Heiligen wie ein vom Wind aufgeblasenes Segel. Sein Fleisch verbrannte nicht, doch er war anzusehen wie Gold oder Silber, wenn es im Feuer glüht, dabei verbreitete sich ein Wohlgeruch wie von Weihrauch und köstlichen Gewürzen. Als das Volk sah, daß das Feuer dem Heiligen nichts anhaben konnte, befahl der Richter, daß der Henker käme und ihm mit dem Schwerte den Tod gebe – was auch geschah. Da die Christen gern den Leichnam mit sich genommen hätten, versuchten ihre Feinde dies zu verhindern und veranlaßten, daß er verbrannt wurde. Doch sammelten die Christen die Gebeine aus der Asche, bestatteten sie würdig und feierten von da an den Tag seines Martertodes.

Der heilige Apostel Matthias

Wie man weiß, war die heilige Zwölfzahl der Apostel des Herrn durch den Verrat des Judas Ischariot zerstört worden. Nach der Himmelfahrt Christi versammelten sich die Apostel und Jünger des Herrn in einem Hause zu Jerusalem zum Gebet, als Petrus, den Christus zum Haupt der Apostel ernannt hatte, das Haus betrat. In der Apostelgeschichte heißt es darüber: In jenen Tagen trat Petrus unter die Jünger und wies sie auf das traurige Ende des Verräters, der ausgewählt war wie sie alle, als Apostel das Evangelium des Herrn zu verkünden. Er hatte sich selbst gerichtet, aber er hatte zu ihnen gezählt und Anteil an diesem Amt. Gemäß den Worten des Psalmbuches aber sollte ein anderer sein Amt erhalten (wohl nach dem Vorbild der zwölf Stämme Juda). „So muß denn", fuhr Petrus fort, „einer der Männer, die mit uns zusammen waren all die Zeit, da der Herr Jesus unter uns aus- und einging, mit uns Zeuge sein von seiner Auferstehung." Da brachten die Apostel zwei von den Jüngern Jesu in Vorschlag, den Barnabas mit dem Beinamen ‚der Gerechte' und Matthias, dessen Name ‚Geschenk Gottes' bedeutet. Denn er war von Gott gegeben, weil der Herr ihn auswählte unter den zweiundsiebzig anderen Jüngern, die Jesus gefolgt waren. Durch das Los bestimmt, wurde er unter die zwölf Apostel gezählt. Diese Wahl des neuen Apostels war die erste Handlung von Petrus als Führer der Jünger, wenn man will also in seinem Amte als erster Papst.
Historisch ist uns von Matthias nichts anderes bezeugt. Er soll nach der Tradition zunächst in Judaä, dann in Äthiopien das Evangelium verkündet haben. Nach großen Erfolgen sei der neue Apostel in Ausübung seines Missionsauftrages um das Jahr 63 von den Feinden des christlichen Glaubens halbtot gesteinigt und mit dem Beil erschlagen worden. Deshalb wird er auch mit Buch, Beil, Steinen und Schwert dargestellt. Er ist Patron der Bauhandwerker, Tischler, Metzger, Schmiede, Schneider, Zuckerbäcker. Die hl. Helena soll seine Reliquien nach Rom gebracht und von dort zum größten Teil ihrer Lieblingsstadt Trier geschenkt haben. Sie werden in der Benediktinerabtei St. Matthias bis zum heutigen Tage verehrt. Diese Kirche stammt aus dem 4. Jahrhundert, ein Neubau wurde Mitte des 12. Jahrhunderts anläßlich der Auffindung der Reliquien des hl. Apostels errichtet, dessen Name die Kirche seitdem trägt. Es ist das einzige Apostelgrab auf deutschem Boden. Das Haupt des Apostels wird in S. Maria Maggiore zu Rom aufbewahrt. Die Städte Trier, Goslar, Hildesheim und Han-

nover wählten den Heiligen zu ihrem Stadtpatron. Er ist Schutzheiliger der Bauhandwerker und Zimmerleute. Dargestellt wird er mit Buch, Hellebarde, Steinen oder Schwert.

Legende

Die Legende weiß noch manche Einzelheit über den heiligen Apostel auszusagen. So schreibt Dionysius, der Jünger des hl. Paulus, in seinem Buche von der ‚Hierarchia Ecclesiastica‘: Von dem Los, das auf Matthias nach Gottes Willen fiel, haben die einen dies gesagt, die andern das, doch nicht gar Heiliges, wie mir scheint. Darum will ich schreiben, was ich denke: es scheint die Heilige Schrift hier ein Geschenk von Gott Los zu nennen, welches den Aposteln den kund tat, den Gott zu ihrer Schar auserwählt hatte nach seinem Rat. Dionysius hält dieses Los für einen überirdischen Strahlenschein, der vom Himmel herab kam und den neuen Apostel umgab, wodurch offenbar wurde, daß man ihn wählen solle.

Die ‚Legenda aurea‘ erzählt, daß Matthias in Mazedonien den Glauben predigte. Da gab man ihm einen giftigen Trank zu trinken, von dem alle, die ihn tranken, blind wurden. Er aber trank ihn in Christi Namen ohne allen Schaden und machte durch Handauflegen zweihundertundfünfzig Menschen sehend. Aber der Teufel erschien ihnen in Gestalt eines Kindes und riet ihnen, daß sie den Matthias töteten. Nun war er mitten unter ihnen, und dennoch suchten sie ihn drei Tage und konnten ihn nicht finden. Am dritten Tag aber gab er sich ihnen zu erkennen und sprach: „Ich bins, den ihr suchet.“ Da banden sie ihm die Hände auf den Rücken, legten ein Seil um seinen Hals und schlugen ihn hart und warfen ihn ins Gefängnis. Dort erschienen Teufel und knirschten mit den Zähnen wider ihn, aber sie vermochten nicht, sich ihm zu nahen. Da kam der Herr zu ihm in einem großen Glanz und hob ihn von der Erde auf und löste ihn aus den Banden, in denen er lag, und stärkte ihn und tat ihm die Türe auf. Und Matthias ging heraus und predigte das Wort Gottes. Etliche, die ihn hörten, waren aber in ihren Sünden verhärtet und widerstanden ihm. Er aber sprach: „Ich sage euch, ihr werdet lebendig zur Hölle fahren.“ Und alsbald tat sich die Erde auf und verschlang sie. Da wurden alle anderen zum Herrn bekehrt.

Die heilige Walburga

Das schöne altmodische Wort ‚Gnadengefäß‘, das die Gläubigen vielfach für ihre Heiligen gebrauchen, trifft so recht gerade auf die hl. Walburga zu. Ihre Reliquien befinden sich seit 871 in der ihr geweihten Kirche in Eichstätt, und seitdem wallfahren die Menschen zu ihrem Grabe. Aus einem Stein, der ihre Gebeine umschließt, tritt das sogenannte ‚Walpurgisöl‘ aus, eine durchsichtige Flüssigkeit, die aufgefangen und in kleine Glasfläschchen gefüllt wird. Auf die Fürbitte der Heiligen sind mit Hilfe dieses Öls viele glaubhaft bezeugte Heilun-

gen, besonders an kranken Kindern, bewirkt worden. So verherrlicht Gott die Körper seiner Heiligen, die während ihres Lebens ‚Gefäße seiner Gnade' waren, auch nach ihrem Tode.
Der Name Walburga, Walli, Burgel ist in Süddeutschland noch heute sehr gebräuchlich. Obgleich diese Heilige aus England stammte, ist sie bei uns in Bayern, wo ihr Hauptwirkungskreis war, am bekanntesten. Aber sie wird gleichermaßen auch in Belgien, Holland, Elsaß-Lothringen und ganz Deutschland verehrt. Sie ist Patronin der Landleute, der Haustiere und erweist als mächtige Fürbitterin ihre Hilfe für das Gedeihen der Feldfrüchte, bei Hundebissen und Tollwut. Da seit dem 9. Jahrhundert, zumal in Eichstätt, das Fest ihrer Übertragung am 1. Mai gefeiert wird, heißt die Nacht davor ‚Walpurgisnacht'. In dieser Nacht, so glaubte man, durften die bösen Geister sich versammeln und sich ihren Exzessen hingeben. Diese Nacht galt als Freinacht für Hexenspuk, Liebeszauber und sonstigen Aberglauben. Aber mit dem Aufgehen der Sonne wurden alle bösen Geister zurückgetrieben in die Dunkelheit, aus der sie kamen. Vielleicht verband man mit dem Anbruch des ersten Maientages ein dankbares Erinnern an jene Frauen aus England, die in der finsteren Zeit des Heidentums das Licht Christi verkündeten und zu denen Walburga gehörte.
Walburga war die Schwester der fränkischen Heiligen Wunibald und Willibald und damit also eine Tochter des sagenhaften angelsächsischen Königs Richard. Geboren um 710, wurde sie in dem englischen Kloster Wimborne bei Bornemouth zusammen mit der hl. Lioba erzogen. Sie nahm den Schleier und soll sogar einige Zeit als Benediktiner-Äbtissin in Essex tätig gewesen sein. Ihr Oheim, der hl. Bonifatius, rief zunächst Männer, darunter ihren Bruder, zur Unterstützung seiner Missionsarbeit nach Deutschland. Willibald und Wunibald errichteten dort mehrere Klöster als Ausgangsstützpunkte ihrer Bekehrungstätigkeit. Später, als die Mission einigermaßen gefestigt schien, ließ der große Apostel Germaniens auch Frauen aus seiner Heimat nachkommen. Walburga folgte dem Ruf zusammen mit Lioba und Thekla über den Kanal. Zuerst wies Bonifatius den Frauen die Gegend von Tauber-Bischofsheim als Arbeitsfeld zu. Wunibald nahm seine Schwester freudig auf und machte sie zur Vorsteherin eines Frauenklosters. Dann zog er nach Heidenheim in die Nähe seines Bruders Willibald und stiftete dort ein Doppelkloster. Seine Schwester ließ er um 752 nachkommen, „so daß die Geschwister wenigstens eine Zeitlang vereint waren, denn Willibald war zu dieser Zeit schon Bischof von Eichstätt, das nicht weit von Heidenheim entfernt liegt". Nach Wunibalds Tod stand die Heilige ab 761 dann beiden Klöstern gemeinsam als Äbtissin vor.
Walburga bewies in ihrem neuen Amt hervorragendes Organisationstalent und vorzügliche Lehrbegabung. Sie verstand es, Mönche und Nonnen in der rechten

Weise zu führen und anzuleiten. Für die ganze Umgebung wurde sie zu einer vielgesuchten Beraterin und Helferin in leiblichen und geistigen Nöten. Schon damals sah das Volk zu ihr wie zu einer Heiligen auf. Gott hatte ihr die Gabe verliehen, Wundertaten zu vollbringen, und noch aus ihren Lebzeiten sind deren manche überliefert. Sechzehn Jahre leitete Walburga die beiden Klöster mit männlicher Kraft. Die fränkischen Edelleute schickten ihre Töchter gern in die Ordensschule der Engländerinnen, woselbst sie eine gründliche Ausbildung erfuhren. Auf diese Weise verbreitete sich das Christentum bald im ganzen Lande. Walburga starb tief betrauert am 25. Februar 779. Zunächst in Heidenheim bestattet, überführte Bischof Otkar im Jahre 871 ihre Gebeine nach Eichstätt, wo sie noch heute ruhen. Das Bistum Eichstätt feiert ihr Gedächtnis besonders festlich am 25. Februar.

Sie wird abgebildet als Äbtissin im schwarzen Benediktinerhabit mit Stab und Regelbuch, Ölfläschchen; drei Ähren in der Hand, weil sie ein Kind vom Hungertode errettete. Hierauf geht auch die Bauernregel zurück: „Georgi gibt Walburga die Ähren in die Hand."

Die sehr kostbare Reliquienbüste der Heiligen aus der Benediktinerinnen-Abtei St. Walburg in Eichstätt zeigt ein lebendiges, kräftiges Frauenantlitz, dem man Porträtähnlichkeit zuschreiben möchte. St. Walburg, berühmte Wallfahrtsstätte der tief verehrten Heiligen, entsandte 1852 die ersten Benediktinerinnen nach USA. 1930/38 wurden drei neue Priorate in USA und eines in England gegründet. Die Abtei selbst, die immer auf dem Gebiet der Mädchenerziehung, der Paramentik und Gobelinweberei tätig war, zählt an zweihundert Mitglieder.

Legende

Folgende Begebenheit bezeugt die Gabe der Wunder, die dieser Heiligen zuteil wurde. Nicht weit von Heidenheim lebte auf einem Schlosse ein vornehmer Herr, dessen Tochter schwer krank daniederlag. Groß war der Schmerz der Eltern, die ihre Tochter über alle Maßen lieb hatten. Davon hörte die hl. Äbtissin und machte sich sofort noch spät am Abend allein auf den Weg und begehrte Einlaß im Schlosse. Auf ihr Klopfen wurden die Hunde im Hofe wach und stürzten sich wütend auf das Tor. Der Schloßherr hörte es und eilte mit seinen Leuten herbei, um den Hunden zu wehren. Allein Walburga blieb ruhig stehen und sprach: „Fürchte nicht, daß Walburga, der Dienerin unseres Herrn Jesus Christus, deine Hunde etwas anhaben können! Ich stehe unter Seinem Schutze und brauche nichts zu fürchten." Und die Hunde wichen vor ihr zurück. Voll Ehrfurcht führte der Vater des kranken Mädchens Walburga ins Haus. Da schon Nacht war, wollte man ihr ein Gastzimmer bereiten, allein sie verlangte, daß man ihr eine Lagerstatt in dem Zimmer der Kranken errichte und sie allein mit ihr lassen solle. Das Mädchen lag bereits in den letzten Zügen. Walburga sagte den

Eltern, sie sei gekommen, ihnen in ihrem Leid beizustehen, vielleicht könne sie ihrer Tochter helfen, sie sollten nur Vertrauen auf Gott haben. Man ließ nun die Heilige mit der Sterbenden allein. Sie warf sich auf die Knie und flehte zu Jesus, er möchte seine Macht an dem Mädchen zeigen und ihm die Gesundheit wieder schenken, auf daß dadurch die Eltern und mit ihnen die Bewohner der Gegend zur Erkenntnis und Liebe seines heiligen Namens geführt würden. Und der Herr erhörte das Gebet seiner Dienerin: am Morgen war das Mädchen vollkommen gesund. Walburga öffnete die Türe und rief die Eltern. Als diese ihre Tochter gesund fanden, kannte ihre Freude keine Grenzen. Sie dankten Gott und warfen sich der Heiligen zu Füßen und boten ihr kostbare Geschenke an. Allein sie nahm nichts davon, ermahnte alle Anwesenden, Gott von ganzem Herzen zu lieben und zu dienen und ging daraufhin wieder stille in ihr Kloster zurück.

Die selige Mechthild von Hackeborn

Der Name Mechthilde oder Mathilde ist eine Zusammensetzung aus Macht, Kraft, Stärke – dem Althochdeutschen ‚mahti' – und Hilde – althochdeutsch hiltja = Kampf. Er bedeutet also ‚die mächtige Kämpferin'. Im Französischen und Englischen viel gebräuchlich als ‚Maud'.

Die Kirche unterscheidet drei Frauen dieses Namens: Mechthild von Hackeborn, Mechthild von Magdeburg, Mechthild von Dießen. Die beiden ersten haben zu der Zeit gelebt, als die kluge Äbtissin Gertrud von Hackeborn dem Kloster Helfta in Thüringen vorstand. Zusammen mit ihr haben sie für diese Zeit sehr segensreich gewirkt. Eine alte Chronik berichtet: „Fast neunzig Jahre lang ist da gewesen ein gar innigliches Leben. Der Herr Jesus Christus ist Personen dieses Klosters so vertraut gewesen, daß sie mit Ihm... wie ein guter Freund mit dem anderen geredet haben."

Mechthild von Hackeborn, deren Geburtsjahr mit 1241 angegeben wird, kam als jüngere Schwester der Äbtissin Gertrud, die zunächst den Zisterzienserinnenkonvent Rodersdorf leitete, mit ihren Eltern dorthin zu Besuch. Die Siebenjährige war hellauf begeistert von dem frommen Leben der Nonnen, so daß sie sich sträubte das Kloster wieder zu verlassen. Auf ihr inständiges Bitten ließen ihre Eltern sie also in der Obhut der älteren Schwester zurück. Gertrud erteilte der soviel Jüngeren eine strenge klösterliche Erziehung, die sowohl einen reichen Wissensstoff wie manuelle Arbeiten umschloß, aber auch die straffe Forderung nach gediegenem Ordensgeist enthielt. Mechthild wurden trotz ihrer Jugend hierin keinerlei Ausnahmen gestattet. Gertrud wollte sie anscheinend hart prüfen, um zu erkennen, ob ihre Berufung echt sei.

Mechthild, die mit reichen Geistes- und Herzensgaben ausgestattet war und voller Natürlichkeit und Warmherzigkeit alles, was man von ihr verlangte, bejahte, machte solche Fortschritte, daß sie als Achtzehnjährige bei der Verlegung des Klosters nach Helfta (1258) mitziehen und die Gelübde ablegen durfte.
In Helfta übertrug man ihr das Amt einer Lehrerin der Klosterschule. Ihrer entzückenden Stimme und ihrer großen Musikalität wegen von ihren Mitschwestern ‚Nachtigall Christi' genannt, durfte sie den liturgischen Chor als Vorsängerin leiten. Ihr Wesen war Freude und Heiterkeit, Anmut, Demut, Liebenswürdigkeit und Einfalt. Hierin ähnelt sie auffallend der kleinen Therese von Lisieux. Sie vertraute alles Gott an, wollte nichts für sich selbst und war trotz ihrer zunehmenden Leiden, die sich zu unerträglichen Kopfschmerzen steigerten, „willig und fröhlich" bis zum letzten Atemzug. Gewiß, auch Mechthild kannte dunkle Stunden und schwere Depressionen. Aber wie eine ihrer Schülerinnen berichtet, hat sie immer in der „beseligenden Nähe Gottes" leben dürfen. In diesem Buch, das für die Geschichte der mittelalterlichen Mystik eine bedeutsame Niederschrift darstellt, hat ihre Freundin die Visionen, die Gott dieser reinen Seele in mystischer Schau zuteil werden ließ, aufgezeichnet. Die anderen Nonnen hatten lange Zeit weder hiervon noch von den überschweren Bußübungen, denen sich Mechthild insgeheim unterzog, Kenntnis. Erst nach und nach wurde den Klosterfrauen offenbar, daß mitten unter ihnen ein Geschöpf lebte, das die beglückende Gegenwart Gottes in geheimnisvollen Schauungen erleben durfte. Mit zunehmenden Jahren nahm ihr schweres Leberleiden ernste Formen an. Als echte Mystikerin empfand Mechthild hierin die Nähe Gottes noch tiefer, und ihr Herz war trotz der Schmerzen, die sie zu erdulden hatte, stets von Dank und Liebe erfüllt.
In den langen Leidensjahren vor ihrem Tode fand sie immer noch die Kraft, ihre Mitschwestern zu trösten und zu stärken. Sie starb am 19. November 1298 in Helfta. Ihr Gedächtnis wird am 26. Februar gefeiert, weil der 19. November der Festtag der hl. Elisabeth von Thüringen ist.
Dargestellt wird die Heilige ein Buch haltend, worauf eine Taube sitzt. Ihre Fürbitte ist wirksam gegen Blindheit.

Aus den Offenbarungen der hl. Mechthild

Jesus zeigte ihr eines Tages das Kleid, welches jeder Mensch haben müsse, um zur himmlischen Hochzeit eingelassen zu werden; es war ein wunderbares und prächtiges Gewebe, es schimmerte in goldener, weißer und purpurner Farbe. Zugleich sprach er: „Dieses ist das hochzeitliche Gewand, bereitet aus dem Weiß der Herzensreinheit, aus dem Purpur der Demut und aus dem Golde der Liebe. Wer dieses Kleid besitzen will, muß ein reines Herz haben, darf keinen bösen Gedanken hegen und muß alles, was er hört und sieht, nur zum Guten anwenden und in Liebe beurteilen: er muß sich mit demütigem und sanftem Herzen

seinen Vorgesetzten unterwerfen: er muß Gott aus ganzem Herzen lieben und alles im Vergleich mit Gott für gering und nichtig achten.
Einmal hörte Mechthild beim Beginn der heiligen Messe die Worte: „Kommet ihr Gebenedeiten meines Vaters!" Sie flehte: „O wenn ich doch eine dieser Gebenedeiten wäre, die diesen deinen süßesten Ruf hören werde!" Und darauf antwortete ihr Jesus: „Wisse, daß du eine aus ihnen bist; und damit du nicht zweifelst, gebe Ich dir mein Herz zum Pfand der Liebe und der Zufluchtsstätte, damit du immer und besonders in der Stunde deines Todes darin Trost und Ruhe findest." Von da an verehrte Mechthild das hl. Herz Jesu mit glühender Andacht und bekannte: „Wollte ich alle Gaben beschreiben, die ich aus diesem gütigsten Herzen geschöpft, kein noch so großes Buch könnte sie fassen."

Der heilige Baldomer

Baldomer, der Schlosser, war einer von den stillen Heiligen, einer, der im Kleinen groß war. Er wartet nicht auf mit Märtyrerkrone, Eremitentum oder Kirchen- und Ordensgründungen. Er war weder Priester noch Bischof oder gar königlicher Abstammung. Wie der hl. Joseph (s. 19. März) oder der hl. Bauer Isidor (s. 10. Mai) gehörte Baldomer dem arbeitenden Volke an. Er ist ein Heiliger aus dem Stande der Handwerker und Patron der Schmiede und Schlosser. Abgebildet wird er mit einem Schutzfell angetan, in der Hand Hammer und Zange.
Ein Kind gottesfürchtiger Eltern, wuchs Baldomer im 7. Jahrhundert in der französischen Provinz Franche-Comté heran und erlernte das Schlosserhandwerk. Einfach, wie er selbst war, verlief sein Leben. Schon von Jugend auf zeigte er große Frömmigkeit, Nächstenliebe und Fleiß und diente seinen Eltern in liebevollem Gehorsam. Nach dem Tode derselben finden wir ihn in Lyon, wo er sich eine Werkstatt errichtete, in der er mehrere Gesellen und Lehrlinge beschäftigte. „Er betete täglich viel und war emsig in der geistlichen Lesung", heißt es in einem alten Bericht über sein Leben. Er kannte keine Zeitverschwendung und lebte nach einer ganz genauen Tageseinteilung, in der Gebet und Arbeit aufs pünktlichste zu ihrem Recht kamen. Jeden Morgen besuchte er die hl. Messe, in seiner Werkstatt wurde nicht geschimpft und geflucht, nicht geklatscht und keine Zoten zum besten gegeben. Niemals übervorteilte er seine Kunden und beschied sich mit mäßigem Gewinn. Zu Baldomers lieben Gewohnheiten gehörte es, seinen Wahlspruch zu jeder Arbeit zu sprechen: „Im Namen des Herrn, Gott sei allezeit gedankt!" Einem Vater gleich nahm er sich der Lehrjungen und Gesellen an. Sein Chronist berichtet darüber: „Wie ein Seelsorger ermahnte Baldomer seine Hausgenossen, fortwährend Gott zu loben und Ihm zu danken. Wo es nötig war, strafte

er auch, aber nicht aus Zorn, sondern um zu bessern." Er sah in ihnen Menschen mit einer unsterblichen Seele, die seiner Obhut anvertraut waren und über die einst Rechenschaft von ihm gefordert würde. Er sorgte für ihre Bedürfnisse, gab ihnen guten Lohn und nahrhafte Kost und verlangte von ihnen nicht mehr als was sie leisten konnten. Sein Haus war ein Haus des Friedens, all seine Hausgenossen liebten und verehrten den Meister, der ein Beispiel schönster christlicher Tugend gab. Da er Keuschheit gelobt hatte und unverheiratet blieb, sah er die Armen als seine Kinder an und half ihnen im stillen, wo er nur konnte.

Als bejahrter Mann sehnte er sich danach, ganz seinem Seelenheil und dem Dienste Gottes zu leben. Er verkaufte sein Geschäft und zog sich in das Kloster Sancti Justi bei Lyon zurück, wo er trotz seines Widerstrebens zum Subdiakon geweiht wurde. Nach einem schlichten, wahrhaft christlichen Leben starb der redliche und gütige Handwerksmeister um 650. Seine Reliquien wurden durch manches Wunder verherrlicht. Sein Grab blieb fast tausend Jahre lang ein vielbesuchter Wallfahrtsort, bis es von Religionsfeinden im 17. Jahrhundert zerstört wurde.

Legende

Als Meister Baldomer schon ein ziemlich hohes Alter erreicht hatte, geschah es, daß ihn der Abt von Lyon, Viventius mit Namen, in der Kirche beten sah. Die innige Andacht und Frömmigkeit, die aus dem Gesichte Baldomers leuchteten, machte ihn aufmerksam und er ließ sich in ein Gespräch mit ihm ein. Bald merkte er, daß er einen echten Diener Gottes vor sich hatte und bot ihm an, ihn in sein Kloster aufzunehmen. Der Meister freute sich darüber, verkaufte sein Hab und Gut und gab den Erlös den Armen. Im Kloster führte er ein gar heiligmäßiges Leben, so daß ihn der Bischof Geoderich trotz seines Widerstrebens zum Subdiakon weihte. Er suchte sich die schlechteste und kleinste Zelle aus; was er geschenkt bekam, verteilte er unter die Armen. Von seiner Herzenseinfalt und Güte gaben selbst die Vöglein Zeugnis. Sooft er seine Mahlzeit hielt, flogen sie herbei und nahmen ohne Scheu die Speise aus seiner Hand. Er entließ sie mit den Worten: „Ihr seid satt, nun singet auch dem Herrn des Himmels euren Lobgesang." So lebte der heilige Meister abgeschieden von der Welt ganz in Gott versenkt bis zu seinem seligen Ende.

Der heilige Roman von Condat

Vom hl. Roman wird uns nicht viel Großartiges erzählt. Er gehörte zu jenen Heiligen, die in den mühsamen Kleinigkeiten, die den Alltag füllen, das Christliche als eine tagtägliche Selbstverständlichkeit vollzogen.

Der hl. Roman stammte aus Burgund und wurde im Jahre 390 geboren. Schon als

Jüngling beschloß er Mönch zu werden. Da es aber damals in dieser Gegend keine Klöster gab, begab er sich zum Abt Sabian nach Lyon und ließ sich von ihm in der Regel des Einsiedlerlebens unterweisen. Nachdem er hinlänglichen Unterricht erhalten, suchte er nach einem geeigneten Ort, um Gott sein Leben als Eremit zu weihen. Nach langem Suchen fand er endlich in einer tiefen Bergschlucht des Juragebirges ein von hohen düsteren Felsen umgebenes Tal. In der Mitte wuchs ein großer Feigenbaum, der voller Früchte war und an seinem Fuße sprudelte eine klare Quelle. Als Schlafstelle suchte er sich eine Grotte. Der Mönch hatte sich zwei Bücher in die Einsamkeit mitgenommen, nämlich das Leben der heiligen Kirchenväter und eine Unterweisung für Einsiedler vom Abte Cassian. Darin las er, betrachtete das Leben und Leiden des Herrn oder sang Psalmen. Den Boden um den Baum herum bebaute er mit Gemüse. Sein Schlaf war kurz. Strenge züchtigte er durch Fasten seinen Leib. Nach einiger Zeit gesellte sich zu ihm ein Bruder mit Namen Lupizinius, dem er im Traume erschienen war und der ihn mit Sehnsucht suchte. Obwohl der hl. Roman ein stilles, sanftes Gemüt hatte, Bruder Lupizinius dagegen rauh und streng war, liebten sich die beiden doch recht innig und verlangten nur danach, Gott wohlzugefallen.

Bald verbreitete sich der Ruf von ihrem frommen Leben weit im Lande und führte Roman eine große Zahl neuer Schüler zu. Um sie aber aufnehmen zu können, bauten sie ein Kloster, das später die berühmte Abtei Condat wurde. Roman wurde vom hl. Hilarius zum Priester geweiht und zum Abte bestellt. Da aber das Kloster die Menge der Schüler, die herbeiströmten, nicht fassen konnte, gründeten sie ein weiteres Kloster, dem Lupizinius als Abt vorstand, und später noch ein drittes. In diesen Klöstern herrschte eine strenge Zucht; niemand durfte Fleisch essen, nur den Kranken war der Genuß von Milch und Eiern erlaubt. Roman selbst ließ nicht nach in seinen täglichen Bußandachten. Seine Abtwürde änderte nichts an seiner Lebensaufgabe: Tue Buße für die Sünden der Welt! Den ihm unterstellten Mitbrüdern dagegen war er stets ein milder und barmherziger Abt. Als sichtbares Zeichen seiner Gnade verlieh Gott ihm die Gabe, Kranke wunderbar zu heilen.

Der Heilige starb am 28. Februar 463 oder 464. Seine Reliquien ruhen in St. Romain-de-Roche. Dargestellt wird er als Mönch mit Handglocke und Brotkorb an einem Seil, eine Kette als Bußwerkzeug um den Leib, auch wie der Teufel ihn mit Steinen bewirft.

Außer diesem gibt es noch mehrere Heilige gleichen Namens. So feiert der römische Märtyrer Romanus, über den uns ein zeitgenössischer Bericht des Bischofs Eusebius aus Cäsarea vorliegt, sein Fest am 18. November.

Legende

Als der hl. Roman mit Bruder Lupizinius noch allein in der Einöde lebte, war das heilige Leben der Brüder dem Satan ein Dorn im Auge. Darum ängstigte er sie auf alle mögliche Weise, einmal warf er sogar mit Steinen nach ihnen, so daß sie schließlich nachgaben und sich entschlossen, den Ort zu verlassen, um anderwärts Ruhe zu finden. Auf dem Wege kehrten sie bei einem armen Weibe ein. Als dasselbe ihr Vorhaben vernahm, wunderte es sich, daß so fromme Männer die Nachstellungen des Teufels fürchteten. Da schämten sich die Brüder, kehrten wieder in ihre Einsamkeit zurück und ließen sich fortan nicht mehr irre machen. Noch bei seinen Lebzeiten verherrlichte Gott den hl. Roman durch große Wunder. Als er einst mit einem seiner Mitbrüder zum Grabe des hl. Märtyrers Mauritius wallfahrtete, begaben sie sich, von der Nacht überrascht, in eine einsame Berghöhle. Die Höhle aber war von zwei Aussätzigen, Vater und Sohn, bewohnt. Diese waren gerade ausgegangen, um Holz zu sammeln. Als sie zurückkehrten, staunten sie, zwei Männer anzutreffen. Sie entdeckten ihnen sogleich ihre furchtbare Krankheit, aber wie sehr wunderten sie sich, daß Roman, anstatt zu fliehen, sie umarmte und küßte und die Nacht über bei ihnen blieb. Früh morgens verließ der Heilige mit dem Bruder die Höhle und machte sich auf den Weg. Er war aber noch nicht weit fort, als die beiden Aussätzigen ihm nachliefen und mit Freudentränen dankten, denn sie waren von ihrem unheilbaren Übel vollkommen befreit. In der Stadt Genf verkündeten die Geheilten laut das Wunder. Der Bischof, die Priester und das Volk gingen daher dem hl. Roman in feierlicher Prozession entgegen. Allein dieser entwich, kehrte heimlich in sein Kloster zurück und schloß sich allda ein, um von niemandem gesehen zu werden.

Suitbert, Apostel der Deutschen

Obgleich Suitbert oder Swithbert von Geburt aus Engländer, nämlich ein Graf von Nottingham, war, gilt er als Apostel der Deutschen. Mit anderen Benediktinermönchen erreichte er das Festland um 690 zusammen mit einer Gruppe von zwölf Missionaren, deren Anführer der hl. Willibrord war. Sie ließen sich zunächst in der Gegend des heutigen Holland, damals Westfriesland, nieder. Suitbert hatte seine Ausbildung unter dem englischen Bischof Egbert erhalten, der in einem irischen Kloster Mönche für die Mission vorbereitete und Suitbert eigens zur Bekehrung der Friesen auswählte.

Bald aber lockte diesen eine gefahrvollere Aufgabe: es drängte den jungen Mönch, in die unerforschten Gebiete jenseits des Rheins einzudringen. Er konnte aber seine Pläne erst in die Tat umsetzen, nachdem Willibrord, der mit Utrecht als festem Stützpunkt unter dem Schutz der Franken ein Bistum gründen wollte, nach Rom abgereist war. Denn Willibrord war derartig abenteuerlichen Missionsideen wenig geneigt. Suitbert ließ sich von Wilfried von York zum Regionarbischof weihen, ein Priesteramt, dessen Träger ohne eigene Diözese, den Aposteln gleich, durchs Land wandert.

Suitbert überquerte den Rhein und wandte sich dem heidnischen Stamm der Brukterer zu, die in dem Lande zwischen Lippe und Ruhr ansässig waren. Man begegnete ihm mit Ablehnung, ja Feindschaft. Und erst nachdem der kluge Gottesdiener diesen einfachen Menschen zeigte, wie man Land rodete, Korn anbaut und Pferdezucht betreibt, ließen sie ihr anfängliches Mißtrauen fallen und räumten dem Fremden Umgang und Aufenthalt ein. Sie erkannten die Vorteile solcher neuartigen Künste und suchten bald seinen Rat auch in anderen praktischen Fragen. Der erste Schritt war auf diese Weise getan, so daß Suitbert den zutraulich gewordenen Wilden von Christus erzählen und die Botschaft der Liebe predigen konnte. Aber bald schon wurden die ersten schönen Erfolge seiner mühsamen Tätigkeit zunichte gemacht. Die Sachsen im angrenzenden Land vermuteten in den dem Christentum gewonnenen Völkern Anhänger ihrer Erbfeinde, der Franken, und fielen in das nördliche Westfalen ein. Sie erreichten die Brukterer an der Lippe und besiegten sie in einer wilden Schlacht. Suitbert, der für die Sieger als Gesandter des Frankenkönigs galt, wurde bei Dorsten gefangen und so grausam behandelt, daß sein Leben auf dem Spiel stand. Sicher hätten die fanatischen Sachsen ihn getötet, wenn er nicht im letzten Augenblick mit Gottes und einiger Freunde Hilfe hätte fliehen können.

Wenn er sich auch über den Rhein in fränkisches Gebiet absetzen mußte, verlor er den Mut nicht. Eine fränkische Burg auf der Rheininsel Kaiserswerth bei Düsseldorf bot den Missionsmönchen Zuflucht. 710 errichtete Suitbert dort ein

Kloster. Hier bildete er nun junge Mönche aus, die bereit waren, sich im Dienste der Ausbreitung des Christentums furchtlos wieder und wieder in jene Sümpfe und Wälder zu begeben, wo das germanische Heidentum seine letzten Positionen zäh verteidigte. Unermüdlich setzte sich Suitbert bis zum Ende seines Lebens für die Kolonisierung und Christianisierung des Landes auf der rechten Rheinseite ein. Viele Gefangene konnten durch ihn befreit werden, und inmitten der christenfreundlichen Gebiete errichtete er Stätten des Glaubens.
Suitbert starb auf Kaiserswerth im März 713 und wurde auch dort begraben. Alljährlich am Gedenktag des Heiligen wird der kostbare Schrein, in dem das hohe Mittelalter 1246 seine Gebeine geborgen hat, in feierlicher Prozession durch die geschmückten Gassen der Stadt getragen. Dargestellt wird er als Bischof mit Stab und Stern.

Legende

Als der hl. Suitbert sich auf seiner Rheininsel niederließ, errichtete er dort zunächst eine steinerne Kanzel. Hier verkündete er unterm freien Himmel das Evangelium. Hier geschah es auch, daß er einst, um die störrischen Heiden zu überzeugen, einen großen Stein vom Boden aufhob und ausrief: „So ihr meinen Worten nicht glaubt, mag die Natur für den zeugen, der Himmel und Erde erschaffen hat." Damit preßte er den Stein in seiner Hand, bis dieser so weich geworden war, daß er den Abdruck seiner Finger in sich aufnahm und behielt.
Der hl. Suitbert sorgte immer dafür, daß des Nachts auf seiner Insel ein weithin leuchtendes Licht brannte, um Schiffen, die noch unterwegs waren, den Weg zu weisen, auch stand er allen Schiffbrüchigen bei, gleichviel, ob es Christen oder Heiden waren. Man erzählt sich von ihm, daß er die Gabe besessen habe, Ertrunkene wieder zum Leben zu erwecken. Längere Zeit, nachdem er tot war, bewirkte er noch ein solches Wunder. An einem stürmischen Tage war das Töchterchen eines Rheinschiffers über Bord gefallen und wurde erst mehrere Stunden später mit einem Schiffshaken auf dem Boden des Flusses aufgespürt. Der verzweifelte Vater nahm die Leiche des Kindes auf den Arm und trug sie in Suitberts Kirche, wo er sie am Altare niederlegte. Er bat den Heiligen inständig, er möge bei Gott erwirken, daß ihm geholfen werde. Da sah er diesen plötzlich erscheinen, tröstlich lächeln und das Mädchen mit seiner Hand berühren. Sogleich regte sich das Kind und setzte sich verwundert auf. Der Heilige aber war schon entschwunden. Seitdem hat man neben diesem Altar viele Jahrhunderte den Schiffshaken hängen sehen, mit dem das Kind am Grunde des Rheins aufgefischt wurde und den der Vater zum bleibenden Gedenken an das Wunder in der Kirche zurückgelassen hatte.
Beim Tode des Heiligen soll der Rhein rings um die Insel Kaiserswerth in einem strahlenden Lichte geleuchtet haben. Hernach schleppte der Strom binnen kurzer Zeit gewaltige Schlamm- und Sandmassen heran, so daß die Insel mit dem Lande fest verwachsen blieb bis auf den heutigen Tag.

Der heilige Eustasius

Über das Leben des hl. Eustasius wird uns von Jonas von Bobbio berichtet, denn der Heilige war ein Schüler des hl. Kolumban (s. 23. November), der die berühmte Abtei Bobbio in Oberitalien begründet hat. Sein Auftreten fällt in die Frühzeit des Christentums.

Eustasius stammte aus einer adeligen burgundischen Familie. Im Kloster Luxeuil begegnete er dem kraftvollen irischen Glaubensboten Kolumban, der Luxeuil begründet hatte und dem Kloster zu dieser Zeit als Abt vorstand. Als Kolumban wegen seiner großen Strenge gegenüber dem Königshof 610 aus Luxeuil vertrieben worden war, hatte er Eustasius zu seinem Nachfolger in diesem Amte eingesetzt. Das Kloster zählte damals schon mehr als 600 Mönche; mit allem Eifer widmete sich Eustasius seiner Aufgabe. Da er aber gut und eindringlich zu predigen verstand, schickte ihn der Frankenkönig einige Jahre nach dem Tode des hl. Kolumban als Wanderprediger hinaus in die anderen Provinzen des Landes, denn zu dieser Zeit gehörten neben Burgund auch Thüringen, die Provence und Bayern zu Franken. Unter Gutheißung der Synode von Paris begab sich Eustasius mit seinem Freund und Ordensbruder Agil nach Schwaben und Bayern, um das Evangelium zu verkünden. Die feurigen Reden seines Eiferers unterstützte Gott durch die besondere Gnade der Wundertätigkeit. Die hl. Burgundofora schrieb es seinem Gebet zu, daß sie die Gesundheit wieder erhielt, und die hl. Salaberga wurde von ihm durch Handauflegen von ihrer Blindheit befreit. Der Heilige übte damit einen großen Einfluß auf das Volk aus, das sich in Scharen von ihm taufen ließ. Sicherlich ist es zum großen Teil seiner Arbeit zu danken, daß die nach ihm kommenden Missionare soviel Erfolg beim Aufbau ihrer kirchlichen Organisation hatten. Seine ausgedehnten Reisen führten ihn auch zu den Waraskern in die Gegend des Flußes Doubs, wo er erfolgreich die Irrlehren des Photinus und Bonosus bekämpfte, die die Gottheit Jesu Christi leugneten.

Als ihn jedoch die Nachricht erreichte, daß in seinem Heimatkloster während seiner Abwesenheit die mönchischen Gebote in Vergessenheit geraten waren, kehrte er sogleich dorthin zurück. Es dauerte nicht lange, da war die alte Ordnung wieder hergestellt. Durch seinen eigenen untadeligen Lebenswandel wurde er beispielgebend für die Mönche, die ihn wie einen Vater verehrten. Er errichtete noch mehrere andere Klöster, so daß die Schar seiner Mönche mit der Zeit auf 6000 angewachsen war. Der Heilige starb um 625 oder 629 im Kloster Vergaville in Lothringen, nachdem er seinen Tod vorausgesagt hatte. Dort ist auch sein Leib bestattet. Im Martyrologium Romanum wird seiner am heutigen Tag gedacht.

Der hl. Eustasius gilt als Patron der Irrsinnigen und Besessenen.

Die heilige Kunigunde

Selten wohl mag es unter den Trägern einer Kaiserkrone eine Ehe gegeben haben, die glücklicher war als die von Kaiser Heinrich II. dem Heiligen mit der hl. Kunigunde, deren Kanonisation im Jahre 1200 stattfand. Die beiden Gatten ruhen zusammen im Dome von Bamberg unter einem eindrucksvollen Grabmonument, das Tilmann Riemenschneider 1499–1513 schuf.

Kunigunde war eine Tochter des Grafen Siegfried von Lützeburg (Luxemburg). Sie wurde um 980 im väterlichen Schloß geboren und höfisch erzogen, wie es zur damaligen Zeit Sitte war. Dazu gehörte neben der Erlernung allerlei feiner weiblicher Handarbeiten auch Lesen und Schreiben, ja sogar die Aneignung der lateinischen Sprache. Kunigunde muß schon als sehr junges Mädchen von tiefer Frömmigkeit durchdrungen gewesen sein, denn sie gelobte Keuschheit und Jungfräulichkeit. Die Werbung des bayerischen Herzogs Heinrich, des nachmaligen Kaisers, wirkte daher auf sie wohl eher befremdend und verwirrend. Indessen fügte sie sich dem Wunsche ihrer Eltern und nahm den Antrag des ungestümen jungen Fürsten an.

So trat, wie das bei vielen Heiligen der Fall ist, durch dieses Ereignis der Eheschließung der erste große Konflikt in ihr Leben, der ihr die Entscheidung zwischen Gott oder Welt aufzwang. Denn einfach macht es Gott seinen Erwählten, wie wir wissen, nicht. Kunigunde soll in ihrer Seelennot vor der Hochzeit ihrem Verlobten freimütig von ihrem Gelübde Kenntnis gegeben und auch ihn zum gleichen Entschluß überredet haben. Ob die so oft genannte ‚Geschwisterliebe' zwischen Heinrich und Kunigunde tatsächlich bestanden hat oder nicht, ist niemals erwiesen worden. Es war ja auch eine ganz persönliche Angelegenheit der Ehegatten. Jedenfalls aber blieb ihre Ehe kinderlos.

Damals erwartete man den Weltuntergang für das Jahr 1000. Die Angst vor dem göttlichen Strafgericht war groß, und viele Menschen hofften, durch besondere Frömmigkeit diesem zu entrinnen. In dieser Situation mag also Heinrich seiner jungen Gattin durchaus Verständnis entgegengebracht haben. Der Bayernherzog erlebte einen raschen Aufstieg zu höchster Würde: 1002 wurde er zum deutschen König gewählt und in Mainz gekrönt. Wenig später erfolgte in Paderborn die Krönung Kunigundes. 1014 empfing Heinrich aus der Hand des Papstes die Kaiserkrone. Wie jedoch berichtet wird, veränderte Kunigunde trotz der hohen Stellung ihres Gemahls ihr frommes, zurückgezogenes Leben nicht. Nur wenn es repräsentative Anlässe erforderten, erschien sie in königlichem Schmuck an seiner Seite. Auch begleitete sie ihn auf vielen seiner Reisen, um immer wieder Einfluß auf ihn zu nehmen. Sie betrachtete es als ihre heilige Verpflichtung, den Fürsten unaufhörlich an die Wahrung des inneren und äußeren Frieden im Reich zu erinnern, seine Urteile im Guten zu beeinflussen und harte Entscheidungen zu mäßigen, zu denen sein aufbrausendes Temperament neigte. Kunigunde widmete sich vor allem auch Werken der Mildtätigkeit und Liebe, aus eigenen Mitteln unterstützte sie großzügig Armen- und Siechenhäuser und hatte immer Verständnis für die Nöte und Bedürfnisse ihres Volkes. Ihre besondere Unterstützung galt dem geistlichen Leben im Lande. So ließ sie als Königin durch clunyazensische Ordensleute eine Reform der deutschen Benediktiner-Klöster vornehmen.

Sie ermöglichte durch die Schenkung zweier ihr gehöriger Grafschaften die Stiftung des Bistums Bamberg. Ihrer Initiative ist der Bau des Doms, der Stefanskirche und des Klosters Sankt Michael zu verdanken. Bamberg, das zu einem religiösen und kulturellen Zentrum wurde, entstand wohl ganz bewußt als Bastion für die Missionierung des deutschen Ostens. Auch die Gründung des Bistums Merseburg geht auf Heinrich und Kunigunde zurück. Das Herrscherpaar stellte seine ganze Kraft in den Dienst der Kirche, die sich auf diese Weise unter dem mächtigen Schutz des Kaisers besonders gut entfalten konnte. Es blieb nicht aus, daß die Fürstin allerlei Anfeindungen ausgesetzt war, denn die Auffassung von ihrer Stellung und den damit verbundenen Pflichten und Aufgaben war zu ungewöhnlich für die Zeit, als daß sie nicht Gegnerschaft, ja scharfe Kritik hervorgerufen hätte. Das ging so weit, daß man versuchte, sie bei ihrem Gemahl zu verleumden. Die Legende berichtet von einer Feuerprobe, der sie sich demütig unterworfen habe. Zuletzt besiegte ihr untadeliges Verhalten und das Vertrauen des Kaisers alle ihre Feinde. Am Jahrestag des 1024 erfolgten Todes ihres Gemahls zog die Kaiserin mit ihrem gesamten Hofstaat, angetan mit königlichen Gewändern, in das von ihr gestiftete Benediktinerinnen-Kloster Kaufingen bei Kassel ein. Vor allem Volke entledigte sie sich dort all ihrer Würden und ließ sich das schlichte Kleid einer Nonne reichen. Ausdrücklich verbat sie sich jedes Vorrecht und fügte sich fortan den Forderungen der Oberin und der Klosterregel. Sie lebte hier bis zu ihrem Tode fünfzehn Jahre lang das Leben einer einfachen Klosterfrau. Gottes- und Nächstenliebe hatten ihren Weg von frühester Jugend bis zum Grabe bestimmt. Von schwerer Krankheit gezeichnet starb sie am 3. März des Jahres 1040. Auf ihren eigenen Wunsch wurde sie an der Seite ihres kaiserlichen Gemahls – „ihres Bruders und Herrn", wie sie ihn selbst genannt hatte – im Dom von Bamberg beigesetzt. Die hl. Kunigunde ist Patronin der Kinder und schwangeren Frauen, dargestellt wird sie mit Kaiserkrone und Kirchenmodell, mit Pflugschar, oder als Nonne mit Buch. Ihre Kanonisierung erfolgte im Jahre 1200.

Legende

Von der hl. Kunigunde wird erzählt, daß sie wegen ihrer großen Frömmigkeit und trotz ihres keuschen Lebens oftmals angegriffen wurde. So bezichteten ihre Verleumder sie beim Kaiser des unerlaubten Umgangs mit anderen Männern. Sicherlich hatte der Satan sie dazu angestiftet, der das heiligmäßige Leben der beiden Ehegatten stören wollte. So geschah es, daß der Kaiser allmählich wirklich Argwohn gegen seine tugendhafte Gemahlin schöpfte. Zunächst schwieg Kunigunde dazu und nahm den tiefen Schmerz geduldig hin als eine ihr auferlegte Prüfung Gottes. Als aber die Gerüchte zunahmen und von bösen Menschen im Volke verbreitet wurden, erbot sich die Kaiserin, ihre Sache einem Gottesurteil zu unterwerfen. Sie wollte vor allem Volk die Feuerprobe bestehen, wobei ihre Ankläger selbst das Gottesgericht überwachen sollten. Vor allen Edlen und Großen des Reiches und vor versammeltem Volke ließ die Kaiserin glühende Pflugscharen herbeibringen. Sie betete, auf den Knien liegend, laut zu Gott, daß er ihre Unschuld bezeugen möge, bezeichnete sich mit dem hl. Kreuz und ging dann mit bloßen Füßen unerschrocken fünfzehn Schritte weit über das glühende Eisen, ohne auch nur im mindesten verletzt zu werden. Lautlos und angstvoll hatte das Volk zugesehen. Als es nun das unerhörte Wunder mit eigenen Augen sah, brachen die Menschen in lauten Jubel aus und priesen Gott und die Kaiserin. Sie aber kniete demütig nieder, dankte Gott und umarmte ihren Gemahl, der sie um Verzeihung bat. Dann bat sie bei ihm mit bewegten Worten für ihre Verleumder, deren Tod das Volk verlangte. Seit diesem Vorfalle lebte das Kaiserpaar noch einträchtiger als zuvor. – Aber auch noch durch andere Wunder verherrlichte Gott die fromme Kaiserin. So vermochte sie in dem Kloster, wo sie ihre letzten Lebensjahre ganz Gott geweiht hatte, mit dem Zeichen des heiligen Kreuzes einen Brand zu löschen. An ihrem Grabe ereigneten sich später weitere Wunder.

Der heilige Kasimir

Prinz Kasimir von Polen war der zweite Sohn König Kasimirs IV. Geboren 1458 in Krakau, nahm ihn Johannes Dlugosz, geistlicher Lehrer und Geschichtsschreiber seines Landes, in erzieherische Obhut. Von ihm lernte der Knabe frühzeitig, sich in Demut aller christlichen Tugenden zu befleißigen. Auch seine tief religiöse Mutter Elisabeth von Österreich erweckte in ihrem Sohn eine große Gottesliebe. Jeglicher dynastischer Ehrgeiz lag dem jungen Prinzen auf diese Weise vollkommen fern. Sein Streben war allein auf religiöse Vervollkommnung gerichtet; er konnte sich so innig in seine Andachten vertiefen, daß sein Ausdruck, wie berichtet wird, engelhaft entrückt erschien. So

wehrte der Jüngling – gänzlich versponnen in seine zarte Gottes- und Marienminne – alle Versuche ab, die ihn im Jahre 1471 als Kronprätendenten auf den Thron von Ungarn erheben wollten. Er stellte sich damit in Gegensatz zu seinem Vater, der die Bestrebungen unterstützte, die von den mächtigen Gegnern des Matthias Corvinus ausgingen. Der fromme Prinz mag tiefe Erleichterung empfunden haben, als innenpolitische Gegensätze den Plan frühzeitig zunichte machten. Der erzürnte Vater aber schickte den Sohn zur Strafe auf einige Monate in die Verbannung, die einer regelrechten Gefangenschaft gleichkam. Nach Krakau zurückgekehrt, gab Kasimir, der während der Abwesenheit des Königs diesen in seinen Ämtern vertreten mußte, dem Volk des Beispiel eines echten Christen, ja eines vollendeten Heiligen. Er versammelte die Armen im Hof des Palastes, reichte ihnen selbst Speise und Almosen, so daß die Hofleute daran Anstoß nahmen. Er trug ein Büßerhemd unter seinen Kleidern und übte strengste Enthaltsamkeit. Immer heftiger entbrannte seine Opferleidenschaft, es war, als habe er ein inneres Wissen gehabt von der kurzen Frist, die ihm für sein irdisches Dasein bemessen war. Das polnische Volk verehrte Kasimir als seinen Helfer und Mittler, alle Bedrängten fanden in ihm eine starke Stütze. Er setzte sich für alle ein, die seine Gerechtigkeit anflehten. Stets diktierte Friedensliebe sein Verhalten, das – von keinem persönlichen Interesse bestimmt – allein dem Heil des Volkes und der Kirche gewidmet war. Hierzu gehören auch seine Bemühungen, die Ruthenen zur katholischen Kirche zurückzuführen. 1483 schlug er die ihm angetragene Heirat mit einer Tochter Kaiser Friedrichs III. aus, weil er sein schon als Kind abgelegtes Gelübde der Keuschheit nicht brechen wollte. Nur vierundzwanzig Jahre alt starb der Prinz am 4. März 1482 an Schwindsucht. Er wurde tief betrauert von allen Polen, die ihn schon zu Lebzeiten als einen Heiligen verehrt hatten. Man begrub ihn in Wilna, wo sein Grab im Dom bald als eine Stätte der Wunder gepriesen und besucht wurde. 1522 kanonisiert, ist er seit 1602 offiziell zum Schutzpatron seines Landes Polen und Litauens ernannt worden.
Der heilige Jüngling lebt in den Augen der Polen, deren Land auf seine Fürbitte oftmals aus Feindesnot befreit wurde, als ein lichter Held weiter. Dargestellt wird er in polnischer Landestracht mit dem Lilienzweig der Jungfräulichkeit in der Hand. Er gilt als Patron der Jugend, der Keuschheit; er hilft gegen Religions- und Vaterlandsfeinde.

Legende

Der vom polnischen Volk so vielgeliebte und tief verehrte Heilige hatte seinen Todestag vorausgesagt und sich mit allem Eifer darauf vorbereitet. Sterbend bat er die Umstehenden, ihm sein Mariengedicht mit einem Kruzifix zwischen die gefalteten Hände zu legen. Als die Todesstunde kam, küßte er voll Inbrunst die Wunden des Gekreuzigten und empfahl seine Seele Gott. Als man hundertzwanzig Jahre nach seinem Tod sein Grab öffnete, war trotz der Feuchtigkeit in der Gruft sein Leib noch unverwest und selbst die Tücher, in die er gehüllt war, fand man nebst dem Hymnus Mariens unversehrt vor, ein Symbol dafür, daß der Geist den Tod überwindet. Drei Tage lang entstieg dem Grab ein lieblicher Geruch als Sinnbild seiner Reinheit, so daß alle Menschen verwundert und entzückt waren. Über seiner Grabstätte ließ man eine prachtvolle Kapelle aus Marmor erbauen, in der seine Reliquien beigesetzt wurden.

Der heilige Paphnutius

(Gedenken: 24. September)

Am 11. September feiert die byzantinische, am 24. die römische Kirche das Fest des hl. Bischofs und Märtyrers Paphnutius aus dem oberen Ägypten. Um sein Leben rankt sich ein Kranz von Legenden. Paphnutius war ein Schüler des großen Makarius (s. dort) und der letzte der frommen Einsiedler, die in der thebaischen Wüste rings um Heraklea lebten. Der Bericht des ‚Menologium' Basileios II. teilt mit, daß Paphnutius die Welt verlassen hat, den größten Teil seines Lebens in der Einöde zubrachte und viele Griechen zu Christus führte. Weiter ist darin zu lesen, daß er auf Befehl des Statthalters von Ägypten an einem Baume aufgehängt und mit Eisen gepeinigt, jedoch durch die Hilfe eines Engels in wunderbarer Weise geheilt wurde. Nach einem anderen Bericht wurde ihm das rechte Auge ausgestoßen und die linke Kniekehle durchschnitten, dann sei er zu den Bergwerken verurteilt worden. Zusammen mit vielen Gläubigen habe man ihn später zu Kaiser Diokletian gebracht, auf dessen Befehl er an einer Palme gekreuzigt wurde. So ist er auch dargestellt auf der kostbaren Bildseite des ‚Menologion' Kaiser Basileios II. aus dem 10. Jahrhundert; einer byzantinischen Handschrift, die sich heute im Vatikan befindet. Die Miniatur „läßt das Martyrium des Heiligen, seine Erhöhung am Baum, dessen Blätter wie Flammen aufgerichtet sind, inmitten der farbenschimmernden Fröhlichkeit der Berge und der blühenden Erde zum Mysterium der hochzeitlichen Verähnlichung mit Christus werden" (W. Nyssen).

Nach anderen Zeugnissen starb Paphnutius um 356 und stand in großer Gunst bei Kaiser Konstantin. Da heißt es, daß er unter Maximinus Daja gelitten und sich im Jahre 311 dem hl. Antonius (s. 17. Januar) als Mönch angeschlossen habe.

Schließlich sei er zum Bischof geweiht und in der oberen Thebais mit diesem Amt betraut worden. In seiner Eigenschaft als Oberhirte habe er 325 auch am Konzil von Nizäa teilgenommen. Der Heilige war während seines ganzes Lebens ein eifriger Bekämpfer des arianischen Irrglaubens. Paphnutius verdanken wir die Lebensgeschichte des hl. Onuphrius (s. 12. Juni), dem er in der Wüste begegnete.

Legende

Ernest Hello erzählt unter den vielen Geschichten, die er über den hl. Paphnutius gesammelt hat, auch die seltsame Bekehrung der Buhlerin Thaïs: Unter den Jüngern des hl. Antonius war ein gewisser Paul der eifrigste und schlichteste. In einer Nacht beständigen Betens geschah es, daß der Herr dem Paul die Augen öffnete, und er sah den Himmel offen und ein prächtiges Bett im Himmel. Um das Bett standen drei Jungfrauen mit strahlendem Antlitz, und heller Glanz ging von ihnen aus. Paul glaubte entzückt, er erblicke hier den Lohn, der den hl. Antonius im Himmel erwartete. Aber er wurde in seiner Entzückung vom Himmel anders belehrt: „Dieses Bett ist nicht für deinen Vater Antonius bestimmt." „Für wen denn?" fragte Paul bestürzt, „für welchen Heiligen oder Märtyrer?" „Dies Bett ist für die Sünderin Thaïs bestimmt", sprach da die Stimme der Verzückung.

Paphnutius, dem Antonius die Vision seines Schülers erzählte, und der über das Leben der Thaïs und das allgemeine Ärgernis, das sie gab, unterrichtet war, nahm Geld, legte ein weltliches Gewand an und begab sich in die Stadt, wo die Sünderin wohnte. Er suchte sie auf und sprach zu ihr: „Ohne Zweifel ist dein Gemach abgelegen und versteckt. Doch ist es nicht vollkommen nach meinem Wunsch. Es müßte noch abgelegener und versteckter sein." „Ich versichere dir", erwiderte Thaïs, „daß wir hier völlig geborgen sind vor den Blicken der Menschen." „Sicherlich", sagte Paphnutius, „aber das genügt mir nicht. Ich bitte dich, mich in ein Gemach zu führen, wo wir vor den Blicken Gottes verborgen sind." – Da wurde Thaïs verwirrt bis in den Grund ihrer Seele. Das Gespräch nahm seinen Fortgang. Die Macht seiner Beredsamkeit, die Gewalt seiner Worte wurden zuletzt so groß, daß Thaïs ihr Gemach nicht verlassen wollte, es sei denn, er gewähre ihr Vergebung und lege ihr Buße auf.

Sodann ging Thaïs hinaus, nahm alles Gut und alle Gegenstände, die sie als Preis für ihre Sünden erhalten hatte, ließ sie auf einen öffentlichen Platz bringen, verbrannte sie vor allem Volk und tat öffentlich ihre Reue und ihre Bekehrung kund. Hierauf begab sie sich an den Ort, an dem Paphnutius sie erwartete. Der Heilige brachte sie in ein Kloster, schloß sie in eine kleine Zelle ein, versiegelte den Eingang mit Blei und ließ nur ein kleines Fenster offen, durch welches die Schwestern ihr alltäglich Brot und Wasser reichen mußten.

„Wie soll ich beten?" fragte Thaïs den Paphnutius, als er fortgehen wollte. Paphnutius

antwortete: „Du bist nicht würdig, den Namen Gottes auszusprechen, und ich verbiete dir, die Arme zum Himmel zu erheben. Sprich nur immer die Worte: ‚Du, der mich erschaffen hat, erbarme dich meiner.' " Und das war drei Jahre lang das einzige Gebet der Thaïs!
Nach drei Jahren begab sich Paphnutius zu dem Nonnenkloster und öffnete die Zelle, in der Thaïs eingeschlossen war. Er gedachte dabei der Vision jenes Paulus, von der er durch den hl. Antonius wußte. Aber Thaïs wollte die Zelle nicht verlassen. „Komm heraus", sprach Paphnutius, „denn deine Sünden sind dir vergeben." „Seitdem ich hier bin", antwortete Thaïs, „habe ich sie mir vor Augen gehalten wie einen Haufen Unrat und habe nicht aufgehört, sie zu betrachten." „Um dieser Betrachtung willen hat Gott dir vergeben und nicht um der äußeren und körperlichen Buße willen", sagte Paphnutius. Thaïs verließ die Zelle und starb zwei Wochen darauf.

Der heilige Fridolin

Der Alemannenmissionar Fridolin war Gründer des ältesten süddeutschen Klosters Säckingen am Oberrhein. Er stammte wahrscheinlich wie viele andere frühe Glaubensboten aus Irland.
Meist nahmen diese Mönche ihren Weg über Frankreich und erreichten erst nach langer Wanderschaft das ihnen von Gott bestimmte Ziel. Man denke an den Gründer der Reichsabtei Bobbio, den hl. Kolumban. Fridolin soll seine missionarische Ausbildung in dem von Kolumban gegründeten Kloster Luxeuil erhalten haben. Jedenfalls hat er die Taufe des Frankenkönigs Chlodwig am Weihnachtstag des Jahres 496 nach der Schlacht von Zülpich miterlebt, die ihm die Gewißheit für den Sieg des Christentums unter den germanischen Völkern gab. Zeit seines Lebens unterhielt er gute Beziehungen zu dem Merowinger. Sein geistlicher Kampf galt zunächst dem in Gallien stark verbreiteten Arianismus. Bei seinen Bestrebungen, diese Irrlehre zunichte zu machen, wandte er die gleiche Methode der öffentlichen Disputation an, die der hl. Hilarius von Portiers so ausgezeichnet beherrscht hatte. Hilarius kann als Vorbild und Lehrer Fridolins gelten, was die vielen Hilariuskirchen beweisen, die er auf seiner Wanderschaft den Rhein entlang und später in der Schweiz gründete. Der Kanton Glarus weist auf seinen Namen hin. Fridolin soll selbst nach Portiers gepilgert sein, um am Grabe seines verehrten Lehrers zu beten. Als er die dortige Kirche in Trümmern fand, setzte er sich sogleich bei allem Volk für den Wiederaufbau

des Heiligtums ein, ja er erhielt erhebliche materielle Hilfsmittel für sein frommes Werk von König Chlodwig, der in Portiers ein christliches Bollwerk gegen das angrenzende Reich der arianischen Westgoten erblickte. Beim Aufbau der Hilariuskirche fand man nach den genauen Angaben des irischen Wandermönches, die ihm ein nächtliches Gesicht eingegeben hatte, tatsächlich den Sarg des hl. Hilarius, dessen Gebeine erhoben und erneut feierlich beigesetzt wurden. Fridolin nahm mehrere Partikel der kostbaren Reliquien an sich und stiftete sie den von ihm errichteten Hilariuskirchen.
Der Traum vom Hilariusgrab war nicht das einzige Gesicht, mit dem Gott seinen eifrigen Diener erhellend beschenkte. Auch sein eigentliches Reiseziel zeigte Gott ihm im Traum. Es war jene kleine im Osten liegende Rheininsel, auf der später das von ihm gegründete Kloster stehen sollte. So geschah es, daß Fridolin über Trier die Mosel entlang zog und zum Rhein kam, wo er Eller (Hilaire) bei Kochel gründete. Über Straßburg bis in die Schweiz lassen sich seine Spuren verfolgen. Vom Bodensee kam er endlich zum Oberrhein und dort entdeckte er tatsächlich nach vielen Umwegen die im Traume gesehene Insel, das heutige Säckingen. Der Argwohn der ihm feindlich gesinnten Anwohner des Landes machte dem Heiligen anfänglich große Schwierigkeiten. Das kleine Fleckchen Erde wurde ihm mißgönnt und sein frommer Bau erbittert bekämpft. Auch jetzt wieder halfen ihm seine Beziehungen zum Frankenkönig, der ihm auf seine Bitten hin das Land offiziell für das Kloster übermachte. Mit der Schenkungsurkunde des Königs in Händen, besiegte er endlich den Widerstand der Bevölkerung. Ja, sein freundliches und hilfreiches Wesen soll Fridolin sogar Freunde verschafft und seine pädagogischen Talente Hilfskräfte herbeigerufen haben. Unter Fridolins Leitung entstand ein Doppelkloster, das zu einer Bildungsstätte christlich-humanitären Verhaltens wurde. Die Mönche rodeten zudem das umliegende Land und pflanzten in dieser Gegend die ersten Obstbäume. Die Verkündigung des Glaubens in den umliegenden alemannischen Gebieten betrachtete Fridolin bis zu seinem Lebensende als seine wichtigste Aufgabe. Er starb um 538. Der Heilige gilt als Patron der Schneider, er wird bei Arm- und Beinleiden, bei Wassergefahr und Viehseuchen angerufen.

Legende

Vom hl. Fridolin wird eine merkwürdige Geschichte erzählt, die sich in Rankweil bei Feldkirch zugetragen haben soll, wo in der Liebfrauenkirche, die sich auf dem Burgberg erhebt, ein altes Bild an sie erinnert. Hierhin kam der Heilige zum Gaugericht, weil er seinen guten Namen gegen den habsüchtigen Grafen Landolf verfechten mußte. Landolf wollte nämlich die Schenkung, die sein Bruder Urso dem hl. Fridolin gemacht hatte und die vor allem dem

Kloster Säckingen zugute kommen sollte, nicht gelten lassen und beanspruchte diese Güter für sich. Der Fall stand für den Heiligen nicht gut, denn er hatte keine Dokumente vorzuweisen, die die Schenkung belegten. Da wandte er sich in seiner Not an Gott. Es stand ja nicht nur das Wohl des neuen Klosters und seine eigene Ehre, sondern das große Missionswerk des Glaubensboten auf dem Spiel. Der Heilige rang eine ganze Nacht im Walde über Rankweil auf einem Stein kniend, im Gebet um die Hilfe Gottes. Nach alter Überlieferung sollen die Abdrücke seiner Knie und Arme in dem Steine zurückgeblieben sein, der noch heute in der kleinen Kapelle rechts vom Seitenaufgang der Kirche aufbewahrt wird. Im Vertrauen auf Gottes wunderbare Hilfe begab sich Fridolin nun nach Glarus zum Grab des Grafen Urso. Aber siehe, als der Heilige sich dem Grabe näherte, öffnete es sich von selbst und heraus schritt das Gerippe des Toten und begleitete den Heiligen als Zeuge zum Gaugericht. Durch dieses Wunder erschüttert, erkannten die Richter dem hl. Fridolin das Recht auf die geschenkten Güter zu. Der erschreckte Bruder Landolf aber ging in sich und setzte das Säckinger Kloster nun auch zum Erben seines eigenen Vermögens ein.

Die heiligen Perpetua und Felicitas *(Gedenktag: 7. März)*

Das Fest dieser beiden heiligen Frauen und Märtyrinnen, die im Kanon der hl. Messe täglich zusammen angerufen werden, wurde im römischen Festkalender am 7. März gefeiert. Da aber seit Gregor d. Gr. die Fastenzeit jedes Fest ausschloß, war auch dieses Fest nicht mehr gefeiert worden. Im späten Mittelalter wurde es dann in der Thomasmesse des 7. März kommemoriert, bis es als Duplexfest seine Eigenständigkeit bekam.

Sie werden dargestellt mit einer wilden Kuh neben sich, Perpetua weist in der Arena zum Himmel, Felicitas hat ein Kreuz in der Hand und ein Kind auf dem Schoß.

Die Leidengeschichte der Vivia Perpetua und der Sklavin Felicitas, die zusammen mit vier männlichen Gefährten während der Christenverfolgungen unter Kaiser Severus um das Jahr 203 in Karthago hingerichtet worden sind, mag auf den heutigen Leser genau so ergreifend und eindrucksvoll wirken wie auf die jungen Christengemeinden, wo sie jahrhundertelang vor allem in Afrika während der Festfeier vorgelesen wurde. Die Aufzeichnungen der Märtyrer selbst, von denen einen Teil Perpetua, einen anderen Saturus niederschrieb, ergänzte ein anonymer Augenzeuge, in dem einige Quellen Tertullian vermuteten. „Klang und Farbe der Darstellung und eine genaue Untersuchung von Sprache und Stil sowohl des Berichterstatters wie auch der beiden Märtyrer ... verbürgen die Echtheit des Dokuments, das zum Allerschönsten gehört, was aus der Heldenzeit der alten Kirche auf uns gekommen ist.“ (W. Nigg)

Felicitas war eine Sklavin. Die beiden Frauen empfingen als Katechumenen die Taufe einige Tage bevor sie in den Kerker geworfen wurden. Perpetua schreibt dazu: „Und der Geist gab mir ein, nach der Taufe um nichts anderes zu bitten als um Standhaftigkeit des Fleisches.“ Sie bezeichnet das Gefängnis als ein finsteres heißes Loch, das sie anfangs entsetzte und in das die Gefangenen in Massen von den Soldaten hineingestoßen wurden. Man brachte ihr den Säugling, der ohne die Muttermilch schon halb verschmachtet war. Sie tröstete ihre Mutter und ihren Bruder und pflegte ihr Kind. Perpetua beschreibt dann, wie ihr alter Vater sie mit Drohungen und Bitten zum Abfall zu bringen versuchte, wie er ihr Kind emporhob und sie beim Anblick des Unmündigen beschwor, sich seiner zu erbarmen. Sie schildert das Verhör vor dem Prokonsul Hilarianus und wie ihr Vater nochmals eingriff und sie mit sich fortziehen wollte, weswegen der Richter ihn wegprügeln ließ. Da sie und ihre Gefährten aber alle standhaft blieben und den Abgöttern nicht opferten, wurden sie verurteilt, den wilden Tieren in der Arena vorgeworfen zu werden. Noch einmal eilte Perpetuas Vater in das Gefängnis, warf sich vor ihr auf die Erde, raufte seinen Bart und stammelte Worte, die jedes Herz rühren mußten. Sein Unglück und sein Alter schmerzten sie so sehr, daß sie nicht weiterschreiben konnte. Das geschah am Tage vor den Kampfspielen.

Jener andere, der den Bericht fortsetzte, erzählt uns von der Sklavin Felicitas, die in Hoffnung war und Angst hatte, daß sie wegen ihres Zustandes zurückbleiben müsse, weil nach dem römischen Gesetz schwangere Frauen nicht hingerichtet werden durften. Aber auf das innige Gebet der verurteilten Christen begannen die Wehen. Als Felicitas wegen der doppelten Schmerzen dieser Frühgeburt im achten Monat laut stöhnte, sagte einer von den Wächtern: „Wenn du jetzt schon so jammerst, was wirst du erst tun, wenn du den Bestien vorgeworfen wirst?“ Sie gab ihm zur Antwort: „Jetzt leide ich selbst, dort aber wird ein anderer in mir sein, der für mich leidet, weil es zu seiner Ehre geschieht.“ Und sie gebar ein Mädchen, das ihre Verwandten als Tochter aufzogen.

Am nächsten Tage führte man die christlichen Frauen samt ihren Gefährten in das Amphitheater. Heiter gingen sie dem Martyrium entgegen, von dem der Augenzeuge eine ausführliche Darstellung gibt. Wie sie wilden Kühen vorgeworfen und verwundet wurden, wie sie voller Schamhaftigkeit mitten in der Todesnot ihr Gewand zusammenrafften und sich gegenseitig Hilfe leisteten, und später dann auf Verlangen des Volkes den Todesstoß in der Arena empfingen ohne sich zu wehren, ja, daß Perpetua nicht richtig getroffen wurde und noch zu leiden hatte, worauf sie dem Henker selber die Hand führte, – all das ist durch den erwähnten Bericht hinlänglich bekannt.

Anstelle der Legende

Wir geben anstelle der Legende eine der beziehungsreichen Visionen der hl. Perpetua wieder, von denen sie selber eine ausführliche Schilderung gegeben hat: ... Als mein Bruder mich fragte, ich möge doch Gott bitten, mir in einem Gesichte zu zeigen, ob Rettung oder der Martertod mir zuteil werde, begab ich mich ins Gebet und folgendes wurde mir angezeigt: Ich sah eine außerordentlich hohe Leiter von Gold, deren Ende in den Himmel reichte und die so eng war, daß immer nur einer nach dem anderen sie ersteigen konnte. An den beiden Seiten waren Schwerter, Lanzenspitzen, Sicheln und Messer, so daß jeder, welcher unbehutsam oder ohne den Blick immer nach oben zu richten, hinaufstiege, unfehlbar von diesen Spitzen erfaßt und daran hängen geblieben wäre. Unter der Leiter lag ein großer Drache, welcher diejenigen zu verschlingen drohte, die hinaufsteigen wollten. Der erste, der hinaufstieg, war Saturus, der sich unsretwegen selbst angegeben hatte, weil er nicht bei uns war, als wir gefangen wurden. Als er auf der Höhe der Leiter angekommen war, wandte er sich zu mir und sagte: „Perpetua, ich erwarte dich, habe aber acht, daß der Drache dich nicht verletze." „Er wird mir nichts zu leide tun", sagte ich, „steige ich doch hinauf im Namen unsres Herrn Jesu Christi." Und der Drache erhob, als hätte er Furcht vor mir, langsam den Kopf unter der Leiter; und da ich hinaufstieg, diente er mir zur ersten Sprosse. Als ich das Ende der Leiter erreicht hatte, sah ich einen großen Garten und in der Mitte des Gartens einen Mann von großer Gestalt mit weißem Haar, gekleidet wie ein Hirt. Er saß da und melkte die Schafe, um ihn herum stand eine Menge Menschen mit weißen Gewändern. Dieser Mann sah mich an und rief mir zu: „Sei mir willkommen meine Tochter." Dann gab er mir ein wenig von der geronnenen Milch, die er soeben gemolken hatte. Ich nahm sie mit gefalteten Händen und trank sie, und alle Umstehenden sagten: „Amen!" – Bei diesem Worte erwachte ich und hatte noch etwas ganz Süßes im Munde. Ich erzählte meinem Bruder dies Gesicht und wir schlossen daraus, daß uns der Martertod bevorstände und fingen an, alle Hoffnung auf das Irdische aufzugeben.

Der heilige Johannes von Gott

Diesen merkwürdigen Namen trägt ein Heiliger, der auch ‚der Bettler von Granada' genannt wird. Er war ein großer Abenteurer, aus dem Gottes Gnade einen Heiligen machte. Seinen Namen erhielt er von der Kirche, einer Nobilitierung gleich, durch den Bischof von Tuy.

Ursprünglich hieß er Johannes Ciudad und wurde am 8. März 1495 als Sohn armer Leute zu Montemór o Novo bei Evora nahe Lissabon geboren. Schon als Siebenjähriger lief der abenteuerlustige Junge seinen braven Eltern davon; das Leben bei ihnen dünkte ihm wohl zu armselig. Er verdingte sich als Hirt bei einem spanischen Gutsbesitzer in Oropesa. Aber auch diese Arbeit wurde er rasch leid und ließ sich einige Jahre später zum Soldaten anwerben. Nun scheint ihm das ungezügelte wüste Treiben zunächst sehr gefallen zu haben, denn er erlag den Verführungen schlechter Kameraden und ergab sich dem Würfelspiel und Trunk. Die Kriegszüge führten ihn nach Frankreich und gegen die Türken, bis er eines Tages bei einem Sturz vom Pferd lebensgefährlich verletzt wurde und lange darniederlag. In dieser Leidenszeit erkannte Johannes, wieviel Schuld er auf sich geladen, und als er, in die Heimat zurückgekehrt, erfuhr, daß seine Mutter aus Gram über ihn gestorben war und sein Vater in einem Kloster Zuflucht gesucht hatte und auch nicht mehr unter den Lebenden weilte, dämmerte ihm, was er angerichtet hatte. Schwere Gewissensbisse peinigten ihn. Er beschloß zur Buße nach Afrika zu reisen und dort durch schwere Arbeit den von den Mohammedanern gefangenen Christensklaven beizustehen. Indessen traf er auf der Überfahrt einen portugiesischen Edelmann, der mit seiner Familie in die Verbannung fuhr. Sogleich ergriff ihn Erbarmen mit den Unglücklichen, so daß Johannes ohne Zögern anstelle seines Landsmannes die Fronarbeit an den Festungsbauten auf sich nahm und seine Ersparnisse mit den geprüften Menschen teilte.

Nach Spanien zurückgekehrt, betrieb Johannes ein Devotionaliengeschäft mit religiösen Bildern und Büchern. Jedoch wurde sein mühsam gefundenes Gleichgewicht von Grund auf erschüttert, als er am Sebastianstag des Jahres 1539 eine Predigt des berühmtesten Kanzelredners von Andalusien, des sel. Johannes von Avila, mitanhörte. Die Reue über sein sündiges Leben kam so ungestüm über ihn, daß er sich wie ein Besessener aufführte. Von heftigen Krämpfen geschüttelt, sich selbst verwünschend, zerstörte er mutwillig sein mühsam aufgebautes Geschäft, bis den Rasenden schließlich beherzte Männer in die Irrenanstalt brachten. Dort versuchte man ihm den vermeintlichen Irrsinn durch eine recht rohe Behandlung mit Schlägen und Fußtritten auszutreiben; denn zu dieser Zeit glaubte man noch, daß ein Geistesgestörter vom Teufel besessen sei. Johannes von Avila, der von dem Vorfall gehört hatte, eilte herbei, den Fassungslosen zu befreien, und gab ihm durch eine Aussprache und Lebensbeichte den inneren Frieden wieder.

Von da an änderte Johannes sein Leben völlig. Er kannte nur noch eins: durch Barmherzigkeit seinen leidenden Mitmenschen zu helfen! Er widmete fortan seine ganze Kraft bis zu seinem Tode dem Werk der Nächstenliebe. 1540 gründete er ein Spital mit zweiundvierzig Betten. Den Unterhalt für die Kranken erwarb er mit seiner eigenen Hände Arbeit und durch Almosen, die er in den Abendstunden zusammenbettelte. Für die Pflege der Kranken fand er Gefährten, denen er, um sie im gleichen Geiste zusammenzubinden, eine Art Regel und eine uniforme schwarze Kutte gab. Hieraus entwickelte sich der Orden der Barmherzigen Brüder, die sich bald der Achtung und Liebe des Volkes erfreuten. Papst Pius v. gab daraufhin den Mönchen seinen kirchlichen Segen. Dies geschah im Jahre 1572. Vor allem nahm der Heilige sich aber der Geisteskranken an. Für ihn waren die leiblichen Dienste an den Kranken immer nur ein Mittel,auch ihre Seelen zu heilen. Obwohl er nicht Priester war, betete er mit ihnen, sprach ihnen Mut zu, stärkte sie durch Ermahnungen und rührte viele Verstockte zu Buße und Sühne. Er schleppte seine Kranken auf den eigenen Armen ins Spital, spürte Hilfsbedürftige und Leidende unter den ärmsten Schichten des Volkes auf und fand sogar noch Wege, um käufliche Mädchen vom Laster abzubringen und wieder in das bürgerliche Leben zurückzuführen. Viel Spott und Hohn hatte der Heilige bei seinem Bemühen zu erdulden, er aber kümmerte sich nicht darum. Wenn man ihn davongejagt, ja mißhandelt hatte, erneuerte er alsbald seine Bekehrungsversuche und ebnete denen, die sich ihm anvertrauten, auf jegliche Weise die Rückkehr in ein anständiges Leben. Er packte das Übel bei der Wurzel, indem er die ersten Obdachlosenasyle errichtete, wo die Verkommenen und Ärmsten des Volkes kostenlos Quartier und Kost fanden. Auch war es sein Werk, daß er als erster die Irrenfürsorge zu einem Sonderzweig der Krankenpflege ausbaute. Zwölf Jahre opferte sich der Heilige im Dienst der Nächstenliebe auf. Und bei einem Werke der Nächstenliebe holte er sich die Todeskrankheit.

Als er im Februar 1550 aus dem angeschwollenen Fluß Treibholz bergen wollte, um es für seine Armen zu verkaufen, sah er einen Knaben ertrinkend mit dem Tode ringen. Sofort sprang der Heilige ihm nach. Zwar gelang es ihm, das Kind aus dem eisigen Wasser zu retten, aber er selbst erkrankte an einem schweren Fieber. Am 8. März starb Johannes von Gott, vor einem Bilde des Gekreuzigten kniend, in Frieden mit Gott. Vorher hatte er dem Erzbischof von Granada sein Werk, wie er sagte „als Gotteserbe", anvertraut. Sein Grab befindet sich in Granada in der dortigen Ordenskirche der ‚Barmherzigen Brüder'. 1690 wurde er heiliggesprochen. Papst Leo XIII. ernannte ihn zum Schutzpatron der Krankenhäuser, der Kranken und des Pflegepersonals sowie der Buchhändler.

Der hl. Johannes von Gott wird dargestellt, Körbe auf dem Rücken tragend, mit einem Quersack, zwei Töpfe um den Hals gebunden, das heißt so wie er um „Gottes Willen" immer für seine Kranken gebettelt hatte. Manchmal auch das Jesuskind tragend, das einen offenen Granatapfel in der Hand hält. Der Granatapfel bedeutet Granada, wo Jesus ihm, wie die Legende erzählt, den Tod vorausgesagt hat.

Die heilige Franziska von Rom

Außer der hl. Paula (s. 26. Januar) muß noch von einer anderen heiligen Römerin gesprochen werden. Ihre Heiligsprechung erfolgte 1608, ihr Gedächtnis wird am 9. März gefeiert. Sie gilt als Schutzpatronin der Frauen und der Autofahrer.

Franziska de Bussi wurde im Jahre 1384 geboren. Das ganze Leben Franziskas gipfelte in ihren Visionen. Die seltsamsten, erstaunlichsten und bezeichnendsten Gesichte der Heiligen sind die von der Hölle und vom Fegefeuer. Die schönste ihrer Visionen ist die von den drei Himmeln. Sie sah an einem Tage den Sternenhimmel, dann den Kristallhimmel, zuletzt den Feuerhimmel. Diese Gesichte vom Jenseits sind der hl. Franziska Romana eigentümlich und zeichnen sie besonders aus. Ihr Dasein in dieser Welt war nur die leichte und durchsichtige Schale für ein Leben, das sie schon auf Erden in einer anderen Welt führte.

Das 14. Jahrhundert war eine düstere Zeit für die Kirche. Das Papsttum war so sehr in Abhängigkeit von den französischen Königen geraten, daß die Päpste siebzig Jahre lang fern von Rom in Avignon residierten. Die Stadt Rom war ein Spielball mächtiger Adelsparteien. Unbeherrschter Lebensgenuß und unersättliche Sinnlichkeit machten sich breit. Mitten in diese dunkle Zeit stellte Gott als wegweisenden Leuchtturm das vollkommene Leben jener edlen Römerin. Äußerlich verlief ihr Leben, wie es Tausenden von Frauen beschieden ist: Jungfrau, Mutter, Witwe. Sie heiratete Lorenzo Ponziani, obwohl sie schon frühzeitig sich danach sehnte, in ein Kloster einzutreten; aber sie war ihm eine treue, aufopfernde Ehefrau, die seinem Leben den richtigen gesellschaftlichen Rahmen gab und sich sehr um ihre Kinder kümmerte. Nur im Dachgeschoß hatte sie sich eine Betstube eingerichtet, wo sie jede freie Minute betend verbrachte. Ihr Haushalt und die Erziehung ihrer sechs Kinder ließen sie immer noch genügend Zeit finden, ungezählte Gänge der Barmherzigkeit zu tun. Sie beschenkte die Armen in verschwenderischer Weise und pflegte in den Spitälern sogar Pestkranke.

Aber schwer sollte sie das Schicksal treffen. Eines Tages wurde Lorenzo in einem der Straßenkämpfe, die damals in Rom an der Tagesordnung waren, schwer verwundet und mußte flüchten. Sein Haus wurde geplündert, sein Vermögen konfisziert und der älteste Sohn als Geisel nach Neapel entführt. Ihr Lieblingssohn Evangelista starb bald darauf an der Pest, und ihre anderen Kinder ereilte das gleiche Schicksal. Franziska blieb vereinsamt in dem düsteren Palast der Ponziani zurück. Sie versammelte nur einige Frauen und Mädchen der vornehmen Stände um sich, die aus Liebe zu Christus ihr bisheriges Leben aufgaben und sich ganz dem Dienst am Nächsten widmeten. Am 15. August 1425, dem Fest Mariä Himmelfahrt, opferte Franziska sich und ihre ‚Schwestern' vor dem Gnadenbilde in S. Maria Nuova dem Herrn und seiner Mutter auf. Damit begründete sie die Genossenschaft der ‚Benediktiner-Oblaten'. Sie selber konnte sich, da sie durch die Ehe gebunden war, dem Kloster noch nicht anschließen. Als nach jahrelanger Verbannung ihr Mann und ihr Sohn zurückkehrten, waren diese verbittert, und sie sah, daß sie erst das Werk der Versöhnung vollbringen mußte. Mit unendlicher Geduld vermochte sie in langem Bemühen die beiden Männer dazu zu bringen, mit ihren Feinden Frieden zu schließen. Lorenzo siechte trotz der aufopfernden Pflege seiner Gattin langsam dahin. Franziska blieb solange bei ihm, bis er starb. Jetzt hielt sie nichts mehr, sich den Schwestern im ‚Spiegelturm' – Torre de'Specchi – anzuschließen. Barfuß und ohne Gürtel, wie eine Büßerin, bat sie um Aufnahme. Jetzt erst war sie frei. Am 3. März 1440 rief man sie an das Krankenbett ihres Sohnes Giovanni. Als sie abends zu Fuß ins Kloster zurückkehren wollte, mußte sie, schwindlig von Fieber und Mattigkeit, umkehren. Und der himmlische Kreis schloß sich, als sie, im Palazzo Ponziani weilend, in dem Haus, das vierzig Jahre Schauplatz ihres Lebens gewesen war, für immer ihre Augen schloß. Sie starb am 9. März an einer Rippenfellentzündung. In der Kirche S. Maria Nuova, die jetzt auch Francesca Romana heißt, wurde sie bestattet. Der hl. Franz von Sales hat sie „eine der größten Heiligen" genannt.

Franziska Romana wird dargestellt als Nonne im schwarzen Habit mit Gürtel, weißem Schleier und einem Schutzengel zur Seite als Diakon gekleidet.

Legende

Schon in der Zeit ihrer Ehe mit Lorenzo Ponziani war die Eintracht Franziskas mit ihrer Freundin Vannosa berühmt bei Menschen und Engeln. Sie waren in ihrem äußeren Leben wenig getrennt, in ihrem innern nie. Diese Freundschaft in Gott erhielt auch eine göttliche Bestätigung. Eines Tages saßen die beiden Frauen im Garten im Schatten eines Baumes. Sie berieten gemeinsam über die Mittel, ihr Leben zu heiligen und sich Übungen zu widmen, für die sie die Erlaubnis ihrer Gatten brauchten. Es war Frühling. Indes bemerkten sie auf einmal, daß der Baum über ihnen Früchte trug anstatt Blüten – schöne süße Birnen fielen zu Füßen der beiden Frauen hin! Die brachten sie ihren Männern, und das Wunder bewirkte, daß diese den Plänen Franziskas und Vannosas in keiner Weise mehr hinderlich waren.

Einmal, es war in der Nacht des 14. Oktobers 1434, befand sich Franziska in ihrem Betzimmer. Dort fiel sie in Verzückung und erblickte die Muttergottes, von der sie die Anweisungen und Befehle empfing, die sie dem Papst nach Bologna überbringen sollte. Am folgenden Tage ging Franziska zu ihrem Beichtvater und bat ihn, sich nach Bologna zu begeben, um die Befehle Mariens auszuführen. „Meine Reise wird nutzlos sein", erwiderte Dom Giovanni, „sie wird euch Verdruß bringen; denn der Papst wird mir nicht glauben. Euch wird man für eine Närrin halten und mich für einen Tropf." Auf ihr erneutes inständiges Bitten indessen entschloß sich der Priester dennoch zu reisen. Der Papst empfing ihn nun nicht nur auf das beste, sondern billigte auch alle Forderungen und gab die den Wünschen der Heiligen entsprechenden Befehle. Dom Giovanni kehrte zurück, aber als er Franziska den glücklichen Erfolg seiner Sendung berichten wollte, unterbrach sie ihn und sagte: „Wenn es euch gefällig ist, so will ich euch den Verlauf eurer Reise erzählen. Ich war im Geiste mit euch und weiß alles, was euch begegnet ist."

DIE HEILIGEN VIERZIG MÄRTYRER VON SEBASTE

Die Kirche feiert seit Jahrhunderten das Fest zu Ehren der hl. Vierzig Märtyrer, die um das Jahr 320 zu Sebaste in Kleinarmenien für Christus starben. Es war vor dem 11. Jahrhundert am 9. März, wurde aber von Papst Innozenz X. auf den 10. verlegt, um dem Feste der hl. Franziska Romana (s. 9. März) Platz zu machen. Diese Vierzig stehen für viele unbekannte tapfere Männer, die ihren Glauben nicht verleugneten und lieber den Tod erlitten und sei er noch so grausam, als Verrat zu üben an ihrem Herrn und Heiland. Die Vierzig Märtyrer werden abgebildet auf einem gefrorenen Teich stehend mit Palmzweigen in den Händen und von Engeln gekrönt. Ihr Martyrium wird vom hl. Basilius d. Gr. und vom hl. Gregor von Nyssa bezeugt; es ist, besonders in früher Zeit, auf Fresken und Elfenbeinen oft geschildert worden.

Legende

Die Vierzig Märtyrer sollen der Legende nach der zwölften römischen Legion als Soldaten angehört haben, die den Beinamen ‚die Blitzende' trug. Als Kaiser Mark Aurel gegen die Markomannen zu Felde zog, wurden seine Truppen eingeschlossen und bei starker Sonnenhitze von Durst fast aufgezehrt. Vergeblich riefen Offiziere und Soldaten ihre Götzen um Hilfe an. Da knieten die christlichen Soldaten aus der zwölften Legion nieder und erhoben ihre Hände zu Jesus Christus. Und siehe da, es erschienen Wolken, ein reichlicher Regenguß ging nieder, während zugleich ein mit Blitzen und furchtbaren Donnerschlägen vermischter Hagel auf die Feinde fiel und Schrecken unter ihnen verbreitete. Von dieser Begebenheit hatte die Legion ihren Namen.

In dieser Legion dienten hundertfünfzig Jahre später jene vierzig Soldaten, deren Gedächtnis die Kirche am 10. März begeht. Sie waren eifrige Christen, jung und tapfer. Die Legion stand zu dieser Zeit in Armenien unter dem Befehl des Lysias. Als der Kaiser Licinius im Jahre 320 den Befehl erließ, daß jeder Untertan des Reiches bei Androhung der Todesstrafe den Göttern öffentlich opfern müsse, begab sich sein Statthalter Agricola nach Sebaste und forderte auch die Soldaten der ‚blitzenden Legion' auf, dem Befehl zu gehorchen. Da traten vierzig Soldaten heraus, bekannten furchtlos ihren Glauben an Christus und erklärten, daß keine Qual sie zwingen werde, ihn zu verleugnen. Der Statthalter erschrak, daß so viele tapfere Soldaten sich weigerten zu opfern und versuchte sie durch Schmeicheleien und Versprechungen zu gewinnen. Als er damit nichts erreichte, ließ er vor ihren Augen schreckliche Marterwerkzeuge bereitstellen. Aber ohne Zittern antworteten sie: „Was sollen uns deine Ehrenstellen und die Gunst des Kaisers? All das ist vergänglich und könnte keinen Vergleich aushalten mit den ewigen Gütern. Deine Torturen schrecken uns nicht; sie sind ebenso vergänglich wie unser Körper, aber das Feuer der Hölle, das wir allein fürchten, quält Leib und Seele ewig." Voll Zorn ließ der Statthalter sie auspeitschen und ins Gefängnis werfen.

Einige Tage später erschien der Feldherr Lysias in eigener Person; er hoffte mehr Einfluß zu haben und versuchte durch alle Mittel die Standhaftigkeit der christlichen Soldaten zu besiegen. Allein vergebens. Da beschloß er sie hinrichten zu lassen, und in seiner gekränkten Eitelkeit ersann seine Grausamkeit eine Todesart, die bis dahin unerhört war. Es war damals gerade Winter, die Kälte erreichte in Armenien einen ungeheuren Grad. Er wählte nun einen der kältesten Tage und ließ die vierzig Soldaten geißeln und dann nackt auf einen bei der Stadt befindlichen Teich führen, der fest zugefroren war, wo sie die ganze Nacht bleiben sollten. In der Nähe des Teiches war ein warmes Bad hergerichtet, damit diejenigen von ihnen, welche die Marter nicht aushalten und abfallen würden, sich wieder erholen könnten. Kaum hatten die heiligen Bekenner ihr Urteil vernommen, eilten sie freudig dem Teiche zu. Sie munterten sich gegenseitig zur standhaften Ausdauer auf und beteten: „Herr, unser vierzig haben den Kampf begonnen, möge nicht ein einziger aus dieser ehrwürdigen Zahl fehlen, da Du sie durch Dein vierzigtägiges Fasten geheiligt hast; auch Elias hat Dich durch vierzigtägiges Fasten gesucht, o Herr, und wurde der Gnade Deines Anblickes gewürdigt."

Und nun fing ihre schreckliche Marter an: die grimmige Kälte durchdrang wie ein glühendes Feuer ihren ganzen Leib, entsetzlich war ihre Pein, welche drei Tage und drei Nächte dauerte. Ein Soldat mußte beim Teiche Wache stehen, da er aber die schneidende Kälte nicht aushalten konnte, begab er sich in das Badehäuschen. Von da aus sah er, wie der Himmel sich öffnete und Engel herniederstiegen, glänzende Kronen in Händen, die sie unter die Märtyrer verteilten. Einer von ihnen aber erhielt keine Krone. Als der Wächter sich nach diesem umschaute, erblickte er ihn überwunden auf das Bad zukriechen. Er wurde auch eingelassen, aber kaum hatte er sich in das warme Wasser gelegt, als er vom Tode getroffen wurde. Jener jedoch, von der Erscheinung erschüttert und erleuchtet, bekehrte sich, legte seine Kleider ab und gesellte sich zu den neununddreißig Soldaten, die schon halb entseelt auf dem Eise standen. Er empfing für den Abtrünnigen die Krone, und so wurde das Gebet der Gemar-

terten erhört. Ihre Körper wurden verbrannt und die Asche in den Fluß geworfen. Aber die Christen vermochten einen Teil der Reliquien zu bergen, die als ein kostbarer Schatz bewahrt wurden. Prachtvolle Kirchen erhoben sich zu ihrer Ehre, und bis auf den heutigen Tag erschallt der Ruhm der Vierzig Märtyrer in der ganzen Kirche.

Die heilige Euphrasia (Rosine)

Euphrasia oder Euphrosine, zu deutsch Rosine, ist ein Name, der aus dem Griechischen kommt und etwa ‚die Heitere, Frohgemute' bedeutet. Es gibt zwei heilige Frauen, die so hießen, deren eine im 5. Jahrhundert in großer Frömmigkeit gegen den Willen ihrer Familie sich dem Klosterleben weihte und um nicht erkannt zu werden, in Männerkleidung in einem Mönchskloster unter dem Namen Smaragdus lebte. Ihr Fest wird am 1. Januar begangen.

Die andere hl. Jungfrau dieses Namens, deren Gedächtnis am 13. März gefeiert wird, wurde um 380 in Konstantinopel geboren als Tochter des vermögenden Senators Antigonus, der als Verwandter des Kaisers am Hofe Theodosius d. J. eine angesehene Stellung inne hatte. Das kleine Mädchen wurde von ihren frommen Eltern von Kind auf im christlichen Glauben erzogen. Als der Vater frühzeitig starb, setzte man der Mutter, die ebenfalls Euphrosine hieß, von seiten des Hofes sehr zu, sich noch einmal zu verheiraten, doch verwarf sie alle derartigen Vorschläge, denn sie wollte fortan nur mehr Gott leben. Um all der Unruhe zu entgehen, verließ sie mit ihrer Tochter Konstantinopel und zog sich nach Ägypten zurück, wo sie große Besitzungen hatte. Sie nahm Wohnung in der Nähe eines Klosters, in dem hundertneununddreißig Jungfrauen gottgefällig lebten. Die Klosterfrauen lebten von Gemüse, das sie in einem Garten bauten. Sie aßen nur abends nach dem Sonnenuntergang, trugen Kleider aus grober Wolle, ihr Bett war auf bloßer Erde. Arbeit und Gebet war ihre einzige Beschäftigung. Im ganzen Kloster herrschte tiefer Friede und herzliche Eintracht. Das Leben dieser frommen Frauen machte auf Mutter und Tochter einen großen Eindruck.

Schon als Siebenjährige fühlte die kleine Euphrasia das Verlangen, in dieses Kloster einzutreten. Als sie ihren Wunsch ihrer Mutter mitteilte, weinte diese vor Freude und führte ihre Tochter selbst zu der Oberin, um sie unter Gebeten und Segenswünschen Gott anzuverloben. Die Oberin stellte dem Kinde alle Beschwernis des Klosterlebens vor Augen, das strenge Fasten, die harte Arbeit, die Nachtwachen, die große Armut. Allein Euphrasia ließ sich nicht abschrecken, sie wollte gern alles hingeben um Christus zu gewinnen. Einige Jahre danach wurde ihre Mutter krank und starb. Nun schickte der Kaiser Theodosius in das Kloster, um das junge Mädchen abholen zu lassen, denn er wollte sie mit einem Senator, der bei ihm in großer Gunst stand, vermählen. Allein die Jungfrau erklärte in einem Brief an den Kaiser offen und fest, sie würde dem Gelübde, das sie ihrem himmlischen Bräutigam gemacht habe, ewig treu bleiben. Und bat dann in dem gleichen Schreiben den Kaiser um eine Gnade: er möge ihr ganzes von den Eltern vererbtes Vermögen unter die Armen verteilen, ihre leibeigenen Mägde und Knechte freilassen und den Erlös aus dem Verkauf ihrer Güter der Kirche zukommen lassen. Dieser Brief soll, so heißt es, in einer öffentlichen Ratsversammlung vom Kaiser selbst vorgelesen worden sein, der sich dabei der Tränen nicht erwehren konnte. Der Wille der kaiserlichen Verwandten aber wurde vom Kaiser geachtet und aufs pünktlichste vollzogen. Das alles geschah kurz vor seinem Tode, der im Jahre 395 erfolgte.

Euphrasia, frei geworden von allen irdischen Gedanken und Sorgen, gab sich nun ihrem strengen Bußleben so sehr hin, daß man hätte glauben können, sie hätte nie in der Welt gelebt. Vielleicht hatte sie manchen inneren Kampf zu bestehen, ging aber immer als Siegerin daraus hervor, denn sie erreichte einen hohen Grad der Vollkommenheit. Die hl. Jungfrau starb im Jahre 410 mit dreißig Jahren. Vor und nach ihrem Tode wurde sie von Gott durch Wunder verherrlicht.

Dargestellt wird sie mit einem Stein in der Hand, auf dem sie schlief.

Legendäres

Die hl. Jungfrau Euphrasia, die von kaiserlicher Abstammung war, verrichtete die niedrigsten Arbeiten im Kloster am liebsten. Die Oberin, die ihren großen Eifer und ihr Verlangen immer vollkommener zu werden, sah, legte ihr strenge Prüfungen auf. So befahl sie ihr eines Tages, einen großen Steinhaufen von einem Ort zum anderen zu tragen. Ohne Widerrede gehorchte die Heilige dreißig Tage nacheinander. Ihre große Demut erregte den Neid der anderen Schwestern. So fragte eine derselben sie einmal, warum sie alle Tage faste und nur einmal in der Woche esse, ob sie sich etwa dadurch vor den anderen auszeichnen wolle? Euphrasia antwortete, daß sie nichts ohne den Willen der Oberin tue. Nun schalt die andere sie eine Heuchlerin, die wohl selber einmal Oberin werden wolle. Ohne ein Wort zu sagen warf sich die Heilige ihr zu Füßen und bat sie um Vergebung und um ihr Gebet. Als die Oberin von dem Vorfall erfuhr, gab sie der jungen Schwester einen scharfen Verweis und schloß sie von der Gemeinschaft einige Zeit aus. Euphrasia aber bat so lange und inständig für sie, bis ihr die Strafe erlassen wurde.

Die heilige Fina *(Gedenken: 12. März)*

Im Jahre 1238 wurde in der türmereichen Stadt S. Gimignano in der Toskana einem Ehepaar aus der Familie der Ciardei ein Mädchen geboren, das in der Taufe den Namen Fina erhielt. Dieser seltsame Name ist eine Abkürzung von Seraphina oder Josephina, und der poetische Klang der verkürzten Namensform und die Verwandtschaft mit dem Worte ‚Fina' – die Feine – hat schon ihrem ältesten Biographen Giovanni del Coppo, der sie noch selbst gekannt hat, zu denken gegeben. Er meint, daß, wenn man nur das Gold von zwanzig Karat Feingold nenne, so verdiene dieses Kind wahrhaftig den Namen ‚die Feine', weil es ein ebenso hohes Gewicht an Frömmigkeit, Standhaftigkeit und Liebesfähigkeit in sich getragen habe.
Das kleine Mädchen zeigte schon in frühester Kindheit wenig Sinn für Spiel und Scherz, und trotzdem es kräftig und groß von Gestalt war, versuchte es, durch Kasteiungen sich abzutöten. Als sie zehn Jahre alt war, befiel sie eine Lähmung an allen Gliedern mit Ausnahme des Kopfes. Trotz ihrer Krankheit verschmähte sie eine weiche Lagerstätte und ließ sich in einem kalten Raum ihres Elternhauses auf einem schmalen Brett von Eichenholz auf den Fußboden legen. So blieb sie über fünf Jahre. Und der Chronist berichtet schreckliche Einzelheiten von diesem Krankenlager. Trotzdem ließ die kleine Dulderin nichts von ihrem Leiden merken, zeigte stets ein fröhliches Gesicht, dankte Gott in ununterbrochenem Gebet und erbaute ihre Besucher durch die Unverzagtheit ihres Glaubens. Selbst als ihre Mutter, von der Erscheinung eines Drachens, in dem wohl sinnbildlich der Böse zu erblicken ist, erschreckt, die Treppe herabstürzte und sich das Genick brach und ihr Vater vor Kummer dieser nachstarb, kam ihre demütige Ergebenheit in Gottes Wille nicht ins Wanken. Es wurde immer einsamer um die Kranke. Einzig ihre alte Amme pflegte sie unermüdlich und stützte ihr Haupt mit ihrem Arm so lange, bis er verdorrte. Ab und zu bekam sie den Besuch eines kleinen blinden Jungen, dem sie vom lieben Gott und den Schönheiten des himmlischen Paradiesgartens zu erzählen pflegte. Am 7. März des Jahres 1253 erschien, wie der Chronist berichtet, dem Mädchen der hl. Gregor (s. 3. September), der große Papst, mitten in einer Wolke von Engeln und kündigte ihr die Erlösung ihrer Leiden an. Am 12. März, dem Todestag des hl. Gregor, ist sie, von ihrer Krankheit völlig verzehrt, gestorben. Sie wurde im Dom von S. Gimignano beigesetzt. Zweihundert Jahre später, nach ihrer Heiligsprechung, haben Künstler aus Florenz ihre Grabstätte mit herrlichen Kunstwerken geschmückt, so daß man heute noch ihre Legende aus der Bildfolge des Domenico Ghirlandaio wie aus einem Bilderbuche ablesen kann.
Dargestellt wird die hl. Fina als Jungfrau mit rötlichen Blumen.

Legende

Als die Heilige fünf Jahre in Qualen verbracht hatte, ohne sich je über ihre Schmerzen zu beklagen, hatte der Himmel mit ihr Erbarmen. Aus der harten Lagerstätte sproßten plötzlich Blumen hervor, veilchenartige, wunderbar duftende rötliche Blumen, die das Brett mit einem weichen Polster immer mehr bedeckten. Als sich die Seele des jungen Mädchens von ihrem Körper löste, da ließ der Teufel, weil er sah, daß er keine Macht über sie hatte, einen fürchterlichen Sturm und Regen über S. Gimignano niedergehen. Doch plötzlich begannen die Glocken von allen Türmen der Stadt zu läuten, ohne daß irgend ein Mensch die Glockenseile gezogen hätte. Sie übertönten das Heulen des Sturmes und brachten es zum Schweigen. Die erstaunten Einwohner der Stadt aber sahen kleine Engel von Turm zu Turm fliegen, die die Glocken zum klingen brachten. Da liefen sie schnell nach dem Sterbehaus und trugen die Tote unter großen Feierlichkeiten nach der Domkirche, wo sie sie vor dem Portale aufbahrten. Nun sahen alle, daß das eichene Brett ihres Lagers mit Blumen über und über bedeckt war, und sie atmeten die Düfte, die dem Körper der Toten und den Blüten entströmten und den ganzen Platz erfüllten.

Die treue Amme, die zu Häupten der Bahre stand, traf als erste der Strahl der Gnade: plötzlich erhob die Tote ihre Hand, ergriff den verdorrten Arm der alten Frau und streichelte ihn wohl eine Stunde lang. Als sie ihn wieder losließ, war er geheilt und das Leben in ihn zurückgekehrt. Der kleine blinde Knabe aber stand zu Füßen der Bahre und beweinte den Tod seiner frommen Freundin. Und da er sich in Tränen über sie beugte, berührte er mit seinen Augen die Füße des Mädchens und wurde alsbald sehend. Als aber das Volk diese Wunder sah, beschloß es, den irdischen Resten des Kindes eine würdige Grabstätte in ihrem Dom zu bereiten als einen Zufluchtsort für alle, die das Schicksal mit Krankheit schlagen würde. Und als sie an jenem denkwürdigen Tag Fina begraben hatten und in ihre Häuser und Wohntürme zurückkehrten, da entdeckten sie ein neues Wunder: die festen Mauern der Stadt, die von der Sonne ausgetrockneten Türme und die trotzigen Wände der Häuser hatten sich über und über mit jenen Blumen bedeckt, die dem Körper der Heiligen in ihren letzten Leidenstagen als Lagerpolster gedient hatten. Aus allen Fugen und Ritzen sprossen sie hervor und gaben den harten Kuben der Bauten ein sanfteres Aussehen. Als die Gimignanesen aber versuchten, die Blumen mit ihren Wurzeln aus den Mauerritzen zu nehmen und sie in weicherem Erdreich anzupflanzen, da gingen diese erstaunlicherweise ein, denn sie gediehen nur auf einem Grund von spröder Härte. Darüber verwunderten sie sich sehr, gingen in sich, taten Buße und öffneten ihre Herzen der Barmherzigkeit.

Die Veilchen der hl. Fina aber blühen noch heute in den Mauerritzen der alten Stadt.

Der heilige Symphorian *(Gedenken: 22. August)*

Der Name Symphorianus ist ziemlich ungebräuchlich. Dennoch gedachten die Gläubigen dieses Heiligen schon im 6. Jahrhundert. Nach dem 8. Jahrhundert wurde sein Fest allgemein gefeiert. Im römischen Meßbuch ist der Märtyrer von Autun am Oktavtage von Mariä Himmelfahrt neben Timotheus und Hippolyt verzeichnet. Nach den zwar geschichtlichen aber durch Legenden erweiterten Akten aus der ersten Hälfte des 5. Jahrhunderts hat er im jugendlichen Alter unter Kaiser Mark Aurel um 180 das Martyrium erlitten.

Er wird abgebildet in römischer Bürgerkleidung, ein Schwert in der Hand. Symphorian ist Patron der Kinder und Schüler; er hilft bei Augenleiden und Bruch.

Die ‚Goldene Legende' gibt eine so poetische Deutung seines Namens, der im Griechischen ‚der Mittragende, Zuträgliche, Geziemende' bedeutet, daß wir sie hier wörtlich wiedergeben. Da heißt es: „Symphorius kommt von symphonia. Denn er war gleich einem Saitenspiel und gab von sich die Harmonie der Tugenden. Es waren in ihm drei Dinge, wie ein rechtes Saitenspiel sie haben soll. Denn Averroes spricht ‚Ein Saitenspiel muß einen harten Grund haben, auf daß es klinge; es muß linde Saiten haben, auf daß es lang austöne, und muß breit sein an Fülle.' Also war auch Symphorianus gleich einem Saitenspiel: fest in Widerwärtigkeit, lind wider andere durch seine Milde, breit und voll in der Fülle seiner Liebe wider alle Menschen."

Legende

Der hl. Symphorian wurde in der Stadt Autun geboren und war schon von Jugend auf so ernst an Sitte und Verstand, als sei er ein alter weiser Mann. Da geschah es, daß die Heiden das Fest der Göttin Venus feierten. Sie hielten einen feierlichen Umzug und trugen das Götterbild auf einem Wagen vor den Landpfleger Heraclius. Symphorianus aber befand sich zufällig in der Menge, die sich vor der Göttin auf die Knie warf, als sie vorüberfuhr. Er allein blieb aufrecht stehen. Als das Volk dies sah, wollte man ihn zwingen, vor dem Bilde niederzuknien. Symphorianus jedoch weigerte sich. Da ließ man ihn schlagen und warf ihn ins Gefängnis. Am anderen Tage führte man ihn aus dem Kerker heraus und machte ihm große Versprechungen, wenn er den Göttern opfere. Doch wiederum weigerte sich der Jüngling mit männlichem Ernst. Daraufhin führte man ihn vor den Landpfleger, denn er war ein Bürger der Stadt und von edler Herkunft. Heraclius bestieg den Richterstuhl und befragte den muti-

gen Bekenner selbst, warum er die Göttin dadurch beschimpft habe, daß er sie nicht anbeten wolle. Symphorian antwortete ihm, daß er Christ sei und die Götterbilder als ein Gaukelspiel des Teufels und Werkzeug der Lüge erachte. Wenn er als Christ das Unglück hätte, diese Götzen zu ehren, so fiele er in den Abgrund. Gott wisse wohl, wie er diejenigen zu belohnen habe, die ihm dienten und jene zu strafen, die sündigten. Solange der Christ standhaft in seinem Bekenntnis bliebe, sei er der ewigen Seligkeit gewiß und werde allen Stürmen der Hölle entgehen. Als der Richter das hörte, ließ er Symphorianus die Edikte des Kaisers vorlesen, worin befohlen war, die Christen, die sich weigerten zu opfern, zu ergreifen und zu strafen. Und er stellte ihm vor, wie gut es sei, wenn er wieder zu den Göttern zurückkehrte, denn man würde ihn herrlich belohnen und ihn mit königlichen Ehren auszeichnen. Wenn er aber nicht niederfalle, um die Götter anzubeten, so solle er sterben. Und er zeigte ihm den Altar, der schon mit Blumen geschmückt und bereit war für sein Opfer. Symphorian jedoch wich voller Abscheu zurück und sprach: „Wenn man vor des Richters Antlitz gezittert hat, so ist alle Reue zu spät! Die Güter, die du mir anbietest, scheinen süß und mit Honig vermischt, aber in Wahrheit sind sie voller Gift. Eure Freuden gleichen dem durchsichtigen Eise, das in der Sonne schmilzt und sich in trübes, faules Wasser verwandelt. Die Seligkeit aber, die Gott uns schenkt, ist ewig und unwandelbar." Da wurde der Richter zornig und verurteilte den Jüngling zum Tode durch das Schwert.

Als er aus dem Tore zu der Richtstätte geführt wurde, stand seine Mutter auf der Stadtmauer und ermahnte ihn: „Viellieber Sohn, gedenke an das ewige Leben, sieh über dich und schaue auf den, der im Himmel regiert. Dein Leben wird dir nicht genommen, sondern es wird in ein besseres verwandelt." Da schritt Symphorianus mutig dem Tode entgegen und ward enthauptet. Die Christen aber nahmen seinen Leib und begruben ihn heimlich bei einem Brunnen unfern der Stadt. An seinem Grabe geschahen so große Wunder, daß auch die Heiden darob erstaunten.

Gregor von Tours erzählt, daß an der Stätte, wo sein Blut vergossen ward, ein Christ drei Steine, die damit getränkt waren, aufhob und sie in einer silbernen Kapsel barg und diese in eine hölzerne Truhe einschloß. Er bewahrte sie in einer Burg. Als aber die Burg von Feuer zerstört wurde, fand man die Truhe mit der Kapsel unversehrt und heil und hielt sie in großen Ehren.

Die heilige Mathilde

Königin Mathilde, die Gemahlin Heinrich des Voglers, ist eine der edelsten deutschen Frauengestalten des Mittelalters. Sie war eine sächsische Grafentochter, ihr Vater Dietrich stammte aus dem Geschlechte Widukinds. Geboren vor 900 in Egern, ließen ihre Eltern sie im Kloster Herford erziehen, dessen Äbtissin ihre Großmutter war. Sie erhielt dort eine gründliche Ausbildung, die ihr später sehr zugute kam. Schon früh muß sich Mathilde durch hervorragende Anmut und Klugheit ausgezeichnet haben, denn der Ruf ihrer Tugenden drang zu Herzog Heinrich, der – wie man erzählt – recht stürmisch um ihre Hand anhielt. Das junge Edelfräulein folgte dem sächsischen Herzog als Gattin, und als dieser zehn Jahre später zum deutschen König gewählt wurde, rückte Mathilde in die verantwortungsreiche Stellung einer deutschen Königin auf. Sie erfüllte dieses Amt mit Würde und weiblichem Geschick. Obwohl stets auf ihre königliche Haltung bedacht, führte sie doch mit meisterlichem Geschick selbst den heimischen Hof. Mathilde hielt als Königin nicht nur ihre Untertanen stets zu emsigem Fleiß an, sondern war – man könnte fast sagen – das Urbeispiel dessen, was die deutsche Hausfrau jahrhundertelang kennzeichnete: sparsam, ordentlich und unermüdlich; sie nahm ihr Spinnrad sogar auf ihren Reisen mit! Vor allem aber übte die deutsche Königin Barmherzigkeit und nahm sich der Armen und Kranken ihres Volkes an. Ihr Eifer in wohltätigen Werken hatte auch einen großen Einfluß auf ihren Gatten, der ihre Mildtätigkeit und ihre Schenkungen an die Kirche seinerseits unterstützte. Die Klöster Quedlinburg, Pölde, Engern und Nordhausen gehen auf Stiftungen Mathildens zurück. Sie war der Kirche mit unbeirrbarer Treue ergeben trotz der schlimmen Erschütterungen, denen diese zu Lebzeiten der Königin ausgesetzt war. Immer wieder fand die heilige Königin Kraft im Gebet und in ihrer großen Marienverehrung; mit kindlicher Liebe hing sie an der Gottesmutter, deren Schutz sie selbst mehrmals auffällig erfahren durfte.

Mathilde schenkte ihrem Gatten zwei Töchter und drei Söhne, darunter den späteren Kaiser Otto I. und den hl. Erzbischof Bruno von Köln. Aber gerade zwei ihrer Söhne, nämlich Heinrich, ihr Lieblingssohn, und Otto sollten ihr große Schmerzen bereiten. Der Tod ihres Gatten und die damit verbundene Nachfolge der deutschen Königswürde wurden zum Anlaß eines häßlichen Zwistes der Brüder. Die fromme Königin flehte unaufhörlich zu Gott um Friede und Eintracht ihrer Kinder, wie ja auch Zeit ihres Lebens die Eintracht unter den deutschen Stämmen immer ein besonderes Anliegen von ihr gewesen ist. Endlich war der Streit beigelegt, Otto erhielt die Königswürde, Heinrich wurde Herzog in Bayern. Aber nicht lange währte es, da wurde Mathilde von neuen Prüfungen heimgesucht. Otto, der sich mit seinem Bruder verbunden hatte, stellte sich gegen seine Mutter. Die Brüder warfen ihr vor, daß sie ihr Hab und Gut an Unwürdige verschwende, und nahmen ihr Besitz und Einkünfte. Mathilde zog sich in ein Kloster zurück. Gewiß war diese Zeit, in der sie vom Hofe verbannt war und von ihren Kindern nur Undank und Lieblosigkeit erfuhr, die schwerste ihres Lebens. Aber geduldig trug sie auch dieses Leid. Erst allerlei persönliches Unglück und bittere Erfahrungen ließen die Söhne erkennen, wie ungerecht sie ihre Mutter behandelt hatten. Sie leisteten öffentlich Abbitte, Mathilde wurde wieder am Hof aufgenommen und in ihre Rechte eingesetzt.

Die wenigen Jahre, die ihr noch verblieben, benutzte die Königin dazu, ganz ihren frommen Werken zu leben. Sie speiste die Armen, pflegte Kranke, tröstete Sterbende und ermahnte alle, denen sie Gutes tat, zu einem gottgefälligen Leben. Für sich selbst hatte sie gar keine Ansprüche mehr, lebte wie eine Nonne, stand mit dem ersten Hahnenschrei auf und begann ihr Tagewerk mit Gebet. Sie erlebte noch den Tod ihres Sohnes Heinrich, des Bayernherzogs, und die Kaiserkrönung Ottos. Mathilde starb nach längerer Krankheit im Kloster zu Quedlinburg am 14. März 968 in derselben Stunde, zu der sie täglich Almosen unter die Armen zu verteilen pflegte. Sie wurde in der Krypta des Domes von Quedlinburg neben ihrem Gemahl beigesetzt.

Dargestellt wird die heilige Königin, die alsbald große Verehrung erfuhr, mit Geißel, Kirchenmodell, Almosen austeilend; gelegentlich auch mit Hahn oder Hirschkuh, Attributen, die sich auf Legenden über sie beziehen.

Legende

Von großen Wundern weiß die Geschichte der deutschen Königin nicht viel zu sagen. Ihre Heiligkeit war unauffällig, schlicht und maßvoll, wie es ihrem ganz aufs Weibliche ausgerichteten Wesen entsprach. Man erzählt sich, daß Kranke durch ihr Gebet gesund wurden, auch, daß sie ihre Liebe zu jeglicher Kreatur in ihren späteren Lebensjahren auf die Tiere ausdehnte. So wandte sie besondere Sorgfalt an einen Hahn, weil er sie frühmorgens zum Gebet weckte. Die Legende erzählt, daß sie innerhalb der Klostermauern eine Hirschkuh hielt; diese habe einmal ein Weinkrüglein verschluckt, in dem die Heilige den Wein für das Meßopfer verwahrte. Als Mathilde aber ihre Hand an das Maul des Tieres legte und es leise bat, ihr das Gefäß doch zurückzugeben, siehe, da legte die Hirschkuh das Krüglein vorsichtig wieder hinein.

Mathilde gehört zu den Heiligen, denen Gott Tag und Stunde ihres Todes offenbarte. Die Heilige bereitete sich mit aller Sorgfalt darauf vor. Dem Erzbischof Wilhelm von Köln, der sie besuchte, legte sie ihre Beichte ab und empfing aus seinen Händen die hl. Sterbesakramente. Bei seinem Abschied wollte Mathilde ihm ein Andenken schenken und fragte die Äbtissin, was denn von ihrer Habe noch übrig sei. „Gar nichts mehr als etliche Leintücher, die ihr für eure Leiche bestimmt habt", antwortete diese. „Dann gebet nur diese her", sagte die sterbende Königin, „er wird sie früher brauchen als ich." Sie hatte wahr gesprochen: auf der Heimreise erkrankte der Erzbischof und starb. Mathilde folgte ihm bald nach. Am Tage ihres Todes ließ die Heilige ein härenes Bußkleid auf die Erde ausbreiten, sich darauf legen und ihr Haupt mit Asche bestreuen. Nachdem sie sich andächtig mit dem Kreuze bezeichnet, starb sie.

Die heilige Luise von Marillac

Als Überschrift dieses Heiligenlebens könnte man ihr Vermächtnis setzen: „Liebet die Armen, die Kranken und die Kinder, und ehret sie wie unsern Herrn Jesu Christus selbst!"
Luise von Marillac ist keine legendäre Heiligenfigur, sie verkörpert wahres gelebtes Leben christlicher Nächstenliebe. Sie war die Mitgründerin der Barmherzigen Schwestern, die heute noch unter dem Namen ‚Vinzentinerinnen' als tatkräftige Engel der Nächstenliebe aus dem sozialen Leben unserer Zeit nicht wegzudenken sind. So bekannt das segensreiche Wirken der Schwestern mit der weißen Flügelhaube in ihren graublauen Kleidern, grauen Schürzen und weißen Brusttüchern ist – einer Tracht, die sie bis vor kurzem in allen europäischen Ländern trugen –, so wenig wissen die meisten von jener Frau, die diese Vereinigung ins Leben gerufen hat, von der hl. Luise von Marillac, die von der Kirche im Jahre 1934 zur Ehre der Altäre erhoben wurde.
Luise stammte aus vornehmem Hause. Sie wurde zu Paris am 12. August 1591 geboren und, da sie ihre Mutter früh verlor, in dem adeligen Töchterinstitut der Abtei Possey erzogen, wo sie eine ausgezeichnete Ausbildung erhielt. Früh schon regte sich in ihr der Wunsch, Nonne zu werden. Aber nach dem Tode ihres Vaters gab sie dem Drängen ihrer Verwandtschaft nach und heiratete Anton Le Gras, den Privatsekretär der Königin Maria Medici. Sie verlebte an seiner Seite zwölf glückliche Jahre und schenkte ihrem Gatten einen Sohn. Le Gras hatte großes Verständnis für Luise, die zum Entsetzen der Hofgesellschaft sich schon während ihrer Ehe praktischen karitativen Aufgaben zuwandte. So besuchte sie regelmäßig die verrufensten Armenviertel von Paris und verteilte Almosen unter die Bedürftigen und Kranken. Zu dieser Zeit waren die Schranken zwischen Standespersonen und niedrigem Volk noch unübersteigbar hoch; ihre Tätigkeit schien daher allen Gesetzen von Anstand und Herkommen zuwider zu laufen. Nur die

Billigung und Unterstützung ihres frommen Gatten ermöglichten es Luise, daß sie ihr Lieblingswerk fortsetzen konnte. Doch im Jahre 1625 starb ihr Mann. Die junge Witwe sehnte sich jetzt mehr denn je nach einer lebensausfüllenden Aufgabe. Um sich den Werken der Barmherzigkeit und damit dem Dienste Gottes ganz und gar hingeben zu können, legte sie das Gelübde immerwährender Witwenschaft ab.

Luise von Marillac gewann bald darauf einen wunderbaren Seelenführer in dem hl. Vinzenz von Paul, der gerade zu dieser Zeit sein großes Karitaswerk begonnen hatte. Seit mehreren Jahren schon hatte er an verschiedenen Orten kleine Frauenvereine gegründet, die bedürftige Kranke pflegten und sich der Notleidenden annahmen. Diese Vereine hatten zwar eine rasche Verbreitung gefunden, aber es fehlte an einer einheitlichen Leitung sowie an der Koordination untereinander. Nun betraute Vinzenz Luise mit dieser Aufgabe und machte sie später zu seiner Stellvertreterin. Vier Jahre jedoch sollte er die junge Witwe noch prüfen, ehe er sie hinaussandte. In dieser Zeit mußte sie ihrem heranwachsenden Sohne und ihrem Haushalt leben, daneben aber sich strenger klösterlicher Andacht widmen. Erst nach Ablauf dieser Prüfungszeit schickte Vinzenz sie auf eine Inspektionsreise durch Frankreich, ein für die damalige Zeit unerhörtes Wagnis. Monatelang fuhr die verwöhnte Dame des Hochadels in dreckigen Karren durchs ganze Land, nächtigte in Scheunen und Katen, mußte Anfeindungen erdulden, harte Strapazen auf sich nehmen. Aber sie ertrug trotz ihrer zarten und kränklichen Konstitution alle Mühsal und überwand mit Hilfe ihres liebenswürdigen Wesens geschickt all die vielen Schwierigkeiten, die sich ihr und ihren Anordnungen entgegenstellten. 1633 eröffnete sie mit vier Helferinnen ihr erstes bescheidenes Hospiz. Sie bildete die Mädchen als Krankenpflegerinnen und Fürsorgerinnen aus. Die bäuerliche Kleidung der Frauen aus der Bretagne wurde zum Vorbild für die Ordenstracht der ‚Töchter der christlichen Liebe', wie Luise ihre Gründung zunächst nannte. Sie arbeitete eine fromme Regel für den immer größer anwachsenden Kreis ihrer Mitarbeiterinnen aus, die sie als Oberin anerkannten. Die Barmherzigen Schwestern lebten mitten in der Welt, ohne durch Klausur oder Gelübde gebunden zu sein. Vinzenz selbst stellte sich gegen die kirchliche Bestätigung der Genossenschaft; er predigte seinen Töchtern: „Euer Kloster ist das Krankenzimmer, eure Zelle ein gemietetes Stüblein, euer Chor die Straße oder der Krankensaal eines Spitals, eure Klausur der Gehorsam, eure Speise die Furcht Gottes, euer Schleier die heilige Eingezogenheit." Aber Luise wollte auf den kirchlichen Segen nicht verzichten und wandte sich deshalb direkt an den Papst. 1655 erhielt ihre Kongregation zu ihrer größten Freude endlich die Bestätigung aus Rom, durch die ihre Pflegeschwestern zu einer vollgültigen kirchlichen Gemeinschaft erhoben wurden.

Durch dieses Ereignis mit verursacht, stieg die Zahl der Vinzentinerinnen so stark an, daß sie die Krankenpflege im damals größten Pariser Krankenhaus übernehmen konnten. Überall sprangen sie als Helfer in der Not ein. Sie gründeten Krankenhäuser, Waisenhäuser, Kindergärten, Krüppelheime, Häuser für Arme, Alte, Geisteskranke. Sie halfen in den Besserungsanstalten und Gefängnissen, in Findelhäusern und Missionsanstalten; Galeerensträflinge, politische Flüchtlinge, Kriegs- und Revolutionsopfer fanden Zuflucht, Rat und Hilfe bei ihnen. Es entstanden Volksküchen, in denen täglich mehr als tausend Hungrige zu essen bekamen, Schulen wurden gegründet, Militärlazarette eingerichtet, Häuser für Gestrauchelte und Opfer des Lasters erbaut. Dieses unglaubliche Werk an Barmherzigkeit und aufopfernder Nächstenliebe begann sich rasch nach allen Seiten hin auszubreiten. Denn bald schon arbeiteten die Vinzentinerinnen nicht nur mehr im eigenen Lande – man rief sie von überall her zu Hilfe.
Luise von Marillac überlebte den Tag der kirchlichen Approbation ihres Ordens nur um wenige Jahre. Sie starb einige Monate vor dem hl. Vinzenz von Paul, am 15. März 1660.

Der heilige Heribert (Herbert)

Jener kunstvolle Schrein in Deutz bei Köln am Rhein, der die Reliquien des Kanzlers und Erzbischofs Heribert birgt, zeigt die Gestalt des Heiligen umrahmt von den beiden Figuren der Caritas und der Humilitas, als Personifikationen der Grundzüge seines Wesens. Das Porträt des Bischofs findet sich in der berühmten Koehlhoff'schen Chronik von 1499. Dargestellt wird er zumeist als Erzbischof, durch Gebet Regen herabflehend. Der hl. Heribert ist Patron für Regen.
Heribert wurde um 970 als Sohn des Kämmerers Graf Hugo von Worms geboren. Er besuchte die Domschule in seiner Vaterstadt und wurde zur weiteren Ausbildung von seinen Eltern in das Benediktinerkloster Gorze in Lothringen geschickt. Der Jüngling hätte dort gern den Mönchshabit genommen, wie die Chronik erzählt, jedoch befahl ihm sein Vater nach Worms zurückzukehren. Hier erhielt er bald seine Ernennung zum Probst des Domkapitels, nachdem er die Priesterweihe empfangen hatte. Der Bischof, der sehr rasch die großen Fähigkeiten des sowohl wissenschaftlich vorzüglich gebildeten wie sittlich hervorragenden

jungen Mannes erkannte, führte ihn immer mehr in die Verwaltungsgeschäfte seines Bistums ein, wodurch er auch mit der königlichen Kanzlei, und dadurch mit Otto III., in Kontakt kam, der zu dieser Zeit noch deutscher König war. Der junge und phantasievolle Fürst machte Heribert zu seinem Vertrauten und Ratgeber; kurze Zeit später ernannte er ihn zum Kanzler für die italienischen Amtsgeschäfte. Heribert begleitete Otto auf seinen ersten beiden Romfahrten und war bei seiner Krönung zum deutschen Kaiser zugegen. Im Jahre 994 wurde er zum Kanzler für das gesamte Deutsche Reich bestellt.

Als Heribert sich während einer Italienreise in Ravenna aufhielt, bekam er durch ein Handschreiben des Kaisers die Nachricht von seiner Wahl zum Erzbischof von Köln. Die Wahl erschreckte ihn, doch konnte er sich dem kaiserlichen Wunsch nicht entziehen. Heribert nahm die Auszeichnung an und hielt noch am Weihnachtstag des Jahres 999 trotz winterlicher Kälte barfuß und im linnenen Gewande seinen Einzug in Köln! Noch zwei Jahre mußte er neben seinen neuen Aufgaben die Geschäfte als Kanzler des Reiches weiterführen, versuchte aber zu dieser Zeit schon seine ganze Kraft für seine Diözese einzusetzen. Im Jahre 1000 begleitete er Kaiser Otto nach Aachen, wo auf dessen Wunsch das Grab Karls des Großen geöffnet wurde. Auch war er anwesend, als der junge Kaiser in Paterno in Italien 1002 allzu früh den Tod fand. Unter schweren Kämpfen geleitete der Erzbischof die Leiche seines Fürsten nebst den Reichsinsignien nach Aachen. Der Nachfolger, Kaiser Heinrich II., begegnete ihm zunächst, wohl aufgehetzt von gewissen Hofkreisen, voller Mißtrauen. Das ging so weit, daß Heribert sogar einige Zeit gefangen gesetzt wurde. Aber bald mußte der neue Herrscher einsehen, daß der Erzbischof ihm genau so treu ergeben war wie seinem Vorgänger; Heinrich scheute sich nicht, den Heiligen regelrecht um Verzeihung zu bitten. Auch er ernannte ihn fortan zu seinem Ratgeber.

Wichtig war dem hl. Heribert jedoch vor allem seine Tätigkeit für seinen Kölner Sprengel. In zahlreichen Visitationsreisen überzeugte er sich persönlich von dem tatsächlichen Zustand seiner Diözesanen, von den Nöten und Bedürfnissen des Volkes, dessen religiöser Verfassung und dem Wirken seiner Geistlichkeit. Der Erzbischof stellte jeden Mißstand, den er entdeckte, sofort ab und gab in seiner eigenen Person seinem Klerus das beste Beispiel als Priester und Seelsorger. Die Klöster erfuhren seine tatkräftige Unterstützung, denn er erkannte, daß ihr Wirken sich zum Segen der ganzen Bevölkerung erweisen würde. Auch machte er großzügige Stiftungen für den Bau und die Wiederherstellung von Kirchen.

Mit besonderem Eifer förderte er den Neubau der Abtei in Deutz. Denn Heribert hatte zusammen mit Kaiser Otto III. gelobt, daß derjenige, der von der gemeinsamen Italienreise wohlbehalten zurückkehre, zum Dank ein Kloster gründen müsse. Da der Kaiser auf der Rückreise im Jahre 1002 starb, lag es an Heribert das

Versprechen einzulösen. Der Bau des Benediktinerklosters war 1019 beendet und Heribert konnte es selbst feierlich einweihen.
Ein großes Anliegen Heriberts waren die Armen der Diözese. Seine Wohltätigkeit war schon während seiner Amtszeit als Reichskanzler in aller Munde. Während einer Hungersnot kamen die Notleidenden von weit und breit nach Köln, wo Heribert dem großen Elend durch die Errichtung von Armen- und Krankenhäusern entgegenzutreten versuchte. Der gute geistliche Hirte verwandte während seiner ganzen Amtszeit immer wieder seine persönlichen Einkünfte für die Armen. Und ihnen galt auch seine Sorge, ehe er starb, denn alles, was er noch besaß, vermachte er ihnen.
Im Winter 1021 begab sich der Erzbischof, selbst noch krank und schwach, erneut auf eine lange Reise, kam aber nur bis Neuß, wo er einen schweren Rückfall erlitt. Todkrank brachte man ihn schnellstens nach Köln zurück. Hier ließ er sich in den Dom tragen, wo er für seine Diözese und seine Armen betete. Er starb am 16. März 1021. Sein Leib wurde in Deutz beigesetzt. Papst Gregor VII. sprach ihn 1075 heilig. An seinem Grabe ereigneten sich viele Wunder.

Legende

Der Heilige erhielt, wie berichtet wird, sein Patronat für Regen aufgrund folgender Legende: Als einst eine schreckliche Dürre ausbrach und darauf eine verheerende Hungersnot, in deren Gefolge die Pest durch das Land zog, suchte der gute Oberhirte aus allen seinen Kräften dem Elende entgegenzuwirken. Er teilte die letzten Vorräte an die Hungrigen aus. Als die Not aufs höchste gestiegen war, forderte er die Bewohner der Stadt Köln zu einem öffentlichen Bittgang auf: „Von Gott allein kommt alles Heil! Laß uns Ihm nahen in der Demut des Herzens. Er wird gewißlich helfen!“ Und so war es auch. Einige Zeit später ging ein reichlicher Regen hernieder und machte die vertrockneten Felder wieder fruchtbar, und die Hungersnot fand ein Ende. Das Volk aber schrieb die Hilfe dem Gebete des Heiligen zu. Es erlangten auch viele Kranke durch seine Fürbitte die Gesundheit wieder.

Die heilige Gertrud von Nivelles

Unter den heiligen Frauen mit dem Namen Gertrud haben wir zwei bedeutende ausgewählt, nämlich einmal Gertrud von Helfta, die Große genannt, deren Fest am 16. November gefeiert wird (s. dort). Zum anderen die hl. Gertrud, erste Äbtissin von Nivelles bei Brüssel, die sechshundert Jahre früher lebte. Der Name kommt aus dem Althochdeutschen und bedeutet ‚die mit dem Speer (Ger) vertraute Kämpferin'.

Gertrud von Nivelles war die Tochter Pippins von Landen, dem Älteren, Hausmeier der merowingischen Könige und Stammvater der Karolinger. Ihre Mutter war die sel. Itta oder Iduberga, deren Fest am 8. Mai ist. Ein Bruder ihrer Mutter war der hl. Bischof Modoald von Trier, eine Schwester derselben die hl. Äbtissin Begga von Andenne. Gertrud wurde um 626 in Nivelles geboren und wuchs, wie man sieht, in einer außerordentlich frommen Familie auf. Schon mit zwölf Jahren faßte sie den Entschluß, ihr Leben Gott zu weihen und legte das Keuschheitsgelübde ab. Als sie herangewachsen war, schlug sie deswegen auch die ihr angetragene glänzende Heirat aus. Nach dem Tode ihres Vaters führte sie bei ihrer Mutter ein erbauliches, völlig zurückgezogenes Leben. Als auf Rat des Bischofs Amend von Utrecht Itta in ihrem Hause in Nivelles ein Kloster gründete, traten die beiden Frauen als erste dort ein. Nach dem Tode der sel. Itta wurde Gertrud zur ersten Äbtissin ernannt. Die junge Oberin hielt ihre Mitschwestern besonders zu Spinn- und Webarbeiten an. In dieser Zeit entstanden viele prachtvolle Meßgewänder und äußerst fein gearbeitete Altartücher. Vor allem war die Äbtissin um die Pflege von Bibel und Liturgie bemüht. Sie selbst besaß eine hervorragende Kenntnis der Heiligen Schrift. Auch versuchte sie unter großen Kosten in dem Kloster eine Bibliothek einzurichten und begründete daneben eine große Herberge für Wanderer und Pilger. Die Äbtissin war allen eine liebende Mutter und wußte die Mitschwestern durch ihr Beispiel zum heiligen Eifer im Dienste Gottes und der Mitmenschen anzufachen. Sie leitete die Schwestern in Handarbeiten aller Art an, saß selbst den ganzen Tag entweder am Spinnrocken oder Webstuhl. Die Nächte verbrachte sie oftmals wachend im Gebet. Den großen Anforderungen, die sie an sich stellte, hielt ihre zarte Gesundheit nicht lange stand. Sie erreichte nur ein Alter von 33 Jahren und starb am 17. März 659 – am Sankt Patrickstag – während der heiligen Messe. Der schöne gotische Schrein, in dem ihre Reliquien aufbewahrt werden, befindet sich noch heute in der Kirche von Nivelles.

Die Heilige wird dargestellt mit Äbtissinnenstab, auf den Mäuse klettern, auch Mäuse um sich, die sie erfolgreich vertrieben haben soll. Dieses Bild hat einen Doppelsinn, denn zu dieser Zeit galt die Maus ebenso wie das Schwein als unreines Tier, also als ein Abbild böser Dämonen. Oft trägt die Heilige eine Krone oder ein fürstliches Abzeichen; auf einem Glasgemälde aus dem 13. Jahrhundert in Klosterneuburg ist sie als junge Fürstin dargestellt. Vielfach wird sie mit Spinnrocken oder Katze abgebildet, auch am Meere stehend.

Sie ist Schutzpatronin gegen Ratten- und Mäuseplage, gegen Fieber, weil sich das Wasser aus dem Brunnen am Grabe der Heiligen als heilkräftig erwies, ferner der Reisenden und wandernden Handwerksburschen sowie der Gärtner. Ihre Fürbitte ist wirksam für das Gedeihen der Feldfrüchte. Die Verehrung der hl. Gertrud ist in Belgien, Holland, Frankreich und Deutschland allgemein, in Norddeutschland und den Niederlanden wird sie häufig Gesine – in der altfriesischen Form – genannt. Im Volksglauben gehört die hl. Gertrud zu den beliebtesten Frühlingsbotinnen und wird als ‚Sommerbraut' oder ‚erste Gärtnerin' bezeichnet. In Tirol, wohin ihre Verehrung durch irische Missionare gelangte, gibt es einem Spruch, der sich auf sie bezieht:

Gertraud / führt die Kuh zum Kraut, / das Roß zum Zug, / die Bienen zum Flug.

Sankt Gertrud nahm beim germanischen Volk Züge der spinnenden Frigga an und war im Mittelalter als Patronin der Spinnerinnen volkstümlich. Die christliche Heilige segnet nach dem Vorbild der germanischen Göttin den Beginn der Garten- und Feldarbeiten. Für den Gertrudentag gelten noch heute viele wunderliche Gärtner- und Bauernregeln.

Legende

Die meisten Legenden, die das frühe Mittelalter um die Gestalt dieser Heiligen spann, sind stark mit alten germanischen Bildern durchsetzt. Eine Legende erzählt von ihr, daß sie einmal ihre Untergebenen in ein fernes Land entsandte, ihnen aber versprach, daß sie keinerlei Unglück erleiden würden. Als sich die Reisenden auf dem Meer befanden, erschien jedoch plötzlich ein Seeungeheuer, das aber sofort verschwand, als die Gläubigen sich um Fürsprache an die hl. Gertrud wandten. Zur Erinnerung an diese Begebenheit wurde es Brauch, daß Reisende beim Abschied die sogenannte ‚Gertrudenminne' tranken, wobei man sich ihren Schutz vor allen Gefahren des Leibes und der Seele erbat. Desgleichen besitzt sie das Patronat für die ‚große Reise' oder ‚gute Herberge' Verstorbener. Man gab dem Sterbenden den Heilswunsch auf den Weg: Sankt Gertrud mög dir Herberge bereiten! – wohl weil angenommen wurde, daß die Heilige die Verstorbenen in der ersten Nacht bei sich aufnahm, bevor sie die Reise in die Ewigkeit antraten. Nicht zuletzt wird diese Vorstellung in ihrem Namen ‚Speerträgerin' zu suchen sein – galten ja nach der nordischen Sage die speerbewehrten Töchter des Donnergotts als Geleiterinnen der Helden nach Walhall, wo sie ihnen den Ehrentrunk kredenzten.

Der heilige Patricius (Patrick)

Der hl. Patricius, in England und Irland allgemein als Sankt Patrick bekannt, zu deutsch ‚der Adelige', ist der Apostel Irlands gewesen. Wenngleich seine Biographen viel Legendäres in seine Lebensgeschichte einstreuten, bleibt die Tatsache unantastbar, daß er es war, der das Christentum auf die grüne Insel brachte. Von dort haben es dann unzählige Glaubensboten im Laufe vieler Jahrhunderte auf den Kontinent getragen. Auf diese Weise kam auch die Verehrung des ‚irischen Nationalhelden' Patrick in die Alte und die Neue Welt. Sein Fest wird von der Kirche seit 1687 am 17. März gefeiert. An seinem Festtag schmücken die Iren ihre Hüte mit Kleebüschen. Das Kleeblatt diente dem Heiligen als Beispiel, um den Heiden den Begriff der hl. Dreifaltigkeit zu veranschaulichen.

Zu den Attributen des Heiligen gehören auch Schlangen, denn St. Patrick vertrieb sie aus Irland – sinnbildlich ist damit naheliegenderweise die Vertreibung des Heidentums gemeint. Im übrigen gibt es bis heute tatsächlich auf der Insel keine Amphibien; wiederholte Versuche, diese Tierarten einzuführen, scheiterten. Ein weiteres Attribut von Patricius ist das Feuer, wohl wegen des höllischen Feuers, das der Heilige besiegte. Er ist der Schutzheilige der Bergleute und Schmiede.

Patricius wurde um 385 im westlichen Britannien geboren. Damals stand die Insel zweihundert Jahre lang unter römischer Herrschaft, und ein Teil der keltischen Bevölkerung hatte das Christentum schon angenommen. Sein Vater war Ratsherr und gehörte als Diakon dem geistlichen Stande an, sein Großvater Priester, denn damals gab es im Norden das Gesetz der Ehelosigkeit für die Priester noch nicht. Aber sein Elternhaus war kein frommes. Da geschah es, daß Patrick, leichtlebiger Sohn eines hochgestellten Vaters, schwacher Schüler, aber der Erste im Wettkampf, bei einem großen Plünderungszug der Iren 401 geraubt und auf die Nachbarinsel verschleppt wurde. Dort als Sklave verkauft, mußte er bei einem Druiden als Hirte dienen. Die Iren waren zu dieser Zeit noch völlige Heiden, die auf Steinaltären ihren Göttern opferten. Den größten Einfluß übten ihre Priester aus, die zugleich Wahrsager und Weise waren. Es gab unter ihnen eine alte Prophezeiung: Es wird ein Mann kommen mit kahlem Kopf und gebogenem Stab. Sein Mantel wird ein Loch für den Kopf haben. An seinem Tisch, der im Osten des Hauses steht, wird er unser (der Druiden) Unheil singen, und all die Seinen werden antworten: „Fiat, fiat". Aber keiner erkannte, daß es der junge Gefangene war, den die Prophezeiung meinte.

In seiner in fehlerhaftem Latein verfaßten Lebensbeichte schildert Patricius diese schweren Jahre. Nach sechsjähriger Gefangenschaft konnte er endlich entfliehen und begab sich auf die Wanderschaft. „Und die Furcht Gottes führte mich durch Gallien und Italien und zu den Inseln der Tyrrhenischen See." Wahrscheinlich brachte er etliche Jahre als Mönch in Lérins zu und erhielt seine Ausbildung als Priester in Auxerre und wurde später vom hl. Germanus von Auxerre zum Bischof geweiht. Zwar ist Patricius auch jetzt noch ein mittelmäßiger Schüler und langsamen Geistes – „ich bin Patricius, ein Sünder, ganz ohne Bildung . . ." – aber er ist von nun an überzeugt, daß er Irland bekehren muß. Damit beginnen die Jahre, in denen er mit der Kraft des Glaubens ein ganzes Volk zu Christus bekehrte. Patrick, der die Iren genau kennengelernt hatte, zog mit königlichem Gefolge aus, denn er verhandelte vor allem mit den Königen und Stammesfürsten, weil er wußte, daß er ihre Untergebenen erst gewinnen konnte, wenn er sie selbst bekehrt hatte. Er, der als ein „Mann ohne falschen Stolz" gerühmt wurde, war begleitet von einem Hilfsbischof, einem Priester, einem Rechtsgelehrten, einer Leibwache, einem Psalmisten, einem Glöckner, ferner einem Koch, Brauer, Mundschenk, zwei Dienern, einem Wagenlenker, einem Ofenheizer, einem Kuhhirt, drei Maurern, drei Schmieden, drei Handwerkern für Metallarbeiten, drei Stickerinnen und einem Schreiber. Ein ansehnliches Gefolge! Aber ohne dieses hätte er keine Kirchen bauen können und keiner der irischen Fürsten hätte auf ihn gehört. Feindlich gesinnt blieben ihm vor allem die Druiden, durch die er viel zu leiden hatte. Mehrmals fand der Heilige sich schwer bedroht, da sie ihm nach dem Leben trachteten. Er selbst spricht von „zwölf tödlichen Gefahren". Aber seine Mission ging unaufhaltsam weiter! Sein Reden und Tun beeindruckte die Iren tief, auf alle Fragen, die sie an ihn richteten, antwortete Patrick ihnen, vom Heiligen Geiste erfüllt. Wenn er bei einem Stamm zum Ziele gelangt war, half er zunächst die erste Kirche bauen aus Flechtwerk und Lehm oder aus Holz. Seine Leute waren ihm mit ihrem Können dabei zur Hand. In späteren Jahren hatte er immer zwanzig bis dreißig junge Männer um sich, die er für die Aufgaben des Priesters vorbereitete und dann, wenn ein neuer Stamm für das Christentum gewonnen war, als Priester der neuen Kirche einsetzte.

Um sich zu sammeln und neue Kraft im Gebet zu finden, flüchtete sich Patrick, wann immer es ihm möglich war, in Einsamkeit und Askese. Zwei Orte werden genannt, wo er am häufigsten geweilt hat: ein Berg an der äußersten Westküste des Landes, ‚Croagh Patrick', und ein See in der Leere einer nördlichen Landschaft, ‚Lough Derg'. Auf dem Berge brachte der Heilige die vierzig Tage zwischen Aschermittwoch und Ostern zu. Diese strenge Bußzeit ist keine Erfindung späterer Erzähler, sondern historische Tatsache. Es heißt von ihm, daß er „Tag und Nacht fastete und sich dabei wohl hundertmal niederwarf zum Gebet". Die genannten Orte sind noch bis in unsere Tage hinein das Ziel schwerer Bußwallfahrten der Iren. In Lough Derg wird der Stein gezeigt, auf dem der Heilige so viel und so lange gekniet hat, daß seine Knie darin einen Abdruck hinterließen. Patricius wurde 444 von Papst Leo als oberster Bischof der Iren bestätigt.
Es ist das Verdienst dieses großen Missionars und Heiligen, ganz Irland für das Christentum gewonnen und kirchlich organisiert zu haben. Die ‚Insel der Heiligen', wie sie wegen der vielen Heiligen, die daraus hervorgingen, genannt wird, trat durch ihn zum erstenmal in enge geistige Verbindung mit Europa und der christlichen Welt.
Der hl. Patricius starb im Jahre 461 in Nordirland, wahrscheinlich südlich von Belfast, und ist in Saul bei Downpatrick begraben. Seine Nachfolger gründeten viele Klöster, in denen, wie der Chronist berichtet, „dreitausend Mönche sangen und beteten".
Das fromme Volk der Iren entsandte seine Missionare in alle Welt: so also trug die Saat des hl. Patricius vielfältige Frucht!

Legende

Ein üppiger Legendenkranz umgibt die markante Gestalt St. Patricks. So wird erzählt, daß die entthronten Götter der Druiden auf der Insel als böse Geister ihr Unwesen trieben und St. Patrick sie in schwerem Kampf besiegte. Als er einmal vor einem Könige stand und ihm über das Leiden Christi predigte, hatte St. Patrick versehentlich seinen Stab auf des Königs Fuß gesetzt und lehnte sich darauf, so daß er den Fuß des Königs durchstach. Da glaubte der König, St. Patrick verwunde ihn mit Absicht, da er anders den Christenglauben nicht empfangen könne, als wenn er gleiches für Christus litte und hielt geduldig still. Als Patricius nun bemerkte, was er getan hatte, erschrak er und heilte den König alsbald mit seinem Gebet. Aber er tat ein übriges und betete für das ganze Land, auf daß dort kein giftiges Tier mehr leben könne. Das wurde ihm gewährt und Gott verlieh auch allem Holz und aller Rinde dieses Landes die Kraft, daß sie gegen Gift heilsam seien.
Sehr seltsam mutet uns die Legende an, die davon erzählt, wie Sankt Patrick den Menschen das Fegefeuer zeigte. Sie ist ein leicht zu deutendes Bild vom Tor des Todes, durch das der büßende Mensch hindurchgeht, um zu neuem Leben – einem neuen Morgen – berufen zu wer-

den. Da heißt es: Sankt Patrick predigte schon lange Zeit in einer bestimmten Gegend, hatte aber nur wenige bekehren können. Da bat er Gott um ein Zeichen, auf daß die Menschen erschreckt würden und Buße täten. Und Gott wies ihm einen Ort und ließ ihn mit seinem Stabe einen Kreis ziehen, und siehe, die Erde öffnete sich in dem Kreis und ein tiefer Abgrund tat sich auf. Eine Stimme aber ließ ihn wissen, daß dies das Fegefeuer sei, und wer freiwillig hineinginge, der bedürfe keiner anderen Buße und keines Fegefeuers mehr für seine Sünden. Viele würden zwar nicht wiederkommen, aber diejenigen, die wiederkämen, wären nur darinnen bis zum anderen Morgen. Das sagte der Heilige zum Volke. Da gingen ihrer viele hinein, aber nur wenige kamen wieder und sahen das Licht des Morgens. – Noch heute gehört zu der schweren irischen Bußwallfahrt in Lough Derg, der sich die frommen Pilger zum Gedächtnis an den hl. Patrick und zur Buße für ihre Sünden unterziehen, eine Nacht, in der der Pilger in der dunklen Basilika eingeschlossen bleibt. Am Morgen wird er jenseits des Sees die Sonne aufgehen sehen. „Wenn diese Nacht zu Ende ist", so liest man in einer Beschreibung der Wallfahrt, „wird der Pilger dreihundertneunundsechzig Vaterunser gesprochen haben, dreihundertachtundvierzig Ave Maria und hundertvierundzwanzigmal das Glaubensbekenntnis."

Der heilige Joseph

Die Vielzahl der Heiligen mit Namen Joseph gehen alle auf den Pflegevater Jesu zurück. Joseph heißt in der Übersetzung aus dem Hebräischen ‚der Vermehrer'. Er ist der Heilige des schweigenden Gehorsams und der gewissenhaften Pflichterfüllung. Als mächtiger Fürbitter und Helfer in allen Nöten wurde er zum Schutzpatron der ganzen Kirche (seit 1870) wie der einzelnen Familie und vor allem auch des werktätigen Volkes.

Die früheste Erwähnung des hl. Joseph findet sich im Martyrologium von Reichenau um 850. Seit dem 9. Jahrhundert nahm seine liturgische und volkstümliche Verehrung immer mehr zu. Sie wurde besonders gefördert von Seiten der Franziskaner, durch den hl. Bernhard von Clairvaux, die hl. Teresa von Avila und den hl. Franz von Sales. 1479 führte der Franziskanerpapst Sixtus IV. sein Fest in der Kirche ein, 1621 wurde der Josephstag gebotener Feiertag, 1729 kam sein Name in die Allerheiligenlitanei, seit 1919 gibt es die Josephspräfation. Ein Vergleich mit dem römischen Kalender zeigt die alte Feier des Fests der Minerva, der Göttin der Handwerker, am 19. März. Papst Pius XII. führte 1956 das am 1. Mai zu feiernde Missalefest des hl. Joseph ‚des Werkmannes' für die Weltkirche ein, auf daß „der 1. Mai sozusagen die christliche Weihe empfange und nicht mehr Ursache von Zwietracht, Haß und Gewalttätigkeit sei..., sondern zu einer Einladung an die moderne Gesellschaft, das zu vollbringen, was dem sozialen Frieden noch fehlt..."

In der Heiligen Schrift finden wir nur wenig über Joseph! Sie sagt, daß er „gerecht" war (Matth. I, 9), das heißt, daß Joseph ein reiner, tugendhafter und heiliger Mann war. Wir kennen die Geschichte des Zimmermanns aus Nazareth. Die Evangelisten berichten, sein Vater habe Jakob oder Heli geheißen, seine heilige Braut war Maria, die Mutter Jesu. Joseph stammte aus dem Geschlechte König Davids, doch war er selbst nur ein einfacher und bescheidener Handwerker. Der scheinbare Gegensatz von äußerer Bedeutungslosigkeit und höchstem inneren Adel zeichnete Joseph aus und ließ ihn Vorbild für viele Heilige werden. Wie tief erschreckt muß dieser fromme Mann gewesen sein, als er erfuhr, daß seine reine Braut Maria sich Mutter fühlte, wußte er doch zunächst noch nicht, daß sie durch die Kraft des Heiligen Geistes den Sohn Gottes, den Heiland der Welt, empfangen hatte. Er befand sich in der größten Unruhe. Da er von Maria nichts Arges denken und sie nicht ins Gerede bringen wollte, gedachte er sie heimlich zu entlassen. Aber nicht lange ließ Gott ihn in dieser Unruhe. Jetzt erscheint ihm Gottes Engel zum erstenmal, sagt ihm die Wahrheit und bedeutet ihm, daß er sie zu sich nehmen solle. Joseph gehorcht: mit großer Ehrfurcht und Liebe führt er Maria als seine Ehefrau in sein Haus und wird ihr Beschützer und der Nährvater des Erlösers.

Als der Erlaß des Kaisers Augustus erging, alle Völker seines Reiches sollten aufgeschrieben und gezählt werden, gehorcht Joseph, obgleich er zu diesem Zwecke eine beschwerliche Reise machen muß, die mit Kosten und Opfern verbunden war. Er gehorcht ebenfalls, als mitten in der Nacht der Engel befiehlt: „Joseph steh auf, nimm das Kind und seine Mutter und flieh nach Ägypten!" – Es kommt keine Frage, kein Wort der Auflehnung von seinen Lippen. Immerhin wußte er ja, daß es ein göttliches Kind war und hätte denken können, daß Gott dieses Kind vor Herodes bewahren würde. Aber er stand auf, verließ alles und gehorchte. Zwei Jahre später in Ägypten erscheint ihm der Engel wiederum und befiehlt ihm: „Joseph zieh zurück in das Land Israel. Sie sind alle gestorben, die dem Kinde nach dem Leben trachteten." – Und noch einmal muß Joseph alles verlassen, was er sich in dem fremden Lande neu aufgebaut hat, wiederum gehorcht er schweigend und klaglos und unternimmt die weite Reise in die Heimat, wie ihm geboten wurde. Joseph hat das öffentliche Auftreten Jesu und seine Passion anscheinend nicht mehr erlebt, da später von ihm in den Evangelien nicht die Rede ist.

Darstellung: Jesuskind tragend, Stab mit Lilienblüte in der Hand, mit Zimmermannswerkzeugen oder Wanderstab.

Legende

Das Attribut des blühenden Stabes erklärt sich aus der legendären Überlieferung von seiner Verlobung mit Maria, die im Tempel Jungfräulichkeit gelobt hatte. Da der Hohepriester darob in Zweifeln war, ließ er Gott entscheiden: „Alle unverheirateten Männer vom Stamme Davids sollten jeder eine Rute zum Altar bringen, und der, dessen Rute blühe, solle der Jungfrau verlobt werden. Darunter befand sich auch Joseph, der es unziemlich fand, daß er in seinem Alter die zarte Magd zum Weibe nähme. Darum verbarg er seine Rute, während alle anderen sie darbrachten. Da ertönte eine Stimme: „Der dieser Jungfrau würdig ist, hat allein seine Rute nicht dargebracht." So ward Joseph verraten. Als er nun seine Rute vorzeigte, siehe, da blühte sie alsbald und eine Taube kam vom Himmel herab und ließ sich auf der Spitze der Rute nieder. Da ward allen offenbar, daß die Jungfrau mit ihm verlobt sein sollte.

Die heiligen Narzissus und Afra

(Gedenken: 22. Oktober)

Diese beiden Heiligengestalten, wichtig für die Gründung der ersten christlichen Kirche in Augsburg, sind so eng miteinander verknüpft, daß ihre Geschichte gemeinsam erzählt werden soll. Zwar läßt sich schwer sagen, was von ihrer Lebensbeschreibung historisch ist und was die Legende schmückend und beziehungsreich hinzugefügt hat, weil die Quellenangaben sehr lückenhaft sind. Aber die Überlieferung berichtet vom Martertod beider Heiliger und ihrer vorangegangenen bedeutungsvollen Begegnung zu Augsburg.

Narzissus war Bischof von Gerona in Spanien. Als im Jahre 303 die heftigen Christenverfolgungen unter Kaiser Diokletian einsetzten, von denen die römischen Provinzen gleichermaßen betroffen wurden, floh der Bischof auf Weisung des Himmels zusammen mit seinem Diakon Felix, um sein Leben für die Gläubigen zu erhalten. Er wandte sich nach Nordosten und gelangte nach Rhätien und damit auch in das römische Kastell ‚Augusta Vindelicorum', das heutige Augsburg. Sehr wahrscheinlich hat es zu dieser Zeit, vornehmlich unter den römischen Besatzungssoldaten, schon einige Christen dort gegeben, aber eine regelrechte Christengemeinde existierte noch nicht.

Als die beiden Wanderer nach ihrer Ankunft sich nach einer Herberge erkundigten, wies man sie in das Haus der Buhlerin Afra, wo diese eine Schenke unterhielt, die von römischen Offizieren und Soldaten der in der Stadt stationierten Legionen besucht wurde. Ihre Mutter Hilaria hatte das schöne Mädchen von Jugend auf im Dienste der Venus unterwiesen. Sie stammte nämlich aus Zypern, wo dieser Kult sich großer Beliebtheit erfreute; auch erklärt sich auf diese Weise der Name der Tochter ‚Afrikanerin'. Als Afra die beiden müden Männer, die von ihrem Gewerbe nichts ahnten, erblickte, wurde sie von Rührung ergriffen, nahm sie freundlich auf und ließ sie bewirten. Wie sehr erstaunte sie aber, als sie sah, daß der Bischof sich vor der Mahlzeit niederkniete, mit ausgebreiteten Armen betete und dann die Speisen segnete. Afra muß davon sofort sehr beeindruckt gewesen sein, denn als die beiden Männer sich gleich nach dem Essen in ihre Kammer zurückzogen, beobachtete sie, daß sie dort die ganze Nacht sich dem Gebet widmeten, wobei ein himmlisches Licht das Gemach erhellt haben soll. Demütig bat Afra am nächsten Tage den Bischof um Auskunft, was dies alles bedeute. Da erklärte ihr der Heilige, daß er ein Christ sei, und machte sie mit den Glaubenswahrheiten bekannt. Erschüttert warf sich das Mädchen ihm zu Füßen und gestand ihm, daß er sich unter dem Dache des sündigsten Weibes der Stadt befände. Aber Narzissus wich auf diese Mitteilung hin nicht etwa erschrocken vor ihr zurück, sondern belehrte sie sogleich, daß Christus gerade den größten Sündern Vergebung versprochen habe, daß seine Jüngerin Maria Magdalena ebenso wie Afra in ein Leben der Sünde verstrickt gewesen sei, sich aber durch seine Gnade bekehrt habe. Wenn also Afra ihren Lebenswandel bereue und ändere, könne sie gerettet werden. Da bat Afra ihn inständig zu bleiben und sie, ihre Mutter, ihre Mägde und ihren Onkel Dionysius in der Lehre Christi zu unterweisen. So geschah es. Und alle empfingen die Taufe aus der Hand des Bischofs. Ihr Haus aber ließ Afra von Narzissus zur ersten christlichen Kirche in Augsburg weihen.

Narzissus begann nun von hier aus das Christentum in der Stadt und auf dem Lande ringsum zu verkünden. Bald wuchs eine Christengemeinde inmitten des römischen Lagers heran. Neun Monate predigte er das Evangelium, dann verließ er die Stadt, nachdem er Dionysius zum ersten Bischof eingesetzt hatte. Narzissus aber kehrte zurück nach Gerona. Dort leitete er noch drei Jahre seine Gemeinde voller Eifer und bekehrte viele, die aus Angst vor dem Martyrium abgefallen waren. Schließlich wurde auch er verhaftet. Vor dem Richter bekannte er sich standhaft zu Christus und erlitt den Martertod durch das Schwert des Henkers um das Jahr 307.

Dargestellt wird der hl. Narzissus mit Bischofsstab, den Drachen des Unglaubens neben sich, manchmal auch mit Schwert und Stechmücken, weil nach der Legende diese sein Grab verteidigten, als die Franzosen die Stadt Gerona einnahmen. Heute ist in der alten Stadt noch manche Erinnerung an den Heiligen erhalten.

Was nun die bekehrte Afra betrifft, so blieb der Wandel der Gesinnung im Leben der Hilaria und ihrer Tochter nicht verborgen und erregte allgemeines Aufsehen

in der Stadt. Sehr bald schon wurden sie als Christen angeklagt. Als Afra auf das Gebot des Richters hin den Göttern nicht opferte, worauf für sie als Dienerin der Venus besonders strenge Strafe stand, wurde sie zum Feuertode bei lebendigem Leibe verurteilt. Auf einer Insel im Lech wurde der Holzstoß errichtet. Man band sie an einen Pfahl und entfachte den Scheiterhaufen. Afra aber fing laut an zu beten und Gott in Lobgesängen zu preisen. Dann gab sie, erstickt vom Rauch, ihren Geist auf, indessen die Flammen ihren Leib unversehrt ließen. Ihre Gebeine wurden unter dem Afra-Altar, den man später im Ulrichsmünster zu Augsburg aufstellte, beigesetzt.
Die hl. Afra ist Patronin der Büßerinnen und zusammen mit dem hl. Ulrich (s. 4. Juli) Hauptpatronin der Stadt Augsburg. Ihr eigentlicher Festtag ist der 7. August. Dargestellt wird sie an einen Baum gebunden, von Flammen umgeben oder auf einem Scheiterhaufen stehend, manchmal auch mit Fichtenzapfen, dem Symbol ihres früheren Berufes.

Der heilige Johannes Gualbertus (Walbert) *(Gedenken: 12. Juli)*

Zur gleichen Zeit wie der hl. Romuald (s. 19. Juni), Gründer der Kamaldulenser, lebte ein anderer berühmter Ordensstifter, der hl. Johannes Gualbert, der der Gründer der Vallombrosaner wurde.
Die Geschichte dieses heiligen Einsiedlerabtes beginnt mit dem Wunder seiner Bekehrung. Und diese wollen wir zuerst erzählen, und zwar mit den Worten des hl. Johannes Capistran (s. dort), so wie er sie in einer seiner großartigen Predigten schilderte. Es mischen sich darin die höheren Wahrheiten mit dem eigentlichen Geschehen aufs innigste.
Da heißt es: Einst lebte zu Florenz ein adeliger Herr, dessen älterer Bruder ein Ritter war. Der Herr hatte aber einen Knecht, der tötete ihm seinen Bruder, nahm dessen Pferd und alles was er hatte, und ging davon. Nun stellte der Herr dem Mörder lange nach und suchte überall nach ihm, fand ihn aber nicht. Denn er wollte seinen Bruder rächen. Als er nun einmal an einem Karfreitag hinauf wollte in das Benediktinerkloster, wo der hl. Märtyrer Minias (San Miniato) begraben liegt, kam er durch einen Hohlweg. Und hier stieß er unversehens auf den Gesuchten. Erschrocken fiel der Knecht dem jungen Edelmann zu Füßen und flehte ihn um Gnade an. Aber dieser sagte: „Nein, du hast mir meinen Bruder getötet, so mußt du auch sterben. Aber ich will meine Hände nicht mit deinem Blut beflecken. Ich werde dich dem Richter übergeben, der soll dich als einen Mörder

richten." In seiner Todesangst sprach nun der Knecht: „Ach, nein, lieber Herr, ich bitte Euch, geht doch mit mir hinauf zu dem Kloster. Dort hängt ein Kreuz. Wenn Euch das Kreuz kein Zeichen gibt, so tut mit mir nach Eurem Willen." Da sprach der Herr: „Du scheinst inzwischen unter die Prediger gegangen! Nun gut, komm also mit mir." Als sie nun in die Kirche der Mönche kamen, da war ein Kruzifix auf ein Brett gemalt, davor knieten sie sich beide. Und der junge Edelmann sprach: „Mein Herr Jesus Christus, wenn ich dem Mörder vergeben soll, so gib mir ein Zeichen!" Da neigte sich das gemalte Bildnis von dem Holz weg gegen ihn hin. Und viele Menschen, die zur Andacht in der Kirche waren, sahen es. Erschüttert umfing der Herr den Knecht, nahm ihn in seine Arme und sprach: „Der Friede Jesu sei mit dir, lieber Bruder." Dann gingen sie beide hinein in das Kloster und baten den Abt um Aufnahme. Der eine von ihnen aber ist heilig geworden und heißt Johannes Gualbertus. Die Kirche begeht sein Fest seit 1679 am 12. Juli. Geboren wurde Johannes aus der Familie der Gualberti um 995 zu Florenz. Bis zu seiner Bekehrung führte er ein weltliches Leben und gab sich leichtsinnigen Vergnügungen hin. Nachdem ihn Gott jedoch durch das geschilderte Erlebnis ergriffen hatte, kehrte er sich ganz und gar ab von der Welt. Als er um Aufnahme bei den Benediktinern gebeten hatte, verlangte der Abt, der sein Leben kannte, ein Probejahr von ihm, wobei er in weltlicher Kleidung an den Übungen der Mönche teilnahm. Als sein Vater, voller Trauer, daß er nun auch seinen zweiten Sohn verlieren sollte, in das Kloster stürmte, um ihn mit Gewalt zurückzuholen, lief Johannes in die Kirche. Am Altar legte er die abgetragene Kutte eines Bruders an und schnitt sich selbst in Gegenwart der Mönche das Haar ab zum Zeichen seines unabänderlichen Entschlusses. Da mußte der Vater sich fügen und gab ihm seinen Segen. Das geschah 1013.

Gualbert unterwarf nun seine Sinne durch Wachen, Fasten und Beten und bezwang seinen Willen durch pünktlichsten Gehorsam. Es gelang ihm, sich die mönchischen Tugenden in so kurzer Zeit anzueignen, daß er von den Mönchen nach dem Tode ihres Abtes zu dessen Nachfolger gewählt werden sollte. Doch hielt er sich für unwürdig. Weil ihm unter dem neuen Abt das Klosterleben nicht streng genug schien, begab sich Gualbert um 1030 in die Einöde des ‚Schattentals' östlich von Florenz, das später Vallombrosa genannt wurde. Hier gründete er mit zwei Eremiten den Orden der ‚Grauen Väter', welche streng nach der Regel des hl. Benedikt, aber als Einsiedler lebten. Bald kamen zahlreiche Schüler hinzu. Gualbertus forderte harte Proben der Selbstverleugnung von ihnen, ehe er sie aufnahm. So ließ er die Novizen eine Zeitlang die Schweine hüten und die Ställe mit ihren eigenen Händen säubern. Vor Ablegung der Gelübde mußten sie drei Tage und Nächte ununterbrochen auf der Erde ausgestreckt liegen und das Leiden Christi betrachten. So sanft der Heilige in seinem Herzen war, so streng nahm er die Klosterzucht. Er untersagte seinen Mönchen jede praktische Tätigkeit, deren Besorgung allein den Laienbrüdern oblag. Er selbst aber erhob sich niemals über seine Brüder und diente Gott in aller Demut genau wie sie. Ja, das Volk pflegte zu sagen, wer wissen wolle, wer in Vallombrosa der Abt sei, der solle nur schauen, wer unter den Mönchen der demütigste, geduldigste und frömmste wäre. Er hielt sich für unwürdig, die Weihen zu empfangen und blieb zeitlebens Laie.

Gott schickte ihm aber auch mancherlei Leiden. So war er beständig krank, und er zog sich durch seinen übergroßen Eifer viele Feinde zu, von denen einer ihm sogar nach dem Leben trachtete. Er duldete alles aus Liebe zu Jesus, und der Ruf seiner Heiligkeit verbreitete sich nach und nach in der ganzen christlichen Welt. Er arbeitete auch für die Reinheit der Kirche, besonders gegen die damals weitverbreitete Simonie. Durch Gründung und Anschluß weiterer Klöster entstand allmählich der Vallombrosanerorden. Papst Leo IX. suchte Gualbertus auf, um ihn zu sehen und sich mit ihm zu unterreden. Nachdem er zwölf Klöster seines neuen Ordens gestiftet hatte, wurde der Heilige in seinem siebenundsiebzigsten Jahr von einem heftigen Fieber befallen. Er starb am 12. Juli 1073. Begraben wurde er in Passignano bei Siena.

Dargestellt wird der Heilige in hellgrauem Ordenskleid, Bild Christi in der Hand oder mit dem Gekreuzigten, der sein Haupt ihm voll Milde zuneigt.

Er wird von den Gläubigen angerufen gegen Besessenheit, weil er einen Mönch von dieser Krankheit durch das Kreuzzeichen heilte.

Die Heiligen Herlindis und Reinula (Relindis)

Die Lebensgeschichte der beiden frommen Äbtissinnen dieses Namens ist mit Legendärem stark vermischt. Doch bezeugt das, was uns von ihnen überliefert wurde, besonders deutlich ein Gott wohlgefälliges Leben, das ganz aus weiblichen Fähigkeiten heraus gestaltet wurde.

Der Name Herlinde oder Gerlinde stammt aus dem Althochdeutschen und bedeutet ‚Heeresschild aus Lindenholz‘, das heißt im übertragenen Sinne: die mit Tatkraft und Feingefühl das Heer führende Frau. Dieser Name paßt ganz wunderbar zu der hl. Äbtissin Herlinde, die mit ihrer Schwester Reinula oder Relinde um 700 in der Gegend von Maasseyk geboren wurde. Die Schwestern wurden frühzeitig von ihren frommen Eltern in das Frauenkloster zu Valenciennes gebracht und dort in der Christenlehre, im Lesen, Schreiben, Singen, Handarbeiten und anderen weiblichen Fertigkeiten aufs feinste ausgebildet. Als die jungen Mädchen diese Lehrzeit hinter sich hatten, schenkte ihnen ihr Vater Adelhard einen kleinen

an der Mosel gelegenen Wald, woselbst er für sie ein Kloster zu errichten gedachte. Es wird erzählt, die Schwestern hätten den Bau freudig mit solchem Eifer betrieben, daß sie selbst die Steine herbeitrugen. Als ihnen bei einer solchen Gelegenheit einmal ihr Vater begegnete, der ihnen deswegen sicherlich Vorhaltungen gemacht hätte, verwandelten sich die Steine wunderbarerweise in Rosen.
Das Kloster erhielt den Namen Alden-Eyk. Die beiden Schwestern wurden vom hl. Willibrord und dem hl. Bonifatius zu Vorsteherinnen eingesetzt, und ihre Eltern lebten bei ihnen bis zu ihrem Tode. Sie erzogen dort viele andere adelige Jungfrauen zu Bräuten Christi und wirkten durch ihr tugendreiches Beispiel. In dem neuen Kloster herrschten Zucht, Fleiß und Frömmigkeit. Die frommen Frauen waren zur Ehre Gottes unablässig tätig und hinterließen eine Menge selbstgefertigter Arbeiten, darunter köstlich gestickte Kaseln, schöngemalte Psalterbücher mit prachtvollem Zierat ausgeschmückt. Während sie arbeiteten, wurden geistliche Lieder gesungen.
Die hl. Herlinde und ihre Schwester Relinde starben um die Mitte des 8. Jahrhunderts. Bald nach ihrem Tode schon begann ihre öffentliche Verehrung, zumal ihr Grab fortwährend durch neue Wunder verherrlicht wurde. Bischof Franco von Lüttich ließ ihre Reliquien um das Jahr 850 zum ersten Mal erheben. Im folgenden Jahrhundert wurde das Kloster Alden-Eyk durch die Normanneneinfälle völlig verwüstet. Es wurde aber unter Bischof Richarius von Lüttich wieder aufgebaut, später jedoch durch die kalvinistischen Bilderstürmer erneut zerstört. Die Übertragung der Reliquien der beiden hl. Äbtissinnen erfolgte am 22. März 1571 nach Maasseyk im heutigen Belgien, wo sie sich in der dortigen Katharinenkirche immer noch großer Verehrung erfreuen. Die Kirche feiert den Translationstag als Heiligengedächtnis. Weitere Gedenktage sind der 12. Oktober, sowie in Lüttich der 13. Februar.

Der heilige Turibius

Dieser bedeutsame Heilige war es, der Kirche und Mission in Peru organisierte. Er war der Vorkämpfer gegen die Unterdrückung der Indios und die absolutistische Handhabung der spanischen Privilegien in Südamerika und reformierte mit Klugheit und Strenge seine durch dreißigjährige Vakanz verwahrloste Diözese. Die ursprüngliche Heimat des Heiligen – sein eigentlicher Name war Alfonsius de Mongrovejo – war Spanien, seine zweite Heimat aber wurde Peru in Südamerika. Den Namen Turibius trug vor ihm der hl. Bischof von Astorga, der um das Jahr 460 starb (Fest am 16. April).

Turibius kam am 18. November 1538 als Sohn eines Adeligen zur Welt, studierte in Valladolid und Salamanca. Schon als Jüngling zeichnete er sich durch besondere Frömmigkeit aus; er betete täglich das Rosenkranzgebet und fastete jeden Samstag zur Ehre der Gottesmutter. An der Universität erwies er sich besonders armen Mitstudenten gegenüber als hilfsbereit. Einmal ersetzte er einer Frau, die ihre Börse verloren hatte und ob des Verlustes heftig zu fluchen begann, den ganzen Schaden, nur weil er sie vor einer solchen Sünde bewahrt wissen wollte. Im Jahre 1570 wurde er Mitglied des Gelehrtenkollegiums, 1575 – obgleich noch Laie – zum Präsidenten der Inquisition in Granada ernannt. Einige Jahre später erhob ihn König Philipp II. auf den erzbischöflichen Stuhl von Lima. Dieses Erzbistum war 1548 errichtet worden und befand sich zu dieser Zeit in schlimmstem Verfall. Turibius wehrte sich zunächst und wollte die Würde nicht annehmen, doch der König bestand darauf und ließ ihm unter Wahrung der Vorschriften zunächst die Priester- und dann die Bischofsweihe erteilen. Gehorsam begab sich der Gelehrte 1581 auf die große Schiffsreise.
In Lima wurde er mit großem Jubel empfangen. Turibius trat die Übernahme seines Bistums mit dem Vorsatz an, den katholischen Glauben wiederherzustellen, sich aller ihm unterstellten Menschen, vornehmlich auch der unterdrückten Indianer, anzunehmen und den Lastern seiner eigenen Landsleute – von dem allgemeinen Sittenverfall war sogar der dortige Klerus angesteckt – zu steuern. Um diese Aufgabe bewältigen zu können, mußte er ausgedehnte Visitationsreisen durch das riesige Bistum machen. Wohin er kam, stellte er Mißbräuche ab, tadelte und strafte, ja verfuhr vor allem seiner Geistlichkeit gegenüber ohne Rücksicht auf die Person, wenn es nötig war, mit großer Strenge. Überall stellte er die christliche Ordnung wieder her. Vor allem nahm er sich der Unterdrückten an, besuchte die Armen und Kranken, stiftete Spitäler und Gotteshäuser, Schulen und Wohltätigkeitsanstalten. Furchtlos begegnete er den Gefahren, die ihm an vielen Orten drohten. Die Wegeverhältnisse waren zu dieser Zeit mehr wie mühsam, er mußte auf seinen Reisen meistenteils zu Fuß dichte Urwälder durchqueren, Abgründe überwinden und ungewohnte klimatische Verhältnisse in Kauf nehmen. Er scheute sich nicht, auch die abgelegensten Wohnsitze der Indianer aufzusuchen und ihnen die Botschaft des Evangeliums der Liebe zu bringen. Tatsächlich gelang es ihm, eine große Zahl heidnischer Indianer zu bekehren, weil er trotz seines Alters ihre Idiome noch mühsam erlernt hatte, damit er sich mit ihnen in der eigenen Sprache verständigen konnte. Er lebte seinen Diözesanen selbst durch Gebet, strenge Bußwerke und die tägliche andächtige Meßfeier demutsvoll ein christliches Beispiel vor! Die Errichtung von Seminarien zur Ausbildung von Geistlichen, die Ausschmückung der Kirchen und eifrige Seelsorge lagen dem Erzbischof ganz besonders am Herzen. Gottlose und sittenlose Geistliche wurden suspendiert,

er führte Synoden ein, durch die er die herrschenden Mißstände zu beseitigen hoffte. Turibius war zudem der Gründer der ersten Druckerei in Südamerika.
Aufgerieben von den Strapazen dieser anstrengenden, aber fruchtbaren jahrzehntelangen Arbeit, erkrankte Turibius auf einer Visitationsreise schwer. Sogleich verteilte er seine Habe unter seine Diener und die Armen und ließ sich in die Kirche tragen, wo er die hl. Sakramente empfing. Er starb am 23. März 1606. Als man seinen Leichnam ein Jahr später nach Lima brachte, war er noch unverwest. Erzbischof Turibius wurde 1679 selig, 1726 heilig gesprochen.
Während seines Lebens hatte er einen Toten erweckt und mehrere Kranke geheilt, an seinem Grabe geschahen weitere Wunder. Abgebildet wird er in erzbischöflicher Kleidung, armen Indianern predigend.

Der heilige Erzengel Gabriel *(Fest: 29. September)*

Die Feste vom hl. Gabriel und Michael – bis 1969 getrennt – feiert man heute gemeinsam, am 29. Sept. Dargestellt wird der Engelsfürst als Gottesbote mit dem Lilienstab. Er wurde zum besonderen Schutzpatron der Boten, Postbeamten, Brief- und Zeitungsausträger und gegen eheliche Unfruchtbarkeit. Sein Name bedeutet ‚Kraft' – oder ‚Mann' – Gottes. Er gehört zu den Engeln, die vor Gott stehen und vermittelt die Offenbarungen, die den Heilsplan Gottes für die Welt betreffen. Gabriel ist der Engel des Anfangs, des Werdens, der Zeugung zum Unterschied vom Erzengel Michael, dem Engel des Endes, des Todes und des Gerichts, und während letzterem der Westchor der englischen Heerscharen zugeordnet ist, steht Gabriel dem Ostchor vor, dem das Morgenlicht zuströmt. Er gilt daher als Lebensbringer, sein Fest wurde also sinngemäß in die Frühlingszeit verlegt – 1921 wurde es von Papst Benedikt XV. für die ganze Kirche vorgeschrieben. Seit 1969 feiert man die hll. Erzengel Gabriel, Michael und Raphael gemeinsam am 29. September. Da der Erzengel Gabriel in der Tradition so sehr als Einzelpersönlichkeit verehrt wird, wollen wir ihn hier gesondert aufscheinen lassen.
Gabriel verkündete dem Propheten Daniel den Zeitpunkt des Erscheinens Christi, dem Zacharias die Geburt Johannes des Täufers und der Jungfrau Maria die Geburt des Erlösers. Dem hl. Joseph, der noch nichts von dem wunderbaren Gesche-

hen an seiner Braut wußte, enthüllte er im Traum das Geheimnis der Menschwerdung. Er war es auch, der Joseph ermahnte, nach Ägypten zu fliehen, und der ihm später die Botschaft brachte, daß er zurückkehren könne.

Im Buche Daniel wird er als ‚gewaltige Erscheinung' geschildert: „Da stand ein Mann, in Linnen (also „licht") gekleidet und die Lenden mit Gold und Ophir gegürtet. Sein Leib war wie Chrysolith und sein Antlitz leuchtete wie Blitzesschein. Seine Augen brannten wie Feuerfackeln, seine Arme und Beine funkelten wie poliertes Erz und der Schall seiner Worte war wie das Tosen einer großen Volksmenge."

Amt und Wesen dieses mächtigen Engels haben sich vor allem durch die Botschaft, die er Maria zu Nazareth überbrachte, im Gedächtnis der Menschen eingeprägt. In den unzähligen Darstellungen der Verkündigungsszene, wie sie uns Lukas im 1. Kapitel seines Evangeliums schildert, – wahrscheinlich der verbreitetste Bildtypus innerhalb der christlichen Kunst – tritt der Engel fast immer von links auf Maria zu. Er kommt aus der verborgenen Welt Gottes in die sichtbare Welt hinein, so erklärt dies Alfons Rosenberg in seinem großen Buch über die Engel, und zeigt damit die Hinneigung Gottes zur Welt an, welche in der Menschwerdung des Gottessohnes ihren höchsten Ausdruck gefunden hat. Zu den bekannten Attributen Gabriels gehört der Lilienstab, den man fast auf allen Verkündigungsbildern findet. Der Stab ist Symbol des Boten. Auf frühen Darstellungen zeigt er oft nur drei Blüten, als Sinnbild der Dreifaltigkeit. Später wurde die Lilie zum Symbol der Reinheit Mariens und steht oftmals in einer Vase neben der hl. Jungfrau.

Das Fest Mariä Verkündigung

Das heutige Festgeheimnis – die Menschwerdung der zweiten göttlichen Person im Schoße der allerseligsten Jungfrau – bildet den Angelpunkt der ganzen Menschheitsgeschichte: die Fülle der Zeit ist da. Was einst Adam durch stolze Selbstüberhebung, im Wunsche Gott gleich zu sein, gefrevelt hat, wird jetzt wieder gut gemacht, indem der ewige Gottessohn als neuer Adam den Menschen gleich wird. Die Menschen, durch den Ungehorsam Evas dem Tode verfallen, erhalten durch die demütige Hingabe Mariens an Gottes Willen in ihr die zweite bessere Eva, nach katholischer Lehre die ‚Miterlöserin'. Daß die Kirche

das Namensfest des hl. Erzengels Gabriel am Tage vor einem der größten Marienfeste des Jahres, Mariä Verkündigung, feiert, versinnbildlicht, daß der Gottesbote und Maria, die Mutter des Erlösers, an diesem Tage eng verbunden sind. Gabriel macht als ‚guter Engel' wieder heil, was einst der ‚böse Engel', nämlich der abgefallene Luzifer, zerstört hatte, und verkündet der verlobten Braut Josephs aus dem Geschlechte Davids, daß sie durch die „Kraft des Allerhöchsten" den Erlöser der Menschheit empfangen wird. Gott hatte schon lange durch die Propheten auf dies Ereignis hingewiesen. So hatte fünfhundert Jahre zuvor der Prophet Isaias vorausgesagt: „Siehe, die Jungfrau wird empfangen und einen Sohn gebären und sein Name wird sein Emanuel, das heißt Gott mit uns."
Einer Tradition gemäß erfolgte die Ankündigung der Geburt des Herrn durch Gabriel an Maria in der Verkündigungsgrotte innerhalb der Krypta der Verkündigungskirche in Nazareth in Galiläa. Das Fest wurde früher ‚Annuntiatio oder Conceptio Christi' genannt, war also ursprünglich ein Fest des Kyrios – des Herrn selbst. Im Orient ist es zum mindesten seit 431 bekannt, dem Jahr des Konzils von Ephesus, das Maria als ‚Theotokos', Gottesgebärin, lehramtlich verkündigte. Mit Rücksicht auf das römische Weihnachtsfest wurde es auf den 25. März, also genau neun Monate vor der Geburt Christi festgesetzt. In Spanien heißt das Fest ‚Mariä Erwartung' und wird vielfach am 18. Dezember gefeiert. Im Abendlande führte Papst Sergius I., ein Grieche, das Fest im Jahre 692 ein, zusammen mit den Festen Maria Lichtmeß und Maria Geburt.
Die Verkündigungsszene ist auch in der bildenden Kunst sehr häufig dargestellt worden. Sie ist eines der beliebtesten Bildmotive, vor allem seit dem Ende des Mittelalters. Der Einbruch des Göttlichen in die irdische Welt – der eigentliche Sinn der Verkündigung – hat die schöpferische Fantasie der Künstler immer wieder zu wunderbaren Werken angeregt.
Im hohen Mittelalter war mit diesem Fest der Beginn des bürgerlichen Jahres verbunden, weil der ‚Neue Bund' mit ihm seinen Anfang nahm. In den Alpenländern heißt der Tag ‚Unser Frauen Tag im Pflanzen'.
Schöner und ergreifender als uns der hl. Lukas die Verkündigungsgeschichte schildert, kann sie nicht erzählt werden. Deshalb soll sie mit seinen Worten wiedergegeben werden:
In jener Zeit ward der Engel Gabriel von Gott in eine Stadt Galiläas namens Nazareth zu einer Jungfrau gesandt. Sie war verlobt mit einem Manne namens Joseph aus dem Hause David, und der Name der Jungfrau war Maria. Der Engel trat bei ihr ein und sprach: „Gegrüßet seist du, voll der Gnade! Der Herr ist mit dir, du bist gebenedeit unter den Weibern!" – Als sie das hörte, erschrak sie über seine Worte und dachte nach, was dieser Gruß wohl bedeuten sollte. Der Engel sprach aber zu ihr: „Fürchte dich nicht, Maria, denn du hast Gnade gefunden bei

Gott. Sieh, du wirst empfangen und einen Sohn gebären. Dem sollst du den Namen Jesus geben. Dieser wird groß sein und der Sohn des Allerhöchsten genannt werden. Gott der Herr wird ihm den Thron seines Vaters David geben. Er wird herrschen über das Haus Jakob in Ewigkeit und seines Reiches wird kein Ende sein." – Maria sprach zum Engel: „Wie wird dies geschehen, da ich keinen Mann erkenne?" – Der Engel antwortete ihr: „Der Heilige Geist wird über dich kommen und die Kraft des Allerhöchsten wird dich überschatten. Darum wird auch das Heilige, das aus dir geboren wird, Sohn Gottes genannt werden. Siehe, auch deine Base Elisabeth hat noch in ihrem Alter einen Sohn empfangen, und dies ist schon der sechste Monat für sie, die als unfruchtbar gilt. Denn bei Gott ist kein Ding unmöglich." – Da sprach Maria: „Siehe, ich bin eine Magd des Herrn, mir geschehe nach deinem Worte."

Der Gruß des Engels wurde zum innigsten Muttergottesgebet der katholischen Kirche. Papst Urban II. verordnete im Jahre 1095, daß alle Tage dreimal mit der Glocke zum Gebet des Angelus Domini das Zeichen gegeben wird, um die Gottesmutter zu grüßen und den Schutz Marias herbeizurufen. Im Mittelalter warfen sich die Menschen, wo sie gingen und standen, dreimal täglich bei diesem Zeichen auf die Knie nieder, um dem Ruf Folge zu leisten. Der ‚Englische Gruß' ist Hauptbestandteil des Rosenkranzgebetes geworden, und seit 1650 wird er allgemein in Verbindung mit dem Vaterunser gebetet.

Legende

Eine köstliche Legende über die Bedeutung des ‚Englischen Grußes' erzählt uns die ‚Legenda aurea': Es war ein edler, reicher Ritter, der wollte der Welt entsagen und ging in den Orden der Zisterzienser. Wenngleich er der Schrift nicht kundig war, so wollten ihn die Mönche doch nicht unter die Laienbrüder zählen und gaben ihm einen Lehrmeister, damit er einiges von ihm lernen solle und bei ihnen bleibe. Aber obgleich der Meister sich lange Zeit mit ihm abmühte, vermochte er trotz all seines Fleißes nichts anderes zu behalten als die beiden Worte „Ave Maria". Die aber behielt er so gut, daß er, wo er auch ging und stand, sie voller Andacht bei sich sprach. Nun geschah es, daß der Ritter starb und auf dem Friedhof bei den anderen Mönchen begraben wurde. Aber siehe, es wuchs eine schöne Lilie aus seinem Grab empor, und auf jedem Blatt der Lilie stand mit goldenen Buchstaben geschrieben „Ave Maria". Als sie von dem Wunder hörten, kamen die Mönche gelaufen und gruben das Grab auf. Da sahen sie, daß die Wurzel der Lilie aus dem Munde des Ritters kam. Daran erkannten sie, mit welcher Andacht er die beiden Worte gesprochen und daß der Herr daran sein Wohlgefallen hatte, da er ein solches Wunder an ihm erwies.

Der heilige Ludger

Die Ludgerikirchen in Niedersachsen und Westfalen erinnern an den Missionar der Friesen und Westfalen, den hl. Ludger, ersten Bischof von Münster. Diese Gaue hatten sich nebst den Sachsen am längsten der christlichen Glaubenslehre widersetzt.

Ludger stammte aus einer der hervorragendsten Familien Frieslands, die sich in der Auseinandersetzung zwischen Friesen und Franken auf die Seite der letzteren gestellt hatte und christlich geworden war. Er wurde 744 wahrscheinlich in Zuylen in Nordholland geboren. Frühzeitig lernte der begabte Knabe lesen und schreiben und erhielt seine Ausbildung für den Priesterberuf in der Klosterschule des Bischofs von Utrecht. Er wurde ein Schüler des berühmten Gelehrten Alkuin, einem der Hauptmitarbeiter an den Erziehungsreformen Karls des Großen und späteren Abt von Saint-Martin in Tours.

Dieser weihte ihn zum Diakon und bestimmte Ludger, der zunächst entschlossen gewesen war, Mönch zu werden, zum Missionar seiner Heimat Friesland, das zu dieser Zeit noch vorwiegend heidnisch war. So fand sich der junge Priester vor eine schwere Aufgabe gestellt. Bischof Albrich entsandte ihn zunächst in die Gegend von Dokkum, wo der hl. Bonifatius 754 den Martertod erlitten hatte. Die ehrwürdige Gestalt dieses Märtyrers hatte schon auf den Knaben einen unvergeßlichen Eindruck gemacht. Er schilderte diese Begegnung später: „Es war mir vergönnt, ihn mit eigenen Augen zu schauen. Die grauen Haare bedeckten seinen Scheitel, und das hohe Alter lastete auf seinen Schultern." Sicherlich war es nicht ohne Einfluß für sein späteres Wirken, daß Ludger gerade an diesem geheiligten Orte mit seiner missionarischen Tätigkeit begann. In einfachem Pilgergewand zog er von nun an unermüdlich von Ort zu Ort. Unverdrossen predigte und taufte er. Nach sieben Jahren harter Arbeit zerstörte 784 der Aufstand des Sachsenherzogs Widukind seine ganze Arbeit. Die Friesen stellten sich auf die Seite der Sachsen und wurden wieder zu Gegnern der christlichen Franken. Die neuerbauten Kirchen wurden zerstört, die Missionare verfolgt. Ludger mußte das Land verlassen. Er wandte sich jetzt nach Rom, wo er von Papst Hadrian den Auftrag für sein apostolisches Amt erbat. Da die Kämpfe in der Heimat anhielten, zog er sich in die Abtei auf dem Monte Cassino zurück und führte dort mehrere Jahre ein strenges Bußleben nach der Regel des hl. Benedikt. Aber nach der Unterwerfung und Taufe des Sachsenherzogs kehrte Ludger zurück. Karl der Große beauftragte ihn nun mit der Mission von fünf friesischen Gauen. Und tatsächlich gelang dem gebürtigen Friesen das, was die irischen und fränkischen Glaubensboten vor ihm nicht hatten vollbringen können: die Friesen nahmen aus seiner Hand das Christentum an. Sanft belehrte er die Unwissenden, tröstete, ermahnte und betätigte

sich als eifriger Seelenhirte, den die Bekehrten schließlich achteten, ja liebten. Nur eine Insel im Meere, auf der ein heidnischer Gott sein Heiligtum hatte, widerstand ihm lange Zeit. Doch schließlich gelang es Ludger auch, die Insel Farsikland in ‚heiliges Land', nämlich Helgoland zu verwandeln!
Karl der Große wollte seinen bewährten Missionar jetzt zum Bischof von Trier erheben, aber auf Bitten des Heiligen entsandte der Kaiser ihn zu den Sachsen. Nur auf den ausdrücklichen Wunsch Kaiser Karls des Großen ernannte ihn dieser 804 zum Bischof von Mimigardeford, dem späteren Münster. Hier errichtete Ludger Kirche und Kloster und lebte bescheiden mit seinen Glaubensbrüdern in der Gemeinschaft des Monasteriums, das der Stadt ihren heutigen Namen gab. Auch jetzt noch war er ständig auf Reisen, um dem Volke zu predigen, zu taufen, Kirchen zu bauen, Almosen auszuteilen und den Sachsen das Evangelium der Liebe vorzuleben. Ludger war keine Kämpfernatur, kein Fanatiker. Sein Biograph schreibt über ihn: „Mit großem Verständnis und maßvoller Klugheit bot Ludger dem wilden Sachsenvolk die Heilslehre, um sie mit der Gnade des Herrn zum vollkommenen Glauben zu führen..." Vielleicht das schönste Zeugnis hiervon ist die altsächsische Evangeliendichtung ‚Heliand', die noch zu seinen Lebzeiten, ja vielleicht sogar unter seinem Einfluß entstand und die christliche Lehre mit altgermanischer Tradition verbindet. Ludger erbaute nicht nur Dom und Domstift in Münster, er gründete auch das Frauenkloster Nottuln, die Benediktinerabteien Helmstedt und Werden und organisierte an die vierzig Pfarreien in seinem Bistum. Erschöpft von seinem unermüdlichen apostolischen Werk starb der Heilige am 26. März 809 in Billerbeck; er wurde auf seinen Wunsch in Werden beigesetzt. Der Heilige hielt am Tag seines Todes, den er vorausgesagt hatte, noch zwei Predigten und las die hl. Messe.
Das Grab des hl. Ludger befindet sich in der Krypta der Abteikirche. Erhalten blieb auch der bedeutende Kelch des Heiligen aus dem Jahre 788.
Der hl. Ludger ist Schutzpatron des westfälischen Bauernlandes. Dargestellt wird er als Bischof mit Kirchenmodell, sein Brevier betend, auch mit zwei Gänsen, weil er sein Missionsgebiet von Wildgänsen wunderbar befreit haben soll.

Legende

Weil der hl. Bischof gegen die Notleidenden so freigebig war, klagten böse Menschen ihn einst bei Kaiser Karl an, daß er die Güter der Kirche an Arme verschwende, dagegen die Ausschmückung der Gotteshäuser vernachlässige. Der Kaiser, der an prächtigen Kirchen besonderes Wohlgefallen hatte, befahl Ludger an seinen Hof. Der Heilige gehorchte. Als ihn ein Hofbedienter zum Kaiser rief, betete er gerade sein Brevier und gab zur Antwort, daß er erscheinen werde, sobald er sein Gebet beendet habe. Dreimal schickte der Kaiser nach ihm, aber der Heilige fuhr fort zu beten. Das benutzten seine Feinde, um den Kaiser noch mehr gegen ihn aufzubringen; als Ludger endlich erschien, fragte der erzürnte Herrscher, warum er ihn so lange habe warten lassen. Der Bischof antwortete ruhig: „Ich weiß, was ich Eurer Majestät schuldig bin, allein ich dachte, Sie würden es mir nicht übel nehmen, wenn ich Gott den Vorzug gebe. Wenn man bei Gott ist, muß man alles Übrige vergessen. Übrigens habe ich nur getan, was ich gelobt habe, als man mich zum Bischof weihte, nämlich den Dienst Gottes immer dem Dienste der Menschen vorzuziehen.“ Diese Antwort machte auf den Kaiser einen solchen Eindruck, daß er ihn mit größter Auszeichnung behandelte, die Feinde des Heiligen aber in Ungnade entließ.

Der heilige Rupert (Robert)

Rupert, Robert oder Ruprecht kommt aus dem Althochdeutschen und bedeutet der ‚Ruhmglänzende‘. Dieser Heilige wird mit einem Salzfaß dargestellt, weil er den Salzbergbau gefördert hat, manchmal auch das Muttergottesbild von Altötting auf dem Arm, im Hintergrund die kleine Kapelle. Er ist Patron gegen Rotlauf, was wohl aus seinem Namen zu erklären ist, und tollwütige Hunde, Schutzheiliger des Bergbaus, Patron von Oberbayern und Salzburg. Seine Monumentalstatue steht dort vor dem Dome.

Franciskus Dückher von Hasslaw berichtet uns in seiner ‚Salzburgischen Chronik‘ aus dem Jahre 1666 über den hl. Hruodperht oder Ruprecht, der zu Salzburg um das Jahr 718 starb und Begründer und erster Bischof dieser Stadt war. Über seine Herkunft weiß man auch heute noch nichts Bestimmtes. Der genannte Chronist sagt, daß der hl. Rupert aus „königlich-französischem und der Herzöge von Irland Geblüt geboren sei“. Nach den meisten Quellenangaben war er Chorbischof von Worms am Rhein und kam von dort nach Bayern zu Herzog Theodo II., der in Regensburg residierte. Dieser wurde von ihm im christlichen Glauben unterwiesen und in dem großen Turm auf dem Kornmarkt getauft. Dem Beispiel des Herzogs folgten viele seiner Edelleute und aus dem Volke. Auf den Spuren des hl. Severin wandernd, der zweihundert Jahre früher das Land Norikum missioniert hatte, zog Rupert donauabwärts, predigte in Lorch und gründete Seekirchen am Wallersee, um das erstorbene Christentum überall zu neuem Leben zu erwecken. Schließlich ließ er sich in der alten Römerfeste Juvarium oder Helfenburg nieder, deren günstige Lage ihn veranlaßte, diesen Ort zum Mittelpunkt seiner Missionsarbeit zu machen. Her-

zog Theodo schenkte ihm und den ihn begleitenden Mönchen das umliegende Land. Er erhielt die Jagd- und Fischereirechte und einen Anteil an den Salinen des Reichenhaller Tales.
Unter ihm entwickelte sich Juvavium, das heutige Salzburg, zu einem Zentrum geistigen und kulturellen Schaffens. An einer hohen Felswand erstand das große Kloster St. Peter, das zu einer bedeutenden Bildungsstätte für Bayern werden sollte. Auf dem heutigen Nonnberg gründete Rupert die älteste deutsche Benediktinerinnenabtei, deren Leitung er seiner frommen Nichte Erentrudis anvertraute. Auch das heutige Bischofshofen verdankt ihm seine Entstehung. Ob er in Altötting, wie berichtet wird, den heidnischen Tempel der sieben Planeten in die Wallfahrtskirche zu Ehren der Muttergottes umgewandelt hat, ist historisch nicht erwiesen; der achteckige Grundriß weist eher auf ein frühchristliches Baptisterium hin, das vielleicht schon in der Römerzeit existiert hat. Auch Kloster Weltenburg soll auf ihn zurückgehen.
Aufgrund seines enormen Wirkens gerade in Bayern erhielt er den Beinamen ‚Apostel der Bayern'. Er scheute keinen noch so beschwerlichen Weg durch die Täler und über steile Bergpässe zu den entferntesten Almen, wo er das Volk unterwies und Unglauben und Aberglauben ausrottete. Um das Auskommen der armen Bevölkerung zu verbessern, bemühte er sich, die reichen Salzlager der Umgebung zu erschließen. Immer handelte er nach seinem Grundsatz: „Alles raubt der Tod, nur was wir den Armen geben, bleibt uns im Himmel hinterlegt."
Als seine Todesstunde nahte, konnte man mit gutem Recht sagen, daß die Christianisierung des Salzburger Landes abgeschlossen war. Über das Datum seines Todes wissen wir nichts Genaues, es wird angenommen, daß er am 27. März 718 starb. Seine Gebeine wurden durch den hl. Virgilius (s. 24. November) im Jahre 774 in den neuen Hubertus-Dom übertragen, weshalb in Salzburg der 24. September als ‚Herbstruperti' (Translationsfest) gefeiert wird. Virgilius, Bischof von Salzburg und ‚Apostel von Kärnten' hat dank seiner Tatkraft das Werk des hl. Rupert fortgesetzt und die Einflußsphäre von Salzburg bis nach Ungarn und an die Drau erweitert. Seit 1969 weist der deutsche Regionalkalender für den hl. Rupert und den hl. Virgilius einen gemeinsamen Gedenktag am 24. September aus.

Legende

Man erzählt sich von dem hl. Rupert, daß er sich am Ostertage, nachdem er noch einmal das heilige Opfer gefeiert und sich selbst die hl. Wegzehrung zur Reise in die Ewigkeit gereicht habe, zum Sterben niederlegte. An seinem Sterbebette stand auch seine fromme Nichte, die Äbtissin Erentrudis. Als der letzte Augenblick kam, sprach er zu ihr: „Bete für mich, meine Schwester, mein Stündlein kommt." In Tränen schwimmend, warf sich ihm

Erentrudis zu Füßen und bat ihn, er möge im Himmel flehen, daß auch sie bald sterben dürfe. Rupertus versprach es. Und siehe, kurze Zeit danach, als der Heilige verschieden war, hörte Erentrudis, die gerade für das Heil ihres abgeschiedenen geistlichen Vaters betete, eine Stimme, die sie rief. Wenige Tage später entschlief auch sie gottselig im Herrn und wird ebenfalls als heilig verehrt.

Die heiligen Cyprian und Justina

Der hl. Cyprian von Antiochien wird immer in Verbindung mit der hl. Justina genannt, so wie Faust und Margarethe – es heißt ja auch, Cyprian habe für die mittelalterliche Faustsage als Urbild gedient. Es ist nun nicht ganz sicher, ob dieser hl. Cyprian mit dem Beinamen ‚der Zauberer', nicht doch indentisch ist mit Cyprian dem Bischof von Karthago, der als Kanon-Heiliger im Heiligenlexikon gesondert genannt und dessen Fest etwa seit dem 11. Jahrhundert am 16. September zusammen mit dem hl. Kornelius (s. 16. September) gefeiert wird. Jedenfalls ist er oft mit diesem verwechselt worden, selbst von Gregor von Nazianz. Das Fest des ‚Magiers' ist seit dem 8. oder 9. Jahrhundert aber am 26. September. Die Legende von den beiden Heiligen Cyprian und Justina entstand im 4. Jahrhundert. Schon in den Theklaakten werden die beiden erwähnt. Ein weiteres Zeugnis der Legende findet sich in einer Predigt des hl. Gregor von Nazianz (s. dort). Am 26. September erzählte er seiner Gemeinde ausführlich das Leben des berühmten Magiers, seine Bekehrung und schließlich das Martyrium der beiden Heiligen. Die gelehrte Kaiserin Eudoxia von Byzanz, Gemahlin von Theodosius II. hat dann Mitte des 5. Jahrhunderts alle überlieferten Einzelheiten der Legende gesammelt und mit dichterischer Ausschmückung in drei Büchern vereint, von denen uns große Bruchstücke erhalten sind. Natürlich findet sich die Geschichte bald auch in den Legendensammlungen und Martyrologien des lateinischen Mittelalters. Mit einiger Sicherheit kann angenommen werden, daß Calderon den Stoff zu seinem Schauspiel „Der wunderbare Magier", das er 1637 für das spanische Hoftheater in Buen Retiro schrieb, der ‚Legenda aurea' des Jakobus de Voragine entnommen hat. Einige Stellen weisen darauf hin, daß er auch die Predigt des Gregor von Nazianz gekannt hat.

Der hl. Cyprianus war aus Antiochia gebürtig und wurde von seinen Eltern, die dem Aberglauben frönten, in allen Geheimnissen heidnischer Zauberkunst unterrichtet. Um sich noch weitere Kenntnisse zu erwerben, unternahm der junge Cyprian Reisen nach Athen, auf den Berg Olympus und an andere Orte. Er ergab sich einem lasterhaften Leben und benutzte seine Kunst vornehmlich zur Verführung schöner Jungfrauen. Zu Antiochia lebte aber zu der Zeit eine durch Geburt und Schönheit ausgezeichnete Jungfrau, für die der heidnische Jüngling Aglaides in heftiger Leidenschaft entbrannt war. Dieser beauftragte den Magier Cyprianus, sie durch Zauberei für sich geneigt zu machen. An Justina jedoch, die samt ihrer Familie sich zum Christentum bekehrt hatte, versagte seine Kunst. Er selbst wurde aber bald von der gleichen Leidenschaft zu ihr erfaßt und bot nun alles auf, um ihre Gunst für sich zu gewinnen. Obgleich der Satan ihr mächtig zusetzte, blieb Justina standhaft. Mit Wachsamkeit und Gebet bestand sie siegreich alle Anfechtungen und trieb den bösen Feind in die Flucht. Cyprian, der sich durch eine höhere Kraft besiegt sah, fing jetzt an über die Schwäche der bösen Geister nachzudenken und widersetzte sich ihnen. Alsbald geriet er aber in eine furchtbare Schwermut, ja Verzweiflung, aus der ihn erst die Hilfe des Priesters Eusebius zu retten vermochte. Dieser nahm ihn liebreich auf, erquickte ihn mit leiblicher und geistiger Speise und führte ihn schließlich bei den Christen ein, die solchen Eindruck auf ihn machten, daß er sogleich sein gottloses Leben bereute, sich bekehrte und die Taufe empfing. Auch Aglaides wurde Christ. Justina aber lobte Gott, ließ sich zum Zeichen, daß sie Gott ihre Jungfräulichkeit weihte, die Haare abschneiden und verschenkte alles, was sie besaß, an die Armen. Cyprianus nahm, wie der hl. Gregor von Nyzianz beschreibt, aus Demut eines der niedrigsten Kirchenämter an, wurde dann aber zum Priester geweiht und später auf den verwaisten Bischofsstuhl von Antiochia erhoben.

In der diokletianischen Verfolgung wurde er verhaftet und vor den Statthalter in Antiochien geführt, vor dem auch Justina, die das gleiche Schicksal in Damaskus traf, wohin sie sich zurückgezogen hatte, erscheinen mußte. Der Statthalter, dessen Name mit Entolmus angegeben wird, ließ den hl. Cyprian aufhängen und mit scharfen Werkzeugen zerfleischen, die hl. Justina mit Ochsensehnen grausam mißhandeln. Da sie aber beide standhaft blieben, erhitzte man einen eisernen Kessel, der mit Pech, Wachs und Unschlitt gefüllt war. Bei diesem schrecklichen Anblick wurde die hl. Justina von Furcht befallen, allein Cyprian sprach ihr Mut zu, und so sprang sie, sich mit dem Kreuze bezeichnend, mutig in die glühende Masse, was ihr aber keinen Schaden zufügte. Auch Cyprian blieb wunderbarerweise unversehrt. Hierauf führte man sie in Ketten zum Hoflager Diokletians nach Niko-

medien, woselbst der Kaiser sie zum Tode durch Enthaupten verurteilte. Das Urteil wurde an den Ufern des Flusses Gallus im Jahre 304 vollzogen. Ihre Leichen sollten den wilden Tieren vorgeworfen werden, allein die Gläubigen nahmen sie heimlich an sich und brachten sie zu Schiff nach Rom, wo man sie, wie es im Martyrologium Romanum und im römischen Brevier unter dem 26. September heißt, in der konstantinischen Kirche neben dem Baptisterium – also in der Lateranskirche – beisetzte. In Sarnthein in Tirol gibt es eine Cyprianskirche, in der Fresken aus dem 15. Jahrhundert die Geschichte der beiden Heiligen erzählen.
Der hl. Cyprian wird dargestellt als Bischof ohne Mitra, Zauberbücher unter den Füßen, mit Kessel oder Rost; die hl. Justina mit einem Einhorn als Symbol der Jungfräulichkeit – so auf einem Gemälde im Kunsthistorischen Museum in Wien –, zu Füßen eine hockende Teufelsfigur, mit Bratkessel; beide mit Schwert. In der Nationalbibliothek in Paris gibt es eine Miniatur aus dem 9. Jahrhundert, die Justina im Gebet und Cyprian als Magier zeigt.

Legende

Viele Versuchungen hatte sie zu bestehen: so meinte das Volk, die Pest käme davon, weil Justina Jungfrau bleiben wollte. Aber sie widerstand, so daß man ihr mit dem Tod drohte. Da betete sie für das Volk und die Pest wich von der Stadt. Als der böse Geist sah, daß alles nichts verfing, nahm er Justinas Gestalt an, um damit ihren Ruf zu schänden. Er wandelte zu Cyprian in ihrer Gestalt und wollte ihn küssen, als sei sie in Liebe zu ihm entbrannt. Cyprian glaubte wirklich, es wäre Justina und sprach voll Freude: „Sei mir willkommen, Justina, du schönste aller Frauen!" Aber kaum hatte er ihren Namen ausgesprochen, ging der Teufel in Rauch auf, denn er konnte den Namen der Heiligen nicht ertragen. Da sah Cyprian, daß er betrogen worden war und fiel in tiefe Betrübnis.

Die heiligen Frumentius und Aedisius

Gewiß wird niemand heutzutage sein Kind Frumentius – das heißt ‚Kornmann' – oder Aedisius nennen, indessen sind die beiden Heiligen, deren die Kirche am 27. Oktober gedenkt, für die Christianisierung eines so weit abliegenden Erdteils, wie es Afrika ist, genauso wichtig wie die ‚Slavenapostel' Cyrillus und Methodius (s. 3. Juli) es für Osteuropa und Asien waren. Es scheint sowieso ein

Geheimnis der wunderbaren Wege Gottes, daß mitten in Afrika, unweit der Nilquellen sich schon frühzeitig ein großes heidnisches Reich zum Christenglauben bekannt hat, obgleich es von jeher von den christlichen Völkern abgeschnitten war, nämlich das heutige Abessinien. Das abessinische Christentum weicht zwar genau wie das der ägyptischen Kopten, mit dem es übrigens eng zusammenhängt, vom abendländischen ab, bekennt aber zweifellos den christlichen Glauben, wenn auch der monophysitischen Richtung.
Die Männer, die die Botschaft Christi nach Abessinien trugen, waren zwei Brüder mit Namen Frumentius und Aedisius. Berichtet hat uns von ihnen der Kirchenhistoriker Rufinus; er hat aus dem Munde des Aedisius selbst von ihren Erlebnissen vernommen und sie niedergeschrieben. Mit Recht gilt danach der hl. Frumentius als ‚Apostel Abessiniens'. Die Geschichte der beiden Brüder mutet wie eine Legende an.

Anstelle der Legende

Frumentius und Aedisius stammten aus Tyrus in Phönizien und wurden von ihrem Großvater, dem Philosophen Meropius, der ein Christ war, erzogen. Er nahm die Knaben auf eine Reise nach Aethiopien mit, wo er wohl Forschungen betreiben und Schätze sammeln wollte. Sie mußten an der Küste des Reiches Axum – heute Abessinien – in einem Hafen Zuflucht suchen, um die ausgegangenen Lebensmittel zu ergänzen. Während die beiden Knaben unter einem Baume saßen und studierten, überfielen die Einwohner des Landes das Schiff, erschlugen Meropius und die ganze Schiffsmannschaft und ließen nur die beiden wohlgestalteten Knaben leben. Sie brachten sie als Sklaven zum König, der großes Wohlgefallen an ihnen hatte, sie erziehen ließ und später als Beamte an seinen Hof nahm. Frumentius, der besonders klug war, machte er zu seinem Schatzmeister, Aedisius zu seinem Mundschenken. Ehe der König starb, schenkte er den beiden die Freiheit. Nach seinem Tode bat die Königin die weisen Fremdlinge, bei ihr zu bleiben. Sie sollten ihr auch weiterhin als Räte beistehen und ihr bei der Erziehung ihres unmündigen Sohnes helfen.
Frumentius und Aedisius benutzten ihre hohe Stellung und die Gunst der Königin, um ihren Glauben zu verkünden und zu verbreiten. Sie bekehrten viele, Vornehme und Geringe, und schlossen die Christen zu einer Gemeinde zusammen. Frumentius lud christliche Kaufleute in das Land ein und erwirkte für sie die volle Religionsfreiheit. Bald schon war die Zahl der in- und ausländischen Christen so angewachsen, daß Frumentius selbst nach Alexandrien reiste, wo er dem Bischof Athanasius die Bitte vorlegte, in Aethiopien einen Bischofsstuhl errichten zu dürfen. Nachdem der Beschluß von einer Synode gutgeheißen war, weihte Athanasius den Frumentius zum Bischof von Axum. Als der junge König zur Regierung gekommen war, kehrte Aedisius nach Tyrus zurück. Dort wurde er Priester und ein Freund des Biographen der Brüder, Rufinus.
Frumentius hingegen, der in seiner neuen Heimat blieb, wirkte noch eifriger als zuvor als

Apostel des Landes. Er taufte den König und seine Räte, nach deren Beispiel schließlich das ganze Land den neuen Glauben annahm. Wie Otto von Taube vermutet, muß Frumentius 356 noch gelebt haben; denn damals schrieb der arianisch gerichtete Kaiser Konstantius den uns erhaltenen Brief an den König Aizana von Axum und dessen Bruder Sazana, sie möchten Frumentius bei dem Arianer Georg unterweisen lassen, den Konstantius nach der Vertreibung des Athanasius – des tapferen Bekämpfers der Irrlehren des Arius – eingesetzt hatte. Er warnte in diesem Briefe die beiden königlichen Brüder vor dem „wegen vieler Verbrechen abgesetzten" Athanasius. Konstantius hatte jedoch mit seinem Briefe keinen Erfolg, die Fürsten ließen sich nicht beirren. Wann Frumentius und Aedisius starben, ist unbekannt. Als Todesjahr des Frumentius wird 380 angegeben. Die Abessinier bezeichnen den Heiligen mit dem Ehrennamen ‚Abba Salâma' – Vater des Friedens.
Der hl. Frumentius wird dargestellt: Hostie in der Hand, Neger um sich.

Die heilige Maria von Ägypten *(Gedenken: 2. April)*

In der Lebensgeschichte der hl. Büßerin Maria von Ägypten überwiegt das Legendäre, dennoch ist die Tatsache historisch gesichert, daß es eine heilige Einsiedlerin dieses Namens im 5. Jahrhundert in Palästina gegeben hat, zu deren Grab gepilgert wurde. Auch hat die eigenartige Gestalt dieser großen Sünderin, die in einem strengen Bußleben zur Heiligen heranwuchs, viele Künstler inspiriert. Meist wird sie abgebildet ohne Kleider, nur von ihrem Haar wie von einem Gewand bedeckt, als alternde Frau oder Mohrin, drei Brote in der Hand. Im Campo Santo in Pisa sieht man, wie der Abt Zosimus ihr die letzte hl. Kommunion reicht. Die gleiche Szene machte Giotto zum Gegenstand seines Bildes im Bargello in Florenz. Ribera gab sie in realistischer Manier wieder, als ausgemergelte alte Frau, nur dürftig mit einem Mantel verhüllt, neben sich Totenschädel, doch mit einem schönen Ausdruck des Gesichtes und voller Inbrunst ins Gebet vertieft. In München hängt eine Darstellung ihres Todes von Barroccio, wo sie von Engeln in den Himmel getragen wird; auch Dürer verdanken wir einen eindrucksvollen Stich der Maria Aegyptiaca. Die geheimnisvollste Darstellung aus ihrem Leben in der Wüste aber hat wohl Tintoretto für die Scuola di S. Rocco in Venedig gemalt. Auch die modernen Maler hat ihre seltsame Geschichte beschäftigt; so hat Emil Nolde um 1912 mehrere Szenen aus ihrem Leben geschildert.

Ebenso merkwürdig wie die Bilder, die von ihr geschaffen wurden, ist ihre legendäre Geschichte, von der wir aus der ‚Legenda aurea' erfahren, die sie nach alten Überlieferungen aus dem 7. Jahrhundert erzählt. Da wird geschildert, wie ihr der greise Abt Zosimus, als er durch die Wüste zog, begegnete. Er erblickte plötzlich ein menschliches Wesen, dessen Leib nackt schien, das aber von der Sonne ganz schwarz gebrannt und nur von langem weißem Haar bedeckt war. Die Büßerin floh, als sie ihn sah. Als er ihr aber seinen Mantel reichte, um sich damit zu verhüllen, rief sie ihn mit seinem Namen an und erbat seinen Segen. Voller Erstaunen über dieses Wissen, bestand er darauf, sie möge ihm sagen, wer sie sei. Da begann sie zu erzählen: „Wisse, Bruder, ich bin in Ägypten geboren; als ich zwölf Jahre alt war, kam ich nach Alexandria und verfiel einem sittenlosen Leben wohl an die siebzehn Jahre lang. Zügellos wie ich war, verweigerte ich niemanden meinen Leib, und es gab keine größere Sünderin als mich. Als nun einstmals Leute zu einer Wallfahrt nach Jerusalem aufbrachen, um dort das heilige Kreuz zu verehren, gesellte ich mich zu ihnen und fragte sie, ob sie mich mitnähmen, denn ich glaubte, ich könne mein schändliches Gewerbe auch dort ausüben. Anstelle des Fährlohns gab ich mich den Schiffern hin. Da ich nun nach Jerusalem kam, wollte ich mit den anderen Pilgern in die Kirche gehen, um das heilige Kreuz zu sehen. Doch siehe, an der Tür wurde ich plötzlich von einer unsichtbaren Macht zurückgestoßen und konnte mit dem besten Willen nicht hineingelangen. Als ich aber sah, daß alle anderen ungehindert hineingingen, verstand ich mit einem Mal, daß meine eigene Sündigkeit daran schuld sein müsse. Ich zerschlug meine Brust und weinte bitterlich, weil mir die ganze Scheußlichkeit meines Lebens vor Augen stand. Während ich jammerte und klagte, erblickte ich wie von ungefähr ein Bild der heiligsten Jungfrau Maria an die Wand gemalt. Zu ihr betete ich nun unter Tränen, sie möge mir Barmherzigkeit erweisen und mir Vergebung meiner Sünden erwirken. Ich gelobte ihr, ich wolle der Welt entsagen, Buße tun und fortan ein Leben der Reinheit führen. Da empfand ich Trost in meinem Herzen. Vertrauensvoll ging ich zur Kirche und konnte jetzt ungehindert hineingehen. Beim Hinausgehen wandte ich mich noch einmal an die Mutter unseres Erlösers und hörte eine Stimme, die sprach: „Geh über den Jordan, dann wirst du vollkommene Ruhe finden." Dann ging ich zu einem Bäcker, kaufte drei Brote und machte mich auf den Weg über den Jordan in die Wüste.
Hier lebe ich nun siebenundvierzig Jahre und habe in der Zeit keinen Menschen gesehen. Die drei Brote sind hart geworden wie Stein, aber sie reichten die ganzen Jahre zu meiner Nahrung. Meine Kleider sind mir vom Leib gefault, Hitze und Kälte hatte ich zu ertragen, Hunger und Durst quälten mich. Siebzehn Jahre lang bin ich von fleischlichen Anfechtungen gepeinigt worden, aber ich habe sie besiegt mit der Hilfe Gottes. Siehe, nun habe ich dir alles erzählt, du aber bitte Gott für

mich!" – Da fiel der Greis nieder und lobte den Herrn in seiner Dienerin. Dann flehte sie ihn an, für sie zu beten und ihr im kommenden Jahr am Gründonnerstag den Leib des Herrn zu bringen.
Der Greis kehrte in sein Kloster zurück, und übers Jahr machte er sich rechtzeitig auf, um ihr die heilige Hostie zu bringen, wie sie ihn gebeten hatte. Als er am Abend zum Flusse Jordan kam, sah er sie schon am anderen Ufer stehen. Er sah, wie sie das Wasser mit dem Kreuzzeichen bezeichnete und dann über das Wasser schritt wie auf festem Lande. Da erschrak er sehr und fiel ihr demütig zu Füßen, sie aber wehrte ihm und sagte: „Vater tue das nicht, denn du bist ein Priester und trägst den Leib des Herrn", und sie empfing das heilige Abendmahl voller Andacht aus seiner Hand. Dann bat sie ihn, übers Jahr wieder zu ihr zu kommen, machte wiederum das Zeichen des Kreuzes und verschwand in der Wüste.
Als nun Zosimus in der folgenden Fastenzeit wieder an den Ort kam, wo er sie das erste Mal getroffen hatte, fand er sie tot daliegen. Bei ihrem Leichnam lag ein Zettel, auf dem stand, daß sie Maria heiße, und ihn bat, er möge ihren Leib zur Erde bestatten und für sie beten. Daraufhin versuchte er mit seinen schwachen Kräften ein Grab für sie auszuheben, vermochte es aber nicht. Doch sah er einen Löwen, der hinzutrat, den bat er, ihm zu helfen. Und der Löwe grub willig das Grab für die heilige Büßerin und ging danach davon, sanft wie ein Lamm. Zosimus aber kehrte, als er sie würdig bestattet hatte, in sein Kloster zurück und lobte Gott.

Der heilige Guido von Pomposa

Guido oder Wido, im Französischen Guy, kommt aus dem Althochdeutschen und bedeutet der ‚Mann aus dem Walde'.
Die Vita des hl. Guido von Pomposa hat wenig legendären Charakter. Er war ein Zeitgenosse des hl. Ulrich von Augsburg (s. 4. Juli) und des hl. Petrus Damiani (s. 21. Februar). Geboren wurde er um 970 zu Casamar bei Ravenna.
Entgegen dem Rat seines Vaters, sich zu verheiraten, wählte er den geistlichen Stand. Zunächst wandte er sich nach Rom, kehrte aber auf eine Weisung des Himmels nach Ravenna zurück und begab sich zu dem hl. Einsiedler Martinus, bei dem er drei Jahre zubrachte. Dieser schickte ihn dann nach Pomposa zu dem Abt Guglielmus, der zu dieser Zeit dem Benediktiner-Kloster vorstand. Als der Abt von Pomposa sich in die Einsamkeit zurückgezogen hatte und sein Nachfolger gestorben war, wählten die Mönche Guido zu ihrem Abte, welches Amt er übrigens nur auf ausdrücklichen Befehl seines einstigen Lehrers Martinus annahm.

Guido leitete das Kloster 48 Jahre lang, und es gelangte unter ihm zu großer Blüte. So verdoppelte sich die Zahl der Mönche, und es mußte noch ein anderes Kloster gebaut werden, weil die alten Räumlichkeiten nicht ausreichten. Auf Veranlassung des Abtes hielt der hl. Petrus Damiani zwei Jahre lang Vorträge bei den Benediktinern Pomposas; er widmete dem Abte Guido, der viele Reformen in seinem Kloster eingeführt hatte, seine Schrift ‚Von der Vollkommenheit der Mönche'. Als der hl. Guido das Ende seines Lebens herannahen fühlte, zog auch er sich in die Einsamkeit zurück, um sich dort auf seinen Tod vorzubereiten. Um diese Zeit kam Kaiser Heinrich II. nach Italien. Der Herrscher hatte viel von der Weisheit und Frömmigkeit des hl. Guido gehört, und es verlangte ihn, seine Bekanntschaft zu machen. Er ließ also den Abt zu sich nach Piacenza kommen. Nur ungern folgte der Heilige diesem Rufe. Ehe er sich auf den Weg machte, nahm er von seinen Brüdern Abschied, wobei er andeutete, daß sie ihn nicht wieder sehen würden. In Borgo San Donnino wurde Guido krank und starb dortselbst am dritten Tage nach seiner Ankunft, am 31. März 1046.
Schon zu seinen Lebzeiten hatte der hl. Abt mit Gottes Hilfe Wunder gewirkt, aber nach seinem Tode bestätigte Gott seine Heiligkeit durch weitere wunderbare Geschehnisse. Zunächst bestattete man seinen Leib in Parma, wo er sieben Monate blieb. Auf seine Fürbitte geschahen viele Wunder an Kranken, so daß das Volk von Parma seine Reliquien nicht wieder hergeben wollte. Kaiser Heinrich II. jedoch ließ den Leib des Heiligen zunächst nach Verona in die Kirche des hl. Zeno bringen, überführte ihn dann aber nach Speyer, wo er feierlich beigesetzt wurde und sich großer Verehrung erfreute. Nach der Französischen Revolution kamen seine Reliquien in die St. Magdalenen-Kirche, ebenfalls in Speyer, wo sie sich heute noch befinden.
Darstellung: als Einsiedler betend, mit Schiff, das wunderbarerweise erschien, als er Gott darum bat.

Ein anderer Heiliger des gleichen Namens ist Guido von Anderlecht, dessen Festtag am 12. September ist. Dieser ist Patron der Glöckner, Mesner und Sakristane. Er wird dargestellt in Bauernkleidung oder Pilgertracht mit einem Ochsen.

Der heilige Hugo von Grenoble

Es gibt drei bedeutende Heilige dieses Namens, deren Gedenktage alle im April liegen: den hl. Hugo von Rouen, der im achten Jahrhundert lebte (Fest 9. April), den hl. Hugo von Cluny, Nachfolger des Abtes Odilo, der dieses große Benediktinerkloster und seinen Einfluß für ganz Europa auf den Höhepunkt führte (Fest 28. April), schließlich den hl. Hugo von Grenoble, der am 1. April 1132 starb und schon 1134 durch Papst Innozenz II. auf dem Konzil zu Pisa heiliggesprochen wurde.

Hugo kommt aus dem Althochdeutschen und bedeutet ‚der Kluge – der Denkende'. Hugo von Grenoble wurde um 1053 zu Châteauneuf an der Isère als Sohn eines Soldaten geboren. Zunächst einfacher Kanonikus von Valence, hob er sich durch seinen frommen Eifer, sein Wissen und die Lauterkeit seines Wesens frühzeitig hervor, so daß er von dem päpstlichen Legaten gleichen Namens, der sich auf einer Visitationsreise in Südfrankreich befand, als Begleiter ausgewählt wurde. Hugo kam mit dem Legaten anläßlich des Konzils auch nach Avignon; dort erhielt er die Weihen. Die Kirchenväter rügten den Verfall des Bistums Grenoble, und es wurde die Frage eines Nachfolgers des dortigen Bischofs erörtert. Da mag schon der Name des jungen Geistlichen gefallen sein, denn als nun der Klerus von Grenoble sich von dem Legaten den Priester Hugo als Oberhirten ausbat, befürwortete dieser die Wahl. Zwar wehrte sich Hugo zunächst sehr dagegen, da er sich der Würde in seiner Bescheidenheit nicht gewachsen fühlte. Der Legat jedoch verpflichtete ihn zur Annahme und nahm ihn mit nach Rom, wo er die Bischofsweihe aus der Hand des Papstes Gregor VII. empfing. Er wurde dann auch ein eifriger Anhänger von dessen Reformideen.

Tief bedrückte den jungen Kirchenfürsten die Unordnung und religiöse Verwahrlosung, in der er sein Bistum vorfand. Mit Fasten, nächtlichem Gebet, Geißelung und Askese aller Art verzehrte er sich in schweren Bußübungen, weil er dadurch die Gnade Gottes für die Besserung der ihm Anvertrauten zu erlangen hoffte. Mehrmals war er versucht, zu resignieren. Immer wieder bat er in Rom um Enthebung von seinem Amte. Durch die Erfolglosigkeit seines Wirkens zutiefst niedergeschlagen, verließ er sogar einmal sein Bistum ganz, um sich entmutigt in das Kloster Cluny zurückzuziehen. Papst Gregor indessen, der seiner Hilfe bedurfte, befahl ihm, sein Amt weiter auszuführen. Gehorsam kehrte der Heilige nach Grenoble zurück und nahm seine Arbeit als Prediger und Seelsorger wieder auf.

Von nun an zeitigte sein großer Eifer, den er immer noch mit strengen Bußwerken verband, bessere Ergebnisse. Er war rastlos für seine Diözese tätig, durchwanderte selber seinen Sprengel und besuchte die Hütten der Armen, und waren sie noch so abgelegen. Überall verkündete er Gottes Wort, hörte Beichte, schlichtete uralte Feindschaften unter den starrsinnigen Bauern der Dauphiné. Auf diese Weise gewann das Volk allmählich wieder Vertrauen zu seinem Bischof und folgte ihm ins Gotteshaus. Mit der wachsenden Zuversicht in seine Tätigkeit erzielte der Heilige immer größere Erfolge. In Notzeiten zeigte er sich barmherzig gegen die Hungernden, mit Strenge und glühender Beredsamkeit setzte der sonst so stille Mann sich ein, wenn es um Recht und Ansehen der Kirche ging.
Hugo von Grenoble war es auch, der dem hl. Bruno, dem Gründer der Kartäuser (s. 6. Oktober), einen Wohnsitz im Chartreuse-Tal anwies. In einem Traumgesicht war ihm die Ankunft des Heiligen und seiner sechs Gefährten angekündigt worden. Nun trug er alles in seinen Kräften stehende dazu bei, daß sie ihr erstes Kloster, die große Kartause, errichten konnten und förderte den Orden, wo er konnte. Die Hilfe der Kartäuser erwies sich fortan bei seinen Bemühungen, das Volk wieder für die religiösen Ideale zu begeistern, als sehr nützlich. Der Bischof liebte die Gesellschaft der schweigenden Mönche und suchte sie oftmals auf; dann teilte er ihren klösterlichen Tag mit ihnen und lebte ganz dem Gebet und der Buße hingegeben. Gerne hätte er die Kutte dieses Ordens anbehalten, aber sie war nicht für ihn bestimmt; die Pflichten, die das Leben der Welt von ihm forderten, riefen ihn immer wieder hinaus. Über fünfzig Jahre war er im Amte, viele Anfeindungen, viel Schweres mußte er erdulden, aber er ließ nicht nach in harter Selbstüberwindung. Hugo hatte auch die Exkommunikation Kaiser Heinrichs V. auf der Synode von Vienne im Jahre 1112 veranlaßt. Aufopfernd lebte er der Arbeit für sein Bistum, bis Gott den Achtzigjährigen, wahrhaft einen getreuen Diener des Herrn, zu sich heimrief. Der Leib des Heiligen wurde in der Marienkirche von Grenoble beigesetzt.
Der hl. Hugo von Grenoble wird dargestellt als Bischof im Kartäuserhabit, mit Schwan – weil er die Einsamkeit so sehr geliebt hat –, mit sieben Sternen, die den hl. Bruno und seine Gefährten bedeuten, dessen Stiftung er mit allen Kräften unterstützt hatte; manchmal auch mit drei Blumen in der Hand. Er ist Helfer gegen Kopfschmerzen, weil er selbst durch sein überstrenges Fasten daran litt.

Am gleichen Tage gedenkt die Kirche auch der HL. THEODOSIA, einer jugendlichen Märtyrerin aus Cäsarea, die am 1. April 308 von Soldaten ergriffen und ins Meer geworfen wurde, weil sie mit christlichen Gefangenen gesprochen hatte.

Franz von Paula

Der heilige Eremit Franz von Paula war der Gründer der ‚Minimen' oder Mindesten Brüder, die auch ‚Paulaner' genannt werden. Das Hauptkloster des Ordens befindet sich heute in Rom. Franz, später ‚de Paula' genannt, stammte aus Kalabrien und wurde am 27. März 1416 in Paola als Sohn armer Eltern geboren. Seinem Vater Jacob Martotilla und seiner Mutter Vienna war er auf die Fürbitte des hl. Franziskus von Assisi hin nach langjähriger kinderloser Ehe geschenkt worden, und sie versprachen den Sohn aus Dankbarkeit dem Kloster der Franziskaner. Dorthin brachten sie ihn in seinem dreizehnten Lebensjahr; aber wenn er auch dienend – er arbeitete bei den Mönchen als Küchenjunge – sich in das Klosterleben einfügte, konnte er sich zum Eintritt in den Orden nicht entschließen. Eine Wallfahrt, die er mit seinen Eltern nach Rom und Assisi machte, ließ in ihm den Entschluß reifen, sich als Eremit ganz in die Einsamkeit zurückzuziehen.

So suchte sich der erst Fünfzehnjährige mit Erlaubnis seiner Eltern und Billigung der Kirche eine versteckte Felsenhöhle in den Bergen Kalabriens, wo er sich einem Leben, erfüllt von innigem Gebet und harter Buße, hingab. Sein Nachtlager war ein Stein, seine Nahrung die Kräuter des Waldes. Schon bald gesellten sich ihm gleichgesinnte Brüder zu, so daß am Orte seiner Abgeschiedenheit nach und nach Zelle um Zelle entstand mit einem Kirchlein als Mittelpunkt. Franz schloß seine Anhänger nun zu einer Ordensgemeinschaft zusammen, die er ‚Minimi' – die Allergeringsten – nannte. Seine Regel kannte nur Arbeit, Nachtwachen, Stillschweigen, Gebet und Fasten; ja, er erhob das lebenslängliche Fasten geradezu zu einem vierten mönchischen Gelübde. Trotz der unbeugsamen Strenge, trotz der äußersten Entsagung, die er von sich und seinen Gefährten forderte, mehrten sich die Bußwilligen, die um Aufnahme baten. Mit Genehmigung des Bischofs von Cosenza und der Hilfe von Wohltätern erbaute er 1454 ein Kloster; allmählich entstanden noch eine ganze Reihe weiterer Paulanerklöster an anderen Orten in Italien, aber auch in Frankreich, Spanien und Deutschland.

Franz von Paula besaß in hohem Maße die Gabe der Weissagung und die Wundergabe der Krankenheilung. Die Kunde von dem hl. Eremiten verbreitete sich über das ganze Land. Das Landvolk kam vertrauensvoll zu ihm mit seinen Nöten. In seinem Gärtlein zog er heilkräftige Arzneikräuter, die er beratend und helfend voller Liebe austeilte. So heilte er eine bis dahin von den Ärzten als unheilbar erklärte Krankheit, was im Prozeß seiner Heiligsprechung später ausdrücklich bezeugt wurde. Mit der Kraft Gottes machte er Blinde sehend, gab Stummen das Gehör und erweckte sogar Tote zum Leben. Die zahlreichen Wunder, die er wirken durfte, vermochten aber seine Demut nicht anzugreifen. Sein Leitsatz war, „alles in Liebe" zu tun. Er blieb deshalb immer der schlichte, ungelehrte Waldbruder, auch wenn Fürsten und Könige, ja sogar die Päpste seiner Zeit ihn um Rat angingen. Bei Papst Sixtus IV. stand der Einsiedler in hohem Ansehn, die hohe römische Geistlichkeit fragte ihn oft um seinen Rat. Auch an Frankreichs Hof drang sein Ruf. Der todkranke König Ludwig XI. sandte seine Boten mit Geschenken aus, die Franz bewegen sollten, zu ihm zu kommen und ihn zu heilen. Mit Verachtung wies er die Geschenke von sich und lehnte ab. Erst als der Papst ihm befahl, diese Bitte zu erfüllen, reiste er zu dem Sterbenden und verhalf ihm, der sich lange sträubte, seine Verfehlungen zu beichten und zu bereuen, zu einem friedlichen Tod in seinen Armen.

Auf Bitten von des Königs Nachfolger Karl VIII. blieb der hl. Franz von Paula von nun an in Frankreich, wo ihm der neue Monarch im Park von Pléssis-les-Tours und in Amboise Klöster errichten ließ. Noch über zwanzig Jahre konnte der Heilige durch Wort und Beispiel seinen Einfluß ausüben. Liebevoll und barmherzig gegen die Hilfesuchenden, hart und streng gegen jene, die Unrecht taten und dem üppigen Wohlleben der Zeit frönten, war sein Leben strengster Abtötung ein dauernder Anruf zur Besinnung für seine Umwelt. Auf sein Gebet hin bekam die Königin Anna von Bourbon, die Gemahlin Peters II., Zwillinge; Louise von Savoyen kündigte er die Geburt des nachmaligen Königs Franz I. an – worauf seine Patronate gegen Unfruchtbarkeit und zur Erlangung männlicher Nachkommenschaft zurückgehen. Die letzten Monate seines Lebens schloß sich der heilige Eremit in eine Zelle des Kloster Pléssis-les-Tours ein, um sich in der Abgeschiedenheit auf den Tod vorzubereiten. Er starb mit einundneunzig Jahren am 2. April 1507 und wurde 1519 von Papst Leo X. heiliggesprochen. Sein Leib, der in der Kirche des Klosters Pléssis beigesetzt worden war, wurde 1562 von den Kalvinisten verbrannt.

Dargestellt wird der hl. Franz von Paula in einem schwarzen Ordenshabit, dessen Halskragen bis über den Gürtel herunterreicht, das Wort ‚Caritas' in einer Glorie über ihm oder auf seinem Stab; als Asket mit Geißel und Totenkopf. Er ist Patron der Einsiedler und hilft bei der Pest, von der er durch sein Gebet verschiedene Städte wie Neapel, Fréjus und andere Orte befreit hat.

Legende

Wie wir bereits erfahren haben, versuchte der kranke Ludwig XI. *den hl. Franz mit allen Mitteln zu bewegen ihn zu heilen. Nun brachte der König selbst ihm eine volle Schüssel Goldddukaten, damit er sie zum Bau eines Klosters in seiner Heimat Neapel verwende.*

Franz aber erwiderte: „Majestät, geben Sie dieses Geld Ihrem Volke zurück, von dem Sie es durch ungerechte Abgaben erpreßt haben. Es klebt das Blut der Armen daran und ein solches Almosen ist ein Greuel vor unserem Herrn." Sogleich zerbrach er einen Dukaten und vor den Augen des staunenden Königs flossen einige Tropfen Blut heraus. Daraufhin prophezeite Franz, daß des Königs Tod nahe sei und er sich auf sein Lebensende vorbereiten müsse. Ludwig befolgte den Rat und starb in Frieden mit Gott.
Weil man überall nach Klöstern seines Ordens verlangte, hatte der Heilige mehrere Reisen zu machen. So mußte er sich denn auch einmal nach der Insel Sizilien begeben. Von einem Bruder begleitet, ging er ans Ufer des Meeres und wollte ein Schiff besteigen. Der Schiffskapitän aber weigerte sich, die beiden armen Männer ohne Geld aufzunehmen. Da fiel der Heilige auf seine Knie nieder, betete, stand auf, warf seinen Mantel auf das Meer, den Mantel des Bruders aber befestigte er wie ein Segel an seinem Stabe, und beide stiegen getrost auf den Mantel wie auf die Planken eines Schiffes. Wellen und Wind führten sie sanft davon. Mitten auf dem Meer trafen sie das Schiff, das sie nicht hatte mitnehmen wollen. Die Schiffsleute kamen vor Verwunderung, als sie die beiden auf dem Mantel sahen, außer sich und baten sie inständig, einzusteigen. So gelangte der Heilige glücklich nach Sizilien.

DER HEILIGE RICHARD VON CHICHESTER *(Gedenken: 3. April)*

Der hl. Richard von Chichester ist Patron der Fuhrleute, weil er auch als Pflugknecht gearbeitet hat. Er wird dargestellt mit Kelch zu Füßen, oder Kleidungsstücke an Arme verteilend, auch als Kirchenerbauer mit einem Plan vor sich, oder mit der Muttergottes, die ihm erschien.
Richard de Wych wurde geboren zu Droitwich in Worcestershire um 1197 als Kind einer adeligen, aber mittellosen Familie. Zunächst studierte er in Oxford und Paris, war aber so arm, daß er sein Zimmer mit zwei anderen Studenten teilen mußte. Zusammen besaßen sie nur einen einzigen Mantel, so daß sie bei Kälte nur abwechselnd ausgehen konnten. Später setzte Richard sein Studium in Bologna fort, um kanonisches und römisches Recht zu lernen. 1235 kehrte er nach Oxford zurück und wurde dort Kanzler an der Universität. In dieser Eigenschaft kam er nach Canterbury, wo sein Freund, der hl. Edmund Rich, zu dieser Zeit Erzbischof war. Durch dessen Vermittlung erhielt er das Amt eines Kanzlers in

Canterbury. Der hl. Edmund hatte im Kampfe für die Rechte der Kirche unter Heinrich III. viel zu erleiden; weil ihm keine Hilfe zuteil wurde, verließ er heimlich seine Residenz und begab sich 1240 ins Zisterzienserkloster Pontigny bei Auxerre und dann ins Chorherrenstift Soissy, wo er am 16. November des gleichen Jahres starb. Richard, der seinen Freund ins Exil begleitet hatte, ging nach Orleans, um dort bei den Dominikanern Theologie zu studieren. Wieder in die Heimat zurückgekehrt, empfing er die Priesterweihe.

1244 wurde er zum Bischof von Chichester gewählt. Seine Wahl wurde jedoch von König Heinrich III., der ihn als früheren Kanzler und Freund des Erzbischofs Edmund mit seinem Haß verfolgte, nicht gebilligt. Der König verschloß das bischöfliche Palais und entzog dem Bischof jegliches Einkommen, so daß Richard sich gezwungen sah, an fremden Tischen zu speisen. Erst zwei Jahre später gab der König auf Drängen des Papstes und der übrigen Bischöfe nach und setzte Richard in den Besitz seines Bistums.

Der Heilige bemühte sich besonders um Hebung des geistlichen Lebens im Klerus und die würdige Ausgestaltung des Gottesdienstes. Er war von selbstaufopfernder Güte gegen die Armen. Frühzeitig wurde seine ohnehin schwache Gesundheit aufgerieben durch seine rastlose apostolische Wirksamkeit und seine glühenden Predigten. Als Kreuzzugsprediger kam er nach Dover am Ärmelkanal, und dort ereilte ihn der Tod am 3. April 1253. Der hl. Bischof wurde in der Kathedrale von Chichester beigesetzt. An seinem Grabe geschahen so viele bemerkenswerte Wunder, daß er schon 1262 von Papst Urban IV. kanonisiert wurde.

Legende

Über den hl. Bischof Richard sind Wunder und Zeichen vermeldet, die darauf hinweisen, daß er in der Gnade Gottes stand. So geschah es einmal während der Messe, daß ihm, als er den konsekrierten Kelch hochhob, um ihn dem Volke zu zeigen, dieser seinen Händen entglitt, aber wunderbarerweise nicht ein Tropfen davon ausfloß – das Allerheiligste blieb an seinem Orte! – Der Heilige war bekannt für seine übergroße Freigebigkeit und Hilfsbereitschaft. Als ihm während einer Teuerung gemeldet wurde, daß alle Vorräte aufgezehrt und kein Geld mehr vorhanden sei, befahl er, seine Pferde und alle Kostbarkeiten zu verkaufen und den Erlös zum Ankauf von Getreide für die Armen zu verwenden. So gab er alles, was ihm gehörte, dahin, ja ließ sogar sein Silbergeschirr für die Armen verpfänden. Nun wunderte sich aber ein jeder, daß er bei so grenzenloser Wohltätigkeit immer wieder Geld und Lebensmittel austeilen konnte. Es muß also als ein Wunder betrachtet worden sein, daß ihm immer etwas zum Geben blieb.

Der heilige Isidor von Sevilla

Der hl. Isidor von Sevilla wurde erst 1596 kanonisiert. Papst Innozenz XIII. hat ihn 1722 zum Kirchenlehrer erhoben. Gelebt hat der Nationalheilige Spaniens im 7. Jahrhundert. Er war einer der gelehrtesten Männer seiner Zeit und hat sich um die abendländische Kultur ebenso verdient gemacht wie Boethius und Kassiodor. „Als der größte Enzyklopädist und Kompendiator, den es vielleicht gegeben hat, beherrscht er alle Gebiete des Wissens seiner Zeit" (Ebert). Sein Hauptwerk ist die zwanzigbändige ‚Etymologiae', die er nach den sieben freien Künsten anordnete, seine wichtigste theologische Schrift die dreibändigen ‚Sententiae', die das erste lateinische Kompendium der Dogmatik und Moral bilden. Er hat auch mehrere Geschichtsbücher verfaßt. Isidor wurde auch „der große Schulmeister des Mittelalters" genannt, weil seine Werke jahrhundertelang benutzt wurden. Sein Name steht im Martyrologium Romanum am vierten April 1598; im Jahre seiner Heiligsprechung verfaßte der spanische Dichter Lopez de Vega ihm zu Ehren zahlreiche Gedichte. Schon Dante hatte den Heiligen zusammen mit dem hl. Beda in seinem ‚Paradies' erwähnt.

Dargestellt wird der Heilige als Bischof im weißen Gewand mit Buch und Federkiel. Juan de las Roelas hat ihn in der ihm geweihten Kirche in Sevilla gemalt, wie er, umgeben von Klerus und Volk, auf den Stufen des Altars stirbt, während Christus und Maria in den Wolken Siegeskränze für ihn bereit halten. In der Kathedrale von Sevilla befindet sich ein berühmtes Gemälde von Murillo, das ebenfalls den hl. Isidor zum Gegenstand hat.

Der hl. Isidor von Sevilla darf nicht verwechselt werden mit seinem Namensvetter, dem hl. Isidor mit dem Beinamen der Bauer. Er wird mit Dreschflegel oder mit Engeln, die ein Feld pflügen, dargestellt (s. 10. Mai).

Isidor wurde um 560 zu Cartagena (das neue Carthago) in Spanien geboren. Sein Vater war Stadtpräfekt und hieß Severian; seine Mutter Theodora soll eine Tochter Theoderichs gewesen sein. Seine Geschwister waren der hl. Leander, Erzbischof von Sevilla, Fulgentius, ebenfalls Bischof, und die hl. Florentina.

In seine Jugendzeit fallen wichtige Entscheidungen der Kirche. Wenn auch die Lehre der Arianer schon auf dem Konzil von Nicea verworfen worden war, kam der Arianismus durch die Westgoten zu einer neuen Blüte. Zwei Konzile hatten sich erneut mit dieser Frage beschäftigt, weil sich der König Leovigild hartnäckig weigerte, seinen arianischen Glauben aufzugeben, und mit ihm die Mehrzahl der Westgoten Arianer geblieben waren. (Siehe hierzu den hl. Hermenegild, 13. April.) Es ist daher gut begreiflich, daß der Bischof von Sevilla, Leander, seinem jüngeren Bruder Isidor, der zur Erziehung in seinem Hause weilte, eine strenge theologische Ausbildung angedeihen ließ. Schon bald entwickelte sich der junge

Mann zu einem gründlichen Kenner der theologischen Wissenschaften. Zum Priester geweiht, bildete sein Wissen die Grundlage für seinen Kampf gegen die arianische Lehre, gegen die er mutig öffentlich auftrat. All sein Können setzte er zum Wohle der römisch-katholischen Kirche ein.

Nach dem Tode seines Bruders wurde Isidor einstimmig von Volk und Geistlichkeit zu dessen Nachfolger gewählt. Als Bischof förderte er die Wissenschaften, gründete Schulen und Klöster und betätigte sich auf literarischem Gebiete. Zwei berühmte Synoden, die eine zu Sevilla 619, die andere zu Toledo 633, denen er vorstand, beschäftigten sich vor allem damit, wie der spanische Klerus am besten zu reformieren sei. Denn es war das Hauptanliegen des heiligen Bischofs, seiner Priesterschaft die geistigen Waffen zu verschaffen, damit sie den Angriffen der Arianer gewachsen waren und sich gegenüber dem einfachen Volk und den weltlichen Ständen durch ihr Wissen und ihre Bildung hervorhoben. Wichtig erscheint, daß Isidor der Schöpfer der morarabischen Liturgie ist. Man kann diese Konzilien als wichtige Etappen in der Entwicklung der spanischen katholischen Kirche bezeichnen. Einer seiner berühmtesten Schüler war Ildefons, nachmals Erzbischof von Toledo.

Isidor waren 35 Jahre segensreichen Wirkens vergönnt. Er wurde noch während seiner Lebzeit und nach seinem Tode durch Wunder ausgezeichnet. Als er den Tod nahen fühlte, ließ er sich, von zwei Diakonen gestützt, in die Kirche tragen, wo er an den Stufen des Altars am 4. April 636 sein Leben aushauchte. Sein Leib wurde im Dom von Sevilla neben seinen Geschwistern beigesetzt. Im Jahre 1063 ließ König Ferdinand I. von Kastilien seine Gebeine nach León übertragen. (Siehe Legende).

Legende

Von diesem gelehrten und einflußreichen Heiligen erzählt man sich eine liebenswerte, sehr bezeichnende Legende. Als der Erzbischof Leander seinen kleinen Bruder zum Studium der Wissenschaften zu sich nach Sevilla hatte kommen lassen, nahm er sich des Knaben eifrig an. Aber diesem fiel das Lernen sehr schwer, und bald wurde er dessen überdrüssig. Kurz entschlossen lief er einfach davon. Vom langen Laufen ermattet, setzte sich Isidor an den Rand eines Ziehbrunnens, um sich auszuruhen. Da sah er zu seinen Füßen einen Stein, der viele Löcher aufwies, und am Brunnen sah er eine Walze, welche von einem Seile, das darüber gewunden war, viele Einschnitte hatte. Er sann hin und her, welches wohl die Ursache dieser Löcher im Steine und dieser Einschnitte in der Walze sei. Während er so nachdachte, kam eine Frau um Wasser zu schöpfen und fragte verwundert den schönen Knaben, was er da mache und woher er gekommen sei? Isidor aber fragte dagegen die Frau, wie die Löcher in den Stein und die Einschnitte in die Walze gekommen seien? Sie erklärte ihm freundlich, daß nach und nach die herabfallenden Wassertropfen die Löcher ausgehöhlt und das Seil durch das

Auf- und Abwinden in die Walze die Einschnitte gemacht habe. Der Knabe dachte nach, und plötzlich war es ihm, als sagte eine geheime Stimme in ihm: „Wenn der harte Stein durch die fallenden Wassertropfen ausgehöhlt worden ist und die Walze diese Einschnitte durch das öftere Auf- und Abwinden erhalten hat, um wie viel mehr kann ich mir viele Kenntnisse sammeln, wenn ich an jedem Tag auch nur ein wenig und das gut lerne." Dieser Gedanke gab ihm neuen Mut, und sogleich kehrte er wieder zu seinem Bruder nach Sevilla zurück, wo er nun mit beharrlichem Eifer in der Schule lernte und nach und nach die größten Fortschritte in den Wissenschaften erzielte.

Im Jahre 1063 sandte Ferdinand I. die Bischöfe Alvito von León und Ordoño von Astorga zusammen mit dem Grafen Muño nach Sevilla, um die Reliquien der hl. Justa zu holen, die sie jedoch nirgends entdeckten. Wie eine alte Chronik erzählt, erschien darauf dem Alvito im Traum die Seele Isidors von Sevilla und forderte ihn auf, statt dessen seine Gebeine nach León zu bringen. Der Kalif von Sevilla, der davon hörte, gab nicht nur sein Einverständnis zu dieser Übertragung, er warf vielmehr einen gestickten Seidenmantel über die Gebeine des großen Bischofs und Enzyklopädisten, wobei er in plötzlicher Erkenntnis der Gemeinsamkeit der Konfessionen – die schon sein Prophet Mohammed angedeutet hatte – den schönen Satz prägte: „Wisset, daß eure Sache auch die unsre ist." Als die Reliquien des hl. Isidor in León anlangten, wurden sie feierlich eingeholt und über ihnen die dem Heiligen geweihte Kirche erbaut.

Der heilige Vinzenz Ferrer

Unter den vielen Heiligen mit Namen Vincentius hat der Dominikaner Vinzenz Ferrer Weltberühmtheit erlangt. Die Wundertaten dieses Heiligen sind von Francesco del Cossa auf einem zauberhaften Predellenbild anschaulich geschildert, das sich heute im Vatikan befindet. Vinzenz konnte wie kein anderer in seiner Zeit die Massen seiner Zuhörer ganz in den christlichen Bann seiner flammenden Rede schlagen. Sein unerschütterlicher Glaube an Christus, sein vorbildliches Leben vermochte Viele zu bekehren und den rechten Pfad des wahren Glaubens zu finden. Als päpstlicher Beichtvater genoß er hohes Ansehen.

Geboren um 1350 als Sohn eines Notars in Valencia, trat Vinzenz 1367 in den Dominikanerorden ein, studierte Philosophie und Theologie und erwarb die

Doktorwürde. Er wurde Lehrer an der Domschule von Valencia und tat sich bald schon als Prediger hervor. Seit 1379 hatte er sich öffentlich für das avignonesische Papsttum eingesetzt. Früh schon hatte er Kardinal Pedro de Luna, den nachmaligen Gegenpapst Benedikt XIII., kennengelernt, der zu dieser Zeit am Hofe Karls VI. als päpstlicher Legat lebte. Vinzenz wurde Ratgeber des Königs Johann von Aragon und Beichtvater der Königin. Nachdem de Luna sich in Avignon als Nachfolger des schismatischen Papstes Clemens VII. zum Papst hatte krönen lassen, berief er den Heiligen an seinen Hof, wählte ihn zu seinem Beichtvater und ernannte ihn 1395 zum Magister des apostolischen Palastes. Vinzenz, der sich eifrig bemühte, der großen Kirchenspaltung entgegenzuwirken – obgleich er damals noch auf seiten Avignons stand –, wurde gefährlich krank. Auf seine inständigen Bitten, ihn zu entlassen, erlaubte ihm der Papst endlich im November 1399, seine große Missionsreise anzutreten. Vinzenz berief sich dabei auf eine Vision, in der Christus selbst ihm den Auftrag dazu erteilt und ihm damit auch zugleich seine Gesundheit zurückgegeben habe.
Seine erste große Reise führte ihn von 1399 bis 1409 über Spanien nach Frankreich, Oberitalien, die Schweiz und Deutschland. Als einer der größten Bußprediger des Mittelalters zog er mahnend und warnend umher. Er geißelte in freimütiger Offenheit die Vergehen seiner Zeit, die von Lauheit und Sittenverderbnis geprägt war. Er bekehrte unzählige Mauren und Juden und gewann Tausende, die vom Glauben abgefallen waren, durch seine Predigten für die Kirche zurück. Seine flammenden Reden fesselten alle, die zu ihm kamen, um ihn zu hören. Aber dabei gab es keinen, dem er nicht schonungslos die Wahrheit sagte. Er scheute sich nicht, Fürsten und Geistliche genauso scharf zu tadeln wie das gemeine Volk. Besonders eindrucksvoll war seine Verkündigung der Schrecken des bevorstehenden Weltendes. Seine Forderungen waren streng, aber sein eigenes Leben entsprach ihnen genau. Durch unablässiges Fasten, das er sein ganzes Leben lang eisern befolgte, wollte er Buße tun für das sündige Leben seiner Mitmenschen. Er gönnte sich nur fünf Stunden Schlaf und verbrachte viel Zeit im Gebet.
Nachdem Ferdinand I. von Aragon den Thron bestiegen hatte, wurde Vinzenz feierlich zu dessen Beichtiger und Hofprediger ernannt. 1412 bis 1414 hielt er sich wieder in Spanien auf. Da ihm aber immer stärkere Bedenken kamen, wer von den drei aufgestellten Päpsten der rechtmäßige sei, nannte er sich kurzerhand ‚Legat des Papstes Jesu' – legatus a latere Christi. Nach dem Konstanzer Konzil wandte er sich endgültig von Benedikt ab. In Perpignan kündigte Vinzenz Avignon am 6. Januar 1416 seine Gefolgschaft auf. Dann durchzog er drei Jahre lang Frankreich, gefolgt von einer Schar bußwilliger Jünger. Immer noch ging von seiner Person eine große Ausstrahlung aus. Allmählich war jedoch seine Gesundheit völlig erschöpft. Mit letzter Kraft suchte er die heilige Klarissin Coletta auf

und begab sich dann nach Vannes in der Bretagne, wo er am 5. April 1419 starb. Er wurde im dortigen Dom bestattet. Papst Calixtus III. sprach ihn am 19. Juni 1455 heilig.

Dargestellt wird der hl. Vinzenz Ferrer als predigender Ordensmann mit Buch, Kreuz oder brennendem Feuer, eine Sonne mit dem Monogramm Christi IHS auf der Brust, von bekehrten Mauren oder Juden umgeben; auch mit Flügeln als Engel der Apokalypse, deren Schrecken er den Menschen ausgemalt hatte. – Er ist Patron der Bleigießer, Dachdecker, Holzarbeiter und Ziegelmacher und wird bei Epilepsie, Besessenheit, Kopfweh und drohenden Gefahren angerufen. Die Gläubigen wenden sich an ihn um eine gute Heirat, Fruchtbarkeit und einen guten Tod.

Legendäres

Der Bußprediger Vinzenz Ferrer zog auf einem Esel einher, oft umgaben seine Kanzel an die achtzigtausend Menschen; diejenigen, die ihn gehört hatten, wollten ihn nicht wieder verlassen, so daß ihm Tausende folgten. Und Vinzenz sorgte wie ein Vater für seine Hörer: er führte immer mehrere Priester mit sich, die den Bekehrten die Beichte abhörten, auch hatte er Sänger und Orgeln bei sich für die Feier des Gottesdienstes, Notare und Schreiber, um bei Schlichtung von Streitigkeiten die Protokolle aufzunehmen, und Männer, die für Nahrung und Wohnung der Zuhörer sorgen mußten. Gewöhnlich predigte er täglich dreimal, ohne daß seine Stimme abnahm. Er besaß die Gabe der Sprachen. Er hielt seine Predigten nur in spanischer Sprache, dennoch verstanden ihn wunderbarerweise Franzosen, Italiener, Deutsche und Engländer, ja sogar Ungarn und Griechen. Zahllos sind die Wunder, die er wirkte. Er erweckte mehrere Tote zum Leben, vermehrte Brot und Mehl, heilte Blinde, Stumme, Lahme, Wahnsinnige; Kranke wurden gesund, wenn er ihnen die Hand auflegte.

Im Bistum Lausanne gab es Menschen, welche die Sonne anbeteten: als der Heilige zu ihnen kam, bekehrten sie sich. In Frankreich gab es ein Tal, welches wegen der Lasterhaftigkeit seiner Bewohner ‚Tal des Verderbens' hieß. Kein Missionar wagte sich dahin, Vinzenz aber hörte hiervon, ging hin, predigte und verwandelte diese abscheulichen Menschen in fromme Christen. Das Wunder war so offenkundig, daß das Tal von nun an ‚Tal der Reinheit' genannt wurde und heute noch heißt. Auch die Gabe der Weissagung hatte Gott ihm verliehen. So sagte er den Tod seiner Mutter und Schwester und den Tod des Königs von Sizilien voraus.

Der heilige Petrus Martyr

Der Dominikaner mit Namen Petrus wie der Apostelfürst ist einer unter der großen Anzahl von Heiligen des gleichen Namens. Er gilt als der ‚populärste Heilige Oberitaliens' und trägt seines gewaltsamen Todes wegen, den er für seinen Glauben erlitt, den Beinamen ‚der Märtyrer'. Schon ein Jahr nach seinem Tode wurde er heiliggesprochen. Hierzulande ist er nicht so bekannt geworden. Jedoch ist er oftmals bildlich verherrlicht worden, vor allem von oberitalienischen Künstlern, und stets mit dem Beil, das ihm tief in der Schädeldecke steckt.

Meistens ist er im Dominikanerhabit dargestellt, Finger auf dem Mund – als Zeichen des Schweigens –, mit Märtyrerpalme und Buch. In Sant' Eustorgio in Mailand steht das gotische Grabmal des Heiligen, an den Wänden der Kirche zeigen Fresken Szenen aus seinem Leben. In der Dominikanerkirche S. Maria Novella in Florenz hat Ghirlandaio Fresken geschaffen, auf denen der Tod des Heiligen geschildert wird. Überhaupt hat Leben, Wirken und Tod dieses großen Dominikaners noch viele andere Maler zu eindrucksvollen Bildern angeregt. Das berühmteste Gemälde von ihm schuf Tizian für die Kirche SS. Giovanni e Paolo in Venedig, dessen Original allerdings verbrannte und durch eine Kopie ersetzt wurde.

Der hl. Petrus Martyr ist Patron der Dominikaner, der Wöchnerinnen; sein Beistand wird angerufen gegen Häresie, gegen Kopfleiden, Blitz und Sturm.

Petrus aus Verona wurde um 1205 zu Verona in Oberitalien geboren. Seine Eltern hingen der ketzerischen Sekte der Katharer an, jenen Häretikern, die der Dominikanerorden vornehmlich bekämpfte. Seltsamerweise übergaben sie ihren Sohn einem katholischen Lehrer zur Erziehung, nichtahnend, daß dieser in dem Knaben die Grundlagen seines unbeirrbaren Glaubens legen würde. Der Einfluß der Eltern stieß schon frühzeitig auf stärkste Ablehnung ihres Sohnes. Mit fünfzehn Jahren kam Petrus an die Universität Bologna. Dort lernte er den neuen Orden des hl. Dominikus (s. 8. August) kennen. Bald schon war er davon so beeindruckt, daß er um Aufnahme bat und sie von dem Heiligen selbst erhielt. Der junge Novize zeigte von Anfang an ein vorbildliches Tugendstreben, wie es für einen so jungen Menschen ungewöhnlich ist. Nachdem der hl. Dominikus wenige Zeit später gestorben war, kannte Petrus nur ein Ziel, ihm in allem nachzueifern. Was sich der Gründer des Ordens in jahrelanger Übung und Erfahrung zu eigen gemacht hatte, wollte nun sein Jünger in übermenschlicher Anstrengung auf einmal erreichen:

er betete, fastete, studierte, tat Dienst an den Kranken und verrichtete die niedrigsten Arbeiten im Kloster, um sich der Demut zu befleißigen. Jedoch mutete er sich in seinem Übereifer zu viel zu und wurde sehr krank.
Nach seiner Wiederherstellung und erfolgter Priesterweihe durfte er nun endlich das heiß ersehnte Amt eines Predigers ausüben. Der redegewandte junge Priester fand eindringliche und mitreißende Worte, mit denen er seine Hörer zu packen wußte. Noch stand vor seinen Augen lebendig und verabscheuenswert der Irrglaube seiner Eltern; er wußte um die Gefahren, die falsche Lehren unter den Menschen anrichten konnten.
Immer wieder legte er in seinen Predigten den Glauben – das große Credo der Kirche – den Menschen auseinander. Mächtig erschütterte er die Herzen, das Volk strömte zusammen, um ihn zu hören. In kurzer Zeit wurde Petrus berühmt. Überall im Lande tauchte der Dominikanermönch auf, er sprach auf Kirchentreppen und öffentlichen Plätzen, ein regelrechter Menschenfischer, wie der Auftrag des Herrn an seinen Namenspatron, den Apostel Petrus, gelautet hatte. Seine Redegewalt wurde begleitet von der Gabe der Wunder, die seine Tätigkeit unterstützte. Das Volk liebte und verehrte ihn. Die Irrlehrer dagegen hegten einen tödlichen Haß gegen ihn. Mehrfach versuchten sie ihn zu verleumden; die bösen Anschuldigungen drangen sogar bis zu seinen Oberen, und er erduldete dieserhalb viel Ungemach. Aber die Kirche erkannte, welch einen großen Verteidiger der wahren Lehre sie in ihm besaß: Sie übertrug Petrus von Verona 1251 die Leitung der Inquisition für Oberitalien. Seine Mitbrüder aber erhoben ihn zum Prior des Klosters Como. Nun vermochte er noch schärfer gegen die Häresie anzukämpfen. Er baute seine Bekehrungsarbeit planvoll aus, übte jedoch im Gegensatz zu den Ausschreitungen, die im Namen der Inquisition oftmals begangen wurden, sein Amt als kirchlicher Untersuchungsrichter mit Güte und Gerechtigkeit aus. Er erlag nicht den Gefahren, denen die Inquisitionstribunale so oft in Händen von Eiferern ausgesetzt waren. Vor allem setzte der Heilige sich für die Bekehrung der Irrenden ein, nicht für ihre Bestrafung oder gar ihren Tod. Er verwandte viel Zeit und Mühe, um die Verhafteten zur katholischen Lehre zurückzuführen.
Aber lange Zeit konnte Petrus sein Amt nicht ausüben. Wegen der Entschiedenheit seines Handelns, wegen der Eindeutigkeit seines Bekenntnisses und seiner großen Erfolge, die ihre eigenen Reihen bedenklich lichteten, beschlossen die Katharer, den Heiligen zu töten. Sie erkundeten den Tag seines Aufbruchs aus dem Kloster Como, wo er die Osterfeiertage verbracht hatte. Als er sich auf dem Weg von dort nach Mailand befand, ließen sie ihn durch zwei gedungene Mörder überfallen, die ihm mit einem Beile den Kopf spalteten. Da er nicht sofort tot war, stießen ihm die Mörder noch einen Dolch in die Brust und stachen seinen Begleiter, der um Hilfe gerufen hatte, nieder. Der Heilige schrieb sterbend mit seinem eigenen

Blute das Wort „CREDO" in den Staub der Landstraße. Das geschah am 6. April 1252. Seine Leiche wurde nach Mailand gebracht.
Wunder über Wunder erblühten an der Bahre des Ermordeten. Die Lehre der Katharer konnte sich nicht mehr lange halten, wohingegen die Verehrung des Dominikaners Petrus Martyr sich immer mehr ausbreitete. 1969 verlegte man sein Fest vom 29. auf den 6. April. Im Mittelalter weihte man Petrus-Martyr-Wasser zum Schutz gegen böse Geister und bei Krankheiten, an seinem Festtag Palm- und Ölzweige gegen Unwetter. Seine Kopfreliquie befindet sich in Mailand, ein Finger des Heiligen in Como.

Legende

Wohl von kaum einem Heiligen der neueren Zeit werden so viele Wunder berichtet wie von dem Dominikaner Petrus dem Märtyrer. Aus der ‚Legenda aurea' vernehmen wir eine Fülle wunderbarer Begebenheiten, die sich an seine Person knüpfen, sei es zu seinen Lebzeiten oder nach seinem Tode, daß hier nur einige davon wiedergegeben werden können.
Es geschah einmal zu Mailand, daß man einen Ketzerbischof zum Verhör vor Petrus Martyr führte. Viele Menschen, geistliche und weltliche Würdenträger und eine Menge Volks kamen hinzu, aber das Verhör zog sich so lange hin, daß es Mittag darüber wurde und die heiße Sonne den Zuhörern sehr zusetzte. Da sprach der Ketzer vor allem Volk: „Warum läßt du die Menschen vor Hitze sterben? Wenn du so heilig bist, wie man sagt, warum bittest du Gott nicht, daß er eine Wolke kommen läßt, damit das Volk in dieser Glut nicht verderbe?" Petrus fragte ihn dagegen, ob er dem Irrglauben abschwören wolle, wenn er Gott bitten würde, das zu tun, was er begehrt habe. Und alle, die der Partei des Ketzers angehörten, riefen: „Gelob es ihm, gelob es ihm!" – denn sie glaubten, daß es nicht geschehen könne, weil auch nicht das kleinste Wölkchen am Himmel sich zeigte. Die Gläubigen dagegen fürchteten, daß ihr Glaube erschüttert werden könne. Petrus indessen sprach voller Gottvertrauen: „Zum Zeichen, daß der wahre Gott Herr ist über alles Sichtbare und Unsichtbare, den Frommen zum Trost, den Ketzern aber zum Schrecken, bitte ich Gott, daß er eine Wolke aufsteigen lassen möge, die sich zwischen die Sonne und das Volk lagere." Damit machte er das Zeichen des Kreuzes, und siehe, eine Wolke zog herauf und deckte das Volk gleich einem Zelt wohl über eine Stunde.
Einem Jüngling, den man zum Heiligen brachte, weil er stumm war, faßte er mit dem Finger in den Mund und löste ihm das Band seiner Zunge und gab ihm die Sprache wieder. Solches und noch vieles anderes wirkte der Herr durch Petrus, während er lebte.
Aber auch nach seinem Tode sind viele Wunder bezeugt, die durch ihn geschahen. Einmal saß ein Mensch mit anderen bei Tische und sprach Böses über den Heiligen und seine Wunder. Zur Bekräftigung vermaß er sich, wenn er übel geredet hätte, solle ihm der Bissen im Halse stecken bleiben, den er soeben herunterschlucken wollte. Alsbald fühlte er, wie der Bissen stecken blieb und er ihn weder herauf- noch hinunterwürgen konnte. Da bereute er, was er

gesagt hatte, aber schon wurde sein Gesicht dunkel, und er fühlte die Nähe des Erstickungstodes. Nun gelobte er in seiner Angst, er wolle dergleichen nie wieder sagen, und alsbald kam der Bissen zutage und er war erlöst.

Es geschah einmal, daß ein Schiff auf hohem Meere in Seenot geriet mitten in der Nacht. Man rief alle Heiligen um Hilfe an, jedoch wollte sich keine Rettung zeigen. Da sagte einer, der aus Genua kam: „Ihr lieben Brüder, habt ihr nicht vernommen, daß kürzlich einer mit Namen Petrus, vom Orden der Predigerbrüder, für den katholischen Glauben von Ketzern erschlagen worden ist und der Herr viele Zeichen durch ihn wirkte? Laßt uns demütig seinen Schutz anrufen, und ich hoffe, wir werden nicht betrogen werden." Da riefen sie alle zusammen die Hilfe des Heiligen an. Und während sie noch beteten, erschienen auf einmal in der Rahe unzählige Lichter, so daß die Finsternis wich und die schwarze Nacht in hellen Tag verwandelt wurde. Als sie nun aufsahen, erblickten sie einen Mann über dem Segel im Dominikanerkleid. Alsbald wurde das Meer ruhig, und sie kamen wohlbehalten in den Hafen von Genua. Da eilten sie zum Kloster der Predigermönche und dankten Gott und seinem Heiligen und erzählten von dem Wunder, das ihnen geschehen war.

Der heilige Papst CÖLESTIN I. (422-433), dessen Andenken die Kirche ehemals am 4., jetzt am 6. April feiert, ist durch seine scharfe Gegnerschaft gegen die Irrlehren seiner Zeit hervorgetreten. Er unterstützte den hl. Cyrillus von Alexandrien (s. 27. Juni) auf dem Konzil von Ephesus (431) in seinem Kampf gegen den Nestorianismus. Er legte die Lehre von der ‚Gottesgebärerin' Maria fest, in der die Nestorianer nur die Mutter der menschlichen Natur Christi – nicht auch die der göttlichen – sehen wollten.

DIE HEILIGE JULIANE VON LÜTTICH *(Gedenken: 7. August)*

Juliane von Lüttich erhielt ihren Namen gewiß nach der frühchristlichen Märtyrerin Juliana aus Nikomedien (s. 16. Februar). Außer ihr kennt die Kirche noch eine weitere Heilige dieses Namens, nämlich Juliana von Falconieri, die Begründerin der Serviten-Terziarschwestern, die am 19. Juni 1341 starb.

Juliana von Lüttich ist die Einführung des Fronleichnamfestes zu danken, das Papst Urban IV. 1264 für die ganze Kirche anordnete. Sie selbst hat es nicht mehr erlebt, daß ihr glühendstes Anliegen Verwirklichung fand. Die arme Nonne mußte Schmach und Verfolgung erdulden; Gott jedoch, der sich der Augustinerchorfrau bediente, kam zum Ziel – sie selbst blieb Werkzeug.

Dargestellt wird Juliane von Lüttich als Nonne mit Monstranz, neben ihr der Vollmond, dem ein Stück fehlt.

Sie wurde 1193 zu Retienne bei Lüttich in Belgien geboren. Schon mit fünf

Jahren verlor sie beide Eltern. Die Waise kam zur Pflege in das Kloster der Augustinerchorfrauen am Kornelienberg (Mont Cornillon). Zunächst in die Obhut einer Schwester auf dem Wirtschaftshof gegeben, erhielt die Kleine keineswegs einen geregelten Unterricht. Doch war das Kind geistig so voller Beweglichkeit und Aufnahmebereitschaft, daß es oft in die Klosterbibliothek schlüpfte und sich dort mit den alten Pergamentbänden abmühte. Tatsächlich lernte Juliane mit unermüdlichem Fleiß daraus lesen und schreiben, ja, sie beherrschte sogar sehr bald die lateinische Sprache. Vor allem ergriffen die Schriften des hl. Augustinus und des hl. Bernhard ihr Gemüt. Voller Staunen sahen die Schwestern auf das strebsame Mädchen, das sie bald in ihre Klosterfamilie aufnahmen.
Ihre Lieblingsbetrachtung war das Altarsakrament, Stunden um Stunden kniete Juliane vor dem Tabernakel, und die ganze Welt versank dann um sie. Sie blieb mit Erlaubnis ihrer Oberin täglich bis zum Abendbrot nüchtern aus Ehrfurcht vor der Eucharistie. Am liebsten hätte sie ganz von der heiligen Hostie gelebt, doch das wurde ihr untersagt. In ihrer mystischen Verbundenheit mit Christus spürte Juliane sofort, ob in einer Kirche das Allerheiligste aufbewahrt wurde oder nicht. Eines Tages, als die nunmehr sechzehnjährige Nonne vor dem Tabernakel ganz versunken betete, erschien ihr eine Vision, die sie zutiefst bewegte. Oftmals hintereinander sah sie einen leuchtenden Mond, der am Rande eine dunkle Stelle hatte. Wie die Überlieferung erzählt, habe Christus selbst ihr offenbart, daß der Mond das Kirchenjahr bedeute, die dunkle Stelle symbolisieren solle, daß ein Dank- und Sühnefest fehle, nämlich ein besonderes Fest zu Ehren des heiligsten Altarsakraments. Juliane aber sei dazu bestimmt, das Kirchenjahr um dieses Fest zu bereichern.
Jahrelang behielt die fromme Ordensfrau ihr Geheimnis für sich. Erst als sie 1230 zur Oberin des Klosters gewählt wurde, trat sie mit dem Auftrag, den sie von Gott erhalten hatte, in die Öffentlichkeit. Sie fand aber sofort starken Widerspruch. Die kirchlichen Behörden verhielten sich ablehnend, das Volk sah in Juliane eine schwärmerische Betschwester. Grundlose Schwätzereien und böswillige Anschuldigungen trafen sie hart. Die meisten Nonnen wurden an ihrer Priorin irre, deren strenge Disziplin ihren Widerspruch erweckte. Juliane hatte Schwierigkeiten über Schwierigkeiten durchzustehen. Lange Zeit hielt sie tapfer allem Spott und aller Bosheit stand. Als sie aber merkte, daß sie als Priorin keinen Einfluß mehr auf die Schwestern hatte, verließ sie das Kloster mit einigen wenigen ihr treu gebliebenen Ordensfrauen. Sie führte nun ein unstetes Wanderleben. Gelegentlich fand sie gütige Aufnahme in anderen Klöstern, doch wußten die Nachstellungen ihrer Gegner sie auch dort zu vertreiben. Nur ihr Beichtvater und der Lütticher Erzdiakon Jakob von Troyes, der nachmalige Papst Urban IV., hielten zu ihr.

Juliane aber irrte umher und brachte ihre Tage in bitterster Armut zu. Die Rückkehr in ihr Kloster blieb ihr versagt. Man wies ihr schließlich eine Klause an der Kirche von Fosses zu, wo sie seit 1248 lebte. Wohl durfte sie einen ersten Sieg ihres großen Gedankens erleben, als das Fronleichnamsfest in Lüttich feierlich begangen wurde. Aber ihre körperliche Kraft war gebrochen; sie wurde von heftigen Schmerzen gequält. Einsam und verlassen lag sie nun auf ihrem Sterbelager und wartete auf ihren Tod. Endlich, am 5. April 1258, nahm Gott Juliane zu sich. Begraben ist sie in der ehemaligen Zisterzienserabtei Villers-en-Brabant zwischen Brüssel und Namur. „Suavis et fortis“ haben sie alte Biographen genannt.

Das Fronleichnamsfest wurde sechs Jahre nach ihrem Tode als Bestandteil des Kirchenjahres am Donnerstag nach dem Dreifaltigkeitsfeste festgelegt (s. auch Christina von Bolsena, 28. Juli).

Die selige Kreszentia *(Gedenken: 5. April)*

Kreszenz, in der Abkürzung Zenzi, ist ein in Süddeutschland häufig vorkommender Name, in nördlichen Gegenden wurde daraus Senta. Das Wort kommt aus dem Lateinischen und bedeutet ‚die Wachsende‘. Von der Franziskanerschwester Maria Kreszentia Höss aus Kaufbeuren kann wahrhaftig gesagt werden, daß sie durch die ihr in so reichlichem Maße von Gott auferlegten Prüfungen heranwuchs zu einer Heiligen an Geduld, Gehorsam und tiefer Frömmigkeit. In allerlei Versen, die sie selbst verfaßte, erkennt man, daß sie alle Plagen als ein Mittel zur Selbstheiligung ansah:

Ich muß ja gestehen, Gott hobelt mich sehr,
es schneidet und sticht, doch es fällt mir nicht schwer.
Und weißt du warum denn? Ich halte dafür,
Gott schnitzelte gern einen Engel aus mir.

Oder
Laßt schlagen, laßt plagen, so muß es ja sein,
wer käme denn sonst in den Himmel hinein?
Was nützen die Garben zu Haufen im Haus,
Schlüg niemals ein Drescher den Weizen heraus?

Obgleich Kreszentias Leben und Leiden aus ihrem Jahrhundert nicht wegzudenken ist, darf sie zu den großen Mystikerinnen des Mittelalters wie Hildegard von

Bingen (s. 17. September) oder Mechthild von Helfta (s. 26. Februar) und den bedeutenden Seherinnen der Neuzeit wie beispielsweise der hl. Teresa von Avila (s. 15. Oktober) gezählt werden.

Anna Höss wurde am 20. Oktober 1682 in Kaufbeuren als Tochter des armen Wollwebers Matthias Höss und seiner Frau Lucia geboren. Die gottesfürchtigen Eltern wirkten durch Beispiel und Anleitung auf das Kind ein, so daß sich schon frühzeitig alle christlichen Tugenden aufs höchste bei ihm entfalteten. Mit sechs oder sieben Jahren legte das mit einem hellen Verstand begabte Mädchen das Keuschheitsgelübde ab und wünschte sich von da an nichts sehnlicher als in das Kloster der Franziskanerinnen eintreten zu dürfen. Aber hier stellten sich ihr schon die ersten Schwierigkeiten entgegen. Da es sich um ein sehr armes Kloster handelte und die Weberstochter keine Aussteuer mitbringen konnte, verweigerte ihr die Oberin die Aufnahme. Erst nach langer Wartezeit und nachdem sich der evangelische Bürgermeister des Ortes befürwortend für die mittellose Jungfrau eingesetzt hatte, erhielt sie mit einundzwanzig Jahren endlich den Schleier.

Schwester Maria Kreszentia, wie Anna von nun an hieß, hatte damit aber erst eine Stufe des Leidens erklommen. Die Oberin, die nur widerstrebend die Erlaubnis erteilt hatte, machte keinen Hehl aus ihrer Abneigung gegen das arme Mädchen, das man dem Kloster gleichsam aufgedrängt hatte. Kreszentia mußte unter ihr jahrelang dafür büßen, daß sie so hartnäckig auf ihrem Wunsch bestanden hatte. Was die menschlich so versagende Priorin alles ersann, um die junge Novizin durch fortgesetzte Quälereien zum freiwilligen Austritt zu bewegen, wurde zu einem wahren Martyrium für Kreszentia. Die Novizin wurde trotz ihrer zarten Konstitution immer für die schwersten und unangenehmsten Arbeiten bestimmt, sie erhielt keine eigene Zelle – auch später nicht, als sie ihre Profess abgelegt hatte –, sondern mußte sich abends bei ihren Mitschwestern ein Schlafeckchen erbetteln. Bei Tisch bekam sie die übriggebliebenen Reste, man teilte ihr die abgetragensten Kleider zu. Ihre Mitschwestern schlossen sich der harten und ungerechten Behandlung zum großen Teil an. Kreszentia nahm diese Prüfungen in schweigendem Gehorsam hin, ertrug gottergeben unverdiente Beschuldigungen und fortgesetzte Schikanen und bewahrte sich ihr freundliches und heiteres Wesen. Weiter erlitt die Nonne, deren franziskanische Liebe sich voller Inbrunst der Betrachtung des leidenden Heilands zuwandte, in ihrem mystischen Leben höchst merkwürdige Prüfungen. Befremdet sahen ihre Mitschwestern, daß Kreszentia von allerlei geheimnisvollen Tätlichkeiten des Teufels heimgesucht wurde. Man begann schon, sie wegen dieser schreckenerregenden Zustände als Hexe anzusehen. Doch Kreszentia ertrug auch diese Prüfung mit heiliger Gelassenheit und Hingabe zum Leiden. Sie blieb fröhlich trotz aller Pein und demütig trotz aller Anfeindungen.

Erst als die bösartige Oberin abgesetzt war und unter ihrer Nachfolgerin die Quälereien aufgehört hatten, spürten die Klosterinsassen allmählich, daß Kreszentia von Gott mit besonderen Gnaden ausgezeichnet wurde. Die Stufen der Läuterung schienen überwunden. Wie eine Seelsorgerin bemühte sich Kreszentia Familien und Nachbarn, die in langjähriger Feindschaft lebten, wieder zu versöhnen. Ihre Gegenwart wirkte sich zunehmend zum Segen für die ganze Klostergemeinschaft aus, und der Ruf der einst so verachteten Schwester Maria Kreszentia als einer auserwählten Ordensfrau verbreitete sich im ganzen Land. Kardinäle und Bischöfe, Gelehrte und Fürsten – darunter Kaiser Karl VII. und die Kaiserin Maria Theresia – baten sie um ihren Rat. Sie wurde zur Novizenmeisterin des Klosters und später zu dessen Oberin gewählt, obgleich sie alle Ehrungen demutsvoll zurückwies. Als solche führte sie eine ausgedehnte Korrespondenz und übte einen bedeutenden Einfluß auf ihre Zeit aus. Stets zeigte sich Kreszentia für alle Sorgen aufgeschlossen. Von allen Seiten wurde sie um ihre Fürbitte gebeten, und sie verweigerte niemandem ihr Gebet. Gott lohnte ihre Hingabe durch Hunderte von Gebetserhörungen.

Aber ihre körperliche Verfassung wurde zunehmend schlechter, ihre Schmerzen steigerten sich. Nur wenige Jahre noch konnte sie das Kloster Maierhof durch ihr Vorbild leiten und läutern. Im Februar 1744 trat ihre Krankheit in ein lebensbedrohendes Stadium. Auf die Minute genau sagte die Nonne ihre Todesstunde voraus. Als letzte Prüfung war ihr ein äußerst schweres Schmerzenslager auferlegt. Sie starb in der Nacht vom 5. auf den 6. April 1744. Beigesetzt ist sie in dem Glasschrein unter dem Hochaltar ihrer Klosterkirche zu Kaufbeuren. Ihre Seligsprechung erfolgte durch Papst Leo XIII. am 7. Oktober 1900.

Die sel. Kreszentia wird dargestellt als Nonne mit Gebetbuch und Kruzifix, ihre besondere Verbundenheit mit dem Leiden Christi symbolisierend, auch mit Wasser, das sie in einem Siebe trägt.

Am 8. April ist auch das Gedächtnis des heiligen WALTER VON PONTOISE. Er stammte aus der Pikardie in Frankreich. Zunächst Lehrer der Philosophie und Rhetorik, zog er sich vor dem weltlichen Ruhm zurück und trat als Bruder bei den Benediktinern des Klosters Rebais ein. Gegen seinen Willen erwählten ihn die Mönche von Pontoise zu ihrem Abt. Von dem dringenden Wunsche erfüllt, Gott in der Einsamkeit zu dienen, entfloh er und wandte sich nach Cluny. Aber seine Mönche holten ihn zurück. Noch mehrmals versuchte er, sein hohes Amt niederzulegen, ja er wandte sich sogar an den Papst und bat um Bestätigung seines Verzichts. Dieser weigerte sich und befahl ihm, nach Pontoise zurückzukehren, wo er bald wegen seiner Predigten gegen die Laster des Hofes vom französischen König ins Gefängnis geworfen wurde. Der hl. Benediktinerabt Walter starb um 1099 an einem Karfreitag. Er ist Patron der Kriegsgefangenen und wird mit Ähren und Weinstock dargestellt.

Die heilige Waltraut

Der Name Waltraut, in der Abkürzung Walli, kommt aus dem Althochdeutschen und bedeutet ‚die waltende Göttliche' oder ‚die Starke'.
Die hl. Waltraut entstammt dem merowingischen Königshaus und gehört einer Familie von Heiligen an. Sie war die Tochter des Grafen Walbert und der hl. Bertila. Ihre Schwester war die hl. Adelgundis. Sie wurde zu großer Frömmigkeit angeleitet. Als sie herangewachsen war, wurde sie dem Grafen von Hennegau, Vinzenz Madelgarius, vermählt, der ein Hofbeamter König Dagoberts I. war. Ihr Gatte wurde später ebenfalls unter die Heiligen gezählt. Sie gebar ihm drei Kinder, die wiederum alle Heilige wurden, nämlich den hl. Landricus, Abt der von seinem Vater gegründeten Klöster zu Soignies und Hautmont in Nordfrankreich, wahrscheinlich Missionsbischof im Gebiet um Brüssel, er starb um 700; ferner die hl. Madelberta, Äbtissin von Maubeuge, gestorben um 705, und die um 696 gestorbene hl. Adeltrud, die ihrer Tante, der hl. Adelgundis, als zweite Äbtissin von Maubeuge folgte, also auf diesem Posten die Vorgängerin ihrer Schwester Madelberta war. Nachdem ihr Gemahl auf seinen ausdrücklichen Wunsch in das von ihm gegründete Kloster Hautmont bei Maubeuge eingetreten war, blieb die hl. Waltraut noch zwei Jahre in der Welt und betätigte sich in Werken der Nächstenliebe und Barmherzigkeit für die Armen und Gefangenen. Um 656 nahm sie selbst den Schleier, ermutigt von dem hl. Bischof Autbertus von Cambrai, einem bedeutenden Förderer der Heidenmission und Mitbegründer mehrerer Klöster. Nach dem Rat des hl. Gislenus, Apostels des belgischen Hennegaus, gründete und leitete sie dann das belgische Nonnenkloster Mons. Diesem Kloster stand sie als Äbtissin vor und starb dort nach einem wundertätigen Leben am 9. April 686 oder 688. Sie wurde in der nach ihr benannten Kathedrale St. Vaudru in Mons beigesetzt.

Die hl. Waltraut wird als Schutzpatronin der Stadt Mons verehrt; ein Heilbrunnen in Castiaux trägt ihren Namen. Dargestellt wird sie mit einem Kirchenmodell oder ihre vier Kinder unter ihrem Mantel schützend.

Legende

Ehe Waltraut den Schleier nahm, wurde sie von großer Gewissensangst befallen, weil sie glaubte, daß ihre Weltentsagung ihr als ein Unrecht vorgeworfen werden könnte. Da aber hatte sie die Erscheinung eines Engels, der ihr Trost und Mut zusprach. Sie solle, sagte er, die Sprühfünkchen der Verleumder nicht fürchten, welche schnell entzündet, aber mit Leichtigkeit gelöscht würden. Daraufhin wandelte sie den Weg zum ewigen Leben mit solcher Treue und Standhaftigkeit, daß der Ruf ihrer Heiligkeit sich allenthalben verbreitete. Gott verlieh ihr die Gabe der Wunder, die sie besonders an kranken Kindern erprobte, sowie auch an den Armen, bei deren Unterstützung sich oftmals die Gaben unter ihren Händen vermehrten.

Die heilige Berta von Biburg *(Gedenken: 6. August)*

Der Name Berta bedeutet ‚die Glänzende, Prächtige‘. Die Kirche kennt eine ganze Reihe von heiligen Frauen mit dem Namen Berta. Da ist am 1. Mai das Fest der hl. Berta von Avenay, die in dem von ihr gegründeten Kloster Avenay an der Marne als Äbtissin wirkte und Ende des 7. Jahrhunderts starb. Der Legende nach wurde sie heimtückisch von ihren Stiefsöhnen ermordet und wird deshalb als Märtyrin verehrt. Sie ist Fürsprecherin bei Verrücktheit. Am 15. Mai ist das Fest der hl. Berta von Lothringen. Am 4. Juli feiert die Kirche das Gedächtnis der hl. Berta von Blangy, der Tochter des Grafen Rigobert und Erbauerin des Klosters Blangy bei Arras in Frankreich. Sie trat mit zwei Töchtern dort ein und starb als Äbtissin um 725. Am 12. Juli wird die Mutter Karls des Großen verehrt, die ebenfalls Berta hieß und als Volksheilige bekannt ist. Eine weitere hl. Äbtissin und Zisterziensernonne war die sel. Berta von Marbais; sie starb 1247 in dem von ihrer Familie gestifteten Frauenkloster Marquette bei Namur. Ihr Festtag ist der 18. Juli.

Schließlich ist zu nennen Berta von Biburg, die durch die Verehrung des Volkes auch zu den Heiligen gerechnet wird. Auf ihrer Grabplatte im Kloster zu Biburg stehen die Worte: „Im Jahre des Herrn 1151 ist verschieden die heilige Berta, seligen Gedenkens, Stifterin dieses Ortes.“
Berta war die einzige Tochter des Grafen Heinrich von Hipoltstein. Sie wurde gottesfürchtig erzogen. Als sie zur Jungfrau herangewachsen war, starben ihre Eltern. Die zahlreichen Güter wurden unter die Kinder verteilt. Berta und ihr

Bruder Konrad erhielten Schloß Biburg mit allen dazu gehörigen Ländereien. Beide waren dem Bischof von Bamberg, dem hl. Otto (s. 2. Juli) herzlich in Freundschaft verbunden. Sie hatten ihren Entschluß schon gefaßt und erbaten sich seine Zustimmung, ein Kloster zu gründen. Der Bischof riet ihnen, das Kloster Mönchen nach der Regel des hl. Benedikt zu schenken, weil diese zur Erziehung des Volkes so viel beizutragen wußten. Durch diesen Wunsch angeregt, stifteten Berta und ihr Bruder ihre Besitzung Biburg zu Gunsten eines Benediktinerklosters. Sie ließen zusätzlich ein Spital für arme und kranke Wanderer errichten. Berta half in eigener Person beim Bau der Klosterkirche, andere Frauen des Dorfes standen ihr dabei zur Seite, bis das Gotteshaus nach siebenjähriger Bauzeit fertig war. Berta zog sich nun in die Einsamkeit zurück und lebte ausschließlich Werken der christlichen Nächstenliebe. Kein Armer ging unbeschenkt von ihr, kein Kranker blieb ungetröstet. Sie wurde mit ihren vielen guten Werken für die Mönche, die in das Kloster einzogen, zu einer wahren Seelsorgehilfe. Auch in ihrem Alter, das sie mit allerlei schmerzlichen Beschwerden quälte, ließ die fromme Gräfin nicht nach in ihrem segensreichen Tun und trug ihr Leiden mit großer Geduld, bis sie eines seligen Todes starb.
Die Frauen mit dem Namen Berta zeigen auf, daß Heilige nicht immer nur große Taten vollbringen, sondern auch leise in der Stille das Heil Gottes wirken und dennoch zu seinen Erwählten zählen können. Sie mögen hier für die vielen anderen Frauen stehen, die gleiches taten und deren Namen nicht in den Heiligenkalender eingegangen sind, weil man sie in ihrer Stille nicht entdeckt hat.

Der heilige Stanislaus von Krakau

Der Name Stanislaus, Stenzel, kommt aus dem Altslawischen und bedeutet ‚der durch Standhaftigkeit Berühmte'. Zwei bedeutende polnische Heilige dieses Namens kennt die Kirche: der eine, unser Tagesheiliger, Bischof und Märtyrer, lebte im 11. Jahrhundert, Stanislaus Kostka, dessen Fest am 13. November begangen wird, dagegen im 16. Jahrhundert.
Stanislaus von Krakau wurde um 1030 zu Scepanow bei Krakau geboren, nachdem seine Eltern, die dem polnischen Adel angehörten, jahrzehntelang von Gott sich ein Kind erfleht hatten. Das Studium der Rechtswissenschaften und Theologie führte den jun-

gen Mann nach Paris, von wo er nach siebenjährigem Aufenthalt wieder in seine Heimat zurückkehrte. Seine stark mit Legendärem versetzte Lebensgeschichte berichtet, daß er seine Eltern nicht mehr lebend antraf und sogleich sein ganzes Vermögen unter die Armen verteilen ließ.

Stanislaus empfing die Priesterweihe aus der Hand des Bischofs Lambert von Krakau. Zunächst als einfacher Seelsorger tätig, trat er bald als begabter Prediger, gütiger Priester, Helfer aller Bedrängten und gelehrter Gottesmann hervor. Doch schon das Amt eines Kanonikus, das man ihm antrug, wollte er nicht annehmen, da sich Stanislaus in seiner großen Bescheidenheit gegen jede höhere Würde heftig sträubte. Dennoch ernannte ihn der Bischof bald schon zu seinem Generalvikar. Nach Lamberts Tode wurde Stanislaus trotz seiner Jugend zu seinem Nachfolger gewählt. Auch diese Aufgabe übernahm er erst nach langem Zögern. Er empfing die Bischofsweihe im Jahre 1072.

Der hl. Stanislaus übte sein neues Amt stets voller Gerechtigkeit und Frömmigkeit aus. Der Ruf seiner Mildtätigkeit verbreitete sich bald überall. Er war für jeden, auch den geringsten seiner Diözesanen zu sprechen, streng ging er gegen die Streitereien unter den Fürsten und der Geistlichkeit vor, bekämpfte Aberglauben und jeden Schlendrian in den geistlichen Ämtern. Vor allem aber scheute der mutige Hirte sich nicht, das zuchtlose Leben des Königs anzuprangern. Boleslaw II., ein ebenso jähzorniger wie wollüstiger Herrscher, genierte sich nicht, einem lasterhaften und dem Sinnesrausch ergebenen Leben vor aller Öffentlichkeit zu frönen. Der tapfere Bischof Stanislaus hielt ähnlich wie Johannes der Täufer, mit dem er oft verglichen wird, dem Könige seine Lasterhaftigkeit mutig vor Augen, und als derselbe die versprochene Besserung nicht einhielt, drohte er ihm mit dem Kirchenbann. Solange der Fürst selbst nämlich im Ehebruch lebte, war es schwer, dem Volke eine christliche Eheführung abzuverlangen. Vielleicht mag seine Furchtlosigkeit den König einige Male beeindruckt haben, indessen konnte eine an ein so ausschweifendes Leben gewohnte Natur wie die des Polenfürsten von seinen Lastern nicht ablassen. Da sprach der Bischof über den König die Exkommunikation aus – ein für die damalige Zeit unerhörtes Vorgehen!

Obgleich der Heilige von mehreren Seiten gewarnt wurde, sich vor dem Haß des Königs zu retten, wollte Stanislaus seine Gemeinde nicht im Stich lassen und blieb in Krakau. Das Unausweichliche geschah: Als Stanislaus in der vor der Stadt gelegenen St. Michaelskirche den Gottesdienst feierte, wurde er vor dem Altar auf Befehl des Königs am 8. Mai 1079 niedergestochen. Viele, die sich bis zum blutigen Tod des Heiligen zu seinen Gegnern zählten, wurden durch dieses Zeugnis seines christlichen Mutes bekehrt: Der Martertod des hl. Stanislaus war der noch fehlende Schlußstein bei der Bekehrung des polnischen Volkes zum Christentum.

Seine Gebeine sind im Dome zu Krakau beigesetzt. Er wurde 1253 heiliggesprochen. Sein Fest wurde 1969 vom 7. Mai auf den 11. April verschoben. Dargestellt wird der Heilige als Bischof, ein Schwert tragend oder mit auferwecktem Toten. Eine Darstellung in Ossiach in Kärnten zeigt ihn mit König Boleslaw in goldener Rüstung. Zwei Tafeln im ‚Johanneum' in Graz von Michael Pacher haben die Enthauptung des Heiligen und seine Verehrung auf der Totenbahre zum Gegenstand.

Legende

Über den Märtyrertod des hl. Stanislaus berichtet die Legende, daß zwei Rotten gedungene Mörder, die auf Befehl des Königs nacheinander in die Kapelle traten, wo der Heilige die Messe las, bei seinem Anblick zurückschreckten und keiner von ihnen sich traute, Hand an ihn zu legen. Schäumend vor Wut sei aber der König selbst mit gezücktem Schwert bis an den Altar vorgedrungen und habe den Bischof mit eigener Hand ermordet. Die Soldaten hieben nun den Leichnam in Stücke und streuten sie auf die Felder, damit die Raubvögel und wilden Tiere sie fressen sollten. Doch siehe, vier mächtige Adler ließen sich bei den Reliquien nieder und verteidigten sie. Gegen Nacht erschienen helle Lichter zum Staunen des Volkes, das herbeigeeilt war, aber nicht wagte, die Reliquien anzurühren. Da zogen die Geistlichen aus der Hauptkirche von Krakau herbei und sammelten die Glieder ihres heiligen Bischofs und trugen sie in die Kirche und begruben sie daselbst in heiliger Ehrfurcht unter dem Wehklagen des gesamten Volkes. Der gottlose Mörder jedoch wurde kurze Zeit später auf der Jagd von seinen eigenen Hunden zerrissen.

Der heilige Zeno

Da heutzutage so viele Deutsche nach Italien reisen, darf die Geschichte des großen Heiligen von Verona, der Stadt, wo ihnen Italien zum erstenmal voll ins Bewußtsein tritt, in unserer Zusammenstellung nicht fehlen.

Das Fest des hl. Zeno ist am 12. April. Sein Name kommt aus dem Griechischen und bedeutet ‚der von Zeus das Leben hat'. Zeno war der achte Bischof von Verona von 362 bis etwa 380. Nach seinem Tode wurden nicht weniger als vierzig Kirchen, dazu etliche Klöster, viele Kapellen und Altäre seinem Gedächtnis geweiht. Auch auf alten Münzen von Verona findet man das Bild dieses Heiligen. Der Bischof hatte schwere Glaubenskämpfe gegen Heiden und Irrgläubige zu bestehen, aber er lehrte – wie berichtet wird – „mit Sanftmut und Heiterkeit". Das bestätigt auch der sogenannte ‚lachende Zeno', eine Statue im Chor der nach ihm benannten romanischen Basilika S. Zeno Maggiore in Verona. Man wählte hierfür dunklen Marmor, weil der Heilige meistens als Mohr, das heißt mit dunklem Gesicht dargestellt wird, denn es wurde allgemein angenommen, daß er aus Afrika stammte. Der Fisch, der von seinem Bischofsstab – oder einer Angelrute – herabhängt, erinnert an eine Legende, die auf einer der berühmten Bronzetüren aus dem 11. Jahrhundert am Portal der Kirche bildlich festgehalten ist. Dieses Attribut ist wohl auch als Symbol seiner Heidenbekehrungen zu verstehen. Die Bronzefelder der Tür enthalten folgende Begebenheiten aus dem wunderbaren Leben des hl. Zeno: Gesandte des Kaisers Gallienus treffen den Heiligen beim Fischen; er heilt die Tochter des Kaisers von Besessenheit; er rettet das Ochsenfuhrwerk vor dem Sturz in die Etsch; Gallienus bringt ihm zum Dank eine Krone. „Durch die großartige Vereinfachung der hier erzählten Vorgänge, durch die den Symbolgehalt verdeutlichende, fast formelhafte Konzentration der Formen, durch die tiefe Frömmigkeit, die die Künstler beseelte, die sie schufen, wird jede der kleinen Bildplatten zu einem Monument" (E. Peterich).

Der Kult dieses beliebten Heiligen drang auch nach Norden. So gibt es in Hafnerbach bei St. Pölten in Österreich eine ihm geweihte Kirche; in der Nähe befindet sich der sogenannte ‚Zenostein', eine Bildsäule, die den hl. Zeno als Pilger zeigt und 1125 von dem Grafen Montecuccoli auf Schloß Hoheneck errichtet worden ist (nach Kreitner).

Der hl. Zeno stammte legendären Berichten zufolge aus Mauretanien, dem heutigen Marokko, anderen Berichten zufolge aus Syrien oder Griechenland; neuere Forscher nehmen an, daß er in der Gegend von Verona geboren wurde. Im Jahre 362 wurde er jedenfalls zum Bischof von Verona gewählt. Er war ein eifriger Bekämpfer der Reste heidnischen Aberglaubens und der Irrlehre des Arius. Da der Bischof in aufopfernder Weise für das leibliche und geistige Wohl des Volkes besorgt war, erhielt er den Ehrentitel ‚Vater des Vaterlandes'. Seine Predigten fanden lebhaften Zulauf, nicht nur von Christen, sondern auch von Juden und Ungläubigen. Sein literarischer Nachlaß – wir besitzen noch einige seiner Predigten und Traktate – bezeugt ihn als gewandten Rhetoriker, dessen Sprache von Tertullian, Cyprian und Laktanz beeinflußt ist. Er ist in der Geschichte der Predigt einer der ersten des Abendlandes, der bemüht war, das Heidnische aus Glauben und Sitte auszumerzen und die Mißstände in der Gemeinde zu bekämpfen. Er pflegte vor allem die christlichen Tugenden der Reinheit (Chastitas) und Barmherzigkeit (Caritas), auch versuchte er die Liturgie der kirchlichen Feste feierlich zu gestalten. „Wie kein Lateiner vor ihm hat er die Jungfräulichkeit Mariens dogmatisch prägnant formuliert" (Bigelmair).

Die Legende machte den hl. Zeno zum Märtyrer, was aber wahrscheinlich den geschichtlichen Tatsachen nicht entspricht. Der Heilige erbaute in Verona eine prächtige Kirche, in der er auch bestattet wurde. Sein Tod erfolgte 380, nach anderen 371/72. Sein Grab befindet sich jetzt in der Krypta von S. Zeno in Verona.

Legende

Daß der hl. Zeno – wie die Apostel – nicht nur ein Seelenfischer war, sondern auch gern in der Etsch fischte, wird uns in mehreren Berichten überliefert. So erzählt man sich, daß der hl. Mann einmal drei Männern, die zu ihm kamen, drei Fische schenkte, und zwar jedem von ihnen einen. Einer der Männer aber nahm heimlich einen vierten Fisch aus dem Korb. Als die Männer nun die Fische kochen wollten, sprang der vierte, der gestohlen war, munter im kochenden Wasser herum. Die Männer erschraken, kehrten zu dem Heiligen zurück und baten ihn um Verzeihung.

Eine andere Legende erzählt, daß die Tochter des Kaisers Gallienus vom Teufel besessen war. Da schickte der Kaiser seine Boten zu dem heiligen Bischof. Diese fanden ihn beim Fischfang. Sankt Zeno aber brach sogleich auf und heilte durch sein Gebet die Tochter des Kaisers. Diese wunderbare Heilung machte auf den Kaiser einen so großen Eindruck, daß er dem Heiligen seine kostbare Krone zum Geschenk machte. Zeno nahm die Krone, zerbrach sie und verteilte die Stücke unter die Armen.

Einst sah der Heilige, als er wieder einmal mit seiner Angel am Flusse stand, wie ein schwerbeladener Ochsenkarren in größter Gefahr war, in den Fluß zu stürzen. Zeno eilte herbei, machte das Kreuzzeichen, und siehe, das Fuhrwerk wurde alsbald gerettet.

Bei einer anderen Gelegenheit befreite der hl. Zeno auf das Gebet der Gläubigen hin in wunderbarer Weise seine Grabeskirche in Verona aus Wassernot, als die Etsch im Frühjahr brausend über ihre Ufer getreten war. Auch machte er „Kinder reden und gehen", worauf auch sein Patronat zurückzuführen ist. Sinnbildlich verstanden heißt das wohl, daß er die unmündigen Heiden zum Born der Weisheit, nämlich zu Christus, geführt hat.

Der heilige Hermenegild

Von dem Namen dieses Heiligen leiten sich folgende Namen ab: Ermin, Irmin, Irmingard, Herma.

Der Königssohn Hermenegild hat den Tod erlitten, weil er am christlichen Glauben festhielt. Er ist das Werkzeug Gottes gewesen, durch das die arianische Häresie in Spanien im 6. Jahrhundert ihre Macht verlor und die Bevölkerung sich zum wahren Glauben bekehrte. Dargestellt wird er mit königlichen Abzeichen und einem Beil in der Hand.

Der Heilige war ein Sohn des arianischen Westgotenkönigs Leovigild. Die Westgoten hatten nach ihrer Eroberung Spaniens mit Gewalt den arianischen Irrglauben in diesem Lande eingeführt. Unduldsam verfolgten sie die wenigen Katholiken mit ihrem Haß, und es kam zeitweise zu so grausamen Verfolgungen, wie sie die Christen unter den Römern erlitten hatten. Leovigild erzog seine beiden Söhne Hermenegild und Rekkared in der Lehre des Arius. Nachdem der Vater seinem ältesten Sohn einen Teil des Landes und der Regierung übertragen hatte, gab er ihm 579 die austrasische (ostfränkische) Prinzessin Ingundis zur Gemahlin. Diese war katholisch und ließ sich auch durch ihre Heirat nicht von ihrem Glauben abbringen; im Gegenteil, sie hatte so großen Einfluß auf ihren Gatten, daß dieser seinen Irrtum schon sehr bald erkannte. Er wandte sich an den Bischof Leander von Sevilla, der ihm Unterricht erteilte, und trat zum katholischen Glauben über. Eine Abwesenheit seines Vaters benutzte Hermenegild, um öffentlich seinen Irrglauben abzuschwören. Kaum hatte sein Vater dies erfahren, als er außer sich vor Zorn, Hermenegild den Königstitel abnahm und ihm drohte, wenn er nicht wieder zum arianischen Glauben zurückkehre, ihm seine Güter, seine Gemahlin, ja das Leben zu nehmen. Hermenegild aber ließ sich nicht schrecken. Er schrieb seinem Vater, daß er ihm in allen irdischen Dingen willig gehorchen werde, ja bereit sei, wenn dieser es verlange, Krone und Herrschaft niederzulegen, aber von Jesus als dem Gottessohn lasse er nicht.

Leovigild zog sogleich mit großer Heeresmacht gegen ihn heran und belagerte den in Sevilla eingeschlossenen Sohn ein ganzes Jahr lang. Hermenegild, der zunächst den Kaiser von Ostrom um Hilfe gebeten hatte, der ihm aber nicht beistehen konnte, wandte sich in seiner Not an den Befehlshaber der römischen Armee in Spanien, in dessen Obhut er seine Gemahlin und sein Kind gegeben hatte. Dieser versprach ihm zunächst seinen Schutz, wurde aber zum Verräter und lieferte Ingundis und ihren Sohn an die Feinde des Prinzen aus. Daraufhin schloß Hermenegild sich mit einigen Mannen in der Stadt Osseto ein, wo eine berühmte Wallfahrtskirche war. Doch auch dieser Ort wurde von seinem Vater erobert. Da floh Hermenegild in die Kirche. Da sein Vater sich wegen des Volkes scheute, ihn von dort mit Gewalt hinwegzuführen, sandte er seinen anderen Sohn zu ihm und ließ ihm durch diesen sagen, daß er ihm alles verzeihen wolle, wenn er sich freiwillig stelle. Hermenegild glaubte seinem Vater, verließ die Kirche, warf sich ihm zu Füßen und bat ihn herzlich um Verzeihung, erklärte ihm indessen, daß er von seinem Glauben nicht lassen werde. Der Vater umarmte ihn, doch kaum war er in das Feldlager zurückgekehrt, ließ er Hermenegild die königlichen Kleider abnehmen, ihn in Ketten legen und ins Gefängnis führen. Um ihn zum Abfall zu bringen, wurde der Prinz in seinem Kerker mißhandelt. Aber er blieb trotz aller Leiden standhaft. Als das Osterfest gekommen war, schickte sein Vater einen arianischen Bischof zu ihm ins Gefängnis, der ihm seine Begnadigung anbieten sollte, wenn er aus seinen Händen die hl. Kommunion empfinge. Hermenegild lehnte diese Zumutung ab, obwohl er wußte, daß sein Leben auf dem Spiele stand. Tatsächlich schickte der wütende König sofort Soldaten ins Gefängnis, die seinen Sohn mit einer Axt enthaupteten. Das geschah in Tarragona am 13. April 585, einem Karsamstag. Beigesetzt wurde der hl. Märtyrer zu Sevilla.

Kurz nach seinem Tode starb der König. Der Bruder des Heiligen, Rekkared, folgte ihm auf den Thron. Erschüttert von dem heldenhaften Sterben seines Bruders, bekehrte sich der neue König der Westgoten zum katholischen Glauben. Auf der Nationalsynode von Toledo 589 ließ er sich von Erzbischof Leander in die Kirche aufnehmen. Auf diese Weise kehrte das Volk der Goten in Spanien zur wahren Kirche zurück. Blut und Gebet des hl. Märtyrers Hermenegild hatten dies bewirkt.

Die selige Lidwina (Lydia)

Lydia oder Lidwina bedeutet ‚die Volksfreundin' oder auch ‚die vor Leid Weinende'. Wahrhaftig war sie beides, jene rosenbekränzte Jungfrau, in der einen Hand ein Kruzifix, in der anderen einen blühenden Zweig, manchmal auch einen Engel neben sich. Ähnlich wie die hl. Fina (s. 12. März) wurde sie zu einer großen Mystikerin des sühnenden Leidens.

Lydia wurde am 18. März 1380 zu Schiedam in Holland geboren. Daß das Kind zur Welt kam, als gerade in der Kirche die Leidensgeschichte des Herrn gesungen wurde, sollte symbolhaft für sein ganzes Leben werden. Trotz edler Geburt war der Vater Lydias so arm, daß er die Stelle eines Nachtwächters bekleiden mußte. Er und ihre Mutter Petronella waren außerordentlich fromme Leute. Lydia, die bereits im Säuglingsalter kränklich gewesen, war ein williges, sanftmütiges Kind. Wegen ihrer außerordentlichen Schönheit wurde sie schon im Alter von zwölf Jahren zur Ehe begehrt. Sie wies aber alle Anträge zurück, weil sie sich Christus anverlobt hatte, und flehte Gott an, er möge die Gabe der Schönheit von ihr nehmen, damit sie ihr nicht gefährlich werde, weil sie nur ihn lieben wollte. Ihr Gebet wurde erhört: Jesus umgab sie mit einem Dornenzaun von schmerzvollen Krankheiten, und bis an ihr Lebensende sollte sie leiden für das Unrecht der Menschen.

Als Lydia das fünfzehnte Jahr erreicht hatte, ging sie um Lichtmeß mit ihren Kameradinnen, wie es heute noch in Holland Brauch ist, zum Schlittschuhlaufen. Da wurde sie von einer Freundin aus Unachtsamkeit umgerannt und brach sich beim Fallen eine Rippe. Die Wunde eiterte, es bildeten sich bösartige Geschwüre, und eine unheilbare Krankheit nahm ihren Anfang, die Lydia, oder wie sie nunmehr heißen muß, Lidwina, auf ein qualvolles Schmerzenslager niederstreckte, das sie nie mehr verlassen sollte.

Die Ärzte versuchten vergeblich ihre Kunst an ihr und erklärten sie schließlich für unheilbar. Ein Arm blieb gelähmt, das rechte Auge wurde blind, das linke war so empfindlich, daß sie im Dunkeln liegen mußte. Kopf- und Zahnschmerzen wurden fast unerträglich. Nur Brot und Wein konnte sie als Nahrung zu sich nehmen; wegen der offenen Wunden und Geschwüre konnte sie nur auf Stroh und Bretter gebettet werden. Vom neunzehnten Jahr ihrer Krankheit an blieb sie ohne Nahrung, nur von der Eucharistie lebend. Ihre Eltern waren so arm, daß sie ihr kaum Wartung oder Linderung beschaffen konnten. Die Fäulnis ihres Leibes griff immer mehr um sich. Nur selten noch kamen Menschen zu ihr, und Lydia litt das, was die Mystiker die „dunklen Nächte der Seele" nennen, an Not und Angst und peinigender, qualvoller Verlassenheit. In den ersten Jahren ihres Leidens klagte und weinte sie oft. Erst allmählich, in langem Ringen kämpfte sich die Heilige zur demütigen Annahme des schweren Leidens durch. Sie empfing Trost und Stütze in der Person ihres Beichtvaters, der ihr den guten Rat gab, ihren Willen vollkommen dem des Erlösers unterzuordnen und sich in die Betrachtung des Leidens des Herrn zu vertiefen. Von nun an trug sie all ihre Qualen mit engelhafter Geduld, ihr Leidensmut wuchs zu heroischer Größe. Sie bot sich Gott zur Übernahme immer neuer Leiden an, um dadurch den Sündern Verzeihung zu erwirken.

Jetzt wurde sie auch mit den himmlischen Visionen und Ekstasen begnadet, aus denen sie Kraft schöpfen durfte. Allmählich begannen die Menschen die Krankenstube von Schiedam wie ein Heiligtum zu besuchen. Je mehr von diesen wunderbaren Vorgängen, ganz gegen den Willen der Dulderin, in die Öffentlichkeit drang, desto zahlreicher wurden die Besucher, die mit ihren Anliegen die Kranke aufsuchten, ihren Rat erbaten und um ihr Gebet flehten.

Als ob sie nicht schon genug gelitten hätte, befiel Lydia kurz vor ihrem Tode noch die Pest. Wenn man den alten Berichten Glauben schenken darf, gab es kaum eine Krankheit, von der sie verschont blieb. Endlich, am 14. April 1433, wurde sie durch den Tod erlöst. Ihr Leib wurde auf dem Friedhof der Kirche zum hl. Johannes dem Täufer in Schiedam begraben. 1434 wurde ihr zu Ehren in dieser Pfarrkirche ein Grabmal errichtet mit der Schilderung ihrer Lebensgeschichte. Das Haus ihres Vaters, in dem sie so unsäglich gelitten, wurde in ein Kloster der Grauen Schwestern des Dritten Ordens umgewandelt, dessen Kapelle 1572 von den Kalvinisten zerstört wurde. Das Kloster wurde später in ein Waisenhaus umgewandelt. Die Reliquien der Seligen kamen nach Brüssel in das Stift Sainte-Gudule.

Legendäres

Lidwina hatte wunderbare Verzückungen, in denen sie Himmel, Fegefeuer und Hölle schaute. Im Laufe der Stationen des Kirchenjahres führte Jesus sie im Geiste an die Stätten seines irdischen Lebenswandels in Palästina, er zeigte ihr Rom und viele Wallfahrtsorte, so daß sie, die nie von ihrem Strohlager herunterkam, mehr von der Welt wußte als viele Weitgereiste. Die Muttergottes brachte ihr selbst eine Krone, mit der das Gnadenbild in Schiedam geschmückt wurde. Auch durfte die Kranke als Trost die für sie bereitgelegte Himmelskrone schauen. Mehrmals erschien ihr ein Engel, der sie Schwester nannte. Als am heiligen Ostertage ihr Beichtvater sie besuchte, wehte ihm aus der Kammer der Kranken süßer Wohlgeruch entgegen. Daran erkannte er, daß sie wieder von einem Engel besucht worden war. Dieser hatte ihr verkündet, daß sie kurze Zeit noch schwere Leiden erdulden, dann aber, nach den Osterfeiertagen, sich wohl befinden werde.

Am 14. April ergriff sie wiederum ein heftiges Erbrechen; der Knabe, der sie bediente, lief weinend fort. Als die Hausgenossen kamen, um nach ihr zu sehen, war sie schon verschieden. Ihr abgehärmtes Gesicht strahlte von himmlischer Glorie, es leuchtete ein eigenes, verborgenes Licht daraus hervor. Ihr Leib, vorher entstellt von Wunden und Geschwüren, war nun unversehrt, voll und weich; ihr rechter Arm, bisher lahm, lag mit dem linken auf ihrer Brust, ohne daß jemand wußte, wie das hatte geschehen können. In den wollenen Habit des Dritten Ordens eingehüllt, in den Händen den Rosenkranz, den sie so oft gebetet, ruhte ihr Haupt auf dem Säckchen, das mit den blutigen Tränen gefüllt war, die sie geweint und die sie ‚ihre Rosen' genannt hatte. Gott verherrlichte ihr Grab durch viele und große Wunder.

Die heiligen Tiburtius, Valerian und Maximus *(Gedenken: 14. April)*

Am 14. April feiert die Kirche das Gedächtnis dreier frühchristlicher Märtyrer, nämlich der hll. Tiburtius, Valerianus und Maximus. Sie erlitten um 200 ihres christlichen Glaubens willen den Tod. Nach dem Martyrologium Hieronymianum ist ihr Fest seit etwa 450 im römisch-katholischen Meßbuch enthalten. Die legendäre Passio berichtet, daß Valerian, der Bräutigam der hl. Cäcilia (s. 22. November), und Tiburtius Brüder gewesen seien. Die Reliquien des hl. Tiburtius ruhen mit denen der hl. Cäcilia in der Titelkirche der Heiligen in Trastevere in Rom.

Dargestellt werden die drei Jünglinge mit einem Engel, neben sich Geißeln und andere Marterwerkzeuge. Sie sind Patrone gegen Sturm, weil, wie berichtet wird, ein solcher nach ihrer Hinrichtung ausbrach.

Zwar findet sich der Tag des hl. Tiburtius und seiner Gefährten, wie erwähnt, im Meßbuch, doch wird ihre Geschichte wohl nur wenigen Gläubigen bekannt sein. Sie ist aber eine Ergänzung zur Lebens- und Leidensgeschichte der hl. Cäcilie, die zu den bekanntesten Heiligengestalten gehört.

Legende

Nachdem die hl. Cäcilie ihren Bräutigam Valerian und dessen Bruder Tiburtius mit Hilfe des Engels bekehrt hatte (s. 22. November), gaben die Jünglinge fleißig Almosen an die Armen und begruben die Leiber der Christen, die der Präfekt Almachius hatte töten lassen. Da entbot sie Almachius zu sich und fragte, warum sie Missetäter begrüben? Tiburtius antwortete, daß sie gern die Diener jener sein würden, die der Präfekt Missetäter nenne, „denn sie verschmähten, was scheinet und nicht ist, und haben gefunden, was nichts scheinet und doch ist". Als der Richter ihn fragte, was er damit meine, antwortete der Jüngling: „Was da scheinet und nicht ist, das ist all das, was in dieser Welt ist; was aber nicht scheinet und doch ist, das ist das Leben der Gerechten und die Pein der Ungerechten in der jenseitigen Welt." Doch der Richter verstand ihn nicht und rief seinen Bruder Valerian, weil er glaubte, Tiburtius sei von Sinnen. Und er sagte zu ihm: „Da dein Bruder krank im Kopfe ist, sollst du mir Antwort geben, denn ich hörte, daß ihr alle Freuden verschmäht und das begehrt, was den Freuden feind ist." Valerian aber sagte: „So wie viele derer spotten, die im Winter auf dem Felde schaffen und sich abmühen, obgleich es kalt und dunkel ist, dann aber im Sommer die köstlichsten Früchte ernten dürfen, so daß ihre Spötter darüber vor Neid weinen, also werden jene, die ihr jetzt als töricht schmäht, weil sie Spott und Leid auf sich nehmen, künftig ewige Ehren und Lohn erhalten. Ihr dagegen, die ihr in diesem Leben vergängliche Freuden genießet, werdet nach diesem Leben ewige Trauer empfangen." Über diese Antwort zornig, sprach Almachius: „Also sollen wir als unüberwindliche Herren ewige Betrübnis haben und ihr Verachteten die ewige Freude besitzen?" Als Valerian dies bejahte, befahl der Richter ihm und Tiburtius, sofort den Göttern zu opfern, dann könnten sie ungehindert von dannen gehen. Da sprachen die christlichen Brüder: „Wir bringen dem einzigen wahren Gott unser Opfer alle Tage." „So wollt ihr beide also allein den wahren Gott erkennen und wir anderen sollten irren?" Valerian antwortete: „Wir sind nicht allein, sondern eine unzählige Schar hat diese Heiligkeit empfangen." Hiernach übergab der Präfekt sie seinem Sekretär Maximus in Gewahrsam. Der sprach zu ihnen: „O ihr purpurnen Blumen der Jugend, o ihr einander liebendes Brüderpaar, warum eilt ihr so rasch dem Tode zu, als wäre er ein gutes Mahl?" Valerian aber sagte: „Wenn du gelobst, daß du glauben willst, so sollst du die Glorie unserer Seelen nach unserem Tode mit deinen eigenen Augen schauen." Maximus antwortete: „Wenn das geschieht, so soll der Blitz mich mit Feuer verzehren, wenn ich dann nicht den einzigen Gott bekenne, den ihr anbetet."

Als nun am nächsten Tage die Morgenröte aufging, führte man die Brüder vor die Stadt zu dem Abbild des Jupiter. Und weil sie nicht opfern wollten, wurden beide enthauptet. Maximus aber schwur, daß er lichte Engel gesehen habe in der Stunde ihres Leidens, die die Seelen der beiden Heiligen in ihrem Schoß gen Himmel trugen. Als aber Almachius erfuhr, daß Maximus auch Christ geworden war, ließ er ihn so lange mit bleiernen Klötzen schlagen, bis er seinen Geist aufgab. Die hl. Cäcilie aber begrub seinen Leib neben den Leibern des Valerian und Tiburtius.

Die heilige Bernadette

Jeder Katholik weiß, daß vor rund hundert Jahren die Gottesmutter einem kleinen französischen Landmädchen namens Bernadette zu Lourdes in der Grotte von Massabielle erschienen ist. Ebenso bekannt ist, daß Lourdes seitdem zu einem der berühmtesten Wallfahrtsorte der Welt wurde, wo zahllose Menschen Gesundheit, vor allem aber Lebensmut und Zuversicht oder Ergebung in ihr Leiden fanden, und wo die Gottesmutter immer wieder, auch in unserer Zeit, große Wunder bewirkt. Das Fest der 1933 durch Papst Pius XI. heiliggesprochenen Nonne Maria Bernarda feiert die Kirche am 18. Februar. Es gibt eine Menge Literatur über Bernadette und Lourdes. In dem Buche von Pierre Claudel ‚Das Mysterium von Lourdes', das zum Lourdesjahr 1958 in deutscher Sprache erschien, schreibt dieser: „Die Wunder von Lourdes stellen die Verbindung her zwischen dem Mittelalter und der Gegenwart, sie vermitteln eine Art geistigen Austausch zwischen jenen Zeiten, als die Menschen noch im Besitz des echten, sagen wir ruhig naiven Glaubens waren und unserem eigenen Jahrhundert, das allzu sehr an die unbegrenzten Möglichkeiten des Fortschritts glaubt, aufgebläht wie es ist von seinen großen Errungenschaften in Forschung und Technik ..."

Bernadette Soubirous, geboren am 7. Januar 1844 zu Lourdes in Südfrankreich, war die Tochter armer Tagelöhner. Als sie vierzehn Jahre alt war, wurde sie gewürdigt, an achtzehn Tagen vom 11. Februar bis 16. Juli 1858 in der Grotte von Massabielle die Jungfrau Maria zu sehen und mit jener zu sprechen, die sich ihr als „die Unbefleckte Empfängnis" (Que soy èra Immaculado Councepciou) zu erkennen gab.

Die hl. Jungfrau erschien dem Mädchen das erste Mal an einem eiskalten Februartag, als Bernadette an den Ufern des Gave mit andern Kindern auf der Suche nach angeschwemmtem Holz war und eben fröstelnd ihre Schuhe und Strümpfe auszog, um durch das eiskalte Wasser zu waten. Die Gottesmutter versprach Bernadette, sie nicht in diesem Leben, wohl aber im Jenseits glücklich zu machen, forderte sie auf, für die Sünder zu beten und am Orte der Erscheinung durch den Pfarrer von Lourdes eine Kapelle erbauen zu lassen, wohin man in Prozessionen wallfahrten solle. Später wies die himmlische Erscheinung das Kind an, mit den Händen ein Loch zu graben, und eine Quelle trat in der Grotte zutage, deren Wasser wunderbare Krankenheilungen bewirkt.

Bernadette mußte ob dieser großen Gnade viele Verfolgungen und Anfeindungen erleiden, sich von der Polizei vernehmen lassen, ja sie sollte sogar ins Irrenhaus gesperrt werden. Sie mußte sich der bischöflichen Untersuchungskommission stellen, von der sie vier Jahre lang aufs strengste geprüft wurde, ehe die Kirche dem Mädchen Glauben schenkte. Zeit ihres Lebens war Bernadette, die an starken

Asthmaanfällen litt, eine Kranke. Ihr Los in dieser Welt war, wie die Gottesmutter es ihr gesagt hatte, Armut, Krankheit und Leiden, selbst später noch, nachdem sie auf Wunsch des Bischofs in das Kloster der Caritas- und Schulschwestern von St. Gildard in Nevers eingetreten war. Auch hier hatte sie Demütigungen und Verachtung zu erdulden, schob man doch die Profess des bescheidenen Landmädchens immer wieder hinaus, um die ‚Seherin von Lourdes' vor Hochmut zu bewahren. Erst als Bernadettes Krankheit eine lebensbedrohende Wendung nahm, konnte man ihr die Gelübdeablegung nicht mehr verweigern. Von Atemnot und Herzbeklemmungen gequält, erlag die erst Fünfunddreißigjährige am 16. April 1879 ihrem Leiden. Vor ihrem Ende, noch einmal nach ihrer Geschichte befragt, sagte sie mit ihrer letzten Kraft: „Sehen Sie, meine Geschichte ist ganz einfach: die Jungfrau hat sich meiner bedient und dann hat man mich in die Ecke gestellt. Dort ist mein Platz, dort bin ich glücklich und dort bleibe ich."

Dreißig Jahre nach ihrem Tode, als man anläßlich des Seligsprechungsprozesses ihr Grab öffnete, fand man ihren Leichnam ohne die geringste Spur der Verwesung, während das Leichentuch vermodert und das Sterbekreuz verrostet waren. So wie sie damals lag, ruht die hl. Bernadette Soubirous heute in einem Sarg aus Gold und Kristall in der Klosterkapelle zu Nevers in ihrer schwarzen Ordenstracht, das Haupt geneigt, die Hände über dem Herzen gefaltet.

Über Bernadette gibt es keine Legenden. Das Wunderbare an ihr ist offensichtlich: ein armes, unwissendes Bauernmädchen wurde zum Anlaß, daß die Verehrung der Gottesmutter in unserer Zeit wieder auflebte. Ein neuer Gnadenort erstand in Lourdes, dessen Quelle mit ihren Segnungen den ganzen Erdkreis überflutet. Daß in Lourdes Wunder geschehen, ist unleugbar. Ihre Zahl besagt nicht viel; was allein Bedeutung hat, ist, daß dies Phänomen existiert und aus dem Rahmen des natürlich Erklärbaren herausfällt. Zweifellos sind auch die Wunder von Lourdes wie alle Wunder nur Zeichen, durch die Gott sich offenbart, denn das Wunder ist Ausnahme – ist es immer gewesen und wird es immer bleiben.

Der heilige Apollinaris *(Gedenken: 23. Juli)*

Wie dem hl. Zeno (s. 12. April) in Verona begegnen die Italienreisenden in Ravenna einem anderen frühchristlichen Bischof, dem hl. Apollinaris. Ihm ist eine der schönsten, schlichtesten und frömmsten Kirchen geweiht, die sich aus der Zeit des frühen Christentums erhalten haben, die bekannte Basilika Sant'Apollinare in Classe. Sie wurde über dem Grabe des heroischen Gottesdieners errichtet,

der nach der Legende um das Jahr 75 den Martertod erlitt. Auf dem Apsismosaik dieser Kirche ist die großartige Gestalt dieses Heiligen zu sehen, der in einer herrlichen Landschaft seine Schafe weidet. Das Fest des hl. Apollinaris ist am 23. Juli im Meßbuch enthalten und wurde nach dem 8. Jahrhundert allgemein.
Sein Name bedeutet ‚der dem Apollo geweihte'. Er war der erste Bischof von Ravenna und soll nach der Legende vom hl. Petrus selbst in die von Kaiser Augustus ausgebaute Hafenstadt Ravenna (damals lag sie noch am Meer) ausgesandt worden sein, um dort das Christentum zu verkünden.
Dargestellt wird der hl. Apollinaris als Bischof im weißen Gewand mit schwarzem Kreuz, mit Ähren, weil er eine Hungersnot abgewendet hat, mit Keule, womit er erschlagen wurde; auch auf einer Wolke stehend. Er ist Patron der Stein- und Nierenleidenden.
Auch in Deutschland gibt es viele dem hl. Apollinaris geweihte Kirchen. Besonders bekannt ist die Kirche in Remagen, die seinen Namen trägt. Der Überlieferung nach überführte man seine Gebeine 1146 nach Remagen. Seither befindet sich das Hochgrab des Heiligen in der Krypta von St. Apollinaris. Die Gläubigen der Erzdiözese Köln feiern ihn besonders am 23. Juli. Bekannter als seine Grabstätte ist die dortige Heilquelle, die seinen Namen trägt.

Legende

Das an Martern und vielerlei Pein reiche Leben dieses Heiligen ist uns in der ‚Legenda aurea' nach alten Quellen überliefert. Hiernach war Apollinaris ein Jünger des hl. Petrus und mit diesem von Antiochia nach Rom gekommen. Von dort aus schickte der Apostelfürst ihn nach Ravenna. Zunächst heilte er das Weib eines römischen Tribunen und taufte sie mitsamt ihrem Mann und ihrem ganzen Hause. Als die Priester davon hörten, ließen sie Apollinaris kommen, damit er vor ihren Augen im Jupitertempel opfere. Da sprach er ruhig, es sei besser, daß man das Gold und Silber, aus dem die Götterfiguren gemacht seien, den Armen gebe als daß man bösen Geistern Opfer bringe. Da ergriffen sie ihn und schlugen ihn mit Knütteln so lange, bis er halbtot liegen blieb. Seine Jünger aber hoben ihn auf und pflegten ihn im Hause einer Witwe, bis er wieder gesund war. Dann begab sich der Heilige nach Classe, um einen Edelmann zu heilen, der stumm war. Da lief ihm eine Jungfrau entgegen, die vom Teufel besessen war, und schrie „Wehe" über ihn. Er aber zwang den Teufel, daß er ausfuhr. Hiernach machte er über den Stummen das Zeichen des Kreuzes und heilte ihn. Durch dieses Wunder wurden über fünfhundert Personen zum Christentum bekehrt. Nun fielen die Heiden wieder über ihn her und schlugen ihn, er aber rief ohne Unterlaß, Jesus Christus sei allein der wahre Gott. Und als sie ihn mit nackten Füßen auf glühende Kohlen stellten, predigte er ohne Furcht weiter das Evangelium. Als sie sahen, daß sie ihm nichts anhaben konnten, stießen sie ihn aus der Stadt hinaus.
Nachdem nun Apollinaris mit der Hilfe des Herrn die Tochter eines Patriziers mit Namen

Rufus von den Toten erweckt hatte, vernahm dies der Kaiser, und er befahl, man solle Apollinaris zum Opfer zwingen oder in die Verbannung schicken. Da ließ ihn der Vogt auf die Folter spannen und schrecklich martern und hernach kochendes Wasser in seine Wunde gießen. Aber der Heilige predigte weiter standhaft den Namen des Herrn. Nun führte man ihn mit Ketten gefesselt in die Verbannung. Aber Apollinaris kehrte zurück nach Ravenna, wurde wiederum gefangen und brachte das Götzenbild, dem er opfern sollte, zu Fall. Vor einen anderen Richter geführt, gab er dessen Sohn das Augenlicht wieder; davon wurde der Richter gläubig und verbarg den Verfolgten auf seinem Landgute wohl an die vier Jahre lang. Doch wiederum wurde Apollinaris von den Priestern bei Kaiser Vespasian angezeigt, der alsbald gebot, wer die Götter beleidigt hätte, müsse opfern oder aus der Stadt vertrieben werden. Apollinaris weigerte sich aber wie zuvor. Er wurde von einem Hauptmann, der Christ war, gerettet und verbarg sich in dem Stadtteil der Aussätzigen. Aber das Volk kam ihm nach und schlug ihn so lange mit Keulen, bis er tot schien. Er lebte aber noch sieben Tage, während denen er seine Jünger im Glauben ermahnte, dann gab er seinen Geist auf. Die Christen aber begruben ihn mit großen Ehren.

Der hl. Ambrosius pries ihn: „O hochgelobter Bischof, der mit Bischofswürde einte des Apostels Gewalt, o tapferer Streiter Christi, der noch als müder Greis standhaft in aller Pein Christum den Weltheiland predigte!“ Auf seine Veranlassung kam das Haupt des Heiligen nach Mailand und wurde dort bald fast so berühmt wie die Gebeine der Heiligen Dreikönige in der gleichen Stadt. Als der Kölner Erzbischof Rainald von Dassel 1164 die Gebeine der Heiligen Dreikönige (s. 6. Januar) nach dem Fall der Stadt Mailand nach Köln überführte, nahm er auch das Haupt des hl. Apollinaris mit. Vom Oberrhein aus benutzte er zur Heimreise ein Schiff, und als man die Höhe von Remagen am Rhein erreichte, wurde das Schiff auf unerklärliche Weise im reißenden Strome festgehalten. Dort lag auf einem Hügel eine sehr alte Kirche, die dem hl. Martin geweiht war. Erst als man auf Geheiß eines Engels das Haupt des hl. Apollinaris am Altar eben jener Martinskirche niedergelegt hatte, konnte das Schiff seinen Weg fortsetzen. Seither trägt die Kirche den Namen des hl. Apollinaris, und der Platz wurde als Wallfahrtsort berühmt. An der Fassade der neuen Kirche, die die baufällig gewordene alte im vorigen Jahrhundert ersetzte, steht heute noch die Statue des hl. Apollinaris.

Die heilige Hilda von Whitby *(Gedenken: 17. November)*

Eigentlich müßte sie Hilda von Straeneshalch heißen und nicht Hilda von Whitby, unter welchem Namen sie in die Heiligengeschichte einging. Denn die Abtei, die sie an der Nordseeküste in England gründete, hieß Straeneshalch, das heißt ‚Licht des Leuchtturms‘. Die Dänen haben den Platz nach ihrem Tode zerstört. Rauh, streng und majestätisch ist das Land, wo sie gewirkt und gelitten hat, die gestrenge Äbtissin von Whitby. Spärlich sind die Tatsachen, die uns die alten Berichte über ihr Leben sagen. Im Jahre 680 ist sie gestorben.

Nach der Klostergeschichte vom hl. Beda Venerabilis (s. 25. Mai) wurde die hl. Hilda 614 als Tochter Herericss und der Bregusuit geboren. Ihr Vater war ein Neffe König Edwins von Northumberland. Zu Ostern 627 wurde Edwin mit seinem ganzen Stamme durch Paulinus von York getauft. Und von Hilda, der Nichte, berichtet Beda, „daß auch sie den Glauben und die Geheimnisse Christi annahm und sie makellos bewahrte, bis sie ihm im Himmel von Angesicht zu Angesicht gegenüberstand". Hilda scheint die neue Lehre mit der ganzen Begeisterungsfähigkeit ihrer Jugend angenommen und voller Standhaftigkeit und Festigkeit gegen alle Angriffe verteidigt zu haben. Denn König Edwin, ihr Onkel, erlitt im Kampf gegen die Bretonen für seinen Glauben am 12. Oktober 633 den Tod. Ganz Northumbrien war Beute einer grausamen Verfolgung, die „weder Frauen noch das unschuldige Alter der Kinder schonte". Bischof Paulinus floh mit Hilda's Tante, der Königin. Sie blieb allein zurück; doch geschah ihr wunderbarerweise nichts. Das Martyrium vor Augen, wurde es ihr selbst nicht auferlegt.

Hilda wollte in das Kloster Chelles nach Frankreich gehen, denn in Northumberland gab es zu dieser Zeit noch keine Frauenklöster. Aber es kam anders: Gott hatte sie zur Arbeit in seinem Weinberg für ihr eigenes Vaterland ausersehen. Bischof Aidan von Lindesfarne gab ihr einen Landstreifen, dort lebte sie zunächst mit einigen Gefährtinnen das Klosterleben, nach dem sie sich sehnte. Später ernannte der Bischof sie zur Äbtissin des Klosters Hartlepool. Zu dieser Zeit war sie etwa fünfunddreißig Jahre alt.

Der König schenkte dem Kloster Land und gab seine eigene Tochter in ihre Obhut. Straeneshalch kam dazu, ein Platz auf dem Vorgebirge über dem Meer, dort erbaute sie ihr großes Doppelkloster Whitby. Hilda leitete es furchtlos und weise. Sie machte ihrer geistlichen Familie die großen Tugenden der frühchristlichen Kirche zugänglich: Gerechtigkeit, Nächstenliebe, Frieden. Bischof Aidan und andere fromme Männer besuchten sie öfters und gaben ihr sorgsame Anweisungen, wie sie die ihr angeborene Einsicht in den Dienst Gottes stellen könne. Sie brachte sogleich alle Dinge in ein geordnetes System. Musterhaft war die Organisation ihres Klosters und hoch das geistige und kulturelle Niveau. Ihre Schüler waren so gut angeleitet, daß eine ganze Anzahl „für geeignet befunden wurde, kirchliche Pflichten auf sich zu nehmen und am Altare zu dienen" – fünf Bischöfe sind aus dem Kloster Whitby hervorgegangen! Das „Lesen und Beobachten der Schriften" war die Grundlage ihres Lehrsystems, durch „Übersetzen, Abschreiben und Erklären" schulte sie die Männer und Frauen, die ihr unterstellt waren. Trotz umfangreicher Tätigkeit als Oberin, Verwalterin, Forscherin und Gelehrte fand sie

Zeit für bedeutsame Freundschaften mit kirchlichen Würdenträgern aller Länder, die ihr geistliches Leben lenkten.
Ihre langen Lebensjahre waren angefüllt mit intensiver Arbeit, aber auch mit Krankheit. Die letzten sechs Jahre vor ihrem Tod litt sie beständig an heftigem Fieber, dennoch stellte sie weiterhin ihre ganze Kraft in den Dienst Gottes. Nach sieben Jahren qualvoller Krankheit wurde ihr Zustand ernst. Beim Hahnenschrei empfing sie eines Morgens die heilige Kommunion zum letztenmal. Sie versammelte die Gemeinschaft um sich und ermahnte alle, ihren „evangelischen Frieden untereinander und gegenüber anderen zu bewahren". Während sie noch sprach, ereilte sie der Tod. Es war der 17. November 680.
Die hl. Hilda wird dargestellt als Äbtissin, in einem Buche lesend. Wilde Vögel neben sich, weil sie diese von der Verwüstung eines Kornfeldes abhielt, Schlangen in Stein verwandelnd.

Die heilige Hemma (Emma)

So häufig der Name Emma auch heute noch als Taufname gewählt wird, so wenig wissen wir von der Heiligen, die die Schutzpatronin dieser Täuflinge ist. Es werden meist mehrere heilige Frauen miteinander verwechselt.
Die Königin Hemma, Gemahlin Ludwigs des Deutschen, deren Lebensgeschichte in großen Zügen derjenigen der hl. Emma von Lessum gleicht, gilt ihrer Tugenden und frommen Stiftungen und ihres mit unendlicher Geduld getragenen Leidens wegen auch als Heilige. Sie starb am 31. Januar 874 und wurde im Kloster Obermünster beigesetzt, später nach Sankt Emmeran in Regensburg übertragen, wo ihr Leib noch heute ruht und verehrt wird. Das dort befindliche, um 1300 geschaffene Grabmal zeigt sie als mittelalterliche Königin.
In Österreich wird vor allem die hl. Hemma oder Emma von Gurk verehrt, die um 1000 gelebt hat. Ihr Fest ist am 27. Juni. Sie ist die Stifterin des Klosters Gurk in Kärnten, wo sie in der Domkrypta beigesetzt wurde. Ihre Kanonisation erfolgte erst 1938.
Jene hl. Emma aber, deren eigentlicher Gedenktag der 19. April ist, war Emma von Niedersachsen, auch Emma von Lessum genannt. Sie stammte aus dem Geschlechte des Sachsenherzogs Widukind und war die Schwester des hl. Meinwerk (s. 4. Juni), des tatkräftigen Bischofs von Paderborn. Das wenige, was wir von ihr wissen, wurde uns durch den Geschichtsschreiber der Hamburger Kirche, Adam von Bremen, übermittelt. Vor allem erwähnt er die unbeherrschte, leidenschaftliche Mutter der Heiligen, Adela, die eine Frau gewesen sei, deren

Lebensgier vor nichts zurückschreckte. Um so erstaunlicher ist es daher, daß ihre von Gott erwählten Kinder Meinwerk und Emma dem bösen Einfluß der Mutter nicht erlagen und sogar zu Heiligen wurden.
Frühzeitig schon wurde Emma von dem Grafen Luitger, der sie zur Gemahlin nahm, aus dem Elternhaus hinweggeführt. Doch dieses unbeschwerte Leben war leider nur sehr kurz. Nachdem sie ihrem Gatten einen Sohn geboren hatte, der den Namen Imat trug, starb Luitger 1011 völlig unerwartet. Die junge Witwe lebte fortan zurückgezogen und widmete sich ganz der Erziehung ihres Sohnes und der Ausübung von Werken der Barmherzigkeit. Emma hatte später die Freude, ihren Sohn als Nachfolger Meinwerks auf dem Paderborner Bischofsstuhl zu sehen. An ihn erinnert die sogenannte Imat-Madonna im Paderborner Domschatz noch heute.
Sicherlich ist die reiche junge Frau oftmals verlockt worden, sich wiederum zu verheiraten und dem weltlichen Leben zuzuwenden. Aber Emma blieb bis zu ihrem Tode in ihrem Witwenstande. Ihren Reichtum gab sie freigebig hin, um Bedürftigen zu helfen. Auch an Kirchen und Klöster machte sie großzügige Stiftungen. Aus unserer Sicht gesehen, mag es sein, daß Emma durch ihre vielen, guten Werke die Schlechtigkeit ihrer Mutter sühnen wollte, doch sicherlich beseelten sie bei allem, was sie Gutes tat, Gottesfurcht und tiefe Frömmigkeit. Die hl. Emma beschloß ihr vorbildliches Leben am 19. April 1040. Beigesetzt wurde sie in Bremen. Eine wertvolle Reliquie von ihr wurde noch lange Zeit im Kloster Werden an der Ruhr aufbewahrt, bis sie in den Kriegsereignissen späterer Jahrhunderte verloren ging.

Legende

Ob Legende oder Wahrheit, jedenfalls ist das, was von jener Reliquie der hl. Emma uns überliefert wurde, ein wunderbares Symbol heiligmäßigen Handelns. Als Jahrzehnte nach dem Tod der tugendreichen Gräfin und Witwe ihr Grab in Bremen eröffnet wurde, fand man, daß ihr Leib zu Staub verfallen, aber wunderbarerweise ihre rechte Hand unversehrt geblieben war. Es war die Hand, von der es in der Heiligen Schrift heißt, die Linke solle nicht wissen, was die Rechte tut! Mit ihr hatte sie Wohltaten erwiesen, geholfen und beschenkt. Welch ergreifender Hinweis Gottes darauf, daß unsere guten Werke niemals ausgelöscht werden!

Der heilige Anselm von Canterbury (auch Selma) *(Gedenken: 21. April)*

„Dieser heilige Erzbischof war eine großangelegte anziehende Persönlichkeit, in der sich geniale Spekulation, mystische Innigkeit und bezaubernde Liebenswürdigkeit einten. Anselm wird der „Vorläufer“ oder „Vater der Scholastik“ genannt, weil er mit der Wiedereroberung der Augustinischen Metaphysik und der rationalen Bewältigung der geoffenbarten Lehre die großen Themen der scholastischen Theologie und Philosophie anschlägt (Überweg-Henze)“. Er war einer der ersten theologischen Gelehrten, die nach dem Grundsatz des hl. Augustinus dazu aufforderten, den Glauben mit dem Verstand zu durchdringen: Ich glaube, damit ich einsehe – credo ut intelligam. „Er steht also in der Mitte zwischen Augustinus und Thomas von Aquin, nur mit diesen beiden ist er zu vergleichen“ (Hasse). „Infolge seiner pädagogischen Weisheit gehört er zu den größten Menschheitserziehern“ (Wimmer). Wegen der vielen Werke, die er zum Ruhm der Kirche und zum Heil der Gläubigen geschrieben, wurde der hl. Anselm 1720 zum Kirchenlehrer ernannt. Seit 1690 wird sein Fest am 21. April gefeiert.

Wer, durch den Namen irregeführt, in Anselm einen Engländer vermutet hat, muß sich zunächst dahin belehren lassen, daß der spätere Erzbischof von Canterbury, bevor er auf diesen ersten Bischofssitz Englands berufen wurde, fünfzehn Jahre Prior und danach ebenso lange Abt des Klosters Le Bec im Tal der Seine gewesen ist und demnach als französischer Benediktiner bezeichnet werden könnte. Hinzuzufügen wäre allerdings, daß seine Heimat keineswegs Frankreich war, sondern Italien: er wurde im Jahre 1033 zu Aosta in Savoyen als Sohn eines langobardischen Adeligen geboren. Über die bewegte Lebensgeschichte Anselms sind wir durch seinen Biographen Eadmer gut unterrichtet. Unsere Fassung stützt sich auf Joseph Piepers Darstellung.

Anselm kehrte seinem elterlichen Haus, dem er sich entfremdet fühlte, schon frühzeitig den Rücken, zog über die Alpen nach Burgund und schließlich in die Normandie, wo er – angezogen durch den Ruhm des gelehrten Priors Lanfranc – in der Benediktinerabtei Le Bec Theologie und Philosophie studierte. Unter Lanfrancs Priorat war das Kloster zu einer der berühmtesten Schulen im westlichen Europa geworden. Wie Eadmer erzählt, war für Anselm der Ruhm Lanfrancs eine Zeitlang geradezu ein Grund, der ihn zögern ließ, in Le Bec als Mönch einzutreten. „Ich brauche einen Ort, wo ich mein Wissen zeigen und vielen hilfreich sein kann.“ Er habe aber später, wenn von diesen Dingen gesprochen worden sei, hinzugefügt: „Damals merkte ich noch nicht, wie schlimm das war, was ich da aus angeblicher Nächstenliebe sagte." Lanfranc stand dem jungen Anselm nicht mehr lange im Wege. Die Eroberung Englands durch die Normannenherzöge hatte eine planmäßige Besetzung aller führenden Stellungen mit Franzosen zur Folge; Wilhelm der Eroberer berief den Juristen Lanfranc zum Erzbischof von Canterbury. Inzwischen hatte Anselm in Le Bec, dessen geistiger Mittelpunkt er längst geworden war, sein weithin ausstrahlendes Werk entfaltet. Vor allem förderte er die Klosterschule, in der er neue Erziehungsprinzipien einführte und durch kluge Milde jeden Zwang ausschloß. Nicht weniger als 180 Mönche traten während der fünfzehn Abtsjahre Anselms in das Kloster ein.

1093 mußte der Sechzigjährige Abschied nehmen, weil er jetzt zum Nachfolger Lanfrancs auf den erzbischöflichen Stuhl von Canterbury berufen wurde. Eigentlich waren es eher gewalttätige Geschehnisse, die sich bei seiner Wahl ereigneten. Bei Gelegenheit einer Englandreise in Angelegenheiten seines Klosters wurde Anselm nämlich auf Veranlassung des Königs wider seinen erklärten Willen in das Amt geradezu hineingezwungen. Man öffnete ihm gewaltsam die Hand, legte sie um den Bischofsstab, trug ihn in die Kirche und sang, während der auf solche Weise ‚Erwählte' sich heftig wehrte, das Tedeum. Aber es blieb dabei, und es folgten für Anselm anderthalb Jahrzehnte eines zermürbenden Kampfes mit den Normannenkönigen. Da der neue Primas in allem Freimut die kirchlichen Rechte und Freiheiten sowie den engsten Anschluß an Rom erstrebte, zog er sich bald die Ungnade des Königs zu, der entgegen seinen anfänglichen Versprechungen die Kirche weiterhin aufs ärgste unterdrückte und ihre Einkünfte für sich beanspruchte und einzog. Der Erzbischof sah sich gezwungen, schon vier Jahre später nach Rom in die Verbannung zu ziehen.

Die Last des Amtes aber ist ihm nicht abgenommen worden. Unter dem neuen König Heinrich I. kehrte er auf Wunsch des Papstes wieder nach England zurück, verweigerte aber auch diesem Herrscher das Recht auf Investitur – Vergebung kirchlicher Ämter durch Laien – und Lehenseid. Nun mußte er abermals in die Verbannung ziehen, und diesmal wurden alle seine Güter beschlagnahmt. Erst 1106 wurden durch Vermittlung des Papstes in einem besonderen Vertrage zu Le Bec die strittigen Punkte beigelegt, und Anselm ging nach England zurück, nachdem ein großer Teil der Bischöfe und das Volk seine Rückkehr verlangt hatten. Er wurde mit unbeschreiblichem Jubel empfangen, die Königin selbst zog ihm in feierlichem Zuge entgegen, und er erhielt seine Güter wieder. Der König verzichtete auf die Verleihung der bischöflichen und äbtlichen Würden, unterstellte sich dem Papste, Anselm hingegen leistete den Lehenseid. Der hl. Bischof erwarb sich dann so sehr das Vertrauen des Herrschers, daß dieser ihn während seiner Abwesenheit zum Verweser des Reiches einsetzte. Jedoch war Anselm durch all diese aufreibenden Kämpfe so geschwächt, daß ihm nur noch wenige Jahre des Wirkens vergönnt waren. Nach längerem Siechtum starb er, fünfundsiebzig Jahre alt, am 21. April 1109. Begraben wurde er in der Kathedrale von Canterbury. Dargestellt wird der hl. Anselm als Bischof, dem Christus und Maria erscheinen, mit Buch oder kleinem Schiff in der Hand.

Legende

Die Gestalt dieses großen Kirchenfürsten und Gelehrten wird sowohl durch Legendäres wie durch das, was uns der treue Gefährte des Heiligen, Eadmer, der uns eine Fülle lebenswahrer Züge schildert, verdeutlicht.

Von welcher Art seine Erziehung der Jugend gewesen ist, soll folgender Fall zeigen: Eines Tages unterhielt sich ein wegen seiner Frömmigkeit berühmter Abt mit ihm über die große Schwierigkeit, die erwachsenen Zöglinge an die Zucht des Klosters zu gewöhnen. „Sie sind verdorben und unverbesserlich", sprach er, „und obgleich ich nicht aufhöre, sie Tag und Nacht zu schlagen, werden sie doch mit jedem Tage schlechter." „Wie", entgegnete Anselm, „Ihr hört nicht auf sie zu schlagen, und wenn sie erwachsen sind, was wird dann aus ihnen?" „Dummköpfe, Narren", erwiderte der Abt. „Was würdet Ihr wohl sagen, wenn Ihr in Eurem Garten einen jungen Baum immerfort niederdrücktet und ihn daran hindertet, seine Zweige zu entfalten?" sagte Anselm. „Die Kinder sind Euch anvertraut, damit sie wachsen und Früchte tragen, und Ihr haltet sie in so schlimmem Zwange, daß ihre Gedanken in der Brust verschlossen bleiben und dort lasterhafte Gestalt annehmen! Da nirgends um sie Liebe, Milde und Verstehen ist, gedeiht in ihrer Seele Haß, Trotz und Neid. Versucht es, fügt zur Strenge auch Freundlichkeit, welche den Strafen die Bitterkeit nimmt und sie wie Öl mildert. Hartes schwarzes Brot ist zwar tauglich für starke Leute, aber es ist keine Nahrung für kleine Kinder. Wenn ein Erzieher alle Zöglinge den gleichen Weg zu gehen zwingt, wenn er nicht Rücksicht nimmt auf eines jeden Leidenschaften und Neigungen, so wird er wenig nützen und viel verderben." Mit diesen und ähnlichen Worten zeigte er dem rauhen Abt die Kunst der Erziehung, wie er sie selbst übte. Der Besucher erkannte seine Fehler und versprach, sich zu bessern.

Am 1. August des Jahres 1100 hatte Anselm mit seinen Geistlichen am Vorabend des Festes Petri Kettenfeier in Lyon, wo er während der Verbannung weilte, um Mitternacht die Frühmette gebetet. Hierauf legte er sich schlafen. Plötzlich steht ein Jüngling von freundlichem Aussehen vor dem Geistlichen, der sich neben dem Zimmer, in dem Anselm ruhte, auf seinem Lager dem Schlafe überlassen wollte und sprach zu ihm: „Adam, schläfst du?" „Nein", war seine Antwort. „Willst du etwas Neues hören?" „Sehr gerne." „Nun so höre denn, daß der Streit zwischen Anselm und König Wilhelm geschlichtet ist." Der Geistliche mit Namen Adam hob den Kopf, blickte um sich, sah aber niemanden. In der folgenden Nacht gibt einem anderen Geistlichen, während er die Psalmen sang, jemand ein Blättchen

Papier in die Hand; er schaut hinein und liest: König Wilhelm ist tot. Um sich schauend, erblickt er niemand als seine Brüder, was aber auf dem Blatte stand, war geschehen. Am 2. August traf König Wilhelm im Walde zu Hampshire auf der Jagd ein Pfeil von unbekannter Hand ins Herz, und er starb. Gott hatte den Feind des Bischofs gerichtet. Sobald aber Anselmus den Tod seines Verfolgers erfuhr, weinte er bitterlich.
Schon kurz nach seinem Tode verherrlichte Gott seinen treuen Diener durch Wunder, die auf seine Fürbitte geschahen. Ein Mönch namens Robert ging über die Londoner Brücke, als sein Pferd, das das Gepäck trug, in die Themse stürzte. Dem guten Mönch lag nun besonders ein Buch Anselms am Herzen, das dieser geschrieben hatte und welches sich im Gepäck befand. In seiner Besorgnis um dieses Buch rief er den Heiligen um Hilfe an, und siehe, das Pferd gelangte ans Ufer, ohne das Buch oder sonst etwas vom Gepäck verloren zu haben.
Graf Arnulf von Montgomery war, auf dem Meere von Windstille festgehalten, nahe daran zu verhungern. In seiner Not rief er den hl. Anselm an, und sogleich erhob sich der Wind und führte ihn ans Land.

Der heilige Konrad von Parzham

„Wer in unserer Epoche der Zerstörung und des Ungewissen erfahren mag, wie eine ganz und gar im Geistlichen zusammengefaßte, eine ganz und gar definierte Welt aussieht, wird nicht vergeblich in Altötting gewesen sein", schreibt Wilhelm Hausenstein. Eng ist der Name Bruder Konrads mit dem berühmtesten bayerischen Wallfahrtsort verknüpft. In der uralten Kapelle aus karolingischer Zeit steht über dem silbernen Tabernakel das Gnadenbild der schwarzen Muttergottes. Links vom Altar kniet die Silberfigur des hl. Konrad von Parzham, rechts kniet andächtig mit geneigtem Haupt die lebensgroße Silberfigur des Kurprinzen Maximilian Joseph. In den Wandnischen stehen die Urnen mit den Herzen der Wittelsbacher. Der einfache Kapuzinerbruder neben den bayerischen Fürsten!
In der Pfarrkirche hat der bayerische General Graf Tilly seine letzte Ruhestatt gefunden, in der St. Anna-Kirche, die an dem gleichen weiten Platz um die Gnadenkapelle steht, wird der Bauernsohn Hans Birndorfer als hl. Konrad verehrt. Der schlichte, gottesfürchtige Mann lebte im 19. Jahrhundert und wurde 1934 zur Ehre der Altäre erhoben. In den deutschen Meßbüchern ist sein Fest am 21. April, in Österreich ebenfalls am gleichen Tag verzeichnet.

Dargestellt wird der hl. Konrad im braunen Habit, mit weißem Bart und Kreuz. Er ist Patron des katholischen Burschenvereins und des Seraphischen Liebeswerks und gilt als Helfer in jeder Not. Kaum ein deutscher Heiliger erfreut sich im Volke einer solchen Beliebtheit wie er. Neben seinem Taufbucheintrag „Johann Birndorfer, geboren am 22. Dezember 1818 zu Parzham, Pfarrei Weng, als Sohn der Bauerseheleute Birndorfer auf dem Venushof", hat ein späterer Pfarrer von Weng voller Stolz mit roter Tinte die Bemerkung hinzugefügt: „wurde am Pfingstfest 1934 heiliggesprochen".

Sein Leben ist so einfach und arm wie er selber war, es enthält keine großen Ereignisse, keine wunderbaren Geschichten. Wenige Zeilen vermögen es zu umreißen. Hans wuchs in einer tiefreligiösen Bauernfamilie als neuntes Kind unter zehn Geschwistern auf. Von frühester Jugend an unterschied er sich von den anderen Bauernkindern durch seine natürliche Frömmigkeit. Er betete den Rosenkranz auf dem Schulweg, stiftete Frieden unter seinen rauflustigen Kumpanen und trug von klein auf eine innige Liebe zur Gottesmutter in seinem Herzen. Als junger Mann nannten sie ihn spottend den ‚Betbruder', weil er im Gegensatz zu den Gepflogenheiten des Dorfes das Wirtshaus und die Mädchen mied und sich lieber, wenn er nicht schaffte, in der Kirche aufhielt. Er trat dem Dritten Orden und verschiedenen Bruderschaften bei. Nach und nach erwarb er sich die Achtung des Volkes vor seinem tugendhaften Leben, das aus Arbeiten, Beten, Büßen und Almosengeben bestand. Seine Eltern verlor er früh. Aber sein reiches Erbe lockte ihn nicht: als Dreißigjähriger verließ er den väterlichen Hof und bat um Aufnahme bei den Kapuzinern.

Nach der Gelübdeablegung wurde ihm das Pförtneramt im St. Annakloster in Altötting übertragen, das er bis zu seinem Tode – über vierzig Jahre lang – betreute. Ununterbrochen rief ihn die Glocke an die Pforte, täglich hatte er mit den verschiedenartigsten Menschen zu tun. Da stellten Wallfahrer und Schulkinder, Wandergesellen und Priester, Bettler und Arbeitssuchende Fragen und Bitten an ihn. Immer jedoch blieb Bruder Konrad geduldig, gleichmütig und freundlich, unerschütterlich war seine Güte und Hilfsbereitschaft, so daß sich viele darüber verwunderten. Die Kraft für seine immer gleiche Liebenswürdigkeit und echte Anteilnahme schöpfte Bruder Konrad aus seinem innigen Gebet. Sein Lieblingsspruch war: „In Gottes Namen." Für Gott nahm er alle diese Mühen auf sich, unaufhörlich auf den Beinen, versah er voller Sanftmut sein Amt. Auffallend

viele Gebetserhörungen wurden ihm zuteil, und durch die göttliche Gabe der Offenbarung wurden ihm viele zukünftige Ereignisse kundgetan.
Seinen Blick durchs Fenster auf den Muttergottesaltar des Gnadenbildes gerichtet, starb ‚der ewige Pförtner' – wie ihn der Papst genannt hat – am 21. April 1894. Sein Grab befindet sich in der Wallfahrtskapelle von Altötting. In der Kapelle, die zu den ältesten Kirchenbauten Deutschlands zählt, sieht man eine besonders schöne Darstellung des Heiligen. Zusammen mit dem Kurprinzen Maximilian von Bayern kniet er vor dem Gnadenbild der Schwarzen Madonna.

Der heilige Adalbert von Prag *(Gedenktag: 23. April)*

Adalbert, Albert oder Albrecht, aus dem Althochdeutschen, bedeutet ‚der durch Adel Glänzende'. Bischof Adalbert von Prag wird der ‚Apostel Preußens' genannt. Er war der erste Märtyrer in Preußen, erlitt er doch im Jahre 997 bei Ausübung seiner Missionstätigkeit im Weichseldelta den Tod für Christus. Eine Schilderung seines Lebens in achtzehn Szenen ist auf den Bronzetüren des Gnesener Domes aus dem 12. Jahrhundert. Der Heilige wird abgebildet im Bischofsornat mit Adler, der seinen Leichnam verteidigt, Keule oder Lanze tragend, Regen erflehend, auch mit den sieben Spießen, von denen er durchbohrt wurde.
Geboren wurde der hl. Adalbert in der Nähe von Padubitz aus dem mächtigen böhmischen Fürstengeschlecht der Slavnik im Jahre 956. Seine Eltern bestimmten ihn frühzeitig für den geistlichen Beruf, auf den er in der berühmten Domschule von Magdeburg vorbereitet wurde. Nach harten Jahren des Studiums empfing er 983 in Prag die Priesterweihe. Zu einem tiefen Erlebnis wurde für ihn das schwere Sterben des Prager Bischofs Dithmar, bei dem er zugegen war. Es löste eine große Erschütterung und grundlegende Wandlung in dem jungen Geistlichen aus, der alsbald versuchte, durch Bußübungen, nächtliche Wallfahrten und ein äußerst asketisches Leben alle weltlichen Neigungen in sich abzutöten.
Adalbert wurde trotz seiner Jugend wohl infolge seiner großen Bildung und Frömmigkeit zum Nachfolger des Verstorbenen gewählt. Erzbischof Willigis (s. 21. Februar) weihte ihn zum Bischof. Voll Eifer und jugendlicher Begeisterung widmete Adalbert sich der schwierigen Aufgabe, das böhmische Volk vom Heidentum abzubringen. Zwar hatten die Großen des Landes das Christentum seit der Missionierung durch den hl. Wenzel (s. 28. September) angenommen, waren aber, da sie in ihrer Lebensweise mehr oder weniger Heiden geblieben waren, ein schlechtes Beispiel für das Volk. So stieß der neue Bischof überall auf erbitterten Widerstand. Zu seiner Diözese gehörten nicht nur Böhmen, sondern auch Schle-

sien, das südliche Polen und die heutige Slowakei. Fünf Jahre angestrengtester Bemühung blieben fast ohne Erfolg. Das entmutigte ihn derart, daß er nach Rom ging, um den Papst um Enthebung von seinem Amte zu bitten. Dieser gewährte ihm aber nur eine kurze Ruhezeit, in der Adalbert als einfacher Mönch bei den Benediktinern auf dem Aventin lebte. Da indessen der Kirche an der Bekehrung Böhmens sehr gelegen war, mußte Adalbert 992 auf Wunsch des Papstes nach Prag zurückkehren. Zur Unterstützung gab man ihm Benediktinermönche mit, für die das Kloster Brewnow bei Prag gegründet wurde. Obgleich das Volk den zurückgekehrten Bischof zunächst nicht schlecht aufgenommen, ja allerlei Versprechungen abgegeben hatte, scheiterte auch dieser zweite Versuch. Als der Bischof das sah, versuchte er sich missionarisch in Ungarn zu betätigen. Doch auch dort blieb ihm der Erfolg versagt, wenn es vielleicht auch – historisch betrachtet – im Grunde seiner Arbeit zu danken ist, daß die Christianisierung Ungarns einen ersten Impuls empfing und später erfolgreich fortgesetzt werden konnte. 995 floh der zutiefst enttäuschte Adalbert wiederum nach Rom.

Doch schon im darauffolgenden Jahr nahm ihn Kaiser Otto III., dem er freundschaftlich verbunden war, zurück in seine Diözese nach Prag. Hier sollte ihn jedoch ein harter Schlag treffen: die Ketzer hatten in der Zwischenzeit seine Verwandten ermordet und ihre Burgen niedergebrannt. Das war die Antwort an einen unbequemen Mahner, den sie nicht gewillt waren, unter sich zu dulden. Da ein weiterer Versuch, seine bischöfliche Tätigkeit allem zum Trotz auszuüben, hiernach ohne jede Aussicht schien, wandte sich Adalbert nun nach Polen, wo er von König Boleslaw freundlich aufgenommen wurde. Nachdem er mit dessen Unterstützung einige gute Erfolge in der Christianisierung erzielte, verwirklichte er mit Zustimmung von Boleslaw sein gefahrvolles Vorhaben, zur Bekehrung der Heiden in das benachbarte Preußen aufzubrechen, wohin noch kein Missionar gedrungen war.

Bei diesem Unternehmen wurde er nur von zwei Gefährten begleitet. Er gelangte bis in die Gegend von Danzig. Angezogen von seiner Persönlichkeit, strömten die Leute zunächst herbei, jedoch nach der ersten Predigt kam es schon zu Mißhandlungen der Gottesboten. Kurze Zeit später, am 23. April 997, wurde der Heilige in Tenkitten am Frischen Haff von Preußen grausam ermordet, die ihn mit ihren Spießen erstachen. Man ließ den Leichnam nach Gnesen überführen, wo er bestattet wurde. 999 erfolgte seine Kanonisierung. 1639 wurden die Reliquien des Heiligen nach Prag gebracht und im Veitsdom beigesetzt.

Als Otto III. im Jahre 1000 nach Gnesen kam, stieg er vor der Stadt vom Pferde und ging demütig barfuß zum Grabe des hl. Adalbert, den Segen des Märtyrerbischofs für das Deutsche Reich herabflehend. „So ehrte ein deutscher Kaiser den ersten Märtyrer der Preußen“, sagt der Chronist darüber.

23. APRIL

Der heilige Georg

Der hl. Georg gehört zu den vierzehn Nothelfern. Bei den Griechen wurde er ‚Erzmärtyrer' genannt und im christlichen Altertum und im Mittelalter von allen Blutzeugen am meisten verehrt. Er gilt als das heroische Vorbild für alle Stände; viele Wunder werden seiner Fürbitte zugeschrieben. Mag auch das Geschichtliche über ihn umstritten sein, so ist er doch zum Symbol christlicher Tapferkeit geworden. Als stolzer Ritter hoch zu Roß einen Drachen tötend, so kennt jeder seine bildliche Darstellung. Sein Pferd ist deshalb braun, weil sein Fest in die Saatzeit fällt, zum Unterschied vom hl. Martin (s. 11. November), der auf weißem Pferde erscheint, weil sein Fest zu Beginn der Winterzeit gefeiert wird. Georg wurde zum Bannerträger der Kreuzfahrer, zum Nationalheiligen der Engländer; Georgsritterorden wurden gegründet, deren Patron er ist, die katholischen Pfadfinder stehen unter seinem Zeichen, weil er ihnen vorgelebt hat, treu, mannhaft und mit reinem Herzen seine schwere Pflicht zu tun. Es gibt die sogenannten Georgiritte in den verschiedenen Gegenden, bei denen die Pferde gesegnet werden. Besonders in Süddeutschland und im benachbarten Österreich ist dieser Brauch noch heute lebendig. Zahllose Kirchen und Altäre sind ihm geweiht. Eine der eindrucksvollsten Darstellungen des Drachentöters ist der Hochaltar des Klosters Weltenburg, den Egid Quirin Asam 1721 schuf. Berühmt geworden ist auch die St.-Georgs-Statuette in der Schatzkammer der Münchner Residenz. Herzog Wilhelm V. hat sie bei Münchner Goldarbeitern, zu denen auch Hans Reimers gehörte, in Auftrag gegeben. Dieses einzigartige Werk ist mit 2291 Diamanten, 406 Rubinen und 209 Perlen verziert.

Wenn man Historisches von Legendärem trennt, so kann wohl angenommen werden, daß der hl. Georg unter dem Kaiser Diokletian ein furchtbares und in seiner grausamen Vielfalt ungeheuerliches Martyrium durchgestanden hat. Ebenso ist über ihn historisch bekannt, daß er aus Kappadozien stammt und ein höherer römischer Offizier unter Kaiser Diokletian gewesen ist.

Georg soll um das Jahr 280 geboren sein und schon in jungen Jahren das Waffenhandwerk erwählt haben. Er begann also mit dem natürlichen Heldentum, um zum übernatürlichen zu gelangen. Sehr bald erhielt er den hohen Rang eines Obersten und hatte als Tribun jederzeit Zutritt zum Kaiser, der seine große Tapferkeit schätzte. Als die Christenverfolgungen erneut einsetzten, machte der kühne Jüngling dem Kaiser Vorwürfe. Dieser aber sagte: „Junger Mann, denke an deine

Zukunft!" Als Georg ihm entgegnen wollte, ergrimmte der Kaiser und gab den Wachen den Befehl, den jungen Offizier in Ketten zu legen. Trotzdem Georg unendliche Qualen zu erdulden hatte, blieb er seinem Glauben an Christus treu, und der erzürnte Herrscher sah ein, daß er ihn nicht zu überwinden vermochte. Je mehr man ihn folterte, desto getroster wurde der Held, seine Wunden heilten auf wunderbare Weise, weil Gott ihm in der Nacht immer wieder stärkte. Da die üblichen Martern nicht ausreichten, mußte man neue erfinden. Georg erhielt den Namen ‚der große Märtyrer', Megalomartyr, denn er erlitt tausend Tode nacheinander. Bei den Griechen gilt er mit dem hl. Demetrius (s. 8. Oktober) und dem hl. Theodor (s. 9. November) als Soldatenheiliger. Sein Mut und seine Heldenhaftigkeit sind beispielhaft! Sogar die Götzenpriester und das Bildwerk des Apollo, in dessen Tempel man ihn führte, vermochten nicht, den Jüngling zum Abfall zu bringen. Da ergriff man ihn von neuem und hieb ihm den Kopf ab. So besiegte dieser Heilige in der Tat den Drachen des Unglaubens.

Legende

Die berühmte Legende über den hl. Georg als Drachentöter hat Ernest Hello uns erzählt: Es war in der Umgebung von Beirut; in einem See hauste ein ungeheurer Drache und machte Wasser und Land unsicher. Manchmal kam er bis vor die Tore der Stadt, wo er die Luft verpestete. Man beschloß, ihm zwei Schafe täglich zum Opfer zu bringen. Aber bald gingen die Schafe aus. Man befragte das Orakel. Die Antwort lautete, man müsse dem Drachen Menschenopfer bringen und die, die dem Tode geweiht würden, durch das Los bestimmen... Eines Tages fiel in Beirut das Los auf Margarete, die Tochter des Königs. Der König verweigerte seine Tochter, aber das Volk war aufrührerisch und drohte, das Schloß in Brand zu stecken. Der König gab nach: er lieferte seine Tochter aus, mit Festkleidern geschmückt. Man führte Margarete zu der Stätte, an der das Ungeheuer sich ihrer bemächtigen würde. Sie lehnte sich, in Tränen zerfließend, an einen Felsen. Aber siehe, am Felsen vorüber kommt der hl. Georg des Weges. Er sieht die weinende Jungfrau, tritt herzu und fragt sie nach dem Grund ihres Kummers. Sie erzählt ihm alles. Der heilige Held bleibt ihr zur Seite. Plötzlich kocht das Wasser auf: Der Drache windet sich heraus, teilt die Wogen, schauerliches Zischen erfüllt die Luft, stinkende Gerüche vergiften sie. Das junge Mädchen stößt Schreie des Schreckens aus. „Fürchte dich nicht", sagt der hl. Georg, steigt auf sein Pferd, befiehlt sich Gott, stürzt sich auf das Ungeheuer, bringt ihm einen tiefen Stich mit der Lanze bei und zwingt es zu seinen Füßen. „Jetzt", so sagt Georg zu dem jungen Mädchen, „nimm deinen Gürtel und lege ihn dem Tier um den Hals!" Und sie führte das Ungeheuer in die Stadt, wo das versammelte Volk in Freudengeschrei und Dankesrufe ausbrach. Und Georg sprach zum Volke, wenn es an Gott glauben wolle, so werde er das Ungeheuer vollends töten. Da empfing der König die Taufe, und zwanzigtausend Menschen mit ihm. Der König wollte Georg mit

Ehren überhäufen und seine Schätze mit ihm teilen. Aber Georg ließ alles an die Armen verteilen, was man ihm geben wollte, umarmte den König, empfahl ihm alle Unglücklichen und kehrte in sein Land zurück.

Der heilige Fidelis von Sigmaringen

Der hl. Fidelis von Sigmaringen hieß mit seinem bürgerlichen Namen Markus Roy und war der Sohn des Adlerwirtes und Stadtschultheißen von Sigmaringen, wo er 1577 geboren wurde. Er studierte Philosophie und die Rechtswissenschaften in Freiburg i. Br. und promovierte 1611 zum Doktor beider Rechte. Während seines Studiums machte er als Begleiter einer kleinen adeligen Reisegesellschaft ausgedehnte Reisen durch Frankreich, Spanien, Italien und Deutschland und lernte in dieser Zeit die französische und italienische Sprache fließend sprechen. Sein äußerst sittsames und frommes Leben fiel schon seinen Reisegenossen auf. Frühzeitig hatte er, durch den häßlichen Anblick eines Betrunkenen angewidert, lebenslängliche Enthaltsamkeit von alkoholischen Getränken gelobt. Er muß in sportlicher Beziehung sehr trainiert und ein vorzüglicher Turner und Fechter gewesen sein. Nach dem Abschluß seines Studiums ließ sich Markus Roy in Ensigheim im Elsaß als Advokat nieder. Aber schon nach einem Jahr fühlte er sich durch die gewissenlose Berufsauffassung seiner Kollegen derart von dieser Tätigkeit abgestoßen, daß er sich entschloß, bei den Kapuzinern einzutreten. In der kurzen Zeit seiner juristischen Amtstätigkeit hatte er sich beim Volke den Titel ‚Advokat der Armen‘ erworben.

Da er sich bereits als Jurastudent sehr viel mit Theologie befaßt hatte und ein tugendhaftes Leben führte, durfte Markus die Priesterweihe vor seiner Einkleidung empfangen. Während seines Noviziats schrieb er über seine Gedanken und Empfindungen ein Büchlein unter dem Titel ‚Übungen seraphischer Frömmigkeit‘. Ein Jahr nach seinem Eintritt legte er als Pater ‚Fidelis‘ – der Getreue – die Ordensgelübde ab. Bei der Profeß wurde ihm ein Bibelwort zum Geleitspruch gegeben, das er durch sein Leben und Sterben voll verwirklichen sollte: Sei getreu (fidelis) bis in den Tod, und ich will dir die Krone des Lebens geben!

Nachdem er den bei den Kapuzinern vorgeschriebenen Studiengang durchlaufen hatte, erhielt er als Arbeitsfeld die Volksseelsorge in der schweizerisch-schwäbischen Kirchenprovinz zugewiesen. Später wurde er zum Guardian ernannt, zunächst in Rheinfelden und dann in Freiburg in der Schweiz; 1612 kam er nach Feldkirch in Vorarlberg. Durch seine ausgezeichneten Predigten bekehrte er eine große Anzahl von Protestanten. Es war eine Zeit der höchsten Spannungen, kurz vor Ausbruch des Dreißigjährigen Krieges. Katholiken und Protestanten kämpften verbissen für ihre Lehre. Es brauchte viel Klugheit und Mut, sich in einer solchen Zeit in der exponierten Stellung eines Predigers zu bewähren und dennoch keine Zugeständnisse zu machen. Fidelis verkündete das Wort ohne schwächliche Umgehung der religiösen Streitfragen; er prangerte ohne Scheu die Laster des Volkes an, selbst wenn er damit seine eigene Sicherheit gefährdete. Er kümmerte sich nicht um die Gunst der Menschen, sondern nur um das Heil der Seelen. In seinem eigenen Leben bot der fromme Mann keine Angriffsmöglichkeiten. Fidelis unterwarf sich der strengsten Armut, verbrachte die Nächte mit Gebet und Betrachtung vor dem Altar, widmete sich den Kranken, verteidigte die Rechte der Armen und bekämpfte das Unrecht, wo immer er es antraf. Das Volk sah wie zu einem Heiligen zu ihm auf. Furchtlos betrat Pater Fidelis die Spitäler, in denen die Typhus- und Pestkranken lagen und betreute sie mit liebevoller Fürsorge. Die Kunde von seiner apostolischen Tätigkeit drang bis nach Rom, wo ihn die 1622 gegründete Propaganda Fide, das Amt zur Verbreitung des Katholizismus, zum Vorstand der Mission in Rhätien ernannte. Dort hatte die Ausbreitung der kalvinistischen Lehre überhand genommen; man sandte ihn in die Ostschweiz, die er für die katholische Kirche zurückgewinnen sollte. Mit den Worten: „Ich will auch zu denen gehen, von denen ich weiß, daß sie nicht in Aufrichtigkeit wandeln und viel Arges in ihrem Herzen vorhaben" – begann er sofort mit seiner Missionsarbeit. Er muß geahnt haben, daß er nicht zurückkehren würde, denn er unterzeichnete seine Briefe von jetzt an: „P. Fidelis, propediem esca vermium" – in kurzem eine Speise der Würmer. Tatsächlich verstanden es die Kalvinisten, den Haß des Volkes im Prätigau gegen den katholischen Prediger derart aufzustacheln, daß er bei einer Predigt zu Seewies von einheimischen Bauern überfallen und erschlagen wurde. Zwar hatte er sich noch aus der Kirche flüchten können, wurde aber auf dem Weg nach Grüsch von den Aufgehetzten eingeholt, und sie fielen mit Schwertern, Morgensternen und Heugabeln über ihn her. Sein Haupt ruht noch heute in der Kapuzinerkirche in Feldkirch, andere Reliquien von ihm befinden sich im Dom zu Chur sowie in der Fideliskirche in Stuttgart. Sein Grab wurde durch viele Wunder verherrlicht. Er ist der erste Märtyrer des Kapuzinerordens. 1746 wurde Fidelis von Sigmaringen heiliggesprochen.

Dargestellt wird der Heilige als Kapuziner, die Stachelkeule, mit der er erschlagen wurde, in der Hand. Er ist Patron des Landes Hohenzollern, zweiter Patron Vorarlbergs, der Stadt Freiburg i. Br., der Kapuziner und der Glaubenspropaganda.

DER HEILIGE MARKUS (EVANGELIST)

Der hl. Markus ist einer der vier Evangelisten. Sein Attribut ist der Löwe. Dargestellt wird er mit geflügeltem Löwen, aufgeschlagenem Buch und Feder; zusammen mit den anderen Evangelisten über den vier Strömen, die vom Baume des Lebens entspringen, wobei er den Platz über dem Gehon (Nil) einnimmt. Die Kirche feiert sein Fest seit dem 12. Jahrhundert am 25. April. Die Bittprozession (Litaniae majores), die an diesem Tage stattfindet, hat keine Beziehung zu dem Heiligen. Sie nahm vielmehr, mit christlichem Inhalt erfüllt, die Stelle des am gleichen Tage abgehaltenen heidnischen Umzugs ein, der dem römischen Gott Robigus als dem Beschützer der wachsenden Saat galt.

Dem hl. Markus verdanken wir das Markusevangelium des Neuen Testaments, das kürzeste unter den vier Evangelien. Es enthält weder die Kindheitsgeschichte Jesu, noch die Bergpredigt, beginnt mit dem Bußprediger Johannes, der seine Stimme – wie ein Löwe – in der Wüste erschallen ließ. Was Jesus tat, weniger was er lehrte, ist Gegenstand des zweiten Evangeliums. Johannes Markus stammte aus Jerusalem, wo sich nach der Apostelgeschichte im Hause seiner Mutter Maria die junge Christengemeinde zu versammeln pflegte. Er selbst soll beim ersten Pfingstfest durch die Predigt des hl. Petrus bekehrt worden sein. Vielleicht zählt er auch unter die 72 Jünger, von deren Aussendung das Lukasevangelium berichtet. Als Verwandter des Barnabas begleitete Markus mit diesem zusammen den hl. Paulus auf seiner ersten Missionsreise. Später schloß er sich dem Apostel Petrus an und verfaßte auf Bitten der Römer als dessen ‚Dolmetsch', d. h. im Anschluß an die Erzählungen des Apostels, wohl in der Zeit zwischen 55 und 59 sein Evangelium, „wofür auch die frische Anschaulichkeit der Schilderung spricht" (Otto Karrer). Markus war Begründer der Alexandrinischen Kirche und fand als Bischof von Alexandria dortselbst, wahrscheinlich im Jahre 67, den Märtyrertod. Daß er während seiner Missionstätigkeit auch nach Aquileja, Lorch bei Linz und nach Venedig gekommen sein soll, ist legendär. Seine Reliquien wurden allerdings 828 auf abenteuerliche Weise von Alexandrien nach Venedig gebracht, wo sie seitdem im Markusdom verehrt werden. Tintoretto hat die Auffindung und Entführung seiner Gebeine in einem berühmten Gemälde (in der Brera in Mailand) geschildert. Er ist der hochberühmte Schutzherr Venedigs bis heute geblieben.

Der hl. Markus ist Patron der Maurer und Bauarbeiter, Glasmaler, Korbmacher, Notare und Schreiber; seine Fürbitte erweist sich wirksam gegen Blitz, Ungewitter und Hagel, er bewahrt vor jähem, unbußfertigem Tod, vor Krätze und Qualen aller Art und sorgt für eine gute Ernte.

Legende

Über den Tod des hl. Markus berichtet uns die ‚Legenda aurea' nach überlieferten Erzählungen folgendes: Als Sankt Markus von seinen Missionsfahrten nach Alexandrien zurückkehrte, woselbst er, wie Petrus Damiani von ihm geschrieben, „von Gott solche Gnade hatte erhalten, daß alle, die zu ihm kamen, den Glauben zu lernen, alsbald durch Enthaltsamkeit und alle guten Werke den Gipfel der Vollkommenheit erreichten", da fand er viele Christen vor, die hatten sich eine Kirche auf den Felsen am Meere erbaut. Die Priester der Abgötter aber sannen darauf, wie sie ihn fangen konnten. Als Sankt Markus nun am Ostertage die Messe hielt, kamen diese in großen Haufen, griffen ihn, warfen ein Seil um seinen Hals und schleppten ihn durch die Stadt und sprachen dazu: „Wir ziehen den Ochsen zum Schlachthaus..." Da blieb das Fleisch des heiligen Bischofs an der Erde hängen, und die Straße war rot von seinem Blut. Danach warfen sie ihn in den Kerker. Und ein Engel kam und tröstete ihn, danach kam unser Herr Jesus Christus selbst und stärkte ihn. Als es nun Morgen war, warfen sie ihm wieder das Seil um den Hals, rissen ihn hin und her und schleiften ihn abermals unter Geschrei durch die Stadt. Er aber dankte Gott in diesem Leiden und sprach: „Herr, in Deine Hände befehle ich meinen Geist." Mit diesen Worten starb er. Nun wollten die Heiden seinen Leichnam verbrennen. Aber siehe, da rauschte es in den Lüften, und es fuhr Hagel hernieder, und der Donner rollte, und es zuckten die Blitze. Und alle flohen entsetzt und ließen ihn liegen. Da nahmen die Christen ihn und bestatteten ihn in ihrer Kirche.

Im Jahre 828 führten die Venetianer den Leichnam des Heiligen nach Venedig, woselbst sie ihm zu Ehren eine Kirche von wunderbarer Schönheit erbauten. Die Legende der Überführung ist auf den Mosaiken im Markusdom anschaulich erzählt. Zwei venezianische Kaufleute raubten den Leichnam des Evangelisten im ägyptischen Alexandrien. Sie versteckten ihn in einem Korbe unter Schweinefleisch, das den Mohammedanern ein Greuel ist, und brachten ihn auf einer gefahrvollen Schiffsreise in ihre Heimatstadt. Auf den Mosaikbildern ist zu sehen, wie die Kaufleute den heiligen Leib bergen, indem sie „manzir", das heißt „Schweinefleisch" schreien. Man sieht die Muselmänner sich voller Ekel von dem unreinen Fleisch abwenden, ferner die Abfahrt des Schiffes, den Sturm auf dem Meere, die Ankunft und den feierlichen Empfang in Venedig. Dieser feierliche Empfang ist zuverlässig bezeugt. Doge war zu dieser Zeit Giustinian Partecipazio. Sofort begann man mit dem Bau eines Gotteshauses, um die Reliquien verehren zu können. 832 schon wurde das Heiligtum, der Vorgänger des heutigen Domes, geweiht. So erfüllte sich die Prophezeiung, die dem Evangelisten geworden war, als er der Legende zufolge die Laguneninseln besuchte. Es war ihm nämlich ein Engel erschienen und hatte zu ihm gesprochen: „Pax tibi, Marce, Evangelista meus" – Friede mit dir, Markus, mein Evangelist. Und ebendort fand sein Leib den Grabesfrieden. Venedig aber nannte sich von dieser Zeit an die Republik von San Marco! (E. Peterich).

Die heilige Zita *(Gedenken: 27. April)*

Die hl. Zita ist zu Bozzanello am Abhang des Monte Sagrati nahe bei Lucca in Italien um 1218 geboren. Ihr Vater hieß Johannes Lombardo, ihre Mutter Bonissima. Die ganze Familie war sehr fromm, ein Bruder der Mutter, Graziano, lebte auf dem Monte Supeglia als Einsiedler und stand wegen seines gottesfürchtigen und strengen Lebens in solcher Verehrung beim Volke, daß man diesen Berg nach ihm den Monte San Graziano genannt hat. Da die Familie sehr arm war, mußte Zita, als sie zwölf Jahre alt war, bei einer reichen Luccheser Familie als Dienstmagd ihr Brot verdienen, wo sie achtundvierzig Jahre bis an ihr seliges Ende blieb. Ihren Dienst versah sie treulich, obgleich sie manche Schwierigkeiten überwinden mußte. In späteren Jahren wurde sie sogar zur Vertrauten des Hauses und erwarb sich die Achtung der ganzen Stadt. „Als sie am 27. April 1278 verschied, ging ein Stern über Lucca auf mitten im Sonnenlicht", so schreibt der Chronist, und von diesem Augenblick an verehrte sie das Volk wie eine Heilige. Aus den Steinen des kleinen Bauernhauses, in dem sie geboren war, erbaute man auf dem Monte Sagrati eine Kapelle, und zahlreiche Wunder, die sich dort ereigneten, führten zu ihrer Heiligsprechung 1696. In S. Frediano in Lucca liegt sie begraben, und die Stadt hat ihr Bildnis als das ihrer Schutzheiligen in ihr Wappen aufgenommen. Die hl. Zita gilt bis heute als Patronin der Hausangestellten und Dienstboten.

Legende

Als Zita erst wenige Jahre bei ihrer Herrschaft in Dienst stand, so erzählt man sich, da diente sie ihrem leiblichen Herrn nicht um des Gefallens der Menschen wegen, sondern wegen Gott. Jeden Morgen hörte sie die hl. Messe und empfing, so oft es möglich war, die Sakramente. Die Zeit dazu entzog sie dem Schlaf, nicht ihrem Dienst, denn, so sagte sie, eine Magd ist nicht fromm, wenn sie nicht arbeitsam ist. Solche Tugend brachte die anderen Dienstboten gegen sie auf, die ihr vorwarfen, daß sie eine Heuchlerin und Närrin sei, zumal sie sich aufs einfachste kleidete, stets barfuß ging und sich mit einem Brett auf dem kalten Steinboden als Lagerstätte begnügte. Oft aß sie nur halbe Portionen von ihren Mahlzeiten und gab die andere Hälfte den Armen. Den Hohn der anderen trug sie gefaßt und beantwortete alle Angriffe mit den Worten: „Vergebt mir, daß ich gefehlt habe, aber zürnt mir nicht, denn es wäre Sünde." Daraufhin verleumdete man sie bei ihrer Dienstherrschaft und behauptete, daß sie über ihrer Frömmigkeit und Kirchenlauferei ihre Arbeit vernachlässige. Ein Kirchenverbot an Zita war die Folge. In ihrer Bestürzung wandte sich die Gemaßregelte in ihrem Gebet an die Gottesmutter und siehe da, die Madonna griff ein. Sie ermunterte die Bekümmerte, ihr frommes Leben wie bisher weiterzuführen und sich wegen der Fülle der Arbeit, die man gerade in den Kirchenstunden von ihr verlangte, keine Sorge zu machen. Voll Ver-

trauen ging Zita nach wie vor ihren kirchlichen Verpflichtungen nach, und wenn sie heimkam, fand sie wunderbarerweise alle Arbeit getan. Als man sah, daß ihr die Arbeit spielend von der Hand ging, zog man sie auch bald zu feineren Dienstleistungen heran und vertraute ihr schließlich auch die Küche an. Zum Erstaunen aller entwickelte sie, die doch aus einem ärmlichen Hause stammte, hier die größten Fähigkeiten. Die arme Magd schien prachtvolle Kochrezepte zu kennen, und die Zusammenstellung ihrer Gewürze überraschte auch die verwöhntesten Zungen. Die Familie Fratinelli, deren Tafel bald zu einer Berühmtheit in der ganzen Stadt geworden war, wußte sich ihre Kunst nicht zu erklären. Und da bekannt war, daß sie zur Nachtzeit statt der Ruhe des Schlafs die Ruhe des Gebets und der Betrachtung suchte, und man nicht begriff, warum sie nie ermüdete, spürte man ihr nach. Als man einmal durch einen Spalt in ihre Kammer sah, da erblickte man diese von einem überirdischen Schein erhellt und sah die Magd auf den Knien im eifrigen Gespräch mit einer schönen Dame. Von da an stand es fest, daß ihre Kochkünste himmlischer Herkunft waren.

Als Zita schon bei Jahren und ihre Stellung bei ihrer Herrschaft und der ganzen Stadt gefestigt war, da waren die Jungfrauen und Eheweiber der ganzen Gegend hinter ihr her, um die berühmten Rezepte zu erfahren. Zita aber gab sie nur preis, wenn sich die betreffende Fragerin verpflichtete, zu Ehren der himmlischen Lehrmeisterin eine ganze Reihe anstrengender Wallfahrten mit ihr zu unternehmen und ihr darüber hinaus gelobte, strengstes Stillschweigen über das geheimnisvolle Rezept zu wahren. Nie dürfe das Rezept niedergeschrieben, sondern nur von Mund zu Mund – von der Mutter der ältesten Tochter – weitergegeben werden. Im Garfagnanatal nahe bei Lucca, wo man ganz besonders gut ißt, wirkt diese Überlieferung heute noch fort. Immer noch gibt es dort die ‚Rezepte der Madonna‘.

Heute, am 26. April, feiert die Kirche das Gedächtnis des HL. KLETUS, der im Kanon der heiligen Messe angerufen wird. Er ist identisch mit Papst Anacletus und war der zweite Nachfolger auf dem Stuhle des hl. Petrus. Wahrscheinlich erlitt er das Martyrium unter Domitian. Seine Attribute sind Palme, Papstkreuz und ein Geldmünze, die er zerbricht.

DER HEILIGE PETRUS CANISIUS

Einer der bedeutendsten zur Ehre der Altäre erhobenen Jesuiten ist der hl. Petrus Canisius. Aus einer vermögenden niederrheinischen Patrizierfamilie stammend, wurde er zum ‚zweiten Apostel Deutschlands‘ und gilt außerdem als Apostel der Schweiz. Obgleich er am 21. Dezember 1597 starb, wird sein Fest nicht an seinem Todestag, sondern seit 1925 – dem Jahre seiner Heiligsprechung – am 27. April von der Kirche gefeiert. Papst Pius XI. ernannte ihn zum Kirchenlehrer. Seine Gebeine ruhen in der Kirche des ehemaligen Jesuitenkollegs St. Michael in Fribourg in der Schweiz.

Peter Canis wurde als Sohn des Bürgermeisters von Nymwegen, Jakob Canis oder de Hondt, am 8. Mai 1521 geboren. Mit fünfzehn Jahren kam er an die Hochschule nach Köln, studierte Philosophie und Theologie und promovierte 1540 zum Magister Artium, d. h. Lehrer der freien Künste. Unter dem Einfluß seiner geistlichen Freunde legte der junge Mann das Keuschheitsgelübde ab, womit er auf die von seinem Vater für ihn in Aussicht genommene Heirat ausdrücklich verzichtete.

Die eigentliche Wende im Leben des Heiligen aber geschah, nachdem er in Mainz den berühmten Jesuitenprediger Peter Faber gehört und kennengelernt hatte. Dieser wirkte als einer der ersten Schüler des hl. Ignatius von Loyola (s. 31. Juli) in Deutschland. Peter Canis entschloß sich nunmehr, auf die vor ihm liegende glänzende Laufbahn als Jurist zu verzichten und trat unter dem Namen Petrus Canisius als erster Deutscher in die Gesellschaft Jesu ein. Noch als Novize gründete er gemeinsam mit Peter Faber 1544, unter Einsatz seines gesamten Erbteils, in Köln die erste Jesuitenniederlassung Deutschlands. 1546 zum Priester geweiht, sollte er sich bald zum Vorkämpfer für die durch die Ausbreitung der lutherischen Lehre bedrohte katholische Kirche entwickeln. Seiner Wachsamkeit war es zu danken, daß der wankelmütige Kölner Erzbischof Hermann von Wied durch Einschreiten des Kaisers aus seinem Amt abberufen wurde und somit Köln Metropole des Katholizismus blieb. Obgleich der junge Jesuit zugleich studierte und lehrte und sein Amt als Priester ausübte, gelang Petrus Canisius die Herausgabe der mystischen Schriften Taulers sowie der Werke Cyrills von Alexandrien und des Papstes Leo des Großen.

In der Bekämpfung des Protestantismus wurde Petrus Canisius nun zum Führer der Gegenreformation. Vor allem setzte er seine ganze Kraft dafür ein, die Stützpunkte des alten Glaubens in West- und Süddeutschland zu retten, den Katholizismus zu festigen und wiederherzustellen. Auf seinen Missionsfahrten kam er zunächst nach Bologna, wo er eine Zeitlang als Lehrer wirkte, dann nach Rom. Dort wählte ihn der hl. Ignatius zu seinem vertrauten Mitarbeiter. Einige Zeit verbrachte er predigend und lehrend in Messina. Weitere Reisen führten ihn nach Bayern, Österreich und Böhmen, wo er überall den Reformatoren mutig entgegentrat. Ab 1549 bekleidete er das Amt eines Theologieprofessors und Rektors in Ingolstadt, ab 1552 wirkte er als Lehrer und Hofprediger König Ferdinands in Wien. Dort gründete er ein Studienkolleg, in das er fünfzig Jünglinge aufnahm. Den ihm dreimal angetragenen Bischofsstuhl von Wien dagegen lehnte er auf Rat des Ordensgründers ab. 1555 begleitete Petrus Canisius die ersten Jesuiten nach Prag. In Böhmen begegnete er ganz besonders scharfen Anfeindungen, so bewarf man ihn mehrmals – sogar während der hl. Messe – mit Steinen und lauerte ihm auf der Moldaubrücke auf, um ihn herabzustürzen. Er entging jedoch allen Anschlägen und verstand es sogar, seine Widersacher durch seine ergreifenden Predigten zu entwaffnen und viele für die Kirche zurückzugewinnen.

1556 wurde Petrus Canisius zum ersten Provinzial der oberdeutschen Ordensprovinz der Gesellschaft Jesu ernannt, der er drei Jahre vorstand. Als Beauftragten des Papstes und des Kaisers entsandte man ihn auf verschiedene Reichstage, so begleitete er Herzog Wilhelm von Bayern auf den Reichstag von Regensburg und den päpstlichen Legaten nach Polen. Auch war er entscheidend an dem Reformkonzil von Trient beteiligt; er trat als päpstlicher Nuntius an den deutschen Fürstenhöfen für die Anerkennung und Veröffentlichung der Tridentiner Beschlüsse ein. 1559 bis 1566 stand er als Domprediger in Augsburg auf der Kanzel und verteidigte die katholische Lehre gegen den eingedrungenen Protestantismus. Als diese Stadt von der Pest heimgesucht wurde, führte er die öffentlichen Bittgänge wieder ein und half ohne Furcht vor der schrecklichen Krankheit in aufopferndster Weise den Kranken. Auch in Straßburg, München und Dillingen hielt er sich lehrend und predigend auf.

Vor allem aber galten seine Bestrebungen der Neuordnung des deutschen Schulwesens, das gründlicher Reformen bedurfte. Überall entstanden auf seine Initiative die Ordenshäuser der Jesuiten, die sich vornehmlich der Jugenderziehung widmeten. Viele Hochschulen brachte er auf diese Weise wieder zur Blüte. Er verfaßte ein ‚Handbuch des Katholizismus' und in mehrjähriger Arbeit seinen berühmten Katechismus, der jahrhundertelang die Grundlage des Religionsunterrichts bildete und in viele Sprachen übersetzt wurde. Gymnasiasten und Studenten vereinigte er in den Marianischen Kongregationen, die als Jugendverbände der studierenden Jugend heute noch bestehen und erzieherisch und religiös bildend auf diese einwirken. Zur Erneuerung des deutschen Klerus rief er das viel genannte Collegium Germanicum in Rom ins Leben, dessen Tätigkeit auch in unseren Tagen nichts an Wirksamkeit eingebüßt hat, wohin seitdem zahllose junge deutsche Studenten zur Ausbildung entsandt wurden. Nachdem der Heilige in Innsbruck und in Hall Ordenshäuser gegründet hatte, 1571–1577, wirkte er als Hofprediger Kaiser Ferdinands II.–, war er vornehmlich auf literarischem Gebiete tätig.

Als Sechzigjähriger wurde er nach Freiburg in der Schweiz berufen, wo wiederum ein großes Tätigkeitsfeld den Unermüdlichen erwartete, nämlich die Bekämpfung des Kalvinismus, der aus der Schweiz eine Hochburg des Protestantismus gemacht hatte. Petrus Canisius verbrachte noch siebzehn aufopfernde Jahre in diesem Lande. In Freiburg gründete er auf Veranlassung Gregors XIII. ein Jesuitenkolleg und arbeitete dort bis zu seinem Tode als Prediger und Schriftsteller. Der Heilige starb mit sechsundsiebzig Jahren. An seinem Grabe ereigneten sich viele Wunder.

Obgleich Petrus Canisius mit vielen großen Männern in regem Briefwechsel stand und als Ratgeber vieler Fürsten enormen Einfluß ausgeübt hatte, blieb er ein Mann von bewundernswerter Innerlichkeit und Heiligkeit. Er predigte dem einfachen Volke ebenso hingegeben wie den Großen dieser Welt. Seine besondere Liebe und Verehrung hatte all sein Leben der Gottesmutter gegolten, zu deren Ehren er das Werk ‚Über die unvergleichliche Jungfrau Maria' verfaßte.
Der Heilige wird dargestellt mit Buch, Kruzifix und Totenkopf, mit dem Monogramm IHS, das Wort ‚Caritas' von Engeln in der Glorie getragen, vor der Gottesmutter kniend.
Wegen seines Wirkens für die katholische Jugend ist er seit 1921 Patron der katholischen Schulorganisation Deutschlands.

Legendäres

Man berichtet aus dem Leben des Heiligen Vorgänge und Geschichten, die geeignet sind, sein Wesen auf wunderbare Weise klar hervortreten zu lassen. An vielen Orten hat der hl. Petrus Canisius für die Wahrheit gewirkt.
Die Gattin des Grafen Markus Fugger in Augsburg war im Irrglauben erzogen und herangewachsen. Sie haßte die katholische Religion, am meisten aber die Jesuiten, die sie verteidigten. Und dennoch war es der Jesuit Petrus Canisius, dessen sich Gott bediente, um sie zu bekehren. Als sie einmal ruhig auf ihrem Bette schlief, glaubte sie diesen gefürchteten Mann zu sehen, der sie ernstlich ermahnte, an ihr Seelenheil zu denken und zur Religion ihrer Väter zurückzukehren. Als sie erwachte, fühlte sie sich wie verwandelt. Sie befahl ihrem Diener, Pater Canisius zu holen. Dieser erschien ohne Verzug, wurde aber von dem Gatten der Gräfin eine Zeitlang aufgehalten. Unterdessen gelangte sein Begleiter zufällig in das Zimmer der Gräfin. Als diese ihn erblickte, sagte sie: „Dies ist nicht der Mann, der mir im Traume erschien. Ich wünsche mit Vater Canisius selbst zu sprechen." In diesem Augenblick trat er ein; kaum hatte die Gräfin ihn gesehen, als sie ihn erkannte und ausrief: „Ja, diesen habe ich im Traum gesehen. Euch, Vater, hat unser Herr mir befohlen, zu hören, Ihr sollt mir Unterricht geben." Canisius tat es, und bald war die Gräfin bekehrt und katholisch. Ihren Dank erwies sie dadurch, daß sie ihren Gemahl dahinbrachte, in Augsburg ein Kollegium der Jesuiten zu gründen, das großen Segen verbreitete.
Über das Sterben des Heiligen wird berichtet, daß er kurze Zeit vor seinem Tode das letzte Mal die Kanzel bestieg, aber zu schwach war, um sich vernehmlich zu machen, dennoch war das Volk beglückt ihn nur zu sehen. Von da an war sein Leben nur noch Schwäche und Schmerz. Er nahm aber alle Leiden von der Hand Gottes als Mittel zur Vereinigung mit ihm gern an. Im September dieses Jahres ging seine Krankheit in eine Wassersucht über, er konnte nicht mehr liegen und sitzen, die geringste Berührung verursachte ihm Schmerzen. Aber voller Geduld ertrug er noch volle vier Monate seine Leiden. Als er sah, daß sein Ende nahte, empfing er die Sterbesakramente; während man sich anschickte, ihm die heilige Ölung

zu erteilen, richtete der Heilige auf einmal seine Augen starr auf eine Stelle des Zimmers und sprach, dort hinweisend, freudig erregt: „Seht ihr nicht, seht ihr sie denn nicht?" Und betete laut: „Gegrüßet seist du, Maria." Niemand sah etwas außer ihm, doch war es zweifellos die Muttergottes selbst, die ihm erschien, sie, die er sein Leben lang mit der zärtlichsten Andacht verehrt hatte. Indem er das Kreuz küßte, das er in der Hand hielt, gab er seinen Geist sanft und beinah unbemerkt auf. Nach seinem Tode schien sein Angesicht weit schöner als es im Leben war, sogar über seine Hände ergoß sich eine zarte natürliche Röte. Ein angenehmer Wohlgeruch verbreitete sich in der Kapelle, wo sein Leichnam ausgesetzt war. Unbeschreiblich war die Trauer des Volkes über seinen Hingang.

Der heilige Wilfrid *(Gedenken: 24. April)*

Der Name Wilfred, Wilfrith kommt aus dem Althochdeutschen und bedeutet ‚der Friedenwillige'. Dargestellt wird der Heilige einen toten Mönch erweckend. Der hl. Wilfrid wurde im Jahre 634 aus edlem angelsächsischem Geschlecht in Northumberland geboren. Von der Königin Eanfleda in das Kloster Lindisfarne zur Erziehung geschickt, erhielt er seine weitere Ausbildung in Canterbury. 653 begab er sich nach Rom, um dort die Ordensregel des hl. Benedikt zu studieren. Bei dieser Gelegenheit besuchte er den Bischof Dalwinus von Lyon, bei dem er sich auf dem Rückwege drei Jahre aufhielt und weiter unterweisen ließ. Dieser vollzog auch seine Aufnahme in den Benediktinerorden.

661 kehrte Wilfrid nach England zurück und wurde an den Hof Alfrids, des Sohnes und Mitregenten Königs Oswi, berufen. Dort schätzte man ihn bald so sehr, daß man ihm die Belehrung des Volkes, das noch ganz in heidnischen Gewohnheiten steckte, übertrug. Er empfing die Priesterweihe und erhielt vom König Land zur Errichtung des Klosters Ripon. Nun begann Wilfrid sein Lebensprogramm zu verwirklichen, nämlich die Verdrängung der keltischen Bräuche durch Einführung der römischen Liturgie und Einrichtung der Benediktinerregel in Northumberland. 664 wurde er zum Bischof von York ernannt. Im gleichen Jahr stellte er im Konzil zu Whitby die Einheit der Osterfeier her. Um die Bischofsweihe zu empfangen, mußte er jedoch nach Paris reisen und fand, als er zurückkehrte, seinen Bischofssitz von dem Bischof Ceadda besetzt. Er ließ den als fromm und demütig bekannten Geistlichen sein Amt ruhig weiterverwalten und zog sich bescheiden in das Kloster Ripon zurück.

Erst im Jahre 670 wurde Wilfrid feierlich inthronisiert. Sofort begann er mit dem Neubau der St. Peters-Kathedrale in York. Der Heilige hatte aber in der Ausübung seines Amtes mit großen Schwierigkeiten zu kämpfen. Er wandte sich

gegen die Aufteilung seines Bistums in drei Bistümer, eine Maßnahme, die König Egfrid 678 mit Zustimmung des Erzbischofs durchführte. Obgleich Papst Agatho zu Gunsten des hl. Wilfrid entschied, wurde dieser 680 verbannt. Die Königin betrachtete ihn als Verräter, und der König ließ ihn sogar einige Zeit gefangensetzen. Wilfrid begab sich, als er wieder frei war, nach Sussex, das noch heidnisch war, sowie auf die Insel Wight. Er begründete die Klöster Salsea und Wessex, taufte den König Edilwalk und dessen ganzes Volk. Nachdem König Egfrid im Kampf gegen die Pikten gefallen war, kehrte Bischof Wilfrid 687 auf Wunsch des Erzbischofs Theodor nach York zurück. Aber er mußte kurze Zeit darauf sein Bistum noch einmal verlassen, weil seine Feinde wieder die Oberhand bekamen. Nochmals wandte der hl. Bischof sich nach Rom, und er wurde 703 zum dritten Mal vom Papste gerechtfertigt. In der Zwischenzeit missionierte er in Mittelengland. Erst nach vielen Schwierigkeiten konnte er sein Amt als Bischof von York ausüben, allerdings waren ihm dazu nur noch vier Jahre vergönnt!
Der Heilige starb mit fünfundsiebzig Jahren am 24. April 709 in Oundle und wurde im Kloster Ripon beigesetzt. Seine Reliquien kamen später nach Canterbury. In England ist sein Fest am 12. Oktober.

Die heilige Katharina von Siena

,Die größte Frau des Christentums', so nennen die Italiener Katharina von Siena, die Pius XII. 1939 zur Schutzheiligen ihres Landes erhoben hat. In der Tat ist sie eine der wunderbarsten Erscheinungen der Weltgeschichte. Katharina war eine der großen Mystikerinnen. Tiefe und innige Betrachtung schlug sich in jedem ihrer Briefe an den Papst nieder, die alle die gleichen Anfangsworte hatten: „Darum bitte ich Euch, mein lieber Vater, tretet mit Eurer Vollmacht und Euren Kräften dafür ein, mit Sorgfalt und heißem Verlangen nach dem Frieden, nach Gottes Ehre und dem Heil der Seelen." Sie wurde – arm, schwach und krank wie sie war – zur allgemein anerkannten Friedensstifterin, zur Überwinderin gewalttätiger Stadtfürsten, zur Richterin über Könige und Kardinäle, zur Beraterin von Päpsten, aber auch zur Beschützerin aller Armen und Schwachen. Sie schrieb Briefe und unternahm große Reisen und trat Trägern der geistlichen und der weltlichen Macht mit schonungsloser Offenheit entgegen. Das Ende des ‚babylonischen Exils' der Kirche zu Avignon ist Katharinas Verdienst. Den Rest ihres Lebens setzte sie an die Riesenaufgabe, das Schisma zu überwinden und aufzulösen. Wie ein Mann hat sie in die Geschicke des Abendlandes eingegriffen. Die Kirche feiert dankbar ihr Gedächtnis am 29. April und betet: „Herr, das himmlische Mahl, mit dem wir gespeist wurden, das der heiligen Jungfrau Katharina sogar das zeitliche Leben erhielt, bringe uns das Leben der Ewigkeit." Denn jahrelang hat die Heilige kein anderes Brot zu sich genommen als das Brot der Engel. „Ihre Briefe und ihre ‚Dialoge mit Gott' sind derart klassisch und sprachvollendet, daß sie in der italienischen Literatur neben Dante und Petrarca stehen können und sind theologisch und mystisch so tiefgründig, daß sie einen Ehrenplatz an der Seite der Schriften der hl. Teresa von Avila (s. 15. Oktober) einnehmen" (O. Wimmer).

Die hl. Katharina von Siena wird dargestellt als Dominikanerterziarin, mit Dornenkrone, Wundmale Christi an den Händen, mit Buch und Kruzifix, in der Hand ein Herz, aus dem ein Kreuz herauswächst, mit Ring; Arme stärkend.

Viele Künstler haben die wundersamen Ereignisse dieses Heiligenlebens zum Gegenstand gewählt, so Fra Bartolomeo in Lucca, Ghirlandaio auf einem Bild der Alten Pinakothek in München, Antonio Bazzi in seinen Fresken. Ihre mystische Vermählung mit Christus schildert Fra Bartolomeo auf seinem Bild im Louvre zu Paris. In der Kirche S. Domenico in Siena befindet sich in der ‚Capella delle Volte' das von Andrea Vanni geschaffene Bildnis der Heiligen, von dem man annimmt, daß es nach dem Leben gemalt ist, weil er ihr Schüler und Anhänger war. In der ‚Capella di Santa Caterina', wo in einem Tabernakel das Haupt der Heiligen bewahrt wird, stammen die bedeutenden Fresken von dem Maler Sodoma: Ohnmacht und Verzückung, die Vision, in der Gott ihr die Kommunion durch einen Engel reichen läßt, die Errettung der Seele eines Verbrechers durch das Gebet der Heiligen. Die Räume des Hauses, in dem Katharina schon als Kind gelebt hat, wurden zu Oratorien ausgestaltet. Im ‚Oratorio del Crocifisso' wird das wundertätige Kreuz gezeigt, vor dem Katharina 1375 in Pisa die Wundmale empfing. In der Kirche S. Caterina in Fonte Branda in Siena befindet sich eine besonders schöne Holzfigur von ihr aus der Hand des Künstlers Neroccio. Eine der von Michelangelo in der Sixtinischen Kapelle geschaffenen Sibyllen soll das Antlitz der ‚Prophetin des Friedens' tragen.

Katharina war das fünfundzwanzigste Kind des Wollfärbers Benincasa und erblickte am 25. März 1347 in Siena das Licht der Welt, ein Jahr vor Ausbruch der furchtbaren Pest, bei der in der Stadt und ihrer Umgebung an die achtzigtausend Menschen starben. Zehn Jahre hindurch versuchte die Familie Benincasa ihrer Katharina durch harte Behandlung die Sehnsucht nach dem Kloster auszutreiben.

Aber das Mädchen blieb standhaft; mit sieben Jahren schon gelobte sie Christus, nach ihrer ersten Vision, für immer jungfräulich zu bleiben. Sie war knapp zwölf Jahre, da schmiedete ihr Vater Heiratspläne für sie. Aber die Bemühungen der Eltern, Katharina zur Eheschließung zu überreden, blieben erfolglos. Sie hatte sich bereits entschieden: für Jesus Christus. Und nur ihm allein hatte sie ihr ganzes Leben gewidmet. Sie lebte im Elternhaus ein geheimnisvolles Leben, arbeitete wie eine Magd, lernte von Kräutern und Wasser leben und wochenlang fasten, sich den Schlaf abzugewöhnen. Bei Tag und bei Nacht ist in ihrem Herzen nur das Rufen nach Gott, sie betet um Selbsterkenntnis und Reue, um die Bekehrung der Sünder, um Frieden für die entzweite Welt. Schließlich durfte sie als Mantellatin in den Dritten Orden des hl. Dominikus eintreten. Man räumte ihr im Hause eine Zelle ein, wo sie drei Jahre gewissermaßen als Halbnonne in völliger Abgeschiedenheit lebte.

Doch 1360 hörte sie eine göttliche Stimme, die ihr befahl, in die Welt hinauszugehen. Das gebrechliche, abgezehrte Mädchen gehorchte. Sie suchte das Los der Armen zu erleichtern, pflegte Sieche mit den widerwärtigsten Krankheiten, ging in die Gefängnisse, bereitete Sterbende auf den Tod vor und nahm sich all derer an, die, in Bedrängnis geraten, sich ihr anvertrauten. 1374 harrte sie mit Mitgliedern des Dritten Ordens in der von der Pest verseuchten Stadt aus und betreute die Pestkranken. Wenngleich ihr heroischer Geist, wie es meistens in der Welt geschieht, Ärgernis, ja Widerspruch erregte, bildete sich bald ein Kreis von Jüngern um sie, darunter waren Mystiker und Fromme, Geistliche und Laien. Sie verehrten sie als ihre geistige Führerin. Mit welcher Liebe sie an ihr hingen, beweist, daß sie sie ihre ‚mamma‘ nannten. Einer der maßgebenden Politiker Sienas erklärte: Sie kann uns alle um den Finger wickeln! Dafür wurde sie halb bewundernd, halb spöttisch vom Volk die ‚Caterinati‘ genannt. Katharina, deren Ungewöhnlichkeit dem Durchschnittsmenschen ein Skandal sein mußte, war ein religiöses Genie, vor dessen Größe sich selbst ihre Feinde schließlich erschüttert beugten (Nach G. Kranz).

Der Kern ihrer Lehre war der: Der Mensch muß in der Zelle der Selbsterkenntnis wohnen, diese ist der bethlehemische Stall, in dem der Pilger aus der Zeit in die Ewigkeit hineingeboren werden soll. Der Andrang der Menschen zu ihr wurde so groß, daß die Priester ihrer Umgebung, die der Papst mit besonderen Vollmachten für Beichte und Lossprechung versehen hatte, ihnen kaum genügen konnten.

Päpstliche Gesandte, weltliche und geistliche Fürsten wandten sich an sie um Rat. Sie diktierte Briefe an Könige, Fürsten, Stadtstaaten und stiftete Frieden – ihr erstes Wort war „pace“, Frieden. Die Florentiner sandten sie als Botschafterin an den päpstlichen Hof nach Avignon, und sie führte die Friedensverhandlungen in eigener Person. Die Rückkehr des Papstes nach Rom war ihr höchstes Ziel. Indes,

sollten die Gläubigen nicht das Vertrauen in die Kirche verlieren, mußte alles unternommen werden, um die Glaubwürdigkeit der Priesterschaft beim Volk wiederherzustellen. Reform hieß die Lösung. „Wenn Ihr erwidert, mein Vater, die Welt liege so sehr im Argen, wie denn da noch Friede möglich sei, dann antworte ich Euch im Namen Christi des Gekreuzigten: Ihr müßt kraft Eurer Vollmacht vor allem drei Dinge tun. Rottet im Garten der heiligen Kirche die übelriechenden Blumen aus. Sie sind voll Unrat und Begierlichkeit und vom Stolze aufgeblasen. Ich meine die schlechten Hirten und Verwalter, die diesen Garten vergiften und ihn vermodern lassen." So schrieb sie an den verbannten Papst Gregor XI. (nach Tischler). Der schließlich nach Rom zurückgekehrte Papst starb allerdings zu früh, um eine solche Reform noch durchzuführen. Unter seinem Nachfolger Urban VI. entstand dann das unselige Schisma, und wieder war es Katharina, die Briefe voll erschütternder Mahnungen an den Papst schrieb. Mit unerhörtem Freimut hielt sie den abgefallenen Kardinälen ihre unverantwortliche Handlungsweise vor. Sie litt unsagbar unter der Spaltung.
Auf Wunsch des Papstes eilte sie noch einmal nach Rom. Dort verschlechterte sich ihr körperlicher Zustand, furchtbare Leiden zermarterten ihren ausgemergelten Leib. Unter Schmerzen siechte sie monatelang dahin. Immer wieder raffte sie sich auf und arbeitete bis zum letzten Augenblick an der religiösen Erneuerung der Welt. Kaum dreiunddreißig Jahre alt, starb sie am 29. April 1380. Ihr Leib wurde in der Dominikanerkirche S. Maria sopra Minerva zu Rom unter dem Hochaltar beigesetzt.

Anstelle der Legende

Raymund von Capua, ihr Beichtvater, Professor der Theologie, später Reformator und General der Dominikaner, wurde ihr Mitarbeiter und Biograph. Er berichtete von ihrem geheimnisvollen mystischen Leben und den bedeutungsvollen Visionen, mit denen Gott sie begnadet hatte und von denen sie selbst nur mit Zurückhaltung sprach. Die öffentliche Wirksamkeit entsprang gewiß vor allem aus ihrer mystischen Vereinigung mit Christus. Als sie etwa neunzehn Jahre alt war, erschien ihr Christus und sprach: „Tu von nun an, meine Tochter, mannhaft und ohne zu wanken, was meine Vorsehung in deine Hände legen wird. Du bist mit der Kraft des Glaubens gestärkt worden. So wirst du alle meine Widersacher siegreich überwinden." Raymund von Capua erzählt, daß Christus ihr bei seinem Erscheinen einen Ring hinterlassen habe, so daß sie sich ihm mystisch anverlobt fühlte. Ein anderes Mal habe er sein Herz mit dem ihren vertauscht und ihr dafür seine Wundmale eingedrückt. Dabei befahl ihr der Herr: „Von nun an wirst du deine Zelle verlassen, deine Stadt und dein Land. Ich werde bei dir sein, du sollst meine Botschaft aller Welt, Geistlichen und Laien verkünden. Darum werde ich dir Weisheit und Sprachgewalt geben. Ich will dich zu den Bischöfen, zu den Lenkern der Kirche und der Christenheit führen, damit eine schwache Frau den Stolz der Star-

ken beschäme." Nach dieser Vision begann die große weltgeschichtliche Tätigkeit der hl. Katharina. Wiederum sei ihr der Heiland erschienen mit einer Dornenkrone und einer goldenen Krone in den Händen und habe ihr die Wahl überlassen: sie entschied sich für die Dornenkrone und setzte sie sich selbst aufs Haupt.

Seltsam und wunderbar zugleich ist eine Begebenheit aus ihrem Leben, die bezeugt, wie sehr ihre Liebe zu Gott auch auf ihre Mitmenschen überströmte. Ein junger Edelmann, Niccolò di Toldo war, weil er auf die Regierung geschimpft hatte, zum Tode verurteilt worden. Er konnte nicht fassen, daß er sein junges Leben verlieren sollte, tobte wild im Kerker und wehrte sich verzweifelt gegen sein Schicksal. Mit der Kirche zerfallen, lehnte er jeden geistlichen Trost ab. Katharina hörte davon und entschloß sich sofort, ihm zu helfen. Sie berichtet selbst darüber: Ich ging ihn besuchen, was ihm solche Ermutigung einflößte, daß er beichtete und sich vollkommen faßte. Am folgenden Morgen führte ich ihn zur Messe, und er empfing die heilige Kommunion. Er sagte zu mir: „Bleib bei mir und verlaß mich nicht, dann kann es mir nur gut gehen und ich sterbe zufrieden." ... So erwartete ich ihn denn an der Stätte des Gerichts in beständigem Gebet. Ich verlangte die Gnade, daß ihm auf seinem Todesgang Erleuchtung und Friede des Herzens würde... Dann kam er wie ein sanftes Lamm, und als er mich sah, lächelte er und wollte, daß ich das Zeichen des Kreuzes über ihm machte. So tat ich und sprach dann: „Auf, mein Bruder, zur Hochzeit! Bald wirst du im ewigen Leben sein." Er ging hin mit freundlicher Gebärde, kniete mit großer Sanftmut nieder, ich beugte mich über ihn und erinnerte ihn an das Blut des Lammes. Sein Mund sprach nichts als: „Jesus und Caterina." – Die Heilige nahm seinen Kopf in beide Hände und hielt ihn, bis das Blut des Enthaupteten ihre Kleider rötete.

Die aufopfernde Barmherzigkeit und Nächstenliebe dieser Frau war ohne Grenzen. Ohne Bedenken riß sie das silberne Kreuz von ihrem Rosenkranz und gab es einem Hungernden, nahm ihren Ordensmantel ab und schenkte ihn einem Bettler, obwohl im 14. Jahrhundert keine ehrbare Frau ohne Mantel gehen durfte. Als man sie deswegen tadelte, sagte sie: „Ich will lieber ohne Mantel als ohne Liebe mich finden lassen."

An den Papst schickte die Heilige einmal fünf goldgelbe eingemachte Pomeranzen und schrieb dazu: „Ich will von Euch alle Bitterkeit genommen sehen..., wie es mit der Pomeranze, die an sich ganz bitter ist, geschehen mag: Man entfernt das Gröbliche und legt sie in kochendes Wasser, und siehe, ihr Aroma wird kräftig angenehm und ihr Äußeres ganz golden... Feuer und Wasser ziehen die Bitterkeit heraus, nachdem zuvor das Gröbliche, nämlich die Eigenliebe, entfernt worden, und erfüllen die Seele mit einer Geduld, die vereint ist mit dem Honig tiefer Demut und Selbsterkenntnis... Ist die Frucht wieder gefüllt und geschlossen, so erscheint sie außen als goldene Hülle..., dieses Gold gibt sich nach außen kund in wahrer Geduld gegen den Nächsten, ohne Laune, in Herzensmilde... So, Heiliger Vater, werden wir süße Frucht bringen ohne falsche Erbitterung."

Der heilige Quirinus von Neuss (Balbina)

Ein am Niederrhein hoch verehrter Heiliger ist der hl. Quirinus, dessen Reliquien Papst Leo IX. seiner Schwester Gepa, der Äbtissin des Frauenstifts zu Neuß am Rhein schenkte. Sie wurden im Jahre 1050 feierlich von Rom dorthin übertragen. Über den Reliquien des Heiligen erhebt sich der in seiner heutigen Gestalt im 13. Jahrhundert erbaute Dom zu Neuß, Sankt Quirin. Von dem Vierungsturm schaut der kupfergetriebene Stadtheilige weit in das rundum flache Land hinaus.

Mit dem hl. Antonius dem Einsiedler, dem hl. Kornelius und dem hl. Bischof Hubert gehört der hl. Quirinus zu den sogenannten ‚Vier heiligen Marschällen', die im Mittelalter besonders in der Kirchenprovinz Köln als spezielle Nothelfer verehrt und im 15. Jahrhundert in Anlehnung an das einflußreiche Hofamt des Marschalls „wegen ihrer einzig dastehenden Verdienste und täglichen Hilfe" zu Hofmarschällen Gottes und der Himmelsbürger ernannt wurden. Die Zusammenstellung gerade dieser vier Heiligen erklärt sich aus den Wallfahrten, die man von einer ihrer Hauptkultstätten zur andern zu machen pflegte, also von den Antoniterklöstern in Wesel nach Cornelimünster in der Eifel, von dort nach St. Hubert in den Ardennen und zurück nach St. Quirin in Neuß (Wimmer). Quirinus von Neuß darf nicht mit dem gleichnamigen Bischof von Siscia, einem Märtyrer der diokletianischen Verfolgung, verwechselt werden, dessen Fest am 4. Juni gefeiert wird und der identisch ist mit dem hl. Cyrinus. Auch gibt es noch einen hl. Quirinus von Tegernsee (Fest 16. Juni). Quirinus von Neuß soll ein römischer Tribun gewesen sein. Das Martyrium erlitt er in Rom um das Jahr 130 unter Kaiser Hadrian.

Dargestellt wird er als Tribun mit Schild, das mit neun Kugeln besetzt ist, Lanze, Schwert und Palme, neben sich einen Habicht, dem man seine abgeschnittene Zunge vorgeworfen hat, oft auch zusammen mit seiner Tochter Balbina.

Legende

Die Legendensammlung des genuesischen Predigermönches Jacobus de Voragine, jenes großartige Epos christlicher Mythologie, enthält in dem Kapitel ‚Sankt Peter zu den Ketten' auch die Legende des römischen Tribuns Quirinus und seiner Tochter Balbina, die beide von Papst Alexander getauft wurden. Ihre Kirche steht auf dem ‚Kleinen Aventin' in Rom.

Da heißt es etwa: Quirinus, der Tribun, hielt Papst Alexander und den römischen Stadtprä-

fekten Hermes ihres Christenglaubens wegen an zwei verschiedenen Stellen in strenger Kerkerhaft. Der Tribun wollte Hermes zu den alten Göttern zurückführen und sprach zu ihm: „Ich wundere mich, daß du als kluger Mann dein hohes Amt im Stich ließest und von einem anderen Leben träumst." Hermes aber antwortete ihm: „Ach, ich selbst habe noch vor einiger Zeit über diese Dinge gespottet, weil ich meinte, es gebe nur dieses Leben in der sichtbaren Welt." „Wohlan", sprach Quirinus, „wenn du mir beweisen kannst, daß es ein anderes Leben gibt, so will ich ein Jünger deines Glaubens werden." Hermes aber sagte, daß Papst Alexander, den der Tribun ebenfalls gefangen hielt, ihm das besser sagen könne. Darüber war der Tribun sehr erzürnt, denn er hielt es für Ausflüchte und drohte, daß er beide noch schärfer bewachen lassen würde, damit sie nicht zueinander kommen könnten, um sich zu besprechen. Sogleich gab er den entsprechenden Befehl, so daß nach menschlichem Ermessen keiner der beiden christlichen Gefangenen zum anderen gelangen konnte. Aber siehe, Hermes betete, und alsbald erschien ein Engel bei Alexander und führte ihn zu Hermes, der in einem weitabliegenden Kerker gefangen lag. Als nun der Tribun wiederum zu Hermes kam, da fand er die beiden beisammen und verwunderte sich über alle Maßen. Hermes aber erzählte ihm, daß Alexander mit Gottes Hilfe seinen toten Sohn erweckt habe. Da sprach Quirinus zu dem Papst der Christen: „Meine Tochter Balbina ist krank, sie leidet an einem Kropf. Kannst du sie heilen, so gelobe ich, daß ich deinen Glauben annehmen will." Alexander antwortete ihm, er solle eilends hingehen und sie in sein Gefängnis bringen. Da erstaunte Quirinus noch mehr und sprach: „Wie soll sie dich in deinem Gefängnisse finden, da du doch hier im Gefängnis bei Hermes bist?" Alexander aber sagte: „Derjenige, der mich hierher gebracht hat, wird mich auch wieder zurückführen." Da ging Quirinus davon und brachte seine Tochter in das Gefängnis des Alexander und fand ihn dort und fiel ihm zu Füßen. Balbina küßte voller Andacht die Ketten, mit denen Alexander gefesselt war. Alexander aber sprach zu ihr: „Liebes Kind, nicht diese meine Ketten sollst du küssen, sondern du sollst hingehen und Sankt Peters Ketten suchen. Wenn du sie gefunden hast, so sollst du diese mit Andacht küssen, dann wirst du alsbald gesund werden." Der Tribun aber ließ sogleich eifrig in dem Kerker suchen, in dem der hl. Petrus gefangen gelegen hatte. Und siehe, die Ketten wurden gefunden, und er gab sie seiner Tochter zum Kusse. Balbina wurde sofort gänzlich gesund. Quirinus aber bat Alexander um Verzeihung und führte ihn und Hermes aus dem Kerker. Danach empfing er in seinem Hause mit den Seinen die Taufe. Der Papst Alexander aber setzte fest, daß von da an dieser Tag gefeiert werden solle und baute eine Kirche zu Ehren des hl. Apostels Petrus, worin die Ketten bis auf den heutigen Tag bewahrt werden, und nannte sie ‚ad vincula', das heißt ‚zu den Ketten'.

Der heilige Vitalis

(Gedenken: 28. April)

Vitalis, zu deutsch Helmut, ist ein heiliger Märtyrer der Frühzeit. Ihm ist die berühmte Kirche San Vitale in Ravenna geweiht, wo er in der Chornische dargestellt ist. Auch die Stationskirche in Rom trägt den Namen des Heiligen. Reliquien von ihm werden außerdem in S. Vitale zu Venedig und in St. Maria im Kapitol in Köln aufbewahrt. Seine Söhne waren der Legende nach die hll. Gervasius und Protasius (s. 18. Juni), die zu Mailand den Märtyrertod erlitten und bei den elf Märtyrern der Allerheiligenlitanei angerufen werden. Sein Fest ist der 28. April. Vielfach wird er als identisch mit dem hl. Vitalis von Bologna genannt, der mit dem hl. Agricola zusammen als Blutzeuge Christi starb und dessen leibliche Überreste im 4. Jahrhundert in Anwesenheit des hl. Ambrosius (s. 7. Dezember) erhoben wurden. Ein weiterer bekannter Heiliger desselben Namens ist der hl. Vitalis, Bischof von Salzburg und Nachfolger des hl. Rupert (s. 27. März), der sein Fest am 20. Oktober hat und dessen Reliquien sich in St. Peter zu Salzburg befinden.

Der hl. Vitalis von Ravenna wird dargestellt als Krieger auf weißem Roß, die Siegesfahne in der Hand, oder mit Streitkolben neben einer offenen Grube; gelegentlich auch zusammen mit seiner legendären Gattin Valeria, so zum Beispiel auf dem Altarbild von Vittore Carpaccio in Venedig. Seine Lebensgeschichte ist legendär.

Legende

In der ‚Legenda aurea' ist über ihn etwa folgendes aufgezeichnet: Vitalis war ein römischer Offizier und hatte mit seinem Weibe Valeria zwei Söhne mit Namen Gervasius und Protasius. Als er einst auf Befehl des Kaisers mit dem Richter Paulinus nach Ravenna kam, da sah er einen Christen mit Namen Ursicinus, der ein Arzt war. Dieser befand sich in großer Furcht, weil er nach vielen Martern um seines Christenglaubens willen enthauptet werden sollte. Man hatte ihn auf den Richtplatz geführt; als er aber das Schwert des Henkers sah, wollte er aus Angst die Götzen anbeten. Da sprach Vitalis zu ihm: „Mein lieber Bruder, du bist Arzt und hast andere Menschen gar oft vom Tode erlöst. Jetzt gilt es, dich selbst vom ewigen Tode zu erlösen. Du hast schon so viele Martern erlitten und die Märtyrerpalme errungen, so verliere nun nicht den Mut und damit die Krone, die Gott dir zugedacht hat." Durch diese Worte gestärkt, verlor Ursicinus alle seine Furcht und erlitt willig den Tod für Jesus Christus. Und der hl. Vitalis begrub ihn mit allen Ehren.

Als der Stadthalter dies aber vernahm, erboste er sich sehr, denn Vitalis hatte sich damit als Christ erwiesen. Er ließ ihm die Waffen abnehmen und ihn zur Folter bringen. Aber Vitalis sprach zu ihm: „Du Tor, glaubst du mich von meinem Glauben abbringen zu können, der ich die anderen immer gestärkt habe?“ Da befahl Paulinus seinen Knechten auf Rat eines der heidnischen Priester: „Führt ihn zu der Palme, und will er den Göttern nicht opfern, so macht eine Grube, die so tief ist, bis ihr auf Wasser trefft. Da begrabt ihn lebendig und aufrecht.“ Weil aber Vitalis sich weigerte zu opfern, begruben sie ihn lebendig, warfen Steine und Sand auf ihn und ließen ihn qualvoll in der Erde ersticken. Dies soll zu der Zeit des Kaisers Nero geschehen sein. Der heidnische Priester, der dem Paulinus dies geraten hatte, wurde alsbald vom Teufel besessen und tobte sieben Tage lang an dem Orte, wo Vitalis gestorben war und schrie dabei: „O heiliger Vitalis, wie brennst du mich so sehr!“ Am siebten Tage warf ihn der Teufel in den Fluß, und er ertrank jämmerlich.

Das Weib des Heiligen, Valeria, war zu dieser Zeit auf dem Wege nach Mailand. Da traf sie einige Götzenanbeter, die wollten sie zwingen, die Opferspeise zu essen. Sie aber sprach zu ihnen: „Ich bin eine Christin, mir ziemt es nicht, die Speise eures Opfers zu essen.“ Als sie das vernahmen, schlugen sie so sehr auf sie ein, daß diejenigen, die mit ihr waren, sie halbtot nach Mailand brachten. Dort entschlief sie nach drei Tagen selig im Herrn.

Der heilige Athanasius

Athanasius kommt aus dem Griechischen und bedeutet ‚der Unsterbliche‘. Dieser heilige Bischof ist einer der berühmtesten Kirchenlehrer gewesen; er erhielt den Beinamen ‚der Große‘. Sein Leben und Wirken ist wie ein lebendiger Beweis für das Christuswort, daß die Pforten der Hölle die Kirche nicht überwältigen werden. Unter fünf Kaisern hatte Athanasius über fünfzig Jahre seinen schweren Kampf um den wahren Glauben zu führen: fünfmal wurde er verbannt, siebzehn Jahre mußte er im Exil leben. Als Flüchtling durchzog er das Abendland von Trier bis Rom.

Athanasius wurde um 295 in Alexandria in Ägypten geboren. Er wurde erzogen im Hause des Bischofs Alexander, den er als Diakon und Sekretär auf seinen Rei-

sen, darunter auch auf das Konzil von Nicäa, begleitete. Später wurde er auf einmütigen Wunsch der Geistlichkeit und des Volkes als Patriarch von Alexandrien zu dessen Nachfolger bestellt. Das Glaubensbekenntnis von Nicäa wurde zum Bekenntnis seines Lebens: unerschrocken und unermüdlich verteidigte Athanasius die Gottheit Christi gegen die Irrlehre des Arius. Man bezeichnet ihn als ‚Vater der Orthodoxie', ‚Säule der Kirche', als den ‚Arzt ihrer Wunden', und er wird heute allgemein als „der religiöse Genius seiner Zeit" angesehen. Als junger Kleriker schon war er durch seine Schriften ‚Gegen die Heiden' und ‚Über die Menschwerdung des Wortes Gottes' an die Öffentlichkeit getreten. Sein ganzes Leben stand im Kampf um die rechte Lehre. Noch unter Kaiser Konstantin wurde der Bischof auf Betreiben seiner Verleumder 335 nach Trier verbannt.
Athanasius, der in der thebaischen Wüste den hl. Antonius den Einsiedler (s. 17. Januar) sowie den hl. Pachomius (s. 14. Mai), den Begründer der cönobitischen, also in Gemeinschaft lebenden, Mönche aufgesucht und kennengelernt hatte, verpflanzte während seiner Verbannung das mönchische Einsiedlerleben in andere Länder. Die Anfänge des Mönchtums in Gallien und Germanien sind also vornehmlich auf seinen Einfluß zurückzuführen. Nach dem Tode Konstantins zurückgekehrt, fand er sich bald wieder von den Arianern verfolgt, da diese in dem jungen Kaiser Konstantius Unterstützung fanden. Ein Aufstand des Volkes, das seinen Hirten nicht ziehen lassen wollte, wurde niedergeschlagen, Athanasius abgesetzt und zum zweiten Male verbannt. Diesmal nahm er Zuflucht in Rom, wo Papst Julius I. ihn von der dorthin berufenen Synode rechtfertigen ließ. Auch Italien lernte durch den hl. Bischof das mönchische Ideal kennen. Aber erst nach sechs Jahren konnte Athanasius zur Freude seines Volkes in Amt und Würden nach Alexandria zurückkehren, nachdem eine weitere Synode von Sardica, die auf Betreiben des Kaisers des Westreichs Maximius zusammengetreten war, sämtliche gegen ihn erhobenen Anschuldigungen entkräftet hatte. Doch bald traten seine Gegner wiederum auf den Plan. Athanasius wurde am 9. Februar 356 in seiner Kirche von den Truppen des Kaisers eingeschlossen und vertrieben, auf seinen Kopf ein Preis gesetzt. Große Greuel wurden zu seinem Schmerz verübt. Der Patriarch floh zu seinen Freunden, den Wüstenmönchen in den Nilklöstern, erschien aber mehrmals in seiner Bischofsstadt, um sein Volk zu stärken. Unter Julian Apostata konnte er auf kurze Zeit zurückkehren, wurde dann von diesem aber zum vierten Mal in die Verbannung geschickt; unter Kaiser Valens geschah

dasselbe zum fünften Male. Vier Monate lebte er verborgen im Grabe seines Vaters, bis er nach einem Aufruhr des Volkes, das ihn stürmisch zurückverlangte, endlich unbehelligt in seinem hohen Amte wirken konnte. Noch sieben Jahre harrte der Greis auf seinem Posten aus, bis er am 2. Mai 373 von Gott abberufen wurde.

Die Kirche feiert sein Fest seit dem 13. Jahrhundert am 2. Mai. Reliquien von ihm befinden sich in der Kirche S. Croce in Venedig. Dargestellt wird der hl. Athanasius als griechischer Bischof mit kahlem Haupt und langem Bart zwischen zwei Säulen, Buch in der Hand. Auf den Fresken von Fra Angelico da Fiesole in der Laurentiuskapelle des Vatikans sieht man ihn zusammen mit Basilius, Chrysostomus, Gregor von Nazianz und Cyrill von Alexandrien in reichen Pontifikalgewändern aber ohne Mitra und Stab.

Der hl. Athanasius wird angerufen gegen Kopfweh.

Legende

Um den Kampf der Wahrheit, den der hl. Athanasius gegen die Lüge führte, zu verdeutlichen, erzählt die Überlieferung viele Einzelheiten aus dem Leben des großen Kirchenlehrers. Vielseitig und durchtrieben waren die Verleumdungen, mit denen seine Feinde, die Arianer, immer wieder auf sein Verderben sannen. So erregten sie überall Unruhen im Lande und verklagten Athanasius beim Kaiser, er sei an allem schuld. Sie erfanden die boshaftesten Lügen. So sagten sie, er habe dem Volk eine Art Steuer auferlegt und habe die Verschwörer, die nach des Kaisers Leben trachteten, mit einer Kiste Geldes bestochen. Athanasius, vor den Kaiser beordert, entdeckte mit Leichtigkeit diesem die wahren Zusammenhänge und wurde mit einem Briefe an die Einwohner von Alexandria entlassen, der die schönsten Lobsprüche über den hl. Bischof enthielt. Nun sagten seine Feinde, er habe den Bischof Arsenius ermordet und gebrauche dessen abgeschnittene Glieder zur Zauberei. Ja, sie zeigten sogar eine Hand vor, von der sie behaupteten, sie sei des Arsenius Hand und sandten sie in einem Kästchen dem Kaiser. Zugleich behaupteten sie, Athanasius habe eine Jungfrau geschändet. Als der Kaiser, betroffen von diesen schlimmen Beschuldigungen seines Bischofs, ein Gericht einberufen wollte, wandte sich Athanasius schriftlich an den Kaiser und setzte den Lügen die helle Wahrheit entgegen. Doch die Ketzer ruhten nicht, bis ein Konzil nach Tyrus einberufen wurde, wo die Sache verhandelt werden sollte. Sie hatten es aber eingerichtet, daß als Richter nur Bischöfe von ihrer Partei gewählt wurden. Obgleich Athanasius ihre Ränke erkannte, erschien er im Vertrauen auf Gottes Beistand. Er war begleitet von neunundvierzig katholischen Bischöfen aus Ägypten. Als nun seine Ankläger die Weibsperson, von der sie sagten, er habe sie geschändet, als Zeugin herbeibrachten, trat der Bischof Timotheus ruhig in die Mitte und fragte sie, nachdem sie ihre Anklage vorgebracht hatte: „Habe ich je mit dir gesprochen? Bin ich in deinem Hause gewesen?“ Sie aber schrie laut: „Ja, du bist's, du hast mir Gewalt angetan“, und sie erzählte ausführlich allerlei unlautere Dinge von ihm. Aber jetzt war die Lüge aufgedeckt, die Frau kannte Athanasius nicht einmal! Beschämt mußten die Arianer ihre falsche Zeugin fortschaffen. Wütend hierüber brachten sie die zweite Anklage vor, Athanasius habe den Bischof Arsenius ermordet. Ruhig fragte dieser, ob sie den Arsenius kennten. „Ja", war die Antwort. Nun winkte Athanasius; ein Mönch mit verhülltem Gesicht trat herein. Athanasius schlug dessen Kapuze zurück, und entsetzt erkannten die schamlosen Verleumder, wer leibhaftig und lebendig vor ihren Augen stand und seine beiden Hände vorzeigte, – es war Arsenius! Athanasius verließ die Versammlung und reiste zum Kaiser, um seine Hilfe zu erbitten. Doch dieser sprach das Urteil der Verbannung über ihn aus, weil die Ketzer weitere neue Beschuldigungen gegen den Bischof vorgebracht hatten.

Seine Feinde glaubten nun für immer gesiegt zu haben und beschlossen den Christusleugner Arius feierlich in die Kirchengemeinschaft aufzunehmen. Konstantin war von ihnen betrogen worden, ohne es zu wissen, und ließ den Arius nach Konstantinopel kommen, wo er ihn ernstlich fragte, ob er alles glaube, was das Konzil von Nicäa als allgemeinverbindliche Glaubenslehre festgelegt habe. Arius beteuerte, daß er alles glaube, ja er beschwor es sogar, als man ihm den Eid abverlangte. Aber nun folgte das Gericht Gottes auf dem Fuße nach: Als die abtrünnigen Bischöfe am anderen Tage den meineidigen Arius in feierlicher Prozession in die Kirche führen wollten, mußte dieser wegen leiblicher Notdurft auf die Seite gehen. Da er zu lange ausblieb, suchte man ihn und fand ihn tot, voll Blut mit ausgeschütteten Eingeweiden am Boden liegend. Er hatte geendet wie der Verräter Judas! Kaum hatte der Kaiser das vernommen, als er erkannte, daß Gott selbst über den Lästerer seines Sohnes Gericht gehalten, und er gab voller Reue den Befehl, den Athanasius zurückzurufen.

Die heiligen Philippus und Jakobus d. J.

Infolge der Einführung des Festes des hl. Joseph (s. 19. März) des Werkmannes am 1. Mai ist das Fest der beiden Apostel seit 1956 auf den 3. Mai verlegt worden. Philippus und Jakobus werden wie Petrus und Paulus, wenngleich sie, nachdem, was wir aus der Hl. Schrift von ihnen wissen, sehr verschieden waren, meistens zusammen genannt. Auch ihre Patronate, nämlich das der Krämer, Hutmacher und Tuchwalker, gelten gleichermaßen für beide. Weil Johannes III. (561–574) am 1. Mai die Apostelkirche in Rom weihte, wo einige ihrer Reliquien ruhen, wurde das Fest von Jakobus Minor mit dem bis dahin am

1. Mai gefeierten älteren Jakobus (s. 25. Juli) vertauscht. Die griechische Ostkirche feiert das Fest des Apostels am 14. November.
Der hl. Apostel Philippus steht im Apostelverzeichnis an fünfter Stelle, er stammte aus Bethsaida in Galiläa und wurde von Jesus selbst berufen. Er folgte ihm in unbeirrbarer Treue. Philippus ist bekannt durch seine Bitte während der letzten Unterredung, die Jesus mit seinen Jüngern hatte. Er sagte: „Herr, zeige uns den Vater!" Worauf Jesus entgegnete: „Philippus, wer mich sieht, sieht auch den Vater." Der Überlieferung nach wirkte Philippus nach der Himmelfahrt Christi in Vorderasien und im heutigen Südrußland (Skythien) und kam zuletzt nach Pryghien, wo er in Hierapolis sein Martyrium erlitt. Das Jahr seines Todes wird zwischen 54 und 90 angegeben. Neuere Forscher sind der Auffassung, daß hierbei eine Verwechslung mit einem Diakon namens Philippus vorliegt, „weil nur von diesem bezeugt ist, daß er mehrere jungfräuliche und prophetisch begabte Töchter besaß und in Hierapolis lebte und starb".
Die Reliquien des Heiligen, die zunächst in Hierapolis verehrt wurden, kamen später nach Konstantinopel und Rom. Weitere Reliquien des heiligen Apostels befinden sich in Troyes, Köln, Prag, Andechs, Paris, Toulouse und anderen Orten.
Dargestellt wird der hl. Philippus mit lateinischem oder Antoniuskreuz in T-Form, als Zeichen seines Martyriums. Auf dem Grabmal des Kardinals Philipp von Alençon in S. Maria in Trastevere in Rom hinter dem Altar der beiden Apostel befindet sich eine Kreuzigung des hl. Philippus mit dem Kopf nach unten. Der Heilige bändigt durch ein vorgehaltenes Kreuz Schlangen und stürzt Götterbilder, wie auf den Fresken von Filippino Lippi in S. Maria Novella in Florenz, auf denen die Götzen Pestdämpfe aushauchen und Kranke neben den Götzen liegen. Das darauf bezügliche legendäre Ende des hl. Apostels wird in der ‚Legenda aurea' geschildert:

Legende

Der Apostel Philippus predigte zwanzig Jahre im Lande der Skythen. Da ergriffen ihn die Heiden und führten ihn vor ein Bild des Mars, dem er opfern sollte. Alsbald kam unter dem Standbild ein großer Drache hervor und tötete den Sohn des Priesters, der den Dienst beim Feuer tat, sowie die beiden Tribunen, deren Knechte Philippus gefesselt hatten. Und der Drache machte alle, die dabeistanden, mit seinem giftigen Anhauch krank. Philippus aber sprach: „Glaubt mir, wenn ihr dieses Götzenbild zerbrecht und an seiner Stelle das Kreuz des Herrn anbetet, so werden eure Kranken gesund und eure Toten lebendig werden." Da flehten ihn die Kranken an: „Hilf uns nur, daß wir gesund werden, dann wollen wir dieses Bild sogleich zerbrechen." Nun gebot Philippus dem Drachen, daß er sich an einen wüsten Ort verfüge, wo er keinem Menschen mehr schaden könne. Und der Wurm hob sich von hinnen und wurde nicht mehr gesehen. Danach machte Philippus die Kranken alle gesund und

gab den drei Toten das Leben wieder. Sie stürzten die Götzen, und alle wurden gläubig. Philippus aber blieb noch ein Jahr bei ihnen und setzte Priester und Diakone ein.
Hiernach kam der hl. Apostel in die Stadt Hierapolis in Kleinasien. Dort predigte er gegen die Ketzer. Seine frommen Töchter aber bekehrten mit der Hilfe Gottes viele Menschen zum Glauben. Sieben Tage vor seinem Tode rief Philippus alle Bischöfe und Priester zu sich und sagte ihnen seinen Tod voraus und stärkte sie mit göttlicher Ermahnung. Damals war er siebenundachtzig Jahre alt. Und wirklich griffen ihn alsbald die Heiden und schlugen ihn ans Kreuz. So ging er ein zum Herrn in die ewige Seligkeit. Seine Töchter aber wurden an seiner Seite begraben, die eine zur Rechten, die andere zur Linken.

Das Gedächtnis des hl. Jakobus des Jüngeren wird am gleichen Tage gefeiert. Die Bezeichnung ‚minor', im Unterschied zu Jakobus major, erhielt er, weil er, obschon älter an Jahren als dieser, später berufen war. Jakobus d. J. war ein Verwandter des Herrn, ‚Herrenbruder', nämlich ein Sohn des Alphäus und einer der Marien, die unter dem Kreuze standen. Er war ein Bruder des hl. Judas Thaddäus (s. 28. Oktober). Er soll Jesus von Angesicht sehr ähnlich gewesen sein und Judas Iskariot deshalb den Juden das Zeichen des Kusses gegeben haben, damit nicht er anstelle des Herrn ergriffen würde.
Jakobus ist der Verfasser des berühmten Jakobusbriefes an die Judenchristen in der Diaspora (Zerstreuung). Er war nach Petrus der erste Bischof der Gemeinde von Jerusalem und ein Hauptvertreter des jüdisch-gesetzlichen Christentums in Palästina. Er wurde ‚der Gerechte' genannt, weil er ein frommes und streng enthaltsames Leben führte, weder Wein noch Fleisch zu sich nahm und jungfräulich blieb bis an sein Ende. Eine „Säule der Kirche" nennt ihn Paulus in seinem Brief an die Galater. Auch die Juden achteten ihn und gestatteten ihm, den Tempel zu betreten, was nur den Priestern vorbehalten war. „Daß er das Brauchtum des angestammten Volkes mit besonderer Pietät zu wahren strebte, war für die christliche Mission im Lande der Juden gerechtfertigt und bedeutet nicht etwa einen Gegensatz zum Heidenchristentum, sondern war "– nach O. Karrer – „in der Idee der Kirche als Völkerkirche begründet, deren Einheit nicht Gleichförmigkeit, sondern Mannigfaltigkeit der Formen des ganzen mystischen Leibes ist." Die überzeitliche Bedeutung dieses Tatbestandes fand ihren Ausdruck durch die Aufnahme des Jakobusbriefes in das Neue Testament. Jakobus d. J. spielte durch seine maßvolle Haltung beim Apostelkonzil des Jahres 50 zu Jerusalem eine entscheidende Rolle. Er stellte sich auf die Seite von Paulus, der die aus dem Heidentum gewonnenen Christen von jeder Verpflichtung auf das mosaische Gesetz befreit wissen wollte. Weil Jakobus seinen Glauben anstatt wie der Hohepriester von ihm verlangt hatte, zu widerrufen, mit lauter Stimme verkündete, wurde er

vom jüdischen Rat im Jahre 60, 62 oder 64 während der Abwesenheit des römischen Prokurators zur Steinigung verurteilt. Da er jedoch nicht sofort getötet wurde, erschlug ihn ein Tuchwalker mit seiner Stange. Das Haupt des Heiligen befindet sich im Dom von Ancona; auch in der Camargue (Rhonedelta) befindet sich eine Kopfrelique, die für die seine angesehen wird.
Dargestellt wird der hl. Apostel Jakobus d. J. mit einer Tuchwalkerstange, mit Buch als Symbol der Apostel, auf dem Haupt eine goldene Platte zum Zeichen seiner Würde als Bischof von Jerusalem. Auf späteren Darstellungen ist die Stange mitunter in eine Keule abgewandelt. Im Germanischen Museum in Nürnberg zeigt eine Tafel von Holbein d. Ä. den Sturz des Heiligen von der Kanzel. Unter den Edelsteinen ist ihm der Topas zugeordnet, zum Zeichen seiner Standhaftigkeit.

Legende

Einmal geschah es, es war im siebten Jahre, als Jakobus Bischof war, daß die Apostel auf den Ostertag in Jerusalem zusammenkamen. Und Jakobus gebot ihnen, daß sie öffentlich vor allem Volke sagten, was der Herr durch sie gewirkt habe. Hiernach predigte er selbst zusammen mit ihnen sieben Tage lang im Tempel vor Kaiphas und den anderen Juden, und so machtvoll predigten sie, daß es nahe daran war, daß alle sich taufen lassen wollten. Aber da trat einer unter sie und fing an zu schreien: „Ihr Männer von Israel, was tut ihr? Wollt ihr euch von diesen Zauberern anlügen lassen?“ Er wiegelte das Volk derart auf, daß es die Stufen hinaufdrängte, wo der hl. Jakobus predigte, und ihn hinabwarf. Von der Zeit an hinkte der Apostel.
Jacobus de Voragine schildert den Märtyrertod des Heiligen wie folgt: Die Juden aber kamen zu Jakobus und sprachen: „Wir bitten dich, bekehre das Volk von seinem Wahn, das da glaubt Jesus, der Gekreuzigte, sei Christus. Stehe auf am Ostertag, wenn alle versammelt sind und rede ihnen von Jesu, denn dir werden alle gehorsam sein. Wenn du das tust, wollen wir mit allem Volk Zeugnis abgeben über dich, daß du ein gerechter Mensch bist.“ Und sie stellten ihn auf die Zinne des Tempels und riefen ihm zu: „O du gerechter Mensch, auf den wir alle hören müssen, siehe, das Volk irrt, weil es an Jesum glaubt, welcher gekreuzigt wurde: darum so sage du uns, was dir von ihm dünkt.“ Da antwortete Jakobus mit lauter Stimme: „Was fragt ihr mich nach des Menschen Sohn? Wisset, er sitzt im Himmel zur Rechten des Vaters, von dannen er kommen wird, zu richten die Lebendigen und die Toten.“ Als dies die Christen unter den Juden hörten, freuten sie sich. Aber die Pharisäer und Schriftgelehrten sprachen untereinander: „Wir haben übel getan, daß wir ihn haben solches Zeugnis geben lassen von Jesum. Drum laßt uns hinaufsteigen und ihn herabwerfen, damit das Volk erschrecke und nicht mehr an seine Worte glaubt. Sie schrien also mit lauter Stimme: „O, auch der Gerechte irrt“, und stiegen hinauf und stürzten ihn herab. Dann warfen sie Steine auf ihn und riefen: „Laßt uns Jakobus, den Gerechten, steinigen.“ Jakobus aber war

von dem Falle nicht tot, sondern richtete sich auf und betete: „Herr, vergib ihnen, denn sie wissen nicht, was sie tun." Da sprach einer von den Priestern: „Was tut ihr? Schonet ihn, denn seht, dieser Gerechte betet für euch, die ihr ihn steinigt!" Aber ein anderer kam und nahm die Stange eines Walkers und schlug sie auf das Haupt des Jakobus mit aller Macht, und unter dieser Marter fuhr der Heilige zum Herrn auf, sein Leib aber wurde am gleichen Orte neben dem Tempel begraben. Als das Volk sich erhob, um seinen Tod zu rächen und die Mörder zu fangen, flohen diese von dannen.

Am 3. Mai begeht die Kirche das Gedächtnis des hl. ALEXANDER. In der hl. Meßfeier wird in der Bitte der Gläubigen um Gemeinschaft mit den Heiligen auch sein Name genannt. Da die älteste Papstchronik nichts von einem Martyrium des Papstes Alexander I. (105? bis 115?) weiß, authentische Nachrichten über diesen Papst zudem fehlen, ist anzunehmen, daß der römische Märtyrer Alexander gemeint ist; denn ein Papst hätte bei den Fürbitten hinter Linus und Kletus genannt werden müssen. Es scheint sich hier also, wie manche vermuten, um eine Verwechselung des gleichnamigen Papstes mit dem Märtyrer Alexander zu handeln, der mit den hll. Eventius, Theodul und Quirinus von Neuß unter Kaiser Hadrian um 130 (?) das Martyrium erlitten hat. Diese römischen Märtyrer sind an der Via Nomentana in Rom begraben, ihr Fest ist seit Papst Damasus I. am 3. Mai im römischen Kalender erwähnt.

DER HEILIGE FLORIAN

An vielen katholischen Häusern sieht man das Bild eines römischen Offiziers mit Helm und Fahne, ein Wassergefäß in der Hand, womit er das Feuer eines brennenden Hauses löscht. Das ist der hl. Florian, der besonders als Patron in Feuersgefahr und Wassernot vom gläubigen Volke verehrt wird.

Der heilige Märtyrer soll deutscher Herkunft und in dem kleinen Dorf Zeiselmauer unweit Wien geboren sein. Nach dem römischen Martyrologium lebte er als römischer Beamter in Cetium (St. Pölten). Zur Zeit der unter Diokletian erneut ausbrechenden Christenverfolgungen erging auch für die römische Provinz Norikum der Befehl zu grausamen Verfolgungen der Christen. Der Statthalter Aquilinius machte sich baldigst an die Ausführung des kaiserlichen Edikts. Er ließ die Christen überall aufspüren und gefangen nehmen.Da die meisten nicht zum Abfall zu bewegen waren, warteten schon vierzig Gläubige, darunter viele Soldaten, in den Gefängnissen auf ihren Tod.

Florian hörte von der Einkerkerung der Soldaten und machte sich sofort auf, um ihnen beizustehen. Auf dem Wege stieß er auf einen Trupp Soldaten, die man ausgesandt hatte, weitere Christen zu fangen und vor den Statthalter zu führen. Florian bekannte sich, als er dies hörte, ihnen gegenüber offen als Christ und ließ sich zu Aquilinus bringen. Dieser wollte mit dem angesehenen und tüchtigen Offizier nichts zu schaffen haben und redete ihm freundlich zu, den Göttern zu opfern. Florian wies das Ansinnen jedoch von sich und entgegnete furchtlos, daß er bereit sei, jede Qual für Christus zu leiden. Als Aquilinus nun seiner spottete, hob Florian die Augen zum Himmel auf und betete laut zu Gott um Kraft. Über dies Bekenntnis von Wut entbrannt, ließ der Statthalter den tapferen Krieger Florian grausam foltern. Als der Heilige die Marter standhaft ertrug, wandte man noch schrecklichere Mißhandlungen an. Aber auch sie erschütterten den Helden nicht in seiner Glaubenstreue. Nun sah der Statthalter ein, daß er Florian nicht beikommen konnte, und erteilte den Befehl, ihn in den Fluten der reißenden Enns zu ertränken. Auf der Brücke angekommen, wurde dem Heiligen ein Stein an den Hals gebunden, und nachdem ihm der Henker auf seine Bitte noch eine kurze Frist zum beten gewährt hatte, kniete Florian nieder und empfahl seine Seele freudigen Herzens Gott. Aber keiner wollte den verdienten Offizier in die Tiefe stoßen. Plötzlich drängte sich ein junger Mensch heran und gab dem Gefesselten von rückwärts einen Stoß, so daß er über die Brücke in den Fluß hinabfiel. Doch als der ‚Henker' sich von seiner Tat überzeugen wollte, sah er nichts mehr, denn er war plötzlich erblindet. Das geschah um das Jahr 304.

Über die Bergung der Leiche des Heiligen berichtet die Legende wunderbare Dinge. Jedenfalls wurden seine Reliquien von den Gläubigen geborgen. Später erbaute man an seiner Grabstätte eine Kapelle, um die herum sich fromme Einsiedler niederließen. Daraus entstand das berühmte Stift der Augustiner-Chorherren St. Florian bei Linz. Die prachtvolle Kirche birgt einen Teil der Reliquien des heiligen Blutzeugen. Polen, das in Krakau einige Reliquien von ihm besitzt, und Wien verehren Sankt Florian als ihren Patron. Zahlreich sind die Dokumente, welche von der Kraft seiner Fürbitte Zeugnis geben.

Dargestellt wird der Heilige als Krieger, mit Schwert und Kriegsfahne, Wasserkübel in der Hand, brennendes Haus löschend, Stein um den Hals. Seine Patronate sind sehr vielfältig: gegen Feuers- und Wassergefahr, Kämpfe, Sturm, Unfruchtbarkeit der Felder, Dürre. Er ist Schutzheiliger der Bierbrauer, Hafner, Böttcher und Kaminfeger.

Legende

Die Legende berichtet, daß die Leiche des Heiligen von den Wogen des Flusses, gleichsam als wären sie mitleidiger als die Menschen, mitsamt dem Stein emporgehoben und an einen erhöhten Ort getragen worden sei. Dort schwang sich alsbald ein mächtiger Adler mit aus-

gebreiteten Flügeln aus den Wolken hernieder und verteidigte den Leichnam gegen jede Verunehrung seitens der Heiden. In der Nacht erschien der hl. Märtyrer einer frommen Matrone mit Namen Valeria und mahnte sie, seinen Leib zu beerdigen. Die Matrone war gleich bereit, nahm einen Wagen mit zwei Ochsen und begab sich an den bezeichneten Ort. Dort lud sie den Leichnam auf und fuhr mit der Last ihrem Landgute zu. Aber die Ochsen konnten nach längerer Zeit nicht mehr ziehen, sie blieben ermattet und durstig stehen. In dieser Not flehte die Christin inständig zu Gott um Hilfe, und siehe da, plötzlich sprudelte eine Quelle frischen Wassers aus dem Boden und erquickte die lechzenden Tiere, die nun munter weiter ihres Weges zogen. Auf dem Landgute angekommen, legte die fromme Matrone den Leichnam in ein schönes Grab, und Gott verherrlichte seinen treuen Diener durch viele Wunder. Im ‚Floriansbrunnen' spendet die Quelle heute noch Wanderern und Pilgern ihr kräftiges, erquickendes Wasser.

Der heilige Godehard von Hildesheim (Gotthart) *(Gedenken: 5. Mai)*

Weil er weit über die Grenzen Bayerns und Sachsens, wo er wirkte, in fast allen Staaten Europas von Schweden nach Italien, von Flandern nach Siebenbürgen und Südslawien verehrt wird, ist der hl. Gotthard Patron zahlreicher Kirchen und Wallfahrtsorte. Darunter von Hildesheim und Niederaltaich; aber auch die Mailänder preisen ihn und beten seine eigene Präfation an seinem Namensfeste, im Dome von Genua trägt eine Kapelle seinen Namen, auch Ungarn, Holland und Polen haben Denkmäler und Statuen zu seiner Ehre errichtet. Der St.-Gotthard-Paß in der Schweiz trägt nach ihm den Namen; früher beteten dort die deutschen Kaufleute und Pilger an der ihm zu Ehren von bayerischen Herzögen gebauten Kapelle.

Der hl. Gotthard wird angerufen gegen Gicht, Rheuma, Nierensteinleiden, Kinderkrankheiten, schwere Geburt, gegen Blitz und Hagel. Er ist also ein Helfer für vielerlei Nöte. Dargestellt wird er als Bischof, Drachen unter den Füßen, Kirchenmodell in der Hand, Tote erweckend, auch brennende Kohlen unter dem Chorrock tragend.

Gotthard wurde als Kind armer Bauersleute in Reichersdorf bei Niederaltaich in Niederbayern um 960 geboren. Der Knabe, dessen Vater für das Kloster arbeitete, besuchte die Klosterschule, weil er sich für die Wissenschaften anstelliger zeigte als für den Beruf des Bauern. Er tat sich dort bald hervor durch seinen glühenden Lerneifer und seine vorzüglichen Charakteranlagen, so daß der Erzbischof von Salzburg, der oft im Kloster verkehrte, auf den vielversprechenden Jüngling aufmerksam wurde und ihn mit sich nach Salzburg nahm, wo er ihn weitere drei Jahre unterrichten ließ. Doch das Hofleben befriedigte Gotthard nicht; er kehrte deshalb als Mönch nach Niederaltaich zurück, das inzwischen aus einem Chorherrenstift in ein Benediktinerkloster umgewandelt worden war. Die Priesterweihe empfing er vom hl. Bischof Wolfgang von Regensburg (s. 31. Oktober). Kurze Zeit danach schon wurde Gotthard zum Prior und wieder einige Jahre später, 996, zum Abt des Klosters ernannt.

Als energischer Vorkämpfer der cluniazensischen Reformgedanken ist Gotthard der eigentliche Neugestalter des Klosters. Doch setzte er nicht nur dort seine Reformen durch, er reformierte und leitete auch die Klöster Tegernsee bei München und Hersfeld an der Fulda. Zwischendurch war er Abt des Klosters Kremsmünster. Überall führte er die strenge Ordensauffassung von Cluny ein, pflegte vor allem Zucht und Gelehrsamkeit in den ihm unterstellten Abteien. Es war eine harte und mit manchen Enttäuschungen verbundene Arbeit, da Lauheit und Sittenverfall seit Jahren sich in den Klöstern breit gemacht hatten. Unsägliche Schwierigkeiten und Widerwärtigkeiten hatte er zu überwinden. Der Ruf seiner fruchtbaren Arbeit war bis zu Kaiser Heinrich gedrungen, und als der bischöfliche Stuhl durch den Tod des hl. Bernward verwaist stand, erhob der Kaiser Gotthard 1022 zum Bischof von Hildesheim. Trotz seines hohen Alters war er auch hier vor allem um die Erziehung der jungen Geistlichen bemüht, die Hildesheimer Domschule wurde unter ihm zur Pflanzstätte der Gelehrsamkeit und Gottesfurcht. Er stattete die Klöster mit besseren Einkünften aus, damit sie den notwendigen Nachwuchs ausbilden konnten. Er baute Kirchen und ließ die baufälligen wiederherstellen. Mit nachdrücklicher Strenge war er um die Reinhaltung und Ausschmückung der Gotteshäuser bemüht. Er hob das Schulwesen und richtete eine Schule für Schreib- und Malkunst ein. Gotthard wird als ‚Bayerns größter Baumeister des Frühmittelalters' bezeichnet. So vollendete er die St.-Michaels-Kirche in Hildesheim, stiftete dortselbst ein Spital für die Armen, erbaute die Klöster St. Moritz und St. Andreas. Schon bei Lebzeiten durfte der Heilige mit Gottes Hilfe zahlreiche Wunder wirken: so heilte er während einer Synode in Mainz einen Besessenen und erweckte sogar Tote, damit sie ihre letzte, vor ihrem Sterben noch nicht getätigte Beichte ablegen konnten.

Der hl. Gotthard starb am 5. Mai 1038. Papst Innozenz II. sprach ihn am 31. Oktober 1131 heilig und ließ ihm zu Ehren die herrliche Kirche St. Godehard in Hildesheim erbauen, in welcher der Leib des Heiligen in einem prachtvollen Sarge ruht.

Legende

Das Volk schmückte die geliebte Gestalt seines heiligen Bischofs mit vielen Legenden aus. Es erzählt sich, daß Gotthard schon als Knabe mit der Wundergabe ausgezeichnet war. So habe er, um sein Amt als Meßdiener ausüben zu können, trockenen Fußes von seinem Eltern-

haus über die Wasser des über seine Ufer getretenen Donauflusses schreiten können. Ein anderes Mal habe er für das Weihrauchfaß glühende Kohlen unter seinem Chorhemd herbeigetragen, ohne daß es verbrannte. Später habe der Heiland dem hl. Gotthard in einem Traumgesicht sein künftiges Amt gezeigt. Der Abt war beim nächtlichen Chorgebet etwas eingeschlummert. Da sah er im Klosterhof einen schönen Ölbaum stehen, dem sich kaiserliche Abgesandte näherten und mit Äxten und anderen Werkzeugen die Hauptwurzeln abhieben und mit sich fortnahmen. Dafür trieben aber sogleich die kleinen stehengebliebenen Wurzeln so viele junge frische Bäume hervor, daß der ganze Hof davon erfüllt war. Gotthard erkannte bald den wahren Sinn dieses Bildes. Nach dem Tode des alten Bischofs von Hildesheim verlangte nämlich die gesamte Geistlichkeit und der kaiserliche Hof mitsamt dem Kaiser ihn als dessen Nachfolger bestellt zu sehen. Erst nach langem Widerstand und nach deutlicher Erkenntnis des Willens Gottes nahm Gotthard die Wahl an und zog von seinem geliebten Niederaltaich, wo er so stark verwurzelt war, weg nach Hildesheim. Jedoch trieb das Kloster, das er so lange Jahre geleitet hatte, viele neue Triebe voll jugendfrischer Kraft. Als der hl. Bischof sein 74. Lebensjahr erreicht hatte, machte Gott ihm selbst sein nahes Ende offenbar. So konnte er sich voller Sorgfalt auf seinen Tod vorbereiten. Er hielt noch die vierzigtägigen Fasten. Einige Tage vor seinem Tode sprach er zu seinem Diener Bruno: „Mein lieber Freund, wir werden nun bald in unser Vaterland reisen, nicht ins Bayernland, sondern in das himmliche Reich Gottes." Und wirklich starb Bruno nur einige Stunden nach seinem Herrn am gleichen Tage.

Die selige Jutta von Sangershausen *(Gedenken: 5. Mai)*

Jutta oder Judith – aus dem Hebräischen ‚gläubige Gottesbekennerin' – oder auch Otta war eine selige Witwe, die um 1265 als Reklusin in Kulmsee bei Bromberg nach einem heiligmäßigen Leben starb. Sie gilt als Patronin der Preußen.

Jutta wurde von frommen Eltern in Sangershausen in Thüringen geboren. Schon als Kind wünschte sie sich nichts sehnlicher, als ihr Leben nach dem heiligen Willen Gottes auszurichten. Ihr wurde die Erkenntnis, daß sie zwar zunächst für ein eheliches Leben bestimmt sei, aber daß dieses nicht lange währen würde. Und so geschah es. Sie wurde die Gattin eines Mannes aus vornehmem Geschlechte, dessen Name von den meisten Quellen mit Johannes Konopacki von Bielczna angegeben wird. Jutta wurde das Muster einer guten Hausfrau und Mutter. Sie zeichnete sich aus durch Gottesfurcht, Hochachtung vor ihrem Gemahl, Liebe zu ihren Hausgenossen, Nachsicht gegen ihre Dienstboten, Mildtätigkeit gegen die Armen. Wenn ihr Gatte sie in kostbare Stoffe gekleidet wissen wollte, pflegte sie

zu sagen: „Nicht etwa aus Geiz enthalte ich mich der überflüssigen Pracht, sondern weil es mich töricht dünkt, so große Auslagen für einen Körper aufzuwenden, der doch bald der Verwesung anheim gegeben sein wird. Besser dünkt es mich, das so Ersparte den Bedürftigen zu geben." Sie widmete viele Stunden dem Gebet und leitete ihre Untergebenen zu einem christlichen Leben an. Ihre Kinder erzog sie ganz im Dienste Gottes, so daß alle den Klosterberuf erwählten und darin glücklich wurden. Auch ihrem Gatten gab sie durch große Frömmigkeit ein Vorbild. Er entschloß sich, als Buße für seine Sünden die heiligen Stätten in Jerusalem aufzusuchen, doch kehrte er nicht zurück, denn unterwegs ereilte ihn der Tod.
Jutta verkaufte nun, nachdem sie ihre Kinder im Kloster untergebracht hatte, wie die hl. Elisabeth von Thüringen (s. 19. November), der sie in allem nacheiferte, all ihre Habe. Sie verteilte den Erlös unter die Armen und behielt nichts für sich selbst als ein rauhes Kleid, das mit einem Strick gegürtet war. Ihr Leben fristete sie mit Betteln, aber sorgte dabei nicht für sich selbst, sondern vor allem für ihre Schützlinge, nämlich Blinde und Lahme, denen sie diente. Von einem Teil der Menschen verlacht, von den anderen damals schon als Heilige verehrt, beschloß sie, sich aus ihrer Heimat hinwegzubegeben und in der Fremde Gott zu dienen. Oftmals hatte sie Gesichte, so erschien ihr Christus in Gesellschaft seines Lieblingsjüngers Johannes. Da sie aber wissen wollte, ob diese Visionen wirklich göttlicher Herkunft waren, erhielt sie als Zeichen die Gabe, daß sie die heiligen Schriften so genau erkannte, daß sie ihre Geheimnisse auszulegen und zu erklären wußte, obschon sie dieselben niemals gelesen hatte.
Ihr Liebeswerk wandte sie nun vor allem den Aussätzigen zu. Sommers und winters machte sie beschwerliche Reisen auf bloßen Füßen. Einmal war sie 14 Tage ohne jede Nahrung. Da erschien ihr Christus und gab ihr das Versprechen der ewigen Seligkeit. Er fragte sie aber, ob sie noch länger für ihn arbeiten und dulden wolle. Jutta willigte ein, aß einen Bissen Brot, fühlte sich gekräftigt und wandte sich den mit Aussatz behafteten Ausgestoßenen aufs neue liebreich zu. Da sie mit manchem Wunder begnadet war, aber kein Aufsehen erregen wollte, wanderte sie auf eine Eingebung Gottes hin in die Wildnis des Landes der Pruthenen (Preußen).
Erst kurze Zeit vorher war den Bewohnern dieses abgelegenen Landes das Licht des Glaubens gebracht worden. Ein Verwandter von ihr, Hanno von Sangershausen, war dort der 7. Hochmeister des Deutschherrnordens; viele Preußen indessen waren noch Heiden. Jutta kam fremd und arm im Jahre 1260 bei Kulmsee, östlich von Bromberg, an. Dort nahm sie in der Ruine eines verlassenen Hauses an einem einsamen Weiher Wohnung und lebte vier Jahre lang in äußerster Strenge das Leben einer Einsiedlerin.
Oft besuchte die fromme Witwe die Dreifaltigkeitskirche in Kulmsee, wo sie in Johannes Pruthenius und dem aus Irland gekommenen Bischof Heinrich, wel-

cher vom Apostolischen Stuhl nach Preußen versetzt worden war, zwei ausgezeichnete Berater und geistliche Führer fand. Juttas Wirken galt vornehmlich der Bekehrung der Heiden, aber auch den Sündern und Verbrechern, den Betrübten, sowie allen Lebenden und Toten und den Anliegen der ganzen Christenheit. Dabei vergoß sie viele Tränen, die manchmal blutig waren, so sehr brannte in ihr das Feuer der Liebe. Auch diente sie weiterhin voller Demut und mit Heiterkeit den Aussätzigen, wo sie sie antraf.

Nach vier Jahren erkrankte Jutta an einem heftigen Fieber. Sie fühlte, daß sie am Ziel ihrer Sehnsucht angelangt war. Auf dem bloßen Erdboden liegend, erwartete sie ihr Ende. Denen, die bei ihr waren, sagte sie: „Wollt ihr wissen, welcher Weg sicher zum Herrn führt? Ich kann es euch sagen: Schmerzliche Krankheit, Entfernung vom Vaterlande in den abgelegenen Winkel eines fremden Landes und freiwillig aus Liebe zu Gott gewählte Armut." Dann beichtete sie dem Bischof und empfing aus seiner Hand die Sakramente. Zuletzt sprach sie langsam die Sieben Worte Christi am Kreuz, dann verstummte sie. Während Bischof Heinrich ihr aus der Leidensgeschichte des Herrn vorlas, neigte die Selige ihr Haupt und starb. Das war am 5. Mai 1264. Ihren Todestag hatte sie vorausgesagt. Auf ihren Wunsch wurde sie in Kulmsee bei den Armen bestattet, doch kamen so viele Leute zu ihrer Beerdigung, wie man in diesem Lande noch nie beisammen gesehen hatte. An ihrem Grabe ereigneten sich zahlreiche Wunder. Fünfzehn Jahre nach ihrem Tode wurde der Prozeß ihrer Seligsprechung eingeleitet. Reliquien der sel. Jutta von Sangershausen wurden lange Zeit in Thorn aufbewahrt.

Der selige Notker der Stammler

Der Name ist eine Umstellung aus dem Worte Gernot aus dem Althochdeutschen und bedeutet ‚Speerschwinger'. Der selige Notker Balbulus, d. h. Stammler, wurde 840 zu Heiligau nahe dem heutigen Winterthur in der Schweiz geboren und stammte aus hochadeligem Geschlecht. Er war Benediktinermönch in St. Gallen. Sein Name wird in der Kirche unvergessen bleiben, aber auch die Musikwissenschaft wird seiner stets gedenken, denn er war der ‚erste Komponist deutscher Abstammung'. Der ‚Stammler' hat auch als hochbegabter Dichter wortgewaltig zu seinen Zeitgenossen gesprochen und seine Gedichte selbst vertont. Er widmete sich vor allem der Lieder- und Sequenzdichtung und übte großen Einfluß auf die deutsche Literatur aus. Er darf wohl als der eigentliche Anreger für die Verbreitung des Gregorianischen Gesanges in deutschen Klöstern und Domkirchen gelten. Er war als Sohn vornehmer alemannischer Eltern schon früh mit dem lebendigen Christentum vertraut, da viele Familienmitglieder seit Generationen schon als Mönche oder Nonnen ihren Lebensinhalt gefunden hatten. Sein Oheim, der Mönch Ekkehard I., veranlaßte schon frühzeitig seinen Eintritt in das Benediktinerkloster St. Gallen. Sein Name ging in die Literaturgeschichte deshalb ein, weil er zahlreiche, sehr bedeutende Werke aus dem Lateinischen und Griechischen, darunter Schriften des Aristoteles und des Boöthius, ins Deutsche übersetzte. Dies trug ihm auch den Beinamen ‚der Deutsche' ein, denn durch ihn wurde unsere Muttersprache erstmals als Kultursprache entdeckt. Es wird ihm auch die Sequenz zu Ehren des Heiligen Geistes zugeschrieben, die in der Pfingstoktav gebetet wird.

Daß er den Beinamen ‚der Stammler' erhielt, lag an einem Sprachfehler, denn er hatte schon in jungen Jahren seine Zähne verloren und vermochte nur mühsam zu sprechen. Diese Benachteiligung wird ihn oftmals schwer angekommen sein, vor allem als Klosterschüler unter seinen Altersgenossen. Aber das körperliche Mißgeschick mag ihn auch zur Dichtkunst und Musik getrieben haben, wo er Zuflucht suchte und Ausdruck fand, der ihm sonst versagt war. Er nahm, nachdem er sich als bester Schüler ausgezeichnet hatte, in St. Gallen das Ordensgewand, bekam das Amt des Bibliothekars und wurde später Leiter der Klosterschule. Er wurde berühmt als ein vorzüglicher Wissenschaftler, Verfasser eines Martyrologiums und einer Geschichte von Karl dem Großen. Die alten Neumen, Sequenzen und Tropen, die er und Tutilo verfaßten, können noch heute in der Stiftsbibliothek des St. Galler Klosters bewundert werden.

Aber Notker war nicht nur ein überragender Musiker und Gelehrter, sondern auch ein frommer und gewissenhafter Mönch. Saß er nicht über seinen Büchern, so ging er zu den Kranken und linderte ihre Leiden durch aufopfernde Pflege. Er pries Gott in immer neuen Harmonien. Trotz seines großen Könnens blieb er bescheiden und lebte still und zurückgezogen. Seine Mitbrüder beschrieben ihn als „ein Gefäß des Heiligen Geistes, wie es damals in gleicher Fülle kein zweites gab". Kaiser Karl der Dicke brachte ihm großes Vertrauen entgegen und holte sich oft Rat bei dem gelehrten Mönch. Der sel. Notker starb am 8. April 912. Er liegt in St. Gallen begraben.

Dargestellt wird er als Mönch, an einem Teufel seinen Stock zerschlagend; auch mit Mühlrad wird er abgebildet, weil ihn das Rauschen des Wassers bei der Mühle einst an das Brausen des Heiligen Geistes erinnerte, woraus seine Heilig-Geist-Sequenz entstand.

DIE SELIGE GISELA *(Gedenken: 7. Mai)*

Die sel. Gisela, Königin und Äbtissin, wurde um 985 als Tochter des ehemaligen Bayernherzogs Heinrich des Zänkers und seiner Gemahlin Gisela von Burgund geboren. Sie war die jüngere Schwester des nachmaligen Kaisers Heinrich II., des Heiligen. Ihr anderer Bruder war Bruno, später Bischof von Augsburg. Die jüngste Schwester war Brigida, sie starb als Äbtissin von Mittelmünster bei Regensburg. Väterlicherseits war Gisela eine Urenkelin des deutschen Kaisers Heinrich I. und dessen Gemahlin, der hl. Mathilde (s. 14. März). Ihre Großmutter war Judith von Scheyern, Enkelin Leopolds des Schyren, dem das Geschlecht der Wittelsbacher entstammt. Die sel. Gisela gehört also eng zu Bayern, aber auch zu Deutschland und Ungarn, also zum Westen und zum Osten, wodurch ihre Gestalt eine besondere Bedeutung erlangt.
In der Schatzkammer der Münchner Residenz wird das kostbare Gisela-Kreuz aufbewahrt, eine Goldschmiedearbeit aus dem 11. Jahrhundert. Laut Inschrift ist es eine Stiftung der Königin Gisela von Ungarn für das im Niedermünster in Regensburg befindliche Grab ihrer Mutter Gisela. Unter dem goldenen Kruzifixus knien die beiden kleinen Goldfiguren der sel. Gisela mit Krone und ihrer Mutter im Nonnenschleier. Die fromme bayerische Prinzessin wird „in allen Ordensmartyrologien als Selige bezeichnet, wenn auch bisher ihr Kult nicht offiziell anerkannt ist“. Das Volk verehrt sie noch heute wegen ihres hervorragenden Beispiels, das sie mitten im Glanz und Reichtum einer Königskrone gab.
Dargestellt wird die sel. Gisela als Königin mit Kirchenmodell und Rosenkranz. In der Kirche des Klosters Niedernburg in Passau, wo sie begraben liegt, gibt es eine große Skulptur von ihr.
In seiner ungarischen Geschichte erzählt B. Homann: „... auch Gisela wollte den Schleier nehmen, als 996 die Gesandten Geizas von Ungarn nach Regensburg kamen und sie für Stephan, den Sohn des Geiza, zur Frau erbaten. Der bayerische Herzog Heinrich, ein Schüler des hl. Bischofs Wolfgang von Regensburg, empfing die Gesandten mit Freude. Gisela entsagte dem himmlischen Bräutigam und zog an den ungarischen Fürstenhof, um das Volk Christi zu vermehren.“ Jedoch wurde wohl ihre Hochzeit zuvor, wie die Überlieferung berichtet im Jahre 1000, auf der Burg Scheyern gefeiert. 300 wohlbewehrte Bayern gaben ihr das Geleite. Am Feste Mariä Himmelfahrt wurde Gisela zur ersten christlichen Ungarnkönigin gekrönt und gesalbt und mit ihr Stephan, ihr Gemahl. Sie wohnten in der Residenz Preßburg. Stephan hatte die Firmung im Jahre seiner Vermählung aus der Hand des hl. Adalbert (s. 22. April) empfangen. Im eigentlichen Sinne jedoch wurde er erst durch seine Gemahlin zum Christentum bekehrt. Gisela widmete fortan ihre Zeit ganz dem hohen Zwecke, einem fremden Volke, das fast ein Jahrhundert lang

der Schrecken der Christenheit war, das Christentum zu bringen. Ihrem Einfluß ist es zu danken, daß König Stephan im Werke der Bekehrung seiner Untertanen die vordringlichste Aufgabe seines Königtums sah. Ohne die unermüdliche Mitarbeit der jungen Königin wäre der Erfolg seiner Bemühung nicht denkbar.
Gisela unterstützte den Bau und die Ausstattung der Kirchen. Sie erbaute die Kathedrale von Veszprim, die sie mit reichen Einkünften versah. Auch ließ sie Bildhauer aus Griechenland kommen, die sie beauftragte, die Kirchen von Belgrad und Altbuda zu verschönern. Die Königin griff aber auch ein in die Geschichte der Völker: durch die Vermählung Stephans mit der Schwester des Bayernherzogs und späteren deutschen Kaisers Heinrich II. war Ungarn für die römische Kirche gewonnen, der König vom Osten und von Byzanz gelöst und mit der abendländischen Kultur verbunden worden. Die engen Beziehungen mit Bayern blieben bis ins 20. Jahrhundert bestehen.
Große Opfer hatte die fromme Königin zu bringen. Gott forderte von ihr den ersten Sohn, bald darauf eine Tochter. Zwei ihrer Töchter folgten ihren Männern ins Ausland, und sie sah sie nicht wieder. Schließlich entriß ihr der Tod ihren später heiliggesprochenen Sohn, den Thronfolger Emmerich. Am 15. August 1038, am Feste Mariens, der er sein Land als ‚Patrona Hungaria' geweiht hatte, starb Stephan, der 1083 zusammen mit seinem Sohne kanonisierte König der Ungarn (s. 16. August).
Nach seinem Tode war die Königinwitwe trotz der Schwüre der Großen des Landes, ihre Rechte nicht anzutasten, wehrlos schwersten Anfeindungen seitens der heidnischen Nationalpartei ausgesetzt. Man nahm ihr ihre Güter, verbot ihr den schriftlichen Verkehr mit ihren Angehörigen im Ausland und setzte sie schließlich gefangen, ja, sie soll sogar mißhandelt worden sein. Nach mehrjähriger Haft befreite sie Heinrich III. im Jahre 1042. Gisela kehrte nach Bayern zurück und nahm den Schleier bei den Benediktinerinnen des Klosters Niedernburg bei Passau, das Heinrich II. 1010 zur Reichsabtei erhoben hatte. Hier blieben die großen geistigen und sittlichen Vorzüge der klugen, welterfahrenen Frau nicht unbeachtet: der Konvent wählte sie 1045 zur dritten Reichsäbtissin. Sie stand dem Kloster bis zu ihrem Lebensende am 7. Mai 1065 (?) vor. Ihr genaues Todesjahr ist bis heute umstritten.
Sie wurde in der dortigen Klosterkirche in der sogenannten Parz-Kapelle beigesetzt. Die Originalgrabplatte ist noch vorhanden, darüber befindet sich ein gotisches Hochgrab. Im Jahre 1908 wurde das Giselagrab einer genauen Untersuchung unterzogen. Man fand unter der Grabplatte eine gemauerte Grabhöhle aus der Zeit des frühen Mittelalters, im Grabe selbst die Teile eines Skeletts samt einem Schädel. Die archäologischen Forschungen ergaben, daß das Hochgrab um 1420, die Grabplatte um 1060 entstanden sein mußten und Grab und Leiche zu-

sammengehörten. Damit und durch die Inschrift auf der Grabplatte ‚Gisyla abbatissa, Non May' war der Beweis erbracht, daß die Reste der sel. Gisela gefunden waren.
Schon bald nach dem Tode der Äbtissin strömten Pilger aus allen Gegenden herbei, die Wallfahrten mehrten sich im Lauf der Jahrhunderte. Die stark abgetretene Grabplatte, die in gleicher Höhe mit dem Kirchenboden lag, zeigt, wie groß der Andrang zu ihrem Grabe gewesen sein muß.

Am gleichen Tage ehrt die Kirche das Andenken des seligen Abtes Friedrich von Hirsau, der, in Kloster Einsiedeln erzogen, auf Veranlassung des Grafen Adalbert von Calw die Abtei Hirsau in Schwaben reformierte und die verfallene Kirche wiederaufbaute. Das strenge Hirsauer Bauschema wurde für die Baukunst des 11. und 12. Jahrhunderts beispielhaft in ganz Deutschland. Friedrich starb als Opfer von Verleumdungen, seines Amtes enthoben, am 8. Mai 1070 im Kloster Ebersberg in Bayern.

Die heiligen Nereus, Achilleus und Domitilla *(Gedenken: 12. Mai)*

Am gleichen Tage, an dem die Kirche das Fest des Märtyrerknaben Pankratius (s. 12. Mai) feiert, steht im Meßbuch das Fest der drei frühchristlichen Märtyrer Nereus, Achilleus und Domitilla verzeichnet. Wahrscheinlich fanden sie während der diokletischen Verfolgung 304 den Tod. Der hl. Papst Damasus I., einer der bedeutendsten Päpste (s. 11. Dezember), ließ die von Diokletian geschlossenen Katakomben wieder öffnen und herstellen. Er erforschte die Lebensschicksale der Märtyrer und wurde ihr großer Dichter, denn er schmückte fast alle Märtyrergräber in Rom mit seinen Epigrammen, die er auf Marmorplatten einmeißeln ließ. Das Epigramm auf Nereus und Achilleus verherrlicht sie als zum Christentum bekehrte Soldaten, „die das gottlose Lager des Tyrannen verließen und als Märtyrer glorreich starben". Eine legendäre Leidensgeschichte bringt diese beiden Märtyrer mit der hl. Domitilla und der Gestalt der hl. Petronilla (Fest 31. Mai) in Verbindung, wohl infolge ihrer gemeinsamen Grabstätte (Kirsch). Das Fest der hll. Märtyrer geht auf das 5. Jahrhundert zurück und wurde seit dem 8. Jahrhundert allgemein gefeiert. Dargestellt werden sie als Enthauptete, Palmen oder Schwert in der Hand.
Die Domitilla-Katakombe in Rom erinnert an die hl. Domitilla, deren Fest ursprünglich am 7. Mai war. Wegen der am 12. Mai erfolgten Translation ihrer Reli-

quien zusammen mit denen der hll. Nereus und Achilleus wurde es aber von Papst Klemens VIII. (1592–1605) ebenfalls auf den 12. Mai verlegt.
Domitilla Flavia war eine Enkelin des römichen Kaisers Vespasian und Gemahlin des hl. Flavius Clemens, der unter Kaiser Domitian seines christlichen Glaubens wegen getötet wurde. Ihre Mutter war die jüngere Schwester der römischen Kaiser Titus und Domitian, aber obgleich Domitilla somit eine Nichte des Kaisers war, verbannte Domitian sie nach dem Tode ihres Gatten wegen ihres Glaubens auf die Insel Pandataria oder wie andere behaupten auf die Insel Ponza südlich von Terracina.
Auf dem ihr gehörigen Grundstück an der Via Ardeatina in Rom befand sich die Grabstätte der flavischen Familie, woselbst Domitilla wohl auch beigesetzt worden ist. Im Bereich dieses Begräbnisplatzes waren die Leiber der Märtyrer Nereus, Achilleus und Petronilla geborgen worden, über deren Gräbern gegen Ende des 4. Jahrhunderts eine unterirdische Basilika entstand, die mit ihrem Dach ins Freie ragte. Sie war jedoch nur vom 5. bis zum 8. Jahrhundert in Benutzung. Hinter der Apsis dieser Katakombenkirche hat man ein Fresko freigelegt, das die Einführung einer Verstorbenen in das Paradies durch die hl. Petronilla darstellt, die der Legende nach eine Tochter des hl. Petrus gewesen sein soll. Hier befindet sich auch die erwähnte Inschrift des Papstes Damasus. Auf der Tabernakelsäule ist im Relief das Martyrium der hll. Nereus und Achilleus abgebildet. Auf dem runden Steintisch brannten zu Ehren der Märtyrer Öllämpchen, deren Öl die Pilger als kostbare und heilkräftige Reliquie mitzunehmen pflegten. Der darüber gelegene Friedhof sowie die Katakombe wurden von einer Kirche verwaltet, die ursprünglich ‚de Fasçiola' hieß, da nach der Legende an diesem Platz der hl. Petrus bei der Flucht aus dem Gefängnis die Binde von seiner durch die Ketten verursachten Wunde verlor. Hierher erfolgte die Überführung der Gebeine der Heiligen, in deren Titelkirche ‚Santi Nereo e Achilleo' sie dann umgewandelt wurde.

Legende

Die Legende, wie sie in alten Chroniken aufgezeichnet ist, erfand über die drei genannten Heiligen eine uns seltsam anmutende Geschichte. Sie machte Nereus und Achilleus zu Kämmerern der Jungfrau Domitilla. Hiernach wurde die Nichte des Kaisers Domitian einem Manne namens Aurelian zur Gattin versprochen. Nachdem man sie köstlich geschmückt hatte, um sie Aurelian zuzuführen, traten ihre christlichen Diener Nereus und Achilleus auf sie zu und erzählten ihr von der Keuschheit um Christi willen und sagten, daß die Jungfräulichkeit den Menschen Gott nahe bringt und eine Schwester der Engel sei, der Ehestand hingegen Sorgen und Leiden mit sich brächte. Ja, sie malten ihr das Schicksal eines Eheweibes gar schrecklich aus, indem sie ihr vor Augen stellten, daß sich zwar zu Anfang alles gut anlassen möge, da die Männer, solange sie verlobt seien, sich sanftmütig zeigten; wenn sie jedoch Ehemänner geworden seien, so herrschten sie gar grimmig: oftmals hätten die Frauen harte Scheltworte zu erdulden, mitunter würden sie sogar mit Knütteln geschlagen und vielleicht eine Magd der Herrin vorgezogen. Mit diesen Worten wollten die Heiligen Domitilla bewegen, im Stande der Jungfräulichkeit zu bleiben, damit sie durch die Ehe nicht die Krone verlöre, die jene im Himmel erhalten, die auf Erden Keuschheit geloben. Schuld könne zwar durch Buße getilgt, die einmal verlorene Unschuld hingegen niemals wieder gewonnen werden! Hiervon zutiefst angerührt, gelobte Domitilla ihre Jungfräulichkeit zu bewahren und sich Christus zu vermählen. Da führten ihre frommen Kämmerer sie zum Papste Clemens, der Domitilla taufte und Gott weihte.

Jetzt ließ sie ihrem Bräutigam sagen, daß sie eine Christin sei und ihn nicht zum Gemahl nehmen könne. Als Aurelian das hörte, wurde er wütend und bat den Kaiser, daß er die Jungfrau nebst denen, die ihr dies geraten, auf eine wilde Insel schicken dürfe, damit die Verbannung ihren Sinn bräche. Nereus und Achilleus aber versprach er Geld und Gut, wenn sie die Jungfrau dazu brächten, ihm zu Willen zu sein. Doch diese verschmähten seine Gaben und stärkten sie noch mehr im Herrn. Als man sie zwingen wollte, zu opfern, sprachen sie: „Wir sind getauft auf den Namen unseres Herrn Jesus Christus und werden niemals den Abgöttern opfern.“ Da hieß der Kaiser sie enthaupten, und ihre Leiber wurden an dem Orte beigesetzt, wo sich das Grab der hl. Petronella befand.

Danach brachte man Domitilla in das Haus des Aurelian und gab ihr zwei Jungfrauen mit, die verlobt waren, weil man hoffte, diese würden ihr raten, sich zu fügen und Aurelian zum Gatten zu nehmen. Indessen bekehrte Domitilla die beiden zum Christenglauben. Nun kam Aurelian mit den Verlobten der Jungfrauen und mit Musikanten und Gauklern, denn er wollte Hochzeit feiern und Domitilla mit Gewalt nehmen, weil sie sehr schön war. Und er sperrte sie mit ihren Gefährtinnen in eine Kammer. Dann tanzte er mit seinen Gesellen nach dem Saitenspiel und dem Gesang der Gaukler vor ihrer Tür. Einige sagten, der Teufel habe mit ihm getanzt, denn er konnte nicht mehr aufhören. Die Spielleute wurden des Spielens müde, die Gaukler des Singens und die Gesellen des Tanzes. Aurelian allein tanzte ohne Unterlaß zwei Tage lang, bis er tot umfiel. Sein Bruder wurde sehr zornig auf die Jungfrauen, und in seiner Wut legte er Feuer an die Kammer, darinnen sie eingeschlossen waren, so daß sie im Gebet ihren Geist aufgaben. Es kam aber ein Mann, der hieß Cesarius, der fand ihre Leiber unversehrt daliegend, als ob sie schliefen. Und er bestattete sie voll Andacht. Sie starben um der Keuschheit willen, die sie Christus gelobt hatten, zu ihrem Heile und zur ewigen Seligkeit.

Der heilige Isidor der Bauer *(Gedenken: 15. Mai)*

Obwohl der Bauer Isidor Spanier war und im 12. Jahrhundert gelebt hat, genießt der Heilige gerade beim deutschen Bauern als sein Standesheiliger besonders große Zuneigung.

Isidor wurde zu Madrid von armen Eltern geboren, welche vom Ertrage einiger Felder, die sie gepachtet hatten, und von Taglöhnerarbeit ihr Leben fristeten. Sie erzogen ihren Sohn in der Furcht des Herrn und sahen bald, welch gute Früchte ihre Lehren und Ermahnungen an ihm hervorbrachten. Er nahm zu an heiliger Erkenntnis Gottes und seines Evangeliums. Nachdem Isidor zum Jüngling herangewachsen war, verdingte er sich an einen adligen Herrn in Madrid, Johannes von Vergas, zur Besorgung seiner Felder. In der sengenden Hitze der steinigen und überall schattenlosen Hochebene bei Madrid arbeitete Isidor unermüdlich von morgens bis abends, Jahr für Jahr. Alles, was er tat, tat er zur Ehre Gottes; ihm opferte Isidor frühmorgens schon all seine Arbeit, Mühe und Sorge. Und seine Mühen sollten belohnt werden. Das verlotterte Gut brachte wieder reichen Ertrag. Johannes Vergas blieben seine Erfolge nicht verborgen und er belohnte Isidors Mühen reichlich. Diese Bevorzugung erregte aber die Eifersucht der übrigen Dienstleute, denn der stille, gottergebene Mann war ihnen schon immer unheimlich. Zunächst versuchten sie ihm Böses anzutun, indem sie sein frommes Eheweib bei ihm verleumdeten. Diese war gewohnt, täglich zu einer kleinen Kirche zu gehen, in welcher die Muttergottes verehrt wurde. Hier verrichtete sie ihre Andacht und versorgte das Ewige Licht in der Ampel mit Öl. Die Mitknechte nun wollten Isidor einreden, daß sie sich dort mit einem Hirten treffe und mit diesem sträflichen Umgang pflege. Aber Isidor kannte sein Weib und wußte, daß sie treu sei und verachtete die boshaften Schwätzereien. Nun machten die, die ihm übel wollten, seinem Herrn gegenüber Bemerkungen, und ihr beständiges Gerede brachten ihn tatsächlich dahin, zu glauben, seine Felder könnten durch den täglichen Messebesuch seines Knechtes vernachlässigt werden. Er ließ also Isidor zu sich rufen und machte ihm heftige Vorwürfe. Isidor hatte aber durch seinen Gottesdienst den Dienst seinem Herrn gegenüber nicht vernachlässigt. Gelassen antwortete er darum: „Wir wollen sehen, werter Herr, wie es zur Zeit der Ernte sein wird. Wenn da die von mir bebauten Felder weniger Frucht bringen als die andern, so sollet Ihr mir den Schaden an meinem Lohn abziehen.“ Als aber die Ernte kam, standen die Erträge des frommen Isidor weit über denen der anderen Arbeiter.

Isidor lebte in so inniger Verbindung mit Gott, daß ihn dies Einssein mit dem Höchsten alle Last seines Berufes zum leichten Joch werden ließ. Nie hörte man aus seinem Munde ein Schelt- oder Fluchwort. Auch vergaß er, der selber arm war, nicht derer, die noch ärmer waren. So fanden Wanderburschen und Bettler

stets einen frischen Trunk und eine Mahlzeit an seinem Tisch, keinen wies er unbeschenkt von seiner Türe, worin ihm seine brave Frau nacheiferte. Aber auch mit den Tieren fühlte sein gutes Herz Erbarmen, was im Süden sehr selten ist, denn dort werden die Haustiere oftmals mißhandelt und bis zum äußersten ausgenützt. Nie war er grausam gegen das Vieh, nie schlug er roh auf es ein wie die anderen Knechte. Dieser schlichte Bauer Isidor lebte also ein gottwohlgefälliges, pflichtgetreues Leben bis in sein hohes Alter.
Er starb in seinem sechzigsten Jahre am 15. Mai 1170. Seine Sterbestunde hatte er vorausgesagt: fünf Jahre danach folgte ihm sein Eheweib in die ewige Seligkeit. Als man vierzig Jahre nach Isidors Hinscheiden aufgrund einer Erscheinung sein Grab öffnete, fand man trotz großer Bodenfeuchtigkeit Leib und Kleidung des Heiligen noch ganz unversehrt und übertrug den Leichnam in feierlicher Prozession in die Andreaskirche in Madrid. Isidor wurde am 12. März 1622 gemeinsam mit Ignatius von Loyola, Franz Xaver, Teresa von Avila und Philipp Neri durch Gregor XV. heiliggesprochen.
Isidor wurde zum Patron der Stadt Madrid erhoben, nachdem auf sein Einwirken hin, König Philipp III. von Spanien nach schwerer Krankheit wieder genas.
Isidor wird abgebildet mit einem Dreschflegel oder mit Engeln, die mit einem Pflug das Feld bearbeiten.

Legende
Vom hl. Isidor wird manch eine wunderbare Begebenheit berichtet. Als man den Dienstherrn gegen Isidor aufzuhetzen versuchte, wollte dieser sich selbst darüber vergewissern, ob die Anschuldigungen, Isidor versäume seine Arbeit, zu Recht bestünden. So ging der Herr deswegen frühmorgens selbst aufs Feld hinaus. Isidor war zu dieser Zeit wirklich in der Kirche und blieb lange aus. Dafür aber sah der Herr, wie zwei Engel mit einem mit weißen Rossen bespannten Pflug ackerten und so für Isidor arbeiteten. Verwundert hierüber ging der Herr still nach Hause und faßte nun die größte Hochachtung für seinen armen Knecht, dem der Himmel selbst beistand.
Isidors Liebe zu jeder Kreatur war so groß, daß er selbst gegen jene Tiere, die ihm keinen Nutzen schafften, Mitleid zeigte. Als er eines Tages zur strengen Winterszeit Getreide in die Mühle brachte, erblickte er eine Schar Vögel, die beinahe vor Hunger starben. Isidor besann sich nicht lange, öffnete seinen Sack und warf den Vögeln so viel Getreide vor, daß sie sich sättigen konnten. Ein anderer Bursche, der desselben Weges zur Mühle fuhr, machte sich, als er dies sah, über den Einfall Isidors lustig. Aber siehe da, als sie zur Mühle kamen, war der Sack wieder voll und ergab die doppelte Menge an Mehl.
Nicht minder galt Isidors Nächstenliebe den Armen. Wie sehr er an sie dachte, zeigt folgende Legende. Zum Jahrestag einer Bruderschaft, der er angehörte, kam er zu spät und seine Mitbrüder hatten bereits gegessen. Trotzdem nahm er eine Schar Hungernder mit ins Haus.

Die Anwesenden sprachen über Isidor erstaunt, daß die Speisen für ihn allein noch reichen, nicht aber für die Armen. Isidor entgegnete: ‚Was Gott geschenkt hat, wollen wir mit allen teilen.' Als man aber das Essen auftrug, waren alle Gefäße bis zum Rand gefüllt und alle Hungernden konnten gesättigt werden.
Auch das Grab des Isidor verherrlichte Gott durch bemerkenswerte Wunder. So lag einst Philipp III. von Spanien gefährlich krank, und die Ärzte hatten die Hoffnung, daß er wieder gesunde, schon aufgegeben. Da trugen die Geistlichen in einer feierlichen Prozession die Reliquien des Heiligen in das Gemach des kranken Königs. Kaum hatte der Schrein mit den Gebeinen Isidors die Kirche verlassen, wich das Fieber vom Könige, und als er in das Zimmer des Königs gestellt wurde, ward der Kranke alsbald gesund.

Der heilige Mamertus

Die drei Tage vor dem Feste Christi Himmelfahrt werden in der Kirche als Bittage begangen. Die Gläubigen flehen an diesen Tagen bei feierlichen Prozessionen zu Gott, er möge die verdienten Strafen von uns fernhalten und seinen Segen geben für das Gedeihen der aufkeimenden Feldfrüchte. Weil diese Tage Bußtage sind, ist die Kirchenfarbe violett. Die Einführung dieser Bittage geht auf den hl. Mamertus zurück, der um 461 bis etwa 477 Erzbischof der Stadt Vienne in Ostfrankreich war. Er war ein Bruder des Priesterdichters Claudianus Mamertus.
Dargestellt wird der Heilige mit brennendem Licht. Er ist Patron der Ammen – aufgrund seines Namens – sowie der Feuerwehr; auch gegen Dürre und Fieber. In der Schweiz zählt er zu den Eisheiligen, die bei uns zu Lande erst am 12. Mai mit dem hl. Pankraz beginnen. Die Gestalt des hl. Mamertus wird für uns erhellt durch die Geschichte der Einführung der Bittgänge, die bis heute in der Kirche jedes Jahr zu dieser Zeit gehalten werden.
Zwei Provinzen Frankreichs, die Dauphiné und Savoyen, wurden damals von immer neuen Unglücksfällen heimgesucht. Beinahe täglich erschraken die Menschen durch Erdbeben; Feuersbrünste verheerten die Behausungen, und die wilden Tiere vermehrten sich derart, daß sie ohne Scheu am hellichten Tage in die Städte kamen und die Menschen anfielen. Vor allem litt die Stadt Vienne unter diesen Heimsuchungen sehr. Die Schrecken erreichten ihren Höhepunkt, als im Jahre 469, während das Volk mit seinem Bischof in der großen Kirche der Stadt die Osternacht feierte, ein Brand ausbrach und das Rathaus, ein prächtiges Gebäude, das auf einer Anhöhe stand, ergriff. Man glaubte schon, das Feuer würde die ganze Stadt in Asche legen. Die Menschen stürzten aus der Kirche hinaus, um sich und ihre Habe zu retten. Doch der Bischof blieb ruhig am Altare stehen. Bald

war er ganz allein in der großen Kirche. Auf Gottes Schutz vertrauend kniete er nieder und flehte zu Gott, er möge sich der Menschen erbarmen und den vielen großen Drangsalen Einhalt gebieten. Die ganze Nacht verharrte der heilige Mann in der Kirche im Gebete, und siehe, kaum war der Tag angebrochen, da erlosch plötzlich der große Brand. Nun eilte das Volk voller Freude wieder in die Kirche zurück, um die Fortsetzung des Gottesdienstes zu feiern. Nachdem der Bischof die hl. Messfeier vollendet hatte, wandte er sich an seine Herde mit den eindringlichsten Worten. Er mahnte alle Gläubigen zur Buße und Besserung ihres Lebenswandels, damit der Himmel seinen Zorn besänftige und das Volk wieder unter dem Segen Gottes stünde. Er schloß seine Ansprache mit den Worten, daß er während der Nacht Gott versprochen habe, mit seinem Volke drei Tage sich durch Fasten, Almosen geben und reumütiges Sündenbekenntnis darauf vorzubereiten. Das ganze Volk pflichtete dem Bischof bei, und mit allgemeiner Zustimmung der Geistlichkeit wählte man zur Erfüllung des Gelübdes die drei Tage vor Christi Himmelfahrt.

Als die Zeit erschienen war, bezeichnete der Bischof eine Kirche vor der Stadt als Ziel der Prozession. Hierhin zog er mit seinem Volke unter Anrufung aller Heiligen wohl geordnet, weinend und betend. Ebenso hielt er es an den beiden darauffolgenden Tagen. Das bußfertige Flehen fand bei Gott sogleich Erhörung, die fortgesetzten Drangsale hörten auf, Friede und Ruhe kehrten wieder ein in Stadt und Land. Als die anderen Bischöfe von diesem heilsamen Tun hörten, da führten sie dasselbe auch in ihren Bistümern ein, dann verbreitete sich der Brauch unter Zustimmung des Papstes über die ganze Kirche. Der hl. Mamertus soll nach diesem Ereignis noch sieben Jahre gelebt haben, und er hatte die Freude, zu sehen, daß sein inniges Gebet und seine Arbeit für das Wohl seiner Herde gute Früchte brachten. Das Volk bekehrte sich, Tugend und Frömmigkeit wurden weitaus mehr angetroffen als Laster und Hader. Gottes Segen war nun offensichtlich mit den Menschen. So wirkte der Heilige wie ein brennendes Licht inmitten der Dunkelheit der Sünde, so daß es ringsum wieder hell wurde.

Der heilige Pankratius

Der hl. Pankratius gilt als einer der Eisheiligen (Eismänner), die so heißen, weil an ihren Festtagen zwischen dem 12. und 14. Mai erfahrungsgemäß Kälteeinbruch zu befürchten ist. Sie sind daher auch mächtige Patrone gegen Frostgefahr. Der hl. Pankratius gehört zudem zu den 14 Nothelfern. Sein Fest enthält der römische Festkalender seit dem 5. Jahrhundert, allgemein ist es seit dem 8. Jahrhundert.

Abgebildet wird der Heilige als römischer Jüngling mit Schwert und Märtyrerkrone oder eine Palme und Krone in der Hand tragend. Er ist Patron der Erstkommunikanten, ferner schützt er vor falschem Zeugnis, Kopfweh und Krampf.
Wahrscheinlich hat der hl. Pankratius den Tod für Christus während der Verfolgungszeit unter Kaiser Diokletian erlitten. Begraben ist er in der nach ihm benannten Titelkirche auf dem Gianicolo in Rom. Sein Haupt wird in der Lateransbasilika verehrt. Da der hl. Pankratius, der als kaum Vierzehnjähriger hingerichtet wurde, als Bild der Unschuld galt, führte man am Weißen Sonntag die Neugetauften in seine Kirche, damit sie an seinem Grabe die weißen Taufkleider ablegten und das Taufversprechen leisteten. Daher ist er sowohl der Schutzheilige der Erstkommunikanten wie auch Patron für die Einhaltung von Schwüren geworden.
Obgleich seine legendäre Leidensgeschichte erst später entstand hielt sich seine Verehrung durch alle christlichen Jahrhunderte bis heute. Sein Vorbild hat beispielhaft gewirkt für die Ausbreitung des Glaubens und den Sieg der christlichen Kirche.
Der Überlieferung nach war der hl. Pankratius der Sohn begüterter heidnischer Eltern aus Phryghien in Kleinasien. Nach dem frühen Tode seiner Eltern kam er mit seines Vaters Bruder Dionysius nach Rom, weil die Familie noch in der Gunst des Kaisers stand. Dort lernte er die Christen kennen. Voller Abscheu verurteilte er ihre grausame Verfolgung durch den Kaiser. Er wurde von einem gewissen Eusebius zu dem in der gleichen Straße wohnenden Papst Kajus geführt, der ihn auf seine Bitte hin unterrichtete und aus dessen Hand er auch die Taufe empfing. Nun setzte der Jüngling sich mit seinem Reichtum für die bedrängten Christen ein und besuchte regelmäßig ihre Versammlungen und Gottesdienste. Beim Kaiser als Christ angezeigt, versuchte dieser ihn zunächst durch glänzende Versprechungen zum Abfall zu bewegen. Aber trotz seiner großen Jugend blieb der Jüngling standhaft und verteidigte voller Bekennermut, auch nachdem man ihm mit der Todesstrafe gedroht hatte, seinen Glauben an Christus. Vor den Richter geführt, wurde er zum Tode durch das Schwert verurteilt. Der hl. Pankratius soll an der Via Aurelia enthauptet worden sein.
Papst Symmachus ließ an dieser Stelle im Jahre 500 eine Basilika errichten, die heutige Titelkirche S. Pancrazio. Sie wurde im Laufe der Jahrhunderte mehrmals umgebaut.

Legende

Gregor von Tours berichtet uns eine Geschichte, die sich nach dem Tode des hl. Jünglings ereignete und auf die eines seiner Patronate zurückzuführen ist: Es geschah einst, daß zwischen zwei Menschen ein großer Streit entstand. Der Richter, den sie anriefen, wußte aber gar wohl, welcher von ihnen der Schuldige war. In seinem Eifer für das Recht führte der Richter beide an den Altar des hl. Petrus und zwang den Schuldigen, der auf seiner Unschuld bestand, diese zu beschwören. Und er flehte den Apostel an, er möge durch ein Zeichen die Wahrheit kund tun. Als nun der Schuldige mit frecher Stirne geschworen hatte, seine Lüge aber nicht offenbar wurde, rief der Richter in seinem großen Eifer für die Wahrheit: „Der alte Sankt Petrus ist entweder zu barmherzig oder er will einem jüngeren Heiligen die Ehre geben, deshalb wollen wir noch zu dem jungen Pankratius gehen, ob er vielleicht meine Bitte erhört.“ Daraufhin gingen sie alle zusammen an das Grab des hl. Pankratius. Doch der Schuldige war so vermessen, auch hier am Grabe des jungen Märtyrers seinen Meineid erneut zu beschwören. Da er die Hand aber zur Bekräftigung seines Schwurs auf das Grab gelegt hatte, vermochte er sie nicht mehr loszubringen. Und er starb noch am gleichen Orte, sei es aus Schreck oder weil er nicht mehr loskam. Daher hat das Volk auch heute noch die Gewohnheit, daß man in schwierigen Fällen über den Gebeinen des hl. Pankratius schwören läßt.

Der heilige Servatius

Der nächste der sogenannten ‚Eisheiligen‘ ist der in West- und Südeuropa besonders während des Mittelalters sehr verehrte hl. Servatius von Tongern. Der Name bedeutet im Deutschen ‚der Gerettete‘, wahrscheinlich, weil dieser Heilige so offensichtlich von Gott aus vielen Gefahren errettet wurde. Auch die Namen Aravatius, Sabbatius und der französische Saint-Servais sind mit ihm identisch.

Dargestellt wird der hl. Servatius mit Bischofsstab, Brille, Schlüssel und Adler – was auf Legenden zurückgeht –, ferner mit Drachen zu Füßen. Der Drache ist Symbol für die arianische Ketzerei, gegen die er

mutig kämpfte. Manchmal auch mit drei Holzschuhen, mit denen er, einer anderen Legende zufolge, zu Tode geworfen worden sein soll. Er ist Patron gegen Frostschäden, Mäuse und Ratten, Rheumatismus, Todesfurcht. Seine Fürbitte ist wirksam für Lahme, bei Fußleiden, für Glück und gutes Gelingen.
Der hl. Servatius, Bischof von Tongern, soll – nach den Aufzeichnungen eines Unbekannten aus dem 12. Jahrhundert – aus Armenien stammen und nach einer weltlich verlebten Jugend nach Vollendung seiner Studien nach Palästina gepilgert sein. Nach seiner Rückkehr habe er dann die Priesterweihe empfangen. Nachdem er eine Zeitlang Missionspriester in Gallien war, wurde er zum Bischof von Tongern ernannt. Er soll auf verschiedenen Synoden, so auf denen von Sardica 343, Köln und Rimini, erschienen sein und an den Streitigkeiten mit den Arianern Anteil genommen haben. Dreimal begab sich der heilige Bischof nach Rom, um sich Kraft in seinem Kampf gegen die Arianer zu holen und um an den Apostelgräbern Hilfe für sein Volk zu erbitten. Denn es war ihm geoffenbart worden, daß der Hunneneinfall und seine Schrecknisse als Strafe für die Sünden der Gallier diesen von Gott geschickt wurde. Die mit vielen Legenden durchsetzte Beschreibung erzählt, daß bei seinem letzten Rombesuch am Grabe des hl. Petrus dieser dem hl. Servatius während seines Gebetes einen silbernen Schüssel überreicht habe, um die Herzen der verstockten Gläubigen damit ‚aufzuschließen'. Der Schlüssel wird noch heute im Kirchenschatz von Maastricht gezeigt. Weiter heißt es, daß der hl. Bischof auf der Rückreise in die Hände der Hunnen geriet, von deren König gefangen gesetzt, jedoch nach kurzer Zeit wunderbarerweise wieder befreit worden sei.
Der hl. Servatius wird mit dem Bischof Aravatius von Tongern als identisch bezeichnet, der nach Gregor von Tours beim Herannahen der Hunnen – oder Vandalen – nach Rom ging und sich danach gegen Maastricht wandte, wo er am Pfingstmontag, dem 13. Mai 384, starb. Beigesetzt ist der Heilige in der herrlichen Servatiuskirche zu Maastricht, wo auch seine Reliquien aufbewahrt werden.

Legende

Über die Berufung des hl. Servatius zum Bischof von Tongern berichtet die Legende folgendes: Das Bistum Tongern war nach dem Tode des hl. Valentinus sieben Jahre ohne Haupt gewesen. Ehe der alte Bischof gestorben war, hatte er sich auf Gottes Geheiß in die Kirche begeben. Er legte dort seinen Bischofsstab und seinen Ring auf den Muttergottesaltar. Dazu gebot er, niemand dürfe diese Dinge herabnehmen, er sei denn von Gott gesandt. Dieser solle dann sein Nachfolger werden. Dem hl. Servatius aber erschien ein Engel, der zu ihm sprach: „Du sollst in das Bistum Tongern gehen und des Volkes Haupt sein." Gehorsam stand der hl. Servatius auf und machte sich auf den Weg nach Tongern. Gerade an dem Tage aber, als er dort ankam, hatten sich die Stadträte und Priester versammelt und wollten endlich einen Bischof wählen, weil sie nun schon sieben Jahre ohne geistlichen Herrn gewesen. Sankt Servatius ging zuerst in die Kirche, kniete nieder und lobte Gott den Herrn. Da erschien ihm wiederum der Engel und gab ihm den Stab und den Ring, die auf dem Altare Unserer Lieben Frau lagen und hieß ihn vor das Volk treten und verschwand. Als man sah, daß der fremde Priester Stab und Ring in Händen hielt, da erhoben sie ihn auf den Bischofstuhl. Nun war aber der Heilige der deutschen Sprache nicht mächtig. Da geschah es, daß er in allen geistlichen Dingen ihre Sprache zu reden vermochte, während er in weltlichen Dingen eines Dolmetschers bedurfte. Und als sie sich darüber verwunderten, sagte er: „Dies Zeichen hat Gott getan, nicht ich." Und das sollte er noch oftmals sagen, denn Gott hatte ihm die Gabe der Wunder verliehen, und er heilte viele Kranke, die zu ihm kamen und machte sie gesund. Aber auch nach seinem Tode tat er viele Wunder.

Als der König Etzel durch das Land zog und brandschatzte und alles auf seinem Wege verwüstete und verbrannte, da erschraken die Christen sehr. Aber weil sie so sündig gewesen waren, wurden sie von den Heiden überwunden und erschlagen und ihre Städte zerstört. Darunter waren Mainz und Köln, Würzburg und Straßburg, Basel und Metz und noch viele andere. Als aber die Hunnen in die Gegend von Maastricht kamen, siehe, da fanden sie die Stadt nicht, weil der gute Heilige sie beschirmte und vor ihnen verbarg. Und als sie von hinnen gezogen waren, kamen die Menschen aus ihren Häusern und sahen die Greuel, die ringsum im Lande geschehen waren an den Menschen und ihrem Gut: da war ein großes Wehklagen. Als sie aber sahen, daß Sankt Servatius ihre Stadt Maastricht beschützt hatte, da gingen alle in großer Andacht mit Kreuzen zu seinem Münster und lobten Gott und die Wallfahrt wird wiederholt an jedem Servatiustag.

Der heilige Pachomius

Am 14. Mai wird bei uns der Tag des hl. Bonifatius begangen, Märtyrers in Tarsus, der letzte der sogenannten Eisheiligen (s. 12. und 13. Mai). Von ihm ist nicht viel zu berichten: seine Passion ist rein legendär, er starb um 306.

Desto wichtiger ist die Gestalt des hl. Pachomius, dessen Fest die Kirche am gleichen Tage feiert. Er war der Begründer der cönobitischen Form des Mönchlebens, der erste Vater jener Mönche, die in Gemeinschaft leben.

Der für uns Heutige recht fremd klingende Name Pachomius bedeutet im Ägyptischen ‚Falke', im Koptischen ‚Adler'. Er trägt den Beinamen ‚der Ältere' und wurde um 292 als Sohn heidnischer Bauern im oberen Ägypten geboren. Als junger Mann wurde er gegen seinen Willen von den Römern zum Soldaten ausgehoben und mit anderen Leidensgenossen nilabwärts nach Alexandria verfrachtet. Unterwegs wurden die jungen Leute von freundlichen Menschen gespeist und gepflegt, die sich Christen nannten. Darüber erstaunte der Bauernsohn sehr, denn es war zu dieser Zeit nicht üblich, daß man seinem Nächsten Gutes tat, ohne selbst einen Vorteil davon zu haben. Er begann sich für den Christengott zu interessieren und versuchte zu ihm zu beten. Sicher hat er ihn damals hauptsächlich darum gebeten, ihn aus der Roheit des Soldatenlebens, unter dem er sehr litt, zu befreien. Und tatsächlich erhörte ihn Gott. Die Nachricht von Kaiser Konstantins Sieg war Anlaß zur Entlassung der neuen Truppen, unter denen auch Pachomius war.

Nun faßte er seinen Entschluß, Christ zu werden. Er bat um Unterricht und empfing die Taufe. Dann suchte er sich einen Meister, denn er wollte das Leben der Einsiedler in der Wüste der Thebais führen. Er wurde Schüler des hl. Palämon, eines außerordentlich strengen Anachoreten. Dieser verlangte viel von ihm und härtete ihn ab durch Fasten, Arbeiten, Entbehren und vielstündiges Beten. Der junge Mann fügte sich allem willig. Besonders schwer soll ihn das Wachen angekommen sein. Um seine Müdigkeit zu bekämpfen, befahl ihm sein Meister, Sand in Körben zu holen oder wegzutragen. So lernte Pachomius Gehorsam und Selbstzucht. Es heißt, daß er „zunahm an Bescheidenheit, Demut und Weisheit".

Nach drei Jahren verließ er jedoch seinen Meister; denn er hatte erkannt, daß die Einsamkeit nicht immer sinnvoll war für den, der Gott dienen will. So entstand bei ihm der Gedanke an ein gemeinschaftliches Leben von mehreren Asketen. Er begann Gefährten um sich zu sammeln, und als sich hundert Männer um ihn geschart hatten, erbaute er gegen 320 bei Tabenisi am rechten Nilufer das erste christliche Mönchskloster. Es bestand aus mehreren Gebäuden, die von einer großen Mauer umgeben waren. Bei seinem Tode im Jahre 346 war daraus ein Verband von neun großen Männerklöstern erwachsen, in denen etwa 9000 Mönche lebten; außerdem gehörten zwei Frauenklöster dazu.

Die Mönche beteten, arbeiteten und aßen gemeinsam. Sie mußten schreiben und lesen lernen, um die Heilige Schrift zu verstehen. Der Gehorsam als die wichtigste Mönchstugend bildete schon damals die Grundlage dieses Gemeinschaftslebens. Es mag die Einsiedler schwer angekommen sein, ihren eigenen Willen so vollständig aufzugeben und nur ein Teil des Ganzen zu werden! Eigentum gab es nicht, das Kloster war Gemeinbesitz. Wirtschaftlich waren die Klöster des Pachomius wahre Musterbetriebe; die Einnahmen dienten, außer dem Zwecke der Selbsterhaltung, der Wohltätigkeit und nicht dem Gewinn, wie es in den Heidentempeln gang und gäbe war. Es wurde eine große Gastlichkeit geübt, so daß die

Klöster zu regelrechten Wüstenherbergen heranwuchsen. Viele kamen, um den heiligen Mann, dessen Ruf sich bald verbreitete, zu sehen und mit ihm und seinen Brüdern über Glaubensfragen und andere ernste Gegenstände zu sprechen. So erhielten die Mönche auch einen großen Einfluß auf andere Gegenden, da die Gäste ihre Gedanken in die Welt hinaustrugen.
Der hl. Pachomius wurde am 14. Mai 346 von der Pest hinweggerafft nachdem er vierzig Tage der Seuche, die ganz Oberägypten ergriffen hatte, widerstand. Als er für seine Klöster alles geregelt und seinen Nachfolger bestimmt hatte, verschied der Heilige heiter und geduldig wie er gelebt hatte.
Sein Werk breitete sich nach seinem Tode weiter aus und erstreckte sich über ganz Ägypten, Palästina, den Sinai und Vorderasien. Durch Basilius den Großen fand das Ideal der mönchischen Gemeinschaft auch Eingang im Abendland und erfüllte später in der Form der benediktinischen Ordensregel die gesamte europäische Kultur mit dem Geist des Christentums.
Dargestellt wird der Heilige als Einsiedler mit Fellkleid ohne Ärmel, mit Gesetzestafeln, die ihm ein Engel überreicht, weil er die erste Mönchsregel aufgestellt hat.

Die heilige Sophie

Weil sich der Festtag der hl. Sophie an die der Eisheiligen anschließt, bekam sie im Volksmund den Namen ‚kalte Sophie' oder Eisfrau. Dargestellt wird sie als Mutter mit drei Kindern, eine Palme und Buch tragend; auch mit Rutenbündel, Trog und Beil neben sich wegen ihres Martyriums. Sie ist Patronin der Witwen. Noch zu Callots Zeiten hatte sie ihr Fest am 30. April, heute wird sie am 15. Mai gefeiert.
Man kann wohl sagen, daß die Gestalt dieser Heiligen mehr eine allegorische Figur als eine geschichtliche Persönlichkeit ist. Wie ihr Name sagt, ist sie zur Personifikation des Begriffs der Weisheit geworden. Ihre Verehrung reicht weit in die christliche Frühzeit zurück. Ihr Name findet sich in der Kalixtuskatakombe an der Via Appia in Rom wie auch unter der Kirche S. Pancrazio an der Via Aurelia, hier in Verbindung mit ihren drei Töchtern, deren Namen aber nicht genannt sind. Die große Verehrung, die man der hl. Sophie entgegenbrachte, drängte auch nach einer Namengebung für ihre drei

Töchter, „für die die mit der Weisheit verbundenen christlichen Tugenden Fides, Spes und Caritas, zu Deutsch Glaube, Hoffnung, Liebe, maßgeblich wurden" (Bigelmair). Auch die berühmte Kirche ‚Hagia Sophia' in Konstantinopel ist der hl. Weisheit geweiht.
Die Leidensgeschichte der frühchristlichen Witwe und Märtyrerin, mit der sie identifiziert wird, ist rein legendär. Diese soll eine vornehme Christin aus Mailand gewesen sein, die nach dem Tode ihres Gatten nach Rom kam, um dort des Martyriums teilhaftig zu werden. Das geschah unter der Regierungszeit Kaiser Hadrians. Ihr Verlangen, für Christus zu leiden und zu sterben, ging in Erfüllung. Die Mutter nebst ihren Töchtern wurde als Christin angeklagt und nach Erduldung vieler Qualen hingerichtet. Eine andere Überlieferung berichtet, die hl. Sophia sei eine Jungfrau gewesen und zusammen mit der hl. Quirilla in den Diokletanischen Thermen ergriffen und nach unbeirrbarem Festhalten am christlichen Glauben getötet worden.
Reliquien der hl. Sophia werden zu S. Martino al Monte und in der Peterskirche zu Rom verehrt. Ihr Kult wurde in Deutschland durch Berichte gefördert, wonach ihre Gebeine im 8. Jahrhundert nach dem Frauenkloster Eschau bei Straßburg im Elsaß übertragen wurden (s. auch Sophie Madeleine Barat, 24. Mai).

Der heilige Johannes Nepomuk

Auf unzähligen Brücken von Österreich und Süddeutschland bis hinauf in den Norden steht die Figur des hl. Nepomuk, des sogenannten Brückenheiligen; nur wenige aber kennen die Geschichte des Dargestellten. Die Statuen sind vielfach Nachbildungen seines 1693 auf der Karlsbrücke in Prag aufgestellten Standbildes. Man sieht ihn als Priester mit Birett auf dem Kopf, das von fünf Sternen umgeben ist, mit Kreuz oder Palme in der Hand, manchmal hat er den Zeigefinger auf den Mund gelegt.
Der hl. Johannes Nepomuk ist Patron der Flößer, Müller, Schiffer und Brücken, der Beichtväter und Priester; er wird vor allem, gegen Verleumdungen angerufen. Dieser böhmische Heilige ist eine der beliebtesten und verehrtesten Heiligengestalten der Kirche. Er gilt als Blutzeuge für die Unverletzlichkeit des Beichtgeheimnisses.
Johannes Welflin oder Wolfflin wurde zwischen 1340 und 1350 in Pomuk bei Pilsen geboren. Er erhielt seine Ausbildung in einem Zisterzienserkloster in der Nähe seines Heimatdorfes und studierte in Prag und Padua. Nachdem er die Priesterweihe empfangen hatte, war er zunächst als Pfarrer von St. Gallus in Prag

tätig und wurde Seelsorger der deutschen Kaufleute in Neustadt. 1387 erwarb er sich den Doktorhut der Theologie und Rechtswissenschaften. Sein Fleiß und seine Gelehrsamkeit waren ebenso groß wie seine Sanftmut und Bescheidenheit. Wegen seiner ausgezeichneten Eigenschaften und großen Kenntnisse ernannte ihn der Erzbischof zu seinem Privatsekretär und machte ihn zum Notar der bischöflichen Kanzlei sowie zum Prediger an der Teynkirche in der Prager Altstadt. Hier lenkte er durch seine außergewöhnlichen Predigten bald die Aufmerksamkeit auf sich. So wurde er 1389 Domherr und Generalvikar des Prager Erzbischof Johann von Jenzenstein. Als Archidiakon von Saaz war er Mitglied des Domkapitels.

Seinen Rat in Rechtsstreitigkeiten hatte man schon vorher oftmals gesucht. In seinem neuen Amte nun zeichnete er sich durch große Unparteiischkeit und Redlichkeit aus und ordnete völlig unbestechlich die recht komplizierten Angelegenheiten des großen Erzbistums. Aber er hatte keinen leichten Stand. König Wenzel IV., ein anfänglich gutmütiger Herrscher, hatte sich im Laufe seiner Regierungszeit leider charakterlich grundlegend gewandelt. Er gab sich hemmungslos dem Trunke hin, war überaus jähzornig und frönte rücksichtslos seinen Ausschweifungen. Stellte sich ihm jemand entgegen, so kam es zu Wutausbrüchen und unbeherrschten rachsüchtigen Handlungen, die jeder fürchtete. Zu dieser Zeit bestanden erhebliche Spannungen zwischen Hof und Domkapitel. Der Adel führte ein willkürliches Regiment und war sittlich vielfach verkommen. Der Erzbischof und mit ihm das gesamte Domkapitel waren ein ständiger Spielball der königlichen Launen. Als der Erzbischof sich gezwungen sah, gegen einige Höflinge die Exkommunikation auszusprechen, stieg die Wut des Herrschers aufs höchste.

Johannes Nepomuk dagegen hatte anfänglich in Gunst beim König gestanden. Um seine Predigten zu hören, strömten die Zuhörer jetzt ebenso in den Dom wie früher in die Teynkirche. Wenzel hatte ihn zur Abhaltung von Adventspredigten an seinen Hof berufen und ihm einträgliche Ämter und Würden angeboten. Aber Johannes Nepomuk lehnte jede Auszeichnung ab, nur das Amt des Beichtvaters und stillen Beraters der Königin soll er angenommen haben. Ob hierin der Grund lag, weshalb gerade er sich nunmehr den rasenden Haß des Königs zuzog? Der Volksmund sagt, der König habe von dem Geistlichen in Erfahrung bringen wollen, was seine Frau ihm in der Beichte anvertraute. Seine standhafte Weigerung soll den König gegen ihn aufgebracht haben. Vielleicht aber war es auch einfach sein festes Eintreten für die Rechte der Kirche, worin er seinen Erzbischof tatkräftig unterstützte. Bis heute ist diese Frage nicht geklärt worden. Jedenfalls hat sich die durch Jahrhunderte überlieferte Annahme immer mehr durchgesetzt und fand auch bei der Kanonisierung Berücksichtigung: sein unverbrüchliches Schweigen sei der Grund für die grausame Tat des Königs an dem frommen und beliebten Gottesmann gewesen. Daß dieser immer die Rechte des armen Volkes gegen-

über hochgestellten Personen verteidigte, die das Volk ausspreßten, und diese den König gegen ihn aufgehetzt haben, scheint dazu gekommen zu sein. Jedenfalls nahm der König das Eintreten des Generalvikars für einen Koch, der wegen einer schlechten Mahlzeit auf Befehl des Königs dem Verbrennungstode überliefert werden sollte, zum Anlaß, um Johannes Nepomuk gefangen setzen und grausam foltern zu lassen. Wenzel soll sich so weit vergessen haben, daß er sich eigenhändig daran beteiligte und den Priester, dessen Geheimnis er ihm nicht zu entreißen vermochte, mit Fackeln gebrannt habe. Nach dem Bericht des Prager Erzbischofs an Papst Bonifaz IX. einige Wochen nach der Untat heißt es: „Nachdem man ihm die Seiten so schwer verbrannt hatte, daß er auch ohne den gewaltsamen Tod hätte sterben müssen, wurde der ehrwürdige Doktor Johannes, mein geistlicher Vikar, in aller Öffentlichkeit durch die Straßen und Gassen der Stadt zur Moldau geschleppt und dort, die Hände auf den Rücken gebunden, die Füße mit dem Kopf wie ein Rad verknüpft und den Mund mit einem Holzpflock auseinandergespreizt, von der Prager Brücke hinabgestürzt und ertränkt.“ Dies geschah in der Nacht zum 20. März 1393 auf Befehl König Wenzels IV.
Das Grab des Heiligen befindet sich im Prager St. Veits-Dom. Als man seinen Sarkophag 1719 öffnete, war seine Zunge unverwest. Sie wird in einem kostbaren Reliquiar in der Domschatzkammer aufbewahrt. Seine Gebeine ruhen in einem Kristallsarg unter einem Grabmal aus Marmor und Silber. Seine Verehrung wurde allgemein. Heiliggesprochen wurde Johannes Nepomuk 1729 und sein Fest auf den 16. Mai festgesetzt.
Eine rote Marmorplatte an der Prager Karlsbrücke zeigt noch heute die Stelle an, wo jener Heilige in den Tod ging, der Gott mehr gehorchte als den Menschen.

Legende

Als der heilige Märtyrer in die Wogen des Flusses Moldau versenkt worden war, siehe da erhob sich sein Leichnam auf die Oberfläche des Wassers und war von helleuchtenden Sternen umgeben. Stille schwamm er dahin. Von dem Glanze angezogen, der die Nacht erhellte, strömte eine Menge Volkes herbei und sah verwundert den schwimmenden Leib ihres Priesters. Auch die Gattin des Königs hatte den Lichtschein von ihrem Zimmer aus bemerkt und fragte ihren Gemahl, was das zu bedeuten habe. Wenzel aber, von Entsetzen ergriffen, antwortete nicht und floh, von Gewissensbissen getrieben, heimlich aufs Land. Indessen, da es nun Tag geworden, strömte die ganze Stadt zusammen, um den Leib des heiligen Priesters zu sehen, den man ans Ufer gebettet hatte. Die Domherren trugen ihn in feierlichem Zuge unter dem Wehklagen des Volkes in eine Kirche, die nicht weit vom Fluß entfernt lag. Der Zulauf der Leute war ungeheuer. Jeder wollte den Mund nochmal sehen, der so herrlich gepredigt, die Hand nochmals küssen, die so oft gesegnet; besonders waren es die Armen, die sich von ihrem mitleidigen Vater nicht trennen wollten. Als Wenzel davon hörte, befahl er, den Heiligen an einem abgesonderten Ort zu begraben, denn er fürchtete einen Aufruhr. Doch hatte das Volk das Grab bald entdeckt – ein wunderbarer Duft soll davon aufgestiegen sein –, und da mittlerweile die Grabstätte, in der der Heilige in der Domkirche ruhen sollte, hergerichtet war, wurde sein Leib erhoben und in feierlicher Prozession dahin gebracht. Während des Zuges erhielten mehrere Kranke plötzlich ihre Gesundheit wieder und auch in der Folge verherrlichte Gott seinen Diener bis auf den heutigen Tag durch zahlreiche Wunder.

Der heilige Paschalis (Pascal) Baylon

Der am Pfingstsonntag geborene und am Pfingstsonntag gestorbene Heilige erhielt seinen Namen von diesem Fest ‚Pascua de Pentecosta'. Er war ein Großer unter den Kleinen, denn das ganze Leben dieses einfachen spanischen Laienbruders war Opfer und Hingabe an Gott.

Seit 1897 ist er Patron der eucharistischen Vereine und aller Sakramentsbruderschaften. Auch ist er Patron der Hirten und Köche. Dargestellt wird er als Franziskaner, Ketten um den Leib, Speisekelch oder Monstranz als Erscheinung vor ihm.

Der hl. Paschalis wurde am 16. Mai 1540 zu Torrehermosa in der Nähe von Madrid geboren. Seine Eltern waren arme, geringe Leute, die sich mühsam ihr tägliches Brot durch harte Feldarbeit erwarben. Dem kleinen Paschalis gefiel es nirgends besser als im Gotteshaus, und wenn man ihn suchte, war er bestimmt dort zu finden. Früh mußte er sich sein Brot selber verdienen. Man schickte ihn als Hirten auf das Feld. Eine Schule konnte er nicht besuchen, aber der Knabe nahm sich ein Büchlein mit hinaus auf die Weide und suchte die Buchstaben mühsam zusammen; mitunter fragte er die Vorübergehenden um Rat. So lernte er lesen und schreiben. Er pflegte seine Herde in die Nähe einer Muttergotteskapelle zu führen; als ihn sein Herr einst darum schalt, daß der Fleck ja schon ganz abgegrast sein müsse, entgegnete der fromme Hirte, die Schafe würden von dieser Trift immer fetter, denn in der Nähe des Gotteshauses könne niemand Mangel leiden. Und sein Herr mußte sich davon überzeugen, daß er recht hatte.

Als er an Jahren zunahm, wurde er Schäfer bei einem Mann, der die Vorzüge des jungen Hirten bald erkannte und ihn mit seiner Tochter verheiraten und zum Erben einsetzen wollte. Aber Pascal zog es vor, ein armer Schäfer zu bleiben. Wegen seiner Reinheit und Einfalt nannte man ihn überall den ‚heiligen Schäfer'. Um nicht den geringsten Fehler zu vergessen, der ihm aus menschlicher Schwäche unterlaufen mochte, machte Paschalis jedesmal einen Knoten in einen Strick, den

er bei sich trug, und hatte dann in der Beichte in tiefer Zerknirschung eine lange Reihe Sünden aufzuzählen, während seine Kameraden überhaupt nicht begriffen, was er, den keiner je auf einer Sünde ertappte, nur zu beichten habe. Seine ungestüme Gottesliebe ließ ihn jedoch die geringste Unvollkommenheit erkennen, beweinen und meiden, weil sie von Gott trennt. Auch knüpfte er sich aus Binsen einen Rosenkranz, den er mehrmals am Tage betete. Seinen Hirtenstab, auf dem er ein kleines Marienbild und ein Kreuz angebracht hatte, diente ihm als Feldaltar, vor dem er seine Andachten verrichtete. Hierbei geriet er mitunter in Verzückung, und es geschah, daß er beobachtet wurde, wie er betend über dem Boden schwebte. Nach und nach jedoch verleidete das sündhafte Treiben der anderen Hirten ihm seinen Schäferdienst. Es verlangte ihn, sich ganz aus der Welt zurückzuziehen. Er suchte nach einem armen Kloster und fand im Frühjahr 1564 Aufnahme bei den Franziskanern in Monteforte. Man wollte ihm dort die Möglichkeit geben, zu studieren und Priester zu werden, aber Paschalis hielt sich für unwürdig und blieb zeitlebens schlichter Laienbruder.
Mit peinlicher Gewissenhaftigkeit beobachtete er die Ordensregel, liebte die Armut und gehorchte seinen Oberen bis ins kleinste. Dabei wurde es ihm nicht leicht gemacht und seine Demut oftmals auf harte Proben gestellt. Wurde ihm Unrecht getan, blieb er stets freundlich und suchte seinem Beleidiger umso eifriger zu dienen. Er war der Geringste in der Kleidung, der Bescheidenste in der Nahrung, der Frömmste im Gebet, der Willigste bei der Arbeit. Um den Leib trug er als Bußwerkzeug eine schwere Eisenkette, mit der er auch nachts schlief. Vor dem Tabernakel empfing er die Kraft für seine wunderbaren Ordenstugenden. Das heiligste Altarsakrament übte eine unwiderstehliche Anziehungskraft auf ihn aus, und er suchte es auf, so oft sein Dienst es ihm erlaubte. Meist schlief er nur drei Stunden, die übrige Zeit der Nacht verbrachte er ganz selbstverständlich in tiefer Andacht vor dem Altarsakrament.
Im Jahre 1570 schickten ihn seine Oberen mit einer wichtigen Botschaft an den Pater Provinzial in die Bretagne. Der Weg führte ihn durch Südfrankreich, wo zu dieser Zeit grausame Auseinandersetzungen zwischen Katholiken und Kalvinisten tobten. Vor allem Ordensleute und Priester wurden, wo sie sich blicken ließen, sofort verfolgt. Paschalis aber dachte nicht daran, seine braune Kutte jemals abzulegen, um sich zu schützen. Mutig setzte er seinen Weg fort. Stöße, Steinwürfe und Schläge hatte er zu erdulden; ein Steinwurf lähmte seinen Arm für immer, und es war ein Wunder, daß er mit dem Leben davonkam.
Seine letzte Krankheit war kurz und heftig. Er entschlummerte am Pfingstsonntag des Jahres 1592 mit zweiundfünfzig Jahren. Nach seinem Tode setzte seine Verherrlichung ein mit unzähligen Wundern. Beigesetzt wurde er in der Klosterkirche von Villareal bei Valencia und 1660 heiliggesprochen.

Legende

Der hl. Pascal oder Paschalis hatte, wie man weiß, seinen Hirtenstab in seiner Einfalt in einen Altar umgewandelt. Gott schien daran großes Wohlgefallen zu haben, denn Paschalis fand, wohin er auch mit seinen Schafen wanderte, immer dort, wo er den Stab in die Erde stieß, frisches klares Wasser – eine große Seltenheit in der trockenen spanischen Landschaft. Als ihm die anderen Hirten einst klagten, sie müßten so viel Durst leiden, gab ihnen Paschalis den Rat, sie sollten nur ihre Stäbe in die Erde stecken, dann werde schon Wasser hervorsprudeln. Sie taten es, aber es kam kein Wasser. Darüber wunderte sich der fromme Hirte sehr, denn als er es ihnen mit dem seinen zeigen wollte, floß sogleich eine Quelle. Die Hirten glaubten, er habe davon gewußt und baten ihn am nächsten Tage auf einer entlegenen Wiese, die sehr dürre war, um Wasser; Paschalis steckte seinen Stab in den Boden, und siehe, ein klares Brünnlein quoll hervor!

In der Zeit, in der Paschalis als Franziskanerbruder im Kloster diente, war er bald mächtig in der Fürbitte. Er nahm sich die Not des Nächsten so zu Herzen, daß Gott ihm nichts abschlug, wenn er es ihn inständig bat. Als er einmal abends die Kirche schließen wollte, sagte ein armes Weib traurig: „Ich muß jetzt gehen, aber betet Ihr wenigstens noch etwas für mich, denn ich habe drei schwerkranke Kinder und keinen Bissen Brot." „Ich will es tun", sprach der Heilige. Als die Frau ihn bald darauf durch einen Spalt auf den Knien liegen sah, ging sie wunderbar getröstet heim. Da öffnete sie ihren leeren Vorratsschrank, um ihr allerletztes Stücklein Brot herauszunehmen und an die Kinder zu verteilen, aber wie sehr erstaunte sie: es lagen zwei schöne, große Brote darin!

Paschalis war stets gehorsam gegenüber seinen Vorgesetzten, bis auf eine Ausnahme: Eines Tages kam eine Frau an die Klosterpforte und wünschte einen Pater zur Beichtabnahme. Der Pförtner Paschalis meldete dies einem Pater, der gerade eine wichtige Aufgabe zu erledigen hatte. Dieser trug ihm auf: „Sag der Frau, ich bin nicht zu Hause." Paschalis meinte: „Ich sag lieber, euer Hochwürden seihen verhindert". Der Pater aber befahl: „Sag es, wie ich dir aufgetragen." Da sprach der Heilige: „Hochwürden, das kann und darf ich nicht tun, denn dies ist eine Lüge, wovor mich Gott bewahre."

Der heilige Erik

Zwei Könige dieses Namens zählen zu den Heiligen der Kirche. Da ist einmal der 1216 geborene Erich genannt Plovpenning, König von Dänemark. Er erhielt seinen Namen, weil er eine Steuer (Pfenning) für jeden Pflug (Plov) ausschrieb, um damit einen Kreuzzug gegen Estland zu finanzieren. Sein Fest ist am 9. Februar. Zum anderen wird im ganzen Norden der hl. Erik IX. Jedvardson, König von Schweden, als Heiliger verehrt. Er ist Patron und Nationalheiliger Schwedens.

König Erik regierte etwa von 1150 bis 1160 und zeichnete sich durch große Sittenreinheit aus. Als Anwalt der Unterdrückten tat er viel Gutes, unterstützte die Klöster und beschützte die Kirche. Er förderte die Christianisierung des eigenen Landes durch Kirchenbauten. Zweimal rief er zum Kreuzzug gegen die räuberischen Finnen auf und gründete in Finnland die christliche Stadt Abo. Der hl. Erik wurde am 18. Mai 1160 in Upsala während des Gottesdienstes ermordet. Seine Gebeine befinden sich im Dom von Upsala.
Dargestellt wird er als bartloser jugendlicher König mit Schwert, Banner oder Reichsapfel; Altar neben sich.

Legendäres
Der heilige König und Märtyrer Erik von Schweden war von Jugend auf tugendsam und beliebt bei Adel und Volk. Als er zum König erwählt und zu Upsala würdig gekrönt worden war, führte er sein Land in allem zum Besten. Er versöhnte diejenigen, die einander feind waren, ob arm oder reich, und richtete sich in seinem eigenen Tun und Leben streng nach den Geboten Gottes. Er büßte in einem härenen Kleid, wachte und betete viel und war so hart gegen sich selbst, daß er, um sündige Begier zu vertreiben, mitten im Winter in eiskaltem Wasser badete.
Als er sein Land befriedet und sein Volk unter gute Gesetze gestellt hatte, rüstete er zu einem Kreuzzug gegen das räuberische Volk der Finnen. Aber schließlich besiegte sie der König von Schweden und zerstörte ihre heidnischen Kultstätten. Er ließ das unterworfene Volk taufen, schickte Siedler in das Land und Kaufleute, die mit den Besiegten Handel trieben. Dann entsandte er Missionare, die das weite Seenland durchzogen, Kirchen errichteten und den christlichen Glauben verkündeten. So lange Erik regierte, wagten die Finnen keinen Raubzug mehr, und allmählich wurden sie zum Christentum bekehrt.
Wenige Jahre nach seiner Rückkehr nach Schweden wurde der König in Upsala während des Gottesdienstes erstochen. Als seine Feinde den Leib des Ermordeten zurückließen, nahmen des Königs Leute den Leichnam auf und trugen ihn in das nächste Haus. Darin wohnte eine arme Witwe, die viele Jahre blind war. Und sie trat herzu und strich von dem Blute des toten Königs auf ihre Augen und war sogleich sehend. Das will sagen, daß das Blut eines christlichen Bekenners die Augen für das Licht der Wahrheit öffnet.

Der heilige Cölestin V.

Cölestin heißt ‚der himmlisch Gesinnte'. Zwei heilige Päpste trugen diesen Namen. Papst Cölestin I. regierte von 422 bis 432; unter ihm fand das Konzil von Ephesus statt. Er erkannte den hl. Augustinus (s. 28. August) als den führenden Apologeten seiner Zeit an. Er war es auch, der die Christianisierung Irlands veranlaßte. Sein Fest ist am 6. April.

Außerordentlich dagegen ist die Lebensgeschichte des heiligen Papstes Cölestin v. Sein Leben ist so recht ein Sinnbild für das Christuswort von den ‚Armen im Geiste', mit denen der Herr seine Bergpredigt beginnt und denen er das Himmelreich verheißt. Arm sein bedeutet hier, wie O. Karrer erklärt, es nicht nur der äußeren Lage nach sein, sondern auch durch die Bereitschaft des Herzens: also Liebe zur Armut, zur Bedürfnislosigkeit des einfachen Lebens haben, und in zweiter Linie klein sein im eigenen Gefühl vor Gott, also demütig. „Er ist der einzige in der Geschichte, der als einfältiger Mensch und einfacher Einsiedler plötzlich auf den Stuhl des hl. Petrus gebracht wurde. Er ist der einzige in der Geschichte, der, da er den Stuhl des hl. Petrus innehatte, freiwillig dem Pontifikat entsagte, das ihm niemand streitig machte." – Wie zutreffend ist doch diese Schilderung Hellos von Papst Cölestin v. –

Peter von Morrone wurde 1209 in Isernia in den Abruzzen geboren. Sein Vater hieß Angevin, seine Mutter Maria. Sie hatten zwölf Kinder. Es war eine Bauernfamilie. Er verlor seinen Vater frühzeitig. Seine Mutter ließ ihn studieren gegen den Willen der Nachbarn. Er wurde Benediktiner, sehnte sich aber nach dem Dasein eines Eremiten. So ging er zunächst als Einsiedler in die Berge und lebte drei Jahre in einer Höhle, in der er sich weder ausstrecken noch aufrichten konnte. Wie er in der Niederschrift seiner Erkenntnisse erzählt, erhielt er ein paarmal während er betete, den Besuch eines Heiligen, eines Engels, der heiligen Jungfrau, – und wunderte sich nicht im geringsten darüber. Seine Vertiefung war so groß, daß er das Geschehnis ganz einfach fand. Nachdem er in Rom zum Priester geweiht worden war, zog er sich auf den Berg Morrone zurück. Je mehr Menschen versuchten, den rasch berühmt gewordenen Asketen aufzusuchen, umso tiefer verkroch er sich in die Einöde. Dorthin folgten ihm indessen zahlreiche Eremiten, die sich seiner Leitung unterstellten. Ein Kloster entstand, man baute eine Kirche. Er nannte die Einsiedler ‚Brüder vom Heiligen Geist', die Kongregation wurde vom Papst anerkannt. Später – selber Papst – gab er ihr den Namen ‚Cölestiner'. Er stellte sie unter die Benediktinerregel. Zur Zeit seiner Papstwahl waren es 18 Klöster und viele Niederlassungen, in denen insgesamt 600 Cölestiner lebten. Selten nur wohnte Peter in den Klöstern seiner Mönche, die meiste Zeit brachte er in seiner winzigen, noch heute erhaltenen Zelle am Berg Morrone zu. Er bemühte sich, dem Ideal der ersten Mönche in der Wüste nachzuleben und durch radikale Ablehnung der Welt und größtmögliche Abtötung aller irdischen Begierden Gott zu dienen. Er schlief auf der nackten Erde, sein Kopfkissen war ein Stein, seine rauhe, selbstverfertigte Kleidung schürfte seine Haut auf, so daß sich Wunden bildeten. Als im strengen Bergwinter einmal seine Kleider an den Fels anfroren, mußte man ihn halbtot aus der Höhle ziehen. Die Majella war durch ihn zu einer neuen Thebais geworden. Seine erschütternd strenge Lebensführung erregte Bewunderung.

Über achtzig Jahre war Peter alt, da erwählten die Kardinäle, die seit zwei Jahren in Perugia versammelt waren und sich über die Wahl eines neuen Oberhauptes nicht einigen konnten, gegen jedes Herkommen, unter dem Einfluß Karls II. von Anjou, den büßenden Einsiedler der Abruzzen zum Papst. Verband der König mit der Wahl vielleicht politische Pläne, so erblickten die sich damals mächtig entfaltenden Franziskaner und mit ihnen ein großer Teil der Christenheit in dem weltabgeschiedenen Einsiedler den in alten Weissagungen verkündeten Engelpapst der Endzeit. Jedenfalls sind selten auf einen Papst so große Hoffnungen gesetzt worden – aber auch selten wurden sie so bitter enttäuscht.

Als die Abgesandten in Santo Spirito di Morrone eintrafen und dem heiligen Mann seine Erwählung mitteilten, da war er so erschrocken, daß er zunächst fliehen wollte. Als sie ihn aber anflehten, er möge das hohe Amt in demütiger Unterwerfung unter den göttlichen Willen annehmen, um der Wirrnis der Kirche ein Ende zu machen, fügte er sich.

Am 25. Juli 1294 zog der Papst in Aquila ein, auf seinen eigenen Wunsch auf einem Esel reitend, den die beiden Könige Karl von Anjou und Karl Martell am Zügel führten. Die Tiara empfing er im Angesicht von Tausenden von Gläubigen. Er wählte den Namen Cölestin V. Er ließ sich von Karl von Anjou bestimmen, Neapel zur Residenz zu wählen. Nun mußte er sich mit den Geschäften seines hohen Amtes befassen. Er suchte nicht auszuweichen. Er hielt Konsistorien, verteilte Benefizien. Er behielt sich alle Entscheidungen vor, die er „nicht aus der Fülle der Macht, sondern aus der Fülle der Einfalt traf", wie Jacobus da Voragine, sein bedeutender Zeitgenosse schrieb. Dabei war er sich seiner Unzulänglichkeit vollauf bewußt. Es kam zu Spannungen zwischen dem Eremiten und den weltläufigen Mitgliedern der Kurie. Er fand sich nicht an seinem Platz im Getümmel von Macht und Ehre. Was sollte er tun? Konnte ein Papst abdanken? Die Ansichten waren geteilt; die selbst nach dem Thron strebten, rieten ihm, herabzusteigen, das Kardinalskollegium wie König Karl baten ihn inständig, zu bleiben. Petrus Cölestin entschied sich zum Rücktritt. Am 13. Dezember des gleichen Jahres noch stieg er von seinem Thron herab, entledigte sich der Tiara, des Fischerrings und der päpstlichen Gewänder bis auf das Büßerhemd, das er darunter getragen. „... In Erkenntnis meiner Unfähigkeit und Schwäche, in Ansehung der Bosheit der Menschen und meiner eigenen Gebrechlichkeit.... entsage ich freiwillig dem höchsten Pontifikat und lege Würde und Amt nieder...", so sprach er vor den versammelten Kardinälen, kniete vor ihnen nieder und bat um die Erlaubnis, sich zurückziehen zu dürfen. Weinend ließ man ihn ziehen. Seine Abdankungsurkunde erhielt den Namen ‚Der große Verzicht'.

Zu seinem Nachfolger wurde Bonifaz VIII. Gaëtani gewählt. Da die Bonifaz feindlich gesinnten Kardinäle den Amtsverzicht Cölestins nicht anerkennen wollten, fürchtete dieser ein Schisma, bei dem sein Vorgänger die Rolle des Gegenpapstes spielen könnte. Indessen hatte Cölestin keinen anderen Wunsch, als in seine Einsiedelei zurückzukehren. Als der neue Papst ihm das verbot, entfloh er nach Sulmona, wo das Volk ihn mit Jubel begrüßte. Bonifaz wollte ihn dort verhaften lassen, aber Cölestin, jetzt wieder Peter genannt, floh abermals, diesmal nach Apulien. Von dort aus wollte er in Griechenland Zuflucht suchen. Doch wurde er, aufgehalten von dem herbeiströmenden Volk, das in ihm den Heiligen erkannte und ihm seine Kranken zur Heilung brachte, gefangengenommen und nach Anagni geführt. Unterwegs jubelten ihm wieder Tausende zu, so daß Bonifaz in seiner Ansicht bestärkt wurde, der greise Einsiedler könne ihm noch gefährlich werden, und ihn auf das feste Schloß Fumone bringen ließ, wo der Heilige zwar streng bewacht, aber würdig behandelt wurde. „Eine Zelle habe ich begehrt", betete er, „eine Zelle habe ich nun, wie es deiner Güte gefiel, o Herr, mein Gott."
In dieser Zelle ist er am 19. Mai 1296 gestorben. Papst Klemens V. sprach ihn 1313 heilig. 1327 wurde sein Leichnam nach S. Maria di Collemaggio bei Aquila überführt. Das Abruzzenvolk verehrt Peter von Morrone als seinen größten Heiligen. Petrarca verteidigte die Handlungsweise des hl. Papstes gegen Dante: „Mag die Tat des weltflüchtigen Heiligen Vaters der Feigheit zuschreiben, wer da will, ich halte sie vielmehr für die Tat eines hochgemuten und freien, keine Fessel duldenden himmlischen Geistes."
Dargestellt wird der hl. Cölestin als Papst, Teufel um sich, die ihn stören wollen, als Ordensstifter in weißer Kutte mit weißem Gürtel, schwarzem Skapulier und schwarzer Kapuze; Taube am Ohr als Symbol des Heiligen Geistes. Er ist Patron der Buchbinder.

Legende

Ernest Hello berichtet von dem Heiligen eine schöne Legende: Seit dem Jahre 1274 tagte das zweite Konzil von Lyon. Man sprach davon, gewisse religiöse Orden aufzuheben. Da manche Leute glaubten, daß auch die Cölestiner bedroht seien, so begab sich Peter von Morrone zum Konzil und verteidigte dort in Gegenwart des Papstes Gregor X. *seine Satzung.*
Aber ihm standen andere Dinge zu Diensten als Worte. Machten nicht die Zahl und Größe seiner Wunder ihn selbst zu einem Wunder unter den Wundern? So wurde die Verhandlung seltsam abgekürzt durch ein Wunder gleicher Art, wie wir es im Leben des hl. Goar (siehe 6. Juli) finden. Als Petrus Cölestin sich anschickte, vor dem Papst die Messe zu lesen, kamen ihm die einfachen Meßgewänder in den Sinn, die er in seiner Einsamkeit trug, und im selben Augenblick geschah das Wunder, daß er sie in Händen hielt. Als er darauf ein Gewand ablegte, das ihm die Menschen gereicht hatten, um ein anderes anzulegen, das die

Engel ihm reichten, blieb das reichverzierte Kleidungsstück, das er auszog, während der Messe in der Luft schweben, ohne daß es durch eine sichtbare Kraft gehalten wurde. Der hl. Goar hatte seinen Mantel an einem Sonnenstrahl aufgehängt und hierdurch, ohne es zu wollen, seine Unschuld bewiesen, die man angezweifelt hatte. Dem hl. Petrus Cölestin wurde durch ein ähnliches Mittel geholfen. Der Sonnenstrahl legte Zeugnis ab für das unsichtbare Licht, das in der Seele des Heiligen wohnt. Das einfache Verfahren des Wunders entschied die Sache zu Gunsten des Heiligen. Der Einsiedler kehrte in seine Einsamkeit zurück.

Der heilige Bernhardin von Siena

Bernhardin von Siena war der gewaltigste Prediger des 15. Jahrhunderts und wurde schon sechs Jahre nach seinem Tode heilig gesprochen. Er stand in seinem sechsundzwanzigsten Lebensjahr, als der heilige Vinzenz Ferrer (s. 5. April) in einer Predigt wunderbarerweise voraussagte, sein Mantel werde auf einen seiner Zuhörer herabgleiten, dem er fortan die Heilspredigt in Italien überlassen, so daß er selbst in Frankreich und Spanien wirken könne, – es war Bernhardin von Siena.

Berühmt ist die Bilderfolge aus dem Leben des Heiligen im Museum von Perugia, die der junge Perugino schuf, und eine wahre Unzahl weiterer Bilder, die die Namen großer Meister tragen, haben den hl. Bernhardin zum Gegenstand. Er wird meistens dargestellt als barfüßiger Franziskaner mit bartlosem hageren Antlitz, eine Tafel oder einen Stab mit den von goldenen Strahlen umgebenen Buchstaben IHS in der Hand, auch mit ‚Dreiberg' mit Kreuz (der Berg bedeutet Christus). Er ist Patron der Wollweber wegen seiner rauhen Kutte, gegen Blutfluß, weil er eine Frau mit dieser Krankheit heilte, Brustkrankheiten und Heiserkeit, weil er selbst daran litt, ferner Schutzheiliger der Stadt Siena.

1380, dem Todesjahr der hl. Katharina von Siena (s. 29. April), am Feste Mariä Geburt (s. 8. September), wurde der Senese Bernardino Albizzeschi, der ‚Apostel Italiens', geboren. Er kam in einem vornehmen Palast zu Massa-Carrara bei Siena zur Welt. Früh, er war noch nicht sieben Jahre alt, verlor er die Eltern und empfing im Hause von Verwandten eine standesgemäße Erziehung. Mit Erfolg führte er sein klassisch-humanistisches Studium zu Ende. Schon von Kind auf trug er eine besondere Verehrung zum Namen Jesu und zur Gottesmutter in seinem Herzen. Zwar liebte er die Geselligkeit, doch verteidigte er seine Reinheit fest und sicher gegen jeden Hohn und jede Versuchung. Als Student trat er der Marienbruderschaft zur freiwilligen Pflege von Kranken bei. Im Pestjahr 1400, in dem die entsetzliche Krankheit auch in Siena wütete, wich Bernhardin nicht wie seine Mitbrüder ängstlich davor zurück, sondern erhob seine Stimme mit der ihm eigenen Gabe der Beredsamkeit, und es gelang ihm, sie zum Bleiben zu bewegen. Zusammen mit einer kleinen Gruppe stand er vier Monate lang, gestärkt durch die hl. Sakramente, unerschrocken den Kranken bei. Dann warfen ihn körperliche und seelische Erschöpfung selbst aufs Krankenlager nieder. Während dieser Zeit reifte in ihm der Entschluß, fortan Gott im Ordensstande zu dienen. Am 8. September 1402 erhielt er im Franziskanerkloster zu Siena das Kleid eines Minderbruders, zwei Jahre später die Priesterweihe. Bernhardin wandte sich der strengsten Richtung des Ordens, den Franziskanern von der Observanz, zu. Er gründete 1405 in der Einsamkeit von S. Onofrio ein kleines Kloster für sie, wo er den reinen Geist des Heiligen von Assisi in unverfälschter Weise wieder belebte. In Capriola auf dem Hügel von Fiesole bei Florenz verbrachte er etwa 10 Jahre. Als Generalvikar sorgte er für die Ausbreitung des Ordens in ganz Italien. Als er starb, war die Zahl der Observanten von 130 auf 4000 angewachsen.

Von Fiesole aus trat der Heilige auf Anweisung seiner Oberen das Amt eines Wanderpredigers an. Nun zog er bis zu seinem Tode lehrend und predigend durch Italien und „reinigte", wie sein alter Biograph sagt, „das Land von den Sünden, von denen es überfloß, und die Reumütigen strömten wie Ameisen zur hl. Beichte". Er besaß alle Eigenschaften, die ihn für seine Aufgabe befähigten: klug und geistreich, heiter und liebenswürdig im Umgang mit Menschen, gewinnend in seinem Auftreten, klar und überzeugend in der Sprache, gelang es ihm, das einfache Volk ebenso zu ergreifen wie die Gebildeten zu fesseln. Rasch breitete sich der Ruf des Senesen überall aus. Die Kirchen konnten die Menge der Menschen nicht fassen, wenn der hagere Franziskaner die Kanzel betrat. Er verbreitete die Verehrung des Namens Jesu. Immer am Ende seiner Predigten ließ der Heilige eine Tafel mit den Initialen Jesu aufstellen. Überall riet er, die Parteiwappen von Kirchen und Palästen zu entfernen und durch das Monogramm Christi zu ersetzen. Auch die Marienverehrung gewann durch ihn großen Auftrieb. Er wurde zum Bahnbrecher echter Reformen. In dem Wunsche, den Armen zu helfen, gründete er ein öffentliches Kreditinstitut, ‚Monte di Pietà' genannt, das nur geringe Zinssätze verlangte und auf diese Weise das Volk vor den damals üblichen Wucherzinsen schützen sollte. Eine echte soziale Tat! Auf seine Veranlassung entstanden Wohltätigkeitsstiftungen, Spitäler, Waisenhäuser, Kirchenbauten. Auswüchse der Volksbelustigung wurden beseitigt, Parteienzwist eingestellt, Prachtliebe und Ver-

gnügungssucht verworfen, die Volkssittlichkeit gehoben. Sein Mitbruder und Schüler Johannes von Capistran setzte sein Werk fort.
Auf dem Konzil zu Florenz 1439 machte der hl. Bernhardin sich um die Union mit den Griechen verdient. Wunderbarerweise verstanden ihn die Griechen, als habe er in ihrer Sprache zu ihnen gesprochen. Er vollbrachte mit der Hilfe Gottes noch zahlreiche andere Wunder, so heilte er eine Menge Kranke und soll vier Tote zum Leben erweckt haben.
Als man ihn beim Heiligen Vater in Rom der Ketzerei bezichtigte, erkannte dieser, als der Heilige vor ihm stand, sofort seine Unschuld und bot ihm mehrere Bischofsstühle an. Doch Bernhardin lehnte ab, „... denn", sagte er, „ganz Italien ist meine Diözese".
Auf einer Reise nach Neapel kam der große Missionsprediger krank nach Aquila in den Abruzzen, ließ sich dort wie der hl. Franziskus auf die nackte Erde legen und starb am Himmelfahrtstage, dem 20. Mai 1444, gerade als die Brüder im Chor die Vesper anstimmten: „Vater, ich habe Deinen Namen den Menschen kundgetan, ich kehre wieder zu Dir". So wie der Lebenskreis des großen Marienverehrers mit Mariä Geburt begann, so schloß er sich auf wunderbare Weise gerade an dem Tage, an dem das Kirchenjahr das Fest Maria Himmelfahrt begeht. Sein Leib ruht in der nach ihm benannten Kirche in Aquila. Sein prachtvolles Grabmal wurde von Silvestro dell'Aquila hergestellt. Seine Totenmaske bewahrt das Museum zu Aquila.

Legende

Als der Heilige zum Prediger bestimmt wurde, fügte er sich zwar in seiner Demut sofort, war jedoch wegen seiner schwachen, heiseren Stimme besorgt, wie er dieser Aufgabe gerecht werden könne. In seiner Not wandte er sich im Gebet an die Jungfrau Maria. Sogleich zischte eine feurige Kugel durch seinen Hals, die eine Geschwulst, die seine Stimme behindert hatte, hinwegbrannte, so daß die Heiserkeit wich. Gleichzeitig empfing er eine solche Erleuchtung, daß er nicht nur den Sinn der Heiligen Schrift verstehen, sondern auch die Menschenherzen durchschauen und die Mittel finden konnte, sie von ihren Sünden loszureißen und zu Gott zu führen.
In der Stadt Perugia herrschte damals eine grausige Sitte. Zu einer gewissen Zeit des Jahres lieferten sich die Bewohner der Stadt einen Kampf mit Steinwürfen. Dabei wurden viele aus reinem Mutwillen verwundet oder gar getötet. Bernhardin kündigte an, daß er um diese Zeit predigen und ihnen dann den Teufel zeigen würde. Alles war voll Erwartung und Neugier. Der Heilige aber wartete mehrere Tage, während denen das rohe Spiel stattfand; endlich bestieg er die Kanzel und sagte: „Ich will mein Versprechen einlösen und kann es leider reichlich tun, denn statt des einen Teufels kann ich euch eine Menge von Teufeln zeigen. Seht euch um

und seht einander an: denn ihr seid die Teufel! Ihr tut Werke der Hölle. Steht nicht geschrieben ‚An ihren Werken sollt ihr sie erkennen‘?" Durch diese Rede wurde der Unfug sogleich für immer abgestellt.

Als Jüngling besuchte er öfter seine Base in Siena. Gelegentlich verabschiedete er sich von ihr mit den Worten: „Behüte Dich Gott, liebe Base, ich muß jetzt zu meiner Liebsten." Auf ihre Frage, wer sie eigentlich sei, lobte er sie sehr ob ihrer Schönheit und ihres bezaubernden Wesens. Da wollte die Base sich selbst davon überzeugen; heimlich schlich sie ihm nach und fand ihn in einer Kapelle gar innig vor dem Gnadenbild Mariens beten. Da verstand sie ihn und gratulierte Bernhardin zu seiner guten Wahl.

Der heilige Hermann Joseph

Am 7. April wurde bis 1969 das Gedächtnis eines der liebenswürdigsten Mystiker des späten Mittelalters gefeiert, des hl. Hermann Joseph. In der Kirche St. Maria im Kapitol zu Köln am Rhein sieht man eine Skulptur, die einen kleinen Jungen darstellt, der vor einer romanischen Madonna kniet und dem Jesuskind einen Apfel reicht. Dieser fromme Knabe, der dem Gotteskind in seiner großen Liebe unbedingt etwas schenken wollte, war Hermann Joseph. Eine andere Darstellung zeigt seine mystische Vermählung mit der Muttergottes, die ihm von zwei Engeln begleitet, erscheint; sie stammt von van Dyck und befindet sich in Wien. Auf anderen Bildern sieht man ihn als Prämonstratensermönch mit den Sakristeischlüsseln und einem Kelch, aus dem Rosen hervorsprießen. Er ist Patron der Uhrmacher, denn er hat selbst dieses Handwerk gelernt und ausgeübt.

Der hl. Hermann mit dem Beinamen Joseph, den er wegen seiner unbefleckten Reinheit von der Gottesmutter selbst erhalten haben soll, wurde um das Jahr 1150 zu Köln geboren. Der Knabe war von seinem siebten Jahr an mit Visionen begnadet. Als kleiner Junge schon betete er täglich mit kindlicher Andacht zur Gottesmutter, der er sich während seines ganzen Lebens liebend anverlobt fühlte. Mit zwölf Jahren kam er als Schüler in das Prämonstratenserkloster Steinfeld in der Eifel. Als er erwachsen war, nahm er das Ordensgewand, wurde Sakristan und empfing einige Jahre später die Priesterweihe. Der schlichte Mönch zeichnete sich durch eine hingebende innige Frömmigkeit aus. Aber auch seinen Mitmenschen gehörte seine tätige Liebe. Immer war er glücklich, wenn er jemand behilflich sein konnte. Obgleich er sich von vornherein lieber ganz der Betrachtung und dem Gebet gewidmet hätte, war er „voller Emsigkeit, wenn es galt, seinen Mitbrüdern einen Dienst zu erweisen, dann schien er", wie sein Biograph berichtet, „nicht zu gehen, sondern zu fliegen".

Seine große Liebe zur Gottesmutter begeisterte ihn zur Abfassung schöner Hymnen; darunter befindet sich auch das erste Herz-Jesu-Lied. Trotz – oder vielleicht wegen – seiner engelgleichen Keuschheit, hatte Hermann Joseph peinigende Versuchungen zu bestehen, die er aber immer wieder durch seine große Marienverehrung besiegen konnte. Jahrelang führte er ein streng asketisches Leben und suchte die schwere Ordensregel durch selbstgewählte Bußwerke noch zu überbieten. Einsichtig verwarf er später seinen Übereifer als unklug und sprach sich vor seinen Mitbrüdern tadelnd darüber aus. Er übertraf alle Mönche an Demut. Oft geriet er in Verzückung, suchte aber diese Erscheinungen vor seinen Mitbrüdern zu verbergen. Es kam vor, daß er während des Meßopfers, ähnlich wie der hl. Philippus Neri (s. 26. Mai) mehrere Stunden lang unbeweglich in Ekstase mit ausgebreiteten Händen verharrte, so daß sich schließlich niemand mehr fand, der ihm dabei dienen wollte. Mehr und mehr wurde er seiner Umgebung entrückt. In der Schule seiner körperlichen und seelischen Leiden reifte er zu herzgewinnender Demut heran. Sein letztes Amt im Kloster war die Seelsorge in den Nachbardörfern. Der alternde Priestermönch lehnte jede Bequemlichkeit ab und ging stets zu Fuß durch die rauhe Eifel zu seinen Beichtkindern und Kranken. Als der über Neunzigjährige bei einem dieser Seelsorgegänge für die Zisterzienserinnen von Hoven bei Zülpich den Karwochendienst hielt, ereilte ihn der Tod. Vorher hatte er sein Grab selbst bezeichnet. In der Abteikirche Steinfeld fand er schließlich seine letzte irdische Ruhestätte. Seine Reliquien befinden sich auch heute noch dort. Als sein Todesjahr wird 1241 angegeben (nach anderen 1225).

Legende

Die bekannteste Legende, die wie eine zarte Blume aus dem Leben des Heiligen hervorsproß, ist die Geschichte, wie er als kleiner Junge in der dämmrigen Kirche andächtig vor dem Bilde Mariens betete. Den Schulranzen noch auf dem Rücken, pflegte der Knabe ins Gotteshaus zu laufen und die Gottesmutter mit dem Jesuskind zu grüßen. Er besaß keine Schätze, die er aus seinem liebenden, gebefreudigen Herzen heraus hätte verschenken können. So reichte er einmal dem Jesuskind in kindlicher Einfalt einen schönen Apfel hin, den er selbst geschenkt bekommen hatte. Und siehe, das Jesuskind streckte seine Hand aus und nahm den Apfel an. Aber noch weitere tiefsinnige Legenden umranken seine Gestalt. So erzählt man sich, daß ihm, als er wieder einmal zu seiner lieben Mutter Maria in die Kirche ging, die Himmelskönigin leibhaftig erschien, umstrahlt von hellem Glanze. Neben ihr stand der hl. Johannes in Knabengestalt und spielte mit dem Jesusknaben. Da winkte die Gottesmutter den verwunderten Hermann zu sich. Nun aber war die Türe zum Chore, wo die himmlischen Gestalten standen, durch das eiserne Gitter versperrt. Doch Maria befahl ihm, zu versuchen, ob er nicht über die Türe steigen könnte, und versprach ihm dabei zu helfen. Hermann machte sich sogleich vertrauensvoll daran, die Schranke zu überwinden, die ihn von derjenigen trennte, der seine Liebe und Sehnsucht galt. Und als ihn bei dem Beginnen seine Kräfte verlassen wollten, siehe, da reichte ihm die hl. Jungfrau von innen die Hand und zog ihn empor und zu sich hinüber. Ganz unverletzt bewältigte er zwar die Übersteigung der scharfen Spitzen des Gitters nicht, – ein Sinnbild für den Weg, den er im Leben zu gehen hatte! Wohl würde Maria ihm stets beistehen bei seinem Bemühen, aber ein leichter Weg sollte ihm nicht beschieden sein. Als Hermann den Chor erreicht hatte, durfte er mit dem Jesuskind spielen. Sehr schüchtern, aber aufs innigste beglückt, unterhielt sich der arme Knabe mit dem göttlichen Kinde, und Maria schaute mit Wohlgefallen zu. Als der Abend dämmerte, mußte Hermann das selige Spiel lassen und wieder seinen Weg zurück über das Gitter nehmen in die irdische Welt, die ihm nach den himmlischen Freuden, die er genossen, düster und arm vorkam. Nie sollte er dieses Erlebnis vergessen: die Muttergottes mit dem Jesuskind war das Ziel, von dem er niemals mehr abließ.

Die heilige Rita von Cascia

Die hl. Rita von Cascia wird als Helferin in aussichtslosen Anliegen und in Examensnöten angerufen. Der Geist der Heiligen, die jahrelang selbst im Kloster Kranken und Sterbenden beistand, wirkt in der karitativen Genossenschaft der ‚Rita-Schwestern' fort. Nach ihrem Tode ereigneten sich bis heute so viele Wunder, daß ihre Verehrung seit ihrer Heiligsprechung am 24. Mai 1900 überall in der Welt zugenommen hat.

Geboren wurde die hl. Rita in Rocca Porena in Umbrien um das Jahr 1360. Sie wurde 76 Jahre alt. Dazwischen liegt ein Weg der Entsagung und Buße, des Opfergeistes und Geduld. Sie kannte nur einen Wunsch, Gott in jeder Lage ihres Lebens noch inniger zu lieben, ihm noch treuer und unbedingter zu dienen. Schon als Kind zieht sie sich zur Betrachtung des Leidens Christi, das ihr tief zu Herzen geht, sehr oft zurück. Sie macht sich aus dornigem Gestrüpp einen Bußgürtel und entzieht sich jede Nacht freiwillig den Schlaf im Angedenken der Passion des Erlösers. Doch als sie eines Tages den Wunsch äußert, bei den Augustinerinnen in Cascia einzutreten, wollen die Eltern ihr Kind nicht hergeben. Um es nicht an die geistliche Welt zu verlieren, verheiraten sie das Mädchen schleunigst. Gehorsam ihren Eltern gegenüber, willigt sie ihnen zuliebe in eine Heirat ein. Aber die Wahl der Eltern ist auf einen Unwürdigen gefallen. Ritas Ehe wird zur Hölle für sie. Der unbeherrschte Mann hat Wutanfälle und ist jähzornig und grausam. Er mißhandelt die junge Frau schon wenige Tage nach der Hochzeit. Achtzehn Jahre hindurch erträgt sie bewunderswert geduldig alle Demütigungen, die ihr der

Ehestand auferlegt. Sie hat zwei Söhne, die das jähzornige Temperament ihres Gatten geerbt haben. Rita schweigt und betet. Ihre tiefe Frömmigkeit besiegt zuletzt den Mann, der sein Unrecht nach langen Jahren einsieht. Da trifft sie ein neuer Schicksalsschlag: der Mann wird ein Opfer der Blutrache. Der Mörder sucht bei Rita Zuflucht vor den weltlichen Gerichten, und sie bringt die Größe auf, ihm ungeachtet ihres Schmerzes Asyl zu gewähren. Ihre beiden Söhne wollen nun unbedingt den Vater rächen. Da bittet Rita in ihrer Not um das Seelenheil ihrer Kinder Gott, diese lieber zu sich zu nehmen als sie zu Mördern werden zu lassen. Und Gott erhört ihre Bitte und nimmt ihr Opfer an: beide Söhne sterben kurz hintereinander an einer Seuche.

Allein gelassen, hält sie nun nichts mehr davon zurück, ihren Jugendwunsch zu erfüllen. Nach vielen Hindernissen – dreimal lehnen die Augustinerinnen die Witwe ab – wird sie endlich ins Kloster eingelassen. Ihr letzter Lebensabschnitt gehört ganz der Sühne und Buße. Sie tut es allen Schwestern an Einhaltung der Regel zuvor und gibt sich leidenschaftlich der Befolgung der Ordensgelübde hin. Sie fastet und schläft auf dem blanken Fußboden, täglich geißelt sie sich als Sühne für die Sünden der Welt. Sie bleibt, wie fast alle Heiligen, nicht ohne Anfechtungen. Wenn sie zu stark werden, hält sie ihre Hände übers offene Feuer und gedenkt der höllischen Flammen, in denen die Sünder ewig brennen. Die Kraft zu all diesem Tun schöpft die Heilige immer wieder aus der Betrachtung des Leidens Christi.

Rita stirbt am 22. Mai 1457 zu Cascia bei Spoleto.

Legende

Zwei wundersame Begebnisse werden aus ihrem Leben erzählt. Auf diese geht auch ihre Darstellung zurück. Als die Heilige 1443 eine erschütternde Predigt über die Passion angehört hatte, war sie so tief ergriffen, daß sie sich in ihrer Zelle vor dem Bilde des Gekreuzigten niederwarf und ihn bat, ihr nur einen einzigen Dorn aus seiner Krone zu schenken, damit auch sie für ihn leiden könne. Da sprang plötzlich ein Dorn ab und traf ihre Stirn, so daß sie eine blutende Wunde davon empfing, die ihr bis zum Tode – fünfzehn Jahre lang – blieb. Ihr Patronat als Helferin für scheinbar Unmögliches stammt aus folgender Geschichte: Einige Jahre vor ihrem Tode erhielt Rita, schwer krank darniederliegend, den Besuch ihrer Verwandten. Als diese sie fragten, ob sie einen besonderen Wunsch hätte, dachte die Heilige still nach und sagte dann, daß sie eine Rose aus dem Garten ihrer Eltern haben möchte. Man glaubte, sie habe den Verstand verloren, denn wie sollte man ihr eine Rose mitten im Januar bringen können? Um ihr den Wunsch scheinbar zu erfüllen, ging einer ihrer Verwandten nach Rocca Porena, und siehe da, er brachte eine frische Rose zurück, die soeben an dem winterlich, kahlen Rosenstock erblüht war. In der Weihe der Ritarosen lebt diese Begebenheit fort bis in unsere Tage.

Als die hl. Rita ihr Leben aushauchte, begannen die Kirchenglocken auf wunderbare Weise zu läuten, ohne daß jemand sie bewegt hatte.

Die selige Renata (Renee) *(Gedenken: 22. Mai)*

Die fromme Herzogin Renata von Bayern ist von der Kirche zwar nicht kanonisiert worden, aber im Volke gilt sie als Heilige. Ihr Gedenktag ist der 22. Mai, an welchem Tage sie 1602 in München starb. Sie war eine ähnliche Frauenerscheinung wie die hl. Elisabeth von Thüringen (s. 19. November), die ihr zeit ihres Lebens als leuchtendes Vorbild vor Augen stand. Wie diese war Renata eine ebenso gütige Landesmutter wie beispielhaft fromme Mutter ihrer eigenen Kinder, wie diese war ihr Leben ganz auf Gott ausgerichtet und Werken der Barmherzigkeit geweiht. Nicht zuletzt ist es ihrem treuen Festhalten an der katholischen Lehre zu danken, daß die Reformation in Bayern keine nachdrücklichen Erfolge zu verzeichnen hatte.

Renata wurde am 20. April 1544 als Tochter Franz I. von Lothringen und dessen Gemahlin Christine geboren. Als Kind durch Anrufung der Gottesmutter von einer tödlichen Krankheit wunderbar geheilt, bewahrte sie dieser eine ganz besonders innige Verehrung. Ihre Vermählung mit Herzog Wilhelm v. mit dem Beinamen der Fromme im Jahre 1568 wurde von Massimo di Trojano beschrieben und besungen. Das Paar war in Gott geeint „ein Herz und eine Seele", berichtet der Chronist.

Der Herzog selbst war der Inbegriff eines christlichen Fürsten und hatte in Renata die gleichgesinnte Gattin gefunden. Viele Talente und große Frömmigkeit zeichneten die junge Landesmutter aus, so daß sie bald vom Volke verehrt und geliebt wurde. Es hieß, man habe niemals ein Wort oder eine Gebärde an ihr wahrgenommen, die nicht Ausdruck ihrer Tugenden gewesen wäre. Alles, was sie tat, geschah zur Ehre Gottes. So suchte sie vor allem jeglicher Not hilfreich zu begegnen; Arme und Kranke fanden in ihr eine immer bereite Helferin, unermüdlich ging sie den Weg der Caritas. Sie speiste täglich zwölf Frauen an ihrer Tafel, die sie voll Demut und Liebe selbst bediente. Alle Jahre versorgte sie 72 arme Frauen mit Kleidung und Obdach. Sie besuchte die Kranken an ihren Betten, die Armen in ihren Behausungen und half überall mit Trost und Tat.

Der Herzog durfte von seiner frommen Gattin sagen: „Will man die Liebe malen, so muß man das Porträt der Herzogin anfertigen; denn in ihr sind alle vom Apostel angegeben Eigenschaften der Liebe vereint." (Jocham)

Renata gebahr ihrem Gemahl zehn Kinder, darunter den späteren Kurfürsten Maxi-

milian I., den Führer der Katholischen Liga, großen katholischen Held des Dreißigjährigen Krieges. Ferner Magdalena, die spätere Herzogin von Pfalz-Neuburg, die durch ihr vorbildliches Leben außer ihrem Gemahl, Herzog Wolfgang Wilhelm, auch viele Untertanen zum rechten Glauben bekehrte. Diese Verdienste sind allein der sel. Renata zu verdanken, die die Erziehung ihrer Kinder allezeit selbst überwachte. Als Herzog Wilhelm im Jahre 1597 die Regentschaft niederlegte, gelobte das Herzogpaar, sein Leben von nun an ganz im Geiste Gottes zu verbringen. Die sel. Renata empfing jede Woche die hl. Kommunion, gelobte strenge Enthaltsamkeit und widmete sich dem Gebete und der Betrachtung. Ihre Demut, Geduld und Eingezogenheit wurden als außerordentlich gepriesen. Sie gründete aus eigenen Mitteln das Elisabethenhospital und unterstützte den Herzog beim Bau des Herzogspitals – beide Stiftungen existieren in München noch heute. Ihre Enthaltsamkeit war so groß, daß sie, wie berichtet wird, „täglich kaum mehr aß als in einer Eierschale Platz hatte“, so daß die Ärzte sich wunderten, wie sie von so wenig Nahrung existieren konnte. Sie besuchte die Krankenhäuser und die Stätten des Elends „so eifrig wie andere Damen zu ihren Vergnügungen eilen“.
Sie pflegte des öfteren mit ihrem Hofstaat ihre dereinstige Grabstätte zu besuchen, denn stets hatte die Heilige ihren Tod vor Augen, dessen Tag und Stunde sie vorausgesagt hat. Um sich würdig darauf vorzubereiten, trat sie am 20. April 1602 zusammen mit ihrem Gatten ihre letzte Wallfahrt an. Zunächst ging das Herzogspaar nach Ebersberg, wo der hl. Sebastian verehrt wird; von dort zur Muttergottes von Altötting. Hier befahl die Herzogin ihr Land dem besonderen Schutze der Hl. Jungfrau – und hier erkrankte sie. Renata, die sich bewußt war, daß sie die Krankheit nicht überleben werde, traf, nach München zurückgekehrt, alle Vorbereitungen für ihr Hinscheiden. Ehe Gott sie dann am 22. Mai zu sich nahm, wiederholte die Sterbende die schönen Worte des Hohen Liedes: „Ich bin schwach vor lauter Liebe, ziehe mich zu Dir, o Herr!“
Renata wurde am 23. Mai in St. Michael, der von Herzog Wilhelm erbauten Jesuitenkirche, beigesetzt. Ihre endgültige Grabstätte fand sie in der Gruft unter dem Hochaltar dieser Kirche, wo die einfache Grabinschrift auf schwarzem Marmor von ihr kündet: Serenissima Renata, Lotharingica domo nata, Guilielmi v. Bavariae ducis conjux ... Hic deposita 23. Mai 1602.“ Das Volk trauerte um sie wie um eine Mutter.

Die heilige Magdalena Sophie Barat

Eine der bedeutendsten Frauen des letzten Jahrhunderts ist die 1925 heiliggesprochene Sophie Madeleine Barat, Gründerin der ‚Gesellschaft der Ordensfrauen vom heiligen Herzen Jesu' – Dames du Sacré Coeur –, einer für die Kirche wohl ähnlich wichtigen Genossenschaft zur Erziehung der weiblichen Jugend wie die Ursulinen, deren Gründerin die hl. Angela Merici (s. 27. Januar) war. „Cor unum et anima una in Corde Jesu" – ein Herz und eine Seele im Herzen Jesu –, diese Worte trägt das silberne Kreuz, das jede Sacré-Cœur-Schwester bei ihrer feierlichen Einkleidung zusammen mit dem Brautring entgegennimmt. Sie stammen von der hl. Magdalena Sophie Barat und können als Motto für alles angesehen werden, was sie mit ihrem Orden anstrebte.

Die Heilige war ein Kind der Revolution, sie wurde geboren am 13. Dezember 1779 zu Jougny/Yonne in Burgund als Tochter eines Winzers. Erzogen wurde sie von ihrem geistlichen Bruder Louis, dem sie eine ausgezeichnete Bildung verdankt. Allerdings war es eine strenge Schule, die sie bei ihm durchmachte, doch unterwarf sich Sophie willig dem reichhaltigen Lernpensum. Der Unterricht wurde jäh unterbrochen, weil ihr Bruder von den Jakobinern verhaftet wurde und zwei Jahre lang als Gefangener unter dauernder Lebensbedrohung in der Pariser Conciergerie zubrachte. Indessen wurde er dann entgegen allen Befürchtungen freigelassen und lebte von da ab in Paris, wo er die Priesterweihe empfing. Er nahm seine Schwester zu sich. Diese erkannte bald ihre Aufgabe in der Erziehung der durch die Revolution völlig verwahrlosten Jugend und betätigte sich als Hilfskatechetin. Ihr tugendhaftes Leben, ihre pädagogische Begabung und große Willensstärke sowie die offensichtlichen Erfolge, die ihre Tätigkeit zeitigten, machten den Jesuitenpater Varin auf sie aufmerksam. Er erkannte rasch ihre hervorragenden Fähigkeiten und gewann sie für die Gründung einer Kongregation zur Erziehung der weiblichen Jugend, namentlich der höheren Stände. Am 21. November 1800 weihte sich Sophie Barat mit drei Gefährtinnen dem heiligen Herzen Jesu. Zusammen mit einer Laienschwester übernahm sie eine Erziehungsanstalt in Amiens. Ihre erste klösterliche Genossenschaft entstand. Am 7. Juni 1802 wurde sie unter dem Namen ‚Mutter Magdalena' eingekleidet. Überraschend schnell begann der Aufstieg der ‚Dames du Sacré Cœur', deren Regel, die sich an die des Jesuitenordens anlehnte, von Papst Gregor XVI. anerkannt wurde. Drei Jahre nach der Ordensgründung wurde Mutter Magdalena zur ersten Generalobe-

rin des neuen Ordens gewählt, ein Amt, das sie zweiundsechzig Jahre lang innehatte. Mit großem Erfolg breitete sich der Orden über ganz Europa aus: Vor allem der Hochadel sandte seine Töchter zur Erziehung den Damen vom heiligen Herzen Jesu. Aber auch Waisenhäuser und Armenschulen wurden von ihnen betreut. 1818 zogen die ersten Sacré-Coeur-Schwestern nach Nordamerika.
Mutter Magdalena führte ihr großes Werk mit männlicher Energie, Rückschläge überwand sie durch ihren unverwüstlichen Mut, heftige Kämpfe nach innen und außen durch ihr großartiges Gottvertrauen. Ihre außerordentlichen Geistesgaben, ihre ganze Kraft und Klugheit setzte sie, rücksichtslos gegen sich selbst, in den Dienst ihres Werkes. Dabei war sie von zarter Gesundheit und hatte Tag für Tag ein groß Teil Selbstüberwindung zu bewältigen. Die apostolische Aufgabe der Frau als Hüterin des Glaubens und Missionarin innerhalb der Familie, von der jüdischen Religion schon lange erkannt, das wurde Magdalena bewußt. Deshalb gründete sie den Bund der ‚Marienkinder', in dem ihre ehemaligen Zöglinge auch nach ihrer Entlassung aus dem Institut weiter in ihrer Gotteshaltung bestärkt wurden. Alle seelischen Enttäuschungen, die ihr widerfuhren, und körperlichen Leiden, die ihr auferlegt waren, ertrug sie ohne Klage.
Gegen ihre Mitschwestern und gegen die Schülerinnen war die Generaloberin von wahrhaft mütterlicher Liebe und Besorgtheit, nur verlangte sie die genaueste Einhaltung der Regel und gab vor allem selbst ein Beispiel vollkommenster Regeltreue.
Magdalena Sophie Barat durfte erleben, daß ihre bescheidenen Anfänge reiche Frucht trugen: über 100 Niederlassungen mit über 4000 Ordensfrauen waren bis zum Jahre 1865 unter ihrer tatkräftigen Leitung entstanden. Sie starb am 25. Mai 1865 im Alter von fünfundachtzig Jahren in Paris. Beigesetzt wurde sie in Jette-Saint-Pierre bei Brüssel.
Dargestellt wird die heilige Magdalena Sophie in ihrer schwarzen Ordenstracht mit ovaler weißer Rüschenhaube, langem schwarzem Schleier und silbernem Brustkreuz. Heute dürfen die Sacré-Coeur-Schwestern als eine der ersten Ordensfrauen statt ihrer traditionellen Ordenstracht ganz normale weltliche Kleidung tragen.

Der heilige Beda Venerabilis

Beda der Ehrwürdige zählt seit 1899 zu den Kirchenlehrern. Er ist der erste wissenschaftliche Theologe des Mittelalters, dessen Werke fast das gesamte Gebiet des damaligen Wissens umfassen: Grammatik, Metrik, Rhetorik, Mathematik, Physik, Meteorologie, Astronomie, Musik, Poesie, Hagiographie. Als mystisch-allegorischer Schriftdeuter gilt er als ein Vorläufer der Scholastik und wird als ,Vater der englischen Geschichtsschreibung' bezeichnet. Er hat die erste Klostergeschichte des Abendlandes verfaßt, und zwar über das Kloster Wearmouth in England. Sein Martyrologium, das erste ,historische', wurde Vorbild für alle folgenden Martyrologien. Seine Schriften beeinflußten lange und nachhaltig die theologische und historische Wissenschaft des Abendlandes. Dargestellt wird der hl. Beda Venerabilis mit Federkiel und Lineal, in einem Buche studierend.

Beda wurde um 673 in Northumberland geboren. Nach dem Brauche der Zeit kam er schon mit sieben Jahren als Zögling in die Benediktinerabtei St. Paul zu Wearmouth. Später wurde er Benediktinermönch in dem neugegründeten Kloster Jarrow in Nordengland, wo er bis zu seinem Tode blieb. Er bezeugt selbst, daß er keine größere Freude kannte als Bücher, Schreibzeug, Lernen und Lehren.

Die Ordensoberen ließen den begabten Schüler schon als Neunzehnjährigen zur Diakonatsweihe zu, elf Jahre danach wurde er zum Priester geweiht. Zu dieser Zeit hatte Beda sich als Gelehrter schon einen geachteten Namen gemacht. Vor allem widmete er sich der Exegese, aber auch auf allen sonstigen Gebieten betätigte er seinen wissensdurstigen Geist. Viele Briefe und Homilien aus seiner Feder sind der Nachwelt überliefert. Ein so bedeutender Lehrer zog zahlreiche Schüler nach Jarrow. Einflußreiche und gelehrte Männer gingen aus seinem Schülerkreis hervor. Könige und Kirchenfürsten standen mit Beda in Verbindung. Groß war der Einfluß, den der stille und gelehrte Mönch von seiner Zelle aus auf das ganze Land ausübte. Sogar König Geolwulf holte sich in allen wichtigen Fragen bei ihm Rat.

Beda, dem man den Beinamen ,der Ehrwürdige' zulegte, verbrauchte bei einem solchen Arbeitspensum seine Kräfte frühzeitig; es stellten sich verschiedene quälende Leiden bei ihm ein, die ihn aber in seiner wissenschaftlichen Tätigkeit nicht zu hemmen vermochten. Er arbeitete bis zum letzten Tage, ja, wie berichtet wird, bis zur letzten Stunde seines Lebens. Als ihn nämlich sein Schreiber daran erinnerte, daß noch ein Satz vom letzten Diktat fehlte, holte er das Versäumte mit seiner letzten Kraft bereitwillig nach. Dann sprach er aufatmend: „Es ist vollbracht!" Mit einer Lobpreisung Gottes auf den Lippen verschied der große Benediktiner am 26. Mai 735. Sein Grab befindet sich in Durham in der Nähe von Jarrow.

Legende

Die ,Legenda aurea' des Jakobus de Voragine erwähnt auch diesen Heiligen und gibt eine Erklärung für seinen Namenszusatz durch folgende hübsche Legende: Beda, der berühmte Presbyter und Mönch aus England wurde unter die Schar der Heiligen aufgenommen, doch

nennt ihn die Kirche nicht ‚heilig', sondern ‚ehrwürdig'. Das geschah aus zwei Gründen. Weil der gelehrte Mönch im Alter erblindet war, mußte er einen Führer haben, der ihn auf seinen Wegen leitete, wenn er über das Wort Gottes predigen wollte. Nun geschah es einmal, daß sie bei einer solchen Gelegenheit durch ein einsames Tal zogen, das voller Steine lag. Da ergriff den Jünger die Spottlust, und er sagte zum Spaß zu dem Blinden, daselbst sei viel Volk versammelt, die alle andächtig und in Schweigen seiner harrten um ihn zu hören. Alsbald fing Beda mit Inbrunst an zu predigen. Als er zu Ende gekommen war, sprach er: „In Ewigkeit..." Und „Amen, ehrwürdiger Vater", antworteten die Steine mit lauter Stimme. Hiervon soll ihm der Name gegeben worden sein.
Zum anderen heißt es daselbst: Nach dem Tode des Heiligen wollte ein Kleriker, der ihm sehr ergeben war, eine Inschrift verfassen, um damit seinen Grabstein zu zieren. Er konnte aber den Spruch nicht ausfindig machen, weil sich das Maß des Verses nicht fügen wollte. Als er nun die ganze Nacht vergeblich darüber nachgedacht hatte und morgens zu dem Grabe kam, fand er von Engelhand den Vers gemeißelt und vollendet. Auf dem Steine stand zu lesen: „Hac sunt in fossa, Beda venerabilis ossa."

Der heilige Philippus Neri

Die Gestalt dieses Heiligen „hat ihr geistliches Licht mit heiterer und zwingender Kraft über das Rom des 16. Jahrhunderts geworfen. Dieser außerordentliche Mann, der so ernsthaft demütig war, daß er gegen Ende seines Lebens äußerte, nun sei es wirklich an der Zeit für ihn, endlich mit dem Gutsein und dem rechten Lebenswandel anzufangen, hat in der diffusen und von trüben religiösen Vorläufigkeiten erfüllten Stadt Rom ein neues Element in die Frömmigkeit eingeführt, das bis dahin beinahe als blasphemisch gegolten hatte: den Humor. Er ist der lachende Heilige, der seinen begeisterten jugendlichen Zuhörern die merkwürdigsten Witze erzählt, der sich, so bald es um ihn und seine mystische Gottnähe ernst wurde, in die verfallenen Schlupfwinkel der Katakomben verkroch, aus denen er dann wieder strahlend, lebensfreudig und von schallendem Gelächter begleitet, hervorkam. Dieser berühmte schöne alte Mann, den ein Zeitgenosse mit einem blütenweißen Hermelin verglich, war ein geniales Vorbild für die ‚Allegria religiosa', der wir es verdanken, daß in der katholischen Welt, auch nach den Erschütterungen der Reformation, die Freude an der Schöpfung und am Heiligen Geist durch die Erfahrung menschlicher Trübsal und Sündhaftigkeit keine Einbuße erlitt" (Reinhard Raffalt).
Philipp Neri, der ‚fröhliche Narr', wurde im gleichen Jahr 1515 geboren wie die

heilige Teresa von Avila (s. 15. Oktober). Sein Geburtsort war Florenz, und die Liebe zu Dichtung, Musik und allen schönen Künsten verdankte er seiner Heimatstadt. Der aufgeweckte, prachtvoll veranlagte Notarssohn zeigte früh Begabung für Religion und Wissenschaft, in welche Gebiete ihn die Dominikaner von San Marco einführten, von denen er später in Rom sagte: „Was ich seit meiner Jugendzeit Gutes an mir gehabt habe, das verdanke ich den Patres von San Marco.“ Über ein Bild im Palazzo Doria, das den Heiligen im Knabenalter darstellt, schrieb Goethe: „Man wüßte sich keinen gesünderen, geradsinnigeren Knaben zu denken.“

Ein kinderloser Onkel nahm Philipp zu sich, damit er ihn in seinem Kontor ausbilden konnte mit dem Ziel, ihm sein Geschäft eines Tages zu übergeben. Philipp aber merkte bald, daß er sich zu diesem Berufe nicht eigne. Er schlug das vielversprechende Erbe aus und wanderte fröhlichen Sinnes, völlig mittellos nach Rom. Dort traf er zufällig einen florentinischen Adeligen, den Baron Caccia, der ihm eine bescheidene Kammer zur Verfügung stellte und ihm die Erziehung seiner Kinder anvertraute. Seine Tätigkeit ließ ihm genügend Zeit, um die ewige Stadt zu besichtigen. So entdeckte Philipp das Urchristentum in den Katakomben von S. Sebastiano, wo er in innige Andacht versunken betend und betrachtend an den Gräbern der Märtyrer weilte. Die Flamme der Liebe zu Gott strahlte gerade dort so mächtig, daß er zu Boden sank und ausrief: „Es ist genug, o Herr, es ist genug! Halte ein den Strom Deiner Tröstungen, ich bin nicht imstande, eine solche Fülle himmlischer Wonne zu ertragen! Mein Gott, da Du so liebenswürdig bist, warum hast Du mir kein Herz gegeben, Dich würdig zu lieben?“

Es begann die Zeit seines Apostolats, das Rom und damit die ganze katholische Kirche verwandeln sollte. Seine reformierende Wirksamkeit vollzog sich unendlich behutsam, demütig, geduldig und mit unwiderstehlicher Fröhlichkeit und Güte. Er diente den Kranken in den Spitälern, unterhielt sich mit den Handwerkern und Händlern, sprach mit den Leuten auf dem Markt und heiterte die Menschen auf mit seinem frohen Wesen. Er pflegte die Straßenjugend um sich zu versammeln und spielte mit ihr auf den Hängen des Janicolus. Er gründete die Bruderschaft zur Heiligen Dreifaltigkeit zur Pflege von Rompilgern und Genesenden. Im Jubeljahr 1650 sollen von dieser Bruderschaft, wie eine alte Chronik berichtet, über dreihunderttausend Pilger beherbergt worden sein.

Schließlich interessierte sich der römische Klerus für ihn und erreichte, daß Philipp sich, schon sechsunddreißig Jahre alt, endlich zum Priester weihen ließ. Jetzt begann seine segensreiche Tätigkeit im Beichtstuhl von S. Maria in Vallicella, wo er nicht selten zwölf bis fünfzehn Stunden täglich zubrachte. Ganz Rom hatte sich ihn zu seinem Beichtvater gewählt, denn das Zutrauen zu ihm war unbeschreiblich. Ob einfacher Tagelöhner oder Mitglied der Kurie, alle unterwarfen sie sich demütig seiner Buße. Mehrmals im Jahr, besonders zur Fastnachtszeit, zog er mit seinen Beichtkindern in einer riesigen Prozession zu den sieben Hauptkirchen Roms. Oft wuchs die Zahl der Wallfahrer zu Tausenden an, und sogar Kardinäle und Päpste nahmen daran teil. Philipp verstand sich als der Apostel des römischen Volkes und hielt ihnen flammende Predigten. Wer ihn einmal gehört hatte, kam nicht mehr los von ihm. Mit den eifrigsten seiner Schüler traf er sich zu Gebet und Gesang allwöchentlich in S. Girolamo. Philipp gab diesen Versammlungen die Bezeichnung ‚Oratorium', und hieraus entwickelte sich die Kongregation gleichen Namens.

Aber die Missionsmethode Philipps stieß bei vielen auch auf Widerstand. Spott, Schimpf und Verleumdung über ihn wechselten einander ab. Die Anschuldigungen waren so schwer, daß man ihm sogar verbot, die Messe zu lesen und die Beichte zu hören. Philipp ertrug es mit Demut und sprach: „O wie gütig ist Gott, daß er mich demütigt!" Bald hob man die Strafe auf und einer der Hauptspötter, jetzt ganz von seiner wahren Heiligkeit überzeugt, bat ihn um Verzeihung und wurde ein eifriger Schüler von ihm.

Der hl. Philipp schlug alle Ehren, die man ihm anbot, sowie hohe kirchliche Stellungen und Ämter aus, und als er bemerkte, daß er anfing, ein berühmter Mann zu werden, bediente er sich einer merkwürdigen Waffe zur Abwehr: er machte sich zum Narren. Er begann mit den abenteuerlichsten Streichen, um sich selber der Lächerlichkeit preiszugeben. So sah man ihn mit halbrasiertem Bart durch die Straßen wandern, oder wie ein ABC-Schütze in einem großen Buch buchstabieren. Dann wieder ging er in einem kostbaren Pelz aus, um den Ruf seiner Armut zu zerstören, oder er zeigte sich den Leuten, indem er wie ein Geck an einem Ginsterstrauch roch. Eines Tages erschien er in einem knallroten Hemd, damit die Leute an seiner priesterlichen Kleidung Anstoß nehmen sollten. Vornehmen Besuchern, die von weither angereist kamen, um ihn zu sehen und zu sprechen, suchte er auf alle mögliche Weise eine geringschätzige Meinung über sich beizubringen. Doch niemand glaubte ihm diese Possen, und die Anhängerschaft wurde nur noch größer. Sogar Ignatius und Karl Borromäus sollen zu seinen Hörern gezählt haben. Die von ihm gegründeten Oratorianer, zu denen man sich zumal aus gelehrten Kreisen drängte, wurden zu einer Stätte tiefster religiöser Bildung. Philipp starb als Achtzigjähriger am Abend des Fronleichnamstages im Jahre 1595. Die Römer nannten ihren Heiligen: „Il Santo". Und noch heute schützt er diese Stadt, der sein Herz gehörte. Sein Grab fand er in der von ihm begründeten Chiesa Nuova, wo man es besuchen kann. 1622 erhob ihn die Kirche zur Ehre der Altäre.

Der hl. Philippus Neri wird dargestellt als Oratorianer mit Stock und Rosenkranz, mit flammendem Herzen.

Legendäres

„Philippus Neri steht in hohem Ansehen und heiterem Andenken", schreibt Goethe über den Heiligen, und erzählt uns in seiner ‚Italienischen Reise' manch erbauliche Geschichte von dem ‚humoristischen Heiligen', darunter folgendes: Philipp befindet sich zum Beispiel eben in der Nähe des Papstes, als diesem berichtet wird, daß in der Nähe von Rom eine Klosterfrau mit allerlei wunderlichen geistlichen Gaben sich hervortue. Die Wahrhaftigkeit dieser Erzählungen zu untersuchen, erhält Neri den Auftrag. Er setzt sich sogleich aufs Maultier und ist bei sehr bösem Wetter und Weg bald im Kloster. Eingeführt, unterhält er sich mit der Äbtissin, die ihm von allen diesen Gnadenzeichen mit vollkommener Beistimmung genaueste Kenntnis gibt. Die geforderte Nonne tritt ein, und er, ohne sie weiter zu begrüßen, reicht ihr den kotigen Stiefel hin, mit dem Ansinnen, daß sie ihn ausziehen solle. Die fromme, reinliche Jungfrau tritt erschrocken zurück und gibt ihre Entrüstung über dieses Zumuten mit heftigen Worten zu erkennen. Neri erhebt sich ganz gelassen, besteigt sein Maultier und findet sich wieder vor dem Papst, ehe es dieser nur vermuten konnte. Dem verwunderten Papste eröffnete Neri kurz das Resultat. „Sie ist keine Heilige", ruft er aus, „sie tut keine Wunder! Denn die Haupteigenschaft fehlt ihr: die Demut."

Diese Maxime kann man als leitendes Prinzip seines ganzen Lebens ansehen; denn – so berichtet Goethe weiter – als er die Kongregation der Padri dell'Oratorio gestiftet hatte, die sich bald ein großes Ansehen erwarb und gar vielen den Wunsch einflößte, Mitglied derselben zu werden, kam ein junger römischer Prinz, um Aufnahme bittend, welchem denn auch das Noviziat und die demselben angewiesene Kleidung zugestanden wurde. Da er aber nach einiger Zeit um endgültigen Eintritt nachsuchte, hieß es, daß vorher noch einige Prüfungen zu bestehen seien, wozu er sich denn auch bereit erklärte. Da brachte Neri einen langen Fuchsschwanz hervor und forderte, der Prinz solle diesen sich hinten an das lange Röckchen anheften lassen und ganz ernsthaft durch alle Straßen von Rom gehen. Der junge Mann entsetzte sich wie oben die Nonne und äußerte: Er habe sich gemeldet, nicht um Schande, sondern um Ehre zu erlangen. Da meinte denn Vater Neri, dies sei von ihrem Kreise nicht zu erwarten, wo die höchste Entsagung das erste Gesetz bleibe. Worauf denn der Jüngling seinen Abschied nahm.

Wenn die Ekstasen über Philippus kamen, so suchte er ihnen mit Gewalt zu entrinnen. So geschah es einmal, daß er in dem Augenblick, da er sich wieder von übernatürlichen Kräften davongetragen fühlte, einen Schweizergardisten, der gerade neben ihm stand, völlig grundlos am Barte zupfte, um sich mit Gewalt zu ernüchtern.

Von seinen ‚Elevationen' hat noch der französische Gesandte de Brosse zu Beginn des 18. Jahrhunderts in Rom verschiedenes in Erfahrung gebracht und berichtet darüber in seinen berühmten Reisebriefen. Man hat ihm erzählt, daß einmal ein Besucher von S. Maria in Vallicella, der Kirche, in der der Heilige viele Stunden im Beichtstuhl verbrachte, zu seiner größten Verwunderung vor dem Hauptaltar einen schwebenden Menschen erblickte, der offenbar ganz im Gebet versunken war. Einen Laienbruder, der die Kirche putzte, schien das überhaupt nicht zu berühren, denn er kehrte unbekümmert mit seinem Besen unter dem Beter her. Auf die erstaunte Frage des Besuchers, was sich denn hier Wunderbares ereigne, antwortete er: „Gar nichts! Vater Philippus ist nur in Verzückung", als sei dies die selbstverständlichste Sache der Welt.

Die heilige Blandina

(Gedenken: 2. Juni)

Von den Blutzeugen, die im Jahre 177 unter Kaiser Marc Aurel litten, haben wir genaue zeitgenössische Kunde. Die Gemeinde von Lyon gab darüber einen Bericht in einem Briefe an die Gemeinden von Kleinasien und Phrygien. Überbringer war der Priester Irenäus aus Lyon. Eusebius von Cäsarea nahm den Bericht in seine Kirchengeschichte auf.

Man könnte den Bericht mit dem Christuswort überschreiben: „Es wird eine Zeit kommen, wo der, welcher euch tötet, glauben wird, Gott einen Dienst zu tun" (Joh. 16,2).

Hauptargument der aufgebrachten Heiden war die Behauptung: die Christen töteten bei ihrem Meßopfer ein Kind und äßen das geopferte Fleisch und tränken dessen Blut. Diese absurde Denkweise erklärt sich aus dem für die damaligen Heiden nicht verständlichen Ritus der christlichen Meßfeier. Sie konnten sich eine unblutige Opferfeier gar nicht vorstellen. Die aus dem Zusammenhang gerissenen Wandlungsworte der heiligen Eucharistie taten ein übriges um sie in ihrem Irrglauben zu bestärken. Eine weitere schwere Anklage war die angebliche Blutschande unter den Christen. Dieser Irrtum beruhte auf der frühchristlichen Bezeichnung der Gemeindemitglieder untereinander, die sich mit ‚Bruder' und ‚Schwester' anredeten.

Dieser für uns unvorstellbaren Taten bezichtigte man auch die hl. Blandina, unsere Tagesheilige. Zusammen mit Ponthius, dem Bischof von Lyon, dem Diakon Sanctus von Vienne, Maturus und dem erst aus Kleinasien zugezogenen Attalus saß sie im Gefängnis und wartete auf ihren Tod.

Blandina war sehr schwächlich und die Folterknechte glaubten, gerade sie durch die Folter zum Glaubensabfall bewegen zu können. Man führte sie in die Arena und band sie an einen Pfahl, auf daß die wehrlose Christin von den hungrigen Löwen zerfleischt würde. Aber die Löwen waren wie gebannt, legten sich ihr sogar zu Füßen und leckten ihre Wunden. Um sie trotzdem zum Übertritt zu

veranlassen, wurde sie gezwungen, mitanzusehen, wie andere Glaubensbrüder vor ihren Augen grausam gefoltert und von den wilden Tieren schließlich zerrissen wurden. Die tapfere Christin geißelte man, wickelte sie in ein Netz und gab sie einem rasenden Stier preis. Da er sie aber auch nicht zu töten vermochte, wurde sie schließlich mit einem Schwert enthauptet.
Die hl. Blandina wird dargestellt: Stier neben sich und Netz oder Rost in der Hand. Sie ist die Patronin der Dienstmägde und der Jungfrauen. In Poitiers in Frankreich wurde später ihr zu Ehren der Blandinenverein gegründet, der sich weiblicher Dienstboten annimmt.

Der heilige Germanus von Paris

Germanus bedeutet ‚der Bruder, der Brüderliche'. Es gibt mehrere Heilige dieses Namens; nämlich Germanus, den Gründerabt von Münster-Granfelden bei Basel in der Nordschweiz, geboren zu Trier, Mönch in Luxeuil und Kulturbringer für das Münstertal, als Märtyrer gestorben am 21. Februar 677, Fest am 21. Februar. Ferner Germanus Bischof von Auxerre, dessen Fest die Kirche am 31. Juli begeht. Er wurde bei Paris um 378 geboren und war 418 Bischof von Auxerre, „mächtig durch Wort, Tat und Wunder". Er starb am 31. Juli 448 in Ravenna. An seinem Grabe in Auxerre baute die hl. Klothilde (s. 3. Juni) eine Kirche, die zur bedeutendsten Reliquienstätte Frankreichs wurde. Franz von Sales hat ihn den ‚Wundertäter der Gallier' genannt. Schließlich Germanus, Bischof von Paris. Er wurde begraben in dem von ihm gegründeten Kloster St. Germain-des-Près in Paris, seine Reliquien sind jedoch während der Französischen Revolution zerstreut worden. Sein Fest ist am 28. Mai.
Eine alte Chronik erzählt die mit Legendärem vermischte Geschichte des hl. Germanus von Paris wie folgt:
Germanus verdankte schon sein Dasein dem Schutze Gottes, denn seine Mutter kam wegen der vielen Kinder, die sie hatte, auf den Gedanken, ihn vor seiner Geburt zu töten. Allein alle Mittel, die sie anwendete, halfen nichts: Germanus erblickte gesund und kräftig in der Nähe von Autun in Frankreich im Jahre 496 das Licht der Welt. Eine zweite Gefahr überstand er ebenfalls glücklich. Seine Tante, ein boshaftes Weib, die selbst einen Sohn hatte, wollte Germanus um der Erbschaft willen aus dem Wege räumen. Sie füllte zwei Gläser mit Wein, in das eine hatte sie Gift gemischt und befahl der Magd, die Getränke den beiden Knaben zu bringen. Diese verwechselte die Gläser, und der andere trank das Gift; Germanus aber war gerettet.

Um weiteren Gefahren zu entgehen, begab sich Germanus nun zu seinem Vetter, der ein überaus frommer Priester war, ihn liebevoll aufnahm und aufs sorgfältigste unterrichtete. Sie lebten ein gottgefälliges Leben, studierten und beteten miteinander und übten sich in strengen Abtötungen. Fünfzehn Jahre lebte Germanus bei diesem Priester, da bestimmte ihn der selige Agrippinus, Bischof von Autun, der von seiner großen Frömmigkeit gehört hatte, zum Abte des Klosters St. Symphorian, nachdem er ihm die Priesterweihe gespendet hatte.
Das geschah um das Jahr 540. Germanus aber blieb frei von jeder Überheblichkeit, er hielt sich für den letzten der Brüder und hatte keine andere Freude als den Armen Gutes zu tun, die er beherbergte, speiste und kleidete. Als eines Tages kein Stücklein Brot mehr im Kloster war, weil Germanus alles verteilt hatte, murrten die Mönche. Da ging er stille in seine Zelle und flehte dort vertrauensvoll Gott um Hilfe an. Als er sein Gebet kaum beendet hatte, siehe, da hielten an der Klosterpforte zwei Saumrosse, die waren mit Lebensmitteln schwer beladen: eine fromme Frau hatte sie geschickt. Des anderen Tags kamen neue Vorräte. Da schämten sich die Mönche und verehrten fortan ihren Abt wie einen Heiligen. Er lebte aber auch so gottergeben, daß er allen ein Beispiel war.
Als der Bischof von Paris starb, wurde Germanus, der überall wegen seines frommen Wandels bekannt war, zu dessen Nachfolger gewählt. Vier Jahre zuvor hatte Gott ihm das in einem Traumgesicht angedeutet. Es war ihm ein ehrwürdiger Greis erschienen, der ihm die Schlüssel von den Toren der Stadt Paris mit den Worten übergab: „Ich gebe dir diese Schlüssel, damit du die Einwohner von Paris vor dem Untergange rettest." Das Leben des neuen Bischofs war durch und durch apostolisch. Denn fast die ganze Nacht widmete er dem Gebet, sommers und winters trug er dieselbe ärmliche Kleidung, sein Zimmer ließ er auch bei der strengsten Kälte nicht heizen, an seinem Tisch, der immer nur mit einfachen Speisen besetzt war, hatte er gewöhnlich mehrere Arme um sich, die er selbst bediente. Jede Stunde des Tages war er für Unglückliche und Notleidende zu sprechen. Er predigte mit dem größten Eifer, und bald war die Stadt Paris wie umgewandelt. Alle fühlten sich durch ihn zu einem besseren Leben gemahnt. Sogar der König begann sein Leben zu ändern und suchte durch Almosen seine Sünden zu tilgen. Wenn die Not gar so groß war, ließ er ohne Zögern seine Geräte aus Gold und Silber einschmelzen und übergab den Erlös dem Bischof zu Werken der Liebe. König Childebert wurde aber von dem heiligen Bischof an Barmherzigkeit noch übertroffen. Er hatte dem Heiligen ein Pferd zum Gebrauch geschenkt unter der Bedingung, es niemals wegzugeben, denn er wußte, daß Germanus alles verschenkte. Längere Zeit befolgte der Bischof den Wunsch des Königs. Als er aber einmal einen Gefangenen in größer Not sah, verkaufte er sein Pferd dennoch und löste damit den Gefangenen aus, denn er hatte ein großes Mitleid mit Gefangenen,

die damals sehr hart behandelt wurden. Gebet, Fürbitten und Geld wendete er auf, um sie zu befreien. Daher bekam er auch das Patronat der Gefangenen.
Viel hatte der hl. Germanus im Weinberge des Herrn gearbeitet, Tausende von Sündern bekehrt, die Tränen zahlloser Unglücklicher getrocknet und überall das Reich Gottes auszubreiten gesucht. Da rief ihn der Herr am 28. Mai 576 zu sich. Sein Grab verherrlichte er durch große Wunder.
Dargestellt wird der hl. Germanus in bischöflicher Kleidung, Ketten und Schlüssel in der Hand, ein brennendes Haus neben sich, das durch sein Gebet gelöscht wurde.
Er ist Patron der Gefangenen, der Musik; und Schutzheiliger gegen Feuersbrunst und Fieber.

Die selige Mechthild (Mathilde, Meta) von Diessen *(Gedenken: 31. Mai)*

Die sel. Mechthild von Diessen oder vom Ammersee, auch Mechthild von Edelstetten nach der Stätte ihres späteren Wirkens benannt, ist eine unter den vielen Söhnen und Töchtern des bayerischen Adels, die das Volk als Heilige verehrt und die auch vielfach von der Kirche zur Ehre der Altäre erhoben wurden. Das mächtige Geschlecht der Grafen von Diessen-Andechs-Meran schenkte der Kirche so viele Heilige und Selige wie kaum eine andere Familie. Darunter befindet sich der hl. Rasso, jener berühmte Kreuzfahrer und Kriegsheld des 10. Jahrhunderts, der von seinem Zug ins Heilige Land kostbare Reliquien mitbrachte und damit den Wallfahrtsort Andechs begründete. Rasso starb im Jahre 954 und wurde im Franziskanerkloster Grafrath beigesetzt; sein Fest ist am 19. Juni; ferner die hl. Hedwig von Schlesien (s. 17. November) sowie die hl. Elisabeth von Thüringen (s. 19. November). Eine Schwester Mechthilds war die hl. Euphemia, Äbtissin der Benediktinerinnen von Altomünster. Sie wurde in Diessen neben ihr begraben; ihr Gedenktag ist der 16. Juni. Das vorzüglich erhaltene Deckenfresko im Altarraum der heutigen Stiftskirche zu Diessen am Ammersee zeigt 28 Heilige und Selige aus diesem Grafengeschlecht. Demütig und stolz zugleich kündet die Umschrift ‚Der Ruhm eines Geschlechtes sind seine Heiligen'.
Die sel. Mechthild war die Tochter des Grafen Berthold II.; ihr Geburtsjahr wird mit 1125 angegeben. Schon dem Kind offenbarte sich der Wille Gottes: Seine Eltern bestimmten es für das geistliche Leben und übergaben die Fünfjährige dem Kanonissenstift St. Stephan in Diessen zur Erziehung. Hier erhielt Mechthild den besten Unterricht, nach dessen Beendigung sie ohne Zögern den Entschluß faßte, die Welt zu verlassen. Sie wurde Chorfrau im Augustinerinnenstift zu Diessen.

Mit tiefem Ernst versuchte sie ihren neuen Verpflichtungen gerecht zu werden. Um sich in der christlichen Tugend der Demut zu üben, unterwarf sie sich den niedrigsten Arbeiten. Jedoch mag die Rücksicht auf ihre hohe Herkunft mitbestimmend gewesen sein, daß man sie in jungen Jahren bereits zur Magistra wählte. Damit oblag ihr neben der Verwaltung des Stiftes vor allem die Leitung der Stiftsschule. Alten Berichten zufolge muß Mechthild über ein ausgesprochen pädagogisches Talent verfügt haben. Mit ihrem jungen, frischen Wesen und ihrer Bescheidenheit, die sich mit dem Einfachsten begnügte, eroberte sie sich das Vertrauen ihrer Untergebenen und die Liebe ihrer Schülerinnen.

Mit achtundzwanzig wurde Mechthild auf ein schwierigeres Arbeitsfeld berufen: der Bischof von Augsburg befahl ihr, die Wahl der Äbtissin des Klosters Edelstetten bei Krumbach in Schwaben anzunehmen. Allerdings bedurfte es noch eines Machtwortes seitens des Papstes Anastasius IV., bis sie sich bereit erklärte, sich dieser Würde zu stellen. Das Frauenstift war zu dieser Zeit durch widrige Verhältnisse sehr heruntergewirtschaftet. Mechthild erreichte wenigstens, daß die wirtschaftliche Lage des Klosters sich unter ihrer Leitung besserte, indes gelang es ihr nicht, trotz ihres beispielhaften Vorlebens der christlichen Tugenden, trotz ihres hingebenden Gebets und der liebevollen Güte, mit der sie um das leibliche und geistliche Wohl der ihr anvertrauten Schwestern besorgt war, eine grundlegende Veränderung des inneren Lebens im Kloster herbeizuführen. Für ihre eigene Person befleißigte sie sich eines nie nachlassenden Bußeifers; tagelang sah man sie fasten, sie verzichtete all ihr Leben lang auf jegliche Fleischspeise und trank niemals Wein. Auch führte sie alle möglichen Verbesserungen und Reformen ein. Die Leute aus der Umgegend kamen mit ihren Anliegen ratheischend zu der frommen und klugen Äbtissin. Aber ihre Bemühungen blieben letzten Endes ohne Erfolg. Müde und enttäuscht kehrte sie nach einigen Jahren wieder in ihr geliebtes Kanonissenstift nach Diessen zurück. Sie war in dieser Zeit trotz ihrer Jugend zu einer leidenden Frau geworden. Alle weltlichen Interessen waren von ihr abgefallen, ihre Seele klammerte sich jetzt nur noch an Gott. Zu Ostern 1160 wurde sie ernstlich krank und starb am 31. Mai. Begraben wurde sie in Diessen.

Über die Wunder, mit denen Gott seine Erwählte verherrlichte, wird berichtet, daß sie Besessene geheilt hat, Stummen die Sprache und einer am Auge verletzten Schwester durch bloße Berührung das Gesicht wiedergab. Auch geriet die Selige oftmals in Verzückung. Daß ihre Gebeine bei ihrer Erhebung im Jahre 1468 „unverdorben“ aufgefunden wurden, kann ebenfalls ein Wunder genannt werden. Neben ihnen lag unzerstört der Schleier, der einst ihr Angesicht verhüllt hatte, als sie Braut Christi wurde.

Das Diessener Frauenstift löste sich im 14. Jahrhundert auf. Das benachbarte Augustinerchorherrenstift übernahm die Obhut über die Kirche und das Grab der

Seligen. Als die jetzige prachtvolle Kirche entstand (1728–1755), wurden ihre Reliquien in einem Glasschrein auf dem St. Magdalenenaltar geborgen, wo sie bis heute verehrt werden.
Die sel. Mechthild wird angerufen bei Augenleiden und Kopfweh sowie gegen Gewitterschäden. Dargestellt wird sie als Nonne mit Äbtissinenstab und einem Kelch mit Hostien in der Hand. Ein alter Stich zeigt die Selige, wie sie die kranken Augen einer Mitschwester berührt und dadurch heilt, ein schönes Barockbild von ihr wird in der Sakristei der Stiftskirche zusammen mit einem Bild des hl. Rasso von der gleichen Hand aufbewahrt.

Die heilige Johanna von Orléans

Die Nationalheldin und -heilige Frankreichs ‚Jeanne d'Arc' ist weltbekannt. Ihre Geschichte hat zu allen Zeiten Dichter und Historiker beschäftigt, Schiller und Shaw behandelten ihr Leben in berühmten Theaterstücken. Indessen ist die Gestalt dieser kühnen Jungfrau umstritten, und trotz ihrer Heiligsprechung durch die Kirche am 16. Mai 1920 tauchen immer wieder – auch in jüngster Zeit – Veröffentlichungen auf, die ihre Taten und Identität abstreiten wollen. Dabei sind gerade in ihren Selig- und Heiligsprechungsprozessen die notwendigen Untersuchungen mit einer Gründlichkeit betrieben worden, die keinen Zweifel lassen an der Integrität der Jeanne d'Arc. Papst Benedikt XV. hat ausdrücklich erklärt, daß über ihre prophetische Gabe, ihre katholische Gesinnung, die Unsträflichkeit ihrer Sitten sowie ihre unbefleckte Jungfrauenschaft – es wurde u. a. behauptet, sie habe Kinder gehabt! – kein Zweifel bestehe. „Dieses rätselhafte Mädchen stellte", so schreibt Walter Nigg, „die Antwort des Himmels auf den Verzweiflungsschrei einer Nation dar." Und weiter: „. . . sie ist als heilige Gestalt zu verstehen . . . Freilich entspricht ihre Heiligkeit nicht den üblichen Vorstellungen. Bei ihr gibt es keine ‚Entwicklung'. Wenn sie in Erscheinung tritt, ist sie schon die Heilige und bleibt es bis zum Ende." Reinhold Schneider sagte über sie: „Mit ihr ist das vollkommen Reine in die Geschichte eingetreten." Ihre unnahbare Heiligkeit beruht auf der Nähe des Göttlichen, welche sie über das Menschenmögliche weit hinausgehende Taten vollbringen ließ.
Bei Johanna von Orléans wäre eine Trennung von Leben und Legende nicht angebracht, denn das Unwirkliche, Unerfaßbare ist hier zur Lebensrealität geworden und Ausgangspunkt für ihr wunderbares Wirken in der Welt. Ihr Auftreten umfaßt nur eine ganz kurze Zeitspanne: als siebzehnjähriges Mädchen zog sie aus,

um das von den Engländern besetzte Frankreich zurückzuerobern, und starb als Neunzehnjährige nach unvergleichlichen Siegeszügen auf dem Scheiterhaufen. 1849 wurden die noch vollständig erhaltenen Prozeßakten veröffentlicht. Aus ihnen erfahren wir ihr Leben, bei dessen Darstellung wir im wesentlichen dem Text von G. Kranz – wenn auch auszugsweise – folgen.

Jeanne d'Arc wurde um 1412 als Bauerstochter in dem Dorfe Domrémy in Lothringen geboren. Von früher Kindheit an mußte sie mitarbeiten. Sie konnte weder lesen noch schreiben. Sie war fromm, jedoch ohne jede Überspanntheit und auf eine ganz natürliche Weise. Fröhlichen Gemüts nahm sie an den Dorffestlichkeiten teil. Zeugen gaben später zu Protokoll, sie sei weder abergläubisch gewesen noch habe sie einen Hang zum Übernatürlichen gehabt. Eines Tages, Johanna war dreizehn Jahre alt, vernahm sie im Garten ihres Elternhauses plötzlich eine helle Stimme. Sie sah zunächst nichts, denn ein strahlendes Licht blendete ihre Augen. Voll tiefen Erschreckens erkannte sie dann eine überirdische Gestalt, die sich ihr als der gewaltige Erzengel Michael offenbarte. Er verkündete ihr, daß die hl. Katharina und die hl. Margaretha, die zu den frühchristlichen Märtyrern gehörten und den vierzehn Nothelfern beigezählt werden, ihr erscheinen würden. Und tatsächlich besuchten diese himmlischen Gestalten das arme Dorfmädchen bald darauf und sprachen mit ihr. Dieses Vorkommnis ist keine Legende. Johanna selbst verfocht später bei Gericht die Wahrheit ihrer Visionen und ging für sie in den Tod. „Alles, was ich getan habe, habe ich auf Befehl der Stimmen getan." Sie beteuerte vor den Richtern: „Ich habe sie mit den Augen meines Leibes gesehen, geradeso gut wie ich Euch jetzt vor mir sehe!" Man wollte ihr nicht glauben und hielt es für Vorspiegelungen des Teufels. Alle psychologischen Erklärungsversuche treffen für Johanna nicht zu. Sie war, wie urkundlich bestätigt wurde, ein geistig und körperlich gesundes Bauernmädchen, eine nüchterne, aller Schwärmerei abholde Natur. Unablässig forderten die Stimmen, wie sie sie nannte, von Johanna, dem König von Frankreich zu Hilfe zu eilen und das bedrängte Vaterland zu retten. Frankreich befand sich bereits seit neunzig Jahren in dem schwersten Krieg seiner Geschichte und schien unaufhaltsam zum Vasallenstaat Englands erniedrigt zu werden. Hungersnöte und Seuchen breiteten sich aus, politische Gegensätze innerhalb des Landes zerrissen die Nation, der König war nicht einmal gekrönt, seine legitime Geburt wurde angezweifelt. Der Feind stand vor Orléans. Erschreckt lehnte die Halbwüchsige die an sie gestellte Forderung ab. Wie sollte sie das vom Untergang bedrohte Vaterland retten können? „Ich bin ja nur ein armes Mädchen und verstehe nichts vom Reiten und Kriegführen." Und später, als sie schon im Felde stand: „Ich würde lieber neben meiner armen Mutter spinnen, denn dies hier ist nichts für mich." Johanna behielt ihr Geheimnis für sich, ganz allein suchte sie mit ihrer Berufung fertig zu werden. Karl VII. war der einzige Mensch, dem sie

den ganzen Inhalt ihrer Offenbarungen mitteilte. Auch vor ihren Richtern machte sie nur einsilbig und gezwungenermaßen Andeutungen über ihre Erscheinungen. Nachdem die himmlischen Mächte sie jahrelang mit ihrer Sendung vertraut gemacht und immer dringender zum Handeln gemahnt hatten, konnte sich Johanna nicht mehr entziehen. Sie verließ Vater und Mutter und machte sich auf Befehl ihrer Stimmen an ihr schweres Werk, „Gott hatte ja Befehl dazu gegeben. So war es nicht mehr als recht, daß ich es tat." Es ist ausgeschlossen, daß es dem Kopfe eines unwissenden Mädchens vom Lande entsprungen wäre, wie sie künftig handelte. Ein Staatsmann und Feldherr hätte es nicht besser machen können.
Die Stimmen wiesen sie nach Vaucouleur. Von dem Kommandanten dieses Platzes wollte sie ein Empfehlungsschreiben für ihren Weg zum Dauphin bekommen. Es wurde ein Fehlschlag. Sie versuchte es im Winter des Jahres 1429 ein zweites Mal. Diesmal wurde ihr wunderbarerweise bewilligt, was sie verlangte. Dann stieg sie in männlicher Rüstung zu Pferd, nachdem sie sich die Haare hatte kurz schneiden lassen. Ihre Männerkleidung war für die damalige Zeit etwas Unerhörtes und später bei Gericht einer der Hauptanklagepunkte. Jeanne d'Arc verteidigte sich, „Gott habe ihr diese Tracht befohlen". Sie gelangte, begleitet von zwei Rittern, nach Überwindung schwerer Hindernisse und Strapazen nach Chinon, wo sie sich sofort beim Dauphin melden ließ. Nach tagelangem Warten vorgelassen, „trat sie in großer Demut und Einfachheit vor den König". Völlig unbefangen verbeugte sie sich vor ihm und sagte: „Ich werde die Jungfrau genannt und bin von Gott gesandt, um dem Königreich und Euch Hilfe zu bringen." Aber mit tausend Bedenken hielt der Unentschlossene die Wagemutige noch hin. Zunächst mußte sie sich auf ihre Unberührtheit untersuchen lassen, dann ein theologisches Examen bestehen, wobei sie ihre Antworten mit Mutterwitz, Freimut und Unerschrockenheit erteilte. Man fand nichts Verdächtiges an ihr. Nun endlich konnte Johanna mit Karls Genehmigung zu den Truppen ins Lager zu Blois gehen. Hier teilte sie ihre Zeit zwischen Gebet und Waffenübungen. Sie hatte sofort großen Einfluß auf die Soldaten, deren sittliche Haltung sie besserte. Am 25. April brach das Heer nach Orléans auf. Mit Schwert und Banner zog die Jungfrau, auf einem weißen Pferde sitzend, in die bedrängte Stadt ein. Ein Hauch von Hoheit umgab sie, und das Gemeine wagte sich nicht an sie heran. Das Volk geriet in einen Begeisterungstaumel. Die Feldherren dagegen begegneten ihr mit sichtlicher Zurückhaltung. Ohne strategische Kenntnisse und ohne eine leitende Stellung im Heer inne zu haben, brachte Johanna ihre gewaltige Leistung zustande. Stets ging es ihr in diesem Kampf um eine religiöse Angelegenheit, für sie war es ein heiliger Krieg, der im Auftrag des Höchsten unternommen wurde. Sie weckte eine neue, auf religiösen Voraussetzungen beruhende Begeisterung beim französischen Heer. „Sie stand mit zwei Welten in gleich lebhaftem Verkehr, und als Sendbotin der

einen zu wirken berufen, mußte sie zu zweifachem Berufe auch zweifach ausgestattet sein" (G. Görres).
Ihre ‚Räte' (conseils) waren immer bei ihr. Es gelang der Jungfrau, Orléans zu entsetzen. Nur mit einer kleinen Schar Freiwilliger eroberte sie die festen Stellungen der Engländer an der Loire und befreite einen ansehnlichen Teil des Landes. Im raschen Siegeslauf führte sie dann ihren König nach Reims, um ihn dort krönen zu lassen. Damit waren ihre Hauptziele vollbracht. Nie flehte die Heilige Gottes Zorn auf ihre Feinde herab. Sie verabscheute Blutvergießen. Sie weinte Ströme von Tränen über die Toten, die ohne Sakrament gestorben waren. Ein verwundeter Engländer starb von ihr getröstet, das Haupt in ihrem Schoß. Sie hat den Krieg nicht geliebt und führte ihn nur als eine Aufgabe, die ihr vom Himmel gestellt war.
„Nach Johanna verlangt das Göttliche vom Menschen etwas Außergewöhnliches, etwas Großes, ja das Größte. Zu einer kühnen Tat hat sie aufgerufen und sie an ihrem eigenen Beispiel vorgelebt. Sie hat dem Christentum die Seele des Heroismus zurückgegeben, ... der vom letzten Mut getragen ist und der im Unterliegen seine wahre Größe beweist; – darin liegt der unwiderstehliche Zauber, den sie bis zum heutigen Tag ausstrahlt" (Nigg).
Wen Gott auserwählt hat, den pflegt er nicht zu verwöhnen. Nach Reims begann ihr schmerzensreicher Niedergang. Intrigen und Niederlagen schwächten ihre Sicherheit. Nach dem mißglückten Sturm auf Paris, der entgegen ihrem Willen zu lange hinausgezögert worden war, sah sich die Jungfrau von ihren Freunden verlassen. Im Frühjahr 1430 wurde sie vom Herzog von Burgund gefangen und den Engländern ausgeliefert. Sie hatte ihr Schicksal vorausgesehen: „Als ich vor den Gräben von Melun stand, wurde mir durch die Stimmen verraten, daß ich noch vor dem Johannistag gefangen genommen werde. Es müsse so kommen. Ich solle alles willig annehmen, Gott würde mir beistehen..." Die Engländer wandten sich an den Bischof von Beauvais, Cauchon, der zu ihnen hielt. Er erklärte, das Mädchen sei auf dem Gebiet seiner Diözese gefangen genommen worden und gehöre als Ketzerin und Hexe vor den Richterstuhl. Als Johanna es erfuhr, stürzte sie sich in einem tollkühnen, fast selbstmörderischen Fluchtversuch von der Zinne eines 20 Meter hohen Turms hinab. Sie kam mit dem Leben davon. Später bereute sie die Tat. Die Stimmen hatten ihr den Sprung verboten. Dieses einzige Mal hatte sie ihnen nicht gehorcht. In einen Eisenkäfig gesperrt, an Händen und Füßen gefesselt, mußte sie Furchtbares erdulden. Um ihr politisches Ziel zu erreichen und die Befreierin Frankreichs als Hexe zu stempeln, forderten die Engländer ein kirchliches Inquisitionsgericht. Neun Monate später war es so weit. Das Verfahren begann am 21. Februar 1431 und dauerte über drei Monate. „Ein großaufgemachter Schauprozeß ..., dessen Ausgang eine ausgemachte Sache war" (Bütler).
Alle Beteiligten, durch Intrigen gewonnen oder durch Drohungen eingeschüch-

tert, taten, was von ihnen verlangt wurde. Vergebens versuchte man, Johanna der Zauberei und des Aberglaubens zu überführen. Alle ihre Antworten bezeugten eindrucksvoll das Gegenteil. Ihr Gewissen war rein, und ihm mußte sie folgen, auch wenn es der Autorität widersprach. Die Kirche hat diese Haltung Johannas später durch ihre Heiligsprechung als katholisch und kirchlich anerkannt. Papst Benedikt XV. rühmte „ihren Gehorsam gegenüber den Geboten Gottes, um deren Beobachtung willen sie alles, selbst einen grausamen und ungerechten Tod erlitten hat". In ihrer unerschütterlichen Haltung vor dem Gericht bewies die Heilige eine noch erstaunlichere Tapferkeit als im Felde vor dem Feind. Ihren Widerruf, im Angesicht des Scheiterhaufens erpreßt, widerrief sie, wieder in den Kerker geführt, mit lauter Stimme. Damit war ihr Schicksal besiegelt.

Am 30. Mai 1431 in der Morgenfrühe führte man sie zur Richtstätte. Der Scheiterhaufen war auf dem Marktplatz von Rouen errichtet, sie kniete nieder, betete, verzieh ausdrücklich ihren Feinden und rief noch aus den Flammen, Gott habe sie wahrhaftig gesandt und durch seine Heiligen zu ihr gesprochen. Der Henker wurde noch am selben Tage von Reue gepackt, und der Sekretär des englischen Königs rief: „Wir sind alle verloren, denn wir haben eine Heilige verbrannt!"

Wie die Jungfrau es vorausgesagt hatte, wurden die Engländer nach ihrem Tode völlig aus Frankreich vertrieben. Nach dem endgültigen Siege bemühte sich Karl VII., ihre Ehre wieder herzustellen. Der Papst verordnete eine Untersuchung über den Prozeß. Das Revisionsverfahren enthüllte die bösartigen Machenschaften der Richter und erwies klar, daß Johanna einem ungeheuren Justizmord zum Opfer gefallen war. Fortan hat ganz Frankreich seine Heldin wie eine Heilige verehrt, und die Kirche hat sie schließlich in ihren Kalender aufgenommen. Heute gehört sie nicht mehr allein ihrem Lande, sondern der ganzen Christenheit.

Der heilige Ferdinand von Kastilien *(Gedenken: 30. Mai)*

Der Name bedeutet im Althochdeutschen ‚der Schützende'. Zwei Heilige aus königlichem Geschlecht trugen ihn. Der selige Ferdinand, Sohn König Johanns I. von Portugal, nach dem Calderon'schen Theaterstück, das sein Leben behandelt, ‚Der standhafte Prinz' genannt; Fest am 5. Juni. Und der hl. Ferdinand von Kastilien, geboren 1199, gestorben am 30. Mai 1252, kanonisiert 1621. Dieser bemühte sich während seines ganzen Lebens, die Pflichten gegen Gott mit denen seines königlichen Amtes zu vereinen.

Ferdinand, König von Kastilien und Léon, war der älteste Sohn König Alphons IX.

von Léon und der Berengaria von Kastilien. Durch seinen Großvater mütterlicherseits und den frühen Tod seines Onkels zum König von Kastilien geworden, vereinigte er die beiden Länder 1230 endgültig auf friedliche Weise zu einem unteilbaren Reich. Auf Rat seiner Mutter hatte Ferdinand sich mit der Tochter des deutschen Kaisers Philipp von Schwaben, Beatrix, vermählt. Der glücklichen Ehe entsprossen sieben Söhne und drei Töchter. Zu seinem Ratgeber, der ihn auch auf seinen Feldzügen begleitete, hatte er den gelehrten Erzbischof von Toledo, Rodriguez erwählt.

Zu dieser Zeit war ganz Südspanien noch von den Mauren besetzt. Sie stellten eine ständige Bedrohung der christlichen Kultur dar. Die alten Kathedralen und Heiligtümer Andalusiens – aber auch das Grab des hl. Jakobus in Compostela im Norden des Landes – befanden sich in ihren Händen, denn die Fürsten des Nordens hatten sich bis zur Thronbesteigung Ferdinands untereinander befehdet, ohne sich um die Gefahr zu kümmern, die durch sie für das Christentum entstanden war. Erst der junge König, zutiefst christlichen Geistes, erkannte, welche Aufgaben sich ihm hier stellten. Sicherlich hat die Erziehung seiner frommen Mutter dieses Vorhaben zur Tat reifen lassen. Stand doch Ferdinand ihr besonders nahe, wohingegen sein Vater nach der Trennung von seiner Gattin den Sohn zu seinem Leidwesen heftig bekämpfte.

Nachdem der junge Herrscher das Land befriedet, die aufrührerischen Adeligen besiegt und Ruhe und Ordnung hergestellt hatte, begann er seinen großen Kreuzzug gegen die Sarazenen, der sechsundzwanzig Jahre dauerte. Sein Bestreben ging nicht nach vergrößerter Macht, sonder allein danach, dem Namen Christi wieder Achtung zu verschaffen und dessen unversöhnlichen Feind, den Islam, aus dem christlichen Abendland zu vertreiben. Ohne fremde Hilfe gelang es ihm nach und nach, eine Anzahl glänzender Siege zu erfechten. 1236 eroberte er Cordoba und 1248 Sevilla, das indessen erst nach langer Belagerung eingenommen werden konnte. Überall ließ Ferdinand die Moscheen zu christlichen Kirchen umwandeln, die schönste von ihnen in Cordoba weihte er der Mutter Gottes. Ferdinand enthielt sich bei seinen Siegen jeder Grausamkeit. Er ließ die Ungläubigen ihre Güter verkaufen und gewährte ihnen freien Abzug. Seine Erfolge machten ihn nicht hochmütig, sondern demütig, er schrieb sie Gottes und der Heiligen Jungfrau Hilfe zu. Raubzüge waren ihm zuwider, er hatte nur ein Ziel, seine Untertanen glücklich zu wissen. Bei allen Schlachten ließ dieser wahrhaft christliche Ritter das Bild der Muttergottes vor sich hertragen, er selbst trug stets eine kleine elfenbeinerne Marienfigur um den Hals oder am Sattel. Der Islam, dessen Macht schließlich ganz gebrochen war, wurde bis nach Granada zurückgedrängt. Spanien war wieder christlich geworden. Zum Dank für seine Siege erbaute Ferdinand die Kathedrale von Burgos.

Nach dem Tode seiner Gemahlin Beatrix vermählte der König sich in zweiter Ehe, dem klugen Rat seiner Mutter folgend, mit der verwitweten Königin von Frankreich, Johanna von Poithieu. 1243 gründete er die weltbekannte Universität Salamanca. Ein besonderes Verdienst dieses gerechten Königs war die Verbesserung der Gerichtsbarkeit in seinem Lande. Er führte ein oberstes Gericht ein, an das jeder appellieren konnte, wenn er sich in seinem Recht verletzt fühlte. Auch ließ er ein neues Gesetzbuch verfassen, das allen Beamten zur Richtschnur diente. Seine Regierung wirkte sich segensreich aus.
Sein Wunsch, die Mauren bis an die afrikanische Küste zu verfolgen und dort die vielen Christensklaven zu befreien, die in hartem Frondienst für die Sarazenen arbeiteten und litten, kam nicht mehr zur Ausführung. Als er in Sevilla die Vorbereitungen für diese Expedition traf, erkrankte der Monarch tödlich. Nachdem er ein öffentliches Sündenbekenntnis abgelegt und die hl. Sakramente empfangen hatte, gab der hl. Ferdinand seinen Geist auf. Ferdinand, der „Schützer und Verteidiger" der Kirche – keinen sinnfälligeren Namen konnte man diesem Bewahrer des christlichen Glaubens geben.
Im Kleid eines armen Franziskanerbruders wurde sein Leib in der Kathedrale von Sevilla beigesetzt. Gott verherrlichte ihn durch viele Wunder.
Dargestellt wird er als König, Kreuz auf der Brust – er trug zur Buße ein härenes Kreuz mit Stacheln auf der nackten Brust –, Statue der Gottesmutter im Arm; mit Schwert auf Schimmel gegen die Mauren kämpfend, mit Schlüssel (der eroberten Städte) und Kreuzfahne. Im Kreuzgang der Kathedrale von Burgos ist der Heilige mit dem Teufel in Gestalt eines Hundes, der zu seinen Füßen liegt, zu sehen. Murillo malte ihn mit Schwert und Weltkugel und den Zeichen der Königswürde. Das Prado-Museum und der Louvre besitzen schöne Bilder von Zurbaran, die den Heiligen zum Gegenstand haben.

Der heilige Justinus Martyr *(Gedenktag: 1. Juni)*

Außer der hl. Justina, die fast immer im Zusammenhang mit dem hl. Cyprian (s. 26. September) genannt wird, zählt die Kirche unter ihre frühen heiligen Märtyrer den Philosophen des gleichen Namens, nämlich Justinus, ‚der Gerechte' genannt. Er ist der erste große Apologet der Kirche, der sich in seinen beiden Verteidigungsschriften mit den Heiden, im ‚Dialog mit Tryphon' mit den Juden und in anderen Schriften mit den Irrlehrern durch mutige Verteidigung der Lehre Christi auseinandersetzte und die erkannte Wahrheit mit seinem Blute besiegelte. Deshalb wird er auch dargestellt im Philosophenmantel mit dem Buch der Apologie; er ist der Schutzheilige des Philosophenstandes.

Justinus wurde um 105 in Sichem, heute Nablus in Palästina, aus einer heidnisch-griechischen Familie geboren. Sein Vater war als Kolonist in dieses Land gekommen. Schon als Jüngling empfand Justinus eine brennende Begierde nach der Erkenntnis der Wahrheit. Er befaßte sich mit dem Studium sämtlicher philosophischer Systeme, merkte aber bald, daß ihn keine Lehre überzeugen konnte. Er war in seiner Enttäuschung schon so weit, sich dem Skeptizismus zu verschreiben, da stieß er unversehens auf die Schriften der jüdischen Propheten, die Lehre des Alten und Neuen Testaments. So ward ihm die Tür aufgetan zur Lehre Jesu Christi. Er beschaffte sich alles, was er über die Heilsbotschaft des Evangeliums erfahren konnte. Bald darauf bekehrte er sich zum Christentum, weil er erkannte, daß er hier „die allein zuverlässige und brauchbare Philosophie" (Dial. 8) gefunden habe. In seinem Glauben an Christus wurde er noch bestärkt durch den Wandel seiner Anhänger, der Christen. Als er sah, daß sie sogar für ihren Glauben den so grausamen Märtyrertod nicht fürchteten, da widerstand er nicht länger und ließ sich taufen.

Justin wurde nicht Priester, sondern er blieb ein Wanderlehrer im griechischen Philosophenmantel, der nun selbst, wohin er auch kam, die erkannte Wahrheit verkündete. Sein Weg führte ihn von Palästina über Kleinasien und Griechenland nach Rom. Seine Zuhörerschaft kam fast ausschließlich aus den gebildeten, intelektuellen Kreisen, die sich von den ungelehrten christlichen Bischöfen, die in ihrer Schlichtheit sich mehr an die unteren Stände wandten, nicht überzeugen ließen. Leider sind uns seine zahlreichen Verteidigungsschriften im Original nicht erhalten geblieben. Die Abschriften des Hochmittelalters lassen aber dennoch jenes präzise, philosophische Gedankengebäude erkennen, das ihn unter den frühen Lehrern der christlichen Philosophie auszeichnete.

Nachdem er zwei seiner Schriften zur Rechtfertigung des Christentums den Kaisern Antoninus Pius und Marc Aurel sowie dem hohen römischen Rat hatte überreichen lassen, wurde er verhaftet, von dem Stadtpräfekten Junius Rusticus verhört und mit mehreren seiner Gefährten zusammen zum Tode verurteilt. Der hl. Justinus wurde um das Jahr 165 enthauptet.

Legende

Als der hl. Justinus auf der Suche nach der Wahrheit in tiefes Nachdenken versunken sich einst in die Einsamkeit zurückgezogen hatte, geschah es, daß ihm, als er am Ufer des Meeres wandelte, ein ehrwürdiger, freundlicher Greis entgegentrat und sich mit ihm in ein Gespräch einließ. Da vernahm er aus dem Munde des Greises, daß er vergeblich bei den berühmtesten Weisen der Welt die Wahrheit gesucht habe, weil diese selbst in Irrtum verstrickt seien. Als Justinus nun begierig fragte, wie er denn die Wahrheit finden könne, antwortete der Greis: „Lange vor euren Weltweisen gab es in der Welt gerechte Männer, Freunde Gottes, die, von seinem Geiste erleuchtet, Propheten genannt wurden. Sie sagten künftige Dinge voraus, die wirklich in Erfüllung gingen. Ihre Bücher, die wir noch haben, enthalten klare Unterweisungen über den Ursprung und das Ziel aller Wesen. Sie lehren den Glauben an den einen Gott, den Vater und Schöpfer der Menschen und aller Dinge und an seinen einzigen Sohn, Jesus Christus, den er in die Welt gesandt hat, damit er die Menschen erlöse. Fange an, innig im Gebete zu flehen, daß er dir sein Licht erteilen und den Weg zum ewigen Leben öffnen möge, denn diese Dinge können nicht begriffen werden, es sei denn durch die Gnade des Glaubens." Nach diesen Worten verließ ihn der Greis und Justin sah ihn niemals wieder. Seine Rede aber hatte auf den wißbegierigen Philosophen den tiefsten Eindruck gemacht. Er verlegte sich nun auf das Lesen der heiligen Schriften, betete oft und viel, und bald wurde ihm klar, daß nur im Glauben an Jesus Christus die Wahrheit und das Heil zu finden seien.

Vor der Vollstreckung des Urteils fragte der Stadtpräfekt Justinus: „Wenn ich dich durch Peitschenschläge töten lasse, hoffst du dann in den Himmel aufzusteigen?" „Wenn ich leide, so werde ich das erhalten, was unser Gott denen verheißen hat, die seine Gesetze halten", antwortete ihm der Heilige. „Was", rief Rustikus aus, „du bildest dir ein in den Himmel aufzusteigen, um irgend eine Belohnung zu erhalten?" „Ich bilde es mir nicht ein, sondern ich weiß es und bin dessen ganz sicher", erwiderte Justinus. Als der Präfekt diese Worte vernommen hatte, sprach er das Urteil und befahl, daß alle gefangenen Christen ausgepeitscht und zum Tode geführt würden.

Der heilige Erasmus

Am 2. Juni feiert die Kirche die Feste mehrerer frühchristlicher Märtyrer, nämlich der hll. Marcellinus, Petrus und des Nothelfers Erasmus (ital. Elmo). Sie gaben alle drei um 303 ihr Leben für Christus hin. Die hll. Marcellinus und Petrus, die unter Kaiser Diokletian in Rom enthauptet wurden, werden im Kanon der lateinischen Messe angerufen. Kaiser Konstantin erbaute über ihren Gräbern in Rom eine Basilika, die heute verschwunden ist. Ihrer legendären Leidensgeschichte zufolge war Marcellinus Priester und Petrus Exorzist; beide gehörten der römischen Geistlichkeit an. Die Heiligen wurden in Rom schon frühzeitig verehrt, und ihr Fest ist seit dem 8. Jahrhundert allgemein am 2. Juni. Reliquien von ihnen befinden sich in Seligenstadt bei Würzburg.

Der hl. Erasmus – aus dem Griechischen ‚der Liebenswürdige' – zählt seit dem 14. Jahrhundert zu den Nothelfern, an die sich das Volk in besonderer Bedrängnis vertrauensvoll um Fürsprache zu wenden pflegt. „Speziell sind darunter jene 14 Nothelfer gemeint, deren Verehrung im 14. Jahrhundert, bedingt durch Pestseuchen und Notstände aller Art, besonders in den bayerischen Diözesen Bamberg und Regensburg, aufgekommen ist und im 15. Jahrhundert im ganzen deutschen Sprachgebiet, später auch in Ungarn und Italien verbreitet war." Die Nothelfer sind oft auch mit der Gottesmutter dargestellt. „Ihr Kult war Lieblingsandacht des Volkes, in der sich alle Nöte und Anliegen aussprachen." (Wimmer)

Nach der Überlieferung stammte Erasmus aus Asien und war Patriarch und Bischof von Antiochia. Sieben Jahre lebte er in der Einsamkeit auf dem Berge Libanon und hatte vertrauten Umgang mit den Tieren. Doch wurde sein Versteck entdeckt, und er wurde vor den Richter geführt. Dieser ließ ihn auf grausamste Weise martern. Der Heilige blieb jedoch unverletzt und wurde in den Kerker geworfen. Von dort geleitete ihn, der Legende zufolge, ein Engel auf wunderbare Weise hinaus und führte ihn ins Abendland. Hiernach wirkte er in Sirmium und Lugridum (heute Jugoslawien), wo er das Evangelium verkündete und viele Wunder tat. Aber wiederum wurde er als Christ gefangengenommen und nach Formia zwischen Rom und Neapel gebracht. Dort starb er den Märtyrertod um 303. Seine Reliquien befinden sich in Gaëta.

Der hl. Erasmus gilt als Patron der Seeleute und wird daher mit Schiffswinde und aufgewickeltem Ankertau dargestellt. Man sah darin irrtümlicherweise das Marterwerkzeug, mit dem ihm die Gedärme aus dem Leib gewunden worden seien. Die

Schiffer rufen ihn bei Unwetter und Stürmen an. Nach ihm heißen die elektrischen Strahlenbündel, die an Schiffsmasten zuweilen bei Gewittern auftreten, Sankt Elmsfeuer. Er wurde auf sein Attribut hin auch zum Patron der Drechsler. Er hilft bei Unterleibskrankheiten, Krämpfen und Kolik. Als Nothelfer wird er vom Landvolk auch gegen Viehseuchen angerufen.

Nach der Legende soll er einst bei einem heftigen Gewitter gepredigt haben, und während ringsum die Blitze niederzuckten, blieb der Himmel über ihm und seinen Zuhörern klar und ruhig.

Der hl. Erasmus hat die Künstler zu vielen Darstellungen angeregt. Es gibt darunter solche, wo ihm ein dreibeiniger Kessel, worin er in Pech gesotten worden sei, beigegeben ist, ferner Raben, die ihn ernährt haben. Sein Martyrium ist auf einem Tafelgemälde in Stift Göttweig geschildert; an seinem Altar in Gries bei Bozen befindet sich eine Statue des Heiligen von Michael Pacher; über seinem Altar in der Peterskirche in Rom ist ein Mosaikbild, worauf das Herauswinden seiner Gedärme dargestellt ist. Das gleiche Motiv (mit der Feste Coburg im Hintergrund) hat auch Lucas Cranach als Bildthema gewählt.

Die berühmteste Darstellung des hl. Erasmus stammt von Matthias Grünewald. Das Gemälde, das ihn mit dem hl. Mauritius zusammen zeigt, wurde für das Neue Stift Sankt Moritz und Sankt Maria Magdalena zu Halle a. d. Saale gemalt. Stifter des Kunstwerks war der Erzbischof von Mainz und Magdeburg Albrecht von Brandenburg, der sich hier in der Gestalt des hl. Erasmus hat darstellen lassen. Nach L. Grote ist die besprochene Tafel ein kirchenpolitisches Manifest für die Ideenwelt, die den Kirchenfürsten bei der Gründung des Neuen Stiftes und der Einführung des Erasmus-Kults in Halle leitete. Albrecht ließ verkünden, daß Erasmus den Mauritius (s. 22. September) getauft habe, obwohl sich die beiden Heiligen niemals begegnet sind. Welchen Sinn diese Allegorie wirklich hatte, ist von der Grünewald-Forschung bisher nicht eindeutig geklärt. Heute ist das Bild einer der größten Schätze der Alten Pinakothek in München.

An der gleichen Grabstätte, an der die heiligen Märtyrer Marcellinus und Petrus begraben waren, die man das ‚Coemeterium der hl. Helena‘ nannte, waren auch zwei Gruppen von heiligen Märtyrersoldaten beigesetzt. Unter ihnen befand sich auch der hl. ERNESTUS, dessen Geschichte aber nicht näher aufgezeichnet ist. Er hat seinen Gedenktag am 12. Januar (Namenstag von Ernst, Ernestine, Erna).

Als nach Auflassung der Grabstätte die Gebeine des Heiligen gegen Ende des 17. Jahrhunderts erhoben wurden, gelangten sie durch Schenkung am 23. September 1694 an den Fürsterzbischof von Salzburg Johann Ernst Graf von Thun.

Dieser nahm die Reliquien seines Namenspatrons nach Salzburg mit und ließ sie dort am 6. Juni 1700 in der von ihm erbauten Dreifaltigkeitskirche feierlich niederlegen. Dort werden sie alljährlich am 12. Januar verehrt.

Die heilige Klothilde

An den Namen der frommen fränkischen Königin knüpft sich die Bekehrung der Franken und damit des ganzen germanischen Reiches. Die um 474 in Lyon geborene Klothilde war die Tochter des burgundischen Königs Chilperich. Das Königskind wuchs am Hofe ihres grausamen Onkels auf, der, um die Herrschaft an sich zu reißen, ihre Eltern umgebracht hatte. Ihre Erziehung lag einer gottesfürchtigen Hofmeisterin ob, die sie im christlichen Glauben unterrichtete und ihn fest im Herzen der jungen Fürstin verankerte. Klothilde war sehr schön und tugendsam. Sie wurde wegen dieser Gaben von Chlodwig I. zur Ehe begehrt. Zunächst weigerte sie sich, ihn zu heiraten, weil er Heide war. Als aber der Gesandte des Königs, als Bettler verkleidet, zu ihr vordrang und ihr versicherte, daß sie ihren Glauben frei ausüben könne, gelang es ihm, ihre Einwilligung zu erhalten. Die Vermählung mit dem Frankenkönig wurde 493 vollzogen.

Chlodwig legte den religiösen Übungen seiner Gattin nichts in den Weg. Dagegen scheiterten zunächst ihre Bemühungen, den Gatten zu bekehren. Indessen erlaubte ihr der König, seine Kinder taufen zu lassen. Aber als der erste Sohn im Kindesalter starb und der zweite schwer erkrankte, wurde die Situation der Königin ihrem verzweifelten Gemahl gegenüber sehr schwierig, da er das Unglück dem Christengott zuschrieb und sie mit Vorwürfen überschüttete. Klothilde aber verzagte nicht und trug das Kind vertrauensvoll in die Kirche, dort innigst seine Gesundung erflehend. Tatsächlich genas der Knabe bald darauf, und der König war besänftigt. Aber aus Furcht vor seinen Untertanen beharrte er auf seinem Heidentum.

Erst als Chlodwig in der Schlacht von Zülpich vor den übermächtigen Alemannen weichen mußte und selbst in höchster Gefahr schwebte, in die Hände der Feinde zu geraten, erinnerte er sich der Mahnungen seiner frommen Frau und nahm seine

Zuflucht im Gebet zu dem Gott der Christen. Er tat das Gelübde, daß er, wenn er errettet würde, sich öffentlich zu Christus bekennen wolle. Kaum hatte er das versprochen, wandte sich die Schlacht zu seinen Gunsten. Die fränkischen Krieger errangen den Sieg und schlugen den Feind in die Flucht. Nach der Rückkehr Chlodwigs wurden feierliche Dankgottesdienste abgehalten. Der König ließ sich 496 von Bischof Remigius von Reims (s. 1. Oktober) taufen. Nach der Legende trug ein Engel Gottes ein Ölfläschchen vom Himmel zu seiner Taufe herbei, worauf sich die drei Kröten im königlichen Wappen in drei Lilien verwandelten. Fast der gesamte Hofstaat folgte dem Beispiel des Herrschers, ebenso wie ein großer Teil seiner Mannen und seines Volkes. Vielleicht war dieses Weihnachtsfest des Jahres 496 die eigentliche Geburtsstunde des christlichen Mittelalters. Die Königin ließ nun kein Mittel unversucht, ihren Gatten auf einen guten Weg zu leiten. Allerdings gelang es ihr nicht immer, da Chlodwig sein heftiges, zu Jähzorn neigendes Temperament auch als Christ oftmals nicht zu zügeln vermochte. Auf Rat der hl. Klothilde ließ der König in Paris eine mächtige Kirche erbauen, die später der hl. Genoveva geweiht wurde. Er betete viel am Grabe des hl. Martin in Tours, machte dem Papste kostbare Geschenke und stiftete mehrere Klöster zur Ehre Gottes.
Nach seinem frühen Tode hatte die hl. Klothilde viel Ungemach zu erleiden. Die Streitigkeiten zwischen den Franken und Burgundern um die Macht führten zu den grausamsten Kämpfen. Alle ihre Bitten und Ermahnungen zum Frieden fruchteten nichts. Sie mußte mit ansehen, wie ihr Sohn Chlodomir im Jahre 524 vom König von Burgund getötet wurde. Ihre drei verwaisten Enkel nahm sie zu sich, aber sie konnte nicht verhindern, daß diese Kinder von ihren anderen Söhnen Childebert und Chlotar getötet wurden, weil diese die Herrschaft über Orléans anstrebten. Wie durch ein Wunder entkam den Mördern als einziger ihr Enkel Chlodewald. Er wurde Einsiedler und Priester in Nogent bei Paris, gründete dort um 555 das seit 811 nach ihm Saint-Cloud benannte Kloster und starb nach einem heiligmäßigen Leben im Jahre 560. Sein Fest ist am 7. September, er ist Patron der Nagelschmiede (Nagel heißt im Französischen ‚clou').
Klothilde, zutiefst erschüttert über die Bluttaten ihrer eigenen Söhne, zog sich nach Tours zum Grabe des hl. Martin zurück und führte dort fortan ein der Buße und den Werken der Barmherzigkeit gewidmetes Leben. Sie gründete Kirchen und Klöster und verbrachte bei Fasten, Nachtwachen und der Pflege von Armen und Kranken ihre Tage. Ein Engel offenbarte ihr den Tag ihres Todes. Da verteilte sie sogleich ihre gesamte Habe unter die Armen und bereitete sich sorgfältig

auf ihr Sterben vor. Ein heftiges Fieber setzte ihrem Leben am 3. Juni 545 ein Ende.
Dargestellt wird die Heilige mit Krone, Zepter und Schleier; Almosen austeilend, Kirchenmodell tragend; einen Engel neben sich, der ein Wappenschild mit den drei französischen Lilien hält. Sie ist Patronin der Bekehrung irregegangener Ehegatten, der Frauen, der Lahmen, der Notare, gegen Fieber und Kinderkrankheiten.

Legende

Als Klothilde, deren Sinnen und Trachten darauf gerichtet war, das ganze Volk der Germanen zu missionieren, aus eigenen Mitteln Kirchen und Klöster erbauen ließ, geschah es, daß beim Bau der Kirche in Andelys die Arbeiter ihre Geräte niederlegen wollten, weil die Hitze gar so groß war und der Durst sie quälte. Da kam die Königin hinzu und verwandelte durch die Wunderkraft des Gebetes das Wasser einer spärlich fließenden, trüben Quelle in klaren, edlen Wein, an dem die Männer sich laben konnten, um dann neu gestärkt das Werk zur Ehre Gottes zu vollenden. Später wurden Lahme, die sich in dieser Quelle wuschen, geheilt und wieder gehend. Noch manch anderes Wunder ist von der gütigen Königin überliefert.

Der selige Meinwerk von Paderborn *(Gedenken: 5. Juni)*

Paderborn in Westfalen ist eine Stadt der Kirchen. Ihr frühestes Zeugnis, der Dombau Karls des Großen, ist allerdings verschwunden. Aus der Zeit des hl. Meinwerk blieb uns dagegen in der Bartholomäuskapelle ein Bauwerk erhalten, mit dem die große Zeit ottonischer Baukunst in Westfalen begann. Er hatte dafür den Ort über der Paderquelle, wohl einem Heiligtum aus heidnischer Zeit, gewählt. Man findet die Gestalt des Heiligen auf dem Deckel eines romanischen Tragaltars – heute in der Schatzkammer des Paderborner Doms – dargestellt, wie er das Meßopfer zelebriert.
Von 1009 bis 1036 führte Meinwerk das Bistum Paderborn. Unter seiner Leitung wuchs es zu einem der einflußreichsten Bistümer Deutschlands heran. Meinwerk war sächsischer Herkunft, Sohn des Grafen Imad und der niedersächsischen Gräfin Adela. Als zweitgeborener Sohn wurde er für den geistlichen Stand bestimmt. Zunächst besuchte er die Domschule in Halberstadt, dann die von Hildesheim, die damals schon hochberühmt war. Aber das Studium der Theologie lag ihm nicht.
Zum Priester geweiht, erhielt er eine Domherrenstelle in Halberstadt, wirkte einige Zeit am Aachener Münster und wurde kurz darauf als Verwandter des säch-

sischen Kaiserhauses von Kaiser Otto III. als Hofkaplan nach Goslar berufen. Dieser schätzte ihn bald als klugen Berater und nahm ihn auch auf seinen Reisen nach Italien mit. Nach dem frühen Tode dieses Herrschers blieb dessen Nachfolger Heinrich II. dem jungen Kleriker gleichfalls sehr gewogen. Der Fürst erkannte rasch die Fähigkeiten Meinwerks, die in seiner unbestechlichen Urteilskraft, seinem klaren Weitblick und seinem besonderen Geschick zu verhandeln, bestanden. Als daher Abgesandte der Stadt Paderborn dem Kaiser vom Ableben ihres Bischofs Rethar berichteten, wußte Heinrich keinen Würdigeren für diesen Posten als Meinwerk, dem das Bistum seitens der Bischöfe und Fürsten einstimmig zugesprochen wurde.

Zu dieser Zeit war Paderborn allerdings das ärmste Bistum in Deutschland. Meinwerk, der vom ehrwürdigen Mainzer Erzbischof Willigis (s. 20. Februar) zum Bischof geweiht wurde, begann seine Tätigkeit mit großzügigen Schenkungen an die Paderborner Kirche. Der reiche Grafensohn gab nach und nach sein ganzes Vermögen für den Aufstieg seines Bistums hin. Auch verstand er es, seinen kaiserlichen Gönner immer wieder zu Stiftungen zugunsten seines Bistums zu veranlassen. Er selbst lebte dagegen äußerst einfach und anspruchslos. Der neue Bischof zeigte bald, was ein begeisterter und sachkundiger Bauherr in zwei Jahrzehnten erreichen kann. Zwischen 1015 und 1036 vollendete er den dritten Dom von Paderborn, die Klosterkirche Abdinghof, die Busdorfkirche, die erste Alexiuskapelle und die anfänglich erwähnte Bartholomäuskapelle. „Meinwerk war ein Mann auf der Höhe seiner Zeit. Ein genaues Wissen um die Situation und die Möglichkeiten seiner geschichtlichen Stunde stellten ihn in die Vorhut dieses Jahrhunderts" (A. Henze).

Die Domschule geht ebenfalls auf eine Stiftung von ihm zurück. Er berief dorthin tüchtige Lehrer und machte der Schule wertvolle Schenkungen an Büchern. Vor allem befriedete er auch das Kloster Corvey, das durch Streitigkeiten und Mißstände aller Art zu dieser Zeit sehr verwahrlost war. Auf geschickte Weise veranlaßte er den Kaiser, einen neuen Abt zu ernennen und damit einen grundlegenden Wandel herbeizuführen. Meinwerk berief dann Mönche aus der burgundischen Abtei Cluny. Durch diese bestens geschulten Mönche wollte er das religiöse Leben in den Klöstern seines Bistums erneuern.

Allezeit erfreute Bischof Meinwerk sich der unverminderten Zuneigung des Kaisers. Stets war er bereit, die Reichsinteressen zu wahren und sich den Staatsgeschäften zu widmen, die damals zu den Pflichten eines Bischofs gehörten. So nahm er tatkräftig an Synoden und Ratstagungen teil, leistete auf den Reichstagen von Koblenz und Mainz durch seine Vermittlung dem Kaiser unschätzbare Dienste und stellte sich, wenn es sein mußte, als tapferer Streiter bei den Römerzügen Heinrichs II. und Konrads II. selbst an die Spitze seiner Mannen. Hierüber vernachlässigte er jedoch keineswegs sein Bistum. Er sah überall nach dem Rechten, untersuchte in eigener Person – oft verkleidet, wie berichtet wird – Klöster und Pfarreien. Wo er Not fand, half er ohne Zögern, wo er dagegen Übelstände antraf, strafte er unerbittlich. Voller Strenge trat er gegen die Verantwortlichen auf, wenn diese gefehlt hatten. So unbeugsam, ja rauh er durchgreifen konnte, so viele weiche und liebenswürdige Züge sind uns von ihm überliefert. Immer galt seine Sorge seinem Volke, das ihn tief betrauerte, als er am 5. Juni 1036 starb.

Legendäres

Die Gestalt dieses hl. Mannes zeigt, „daß wahre Heiligkeit nicht lebensfremd zu sein braucht und ein Heiliger sich auch um die kleinen Dinge des Lebens kümmern kann“. So erzählt man sich von dem seligen Meinwerk Geschichten, die das Westfälische, d. h. das Verständnis für das Diesseitige in seinem Wesen besonders kennzeichnen.

Auf einem bischöflichen Gute traf Meinwerk einmal die Pächtersfrau in Samt und Seide an, während der Gemüsegarten von Unkraut und Nesseln überwuchert war. Da ließ der gestrenge Bischof sie kurzerhand von seinen Knechten so lange durch die Nesseln ziehen, bis der Garten gesäubert war.

Einmal kam er unversehens in das Kloster Abdinghof. Der Bischof ging geradewegs in die Küche, nahm ein Stück Brot und tunkte es in die Töpfe, die über dem Feuer hingen. Er fand die geschmacklose Kost ohne Würze und Fett zubereitet, und als er dem Abte deswegen Vorwürfe machte, wollte sich dieser auf die mönchische Enthaltsamkeit herausreden. Da sprach der Bischof: „Verzichte du soviel du willst. Aber gegen Untergebene sei mild und gütig. Damit es in Zukunft bei euch nicht mangele, sollen meine Pächter eurer Küche statt der meinigen jährlich zwei Schweine liefern.“

Der heilige Bonifatius (Winfried)

Einer ganzen heranwachsenden Generation in Deutschland wurde der Satz eingetrichtert, das Christentum sei den Germanen artfremd. Mancher, der etwas nachdachte, wunderte sich freilich darüber, daß die meisten Missionare, die das Evangelium nach Deutschland brachten, selbst germanischen Blutes waren. Der größte aus einer unübersehbaren Schar angelsächsischer Glaubensboten, Winfried Bonifatius, war Westsachse. Eben erst hatten die Angelsachsen das Christentum empfangen, da zogen ihre tüchtigsten Männer zu den germanischen Stämmen auf dem Festland, um auch ihnen, denen sie sich verwandt fühlten, den neuen Glauben zu bringen. Keine Macht hatte sie gezwungen, Christen zu werden, keine Macht trieb sie, andere zu Christen zu machen... Der neue Glaube hat die germanische Art in keiner Weise vergewaltigt oder verstümmelt, sondern veredelt und befruchtet. Die Christianisierung der Angelsachsen hatte schon nach wenigen Jahrzehnten ein blühendes religiöses und geistiges Leben hervorgerufen. Das Inselvolk am Rande Europas war die geistig führende Macht des Westens geworden, und von allen Angelsachsen hat Winfried Bonifatius das meiste für Europa getan."

Mit diesen Worten beginnt Gisbert Kranz seinen Bericht über den Tagesheiligen des 5. Juni. Schon seit dem 9. Jahrhundert verehrt man in Deutschland an diesem Tag den ‚Apostel der Deutschen', und 1874 ist der 5. Juni allgemein als Fest in das Meßbuch übernommen worden. Schon das englische Konzil von 756 zählte ihn den Schutzpatronen seiner angelsächsischen Heimat zu. Das Grab des großen Heiligen befindet sich in der Krypta des Domes von Fulda, wo sich alljährlich die deutschen Bischöfe zu ihren Beratungen versammeln.

Der hl. Bonifatius wird dargestellt mit dem Beil, womit er eine Eiche fällt, die zu seinen Füßen liegt; mit Evangelienbuch, das von einem Schwert durchstoßen wird; eine Quelle unter seinem Stabe, auch Fuchs und Raben neben sich. Er ist aus bisher nicht bekanntem Grunde Patron der Bierbrauer und der Schneider.

Mit seinem ursprünglichen Namen hieß er Winfried und wurde 672 oder 673 aus edler angelsächsicher Familie im südlichen Wessex geboren. Seinen ersten Unterricht erhielt er in der Klosterschule von Exeter. Nach Überwindung des Widerstandes seines Vaters wurde Winfried Benediktinermönch und Vorsteher der Klosterschule zu Nhutscelle (heute Nursling). Mit dreißig Jahren zum Priester geweiht, zog es ihn trotz seines starken Bildungswillens zur Missionsarbeit. Es war sein Wunsch, die noch völlig heidnischen Sachsen zu bekehren. Als er 716 aufbrach, ging er zunächst zu den stammverwandten Friesen. Doch war der Zeitpunkt höchst unglücklich: der heidnische Friesenkönig Ratbod hatte gerade die Franken geschlagen, Missionare vertrieben und Kirchen zerstört. Winfrieds Bemühungen blieben ohne jeden Erfolg, weil die Friesen vom Christentum als der Religion ihres Landesfeindes nichts wissen wollten. Nach England zurückgekehrt, lehnte Winfried die Wahl zum Abt seines Klosters ab. Dagegen wandte er sich bald nach Rom, wo er von Papst Gregor II. sich den schriftlichen Missionsauftrag holte. Dieser gab ihm als Symbol seiner römischen Sendung den Namen Bonifatius – aus dem Lateinischen: ‚der Wohltäter' – nach dem Tagesheiligen des 14. Mai, dem römischen Märtyrer und ‚Eisheiligen' Bonifatius.

Zunächst im halbheidnischen Thüringen tätig, wo er aber wiederum nicht viel ausrichten konnte, verfolgte Bonifatius mit Zähigkeit und Ernst die schwierige Aufgabe seines Auftrages. Da Radbot inzwischen gestorben war, ging er wiederum nach Friesland. Als Gehilfe Willibrords (s. 7. November) widmete er sich erneut der Friesenbekehrung. Als der Utrechter Bischof ihn aber zu seinem Nachfolger ernennen wollte, lehnte Bonifatius ab und begab sich nach Hessen, wo er 722 mit Erfolg viele Heiden bekehren konnte. Der Papst, tief beeindruckt von seinen Berichten, berief ihn nochmals nach Rom, wo er ihn zum Bischof weihte. Mit etlichen Empfehlungsschreiben ausgestattet, betraute er Bonifatius mit der Christianisierung Hessens und Thüringens. Von Karl Martell, an den der neuernannte Bischof sich wandte, erhielt er durch Vermittlung des Papstes Schutzbriefe. Jetzt setzte der Missionar sein Bekehrungswerk aufs tatkräftigste fort. Inzwischen hatte er aus seiner Heimat eine große Anzahl Mönche und Nonnen kommen lassen, die ihn nun bei seiner Arbeit unterstützten. Darunter befanden sich die drei hl. Geschwister Willibald, Wunibald und Walburga (s. 25. Februar) sowie Lullus, Burkhard, Wigbert, Denhart, Eoban, Willa, Lioba und Thekla, die ihm alle beistanden. Für ihr Wirken gibt der Brief eines Priesters, der mit einer Schar von Missionaren aus England gekommen war, anschauliches Zeugnis: „Gepriesen sei Gott! Er hat uns nach seinem Willen hierher geführt, in das Grenzland der Hessen und Sachsen. Glücklich ging die Reise über Land und Meer. Als unser Erzbischof Bonifatius von unserm Nahen vernommen hatte, eilte er uns eine weite Strecke Wegs entgegen und nahm uns äußerst gütig auf. Unsere Arbeit im Herrn ist nicht vergeblich, sondern bringt reichen Gewinn. Allerdings ist sie höchst gefährlich und mühsam, denn sie fordert ein Leben unter Hunger, Durst und Kälte und unter Überfällen der Heiden. Daher bitte ich euch, betet für uns, daß der Herr uns Kraft der Rede verleihe, Ausdauer im Werke und Frucht der Arbeit..."

Nach dem Tode Gregors II. hatte Gregor III. 731 Bonifatius zum Erzbischof und päpstlichen Vikar des deutschen Missionsgebietes ernannt. Indessen blieb ihm der Erfolg bei den Sachsen versagt. 737 befand sich der große Glaubensbote wieder bei den Hessen, 738/39 war er zum dritten Mal in Rom. Jetzt begann seine eigentliche kirchlich-organisatorische Tätigkeit durch Gründung und Neuordnung der Bistümer Passau, Regensburg, Salzburg, Freising, Eichstätt, Buraburg, Würzburg und Erfurt. Während er von Karl Martell nur wenig Unterstützung erhalten hatte, gewährte ihm der Hausmeier Karlmann, dem das östliche Franken – Austrasien – zugefallen war, tatkräftige Hilfe bei seinen Bestrebungen. 742 erhielt Bonifatius die Erzbischofswürde auch über dieses Land und wurde dann von Papst Zacharias zum päpstlichen Legaten des gesamten Frankenreiches ernannt. 744 gründete Bonifatius Fulda, sein Lieblingskloster. Den Höhepunkt seiner organisatorischen Wirksamkeit und seiner Reform der fränkischen Kirche bildeten die von ihm geleiteten Synoden von 745 und 747. Bonifatius war zwar Erzbischof, hatte aber noch kein Erzbistum. Seine Feinde vereitelten den Plan, Köln zu seinem Sitz zu machen, 747 erhielt er zwar Mainz als Metropolitansitz, aber nicht als Bistum; er blieb Missions-Erzbischof! Erst sein Nachfolger Lullus wurde Mainzer

Erzbischof und deutscher Primas. 751 salbte Bonifatius Pippin, der nach Karlmanns Tode das ganze Frankenreich vereint hatte, zum König.
Der Achtzigjährige entschloß sich, das Bekehrungswerk in Friesland, das seit dem Tode von Bischof Willibrord ins Stocken geraten war, wieder aufzunehmen. Er ahnte wohl, daß er Mainz nicht wiedersehen würde. Den Winter 753 verbrachte er in Utrecht. Dort sah ihn ein junger Friese, der spätere heilige Bischof Ludger (s. 26. März), der noch nach vielen Jahren begeistert von dieser Begegnung mit Bonifatius erzählte, „dessen Haar silberweiß, dessen Körper abgezehrt und vom Alter gebeugt" gewesen sei. Im Frühjahr zog der Unermüdliche gen Norden zur Meeresküste. Bei Dokkum wurde er am Pfingstfest 754 mit 52 Gefährten, darunter dem hl. Eoban, von den Heiden erschlagen.

Legende
In Hessen, wohin der heilige Bonifatius zog, waren die Heiden in großer Überzahl. Einen mächtigen Eichbaum, ihrem Gotte Donar geweiht, verehrten sie als heilig: er war die Stütze ihrer abgöttischen Blindheit. Der heilige Bischof konnte diesen Greuel nicht ansehen und beschloß, den Baum umzuhauen. Mit einer Axt versehen, umgeben von seinen Priestern, das Kreuz an der Spitze des kleinen Zuges, nahte er sich dem Baume. Dort aber standen die Heiden in großen Haufen mit Schwertern und Lanzen und wollten denselben verteidigen. Aber der Heilige ließ sich nicht schrecken, schob sie einfach auf die Seite, schwang die Axt, und schon auf den ersten Hieb hin fiel die Eiche zum Entsetzen der Heiden krachend nieder. Jetzt warfen sich die Heiden auf die Knie, lobten den starken Christengott, durch den der heilige Mann dies Wunder bewirkt hatte und halfen Bonifatius aus dem Holze der Eiche eine Kapelle zu Ehren des hl. Petrus zu erbauen.
Der Märtyrertod des Heiligen wird wie folgt überliefert: Als der Greis sich entschlossen hatte, trotz seines hohen Alters nochmals ins Land der Friesen zu ziehen, nahm er feierlich Abschied von den Seinen, übertrug vorsorglich seinem Schüler Lul sein Amt in Mainz und sprach dazu: „Das Ende meiner Wanderschaft ist nahe, ich habe diese Reise gewünscht, und nichts kann mich davon abhalten. Darum mein Sohn, lasse alles in Bereitschaft setzen, und packe zu den Büchern auch das Leichentuch, das meinen alten Leib bedecken soll." Dann zog er mit seinen treuen Gefährten den Rheinstrom hinab gen Utrecht und verkündete dort voller Kraft das Evangelium. Im Frühjahr zog er weiter und war zu Pfingsten in Dokkum, wo er den Neubekehrten das Sakrament der Firmung erteilen wollte. Er ließ auf freiem Felde am Fluß Burda Zelte aufschlagen und erwartete betend die Neugetauften. Aber statt ihrer stürzte ein Haufen wilder Friesen mit Lanzen und Beilen bewaffnet aus dem Walde hervor und drang in das Lager. Die Christen wollten sich verteidigen, doch Bonifatius wehrte es ihnen. Mit seinen Geistlichen und den hl. Reliquien, die er mit sich führte, das Evangelienbuch in der Hand, trat der greise Erzbischof aus seinem Zelte und sprach: „Kinder, lasset ab vom Kampfe und denkt an das Wort der Schrift, Böses mit Gutem zu

vergelten. Nach diesem Tage habe ich mich schon lange gesehnt, jetzt ist die Stunde meiner Befreiung gekommen ...“ Ergeben in Gottes Willen erwartete er die wütenden Heiden und empfing mit verklärtem Angesichte, das Evangelienbuch über sein Haupt haltend, den Todesstreich. Mit ihm starben alle seine Genossen den Martertod. Das geschah am 5. Juni 754. Nachdem der Mord vollbracht war, stürzten die Heiden zu den Zelten, um zu plündern. Aber statt des Goldes, das sie zu finden hofften, fanden sie nur Bücher und Reliquien. Voll Zorn darüber gerieten sie in Streit und töteten einander. Die Christen aber fanden den blutigen Leichnam des Heiligen und daneben sein Evangelienbuch, durch das das Schwert gedrungen war, ohne jedoch ein Wort der heiligen Texte zu verletzen. Dieses Buch kam mit dem Leichnam nach Fulda, wo man es heute noch sehen kann. Das Pergament zeigt deutliche Spuren des scharfen Schwerthiebes.

Der heilige Norbert

Der aus Xanten am Niederrhein stammende hl. Norbert von Magdeburg – so genannt, weil er zuletzt Erzbischof dieser Stadt war – und Gründer der weißen Prämonstratensermönche, wird dargestellt in Bischofs- oder Prämonstratensertracht, Gefäß mit dem heiligsten Sakrament in der Hand oder Kelch mit Spinne und gefesselten Häretikern zu Füßen. Er ist Patron der nach ihm benannten Ordensgenossenschaften, aber auch der Wöchnerinnen, weil diese durch den Staub seiner Reliquien gerettet wurden, wenn ihr Leben in Gefahr war. Auf einem Gemälde von Pierre Subleyras in der Alten Pinakothek in München erweckt der Heilige ein totes Kind; das Meisterwerk von Barend van Orley in Dresden zeigt den hl. Norbert, wie er mit dem Häretiker Tankelin kämpft, Cornelis de Vos wählte die Bildthemen ‚Der hl. Norbert empfängt die heilige Hostie‘ und ‚Der hl. Norbert setzt seinen Fuß auf einen Häretiker, der auf dem Rücken liegt‘. Callot zeigt den Heiligen, wie er sein Ordenskleid aus den Händen der Gottesmutter empfängt.

Norbert wurde um 1080 als Sohn Heriberts von Gennep und Hadewigs von Guise in Xanten geboren. Er führte in seiner Jugend ein durchaus weltliches Leben. Seine Eltern ließen den Knaben auf den geistlichen Stand vorbereiten. Rasch brachte er es infolge seiner edlen Geburt zu hohen Ämtern, wurde Kanonikus in

Xanten, Domherr in Köln und schließlich Hofkaplan Kaiser Heinrichs v. Das glänzende sorgenlose Leben gefiel Norbert und seine Gedanken gehörten entschieden mehr der Welt an als Gott.
Ein an die Bekehrung des hl. Paulus erinnerndes Erlebnis jedoch sollte seinen Sinn völlig wandeln. Als er eines Tages einen Spazierritt nach Wreden unternahm, zog plötzlich ein heftiges Unwetter herauf. Von Schrecken und Angst befallen, ließ er seinem Pferd die Zügel schießen, um dem Gewitter zu entkommen. Da schlug ein Blitz hart vor ihm ein, sein Pferd scheute, warf ihn ab, und Norbert blieb lange Zeit bewußtlos liegen. Als er wieder zu sich kam, war sein Inneres tief aufgewühlt. Er erkannte, wie nahe er dem Tode gewesen, wie unvorbereitet er dem ewigen Richter hätte gegenüberstehen müssen und nahm sich fest vor, sein Leben hinfort grundlegend zu ändern.
Nach einer harten Zeit der Buße und Reue, die er im Benediktinerkloster Siegburg verbracht hatte, bereitete er sich auf die Priesterweihe vor, die er 1115 empfing. Er gab all seinen Besitz den Armen und las nach vierzigtägiger Einsamkeit seine erste Messe in Xanten. Nachdem er die Kanzel bestiegen hatte, predigte Norbert mit solcher Kraft über die Eitelkeiten der Welt und von der Kürze des menschlichen Lebens, daß alle, die ihn hörten, tief erschüttert waren. In ein härenes Kleid gehüllt, suchte er den greisen Papst Gelasius II. auf, der sich zu der Zeit als Flüchtling in Cluny befand, legte ihm eine Generalbeichte ab und erbat sich von ihm eine Predigtvollmacht.
Nun durchwanderte Norbert barfuß das Land und ließ überall seinen Ruf zur Buße erschallen. Er erschien den Menschen wie ein Abgesandter Gottes, und unzählige Sünder bekehrten sich durch ihn. Nach Laon gekommen, wollte ihn der dortige Bischof an seine Diözese binden und gab ihm ein Stück Land, um daselbst ein Kloster zu gründen. Norbert wählte einen öden abgelegenen Ort in einem Wald, Prémontré genannt, und gründete 1121 an dieser Stelle einen Reform-Orden der Augustiner-Chorherren nach dem Vorbild der Zisterzienser. Von hier aus durchzog er nun als gewaltiger Prediger Frankreich, Belgien und Deutschland. In Antwerpen trat er mit Erfolg dem Ketzer und Schwärmer Tankelin entgegen, dessen Lehre, Kirche, Priestertum und die Sakramente seien zu verwerfen, verheerend um sich gegriffen hatte. Norbert aber gelang es, die Irrlehre überall überzeugend zu widerlegen und die Einwohner des Landes zur Kirche zurückzuführen.
Der Orden der Prämonstratenser oder Norbertiner, der rasche Ausbreitung fand, erhielt 1126 die päpstliche Bestätigung durch Honorius II. Im gleichen Jahre wurde Norbert vom Reichstag zu Speyer gegen seinen Willen zum Erzbischof von Magdeburg erhoben. In dieser Stadt hatte er anfänglich große Schwierigkeiten zu überwinden. Seine strengen Reformideen, die vor allem auch den Klerus betrafen,

stießen auf erheblichen Widerstand. Ein Volksauflauf, ja sogar Mordanschläge auf den neuen Bischof waren die Folge. Er entging mit Gottes Hilfe allen Gefahren. Nach drei Jahren unausgesetzter Arbeit und unerbittlich strengen aber gerechten Wirkens, das durch sein eigenes beispielhaft lauteres Leben noch nachdrücklicher wurde, gelang es ihm, die größten Mißstände zu beseitigen. Sein Ansehen wuchs mehr und mehr, Kaiser Lothar ernannte ihn zum Kanzler von Italien.
Nach achtjähriger Tätigkeit erlag der knapp Fünfzigjährige einer längeren Krankheit. Er starb am 6. Juni 1134 in Magdeburg. Seine Kanonisation erfolgte 1582. Ein Teil seiner Reliquien befindet sich seit 1627 in der Prämonstratenserabtei Strahow bei Prag. Unter sein Leben kann man seinen eigenen Ausspruch setzen: „Ich war am Hofe, ich lebte im Kloster, ich stand in hohen Ehrenämtern der Kirche, und ich habe überall gelernt, daß es nichts Besseres gibt als sich ganz an Gott hinzugeben".

Legendäres
Als Gleichnis für das Gottvertrauen und die große Selbstbeherrschung des hl. Norbert mag folgende Geschichte über den gestrengen Predigermönch gelten, die auch eines seiner Attribute erklärt. Als der Heilige einmal die hl. Messe feierte, fiel im Augenblick seiner Kommunion in den konsekrierten Wein eine giftige Spinne. Der Heilige ließ sich nicht beirren und trank das Blut des Herrn, wobei er die Spinne verschluckte. Doch siehe, kurze Zeit später kam die Spinne aus seinem Nasenloch wieder hervor und hatte ihm nicht geschadet.
Sein Ruf als guter Hirte wird durch folgende Geschichte deutlich gemacht:
Einem Knaben, der für die Mönche von Prémontré die Schafe hüten mußte, gab man auf seine Frage, was er tun sollte, wenn ihm der Wolf ein Schaf reißen würde, da er doch keine Hunde hätte, scherzweise die Antwort: er solle halt im Namen seines Meisters ihm befehlen, daß er sich ja nicht unterstehe, es fortzutragen oder zu verletzen. Kurze Zeit darauf geschah es, daß er in gewohnter Weise die Schafe auf dem Felde hütete: da kam ein Wolf heran, raubte ihm eins davon, und versuchte, so rasch er konnte, es mit sich zu schleppen. Als der Knabe dies von weitem erblickte, fing er, der Vorschrift getreulich eingedenk, mit lauter Stimme zu rufen an: „Wohin fliehst du, nichtswürdiger Räuber, noch schneller als sonst? Leg das Schaf hin, sag ich dir, leg's hin! Das befehl ich dir im Namen meines Meisters Norbert. Und tu ihm nichts, und untersteh dich nicht, es noch weiter zu schleppen!" Der Wolf setzte das Schaf unverletzt hin. Der Knabe lief eilig hinzu, hob es auf seine Schultern und trug es zurück zu den andern.

Der heilige Gottlieb

Auf dem Volkmar'schen Deokarus-Altar in der Lorenzkirche zu Nürnberg ist das Leben des hl. Gottlieb oder Deokar geschildert. Er war der erste Abt des Klosters Herrieden bei Ansbach, dem er von 798 bis 832 vorstand. Als Beichtvater Karls des Großen genoß er dessen Vertrauen und stand beim Kaiser in hohem Ansehen. Er wurde öfter als Königsbote entsandt und mit wichtigen Missionen betraut. Man sieht daraus, daß er verantwortungsvolle Ämter wohl auszufüllen vermochte.

Gottlieb erfreute sich besonders im frühen Mittelalter großer Verehrung. Sein Kloster hatte er vom Kaiser erhalten und es unter die Benediktinerregel gestellt. Als Mönch und Abt führte er ein äußerst zurückgezogenes, streng asketisches Leben und war seinen Mitbrüdern ein leuchtendes Vorbild. Sein Ruf drang ins Land hinaus, und viele kamen, um sich in der Nähe des Klosters anzusiedeln und dem klugen und mahnenden Worte des heiligmäßigen Mannes zu lauschen. Das Kloster entwickelte sich auf diese Weise bald zu einer ansehnlichen Niederlassung. Den Namen Herrenrieden hatte es erhalten, weil man die Mönche voll Respekt als Herren bezeichnete und diese das unfruchtbare Sumpfland, das Ried, urbar machten. Später, unter Bischof Eichenbald, wurde das Kloster in ein Chorherrenstift umgewandelt. Der hl. Gottlieb geleitete im Jahre 819 die Leiche des hl. Bonifatius in die neuerbaute Kirche von Fulda, wo heute alljährlich die deutschen Bischöfe sich versammeln. Im Jahre 829 unterzeichnete der Heilige als erster der Äbte die Synode von Mainz. Er war von Gott mit der Gabe der Wunder begabt, und manch einer wurde durch seinen Segen geheilt.

Der hl. Gottlieb starb im Jahre 847 nach einem langen, an Selbstzucht, Gotteseifer und Liebe zu seinen Mitmenschen reichen Leben. Sein Grab wurde hoch in Ehren gehalten und bald zum Wallfahrtsort, wohin unzählige Kranke und Schwache pilgerten. Wie die Chronik meldet, trugen sich an seinem Grabe viele Heilungen zu. Unter Kaiser Ludwig dem Bayer wurde das Grab 1317 geöffnet, die Gebeine in einen Marmorsarg gelegt und in die Kirche überführt. In Nürnberg, das einen Teil seiner Reliquien bekam, hielt man bis zur Reformation jedes Jahr am Feste des Heiligen eine feierliche Prozession ab. Ein anderer Teil der Gebeine kam nach Eichstätt. Im Jahre 1482 wurde dort das Grab geöffnet; die Überreste wurden in feine Seide eingenäht und in ein neues Behältnis gebettet. Hier liegen sie neben denen der berühmten Patronatsheiligen Willibald (siehe 7. Juli), Wunibald und Walburga (siehe 25. Februar).

Dargestellt wird der hl. Gottlieb vor einem offenen Grabe stehend, weil bei der Öffnung seines Grabes diesem ein lieblicher Wohlgeruch entströmte.

Der heilige Medardus

Noch heute steht der hl. Bischof Medardus, dessen Name und Fest man fast in allen Kalendern findet, in gutem Andenken. Er war in Salency bei Valenciennes von vermögenden Eltern geboren, fromm erzogen worden und zeigte schon als Knabe eine ungewöhnliche Liebe zu den Armen. Einem Blinden, der ihm in einem zerlumpten Kleide begegnete, schenkte er voller Mitleid sofort sein neues Obergewand. Wie sehr Gott ihn schon als Kind begnadete, sieht man aus folgender Begebenheit. Einem Fremden war von Straßenräubern sein Pferd gestohlen worden. Da holte Medardus in seinem Mitleid ein Pferd aus dem Stalle seines Vaters und schenkte es ihm. Von seinem Vater zur Rede gestellt, antwortete er, daß Gott die gute Tat sicher reichlich lohnen werde. Und siehe, als am anderen Morgen die Knechte in den Stall gingen, fanden sie an der Stelle des hergeschenkten Pferdes ein anderes, besseres stehen, von dem niemand wußte, wie es in den Stall gekommen war.

Zu jener Zeit war es Sitte, daß auch die Kinder der Reichen die Viehherden hüten mußten. In den stillen Stunden, da Medardus mit den Tieren auf der Weide war, wandte sich sein Herz zu Gott, und er faßte den Entschluß, sich dem Dienste des Herrn zu weihen. Seine Eltern willigten ein und gaben ihn zur Vorbereitung auf seinen Beruf in die Obhut des Bischofs von Vermandois. Medardus zeichnete sich durch Bescheidenheit, Demut und pünktlichen Gehorsam aus, so daß der Bischof nicht zögerte, ihn mit dreiunddreißig Jahren zum Priester zu weihen.

Medardus gab durch seine feurigen Predigten und sein bußfertiges Leben das beste Beispiel eines heiligen Priesters. Die Einkünfte aus den Landgütern, die ihm seine Eltern vererbt hatten, verwendete er für die Armen. Als der Oberhirte von Vermandois starb, wählte Volk und Geistlichkeit einstimmig Medardus zu seinem Nachfolger. 545 wurde ihm der Bischofssitz von Noyon übertragen. Er wurde vom hl. Remigius (s. 1. Oktober) geweiht. Auch als Bischof führte der Heilige seine frühere Lebensweise fort. Er durchzog voll Eifer für die Rettung der Seelen zu Fuß alle Orte seines Bistums und bekehrte viele. In dieser Zeit erteilte er auch der hl. Radegunde (s. 12. August) die Diakonissenweihe. Als Hunnen und Vandalen mit Feuer und Schwert im Lande schlimme Verheerungen anrichteten, sorgte Medardus mehr denn je als liebender Vater für die ihm anvertraute Herde. Er half, wo er nur konnte. Auch trat jetzt seine ihm von Gott verliehene Gabe, Wunder zu vollbringen, in Erscheinung. Über Kranke und Besessene, die man ihm zuführte, machte er, um sie zu heilen, nur das Kreuzzeichen, und sie wurden von ihren Übeln befreit. Er wurde von den Gläubigen tief verehrt. Bald verbreitete sich sein Ruf über die Grenzen seines Bistums hinaus, so daß die Gemeinde von Tournay nach dem Tode ihres Bischofs verlangte, ebenfalls dem hl. Medardus unterstellt zu werden. Aber nur der hl. Remigius und König Chlotar konnten den bescheidenen Bischof zur Annahme dieser neuen Würde bewegen. Fortan hatte Medardus also zwei Bistümer zu verwalten, die übrigens bis zum Jahre 1146 vereint blieben. Ein Teil der neuen Diözese jedoch war noch heidnisch. Sogleich machte sich Medardus, obwohl damals schon hochbetagt, auf, um das Licht des Glaubens auch in diese dunklen Gegenden zu tragen. Er versuchte die Greuel des Götzenkultes auszurotten und den Menschen dafür die Lehre der Liebe zu erschließen. Allerdings fand er heftigen Widerstand bei den heidnischen Priestern, die ihm sogar nach dem Leben trachteten. Gott aber schützte seinen Erwählten. Sein mutiger Eifer fand sich zuletzt belohnt, denn der größte Teil der Bevölkerung nahm das Christentum an.

Der hl. Bischof starb um 560 und wurde in Saint-Médard in Soissons begraben. Das ganze Frankenreich beweinte seinen Tod. Aus seinem Grabe erhoben sich wunderbarerweise drei weiße Tauben zum Himmel. Deshalb wird der Heilige meistens dargestellt im Bischofsgewand, über sich drei weiße Tauben. Manchmal wird er auch mit Adler abgebildet, der ihn, die Flügel breitend, vor Regen schützte, oder seine Fußstapfen in einen Stein drückend, womit er einen Grenzstreit schlichtete, gelegentlich mit Herz in seiner Linken als Sinnbild seiner Nächstenliebe.

Der hl. Medardus ist Patron der Bauern, Bierbrauer, Gefangenen, und wird bei Geisteskrankheit angerufen. Man bittet ihn um Regen, gute Heuernte, Fruchtbarkeit der Felder und der Weinstöcke.

Legende

Von diesem liebenswürdigen Heiligen wird manche sehr lebensnah klingende Geschichte erzählt, die sein allzeit menschenfreundliches Wesen kennzeichnet.

Eines Tages schlich sich ein Dieb in den Weinberg, der dem Heiligen gehörte, stahl eine Menge Trauben und schnitt aus Bosheit mehrere Rebstöcke ab. Als sich der Dieb heimlich wieder davonmachen wollte, fand er zu seinem Schrecken den Ausgang nicht mehr und mußte wider Willen im Weinberg bleiben. Hier fanden ihn die Arbeiter und führten ihn zu Medardus. Dieser gab ihm eine ernste Mahnung, verzieh ihm seine böse Tat und schenkte ihm die abgeschnittenen Trauben.

Ein anderer Dieb, der sich über die Bienenstöcke des Heiligen hermachte und Honig und Wachs stehlen wollte, wurde von den Bienen so lange verfolgt, bis er zu Medardus lief, seinen Diebstahl gestand und Verzeihung erhielt, wonach die Bienen ruhig in ihre Körbe zurückkehrten.

Ein verwegener Mensch wagte es, aus dem Stalle des Heiligen einen Ochsen wegzuführen, der eine Schelle am Halse trug. Um sich nicht zu verraten, verstopfte er die Schelle mit Gras und leitete den Ochsen an einen Ort, wo er sich in Sicherheit glaubte. Aber nun fing plötzlich die Schelle an zu läuten, ohne daß der Dieb es hindern konnte. Und sie läutete so lange, bis der Dieb den Ochsen reumütig dem Heiligen zurückgebracht hatte.

Der heilige Ephrem (Ephraim) der Syrer

Das älteste Zeugnis, das wir über das Leben der Einsiedler besitzen, stammt vom hl. Ephrem, dem großen syrischen Dichter mit dem Beinamen ‚die Zither des Heiligen Geistes'. Die Kirche gedenkt dieses hl. Diakons und Bekenners am 9. Juni in der Meßfeier; 1920 wurde er zum Kirchenlehrer erhoben. Es ist nicht nachgewiesen, ob er wirklich selbst als Anachoret in der Wüste gelebt hat, denn das Eremitentum war zu dieser Zeit in Syrien wenig verbreitet, indessen macht die Überlieferung ihn zu einem solchen. So existiert ein ganzer Zyklus, der sich in Bild und Wort mit diesem Abschnitt seines Lebens befaßt. Vor allem die byzantinische Kunst bemächtigte sich dieses Themas, und wir finden viele Bilder, die den ‚Heimgang des hl. Ephrem' wie auch anderer berühmter Wüstenheiliger zum Gegenstand haben.

Dargestellt wird der hl. Ephrem schreibend mit Buch und Schriftrolle. Feurige Säule erscheint ihm am Himmel.

Ephrem der Syrer wurde um 306 in Nisibis in Mesopotamien geboren. Viel ist über sein Leben nicht bekannt, aber ein Teil seines reichen theologischen Schrifttums, das er meist in eine poetische Form gekleidet hat, kennen wir heute noch. Viele seiner Hymnen sind in die Liturgie übergegangen. Vor allem sind seine Hymnen auf die makellose jungfräuliche Gottesmutter und ihren göttlichen Sohn berühmt geworden. Aber auch auf anderen Geistesgebieten zeichnete der Syrer sich aus, so tat er sich als ausgezeichneter Exeget ebenso hervor wie als geschulter Prediger und scharfer Polemiker gegen die Irrlehrer.

Er soll mit achtzehn Jahren die Taufe empfangen haben und wenig später als Begleiter des heiligen Bischofs Jakob von Nisibis dem Konzil von Nicäa beigewohnt haben. Jedenfalls wurde Ephrem um 338 zum Priester geweiht. Der Bischof hatte den von tiefem religiösen Eifer beseelten jungen Mann, der zudem über ein gründliches Wissen verfügte, zum Lehrer an der christlichen Hochschule ernannt.

Nach der Eroberung von Nisibis durch den Perserkönig Schapur II. 363 ließ Ephrem sich mit vielen anderen Christen auf römischem Gebiete, in Edessa, nieder. Hier versammelte er einen großen Schülerkreis um sich. Den zu dieser Zeit stark verbreiteten Irrlehren trat er mit einer solchen Schärfe entgegen, daß sie ihm den Haß der Arianer zuzog. Wies es heißt, mußte Ephrem sich zeitweilig vor den Nachstellungen seiner Feinde flüchten. Bei dieser Gelegenheit soll er den hl. Basilius (s. 1. Januar), Bischof von Cäsarea, aufgesucht haben. Die Legende berichtet, daß diese Begegnung ihm vorher geweissagt worden ist. Historisch ist die Bekanntschaft mit Basilius nicht erwiesen, immerhin durchaus vorstellbar.

Nach seiner Rückkehr erlebte der Greis noch, daß Kaiser Valens die katholische Stadt Edessa mit seiner Heeresmacht umzingelte und vernichten wollte. Hunger und Krankheit zogen ein, und der heilige Diakon stellte alle ihm verbliebenen Kräfte in den Dienst der Leidenden. Er gründete ein Siechenhaus und zog selbst, für die Darbenden bettelnd, durch die Straßen der Stadt. Im Mai 373 sammelte er noch einmal seine Jünger um sich; kurze Zeit später ging der hl. Ephrem zu Gott ein, den er zeit seines Lebens in klingenden Versen gepriesen. Man hat ihn „die Zither des Heiligen Geistes" genannt.

Es ist uns von ihm ein Traktat ‚Lob der Einsiedler von Mesopotamien' überliefert, das ausführlich schildert, wie unvorstellbar enthaltsam das Leben des Eremiten in der syrischen Wüste war, das er sehr genau gekannt haben muß. Es lautet etwa:

Wir wollen ihre Wohnungen betrachten,
wo sie wie Tote in den Gräbern hausen,
Wir wollen ihre Leiber anschaun und bedenken,
daß nur des Hauptes Haar sie schmückt.
Laßt ihren Trank im Geist uns kosten,
stets vermischt mit Tränen ...
Und spüren wollen wir den harten Stein,
auf dem sie ruhn.
Wenn sie ein Dieb erblickte, würfe
zur Erd' er sich, um sie zu ehren,
Die wilden Tiere fliehn erstaunt
beim Anblick ihres wunderbaren Elends.
Mit ihrem Fuß zertreten sie Gewürm
und Schlangen.
Sie wohnen hoch in Felsenhöhlen
wie in schönen Zimmern
Und schließen unerreichbar sich
wie hinter Wall und Mauer ein.
Die Erde ist ihr Tisch, und Wurzeln
bleiben immer ihre Nahrung.

Legende

Die Legende erzählt uns von der Begegnung des hl. Ephrem mit Basilius dem Großen. Da heißt es: Es lebte ein alter Einsiedler Ephrem mit Namen, dem wurde in einem Gesicht von Gott die Heiligkeit des Basilius kundgetan. Als Ephrem einmal in Verzückung lag, da sah er nämlich eine feurige Säule, die so groß war, daß sie an den Himmel reichte, und er hörte eine Stimme, die sprach: „Genau so groß wie diese Feuersäule, die du schaust, ist Basilius." Und weil er wissen wollte, wie Basilius es machte, daß er bei all seiner Größe heilig, d. h. demütig sei, machte Ephrem sich auf, ihn zu besuchen. Und er gelangte am Tage des Festes Epiphanias in die große Stadt, wo jener Bischof war, und fand ihn angetan mit seinen bischöflichen Gewändern, einer weißen Stola, auf dem Haupte eine kostbare Inful, und er schritt dahin inmitten seines Klerus in feierlicher Prozession. Und viel Volks war gekommen, ihn zu sehen. Das gefiel dem Eremiten nun aber gar nicht, und er sprach bei sich: „Das kann der Mann nicht sein, den ich suche, ich bin umsonst gekommen, denn wer mit solcher Pracht herrscht und in solchen Ehren prangt, der soll eine feurige Säule der Heiligkeit sein? Das nimmt mich Wunder." Der hl. Basilius aber gewahrte es sogleich, daß Ephrem Anstoß an ihm genommen hatte, und er lud ihn in seinen Palast ein, um mit ihm zu reden. Und als sie beieinander saßen und Gott lobten, da sah Ephrem, daß eine feurige Zunge aus dem Munde des Bischofs kam, wenn er redete. Und mit einem Mal erkannte er, daß Basilius ein heiliger Mensch war, und sprach: „Dieser da ist wahrlich der große Basilius, er ist wahrlich die feurige Säule, denn der Heilige Geist redet durch seinen Mund." Und dann sprach er weiter: „Herr, darf ich dich um eins ersuchen: ich möchte gerne griechisch reden, hilf du mir Gott darum bitten." Da antwortete Basilius: „Du forderst kein leichtes Ding." Indessen sprach er sein Gebet voller Andacht und bat Gott, daß er Ephrem seinen Wunsch durch seine Güte erfüllen möge. Und alsbald fing der Einsiedler an, griechisch zu reden. Darüber war er froh und dankte Gott und schied in Frieden von Basilius, dem großen Bischof.

Die selige Anna Maria Taigi

(Gedenken: 9. Juni)

Der beliebte Name Annemarie hat einen eigenen Namenstag am Gedenktag der Seligen gleichen Namens. So sei ihr Leben und Wirken hier geschildert, gilt sie doch als eines der vollendetsten Beispiele der christlichen Gattin und Mutter und stieg zu höchster Tugend empor. Ihre Seligsprechung fand 1920 statt, ihr Fest ist am 9. Juni.

Unendlich schwer scheint es, inmitten der Welt, geplagt von Familiensorgen, Arbeit und täglicher Mühsal ein gottgefälliges Leben zu führen. Daß dies möglich ist, bewies Gott am Beispiel der römischen Familienmutter Anna Maria Taigi. Überwältigt von der Fülle der göttlichen Gnade, rief sie aus: „Laß mich gehen, o Herr, laß mich gehen! Ich bin nur eine Hausfrau."

Ihre ursprüngliche Heimat war Siena, wo Anna Maria am 29. Mai 1769 als Tochter des Apothekers Gianetti geboren wurde. Jedoch früh schon, als Sechsjährige, kam sie nach Rom, wohin ihr Vater sich wandte, nachdem er Stellung und Vermögen verloren hatte. Sie erhielt dort bei den Ordensfrauen der ‚Maestre Pie' eine vortreffliche religiöse Erziehung. Nach ihrer Schulzeit arbeitete sie als Lehrmädchen bei einer Schneiderin, später als Zofe bei einer adeligen Dame. Sehr früh schon heiratete sie einen Bedienten des Fürsten Chigi namens Domenico Taigi, einen etwas groben, leicht erregbaren Mann. Sie gebar ihm hintereinander sieben Kinder. Die Wohnverhältnisse in der Pförtnerwohnung des Palazzo Chigi waren recht bedrängt, Schwierigkeiten und Sorgen in dem kleinen Haushalt an der Tagesordnung. Jedoch legte Anna Maria, die ein gefälliges Äußeres besaß, in den ersten Jahren ihrer Ehe noch großes Gewicht auf ihre Kleidung, trotz ihrer Armut putzte sie sich gern heraus. Als sie sich indessen an einem hohen Feiertag wieder einmal mit glitzerndem Tand behängt hatte, wie die Römerinnen ihn lieben, fiel plötzlich der vorwurfsvolle Blick eines Ordensmannes auf sie und traf sie bis ins Innerste. Es war der Anstoß Gottes: aufgewühlt von der Erkenntnis, daß sie bisher falsch gelebt habe, legte sie eine Generalbeichte ab.

Von nun an bekämpfte sie die Schwächen ihrer Natur nachdrücklich und mit Erfolg. Tiefe Reue und ein strenger Bußgeist erfüllten ihr Inneres. Sie entsagte aller Eitelkeit und gab sich mit großem Eifer religiösen Übungen hin. Doch wußte sie es so einzurichten, daß darüber ihre Pflichten als Gattin, Mutter und Hausfrau keine Vernachlässigung erfuhren. Ein lebendiges Zeugnis davon legte ihr Mann ab: „Es ist mir oftmals vorgekommen, daß ich bei meiner Rückkehr das ganze Haus voller Besucher fand. Sogleich ließ sie alle Welt stehen, waren es nun bedeutende Herren oder Prälaten, und beeilte sich, mich mit Leutseligkeit und Aufmerksamkeit zu bedienen. Man sah es ihr an, daß sie es von Herzen gerne tat; sie hätte mir die Schuhriemen gelöst, wenn ich das geduldet hätte. Kurz, sie war mein und jedermanns Trost." Anna Maria ertrug Tag für Tag stets voller Heiterkeit, Liebe und Geduld alle auftretenden Plackereien, das aufbrausende und launische Wesen ihres Mannes, die Mühen der Kindererziehung, später den Unfrieden, den eine zänkische Schwiegertochter verursachte, ihre Armut und des öfteren auftretende eigene körperliche Leiden. Ihre freundliche Klugheit übte auf alle, die mit ihr zusammenkamen, einen wohltuenden Einfluß aus. 1790 trat sie als weltliche Terziarin in den Trinitarierorden ein. Bei allem, was sie tat, blieb ihre Vervollkommnung ihr tiefstes Anliegen. Seit ihrem einundzwanzigsten Lebensjahr ging sie jeden Tag zur Messe und empfing die heilige Kommunion.

Die große Macht ihrer Fürbitte war durch viele Krankenheilungen bekanntgeworden. Erfahrene Staatsmänner und Kirchenfürsten suchten ihren Rat; darunter befanden sich sogar die Päpste Pius VII., Leo XII. und Gregor XVI.

Anna Maria Taigi ging nach langer Krankheit am 9. Juni 1837 zu Gott ein, dem sie büßend und sühnend im Alltag gedient hatte. Bestattet ist sie in der Kirche S. Crisogono in Trastevere in Rom.

Legendäres

Visionen und Wunder zu den Legenden zu zählen, also nicht der realen diesseitigen Wirklichkeit zuzuordnen, scheint uns Heutigen verständlicher als den Menschen früherer Zeiten, für die die übernatürliche Wirklichkeit, in der sie sich abspielten, selbstverständliche Realität bedeutete. Auch Anna Maria Taigi war, wie viele andere Heilige, solcher Offenbarungen teilhaftig geworden. So hatte sie siebenundvierzig Jahre lang eine geheimnisvolle Erscheinung, die sich übrigens sonst nirgends in der Geschichte der Heiligen findet:

Anna Maria erblickte eine geheimnisvoll-strahlende Sonne. Ihre Größe kam der natürlichen Sonne gleich. An ihrem äußeren Strahlenkranz schien sie von einer geflochtenen Dornenkrone umrahmt. Diese Sonne vermittelte der Seligen die Erkenntnis der Absichten Gottes mit der Welt und den Menschen; sie schaute in ihr die Ereignisse fremder Länder und die Lösung der Fragen, die man an sie stellte. Als schwarze Pünktchen oder gleichsam als Schatten, die in der Strahlenscheibe umherschwammen, zeigten sich ihr alle ihre Sünden und Fehler. Es war, als sei ihr in dieser Vision die ständige Gegenwart Gottes als mahnende Gewißheit vor Augen gehalten worden. Diese geheimnisvolle Sonne war wie ein großer sichtbarer Leitstern, der aus der jenseitigen Welt in die diesseitige leuchtete und einen Teil jener Blindheit gnädig erhellte, in der wir uns nach dem Pauluswort hier auf Erden befinden.

Der heilige Barnabas

Der hl. Barnabas gehört zu den Kanon-Heiligen und wird mit dem Ehrentitel Apostel ausgezeichnet, obgleich er nicht im eigentlichen Sinne von Christus selbst zum Apostolat berufen worden ist. Er war einer der siebzig Jünger Jesu und nahm sich des bekehrten Paulus in Jerusalem zu einer Zeit an, da die übrigen Jünger ihr Mißtrauen gegenüber dem ehemaligen Verfolger noch nicht abgelegt hatten. Von Barnabas sagt die Heilige Schrift, daß „er ein guter Mann, voll des Glaubens und mit dem Heiligen Geiste erfüllt gewesen sei“ (Apg. 11, 24).

Sein eigentlicher Name war Josef. Er gehörte zum

Stamme Levi und wurde von jüdischen Eltern auf der Insel Zypern geboren. Seine Eltern, die ein Landgut besaßen, sandten ihn nach Jerusalem zu dem berühmten Lehrer Gamaliel, der auch den jungen Saulus unterrichtet hat. Dort erwarb Barnabas sich eine ausgezeichnete Kenntnis der Heiligen Schrift. Und damit mag in ihm die große Sehnsucht aller Juden nach dem Kommen des Messias gewachsen sein, von dem so viel Herrliches in den heiligen Büchern stand. Als nun Jesus wirklich auf Erden erschien und sich als der wahre Erlöser erwies, ließ Barnabas sich unter die Jünger aufnehmen. Nach dem Tode des Herrn wandelten die Apostel seinen früheren Namen in ‚Barnabas' um, was so viel heißt wie ‚Sohn des Trostes'. Barnabas verkaufte nun das Erbe, das seine Eltern ihm hinterlassen hatten und brachte den Erlös den Aposteln zur Verteilung an die Armen. Weil er im Gesetze erfahren war, erwählten die Ältesten ihn zur Verkündigung des Evangeliums. In dieser Zeit bekehrte sich der hl. Paulus (s. 30. Juni), und Barnabas, der ihn von früher her kannte, führte ihn in Jerusalem bei den Jüngern ein.

Man entsandte Barnabas nach Antiochia, wo schon eine kleine Gemeinde gegründet worden war, damit er die Bekehrten im Glauben stärken und die junge Gemeinde ordnen möge, was er mit heiligem Eifer ausführte. Er hatte die Freude, daß sich die Gemeinde zusehends vergrößerte; bald hatte er einen Gehilfen nötig, der ihm beistand in seiner Arbeit. Als er erfuhr, daß Paulus sich in Tarsus aufhielt, begab er sich zu ihm und nahm ihn mit nach Antiochia.

Von nun an predigten beide zusammen die Lehre Christi und spendeten die Sakramente. Barnabas mag bald die Bedeutung von Paulus als Lehrer für die Verbreitung des Evangeliums erkannt haben. Immer zahlreicher wurde die Gemeinde, deren Mitglieder hier zum ersten Mal den Namen ‚Christen' erhielten. Vor allem waren sie tätig in der Liebe. Als eine Hungersnot in Judäa ausbrach, sammelten sie sogleich Almosen und schickten sie durch Paulus und Barnabas nach Jerusalem, damit sie unter die Notleidenden verteilt würden.

In der Apostelgeschichte heißt es darüber: Als nun eine große Teuerung geschah unter dem Kaiser Claudius, wie Agabus geweisagt hatte, beschloß unter den Jüngern ein jeglicher nach seinem Vermögen den Brüdern in Judäa eine Unterstützung zu senden und schickten sie den Ältesten durch die Hand des Barnabas und Paulus. Diese kehrten danach nach Antiochia zurück.

Nachdem sie lange Zeit als ‚Propheten und Lehrer' in der Gemeinde von Antiochia gewirkt hatten, offenbarte ihnen der Heilige Geist, daß sie berufen seien, den Heiden das Evangelium zu verkünden. Die ganze Gemeinde betete und fastete, damit Gott zu dieser Aussendung seinen Segen geben möge. Dann reisten die beiden Apostel nach Seleucia, zusammen mit einem anderen frommen Jünger, dem Johannes Markus, einem Verwandten des Barnabas, der ihnen als Gehilfe diente. Von dort schifften sie sich nach Zypern ein und landeten in Salamis. Sie durch-

zogen das Land und predigten überall furchtlos den Glauben, obgleich sie vor allem von den Juden heftig verfolgt wurden. Nachdem Paulus, hier wohl schon als Führer der Missionare anerkannt, auch hier einige Wunder gewirkt hatte, konnten die beiden Heiligen sogar erreichen, daß sich der römische Prokonsul taufen ließ. Dann wandten sich die Apostel auf den Wunsch des Paulus nach Pamphylien; zu ihrer Enttäuschung verließ sie Markus, vielleicht wegen der besonderen Gefahren, die ihnen auf dieser Reise durch die wilden Gegenden drohten.
Barnabas jedoch blieb auf der ganzen ersten Missionsreise ein treuer Gefolgsmann des Paulus. Hier schon mögen sie gemeinsam das erduldet haben, wovon Paulus später berichtete, nämlich „Hunger und Durst, Schmähung und Verfolgung, Gefahren auf Flüssen durch Räuber und von falschen Brüdern".
In der Stadt Lystra wollte man ihnen in Verkennung ihrer Absichten sogar göttliche Ehren erweisen und Opfer darbringen, was die beiden Apostel nur mit Mühe verhindern konnten. Als die Juden die Scharen sahen, die ihnen zuhörten, wurden sie von Eifersucht erfüllt und erhoben unter Beschimpfungen ihre Stimme gegen die Glaubensboten. Viele Heiden indessen wurden gläubig. Schließlich kehrten sie, etwa im Jahre 49 wieder nach Antiochia zurück. „Nach ihrer Ankunft versammelten sie die Gemeinde und berichteten, was Gott mit ihnen gewirkt und daß er den Heiden eine Tür des Glaubens aufgetan habe" (Apg. 14, 27).
Sie nahmen dann am Apostelkonzil in Jerusalem teil, wo die strittigen Fragen der Juden- und Heidenchristen erörtert wurden. Hier erzählten sie von ihren Erfolgen bei der Bekehrung der Heiden und beeinflußten dadurch die Entscheidung für das ‚Heil aus Glauben' gegen alle fanatische Gesetzlichkeit. Mit einem apostolischen Schreiben ausgerüstet, kehrten sie nach Antiochia zurück. Bevor Paulus zu seiner zweiten Missionsreise aufbrach, trennten sich die beiden Apostel.
Barnabas nahm den Markus mit sich und fuhr nach Zypern. Dort knüpfte er an seine frühere Tätigkeit an und befestigte als erster Bischof seiner Heimat den Glauben an den Gekreuzigten. Nach der Legende wurde der hl. Barnabas in Salamis von den Juden gesteinigt und starb den Märtyrertod etwa um das Jahr 63 unter Kaiser Nero. Geschichtliches ist über seinen Tod nicht erwiesen. Sein Grab befindet sich auf Zypern, wo man es im Jahre 482 wieder auffand. Seit dem 9. Jahrhundert wird sein Fest von der Kirche am 11. Juni begangen.
Dargestellt wird der hl. Barnabas mit dem Evangelium in der Hand, womit er Kranke und Besessene heilt, mit Stein als seinem Marterwerkzeug.
Er ist Patron der Böttcher und Weber und wird gegen Betrübnis und Hagel angerufen.

Legende

Nachdem der hl. Barnabas in seine Heimat, auf die Insel Zypern, zurückgekehrt war, erwartete ihn dort die Krone der Märtyrer. Denn kaum hatte er zu predigen angefangen und durch seine feurigen Worte sowie durch große Wunder zahlreiche Bekehrungen erreicht, eilten die Juden, die ihn schon in Syrien verfolgt hatten, nach Salamis und hetzten die Vornehmen der Stadt gegen den hl. Apostel auf. Gott hatte seinem treuen Diener die Todesstunde vorher verkündet, weshalb er, darauf gefaßt, vor allem die Neubekehrten im Glauben stärkte, sie zur Ausdauer ermahnte und dann mutig seinen Feinden entgegentrat. Er bewies ihnen mit unumstößlichen Worten, daß Jesus Christus der wahre Messias sei. Die Wütenden ergriffen ihn jedoch und schleppten ihn hinaus vor die Stadt, wo sie ihn steinigten. Sein Jünger Johannes Markus begrub seinen Leib und legte auf seine Brust das Evangelium des hl. Matthäus, das der Heilige mit eigener Hand abgeschrieben hatte.

Lange Zeit blieb das Grab verborgen und unbekannt. Da erschien eines Tages der hl. Barnabas einem der Bischöfe von Antiochia und wies ihm die Grabesstelle. Man suchte nach und fand wirklich an dem bezeichneten Ort die Gebeine des Apostels mit dem Evangelium auf der Brust. Dieses wurde dem Kaiser Zeno nach Byzanz geschickt.

Der heilige Onuphrius

In der thebaischen Wüste lebten in den ersten christlichen Jahrhunderten viele Einsiedler. Der letzte von ihnen war der hl. Paphnutius (s. 5. März). Er war ein Schüler des hl. Makarius (s. 11. Januar). Er hat das wunderbare Leben eines Eremiten geführt, das weder Ähnlichkeit hat mit dem gewöhnlichen Menschenleben noch mit dem Leben neuerer Heiliger. Das Leben dieser Einsiedler übersteigt an Strenge jede Vorstellungskraft. Von Paphnutius stammt auch die Biographie des hl. Onuphrius, den er um 400 in der Wüste traf und dem er beim Sterben beigestanden hat. Der Einsiedler Onuphrius ist beispielhaft für die christliche Tugend der Enthaltsamkeit. Wir wollen sein Leben so schildern, wie es uns der hl. Paphnutius überliefert hat.

Eines Tages – so erzählte Paphnutius seinen Brüdern – fühlte ich in mir den Antrieb, in die Wüste zu gehen, um dort die heiligen Einsiedler zu besuchen und von ihnen zu lernen, wie man Gott vollkommen dienen könne. Ich machte mich also auf den Weg und nahm nichts mit als ein wenig Brot und Wasser. Vier Tage lang war ich gegangen, meine Lebensmittel waren aufgezehrt, und es quälten mich Hunger und Durst. Da rief ich Gott inständig an in meiner Not und fühlte mich alsbald gestärkt und getröstet. Ich legte mich unter einen Baum, da vernahm ich Fußtritte, sah mich um und erblickte einen Mann, dessen Leib mit langen Haaren bedeckt war. Um die Lenden hatte er Palmblätter gewunden, er führte einen Knotenstock in seiner Hand. Mich ergriff alsbald große Furcht, und ich verbarg mich in einem Gebüsch. Allein der seltsame Mann rief mir zu: „Fürchte dich nicht, komm her zu mir, denn ich bin ein sterblicher Mensch wie du.“ Von diesen Worten ermuntert, nahte ich mich ihm und warf mich ihm zu Füßen. Er sprach liebreich zu mir: „Stehe auf, denn du bist Paphnutius, der Diener Gottes, ein Freund der Heiligen.“ Ich stand auf, setzte mich zu ihm und bat ihn, mir zu sagen, wer er sei. Da sprach er zu mir:

Mein lieber Bruder, ich heiße Onuphrius und bin eines Hirtenfürsten Sohn aus Abessinien. Erzogen wurde ich im Kloster Hermopolis in Ägypten, wo die guten Mönche meinem Herzen feurige Liebe zu Gott und inniges Verlangen nach Heiligkeit einpflanzten. Viel erzählten mir die Brüder von dem wundersamen Leben unseres Vaters Elias und des hl. Johannes des Täufers in der Wüste. Da beschloß ich, diese Heiligen nachzuahmen und fern von der Welt in der Einsamkeit Gott zu dienen. In einer Nacht machte ich mich also auf, nahm nur ein wenig Brot mit und verließ das Kloster. Vertrauend auf Gottes Hilfe schritt ich getrost der Wüste zu. Da sah ich plötzlich ein hellglänzendes Licht, das langsam auf mich zukam. Aus den Strahlen trat ein Mann hervor von schöner Gestalt und sprach: „Fürchte dich nicht, ich bin der Engel, der dir von Geburt an zum Schutze gegeben ist. Gott hat mir aufgetragen, dich zu geleiten. Sei also vollkommen, wandle demütig vor dem Herrn, bewahre sorgfältig dein Herz, arbeite mit Lust und verharre in guten Werken.“ Dieses redend ging der Engel vor mir her. Nach vielen Stunden kamen wir an eine Höhle. Ich nahte mich laut rufend, da kam ein würdiger Mann heraus, vor dem ich ehrfürchtig mein Knie beugte. Er hob mich aber auf, gab mir den Friedenskuß und sprach: „Geh herein, mein Sohn, denn du bist mein Bruder.“ So ging ich mit ihm in die Höhle und blieb lange bei ihm. Er gab mir Unterricht im Leben der Eremiten und belehrte mich besonders, wie ich die Nachstellungen des Teufels überwinden könnte, auch prüfte er mich sorgfältig, ob es mir ernst sei mit meinem Verlangen. Dann sprach er eines Tages zu mir: „Mein Sohn, mache dich auf und gehe mit mir. Du mußt in die innere Wüste wandern und allein dort wohnen, wo der Herr dich prüfen wird, ob du seine Gebote halten wirst. Da zogen wir beide vier Tagereisen weit in die Wüste hinein und kamen schließlich zu einer kleinen Hütte, die unter einem Dattelbaum stand. Er sagte: „Hier ist die Stätte, welche Gott zu deiner Wohnung bestimmt hat.“ Dreißig Tage blieb er noch bei mir, lehrte mich die Wege der Vollkommenheit, empfahl mich dann im Gebete dem Herrn und kehrte, mich segnend, in seine Wohnung zurück. Alle Jahre einmal besuchte er mich und gab mir väterliche Ermahnungen. Als er mich einmal wieder besuchte und gar freundlich begrüßt hatte, fiel er plötzlich zur Erde und gab seinen Geist auf. Ich aber begrub seinen Leib trauernd neben meiner Hütte. Von nun an lebte ich ganz verlassen in der Wildnis. Hart waren die Prüfungen, die Gott mir sandte. Ich hatte oftmals Stunden, wo ich vor Betrübnis dem Tode nahe war. Des Tages brannte mich die Sonne mit unerträglicher Hitze, des Nachts zitterte ich naß von Tau und Reif, gequält von Hunger und Durst. Doch es geziemt sich nicht, alle meine Trübsale vor dir auszubreiten, drum vernimm, wie der Herr mich zur Zeit der Prüfungen getröstet hat. Ein Engel des Herrn brachte mir nämlich Brot und Wasser, und der Baum neben meiner Hütte spendete mir süße Datteln. Befleißige dich drum, mein Bruder Paphnutius, nicht bekümmert zu sein um des Leibes Notdurft, sollen wir doch vor allem zuerst das Reich Gottes suchen, und alles wird uns dazu gegeben werden!

Während der hl. Onuphrius dies erzählte, fuhr Paphnutius fort, standen wir auf der Spitze eines Hügels, und er forderte mich auf, den Ort seiner Einsamkeit zu besuchen. Schweigend ging er vor mir her, und nach sechs Stunden gelangten wir zu einer Hütte, die von Palmbäumen umgeben war. Zuerst beteten wir, dann setzten wir uns auf die Erde nieder und führten Gespräche über die heiligen Schriften. Nach einer Weile sagte Onuphrius: „Mein Sohn, ich sehe, daß du dir schadest, wenn du nichts ißt." Als ich mich umsah, lag ein Brot und etwas Wasser in einem Gefäß nahe bei uns. Dann brach er das Brot, gab mir einen Teil, und wir aßen und wurden satt. Die Nacht durchwachten wir beim Lobe Gottes. Eine Stunde nach dem Morgengebet sah ich sein Gesicht plötzlich erbleichen. Erschrocken fragte ich ihn, was ihm wäre. Er aber antwortete: „Sei getrost, mein Bruder, denn der allmächtige Gott hat dich zu mir geführt, auf daß du mich ehrlich begrabest. Schon siebzig Jahre lebe ich hier, und nun ist die Stunde da, wo meine Seele, von den Banden des Leibes befreit, zu ihrem Schöpfer heimkehren darf. Wenn du wieder nach Ägypten zurückkehrst, dann gedenke meiner im Gebete. Gott hat dich in diese Wildnis gesandt, damit du die Dinge, welche du hier vernommen, der Welt offenbarst. Stehe fest im Glauben, handle männlich und ringe um das ewige Leben. Die heiligen Engel mögen dich beschirmen und vor allen bösen Anschlägen behüten, damit du rein befunden werdest am Tage des Gerichtes." Nach diesen Worten stand er auf und betete unter vielen Tränen: „Herr, in Deine Hände befehle ich meinen Geist." Plötzlich ward sein Leib von einem hellen Licht umgeben, und in der Klarheit dieses Lichtglanzes hauchte er seine Seele aus. Die ganze Luft erscholl von himmlischer Musik, und ich hörte den Lobgesang der Engel. Nach und nach verhallten die Stimmen, ich aber weinte und jammerte laut, daß dieser heilige Mann Gottes von mir genommen worden war. Endlich erhob ich mich, schnitt meinen Rock entzwei und wickelte in einen Teil desselben den Leib des Toten. Ich fand in der Nähe ein Grab, das in den Felsen gehauen war, dort begrub ich ihn. Weinend kehrte ich in die Hütte zurück. Aber kaum wollte ich den Fuß hineinsetzen, da stürzte sie krachend ein und der Dattelbaum fiel entwurzelt zu Boden. So zog ich, wie der Heilige mich geheißen, in die Heimat zurück und tat, wie er mir geboten. Das alles erzählte der hl. Paphnutius seinen Brüdern, welche dadurch heilsam ermahnt mit neuem Eifer an ihr Tagewerk gingen.

Im allgemeinen wird der hl. Onuphrius als alter Mann dargestellt mit langem Haar und Bart, mit Palmblättern gegürtet oder unbekleidet, ganz mit Haaren bedeckt, ein Kreuz mit drei Querbalken in der einen, einen Knotenstock in der anderen Hand haltend, eine Krone auf dem Haupt, manchmal mit einem Engel, der ihm die hl. Kommunion reicht, aber auch auf allen Vieren kriechend. Signorelli hat ihn in der Kathedrale von Perugia neben mehreren anderen Heiligen vor der thronenden Madonna gemalt, ähnlich zeigt ihn auch das Gemälde von Andrea del Sarto im Palazzo Pitti in Florenz.

Der Kult des hl. Onuphrius wurde im Abendland durch die Kreuzzüge verbreitet. Als nach der legendären Überlieferung der bayerische Herzog Heinrich der Löwe im Jahre 1171 das Heilige Land und die Stätten der Einsiedeleien in der ägyptischen Wüste besuchte, erfuhr er von dem wunderbaren Leben dieses Heiligen und von seiner mächtigen Fürbitte bei Gott. Er erwählte ihn zu seinem Schutzpatron und erbat sich von den Mönchen des Klosters, wo der Leichnam des hl. Onuphrius ruhte, eine Abbildung desselben sowie einen Teil seiner Hirnschale und brachte beides nach München. Als Wahrzeichen dieser Stadt befand sich bis zum 2. Weltkrieg das Bild des Heiligen in dreifacher Lebensgröße an der Fassade eines Hauses am ehemaligen Eiermarkt neben dem Alten Rathaus. Nach der Zerstörung wurde ein modernes Fresko mit der Gestalt des hl. Onuphrius am Neubau des sogenannten ‚Onuphrius-Hauses' angebracht.

Der heilige Antonius von Padua

Die Italiener nennen den hl. Antonius wie die über seinem Grabe errichtete Basilika in Padua einfach ‚Il Santo'; denn er ist für sie der Heilige schlechthin. Die Kirche erteilte ihm als dem ‚Doctor evangelicus' die Würde eines Kirchenlehrers. Das Antoniusbrot, für das in allen katholischen Kirchen ein eigener Opferstock aufgestellt ist, ist ein Almosen zu Ehren des Heiligen und erinnert an sein soziales Wirken. Er genießt bis heute eine Beliebtheit wie außer der Gottesmutter kaum ein anderer Heiliger. Das katholische Volk hat ein unbegrenztes Vertrauen auf seine Fürbitte; unter anderem wird er angerufen, wenn man etwas verloren hat, und er hat sich unstreitig fast immer noch hilfreich erwiesen. Aber er steht auch in dem Rufe, daß er nichts umsonst tut: der Gläubige muß für seine Hilfe ein Opfer bringen, und am liebsten ist ihm eine Geldspende für die Armen! Seine oftmals etwas süßliche Darstellung als Jüngling in Franziskanertracht, in der Rechten eine Lilie, auf dem linken Arm das Jesuskind tragend, bezeichnet das Volk als ‚Kindltoni'. Manchmal hat er anstelle der Lilie ein flammendes Herz als Attribut, so an der Bronzestatue des Donatello in Sant'Antonio in Padua und auf dem Mantegnabild an der Fassade derselben Kirche. Weitere Attribute des Heiligen sind Fische, Esel oder Pferd, Buch – als Symbol der Weisheit. Vom hl. Antonius von Padua gibt es unzählige Darstellungen, auch mit anderen Heiligen zusammen, oder solche, die Einzelheiten aus den vielen Legenden wiedergeben, die sich um seine Person ranken.

Seine Patronate sind ebenso vielseitig: außer dem Wiederfinden verlorener Gegenstände ist er Schutzheiliger der Reisenden, der Liebenden, für eine gute Ehe, gegen Unfruchtbarkeit, Fieber, Viehseuchen, teuflische Mächte, Katastrophen, ferner der Bergleute, Bäcker, Haustiere (Pferde und Esel).

Antonius war Portugiese und wurde um 1195 in Lissabon geboren. Ursprünglich hieß er Fernando Bullone und stammte aus dem Geschlechte Gottfrieds von Bouillon, des ersten Eroberers des Heiligen Grabes. Mit fünfzehn Jahren trat er in den Orden der Augustiner-Chorherren ein. Hier bildete er sich in zehn Studienjahren „zum tiefen Kenner der Heiligen Schrift“. Auch diesen Heiligen traf der Anstoß Gottes: als fünf Franziskanermönche, die auf ihrer Missionsreise in Marokko von den Mauren getötet worden waren, in Coimbra feierlich bestattet wurden, befand sich Fernando mitten in der ergriffenen Menge. Er hatte die Minderbrüder selbst gekannt, wollte er sie doch seinerzeit selbst begleiten. Er faßte den Entschluß, den Bettelmönchen beizutreten, um ebenfalls den Heiden zu predigen. Mit 25 Jahren trat Fernando 1220 in das Franziskanerkloster in Coimbra ein und legte seinen Namen ab, um den Namen Antonius anzunehmen. Auf seine inständige Bitte erlaubte man dem neuen Minderbruder, noch im gleichen Jahr als Missionar nach Marokko zu reisen. Als er jedoch das afrikanische Ufer erreichte, wurde der junge Mönch, der das Märtyrertum so sehr ersehnte, sterbenskrank. Körperlich und seelisch geschwächt, mußte er sich schweren Herzens entschließen, in die Heimat zurückzukehren.

Das Schiff jedoch, dem er sich anvertraute, wurde durch einen Sturm an die sizilianische Küste verschlagen. In Messina vernahm er, daß der Ordensstifter einen Aufruf zur Versammlung der Franziskaner in Assisi erlassen hatte. Sofort machte er sich auf den Weg dorthin. Aber unter den vielen Franziskanern, die dort im Jahre 1221 zusammengekommen waren, bemerkte niemand den schweigsamen Mönch. Zuletzt nahm sich der Provinzial der Romagna, Bruder Gratian, seiner an. Demütig verschwieg Antonius seine Erziehung und sein enormes Wissen der Hl. Schrift. Von nun an diente Antonius wie der Geringsten einer in dem einsamen Bergkloster bei Forlí. Hier verbrachte er sein stilles Dasein ganz in Demut und Buße. Den schweigsamen Bruder hielt man sogar für schwachsinnig.

Durch einen Zufall wurde seine große Rednergabe offenbar. Als anläßlich einer Primizfeier keiner der anwesenden Patres unvorbereitet eine Rede halten konnte, wies einer scherzend auf Bruder Antonius, der solle es doch versuchen. Aber nun war die Verwunderung der Mitbrüder grenzenlos, denn der stille Mönch sprach mit solcher Kraft und Begeisterung, verfügte über so bezaubernde und ergreifende Worte und bezeugte zudem ein so außergewöhnliches Wissen, daß man ihn allgemein als einen Meister der Rede erkannte. Als der hl. Franziskus hiervon hörte, ernannte er den bis dahin so Unbeachteten zum ersten Lektor der Franziskaner für Theologie und berief ihn zum Prediger auf die Kanzeln der Städte. Nun strömte das Volk zu Tausenden herbei, um ihn zu hören.

Antonius verkündete das Evangelium in allen Gegenden Italiens und in Südfrankreich. Schon zur Nachtzeit versammelten sich die Hörer und warteten geduldig, bis er die Kanzel bestieg. Unerhört war die Kraft und der Erfolg seiner Predigten. Sooft er auftrat, umringten ihn sofort die Gläubigen. Seine Zunge brauchte er nur als Organ zur Verherrlichung der Ehre Gottes, um den heiligen Willen Gottes zu lehren, um unsterbliche Seelen aus dem Verderben des Irrtums

zu retten und die Wahrheit und beseligende Gerechtigkeit zu gewinnen. Auch zeichnete er seine Gedanken in Büchern auf, die für uns ein unsterbliches Zeugnis seiner Weisheit und Gottesliebe bedeuten. Die Predigten des Heiligen waren eine Hauptwaffe zur Bekämpfung der Katharer, einer Sekte, die damals besonders in Oberitalien viele Anhänger gewonnen hatte. Antonius war ihnen durch seine gründliche Schulung überlegen und konnte sich ihnen in öffentlichen Streitgesprächen stellen. Er hatte solche Macht über die Ketzer, daß man ihm schließlich den Beinamen „Hammer der Ketzer" gab. Doch seine großartigen Predigten waren es nicht allein, die ihm immer wieder Kraft für neue Taten spendeten. Vor allem sein großer Bußeifer und seine nächtelangen Gebete verliehen ihm die Stärke, der er so nötig bedurfte.
Der hl. Antonius wurde später zum Provinzialoberen der Romagna ernannt, aber auf dem Kapitel des Jahres 1230 stellte er einen Antrag auf Amtsenthebung. An Ämtern lag ihm nicht, er wollte nur predigen, wo immer er es konnte. Antonius suchte sogar den wilden Ezzelin in Verona auf und sprach zu ihm: „Das Maß Deiner Greuel ist voll. Wenn Du nicht Buße tust, wird Dich der Zorn Gottes zermalmen." Entgegen aller Erwartung war Ezzelin so beeindruckt, daß er fortan abließ von seinen grauenvollen Taten.
Die Anstrengungen des Heiligen gingen über Menschenkraft. Noch in der Fastenzeit des Jahres 1231 verzehrte er sich fast in der Glut seiner Predigten. Am 13. Juni fühlte er sein nahes Ende kommen. Der entkräftete Heilige wurde in das kleine Klarissenkloster Acella gebracht, wo er am gleichen Tage erst sechsunddreißigjährig starb. Seine letzten Worte waren: „Ich sehe meinen Herrn Jesus Christus!" Gänzlich verbraucht und erschöpft von der Arbeit im Weinberg des Herrn, schonungslos gegen sich selbst bis zum letzten Atemzuge, war der Heilige von Padua viel zu früh von dieser Welt gegangen.

Legende
Über diesen liebenswürdigen Heiligen gibt es eine große Zahl wundersamer und poetischer Legenden, von denen hier nur wenige wiedergegeben werden können.
Eines Tages wurde während der Predigt der Leichnam eines jungen Mannes in die Kirche gebracht. Man hörte das Schluchzen der Verwandten und Freunde. Antonius hörte auf zu sprechen, sammelte sich und hob die Augen. Dann wandte er sich von den Lebendigen zu dem Toten. Jetzt ermahnt er nicht mehr, er befiehlt: „Im Namen Jesu Christi, stehe auf!", und der Tote kam aus dem Sarge hervor.
An einem anderen Tage predigte er unter freiem Himmel. Da zog ein Unwetter herauf, die Menge begann zu flüchten. „Haltet an", rief Antonius, „niemand wird naß werden." Überall in der Umgebung ging der Regen in Strömen nieder, aber keiner von denen, die dem Worte des Heiligen gehorsam stehengeblieben waren, bekam einen Tropfen Wasser ab.

Einzigartig ist folgende Geschichte aus dem Leben des Heiligen. Ein reicher Mann hatte sein Vermögen durch Wucher ungeheuer vermehrt. Als er starb, bat seine Familie den hl. Antonius, die Leichenrede zu halten. Der Heilige predigte über das Wort des Evangeliums ‚Wo euer Schatz ist, da ist auch euer Herz'. Nach der Predigt wandte er sich an die Verwandten des Toten und sprach: „Geht jetzt hin und durchsucht die Kästen des Verstorbenen, ich will euch sagen, was ihr zwischen dem Gold und Silber finden werdet: Ihr werdet sein Herz finden." Sie gingen und suchten, und mitten in dem Goldhaufen fanden sie ein menschliches Herz, ein Herz von Fleich und Blut. Sie berührten es mit ihren Händen, das Herz war warm.
In Toulouse erklärte ihm ein Ketzer, nur ein Wunder werde ihn bestimmen, an die Allgegenwart Gottes zu glauben. „Ich will", fügte der Mann hinzu, „meiner Eselin drei Tage lang kein Futter geben. Nach diesen Fasttagen werde ich ihr Heu und Hafer vorlegen; wenn sie das Futter verschmäht um die geweihte Hostie anzubeten, so will ich an die Allgegenwart Gottes glauben." Der Heilige nahm den Vorschlag an. Als die drei Tage verstrichen waren, nahm er die Hostie in seine Hände, und der Ketzer brachte seiner ausgehungerten Eselin Heu und Hafer; aber das Tier wandte sich von ihm ab und dem heiligen Sakrament zu. Der Ketzer bekehrte sich.
Die Darstellung des Heiligen mit dem Jesuskind geht auf folgende Geschichte zurück. Als der Heilige kurz vor seinem Tode von den Anstrengungen und seiner Krankheit sehr geschwächt war, gab er den Bitten seiner Mitbrüder nach und folgte der Einladung eines Freundes, des Grafen Tiso, nach Schloß Camposampiero. Eines Abends besuchte der Graf ihn wie gewöhnlich in seinem Zimmer. Die Tür stand halb offen. Ein auffallend heller Lichtschein fiel heraus. Der Graf, der einen Brand befürchtete, öffnete rasch die Türe, doch blieb er gebannt auf der Schwelle stehen. Antonius kniete in dem hellerleuchteten Raum und hielt in den Armen ein Kind, das in Strahlen verhüllt war und von dem die große Helligkeit ausging. Als das kleine Zimmer wieder in seine Dunkelheit gesunken war, stand der Graf noch ganz unter dem Eindruck dieses Wunders. Antonius ging lächelnd auf ihn zu und bat ihn, niemandem etwas davon zu erzählen. Erst nach dem Tode des Heiligen brach der Graf sein Wort.

Die heilige Eleonora

(Gedenken: 25. Juni)

Es leiten sich viele Namen von ihr ab, wie Leonore, Ellen, Nelly und Nora, die auch in unserer Zeit noch gern als Taufnamen für Mädchen gewählt werden. Von einer Selig- oder Heiligsprechung der englischen Königin dieses Namens seitens der Kirche ist nichts bekannt. Dennoch wird sie in manchen Gegenden Deutschlands und vor allem in England als Volksheilige verehrt. Sie wurde im Jahre 1222 als Tochter des Grafen Raimund IV. von der Provence geboren. 1236 folgte sie König Heinrich III. von England als Gemahlin in sein Land. Sie beriet

ihren Gatten bei den Regierungsgeschäften während der schwierigen und unruhevollen Jahre, die England zu dieser Zeit durchmachte, und half ihm die Ordnung durch den Erlaß guter Gesetze wieder herzustellen, die sie vor allem förderte, wenn sie zu Gunsten von Kirche und Klöstern erlassen wurden. Letzteren stand sie mit ihrem eigenen Vermögen bei, damit Lehrer und Missionare herangebildet werden konnten. Sie teilte in eigener Person Brot und Suppe an die Armen und Kranken aus, förderte aber auch Literatur und Wissenschaften.
Nach schweren Jahren der Regierung starb der König 1273. Eleonora war noch einige Zeit als Mitregentin seines Nachfolgers an der Regierung beteiligt. Dann nahm sie den Schleier in der Benediktinerinnenabtei Amesbury. Sie starb nach einem frommen Leben als Klosterfrau im Jahre 1291.

Eine Selige mit Namen Eleonora sei hier noch erwähnt, nämlich Margareta Eleonora de Justamont, die mit ihrer leiblichen Schwester Magdalena Franziska als Zisterzienserin während der Französischen Revolution in Südfrankreich das Martyrium erlitt. Eleonora, die den Ordensnamen Maria vom hl. Heinrich trug, starb am 12. Juli 1794 durch die Guillotine. Sie wurde 1925 zusammen mit der Gruppe von zweiunddreißig Klosterfrauen seliggesprochen, die vom 6. bis 26. Juli 1794 in Orange von den Revolutionären hingerichtet worden waren, weil sie den Eid auf die Französische Revolution verweigerten. Ihr Fest ist am 9. Juli.

Der heilige Veit

Der heilige Knabe Veit oder Vitus gehört zu den rührendsten Gestalten der frühen christlichen Märtyrer. Ganz besonders im 13. und 14. Jahrhundert verehrt, wurde er unter die 14 Nothelfer eingereiht. In dieser Zeit, nämlich 1355, wurden seine Gebeine durch Kaiser Karl IV. nach Prag gebracht, wo sich über ihnen der berühmte Sankt-Veits-Dom erhebt. Dortselbst gibt es eine schöne Büste des hl. Märtyrers. Viele Altäre und Kapellen sind dem hl. Veit geweiht, unzählige Orte nach ihm benannt. Acht Tafelgemälde aus der Schule Michael Wohlgemuts in Klagenfurt schildern die Legende des Heiligen, auch Altdorfer hat ähnliche Bilder geschaffen. Der hl. Veit ist ein wunderbarer Fürsprecher und Helfer in vielerlei Nöten und Anliegen. Er hat eine große Zahl von Patronaten, so

wird er vor allem angerufen beim sogenannten Veitstanz, einer Art von Epilepsie, Tollwut, Schlangenbiß, Aufregung, Bettnässen, Feuersgefahr, Unwetter. Er ist Schutzpatron der Apotheker, Kupferschmiede, Tänzer und Schauspieler, der Jugend, der Haustiere, von Böhmen, Prag, Sachsen und Sizilien.
Dargestellt wird er mit einem Kessel siedenden Pechs, in dem er steht, oder einen kleinen Topf in der Hand, Löwen zu seinen Füßen, einen Hund an der Leine führend, auch mit Buch, auf dem ein Hahn sitzt und mit Märtyrerpalme.
Das Leben dieses heiligen Knaben ist rein legendär. Es enthält indessen viele wunderbare Begebenheiten, die ihrem inneren Gehalt nach über die Jahrhunderte hin ihre Wahrheit erwiesen.

Legende
Der Knabe Veit oder Vitus stammt nach der Legende aus Sizilien, von heidnischen Eltern, die seine Erziehung der Amme Crescentia und deren Mann Modestus übergaben. Diese waren beide Christen und befestigten die Liebe zum Herrn tief im Herzen des Kindes. Als der Vater das erfuhr, wollte er seinen Sohn auf alle Weise zwingen, seinen Sinn zu ändern. Doch gelang es ihm nicht. Das Kind hing fest und stark an dem einzigen Gott. Je mehr es bestürmt wurde, den heidnischen Göttern zu opfern, je fester hielt es an Christus dem Herrn. Auch Schmeicheleien und Versprechungen fruchteten nichts. Da übergab der grausame Vater seinen Sohn dem Vogt Valerian, der sollte ihn schlagen, damit er gefügig würde. Doch als die Knechte ihre Peitschen erhoben, wurden ihre Arme alsbald gelähmt. Als sie dies beklagten, sprach das Kind: „Geht zu euren Göttern und bittet sie, daß sie euch helfen mögen.“ Da fragten sie ihn, ob er das nicht könne. Hierauf sprach der Knabe: „Wenn ihr glauben wollt an Jesus Christus, den einzigen Gott, so werdet ihr durch Ihn heil werden.“ Und er betete für sie, und sie wurden gesund. Dann sperrte man Vitus in sein Zimmer ein, das man zuvor mit allerlei Spielen und Kurzweil gefüllt hatte, um ihn zu verlocken. Sein Vater beobachtete ihn durch einen Spalt, wurde aber geblendet von dem Glanz eines hellen Lichtes, das zwei Engel verbreiteten, die bei dem Knaben standen. Es brannte in seinen Augen wie Feuer, und er wurde blind. Trotzdem trachtete der Verblendete danach, wie er sein Kind töten könne.
Indessen erschien dem Modestus ein Engel und befahl ihm, Vitus wegzuführen in ein fremdes Land. Und alle drei – mit ihnen war Crescentia – flohen nach Lukanien. Dort predigte der Knabe von Christus vor den Menschen und wirkte mancherlei Wunder. Ein Adler brachte ihnen täglich Brot als Speise. Zu der Zeit geschah es, daß des Kaisers Sohn in Rom von der Besessenheit befallen wurde, und man meinte, ein böser Geist wohne in ihm. Niemand aber konnte ihn heilen. Als nun der Kaiser von den Wundern hörte, die der junge Veit in Lukanien vollbrachte, ließ er nach ihm forschen und ihn herbeibringen, damit er seinen Sohn heile. Der Kaiser fragte ihn: „Mein liebes Kind, vermagst du wohl meinen Sohn gesund zu machen?“ Da antwortete Vitus: „Nicht ich kann dies, aber mein Herr vermag es ganz sicher-

lich." Damit legte er die Hand auf den Besessenen, und alsbald fuhr der böse Geist aus. Doch obgleich der Knabe dem Kaiser hiermit Gutes getan, war Undank sein Lohn. Denn man verlangte sogleich von ihm, daß er seinem Glauben abschwören und die Heidengötter anbeten solle. Aber ebenso standhaft wie seinem Vater gegenüber blieb der Knabe im Angesicht des Kaisers von Rom. Darum wurde er mit Modestus, seinem Lehrer, zusammen in den Kerker geworfen und mit Eisenketten gefesselt.

Doch in der Nacht fielen die Ketten von ihnen ab, und das Gefängnis war von einem hellen Licht erleuchtet. Das wurde dem Kaiser gemeldet. Der ließ sie nun beide in einen Kessel mit siedendem Pech werfen, damit sie darin verbrennen möchten. Doch wunderbarerweise entstiegen sie dem glühenden Gefäß, ganz ohne Schaden genommen zu haben, worüber sich alle sehr verwunderten. Nun ließ der Kaiser, den es ärgerte, daß er dem schwachen Kinde nicht beizukommen vermochte, den hl. Veit den Löwen vorwerfen, die sollten ihn zerreißen. Als aber der Knabe in den Zwinger kam, legten die Löwen sich nieder, leckten ihm die Füße und taten ihm nichts zuleide. Zuletzt wurde Veit mitsamt seinem Lehrer Modestus und seiner Amme Crescentia, die ihm überall hin gefolgt war, auf die Folter gespannt. In der gleichen Stunde erhob sich ein furchtbares Unwetter, die Erde erbebte, die Donner rollten und die Tempel der Götter fielen in Stücke. Das Volk aber, das gekommen war, um der Folter zuzuschauen, zerstob angstvoll in alle Richtungen, und auch der Kaiser floh von hinnen und rief: „Weh mir, ein Kind hat mich überwunden!" Die Märtyrer wurden von einem Engel befreit, der sie an das Ufer eines lieblichen Flusses führte, wo sie ausruhten und beteten. Ihre Seelen aber kehrten heim zu Gott. Ihr Martyrium geschah zur Zeit des Kaisers Diokletian, der 284 zur Herrschaft kam.

Der heilige Benno von Meissen

Obwohl er erst vier Jahrhunderte später in Bayern bekannt wurde, ehrt Deutschlands südlichste Hauptstadt, das schöne München, diesen Heiligen auf besondere Weise: Er ist ihr Stadtpatron. Außerdem ist er Patron der Fischer, Tuchmacher und spendet fruchtbaren Regen. Benno wurde Anno 1010 zu Hildesheim geboren. Sein Vater stammt aus einem sächsischen Grafengeschlecht. Schon in früh Kindheit wurde Benno dem dortigen Kloster zur Erziehung übergeben. Benno fand sich so trefflich in den Geist benediktinischer Ordensregeln, daß er schon als Achtzehnjähriger im Kloster St. Michael in Hildesheim selbst das Kleid des hl. Benedikt nahm. Als Dreißigjähriger erhielt Benno die Priesterweihe, zwei Jahre später wurde er zum Abt des Klosters erhoben. Aber schon nach drei Monaten legte er sein Amt nieder, weil er sich in seiner Bescheidenheit nicht tauglich genug fand, und zog sich in die Stille der Zelle zurück.

Doch nur kurz währte diese Zeit der Ruhe, denn man berichtete Kaiser Heinrich

III. von Benno. Sogleich berief er ihn zum Kanonikus an das neugegründete Stift Goslar. Nur mit Widerstreben nahm er diese Würde an. Siebzehn Jahre lang leitete Benno die Schule. Mit dem späteren Erzbischof von Köln, Anno, der zu dieser Zeit noch Probst an seinem Stift war, war Benno sehr befreundet. Dieser setzte sich auch dafür ein, daß Benno im Jahre 1066 zum Bischof von Meißen gewählt wurde. Umsichtig und klug, gerecht und barmherzig übte Benno sein schweres Amt mit innerer Freude aus. Sein besonderes Augenmerk galt der würdigen Meßgestaltung. Auch ließ er in Meißen erstmals feierliche Choralgesänge während der Meßfeier singen. Alle Jahre bereiste er sein Bistum und gab fast alle seine Einkünfte den Armen. So bahnte dieser Bischof dem Christentum einen Weg zu den heidnischen Völkern des Ostens.
Doch die segensreiche Tätigkeit Bennos wurde durch das Machtstreben König Heinrichs IV. empfindlich gestört. Er unterjochte die Sachsen so grausam, daß sie sich gegen ihn empörten. Benno verhielt sich neutral, um seine Missionstätigkeit nicht zu gefährden. König Heinrich IV. ließ daraufhin Meißen erobern und das Land verwüsten. Benno selbst wurde vorübergehend gefangen genommen. In dieser Zeit begann auch der traurige Investiturstreit zwischen dem Kaiser und Papst Gregor VII. Heinrich versuchte in der Synode von Worms den Papst abzusetzen. In einem persönlichen Schreiben forderte Heinrich den Papst auf, vom Stuhl Petri herabzusteigen, den er sich angeblich selbst angemaßt habe. Auf diese schweren Vorwurf hin wurde Heinrich auf der Fastensynode von 1076 von Gregor mit dem Bann belegt. Benno, der schon vorher bei Heinrich in Ungnade gefallen war, – er beteiligte sich nicht an der Synode in Worms – mußte nun sein Bistum in Meißen verlassen.
Erst nach Jahren war der Kaiser bereit einzulenken. Und so konnte Benno nach der Aussöhnung mit Heinrich im Jahre 1088 wieder in sein geliebtes Bistum Meißen zurückkehren. Groß war der Jubel, als der Bischof wieder bei den Seinen ankam. Unverzüglich nahm er die schwere Arbeit auf, heilte die Wunden des Krieges und predigte mit Erfolg das Christentum.
Inzwischen sechsundneunzig Jahre alt, verlangte es den Heiligen nach mehr Ruhe, und so zog er sich nach Naumburg zurück, um sich ganz auf den nahenden Tod vorzubereiten. Er starb am 16. Juni 1106. Seine Gebeine wurden im Meißener Dom beigesetzt. Erst vier Jahrhunderte später sprach ihn Papst Hadrian VI. 1523 heilig. Nachdem Sachsen zum protestantischen Glauben übergetreten war, waren die Gebeine Bennos in Meißen nicht mehr sicher. Gerade noch rechtzeitig bevor das Grabmahl zerstört wurde, konnten die Reliquien des Heiligen nach München gebracht werden. 1576 ließ Herzog Albrecht V. von Bayern in die herzogliche Hofkapelle bringen. Vier Jahre später fanden die Reliquien in der Münchner Frauenkirche ihre endgültige Ruhestätte.

Der hl. Bischof Benno wird abgebildet in bischöflicher Kleidung mit einem Fisch in der Hand, der zwei Kirchenschlüssel im Maule trägt; auch mit Engel.

Legende

Ehe Benno, Bischof von Meißen, über die Alpen zum Papst reiste, wozu ihn die Haltung des verblendeten Kaisers zwang, übergab er zweien seiner Domherren die Schlüssel des Domes mit dem Befehl, dieselben in den Elbefluß zu werfen, sobald sie erführen, daß der Kaiser und seine Anhänger vom Papst in den Bann getan seien, damit der Eingang in den Dom verwehrt würde. Nachdem Benno vom Papst mit Freuden aufgenommen und auch zu dem Konzil berufen ward, in welchem sich der Kaiser wegen des Verkaufs von geistlichen Ämtern verantworten sollte, kehrte er wieder zu seiner geliebten Herde, von der er solange Zeit getrennt war, zurück. Unerkannt stieg er in einem Gasthaus zu Meißen ab. Bei dem Mahle, das er dort zu sich nahm, wurde auch ein Fisch aufgetragen. Als man diesen aufschnitt und teilte, fanden sich in seinem Rachen wunderbarerweise die Schlüssel des Domes. Man erkannte nun in dem unbekannten Reisenden den Bischof. Diese Kunde verbreitete sich alsbald unter den Bürgern und Geistlichen, welche herbeieilten und den heiligen Bischof unter allgemeinem Jubel in den Dom führten, wo er sogleich die Kanzel bestieg und eine so rührende Predigt hielt, daß alle Zuhörer in Tränen zerflossen.

Viele aber waren lau geworden und hatten sich dem Heidentum wieder zugewandt. Der heilige Bischof, obwohl hochbetagt, wanderte von Dorf zu Dorf und rief zur Buße und Bekehrung auf. Haufenweise eilten die Menschen herbei. Sie ertrugen Hunger und Durst, um ihn zu hören. Bei glühender Hitze war einmal eine große Menge Heiden um den Heiligen versammelt, ringsum war kein Wasser, viele waren daran zu verschmachten. Da stieß der Heilige im Vertrauen auf Gottes Hilfe mit seinem Hirtenstab auf die Erde, und sogleich strömte eine Quelle frischen Wassers hervor zur Erquickung für die Schmachtenden.

Der heilige Leutfred *(Gedenken: 21. Juni)*

Das Gedächtnis an den einst so berühmten Abt dieses Namens wieder aufzufrischen, scheint der Bedeutung und Eigenart dieses Heiligen angemessen. Wir folgen hierbei im wesentlichen der Darstellung von Ernest Hello.

Wie sehr die Reliquien des hl. Leutfred oder Leufroy begehrt waren, geht daraus hervor, daß die Mönche der Abtei St. Leutfred, ehe der Leichnam des Heiligen nach Paris überführt wurde, sich inständig drei Knochen von ihm erbaten. Sie maßen dieser Vergünstigung eine solche Bedeutung bei, daß sie ‚das Fest der Heimkehr der Reliquien des hl. Leutfred' stifteten. Auch die Kirche von Suresnes besaß einen Teil des Reliquienschatzes, der aber verloren ging. Um seine Reliquien wurde einst gestritten, und man beneidete einander darum. Hello meint, daß es daher schicklich sei, das Andenken gerade an diesen Heiligen zu erneuern und seinen Geist wieder aufzurufen.

Die handschriftliche Lebensbeschreibung über den heiligen Abt Leutfred ist lange in Saint-Germain-des-Prés aufbewahrt worden. Das römische Martyrologium setzt sein Namensfest auf den 21. Juni.

Der Heilige wurde in Neustrien, d. h. in Gallien geboren. Gegen den Willen seiner Eltern hegte er heimlich den Wunsch, Priester zu werden. Aus seiner Berufung zum Priestertum wurde allmählich die Berufung zum klösterlichen Leben. Eines Tages lud er seine Eltern und Verwandten zu einem Mahl ein. Er machte ihnen Geschenke und bat sie, die Nacht bei ihm zu verbringen. Er nahm sich vor, in dieser Nacht zu tun, was der Heilige Geist ihm eingeben werde. Während die Eingeladenen alle schliefen, brach er auf, um sich in die Einsamkeit zu begeben. Nachdem er einem Bettler seinen Mantel gegeben und einem zweiten seinen Rock geschenkt hatte, gelangte er zu einer Einsiedelei. Dort blieb er mehrere Tage und flehte zu Gott, er möge ihm seinen Willen offenbaren. Da erhielt er den Befehl, sich nach Rouen zu begeben und in der Abtei Saint-Pierre, aus der später die Abtei Saint-Ouen wurde, die Kutte zu nehmen. Um das Jahr 690 endlich gründete er die Benediktinerabtei Sainte-Croix. Und damit begannen die Verfolgungen. Er wurde von Menschen, die ihm übel gesinnt waren, bei dem Bischof Didier von Evreux als ein vermessener, aufrührerischer Mensch angezeigt, der sich nur von seinem Eigensinn leiten ließe und der rechtmäßigen Gewalt den Gehorsam verweigere. Hierauf wurde er von Gott mit der Gabe, Wunder zu tun, begnadet.

So ereignete es sich, daß Leutfred, der sich in Dingen seines Klosters einmal zu Karl Martell begeben hatte, schon auf der Heimreise war, als er von Boten des Fürsten eingeholt wurde, die ihm in größter Eile gefolgt waren. Der Sohn Karl Martells war erkrankt, und der Vater ließ in seiner Not Leutfred holen. Der Abt kehrte um, besprengte die Kleider des kranken Kindes mit Weihwasser, erteilte ihm die Kommunion und machte es gesund. Dies Wunder ist wohl der Grund für sein Patronat gegen Kinderkrankheiten.

Plagte Wassermangel das Land, trockneten die Brunnen aus, so schickte man zu Leutfred, und alsbald sprangen die Quellen aus der Erde.

Der hl. Leutfred besaß einen brennenden Eifer für die Gerechtigkeit, aber noch stärker glühte das Erbarmen in ihm. Wenn er zürnte, war er dem alttestamentarischen Geist des Elias verwandt, aber der Zorn entzündete in ihm die Flamme der christlichen Liebe. Gewaltig war er, wenn er fluchte, und gewaltig, wenn er liebte, groß in seiner Liebe für die Armen und groß in seinem Haß gegen die Ungerechtigkeit: hiervon war sein Leben geprägt.

Einige Beispiele mögen für dieses sein Wesen stehen: Ein Mann bestahl das Kloster Leutfreds um mehrere Posten Heu. Leutfred verlangte Ersatz. Anstatt Ersatz zu leisten, erging sich der Dieb in aller Öffentlichkeit in wütenden Ausfällen gegen den Heiligen. Er nannte ihn Lügner und Verleumder. Da sprach Leutfred: „Gott soll Richter sein zwischen dir und mir.“ Und alsbald wurde der Dieb von grausamen Schmerzen am Kiefer befallen, die Zähne fielen ihm aus vor allen Leuten, und auch seine ganze Nachkommenschaft verlor die Zähne.

Seine Strenge kam aus einer von übernatürlichen Einsichten tief durchdrungenen Seele. Bauern arbeiteten am Sonntag auf dem Acker und kümmerten sich nicht um die heilige Ruhe des Herrn. Als Leutfred den Frevel sah, sprach er, die Augen zum Himmel gerichtet: „Herr, möge dieser Acker ewig unfruchtbar sein, niemals trage er Korn oder Frucht!“ Sein Fluch war wirksam. Brombeergestrüpp und Disteln bezeichneten fortan das verwünschte Feld und bedeckten es ganz.

Mit welchem Grimm der hl. Leutfred die Dämonen bekämpfte, zeigt folgende Begebenheit. Wenn die Mönche morgens die Kirche betraten, so fanden sie ihren Abt oft schon in der Betrachtung des Göttlichen versunken. Eines Tages glaubten sie ihn an seinem gewohnten Platz zu sehen, aber einer der Brüder hatte ihn im gleichen Augenblick in seinem Gemach verlassen und eilte zu ihm, um ihm zu sagen, daß ein Blendwerk in seiner Gestalt in der Kirche sein Wesen treibe. Der Heilige erkannte, welcher Art der Feind war. Er lief zur Kapelle, machte das Zeichen des Kreuzes über Tür und Fenster, wie um die Ausgänge zu versperren, trat auf jenen zu, der es gewagt hatte, sein Bild anzunehmen, und schlug wütend auf ihn ein. Er wußte, so berichtet der Chronist, daß der Dämon die Streiche geistig verspüren würde, die er ihm körperlich versetzte. Der Dämon wollte entfliehen, aber die Ausgänge waren versperrt. Gott zwang ihn, durch den Glockenturm zu entweichen, damit seine Niederlage und seine Furcht erkennbar werde. Und die Mönche erkannten die Kraft ihres Vaters und die Schwäche ihres Feindes.

Als der hl. Leutfred sein Ende nahen fühlte, ließ er ein Spital für die Armen erbauen und schickte in alle Häuser der Nachbarschaft Geschenke, die zum Andenken bestimmt sind und den Empfänger zu Fürbitten für den Verstorbenen anregen sollen. Er versammelte seine Schüler um sich, gab ihnen die letzten Unterweisungen, verbrachte die letzte Nacht seines irdischen Lebens im Gebet und gab um das Jahr 738, an einem 21. Juni, den Geist auf, vierzig Jahre, nachdem er Abt geworden war.

Sein Leichnam wurde zunächst in einer Kirche beigesetzt, die er zu Ehren des hl. Paulus hatte erbauen lassen, und blieb dort länger als ein Jahrhundert. Dann wurde er in die alte Kirche Sainte-Croix überführt, die seinen Namen Saint-Leufroy erhielt. Um den Leichnam vor Plünderung und Schändung während des Einfalls der Normannen zu schützen, brachte man ihn schließlich nach Paris und setzte ihn in Saint-Germain-des-Prés bei.

Die heiligen Gervasius und Prothasius *(Gedenken: 19. Juni)*

In den meisten neueren Werken über Heilige sind diese beiden frühen Märtyrer von Mailand nicht zu finden. Ihre Namen sind für heutige Ohren ungewöhnlich, über ihre Persönlichkeit und ihr Martyrium haben wir keine historischen Nachrichten. Jedoch ist die wunderbare Auffindung ihrer Gebeine im Jahre 386 durch den hl. Ambrosius (s. 7. Dezember) das erste bekannte Beispiel einer solchen. Ihre Verehrung verbreitete sich danach sehr rasch im ganzen Abendlande. Ihr Fest wird von der Kirche seit dem 8. Jahrhundert am 19. Juni begangen.

Dargestellt wird der hl. Gervasius mit bleierner Geisel oder Keule, der hl. Prothasius mit Schwert. Sie sind die Patrone von Mailand, der Heumacher, der Kinder; gegen Harn- und Blutfluß. Als der hl. Ambrosius, Bischof von Mailand, die Märtyrerleiber der beiden fand, ließ er 386 vor den Toren der Stadt Mailand eine Basilika errichten, um sie darin zu bestatten. Von diesem Bau ist nur eine dem hl. Satyrus geweihte, auch S. Vittore in ciel' d'oro genannte, Kapelle erhalten geblieben, ein Kuppelbau mit stark restaurierten Mosaiken. Die heutige Kirche Sant'Ambrogio stammt aus späterer Zeit.

Legende

Nach der ‚Legenda aurea', die sich auf Überlieferungen aus dem Jahre 450 stützt, hat Ambrosius den Bericht über das Leiden der beiden heiligen Märtyrer aufgezeichnet gefunden in einem Büchlein, das zu ihren Häuptern lag.

Danach waren Gervasius und Prothasius Zwillingsbrüder und Söhne des hl. Vitalis (siehe 1. Mai) und seiner Gattin Valeria. Sie verteilten all ihr Gut unter die Armen und wohnten hiernach bei einem Christen namens Nazarius, der ein Bethaus baute. Als nun die Christen unter Kaiser Nero gefangen wurden, brachte man Gervasius und Prothasius nach Mailand. Man beschuldigte die beiden, daß ihretwegen die Götter schwiegen, die man um den Sieg gebeten hatte, und wollte sie zum Opfer zwingen. Gervasius aber hieß die Götterbilder taub und stumm und sprach, man solle den lebendigen und allmächtigen Gott um Sieg bitten und nicht steinerne Götzen. Fürst Astasius, der nach Mailand gekommen war, um wider die Markomannen zu ziehen, ergrimmte über diese Antwort und gebot, den kühnen Jüngling so lange mit Bleiklötzen zu schlagen, bis er den Geist aufgab. Dann ließ er Prothasius vor sich bringen und sprach zu ihm: „Elender, laß dir dein Leben lieb sein, sonst wirst du eines genauso jämmerlichen Todes sterben wie dein Bruder hier." Da antwortete Prothasius: „Wer ist elender, ich, der ich keine Furcht habe oder du, der du mich fürchtest?" Hierauf der Fürst: „Du

Unseliger, wieso sollte ich dich fürchten?" Prothasius antwortete: „Du fürchtest mich, weil du glaubst, es geschehe dir ein Leid, wenn ich deinen Göttern nicht opfere. Fürchtetest du also nicht, daß dir Unheil von mir droht, würdest du mich nicht vor deine Götzen zwingen wollen." Da ließ Astasius ihn auf die Folter spannen. Prothasius aber sprach: „Ich zürne dir nicht, Fürst, sondern sehe nur, wie blind du bist in deinem Herzen, und du erbarmst mich, daß du nicht weißt, was du tust. Doch bitte ich dich, an mir zu vollbringen, was du angefangen hast, auf daß mir heute mit meinem Bruder die Gnade des Herrn zuteil werde." Da ließ ihn Astasius enthaupten. Philippus aber, der Christ war, nahm heimlich die Leiber der Märtyrer an sich und verbarg sie in seinem Hause in einem steinernen Sarg und legte zu ihren Häuptern ein Büchlein, darin ihr Leben, ihre Herkunft und ihr Ende beschrieben waren. Lange Zeit lagen ihre Leiber verborgen, bis sie zur Zeit des Bischofs Ambrosius aufgefunden wurden. Das geschah folgendermaßen: Es erschienen dem hl. Ambrosius, während er im Gebete lag, zwei herrliche Jünglinge in weißen Kleidern. Es dünkte ihn, daß sie die Hände erhoben und mit ihm beteten. Dasselbe Gesicht aber hatte der Bischof noch zweimal in der gleichen Weise, und sie wiesen ihm die Stelle in der Kirche der Heiligen Nabor und Felix, wo ihre Leiber zwölf Fuß tief begraben lagen. Da rief Ambrosius seine Priester zusammen und grub mit ihnen in der Erde und fand alles, wie es ihm gesagt worden war. Und obgleich mehr als dreihundert Jahre verflossen waren, schienen die Leiber unversehrt, als seien sie gerade erst bestattet worden, ja man erblickte das Blut ihrer Wunden. Ein Blinder, der die Bahre anrührte, wurde sehend, eine Besessene, die man heranführte, wurde geheilt und noch viele andere Kranke wurden durch die Verdienste der Heiligen gesund. Augustinus erzählt in seinem Buche ‚De civitate Dei', daß in seinem Beisein vor dem Kaiser und allem Volk ein Blinder bei den Leibern der heiligen Märtyrer das Augenlicht empfing.

Der heilige Romuald

Romuald war der Stifter des strengen Männerordens der Kamaldulenser, eines Eremitenordens auf der Grundlage der benediktinischen Regel. Fünfzehn Jahre nach seinem Tode verfaßte sein berühmter Schüler, der hl. Petrus Damiani, die Lebensbeschreibung des Heiligen. Sein Fest wurde früher am 7. Februar gefeiert, an dem Tage, an dem seine Gebeine 1481 in das Blasiuskloster zu Fabriano überführt wurden. Heute gedenkt man seiner am 19. Juni, seinem Todestag. Dargestellt wird er als bärtiger Einsiedler im Ordensgewand mit der Hl. Schrift in den Händen. Romuald wurde Mitte des 10. Jahrhunderts in Ravenna in Norditalien geboren. Er soll aus dem langobardischen Herzogsgeschlecht der Onesti stammen. Bei seiner rein ritterlichen Erziehung wurde seine übrige Bildung vernachlässigt, vor allem seine Unterweisung in der Religion. Gewandt, tapfer, leidenschaftlich, befand er sich in seiner Jugend immerfort auf der Jagd nach Genuß und Zerstreuung und nahm an allen Vergnügungen seiner Vaterstadt teil. Gleichsam getrieben von Lust, die er aber in der Welt nicht fand, suchte er ständig ein „Noch Mehr". Unter seiner Lebensgier scheint schon damals etwas anderes verborgen gewesen zu sein: Romuald suchte in Wahrheit Gott, der ihn längst angerührt hatte. Ehe aber der Weltmensch sich in einen Diener des Allerhöchsten verwandelte, mußte er durch viele Stürme gehen. Während einer Jagd hatte in der Stille des Waldes den Jüngling zum ersten Mal die Sehnsucht nach dem Leben der Einsiedler ergriffen. Er empfand die Leere seines Lebens und wurde von Ekel an der Welt erfaßt. Jedoch bedurfte es noch eines äußeren Anlasses, um die Umkehr zu vollziehen. Das trug sich folgendermaßen zu: Sein Vater Sergius, ein jähzorniger Mann, hatte Streit mit einem Verwandten und forderte ihn zum Zweikampf. Er verlangte, daß sein Sohn zugegen sei. Sergius tötete seinen Gegner. Romuald, der das mit ansah, wurde von Entsetzen über das Verbrechen seines Vaters ergiffen und nahm die seinem Vater auferlegte, damals übliche vierzigtägige Buße auf sich. In der Einsamkeit des Klosters S. Apollinare in Classe bekehrte er sich und entsagte der Welt. Er nahm das Ordenskleid und blieb sieben Jahre im Kloster. Die gleiche Leidenschaftlichkeit, mit der er vormals den Vergnügungen der Welt nachgejagt war, trieb ihn jetzt zu einem Leben vorbildlicher Frömmigkeit an. Da zu dieser Zeit in den Klöstern viel Lauheit herrschte, bildeten seine Strenge und seine Kasteiungen ein Ärgernis für die anderen Mönche. Diese hatten es längst aufgegeben, den steilen und mühseligen Weg zur Vollkommenheit emporzusteigen, der Zeitgeist des bösen „eisernen Jahrhunderts" hatte sich längst in die heiligen Stätten eingeschlichen. Romuald, der in heiligem Novizeneifer seine schwachen Ordensbrüder scharf zurechtwies, zog sich bald ihren Haß zu, der soweit ging, daß man ihn mißhandelte. Nun erteilte ihm der Abt auf seine Bitte die Erlaubnis, das Kloster zu verlassen und unter der Leitung des Einsiedlers Marin, der nahe bei Venedig ein erbauliches Klausnerleben führte, Gott besser zu dienen. Dieser Greis kannte keine Nachsicht und verlangte von seinen Schülern das äußerste an Demut, Gehorsam und Selbstverleugnung. Inbrünstig unterwarf der Gottsucher sich der harten Schule der Vollkommenheit. Nachdem er hier viele Jahre ausgeharrt hatte, hielt Romuald sich für berechtigt, als Kämpfer gegen die in der Welt und den Klöstern um sich greifende Sittenlosigkeit aufzutreten. Seine weltflüchtige Asketengestalt mit ihrem „feurigen Idealismus" zog nun predigend und mahnend durchs Land. Er ertrug Mühsal, Spott und Anfeindung und lebte den Menschen in einem Leben der Entsagung durch sein Bei-

spiel die ganze Strenge der Ordensregel vor. So wurde er zum Ansporn für manchen Suchenden, seine Predigten rissen viele hin, ja, sogar sein eigener Vater bekehrte sich. Immer mehr Männer und Jünglinge kamen zu ihm, der bald als Eremit in der Abgeschiedenheit der Berge der Betrachtung und dem Gebet sich hingab, bald auf Verlangen seiner Oberen sich als Abt in seinem früheren Kloster betätigen mußte. Romuald gründete mehrere Einsiedeleien in Südfrankreich und Oberitalien, am liebsten allerdings hielt er sich in der von ihm selbst auf den Höhen des Apennin in Camaldoli gezimmerten Zelle auf, von der der Einsiedlerorden den Namen hat, den der Heilige 1012 ins Leben rief. Ein wunderbarer Bußeifer zeichnete die Mitglieder des Ordens aus, die entweder ganz abgesondert und einsam in ihren Zellen lebten oder sich in ihre Klausen einschlossen, um nie mehr hinauszugehen und lebenslänglich völliges Schweigen zu bewahren.
Romuald erfuhr von allen Seiten große Verehrung. Der Markgraf von Toscana, Kaiser Otto III., Kaiser Heinrich II. holten sich bei ihm Rat und erfüllten seine Forderungen; er wurde zum Beichtvater ungezählter Menschen. Kaiser Otto III. unterwarf sich zum Beispiel dem Bußspruch Romualds, als dieser ihm auferlegte, zur Sühne für die Hinrichtung des Crescentius (998) barfuß eine Pilgerfahrt von Rom zum Monte Gargano in Apulien zu unternehmen. Bei aller Weltflucht predigte er aber keinen Welthaß: „Gott hat den Menschen nicht zu Elend und Qual geschaffen, sagte er, sondern zur Freude, aber zu einer Freude, die aus christlicher Gesinnung und Tugend quillt." Unaufhörlich hat er seine eigene sinnliche Natur bekämpft und die völlige Herrschaft über sie errungen. „Das Leben der Heiligen geht mir durch Mark und Bein, wenn ich es lese; und wenn ich sehe, was ich tue, möchte ich vor Scham und Herzeleid sterben!", bekannte er voller Reue. Als der Heilige sein Ende herannahen fühlte, zog er sich in die Klause Val di Castro zurück und erwartete dort in Schweigen und Gebet seinen Tod. Er starb am 19. Juni 1027. Bei der Translation seiner Gebeine war sein Leib unversehrt und ohne Merkmale der Verwesung.

Anstelle der Legende

Oftmals sieht man den Heiligen mit einer Himmelsleiter abgebildet. Die Geschichte dieser Vision des Heiligen hat auch den Manieristen Andrea Sacchi zu seinem lichtdurchfluteten Bilde inspiriert. Im 17. und 18. Jahrhundert galt es als eines der Meisterwerke der Ewigen Stadt. Es hat jene innere Schau des Heiligen zum Inhalt, in der er eine Leiter vor sich sah, auf der die weißen Mönche seines Ordens langsam Stufe für Stufe zum Himmel emporsteigen, je nach dem Grad der Tugend, den sie erlangt haben, bis sie dort, wo die wirbelnden Wolken die schwindelerregenden Stufen umfangen, die heilige Pforte des Himmels erreichen und damit die höchste Stufe der Vollkommenheit. Im Vordergrund des Bildes sitzt der Heilige, ruhevoll seinen um ihn versammelten Schülern jene symbolische Leiter weisend.

Der heilige Achaz und die zehntausend Märtyrer *(Gedenken: 22. Juni)*

Der Name Achatius oder Acatius bedeutet im Hebräischen ‚Gott hält‘, im Griechischen ‚der Unschuldige‘. Es gibt mehrere Heilige dieses Namens, die der Kirche bekannt sind. Einmal Achatius mit dem Beinamen Agathangelus; er war Bischof vom Melitene in Kleinasien und wurde unter Kaiser Decius um 250 gefangengenommen. Sein Gedenktag ist der 31. März. Ferner Achatius von Konstantinopel, der unter Diokletian in Byzanz gemartert und enthauptet wurde. Es wurden ihm zu Ehren zwei Kirchen in Konstantinopel errichtet, eine am Ort seiner Hinrichtung, eine andere, in die sein Leib übertragen wurde. Sein Gedenktag ist der 8. Mai. Vielfach werden diese beiden Heiligen verwechselt mit dem hl. Achaz, der zu der Gruppe der 14 Nothelfer gehört und mit einem Dornstrauch oder dürren Ast dargestellt wird, auch mit Fahne, großem Kreuz und Schwert. Der Heilige mit dem Dornstrauch ist jener Märtyrer, der von den Bollandisten unter dem 22. Juni verzeichnet wird, denn sein Attribut läßt sich nur aus seiner Legende erklären.
Der Nothelfer Achaz hat das Patronat der Bewahrung vor allen Übeln, schweren Krankheiten und Todesangst, er wird angerufen zur Stärkung in Zweifeln.
Die Legende dieses Heiligen entbehrt jeden geschichtlichen Kerns; sie dürfte aus dem 12. Jahrhundert stammen. In das römische Martyrologium wurden die zehntausend Märtyrer vom Berge Ararat erst von Gregor XIII. (1572–1585) aufgenommen. Nach Kreitner „ist anzunehmen, daß die Geschichte dieses Martyriums erdichtet wurde, um den Kreuzfahrern Mut und Vertrauen einzuflößen und sie zu trösten, falls sie im Innern von Kleinasien oder Palästina den Tod fänden“. Erst nachdem der hl. Achaz unter die Nothelfer aufgenommen wurde, ist seine Legende in weiteren Kreisen bekanntgeworden. Er wird seither besonders in Österreich, Bayern und Böhmen als Schutzpatron verehrt. Indessen ist die Legende vom hl. Achaz und den zehntausend Märtyrern so tiefsinnig, daß wir sie hier nicht auslassen wollen. Sie besagt, daß der Christ, wenn er mit Gott wider das Böse streitet, es besiegt, auch wenn es die Übermacht ist.

Legende

Danach war Achaz oder Achatius ‚Primicerius‘, das heißt Anführer, eines kaiserlichen Heeres von 9000 Soldaten, das von den Kaisern Hadrian und Antoninus gegen Aufständische im Gebiete Armeniens ausgesandt wurde. Die Feinde befanden sich jedoch in zehnfacher Übermacht, so daß der Kampf aussichtslos erschien. Die beiden Kaiser brachten sich daher mit ihren Truppen in Sicherheit, hingegen wollte der Hauptmann Achaz mit Hilfe der Götter seine Soldaten zum Siege führen. Aber nachdem sie geopfert hatten, überkam sie alle eine große Furcht, und sie wollten sich schon zur Flucht wenden. Da erschien dem Achatius ein Engel des Herrn, der forderte ihn auf, den einzigen und wahren Gott anzubeten,

Jesus Christus, der ihnen zum Siege verhelfen werde. Achatius sagte seinen Soldaten, daß ihm eine Offenbarung zuteil geworden sei, nach der sie den Sieg erlangen würden, wenn sie sich zum Christentum bekehrten. Und sie hörten auf ihren Anführer und bekehrten sich alle. Dann wagten sie, gestärkt durch ihren Glauben, den ungleichen Kampf. Und siehe, wie es ihnen der Engel vorausgesagt hatte, geschah es. Sie besiegten den Feind mit der Hilfe Gottes. Nach dem Kampfe führte der Engel die Soldaten auf einen hohen Berg mit Namen Ararat. Dort öffnete sich der Himmel über ihnen, und sie sahen sieben Männer herabsteigen, die sprachen zu ihnen: „Fürchtet euch nicht, wir sind Engel des Herrn. Gott ist mit euch, Er wird euch stark machen, denn Er wacht über die, die an Ihn glauben." Dreißig Tage lang wurden sie von Gott gespeist mit himmlischer Nahrung. Dann kamen Boten zu ihnen, die hatte der Kaiser geschickt. Als sie indessen hörten, Achaz und seine Soldaten seien Christen geworden, berichteten sie dies dem Kaiser. Hadrian wurde sehr zornig und entsandte sieben Barbarenkönige gegen die christlichen Soldaten mit ihren Heeren, die sollten sie zum Abfall bringen. Sie versuchten es erst durch Zureden und dann durch Martern. Aber keiner der neuntausend wollte seinen Glauben lassen und den Götzen opfern.

Da wollte man sie steinigen, aber die Steine flogen zurück auf die, die sie schleuderten. Dann wollte man sie geißeln, aber die Hände derer, die die Geißeln hielten, verdorrten. Schließlich sandte Hadrian den Befehl, daß man sie genau so leiden lassen sollte wie den Gekreuzigten, den sie anbeteten.

Da krönte man sie mit scharfen Dornen und durchbohrte ihre Seiten mit spitzen Ästen. Von den heidnischen Soldaten, die das mitansahen, traten weitere tausend aus ihren Reihen zu den Märtyrern und bekehrten sich zu Christus, so daß ihre Zahl nun zehntausend war. Dann schlug man sie alle an Kreuze am Berge Ararat, während ihr Anführer Achaz ihnen das Glaubensbekenntnis vorsprach. Um die sechste Stunde aber erhob sich ein gewaltiges Erdbeben, und die Sonne wurde finster und der Mond blutrot. Die Märtyrer beteten um die Gnade, daß allen, die ihr Andenken feierten, Gesundheit des Leibes und der Seele und alle Güter verliehen werden sollten. Darauf hörten sie eine Stimme vom Himmel, die ihnen Erhörung verhieß. Nun sprachen sie: „Gedenke unser, o Herr, denn wir hängen am Galgen des Kreuzes für Deinen Namen. Herr, Dein Name sei gepriesen! Amen." Und um die neunte Stunde gaben sie ihren Geist auf und kehrten ein zu den ewigen Freuden.

Der heilige Aloysius (Luigi)

Der ‚engelreine' Heilige aus dem Fürstenhause Gonzaga, der auf sein Erbe verzichtete, um in den Jesuitenorden einzutreten, ruht in S. Ignazio in Rom. Er starb als Dreiundzwanzigjähriger, ein Frühvollendeter. Die Urne, die seine Gebeine enthält, steht vor dem ihm geweihten Altar. Das Relief von Pierre Legros auf dem Altar stellt den Heiligen mit Krone in einer Apotheose dar. Meist sieht man ihn jedoch als Jesuit mit Chorrock ohne Stola im Gebet vor einem Kreuz, Totenschädel vor sich, wiedergegeben. Paolo Veronese hat ihn auf seinem Porträt als schwarzgekleideten Jüngling mit Degen gemalt, auch Piazzetta und Gerard Seghers wurden durch die poesievolle Gestalt des heiligen Prinzen zu ihren Bildern inspiriert.

Das Attribut des hl. Aloysius ist die Lilie – das Sinnbild der Reinheit, die er wie kaum ein anderer Heiliger verkörpert. Damit hängen auch seine Patronate für die Reinheit des Herzens und für die rechte Berufswahl zusammen. Die studierende Jugend verehrt in ihm seit 1729 ihren besonderen Schutzheiligen.

Das Bild des hl. Aloysius ist eine Zeitlang völlig entstellt worden, da eine Heiligengestalt wie er der Erbauungsliteratur des vorigen Jahrhunderts reiche Nahrung gab: man machte aus ihm einen weltfremden, süßlich-sentimentalen Schwärmer, der er in Wirklichkeit nicht war. Jemand, der schon in zarter Jugend sich bewußt von dem Herkömmlichen abwendet, der aller verlockenden Bequemlichkeit seiner ihm in die Wiege gelegten Stellung unter den Mächtigen dieser Welt freiwillig entsagt, um den einmal erkannten Weg zu Ende zu gehen, der ist eher eine starke als eine schwache Natur, eher ein Held als ein Schwächling.

Der hl. Aloysius begann sein kurzes Erdenleben am 1. März 1568. Er war der älteste Sohn des Markgrafen Ferdinand von Gonzaga und wuchs in Schloß Castiglione bei Mantua auf. Sein Vater war ein ehrgeiziger Mann, der von den früh sich entwickelnden religiösen Neigungen seines Sohnes nichts wissen wollte. Er schickte ihn deshalb schon in sehr jungen Jahren zusammen mit seinem Bruder an verschiedene Fürstenhöfe; zunächst zu den Medici nach Florenz, später zum Herzog von Mantua. Hier lernte Aloysius das üppige Hofleben der Zeit mit seinen zahlreichen Vergnügungen wie Turnieren, Gesellschaften und Tanzbelustigungen kennen. Obgleich er damals erst acht Jahre alt war, wandte er sich entschieden ab von dieser Art des oberflächlichen, ganz dem Genusse hingegebenen Lebens. Er vermochte sich zwar den höfischen Verpflichtungen nicht ganz zu entziehen, beteiligte sich jedoch vornehmlich an den damals üblichen sportlichen Übungen. Einen starken Eindruck empfing sein tief religiös veranlagtes Gemüt vom hl. Carlo Borromeo. Aus seiner Hand empfing Aloysius das Sakrament der Erstkommunion. Trotz seines früh auftretenden Magen- und Gallenleidens kasteite sich schon der Knabe Aloysius mit überstrengen Bußübungen, geißelte sich und widmete viele Stunden – auch nachts – dem Gebet und der Betrachtung. Als sein Vater ihn als Pagen an den Hof Philipps II. nach Madrid schickte, wo er bei der Königin, Maria von Österreich Dienst tun mußte, bewahrte der Jüngling sich selbst hier im Glanze dieses prunkvollen Hofes seine glühende Liebe zur Reinheit. Diese war bei ihm so stark ausgeprägt, daß man von ihm sagte, er habe die Augen stets vor dem weiblichen Geschlecht niedergeschlagen, ja es nicht einmal gewagt, seiner eigenen Mutter ins Angesicht zu schauen! In Madrid betrieb er ernsthafte philosophische und mathematische Studien. Am liebsten weilte er in der dortigen Jesuitenkirche, und hier wurde ihm wohl auch die Eingebung zuteil, sich der Gesellschaft Jesu anzuschließen. Diesen Wunsch teilte er auch seinem Vater mit. Dieser wurde blaß vor Zorn und befahl ihm, aus seinen Augen zu gehen. Nun versuchte der völlig weltlich eingestellte Fürst, seinen Sohn mit allen Mitteln von seinem Willen abzubringen, da er doch als Erstgeborener die Erbfolge antreten sollte. Aber es war alle Mühe vergeblich. Der Vater konnte es lange nicht fassen, daß Aloysius sich standhaft gegen diese Würde wehrte. Es dauerte zwei Jahre, bis der Markgraf ihm endlich die ersehnte Erlaubnis zum Eintritt in das Jesuitenkolleg erteilte. Aloysius unterschrieb 1585 in Mantua eine offizielle Verzichterklärung auf sein Erstgeburtsrecht und damit auf sein Erbe zu Gunsten seines jüngeren Bruders.

Im Oktober des gleichen Jahres reiste Aloysius nach Rom und trat sein Noviziat an. Sehr schwer fiel ihm zunächst die Eingewöhnung. Aber er befleißigte sich dauernder Überwindung und scheute sich nicht, trotz seiner hohen Geburt hier im Kloster die niedrigsten Dienste zu tun. Er kehrte Zellen und Gänge, reinigte in der Küche das Geschirr, machte die Betten und versuchte jedem, auch dem geringsten Bruder, zu dienen. Obgleich man ihm wegen seiner angegriffenen Gesundheit eine eigene Zelle zuwies, verlangte er ein enges, dunkles Gelaß unter der Treppe, um sich zu demütigen. Während er sich seinen Studien widmete, war er ständig von Kopfschmerzen und Schlaflosigkeit gepeinigt. Er kniete viele Stunden vor dem Kreuz, wobei er öfters in einen Zustand der Ekstase versetzt wurde. Als ein böser Zwist seine Familie zu spalten drohte, wurde Aloysius damit betraut, den Streit zu schlichten. Monatelang mühte er sich um eine versöhnliche Beilegung und brachte sie schließlich durch geschicktes Verhandeln zustande.

Nach seiner Rückkehr wurde ihm in Rom die Offenbarung zuteil, daß er bald sterben müsse. Das Pestjahr 1591 wurde zu seinem Todesjahr. Als die Pest verheerend um sich griff, widmete sich Aloysius sofort mit seiner ganzen Kraft der Pflege der Schwerkranken, bereits vom Tode Gezeichneten. Er trug sie, die er mitunter auf der Straße auflas, auf seinem Rücken ins Spital und betreute sie ohne Scheu vor Ansteckung. Bald ergriff die furchtbare Krankheit auch ihn. Drei Monate lang kämpfte sein junger Körper gegen das Übel an.

Der Tod bedeutete für Aloysius Erfüllung und Gnade. Die Heiligen vermögen aus Gottes Händen alles anzunehmen, alle Schmerzen, alle Leiden und alle Not. Dieses freudige Annehmen hat aber nichts mit krankhafter Selbstquälerei zu tun, es zielt vielmehr auf den geheimnisvollen Sinn alles Leidens: die Nachfolge Christi auch auf seinem Leidenswege. Der hl. Aloysius starb am 21. Juni 1591 und wurde 1726 von Papst Benedikt XIII. zur Ehre der Altäre erhoben.

Der dem hl. Luigi von Gonzaga in S. Ignazio in Rom geweihte Altar ist von Andrea Pozzo entworfen. Er hat für diese Arbeit, wie für den Altar des hl. Ignatius im Gesù die kostbarsten Materialien verwendet – ein Zeichen für den Reichtum des Jesuitenordens. Auch der Rahmen um das Relief mit dem Sockel aus Alabaster und Lapislazuli, den gewundenen, mit Goldlaub umkränzten Säulen ist von Pozzo. Als dieses prunkvolle Grabmal errichtet wurde, verehrte man den frühvollendeten Jüngling schon als Seligen.

Legende

Aloysius war durch seinen besonderen Bußeifer bekannt. Als er einmal zu Florenz eine Lebensbeichte ablegen wollte, wurde er beim Hersagen seiner Sünden, die er begangen zu haben meinte, so sehr von seiner Reue ergriffen, daß er in Ohnmacht fiel und von seinem Hofmeister nach Hause geführt werden mußte.

Der heilige Eberhard von Salzburg

Es gibt mehrere heilige Männer mit dem Namen Eberhard, deren die Kirche in Verehrung gedenkt. Darunter ist der hl. Hirte Eberhard aus Tuntenhausen bei Freising in Bayern, dessen Gedächtnis am 12. September gefeiert wird. Ferner wird, vor allem in der Schweiz, der sel. Eberhard von Einsiedeln verehrt, der über der Zelle des hl. Meinrad (s. 19. Januar) den ersten Klosterbau aufführte und erster Abt des Klosters war, das Kaiser Otto der Große nach ihm ‚Eberhardszelle' nannte. Die Reliquien des sel. Eberhard ruhen in der dortigen Sakristei, sein Fest ist am 14. August.

Am 22. Juni wird das Fest des hl. Eberhard, Erzbischofs von Salzburg begangen. Er führte das schlichte Leben eines Mannes, der demutsvoll stets um die tätige Nachfolge Christi bemüht war. Dargestellt wird der hl. Eberhard, wie er Arme bei Tische bedient.

Ein bis heute fast unausrottbarer Irrtum läßt, wie L. Grill in seinem Buche über den Heiligen sagt, Eberhard aus einem Grafengeschlechte von Biburg-Hippoltstein stammen. Doch der zweite Zuname beruht auf einer Verwechslung von Hippoltstein bei Nürnberg mit Stein im Norden von Sittling-Neuburg a. d. Donau. Auf dieser Burg Stein saß Eberhards ältester Bruder Ulrich, der die Schirmvogtei über Biburg übernahm, als alle fünf Brüder gemeinsam auf diesem Familiensitze eine Benediktinerabtei errichteten. Eberhard von Sittling-Biburg wurde um 1087 jedenfalls in Sittling a. d. Donau geboren. Den Grabstein seiner Mutter kann man heute noch in der vom hl. Eberhard während seiner Abtszeit zu Biburg erbauten St. Eberhardskirche sehen. Ihr geistiges Vermächtnis sollte für Eberhards seelische Entwicklung ausschlaggebend werden. Eberhard erhielt seine Erziehung als sogenannter Knabenkanoniker in Bamberg. Im Entwicklungsalter entfloh er dem dort herrschenden Zwang und bat die Benediktiner auf dem Michelsberg um Aufnahme, wurde aber mit Gewalt zurückgeholt und in Begleitung seines Lehrers zu weiterem Studium nach Paris geschickt. Zurückgekehrt, erhielt er als wissenschaftlich hochgebildeter Kanoniker das Amt eines Domscholastikers unter dem hl. Bischof Otto von Bamberg (s. 2. Juli). Schon 1109 hatte dieser das erste Reformkloster in Bayern mit Benediktinern aus Hirsau gegründet. In diese Abtei Prüfening bei Regensburg trat Eberhard 1130 als demütiger Mönch ein. Als dann seine Brüder in Biburg mit Unterstützung Ottos von Bamberg ebenfalls ein Kloster der Hirsauer Observanz errichteten, wurden die ersten Mönche aus Prüfening unter Führung von Eberhard dorthin berufen. Er wirkte als Abt vierzehn Jahre.

Nach dem Tode des Erzbischofs Konrad I. von Abensberg, eines äußerst energischen Reformers, wählte man 1147 zu dessen Nachfolger auf dem erzbischöflichen Stuhl den demütigen Abt von Biburg. Die segensreiche Tätigkeit des hl. Eberhard umfaßt die Jahre 1147–1164; in seiner letzten Amtsperiode war er während der Kirchenspaltung der eigentliche Hort des rechtmäßigen Papsttums in Deutschland. Auch machte er sich um die Hebung der Sittlichkeit bei Volk und Klerus seiner Diözese verdient. Trotz seiner bedeutenden kirchenpolitischen Stellung vernachlässigte er niemals seine seelsorgerischen Pflichten. Er gründete das Chorherrenstift Vorau in der Steiermark hart an der ungarischen Grenze, das zu einem Bollwerk christlicher Gesittung und Mittelpunkt des religiösen Lebens wurde. Noch viele andere Klöster und Kirchengründungen gehen auf den hl. Eberhard zurück. Er hielt zwei Synoden ab, eine in Salzburg, eine in Regensburg. Sein unablässiges Bemühen, Streitigkeiten beizulegen, das er zeit seines Lebens als seine vordringlichste Aufgabe ansah, wird durch folgendes bezeugt: Der greise Erzbischof mühte sich vergeblich, Bischof Konrad von Passau mit seinem Bruder, Herzog Heinrich Jasomirgott, zu einem Vergleich wegen strittiger Rechte zu bringen. Dieser blieb einfach der Verhandlung fern, auf der der Erzbischof zusammen mit genauen Kennern der Sachlage den Entscheid fällen wollte. Als der Heilige sich trotzdem weiter um die Aussöhnung der babenbergischen Brüder bemühte, wurde er von seiner Umgebung auf die Nutzlosigkeit seines Beginnens aufmerksam gemacht. Er aber erwiderte darauf mit sanfter Stimme: „Ich gestehe, daß es meine untrügliche Hoffnung ist, bei einem Friedenswerke zu sterben oder ein solches wenigstens anbahnen zu können. Selig werden doch die Friedensstifter gepriesen, weil sie Kinder Gottes genannt werden." Diese Worte weisen tief in das Innere eines Heiligen, der damals an der Schwelle des Jenseits stand, inmitten einer allgemein friedlosen Zeit. Seine Friedensbemühungen sollten erst nach seinem

Tode zu einer erfolgreichen Lösung kommen. Vorher stand dem hl. Erzbischof noch eine andere Aufgabe bevor: nämlich die Aussöhnung zwischen dem Markgrafen Ottokar von Steiermark, der mit dem Schloßhauptmann von Leibnitz in Streit geraten war. Der Markgraf belagerte den Präfekten auf der erzbischöflichen Burg, dem heutigen Schlosse Seckau. Nun hätte der Kirchenfürst alle Ursache gehabt, mit seinen Mannen auszuziehen und seinem Schloßhauptmann zu Hilfe zu eilen. Indes ging er trotz Altersschwäche und Krankheit einzig und allein als Apostel des Friedens in die Steiermark. Volle drei Tage unterhandelte das Diözesanoberhaupt mit dem Landesherren, aber vergebens! Markgraf Ottokar wollte sich um keinen Preis der Welt von der Belagerung und Verfolgung des Stadtpräfekten abbringen zu lassen. Da erklärte der greise Kirchenfürst: „Schaut nur, ich will jetzt zu meiner Burg hinaufsteigen und will sehen, wer mich daran hindert". In der Tat getraute sich niemand an den Heiligen Hand anzulegen. Mitten durch die Belagerer kam er unbehelligt zu den Eingeschlossenen, die ebenfalls starrköpfig auf ihrem Standpunkt beharrten. Jetzt aber wurden alle von Staunen ergriffen, und die Kampfstimmung legte sich. Der Markgraf befahl, von der Belagerung abzulassen, ja er stellte nicht einmal mehr Bedingungen, er, der zuvor allen Friedensangeboten gegenüber sich taub gestellt hatte. Der Erzbischof veranlaßte dagegen den Befehlshaber seiner Burg, nunmehr den ursprünglich gestellten Bedingungen Genüge zu leisten.

Mit dieser Friedenstat schloß das Wirken des hl. Eberhard auf Erden. Seine Kräfte waren endgültig erschöpft. Man führte den Schwerkranken in das Stift Rein bei Graz, wo er am 22. Juni 1164 mitten unter den von ihm so hochgeschätzten Zisterziensern starb.

In Anbetracht der vielen Wunder, die an seinem Grabe geschahen, wurde der hl. Eberhard gleich nach seinem Tode vom Volke als Heiliger verehrt.

Die heilige Edeltraut

Nach ihrer Lebensbeschreibung stammt die heilige Nonne aus königlichem Geschlecht mit Namen Edeltrudis oder Edeltraut aus dem 7. Jahrhundert. Sie war eine Tochter des Königs Anna von Ostangeln; ihre Schwestern Sexburga, Ethelburga und Withburga waren ebenfalls heilige Klosterfrauen.

Edeltrudis wurde in Ermynga in der Grafschaft Suffolk geboren und legte frühzeitig das Keuschheitsgelübde ab. Indessen bewarben sich, kaum war sie herangewachsen, eine Menge Freier um die außerordentlich schöne Jungfrau. Ihre Eltern wünschten sie mit dem Fürsten der Grivier, Tonbert, zu verheiraten. Schließlich gab Edeltrudis ihrem Drängen nach, lebte aber mit Tonbert in jungfräulicher Ehe. Nach drei Jahren starb ihr Gemahl. Nun zog sie sich auf die Insel Ely zurück, wo sie in der Einsamkeit ganz für Gott leben wollte. Doch war es ihr nicht beschieden, ihr Leben nur den heiligen Übungen zu widmen; sie wurde gezwungen, eine zweite Ehe einzugehen. Diesmal war es der junge König Egfrid von Northumberland, der die fromme Witwe zur Gattin begehrte. Auch mit diesem Gemahl, auf den die Heilige einen tugendsamen Einfluß ausübte, lebte sie in Enthaltsamkeit.

Nach zwölf Jahren erlaubte der König, bezwungen von ihrer Heiligkeit, daß sie den Schleier nahm. Bei der Durchführung ihres Entschlusses war ihr der hl. Wilfrid, Bischof von York (s. 28. April), mit Rat und Tat behilflich. Edeltrudis ließ sich in dem von ihr mitgegründeten Kloster Coldingham einkleiden. Dort war die hl. Ebba, eine Verwandte ihre Gemahls, Äbtissin. Im Jahre 672 verließ sie Coldingham jedoch und stiftete in den Sümpfen von Ely ein Doppelkloster. Sie wurde von Bischof Wilfrid zur Vorsteherin des Frauenkonvents eingesetzt. Auch als Äbtissin führte Edeltrudis ein denkbar strenges Leben und ging ihren Ordensschwestern mit dem besten Beispiel voran. In der Nacht stand sie häufig auf und versenkte sich ins Gebet. Auch half sie Leidenden aller Art, denn Gott hatte sie durch die Gnade der Wundergabe ausgezeichnet. So verfügte sie über die Gewalt, Besessene von den bösen Geistern zu befreien. Auch wurde ihr die Gabe der Prophezeiung zuteil.

Nach einem schmerzhaften Leiden verschied die Heilige am 23. Juni 679 in Ely. Als man ihren Leichnam sechzehn Jahre später erhob, war er noch unversehrt. Ihre Reliquien wurden 1541 vernichtet.

Das von ihr gestiftete Kloster Ely gehörte zu den ansehnlichsten Klöstern der Zeit. Ihre Schwester, die hl. Sexburga, wurde als ihre Nachfolgerin dessen zweite Äbtissin. 870 von den Dänen zerstört, wurde das Kloster hundert Jahre später mit Unterstützung des Königs Edgar unter dem hl. Bischof Ethelward von Winchester wieder aufgebaut, allerdings nur mehr als Männerkloster.

Die hl. Edeltraut wird dargestellt als königliche Nonne mit Jesuskind, Buch und knospendem Stab, Quelle zu Füßen, mit fliehendem Teufel. Sie ist Patronin gegen Augenleiden (nach anderen gegen Halsleiden).

Der heilige Johannes der Täufer

Es ist begreiflich, daß der hl. Johannes der Täufer, den Christus ‚den Größten unter den vom Weibe Geborenen' nennt (Matth. 11, 11), von der Kirche mit einem eigenen Geburtsfest gefeiert wird, das seit dem 5. Jahrhundert auf den 24. Juni festgesetzt ist. Außerdem hat der Heilige noch ein Fest, seinen Todestag am 29. August (siehe dort). Der 24. Juni wurde ursprünglich wie Weihnachten als Fest erster Klasse mit Vigil, Vigilfasten, dreifachem Gottesdienst und Oktav, die erst 1955 aufgehoben wurde, begangen. Zwischen Johannes und Jesus bestehen besondere Beziehungen. Ihre Empfängnis und ihre Geburt zerlegen das Jahr in Abschnitte von je drei Monaten mit den Sonnenwenden und den Nachtgleichen als Einschnitten.

Der hl. Johannes, der ‚Vorläufer' genannt, bezeichnete sich selbst als die Stimme des Rufers in der Wüste. Er ist die Stimme dessen, der das Wort ist. Der hl. Johannes spricht bevor Jesus spricht; er erklärt, daß er ‚abnehmen' muß und daß Jesus ‚wachsen' muß. Dann verschwindet er. Die verschiedenen Bräuche um das Johannesfest wie die Sonnenwendfeiern, Johannis-Feuer, Lostag etc. sind ohne Beziehung zu ihm und heidnischen Ursprungs.

In der altchristlichen Kunst wurde der Heilige immer in Verbindung mit der Taufe Jesu dargestellt, erst später als Asket und Bußprediger in Fellkleidung, mit Kreuzstab und Spruchband ‚Ecce Agnus Dei' (Sehet das Lamm Gottes), mit Lamm auf dem Arm oder neben sich, mit abnehmendem Mond, als Knabe mit Lamm, mit dem Jesuskinde spielend, auch mit seinem Haupt auf einer Schüssel (Johannesköpfe) oder in Gesellschaft von zwei Jüngern, mit dem Zeigefinger auf Christus weisend. Einzel- oder auch zyklische Darstellungen des Täufers sind zu zahlreich, als daß sie hier auch nur angedeutet werden könnten. An allen Orten sind ihm Kirchen und Altäre, Baptisterien und Taufbrunnen geweiht. Kein anderer Heiliger wurde so oft als Beschützer von Städten, Gemeinden und Ländern auserkoren wie er.

Ebenso zahlreich sind seine Patronate. Er ist u. a. Schutzheiliger der Abstinenten, Architekten, Bauern, Böttger, Färber, Gastwirte, Gerber, Hirten, Kaminkehrer,

Kürschner, Maurer, Messerschmiede, Schneider, Weber, Winzer, Zimmerleute; der Lämmer und Schafe, Weinstöcke, gegen Epilepsie, Furcht, Kinderkrankheiten, Hagel. Viele religiöse Genossenschaften sind nach ihm benannt, so der im 11. Jahrhundert gegründete Johanniterorden, die Erzbruderschaft vom Hl. Johannes dem Täufer, die früher an seinem Hauptfest alljährlich einen Delinquenten von der Justiz freibitten konnte.

Die außerordentlich große Verehrung, die diesem Heiligen in der Kirche zukommt, zeigen nicht nur seine vielseitigen Patronate, sondern auch, daß er in jeder hl. Messe mehrmals angerufen wird. Im Meßbuch steht über ihn: „Groß ist der hl. Johannes wegen der Wunder, die seine Empfängnis und Geburt begleiten, groß in seiner Berufung als Vorläufer Christi, groß in seinem Martertod.“

Johannes war der Sohn des jüdischen Priesters Zacharias und der Elisabeth. Er wurde etwa sechs Monate vor Christus in einer Gebirgsstadt von Juda, wahrscheinlich in Ain Karim, geboren. Seine Mutter galt als unfruchtbar und befand sich, als der Engel Gabriel dem greisen Zacharias die Geburt des Sohnes verkündete, schon in hohem Alter. Zacharias, der die Verheißung nicht glauben wollte, wurde stumm, denn wie Hello sagt: „Der Zweifel bringt das Schweigen hervor, das trübe, düstere Schweigen des Grabes, das Schweigen der Verzweiflung. Der Zweifel tötet das Wort, denn das Wort ist das Licht. Das Wort ist Ausdruck des Glaubens...“

Nach der Geburt des Kindes erhielt Zacharias dann die Sprache zurück, und er lobte Gott. Der hl. Johannes wurde schon im Schoße seiner Mutter geheiligt, denn „das Kind hüpfte vor Freude in ihrem Leibe“, als die Gottesmutter – ihre Kusine – sie besuchte. Der Evangelist faßt sich über das Weitere kurz: „Der Knabe wuchs heran und erstarkte im Geiste. Er war dann in der Einöde bis zum Tage seines öffentlichen Auftretens vor Israel.“

Johannes der Täufer war der Mann der Wüste. Er entfernte sich von sich selbst und der Welt, um das Wort zu vernehmen und um ‚die Stimme‘ zu werden. Er bereitete dem den Weg, der alles an sich ziehen sollte. Mit dreißig Jahren trat der ‚Vorläufer‘ als Prophet unter die Menschen und erschütterte das ganze Volk. Den Pharisäern und Sadduzäern schlug er ihre Vorrechte aus der Hand, er nennt sie ‚Schlangenbrut‘ und droht ihnen mit dem Gerichte Gottes. Weithin erklang seine schallende Stimme, schonungslos rief er auf zur Buße. „Bekehret euch, denn nahe ist das Himmelreich!“ Sie zogen in Scharen zu ihm hinaus, bekannten ihre Sünden und ließen sich von ihm die Bußtaufe spenden. Aber er weist auf den, der

nach ihm kommt, der stärker ist als er: „Ich bin nicht wert, ihm die Schuhriemen zu lösen." Unmißverständlich deutet er auf Jesus: „Seht das Lamm Gottes, das hinwegnimmt die Sünde der Welt" (Joh. 1, 29). Seine Jünger verlassen ihn nun und folgen ‚dem Größeren'. Und er taufte mit seinen Händen Jesus im Jordan, denn dieser hatte die Taufe von ihm begehrt.
Dann verschwand Johannes in der Dunkelheit seines Martertodes (s. 29. August). Sein Werk ist getan. Mit dem hl. Johannes ging, wie ein großer Heiliger sagte, die mosaische Verkündigung zu Ende. Der Schleier zerriß – es begann die evangelische Verkündigung.

Der heilige Wilhelm von Vercelli

Wilhelm, Wilm, Wilke kommt aus dem Althochdeutschen und bedeutet ‚der den Kampfhelm erwählt hat', ‚der willige Schützer'. „Unter den Heiligen, die diesen Namen tragen, wird Wilhelm der Große von Maleval, ein Einsiedler, der 1155 bei Pisa in einem öden, steinigen Tal (Mallavalle) starb, bereits im 13. Jahrhundert mit Wilhelm von Aquitanien verwechselt oder auch mit dem Troubadour Wilhelm IX. von Poitou, den der hl. Bernhard von einem ganz weltlichen zu einem strengen Bußleben bekehrt hat" (Zimmermann). Wilhelm der Grosse wird dargestellt als Ritter mit Panzer und Helm, zehn Ketten über der Brust. Sein Fest ist am 10. Februar. Wilhelm von Aquitanien dagegen, der um 812 starb, mit Ordenskleid und Helm. Sein Fest ist am 28. Mai. Er ist der Held der altfranzösischen Heldensage, deren Stoff Wolfram von Eschenbach seinem Epos ‚Willehalm' zugrunde gelegt hat.
Wilhelm von Vercelli dagegen, dessen Fest die Kirche seit 1785 am 25. Juni feiert, wurde um 1085 zu Vercelli in Oberitalien geboren. Er wird dargestellt mit dem hl. Benedikt, der ihm das Ordenskleid reicht, als Pilger, in der einen Hand ein Buch – die Ordensregel –, in der anderen den Kreuzstab haltend, während er auf einen Teufel tritt; auch mit Wolf neben sich.
Wilhelm von Vercelli stammte aus einer edlen Familie. Als er früh verwaiste, verzichtete der Vierzehnjährige auf den väterlichen Besitz und entschloß sich, ins Heilige Land zu pilgern. Um Buße zu tun, ließ er sich zwei eiserne Ringe um seinen Leib schmieden. Zunächst führte ihn sein Weg nach Santiago di Compostella in Spanien und von da gelangte er ins Heilige Land. Bei seiner Rückkehr traf er in der Nähe von Neapel einen heiligmäßigen Einsiedler namens Petrus. Dessen Leben machte ihm solchen Eindruck, daß er bei ihm blieb. Beide wetteiferten in den Werken christlicher Nächstenliebe, in der Entsagung und Gotteshingabe. Als er

zwei Jahre später noch einmal ins Heilige Land pilgern wollte, wurde er von Räubern überfallen und blieb halbtot liegen. Da erkannte er, daß es Gottes Wille sei, weiter das Leben eines Eremiten zu führen. Er zog sich auf einen hohen Berg bei Avellino zurück, der seither Monte Vergine genannt wird.
Der Ruf seiner Tugend drang bald weit über den Berg hinaus, so daß sich ihm seit dem Jahre 1118 Genossen anschlossen. Er baute für sie auf dem Berg und später noch an anderen Orten Klöster, die er unter die benediktinische Regel stellte. Hierdurch wurde er zum Stifter der Benediktinereinsiedler oder Wilhelmiten. Auch Frauenklöster richtete er ein. Mit der Zeit unterwarfen sich ihm an die tausend Gleichgesinnte.
Nach einem Leben voll rastloser Arbeit im Dienste Gottes und seiner Mitmenschen starb der hl. Wilhelm von Vercelli in dem Doppelkloster San Salvatore di Goleto am 25. Juni 1142.

Legende
Von dem hl. Ordensstifter wird berichtet, daß er es recht schwer hatte, das Baumaterial für seine Klöster auf den Monte Vergine heraufzuschaffen. Er scheute sich nicht selbst mit anzupacken und trug die Steine mit Hilfe eines Esels auf den Berg. Einmal jedoch, während er dem Gebete oblag, schlich sich ein Wolf heran und zerriß den Esel. Da kam der Heilige herbei und zwang durch sein Wort den Wolf, sich mit der gleichen Last beladen zu lassen, die vorher der Esel trug. Und siehe, der Wolf war lammfromm und half ihm wie ein Hund, der seinem Herrn gehorcht.
Eine andere Begebenheit, wie der Heilige das Böse unterwarf, ist in der ‚Legenda aurea' aufgezeichnet. Da war ein Mann, der hatte alles bis auf seine Kleider beim Spiel verloren. Er kehrte abends spät heim, und als er das Licht angesteckt hatte und sein Bett sah, da merkte er, wie schlecht seine Laken waren, und es wurde ihm klar, daß er all sein Gut vertan hatte. In seiner Verzweiflung rief er die Teufel an und empfahl sich ihnen mit frevelndem Mund. Alsbald waren drei zur Stelle, die warfen das Licht um, packten ihn an der Kehle, daß er kein Wort sprechen konnte und rissen ihn hin und her. Wie sie so tobten, liefen die Leute herzu und fragten den Mann, was ihm sei. Da antworteten die Teufel: „Geht in Frieden und legt euch zu Bett." Das beruhigte die Leute, und sie gingen fort. Alsbald aber fingen die Teufel aufs neue an den Mann zu peinigen. Das hörten die Leute und riefen einen Priester, der beschwor die bösen Geister, und es fuhren ihrer zwei aus. Des anderen Tags führte man den Mann zu Bruder Wilhelm von Vercelli. Der beschwor den Teufel mit lauter Stimme. Und der Teufel rief ihn, den er noch nie gesehen hatte, bei Namen und sprach: „Bruder Wilhelm, aus dem hier vermagst du mich nicht zu vertreiben, denn er ist unser, weil er unsere Werke getan hat." Da fragte ihn Wilhelm nach seinem Namen. Und der Teufel antwortete ihm: „Ich heiße Balcephas." Nun beschwor ihn Bruder Wilhelm bei allen Heiligen, da warf der Teufel den Besessenen zu Boden und fuhr alsbald aus.

Die heiligen Johannes und Paulus

In Rom gibt es auf dem Coelius einen stillen Platz, an dem die Kirche SS. Giovanni e Paolo steht. Die Heiligen, denen sie geweiht ist und deren Reliquien hier ruhen, haben in dem Hause, über dem die Kirche errichtet ist, gewohnt und den Märtyrertod erlitten. Dies wurde schon im fünften Jahrhundert bezeugt, wenn es auch historisch nicht erwiesen ist. Die Kirche wurde der Überlieferung nach im Jahre 398 gegründet, umgebaut hat sie dann im zwölften Jahrhundert Hadrian IV. Am Freitag nach Aschermittwoch ist sie Stationskirche in Rom. Man kann in das 1887 ausgegrabene Haus der heiligen Brüder hinabsteigen. Sogleich erkennt man, daß es ein christliches Haus gewesen sein muß, denn die Wände sind neben heidnisch mythologischen Szenen mit christlichen Symbolen geschmückt. Ein Fresko zeigt Christus mit den Heiligen Johannes und Paulus; es gilt als die älteste uns erhaltene Darstellung eines Martyriums.

Die Tatsache des Blutzeugnisses scheint auf die überlebenden Christen der Verfolgungszeit einen ungeheuren Gnadenschatz ausgegossen zu haben, wurden doch die Gräber der Märtyrer bald Gegenstand und Ziel tiefster Verehrung. Der Ort, an dem die Standhaften gelitten haben und wo sie begraben sind, „wurde gewissermaßen zur geschichtlichen Garantie für ihre ewige Ruhmestat, und nur hier hielt man den Kult der Heiligen ab. So kam den Gräbern der Märtyrer in jenen frühen Tagen eine geistliche Bedeutung, eine Würde und ein Rang zu, der weit über das Verehrungsmaß hinausging, das heute den Reliquien entgegengebracht wird. Man stellte sich den Heiligen in seiner himmlischen Existenz gleichsam ortsgebunden vor, und die Möglichkeit seines hilfreichen Eingreifens in den Gang der Welt schien in erster Linie an dem Grabe wirksam zu werden, wo seine Überreste lagen“ (R. Raffalt).

Die hll. Johannes und Paulus werden dargestellt als römische Ritter, Johannes mit Palme und Schwert, Paulus mit Lanze und Blitz; als Wetterheilige gekennzeichnet durch eine Garbe. Sie sind Patrone gegen Blitz, Gewitter, Hagel, Pest, Regen; auch ‚Wetterherren‘ genannt wegen des zeitlichen Zusammentreffens ihres Festes mit der Sommersonnenwende. Ihr Fest ist seit dem fünften Jahrhundert am 26. Juni. Sie gehören zu den Kanonheiligen, die in der hl. Messe angerufen werden.

Legende

Unter den Christen, die Julian der Abtrünnige in seinem Haß gegen den ‚Galiläer‘ hinrichten ließ, waren die Brüder Johannes und Paulus. Sie waren von hohem Stande und hatten viele Jahre ein ansehnliches Amt bei der Tochter des Kaisers Konstantin bekleidet. Nach deren Tode zogen sie nach Rom, wo sie mit ihrem eigenen Vermögen und mit dem Gelde, welches ihnen ihre Gebieterin hinterlassen hatte, die Armen liebreich unterstützten und mit allem Eifer Christus dem Herrn dienten. Kaiser Julian jedoch, der das Heidentum wieder aufrichten wollte und Christus verachtete, hätte die beiden Edlen gern an seinem Hofe gesehen. Allein sie weigerten sich, von ihm Amt und Würden anzunehmen, weil er dem Götzendienste ergeben war und die christliche Religion bekämpfte. Julian ließ ihnen sagen, daß sie sich innerhalb von zehn Tagen sein Angebot überlegen sollten, und wenn sie sich dann noch weigerten, ihm zu dienen und den Götzen zu opfern, müßten sie sterben. Während dieser Zeit teilten die Brüder alles was sie hatten unter die Armen aus und gaben sich voller Andacht dem Gebete hin, um sich auf den bevorstehenden Kampf vorzubereiten. Denn sie wollten lieber sterben als Christus untreu werden.

Am zehnten Tage wurde vom Kaiser ein Hauptmann mit Namen Terentianus zu ihnen gesandt, der an der Spitze seiner Soldaten vor ihr Haus zog, um sie zu fragen, ob sie dem Kaiser gehorchen wollten. Johannes und Paulus aber knieten im Gebete nieder und erklärten standhaft, daß sie lieber sterben als opfern wollten. Terentianus, der einen Aufruhr des Volkes fürchtete, wenn er sie öffentlich hinrichten lassen würde, ließ sie heimlich in ihrem eigenen Hause enthaupten und ihre Leiber in eine Grube werfen und sorgfältig verscharren. Am anderen Tage ließ er kund tun, Johannes und Paulus seien in die Verbannung geschickt worden.

Nun geschah es aber nicht lange darauf, daß der Sohn des Terentianus vom Teufel besessen wurde. Er lief schreiend zu dem Hause, wo die beiden für Christus gestorben waren. Da erkannte der Vater seine Missetat und bereute, die edlen Brüder hingerichtet zu haben. Als er seinen Sohn an das Grab der Märtyrer brachte, wurde dieser sogleich von dem bösen Geiste befreit. Da wurde Terentianus ein Christ und ließ sich nebst seinem Sohne taufen. Und er schrieb alles auf, wie es sich zugetragen hatte.

Der heilige Vigilius

(Gedenken: 26. Juni)

Vigilius bedeutet im Deutschen ‚der Wachsame'. Der Heilige, einer der ersten Bischöfe von Trient, vollendete die Christianisierung des südlichen Alpenlandes. Er baute in Trient eine den hll. Gervasius und Protasius (s. 18. Juni) geweihte Kirche, in der sein Leib beigesetzt wurde. An der gleichen Stelle erhebt sich heute der mächtige Dom des hl. Vigilius, der in seiner jetzigen Gestalt aus dem Mittelalter (1212–1350) stammt. Das Gedächtnis an den hl. Märtyrerbischof, der ihn gründete, ist auch in unsern Tagen noch bis weit über das Trentino hinaus lebendig, dessen Patron er ist.

Der Heilige wird dargestellt mit Bischofsstab und Holzschuh, seinem Marterwerkzeug.

Vigilius stammte aus einer altrömischen Familie. Er studierte in Athen die philosophischen und in Rom die theologischen Wissenschaften, wurde zum Priester geweiht und kam etwa um das Jahr 380 nach Trient. Von hier aus wollte er das Land, das zu einem erheblichen Teil noch heidnisch war und zum anderen der arianischen Irrlehre anhing, dem Christentum erschließen. Trotz seiner Jugend wurde er von der christlichen Gemeinde zu ihrem Bischof gewählt. Der hl. Ambrosius soll ihn selbst geweiht haben. Zwar war die Zahl der Gläubigen damals so klein, daß sie nicht einmal ein eigenes Gotteshaus besaßen. Vigilius setzte sich beim Antritt seiner schweren Aufgabe mit dem hl. Ambrosius in Verbindung, der damals Erzbischof von Mailand war, und erbat von diesem Ratschläge für seine Amtsführung. Ein Brief des Ambrosius an Vigilius bestätigt, daß der Kirchenvater voller Liebe und Weisheit seinem jungen Bruder zur Seite stand.

Tatsächlich gelang es dem neuen Bischof durch die feurige Kraft seiner Predigt, durch seine liebevollen Ermahnungen, sein tatkräftiges Wirken und sein unermüdliches Gebet, die Stadt Trient in kurzer Zeit für die christliche Lehre zu gewinnen. Als er in seiner Bischofsstadt eine Kirche gebaut und Trient von der Irrlehre gereinigt hatte, ging der Heilige daran, auch in der weiteren Umgebung das Evangelium zu verkünden. Er scheute mühsame Wanderungen in abgelegene Bergorte und Täler nicht, wo er überall seine Gemeinden einrichtete.

Vigilius hatte Glück. Ambrosius schickte ihm drei ausgezeichnete Mitarbeiter zu, nämlich Sisinus, Martyrus und Alexander (s. hl. Romedius, 15. Januar). Mit diesen tapferen Männern zog der starke Bischof in die wilden Gebiete nördlich von Trient. Erfüllt von Glaubensbegeisterung begannen sie ihre schwere Missionsarbeit. In Anagne, dem heutigen Nonsberg, erbaute Vigilius ein Kirchlein. Er konnte viele Heiden bekehren und taufen. Als er nach Trient zurückkehrte, ließ er seine Gefährten dort. Aber bald schon drang die Kunde zu ihm, daß die drei Glaubensboten von den Heiden erschlagen worden waren. Vigilius ließ ihre Reliquien sammeln und nach Trient überführen.

Indessen war die Kraft des Heidentums nun doch bald ganz gebrochen, fast das ganze Nonstal unterwarf sich der christlichen Lehre. Nur im unzugänglichen Redenatal (nahe dem heutigen Madonna di Campiglio) erhielt sich der Götzendienst. Hier befand sich ein heidnisches Heiligtum des Saturn, wo die Einwohner nach wie vor ihre wilden Opferfeste feierten. Vigilius ließ es keine Ruhe, auch diesen Teil des Landes zu bekehren. Er machte sich dorthin auf und zertrümmerte mit eigenen Händen das Götzenbild und warf die Trümmer in eine Schlucht, wo ein Bach die Scherben fortriß. Dann stellte er sich auf den Sockel, auf dem das Götzenbild gestanden hatte, und predigte von dem wahren einzigen Gott. Obwohl sein Tun die herbeigeeilten Heiden sehr beeindruckte, sammelten sie sich und rückten mit Steinen gegen den Heiligen vor. In ihrer Wut ergriffen sie zuletzt ihre Holzschuhe und erschlugen ihn damit. Das geschah am 26. Juni um das Jahr 400.

Der Leichnam des heiligen Märtyrers wurde von seinen Begleitern nach Trient gebracht und dort in der von Vigilius erbauten Kirche zu Grabe getragen.
Eine bildliche Darstellung des Martyriums des hl. Vigilius befindet sich auf dem Deckenfresko von Joseph Schöpf (1792) in der Kirche von Kaltern am See.

Legende
Über den hl. Vigilius, der mit Macht und Kraft das Heidentum in den wilden Bergtälern der Südalpen ausrottete und das Christentum aufrichtete, berichtet der Chronist eine wunderbare Geschichte, die in einem sinnvollen Bilde genau das faßt, was der Heilige mit Gottes Hilfe vollbrachte.
So geschah es einmal, als der Heilige sich wiederum unter Mißachtung des eigenen Lebens weit vorgewagt hatte bei der Verkündigung des Evangeliums unter den Bergvölkern, daß die Heiden in solchen Scharen feindlich gegen ihn vordrangen, daß er vor ihnen fliehen mußte. Vigilius rannte mit großen Schritten das Tal hinab, in Richtung auf seine Stadt Trient. Aber am Ende des Tals stellten sich ihm hohe Felswände wie Mauern entgegen, so daß er nicht aus noch ein wußte. Da breitete er im Vertrauen auf Gottes Hilfe seine großen Hände aus, als wolle er die Felsenmauern beiseite schieben. Und siehe, der starre Stein wich tatsächlich zurück und machte dem Heiligen Platz, so daß er wie durch ein Tor hindurchschlüpfen und sich im Sarcatal in Sicherheit bringen konnte. Noch heute läßt die Landschaft jenes Felsentor bei Trient erkennen.
Die starke Hand des Heiligen aber blieb nach seinem Tode unverwest, ebenso wie seine Zunge, mit der er Gottes Wort so laut verkündet hatte. Diese Reliquien wurden noch vor hundertundfünfzig Jahren auf der Prozession mitgeführt, die der Bischof von Trient mit seinen Gläubigen zu Ehren des hl. Vigilius jährlich abhielt.

Am heutigen Tag feierte die Kirche auch das Gedächtnis des HL. CYRILLUS, Patriarchen von Alexandrien und Kirchenlehrer. Er war der Vorsitzende beim Konzil von Ephesus (431), auf dem die Irrlehre des Nestorius über die ‚Gottesgebärerin' verworfen wurde.

DER HEILIGE IRENÄUS

Der mit dem Schwerte dargestellte hl. Bischof Irenäus stammte aus Griechenland. Sein Name bedeutet ‚der Friedfertige'. Er verfügte über die umfassende Bildung eines Griechen, beherrschte geläufig die freie Rede und hatte die Philosophen und Dichter seines Landes studiert. Indessen wurde er schon früh mit der Lehre Christi vertraut. Er war ein Schüler des hl. Polykarp (s. 23. Februar). Sein

ganzes Streben galt dem Ziel, der Kirche zu dienen. Als bedeutendster Theologe des 2. Jahrhunderts war er Berater mehrerer Päpste. Er gehört zu den Kirchenvätern und wird ‚Vater der katholischen Dogmatik' genannt. Von ihm stammt die früheste Papstliste, die mit dem Griechen Eleutherius (175–189) endet. Irenäus war einer der wichtigsten Exegeten des Papsttums in Asien und Gallien. Als Bischof von Lyon machte er sich verdient um die Christianisierung der Kelten Südgalliens.
Geboren ist der hl. Irenäus um 130 in Kleinasien. Irenäus reiste zuerst nach Rom. Von dort ging er nach Gallien, wo er, zur Zeit der Christenverfolgungen unter Mark Aurel, Priester in Lyon wurde. Zu dieser Zeit, um 177, sandte der greise Bischof von Lyon, Pothinus, ihn mit einem Schreiben der Gläubigen zu Papst Eleutherius nach Rom. Pothinus erwähnte ihn darin voll des Lobes als einen ‚Eiferer für das Testament Christi'. Zurückgekehrt fand Irenäus die Gemeinde ohne ihren Hirten vor: Pothinus und viele Christen mit ihm (s. hl. Blandina, 27. Mai) waren der Verfolgung zum Opfer gefallen.
Auf Wunsch der jungen Christengemeinde übernahm Irenäus 178 das Bischofsamt in Lyon. Sofort setzte er seine ganze Kraft ein, um die Häretiker zu bekämpfen, die die Gläubigen durch falsche Lehren irrezuführen versuchten. Die sogenannten Valentinianer nämlich hatten schon eine zeitlang Rom bedrängt, und es wäre beinahe zu einer Glaubensspaltung gekommen. Diese Sekte versuchte nun auch in Frankreich Einfluß zu gewinnen, aber sie fand in dem neuen Bischof einen ebenso klugen wie gewandten Gegner.
Irenäus löste mit bewundernswerter Geistesschärfe dieses Lügengebäude auf und zeigte sonnenklar dessen grundlegenden Widerspruch mit der wahren Glaubenslehre. Der hl. Irenäus verfaßte gegen die Irrlehre vortreffliche Schriften, wobei ihm seine gründlichen philosophischen und theologischen Kenntnisse zu Hilfe kamen. In seinem fünfbändigen, uns heute noch erhaltenen Hauptwerk ‚Gegen die Irrlehren' erweist er sich als machtvoller Kämpfer gegen die falsche Gnosis (Glaubenserkenntnis). Er stellt darin den Häretikern das kirchliche Autoritäts- und Traditionsprinzip entgegen und bezeugt unwiderlegbar den römischen Primat. „Mit der römischen Kirche muß um ihrer höheren Autorität wegen jede (andere) Kirche übereinstimmen." Sein Werk enthält so geschliffene und klar formulierte Argumente, daß die Gegner der Kirche sich an der Wurzel ihrer Lehre getroffen fühlten. Auch spätere Kirchenlehrer haben es noch im Kampfe gegen Irrglauben und Häresie benutzt. Leider sind viele andere seiner zahlreichen Schriften im Laufe der Zeit verlorengegangen.
Noch einer anderen Aufgabe zeigte sich der Heilige gewachsen: er wurde zum Vermittler im sogenannten Osterfeststreit. Dieser hatte schon unter Papst Anicet begonnen und beschäftigte die Päpste bis Viktor I. Die Erregung, die er gleicherweise im Morgen- wie im Abendland hervorrief, hätte beinahe zum Schisma ge-

führt. Nun bewog der hl. Irenäus als wahrer Friedensstifter Papst Viktor I. (189–199) zum Einlenken gegenüber den Kleinasiaten, die wegen Nichtannahme des römischen Ostertermins mit dem Banne bestraft werden sollten. Den Bitten des Heiligen, Milde walten zu lassen, ist die Beilegung des Streites zu danken.
Über die letzten Lebensjahre des großen Bischofs wissen wir wenig. Wahrscheinlich ist er um 202 gestorben. Daß er, wie die Überlieferung berichtet, den Martertod unter Septimius Severus fand, ist geschichtlich nicht erwiesen.

Legendäres
Die Überlieferung nennt den hl. Irenäus einen ‚Märtyrer für Christus'. Da heißt es, daß Irenäus ein Alter von fast hundert Jahren erreicht habe, als die zweite grausame Verfolgung der Christen in Lyon unter dem Kaiser Septimius Severus einsetzte. Dieser Kaiser war vordem Statthalter von Lyon gewesen und hatte mit eigenen Augen das Aufblühen der christlichen Gemeinde unter ihrem heiligen Bischofe gesehen. Nun gab der Fürst den Befehl, mit aller Strenge gegen die Anhänger des Gekreuzigten zu verfahren. Entsetzlich waren die Martern, welche die treuen Gläubigen erdulden mußten. Das Blut floß in Strömen, denn an die neunzehntausend wurden hingerichtet. Der ehrwürdige alte Bischof hatte in dem tiefen Kummer um die grausam Hingemordeten den Trost, daß seine Schäflein standhaft blieben und triumphierend in den Himmel eingingen. Auch er sehnte sich nach seiner Auflösung und bereitete sich zum letzten Kampfe vor. Der Kaiser ließ ihn ergreifen, er wurde gepeinigt und dann enthauptet. Sein Leib aber wurde zwischen den Gräbern anderer Märtyrer beerdigt.

Die heiligen Peter und Paul

Das große Fest des Martyriums – dies natalis – der beiden Apostelfürsten ist der 29. Juni. An diesem Tage verehrt die Liturgie der Kirche Petrus als Fürsten über die ganze Kirche, Paulus (s. 30. Juni) als Lehrer aller Völker. In der Magnifikat-Antiphon zur Vesper dieses Tages heißt es: „Heute bestieg Simon Petrus das Kreuzesholz, alleluja! Heute ging der Schlüsselträger des Himmelreiches frohlockend zu Christus! Heute neigte der Apostel Paulus, das Licht des Erdkreises, für den Namen Christi das Haupt und empfing die Krone des Martyriums, alleluja!"

Der älteste Kalender 354 bezeugt für den 29. Juni einen Gottesdienst zu Ehren des hl. Petrus und einen zu Ehren des hl. Paulus. Begründet wird die Wahl des 29. Juni, der als Fest der Päpste zugleich das Geburtsfest des christlichen Rom war, für die Gedächtnisfeier der Apostelfürsten durch folgende Annahme: 258 wurden ihre Leiber am 29. Juni heimlich von ihren Gräbern erhoben und ‚ad Catacumbas' an der Via Appia übertragen, weil in diesem Jahre die christlichen Begräbnisstätten durch Kaiser Valerian konfisziert wurden. Dadurch drohte die Gefahr, daß die Ungläubigen die Gräber zu entweihen suchten, dem man durch Verstecken der hl. Gebeine vorzubeugen suchte. Dieser Umstand erweckte bei den Gläubigen eine derartige Begeisterung für die Apostel, daß das Datum der neuen Beisetzung bald das Datum der ersten vergessen ließ, obwohl man wenige Jahre später die hl. Gebeine zu den ursprünglichen Gräbern zurückbringen konnte. Das Datum des 29. Juni wurde schließlich durch den Einfluß der Päpste im ganzen Abend- und Morgenlande angenommen. Die Vigilfeier wird seit dem 8. Jahrhundert allgemein begangen.
Simon Petrus wurde in Bethsaida am Nordufer des Sees Genezareth als Sohn des Jonas einige Jahre vor Christus geboren. Er übte in Kapharnaum den Fischerberuf aus. Durch seinen älteren Bruder Andreas zu Jesus als dem Messias geführt, legte ihm dieser den Namen Petrus – das bedeutet ‚der Fels' – bei (Joh. 1, 42).
Petrus schloß sich dem Herrn für immer an. „Siehe wir haben alles verlassen und sind dir gefolgt" (Matth. 19, 27). Petrus war es, der in Jesus den Gottessohn erkannte: „Du bist der Sohn des lebendigen Gottes!" Er wurde daraufhin vom Herrn zum Oberhaupt der Apostel bestellt. Jesus gründete auf ihm seine Kirche: „Du bist Petrus der Fels, und auf diesen Felsen will ich meine Kirche bauen und die Pforten der Hölle sollen sie nicht überwältigen". Er übergab ihm die Schlüssel des Himmelreiches: „Was du auf Erden binden wirst, wird auch im Himmel gebunden sein, und was du auf Erden lösen wirst, wird auch im Himmel gelöst sein" (Matth. 16, 16–19). Damit setzte Jesus Christus ihn zum ersten Papst des Gottesreiches auf Erden, zum obersten Lehrer, Priester und Hirten der Gesamtkirche ein. Und obgleich Petrus in seiner Menschlichkeit gegen den Herrn sündigte und ihn dreimal verleugnete, bestätigte Christus diesen Auftrag nach dem dreimaligen Reue- und Liebesbekenntnis des Petrus, indem er dreimal wiederholte: „Weide meine Schafe" (Joh. 21, 15–17). Auch bei Lukas ist die Vorrangstellung des Petrus bezeugt: „Ich habe für dich gebetet, daß dein Glaube nicht versage, und du kehre um und stärke deine Brüder."
Es ist bemerkenswert, daß Petrus sogleich nach der Himmelfahrt Christi als Wortführer der Jünger in Erscheinung tritt. Aus der Apostelgeschichte geht hervor, daß er ‚als erster kommt'. Er leitet die Wahl des Apostels Matthias, er predigt nach der Herabkunft des Hl. Geistes öffentlich als erster und bekehrt dreitausend Juden, er heilt einen Lahmgeborenen, er nimmt die ersten Heiden in die Kirche auf, er

erkennt, daß Ananias und Saphira gefehlt haben. So groß war die Wunderkraft, die ihm Gott verlieh, daß die Kranken durch seinen bloßen Schatten gesund wurden. Unter seiner Führung fand das erste Apostelkonzil in Jerusalem statt. Petrus unternahm Missionsreisen durch Palästina und Samaria sowie nach Kleinasien. Nach alten übereinstimmenden Zeugnissen wirkte er eine Zeitlang in Antiochien als Bischof (s. Petri Stuhlfeier, 22. Februar). Von König Herodes in den Kerker geworfen, wurde er auf wunderbare Weise durch einen Engel befreit (Apg. 12, 1–11). Streng geschichtlich ist die Tatsache, daß der hl. Apostel sich jahrelang als Vorsteher der christlichen Gemeinde in Rom aufhielt, wenngleich er häufig auch außerhalb Roms wirkte. Er weihte in Rom die erste Kirche, nämlich das Haus des Pudentius, in dem die Christen sich versammelten. In Rom zusammen mit dem hl. Paulus gefangen gesetzt, wurde er durch die Bekehrung der Wärter, welche ihre Ketten lösten, wiederum befreit. Indessen veranlaßte ihn eine wunderbare Begegnung mit dem Gekreuzigten vor den Toren der Stadt (Quo vadis, Domine?), nach seiner Flucht wieder nach Rom zurückzukehren.
Der hl. Petrus erlitt zusammen mit dem hl. Paulus den Märtyrertod im Jahre 67, nach anderen 64, unter Kaiser Nero zu der Zeit, als Nero nach dem Brand von Rom die erste große Christenverfolgung anordnete. Die Hinrichtung, bei der, wie Eusebius berichtet, Petrus mit dem Kopf nach unten gekreuzigt wurde, weil er sich für unwürdig hielt, den gleichen Tod wie sein Meister zu erleiden, geschah im Zirkus oder in den Gärten des Nero auf dem Vatikanischen Hügel. Papst Anaklet soll ein kleines Bethäuschen über dem Grab des hl. Petrus gebaut haben, an dessen Stelle unter Kaiser Konstantin dann eine große Basilika zu Ehren des Apostelfürsten errichtet wurde. Nach ihrem Verfall wurde Alt-Sankt-Peter im 16. Jahrhundert durch den heutigen Petersdom ersetzt. Die sogenannte ‚Navicella', das berühmte Mosaik von Giotto in der Vorhalle, stammt noch aus der alten Kirche. Es zeigt den Herrn auf dem Wasser wandelnd und im Schiff – dem Sinnbild der Kirche – die staunenden Apostel. Auch die ehrwürdige und hochverehrte Statue des sitzenden Apostelfürsten befand sich schon in der alten Basilika. Unter der heutigen ‚Confessio' liegt, wie nunmehr als „absolut gesichert" (H. Kühner) gilt, das Grab Petri. Während der Ausgrabungen der letzten Jahrzehnte wurden Reste gefunden, die mit größter Wahrscheinlichkeit die Gebeine des Apostels sind. Durch seinen in Rom erfolgten Märtyrertod hat Petrus seine ‚Cathedra', den Apostolischen Stuhl, dauernd an Rom gebunden. Von Petrus sind uns zwei Briefe erhalten, die im Kanon der Heiligen Schrift Aufnahme fanden.
Der hl. Apostel Petrus wird meistens mit zwei Schlüsseln in der Hand – der eine aus Gold, der andere aus Silber („zu binden und zu lösen") – dargestellt, in der anderen Hand hält er ein Buch; auch mit Hahn; mit verkehrtem Kreuz. Petrus trägt auf den meisten Darstellungen einen rundgeschnittenen Bart und krauses

Haupthaar und zeigt drei erhobene Finger. Wenn er mit dem hl. Paulus zusammen dargestellt wird, steht Petrus auf der linken, nämlich der Evangelienseite.
Eine der schönsten Darstellungen aus dem Leben des hl. Petrus ist das Fresko des Perugino mit der Schlüsselübergabe in der Sixtinischen Kapelle. Künstlerisch hochbedeutend ist der berühmte Petruszyklus in der Brancacci-Kapelle der Chiesa del Carmine in Florenz von Masaccio und Masolino, den Filippino Lippi zu Ende führte.
Ein Teil der Ketten, mit denen er im Kerker gefesselt war, befindet sich in S. Pietro in Vincoli in Rom, der Hirtenstab wird je zu einer Hälfte in Köln und Trier aufbewahrt, ein Teil seines Mantels in Prag verehrt, das Schwert, mit dem er Malchus das Ohr abhieb, in Konstantinopel, sein Hut in Namur.
Der hl. Petrus ist Patron der Brückenbauer (pontifex), der Maurer, Steinhauer (Fels, Stein), der Fischer, Schiffer, Fischhändler, der Schlosser, Schmiede, Eisenhändler (Schlüssel), der Tuchweber (Netzmacher) und vieler anderer Gewerbetreibender, aber auch der Beichtenden und Büßer (Reue) und Jungfrauen. Sein Beistand wird angerufen gegen Besessenheit, Fieber, Fußleiden, Schlangenbiß, Tollwut und gegen Diebe. Es gibt viele nach ihm benannte Ordensgenossenschaften und Vereine. Über fünfhundert Heilige tragen seinen Namen.

Legende

Über den hl. Petrus finden wir manche bezeichnende Geschichte in der ‚Legenda aurea' aufgezeichnet. Die tiefsinnigste darunter ist vielleicht jene, die ausführlich von dem Sieg des Petrus über Simon den Magier berichtet. Sie mutet an wie eine Vorschau auf das Wirken des Antichrist nach der Geheimen Offenbarung. Inhaltlich stützt sie sich auf die Quellen der Päpste Leo den Großen und Linus sowie auf Eusebius. Wir können sie hier nur im Auszug wiedergeben. Eine höchst anschauliche Schilderung dieser Szenen befindet sich auf einem Freskenzyklus aus karolingischer Zeit in der Johanneskirche in Müstair (im Münstertal) an der italienisch-schweizerischen Grenze.
Zu jener Zeit – nämlich als der hl. Petrus lehrte – trat in Jerusalem ein Zauberer mit Namen Simon auf, der nannte sich die höchste Wahrheit und verhieß allen, die an ihn glaubten, Unsterblichkeit. Er verlangte, man solle ihn öffentlich anbeten und erzählte, daß er alles vermöge, was er wolle. So habe seine Mutter ihn einst aufs Feld geschickt, Korn zu schneiden. Da er aber die Sichel habe liegen sehen, gebot er ihr, daß sie von selbst mähe, was sie auch tat, und es war zehnmal mehr als durch die Hand des Menschen. Der Zauberer bewegte eherne Schlangen und machte steinerne Bilder lachen und Hunde singen. Er wollte aber mit Petrus disputieren, um zu beweisen, daß er Gott sei. Und Petrus kam an den Ort und sprach zu den Versammelten: „Friede sei mit euch, liebe Brüder!" Da sprach Simon: „Wir brauchen deinen Frieden nicht, denn wenn Friede und Eintracht ist, werden wir die Wahrheit nimmermehr finden. Wenn zwei kämpfen, so ist erst Frieden, wenn einer von ihnen überwunden ist."

Petrus antwortete: „Aus der Sünde kommt der Streit, und wo keine Sünde ist, da ist Frieden. Im Disputieren aber findet man Wahrheit, in den Werken die Gerechtigkeit." Simon sagte darauf: „Deine Worte überzeugen mich nicht, ich will dir meine Kraft kund tun, damit du alsbald niederfällst und mich anbetest. Ich kann durch die Luft fliegen, ich kann neue Bäume machen und Steine in Brot verwandeln. Ich kann im Feuer mich aufhalten, und es verzehrt mich nicht. Alles was ich will, das vermag ich." Da fing Petrus an wider den Zauberer zu sprechen und machte all seinen Trug offenbar. Als Simon sah, daß er ihm nicht beikommen konnte, verließ er Samaria und zog nach Rom, damit sie ihn dort für einen Gott halten sollten. Als Petrus das vernahm, folgte er ihm nach Rom, predigte ohne Unterlaß, bekehrte viele zum Glauben und machte viele Kranke gesund.

Simon der Magier stand aber bald bei Kaiser Nero in solcher Gunst, daß man ihn wie einen Hüter über des Kaisers Leben und der Stadt Wohl hielt. Leo erzählt, daß sich das Antlitz Simons, als er eines Tages vor dem Kaiser stand, unversehens verwandelte, daß es bald alt, bald jung erschien und Nero danach fest glaubte, daß er Gottes Sohn sei. Simon aber sprach zu Nero: „Damit du weißt, daß ich wirklich Gottes Sohn bin, so lasse mir das Haupt abschlagen, und ich will am dritten Tage auferstehen." Da befahl Nero dem Henker, daß er ihn enthaupte. Während jedoch der Henker wähnte, er habe den Simon enthauptet, hatte er tatsächlich nur einem Widder das Haupt abgeschlagen. Simon blieb durch seine Kunst heil und hielt sich drei Tage verborgen. Am dritten Tage zeigte Simon sich dem Kaiser. Als Nero das sah, verwunderte er sich sehr und glaubte noch mehr an ihn. Und die Römer, deren Stadt zu einem Mittelpunkt jeglichen Götzendienstes geworden war, machten ein Bild von ihm und schrieben darunter: ‚Simon dem heiligen Gotte'. Leo aber erzählt weiter, daß Petrus und Paulus alsbald zu Nero gingen und ihm die Zauberei des Simon aufdeckten. Petrus sprach dazu: „So wie in Christus zwei Wesen, nämlich Gottheit und Menschheit gewesen sind, sind auch in diesem Zauberer zwei Wesen: ein Mensch und ein Teufel."

Eusebius und Linus berichten nun, wie Simon sich in großem Übermut vermaß, er könne Tote erwecken. Da geschah es, daß ein Jüngling starb. Das Volk rief Petrus und Simon herbei und man beschloß, denjenigen zu töten, der den Toten nicht erwecken könne. Nun machte Simon seine Beschwörungen über den Toten, und es dünkte denen, die dabei standen, daß der Tote das Haupt bewege. Schon wollte das Volk den Petrus steinigen, der aber brachte sie zum Schweigen und rief: „Wenn der Tote wirklich lebt, so soll er aufstehen, wandeln und sprechen, sonst ist es nur ein Blendwerk. Laßt den Simon von der Bahre hinwegtreten!" Jetzt sahen alle, daß der Tote unbewegt dalag. Petrus aber stand ferne und betete: „Im Namen Jesu Christi des Gekreuzigten, Jüngling stehe auf und wandle!" Da stand der Jüngling alsbald auf und wandelte vor aller Augen. Nun wollte das Volk Simon den Magier steinigen, aber Petrus sprach abermals: „Es ist Strafe genug, daß er in seinen Künsten überwunden ist, unser Herr aber hat geboten, daß wir Böses mit Gutem vergelten sollen." Da ließen sie ihn gehen. Und der Zauberer zeigte sich ein ganzes Jahr nicht in der Stadt. Dann aber kehrte er zurück und wurde von Nero in Freundschaft empfangen.

Einige Zeit später rief Simon das Volk zusammen und sagte, die Galiläer hätten ihn so gekränkt, daß er die Stadt nun verlassen wolle, die bis dahin unter seinem Schutz gestanden. Er würde einen Tag bestimmen, an dem er gen Himmel fahre. Am festgesetzten Tag aber stieg er mit Lorbeer bekränzt auf einen hohen Turm, schwang sich hinab und fing an zu fliegen. Da sprach Paulus zu Petrus: „Ich will beten, du aber sollst gebieten." Und Nero sagte: „Dieser Mensch hat die Wahrheit gesagt, ihr aber seid Betrüger." Da hob Paulus seine Augen auf und sah den Simon in den Lüften fliegen und sprach zu Petrus: „Peter, was zögerst du? Vollbringe, was du begonnen hast, denn schon ruft uns der Herr." Da rief Petrus: „Ich beschwöre euch ihr Engel des Satans, die ihr ihn in der Luft traget, bei unserm Herrn Jesus Christus: haltet ihn nicht mehr, sondern laßt ihn fallen." Und alsbald ließen die bösen Geister ihn los, und er fiel herab, so daß sein Haupt zerschmetterte und er seinen Geist aufgab. Als Nero das vernahm, war er betrübt, daß er einen solchen Zauberer verloren hatte, und sprach zu den Aposteln: „Ihr habt mich traurig gemacht, darum sollt ihr eines bösen Todes sterben." Und ließ sie greifen und in das Gefängnis des Mamertinus einschließen.

Der heilige Paulus, Apostel *(Fest: 29. Juni)*

Das Fest des Martyriums des hl. Paulus – dies natalis – wird seit 258 zusammen mit dem des hl. Petrus (s. 29. Juni) am 29. Juni gefeiert, sein Gedächtnis dagegen gesondert am 30. Juni. Ursprünglich hatte man in Rom gleich im Anschluß an den Gottesdienst zu Ehren des hl. Petrus, der in S. Pietro in Vaticano abgehalten wurde, den Gottesdienst in S. Paolo fuori le mura gehalten, seit Papst Hadrian I. (772–795) aber auf den folgenden Tag verlegt, um beide Feste feierlicher gestalten zu können. Ein weiteres eigenes Fest ist außerdem ‚Pauli Bekehrung' (s. 25. Januar).

Paulus wurde unter dem jüdischen Namen Saulus in Tarsus in Silicien aus dem Stamme Benjamin um etwa 10 n. Chr. geboren. Er erbte von seinem Vater das römische Bürgerrecht, erlernte in seinem Elternhause die griechische sowie die aramäische als Mutter- und die hebräische als Bibelsprache. Neben seiner wissenschaftlichen Ausbildung wurde er zugleich im Handwerk der Zelttuchweber unterwiesen, womit er sich auch später seinen Unterhalt selbst verdiente. Saulus studierte um 30 n. Chr. an der Tempelakademie zu Jerusalem unter dem berühmten jüdischen Lehrer Gamaliel, mit dem Ziel ein Rabbi, das heißt ein Bibeltheologe und Bibeljurist zu werden.

Die Bekehrung des hl. Paulus geschah zwischen 33 und 35 nach der Steinigung des Erzmärtyrers Stephanus (s. 26. Dezember), bei der Saulus zugegen war. Auf dem Wege nach Damaskus, wohin der junge Eiferer aufgebrochen war, um die dortige junge Christengemeinde zu vernichten, erschien ihm der auferstandene Christus – und aus dem bisherigen pharisäischen Gesetzesfanatiker und Christushasser Saulus wurde der leidenschaftlichste und treueste Anhänger Christi, der Völkerlehrer und Apostel Paulus (aus dem Lateinischen ‚der Geringe, Kleine'). Weil er den Juden nach seiner Bekehrung sogleich den wahren Glauben predigte, trachteten diese ihn zu töten, und die Jünger Jesu ließen den Bekehrten nachts in einem Korbe über die Stadtmauer von Damaskus hinab.

Nach seiner Taufe brachte Paulus einige Jahre büßend und betend in der Zurückgezogenheit der Arabischen Wüste zu, um „in stiller Einsamkeit mit dem Herrn selbst zu verkehren". Danach ging er zurück nach Jerusalem und wurde durch Barnabas zu den Aposteln Petrus und Jakobus geführt, die nach anfänglichem Mißtrauen seine Berufung erkannten und ihn in ihrer Mitte aufnahmen. Dann begab Paulus sich in seine Heimat nach Tarsus und wirkte dort durch seine Predigten, bis er von Barnabas (s. 11. Juni) nach Antiochia als Missionsgehilfe geholt wurde. Von hier aus unternahm der Völkerlehrer seine drei großen Missionsreisen, und und zwar die erste zwischen 45 und 48 nach Zypern und Kleinasien, die zweite zwischen 49 und 53 nach Mazedonien und Griechenland, wobei er auch Athen und Korinth besuchte; die dritte Reise zwischen 52 und 57 führte ihn nach Ephesus als der Metropole der römischen Provinz Asia. Überall, wohin er kam, gründete er christliche Gemeinden, an die er seine berühmten Briefe richtete. Von Ephesus reiste er 57/58 mit einer reichen Geldspende nach Jerusalem, wurde dort bei einem gegen ihn geschürten Volksaufstand in römischen Gewahrsam genommen und zwei Jahre lang in Cäsarea in schwerer Haft gehalten. Auf sein Verlangen wurde er dann nach Rom gebracht, wo seine Strafe vom Kaiser in eine mildere Militärbewachung umgewandelt wurde, während der er sich frei bewegen konnte und dabei rastlos für die Ausbreitung des Christentums tätig war. Wiederum nach zwei Jahren wurde er auf freien Fuß gesetzt. Nach altkirchlicher Überlieferung soll Paulus dann in Spanien und im Osten missioniert haben. Sicherlich hat der körperlich kleine und zarte Mann unter den Anstrengungen dieser ausgedehnten Reisen sehr gelitten. Immer wieder kommt er in seinen Briefen auf „seine Schwäche" zu sprechen. Aber sein mächtiger Geist ließ ihn alle körperliche Gebrechlichkeit überwinden. In seinem zweiten Brief an die Korinther zählt Paulus kurz die Mühen auf, die er für Christus auf sich genommen habe, spricht aber auch von den Gnaden, mit denen ihn der Herr immer wieder tröstete und stärkte. „Ich vermag alles in dem, der mich stark macht."

Paulus kehrte nach Rom zurück, wo bereits der hl. Petrus als Bischof wirkte und seinen großen Kampf gegen das Heidentum kämpfte. Die beiden arbeiteten nun vereint mit aller Kraft an der Verbreitung der Lehre Christi. Indessen ließ Kaiser

Nero die beiden Apostel zum Tode verurteilen. Neun Monate soll Paulus unter großen Entbehrungen und Leiden im Mamertinischen Kerker zugebracht haben, bis man ihn zur Hinrichtung führte. Als römischer Bürger wurde Paulus an der Straße nach Ostia durch Enthaupten mit dem Schwert hingerichtet, im Gegensatz zu Petrus, der gekreuzigt wurde. Nach allgemeiner Annahme erlitt Paulus den Martertod im Jahre 67. Sein Leib wurde in der nahegelegenen Villa der vornehmen Römerin Luzina begraben, an welcher Stelle Kaiser Konstantin d. Gr. später eine herrliche Basilika zu Ehren des Apostels errichten ließ. Die Hälfte seines Körpers ruht in Sankt Peter, die andere in S. Paolo fuori le mura, sein Haupt im Lateran. In der Kirche S. Paolo alla Regola, die an der Stelle, wo er in Rom gewohnt hat, steht, befindet sich ein Arm. Ein Teil der Kette, mit der er in Cäsarea gefesselt war, wird in S. Paolo, ein Stück des Tuches, mit dem man ihm die Augen vor der Enthauptung verbunden hatte, in Sant'Agnese auf der Piazza Navona aufbewahrt. In der Kirche Tre Fontane, am Orte seiner Enthauptung, zeigt man den Steinblock, auf dem der Apostel getötet worden sein soll.

Die 14 uns erhaltenen Briefe des Völkerlehrers Paulus machen an Umfang und Gehalt nach den Evangelien den bedeutendsten Teil des Neuen Testaments aus. „Die Fülle des Lehrgehalts umgreift die Heilswahrheiten des Glaubens und der Moral, das Alte und Neue Testament, die Kirche und Umwelt, die Gegenwart und die Zukunft, die Ordnung der Gemeinden und die Heiligung des einzelnen ... Überall ist in seinen Briefen aufs Lebendigste der Quellgrund zu spüren, in dem der Apostel die Mitte seines Lebens hatte: Jesus Christus, unser Herr" (O. Karrer). Der hl. Paulus wird dargestellt mit langem Philosophenbart, mit Buch, mit Schwert – auch mit zwei Schwertern, wobei das eine seine Geistesschärfe und Beredsamkeit, das andere sein Martyrium bedeutet; auch drei sprudelnde Quellen neben sich, die auf die beziehungsreiche Legende über seinen Tod hinweisen. Bei gemeinsamer Darstellung steht Paulus rechts von Petrus, d. h. auf der Epistelseite, also als ‚der Lehrende'. Bilddarstellungen des hl. Paulus kommen so häufig vor, daß sie hier nur allgemeine Erwähnung finden können. Sein und des hl. Petrus Bildnis finden sich schon auf Urnen, Sarkophagen und Mosaiken aus der Frühzeit des Christentums; in der Calistuskatakombe entdeckte man ihre Porträts in Bronze. Seitdem hat sich die bildende Kunst bis ins 19. Jahrhundert hinein immer wieder mit Darstellungen der Person des Völkerlehrers und von Szenen aus seinem Leben beschäftigt. Fast alle großen Meister der europäischen Malerei und Plastik sind von seiner faszinierenden Gestalt zu bedeutenden Werken angeregt worden. Der hl. Paulus ist Patron der Arbeiterinnen, Sattler, Korbmacher, Seiler, Weber, Teppich- und Zeltwirker sowie der Theologen; er hilft bei Krampf, Schlangenbiß und gegen Furcht vor Blitz und Hagel. Sein Beistand ist wirksam für Regen und Fruchtbarkeit. Er ist Schutzheiliger der katholischen Presse.

Legende

Auch um die Figur des ersten Missionars der jungen Kirche spinnen sich Legenden, die in ihrer Bildersprache Ausdeutungen seines Wesens sind. Die Weisheit und Frömmigkeit des hl. Paulus waren weithin berühmt. Als er nun eines Tages in Rom von einem Söller aus zum Volke predigte, da stieg ein schöner Jüngling, des Kaisers Liebling und Mundschenk, in ein Fenster, um ihn besser sehen zu können. Aber er verstand seine Worte nicht und schlief darüber ein. Da stürzte er im Schlafe herab und war tot. Der Kaiser war darüber sehr betrübt. Paulus befahl jedoch den Umstehenden, daß sie ihm den toten Jüngling brächten. Er erweckte ihn mit Gottes Hilfe zum Leben und sandte ihn dem Kaiser zurück. Nero fragte ihn: „Wer hat dich lebendig gemacht?“ Der Jüngling antwortete: „Jesus Christus der Herr, König der Ewigkeit.“ Da wurde Nero zornig und ließ nach den Christen fahnden und sie foltern. Unter ihnen wurde auch Paulus gefesselt vor Nero geführt. Der Kaiser sprach zu ihm: „Warum nimmst du mir meine Krieger und machst sie zu Knechten deines großen Königs?“ Paulus antwortete: „Ich sammle sie nicht allein aus deinem Volke, sondern aus der ganzen Welt, denn unser König gibt ihnen einen Lohn, der niemals vergeht, so daß sie nimmermehr Armut leiden. Willst du Ihm untertan sein, so bist du gerettet. Er wird mit Macht kommen als Richter der Welt und wird die Gestalt dieser Welt mit Feuer auflösen.“ Als Nero das hörte, wurde er noch wütender und gebot, alle Christen mit Feuer zu verbrennen, Paulus aber als einen Missetäter wider die kaiserliche Gewalt zu enthaupten: „Schlagt ihm das Haupt ab, damit er sieht, daß ich mächtiger bin als sein König, und ich will sehen, ob er ewig leben wird.“ Da sprach Paulus: „Damit du weißt, daß ich nach meinem Tod ewig lebe, will ich dir lebend erscheinen, wenn man mir das Haupt abgeschlagen hat, auf daß du erkennst, daß Christus ein Gott des Lebens und nicht des Todes ist.“ Danach führte man ihn zur Richtstätte. Als sie an die Stätte seines Leidens kamen, breitete er die Arme aus, hob die Hände gen Himmel, betete lange und dankte Gott. Dann nahm er Abschied von den Umstehenden, verband sich die Augen mit einem Tuche, kniete nieder und bot sein Haupt dem Henker dar. Als aber das Haupt von seinem Leibe getrennt war, sprang es fort und rief mit klarer Stimme auf hebräisch ‚Jesus Christus‘ und schlug dreimal auf, und jedesmal, wenn es den Boden berührte, entsprang eine Quelle, so daß, als es Ruhe auf der Erde fand, drei Quellen sprudelten. In den Lüften aber erschien unermeßliches Licht, und ein süßer Duft verbreitete sich und erfüllte alles. Als Nero vernahm, was geschehen war, versammelte er seine Weisen um sich und hielt Rat. Und wie sie miteinander redeten, siehe da kam Paulus mitten durch die verschlossenen Türen, stand vor dem Kaiser und sprach: „Kaiser, hier bin ich, Paulus, der Ritter des ewigen unüberwindlichen Königs. So glaube nun, daß ich nicht tot bin, sondern lebe! Aber du Elender wirst ewigen Tod leiden, weil du die Heiligen Gottes gegen jedes Recht hast töten lassen.“ Nachdem er das gesagt hatte, verschwand er. Nero aber wurde von so großem Schreck erfüllt, daß er von Sinnen ward.

Der heilige Theobald von Thann *(Gedenken: 30. Juni)*

Es gibt zwei Heilige des Namens Theobald (im Französischen Thibaut); nämlich den Erzbischof von Vienne (Ostfrankreich), der 1001 starb und dessen Fest der 21. Mai ist. Oftmals wird mit ihm verwechselt sein Neffe Theobald von Provins oder von Thann, der 1073 von Papst Alexander II. heiliggesprochen und dessen Gedenktag früher am 1. Juli, heute an seinem Todestag, dem 30. Juni, gefeiert wird.

Theobald von Thann wird in Luxemburg, Belgien, Frankreich und Italien sehr verehrt, besonders aber in dem berühmten nach ihm benannten Theobaldheiligtum zu Thann im Oberelsaß. Die Thanner Wallfahrt zu der im Jahre 1310 dorthin gebrachten Fingerrelique des ‚großen Nothelfers' konnte sich im Spätmittelalter beinahe vergleichen mit der Wallfahrt zum hl. Jakobus (s. 25. Juli) nach Compostela. Die Chronik berichtet, daß sich zahlreiche Wunder und Gebetserhörungen zugetragen haben. Es ist noch ein dicker Foliant aus den Jahren 1402–1521 erhalten, in dem die wunderbaren Heilungen und Hilfen, die nach Anrufung dieses Heiligen geschahen, aufgeführt sind (Auer).

Der Heilige wird dargestellt als Ritter, als Einsiedler, fälschlich auch als Bischof mit Buch (durch Verwechslung mit seinem Onkel Theobald); in Baden als Bauernheiliger mit Ackergerät. Der hl. Theobald, der Einsiedler, ist Patron der Gerber, Köhler, Schuhmacher und schützt gegen Fieber. Bis in die neueste Zeit wurde er vielfach identifiziert mit dem hl. Ubald von Gubbio (Fest 16. Mai), wozu möglicherweise die Ähnlichkeit des Namens Anlaß gab.

Der hl. Theobald wurde um 1033 zu Provins (östlich von Paris) aus der Grafenfamilie von Champagne geboren. Er erhielt eine standesmäßige Erziehung, aber er verließ heimlich seine Eltern, verzichtete auf Reichtum und Titel und zog sich als Einsiedler in der Nähe des Dorfes Pettingen in Luxemburg zurück. Von dort aus unternahm er Wallfahrten nach Rom und Santiago, die zu jener Zeit viele Opfer und Anstrengungen forderten. Dann setzte er sein Eremitenleben mit doppelter Strenge fort. Schließlich brach er zu einer Pilgerfahrt ins Heilige Land auf. Aber in Italien verließen ihn seine Kräfte, so daß er sich in Salanigo in Oberitalien niederließ. Er lebte auch dort als Einsiedler und unterstellte sich dem Kamaldulenserabt Petrus des in der Nähe gelegenen Klosters Vangadizza. Dieser ließ ihn zum Priester weihen und nahm ihm 1065 die Ordensgelübde ab. Theobald durfte jedoch sein Eremitenleben fortsetzen. Er lebte ganz dem Wohl seiner Mitmenschen, die in Scharen mit ihren Anliegen zu ihm strömten. Er half, wo er konnte, ob es sich um leibliche oder geistliche Nöte handelte.

Der hl. Einsiedler starb am 30. Juni 1066 und wurde in einer Seitenkapelle des Domes von Vicenza beigesetzt.

Legende

Über den hl. Theobald berichtet uns die ‚Legenda aurea' im Kapitel ‚Allerseelen' eine schöne Legende, die aber mit dem Bischof von Vienne, seinem Onkel in Zusammenhang stehen muß, da der Einsiedler zwar Priester, aber niemals Bischof war. Trotzdem wollen wir sie hier wiedergeben, da wir den Bischof ja anfangs auch erwähnten.

Im Herbste geschah es einmal, daß einige Fischer anstatt eines Fisches ein großes Stück Eis aus dem Flusse zogen. Indessen freuten sie sich darüber mehr als über einen Fisch, denn der Bischof litt Schmerzen an seinen Füßen, und sie brachten ihm das Eis, damit er Kühlung fände. Da hörte der Bischof eines Menschen Stimme, die aus dem Eise zu ihm sprach. Er beschwor sie, ihm zu sagen, wer sie sei. Und er hörte die Stimme sagen: „Ich bin eine arme Seele und leide Pein hier in dem Eise für meine Sünden, doch kann ich erlöst werden, wenn du ohne Unterlaß dreißig Messen in dreißig Tagen für mich liest." Als der Bischof nun die Hälfte der Messen gelesen hatte und sich schon für die nächste vorbereitete, geschah es auf Anstiften des Teufels, daß unversehens die Leute anfingen sich furchtbar miteinander zu streiten. Man rief den Bischof, um die Zwietracht beizulegen und Frieden zu stiften. Er mußte also die heiligen Gewänder wieder hinlegen und konnte an diesem Tage die Messe nicht lesen. Aber gleich am nächsten Tage fing er wieder damit an, und als er zwei Drittel der Messen gelesen hatte, schien es plötzlich, als werde die Stadt von einem großen Heer belagert. Wiederum war der Bischof gezwungen, die Messe auszulassen. Gleich danach fing er aber wieder an, und als die Messen alle gesprochen waren bis auf eine einzige und er gerade diese letzte beginnen wollte, da begann plötzlich Haus und Habe des Bischofs zu brennen. Die Knechte kamen gelaufen und riefen ihm zu, er solle die Messe abbrechen. Er aber sprach: „Und sollte die ganze Stadt verbrennen, so lasse ich die Messe nicht und werde sie lesen, komme was wolle." Aber als er die Messe vollendet hatte, siehe, da schmolz in der gleichen Stunde das Eis, aus dem die Stimme gekommen war, und auch das Feuer verging alsbald wie ein Trugbild und hatte keinerlei Schaden angerichtet.

Der heilige Otto von Bamberg *(Gedenktag: 30. Juni)*

Der bedeutendste Heilige der alten Bischofsstadt Bamberg ist eine geschichtliche Persönlichkeit, nämlich Otto von Bamberg. Die Stadt war von der hl. Kunigunde (s. 3. März) gegründet worden, um den neugeschaffenen slawischen Pfarreien im Osten des Reiches einen Halt zu geben, und Otto wurde, nachdem er zuerst Kanzler des Reiches war, im Auftrag des Polenherzogs der Apostel der slawischen Pommern.

Geboren wurde der Heilige um 1062 oder 1063 aus einem schwäbischen (nach anderen mittelfränkischen) Adelsgeschlecht, dessen Name mit von Mistelbach angegeben, aber nicht verbürgt ist. Die Eltern gaben den Knaben schon früh in den klösterlichen Unterricht, damit er gemäß seinen Neigungen die Wissenschaften erlerne. Als sie starben, übernahm sein jüngerer Bruder Friedrich das Erbe. Seine Studien beendete der hl. Otto in Polen, wo er auch die Landessprache erlernte. Wie nützlich sie ihm noch werden sollte, das konnte er damals noch nicht ahnen. Nachdem er Priester geworden war, schickte Heinrich IV., der mit der Familie befreundet gewesen sein soll, ihn nach Ungarn. Er wurde Kaplan von Heinrichs Schwester, der Königinwitwe Judith von Ungarn, der er, als sie in zweiter Ehe den Polenherzog Wladislaw heiratete, nach Gnesen folgte. 1090 etwa trat Otto in die Dienste des Kaisers. Der Kirchenmann stand während seines ganzen Lebens überzeugt auf der Seite des Papstes, vermochte jedoch durch seine friedliebende, ausgleichende Natur in dem Investiturstreit zwischen Kaiser und Papst zu vermitteln, auch später bei des Kaisers Nachfolger. Kaiser Heinrich IV. schätzte Otto so hoch, daß er ihn ein ganzes Jahrzehnt in seiner nächsten Umgebung behielt. Er betraute ihn mit der Bauleitung des Doms von Speyer und machte ihn 1101 zu seinem Kanzler. Das Wormser Konkordat ist weitgehend Ottos Werk gewesen. Otto schlug zwei vom Kaiser angetragene Bischofssitze aus, da er trotz seiner Treue Heinrich gegenüber nicht die Gesetze der Kirche mißachtete. Nur einer Investitur durch den Papst konnte er zustimmen. Deshalb nahm er erst nach dem päpstlichen Placet sein späteres Bischofsamt in Bamberg an.

Im Gegensatz zu den anderen damaligen vorwiegend kriegerisch und politisch gesinnten Bischöfen war Otto ein ganz und gar geistlicher Mann, der sich – stets eine friedliche Lösung erstrebend – nicht an den Händeln seiner Zeit beteiligte. Als sich 1105 der Kaisersohn Heinrich (der spätere Heinrich V.), unterstützt vom Papst, gegen den gebannten Kaiser auflehnte, vermied es Otto, Partei zu nehmen. Und wenn er auch immer mit dem Herzen auf päpstlicher Seite stand, sagte er sich doch vom Kaiser, den er für den rechtmäßigen ansah, niemals los. Indessen ließ er sich, anstatt vom zuständigen Erzbischof von Mainz, 1106 zu Anagni vom Papst zum Bischof weihen.

Seine Tätigkeit als Bischof war äußerst segensreich für Bamberg. Otto brachte die Domschule zur Blüte, gründete und baute zahlreiche Klöster und Kirchen – zwanzig bedeutende Klöster im süddeutschen Raum gehen auf ihn zurück – und vollendete und weihte den Dom (1111). In dem herrlichen romanischen Bau, wie wir ihn heute kennen, rühren die älteren Bauteile aus Ottos Bauzeit her. Wenngleich der Bischof als Fürst glanzvoll aufzutreten wußte, führte er persönlich ein streng apostolisches Leben; er war hart und asketisch gegen sich selbst und widmete alle Kraft dem Wohl seiner Diözese. Auch förderte er die Hirsauer Reform und die neu entstandenen Zisterzienser- und Prämonstratenserorden.

Sein Hauptverdienst aber erwarb sich der Heilige als „Apostel von Pommern“. Der Polenherzog Boleslaw III. wollte – vielleicht aus echtem Glaubenseifer, aber sicher auch aus politischen Erwägungen – Pommern, das er erneut der Hoheit Polens unterworfen hatte, dem Christentum zuführen. Da die Pommern ihren Herren gegenüber erbitterten Widerstand leisteten, einfache Mönche bis dahin aber in der Missionierung keinerlei Erfolge erzielt hatten, kam der Herzog auf den Gedanken, den Bamberger Bischof mit dieser Aufgabe zu betrauen, zumal Otto die slawische Sprache von seiner Jugend her noch beherrschte. Im Frühjahr 1124 nahm dieser den Auftrag an. „Von Gott erweckt", schreibt der Chronist, „faßte der über sechzigjährige Bischof den Entschluß, das schwere Werk zu vollführen." Ganz gegen seine sonstige Gepflogenheit versah sich Otto mit zahlreichem Gefolge, prächtigen liturgischen Geräten und Gewändern, Geschenken für hoch und niedrig, Dolmetschern und Priestern, da er wußte, daß er nur so bei der Wesensart der zu Bekehrenden etwas ausrichten konnte. Nachdem er die Missionsgenehmigung des Papstes eingeholt und sich der Zustimmung Kaiser Lothars versichert hatte, trat er die beschwerliche Fahrt ins unwirtliche Pommern an. Über Böhmen, Breslau und Posen kam er nach Gnesen, wo ihm der mächtige Boleslaw barfuß entgegenging und ihn zu den Gebeinen des hl. Adalbert (s. 22. April) in den Dom führte. Er gab dem Missionar Pferde, Wagen, Lasttiere und eine Bedeckungsmannschaft mit. In Pyritz und Kammin predigte Otto unbehindert das Evangelium, wobei sich sofort erwies, was eine Predigt in verständlicher Sprache vermochte. Alles drängte sich zur Taufe, so daß seine Geistlichen nicht rasch genug das Sakrament spenden konnten. Hierauf zog er nach Stettin. Der Pommernherzog Wratislaw I. wurde wieder in die Kirche aufgenommen und mußte sich in die Einehe finden – er hatte bis dahin 24 Frauen gehabt. In Wollin entgingen Otto und seine Helfer dem Haß des Volkes, das durch die heidnischen Priester immer aufs neue aufgehetzt wurde, unter größter Lebensgefahr durch die Flucht. In Stettin stellte man zunächst politische Forderungen, für die sich Otto befürwortend beim Polenherzog einsetzte. Nach Rückkehr der Boten, die die Bewilligung der Gesuche mitbrachten, ließ sich die Bevölkerung widerstandslos taufen. Otto und seine Priester zerstörten nun die vier Götzentempel, wobei das Volk sogar tatkräftig half. Wollin folgte dem Beispiel Stettins, und rasch gelang die Christianisierung auch von Julin und Kolberg. Nach der Gründung mehrerer christlicher Kirchen reiste Otto eilends zurück, da ihn seine Gemeinde dringend brauchte. Am Ostertag 1125 traf er glücklich wieder in Bamberg ein.

Im Jahre 1128 mußte der greise Bischof die beschwerliche Reise nochmals unternehmen, nachdem ihn die Nachricht vom Abfall Stettins erreicht hatte. Diesmal nahm er seinen Weg über Magdeburg und Mecklenburg, traf den Pommernherzog, der ihn zu Hilfe gerufen hatte, in Usedom. Er predigte in Wollgast und Gützkow und bewirkte tatsächlich die Wiederbekehrung Stettins durch seine wuchtige Glaubensverkündigung. Auch versöhnte er den Pommernherzog mit

seinem Herrn, dem Herzog von Polen, und kehrte, nachdem das Werk der Bekehrung vollendet, nach Bamberg zurück.
Zunächst konnte Pommern nicht als selbständiges Bistum regiert werden. So stellte er es unter den Schutz des Bistums Gnesen. Erst 1140 wurde der erste Bischof von Pommern in sein Amt eingeführt. Otto von Bamberg starb nach qualvoller Krankheit am 30. Juni 1139, nachdem er zuvor sein ganzes Vermögen den Armen geschenkt hatte. Sein Leib wurde auf dem St. Michaelsberg in Bamberg beigesetzt, wo an seinem Grabe viele Wunder geschahen. Fünfzig Jahre nach seinem Tode wurde er von Papst Clemens III. heiliggesprochen.
Dargestellt wird er als Bischof mit einem oder mehreren Pfeilen, mit Kirchenmodell, Löwe zu seinen Füßen. Er ist Schutzheiliger gegen Fieber und Tollwut.

Legende
Als der Heilige, der sich Zeit seines Lebens einer guten Gesundheit erfreute, 1130 eine Zeitlang ernstlich krank wurde, hatte ein Mönch vom Sankt Michaelsberg in Bamberg ein merkwürdiges Gesicht. Er sah nach Osten zu einen wunderschönen Berg und viele Menschen, welche damit beschäftigt waren, kostbares Baumaterial, darunter besonders viele Edelsteine, auf den Gipfel zu schaffen. Ein Greis, den er befragte, gab ihm Auskunft: „Wir haben alle viele Wohltaten von Bischof Otto empfangen, deshalb bauen wir ihm aus Dankbarkeit eine kostbare Wohnstatt." Der Mönch fragte: „Und wann wird dieses herrliche Haus vollendet sein?", da gebot ihm der Greis Stillschweigen und sagte leise: „Nach fünf Jahren." Und wirklich starb Bischof Otto auf den Tag fünf Jahre später.

Der heilige Apostel Thomas

Der Apostel Thomas war vor seiner Berufung ein einfacher Fischer aus Galiläa wie die meisten Jünger Jesu. Er wird im Johannes-Evangelium (20, 24) als der Zweifler charakterisiert und erhielt danach den Namen ‚ungläubiger Thomas'. Thomas hatte, wie die Schrift berichtet, von den Jüngern gehört, daß Jesus am Abend des Ostertages als Auferstandener bei ihnen gewesen sei, und kann es nicht glauben. Ein Skeptiker von Natur, wollte er sicher gehen: erst wenn er seinen Finger in die Wundmale des Herrn legen könne, würde er es glauben! Als dann acht Tage später Jesus wieder unter den Jüngern erschien, sagte Thomas, überwältigt von der Wahrheit des Geschehens, zu Jesus: „Mein Herr und mein Gott!“ Damit bezeichnet er Jesus ausdrücklich als Gott und vollzieht den eigenen Glaubensakt.

Thomas führt noch einen zweiten Beinamen, nämlich ‚Didymus‘, d. h. Zwilling. Die Legende, die sich schon früh mit der Gestalt des hl. Thomas zu beschäftigen begann, machte ihn zum Zwillingsbruder Jesu, „indem man seine Person“ – wie Reinhard Raffalt äußert – „mit einem leiblichen Sohn des hl. Joseph gleichsetzte, was der Wahrheit widerspricht.“ Uralte geschichtliche Überlieferung berichtet von seinem Wirken in Indien und seinem Martertod in Mailapur (bei Madras in Südindien). Er soll dort um das Jahr 67 durch Schwert oder Lanze getötet worden sein. In der Nähe von Madras wird noch der Felsen gezeigt, auf dem er das Martyrium erlitten hat. Allen Legenden über die Schicksale des hl. Apostels nach der Himmelfahrt Christi ist jedenfalls gemeinsam, daß der Heilige sich nach Osten wandte. Er ist der Patron Asiens geworden. Er habe, wie überliefert ist, seinen Schüler Judas Thaddäus (s. 28. Oktober) nach der alten mesopotamischen Stadt Edessa entsandt. Auch er selbst soll dort gewirkt haben; denn die Bewohner dieser Stadt baten die indischen Könige durch Vermittlung des Kaisers Alexander Severus um die Überlassung seiner Gebeine, auf die sie einen besonderen Anspruch hätten. Tatsächlich ist Edessa außergewöhnlich früh christlich geworden, was die Spuren einer 201 durch Hochwasser zerstörten Kirche, als das älteste christliche Kultgebäude der Welt, noch heute bezeugen. Im Jahre 232 wurden die Gebeine des hl. Thomas von Indien feierlich nach Edessa übertragen. Im 13. Jahrhundert wanderten sie von Edessa auf die Insel Chios im Ägäischen Meer, von dort nach Ortona an der Adria in der Nähe von Neapel, wo sie heute noch ruhen. In der Kirche S. Croce in Gerusalemme in Rom birgt die Reliquienkapelle den Finger, den der hl. Thomas in die Seitenwunde Christi gelegt hat.

Seit dem 5. Jahrhundert wird der hl. Thomas in den Apostelverzeichnissen als Missionar vieler orientalischer Völker erwähnt. Im Zusammenhang damit wird der indische König Gundaphar genannt, der, wie neue Funde beweisen, zwischen 20 und 50 n. Chr. regiert hat und in dessen Reich Thomas das Evangelium verkündet haben soll. Da die Römer mit Indien Handel getrieben haben, besteht durchaus die Möglichkeit, daß der Apostel auf einem römischen Schiff dorthin gelangt ist. Im ganzen Morgenlande gehen die Feste, die man dem hl. Thomas zu Ehren feierte, bis in die älteste christliche Zeit zurück. Auch das apokryphe Thomasevangelium spricht für eine uralte enge Verbindung des Apostels mit dem Osten: in die Legenden, als deren Verfasser der hl. Thomas gilt, sind Geschichten eingestreut, die, nach Reinhard Raffalt, buddhistischer Herkunft sind. Die Kirche von Indien hält heute noch unwandelbar an der Tatsache fest, von Thomas gegründet worden zu sein. In Malabar besteht eine bedeutende christliche Gemeinde, die den

Namen Thomas-Kirche führt. 1952 feierte man in Indien die neunzehnhundertste Wiederkehr des Tages, an dem der Apostel Thomas das Land betrat. Eine riesige Kathedrale wurde zu seinen Ehren erbaut, und der Kardinal von Bombay brachte aus Rom Reliquien des Apostels als Geschenk des Papstes nach Indien zurück, um sie unter dem Altar des neuen Thomas-Heiligtums niederzulegen.

Sein Fest am 21. Dezember – dem Translationstag seiner Gebeine nach Edessa – verschob man 1969 auf den 3. Juli. Das alte Datum ist jedoch noch so fest im Volksglauben verankert, daß wir es nicht verschieben mochten. „Die Thomasnacht, die dem kürzesten Tag (Thomastag) des Jahres folgt, ist mit Volksbräuchen reich bedacht, die Glück verheißen und alles Unglück bannen sollen, wobei sein Beistand angerufen wird“ (O. Wimmer).

Der hl. Thomas ist Patron der Architekten, Feldmesser, Geometer, Maurer, Steinhauer, Zimmerleute. Dargestellt wird er mit Lanze und Winkelmaß (auf Grund der Legende); Wundmale Christi berührend. Ein häufig vorkommendes Bildthema ist die ‚Madonna della Cintola‘, die sogenannte Gürtelmadonna. Hierauf wird die Geschichte geschildert, wie die Muttergottes nach ihrer Himmelfahrt dem hl. Thomas erscheint und ihm ihren Gürtel zuwirft (s. 15. August).

Legende

Die Darstellung des Heiligen mit dem Winkelmaß geht auf folgende Legende zurück, die sich auch in der ‚Legenda aurea‘ findet.

Als Thomas der Apostel sich in Cäsarea aufhielt, erschien ihm der Herr und sprach zu ihm: „Der König von Indien, Gundaphar, hat seinen Verwalter ausgesandt, damit er ihm den besten Baumeister der Welt suche. Darum steh auf, ich will dich zu ihm senden.“ Thomas aber sprach: „Herr, sende mich, wohin du willst, aber sende mich nicht nach Indien.“ Jesus antwortete: „Thomas, geh hin und fürchte dich nicht, denn ich werde dein Hüter sein. Und wenn du die Inder bekehrt hast, so wirst du zu mir kommen, geschmückt mit der Märtyrerpalme.“ Thomas antwortete: „Du bist mein Herr, ich bin dein Knecht, dein Wille geschehe.“ Der Abgesandte des Königs ging unterdes auf dem Markte umher und suchte einen Baumeister für seinen Herrn. Da trat Thomas zu ihm und sagte, er sei ein Meister dieser Kunst. Also stiegen sie miteinander zu Schiff und fuhren über die Meere. Als sie glücklich in Indien angekommen waren, zeichnete Thomas für den König von Indien einen herrlichen Palast, den er für ihn bauen wollte. Der König gab ihm einen großen Goldschatz dazu und fuhr in ein anderes Land. Während der Zeit, da der König abwesend war, teilte Thomas den Schatz unter die Armen aus und predigte allem Volk im Lande und bekehrte Unzählige zum Chri-

stenglauben. Als der König zurückkam und hörte, wie Thomas mit seinem Gute umgegangen war, warf er ihn in den tiefsten Kerker und wollte sich furchtbar an ihm rächen. Zu dieser Zeit starb jedoch der Bruder des Königs. Am vierten Tage nach dem Begräbnis aber erstand der Tote, und alle erschraken und flohen. Der Tote sprach zu seinem Bruder, dem König: „Wisse, daß ein Mensch im Kerker schmachtet, den Gott lieb hat. Im Paradies zeigten mir die Engel einen Palast, der wunderbar gemacht war aus Gold und Silber und Edelsteinen. Und sie sagten mir: dies ist der Palast, den Thomas deinem Bruder gebaut hat. Ich aber sagte, daß ich gern in diesem Palaste wohnen würde. Sie aber antworteten: dein Bruder hat sich unwürdig gemacht dieser Wohnung, darum, wenn du darin zu wohnen begehrst, so wollen wir Gott bitten, daß er dir das Leben wiedergibt, damit du deinem Bruder seinen Palast abkaufst und ihm das Geld wiedergibst, das er wähnt verloren zu haben." Als er das gesagt hatte, lief er zum Kerker und bat Thomas inständig, er möge dem König verzeihen, und löste seine Fesseln und wollte ihn reich beschenken. Thomas aber wehrte ihm und sprach: „Weißt du nicht, daß diejenigen, die im Himmel leben wollen, nichts Weltliches begehren?"

Wie nun Thomas aus dem Kerker ging, da kam ihm der König entgegen, warf sich ihm zu Füßen und bat ihn um Gnade. Der Apostel sagte: „Hat Gott euch nicht eine besondere Gnade erwiesen, daß Er euch dies alles offenbart hat? Darum glaubet an Ihn und lasset euch taufen, damit ihr teilhaftig werdet des ewigen Reiches. Es sind unzählige Paläste im Himmel von Anbeginn der Welt bereit, die man mit dem Glauben kauft und mit den Almosen für die Armen. So mögen euch eure irdischen Schätze nütze sein, daß sie vor euch hergehen zu den himmlischen Wohnungen, denn nachfolgen werden sie euch nimmermehr." Da bekehrte sich König Gundaphar, und er und sein Bruder ließen sich taufen und mit ihnen viel Volks.

Der heilige Ulrich von Augsburg

Der erste Heilige in der Geschichte, der in der seither vom päpstlichen Stuhl beobachteten feierlichen Weise offiziell heiliggesprochen wurde, war der hl. Ulrich, Bischof von Augsburg. Seine Kanonisation erfolgte im Jahre 993, also zwanzig Jahre nach seinem Tode, durch Papst Johannes XV.

Dargestellt wird der Heilige im Bischofsornat zu Roß in der Schlacht; mit Fisch; ein Engel reicht ihm Krummstab und Kelch oder das sogenannte Ulrichskreuz (ähnlich dem ‚eisernen Kreuz') zur Abwehr von Unheil, Krankheit, Mäuseplage. Er schützt vor Mäuse- und Rattenplage, denn durch seine Fürbitte blieb damals

das Land von Mäusen verschont. Er hilft gegen Fieber, bei Körperschwäche, schwerer Entbindung und Tollwut. Ihn bittet man um eine glückliche Sterbestunde; er ist Patron der Stadt Augsburg und der Weber.
Es gibt viele Kunstwerke mit Darstellungen dieses bekannten Heiligen. In der Schatzkammer seiner Kirche in Augsburg werden einige kostbare Gegenstände aufbewahrt, die mit ihm in Zusammenhang gebracht werden. Darunter eine byzantinische Dalmatika, die man nach dem Brande der St. Ulrichskirche 1183 in seinem Grabe fand. Wie es in einer Chronik von 1483 heißt, war „sant Ulrich in seinem Meßgewand unversehrt". Sie wird zusammen mit dem sogenannten Ulrichskamm, der wahrscheinlich aus dem gleichen Grabe stammt, vom Volke wie eine Reliquie verehrt. Von dem Augsburger ‚Meister der Ulrichslegende' gibt es in der genannten Kirche ein Gemälde, das drei legendäre Szenen aus dem Leben des Heiligen schildert. Seine Vita ist so bekannt, daß wir sie hier nur in aller Kürze wiedergeben, dagegen aus der Reihe der Legenden einige erzählen wollen.
Ulrich oder Udalrich, was im Althochdeutschen ‚Stammgutherr' bedeutet, wurde als Sohn des Hupald aus dem alemannischen Geschlecht der späteren Grafen von Dillingen um 890 in Augsburg geboren. Seine Mutter Dietpirch war eine Herzogstochter. Der schwächliche Knabe erholte sich bald und wurde in der Klosterschule von St. Gallen erzogen und für den geistlichen Beruf vorbereitet. Dann kam er an den Hof seines Onkels Adalbero, Bischofs von Augsburg und erhielt das Amt eines Kämmerers. Als sich Ulrich 909 auf einer Pilgerfahrt zu den Apostelgräbern in Rom befand, erreichte ihn die Nachricht vom Tode Adalberos. Papst Sergius III. wollte den jungen Priester trotz seiner Jugend zu dessen Nachfolger bestimmen, aber Ulrich weigerte sich, die Würde anzunehmen. Als er nach Augsburg zurückkehrte, hatte man Hiltin zum Bischof erhoben.
Ulrich lebte fünfzehn Jahre mit der Mutter auf den Familiengütern. Nach dem Tod Hiltins, unter dessen Herrschaft Augsburg den großen Verwüstungen der Ungarneinfälle ausgesetzt war, denen u. a. der Dom und die Kirche der hl. Afra zum Opfer gefallen waren, übertrug König Heinrich I. im Jahre 923 Ulrich die Augsburger Bischofswürde. Der neue Bischof fand sein Gebiet in schlimmer Verfassung vor. Wie ihm einst Papst Sergius nach seiner Ablehnung geweissagt hatte, „du wirst das Bistum dennoch übernehmen müssen, dann aber, wenn es in Trümmern liegt und du harte Mühe haben wirst, es wieder aufzurichten" – so war es gekommen! In der nun folgenden schweren Zeit leistete Ulrich als Reichsfürst und Vertrauter Heinrichs I. und Ottos I. sowohl dem Reich wie der Kirche wertvolle Dienste mit Rat und Tat. So gelang es ihm, den späteren Kaiser Otto I. mit seinem aufrührerischen Sohn Luitolf zu versöhnen. Ebenso angesehen und beliebt war er aber auch bald bei seinem Volke, vornehmlich wegen seiner großen Mildtätigkeit und seiner eigenen enthaltsamen Lebensführung. Ulrich befestigte die

Stadt Augsburg mit einem steinernen Ringwall, baute die zerstörten Kirchen wieder auf, erneuerte die Afrakirche und errichtete Dom und Domschule. Er gründete mehrere Klöster sowie das Kanonissenstift St. Stephan. Auch förderte er den Ausbau der feierlichen Liturgie und Predigt. Die ältesten Zeugnisse darüber, wie der Laienwelt die Festgeheimnisse der Heilsgeschichte veranschaulicht werden sollen, stammen aus dem Augsburg des hl. Ulrich. In seiner Lebensgeschichte wird zum Beispiel erzählt, wie der Bischof die Karwoche beging. Darin ist die Palmsonntagsprozession erwähnt mit der Christusfigur auf hölzernem Palmesel, die Fußwaschung an zwölf Armen am Gründonnerstag, die Grablegung Christi in ein erst symbolisch angedeutetes Heiliges Grab, die Weihe der Osterkerze am Karsamstag, die Verehrung der am Grab entnommenen hl. Hostie in einer liturgischen Feier auf einer ‚Scena' unter dem Wechselgesang von Knabenchören.
Vor allem aber ist der Heilige berühmt geworden durch seine Verteidigung der Stadt Augsburg gegen die anstürmenden Ungarn. Als diese wilden Horden 955 wieder bis nach Süddeutschland vordrangen und Augsburg belagerten, stärkte Ulrich durch seine Ruhe und Sicherheit die Bürger der Stadt. Er rief die Männer zum Widerstand auf und leitete hoch zu Roß, ohne Helm und Harnisch, aber mit umgehängter Stola als Zeichen seines Priestertums die Verteidigung. Seinem persönlichen Mut ist es zu danken, daß das schwach besetzte Augsburg gegen die Übermacht des Feindes so lange standhielt, bis der herbeigerufene Otto mit seinem Heer anrückte und – wie man weiß – die Ungarn am 10. August 955 auf dem Lechfelde in offener Feldschlacht vernichtend schlug.
Ulrich wohnte mehreren Synoden bei, so 961 der Reichssynode von Regensburg und zwei Jahre später der Synode von Mainz. Am Ende seines Lebens unternahm der fast Achtzigjährige 971 noch einmal eine Reise nach Rom. Weil er sich auf seinen Tod vorbereiten wollte, empfahl er Kaiser Otto I. seinen Neffen Adalbero zu seinem Nachfolger auf dem Bischofsstuhl. Die Synode von Ingelheim erhob jedoch dagegen Einspruch, daß der Bischof sein Amt niederlegen wollte. So mußte der Greis es noch zwei Jahre bis zu seinem Tode am 4. Juli 973 ausüben. Auf seinen Wunsch wurde er in der Afrakirche in Augsburg bestattet, die nach seiner Heiligsprechung den Namen St. Ulrich und Afra erhielt.

Legende

Vom Leben des hl. Ulrich, dem in Bayern so viele Kirchen geweiht sind, ist manch wunderbare Begebenheit aufgezeichnet.
So ließ Gott den hl. Ulrich in geheimnisvollen Gesichten vieles schauen. Vor allem weiß man, daß die hl. Afra ihm erschien und ihm das Schlachtfeld am Lech zeigte, auf dem viele Jahre später die heidnischen Ungarn von den christlichen Heeren geschlagen werden sollten. Das geschah folgendermaßen: Eines Nachts, als der hl. Ulrich schlief, sah er im Traum die hl.

Afra in hübscher Gestalt und gar kostbar gekleidet. Sie führte ihn hinaus vor die Stadt. Ulrich sah dort den hl. Petrus sitzen, der mit vielen Heiligen und Bischöfen eine Synode abzuhalten schien. Er hörte, wie Klage geführt wurde über den Herzog Arnulf von Bayern wegen der Zerstörung vieler Gotteshäuser und Klöster und daß er zur Verantwortung gezogen werden sollte. Und Sankt Peter sprach zu Ulrich: „Sage dem König, daß jeder, der ohne bischöfliche Weihe ein Stift besitzt, untauglich ist wie ein Schwert ohne Scheide, also ist es auch nicht recht, daß der Herzog Geld und Güter der Kirche in die Hände der Laien gibt.“ Hiernach führte die hl. Afra den Bischof über das Lechfeld. Sie sagte ihm, daß den Christen von den Ungläubigen noch viel Leid geschehen werde und er solle den Kaiser ermahnen, feste Schlösser gegen den Feind zu bauen, aber zuletzt würde der Sieg von Gott den Christen geschenkt werden. Danach verging die Erscheinung.

Fast überall ist bekannt, daß der hl. Ulrich in bischöflicher Kleidung mit einem Fisch in der Hand abgebildet wird. Das geht auf folgende Legende zurück, die sinnbildlich für seine Lauterkeit steht: Einstmals bekam der Heilige Besuch von seinem Freund, dem frommen Bischof von Konstanz. Beide nahmen an einem Donnerstag zusammen ihr Nachtessen ein und führten dabei so eifrig ein geistliches Gespräch über die göttlichen Geheimnisse, daß sie ganz das Essen vergaßen und der Freitagmorgen anbrach, während sie noch bei Tische saßen. Da trat ein Bote des Herzogs von Bayern in das Gemach und überreichte dem Bischof einen Brief seines Herrn. Dieser gab dem Boten zum Lohn ein Stück Fleisch, das noch auf dem Tische lag. Der Bote aber, ein böswilliger Mensch, eilte sogleich zum Herzog, um ihm zu sagen, daß Ulrich ein arger Heuchler sei, weil er am Freitage Fleisch esse und ihn selbst damit beschenkt habe. Als der Verleumder seinem Herrn zum Beweis das Stück Fleisch zeigen wollte, war es zu seiner großen Beschämung in einen Fisch verwandelt worden. So rettete Gott durch ein Wunder die Ehre seines Dieners.

Ein andermal wurde dem Heiligen angekündigt, daß er für sein Gebet und Almosengeben großen Lohn empfangen werde. Ein Zeichen dafür solle er in der hl. Messe erblicken, die er am nächsten Gründonnerstag halten werde. Und an dem Morgen, als er den Chrisam segnen wollte, erschien die rechte Hand Jesu Christi und machte über dem hl. Sakrament das Zeichen des Kreuzes.

Die heilige Magdalena von Rottenburg

(Gedenken: 1. Juni)

Blättert man in alten Kirchenberichten der Stadt München aus dem sechzehnten Jahrhundert, so stößt man immer wieder auf den Namen eines ehrwürdigen Hauses, nahe der Residenz gelegen, das ‚Riedlersche Haus‘. Mit ihm verbunden ist der Name der frommen Magdalena von Rottenburg. Neben diesem Haus soll einst ein Kirchlein gestanden haben, das 1409 feierlich dem heiligen Johannes geweiht war. Welche Bedeutung hatte dieses fromme Haus? Den Berichten ist zu entnehmen, daß 1295 unter Ludwig dem Strengen ein gottesfürchtiger Münchner Bürger, mit Namen Heinrich Riedler, sein Haus frommen Damen zur Pflege Kranker und Aufnahme von Pilgern übergeben hat. Die Schwestern gaben sich die Regel des hl. Franz und widmeten sich ganz der Wohltätigkeit.

Im Anfang des sechzehnten Jahrhunderts lebte hier Magdalena von Rottenburg. Sie war einst eine vermögende Frau, die nach dem Tode ihres Gatten eine Wallfahrt nach Tuntenhausen zur lieben Frau unternahm. Ihr Weg führte sie über München, und bei den Schwestern fand sie freundliche Aufnahme. Der gottesfürchtigen Frau gefiel das Leben im Riedlerkloster so gut, daß sie gerne geblieben wäre. Die Oberin wäre mit ihr allein einverstanden gewesen, aber für ihre Tochter und Enkelin gab es keinen Einlaß. Magdalena fügte sich ergeben in diesen Spruch und wanderte nach Tuntenhausen weiter. Auf den Knien betete sie inständig, daß Gott ihr den rechten Weg zeige. Nach Rottenburg zurückgekehrt, widmete sie sich ganz der Familie. Durch ein plötzliches Fieber wurden ihr erst die Tochter, bald darauf auch die Enkelin geraubt. Magdalena, jetzt frei, erinnerte sich des Spruchs der Oberin und fand auch sofort Einlaß. Ihr Schwiegersohn, der sie begleitete, empfahl sie der Oberin mit den Worten: „Hier übergebe ich euch meine Schwiegermutter. Sie braucht nicht erst das geistliche Leben anzufangen, denn sie hat schon seit Jahren ganz geistlich wie eine Klosterfrau gelebt."

Magdalena vermachte ihr Vermögen dem Kloster. Trotzdem war es arm und die Schwestern lebten sehr bescheiden. Wenn es ihnen an täglicher Nahrung fehlte, priesen sie Gott, daß er sie durch Fasten frei mache für die geistige Nahrung.

Magdalena verrichtete die niedrigsten Arbeiten mit besonderer Wonne, sie scheute sich nicht, auf den Knien den Fußboden zu säubern, das Geschirr zu waschen, das Feuer zu schüren und in mühseliger Arbeit Brennholz zu schneiden. Keiner konnte in ihr die ehemalige Herrin aus begütertem Hause erkennen. Ihr selbstloses, demütiges Handeln beeindruckte ihre Mitschwestern so, daß sie sie zur Verwalterin wählten und ihr damit die zweitwichtigste Stellung innerhalb des Klosters übertrugen. Magdalena selbst war dessen nicht so froh, sie wollte sich vielmehr ganz den Kranken und dem Gebet widmen. „Wie mochtet ihr doch mir die Zeit des Gebetes rauben, und die so liebe Ruhe mir nehmen!" Aber sie erledigte alles zum besten des Klosters und war darüber hinaus ein frommes Beispiel für alle, die sie kannten. Bis zum Fürstenhause gar gelangte ihr Ruf, und gerne beschenkte man das Kloster mit reichlicher Gabe, so daß die Schwestern imstande waren, immer mehr Bedürftige zu versorgen. Magdalena lebte in frommer Hingabe ganz erfüllt von ihrer Aufgabe, bis im Jahre 1534 der Herr sie zu sich rief.

Legende

Als Magdalena herbergsuchend durch Münchens Gassen umherirrte und nicht ein noch aus wußte, betete sie zu Gott, er möge ihr eine Lagerstatt zeigen. Und wie sie so einherging, gesellte sich plötzlich ein zarter Knabe zu ihr. Sie betrachtete das holde Kind, es mag wohl sieben oder acht Jahre alt gewesen sein, und fragte es, ob es nicht eine Herberge wisse, in der keine Männer, sondern nur Frauen lebten. Der Knabe gab ihr zur Antwort, daß er eine solche kenne und führte sie dorthin. Vor dem Riedlerschen Haus angelangt, läutete er und sagte zu ihr: „Hier wohnen nur fromme Frauen und Ihr werdet Euch wohl fühlen!" Magdalena war zutiefst erfreut und wollte sich bei dem hilfreichen Knaben bedanken. Allein er war auf wunderbare Weise verschwunden und sie stand allein vor der Pforte.

Der heilige Goar

Der Name kommt aus dem Althochdeutschen und bedeutet: ‚der Gottvertrauende'. So stark war das Gottvertrauen dieses Heiligen, daß er der Legende zufolge seinen Mantel an einem Sonnenstrahl aufhing. Ernest Hello meint dazu, daß ein Heiliger sich jeweils durch sein Attribut dem Gedächtnis der Menschen einpräge und dieses stehe stets mit einem bestimmten Augenblick seiner Geschichte in Zusammenhang, die herausleuchte. So würde er einem Künstler, wenn dieser ihn frage, wie er wohl den hl. Goar darstellen solle, antworten: Malen Sie ihn, wie er seinen Mantel an einem Sonnenstrahl aufhängt.
Dieser einfältig gläubige Priester war ein Zeitgenosse Chlotars und stammte aus Aquitanien. Auf seiner Wanderschaft, die ihn an den Rhein führte, gründete er die nach ihm benannte Zelle St. Goar unterhalb von Oberwesel, wo er bis zu seinem Tode am 6. Juli 508 als Missionar wirkte. Seine Lebensgeschichte ist legendär, aber durchsetzt von solch liebevollen Geschichten, daß sein Name und Wirken bis auf den heutigen Tag nicht in Vergessenheit gerieten.
Man könnte Sankt Goar als einen Christophorus des Rheins bezeichnen. Hilfreich wies er den einfachen Schiffersleuten dort den Weg. Man sagt, daß er sich sogar oftmals selbst ans Steuer gesetzt und mit sicherer Hand die Schiffe an den ragenden Felsen und dunklen Engen vorbeigeführt habe. Manch ein Schiffbrüchiger fand Zuflucht und Nachtlager in seiner Klause. Der fromme Mann verscheuchte Aberglauben und Abgötterei in dem vielfach noch heidnischen Land, predigte das Evangelium und heilte Kranke. Und allen Menschen verkündete er, daß der Vater im Himmel ein Gott der Liebe sei. So hatte Sankt Goar auch eine besondere Vorliebe für die Gastfreundschaft. Seine Einsiedelei wurde von Pilgern und Rei-

senden gern besucht. Und nach der Messe pflegte er sie an seinen Tisch zu laden. Er aß mit ihnen und belehrte sie bei heiterem Gespräch besser als andere von der Kanzel. Seine Menschenfreundlichkeit und sein Beispiel gewannen ihm die Herzen vieler.

Dargestellt wird Sankt Goar als Einsiedler, Topf in der Hand, drei Hirschkühe neben sich, Teufel auf den Schultern, weil er fälschlich angeklagt wurde.

Er ist Patron der Gastwirte, Schiffer, Töpfer und Weingärtner; er tritt ein für den guten Ruf ehrlicher Menschen.

Legende

Seine Gastlichkeit wurde einst zum Anlaß, daß man ihn beim Bischof in Trier verleumdete, er führe ein ungeistliches Leben und lebe der Völlerei. Vor allem taten sich darin zwei Diener des Bischofs hervor, die behaupteten, viel Böses von dem heiligen Mann zu wissen. Der Bischof entsandte sie zu dem Einsiedler, die Sache zu untersuchen und ihn mit nach Trier zu bringen, damit er sich bei seinem geistlichen Herrn verantworte. Als sie nun zu dem Heiligen kamen, setzte er auch ihnen wie all seinen Besuchern arglos ein reichliches Mahl und kühlen Wein vor. Heuchlerisch lehnten die beiden jedoch die guten Gaben Gottes ab, empfahlen ihm dagegen Askese und Abtötung, die einem Priester besser anstünden als solche Schwelgerei. Als er darauf antwortete, was ihnen aus Liebe geboten sei, könnten sie auch ruhig mit Liebe annehmen, da zeigten sie Empörung und Abscheu, und sie geboten ihm streng, ihnen zum Bischof zu folgen. Die Reise nach Trier war zu dieser Zeit ein mühseliger Weg, der über Berg und Tal führte. Seine Begleiter litten bald unter Hitze, Hunger und Durst. Sankt Goar aber schritt munter aus. Er hatte einen reichlichen Mundvorrat eingepackt, und als er nun sah, daß sie so erschöpft waren, daß sie fast von ihren Pferden fielen, da bot er ihnen Stärkung an, und diesmal widerstanden sie seiner Barmherzigkeit nicht. Man erzählt sich, er habe sie außerdem mit der Milch von drei Hirschkühen gelabt, die aus dem Walde traten und auf sein Wort verhielten, so daß er sie melken konnte. Nachdem seine Verleumder neue Kraft gewonnen hatten, setzten sie miteinander ihre Reise fort.

Der Heilige aber verblieb im Gebet bis sie in Trier ankamen und begab sich dort sogleich in eine Kirche. Unterdessen eilten die beiden Ankläger zum Bischof, und dieser erstaunte sehr, als er diejenigen, die er als Feinde hatte abreisen sehen, nun als Bewunderer des Einsiedlers diesen preisen hörte. Er befahl, Goar möge in den Beratungssaal kommen, wo die ganze Geistlichkeit versammelt war. Der Heilige war inzwischen im bischöflichen Palast eingetroffen und von dem Prunk wie geblendet. Als er sich umsah, wo er seinen Mantel aufhängen könne, da fiel ein heller Sonnenstrahl durch eine Spalte des Fensterladens. Sehr verwundert sahen die Umstehenden, wie der hl. Goar, der den Strahl für eine vergoldete Stange halten mochte, unbefangen seinen Mantel daran aufhing und der Mantel vor aller Augen daran hängenblieb! Ein seltsamer und einfacher Vorgang, dem sich auch der Bischof beugte. Alle Verleumdungen wurden entkräftet, und Sankt Goar schied, geleitet von dem Segen seines

Oberhirten. Viele Jahre noch wirkte der Heilige am Ufer des Rheinstroms „fröhlich mit den Fröhlichen, ein Tröster den Verzagenden, den Irrenden ein Führer, den Müden und Hungrigen ein liebevoller Herbergsvater" (Jaspert).

Der heilige Willibald

Das ungewöhnlich bewegte und von Abenteuern aller Art reich durchsetzte Leben dieses männlich-starken Heiligen ist uns in einer Urkunde überliefert, die die Nonnen des Klosters Heidenheim in Franken nach dem Diktat des hl. Willibald aufgezeichnet haben.

Willibald gehörte der frommen Familie des sagenhaften angelsächsischen ‚Königs' Richard des Heiligen an, des Vaters der drei berühmten hll. Geschwister Willibald, Wunibald und Walburga (s. 25. Februar). Er war wie sie ein Verwandter des großen Bonifatius (s. 5. Juni), mit dessen missionarischer Tätigkeit seine Arbeit und sein Ruhm als erster Bischof von Eichstätt eng verknüpft sind.

Dargestellt wird der hl. Willibald als Bischof, einen Schild auf der Brust oder mit Schultertuch (Rationale), darauf die Worte ‚Fides, Spes, Caritas' (Glaube, Hoffnung, Liebe); mit offenem Buch, zwei Pfeile in der Hand. Er ist Patron der Diözese Eichstätt; ferner der Gittermacher.

Willibald wurde geboren am 22. Oktober 700. Die Eltern brachten das schwerkranke und schwächliche Kind Gott dar, so daß er schon in frühester Jugend in das Benediktinerkloster Waltham kam. Unter der strengen Zucht der Mönche konnte Willibald sich ein gediegenes Wissen erwerben. Indessen drängte seine freiheitliche Natur hinaus aus der klösterlichen Enge. Herangewachsen, veranlaßte er seinen Vater zusammen mit ihm und seinem Bruder Wunibald eine Pilgerfahrt zu den Apostelgräbern in Rom zu unternehmen. Tatsächlich traten sie gemeinsam mit einigen angelsächsischen Edelleuten im Jahre 720 die abenteuerliche Reise an. Jedoch erkrankte König Richard in Lucca und starb eines raschen Todes. Das ungewohnte Klima setzte aber auch den anderen stark zu, so daß sie vom Fieber ergriffen in Rom anlangten. Hier blieb Wunibald zurück. Willibald hingegen zog mit einigen Gleichgesinnten weiter. Unter größten Entbehrungen und Anstrengungen betrat er schließlich nach einer langen Reise, die über Sizilien, Kos, Samos und Zypern führte, den ersehnten Boden des Heiligen Landes. Weder Gefahren, Gefangenschaft noch Krankheit hatten seinen ungestümen Willen aufhalten können. Er besuchte Bethlehem, Nazareth, Kana, Kapharnaum und Jericho – also alle Stätten, die Christus auch betreten hatte. Endlich war er am Ziel seiner mühevollen Pilgerfahrt: an dem geweihten Orte des Grabes Christi in Jerusalem. Nachdem sie hier andächtig gebetet hatten, durchzogen Willibald und seine Begleiter das Land Palästina. Sie suchten Klöster und Einsiedeleien und alle jene Orte auf, die im Neuen Testament erwähnt sind. In Gaza ereignete es sich, daß der hl. Willibald vorübergehend erblindete. Aber nach innigem Gebet erhielt er zwei Monate später sein Augenlicht wieder. Der Rückweg führte ihn nach Konstantinopel, wo er sich zwei Jahre aufhielt. 729 endlich kehrte er nach Italien zurück. Hier begab er sich sogleich an die Stätte des Wirkens des hl. Benedikt (s. 11. Juli). Damals lebten nur wenige Mönche in dem berühmten Kloster auf dem Monte Cassino. Willibald teilte nun zehn Jahre lang ihr Leben und war den Mitbrüdern in den verschiedensten Ämtern ein leuchtendes Vorbild. Er konnte sich jedoch nicht entschließen, die Gelübde abzulegen.

Inzwischen hatte sein Bruder Wunibald mit dem hl. Bonifatius Missionsarbeit geleistet und das Evangelium in Deutschland verkündet. Bonifatius, der seine Landsleute als Glaubensboten bevorzugte, schickte auch nach Willibald. Dieser verließ 740 das Kloster und ging zu Papst Gregor III. nach Rom, um sich von ihm den Missionsauftrag erteilen zu lassen. Willibald fing seine neue Tätigkeit mit allem Eifer an. Er wurde zum Priester geweiht, und Bonifatius beauftragte ihn, das Gebiet um Eichstätt zu bekehren. Hier befanden sich nach den Hunneneinfällen nur noch einige Ruinen und wenige Wohnstätten um ein Muttergottesheiligtum. Die stark zerstreute Bevölkerung war fast vorwiegend heidnisch, und es galt große Widerstände zu überwinden, um den neuen Glauben einzuführen. Überall fand er noch den Wotanskult vor, Hindernisse aller Art stellten sich ihm entgegen. Aber Willibald ließ sich nicht abschrecken. Er rief Benediktinermönche zu Hilfe, rodete die finsteren Wälder, ließ den Boden urbar machen und bebauen und teilte das Land in Gemeinden ein. 745 wurde ihm Eichstätt von Bonifatius offiziell als Bistum übergeben und er selbst zum Bischof geweiht. Der tatkräftige Sinn des Heiligen schuf an diesem Ort bald eine blühende Siedlung. Auch fand er großzügige Stifter in Herzog Odilo von Bayern und Suitger, dem Grafen von Hirschberg. So konnte er dort ein Kloster und die Domkirche errichten. Gute Priester mußten unter seiner Leitung die Jugend im Christentum unterweisen. Auch stand er in regelmäßiger Verbindung mit Bonifatius und seinem Bruder Wunibald, mit dem er 750/52 das große Doppelkloster Heidenheim gründete. 761 setzte er seine tatkräftige Schwester Walburga als Äbtissin ein. Bei ihr holte er sich immer wieder neue Kraft zu seinem schweren Tun. Er pflegte den Nonnen aus seinem Leben zu erzählen, vornehmlich von seinen großen Pilgerreisen. Und hier wurde auch, wie eingangs erwähnt, sein Lebensbericht niedergeschrieben. Doch starben seine Geschwister lange vor ihm, und der hl. Bonifatius fand den Märtyrertod.

Willibald aber erreichte sein siebenundachtzigstes Lebensjahr, er beschloß seine irdische Pilgerfahrt am 7. Juli 786 oder 787 in Eichstätt, wo er auch begraben wurde. In der Kirche, die einer seiner Nachfolger 1270 zu seiner Ehre erbaute, ruhen seine Reliquien. Der Heilige wurde durch zahlreiche Wunder an seinem Grabe verherrlicht.

Der heilige Kilian

Heute noch ist das Andenken an den heiligen Bischof Kilian, der im Frankenlande wirkte und einer der ersten Missionare Bayerns war, nicht erloschen. Bis auf den heutigen Tag blieb der fromme Märtyrerbischof Schutzherr des ganzen Frankenlandes!

Kilian – sein Name kommt aus dem Keltischen und bedeutet der ‚Kirchenmann'– war edler irischer Abstammung und wurde in einem Kloster erzogen. Anfangs hatte er in der Einsamkeit der Zelle nur danach gestrebt, auf sein eigenes Seelenheil bedacht zu sein, doch dann berief ihn Gott, sich auch des Seelenheils seiner Mitmenschen anzunehmen und den Heiden in fremden Landen das Evangelium zu verkünden. Auf seinen Wunsch wurde er als Missionar ausgebildet und zum Priester geweiht. Mit elf Gefährten, darunter dem Priester Kolonat und dem Diakon Totnam, entsandte man ihn in das zu dieser Zeit noch vorwiegend heidnische Germanien. Er kam ins Maintal in die Gegend von Würzburg. Dort angelangt, ließ Herzog Gozbert die Missionare zu sich an den Hof kommen, obgleich er selbst noch Heide war. Bald sahen die frommen Männer, daß die Bewohner dieses schönen und fruchtbaren Landes durchweg finsterer Abgötterei huldigten: sie waren hauptsächlich Anhänger des Dianakultes. Da erkannte Kilian, daß hier eine große Aufgabe auf ihn wartete. Da er sich aber vom Papst Sendung und Vollmacht erbitten wollte, pilgerte er, ehe er sich an die Missionierung machte, mit seinen Gefährten nach Rom. Der Heilige Vater erteilte ihm die Bischofswürde und entließ ihn mit Auftrag und Segen. „Ziehet hin! Fanget euer Werk mit Gott an und vollendet es mit Gott; euer Lohn wird groß sein im Himmel, ewige Freuden warten dort Euer", so sprach er zu Kilian.

In Franken erlernte er zunächst die deutsche Sprache. Sein liebenswürdiges Wesen, seine hilfsbereite Güte, seine glühend-begeisterten Predigten, sein Beispiel in Gebet und Betrachtung machten bald großen Eindruck auf die Einwohner. Er verkündete ihnen die heilige Lehre Christi, heilte Kranke und tat manch anderes Wunder vor den Augen der Heiden, so daß viele glaubten und sich taufen ließen. Auch Herzog Gozberg war begierig, von der neuen Lehre zu hören und ließ sich von Kilian unterweisen. Oftmals begab er sich mitten in der Nacht zu Kilian und unterredete sich mit ihm. Schließlich ließ er sich öffentlich mit vielen Vornehmen seines Hofes taufen. Nun hatte der Herzog nach alter Sitte die Witwe seines Bruders zur Ehe genommen, aber nach christlichem Gesetz war zu dieser Zeit eine solche Verbindung unerlaubt und galt als Blutschande. Kilian stellte dies dem Herzog unerschrocken und eindringlich vor Augen, bis dieser sich schließlich schweren Herzens entschloß, Gott zuliebe sich von Geilana zu trennen. Als die Herzogin dies hörte, plante sie Rache. Da der Herzog bald darauf in den Krieg ziehen mußte, schien ihr die Gelegenheit jetzt günstig. Sie dingte zwei Mörder und sandte sie zu den ihr so verhaßten Mönchen. Der hl. Kilian pflegte in den frühen Morgenstunden mit seinen Gefährten in einer Halle des Schlosses, die er zum Betsaale eingerichtet hatte, den Gottesdienst zu hören. Und dort überfielen die Mörder sie und töteten alle drei mit dem Schwerte. In großer Eile verscharrten sie die Leichname mitsamt den Kreuzen, Kelchen, Büchern, Reliquienkapseln und liturgischen Gewändern an dem Orte, wo sie sie umgebracht. Dies geschah im Jahre 689.

Als der Herzog aus dem Kriege zurückkam und die Gottesmänner nicht mehr fand, versuchte Geilana ihm einzureden, daß die Fremden das Land verlassen hätten und nicht mehr aufzufinden seien. Den Betsaal hatte sie inzwischen in einen Pferdestall umwandeln lassen. Gozberts und Geilanas Geschlecht aber wurde ausgelöscht; denn als nur wenige Jahrzehnte nach der blutigen Tat Bischof Burckhard im Jahre 752 die Gebeine der Märtyrer nebst den Büchern, Kelchen und Geräten auffand und erhob, lebte von des Herzogs Sippe niemand mehr. Die Gebeine der Märtyrer wurden in der Domkirche zu Würzburg, die Bischof Burckhard hatte erbauen lassen, feierlich beigesetzt. Kilian wird mit Märtyrerpalme und dem Schwerte in der Hand abgebildet. Er ist Patron von Würzburg und gegen Gicht und Rheumatismus.

Legende

Man erzählt sich, daß dem hl. Kilian in einem Gesicht sein Tod von Gott angekündigt worsen sei. Gegen Morgen, als er halbwachend auf seinem Lager ruhte, sah er einen Mann von herrlicher Gestalt vor sich stehen, der also zu ihm sprach: „Freund Kilian, steht auf, ich will nicht, daß du länger mehr arbeitest. Nur noch ein Kampf steht dir bevor, du wirst aber mit mir den Sieg erringen." Sprach's und verschwand. Kilian stand eilends auf, und seinen nahen Tod ahnend, sprach er zu seinen Gefährten: „Brüder, laßt uns wachsam sein; bald wird der Herr kommen und an die Tür klopfen, seien wir auf unserer Hut, daß er uns nicht schlafend treffe ..." Die beiden frommen Gefährten fanden sich durch diese Worte getröstet und bereiteten sich mit ihrem Bischof in heiliger Freude auf den Tod vor.

Eine edle Witwe aber mit Namen Burgunda, die Kilian bekehrt und getauft hatte, hielt sich seitdem in einem kleinen Gemach nahe dem Betsaal auf, wo sie wie in einer Klosterzelle lebte.

An jenem Morgen, als der heilige Bischof mit seinen Gehilfen ermordet wurde, wachte und betete sie noch. Sie hörte die Heiligen singen, dann plötzlich schweigen, sogleich glaubte sie, es müsse etwas Außerordentliches geschehen sein, und stieg hinab. Da fand sie in der Halle noch einige frische Blutstropfen an den Wänden. Sie merkte nun, daß die heiligen Männer ermordet sein mußten, trocknete das Blut mit einem weißen Tüchlein auf und ging tief betrübt in ihre Zelle zurück, getraute sich aber nicht, von der schrecklichen Tat etwas zu sagen aus Furcht vor der Herzogin, deren Rachgier sie kannte. Doch was die Menschen so geheim hielten, das brachte der gerechte Gott ans Tageslicht. Die Mörder fanden keine Ruhe: der eine lief, von Gewissensbissen geängstigt, durch die Straßen der Stadt und rief jammernd: „O Kilian, o Kilian, wie sehr verfolgst du mich! Immer sehe ich das Schwert vor meinen Augen, das von deinem Blute trieft!" Er zerbiß sich die Zunge und starb eines grauenvollen Todes. Der andere aber, als er dies hörte, stürzte sich voller Verzweiflung in sein eigenes Schwert, mit dem er den Heiligen getötet hatte. Die gottlose Geilana aber ward ebenfalls von der strafenden Hand Gottes ergriffen. Sie kam von Sinnen und schrie laut auf: „Ach Kilian, wie schrecklich verfolgst du mich! Ach Koloman, du zündest mir das Feuer an! Ach Totnam, du trägst das Holz dazu! Laßt ab, laßt ab, ich erkenne euch als Sieger. Ich unterliege der Schmach und dem Entsetzen, die mich überfallen." An allen ihren Gliedern verrenkt, starb sie an Raserei. Irgendwie aber sprach sich von da an das Gerücht unter den Christen herum, daß die Gebeine der Heiligen unter dem Pferdestall im Schlosse lägen, bis der Bischof Burckhard nachgraben ließ und sie tatsächlich entdeckte.

Die heiligen Amalia und Amalberga *(Gedenken: 8. Juli)*

Am 8. Juli wird das Gedächtnis zweier heiliger Klosterfrauen gefeiert, die den gleichen Namen tragen und am gleichen Tage, wenn auch nicht im gleichen Jahr, starben. Der Name Amalia oder Amalberga – in der Abkürzung auch Alma und Mali – kommt aus dem Althochdeutschen und bedeutet ‚Schützerin der Arbeit'.

Die ältere Amalia, Witwe und Nonne, wird von der Legende als Mutter der hl. Geschwister Emebert, Gudula (s. 9. Januar) und Reineldis (s. 16. Juli) genannt. Sie entstammte dem fränkischen Königshaus und wollte schon in ihrer Jugend, erfüllt von der Liebe zu Gott, ins Kloster gehen. Indessen wurde sie zur Ehe bestimmt und heiratete den lothringischen Herzog Witger, einen frommen, tugendhaften Mann, dem sie mehrere Kinder schenkte. Ihr Sohn, der hl. Emebert oder Adelbert, ist wahrscheinlich identisch mit dem Bischof Hildebert von Cambrai-

Arras, der um 700 starb und in Maubeuge begraben liegt (Wimmer). Amalia war eine vorbildliche Mutter. Später traten die Ehegatten im gegenseitigen Einverständnis ins Kloster ein. Amalia überlebte ihren Mann. Sie führte ein strenges, entsagungsreiches Leben und übte viele Werke der Barmherzigkeit und Buße. „In ihrer letzten Stunde wurde ihr Antlitz mit einem wundervollen Freudenhauch überzogen, mit einem Lächeln auf den Lippen starb die Heilige um 690." Begraben ist sie in Lobbes, südlich von Brüssel. Reliquien der hl. Amalia werden in Bingen aufbewahrt.

Die Berichte über die heilige Jungfrau und Nonne Amalia sind legendär. Sicher ist nur, daß sie im 8. Jahrhundert lebte und in Münster-Bilsen bei Lüttich begraben wurde. Ihre Gebeine wurden im Jahre 870 nach Gent auf den Blandinenberg überführt. Im 16. Jahrhundert sind ihre Reliquien durch die Kalvinisten vernichtet worden.

Dargestellt wird sie als Klosterfrau mit Palme und Buch, mit Fischen und Wildgänsen, Brunnen im Hintergrund, mit Sieb, den Fuß auf einen gekrönten Mann setzend, weil sie der Legende zufolge die Hand des Karl Martell ausschlug.

Sie schützt vor Arm- und Schulterschmerzen, Quetschungen und Hagel; sie bewahrt die Feldfrüchte vor Schaden.

Diese hl. Amalia oder Amalberga stammte aus einem fränkischen Adelsgeschlecht und war verwandt mit König Pipin. Sie wurde um 740 in Rodin in Flandern geboren. Karl Martell (nach anderen Quellen Pipin oder sogar Karl der Große) wollte sie, wie die Legende berichtet, zu seiner Gemahlin machen, weil sie ungewöhnlich schön war. Da sie jedoch ewige Keuschheit gelobt hatte, entfloh sie und verbarg sich. Doch entdeckte sie der Fürst in ihrem Schlupfwinkel und riß sie mit einer solchen Leidenschaft an sich, daß er ihr dabei den Arm brach und die Schulter verrenkte. Auf wunderbare Weise wurde die hl. Jungfrau sogleich wieder geheilt; hieraus erklären sich auch ihre Patronate. Nun trat Amalia in das Benediktinerinnenkloster Münster-Bilsen ein, das von der hl. Landrada geleitet wurde. Viele Jahre führte Amalia ein Leben äußerster Strenge und Enthaltsamkeit. Von Jugend auf war sie mit der Gabe der Wunder begnadet, und es werden deren viele von ihr erzählt. Die Heilige starb um 772.

Legende

Die hl. Amalia soll einst Wasser in ein Sieb geschöpft und dieses Wasser, ohne daß sie einen Tropfen verlor, an einen Ort getragen haben, der berüchtigt war für seine Dürre und Trokkenheit. Hier habe sie das Wasser ausgeschüttet, und alsbald sei eine Quelle hervorgesprudelt, die man in einen Brunnen faßte. Ein andermal hat die Heilige durch ihre Fürbitte von Gott erlangt, daß eine Gegend, die alljährlich durch Wildgänse großen Schaden an Feldfrüchten litt, hinfort davon verschont blieb, weil die Wildgänse eine andere Flugrichtung einschlugen.

Nach ihrem Tode brachte man ihre Leiche auf ein Boot, dessen Ruder aber noch nicht befestigt waren. Sogleich versammelten sich große Fische um das Boot und trieben es mit Schwänzen und Flossen an, so daß es richtig an den Ort gelangte, wo sie begraben werden wollte.

Der heilige Knut

Knut oder Kanut IV. war König von Dänemark von 1080–1086. Geboren um 1040, war er ein natürlicher Sohn Suenos II., der ihn durch tüchtige Lehrer sowohl in der christlichen Religion wie in allen anderen Wissenschaften gründlich unterweisen ließ. Knut war fromm, furchtlos und reinen Herzens. Schon als Jüngling setzte er sich überall gegen das Unrecht ein und bekämpfte das Unwesen der Seeräuber. Wegen seiner Güte und Tapferkeit wurde er zum König gewählt. Zu dieser Zeit standen noch viele Dänen dem Christentum fern und huldigten rohen heidnischen Götzenkulten. Knut schien auserwählt, das Land für Christus zu gewinnen. Er schickte seine Missionare überall hin, um die milde Lehre Christi auszubreiten. Die Nachbarn, die mit räuberischen Überfällen sein Land immer wieder heimsuchten, überzog er mit Krieg. Er errang viele Siege über seine Feinde, denen er als einzige Sühne auferlegte, den Christenglauben anzunehmen. Nach dem Kampfe pflegte er sich in die Kirche zu begeben, wo er seine Krone zum Zeichen der Demut zu Füßen des Gekreuzigten niederlegte. Später machte Knut sie der Kirche in Roskilde zum Geschenk. Als er Ruhe im Lande hergestellt hatte, nahm er die Tochter des christlichen Grafen Robert von Flandern, Adelheit, zur Gemahlin. Seine Ehe wurde mit mehreren Kindern gesegnet, unter denen sich auch der nachmalige sel. Karl der Gute von Flandern befand. Knut suchte durch weise Gesetze die christliche Ordnung einzuführen, wobei er seinen Landeskindern mit seinem Hause durch gutes Beispiel voranging. Er selbst lebte wie ein Heiliger: strenges Fasten – unter seinem Königskleid trug er ein härenes Gewand –, inbrünstiges Gebet, Ehrfurcht gegenüber den Priestern, die ihm viele Vorrechte verdankten, waren selbstverständlich für ihn. Gegen die Kirche zeigte er sich äußerst freigebig, er ließ neue Gotteshäuser erbauen und schmückte sie mit königlicher Pracht. Während er um Religion, Priestertum und Kirche besorgt war, vernachlässigte er keineswegs die Regierungsgeschäfte. Er übte ein strenges aber gerechtes Regiment, beschützte Witwen und Waisen und bestrafte selbst die Großen seines Landes, wenn sie Unrecht begingen. So ließ er einen seiner Statthalter, der um seiner Verschwendung zu genügen, auf dem Meere Schiffe ausraubte, vor Gericht laden, verurteilen und an einem Baum aufknüpfen.

Diese Strenge machte die Mächtigen im Lande unzufrieden; unter ihnen befand sich des Königs Bruder, der die Herrschaft gern an sich gerissen hätte. Als König Knut von den bedrängten Engländern zu Hilfe gerufen wurde und den Entschluß faßte, einen Kriegszug nach England zu machen, nahmen die Aufrührer die besondere Steuer, die der König den Dänen auferlegte, zum Anlaß und wiegelten das Volk gegen ihn auf. Es empörte sich unter Führung zweier mächtiger Statthalter gegen seinen König. Kaum hatte Knut hiervon Kunde erhalten, ließ er seine Gattin mit ihren Kindern nach Flandern in Sicherheit bringen und sammelte die Getreuen seiner Untertanen um sich. Da die Abtrünnigen aber die Tapferkeit des Königs fürchteten, täuschten sie dem König arglistig vor, das Volk sei wieder einsichtig geworden, und der König glaubte ihnen. Als er sich in der Stadt Odense befand, wurde er von den Aufrührern umzingelt. Sie überfielen ihn in der St. Albanskirche, wo er gerade der Messe beiwohnte, und töteten ihn. Dies geschah am 10. Juli 1086.

Gott strafte die aufrührerischen Dänen mit einer furchtbaren Hungersnot, welche acht Jahre dauerte und schreckliche Opfer forderte. 1101 wurde Knut heilig gesprochen und vom Papst zum ersten Märtyrer Dänemarks erklärt. Sein Fest wird seit 1670 allgemein gefeiert. Dargestellt wird er als König mit Lanze und Pfeil.

Anstelle der Legende

Über den Tod des Heiligen gibt es einen schönen alten Bericht: Als der König sich von seinen Feinden umzingelt sah, begab er sich ruhig und gefaßt in die Kirche und hörte voll Andacht die heilige Messe. Dann bereitete er sich auf seinen Tod vor. Er warf sich vor dem Altare nieder, legte eine reumütige Beichte ab und empfing, nachdem er seinen Feinden feierlich verziehen hatte, in vollkommenster Ruhe die heiligen Sakramente, während seine Getreuen den eindringenden Feinden an den Kirchentüren zu widerstehen versuchten. Die Aufrührer erstiegen die Fenster und schleuderten von da aus Steine und Pfeile auf den König. Vor dem Altare kniend, wurde der hl. Knut von einem Wurfspieß durchbohrt, und von einem Pfeil tödlich getroffen starb der Heilige.

11. JULI

Der heilige Benedikt von Nursia

Benedictus heißt ‚der Gesegnete'. Wie wenige hat gerade Benedikt, der Abt und Vater des abendländischen Mönchtums, den göttlichen Segen erfahren. Freilich spielte sich diese Begnadung zunächst ganz in der Stille ab. Kein einziger seiner Zeitgenossen hielt seinen Namen in einem Dokument fest. Erst zwei Menschenalter später schrieb Gregor I. in seinen ‚Dialogen' über den hl. Benedikt; und dies ist außer der von Benedikt selbst verfaßten ‚Regel' die einzige Quelle über den großen Heiligen. Gregor hüllt seine Geschichte in lauter Wunder ein, deutet dagegen den Lebensgang des Heiligen nur skizzenhaft an.
Wir wissen, daß Benedikt um 480 geboren wurde, aus Nursia in den Sabinerbergen stammte, seine von ihm sehr geliebte Schwester Scholastika hieß, und daß seine Eltern, die zum römischen Landadel gehörten, den Jüngling nach Rom schickten, damit er dort die Rechtswissenschaften studiere. Benedikt brach aber seine Studien, kaum hatte er sie begonnen, wieder ab, denn das Leben der Weltstadt und die Verderbnis seiner Mitschüler ekelten ihn an. Enttäuscht flüchtete er zurück in die Einsamkeit der heimatlichen Berge. Zunächst hielt er sich in Enfide auf, wo er in einem Kreis von Priestern und Laien, die ein gottgefälliges Leben zu führen trachteten, trotz seiner Jugend bald großes Ansehen genoß. Dies mag der Grund gewesen sein, weshalb er auch diesen Ort binnen kurzem mied.
Auf der Suche nach einer Stätte, wo er – nach dem Beispiel der morgenländischen Wüsten-Einsiedler – ungestört mit Gott allein sein konnte, begegnete ihm im Aniotal, östlich von Rom, ein Mönch mit Namen Romanus. Dieser zeigte dem jungen Gottsucher eine unzugängliche Höhle. In sie ließ er sich hinab, um dort drei Jahre in strengster Weltabgeschiedenheit zuzubringen. Romanus ließ von Zeit zu Zeit an einem Seil Nahrung für den jungen Eremiten hinab. Dieser war in ein zottiges Fell gekleidet, so daß die Hirten ihn zuerst für ein wildes Tier hielten. Benedikt kämpfte hier einen ununterbrochenen Kampf mit sich selbst und Gott. Sinnliche Verlockungen suchten ihn heim. Als er einmal seine Höhle verlassen wollte, um diese Lust in der Welt zu finden, erblickte er, „von Gott erleuchtet, ein dichtes Nessel- und Dornengestrüpp, zog sein Gewand aus und warf sich nackend in die spitzigen Dornen, um die ersehnte Lust in Schmerz zu verwandeln". Auf diese Art gelang es ihm, seine Anfechtungen zu besiegen, und er wurde fortan nicht mehr gequält. Seit dieser Zeit empfing er die Hirten und Landleute und wurde ihr Ratgeber und geistlicher Lehrer. Der Ruf des jungen Eremiten

drang auch zu den Mönchen des Kloster Vicovaro, die ihn inständig baten, den Platz des Abtes, der gestorben war, einzunehmen. Nur ungern ließ Benedikt sich überreden. Schon einige Monate später sahen die Hirten ihn gesenkten Hauptes in seine Höhle zurückkehren. Die Insassen des Klosters waren den zerrütteten Zeitverhältnissen entsprechend an kein geregeltes Leben gewohnt, und die strenge Ordnung, die Benedikt bei ihnen einführen wollte, behagte ihnen nicht. Da hatten sie sich gegen seine straffe Leitung empört und ihn zu vergiften versucht.
Das schlimme Erlebnis ließ ihn erkennen, wie notwendig eine Neugestaltung des entarteten Mönchtums sei und wie es gelte, eine neue Form des mönchischen Lebens zu finden, die den Verhältnissen des Abendlandes entsprach. Auch seine eigenen Erfahrungen völliger Abgeschiedenheit vom Leben sowie das ärgerniserregende Treiben der vagabundierenden Mönche ließen ihn klar sehen, daß eine durch eine strenge Regel zusammengehaltene Gemeinschaft unentbehrlich für den wahren Mönch war. So entstand seine berühmte ‚Regula', die zum Gesetzbuch des abendländischen Mönchtums wurde und vom 9. bis 13. Jahrhundert in allen Klöstern fast ausschließliche Geltung hatte. Hierdurch wurde der hl. Benedikt zu einem Organisator des Klosterlebens überhaupt. Mit Recht gilt er als der Vater des abendländischen Mönchtums. Sein Wahlspruch lautete: „Ora et labora" (Bete und arbeite!). Diesem Gesetz hatten sich alle, die sich ihm anschließen wollten, bedingungslos zu unterwerfen. Wer dies nicht einsah, wurde gnadenlos entlassen. So entstand in der Einöde von Subiaco eine monastische Gemeinde von bald über hundert Brüdern, die in zwölf kleinen Klöstern lebten und in Benedikt ihren gemeinsamen Abt und Vater ehrten. Die ehrwürdige Stätte seines ersten Wirkens ist heute noch unter dem Namen ‚Sacro Speco' als Wallfahrtsort erster Ordnung bekannt.
Noch ein zweites Mal mußte der hl. Benedikt durch ein Wunder gerettet werden, denn der benachbarte Priester mit Namen Florentinus sandte, um ihn zu beseitigen, dem Heiligen ein vergiftetes Brot. Aber auch dieser Anschlag mißlang. Um sich nicht in unerquickliche Auseinandersetzungen einlassen zu müssen, räumte Benedikt kurzerhand den Platz und zog mit seinen Schülern im Jahre 529 nach dem Monte Cassino. Dort, auf dem steilen Berge zwischen Rom und Neapel, baute Benedikt über den Ruinen eines Apollotempels seinen Mönchen ein neues Kloster. Mit eigenen Händen und ohne fremde Hilfe errichteten sie ihre neue Heimstatt. Denn wirkliches Mönchsein hieß, von seiner eigenen Hände Arbeit leben. „Geht an die Arbeit und seid nicht traurig!" Mit der für seine Zeit neuen Geistigkeit senkte Benedikt jenen positiven Keim in die Klostersiedlung von Monte Cassino, der sie zu einem Neuanfang inmitten einer zu Ende gehenden Zeit machte. Benedikt hat wohl kaum voraussehen können, daß der Orden seiner schwarzen Mönche, der Benediktiner, für die ganze Kirchen- und Kulturgeschichte

des Abendlandes eine einzigartige Bedeutung haben sollte. Aber sein oft bezeugter prophetischer Geist hat ihn den Tag seines Todes voraussehen lassen. Als der Zeitpunkt heranrückte, ließ er furchtlos sein Grab richten. Benedikt starb nach einem erfüllten religiösen Leben in seinem Oratorium, stehend und von zwei Mitbrüdern gestützt, am 21. März 547. Ein Teil seiner Gebeine ruht heute noch in der wieder aufgebauten Klosterkirche von Monte Cassino. Seine Grabstätte allein widerstand der totalen Zerstörung des Klosters im Zweiten Weltkrieg. Andere Reliquien von ihm befinden sich seit 673 in der Abtei Fleury à Saint-Benoît-sur-Loire bei Orléans in Frankreich. Neben Monte Cassino begründete er die Klöster Subiaco und Terracino. Sein Fest besteht seit dem 9. Jahrhundert.
Darstellung des hl. Benedikt in der Kunst: in schwarzem Habit, daneben Becher mit Schlange, das Buch seiner Mönchsregel in Händen, mit Raben, der ein Brot im Schnabel trägt, mit feuriger Kugel, Kruzifix, oftmals zusammen mit der hl. Scholastika oder anderen Heiligen. Am 24. Oktober 1964 proklamierte Papst Paul VI. anläßlich der Kirchenweihe der wiedererstandenen Abtei Monte Cassino den hl. Benedikt zum Schutzpatron Europas.

Legende

Der hl. Gregor der Große hat uns aus dem Leben des hl. Benedikt viele kleine, aber inhaltlich bedeutsame Geschichten erzählt, die man größtenteiles in der ‚Goldenen Legende' findet. Wir können hier nur einige wenige davon wiedergeben. Der Florentiner Maler Spinello Aretino hat diese Begebenheiten aus dem Leben des hl. Benedikt in der Sakristei von S. Miniato in Florenz in Fresken festgehalten, andere malten sie in ‚Sacro Speco'.
Benedikt tat viele Zeichen und Wunder, seine Augen vermochten Dinge zu erkennen, die anderen verborgen blieben. So befand sich in einem seiner Klöster ein Mönch, der mochte nicht beim Gebete bleiben, und wenn die anderen beteten, ging er hinaus. Darüber beklagte sich der Abt bei Sankt Benedikt. Der kam und sah, wie ein schwarzes Kind den Mönch jedesmal am Saum seines Kleides mit sich zog, wenn er dem Gebete obliegen wollte. Da sprach Sankt Benedikt zu dem Abt und einem anderen Mönch: „Seht ihr nicht, wer diesen vom Gebete wegzieht?" Sie antworteten: „Nein." Da sprach Sankt Benedikt: „So wollen wir Gott bitten, daß ihr es auch seht." Und als sie gebetet hatten, sahen alle das schwarze Kind. Am andern Tage nach dem Gebet fand Sankt Benedikt den Mönch wieder draußen vor der Tür, da schlug er ihn um seiner Blindheit willen mit der Rute, und von da an blieb der Mönch ohne Hindernis bei seinem Gebet und der böse Geist war aus seinen Gedanken vertrieben, als wäre er selbst von einem Schlag der Rute getroffen worden.
Der Heilige besaß aus seinen Jahren als Einsiedler einige gezähmte Raben, die im Kloster lebten – es sind solche übrigens noch heute in Subiaco bei den Mönchen zu finden. Als der böse Priester Florentius nun dem Heiligen ein vergiftetes Brot sandte, empfing Benediktus es mit Dank. Doch gab er es seinem Raben, der aus seiner Hand zu fressen pflegte, und

sprach: „Im Namen Jesu Christi, nimm das Brot und trage es an einen Ort, wo es kein Mensch finden kann.“ Da sperrte der Rabe seinen Schnabel auf und breitete seine Flügel aus und fing an um das Brot herumzuhüpfen und zu krächzen, als könne er das Gebot nicht vollbringen. Aber der Heilige befahl es ihm zum zweiten und zum dritten Mal und sprach: „Sei ohne Furcht und trage es, wohin ich dir gesagt habe.“ Da nahm der Rabe das Brot in seinen Schnabel und trug es fort. Nach drei Tagen kehrte er zurück und nahm sein Futter aus Benedikts Hand, wie er es gewöhnt war.

Eines Tages wollten die Mönche beim Bau des neuen Klosters einen Stein von der Erde aufheben, aber das ließ sich auf keine Weise vollbringen. Es kamen ihnen eine große Schar Männer zu Hilfe, aber auch sie vermochten es nicht. Da kam der Heilige dazu und gab seinen Segen über den Stein: und siehe, sie konnten ihn nunmehr ganz leicht aufheben und wurden gewahr, daß der Teufel auf dem Stein gesessen hatte, so daß er sich vorher nicht heben ließ.

Als die Mönche für ihren Klosterbau schon eine ganz hohe Wand errichtet hatten, kam der Teufel und warf die Wand um und erschlug darunter einen jungen Mönch. Sankt Benedikt aber hieß das Mönchlein in einem Sack, tot und zerquetscht wie er war, vor sich tragen und erweckte das Kind mit seinem Gebet und sandte es wieder an die Arbeit.

An dem Tage, als Sankt Benedikt von dieser Welt schied, hatten zwei seiner Mönche das gleiche Gesicht: der eine sah es in seiner Zelle, der andere an einem Orte, der weit davon entfernt war. Beide sahen eine leuchtende Straße, die mit köstlichen Teppichen bedeckt und mit unzähligen Lichtern geschmückt war und von der Zelle des Heiligen empor zum Himmel führte. Auf der Straße sahen sie einen ehrwürdigen Greis mit klarem Angesicht, der sprach zu ihnen: „Wißt ihr, was die Straße ist, die ihr schaut?“ Sie antworteten, sie wüßten es nicht. Da sprach der Greis: „Dies ist die Straße, auf der der auserwählte Freund Gottes Sankt Benedikt in den Himmel auffahren soll.“

Die heiligen Sigisbert und Placidus

Zu den am meisten in der Schweiz verehrten Heiligen gehören der hl. Sigisbert und der hl. Placidus, deren Kult seit dem 10. Jahrhundert nachweisbar ist und 1905 von der Kirche neu bestätigt wurde. Gedenktag der beiden Heiligen ist der 11. Juli. Sie sind Patrone des Bündner Oberlandes. Der hl. Sigisbertus gilt als Stifter des Klosters in Disentis im 8. Jahrhundert. Von hier aus drang durch ihn und seine Schüler das Christentum in die Täler und Höhen von Graubünden. Er war nach der Überlieferung ein Schüler des hl. Columban (s. 23. November), in dessen Begleitung er über Gallien–Luxeuil – nach Bregenz am Bodensee kam. Columban schickte ihn als Missionar nach Uri, und Sigisbert gründete unweit Andermatt eine christliche Niederlassung. Nach einiger Zeit wagte er sich durch das obere Rheintal hinauf in die von Felsen und Wäldern umschlossene Wildnis von Disentis, wo er ein Kirchlein zu Ehren der Muttergottes und für sich daneben eine Zelle erbaute. So weit ins rauhe Gebirgsland war bisher keiner der christlichen Glaubensboten vorgedrungen. Einer der ersten, die sich von ihm bekehren ließen, war Placidus aus rätischem Geschlecht. Dieser nahm durch seine reichen Schenkungen an der Erweiterung und nachfolgenden Blüte des Klosters regen Anteil. Er starb den Martertod. Der hl. Sigisbert wirkte mit Eifer und gutem Erfolg als Abt bis 736, in welchem Jahre Gott ihn zu sich nahm. Er wurde neben seinem Gönner und Gefährten, dem hl. Placidus, in der Kirche des Klosters begraben. Dargestellt wird er als Abt mit Buch oder Kirchenmodell.

Zu erwähnen sei hier noch der Frankenkönig Sigibert, der als Volksheiliger und Wetterherr verehrt wird. Er war ein Sohn des Königs Dagobert I. und wurde am 1. Februar 656 zu Metz geboren. Seine Gebeine befinden sich in Nancy. Sein Fest ist am 1. Februar.

Der Name Placidus bedeutet ‚der Sanfte, Friedliche'. Es gibt zwei bekannte Heilige dieses Namens, nämlich einen Mönch und Schüler des hl. Benedikt, dessen Fest am 5. Oktober ist. Der andere Placidus war Genosse des hl. Abtes Sigisbert und Mitbegründer und Gönner des Klosters Disentis. Wahrscheinlich wollte er Mönch in dem genannten Kloster werden. Jedenfalls wurde er auf Befehl des Präses Viktor von Chur am 11. Juli 720 ermordet. Er wird als Märtyrer verehrt. Seine Reliquien wurden um 940 nach Zürich geflüchtet, wo sein Haupt bis zur Reformation bezeugt ist. Sie kamen dann wieder nach Disentis. Dort findet alljährlich eine berühmte Reliquienprozession zu Ehren der beiden Heiligen statt.

Der hl. Placidus wird dargestellt als Laie in engen Beinkleidern, mit Schwert und Palme.

Legende

Nach dem legendären Bericht über den Tod des Heiligen hatte Placidus nach seiner Bekehrung dem Kloster Disentis ein ungeheures Vermögen zugebracht. Graf Viktor von Chur, fränkischer Statthalter dortselbst, der durch mancherlei Ungerechtigkeit und sein wüstes Leben Ärgernis gab, versuchte dies zu verhindern und sich selbst in dessen Besitz zu bringen. Als nämlich Placidus auf Anordnung des Abtes Sigisbert sich zu dem Grafen nach Chur begab, um ihn wegen seiner Verfehlungen zur Rede zu stellen und ihn ernstlich zu ermahnen, befahl der Graf, angestachelt von seiner Konkubine, zweien seiner Dienstleute, den heiligen Mann auf dem Heimweg zu töten. Placidus empfing den Todesstreich. Jedoch angetrieben von großem Gehorsam gegen seinen Abt, wickelte er sein Haupt in ein auf dem Wege von einer Wäscherin erbetenes Leintuch und ging zurück nach Disentis. Er kam noch bis in die Zelle, dann sank er zusammen. Sein Leichnam wurde durch den hl. Sigisbert ehrenvoll in einem

Steinsarg beigesetzt. Den Tyrannen in Chur ereilte bald die verdiente Strafe. Er brach mit seinen Pferden auf der Rheinbrücke durch und ertrank.
Ein im Jahre 1786 aufgefundener Sarkophag, auf welchem die Marterszene des hl. Placidus dargestellt ist, kann als Beweis für die geschichtliche Grundlage dieser Legende gelten, deren Überschrift ‚Gehorsam bis in den Tod' lauten könnte.

Kaiser Heinrich II., der Heilige

Neben dem sel. ‚Bruder Heinrich', dessen Gedächtnis am 12. April ist, und dem sel. Heinrich Suso (s. dort) wird von der Kirche vor allem Kaiser Heinrich II., der Heilige, verehrt, der seine letzte Ruhestätte neben seiner Gemahlin, der hl. Kunigunde, im Bamberger Dom gefunden hat. Er wurde 1146 von Papst Eugen III. zur Ehre der Altäre erhoben, sein Fest wurde seit 1969 vom 15. auf den 13. Juli verlegt. Er ist Patron der Bistümer Bamberg und Basel.
Darstellung: mit Kaiserkrone und Szepter, Harnisch und Schwert, Kirchenmodell (Bamberg) oder Reichsapfel tragend, oftmals auch zusammen mit der hl. Kunigunde.
Die Lebensdaten Kaiser Heinrichs II. sind im allgemeinen so bekannt, daß wir sie hier nur kurz andeuten wollen. Geboren in Abbach bei Kelheim als Sohn des Herzogs von Bayern Heinrich dem Zänker und seiner Gemahlin Gisela, Tochter Herzog Konrads von Burgund. Er besuchte die Domschule in Hildesheim, wurde dann in Regensburg vom hl. Bischof Wolfgang (s. 31. Oktober) und dem Abt von St. Emmeram, Ramwold, beides Benediktiner, erzogen. 995 folgte er seinem Vater als Herzog von Bayern, wurde 1002 deutscher König, 1004 italienischer König und mit der eisernen Krone der Langobarden gekrönt. Vermählt war er mit der Tochter des Grafen Siegfried von Luxemburg, Kunigunde. Heinrich rettete Deutschland aus der Katastrophe, in die es am Ende der Regierung seines Vetters, Kaiser Otto III., geraten war. Er führte Kriege mit Polen, sorgte für den Landfrieden und die Wiederherstellung der Königsgewalt. 1007 stiftete er das Bistum Bamberg zur Missionierung der Slaven sowie viele andere Kirchen und Klöster. Auf seine Veranlassung wurden mehrere Synoden abgehalten, denen er persönlich beiwohnte.
Am 14. Februar 1014 wurde er mit seiner Gemahlin Kunigunde von Benedikt VIII.

in Rom feierlich zum Kaiser gekrönt und empfing vom Papst zum Zeichen seiner Herrschaft über die ganze Welt den goldenen Reichsapfel. Kaiser Heinrich starb am 13. Juli 1024 zu Grona bei Göttingen.

Wieso, so fragt man sich vielleicht, wurde eine Persönlichkeit, deren Leben nach außen hin gesehen ganz der Politik gehörte, unter die Heiligen aufgenommen? Hierauf gibt Gisbert Kranz eine so aufschlußreiche Antwort, daß wir unseren Ausführungen seine Gedanken zugrunde legen wollen, wie er sie in seinen ‚Politischen Heiligen' formuliert hat.

Heinrichs ganzes Wesen war geprägt von tiefer, echter Frömmigkeit. So ging er vor jedem Unternehmen nach Magdeburg und betete beim hl. Mauritius um einen glücklichen Erfolg. Auch ließ er für sich beten, ja, er richtete ganze Gebetsgemeinschaften ein, wobei sich alle Teilnehmer verpflichteten, beim Tode eines jeden der abgeschiedenen Seele durch Gebete und gute Werke zu Hilfe zu kommen. Er erfüllte seine religiösen Pflichten aufs gewissenhafteste, auch war er sehr vertraut mit der Heiligen Schrift. Man hat ihn den ‚Mönch auf dem Thron' genannt, indessen ist er nicht als halber Mönch, sondern als verheirateter Laie zum Heiligen geworden. Heinrich vertritt sozusagen die Millionen heiliger Laien, die nicht heiliggesprochen wurden, deren die Kirche aber am Allerheiligenfest in allgemeiner Weise gedenkt.

Er ist der heilige Kaiser schlechthin. Dem heiligen Amt entsprach ein heiliger Träger. Er regierte in dem Bewußtsein, Herrscher von Gottes Gnaden zu sein. Es war ihm immer klar, daß er die Last seines Amtes nur tragen konnte, wenn Christus, die Heiligen und die himmlischen Mächte ihn unterstützten. Um diese Gnade betete er, ihrer würdig zu sein war das Streben seines in höchster Verantwortung geführten Lebens. Diese Einstellung zeigt ein Evangeliar Kaiser Heinrichs im Domschatz zu Bamberg, worauf in der Mitte auf Goldgrund Christus auf dem Thron sitzt und mit der Rechten Heinrich und mit der Linken Kunigunde krönt. Heinrich wird vom hl. Petrus, Kunigunde vom hl. Paulus geleitet. Germania bietet dem Kaiser die Weltkugel, Roma den Reichsapfel, Gallia den Siegeskranz und die slavischen Stämme bringen in Schalen und Füllhörnern ihren Tribut. Ein Sinnbild des ‚Sacrum Imperium' und zugleich ein sehr persönliches Bekenntnis!

Heinrich war ein realistischer Politiker. Für ihn gilt die These ‚Politik ist die Kunst des Möglichen'. Er beschränkte sich stets auf das Erreichbare. Der Fürst regierte in dem Sinne des Auftrags, den er bei seiner liturgischen Königskrönung erhielt: Das Verödete wiederherzustellen, das Wiederhergestellte zu erhalten. „Die Willkür des übermächtigen Adels durch Gesetz und Recht zu steuern, der Unterdrückung des niederen Volkes zu wehren, das Königtum als schützende Macht

über alle und alles zu erhöhen: das ist der große politische Gedanke, der sich von seinem ersten bis zum letzten Regierungsjahre verfolgen läßt" (Giesebrecht).
Eine innige Gemeinschaft verband ihn mit seiner Gemahlin. Er mag unter seiner Kinderlosigkeit schwer gelitten haben, nahm sie aber hin als ein von Gott verfügtes Geschick. Seine Ehe hielt den schwersten Belastungen stand. Nichts vermochte das Kaiserpaar zu entzweien. Helfend und beratend stand Kunigunde allezeit an seiner Seite.
Heinrich hat nicht nur das Reich wiederhergestellt, sondern auch die Kirche. Er ist zu einem der bedeutendsten Reformatoren der Kirchengeschichte geworden, denn er schuf einen neuen Klerus, gab armen Bistümern reiche Männer zu Oberhirten, wodurch sie zu neuer Blüte kamen. Viele bedeutende Persönlichkeiten wirkten unter Heinrich an der Erneuerung der Kirche, darunter Gotthard von Hildesheim, Willigis, Meinwerk, Bruno von Querfurt, Bernward von Hildesheim, Heribert. „Nie früher oder später hat Deutschland eine solche Schar auserlesener Bischöfe besessen" (Haller). Die Geschichte zählt sie unter die geistigen Führer, das Volk bewahrt ihnen ein dankbares Andenken, die Kirche verehrt sie als Heilige. An dieser Tatsache hatte Heinrich den größten Anteil, seiner Initiative, seiner Menschenkenntnis, den rechten Mann an den rechten Platz zu stellen, seiner Schulung ist das zu danken. Eine bedeutsame Freundschaft verband den Kaiser mit dem hl. Odilo von Cluny (s. 5. Januar), mit dem er oft zusammentraf. Dieser gewaltige Reformator des Klosterlebens hatte großen Einfluß auf Heinrich, der seinen Rat gern befolgte. Ein sichtbares Zeichen dieses Verhältnisses zu Cluny setzte er, als er den goldenen Reichsapfel, den er vom Papst erhalten hatte, gerade Odilo schenkte. Neben den Bistümern führte Heinrich in Deutschland auch eine Reform der Klöster ein. Seine oft drastischen Maßnahmen entzogen den Konventen allzu reiche Pfründe, auch setzte er rücksichtslos neue Äbte ein und bekämpfte das oftmals recht bequeme und üppige Leben der Mönche. Das, was er den Klöstern nahm, gab er indessen der Kirche in anderer Form wiederum zurück. Seine größte Stiftung ist Bamberg; er setzte sie gegen manchen Protest durch, baute dortselbst den Dom, zu dessen Weihe Papst Benedikt VIII. eigens aus Rom kam, ferner die Stephanskirche und die Abtei Michelsberg. Auch das Basler Münster ist eine Stiftung Kaiser Heinrichs, er erneuerte das Bistum Merseburg, erhob die Abtei Bobbio zum Bistum und machte der Kirche noch viele andere namhafte Schenkungen. Bekanntlich förderte der Kaiser Kunst und Wissenschaft; so stattete er Bamberg mit einer reichen Bibliothek aus, für die er viele Bücher schreiben und mit königlicher Pracht ausschmücken ließ.
Der tiefste Beweggrund für all seine Gründungen geht aus den Worten des Kaisers hervor, die Thietmar von Merseburg uns überliefert hat: „Da mir keine Hoffnung auf leibliche Nachkommen mehr bleibt, habe ich für künftigen Lohn Chri-

stus zu meinem Erben erkoren. Ihm brachte ich meine beste Habe zum Opfer dar: mich selbst, meine Besitzungen und was ich noch je erwerben werde..."
Daß Kaiser Heinrich Zeit seines Lebens krank war – er wurde von schweren Koliken eines Stein- oder Magenleidens gequält und mußte alle Leistungen einem bresthaften Körper abringen –, zeugt von seiner großen sittlichen Kraft.
Was auch der Kaiser von anderen verlangte – und das war nicht wenig –, hat er stets zuerst von sich selbst verlangt. „Den Gehorsam, den er von anderen forderte, bewies er zuerst" (Giesebrecht). Gisbert Kranz kommt zu der Schlußfolgerung, daß Kaiser Heinrich II. durchaus zu Recht seinen Platz im Heiligenkalender einnimmt.

Legende

Auch um das Leben und die großen Taten dieses großen Herrschers und Politikers bildete sich die Legende. Daß Heinrich eine jungfräulich keusche Ehe mit Kunigunde geführt hat, ist historisch nicht erwiesen, die Legende aber erzählt es. Auch die Prüfung der Unschuld seiner Gattin durch die ‚Feuerprobe' (s. hl. Kunigunde, 3. März) ist legendär. Aus dieser seltsamen Geschichte, die in dem Argwohn Heinrichs sein menschliches Versagen beleuchtet – auch er kann in Versuchung fallen –, entstand wiederum eine andere Legende, die uns Jacobus de Voragine mitteilt:
Als der Kaiser gestorben war, fuhr eine große Schar von Teufeln an der Zelle eines Einsiedlers vorüber. Dieser tat sein Fensterlein auf und fragte den letzten von ihnen, wer sie seien. Er bekam die Antwort, sie wären Dämonen, die zum Sterben Kaiser Heinrichs eilten. Vielleicht fänden sie etwas für sich. Als sie wieder zurückkehrten, gestand der Teufel dem Einsiedler, daß sie leer ausgegangen seien bei der Sache. Er sagte: „Als die Sünden des Kaisers, vornehmlich der falsche Verdacht gegen seine Gemahlin, auf der einen Schale der Waage lagen und wir schon frohlocken wollten, kam dieser gebrannte Laurentius hinzu und tat auf die andere Waagschale einen schweren goldenen Krug, so daß sie sank und unsere Seite in die Höhe fuhr. Da brach ich in großem Zorn von dem Krug ein Ohr ab." Was aber der Teufel einen Krug nannte, war ein Kelch, den der Kaiser der Kirche von Eichstätt gestiftet hatte zu Ehren des hl. Laurentius, den er besonders verehrte. Nach dem Tode des Kaisers fand es sich, daß von den zwei Henkeln des Kelches der eine abgebrochen war.
Diese Geschichte hat Tilmann Riemenschneider auf einem der Reliefs am Grabe Kaiser Heinrichs im Bamberger Dom dargestellt. Man sieht darauf, wie der hl. Michael die Waage hält, deren linke Schale drei Teufel mit aller Gewalt herunterziehen wollen, doch wiegt der Henkelkelch, den Sankt Laurentius auf die rechte Schale legt, weit schwerer.

Der heilige Eugen *(Gedenken: 13. Juli)*

Am 13. Juli ist der Namenstag von denen, die Eugen heißen. Das heutige Fest gilt dem hl. Eugen, Bischof von Karthago, der sich dadurch auszeichnete, daß er trotz fortgesetzter Verfolgungen unerschütterlich seine Pflicht tat. Der Bischofsstuhl von Karthago war nach dem Tode des letzten Bischofs Deogratias lange Jahre hindurch unbesetzt geblieben, weil die Arianer eine Wahl verhindert hatten. Unter Geiserichs Sohn, Hunerich, wurde nun der hl. Eugenius, der sich allgemeiner Beliebtheit, selbst bei den Arianern, erfreute, zum Bischof gewählt. Er hatte dieses Amt von etwa 480 bis 505 inne. Es gelang ihm, viele Vandalen zu bekehren. Als Hunerich daraufhin ein Gesetz erließ, wodurch er den Eintritt in die katholische Kirche untersagte, Eugen sich hiergegen aber zur Wehr setzte, wurde er mit fünftausend Katholiken in die afrikanische Wüste verbannt. 484 berief man ihn zu einer Disputation mit den Arianern wieder nach Karthago. Hier überreichte er dem König Hunerich das katholische Glaubensbekenntnis, worauf er neuerdings verbannt wurde und alle übrigen Bischöfe mit ihm. Im Jahre 487 wurde er von dem Vandalenkönig Gunthamund zurückgerufen und übte weiter seine eifrige Missionstätigkeit aus. Auch tat er sich durch große Mildtätigkeit hervor, wodurch er dem Volke ein Beispiel christlicher Liebe gab. 498 schickte ihn der Nachfolger Gunthamunds, Thrasamund, abermals in die Verbannung. Eugenius begab sich nun in das Kloster Albi in Gallien. Dort starb er am 13. Juli 505.

Dargestellt wird der hl. Eugen als Bischof mit Hirtenstab und Schriftrolle, ferner auch mit Keule.

Unter den weiteren Heiligen mit dem Namen Eugen wäre zu nennen der hl. Eugen von Antiochien, ein Priester, der unter Kaiser Julian Apostata 363 gepeinigt wurde, dann nach Mauretanien, dem heutigen Marokko, verbannt, an der Nordküste Afrikas eine rege missionarische Tätigkeit entfaltete und dort starb. Sein Fest ist am 20. Dezember.

Dann gibt es den hl. Eugen II., Bischof von Toledo, der als Mönch und Archidiakon in Saragossa wirkte, 646 zum Erzbischof gewählt, sich durch Verbesserungen der Liturgiefeier auszeichnete, mehrere Schriften und Gedichte verfaßte. Sein Fest ist an seinem Todestag, dem 13. November (657). Er wird mit dem erzbischöflichen Pallium dargestellt und ist Patron der Müller.

Zuletzt möchten wir den sel. Papst Eugen III. erwähnen, der den Namen Bernard Pignatelli trug und aus Pisa stammte. Er war Zisterziensermönch und ein Schüler des hl. Bernhard von Clairvaux (s. 20. August). Er blieb auch als Papst der demütige Mönch, der er vorher gewesen war. Vor seiner Wahl zum Pontifex Maximus war er Abt von S. Anastasio bei Rom. Als Papst schrieb er den Zweiten Kreuzzug aus, reformierte Klerus und Klöster und starb am 8. Juli 1153 in Tivoli bei Rom. Er wurde 1872 seliggesprochen. Sein Gedenktag ist der 8. Juli. Darstellung mit zwei Vöglein.

Neben dem hl. Eugen wird heute das Gedächtnis des hl. KAMILLUS VON LELLIS gefeiert. Da sein Name häufig vorkommt und er zudem das wichtige Patronat der Kranken und Sterbenden und seit 1930 auch das der Krankenhäuser und Krankenpfleger inne hat, so sei hier auf ihn hingewiesen.
Kamillus von Lellis wurde 1550 in Mittelitalien geboren und war der Sohn eines im Dienste Kaiser Karl v. stehenden Offiziers. Er starb am 14. Juli 1614 in Rom und wurde 1746 kanonisiert. Die Bedeutung dieses Heiligen liegt zunächst darin, die kirchliche Erneuerung zum Ende des 16. Jahrhunderts im Bereich der Liebestätigkeit durchgesetzt zu haben. Seine Reform galt der Sorge um die Kranken; so reorganisierte er das Anstaltswesen, stellte die Männerpflege auf neue Grundlagen und bereitete den Einsatz der Barmherzigen Schwestern vor. Unter Führung durch den hl. Philippus Neri (s. 26. Mai) zur Heiligkeit herangereift, gründete er 1582–1584 eine religiöse Gemeinschaft von Krankenpflegern, aus der sich 1591 der Orden der Kamillianer ‚Regularkleriker vom Krankendienst', auch ‚Väter vom guten Tod' genannt, entwickelte. Es ist der einzige karitative Priesterorden der Kirche. Die Patres und Brüder arbeiten in mehreren hundert Niederlassungen, auch in den Missionsgebieten Ostasiens, Afrikas und Südamerikas. Neben der Krankenpflege und der Hilfe für Arme, Alte und Gefangene, steht vor allem die Krankenseelsorge im Vordergrund, worin der Heilige seiner Zeit weit vorauseilte.
Sein Grab befindet sich unter dem Hochaltar von S. Maddalena, der einzigen Rokokokirche Roms, seine Statue findet man in der Peterskirche im linken Seitenschiff. Dargestellt wird er als Ordensmann, Kranke pflegend, Kreuz auf der Brust; auch mit einem Engel, der ihm beisteht; Christus am Kreuze neigt sich zu ihm.

Der heilige Bonaventura *(Gedenktag: 15. Juli)*

Nach dem hl. Franziskus (s. 4. Oktober) ist der zum Kirchenlehrer ernannte hl. Bonaventura einer der größten Heiligen der Franziskaner. Sein Name bedeutet im Lateinischen ‚gute Zukunft', und er soll ihn von Franziskus selbst erhalten haben. Als nämlich seine Mutter Maria Ritelli das 1221 in Bagnoreggio bei Viterbo geborene kranke Knäblein voller Betrübnis zu dem ‚Poverello' trug und ihn bat, er möge Gott bitten, daß ihr Kind wieder gesund werde, da erbarmte sich Franziskus, erhob die Augen zum Himmel und betete. Alsbald war das Kind, das den Namen Johannes Fidanza trug, geheilt. Als der Heilige im Sterben lag, brachte die Frau den Knaben nochmals zu ihm, denn er hatte das Kind liebgewonnen. Da rief der hl. Franziskus aus: „O buono ventura!" Von da an nannte man den Knaben ‚Bonaventura'.

Seine fromme Mutter hatte ihren Sohn zum Dank Gott geweiht und für den Orden der Minderbrüder bestimmt. Sie gab ihm die entsprechende Erziehung. Mit 22 Jahren trat Bonaventura bei den Franziskanern ein, studierte Theologie in Paris und wurde zusammen mit dem hl. Thomas von Aquin zum Magister befördert. Mit 35 Jahren wählten die Franziskaner den jungen Gelehrten zu ihrem General. Bonaventura leitete die Geschicke des Ordens von 1257 bis 1273 und führte ihn in kluger Weise durch große Schwierigkeiten glücklich hindurch. Er vollendete die Verfassung und baute die Organisation des Ordens aus. Bonaventura hegte auch eine besondere Liebe zu Maria. Deshalb stellte er seinen Orden unter ihren besonderen Schutz. Ihr zu Ehren stiftete er eine Bruderschaft und gebot, daß in allen Franziskanerklöstern um sechs Uhr früh der Muttergottes zu Ehren der englische Gruß gebetet werde.

Trotz der Arbeitsfülle, die ihm aus seinem Amt erwuchs, setzte er seine schriftstellerische Tätigkeit fort. Papst Gregor x., zu dessen Wahl Bonaventura viel beigetragen hatte, ernannte ihn zum Kardinalbischof von Albano bei Rom. Der Papst betraute den warmherzigen, gelehrten Franziskaner mit der Vorbereitung sowie der Leitung des zweiten Konzils von Lyon. Dort verwirklichte Bonaventura u. a. eine neue Union der griechischen mit der katholischen Kirche, die jedoch in Byzanz keinen Widerhall fand. Der Schriftführer des Konzils von Lyon schloß seinen Bericht über den hl. Bonaventura mit den Worten: „Der Herr hatte ihm eine so bezaubernde Liebenswürdigkeit gegeben, daß jeder, der ihn sah, sofort im Herzen von Liebe ergriffen wurde." Der Heilige erlebte den Abschluß des Konzils nicht mehr. Er erkrankte und starb, nachdem er von Papst Gregor X. selbst die Letzte Ölung empfangen hatte, am 15. Juli 1274. Er wurde 1482 heiliggesprochen und sein Fest auf den 15. Juli festgesetzt.

Der hl. Bonaventura wird neben dem hl. Thomas von Aquin (s. dort), mit dem er eng befreundet war, als der größte Theologe der Scholastik bezeichnet. Es wurde ihm der Titel ‚Doctor seraphicus' verliehen als dem ‚glühenden, von heißer Liebe erfüllten Lehrer'. „Thomas ist der Lehrer der Schule, Bonaventura des praktischen Lebens; Thomas erleuchtet den Verstand, Bonaventura erwärmt das Herz; Thomas ist Analytiker, Bonaventura der treue Schüler des hl. Augustinus" (L. Lemmens). Sein riesenhaftes Werk ist die Summe katholischer Lehrweisheit. Leo XIII. nannte ihn ‚Fürst unter allen Mystikern'.

Darstellung des hl. Bonaventura: Als Franziskaner mit Kardinalshut neben sich. Mit Engel, der ihm die hl. Hostie reicht; mit Kruzifix. Er ist Patron der Arbeiter, Franziskaner, Kinder, Lastträger.

Der hl. Bonaventura erfreut sich in den Diözesen Bamberg und Freiburg besonderer Verehrung.

Legende

Die große Bescheidenheit und Demut des bedeutenden Franziskaners wird durch folgende Geschichte beleuchtet: Bonaventura wußte noch nichts davon, daß ihn Papst Gregor X. mit der Kardinalswürde ausgezeichnet hatte. Es waren nun zwei Gesandte ernannt worden, die ihm den Kardinalshut bringen sollten. Bonaventura aber befand sich gerade in der Klosterküche und war mit einer ganz gemeinen Arbeit, nämlich dem Abspülen des Geschirrs, beschäftigt, als die Gesandten erschienen, um ihn mit dem Hut zu schmücken. Er bat die Gesandten, den Hut so lange an einen Baum zu hängen, bis er mit seiner Arbeit fertig sei, dann erst nahm er den Hut und verließ das Kloster.

Bonaventura hielt sich immer für den verächtlichsten aller Sünder. Seine Liebe zu Jesus war unaussprechlich groß, dennoch getraute er sich oft nicht hinzuzutreten, um die hl. Kommunion zu empfangen, weil er glaubte, er sei dieser Gnade nicht würdig. Um seine Ängstlichkeit zu zerstreuen, tat Gott ein Wunder. Als er sich wiederum mehrere Tage der hl. Kommunion enthalten hatte und während der Messe in die Betrachtung der Leiden Jesu vertieft war, nahte sich ihm ein Engel und legte ihm einen Teil der Hostie, welche der Priester in der Hand hielt, auf die Zunge. Der Heilige war vor Wonne hierüber außer sich, und von diesem Tage an empfing er die hl. Kommunion öfter.

DIE HEILIGE REINELDIS (REINHILDIS)

Eine Tochter aus der heiligmäßigen Familie der hl. Amalberga (s. 9. Juli), deren Schwester die hl. Gudula (s. 10. Januar) war, ist die hl. Reineldis. Ihr Vater war der lothringische Herzog Witger. Beide Eltern entsagten, als ihre Kinder herangewachsen waren, ihren Besitzungen und Titeln und zogen sich in klösterliche Einsamkeit zurück. Aus dem Leben der hl. Reineldis ist nicht viel bekannt. Die meisten Nachrichten über sie sind legendär. Jedenfalls hat auch Reineldis ein Leben in Gott dem Leben in der Welt vorgezogen und trotz ihrer großen Schönheit auf alle irdischen Freuden verzichtet. Sie wurde wegen ihrer Zurückgezogenheit verspottet, kümmerte sich aber nicht darum. Wo sie konnte, half sie Armen und Bedürftigen. Schließlich versuchte sie in ihrem heiligen Gotteseifer in einem Benediktinerkloster aufgenommen zu werden, um nach der Regel des hl. Benedikt zu leben. Doch war Frauen der Eintritt in das Kloster verwehrt. Der Legende nach soll er ihr aber dennoch ermöglicht worden sein.
Reineldis machte dann eine Wallfahrt ins Heilige Land, wo sie viele Gefahren und große Mühen zu erdulden hatte. Schließlich begab sie sich wieder in ihre Heimat und erbaute in Saintes bei Hal (nach anderen bei Xanten) eine Zelle, in der sie als Einsiedlerin lebte. Als die Friesen in das Land einbrachen und alle Menschen flohen, blieb sie allein mit einem Priester und ihrem Diener zurück. Die Scharen der wilden Heiden überfielen sie in ihrer Kapelle, wo sie am Altare betend den Tod erwartete. So errang die hl. Reineldis die Märtyrerkrone. Das geschah um das Jahr 680. Ihr Reliquienschrein befindet sich in Hal.
Dargestellt wird sie, von ihren Verfolgern mit Schwertern niedergehauen. Sie ist Fürsprecherin bei eiternden und aufbrechenden Wunden.

Legende
Reineldis scheute keine Mühe, um ins Kloster aufgenommen zu werden. Drei Tage und drei Nächte harrte sie demütig vor der Pforte aus. In der dritten Nacht ging die Tür von selbst auf, und sie trat ein. Als die Mönche beim Klange der Glocken in der Frühe in die Kirche zogen, sahen sie zu ihrem Erstaunen die Jungfrau dort knien. Als man sie hinausweisen wollte, erzählte Reineldis, auf wie wunderbare Weise sie hineingekommen sei. Nun fügten sich die Mönche dem offensichtlichen Willen Gottes und unterwiesen sie im Geist und Wesen des mönchischen Lebens.

Der heilige Alexius

Die sehr seltsame und ausführliche Legende über das Leben des hl. Alexius hat ihren Vorläufer in der antiken Sage von Odysseus, der nach langen Irrfahrten heimgekehrt, inmitten seiner eigenen Familie unerkannt als Bettler lebte und den außer seinem Hund niemand erkannte. Genau so erging es dem ‚Gottesmann' aus Rom. Mag die Geschichte, wie einige annehmen, nichts anderes sein als ein ‚religiöser Roman', so liegen ihr doch recht tiefsinnige Wahrheiten zugrunde. Daß der Heilige nach langem Umherirren – auf Meeren und in Wüsten – Sieger über sich bleibt und innerlich gewandelt zurückkehrt, ist voller Bedeutung für das Leben eines Heiligen überhaupt. Der hl. Alexius war ein vom Volke sehr verehrter Asket, der als ‚Gottesmann' schlechthin bezeichnet wurde; er erhielt seinen Namen Alexius – Verteidiger, Helfer – durch eine spätere griechische Fassung seiner Lebensgeschichte. Sein Kult kam im 10. Jahrhundert vom Orient nach Rom, wo ihm zu Ehren über seinem Grabe eine Kirche, Sant'Alessio, gebaut wurde – leider um 1750 völlig barockisiert. In ihrem Inneren wird als Reliquie jene hölzerne Treppe gezeigt, unter der der Heilige im elterlichen Hause siebzehn Jahre bis zu seinem Tode unerkannt gelebt hat. Sein Fest ist seit 1697 im katholischen Meßbuch unter dem 17. Juli enthalten und wie folgt bezeichnet: „Fest des hl. Alexius, Bekenners, gestorben 417 (?) zu Rom." – Er ist Patron der Bettler, Pilger und Gürtelmacher.

Dargestellt wird er als Bettler unter einer Treppe liegend, während ein Diener oder eine Magd Wasser über ihn ausgießt.

Legende

Es lebten zu Rom zwei vornehme, ungemein reiche Eheleute, der Ratsherr Euphemianus und seine Gemahlin Aglaïs. Beide waren gottesfürchtige Christen. Alle Tage waren in ihrem Palaste drei Tische gedeckt, mit guten Speisen besetzt und die Armen zum Mahle geladen. Ihnen fehlte zu ihrem Glücke nichts als ein Kind, das Gott ihnen endlich auf ihr anhaltendes Bitten schenkte. Die Eltern wurden reich gesegnet in ihrem Sohne Alexius, denn er wuchs heran voller Unschuld und in heiliger Gottesfurcht, einem Engel gleich. Doch ließ ihn der Glanz seines Elternhauses gleichgültig, und als er zum Jüngling herangereift war, wollte er um Jesu willen arm werden und die Welt verlassen. Allein die Eltern drangen so lange mit Bitten in ihn, bis er sich mit einer vornehmen Römerin, Sabina mit Namen, vermählte. Die Hochzeit wurde mit großer Pracht gefeiert. In der Stille der Nacht aber ging Alexius in die

Kammer der Braut, zog seinen Ring vom Finger und seinen kostbaren Gürtel vom Leibe, gab ihr beides und sprach: „Nimm dies zum Andenken, und Gott sei zwischen dir und mir, so lange es ihm gefällt." Hierauf nahm er Reisegeld, floh heimlich aus dem Hause, ging zum Meere hinab und fand ein Schiff, das er bestieg und begab sich nach Edessa in Mesopotamien. Denn vor seinen Augen standen die Worte des Heilandes: „Wer Vater und Mutter mehr liebt als mich, ist meiner nicht wert" (Matth. 10, 27). Nun vertauschte er seine Kleider mit dem Gewand eines Bettlers, gab den Armen seine ganze Barschaft und mischte sich unter sie. Er setzte sich in den Vorhof einer Kirche und bettelte die Vorübergehenden an, benutzte davon aber nur das Allernotwendigste und schenkte das übrige an Notleidende und Kranke.

Währenddessen war große Trauer um ihn im Hause seiner Eltern. Der Vater sandte Diener aus durch alle Lande der Welt, die sollten seinen Sohn suchen. Die Boten aber kehrten nach Hause zurück, ohne daß sie eine Spur von ihm gefunden hatten, ja einige von ihnen hatten dem Alexius Almosen gegeben, ohne ihn zu erkennen. Da weinten seine Eltern und wollten sich gar nicht trösten lassen, und seine Braut zog Trauerkleider an und verbrachte ihre Tage wie eine Witwe.

Alexius aber führte siebzehn Jahre lang im Dienste Gottes seine harte Lebensweise. Da geschah es, daß der Sakristan der Kirche, in deren Vorhof Alexius saß, eines Tages von dem Muttergottesbild, das dort hing, deutlich eine Stimme vernahm, die sprach: „Führe Alexius, den treuen Diener Gottes, in die Kirche hinein, denn er ist würdig, in dem Heiligtume selbst zu wohnen." Da ging der Sakristan eiligst hin und holte Alexius in die Kirche. Nicht lange, da war die Geschichte überall bekannt, und man fing an, den armen Bettler Alexius hoch zu ehren. Alexius aber verachtete alle Ehren und entwich heimlich aus der Stadt Edessa und schiffte sich ein nach Tarsus in Cilicien. Doch fügte es Gott, daß das Schiff von widrigen Winden verschlagen und an das Gestade Italiens geworfen, unweit der Stadt Rom landete. Da faßte Alexius den wunderbaren Entschluß, im Hause seines Vaters als unbekannter armer Fremdling zu leben.

Als er auf den Marktplatz der Stadt gekommen war, sah er seinen Vater mit großem Gefolge vorübergehen, und er lief hinter ihm her und rief: „Edler Herr, laßt mich armen Fremdling in eurem Hause wohnen und essen von den Brosamen, die von eurem Tische fallen. Gott wird euch eure Barmherzigkeit lohnen." Kaum hatte Alexius dies gesagt, da gedachte Euphemianus seines Sohnes, und sein Herz war wundersam gerührt. Er hieß seine Diener, den Pilger in seinen Palast zu führen, ihm zu essen und zu trinken geben und eine Kammer zur Wohnung anweisen. Allein Alexius wählte sich einen engen und schlechten Verschlag unter der Treppe und nahm vorlieb mit der allerschlechtesten Kost. Bald hatten die Diener den Befehl ihres Herrn, den Fremden gut zu halten, vergessen, und sie spotteten des armen Narren, der sich mit Wachen und Fasten kasteite – ja manchmal gossen sie Spülwasser über seinen Kopf und warfen ihm Brocken hin wie einem Hunde und trieben ihren Mutwillen mit ihm. Er aber war geduldig, ertrug alles und sagte kein Wort hierüber zu Euphemianus, ja er freute sich um Christi willen Schmach zu leiden. Täglich sah er seinen lieben Vater und oft-

mals auch seine Mutter und seine Braut und hörte ihre Klagen um ihn. Das zerriß ihm das Herz, allein er blieb fest bei seinem Entschluß, unerkannt zu bleiben bis zu seinem Tode. Alexius verharrte so siebzehn Jahre, verachtet unter seiner Treppe lebend als demütiger Bettler, der sich selbst ganz aufgegeben hat, um Christus zu gewinnen. Als er aber das Ende seines Lebens nahen fühlte, ließ er sich Pergament und Tinte geben und schrieb darauf, wer er war.

Nun geschah es, daß an einem Sonntage nach der hl. Messe, als alle in der Kirche des hl. Petrus versammelt waren, der Papst und der Kaiser und der Ratsherr Euphemianus, eine Stimme vom Himmel rief: „Kommt her zu mir alle, die ihr mühselig und beladen seid, ich will euch erquicken." Da fielen sie erschrocken auf die Knie nieder und siehe, die Stimme sprach zum anderen Male: „Suchet den Menschen Gottes und ehrt ihn, damit er bitte für die Stadt Rom." Und weiter: „Suchet ihn im Hause des Euphemianus!" Als man diesen daraufhin befragte, sagte er, daß er von keinem Heiligen in seinem Hause wisse. Da lief einer seiner Diener hinzu und sprach: „Herr, vielleicht ist der arme Bettler unter der Stiege gemeint, denn er führt ein gar geduldiges und frommes Leben." Und als sie hingingen, um nachzusehen, da fanden sie staunend den Bettler tot liegen auf seinem ärmlichen Strohlager, und sein Antlitz leuchtete wie von himmlischem Glanze und in seiner Hand hielt er einen Brief. Aber als Euphemianus ihn nehmen wollte, ließ der Tote ihn nicht los. Nun ließ der Ratsherr dem Papst und dem Kaiser Kunde geben, und alsbald kamen sie und mit ihnen eine Menge Volks. Die Leiche des Pilgers aber wurde auf ein schönes Bett gelegt, und der Papst trat hinzu und griff nach dem Brief und siehe, er konnte ihn ohne Widerstand nehmen. Nun ließ er ihn vorlesen vor allem Volke. Als Euphemianus vernahm, daß der arme Bettler niemand anderer war als sein Sohn, da fiel er in großem Schmerze ohnmächtig zu Boden. Und unter einem Strom von Tränen liefen seine Mutter und seine Braut herbei und warfen sich klagend über den Leichnam. Aber die Diener, die den Heiligen mißhandelt und gequält hatten, zitterten in Angst und Reue.

Indessen hatte sich die Nachricht von den wunderbaren Geschehnissen rasch verbreitet. Man eilte zu der Bahre des Heiligen, und sogleich ereigneten sich viele Wunder. Wenn ein Kranker den Leichnam anrührte, wurde er gesund, die Blinden wurden sehend, die Lahmen gehend und die Besessenen erlöst. Ungeheuer war das Gedränge, und man trug die Bahre mit dem Leichnam des Alexius in die Kirche von Sankt Bonifatius, dem Märtyrer. Dort blieb er sieben Tage ausgestellt, und alle verharrten im Lobe Gottes. Dann wurde er in ein schönes Grab aus Marmor, Gold und Edelstein gelegt mit großen Ehren. Von dem Grabe aber ging ein so süßer Duft aus, daß man vermeinte, es wäre voll von köstlicher Spezerei.

Die selige Irmgard von Chiemsee *(Gedenken: 16. Juli)*

Der Todestag der sel. Irmengard oder Irmgard von Chiemsee ist in den Totenbüchern von St. Gallen und Weingarten verzeichnet und fällt auf den 16. Juli 866. Im Nekrolog von St. Gallen heißt es „XVIII. Kl. Augusti – Irmengard, die Tochter König Ludwigs und Klosterfrau ist gestorben"; in dem von Weingarten: „Irmengard, die Schwester des Königs Karl ist gestorben."
Diese Irmengard darf nicht verwechselt werden mit einer anderen Heiligen des gleichen Namens, nämlich Irmgard von Köln (oder von Süchteln), deren Fest der 4. September ist und die vornehmlich im Rheinland verehrt wird (s. dort).
Die sel. Irmgard von Chiemsee fand ihre Ruhestätte im alten Münster der Insel Frauenwörth im Chiemsee. Sie leitete als Äbtissin das Benediktinerinnenkloster, das Herzog Tassilo III. von Bayern 770 gegründet hatte und das bis auf den heutigen Tag besteht. Über tausend Jahre schon genießt sie die Verehrung der Gläubigen, die auch heute noch Jahr für Jahr diese Gnadenstätte aufsuchen. Viele Votiv- und Dankestafeln rund um ihr Grab bezeugen die Hilfe in mancherlei Nöten, die der Fürbitte der Seligen zugeschrieben wird.
Irmgard war die Tochter König Ludwigs des Deutschen und der hl. Hemma (erwähnt am 19. April), deren Leib in Regensburg ruht. Auch ihre Schwestern Hildegard, Gisla und Berta nahmen den Schleier. Berta vollendete den unter Hildegard begonnenen Bau des Züricher Frauenmünsters. Sie wird ebenfalls vom Volk als Heilige verehrt. Irmengard wird in der Familienchronik der Karolinger nur kurz erwähnt. Ihr Geburtsjahr ist nicht bekannt, wahrscheinlich liegt es um 833. Auch über ihre Kindheit berichtet die Geschichte nichts. Als Königstochter wurde sie in allem erzogen, was zur Bildung einer Frau von fürstlichem Rang in damaliger Zeit gehörte. Wann Irmgard den Schleier nahm und nach Frauenwörth kam, steht nicht fest, weil mehrere Brände die Urkunden des Klosters auf der Fraueninsel vernichteten. Daß sie von ihrem Vater, dem König, das Kloster am Federsee in Schwaben als Kommende erhielt, bezeugt eine Urkunde vom 28. April 857. Eine über tausend Jahre alte Überlieferung jedoch besagt, daß Irmengard wie eine Heilige lebte, daß die Nonnen des Klosters Frauenwörth sie zu ihrer Mutter wählten und daß sie mit 32 oder 33 Jahren eines seligen Todes starb. Diese wenigen Daten ihres Lebens sind auf einer alten Holztafel verzeichnet. Sehr anmutig dagegen ist das Leben der Seligen in einem handschriftlichen Gebetbuch aus dem Jahre 1711, dem sogenannten ‚Kränzlein' geschildert, das sich in der Klosterbibliothek befindet. Da heißt es: „... das Himmelreich ist gleich zehn Jungfrauen, die ihre Lampen nahmen und dem Bräutigam entgegengingen; und als der Bräutigam kam, gingen sie mit ihm ein zur Hochzeit. Unter diesen seligen Jungfrauen bist auch du eine gewesen, du heilige und königliche Jungfrau Irmengard. Du

hast die brennende Lampe des wahren Glaubens und der göttlichen Liebe in deinem Herzen getragen und bist deinem auserwählten Bräutigam in blühender Jugend entgegengegangen. Durch besondere Gnade Gottes bist du aus der schnöden Welt gerufen worden, fort von deinem königlichen Stamm, von deinen lieben Eltern, deinem Herrn Vater Ludwig, dem König im Frankenreich, dessen liebste Tochter du warst, auch von allen deinen Freunden, Bekannten und einem lieben Vaterland bist du um der Liebe Gottes willen gern geschieden. Viel Perlen und Edelsteine, Silber und Gold, Freuden und Ergötzungen hast du freiwillig verlassen und dir das ewige Leben erkauft. Aus fernem Lande bist du in dies rauhe Gebirge gekommen. Zweifelsohne hättest du auch in deinem Vaterlande einen Ort für deinen geistlichen Stand gefunden. Aber es war der göttliche Wille, daß du zu uns in unser liebes Gotteshaus hast kommen müssen ... Du peinigtest deinen zarten Leib mit härenen Kleidern, mit Fasten, Wachen und viel Arbeit in geistigen und zeitlichen Gütern. Du wurdest zu unserer getreuen geistlichen Mutter und Äbtissin erwählt. Dies Kloster hast du sehr wohl regiert, mit Ehre und Habe begabt, so daß du mit Recht für unsere fromme und getreue Stifterin gehalten werden kannst ... O du getreue Dienerin, alle Gnaden und Gaben hast du wohl angelegt und viele andere damit gewonnen ... So hat dich dein Bräutigam nicht vergessen, sondern dich mit Gaben und Gnaden bereichert im Leben und im Sterben."

Die heilige Irmengard wird öffentlich seit 1004 als Selige anerkannt. Das geschah folgendermaßen. In dem Frauenwörth benachbarten Kloster Seeon lebte zu dieser Zeit der berühmte Abt Gerhard, ein hochgebildeter Mann, des Griechischen kundig und als Schriftsteller tätig. Er hatte von den Wundern gehört, die sich in Frauenchiemsee nach dem Tode der seligen Äbtissin Irmengard zugetragen hatten. Er ließ ihren Leib erheben und in einem Marmorsarg beisetzen. Der Abt gab dem Grab ein von ihm selbst geschriebenes (Gerhardus abbas fecit) Bleitäfelchen bei, das älteste Zeugnis der Irmengard-Verehrung. Heute befindet sich das Täfelchen in München im Nationalmuseum. Zu deutsch lautet der Text, mit dem es beschrieben ist: „Hier im Grabe ruht Irmengard Ludwigs Tochter; Selige Jungfrau, Höchstem König geweiht, trachtend verborgen zu sein in der Hut der Mutter Äbtissin, später jedoch selber vorstehend viele Jahre ... am 16. Juli zog sie den Menschen aus."

Eine zweite Grabesöffnung und Übertragung fand 1631 unter der Äbtissin Magdalena Haidenbucher statt. Hierbei wurden die Gebeine in einen neuen kleinen Zinnsarg übertragen und in der Apostelkapelle beigesetzt. Da die Heilige aber um das Jahr 1640 einigen der Nonnen erschien und ihnen bedeutete, daß man sie in ein „trockenes" Grab legen solle, wurden die Gebeine am 28. August 1641 wieder in das alte Grab gebracht; denn sie hatten tatsächlich im Wasser gelegen und das Grundwasser konnte nicht abgeleitet werden. 1922 wurde das Grab anläßlich des

römischen Prozesses der offiziellen Seligsprechung nochmals geöffnet, die Papst Pius XI. 1928 vollzog.
Seitdem ruhen die Reliquien der Seligen in der Irmengardkapelle unter der Altarmensa. Ihr Haupt ist in einem kostbaren Reliquiar zur Verehrung der Gläubigen ausgestellt.

Die heilige Hilfe oder Kümmernis (Wilgefortis) *(Gedenken: 20. Juli)*

Wie bei der hl. Sophia (s. 15. Mai) handelt es sich bei der hl. Kümmernis oder Wilgefortis, auch Liberata genannt, um eine sinnbildliche Heiligengestalt, deren Legende sich im ausgehenden Mittelalter gebildet hat. Hier zeigt sich, wie Willy Andreas schreibt, „daß sich leicht auch die sonderbarsten Mißverständnisse in das Walten der Volksphantasie einschleichen konnten". In Norddeutschland kannte man die hl. Wilgefortis, wie sie im römischen Martyrologium seit 1506 hieß, unter dem Namen ‚Sankt Hulpe' – die heilige Hilfe –, in den Niederlanden als ‚Sankt Ontkommer', d. h. die vom Kummer befreiende oder aus dem Kummer heraushelfende Jungfrau. Sie hat die Gestalt einer bärtigen, mit langem Gewand bekleideten, gekrönten Jungfrau am Kreuz und wird als Volksheilige namentlich in Tirol, aber auch an anderen Orten Süd- und Mitteldeutschlands, in Schlesien und am Niederrhein verehrt.
Wie man heute weiß, geht ihre merkwürdige Darstellung auf umgedeutete und mißverstandene Nachbildungen jener älteren Kruzifixe zurück, auf denen Christus nicht als bartloser wundenbedeckter Schmerzensmann, nur mit dem Lendentuch angetan, sondern als lang und kostbar bekleideter gekrönter Himmelskönig mit Bart erscheint. Das berühmteste unter ihnen ist das riesige, in ein langes Kleid gehüllte Schnitzbild des ‚Volto Santo' im Dome von Lucca. So wurde aus dem triumphierenden, noch byzantinisch aufgefaßten Salvator am Kreuz in der unverstandenen Übertragung eine bärtige Jungfrau. Das Bildnis der neuen Heiligen findet sich u. a. auf der festlichen Ordenstracht der Ritter vom Goldenen Vlies. Eine in Holz geschnitzte Figur der hl. Kümmernis kann man in einer Kapelle auf der Ilkahöhe über dem Starnberger See sehen.

Legende

Das Volk erzählt sich von der hl. Wilgefortis oder Kümmernis folgende Geschichte: Sie sei eines heidnischen Königs Tochter gewesen. Weil sie sehr schön und weise war, hielten viele vornehme heidnische Männer um ihre Hand an. Die Jungfrau aber wies alle ab, denn sie hatte Gott lieb und sich Christus als Bräutigam auserwählt. Darüber erzürnte ihr Vater sehr und ließ sie in ein Gefängnis einsperren. Die Jungfrau rief nun Gott aufs innigste an, er möge ihr zu Hilfe kommen. Und sie begehrte von ihm, daß er sie verwandeln möchte und ihr eine solche Gestalt geben, daß sie keinem Manne mehr auf Erden gefiele. Gott erhörte die Bitte der Jungfrau und machte sie sich gleich und gab ihr einen Bart und ein langes Kleid. Als ihr Vater sie so erblickte, da erschrak er und fragte, wer sie so verwandelt habe. Da sagte Wilgefortis, daß es der Gemahl gewesen sei, den sie sich auserwählt habe und daß sie keinen anderen haben wolle als den gekreuzigten Gott. Da wurde ihr Vater sehr böse und sprach: „So sollst du deinem Auserwählten auch darin gleichen, daß du wie er am Kreuze sterben mußt." Die Jungfrau aber fügte sich willig darein und starb am Kreuz.

Die heilige Margareta (Marina)

Die hl. Margareta von Antiochia, Jungfrau und Märtyrin, ist eine der mächtigsten Fürbitterinnen unter der Gruppe der ‚Vierzehn Nothelfer'. Als Drachenbekämpferin ist sie mit dem hl. Georg, dessen Schicksal nach einigen Quellen mit dem ihren sogar verknüpft gewesen sein soll, eine der beliebtesten und ältesten Heiligengestalten. Historische Akten über ihr Leben sind nicht mehr vorhanden, ihr Martyrium wird in die Zeit der Verfolgungen unter Diokletian angenommen, ihr Todesjahr mit 307 angegeben. Im Martyrologium Romanum steht ihr Name unter dem 20. Juli. Einige sehen in ihr jene Königstochter, die der hl. Georg in seinem Kampfe mit dem Drachen befreit hat. Sicherlich ist hierbei bedeutsam, daß es Margareta nicht erspart blieb, selbst einen Drachen zu besiegen. Das Gedächtnis ihres Festes ist in der abendländischen Kirche seit dem 12. Jahrhundert am 20. Juli verzeichnet, in der griechischen, wo sie Marina genannt wird, seit alters her am 13. Juli. Viele andere heilige und selige Frauen tragen ihren Namen, darunter Margareta von Cortona, Margarita von Schottland, Margareta Maria Alacoque.

Die hl. Margareta wird immer mit dem Drachen dargestellt, den sie mit Kreuzstab oder Kruzifix besiegt; er bedeutet den Teufel und liegt zu ihren Füßen. Manche Darstellungen zeigen sie reich gekleidet als Königstochter mit Perlendiadem – dem Zeichen der Reinheit aufgrund ihres Namens –, ferner mit Fackel und Kamm – ihren Marterwerkzeugen –, auch mit Engel, der ihr Palme und Siegeskrone reicht; zusammen mit den hll. Barbara und Katharina als die sogenannten ‚heiligen drei Madl'. Margareta ist Patronin des Nährstandes, weil ihr Fest ein wichtiger Merk-

tag für die Bauern war, der Jungfrauen, vor allem auch der Gebärenden, und für glückliche Entbindung, gegen Unfruchtbarkeit. Sie wurde in die Nothelfergruppe aufgenommen, weil sie unmittelbar vor ihrem Martertod Gott gebeten hatte, allen Müttern, die sich in ihrer schweren Stunde an sie um Fürbitte wendeten, zu helfen. Reliquien der Heiligen befinden sich in Montefiascone bei Bolsena nördlich von Rom. Hier ist ihr der Dom geweiht, den Michele Sanmicheli in dem einzigartig gelegenen Bergort 1519 errichtete. Montefiascone hat in der Stauferzeit eine große Rolle gespielt.
Es gibt kaum einen großen Künstler, den die Darstellung dieser heldenhaften Jungfrau nicht angeregt hätte, darunter Raffael, Palma, Tizian, Lucas Cranach, Guercino, Le Suer, Poussin u. a.

Legende

Margareta bedeutet ‚Perle'. Sie war die Tochter eines heidnischen Priesters in Antiochia. Nach dem frühen Tode ihrer Mutter übernahm eine Amme die Obhut über das Mädchen und erzog es heimlich im Christenglauben. Als Margareta zur Jungfrau herangewachsen war, bekannte sie ihrem Vater, daß sie Christin sei. Dieser überschüttete sie mit Vorwürfen, vermochte aber weder mit Bitten noch mit Drohungen, ihren Sinn zu ändern. Da schickte er sie zur Strafe in die Verbannung.
Hier hütete Margareta die Schafe. Da geschah es, daß der Präfekt Olybrius vorbeiritt, und als er die schöne Jungfrau erblickte, in Liebe zu ihr entbrannte. Er sprach zu seinen Knechten: „Gehet und holt mir die Jungfrau; ist sie von edler Geburt, so will ich sie zur Ehe nehmen, ist sie eine Magd, so soll sie meine Beischläferin sein." Also wurde Margareta vor ihn gebracht, und er fragte sie nach ihrem Namen und ihrer Herkunft. Sie antwortete ihm, daß sie Margareta heiße, aus einem edlen Geschlecht stamme und Christin sei. Da drang Olybrius in sie, sie solle ihren Christenglauben abschwören. Margareta aber antwortete ihm fest, daß sie an die Erlösung durch den lebendigen Sohn Gottes glaube und niemals davon ablassen werde. Als Olybrius sich mit seiner Werbung abgewiesen sah, wurde er wütend und befahl, sie ins Gefängnis zu werfen. Andern Tags ließ er sie vor die Götzen führen und versuchte sie zum Opfer zu zwingen. Sie aber weigerte sich standhaft. Da ließ er sie aufs grausamste foltern. Sie wurde mit Ruten geschlagen, und man riß ihr mit eisernen Kämmen das Fleisch vom Leibe. Alle, die dabeistanden, weinten, daß eine so wundersame Schönheit so gräßlich zerstört wurde. Aber Margareta erlitt alle Qualen des Leidens ohne Wanken. Wieder in den Kerker geworfen, wartete ihrer ein noch härterer Kampf. Auch die Heiligen sind Menschen; in der Dunkelheit des Kerkers mag sie von Angst und Schmerzen gepeinigt gewesen sein und Schwäche nach ihrem Herzen gegriffen haben. Da erschien vor ihr ein greulicher Drache und wollte sich auf sie stürzen, um sie zu verschlingen. Allein Margareta rüstete sich beherzt zum neuen Kampf. Schließlich schlug sie mit letzter Kraft das Kreuzzeichen über das Untier. Dann packte sie es mutig und warf es zur Erde nieder und setzte

den Fuß auf seinen Scheitel. Der Teufel in der Gestalt des Drachen aber schrie laut: „Weh mir, nun bin ich von einer schwachen Jungfrau überwunden worden" – und verschwand alsbald. Und mit einem Mal wurde ihr Gefängnis von einem wunderbaren Licht durchstrahlt, das gab ihr himmlische Kraft und sie war gestrost.

Als sie am nächsten Tage dem Präfekten wieder vorgeführt wurde, sah dieser sie zu seiner größten Verwunderung heil an Leib und Seele vor sich stehen, schöner und blühender denn zuvor. Er forderte sie wieder auf zu opfern. Sie aber entgegnete ihm ernst, daß sie niemals tote Götzen anbeten würde. Da befahl er in seinem großen Haß, glühende Fackeln herbeizubringen und sie damit zu brennen, hernach aber zur größeren Pein in ein Faß mit kaltem Wasser zu werfen. Alle, die dabei waren, staunten, daß eine so zarte Jungfrau so große Qualen aushielt. Aber plötzlich erbebte die Erde, und die Jungfrau stieg unversehrt aus dem Fasse hervor. Als das Volk dies Wunder sah, lobten viele den Christengott und bekehrten sich; – sie wurden aber alle um Christi Namen willen enthauptet. Der Richter fürchtete, es würden sich ihrer noch mehr zu Christus bekennen. Da ließ er Margareta schnell auf den Richtplatz führen, damit sie durch das Schwert getötet werde. Hier bat Margareta, die große Märtyrin, um eine kurze Frist. Sie kniete nieder und betete für ihre Verfolger und für diejenigen, die ihr Gedächtnis feiern würden und ihren Namen in ihren Nöten anrufen. Dann bot sie dem Henker mutig ihren Nacken dar.

Er schlug ihr mit einem Streiche das Haupt ab, und sie empfing die Märtyrerkrone.

Über ihrem Grabe wurde später zu Antiochia eine Kirche erbaut, und durch die Kreuzfahrer wurde ihr glorreicher Name auch im Abendlande bekannt. Viele, die ihren Namen anriefen, haben große Hilfe erfahren.

Die heiligen Praxedis und Pudentiana

Seit dem 9. Jahrhundert feiert die Kirche am 21. Juli das Gedächtnis der hl. Praxedis. Ihre Schwester, die hl. Pudentiana, hat ein eigenes Fest am 19. Mai. Wir wollen sie aber hier zusammen nennen. Sie werden auch meistens zusammen dargestellt. Die beiden hl. Jungfrauen sind Töchter des römischen Senators Pudens gewesen.

Wo in Rom die Kirche S. Prassede und ganz in ihrer Nähe die der hl. Pudentiana geweihte Kirche stehen, dehnte sich zur Zeit der Antike über den ganzen Hügel des Esquilin eine große und reiche Villa mit ihren Gärten aus, deren Herr der Vater der beiden hll.

Schwestern war. In der Kirche S. Prassede findet man noch eine greifbare Spur der Heiligen, nämlich eine kreisrunde Platte aus rotem Marmor, die in den Fußboden eingelassen ist und einen Brunnen verschließt. Man erzählt sich, daß die Familie des Pudens dem Christentum ergeben war. In seinem Hause habe der hl. Petrus seine erste römische Heimstatt gefunden und in den Jahren 43–50 dort oft als Gast geweilt. Die Legende erzählt weiter, daß die hl. Praxedis und ihre Schwester die Leiber der christlichen Märtyrer, die sie aus den Arenen und den kaiserlichen Gärten zu bergen wußten, in dem Brunnen ihres Vaterhauses verborgen haben, bis sie bestattet werden konnten. Man muß sich also unter diesen frommen Mädchen den Typ jener Römerinnen vorstellen, „deren starkmütiger Charakter" – wie Reinhard Raffalt schreibt, „im Augenblick der Gefahr zu heroischer Furchtlosigkeit aufsteigt". Vom Hause des hl. Pudens aus haben nach Petri Tod dessen Nachfolger die Römische Kirche regiert, bis ihnen Kaiser Konstantin den Lateran schenkte. Es ist gewiß ein schönes Zeichen späterer Geschlechter, daß man den beiden kühnen Schwestern ihre Heiligtümer auf dem Boden ihres Elternhauses errichtet hat.

Die Kirche S. Prassede ist eine Gründung des bedeutenden und energiegeladenen Papstes Paschalis I. (817–824). Hierhin ließ er feierlich die zahllosen Reliquien all jener Heiligen und Märtyrer übertragen, die er in den Katakomben hatte sammeln lassen. Eine Inschrift in der Kirche nennt ihre Namen; viele von ihnen aber sind namenlos, denn, so heißt es in der Inschrift: „Gott allein kennt ihre Namen". Am Tag ‚ihrer Geburt', das heißt ihrem Todestage bzw. dem Tage ihres Martyriums, werden hier zu Ehren der Heiligen feierliche Messen gelesen. Die Reliquien wurden in der Krypta beigesetzt, in deren Confessio auch die hl. Schwestern Praxedis und Pudentiana in antiken Sarkophagen ihre Ruhestätten fanden.

Siebenhundert Jahre später erhielt der hl. Carlo Borromeo (s. 4. November), einer der größten Heiligen der Neuzeit, S. Prassede als Titelkirche.

Die hll. Praxedis und Pudentiana werden dargestellt: das Blut der Märtyrer auffangend oder solche bestattend, daher mit Schwamm und Gefäß; auch mit Kronen oder Kränzen oder diese Christus darbringend. Die hl. Pudentiana wird auch mitunter sinnbildlich als ‚kluge Jungfrau' abgebildet mit dem Ölkrüglein der Barmherzigkeit in der Hand.

Auf dem Apsismosaik von S. Prassede sieht man, wie Praxedis und Pudentiana in den Himmel aufgenommen werden. Sie hatten zwar nicht das Martyrium erlitten, aber die Märtyrer zur Richtstätte begleitet und ihre Leiber begraben. Der hl. Petrus und der hl. Paulus führen die Schwestern Christus zu, der auf einer purpurnen Wolkentreppe herabsteigt. Auch in der Kapelle des hl. Zeno in der gleichen Kirche findet man die Schwestern, diesmal zu Seiten einer thronenden Muttergottes.

Die nahe gelegene Kirche S. Pudentiana wurde von Papst Siricius (gestorben 399) über dem Raum erbaut, in dem sich die ersten Christen trafen. Später wurde die Kirche erneuert und dabei verbaut. Noch aus der frühchristlichen Zeit jedoch stammt das großartige, ganz dem Geist der Antike verpflichtete Apsismosaik, auf dem die hll. Praxedis und Pudentiana Christus als dem Weltenherrscher Kränze darbringen. Es darf trotz empfindlicher Eingriffe späterer Epochen noch immer als eins der bedeutendsten Dokumente früher Bildkunst bezeichnet werden. Christus thront herrscherlich wie die römischen Kaiser im Zentrum – zu seinen Füßen sitzt die Versammlung der Apostel; hinter den Figuren über einem Portikus die Türme und Paläste des himmlischen Jerusalem, überragt von der ‚crux gemmata', dem von Edelsteinen strahlenden Siegeszeichen des Christentums.

Die heilige Maria Magdalena (Marlene)

Schon früh feierte die griechische Kirche das Fest der ‚Myrrhenträgerin und Apostelgleichen' am 22. Juli, in der römischen Kirche besteht es erst seit dem 9. Jahrhundert. Nach der griechischen Überlieferung befindet sich das Grab der hl. Maria Magdalena, die im Auftrage des Auferstandenen die Osterbotschaft an die Apostel überbrachte, in Ephesus, von wo ihre Reliquien im Jahre 899 nach Konstantinopel übertragen wurden. Die abendländische Heiligenverehrung unterscheidet sich insofern von der der Ostkirche, als seit Augustinus und Gregor dem Großen die drei Magdalenen der Bibel in eine Gestalt zusammengefaßt wurden: nämlich Maria Magdalena die Sünderin, die dem Herrn die Füße salbte, Maria, die Schwester des Lazarus und der Martha, und Maria von Magdala, die durch Jesus von der Besessenheit geheilt wurde, indem er sieben Teufel aus ihr austrieb und die bei Lukas als erste der den Gottessohn begleitenden und ihm dienenden galiläischen Frauen genannt wird.

In der herrlichen Kirche in Vézelay in Frankreich ruhen die Gebeine der hl. Maria Magdalena, die nach der Legende im 9. Jahrhundert durch Girard de Roussilon dorthin übertragen wurden. Noch heute küssen die Gläubigen andächtig im gotischen Chor der der Heiligen geweihten Kirche ihre Reliquien. In der Beschreibung des Dichters Claudel, der diese Kirche geradezu inbrünstig geliebt hat, steht im Mittelpunkt die Gestalt der großen Büßerin. Die Legende erzählt, daß Maria

Magdalena zusammen mit ihrem Bruder Lazarus und mit den ersten Christen als Missionarin nach Südfrankreich gekommen sei und lange Zeit als Büßerin in einsamer Wildnis bei St. Baume in der Provence gelebt habe. Diese Geschichte entbehrt zwar jeder historischen Grundlage, aber mit ihr ist offenbar die große Sünderin gemeint, von der der Herr sagte, „ihr sind viele Sünden vergeben, denn sie hat viel geliebt". Daß Lazarus zusammen mit ihr erwähnt wird, macht sie andererseits zur Schwester des Freundes Jesu.
So gibt es unzählige Formen und Auffassungen, in denen die hl. Maria Magdalena in der Darstellung wiedergegeben wird. Fast immer jedoch wird sie jung gezeigt im Gegensatz zu der ägyptischen Büßerin Maria (s. 30. März). Sie erscheint im Gespräch mit dem Herrn (Maria, du hast den besten Teil erwählt); mit Salbgefäß, Jesus die Füße mit ihren Haaren trocknend; unter dem Kreuz oder den Kreuzesstamm umklammernd; beim Begräbnis des Erlösers; mit dem auferstandenen Christus im Garten (Noli me tangere); aber auch als Büßerin mit aufgelöstem Haar in einer Höhle, dann mit Buch, Kruzifix, Geißel und Totenkopf. Die unendliche Vielfalt ihrer Darstellungen kann hier nur angedeutet werden. „Gott wollte Magdalena als ein lebendiges Beispiel der Buße für alle Sünder aufstellen, damit keiner ob der Größe seiner Missetaten verzweifle, sondern, auf die unendliche Barmherzigkeit Gottes vertrauend, Vergebung erhoffe", so schreibt der fromme Kornelius a Lapide.
Die hl. Maria Magdalena ist Patronin der Frauen, der reuigen Sünderinnen, der Verführten; der Friseure, Gärtner, Handschuhmacher, Parfumfabrikanten, Weinhändler, Wollweber und vieler anderer.

Legende

Jakobus de Voragine hat in seiner ‚Goldenen Legende' alle Spielarten der Geschichte dieser Heiligen zu einem einzigartigen Kapitel zusammengefaßt. Wir geben daraus einige Abschnitte wieder: Maria heißt das bittre Meer; oder die Erleuchterin oder die Erleuchtete. Daran merken wir dreifaltig das beste Teil, das sie erwählet hat: das Teil der Buße, das Teil der inneren Betrachtung und das Teil der himmlischen Glorie. Magdalena ist soviel wie manens rea, die da schuldig bleibt, oder es heißt soviel wie die Befestigte, oder die Prächtige. Damit soll bezeichnet werden, wie sie war vor ihrer Bekehrung, in ihrer Bekehrung und nach ihrer Bekehrung. Vor ihrer Bekehrung war sie schuldig, in ihrer Bekehrung war sie befestigt durch die Rüstung der Buße, nach ihrer Bekehrung war sie gar prächtig durch der Gnade Überfluß.
Maria Magdalena ist so genannt nach der Burg Magdalum. Sie war von edler Geburt. Mit ihrem Bruder Lazarus und ihrer Schwester Martha besaß sie die Burg und das Dorf Bethanien und einen großen Teil der Stadt Jerusalem. Als nun Magdalena sich ganz der leiblichen Wollust ergeben hatte, Lazarus aber der Ritterschaft, nahm sich Martha des Gutes ihrer

Geschwister an und sorgte für alles. Nach der Himmelfahrt des Herrn aber verkauften die Geschwister, was sie besaßen, und legten den Erlös zu Füßen der Apostel. Manche sagen, daß Maria Magdalena die Braut von Sankt Johannes dem Evangelisten gewesen sei, und als sie habe Hochzeit halten wollen, da rief der Herr den Johannes zu sich. Nun sei sie sehr zornig geworden, daß er sie ihres Gemahls beraubte und ging hin und ergab sich vor aller Welt der Sünde. Als aber Christus durch das Land zog, kam sie durch Gottes Gnade in das Haus Simons des Aussätzigen, denn sie hatte gehört, Jesus wolle dort essen. Aber sie wagte sich als Sünderin nicht unter die Gerechten, darum ging sie hinter den Herrn, kniete sich nieder, wusch seine Füße mit ihren Tränen, trocknete sie mit ihrem Haar und salbte sie mit köstlicher Salbe. Da dachte Simon der Pharisäer bei sich: „Wäre dieser ein Prophet, er ließe sich nicht von dieser Sünderin anrühren." Aber der Herr strafte ihn um seiner Hoffahrt willen und vergab dem Weibe alle ihre Sünden. Er trieb sieben böse Geister aus ihr und entzündete sie ganz in der Liebe zu ihm und machte sie zu seiner Betreuerin auf dem Wege. Er entschuldigte sie allezeit mit großer Liebe: gegen den Pharisäer, der sie unrein genannt hatte, gegen ihre Schwester, die sie um des Müßigganges willen tadelte, gegen Judas, der sie eine Verschwenderin hieß. Aus Liebe zu ihr erweckte der Herr ihren Bruder Lazarus von den Toten und heilte ihre Schwester Martha vom Blutfluß. Magdalena tat in der Zeit der Gnade als erste Buße, sie hatte das beste Teil erwählt, denn sie durfte zu den Füßen des Herrn sein Wort hören und ihn salben, sie durfte die Spezereien bereiten für seinen Leichnam, sie kehrte sich nicht vom Grabe, als die Jünger davongingen, ihr erschien Christus bei seiner Auferstehung zuerst, und er machte sie zur Apostelin der Apostel.

Und es geschah, daß nachdem der Herr gen Himmel gefahren war und die Jünger in mancherlei Länder zogen, um das Wort Gottes auszusäen, Maria Magdalena, Lazarus und Martha samt ihrer treuen Dienerin und vielen anderen Christen von den Ungläubigen auf ein Schiff gesetzt und ohne Steuer ins Meer hinausgestoßen wurden, damit sie untergehen sollten. Aber durch Gottes Fügung gelangten sie gen Massilien (Marseille). Als nun Maria Magdalena sah, daß das Volk sich am Ufer versammelte, um vor dem Tempel den Abgöttern zu opfern, stand sie auf mit heiterem Mut und riet ihnen mit weisen Worten ab von ihrem Götzendienst und predigte ihnen Christum mit großer Zuversicht. Da verwunderten sich alle über die Schönheit ihres Angesichts und die Süßigkeit ihrer Rede. Nachdem sich viele bekehrt und das Volk durch viele Wunder den rechten Glauben angenommen hatte und Lazarus einmütig zum Bischof der Stadt Marseille erwählt worden war, da begehrte Maria Magdalena nach himmlischer Beschauung und ging in die rauhe Wildnis. Hier wohnte sie unerkannt dreißig Jahre an einer Stätte, die ihr von Engelshänden gewiesen war. Dortselbst waren keine Wasserbrunnen noch Früchte an den Bäumen, woraus zu erkennen ist, daß der Herr sie nicht mit irdischer Nahrung sättigen wollte, sondern allein mit himmlischer Speise. An jedem Tage nämlich wurde sie zu den Gebetsstunden von Engeln in die Lüfte geführt und hörte mit lieblichen Augen den Gesang der himmlischen Heerscharen. Und ward mit himmlischer Kost gespeist und danach wieder von den Engeln zurückgebracht. Als einmal ein Priester kam, fand er sie in ihre Zelle eingeschlossen. Er gab ihr seinen Mantel, den tat sie um und ging mit ihm in die Kirche. Dort nahm sie das hl. Abendmahl und entschlief mit betend ausgebreiteten Händen neben dem Altar in Frieden.

Zur Zeit Karls des Großen nun war ein frommer Herzog in Burgund mit Namen Gerhardus (Girard), der gab all sein Gut den Armen und baute viele Kirchen und Klöster. Als er das Kloster Vézelay gegründet hatte, sandte er einen Mönch aus, der die Reliquien holen sollte von Sankt Maria Magdalenens Grabe. Der Mönch fand die Stadt zerstört, aber ein Grab in Marmor ausgehauen und ein Bildwerk zeigte an, daß Maria Magdalenas Leichnam darin läge. Da machte er das Grab auf und nahm die Reliquien mit sich. Die Heilige aber erschien ihm in der Nacht und sagte, er solle sich nicht fürchten und das Werk zu Ende führen. So machte er sich auf den Heimweg. Als er aber eine halbe Meile von seinem Kloster entfernt war, konnte er die Reliquien nicht mehr von der Stelle bringen, bis der Abt mit den Mönchen in feierlicher Prozession ihm entgegenging und die Reliquien in großen Ehren heimführte.

Die heilige Brigitta (Birgitta) von Schweden

Brigit kommt aus dem Irischen und bedeutet ‚die Kräftige, Tugendstarke'. Zwei heilige Frauen tragen diesen Namen, nämlich Brigitta von Kildare, Gründerin des ersten irischen Nonnenklosters, gestorben 523 (?) mit dem Fest am 1. Februar. Zum anderen Brigitta von Schweden, deren Gedächtnis die Kirche bis 1969 am 8. Oktober beging. Als sie im Jahre 1373 in Rom starb, betrauerte sie die ganze Christenheit als ihre Mutter und eine Prophetin, die Gott erweckt hatte, um die Kirche und das entartete christliche Abendland zu reformieren. Ihre gewaltige Wirkung strahlte weit über ihr Jahrhundert hinaus durch die Sammlung ihrer berühmten ‚Offenbarungen und Visionen', die bis ins 18. Jahrhundert hinein das verbreitetste christliche Erbauungsbuch blieb. Im Druck erschien sie zuerst in Lübeck 1492 und in Nürnberg 1521. Die darin enthaltene Symbolik hatte entscheidenden Einfluß auf Kunst und Literatur des späten Mittelalters, vor allem auf Matthias Grünewald.

Dem Lebensbild der hl. Birgitta legten wir die Ausführungen von G. Kranz zugrunde.

Birgitta wurde 1302 geboren als Tochter des Landvogtes Birger Pederson und Ingeborg Bengtsdotter aus dem edlen Geschlecht der Folkunger. Sie wuchs auf dem väterlichen Landsitz Finstadt bei Upsala auf. Ihre Zeit schon rühmte sie als „tapfer und unerschrocken", aber auch als „große Dame" von edlen Umgangsformen und gelehrtem Wissen. Ihre Taten vollbrachte sie in der Kraft Gottes. Sie verlor ihre Mutter frühzeitig und wurde als Dreizehnjährige von ihrem Vater an

den Sohn des Lagman von Närke, Ulf Gudmarsson verheiratet. In ihrer glücklichen Ehe gebar sie ihrem Gatten vier Söhne und vier Töchter. Die Sorge um das leibliche und geistige Wohl der ihr anvertrauten Menschen auf dem Gute gestattete ihr keinerlei Muße. Sie wirkte am Herd und im Waschhaus, sah in Molkerei, Bräuhaus und Mühle nach dem Rechten und arbeitete im Garten wie eine ihrer Mägde. Ihr Mann war reich: Birgitta faßte ihren Besitz als ein von Gott gegebenes Lehen auf, das sie gut verwalten mußte. Sie war freigebig und gastlich, speiste täglich zwölf Arme an ihrem Tisch, stiftete Spitäler, unterstützte Klöster, baute Kirchen – darunter die Holzkirche bei Ulfasa – und Schulen. Aber sie war auch stolz auf Sippe und Ahnen, Besitz und Ehre, liebte schöne Gewänder und Prachtentfaltung. Schon damals flehte sie zu Gott, er möge sie von Hoffart und der Lust an der Welt befreien. Und Gott erhörte ihr Gebet! – „Ich bin viel zu ungeduldig zum Gehorchen und nicht fröhlich genug um zu leiden", sagte sie von sich in ihren Schriften. Planmäßig kämpfte sie gegen ihre Fehler an; sie nahm sich in strenge Zucht, härtete ihren Körper ab, gewöhnte sich an Entbehrungen. Sie las aber auch Bücher, um sich weiterzubilden, studierte noch als reife Frau lateinische Grammatik und liebte es, fromme und gelehrte Männer um sich zu haben.
1335 wurde Birgitta an den Hof König Magnus II. Erikson, ihres sehr viel jüngeren Vetters berufen und mit dem Amt einer Hofmeisterin betraut. Obwohl sie dem schwachen und ausschweifenden König vorbehaltlos die Meinung sagte, hörte er oft auf ihren Rat. Aber ihr Einfluß reichte nicht aus, um die Dinge wirklich zu ändern. Als sie das erkannte, verließ sie den Hof und begab sich 1341 mit ihrem Gatten auf eine Wallfahrt nach Santiago. Sie gingen zu Fuß, mitten in der Menge der Pilger. Viele Wallfahrten sollte sie noch so unternehmen, manchen heiligen Ort besuchen. Sie betete in Assisi beim hl. Franz, in Ortona beim hl. Thomas, in Amalfi beim hl. Andreas, in Benevent beim hl. Bartholomäus, in Salerno beim hl. Matthäus und bestieg den Monte Gargano, das Heiligtum des hl. Michael. Auf dem Rückweg von Compostella erkrankte ihr Gatte Ulf lebensgefährlich und starb bald darauf im Zisterzienserkloster Alvastra. Die Zweiundvierzigjährige stand allein. In Alvastra wartete die tatkräftige Frau auf Rat ihres Beichtvaters in einer geduldigen Vorbereitungszeit auf ihre Berufung. Sie wurde himmlischer Visionen gewürdigt. Gott befahl ihr, an den Hof des Königs Magnus zurückzugehen und ihn zu warnen und zu ermahnen. Gehorsam erschien sie im Bußkittel inmitten des eleganten Hofstaates und erhob ihre zornige und anklagende Stimme. Sie prangerte die Verschwendungssucht der Großen, das Raubritterunwesen, die Grausamkeit der Vögte, die die Steuern eintrieben, die Schändung des Sonntags, das unsittliche Leben der Geistlichkeit an. Da sie von Gott mit prophetischen Gaben ausgerüstet, oftmals Recht behielt, machte sie großen Eindruck auf den König. Er bekannte öffentlich sein Unrecht, gab Verordnungen heraus gegen

Wucher und zum Schutze der Witwen und Waisen. Dem armen Volke erließ er die Steuern. Als jedoch Birgitta den Krieg gegen Rußland, den Magnus als Ausweg in seiner unhaltbar gewordenen politischen Lage forderte, entrüstet ablehnte, wurde er ihr Feind, mit ihm der ganze Hof, sogar die Priesterschaft. Man beschimpfte sie, überschüttete sie mit Kränkungen, verhöhnte sie wegen ihrer Visionen. Sie ertrug alles mit größter Gelassenheit. König Magnus wurde vernichtend geschlagen. Nun gipfelten ihre Visionen in der Prophezeihung der Pest, die tatsächlich bald darauf, 1348, ganz Europa furchtbar heimsuchte. Alle Züchtigungen, die Birgitta voraussagte, sind später über Schweden hereingebrochen. Aber Magnus hörte auch in seinem größten Elend nicht mehr auf sie. Es kam zum Bürgerkrieg, er verlor seinen Thron, lag sieben Jahre im Kerker und ertrank vor der norwegischen Küste. Seine Gemahlin wurde vergiftet.

Birgitta erhielt in der Ekstase, 1346, den Auftrag, einen neuen Orden zu gründen. Die Regel wurde ihr bis in alle Einzelheiten offenbart. Das erste Kloster sollte zu Vadstena errichtet werden. Alles war vorbereitet, gern wäre sie selbst dort Nonne geworden, doch Gott bestimmte ihren Weg anders. Er schickte seine Botin nach Rom. Birgitta hat ihre Gründung Vadstena und die Heimat nie wieder gesehen. Die letzten 24 Jahre ihres Lebens verbrachte sie im Süden in der Fremde. Das Heimweh hat sie nie verlassen.

Für Birgitta begann ein neuer Lebensabschnitt im Auftrage Gottes. Sie entfaltete nunmehr eine rege politische Tätigkeit, die das ganze Abendland umspannte. Ihrer Herkunft nach brachte sie die natürlichen Voraussetzungen dazu mit, doch die eigentliche Quelle ihrer Einsichten war übernatürlich. Ihre Handlungen waren immer auf die Visionen bezogen, ihr letztes Ziel das Heil der Seelen. Es ging ihr um Frieden und Einheit, weil das Hauptkennzeichen der Zeit die Spaltung war. Ihre Ziele waren: Eintracht der sozialen Stände, Friede zwischen den Völkern, Wiedervereinigung der Ost- und Westkirche, Versöhnung von Papst und Kaiser. Sie fürchtete niemanden und nichts. Ihre kühne Sprache erregte bei vielen entrüsteten Widerspruch. Um so lauter lobten sie die Armen und Kranken, denen ihr Haus als Zuflucht stets offenstand. Ihre Freigebigkeit war so groß, daß ihr Vermögen rasch zusammenschmolz. „Von all ihren Gütern behielt sie nichts zurück als ein demütiges Kleid und den einfachsten Lebensunterhalt.“ Nach dem Tode ihres Gatten lebte ihre Tochter Karin bei ihr als Vertraute und Helferin durch mehr als zwanzig Jahre. Die Kirche hat sie als hl. Katharina von Schweden in den Kreis ihrer Heiligen erhoben (Gedenken: 24. März).

Eines der größten Anliegen Birgittas war es, die Stellvertreter Christi, zunächst Clemens VI., dann Innozenz VI. und Urban V. (s. 19. Dezember) zur Rückkehr von Avignon nach Rom zu bewegen. Urban folgte ihrem Drängen, wenn auch nur vorübergehend. Birgitta beschwor ihn in Rom zu bleiben und die Kirche zu reformieren. Falls er nach Avignon zurückginge, werde er kurz nach seiner Ankunft sterben und Gott „Rechenschaft ablegen müssen ...“. Der schwache Papst kehrte trotz dieser Drohung nach Avignon zurück. Er starb wenige Wochen später!

Die Anjous riefen Birgitta nach Neapel. Sie beschwor die Königin Johanna, ihr lasterhaftes Leben zu ändern. Alle Mahnungen waren wiederum umsonst. 1371 kam sie noch einmal an den neapolitanischen Hof, erlebte den Tod ihres Lieblingssohnes und die Erfolglosigkeit ihrer aufrüttelnden Mahnungen. Im Frühjahr 1372 schiffte sich die fast Siebzigjährige zu ihrer letzten Wallfahrt nach Jerusalem ein. Unterwegs besuchte sie Königin Eleonora von Zypern und versuchte auf sie einzuwirken. Auf der Schiffsreise verlor die Heilige bei einem Sturm ihre letzte Habe. Eine gewaltige Rede hielt Birgitta auf dem Heimwege in Zypern auf den Stufen der Kathedrale. Sie drohte der sündigen Insel den Untergang an: im folgenden Jahre wurde die Insel von Genua erobert, später von den Türken eingenommen und verwüstet. Immer wieder erfüllten sich die Schreckensprophezeihungen der Heiligen. In Neapel versuchte sie noch einmal die Königin zur Umkehr zu bewegen. Umsonst. Neapel geriet in den nächsten Jahren in schreckliche Kriege, Königin Johanna wurde exkommuniziert und abgesetzt und fand schließlich im Kerker ein gewaltsames Ende. – Wie sehr mag die hl. Birgitta darunter gelitten haben, daß sie alle künftigen Schrecken voraussah und doch immer wieder erleben mußte, wie ihre Warnungen in den Wind gesprochen waren! Wiederum nahm sie den Kampf auf für die Beendigung des Avignoneser Exils. Schon gleich nach der Wahl hatte sie dem neuen Papst Gregor XI. geschrieben. Sie sagte voraus, daß dieser Papst nach Rom zurückkommen werde. Fünf Jahre später ging diese Voraussagung in Erfüllung.

Als der Frühling des Jahres 1373 ins Land zog, spürte Birgitta ihr Ende nahen. Große Niedergeschlagenheit befiel sie. Was hatte sie erreicht? Ihr Ordensplan, ihre Friedensvermittlungen zwischen Frankreich und England, ihre Mahnungen an König Magnus, ihre Bitten an die Päpste, ihre Versuche, Rom, Neapel und Zypern zu bekehren – alles war gescheitert. Mußte sie nicht mit leeren Händen vor den ewigen Richter treten? Aber nach Monaten von Versuchungen und Dunkelheit schenkte Gott ihr wenige Tage vor ihrem Tode die Gewißheit, daß die Treue, mit der sie seinen Befehlen wider alle Hoffnung gehorcht hatte, belohnt werde. Es ist von tiefer Bedeutung, daß die hl. Birgitta während einer Messe sterben durfte. Als in der Wandlung das Kreuzopfer gegenwärtig gesetzt wurde, vereinigte sie ihren eigenen Tod mit dem Tod des Herrn, indem sie Jesu letztes Wort als ihr letztes eigenes sprach: „Vater, in deine Hände befehle ich meinen Geist.“

Ihr Leichnam wurde im Triumph von Rom nach Vadstena überführt. Birgittas

Tochter erlangte die Bestätigung der brigittischen Regel und wurde die erste Vorsteherin des Klosters Vadstena. Der Orden breitete sich in alle Länder Europas aus, er zählte im 15. Jahrhundert schon dreißig Klöster. Bis Gustav Wasa war Vadstena Hauptort der Kultur des Nordens; es besaß die bedeutendste Bibliothek Schwedens. Hier wurde die erste schwedische Bibelübersetzung durchgeführt, vollzog sich der geistige Austausch zwischen Dänemark, Norwegen und Schweden. Von dem Kloster stehen heute nur noch kümmerliche Reste, aber die ‚Blaukirche' birgt immer noch den Schrein mit Birgittas Gebeinen, zu dem auch heute noch die Gläubigen pilgern. Birgittas Name steht auch im evangelischen Schweden in hohem Ansehn. Alljährlich wird das Fest der Birgittenminne gefeiert. „Schwedens größte Frau hat den seltenen Ruhm, die Nationalheilige eines protestantischen Volkes zu sein" (A. Adalsten).

Birgitta von Schweden wurde am 7. Oktober 1391 von Bonifaz IX. heiliggesprochen. Dargestellt wird sie mit Pilgerhut, Stab und Kürbisflasche; schreibend mit Feder und Tintenfaß; als Nonne, rotes Jerusalemkreuz in der Hand. Kreuz auf einem in der Hand gehaltenen Herzen, weil nach ihrem Tode in ihrem Herzen ein Kreuz gefunden worden sein soll. Vor einem Kreuze kniend. Ein Gemälde von Tizian in Madrid zeigt sie mit ihrem Gemahl vor der Muttergottes, der sie ein Körbchen mit Blumen darbietet. Die Heilige ist Patronin der Pilger und für eine gute Todesstunde; sie ist die Schutzpatronin Schwedens.

Am heutigen Tag gedenkt die Kirche nicht nur der hl. Birgitta von Schweden, sondern auch dem HL. LIBORIUS. Er lebte im vierten Jahrhundert und war Bischof von Le Mans. Liborius starb am 9. Juli 397. Er wurde von keinem Geringeren als dem hl. Martin von Tours feierlich bestattet. Der hl. Liborius ist aber nicht nur mit der Geschichte von Le Mans, sondern vor allem mit der Paderborns verbunden. Seit Bischof Badurad die Gebeine des Heiligen 836 nach Paderborn überführt hat, machte die Christianisierung in Sachsen große Fortschritte. Im Mittelalter war die Anziehungskraft Paderborns so stark, daß sie zur Lieblingsstadt der deutschen Könige wurde. Kaiser Heinrich II. tauschte hier, sozusagen vor dem Altar des hl. Liborius, mit Kunigunde die Ringe. Auch heute noch ist die ehemalige Kaiserstadt Ziel vieler Christen. Alljährlich kommen sie zum Liboritag, um ihren Heiligen feierlich zu ehren. Sein Schrein ist ein Meisterwerk des Goldschmieds Hans Krako (1622).

Der hl. Liborius wird dargestellt im Pontifikalornat, mit Buch und daraufliegenden Steinen. Er wird bei Fieber, Kolik, Wassersucht und vor allem bei Steinleiden angerufen.

24. JULI

Der heilige Christophorus

Christophorus gehört zu den vierzehn Nothelfern. Er ist einer der volkstümlichsten Heiligen, der Schutzheilige aller Reisenden. Meistens wird er in übergroßer Gestalt dargestellt, wie er das Jesuskind auf seinen Schultern trägt und einen Fluß durchschreitet. Geschichtlich steht nur fest, daß er in Kleinasien, wahrscheinlich unter Kaiser Decius, um 250 den Martertod erlitt. Er gehört zu den Märtyrern, die man vergeblich auf mancherlei Art zu Tode zu bringen versuchte und die erst bei der Enthauptung erlagen. Das berühmte Gebet des sterbenden Christophorus ist das ganze Mittelalter hindurch vernehmbar. Er betete im voraus für alle, die eines Tages durch seine Fürbitte um das göttliche Erbarmen flehen würden und flehte, daß sie es nicht vergeblich tun möchten.
Das Fest des hl. Christophorus ist schon um 450 im Martyrologium Hieronymianum erwähnt, allgemein geworden ist es seit dem 9. Jahrhundert. Er ist Patron gegen jähen und unbußfertigen Tod. Die Betrachtung seines Bildes am Morgen gilt als Schutzmittel für die Bewahrung der Lebenskraft bis zum Abend. Darum wurde sein Bild möglichst groß beim Kircheneingang und an den belebtesten Punkten in Stadt und Land an Türme und Häuser gemalt. Sein Name ist in neuester Zeit wieder sehr volkstümlich geworden durch sein Patronat der Kraftfahrer und des Verkehrs. Viele Autofahrer befestigen eine Medaille mit seinem Bild in ihrem Wagen.

Legende

Ernest Hello erzählt uns seine liebenswürdige Geschichte, die seine Berufung zum „Dienste beim höchsten Herrn" schildert, nach der ‚Legenda aurea': Christophorus soll Kanaaniter gewesen sein, d. h. der Sohn eines verfluchten Stammes. Die Legende fügt hinzu, daß er selbst einen verfluchten Namen trug. Er habe Reprobus geheißen, der Verdammte. Man muß also annehmen, daß Christophorus das Gewicht des Fluches auf seinen Schultern lasten fühlte. Es kam ihm in den Sinn, den mächtigsten Herrscher der Welt zu suchen und sich in seinen Dienst zu stellen. Vielleicht suchte er Hilfe bei jener unbekannten höchsten Macht, um die Befreiung des Fluches, der auf ihm lastete, zu erbitten? Christophorus vernimmt den Namen eines Königs und hört ihn den Mächtigsten der Welt nennen. Er begibt sich zu ihm. Der König legt, so scheint es, großen Wert darauf, den starken Mann bei sich zu behalten. Kommt eines Tages ein Gaukler zum König und zeigt seine Künste; er singt Lieder, und in einem Liede ist vom Teufel die Rede. Als der Name des Teufels fällt, macht der König das Zeichen des Kreuzes. Christophorus verlangt von dem Könige zu erfahren, was dies zu bedeuten habe. Der König weigert sich zunächst, ihm zu antworten. Aber Christophorus erklärt, daß er ihn verlassen werde, wenn er nicht spreche. Da sagt der König: „Wenn ich den Teufel nennen höre, mache ich das Kreuzzeichen, um ihm die Macht zu nehmen, mir zu schaden." „Wie", entgegnete Christophorus, „du hast Furcht vor dem Teufel? So ist er mächtiger als du! Ich Tor, der ich glaubte, dem mächtigsten Herrn zu dienen! Ich verlasse dich."

Und er ging fort. Er wanderte kreuz und quer durch die Welt und suchte den Teufel, um sich ihm zu überliefern, denn offenbar war der Teufel der Stärkste. Als er einmal durch eine Wüste kam, sah er eine Gestalt von schreckhaftem Aussehen auf sich zukommen. Die Gestalt redete ihn an: „Wen suchst du?" „Ich suche den Herrn Teufel", antwortete Christophorus, der damals noch Reprobus hieß, „denn ich habe sagen hören, daß er im Besitz aller Macht ist." „Ich bin es, den du suchst", erwiderte die Gestalt. So trat er in den Dienst des Teufels, gehorchte ihm in allen Stücken und folgte ihm. Eines Tages, als sie zusammen wanderten, sahen sie unvermutet ein Kreuz vor sich. Da machte der Teufel einen Umweg. „Was bedeutet das?", fragte Christophorus. „Warum meidest du das Kreuz?" Der Teufel, der seinen Mann kannte, verweigerte die Antwort. Erst nachdem dieser ihn arg bedrängte, gestand der Teufel – daß er das Kreuz fürchte, seitdem Jesus Christus daran gestorben ist. „Ach, du hast Furcht! Du bist also nicht der Mächtigste. Leb wohl, ich werde wandern, bis ich Jesus Christus finde." Und er wandte sich vom Teufel ab.

„Suche den Einsiedler auf dort hinten in der Wüste", sagte ihm ein Vorübergehender auf seine Frage, wo Jesus Christus sei. „Was muß ich tun, um Jesus Christus zu sehen?", fragte Christophorus den Einsiedler. „Du mußt fasten", entgegnete der Einsiedler. „Fasten? Das kann ich nicht, gib mir einen anderen Rat." Der Einsiedler nannte ihm andere fromme Übungen. „Unmöglich", sagte Christophorus, „zu all diesen Dingen bin ich unfähig." „Höre", begann der Einsiedler wieder, „siehst du den gefährlichen Fluß da unten? Die Leute, die ihn überqueren wollen, verlieren oft ihr Leben dabei. Laß dich an seinem Ufer nieder. Dein ungeheurer Wuchs und deine gewaltige Kraft werden dich instand setzen, die Reisenden von einem Ufer zum andern zu tragen. Sei jedermanns Diener, so wirst du den König der Könige, Jesus Christus, sehen."

„Ja", sagte Christophorus, „das kann ich tun, und das will ich tun."

Unter diesen Reisenden wird sich, wie man weiß, Jesus Christus befinden. Und so geschah es, daß er nach langen Jahren, in denen er vielen gedient hatte, das Jesuskind über den Fluß tragen durfte. Diese allgemein bekannte Legende schließt damit, daß Christophorus, zutiefst erschöpft, das Kind am andern Ufer niedersetzt und zu ihm sagt: „Ich glaubte zu sterben. Es war, als wenn ich die ganze Welt auf den Schultern gehabt hätte. Ich hätte es nicht länger ertragen." „Christophorus", antwortete das Kind, „du hast mehr getragen als die Welt, du hast den Schöpfer der Welt getragen: Ich bin der König Jesus Christus." Und seitdem trägt er den Namen Christophorus, der Christusträger.

Der heilige Jakobus Major

Der hl. Jakobus der Ältere, der zu den bevorzugten Aposteln und Jüngern des Herrn gehört, war der Sohn des Fischers Zebedäus und der Salome. Mit seinem Bruder, dem späteren Evangelisten Johannes lebte er als Fischer in der sanften Landschaft von Galiläa, ein tüchtiger, gläubiger Jude, von dem wir nicht wissen, ob das Wort Johannes des Täufers ihn schon getroffen hatte, ehe er Jesus begegnete. Von dem Augenblick an aber, als Jakobus und Johannes Jesus zum ersten Mal sahen, bekannten sie sich rückhaltlos zu ihm. Jesus nahm sie auf und gab ihnen den Beinamen ‚Boanerges' – Donnersöhne. Die Brüder müssen also furchtlos gewesen sein und von energischem, impulsiven Charakter. Das geht aus zwei Begebenheiten des Evangeliums auch hervor. Einmal kam Jesus in ihrer Begleitung zu den Samaritern, die sich weigerten, ihn und die Seinen aufzunehmen. Jakobus und Johannes wollten daraufhin sogleich Feuer vom Himmel herabrufen in ihrem heiligen Eifer, um sie zu bestrafen. Jesus tadelte sie und sprach: „Ich bin nicht gekommen, Seelen zu verderben, sondern zu retten." (Mar. 3.) Ein andermal bewiesen sie ihre Unbedingtheit durch ein Wort, das ihren Weg bestimmen sollte. Die Mutter der beiden Brüder, Salome, war zu Jesus gekommen und hatte ihn gebeten, er möge in seinem künftigen Reich ihren Söhnen die Ehrenplätze zu seiner Rechten und zu seiner Linken geben. Jesus aber antwortete: „Ihr wißt nicht, um was ihr bittet. Könnt ihr den Kelch trinken, den ich trinken werde?" (Matth. 20, 20–22), und die beiden sagten fest und ohne Zögern: „possumus" – wir können es. Sie wollten also mit ihrem Leben einstehen, wenn es nötig wäre. An allen Ereignissen des Lebens Jesu nahm fortan Jakobus teil. Er war mit auf dem Berge Tabor und sah die Verklärung Christi, er war mit in der Nacht vor seinem Tode auf dem Ölberg, wo der Herr seine Todesangst durchlitt.
Dann verstummten die Nachrichten über Jakobus. Nach dem Pfingstfest hat sich ihm wohl wie allen Aposteln der Sinn des übernatürlichen Gottesreiches in seiner

ganzen Klarheit erschlossen. Zu dieser Zeit versuchte der König Herodes Agrippa mit Erfolg, das alte Reich seines Großvaters wieder zu vereinen. Jakobus muß in diesen Jahren als Verkünder des Evangeliums eine bedeutende Stellung in Jerusalem eingenommen haben, sonst hätte Herodes, für den der Kampf gegen die Christen ein Akt der Festigung seiner eigenen Herrschaft war – er wollte den Juden damit gefallen – ihn nicht noch vor Petrus, wie aus der Apostelgeschichte hervorgeht, verhaften lassen. Seine Hinrichtung erfolgte sofort; sie wurde um Ostern 44 durch das Schwert vollzogen. Das Schwert als ihm zugehöriges Attribut hat dann der Apostel durch die 2000 Jahre christlicher Geschichte auf seinen langen Wegen über die Erde als Kreuz, als Waffe und als Pilgerstab beibehalten.

Der hl. Jakobus major ist der erste Märtyrer im Kreise der Apostel. Den Namen ‚der Ältere' erhielt er im Unterschied zu Jakobus dem Jüngeren (s. 3. Mai), der später berufen wurde. Nicht geschichtlich erhärtet ist die Überlieferung, daß Jakobus als Verkünder des Evangeliums in Spanien gewirkt habe. Seine Gebeine wurden im 7. Jahrhundert, nachdem die Araber die Heilige Stadt, wo sich sein Grab befand, erobert hatten, nach Santiago di Compostella in Nordspanien gebracht. Sie lockten bis ins späte Mittelalter hinein die Pilger aus allen Ländern der Erde an. Auf der berühmten Pilgerstraße nach Santiago, die von vielen Kapellen, Kirchen und Rasthäusern gesäumt wurde und auf der die Völker der Christenheit im Pilgerkleid zueinander fanden, zogen große Heilige zum Grabe des Apostels: darunter der hl. Franziskus von Assisi, der hl. Dominikus, der hl. Bernhardin von Siena, der hl. Vinzenz Ferrer, die hl. Brigitta von Schweden, die hl. Elisabeth von Portugal, alle Könige Spaniens, dazu Gelehrte und Künstler, Kapitäne und Soldaten, Prinzen von Frankreich, Vizekönige von Westindien, Statthalter der Niederlande. Und viele von ihnen traten den Orden bei, die unter dem Patronat des hl. Jakobus gegründet worden waren. Der hl. Jakobus war zeitweilig unbestritten der volkstümlichste unter den Aposteln. Santiago ist neben Rom und Jerusalem der beliebteste Wallfahrtsort der westlichen Welt.

Ursprünglich war das Fest des hl. Jakobus mit dem seines Bruders Johannes (s. 27. Dezember) zusammen am 27. Dezember, dann am 1. Mai, bis es anläßlich der Weihe des Apostoleions endgültig auf den 25. Juli – den Translationstag – festgesetzt wurde. Bis 1955 feierte die Kirche die Vigil.

Der hl. Jakobus ist der Nationalheilige Spaniens und Patron der Pilger. Dargestellt wird er mit Buch oder Rolle in seiner Eigenschaft als Apostel, seit dem 12. Jahrhundert mit der Pilgermuschel, mit langem Stab, Reisetasche und Kürbisflasche. Manchmal auf weißem Pferd wie auf dem berühmten Fenster von Clavijo in der Kathedrale von Santiago, weil er nach der Legende dem König Ramiro und dem spanischen Heere so gegen die Sarazenen zu Hilfe gekommen ist. Unter seinen zahlreichen Darstellungen sei hier besonders der kostbare Silberaltar im Dom von

Pistoia erwähnt, an dem fast zwei Jahrhunderte lang gearbeitet worden ist. Sein Mittelstück zeigt die Sitzfigur des Heiligen, während seine Geschichte ausführlich auf den vielen Silberreliefs geschildert wird.

Legende

Um den ersten apostolischen Märtyrer blühten sehr bald die Legenden auf, sie haben sich inzwischen so fest im Gedächtnis der Menschen eingewurzelt, daß viele davon unlösbar mit ihm verbunden bleiben werden. So wird z. B. im äthiopischen Martyrium erzählt, Herodes habe den furchtlosen Jakobus vor sich zitieren lassen, um mit ihm ein theologisches Gespräch zu führen. Jakobus aber, der sich nicht zum Diskutieren sondern zum Verkünden berufen fühlte, habe einfach erklärt, wenn Herodes nicht glauben wolle, so werde er schon sehen, wie furchtbar Christus ihn und den Kaiser Nero wegen ihrer himmelschreienden Sünden strafen werde. Hierauf sei Herodes so erzürnt gewesen, daß er ihm gleich das Haupt abschlagen ließ.

Von der Überführung der Gebeine des hl. Jakobus nach Spanien berichtet die Legende: Nachdem der Heilige in Jerusalem die Krone des Martyriums empfangen hatte, brachten seine beiden Jünger Athanasius und Theodor den Leichnam auf ein Schiff und empfahlen die Bestattung ganz und gar Gottes Weisheit. Sie steuerten nicht, sondern der Engel des Herrn geleitete sie gen Galicien. Dort errichteten sie in Iria Flavia eine kleine Kirche über dem Ort, wo sie ihn begruben. Und an seiner Seite setzte man später auch seine beiden Jünger bei. Als wenige Zeit danach unter Decius und Diokletian die Christenverfolgungen begannen, verfielen Kirche und Gruft, und als nach weiteren zweihundert Jahren der Westgotenkönig Leovigild den Arianismus in Spanien einführte, vergaß man den Ort der Gräber ganz. Der Maurensturm ging hin über das Land, und vom Apostel Jakobus hatte sich nur noch eine spärliche Sage erhalten. Da sah der Einsiedler Pelayo eines Nachts aus einem Gebüsch ein unerklärliches Leuchten dringen. Es war in der Zeit, als sich im äußersten Norden des Landes die Reste der spanischen Christen vereinigten, um den Kampf gegen die Mohammedaner zu beginnen und Spanien dem Abendlande zurückzuerobern. Der Einsiedler sah nun die Lichtzeichen Nacht für Nacht und gab schließlich dem Bischof Theodemir von Iria Flavia davon Kunde. Dieser ließ das Gebüsch abholzen und nachgraben. Und siehe, es kamen die Leiber des Apostels und seiner beiden Schüler zutage, und schon bald darauf geschahen die ersten Wunder. Als König Alfons II. davon hörte, ließ er über dem Grab eine Kirche errichten. Und damit nahm die große Wallfahrt nach Santiago di Compostella ihren Anfang.

Nach einer anderen Fassung der Legende hat der Apostel Jakobus nach der Christianisierung Spaniens durch ihn in Jerusalem das Martyrium erlitten. Auf wunderbare Weise kehrte der Leichnam des Märtyrers ins Land seiner Wirksamkeit zurück. Gegen 830 fand der Bischof von Iria den an die Küste von Galicia verschlagenen Sarkophag an einem Ort, der seitdem ‚Campus Stellae' oder ‚Compostella' – zu deutsch Sternenfeld – genannt wurde. Die Auffindung der Gebeine zog die Verlegung des Bischofssitzes nach Compostella, dem Ort der Entdeckung, nach sich. So steht es im ‚Liber Sancti Jacobi' von 1140, das heute noch existiert.

Die heilige Anna

Die Geschichte der hl. Anna, Mutter der Gottesmutter Maria, ist wenig bekannt. Um ihre Gestalt ist es still. In alten syrischen Schriften wird ihr ursprünglicher Name mit ‚Dina' angegeben. Erst nach der Geburt Mariens heißt sie ‚Hanna' (die Begnadete). In der Heiligen Schrift wird Sankt Anna nicht erwähnt. Und doch wenden die Christen der Frau, von der sie wenig wissen, ein schlichtes, unbegrenztes Vertrauen zu. Undeutlich spüren sie ihre Erwähltheit und Größe. Die Verehrung der hl. Anna ist sehr alt, bereits im Jahre 550 wurde zu Konstantinopel ihr zu Ehren eine Kirche erbaut. Im Jahre 1558 wurde ihr Fest für die ganze Kirche vorgeschrieben. Sie ist zum Inbegriff der Mütterlichkeit geworden, und wir sehen sie in unzähligen Darstellungen zusammen mit der Gottesmutter und dem Kinde Jesu in der sogenannten ‚Anna Selbdritt' vereint, wobei wir nicht einmal wissen, ob sie ihren Enkel, das göttliche Kind, überhaupt noch gekannt hat. Bruderschaften nannten sich nach ihr, sie wurde zu einer Lieblingsheiligen des katholischen Volkes, zur Patronin der Mütter, die Schwestern der hl. Anna üben ihre Arbeit im Krankendienst aus, in der Pflege von Müttern und Wöchnerinnen, in Kinderheimen und Waisenhäusern, bei der Betreuung schwer erziehbarer Mädchen. Anna bedeutet im Hebräischen: Gnade, Liebe, Gebet.

Joachim und Anna, die Eltern der Gottesmutter, stammten beide aus dem königlichen Geschlechte Davids, dem der Messias verheißen war. Gleich nach ihrer Hochzeit teilten sie ihre nicht unbeträchtliche Habe in drei Teile auf: einen für den Tempel, einen für die Armen und den Rest für ihren Unterhalt. Die Eheleute führten ein gottesfürchtiges, gerechtes Leben, aber Gott hatte ihnen das versagt, wonach sie sich am meisten sehnten: ein Kind. Das machte sie sehr traurig, denn in Israel galt Unfruchtbarkeit als Schande. So betete Anna unablässig zum Herrn, er möge sie mit einem Kinde segnen, hoffte zudem doch jede jüdische Frau, daß gerade sie den erwarteten Messias gebären würde! Aber alle Bitten waren umsonst, auch ihre alljährlichen Gebete und Opfer im Tempel wurden nicht erhört. Schließlich gelobte Anna mit dem Wissen ihres Mannes, daß sie, wenn ihr Gott ein Kind schenken würde, es ihm und seinem Dienst weihen wolle. Wie sehr mag die fromme Frau gelitten haben, als der Hohepriester die Opfergabe ihres Mannes zurückwies, weil sie unfruchtbar geblieben und das Volk Gottes nicht gemehrt hatten! Joachim war so beschämt und betrübt über diese Schmach, daß er ganz verstört ins Gebirge zu seinen Herden floh.

Als zwanzig Jahre heißesten Gebets und vergeblichen Wartens vergangen waren, erschien dem Joachim in der Wüste und der weinenden Anna in der Kammer zur gleichen Stunde ein Engel mit der frohen Botschaft, daß Gott ihr Flehen erhört habe: „Anna, du wirst empfangen und eines Kindes genesen, das auf der ganzen Erde verherrlicht werden wird." In ihrer großen Freude eilten die Gatten zum Tempel und trafen einander an der ‚Goldenen Pforte', um dem Herrn ihren Dank darzubringen. Und Maria wurde geboren – die neue Eva, das Meisterwerk Gottes (s. auch 8. September und 8. Dezember).
Drei kurze Jahre durften die beglückten Eltern sich ihres Kindes freuen, dann brachten sie es in Erfüllung ihres Gelübdes gehorsam in den Tempel nach Jerusalem, damit das Mägdelein in dem Heiligtum zum Dienste Gottes erzogen werde. Der Hohepriester Zacharias, ein Verwandter, Vater Johannes des Täufers, empfing Maria, die trotz ihrer großen Jugend die hohen Tempelstufen freudig und ohne jede Hilfe hinaufstieg und sich dem himmlischen Vater zum Opfer brachte, woran noch heute das Fest Mariä Opferung erinnert. Wie schwer mag den Eltern die Trennung von dem heißersehnten Kind geworden sein. Von diesem Augenblick ab schweigt der Bericht. Es wird still um Anna, von der wir nicht wissen, ob sie noch lange gelebt hat oder nun, nachdem sie ihr Leben mit dem erfüllt hatte, wozu Gott sie ausersah, ihre Zeitlichkeit mit der Ewigkeit tauschte.

Der heilige Pantaleon

Einer der vierzehn Nothelfer und ein besonderer Patron des Ärztestandes ist der hl. Pantaleon. Er war Leibarzt des Kaisers Maximian und starb um 305 den Martertod zu Nikomedien. „Existenz und Martyrium dieses Heiligen sind echt, sein ärztlicher Beruf ist durch zuverlässige Tradition verbürgt" (Wimmer). In der Ostkirche, wo er auch Panteleemon heißt, gehört er seit dem 4. Jahrhundert zu den ‚Großmärtyrern' und ‚Wundertätern' und wird den ‚Hagioi anargyroi', d. h. jenen Heiligen zugezählt, die unentgeltlich Hilfe bringen. Nach dem 8. Jahrhundert kam sein Fest unter dem 27. Juli in den römischen Kalender; in den Alpenländern heißt es ‚Dreiärztetag'. In Bari, Konstantinopel, Ravello bei Amalfi, Lucca und Venedig werden Glasgefäße, die sogenannten Pantaleonsampullen, aufbewahrt, die das Blut des Märtyrers enthalten, das an seinem Festtag flüssig wird, ähnlich dem Blutwunder des hl. Januarius in Neapel.

Sein Name bedeutet soviel wie der ‚Löwenstarke'; sein Attribut ist der Nagel, mit dem ihm seine Hände aufs Haupt genagelt wurden, und das Arzneifläschchen. Außer seinem Patronat der Ärzte, ist er Fürbitter bei Kopfweh, Auszehrung, gegen Heuschreckenplage und Viehseuchen. In Köln, zu dessen Schutzheiligen der hl. Pantaleon gehört, erbaute im 10. Jahrhundert Erzbischof Bruno eine ihm geweihte Kirche, die heute noch besteht; sie enthält das Grab der Kaiserin Theophanu.

Legende

Wir wollen die Geschichte dieses starkmütigen Märtyrer-Arztes in der Form wiedergeben, wie sie in den alten deutschen ‚Passionalien' aus dem Jahre 1471 erzählt wird. Zu welchem Mute es der Mensch bringen kann, wenn er aus Liebe zu Gott und im Gedanken an das Heil das Leiden auf sich nimmt, beweist das Leben des hl. Pantaleon.

Da Diokletian und Maximian das Reich inne hatten, da war ein Senator in der Stadt Nistodonia (heute Izmid bei Konstantinopel), der hatte ein seliges Kind, das hieß Pantaleon. Seine Mutter soll heimlich eine Dienerin Christi gewesen sein. Der Vater ließ seinen Sohn die Zeit nicht unnütz vertun und wehrte ihm alle Unzucht. Des folgte ihm das Kind gern. Nun hatte der Kaiser einen Kämmerer, der war ein weiser Arzt. Dem empfahl man das Kind, daß er es auf Arznei lehre. Und es lernte mit Fleiß und hatte guten Willen dazu.

Der Arzt führte das Kind oft in des Kaisers Palast. Und wenn der Kaiser das schöne Kind sah, sprach er jedesmal: „Es ziemte dir wohl, daß du ein Herr des Reiches wärest." Nun mußte das Kind oftmals durch ein Haus gehen, worin ein heiliger Mann wohnte, der hieß Hermelius. Der gewann das Kind lieb, und es ward ihm von Gott kundgetan, es würde ein guter Mensch aus ihm. Und er sprach gütlich zu ihm: „Du solltest dich taufen lassen', und lehrte ihn viel gute Lehren. Das merkte sich das Kind mit ganzem Fleiß, ward aber noch nicht getauft.

Einstmals ging Pantaleon spazieren. Da sah er ein Kind am Wege liegen, das war von einer Natter getötet. Da erschrak er, gedachte aber an das, was ihm Hermelius gesagt hatte. Wer Gottes Diener sein wolle und ihn bitte, was es auch sei, das würde ihm gewähret werden. Und sprach bei sich: „Begehret Gott mich zu seinem Diener, so möge er das Kind lebendig machen." Gleich danach wurde das Kind lebendig und sagte: „Du hast gnädig an mir getan"; und es brach die Natter auseinander. Da sprach Pantaleon: „Wir sollten zu Hermelius gehen und uns taufen lassen." Und sie gingen zu dem heiligen Mann und empfingen beide die Taufe.

Pantaleon ward eine rechte Krone des Glaubens und ein guter Arzt. Er wollte auch seinen Vater dazu bringen, an Christum zu glauben. Aber der hing an seinem Wahne. Einmal ging er aus mit seinem Vater, da sahen sie einen blinden Mann. Da sagte Pantaleon zu dem Blinden: „Willst du an unsern Herrn Jesum Christum glauben, so will ich dir neue Augen machen." Da sprach der Blinde: „Sollt' ich wirklich den Tag wiedersehen, so will ich an Jesum Christum glauben." Da legte Pataleon seine Hände auf des Blinden Augen und sprach: „Lieber Herre, gib dem Mann seine Augen wieder durch meinen Willen, des bitt ich dich." Da ward der Mann sehend und ließ sich taufen und all sein Gesinde mit ihm. Die blinden Augen seines Vaters aber waren durch dies Wunder aufgetan und er glaubte.

Danach sagte man dem Kaiser, daß Pantaleon ein Christ wäre und viele Zeichen täte. Darüber erboste er sich und ließ ihn vor sich bringen. Und sprach: „Wie hast du dich verkehret, daß du unsere Götter verlassen hast. Du bist so edel und reich, drum ziemt es sich, daß du unsere Götter anbetest. Tust du das, so will ich dich allezeit ehren." Zu der Zeit aber, als der Kaiser das sagte, lag ein todsiecher Mann in der Stadt. Den kannte Pantaleon und sprach: „Kaiser, es können alle deine Götter diesen Mann nicht gesund machen. Du versündigst dich, daß du der Christen Glauben schmähst." Und er machte alsbald den Mann gesund im Namen Gottes. Als das der Kaiser sah, zürnte er sehr, denn er fürchtete, er würde noch viele Menschen bekehren.

Nun führten die anderen Ärzte der Stadt aus Neid Klage wider Pantaleon beim Kaiser und sprachen zu ihm: „Wenn du ihn nicht unschädlich machst, großer Kaiser, so wird unser Gott Äskulap bald verachtet werden." Da hieß der Kaiser Pantaleon mit starken Banden binden und ihn sehr schlagen. Dann hieß der Kaiser viel glühendes Blech bringen und ihm das solange an seinen Leib halten, bis er nahezu verbrannt war. Wie er aber in diesem großen Leiden war, betete er zu Gott. Da hieß ihn der Kaiser in den Kerker werfen und verbot, ihm zu essen oder zu trinken zu geben. Aber Gott selber pflegte ihn in der Gestalt des Hermelius und tröstete ihn in seinem Leiden. Und machte ihn also gesund als ob er nie wund gewesen wäre und verschwand. Da freute sich Pantaleon des Trostes gar sehr und dankte Gott für seine Gnade. Als man dem Kaiser sagte, Pantaleon sei frisch und gesund, ergriff ihn Wut, und er hieß ihn ertränken. Aber die Wellen trugen ihn ans Land. Dann ließ er ihn in seinen Tiergarten bringen, da waren viel greuliche Tiere, Leuen und Bären. Aber die Tiere empfingen ihn freundlich und taten als wollten sie ihm dienen. Und da er lange bei ihnen gewesen, ging er unversehrt aus dem Garten. Als die Menschen das sahen, ließen sich gar viele taufen. Als das der Kaiser hörte, befahl er den Heiligen zu töten. Da banden seine Diener ihn an einen dürren Ölbaum und schlugen ihn so lange mit Dornen, bis das Blut von ihm rann und den Baum und die Erde tränkte. Gott aber ehrte seinen Heiligen mit einem schönen Zeichen. Wo sein Blut hinging, da ward nämlich alles grün und schön und der dürre Baum tat blühen und trug süße Frucht. Und überall wo sein Blut hinkam, ward alles voller Rosen, Lilien und Veilchen. Als die Menschen dies sahen, ließ sich wiederum viel Volk taufen. Und Sankt Pantaleon dankte Gott für seine große Gnade. Nun war aber ein Ritter, der ärgerte sich an dem Zeichen und band Sankt Pantaleons Hände über seinem Haupt fest und schlug ihm einen großen Nagel durch die Hände mitten in sein Haupt. Da sah er auf gen Himmel und sprach: „Herr Jesu Christe, sei mir gnädig und mach meiner Marter ein Ende, ich empfehle meinen Geist in Deine Hände." Und als er dies gesprochen hatte, da flog seine Seele aus und fuhr zu den ewigen Freuden. Da nahmen die Heiden seinen Leib und verbrannten ihn zu Pulver. Aber die Christen kamen und begruben das Pulver in der Stadt Nikodemia.

Am 27. Juli ist auch der Gedenktag der heiligen „Siebenschläfer". Der Legende nach handelt es sich um sieben Jünglinge aus Ephesus, die während der Verfolgungen unter Kaiser Decius um 250 in einer Höhle eingemauert worden waren. Sie wurden zur Regierungszeit des Kaisers Theodosius 362 lebend aufgefunden: sie hatten während der ganzen Zeit geschlafen. Ihre Namen sind im römischen Martyriologium verzeichnet und ihre Legende, die sehr alt ist, hat viele Variationen durchgemacht. Im Volksbrauch spielt dagegen der Tag der Siebenschläfer heute noch eine Rolle: wenn es an diesem Tage regnet, rechnet der Bauer mit einer Regenperiode von sieben Wochen.

Die heilige Christina von Bolsena *(Gedenken: 24. Juli)*

Der Leib dieser Großmärtyrin liegt in der aus dem 11. Jahrhundert stammenden bemerkenswerten Kirche Santa Cristina in Bolsena, nordwestlich von Rom begraben. Ihr Martyrium hat Paolo Veronese auf sechs Tafeln in der Akademie in Venedig dargestellt. Entsetzlich waren die Folterungen, denen man sie ausgesetzt hat. Sie starb wahrscheinlich unter Diokletian, ist aber wohl identisch mit der Märtyrin von Tyrus, von der eine im frühen Mittelalter entstandene Legende, die der der hl. Barbara (s. 4. Dezember) gleicht, berichtet.

Im römisch-katholischen Meßbuch ist das Fest der hl. Christina seit dem 8. Jahrhundert am 24. Juli verzeichnet.

Die Darstellungen der Heiligen enthalten immer ihre Marterwerkzeuge: Messer, Zange, Armbrust, Mühlstein, Pfeile, Schlangen, die sie in der Hand hält oder um sich hat, auch das Schiff, von dem aus sie ins Meer geworfen wurde. Sie ist Patronin der Bogenschützen, Müller und Seeleute.

Legende

Christina stammte von edlen Eltern aus Tyrus. Obgleich sie sehr schön war und viele sie zur Gattin begehrten, wollten ihre Eltern sie niemanden zur Ehe geben, denn die Jungfrau sollte ganz dem Dienste der Götter geweiht werden. Deshalb schloß ihr Vater sie zusammen mit zwölf Dienerinnen in einen Turm ein und gab ihr silberne und goldene Götter mit. Doch lehrte sie der Heilige Geist, daß sie den Dienst an den Bildern verschmähte. Eine ihrer Dienerinnen, die Christin war, unterrichtete sie im wahren Glauben. Als nun ihr Vater zu dem Turm kam, sagten ihm die anderen Dienerinnen, daß Christina nicht opfern wolle. Der

Vater gab ihr gute Worte: „Opfere nicht bloß einem Gott, damit dir die anderen Götter nicht zürnen." Aber Christina sagte, sie brächte ihr Opfer dem Vater, dem Sohn und dem Heiligen Geist, und diese drei zusammen machten den einen wahren Gott aus. Dann zerbrach sie die Götter ihres Vaters und schenkte das Gold und Silber den Armen.

Als der Vater das hörte, hieß er sie die Kleider ausziehn und ließ sie mit Ruten schlagen. Und als Christina, ins Gefängnis geführt, auch auf die Bitten ihrer Mutter nicht hören wollte, da setzte der Vater sich zu Gericht über sie und ließ sie mit den schrecklichsten Martern quälen, damit sie seinen Göttern opfere. Christinas Leib aber trug durch die Wunderkraft Gottes keinerlei Schaden davon. Als der Vater das sah, meinte er, es geschähe durch Zauberei und ließ sie auf ein Schiff bringen und ihr einen schweren Mühlstein an den Hals binden und sie ins Meer hinabstoßen. Aber es kamen Engel und hielten sie über Wasser und führten sie wieder an Land. Danach warf man sie in einen glühenden Ofen, in dem war sie fünf Tage ohne allen Schaden und sang darin mit den Engeln. Dann wurden Schlangen auf sie losgelassen, doch die giftigen Vipern leckten ihr die Füße, ringelten sich um ihren Hals und taten ihr nichts zuleide. Zuletzt riß man ihr die Zunge heraus, doch verlor sie die Sprache nicht, dann durchbohrte man sie mit zwei Pfeilen, der eine traf sie ins Herz und der andere in die Seite. Da gab die hl. Märtyrin ihren Geist auf und ging zu Gott ein in die Herrlichkeit des Himmels.

Die Kollegiatskirche S. Cristina in Bolsena birgt in der sogenannten Wunderkapelle auf dem Hauptaltar die bei dem berühmten ‚Wunder von Bolsena' – Raffael hat es in den Stanzen des Vatikans dargestellt – mit Blut bedeckten Marmorplatten. Allerdings hat sich das Wunder nicht in dieser Kapelle zugetragen, sondern am Altar der hl. Christina in der Grotte. Die Grotte hat in frühchristlicher Zeit wahrscheinlich als Katakombe gedient, ursprünglich war sie wohl eine dem Apoll geweihte Höhle. Heute wird hier sinngemäß der hl. Erzengel Michael (s. 29. September) verehrt. In der ihm geweihten Kapelle hat Giovanni della Robbia Szenen aus dem Leben der hl. Christina geschaffen. Unter dem Altar liegt jener Stein, den der grausame Vater seiner christlichen Tochter um den Hals binden ließ, um sie zu ertränken und der sie mit Hilfe der Engel ans Ufer zurücktrug. Er zeigt die Fußspuren der Heiligen. Und hier an diesem Altar trug sich das Wunder zu:

Am 11. August 1263 las hier ein Priester aus Böhmen, der sich auf der Reise von Prag nach Rom befand, die heilige Messe. Aber er las sie nicht im rechten Geiste, weil er an der Wahrheit der Wandlung von Brot und Wein in Fleisch und Blut Christi zweifelte. Da sah er plötzlich, wie die von ihm konsekrierte Hostie blutete und das Blut über das Korporale, die Altartücher und auf die Marmorplatten des Fußbodens floß. Das Korporale und die Altartücher wurden in einer Prozession zu Papst Urban IV. gebracht, der sich damals in dem nahe gelegenen Orvieto aufhielt. Er hat ein Jahr später jene Bulle veröffentlichen lassen, durch die er das Fronleichnamsfest für die ganze Kirche verbindlich machte. Papst Urban, vor seiner Wahl Archidiakon in Lüttich, hatte vielleicht dort schon das auf Veranlassung der hl. Juliana von Lüttich (s. 8. April) durch Bischof Robert eingeführte Fest des hl. Abendmahls

mitgefeiert. Nachdem er das Wunder von Bolsena erlebt hatte, führte der Papst es für die ganze Christenheit ein. Wahrscheinlich gehen die Fronleichnamsprozessionen auf jene erste Prozession zurück, in der das Blut des Herrn von Bolsena nach Orvieto getragen wurde.
In der Grotte der Heiligen wurde 1880 ein römischer Sarkophag mit den Reliquien der hl. Christina gefunden, die unter dem Hochaltar beigesetzt wurden.

Die heilige Martha

Es ist noch gar nicht so lange her, daß in Rom Papst Paul VI. die hl. Martha zur Schutzpatronin der italienischen Hoteliers bestimmt hat. Der Vatikan begründet die Ernennung mit dem Beginn des 12. Kapitels des Johannesevangeliums, in dem es heißt: „Sechs Tage vor dem Osterfest kam Jesus nach Bethanien, wo Lazarus wohnte, den Jesus von den Toten auferweckt hatte. Dort bereitete man ihm ein Gastmahl. Martha wartete auf." Es geht daraus hervor, daß die Schutzheilige der Arbeiterinnen, Dienstmägde, Hausfrauen, Köchinnen, Wäscherinnen noch ein neues, modernes Patronat zugewiesen bekam, das der Hotelwirte in einem Lande, wo die Fremdenindustrie eine der Haupteinnahmequellen ist. So reichen die Heiligen lebendig bis in unsere Zeit und wirken auf ihre besondere Weise weiter in der Welt.
Ihre Fürsprache bei Blutfluß geht nach einem Bericht des hl. Ambrosius darauf zurück, daß sie jene Blutflüssige des Evangeliums gewesen sei, die der Herr geheilt hat. Dadurch, daß die Stadt Tarascon in Südfrankreich auf ihre Fürsprache hin im Jahre 1630 von der Pest verschont blieb, wurde sie neben den hll. Rochus und Sebastian u. a. zu einer wirksamen Helferin auch in dieser Not. Nicht zuletzt ist sie auch Sterbepatronin.
Man sieht, die hl. Martha ist eine vielseitige Heilige, wie ihre Stellung als tüchtige, fleißige Herrin des Hauses von Bethanien gewiß auch vielerlei Tun umfaßte. Weil sie als Schwester des hl. Lazarus und der hl. Maria Magdalena (s. 22. Juli) Jesus oftmals gastlich aufgenommen hat, wird sie ‚Gastwirtin des Herrn' genannt. Die hl. Martha wurde zur Personifikation des tätigen Lebens im Gegensatz zu ihrer Schwester Maria, die das beschauliche Leben verkörpert.
Ihre bekanntesten Darstellungen sind zusammen mit ihrer Schwester, wobei Martha den Heiland bedient, sowie bei der Auferweckung ihres Bruders Lazarus.

Viele große Meister haben diese Themen behandelt. Auch mit Kochlöffel und Schlüsselbund am Gürtel sieht man sie. Ihre eigentlichen Attribute, Drache und Weihwasserkessel,gehen auf ihre Legende zurück.
In Tarascon in der Provence wird in der Krypta der ihr geweihten Kirche Sainte-Marthe das Grabmonument der Heiligen gezeigt. Ihr Fest ist seit dem 11. Jahrhundert im Meßbuch verzeichnet.

Legende
Die Heilige Schrift erwähnt Martha ein letztes Mal, als sie den Herrn vor seinem Einzug in Jerusalem aufnahm und ihm diente. Dann vernehmen wir nichts mehr von ihr. Die Legende aber spann die Geschichte der drei Geschwister, die der Herr lieb hatte, weiter. Wir wissen daraus, daß sie „als lebendige Reliquien des Erdenlebens Jesu" – wie Lacordaire sie so wunderbar nannte – infolge der in Palästina nach dem Tode des Herrn gegen die Christen aufgestachelten Volkswut auf eine Barke ohne Steuermann und Segel gesetzt wurden, um dem Tode entgegenzufahren. Nun aber geschah das Wunder: der Atem des Herrn führte das kleine Boot an die Küste Frankreichs, und sie landeten unbeschadet auf dem Delta, das die Rhonemündung bei Marseille bildet. An dem Ort ihrer Landung steht heute noch die Kirche ‚Les Saintes-Maries-de-la-Mer', so genannt nach Maria Jakobäa und Maria Salome, die beide mit ihnen waren, dort blieben, wirkten und an diesem Orte starben. Lazarus hingegen wurde Verkünder der christlichen Lehre der Liebe und erster Bischof von Marseille, Maria Magdalena bezog die Grotte von Sainte-Baume und führte durch das Beispiel ihres bußfertigen Lebens viele zu Christus. Martha aber wanderte mit ihrer Magd Marzella den Gefahren des fremden Landes mit dem ihr eigenen heiter-erhabenen Mute entgegen, der diese Frau auszeichnete, seitdem sie die Worte Jesu vernommen hatte: Ich bin die Auferstehung und das Leben, wer an mich glaubt, wird leben und wenn er auch schon gestorben ist!
In der Kraft dieses Vertrauens besiegte Martha nun auch den schrecklichen Drachen Tarascus, der Menschen verschlang. Sie begoß das Untier einfach mit geweihtem Wasser und hielt ihm das Kreuz entgegen; da wurde der Drache lammfromm und ließ sich von ihr an einer Kette mitführen, so daß das Volk ihn mit Speeren und Steinen erschlagen konnte. Den Ovationen, die das dankbare Volk ihr mit Weihrauch einem Gotte gleich darbringen wollte, entzog sie sich. Von nun lebte sie in einer abgelegenen und bescheidenen Behausung unter Fasten und Beten an dem Orte, der später im Gedenken an sie Tarascon genannt wurde. Es sammelten sich eine große Zahl von frommen Gefährtinnen um sie, die ihrem Beispiel nacheiferten.
Ihr Tod wurde ihr ein Jahr vorher durch den Herrn kundgetan. Als sie merkte, daß ihr Ende nicht mehr fern war, mahnte sie die Ihren, daß sie mit brennenden Lampen bei ihr wachen sollten. Aber am Tage vor ihrem Tode geschah es, daß die Frauen vom Schlafe überwältigt wurden. Da fuhr ein großer Wind in die Lichter und löschte alle aus. Und Martha erblickte eine Schar von bösen Geistern. Da betete sie in ihrer Not und sah alsbald ihre

Schwester zu ihr kommen, die hielt eine Fackel in der Hand und zündete damit die Kerzen alle wieder an. Und sie hörte eine Stimme: „Liebe Wirtin, du hast mich zu Gaste aufgenommen, so will auch ich dich aufnehmen in meinen Himmel. Und wer dich anruft, den will ich aus Liebe zu dir erhören." Da ließ sie sich hinaustragen vor die Tür, damit sie den Himmel sehen konnte und sprach: „Mein lieber Gast, laß deine geringe Dienerin deiner Hut befohlen sein, und wie du mich gewürdigt hast, daß du bei mir geherbergt hast, so nimm mich jetzt in deine himmlische Herberge auf." Dann ließ sie sich die Passion vorlesen, und bei der Stelle: ‚In deine Hände befehle ich meinen Geist', verschied sie sanft im Herrn.

Der heilige Olav

(Gedenken: 29. Juli)

Eine schöne Statue aus dem Jahre 1470 im Museum zu Lübeck zeigt den Patron der Norweger: König Olav II., den Heiligen. Er steht auf einem Drachen. Olav war Besieger des Heidentums im hohen Norden. Sein rauhes kriegerisches Leben war Dienst für Christus. Der Name Olav oder Ulf bedeutet ‚der Gottentstammte'. Der heilige König wird abgebildet mit der Streitaxt, die sein Leben endete, mit Zepter und Reichsapfel; mit menschenköpfigem Drachen unter den Füßen. Sein Gedächtnis feiert die Kirche am 29. Juli. Sein Leib ruht im Dom von Trontheim. Sein Grab war das Ziel vieler Pilgerzüge.

Olav II., auch der Dicke genannt, wurde um 995 geboren. Sein Vater, Harald von Westfold, fiel auf Anstiften der schwedischen Königin durch Mörderhand. Um ihn zu rächen, unternahm 1007 der Knabe Olav an der Spitze einer zahlreichen Horde seine erste Wikingerfahrt nach Schweden. Weitere Raubzüge führten ihn nach Finnland und England, wo er dem christlichen König Aedelred bei der Wiedereroberung seines Landes half. Ehe er nach Norwegen zurückkehrte, blieb er noch einige Monate bei den Normannen in Rouen. Tief beeindruckt durch die große Frömmigkeit der Christen empfing der junge Fürst dort die Taufe.

1015 wieder zu Hause, versuchte er alle Stämme zu unterwerfen und ein einheitliches Reich zu schaffen, das unter seiner Führung stehen sollte. Es gelang ihm, in jahrelangen Kämpfen das Joch der Dänen und Schweden abzuschütteln und das Land von der Fremdherrschaft zu befreien. Mit den Schweden schloß er Frieden und vermählte sich zur Besiegelung desselben mit des Schwedenkönigs Tochter. Die Dänen blieben ihm feindlich gesinnt. Die Wikingerzüge hörten seit seiner Regierung ganz auf. 1020 waren endlich alle Stämme unter Olavs Zepter geeint. Nun setzte er sein Vorhaben, das Land dem größten König, Christus, zu unterwerfen, in die Tat um und führte die schon unter Olav I. begonnene Christianisierung des Volkes fort. Er erließ strenge aber weise Gesetze und gebot, daß sich jeder danach richte. Trontheim machte er zum Hauptsitz der Kirche. In Begleitung von seinen Bischöfen und Priestern drang der König bis in die abgelegensten Fjorde vor, um das Christentum zu verbreiten und die Götter auszurotten. Er duldete keinen Widerstand und scheute in seinem Eifer selbst vor Gewaltanwendung nicht zurück. Seine unerbittlichen Maßnahmen fanden bei dem starrköpfigen Bauernvolk großen Widerstand und zogen ihm auch unter den alten Geschlechtern Feindschaft zu. Sie hetzten die Stämme gegen den König auf, was ihnen mit Hilfe des Dänenkönigs Knut, der auf diese Weise wieder Fuß in Norwegen zu fassen hoffte, auch gelang. Ja sogar Stämme, die bisher rückhaltlos zum König gehalten hatten, schlossen sich der Aufstandsbewegung an. Olav sah sich plötzlich nach fünfzehnjähriger Regierung von den Seinen verlassen und mußte fliehen. Als sie aber sahen, daß sie unter dem Dänenkönig Knut noch stärker in ihren Freiheiten beraubt wurden und das Joch der Fremdherrschaft anfing sie empfindlich zu drücken, da besannen sie sich auf ihren alten König Olav und riefen ihn wieder in die Heimat. Dort angekommen, versammelte Olav seine Anhänger um sich, aber das Heer der heidnischen Bauern und Dänen stellte sich ihm in dreifacher Übermacht bei Stiklestad entgegen. Olav nahm die Schlacht an. Seine Krieger malten sich ein weißes Kreuz auf Helm und Schild und zogen mutig in den aussichtslosen Kampf. Sie wurden geschlagen und Olav in der Schlacht getötet. Das geschah am 29. Juli 1030.

Nach dem jähen Tode des Königs aber besann sich das Volk und wurde sich seines heiligen Königs bewußt. Sein Leib wurde mit hohen Ehren bestattet, und schon bald geschahen an seinem Grabe Wunder über Wunder. Sein Volk bekehrte sich. Die christliche Botschaft drang bis nach Island, Grönland und den Orkneyinseln. Der hl. Olav hatte mit seinem Blute dem Christentum den Weg in den Norden gebahnt.

Legende

Die Legende berichtet einige merkwürdige Dinge aus dem Leben dieses christlichen Königs. Sie will aufzeigen, daß sein Glaube ‚Berge versetzen konnte‘ und er sich nicht entmutigen ließ, obgleich sein Kampf schwer war und in einer scheinbaren Niederlage endete.

Da hören wir: Als König Olav das Reiche Norwegen entgegen dem Willen vieler einnahm, hieß er die Schiffer ganz nahe an die Klippen heransegeln. Sobald die Schiffe ihnen nahe kamen, schlug er das heilige Kreuz, und die Steinberge taten sich auf, so daß sie hindurchfahren konnten. Und immer wieder öffneten sie sich vor diesem Zeichen, solange, bis sie ans Ziel gelangten – und blieben hinter ihm offen stehen bis auf den heutigen Tag.

Sankt Olav hielt Gottes Gebot mit Strenge und tat alles, um auch seine Untertanen zum ewigen Leben zu bringen. Der böse Geist aber reizte die Mächtigen im Lande, daß sie die Lehre des Königs nicht empfangen wollten und in ihrer alten, bösen Gewohnheit verblieben.

Aber Sankt Olav ließ nicht ab von seiner Predigt und ließ die Tempel der Götzen einreißen und Kirchen bauen und setzte Priester ein, Gott darinnen zu dienen. Als der König sah, daß sich der Christen Glauben überall mehrte, war er sehr fröhlich und dankte Gott. Aber die noch Heiden geblieben waren, fügten dem hl. Olav mancherlei Unrecht und Kummer zu. Und eines Nachts offenbarte sich ihm Christus mit einem Kreuze und sprach: „Mein lieber Olav, flieh vor dem Zorn deines Volkes und geh nach Rußland und bleibe dort so lange, bis ich dir sage, daß du zurückkehren sollst. Dann aber wirst du bald unter Schmerzen in mein Reich eingehen." Da floh der König nach Rußland. Es geschah aber, als er in Rußland war, daß er an einem Sonntag ein kleines Reis in der Hand hatte und viele Späne davon schnitt, er dachte dabei an sein Land und nicht daran, daß Sonntag war. Da sagten einige, die bei ihm waren: „Herr König, es ist heute Sonntag." Als der Heilige das hörte, erschrak er sehr und betrübte sich, daß er nicht daran gedacht hatte. Er nahm die geschnittenen Späne und legte sie auf seine bloße Hand und verbrannte sie darauf und bat Gott um Vergebung. Und alle, die das sahen, erstaunten ob seiner Heiligkeit.

Da er nun aber auf die Weisung unseres Herrn Jesus zurückkam in sein Land, da wurde er alsbald in einer Schlacht geschlagen und gefangengenommen. Dann geißelten seine Feinde ihn und verhöhnten ihn, indem sie ihm eine Dornenkrone aufsetzten. Sie gaben ihm ein Zepter in die Hand und sprachen: „Seht, welch ein König!" Danach banden sie ihn an ein Kreuz, daran er drei Stunden hing unter großen Schmerzen. Danach gab er seinen Geist auf. Als nun aber seine Widersacher seinen Leib dem Feuer überantworteten, blieb dieser unversehrt, und aus dem Feuer erhob sich ein großer Drache und tötete jene, die ihm übel getan hatten. Vor diesem Wunder bekehrte sich das ganze Volk.

Der heilige Ignatius von Loyola

Der hl. Ignatius von Loyola ist der Gründer des Jesuitenordens, der Gesellschaft Jesu – Compañia de Jesù –, wie er ihn nannte. Das Wort ‚Compañia' hat etwas Soldatisches, aber, wie Reinhard Raffalt meint, ist darunter nicht nur eine Kampfgruppe zu verstehen, sondern etwas, was man mit dem Begriff des „adeligen Corps" vergleichen könnte. „Es ist eine durch strengste Zucht, durch freiwilligen und persönlichen Verzicht auf Eigenleben zusammengefügte Gemeinschaft kampfbereiter Männer, die nach dem Vorbild ihres Gründers die zerbrechlichen irdischen Waffen mit den unzerstörbaren geistigen vertauscht haben."

Ignatius selbst war ja ein Edelmann, er hatte in seiner Jugend als Page einer großen Hofhaltung angehört; so hat er im Laufe seines Lebens dann „die Vorstellung entwickelt, daß die irdischen Hofhaltungen mit ihrem Glanz und Zeremoniell allesamt nur ein dürftiges Abbild des ungeheuren himmlischen Hofes seien" und gelangte zu der Erkenntnis, „daß der auf dieser Erde verlängerte Arm dieses ‚himmlischen Hofstaats' die Hierarchie der Kirche darstellt, der er als geistlicher Ritter eine bedingungslos einsetzbare Kompagnie zuführen wollte."

Das Leben des hl. Ignatius ist bekannt. Er wurde in der nordspanischen Provinz Guipuzcoa auf Schloß Loyola am 31. März 1491 geboren. Er stammte aus einer hochadeligen spanischen Familie und war der Jüngste von vielen Geschwistern. Getauft wurde er auf den Namen Iñigo, den er selbst später in Ignazio umwandelte, weil er ein besonderer Verehrer des hl. Ignatius von Antiochia (s. 17. Oktober) war. Als Knabe kam er als Page an den Hof König Ferdinands v. von Spanien; später widmete er dort seine ritterlichen Dienste der Sitte entsprechend einer Dame. Dann wurde er Soldat, brachte es schnell zum Hauptmann und hatte eine glänzende militärische Karriere vor sich, die durch eine schwere Verwundung, die er bei der Belagerung von Pamplona empfing – eine Kanonenkugel traf sein Bein –, ein jähes Ende fand. Obgleich er sich heldenmütig mehrerer äußerst schmerzhafter Operationen unterzog, war er fortan ein Krüppel, was ihm bei seinem ehrgeizigen Temperament als größtes Unglück erschien. Wochenlang mußte er unbeweglich in Schloß Loyola auf dem Krankenlager aushalten, und er gewöhnte sich daran, die Zeit mit Lesen zuzubringen. Jedoch gab es in der Schloßbibliothek keine große Auswahl, er mußte mit dem Vorhandenen vorlieb nehmen: es war die Geschichte Jesu und Heiligenlegenden. Aber Ignatius fing an, sich sehr bald für die Heiligen zu interessieren, er erkannte, daß sich ihre Taten mit den kühnsten Abenteuern mancher Ritter messen konnten. Nach und nach wurde er so stark davon beeindruckt, daß er sich zu verwandeln begann. Fortan weihte Ignatius sein ganzes Leben dem Willen Gottes.

Nach seiner Genesung zog er sich 1522 zunächst nach dem Kloster Montserrat zurück, wo er dem Abt seine Generalbeichte ablegte. Dann legte er Pilgerkleidung an, hing sein Schwert neben den Altar auf und hielt darauf bei der Gottesmutter eine Nachtwache, wie er es in Ritterromanen gelesen hatte. Danach begab er sich in die Einsamkeit nach Manresa, wo er in einer feuchten Höhle hauste. Er versuchte dort zu tun, was der hl. Franziskus und der hl. Dominikus getan hatten. In beinahe selbstmörderischer Askese kasteite er sich in gewaltsamer und schonungsloser Bußfertigkeit. Sieben Stunden täglich verbrachte er kniend im Gebet, die wenigen Stunden des Schlafes auf der nackten Erde, einen Holzklotz unter dem Kopf. Er fastete und geißelte sich. Er gestand später selbst, daß sein Wunsch, sich im Dienste Christi auszuzeichnen, dabei so lebhaft gewesen sei, daß er bei den

Bußübungen fast gar nicht an seine Sünden gedacht habe. Sein Bestreben, selbst die heiligsten unter den Heiligen zu übertreffen, führte ihn zur unbarmherzigen Selbsttortur. Nach quälenden Gewissensnöten gelangte er schließlich zu der Erkenntnis, daß er fortan alles zur größeren Ehre Gottes tun werde. „Omnia ad majorem Dei gloriam" – dieser Leitsatz wurde bestimmend für sein weiteres Leben. Ignatius nimmt sich vor, die Welt für die Kirche und damit für Gott zu erobern. Er beschließt, eine religiöse Gesellschaft zu gründen. Sein in Manresa entstandenes, weltberühmtes Exerzitienbüchlein, das später zur Grundlage der berühmten jesuitischen Willensschulung werden sollte, macht ihn zum Schöpfer aller neuzeitlichen geistlichen Übungen.

Als er am Ende seiner Vorbereitungszeit aus der Höhle von Manresa trat, um seine Heiligenlaufbahn zu beginnen, „da hatte sich der unbeherrschte Ritter zu einem Meister der Affekte" (Fülöp Miller) gewandelt. Von seiner Pilgerfahrt ins Heilige Land (1523) zurückgekehrt, besucht er nun die Hochschulen von Barcelona, Alcala und Salamanca; er lernt Latein wie ein kleiner Schüler. Zuletzt läßt er sich an der Universität Paris einschreiben, um dort seine Studien fortzuführen. Und in Paris gründet er 1534 mit einigen Genossen „Ad majorem Dei gloriam" – zur größeren Ehre Gottes – den Jesuitenorden. Die ersten Gefährten – Studenten wie er –, die sich ihm dauernd anschlossen, waren Petrus Faber, Franz Xaver, Jakob Laynez, Alfons Salmeron, Simon Rodriguez und Nikolaus Bobadilla. Die Macht seiner Persönlichkeit und seine Exerzitien hatten das bewirkt. Um ihrem Bunde festen Halt zu geben, legten die sieben Männer gemeinsam in der Kirche Saint-Denis auf dem Montmartre die Gelübde der Armut und Keuschheit ab. Nach seiner Priesterweihe wurde Ignatius einstimmig zum Generaloberen der Gesellschaft Jesu gewählt; der Orden wurde 1540 durch Papst Paul III. bestätigt.

Der hl. Ignatius war der erste Ordensstifter, der die bisher gewohnten Ordenseinrichtungen wie Chorgebet, Ordenstracht u. a. aufgab, um ganz dem Apostolat dienen zu können, durch das er die Menschen zu einem echt christlichen Denken und Leben führen wollte. Der Erziehung der Jugend, der Pflege der Wissenschaft und Forschung und der Missionstätigkeit maß Ignatius die größte Bedeutung bei. Umstritten von Anfang an, marschierte die Armee des Heiligen durch alle Veränderungen der politischen und geistigen Entwicklung von Jahrhunderten. Seine Jünger haben bei der Erschließung der Neuen Welt tatkräftig mitgewirkt, unter ihnen waren Erfinder und Gelehrte, Maler, Baumeister und Dichter. Auf allen Gebieten des menschlichen Geistes waren sie erfolgreich tätig. Und trotz aller Anfeindungen, auf die die Gesellschaft Jesu immer wieder stieß und die sogar zur vorübergehenden Auflösung des Ordens führte, hat die Gründung des hl. Ignatius die Jahrhunderte überdauert und ist auch heute noch lebendige Wirklichkeit.

Ignatius leitete seinen Orden von Rom aus 16 Jahre lang und brachte ihn dank seiner erstaunlichen Organisationsgabe zu rascher Entwicklung. Nachdem er in Rom das Collegium Germanicum gegründet hatte, aus dem immer neuer Nachwuchs an eifrigen, vorzüglich geschulten Priestern hervorging, sandte er seine Jünger nach Deutschland, wo die Lehre Luthers um sich gegriffen hatte. Seelen zu retten, war seine ganze Leidenschaft. „Wenn ich sterben könnte, wollte ich tausendmal den Tod leiden um einer einzigen Seele wegen." Deshalb schickte Ignatius seine Jesuiten hinaus in die Welt, und sie predigten das Wort Gottes genauso im Kongo wie in Brasilien und Asien. Er entsandte beispielsweise einen seiner engsten Freunde, Franz Xaver, nach Indien, um auch dort die Missionsarbeit voranzutreiben und den Glauben zu verbreiten. In Rom vollzog sich die letzte innere Wandlung des einstigen Kriegers; er wird vom ichbezogenen Fanatiker zum überpersönlichen, einsichtigen, gütigen Heiligen. Man gehorchte ihm nicht aus Furcht, sondern aus Liebe. Stets war er gegen die Anwendung von Gewalt. Auch Ketzern gegenüber lehnte er physische oder moralische Gewaltmittel ab. „Nie durfte später ein Jesuit Mitglied eines Inquisitionsgerichtes sein" (Nigg). Er wollte nicht unterdrücken, sondern überzeugen und zwar durch die Kraft seines persönlichen Beispiels.

Als der erste Ordensgeneral am 31. Juli 1556 starb, zählte der Orden bereits 1000 Mitglieder und besaß über 100 Niederlassungen. Ignatius fand sein Grab in der Kirche Il Gesù in Rom. Er wurde 1622 heiliggesprochen; sein Fest wird seit Innozenz x. am 31. Juli gefeiert.

Dargestellt wird der Heilige im schwarzen Ordenskleid der Jesuiten oder mit dem Monogramm Christi auf der Brust; Teufel austreibend, Drachen – als Symbol der Ketzerei – zu seinen Füßen, Kreuz in der Sonne schauend. Der hl. Ignatius ist seit 1922 Patron der Exerzitienhäuser, ferner der Jesuiten, Kinder, Krieger; er schützt vor Fieber, Gewissensbissen und Seelenqual, Totgeburten, Zauberei, Wölfen – weil sein neuntägiges Gebet gegen eine Plage von Wölfen in den piemontesischen Tälern half.

Anstelle der Legende

Ein Ereignis, das unmittelbar nach dem Tode des Ignatius eintrat, beweist eindeutig, wie sehr der Geist dieses Mannes sich schon von seiner Person gelöst hatte und Besitz des Ordens geworden war. Noch unter der Erschütterung, die der Tod des Heiligen ausgelöst hatte, traten die Jesuiten im Profeßhaus ohne Zögern zur Wahl eines neuen Generals zusammen – und sie wählten den auf dem Sterbebett liegenden Pater Laynez, nicht etwa, weil er das älteste Gründungsmitglied des Ordens war, sondern weil er in dem Rufe stand, beim Papste persönlich gern gesehen zu sein. Und der totkranke Pater nahm die Wahl an. Der Orden war wichtig, nicht das persönliche Schicksal! (Reinhard Raffalt).

Der heilige Alphons Maria di Liguori

Die Tracht der Redemptoristen besteht aus einem schwarzen Talar, Stoffgürtel mit Rosenkranz und weißem Halskragen. Stifter dieses Ordens, der seine wichtigste Aufgabe in der Missionierung des einfachen Volkes erblickt, war der hl. Alphons. 1871 wurde er von Papst Pius IX. zum Kirchenlehrer erhoben und bekam den Titel ‚Doctor zelantissimus' – der von größtem Eifer erfüllte Lehrer. Alphons verfaßte über hundert bedeutende Werke über Asketik, Dogmatik, Moral- und Pastoraltheologie. Er gilt als der Systembegründer der Moraltheologie. Seine Werke wurden in zahlreiche Sprachen übersetzt und sind so in der gesamten katholischen Welt verbreitet.

Das ganze Leben dieses berühmten Heiligen der neueren Zeit war Kreuznachfolge! Leiden und Sorgen, Rückschläge und Verfolgungen begleiteten ihn durch sein ganzes Leben. Gott macht es seinen Heiligen nicht leicht. Alles Gute und Gottgewollte erfährt Widerspruch, und nur unter Leiden kann es gedeihen. Sein schöner Name bedeutet ‚der edle Willige, der allzeit Bereite'; er trifft auf niemand besser zu als gerade auf diesen Heiligen!

Alphons Maria war der älteste Sohn eines Edelmannes mit dem Namen de Liguori und wurde am 27. September 1696 in Marianella bei Neapel geboren. Er erhielt eine vortreffliche Erziehung. Mit 17 Jahren bereits promovierte er zum Doktor der Rechte. Als Neunzehnjähriger war er ein äußerst gesuchter Rechtsanwalt. Nachdem er mehrere Jahre diese Tätigkeit ausgeübt hatte, sah er beim Ausgang eines Prozesses, daß er das Unrecht verteidigt hatte! Mit einem Mal wurde ihm die Nichtigkeit weltlichen Wissens und Könnens klar und er erkannte, daß auch bei bestem Wollen Ungerechtigkeiten sich nicht vermeiden lassen. Er opferte seinen Degen der Muttergottes, entsagte feierlich den Rechten seiner Erstgeburt und legte das geistliche Kleid an.

1726 empfing er die Priesterweihe. Von nun an verwendete er seine Zeit ganz auf Gebet, Studium und zum Seelenheil seines Nächsten. Er trat einer Vereinigung von Priestern bei, die auf dem Lande Missionen abhielten, den Katechismus lehrten, und begann zu predigen. Am 9. November 1732 gründete Alphons die ‚Kongregation des allerheiligsten Erlösers' (Redemptoristen). Er wollte mit dieser Genossenschaft der großen religiösen Unwissenheit unter dem einfachen Volke steuern und den Verlassensten mit geistlicher Hilfe beistehen. Kaum hatte er jedoch seine Idee in die Tat umgesetzt, als er sich den abscheulichsten Angriffen ausgesetzt fand. Es war, als wären seinen Gegnern alle Mittel recht, um ihn von seinem Wege abzubringen. Heimlich und offen schmähte man ihn und versuchte, König und Papst gegen seine Vereinigung einzunehmen. Sein eigener Vater und der Erzbischof von Neapel, ja sogar viele aus den Reihen seiner eigenen Mitarbeiter widersetzten sich den Plänen des Heiligen. Schließlich erreichte er, daß er vom Bischof von Salerno ein kleines Haus in Scala bei Amalfi angewiesen bekam, wo er mit einigen Gefährten die Urzelle seines Ordens schuf. Noch heute kann man an diesem Ort die Redemptoristen-Väter finden. Von diesem Ausgangspunkt aus verbreiteten sich sich später über viele Länder – bis nach Amerika. Alles geschah in größter Armut, unter Fasten und Opfern und bei einem Leben, das ganz der Heiligung geweiht war. Alphons verfaßte bestimmte Regeln für seine Kongregation, die er unter den besonderen Schutz der Gottesmutter stellte. Im Jahre 1749 bestätigte Papst Benedikt XIV. seine Regel; er selbst wurde gegen seinen Willen zum Oberen gewählt. Seine Mitglieder missionierten die ganze Umgegend: Dorfkanzel und Beichtstuhl wurden zum Hauptaufenthalt des Heiligen.

Nur aus Gehorsam, ohne selbst dieses hohe Amt für sich zu erstreben, nahm er 1762 auf Befehl des Papstes die Würde eines Bischofs von St. Agatha im Königreich Neapel an. Mit den Worten: „Gott will, daß ich Bischof sei, gut! Ich will es sein!" stürzte er sich voll Eifer in die neue ihn schwer belastende Aufgabe. An allen Orten seines Bistums führte er die tägliche Betrachtung und den Besuch des allerheiligsten Altarsakraments ein, gründete zur Behebung der Sittenlosigkeit fromme Vereine und Bruderschaften, suchte Uneinigkeiten beizulegen und half, wo er konnte, mit Rat und Tat. Die vielen seelischen Erschütterungen, die aufreibende Missionsarbeit, seine literarische Tätigkeit, die mühevolle Leitung seiner von vielen Seiten weiterhin stark angefeindeten Kongregation, die Verwaltung seines Bistums und seine strengen Bußübungen hatten seine Kräfte verbraucht, seine Gesundheit untergraben. Zu seinen früheren Leiden trat ein neues Kreuz: das Kreuz großer körperlicher Schmerzen. Eine Lähmung der Nackenwirbel bereitete ihm unendliche Qualen, zumal er dadurch nicht mehr in der Lage war, das Meßopfer zu feiern. Seine geduldige Ergebung aber war wunderbar, „es war die Ergebung eines Heiligen, der ganz von Liebe zu Gott verzehrt wurde". Taub und fast blind, von Gicht gekrümmt, bat er im Alter von 80 Jahren um Enthebung von seinem verantwortungsvollen Amt als Oberhirte und zog sich in sein Kloster Nocera dei Pagani zurück. Kurz vor seinem Tode erlitt er neue Prüfungen; sein Werk geriet durch bösartige Verleumder nochmals in große Gefahr. Alphons fiel beim Papst in Ungnade, schon verließ ihn ein Teil seiner Mitbrüder, man enthob ihn seines Amtes als Oberer, der Genossenschaft drohte Spaltung. Aber auch hier errang sein geduldiges Gottvertrauen zuletzt wieder den Sieg.

Der hl. Alphons wurde am 1. August 1787 von seinem lebenslangen Kreuzweg durch einen friedlichen Tod erlöst, den er ein Jahr vorher vorausgesagt hatte. Er hatte ein Alter von über 90 Jahren erreicht. Er wurde in der Klosterkirche von Nocera beigesetzt. 1839 wurde er unter die Heiligen aufgenommen.

Legende

Schon in seiner frühen Kindheit ereignete sich ein merkwürdiges Geschehnis, das an eine Szene aus der Jugend des Herrn erinnert. Der Jesuitenmissionar Franz von Hieronymus nahm – ähnlich wie einst Simeon den Jesusknaben – bei einem Besuch in dem Hause des Grafen di Liguori den kleinen Alphons auf die Arme, segnete ihn und sprach: „Dieser Knabe wird alt werden, ein Bischof sein und Großes wirken zur Ehre Gottes."

Eine wunderbare Begebenheit vom Ende seines Lebens sei hier erwähnt: Der hl. Alphons war den Jesuiten mit großer Liebe zugetan. Um so größer war daher sein Schmerz, als er hörte, daß Papst Klemens XIV., gedrängt von den mächtigen Feinden der Gesellschaft Jesu, am 21. Juli 1773 diesen Orden aufhob. Von dieser Zeit an lebte der Papst in einer merkwürdigen Unruhe und inneren Angst, vielleicht infolge seiner Schwäche und Nachgiebigkeit. In der Stunde seines Todes aber kam ihm der hl. Alphons auf wunderbare Weise zu Hilfe. Am Morgen des 21. Septembers 1774, nachdem der hl. Alphons die Messe gelesen hatte, ruhte er in seinem Lehnstuhle. In tiefes Schweigen versunken, ohne alle Bewegung, ohne ein Wort zu sprechen, blieb er in diesem Zustande den ganzen Tag und die folgende Nacht. Er nahm keine Nahrung zu sich, und die Diener, die ihn so sahen, glaubten, er sei in Verzückung und getrauten sich nicht, ihn zu stören. Am Morgen des 22. September, also um die Stunde, in der Papst Klemens starb, gab Alphons endlich ein Zeichen, er wolle die hl. Messe lesen. Alle, die im Hause waren, liefen herbei. Verwundert fragte der Heilige, warum so viele kämen; und als man ihm sagte, daß er zwei Tage lang kein Lebenszeichen von sich gegeben habe, erwiderte er: „Das mag sein, denn ihr wißt nicht, daß ich dem Papste beistehen mußte, der soeben gestorben ist." Alle glaubten, der Heilige habe geträumt, aber bald darauf kam die Nachricht, daß der Papst gestorben sei. Der hl. Alphons war also im Geiste bei dem Sterbenden gewesen, um ihm im letzten Kampfe beizustehen.

Der heilige Eusebius

Bisher gedachte die Kirche des hl. Eusebius, Bischofs und Märtyrers, der am 2. August 370 zu Vercelli starb, am 16. Dezember. Aber seit dem zweiten Vatikanischen Konzil im Jahre 1969 feiert man ihn an seinem Todestag. Er wird im römischen Brevier Märtyrer genannt, weil er viel für den Glauben zu leiden hatte. Daß er den Zeugentod starb, gehört in den Bereich der Legende.

Der erste Bischof von Vercelli, Eusebius, wurde um 283 auf der Insel Sardinien geboren. Als Priester übte er einige Zeit das Amt eines Lektors des römischen Klerus aus. 340 wurde er zum Bischof von Vercelli in Piemont (Oberitalien) er-

hoben. Sein Leben war geprägt von seinem fortwährenden leidenschaftlichen Kampf gegen den arianischen Irrglauben, den er mit der ganzen Glut seines sardischen Temperaments ausfocht. Hierin gleicht er dem hl. Hilarius von Poitiers (s. 13. Januar), der ein Zeitgenosse von ihm war. Wie diesem brachte ihm seine machtvolle Verteidigung der Gottheit Christi die Verbannung ein. Er wandte sich nach Palästina, Kappadozien und Kleinasien und hielt sich einige Zeit in der ägyptischen Thebais auf. Noch ehe Julian Apostata den unerschrockenen Verteidiger des rechten Glaubens zurückrief, besuchte Eusebius in Alexandria den hl. Athanasius (s. 2. Mai), der die gleiche Haltung einnahm. Während der ganzen Zeit der Ausübung seines Amtes hatte der Bischof von Vercelli durch die Arianer so vieles zu leiden, daß ihm der Ehrenname ‚Confessor' – Bekenner – beigelegt wurde. Eusebius war der erste Bischof des Abendlandes, der sich und seinen Klerus einer Regel unterstellte; denn er führte nach dem Beispiel der Ostkirche die ‚vita communis' – das gemeinsame Leben der Geistlichen – ein, worin er zum Vorbild des hl. Augustinus wurde. Daher haben die Augustiner-Chorherren ihn auch zu ihrem Patron erwählt. Die Legende erzählt, daß der hl. Bischof von den Arianern gesteinigt worden sei; doch ist er im Alter von 88 Jahren eines natürlichen Todes in Vercelli gestorben.
Dargestellt wird der hl. Eusebius mit dem Evangelienkodex in der Hand.

Legende
Als der Papst den Eusebius taufte, sah man Engelhände, die ihn aus dem Taufbrunnen emporhoben; als er zum Priester geweiht wurde, war seine Heiligkeit schon so groß, daß Engel ihm bei seiner ersten heiligen Messe dienten. Da Eusebius zum Bischof ernannt worden war, zog er in seine Stadt Vercelli ein. Nun hatten aber die Arianer alle Kirchentüren versperrt. Eusebius ging zu der großen Kirche, die der allerseligsten Jungfrau Maria geweiht ist, betete vor dem Portal, und siehe, im gleichen Augenblick sprangen alle Kirchentüren in der ganzen Stadt wieder auf. So zeigte Gott immer wieder sein Wohlgefallen an dem Erwählten. Und Eusebius begab sich daran, die abendländische Kirche von der Pest des Irrglaubens zu reinigen wie Athanasius die morgenländische.

Petri Kettenfeier und die Makkabäischen Brüder *(Gedenken: 1. August)*

Seit dem 8. Jahrhundert begeht die Kirche am 1. August das Fest ‚Petri Kettenfeier' oder die Befreiung Petri aus dem Kerker, die Ostkirche feiert es am 16. August. Ebenfalls am 1. August gedenkt die Kirche der sogenannten Makkabäischen Brüder, vorchristlichen Märtyrern für den Glauben an einen einzigen unsichtbaren Gott. Den Zusammenhang zwischen den beiden Festen stellt die Kirche ‚S. Pietro in Vincoli' in Rom dar, deren Kirchweihe am 1. August gefeiert wird. In dieser Petruskirche auf dem Esquillin befinden sich seit dem 5. Jahrhundert die Ketten Petri, die die Kaiserin Eudoxia dem Papste Leo d. Gr. schenkte. Die Kirche war nach einer im Original verlorenen aber gut überlieferten Inschrift von dem Presbyter Philippus erbaut und 432 von Papst Sixtus III. geweiht worden.

Das Fest der Makkabäischen Brüder, das im Martyrologium des hl. Hieronymus schon um 450 erwähnt wird, feiert die Ostkirche seit dem 4. Jahrhundert ebenfalls am 1. August. Im Abendlande wurde das Fest erst nach dem 8. Jahrhundert allgemein. Die Reliquien der jüdischen sieben Brüder kamen im 6. Jahrhundert aus Antiochien in Syrien nach Konstantinopel und ein Teil derselben nach Rom, wo sie unter dem Altar der Kirche S. Pietro in Vincoli beigesetzt wurden. Vielleicht ist nicht ohne einen geheimnisvollen Bezug gerade in dieser Kirche das Standbild des „übermenschlichen, aber auch die Menschheit gewaltsam überbietenden Moses" (Goethe) aufgestellt worden, Zentralfigur des für Julius II. von Michelangelo geplanten Grabmals. Ruhen hier doch die Überreste jener jüdischen Märtyrer, die von den Kirchenvätern als Vorbilder für die christlichen Blutzeugen gerühmt werden, weil sie dem Gesetz, das Moses von Gott empfangen hatte, treu blieben. Auch in Köln wurde ein Teil ihrer Reliquien in der alten, jetzt verschwundenen Makkabäerkirche verehrt; heute werden sie dort in St. Andreas im sogenannten Makkabäerschrein aufbewahrt.

Anstelle der Legende

Die Geschichte der makkabäischen Brüder findet sich im 2. Makkabäerbuch des Alten Testaments. Da erfahren wir, daß sieben Brüder mit ihrer Mutter ergriffen wurden und mit Geißeln und Ruten gepeinigt wurden, weil der König sie zur Übertretung des Gesetzes ihres Gottes zwingen wollte. Jeder der Brüder wurde dann einzeln um seines Glaubens willen aufs grausamste gefoltert, und jeder schleuderte dem unmenschlichen König sein treues Bekenntnis

zu dem allein wahren Gott entgegen, ehe er in der Folter starb. Sogar der König und seine Leute, heißt es da, staunten über den Mut der Jünglinge. Die Mutter aber stärkte und tröstete sie. Sie sah an einem einzigen Tage ihre sieben Söhne umkommen und ertrug es mutig in der Hoffnung auf den Herrn. Ja, sie redete ihrem Jüngsten zu: „Fürchte dich nicht vor diesen Henkern, sondern erdulde den Tod deiner Brüder würdig, damit ich dich samt deinen Brüdern durch die Gnade gewinne!" Zuletzt ward nach den Söhnen auch die Mutter hingerichtet.
Sind diese Helden nicht genau so zu preisen und zu bewundern wie die christlichen Märtyrer? Ist diese Mutter eine andere in ihrem Verhalten als die hl. Felizitas (s. 28. November), die um Christi willen ohne zu wanken ihre sieben Söhne vor ihren Augen getötet sah? Man begreift es sehr gut, daß diese vorchristlichen Märtyrer den unzähligen christlichen von der Kirche an die Seite gestellt wurden. Und sie gelten für die vielen Namenlosen, die ihren Glauben nicht ließen und ihr Leben hingaben aus Liebe zu Gott.

Am gleichen Tage versammelt sich in Rom in der Kirche St. Peter in den Ketten eine große Menge Andächtiger, um jene ehrwürdigen Ketten zu sehen, die der Apostelfürst um Jesu willen einst getragen hat, und welche dort in einem schönen Renaissanceschrein aufbewahrt und am 1. August dem Volke gezeigt werden.
Als die Apostel nach des Herrn Tod in Palästina die Lehre Jesu verkündigten, war Herodes Agrippa König in Jerusalem. Er war bei den Juden nicht beliebt, weil er ein Fremdling war. Um sich bei ihnen einzuschmeicheln, ließ er den hl. Jakobus (s. 25. Juli) enthaupten. Als er sah, daß dies den Juden gefiel, ließ er auch den hl. Petrus ergreifen, um ihn ebenfalls aus dem Wege zu räumen. Petrus wurde mit Ketten gefesselt und ins Gefängnis geführt. Am Osterfest aber sollte er hingerichtet werden. Als dies die junge Christengemeinde vernahm, da flehten sie alle Tag und Nacht inbrünstig zu Gott, er möge ihren Oberhirten befreien. Das Gebet fand Erhörung!
In der Nacht vor dem Tage, da man ihn hinrichten wollte, lag Petrus ruhig auf dem harten Boden des Gefängnisses, am Hals und an den Händen mit eisernen Ketten gefesselt. Sechzehn Soldaten hüteten den Gefangenen, der an kein Entweichen denken konnte. Da, um Mitternacht wurde der Kerker plötzlich hell, ein Engel stand an der Seite des Apostels, berührte ihn und sprach: „Stehe eilends auf, umgürte dich, ziehe deine Schuhe an, bekleide dich und folge mir." Bei diesen Worten fielen die Ketten von Petrus ab. Er stand auf, warf seinen Mantel über, band seine

Schuhe um die Füße und folgte dem Engel, der ihn mitten durch die Wachen brachte, ohne daß einer der Soldaten es bemerkte. Die eiserne Tür, welche auf die Straße führte, öffnete sich von selbst, der Engel begleitete den Apostel noch eine Weile und verschwand. Petrus hatte alles wie im Traume erlebt, jetzt aber wurde ihm bewußt, daß er auf wunderbare Weise befreit worden war, und er dankte und lobte Gott.

Die Kirche betet noch heute in der Messe von diesem Tage: „O Gott, der du den hl. Apostel Petrus von seinen Ketten befreit hast und unversehrt aus dem Gefängnisse gehen ließt, löse, wir bitten dich, die Bande unserer Sünden und entferne von uns gnädig alle Übel, durch Jesum Christum unsern Herrn."

Legende

Über das Schicksal der Ketten gibt es eine Legende: Die Ketten wurden von den Soldaten des Gefängnisses den Christen übergeben, weil sie von dem Wunder so beeindruckt waren, daß sich einige von ihnen sogar zu Christus bekehrten. Die Christengemeinde von Jerusalem hütete die Ketten voll Ehrfurcht. Im Jahre 436 brachte die Kaiserin Eudoxia sie von Jerusalem nach Konstantinopel. Eine davon behielt sie und bewahrte sie in einer eigens hierfür erbauten Kirche. Die andere schickte sie nach Rom, wo ihre Tochter mit dem Kaiser Valentinian vermählt war. In Rom besaß man schon ein Stück von der Kette, mit der der hl. Petrus gefesselt war, als er unter Kaiser Nero den Martertod erlitt. Als nun die Kette aus Jerusalem ankam, wollte sie Papst Leo mit der von Rom vergleichen. Dies geschah in einer feierlichen Zeremonie vor allem Volke. Kaum aber hatte der Papst die beiden Ketten in die Hände genommen, als sie sich sogleich miteinander vereinigten, als wären sie eine einzige Kette. Zur Erinnerung an dieses Wunder schenkte der Papst sie der Kirche, die seitdem ‚St. Peter in den Ketten' heißt.

Auch diese Legende enthält ein tiefes Symbol: Das Reich war damals schon in zwei Teile zerfallen, der Orient hatte seine eigene Kaiserherrschaft schon zu sehr gefestigt, als daß man in der alten Hauptstadt nicht alles hätte daran setzen müssen, um die innere Einheit des Sacrum Imperium immer wieder zu bekräftigen. Von den beiden Kettenteilen vertrat die eine den Osten, die andere den Westen, und indem sich hier durch einen gottgewollten, übernatürlichen Vorfall die beiden Stücke vereinigt hatten, tat sich der Wille des Himmels kund: Er sagt in klarer Sprache, daß er die Einheit und Harmonie der christlichen Welt wollte, die sich aufzulösen drohte.

Der heilige Johannes-Maria Baptist Vianny, Pfarrer von Ars

Wenn man vom ‚Pfarrer von Ars' spricht, meint man Jean-Marie Vianny. Er wurde am 8. Mai 1786 in Dardilly bei Lyon geboren. Seine Eltern waren Kleinbauern und hatten sechs Kinder. Drei Jahre nach seiner Geburt brach die Französische Revolution aus. Von Anfang an war daher für den Knaben die Ausübung der Religion mit Heldenhaftigkeit verbunden. Die Priester setzten damals ihr Leben aufs Spiel, wenn sie die hl. Messe feierten. Als Jean-Marie die erste hl. Kommunion empfing, fand die Feier zu Hause und bei fest geschlossenen Fensterläden statt. Der Junge war von Natur aus fromm, seine größte Freude ‚Kirche spielen'. Damals sagte er schon in seinen kindlichen ‚Predigten' tapfere und wichtige Dinge, zum Beispiel, daß es Sünde sei, Tiere im Zorn zu schlagen. Bis zu seinem neunzehnten Lebensjahr half Jean-Marie seinem Vater als Knecht auf dem Hofe, dann erst wurde er sich seiner Berufung bewußt. Er rang die Erlaubnis, Priester zu werden, seinem Vater schwer ab. Nun hieß es mit viel Jüngeren auf der Schulbank sitzen. Das Lernen fiel ihm so schwer, daß er als Dummkopf galt. Da Napoleon Soldaten brauchte, wurde er zum Militär einberufen. Nach einer Reihe von Mißgeschicken desertierte er, mußte sich verstecken und konnte erst 1811 – nach der Amnestie – seine Studien fortsetzen. 1812 zog er ins Vorbereitungsseminar nach Verrières; er war dort, obwohl der Älteste, mit Abstand der schlechteste Student. Im Seminar Saint-Irenée in Lyon, wo er, wie er selbst sagte, „ein wenig" zu leiden gehabt habe, war er in der Theologie so schwach, daß man ihn aufforderte, es zu verlassen. Doch half ihm sein erster Lehrer M. Balley, mit Privatstunden, und nach einem mißglückten und einem wiederholten Examen, bei dem allein seine Frömmigkeit den Ausschlag gab und die mangelnden Lateinkenntnisse wettmachte, wurde Jean-Marie Baptiste Vianny am 2. Juli 1814 zum Subdiakon, ein Jahr später zum Diakon und kurze Zeit darauf zum Priester geweiht.

Zunächst wurde er seinem Lehrer M. Balley in Ecully als Kaplan zugeteilt. Obwohl der junge Priester, wie seine Schwester berichtet, nicht sehr redegewandt war, war die Kirche schon damals überfüllt, wenn er predigte. Sein Beichtstuhl war ständig belagert. Zwischen Pfarrer und Kaplan gab es nun einen Wettlauf zur Heiligkeit. Nach dem Tode des Pfarrers wünschte sich die Gemeinde den Abbé als Nachfolger. Jedoch wurde er nach Ars nördlich von Lyon geschickt, in eine Gemeinde ohne Pfarrer. „In diesem Dorf gibt es nicht viel Liebe zu Gott. Deine Aufgabe wird es sein, sie den Menschen einzuflößen..." Der Abbé Vianny hatte nach den Worten seines Biographen Msgr. Trochu fast einen „physischen Eindruck von diesen Verhältnissen", als er sich am Abend des 9. Februar 1818 Ars näherte. Er kam zu Fuß, wegen des Nebels irrte er von der Straße ab und mußte einen Schäfer bitten, ihm den Weg zu zeigen. Als er endlich die Lichter des Dorfes erblickte, fiel er auf die Knie und rief seinen Schutzengel an. Dann machte er sich geradewegs auf zur Kirche. Die Kirche war verwahrlost, das Ewige Licht erloschen, der Tabernakel stand leer, der Glockenturm fehlte. Am nächsten Morgen zelebrierte M. Vianny zu sehr früher Stunde die heilige Messe, ihr wohnten nur wenige Frauen bei. Das Pfarrhaus hatte fünf Zimmer, von den darin befindlichen Möbeln behielt der Abbé nur ein Bett, zwei alte Tische, eine Anrichte, ein paar Stühle und eine Bratpfanne.

Der neue Pfarrer war überzeugt, daß es nur zwei Wege gab, das Dorf zu Gott zurückzuführen: durch Ermahnung und durch Buße, die er selbst für seine Gemeinde tun würde. Er begann mit dem letzteren. Seine Matratze gab er einem Bettler, er schlief entweder auf dem Fußboden im Keller oder in seinem Bett auf einem Brett mit einem Holzklotz als Kopfkissen, er geißelte sich mit einer Eisenkette, er aß kaum etwas, manchmal fastete er mehrere Tage vollständig, bis er vor Schwäche zusammenbrach. Kurz nach Mitternacht stand er auf und begab sich in die Kirche, dort verharrte er kniend, bis es Zeit war, die Messe zu lesen. Jahre später, als er seine Gemeinde bekehrt hatte und „Ars nicht mehr Ars war", sagte Vianny zu einem Priester, der wegen der Lauheit seiner eigenen Gemeinde besorgt war: „Du hast gepredigt? Du hast gebetet? Hast du auch gefastet, dich selbst geschlagen, auf nackten Brettern geschlafen? – Solange du das nicht getan hast, hast du kein Recht zum Klagen."

Zwar kümmerte er sich vor allem um Buße und Predigt, vernachlässigte aber keineswegs die Liturgie. Er trug seine Soutane ein ganzes Leben, bis sie ihm buchstäblich vom Leibe fiel, jedoch kaufte er mit Hilfe der Schloßherrin die schönsten Meßgewänder. Er schaffte von seinen schmalen Ersparnissen einen neuen Hochaltar an. Bald kamen sogar die Gleichgültigen, um ihn zu sehen. Anfänglich predigte er mit rücksichtsloser Strenge. Er verdammte gleichermaßen die religiöse Unwissenheit und die Vergnügungssucht. Er selbst hielt sich übrigens für einen schlechten Prediger, indessen bewegten seine Worte die Zuhörer zutiefst. Vielleicht lag das Geheimnis darin, daß diese einfachen Worte von einem heiligen Mann kamen. Starke Männer weinten bei seinen Predigten, Stolze wurden demütig. Er gründete eine Mädchenschule, ein Waisenhaus. Außer wenn die Pflicht ihn fortrief, verließ er die Kirche nie. Er diente Gott auf den Knien. So streng er gegen die Lauen eiferte, so sanft war er in der Unterhaltung. Er gab den Armen wo er nur konnte. Als man ihm ein paar neue Hosen geschenkt hatte, tauschte er sie mit einem Bettler.

Bald verbreitete sich die Kunde von der Heiligkeit des Pfarrers. Die Leute aus der Umgebung kamen, um ihn zu hören, er wurde gebeten, in den Nachbardörfern zu predigen. Eines Tages, als ein Priester zum Bischof sagte: „Man hält den Pfarrer von Ars für einen reichlich ungebildeten Mann", antwortete dieser: „Ich weiß nicht, ob er gebildet ist oder nicht, aber ich weiß, daß der Heilige Geist Wert darauf legt, ihn zu erleuchten."

Der Pfarrer von Ars blieb nicht verschont von Belästigungen und Verleumdungen. Hinzu kamen die nächtlichen Besuche des Teufels. Vierundzwanzig Jahre lang wurde der spärliche Schlaf des Pfarrers von sonderbaren Ereignissen gestört. Stühle wurden im Zimmer herumgerückt, Möbel wackelten, Gardinen wurden abgerissen, Bären brummten, Hunde heulten, und das Bett des Pfarrers wurde auf dem Boden herumgeschleift. Schließlich kam der Heilige dazu, diese Besuche lächelnd zu ertragen. Sie seien immer ein Vorspiel zur Bekehrung eines schweren Sünders gewesen, so sagte er.

1827 begannen die Pilgerfahrten. Die meisten Menschen kamen, um beim Pfarrer von Ars zu beichten und aus seiner Hand die heilige Kommunion zu empfangen, andere kamen aus Neugierde. Ihre Zahl stieg an. 1830–1859 kamen täglich an die vierhundert Fremde nach Ars. 1855 gab es einen täglichen Dienst von zwei Pferdewagen zwischen Lyon und Ars, viele kamen in Privatwagen, andere in Booten, wieder andere zu Fuß. Darunter waren Geistliche, Mönche und Nonnen, Aristokraten, Damen der Gesellschaft, Arbeiter, Intellektuelle und Bauern. Sie suchten Rat bei einem Manne, der sich ‚der unbedeutende Priester in der Diözese Belley' nannte. Die Menschen standen Schlange nach den Sakramenten, in Haufen knieten sie in den Seitenkapellen, hinter dem Hochaltar, im Chor oder warteten auf den Stufen der Kirche. Bischöfe geduldeten sich, bis sie an die Reihe kamen wie alle anderen auch. Nur den Kranken und Schwachen räumte man Vorteile ein. Abbé Vianny fühlte ihre Gegenwart, er rief sie aus der Menge heraus. Neue Hotels wurden eröffnet, um den Pilgern ein Nachtlager zu sichern. Oft saß der heilige Pfarrer 16–18 Stunden im Beichtstuhl. Er hörte sich geduldig die eintönige Geschichte menschlicher Schändlichkeiten an. Dreimal machte er einen Fluchtversuch, um einem kontemplativen Orden beizutreten, kehrte aber jedesmal so rechtzeitig zurück, daß er am nächsten Tag wieder Beichte hören konnte.

In den letzten Monaten seines Lebens kamen hunderttausend Pilger nach Ars. Nur mit Mühe vermochte er zu sprechen, seine Worte waren unterbrochen von Hustenanfällen und Tränen, er war zu krank, um sich noch zu geißeln. Er sagte voraus, daß sein Tod Anfang August 1859 eintreten werde. Am 29. Juli stand er, obwohl schwer krank, um ein Uhr nachts auf und ging zur Kirche. Während des Tages wurde er ein paarmal im Beichtstuhl ohnmächtig. Um elf Uhr bat er um ein wenig Wein und trank diesen aus der hohlen Hand. Auf der Kanzel war seine Stimme so schwach, daß keiner seine Worte verstehen konnte. Am nächsten Morgen um ein Uhr brach er auf dem Boden seines Zimmers zusammen. „Es ist mein armes Ende", sagte er, „geht und holt einen Pfarrer." Demütig beichtete er und empfing die

letzte heilige Kommunion: „Es ist so traurig, die heilige Kommunion zum letztenmal zu empfangen" – er weinte. Alle knieten um sein Bett, die Menschen kamen in Scharen, um von ihm gesegnet zu werden. Nicht einmal auf dem Sterbebett war ihm die Einsamkeit beschert, die er sich so sehr gewünscht hatte. Am 4. August 1859 starb er, dreiundsiebzig Jahre alt.
Durch die Vermittlung des heiligen Pfarrers geschahen auch nach seinem Tode weitere Wunder. Er wurde am 8. Januar 1905 selig- und am 31. Mai 1925, vierzehn Tage nach der heiligen Therese von Lisieux (s. 3. Oktober), heiliggesprochen. Sogar im selbstbewußten 19. Jahrhundert also wirkten die Heiligen: mitten unter uns!

Der heilige Oswald

Der hl. Oswald von Northumbrien wird als König mit Zepter, Prunkgefäß und Raben neben sich, der einen Ring oder Brief im Schnabel hält, dargestellt; auch mit Märtyrerpalme. Der Kult des schon frühzeitig verehrten Heiligen, der als Märtyrer galt, wurde durch die schottischen Mönche auf dem europäischen Festland verbreitet. Er drang bis in die Alpenländer; besonders verehrt wird der Heilige in Kärnten und der Steiermark, wo viele Ortschaften seinen Namen tragen. Auch die Schweiz hält sein Andenken in Ehren: die Stiftskirche in Solothurn besitzt einen Arm des Heiligen, die Stadt Zug hat ihn zu ihrem Schutzpatron erwählt. Der Heilige wird vielfach den 14 Nothelfern zugerechnet. Er ist Patron der Schnitter und des Viehs. In Tirol und Oberbayern wird er als ‚Wetterherr' bezeichnet.
Oswald wurde geboren um 605 als Sohn des Königs Ethelfrid. Seine Schwester war die hl. Ebba, die in dem von ihm gegründeten Kloster Coldingham Äbtissin wurde und dort nach einem heiligmäßigen Leben am 25. August 683 verschied. Nach dem Tode seines Vaters 617 floh der junge Fürst zu den Schottenmönchen nach Iona, wo er im christlichen Glauben unterrichtet und getauft wurde. 634 schlug Oswald den heidnischen König Cadwalla bei Hexham, es gelang ihm die Bretonen zu vertreiben und sein Land zurückzuerobern. Fortan war er vor allem um die Einführung und Festigung des Christentums bemüht. Er ließ den hl. Mönch Aidan aus dem Kloster Iona kommen und sandte ihn als Missionar aus, um seine Untertanen zu bekehren, was dieser auch erfolgreich vollbrachte. Oswald verlobte sich mit der Tochter des heidnischen Königs von Wessex und brachte seinen künftigen Schwiegervater dazu, den christlichen Glauben anzuneh-

men und sein Land ebenfalls zu christianisieren. Oswald gewann nach und nach eine Art Oberherrschaft über fast ganz England. Er ließ viele Kirchen und Klöster erbauen und zeichnete sich durch sein demütiges Leben aus. Auch war er ein liebreicher Vater der Armen.

Der hl. Oswald fiel in der Schlacht bei Maserfield am 5. August 642, in der ihn der Hauptkämpfer für das Heidentum, König Penda von Mercien, mit starker Übermacht angegriffen und geschlagen hatte. Der Feind ließ ihm das Haupt und die Hände abschlagen und an Pfähle annageln. Seine ihm ergebenen christlichen Untertanen setzten den Leichnam des Königs in Bardney in Lincolnshire in der Klosterkirche bei. Seine rechte Hand blieb unverwest. Gleich nach seinem Tode verherrlichte Gott sein Grab durch viele Wunder, vor allem wunderbare Krankenheilungen.

Legende

Die Legende, die sich an den hl. König Oswald knüpft, klingt wie ein Märchen. Aber wie Märchen Spiegel eines tieferen Inhalts sind, so ist es auch hier: seine Erwähltheit und die große Kraft seiner Bekehrungsbestrebungen werden in ihr deutlich. Auch erklären sich seine Attribute aus ihr.

Da heißt es: Oswald war ein christlicher Fürst, tugendsam und fromm, hatte Gott lieb und gab viele Almosen. Er beschirmte Witwen und Waisen, ehrte die Priester und war streng gegen die Ungläubigen. Gott wollte ihn deshalb zu einem König haben. Als man ihn nun zum König weihen wollte, zerbrach das Gefäß mit dem Salböl. Es kam aber ein Rabe vom Himmel geflogen, der brachte eine güldene Büchse mit Chrysam im Schnabel, und an seinem Hals hing ein Brief, der war mit einem goldenen Kreuz versiegelt. Den Raben aber hielt der Gesalbte in Ehren, und er blieb fortan am Hofe. Als König war Oswald so mächtig, daß ihm dreizehn Könige dienten, indes blieb er demütig und diente Gott. Es meinten seine Ratgeber, er solle sich eine Gemahlin suchen, damit das Reich nicht ohne Erben bliebe. Nun erschien bei dem König ein Einsiedel, der sagte ihm, daß ein heidnischer König mit Namen Gaudon eine schöne Tochter habe, die Pia hieß, die solle er zu Christum bekehren und zu seinem Weibe machen. Weil aber der Heidenkönig alle, die sich um seine Tochter bewürben, töten ließ, riet der Einsiedel Oswald, seinen Raben auszusenden als Werber. Da schrieb Oswald die zwölf Stücke des christlichen Glaubens auf ein Brieflein, legte ein goldenes Ringlein dazu und nähte dem Raben den Brief unter sein Gefieder. Dann sandte er ihn zu der heidnischen Jungfrau.

Der Rabe gelangte nach zwölf Tagen zu der Burg des Königs Gaudon und fand die Jungfrau und brachte ihr die Botschaft. Als sie den Brief gelesen hatte, worin stand, daß sie selig werden würde, wenn sie die zwölf Stücke des heiligen Glaubens annähme, da ward ihr Herz vom Heiligen Geist entzündet, und sie glaubte. Sie schrieb eine Antwort, legte ein güldenes Ringlein dazu und nähte dem Raben den Brief unter sein Gefieder. „Bring das deinem Herrn", sprach sie, „und sag ihm dazu, daß ich keinen Menschen lieber zum Gemahl nehmen will als ihn. Er solle mich holen mit zweiundsiebzig Schiffen, von denen jedes tausend tapfere Ritter trägt."

Der Rabe aber kehrte zurück zu seinem Herrn und bestellte alles, wie es ihm gesagt war. Da ließ Oswald zweiundsiebzig herrliche Schiffe bauen und nahm drei andere Fürsten mit sich und viele Herzöge und Grafen und zwölf Bischöfe und neun Äbte und sonst noch viele Ritter und Knechte, bis auf jedem Schiff tausend an der Zahl waren. Und ließ genau so viele Kreuze machen als ihrer waren, und gab jedem von ihnen eins, das trugen sie an ihrem Gewand. Dann fuhren sie davon im Namen Gottes und kamen nach achtzehn Wochen zu dem heidnischen König. Weil König Oswald aber den Raben vergessen hatte mitzunehmen, rief er unseren Herrn und seine Mutter an; da gebot Gott einem Engel, daß er den Raben brächte. Da ward der König froh und sandte ihn sogleich in die Kammer der Jungfrau mit Botschaft und ließ sie fragen, ob er um sie streiten solle.

Der Vater der Jungfrau aber, als er das große Heer der Christen sah, sprach: „Warum seid ihr in mein Land gekommen, wisset, ich lasse keinen Christen leben." Nun hatte Oswald aber einen goldenen Hirsch mitgebracht, der war schneller als der Wind. Den Hirsch erblickte der heidnische König, und er gefiel ihm wohl und er hätte ihn gern besessen. Da befahl er seinem Volke, sie sollten alle versuchen, den Hirsch zu fangen. Der Hirsch tat auch zuweilen so, als wolle er sich fangen lassen und stand still, dann aber lief er desto schneller davon. Und so jagten der heidnische König und sein Volk dem goldenen Hirsche nach bis tief in den Wald hinein. Als die Jungfrau das von der Zinne der Burg aus sah, legte sie Männerkleider an und betete zu Maria der Jungfrau: „Maria, himmlische Königin, hilf mir, daß ich eine gute Christin werde und zu dem lieben Herrn Oswald komme!"

Da zersprangen die Riegel, die Tore der Burg taten sich auf, und sie ging zu Herrn Oswald in sein Zelt. Der empfing sie freundlich und sprach: „Nun wohl, auf ihr Herren! Ich habe meine junge Königin. Lasset die Zelte stehen!" Und er machte sich von dannen mit seinem Heer und seiner Königin.

Als König Gaudon heimkam nach der langen Jagd, sah er, daß er seine Tochter verloren hatte, und eilte ihr nach. Es sprach König Oswald: „Ich will gern mit euch streiten." Er kämpfte drei Tage mit ihm und schlug ihn mit der Hilfe Gottes. Oswald aber sagte zu ihm: „Schwäher, Ihr solltet Euch taufen lassen!" Da antwortete dieser: „Ich lasse mich nicht taufen, du machtest denn, daß aus dem harten Stein Wasser fließt." Nun hob König Oswald seinen Fuß auf im Namen Gottes und stieß an den harten Stein. Da floß sofort schönes klares Wasser heraus. Mit dem Wasser taufte Sankt Oswald seinen Schwäher Gaudon und gab ihm den Namen Simon. Und taufte die junge Königin und seines Schwähers Diener und taufte achtzehn Tage lang alle, die im Lande waren. Dann führte er seine Gemahlin in gutem Frieden heim nach England und hielt vierzehn Tage Hochzeit. Sie lebten wahrhaft und gerecht und verbrachten ihre Zeit mit Gottes Lob.

Fest der Auffindung des heiligen Stephanus und der beiden Heiligen Nikodemus und Gamaliel *(Gedenken: 3. August)*

Das im Meßbuch verzeichnete Fest der Auffindung des hl. Stephanus wurde in der römischen Kirche allgemein nach dem 8. Jahrhundert am 3. August gehalten. Ein Priester mit Namen Lucian fand die Gebeine des Erzmärtyrers im Jahre 415 in Kaphar Gamala, 30 km westlich von Jerusalem. Durch dieses Ereignis wurde der Kult zu Ehren des hl. Stephanus (s. auch 26. Dezember) wesentlich gefördert. Wahrscheinlich ist das Fest dieses ersten christlichen Blutzeugen – er wurde, wie man weiß, um seines Bekenntnisses willen in Jerusalem gesteinigt – und das in der griechischen Kirche am 2. August gefeiert wird, viel älter als die Auffindung seiner Gebeine. Doch hat man es bei uns neuerdings aufgegeben und kommemoriert es nur noch am 2. August. Die Krypta von S. Lorenzo in Rom birgt in einem antiken Sarkophag neben den Gebeinen des hl. Laurentius (s. 10. August) solche des hl. Stephanus; sein Haupt wird in Pavia verehrt. Im Volk wird der obige Festtag ‚Sankt Stephanus im Schnitt' genannt. Die Überlieferung berichtet, daß gleichzeitig mit den Reliquien des hl. Stephanus die Gebeine des neben ihm begrabenen hl. Nikodemus, eines Jüngers Jesu, und des hl. Gamaliel, eines in der Hl. Schrift erwähnten Judenchristen, aufgefunden wurden. Beide waren Pharisäer und gehörten dem ‚Hohen Rat' der Juden in Jerusalem an.

Der hl. Nikodemus war ein treuer, wenn zunächst auch ‚heimlicher' Jünger des Herrn. Er wird im Johannes-Evangelium im 3. Kapitel bei der ausführlichen Wiedergabe des nächtlichen Gesprächs, das Jesus mit ihm führte, genannt. Jesus selbst bezeichnete Nikodemus als „einen Lehrer Israels", also einen Repräsentanten des öffentlichen Lehramts. Nikodemus spürte die Größe Jesu und wollte nach dem Brauch rabbinischer Vorbilder die Stille eines nächtlichen Zwiegesprächs benutzen, um das Geheimnis des königlichen Auftretens Jesu zu ergründen (Karrer). Die Erklärung, daß Nikodemus aus Furcht vor den pharisäischen Kollegen die Heimlichkeit der Nacht gewählt habe, um sich mit Jesus zu unterhalten, paßt kaum zum Charakter dieses Mannes, der später im jüdischen Rat die Partei Jesu ergriff, indem er den Anklägern entgegenhielt: „Verurteilt denn unser Gesetz einen Menschen, ohne ihn zuvor gehört und sein Tun untersucht zu haben?" (Joh. 7, 50, 51). Nach der Kreuzigung des Heilandes trat Nikodemus wiederum für Jesus ein, wofür er der Überlieferung zufolge von den Juden seines Amtes entsetzt und verbannt wurde. Daß ihm das Schicksal des hl. Stephanus erspart blieb, verdankt er dem hl. Gamaliel. Auch teilt sich Nikodemus mit Joseph von Arimathäa in das Privileg, den Leichnam des Herrn bestattet zu haben. Die Stelle darüber findet sich wiederum bei Johannes und zwar im 19. Kapitel: „Darauf richtete Joseph von Arimathäa ... an Pilatus die Bitte, den Leichnam Jesu abnehmen zu dürfen ... Auch Nikodemus, der zum ersten Male des Nachts zu Jesus gekommen war, kam mit einer Mischung von Myrrhe und Aloe, wohl an die hundert Pfund (ein reicher Aufwand!). Sie nahmen den Leichnam Jesu und wickelten ihn mit wohlriechenden Kräutern in Linnentücher, wie es bei den Juden Begräbnissitte ist ..."

Nikodemus wurde schon in frühester Zeit von den Gläubigen als hl. Bekenner verehrt. Seine Gestalt hat die bildende Kunst zu vielen Darstellungen angeregt. So hat sogar kein Geringerer als Michelangelo in der ‚Kreuzabnahme' des Florentiner Domes, die er für seine Grabstätte bestimmt hatte, der Figur des Nikodemus seine eigenen Züge verliehen. Dieser Gedanke hat wohl seinen Grund darin, daß Michelangelo der Bruderschaft angehörte, die den zum Tode Verurteilten Beistand leistete und die Hingerichteten begrub. Des Nikodemus Rolle beim Tode Christi mag dem Florentiner Meister wohl als Vorbild für seine eigene Bruderschaftsfunktion vorgeschwebt haben. Vielleicht gibt dieser Sinngehalt einen klärenden Hinweis auf die besondere ergreifende Wirkung dieser bekannten Gruppe.

Aber auch GAMALIEL, der berühmte Lehrer des hl. Paulus, gilt als Heiliger. Er verwandte sich im Hohen Rat nicht nur für Nikodemus, sondern auch für Petrus und Johannes. In der Apostelgeschichte heißt es: „Da erhob sich ein Mitglied des Hohen Rates, ein Pharisäer mit Namen Gamaliel, der als Gesetzeslehrer ein hohes Ansehn im ganzen Volke genoß, ließ sie (die Apostel) hinausschaffen und sprach dann zu jenen: ‚Stehet ab von diesen Leuten und laßt sie gewähren. Denn ist dieses Vorhaben ein Werk von Menschen, so wird es zerfallen – ist es aber von Gott, so könnt ihr es nicht zum Zerfallen bringen; ihr könntet sogar als Widersacher Gottes dastehen! – Und sie ließen sich von ihm überzeugen ..." Nach der Überlieferung nahm Gamaliel selbst die Lehre Christi an. Das römische Martyrologium beschreibt die Auffindung seiner Gebeine zusammen mit denen der hl. Stephanus, Nikodemus und Abidas. Gamaliel soll den hl. Nikodemus nach dessen Tode neben dem Leib des hl. Stephanus bestattet haben, für dessen Grab er einen Platz auf seinem Landgute in der Nähe von Jerusalem gewählt hatte, wo er selbst zu ruhen wünschte.

Legende

Die wunderbare Geschichte von der Auffindung der Gebeine der drei Heiligen wird uns farbig in der ‚Goldenen Legende' geschildert. Sie stützt sich auf ältere Chroniken. Die Entdeckung dieses kostbaren Schatzes, welche der Priester Lucian selbst beschrieb, übersetzte

Avitus, ein spanischer Priester und vertrauter Freund des hl. Hieronymus, der sich damals in Jerusalem aufhielt, in das Lateinische, und so wurde sie auch im Abendlande bekannt. Berühmt war der Name des ersten Märtyrers Stephanus schon zu den Zeiten der ersten Christen, aber sein Grab war in Vergessenheit geraten. Da gefiel es Gott, den Leib seines Dieners zu verherrlichen und seine Kirche mit Wundern zu erfreuen. Als nämlich ein Priester namens Lucianus im Lande um Jerusalem an einem Freitag auf seinem Bette ruhte, da erschien ihm ein Greis von hoher Gestalt und großer Schönheit. Er hatte einen langen weißen Bart und trug ein weißes Gewand mit goldenen Steinen und Kreuzen besetzt und rührte ihn an mit einem goldenen Stab, den er in seiner Hand hielt. Dreimal rief er ihn bei Namen und sprach dann: „Suche unsere Gräber, denn wir liegen an unwürdiger Stätte begraben. Gehe hin zu Johannes, dem Bischof von Jerusalem, damit er unsere Überbleibsel erheben und an einem ehrlichen Orte bestatten mag. Trockenheit und Trübsal sind über das Land gekommen, aber Gott will durch unsere Hilfe der Welt seine Gnade zeigen." Als Lucian ihn fragte, wer er sei, sagte der Greis: „Ich bin Gamaliel, der Lehrer des Apostels Paulus. Neben mir liegt Sankt Stephanus, der von den Juden gesteinigt wurde, ich selbst nahm seinen Leib und legte ihn in mein neues Grab. Der andere, der bei mir liegt, ist Nikodemus, mein Neffe, der zur Nachtzeit zu Jesus kam und von Petrus und Johannes die Taufe empfing. Da er deswegen von den Ältesten seiner Würde entsetzt und aus Jerusalem verbannt worden war, nahm ich ihn in mein Landhaus und beherbergte ihn bis zu seinem Lebensende und begrub ihn zu Füßen des Stephanus. An der gleichen Stelle habe ich auch meinen Sohn Abidas begraben, der mit mir die Taufe empfing und vor mir in seinem zwanzigsten Jahr gestorben ist. Er bewahrte seine Keuschheit so lange er lebte. Mein Weib aber und meine Tochter, die nicht an Christus glaubten, wurden an einem anderen Orte begraben." Nach diesen Worten verschwand er.

Lucian aber bat Gott in innigem Gebet, wenn dieses Gesicht wahr sei, so möge er es ihm zum zweiten und dritten Male schauen lassen. Am Freitag danach erschien Gamaliel ihm wiederum in der gleichen Gestalt und fragte ihn, warum er seinen Worten nicht geglaubt habe. Er sagte ihm dann, woran er die Gebeine erkennen könne, wenn er sie fände, und wies ihm drei goldene Körbe und einen vierten, der silbern war. Der erste Korb aber war voll roter Rosen, die beiden anderen voll weißer Rosen, der silberne aber voll Safranblumen, welche einen süßen Geruch ausströmten. Und Gamaliel sprach: „Die Körbe sind unsere Särge und die Blumen sind unsere Gebeine. Der Korb mit den roten Rosen ist Sankt Stephanus' Sarg, der allein von uns mit dem Martyrium gekrönt wurde, er liegt beim Eingang des Grabes. Die beiden mit den weißen Rosen sind des Nikodemus und mein Sarg, weil wir mit lauterem Herzen im Bekenntnis zu Jesu Christi verharrten. Nikodemus liegt bei der Türe. Der silberne Korb bezeichnet meinen Sohn Abidas, der rein blieb bis er von dieser Welt ging, er steht neben meinem Sarg." Worauf er verschwand.

Am nächsten Freitag erschien er dem Lucian zum dritten Mal und schalt ihn, daß er seine Bitte nicht erfüllt hatte. Da erschrak Lucian und machte sich sogleich auf nach Jerusalem und ging zu dem Bischof Johannes und erzählte ihm alles, was ihm kundgetan worden war.

Und sie nahmen noch etliche andere Bischöfe mit und kamen zu dem Ort, den Gamaliel dem Lucian beschrieben hatte. Sie fingen an zu graben. Und siehe, als sie das Grab mit den vier Särgen gefunden hatten, da erbebte die Erde, und ein süßer Duft verbreitete sich. Eine große Menge Volkes war herbeigeströmt, darunter viele Kranke, und siebzig Menschen wurden von mancherlei Gebrechen geheilt durch das Verdienst der Heiligen. Der Leichnam des hl. Stephanus war in Staub zerfallen, aber die Gebeine waren noch da. Man brachte sie in feierlicher Prozession nach Jerusalem in die Kirche auf dem Berge Sion, weil Stephanus dort einst das Amt eines Archidiakons verwaltet hatte. Die Überführung geschah mit Freuden, und die Leiber der Heiligen wurden mit Ehren bestattet. Zur gleichen Stunde fiel ein großer Regen vom Himmel und gab dem Lande nach der langen Dürre die ersehnte Fruchtbarkeit wieder.
Die christlichen Gemeinden aber suchten hinfort von überall her Reliquien des hl. Stephanus zu erhalten, und so kamen sie an die verschiedensten Orte. Bei der Übertragung und Ausstellung dieser Reliquien geschahen jedesmal erstaunliche Wunder: Blinde sahen, Lahme wurden gehend, Kranke gesund, sogar Tote erwachten zum Leben.

Der heilige Kajetan

Die meisten Menschen, die in München an der reichen Fassade der golden leuchtenden Theatinerkirche vorübereilen, wissen nicht, wer die Theatiner waren oder nach wem die Kirche ihren Namen hat. Sie heißt nämlich nach dem Begründer des Ordens der regulierten Kleriker: St. Kajetan.
Der eigentliche Name des Heiligen, dessen die Kirche am 7. August gedenkt, war Gaetano von Thiene. Er wurde 1480 in Vicenza aus einem venezianischen Grafengeschlecht geboren. Schon als Kind nannte man ihn ‚den Heiligen', weil er sich durch große Sanftmut, Demut und Reinheit auszeichnete. Kajetan studierte die Rechtswissenschaften und promovierte 1505 in Padua zum Doktor beider Rechte. Er begab sich nach Rom, wo Papst Julius II. ihn mit dem wichtigen Amte eines Pronotarius an der Kurie betraute, das er bis zu dessen Tode inne hatte. 1516 wurde Kajetan, der sich ganz dem geistlichen Beruf zuwandte, zum Priester geweiht.
Er kehrte nun nach Vicenza zurück und trat dort der frommen Bruderschaft des hl. Hieronymus bei, dessen Mitglieder sich der Pflege von Armen und Kranken widmeten. Kajetan machte es sich vor allem zur Aufgabe, die unheilbar Kranken zu betreuen. Er scheute dabei nicht vor den niedrigsten Diensten zurück, so daß seine Verwandten schwere Vorwürfe gegen ihn erhoben. Doch der Heilige ließ sich in seinem opferbereiten Tun nicht irre machen. Bald darauf gründete er in Venedig ein Spital für die Unheilbaren, wo er seine Liebeswerke fortsetzte. 1521

ging Kajetan auf Rat seines Beichtvaters wieder nach Rom, und dort reifte in ihm der Plan, den Weltklerus, der dringend der Reform bedurfte, zum vollkommenen Leben zurückzuführen. In Verbindung mit Peter Caraffa, dem späteren Papst Paul IV., und zwei anderen Priestern gründete er den Orden der unter eine strenge Mönchsregel gestellten Kleriker. Ihren Namen ‚Theatiner' erhielten sie durch Caraffa, der zu dieser Zeit Bischof von Theate war und ihr erster Oberer wurde. Grundgedanke der Kongregation war die Hebung der priesterlichen Bildung und Predigtweise sowie des religiösen Lebens des Volkes. Als oberstes Prinzip galt für die Mitglieder die vollkommene Armut, an der Kajetan all sein Leben festhielt. Damals schrieb er an seine Verwandten: „Ich sehe Christus arm und mich reich, ihn verachtet und mich geehrt. Ich will ihm um einen Schritt näherkommen und habe deshalb beschlossen, alles aufzugeben, was ich noch an zeitlichen Gütern besitze. Ich werde nicht aufhören, was ich habe, unter die Armen zu verteilen, bis ich um Christi willen so arm werde, daß ich nach meinem Tode nur aus Gefälligkeit eine Grabstätte erhalte."

Caraffa und Kajetan schulten die Priester, die sie nur langsam und nach gründlicher Prüfung aufnahmen, im Geiste des Urchristentums. Der Orden wuchs und gewann allmählich gewaltige Bedeutung für eine echte Reform kirchlichen Lebens. So wurde er innerhalb der Kirche zu einer gegen die zeitbedingte Verweltlichung gerichteten Kraft. Das beispielhafte Leben seiner priesterlichen Mitglieder machte auf die Weltgeistlichkeit großen Eindruck und brachte viele zum Nachdenken. Die Bischöfe begannen sich der Ordensangehörigen zur Reformierung ihrer Diözesen zu bedienen, und die Theatiner erlangten immer mehr die Anerkennung des Papstes, der ihre Regel 1524 nach anfänglichen Widerständen bestätigt hatte. Vor allem traten die Theatiner in den furchtbaren Pestjahren hervor. Sie wurden wegen ihrer selbstlosen Aufopferung auch bald vom Volke geliebt, das ihre Kirchen mit Vorliebe besuchte wegen der feierlichen Form der Liturgie, die sie pflegten.

Der hl. Kajetan und seine Genossen erlebten in Rom den ‚Sacco di Roma', jene unvergeßlich furchtbare Heimsuchung der Ewigen Stadt durch deutsche und spanische Söldner unter Karl von Bourbon. Von ihrem Haß gegen die ‚Pfaffen' wurde auch die junge Ordensgemeinschaft schwer betroffen, das Haus der Theatiner in Rom geplündert und zerstört. Kajetan und seine Gefährten wurden gefangengenommen und mißhandelt. Nur mit Mühe entkamen sie den grausamen Verfolgern und flüchteten nach Venedig, wo sie gastfreundliche Aufnahme fanden. Hier setzten sich die Theatiner gleich mit allen Kräften zur Bekämpfung und Linderung der Pest ein, die zu dieser Zeit in Venedig herrschte. Sie betreuten die verängstigten Menschen ohne Rücksicht auf ihre eigene Gesundheit, bis die Seuche sich erschöpfte.

Caraffa entsandte Kajetan nun nach Neapel, um dort eine Niederlassung zu gründen. Weil Caraffa durch seine Ernennung zum Kurienkardinal in Rom die Leitung des Ordens niederlegen mußte, folgte ihm Kajetan in diesem Amt und stand zugleich den drei Gemeinschaften Rom, Neapel und Venedig vor. Sein apostolischer Eifer rüttelte die Lauen auf, seine Predigten waren von der Glut des Heiligen Geistes erfüllt, das Volk nannte ihn den ‚seraphischen Seelenjäger'. In Rom trat er dem hl. Ignatius freundschaftlich nahe, der schon in Venedig den Theatinern hatte beitreten wollen, was Kajetan jedoch in klarer Voraussicht der großen Bestimmung des Loyola abgelehnt hatte.

Mittelpunkt seines Lebens bildete aber allezeit das Gebet. In stundenlangen nächtlichen geistlichen Betrachtungen holte sich der Heilige Kraft und Erleuchtung, durch harte Bußübungen sühnte er für eigene und fremde Schuld. „Das Gebet gab ihm das Geleite durchs Leben." Der Gründer der Theatiner starb am 7. August 1547 in Neapel und wurde 1671 von Papst Clemens x. heiliggesprochen. Seine Reliquien befinden sich in der Kirche S. Paolo Maggiore in Neapel. Nach seinem Tode verbreitete sich der Orden der Theatiner schnell über ganz Italien und andere Länder, so kam er auch nach München, Salzburg und Prag.

Dargestellt wird der hl. Kajetan als regulierter Kleriker im schwarzen Talar mit weißen Strümpfen, das Jesuskind auf den Händen, oft auch mit Lilie und Buch, ein geflügeltes Herz tragend, oder mit Rosenkranz und Totenkopf. Er ist Patron von Bayern.

Legendäres

Oft wurde der hl. Kajetan während seines Gebets von der Erde entrückt und geriet in Verzückung, dann lag die Zukunft unverhüllt vor seinen Augen. Als er am heiligen Weihnachtsabend einmal in die Kirche Sta. Maria Maggiore ging, um dort die ganze Nacht im Gebet vor der Krippe des Herrn zuzubringen, da geschah es, daß ihm die göttliche Mutter mit dem Jesuskind erschien und ihm dasselbe in die Arme legte. Himmlisches Entzücken und glühende Liebe erfüllte da sein Herz.

Am 7. August hat auch der HEILIGE SIXTUS sein Fest. Die meisten Gläubigen werden über den bei den Fürbitten während der hl. Meßfeier täglich genannten Xystus nichts wissen Es handelt sich um den hl. Papst Sixtus II. Obgleich er von allen frühen Märtyrerpäpsten die höchste Verehrung genoß, ist sein vier Tage nach ihm als Blutzeuge Christi gemarterter Erzdiakon Laurentius (s. 10. August) stärker in das Bewußtsein des christlichen Volkes übergegangen. Sixtus hatte den Heiligen Stuhl von 257 bis 258 inne. Raffael hat ihn auf dem berühmten Gemälde der ‚Sixtinischen Madonna' verherrlicht und damit auch äußerlich ins Gedächtnis der Gläubigen zurückgerufen. Dieser Papst stellte den Frieden im Ketzerstreit wieder her. Er wurde am 6. August 258 zu Beginn der valerianischen Verfolgung

während der Eucharistiefeier in der Callixtuskatakombe überfallen und dort, wie die Überlieferung berichtet, auf der Kathedra sitzend, enthauptet. Noch am gleichen Tage wurden seine Diakone Felicissimus und Agapitus ergriffen und erlitten ebenfalls das Martyrium. Das Martyrologium Romanum gedenkt am gleichen Tage auch seiner Subdiakone, der hll. Märtyrer Januarius, Magnus, Vincentius und Stephanus, sowie Quartus. Der hl. Sixtus ist in der Callixtuskatakombe zu Rom beigesetzt, wo sein Grab noch heute in der ,Cappella dei Papi' zu finden ist. Dieser Raum diente im 3. Jahrhundert als Grabstätte zahlreicher römischer Bischöfe. Sein Fest befindet sich seit 354 zusammen mit dem der hll. Felicissimus und Agapitus im römischen Missale.
Dargestellt wird der hl. Sixtus als Papst mit Schwert oder Geldbeutel – Sinnbild des Kirchengutes, das er vor seinem Tode dem hl. Laurentius anvertraute, der es an die Armen austeilte. Er ist Patron für gutes Gedeihen der Trauben und Bohnen; der Schwangeren; bei Hals- und Rückenschmerzen.

Der heilige Dominikus

Das Grab des Gründers des Ordens der Dominikaner oder Predigerbrüder, der bis zum heutigen Tage durch seine aktive und lebendige Wirksamkeit im Leben der Kirche eine bedeutsame Rolle spielt, ist in S. Domenico in Bologna. Man findet es dort im rechten Seitenschiff. An der ,Arca' – wie es genannt wird – haben mehrere bedeutende Künstler gearbeitet. Die Reliefs auf der großen Urne mit den Szenen aus dem Leben des Heiligen schufen Nicolò Pisano und Fra Guglielmo 1267, den Aufbau darüber mit den Statuen der Patrone von Bologna Nicolò da Bari; der Engel der Rechten sowie der hl. Petronius und der hl. Proculus sind Arbeiten des jungen Michelangelo. Unter dem Altar der Kapelle befindet sich ein gotisches Reliquiar, darin das Haupt des hl. Dominikus. Dieses Grab erfuhr zu allen Zeiten eine große Verehrung, unter den unzähligen Betern befand sich auch Kaiser Karl V. In dem Dominikanerkloster neben der Kirche zeigen die Mönche die Zelle, in der der hl. Dominikus gestorben ist; da er keine eigene Zelle besessen hatte, war es die eines seiner Brüder.
Der hl. Dominikus ist Patron der Dominikaner und Schutzheiliger gegen Fieber, weil er selbst daran litt. Dargestellt wird er in weißem Habit, Skapulier, Kapuze

und schwarzem offenem Mantel; mit Buch. Auch mit schwarz-weiß geflecktem Hund, der eine Fackel im Maul trägt, mit Rosenkranz, da er sich für dieses Gebet einsetzte, mit Lilie als Sinnbild der Keuschheit, mit Sperling als Sinnbild der Armut, mit Stern über dem Haupt oder auf der Brust. Im Dominikanerkloster zu Leipzig gibt es eine Holzstatue von ihm, wo ihm der Teufel eine brennende Kerze halten muß, bis ihm das weiße Wachs auf die Finger tropft. Die Gestalt dieses überragenden Heiligen hat viele Künstler zu Darstellungen angeregt, unter ihnen Fra Angelico, Lucas van Leyden, Albertinelli, Pinturicchio, Fra Bartolomeo, Francia, Raffael, Perugino u. a. Nördlich der Alpen hat vor allem Hans Holbein d. Ä. die Geschichte des Dominikanerordens in berühmten Gemälden für das Dominikanerkloster in Frankfurt am Main festgehalten. Ihr italienisches Gegenstück bildet der Freskenzyklus in der Spanischen Kapelle des Kreuzgangs von S. Maria Novella in Florenz. Hier findet sich auch die Wiedergabe der Dominikaner als ‚domini cani' – Wächtern des Herrn – in Hundegestalt.

Die Lebensgeschichte des hl. Dominikus ist so allgemein bekannt, daß wir uns hier auf eine kurze Skizzierung beschränken, dafür aber aus den vielen tiefsinnigen Legenden über ihn einige wiedergeben wollen.

Der hl. Dominikus stammte aus dem altspanischen Geschlecht der Guzman und wurde um 1170 zu Caleruega in Kastilien geboren. Er studierte zehn Jahre Theologie und Philosophie in Palenzia. 1199 wurde er Domkapitular im Chorherrenstift Osma. Da sein Leben so vorbildlich war, daß er „in der Demut des Herzens der Letzte, an Heiligkeit der Erste war", wie sein Biograph schreibt, wurde er bald zum Subprior ernannt. Er half dem Bischof bei der Reform des Kapitels und der Leitung der Diözese. Anläßlich einer großen Reise, die sein bischöflicher Freund Diego auf Befehl des Königs als Brautwerber in die Marken und im Anschluß daran nach Rom machen mußte und auf der er diesen begleitete, bekam er Einblick in das verderbliche Treiben der Albigenser, die große Verwirrung unter den Gläubigen anrichteten.

Wie Franziskus die Armut, so hatte Dominikus die Wahrheit zur Grundlage seines Wirkens erhoben. Nachdem der Heilige erkannt hatte, daß die Methoden falsch sein mußten, mit denen man die Häretiker bekämpfte, gründete er zusammen mit Bischof Diego in Prouille Languedoc sein erstes Missionszentrum auf der Grundlage von Armut und Predigt. Es handelte sich um ein Haus zur Aufnahme bekehrter Albigenserinnen, das man als das erste Dominikanerinnenkloster bezeichnen kann. Zu Fuß, ohne Geld, nur von Almosen lebend, begann der Heilige seinen großen Feldzug gegen die Ketzer. Als Wanderprediger stellte er sich in öffentlichen Diskussionen seinen Gegnern. Andere gesellten sich ihm als Gefährten hinzu, so daß Bischof Diego vor seinem Tode Dominikus mit der Leitung betraute. Um den falschen Lehren noch nachhaltiger entgegenwirken zu können, gründete der hl.

Dominikus 1215 einen eigenen Predigerorden, dessen Aufgabe darin bestand, durch das gesprochene Wort und ein vorbildliches Leben die Irrgläubigen zu bekehren. In seiner Gemeinschaft versammelte er theologisch gebildete Männer um sich, die er in einer Zeit des Gebetes und der Betrachtung als Priester geschult, hinaussenden konnte in die Welt. Er gab seinem Orden die Regel des hl. Augustinus, die er durch einige strenge Bestimmungen, darunter den völligen Verzicht auf Eigentum, ergänzte. Der Orden wurde 1216 von Papst Honorius III. bestätigt. Schon ein Jahr nach der Gründung gab es 60 Dominikanerklöster. Dominikus sandte seine Brüder nach Rom, Madrid und Paris; es entstanden Niederlassungen in Ungarn, Deutschland und England. Die Dominikaner wurden neben den Jüngern des Franziskus zum mächtigsten Orden des Mittelalters. Aus ihm sollten so große Gestalten wie Albertus Magnus (s. 15. November), Thomas von Aquin (s. 28. Januar), Katharina von Siena (s. 29. April), Heinrich Suso (s. 23. Januar), Fra Angelico, Petrus Martyr (s. 6. April) und andere hervorgehen. Der Dominikanerorden, an dessen Spitze der Generalmagister in Rom steht, umfaßt heute 8000 Mitglieder in 31 Provinzen, sein weiblicher Zweig etwa 32000 Schwestern.
Der Heilige selbst hatte nur kurze Zeit, um die Organisation und Ausbreitung seines Ordens zu betreiben. Er starb nach der Abhaltung des zweiten Generalkapitels in Bologna in seinem 51. Lebensjahr. Sein Vermächtnis an seine Brüder war die Aufforderung zur Liebe, zur Demut und zur Armut. Heiliggesprochen wurde er 1234. Vierhundert Jahre feierte man sein Fest am 4. August. Heute ist es auf den 8. August verlegt. Dem Heiligen schreibt man die Einführung des Rosenkranzgebetes zu.

Legende

Eine Unzahl von bezeichnenden und wunderbaren Geschichten werden von dem Heiligen berichtet, von denen hier einige mitgeteilt seien.
So hatte die Mutter des hl. Dominikus vor seiner Geburt einen denkwürdigen Traum, der schon auf die spätere Bedeutung des Kindes, das sie unter dem Herzen trug, hinwies. Sie meinte nämlich, daß sie einen Hund im Leibe trüge, der eine brennende Fackel im Maul hatte. Und als er ihrem Leibe entstieg, da entzündete dieses Hündlein die ganze Welt mit seiner Fackel. Auch erblickte die Taufpatin einen Stern an der Stirne des Knaben, als er aus der Taufe gehoben wurde, der auch später noch von vielen als ein Glanz wahrgenommen wurde, der seinen Kopf umstrahlte. Von dem kleinen Dominikus erzählt man sich, daß er, kaum habe er sich bewegen können, aus seiner Wiege kletterte und sich auf die bloße Erde bettete, eine Gewohnheit, die er all sein Leben beibehielt.
Während er in Palenzia studierte, brach eine große Hungersnot aus; da verkaufte Dominikus all sein Hab und Gut, darunter auch die für ihn so notwendigen kostbaren Bücher, um von dem Erlös die Armen zu speisen. Und als man ihm dies vorwarf, sprach er: „Wie könnte

ich wohl in diesen toten Büchern studieren, wenn ich weiß, daß lebende Menschen Hungers sterben."

Bei einer der Unterredungen, die er mit den Ketzern hielt, geschah es, daß diese ihm eine eigene Schrift vorlegten, in welcher sie ihre Lehre aufs ausführlichste dargestellt hatten. Da verfaßte Bruder Dominikus sogleich eine andere, in welcher er mit aller Gründlichkeit die katholische Kirche und ihre Lehre verteidigte. Als nun die Ketzer sich entscheiden sollten, welche der beiden Schriften recht habe, da kamen sie in ihrer Unsicherheit auf den Gedanken, die beiden Schriften ins Feuer zu werfen, damit diejenige, die vom Feuer verschont bliebe, offenbare, daß in ihr die rechte Glaubensweise vorgetragen sei. Man zündete also ein großes Feuer an, warf beide Schriften hinein, und siehe, die des Ketzers verbrannte sofort, während diejenige des Bruders Dominikus nicht nur unversehrt blieb, sondern aus dem Feuer heraussprang. Dreimal warf man sie wieder hinein, aber immer wehte der Wind sie wieder unverbrannt heraus. Da erkannten viele, wo der wahre Glaube sei und bekehrten sich.

Ein junger Mann, der von seiner Beredsamkeit hingerissen war, fragte den Heiligen, in welchem Buche er studiert habe. „Mein Sohn", antwortete dieser, „in dem Buche der Liebe mehr als in jedem anderen, denn dieses lehrt alles."

Als der Heilige sich in Rom aufhielt und in der Kirche des hl. Petrus für die Ausbreitung seines Ordens betete, da sah er die glorreichen Apostelfürsten beide auf sich zukommen. Petrus aber gab ihm einen Stab und Paulus ein Buch in die Hand, dazu sprachen sie: „Gehe hin und predige durch die Welt, denn du bist von Gott dazu ausersehen." In diesem Augenblick sah er vor seinen geistigen Augen seine Söhne über den ganzen Erdkreis ziehen zu zweit miteinander und den Völkern das Wort Gottes predigen. Und als er nach Toulouse kam, sandte er die Brüder aus, einige nach Spanien, einige nach Paris und einige nach Bologna, er selbst aber reiste nach Rom und bat den Heiligen Vater um Bestätigung seines Ordens.

Als der hl. Dominikus einmal in Rom weilte, war ein junger Mann, ein Verwandter des Kardinals von Fossanova in seinem Leichtsinn und Übermut bei einem wilden Ritt vom Pferde gestürzt und wurde tot unter vielen Tränen weggetragen. Als die Trauer um den Toten anwuchs, war gerade Meister Dominikus zugegen und mit ihm ein anderer Bruder, ein Mann von großer Güte. Dieser sprach zu ihm: „Weshalb hältst du dich zurück? Warum rufst du nicht den Herrn um Hilfe an? Wo ist dein Mitleid mit dem Nächsten, wo dein Vertrauen auf Gott?" Ergriffen von der Mahnung des Bruders und überwältigt von Mitgefühl, ließ er den jungen Mann still in ein Gemach bringen, erweckte ihn durch die Macht seiner Gebete wieder zum Leben und führte ihn dann vor aller Augen unversehrt hinaus.

Als der Ordensmeister seinen Tod nahen fühlte, rief er zwölf seiner Brüder zu sich und begann sie zu ermahnen. Er riet ihnen, daß sie verdächtigen Umgang mit Frauen, besonders mit jungen Mädchen meiden sollten. „Seht", sagte er, „bis zu dieser Stunde hat mich die göttliche Barmherzigkeit in der Unversehrtheit des Fleisches bewahrt, jedoch bekenne ich euch, dieser einen Unvollkommenheit nicht entgangen zu sein, daß die Gespräche mit jungen Frauen mein Herz mehr angeregt haben als die Anreden der alten."

Als nach seinem Tode der festliche Tag gekommen war, an dem die Übertragung des erhabenen Lehrers des Ordens gefeiert wurde, waren gar viele Menschen zugegen. Die Brüder waren voller Angst und Besorgnis und beteten verzagt. Denn es konnte ja sein, daß der Leichnam des Heiligen, nachdem er in seinem unwürdigen Grabe so lange Zeit dem Regen und der Hitze ausgesetzt gewesen waren, von Würmern wimmeln und durch üblen Geruch die Anwesenden erschrecken würde und auf diese Weise die Verehrung des großen Mannes verdunkelt werden könne. Aber es blieb ihnen nichts anderes übrig, als sich ganz Gott zu überlassen. Als nun der Stein entfernt wurde, begann aus dieser Öffnung ein ganz wundersamer Wohlgeruch zu entströmen, über dessen starkes Duften die Umstehenden erstaunt waren und verwundert fragten, was das wohl wäre. Als die Sargplatte abgenommen wurde, siehe, was sich darbot, war wie eine Kammer duftender Salben, ein Paradies von Wohlgerüchen, ein Garten voll Rosen, ein Feld von Lilien und der liebliche Duft von Veilchen noch übertroffen. Voller Ergriffenheit sanken die Anwesenden auf die Knie nieder. Tränen stürzten aus ihren Augen, in den Seelen erhob sich ein wundersamer Streit, als sie die Süßigkeit des wunderbaren Duftes wahrnahmen. Sie standen lange Zeit neben dem Leichnam und konnten dieser Süßigkeit nicht satt werden. Sie drängte zur Frömmigkeit und bewirkte Wunder. Wenn man mit der Hand, mit dem Gürtel oder sonst einem Gegenstand den Körper berührte, blieb der Wohlgeruch daran haften. Der Leichnam wurde nun zu seinem marmornen Grabmal gebracht und dort in seinen Wohlgerüchen bestattet. Der Erzbischof zelebrierte das feierliche Hochamt. Es schmetterten die Trompeten, das Volk steckte eine Unmenge Kerzen auf, feierliche Prozessionen setzten sich in Bewegung, und überall ertönte der Ruf: „Gelobt sei Jesus Christus.“

Der heilige Cyriakus

(Gedenken: 8. August)

Der hl. Cyriakus gehört zu den 14 Nothelfern, weil er in hohem Maße wundertätig war. „Der Kult der Nothelfer war eine Lieblingsandacht des Volkes, in der sich alle Nöte und Anliegen aussprachen“ (Sauer). Die 14 Nothelfer sind: Achaz mit Dornstrauch und Kreuzesbalken (s. 20. Juni); Barbara mit Turm oder Hostienkelch und Palme (s. 4. Dezember), Blasius als Bischof mit zwei brennenden Kerzen (s. 3. Februar); Christophorus mit großem Baum in der Hand und Jesuskind auf der Schulter (s. 24. Juli); Dionysius als Bischof mit abgehauenem Kopf in der Hand (s. 9. Oktober); Erasmus als Bischof mit Schiffswinde (s. 2.

Juni); Eustachius als Jäger mit Hirsch, der ein Kreuz mit Geweih trägt (s. 20. September); Georg als Ritter mit Fahne, Drachen bekämpfend (s. 23. April); Katharina mit zerbrochenem Rad und Schwert (s. 25. November); Margareta mit Drachen und Kreuzstab (s. 20. Juli); Pantaleon mit langem Mantel, Hände aufs Haupt genagelt (s. 27. Juli); Vitus als Kind, mit Ölkessel, (s. 15. Juni); Aegidius – der einzige Nichtmärtyrer unter den Nothelfern – als Abt mit Hirschkuh, die vom Pfeile getroffen ist (s. 1. September). Manchmal kommt noch ein fünfzehnter Heiliger dazu, der je nach der Gegend verschieden ist, so z. B. Leonhard, Magnus, Nikolaus, Oswald, Quirinus, Rochus etc. Die Nothelfer werden oft mit der Muttergottes in ihrer Mitte dargestellt.

Das Fest des hl. Cyriakus wird seit 354 am 8. August gefeiert. Er gehört zu den frühchristlichen Märtyrern und starb um 309, wahrscheinlich während der diokletianischen Verfolgung. Sein Name bedeutet im Griechischen ‚der dem Herrn Gehörige'. Darstellung: als Diakon mit gefesseltem Dämon, Teufel austreibend, mit Almosen (Geldbeutel) in der Hand. Er ist Patron gegen Anfechtungen und böse Geister, der Zwangsarbeiter, bei schweren knechtlichen Arbeiten; gegen Besessenheit.

Der hl. Cyriakus wurde zusammen mit anderen christlichen Märtyrern, nämlich den HLL. LARGUS UND SMARAGDUS, die meist mit ihm zusammen genannt werden, an der Via Ostiense begraben. Papst Honoris I. (625–638) ließ über der Grabstätte eine Kirche errichten. Kaiser Otto I. brachte später einen Arm des hl. Cyriakus nach Bamberg. Das Kollegiatstift Neuhausen bei Worms besitzt seit 847 eine Reliquie des Heiligen. Dort gab es auch den sogenannten Cyriakus-Brunnen und eine Cyriakus-Waage, auf der man nach alter Sitte die Kinder wog und entsprechend ihrem Gewicht Weizen für die Armen opferte. Auch in der Abtei Altdorf im Elsaß befindet sich eine der gesuchten Reliquien des Heiligen; bei Lindenberg in der Pfalz ist ihm eine Wallfahrtskapelle und in Erfurt eine Kirche geweiht.

Die Lebens- und Leidensgeschichte des hl. Cyriakus entstand im 6. Jahrhundert und hat rein legendären Charakter.

Legende

Zum Bau der diokletianischen Thermen in Rom setzten die Römer Christen als Zwangsarbeiter ein. Ohne Unterschied von Stand, Alter und Geschlecht, ohne Entgelt oder Betreuung mußten sie die schwersten Arbeiten verrichten. Die Aufseher gingen unmenschlich mit ihnen um, sie wurden geschlagen und mißhandelt, bis sie elend zugrunde gingen. Ein reicher Bürger der Stadt Rom erbarmte sich dieser gepeinigten Menschen und bediente sich eines christlichen Diakons mit Namen Cyriakus, um den Bedrängten Lebensmittel und sonstige Hilfe zukommen zu lassen. Bei dieser Liebestätigkeit sollen Largus und Smaragdus sowie einige andere Christen dem Cyriakus geholfen haben. Bald entdeckten jedoch die Aufseher ihr

Tun und zwangen sie, ebenfalls Frondienste zu leisten. Jetzt halfen Cyriakus und seine Gefährten den armen Brüdern noch intensiver: sie trugen Lasten für die Ermüdeten und Schwachen, trösteten die Entmutigten, ja inmitten dieses Elends stimmten sie Loblieder zum Preise Gottes an und flößten den Geknechteten Mut ein. Die Aufseher erstaunten hierüber und hinterbrachten es dem Regenten Maximian. Dieser befahl, Cyriakus und seine Gefährten sogleich ins Gefängnis zu werfen. Nun fügte es Gott, daß mehrere Blinde in den Kerker kamen, die sich an den christlichen Bekenner wandten, er möge sie heilen. Cyriakus rief den Namen Jesu an und bezeichnete sie mit dem Zeichen des Kreuzes, und die Blinden kehrten, erleuchtet an Leib und Seele, geheilt nach Hause zurück.

Nun geschah es aber, daß die Tochter des Kaisers Diokletian vom bösen Geist besessen war. Da er von dem Wunder hörte, das Cyriakus an den Blinden vollbracht hatte, ließ der Kaiser den Diakon in seinen Palast kommen, um das Mädchen zu heilen. Cyriakus gebot dem Teufel, so daß er ausfuhr. Da rief das Mädchen mit lauter Stimme: „Ich glaube an Jesus Christus, den Sohn des allmächtigen Gottes", worauf sie Cyriakus alsbald taufte. Als der Kaiser das Wunder sah, wurde er von Verwunderung ergriffen, allein er verschloß sein Herz dem Lichte des Glaubens. Jedoch ließ er Cyriakus mit seinen Gefährten in Frieden leben.

Nun aber folgte Maximianus dem Kaiser Diokletian in der Regierung; und dieser unversöhnliche Christenfeind ließ unverzüglich Cyriakus und seine Gefährten vor den Richterstuhl bringen, um sie zu zwingen, den Götzen zu opfern. Er gebot seinem Statthalter, sie zu foltern, wenn sie seinem Gebot nicht folgten. Die Christen aber riefen wie aus einem Munde: „Wir gehorchen und opfern nur unserem Herrn Jesus Christus." Da ließ der Statthalter siedendes Pech über die grauen Haare des Cyriakus gießen und höhnte ihn, er wolle ihn wieder jung machen. Dieser ertrug geduldig die Pein. Danach spannte der grausame Richter ihn und seine Gefährten auf die Folter und ließ sie dann alle drei mit noch zwanzig anderen Christen vor die Stadtmauer führen und enthaupten.

Der Statthalter aber nahm sich das Haus des Cyriakus und richtete an der Stelle, wo der Taufbrunnen stand, ein Bad ein. Als er sich dort mit neunzehn seiner Freunde versammelte, badete und ein Mahl hielt, siehe, da starben sie plötzlich alle eines jähen Todes. Darauf wurde das Bad geschlossen und die Heiden fingen an, die Christen zu fürchten und in Ehren zu halten.

Der heilige Laurentius (Lorenz, Lenz)

Zu den sieben Pilgerkirchen der Stadt Rom gehört die unter Kaiser Konstantin um 330 über dem Grabe dieses hl. Märtyrers errichtete Basilika S. Lorenzo fuori le mura. Sie ist die größte unter den zahlreichen dem hl. Laurentius geweihten Kirchen. Die Krypta dieser Kirche birgt den antiken Sarkophag mit den Gebeinen des Heiligen. Sein Fest, das schon vor 354 von der Kirche am 10. August begangen wurde, ist nach dem Feste Peter und Paul (s. 29. Juni) das größte der alten römischen Liturgie; es bildete ehemals den Mittelpunkt eines eigenen Festkreises (Wimmer). Auch heute noch hat es eine Vigilfeier; der Name des hl. Laurentius wird im Meßkanon erwähnt. Das Martyrium des Heiligen, der auf einem glühenden Rost zu Tode gebracht worden ist, geschah wahrscheinlich am 10. August 258 unter Valerian, nach anderen erst unter Diokletian. Er wurde begraben auf dem Campus Veranus an der Via Tiburtina. Der hl. Laurentius war der von der abendländischen wie von der orientalischen Kirche am meisten verehrte unter den zahllosen frühchristlichen Märtyrern. Sowohl die hll. Ambrosius, Leo d. Gr., Augustinus wie auch der spanische Dichter Prudentius erwähnen ihn.

Der hl. Laurentius, dessen Name ‚der mit Lorbeer Geschmückte‘ bedeutet, wird immer in der Amtstracht der Diakone dargestellt, mit rechteckigem Rost – seinem Marterwerkzeug –, Evangelienbuch und Kreuz, Almosen austeilend, mit Märtyrerpalme. Er ist Patron der Armen, der Bibliothekare, weil er die Kirchenbücher in Verwahrung hatte, und aller mit Feuer beschäftigten Berufe wie Feuerwehrleute, Köche, Kuchenbäcker, Plätterinnen, Kohlenbrenner; er schützt vor Brandwunden, Feuer, Fieber, Rückenschmerzen und bewahrt vor den Qualen des Fegfeuers. Es gibt zahllose berühmte Darstellungen des Heiligen, so von Ghirlandaio, Tizian, Schäuffelin, Stephan Lochner, Le Sueur, Ribera; im Vatikan befinden sich Fresken mit sechs Episoden aus dem Leben des Heiligen von der Hand des Fra Angelico; auch auf dem großartigen Jüngsten Gericht von Michelangelo in der Sixtinischen Kapelle nimmt die eindrucksvolle Figur dieses Heiligen direkt unter dem Weltenrichter Christus einen hervorragenden Platz ein.

Legende

Wir folgen hier der Legende des hl. Laurentius in der Form, wie sie Werner Jaspert in seiner Legendensammlung erzählt:

Zu der Zeit, da Sixtus II. Papst war in Rom, lebte dort unter den Christen ein junger Mann mit Namen Laurentius, der war aus Spanien gekommen. Seines untadeligen Wandels wegen schloß ihn Sixtus in sein Herz und nahm ihn auf unter die sieben Diakone, die mit der Pflege der Armen und der Verteilung der Almosen betraut waren. Es geschah aber, daß in jenen Tagen der Kaiser Valerian den Christen nachstellte um ihres Glaubens willen. Da ward auch Papst Sixtus vor Gericht gestellt und ihm das Urteil gesprochen, weil er sich weigerte, dem Kaiser zu opfern. Als man ihn in Ketten zur Richtstatt führte, eilte Laurentius ihm nach und rief: „Vater, laß mich dir folgen!" Aber Sixtus wandte sich um nach ihm und sagte: „Harre aus bei der Gemeinde, so lange es Gott gefällt. In deine Hände lege ich die Schätze der Kirche. Schwere Prüfungen stehen dir bevor, doch der Herr wird dir beistehen!"

Da die Kriegsknechte von Schätzen reden hörten, ergriffen sie Laurentius und führten ihn vor den Kaiser. Der drang in den Diakon und suchte ihm das Geheimnis zu entreißen, wo er die Reichtümer der Kirche verborgen halte. Denn er war begierig, das Gold und das Silber und die kostbaren Gerätschaften an sich zu bringen. Darum versprach der Kaiser ihm Leben und Freiheit, wenn er den Schatz ausliefere. „Wohl besitzt die Kirche einen kostbaren Schatz", gab Laurentius zur Antwort, „und der Reichtum ist von solchem Glanz, wie ihn der Kaiser niemals gesehen. Doch nicht an einem Platz ist er verborgen, sondern weit umher verteilt in allen Gassen der Stadt. Gib mir drei Tage Zeit, so will ich vor dir ausbreiten, was wir Christen als unser kostbarstes Gut erkennen. Und nicht ein Stück soll dir verborgen bleiben."

Der Kaiser war damit zufrieden. Er ließ Laurentius frei und wartete mit Ungeduld auf den erhofften Schatz. Laurentius ging indes durch die Stadt und verschenkte alles Gut der Kirche unter die Bedürftigen. Tag und Nacht war er unterwegs, um die Not zu lindern und reichlich auszuteilen. Am dritten Tage aber sammelte er um sich alle die Armen und Verachteten, die Lahmen und die Blinden, die Kranken und Ausgestoßenen, denen die neue Lehre von Christi Barmherzigkeit und Güte ein Trost geworden war in ihrem Elend. Mit ihnen zog er vor den Palast des Kaisers und rief: „So halte ich mein Versprechen. Siehe, das ist der unvergängliche Schatz unserer Kirche. Achte ihn nicht gering! Heller als Gold und Diamanten strahlt in ihren Herzen der Glanz des Glaubens." Der Kaiser aber, der sich in seinen eitlen Hoffnungen betrogen sah, fuhr auf und schrie: „Fügst du zum Betrug auch noch den Hohn?" Und da die Schergen den kühnen Diakon zwingen wollten, seinem Christenglauben auf der Stelle abzuschwören und den Kaiser anzubeten, fragte Laurentius lächelnd: „Sagt, wen soll man anbeten, den Schöpfer oder das Geschöpf?"

Da konnte der Kaiser seinen Zorn nicht mehr bändigen. Er ließ einen eisernen Rost herbeitragen, auf den band man Laurentius und verbrannte ihn bei lebendigem Leibe. Standhaft ertrug er die furchtbare Qual. Der Kaiser konnte selber das grausige Schauspiel nicht ansehen und wandte sich in seinen Palast zurück.

Fromme Hände nahmen sich des Leichnams an und begruben ihn an geweihter Stätte. Der Tod des Heiligen aber bestärkte die Gemeinde im Glauben.

Die heilige Klara

Klara heißt die Reine, die Glänzende. Als ihre Mutter das Kind erwartete und Gott um eine gute Niederkunft anflehte, vernahm sie die Worte: „Fürchte dich nicht, du wirst ein Licht gebären, welches mit seinem Glanz die arme Welt erleuchten wird.“ Klara wurde in Assisi 1194 als Tochter des Grafen dei Sciffi geboren. Als Kind stand sie unter dem Einfluß ihrer frommen Mutter Hortulana. Schon als kleines Mädchen trug sie unter ihren seidenen Kleidern ein rauhes Bußhemd; täglich verbrachte sie ihre freie Zeit mit Gebeten, deren Abfolge sie – da es zu dieser Zeit den Rosenkranz noch nicht gab – mittels kleiner Steinchen festlegte. Nachdem sie den hl. Franziskus gesehen und gehört hatte, brannte die Jungfrau vor Verlangen, es ihm nachzutun. Franziskus war von Klaras lauterem Geist beeindruckt und riet ihr, sich zu entscheiden zwischen der Welt und ihrer Eitelkeit, einer glanzvollen Heirat und der Aussicht auf eine harmonische Ehe oder einem anderen Bräutigam – Christus. Da war Klaras Entschluß gefaßt: sie wollte allein für Christus leben. Franziskus hatte den Palmsonntag 1212 als den Zeitpunkt festgesetzt, an dem Klara sich von all dem trennen sollte, was sie an ihr bisheriges Leben fesselte. Da ihre Familie, besonders aber ihr Vater, ihren Wunsch nicht billigte, sah sich Klara genötigt, bei Nacht durch eine geheime Tür aus ihrem Elternhaus zu entfliehen.

Die Franziskaner empfingen das junge Mädchen im Kirchlein Portiunkula mit einer Prozession, brennende Kerzen und Ölzweige in den Händen. Hier legte Klara vor dem Altar ihre Festkleider ab, der hl. Franz selbst führte die Schere, unter der ihr schönes Haar fiel, sie nahm eine Kutte aus Sackleinwand und gürtete sich mit einem Strick, dann legte sie als die arme Schwester Klara die Gelübde ab. Franziskus brachte sie zunächst in einem Benediktinerinnenkloster unter. Als Klaras Flucht entdeckt wurde, versuchte der Graf mit Bitten und Drohungen seine Tochter zurückzuholen. Ja, man drang mit Gewalt in das Kloster und wollte sie fortschleppen. Doch Klara eilte in die Kirche; mit der einen Hand den Altar umklammernd, in der anderen ihre abgeschnittenen Haare haltend, rief sie: „Ihr sollt wissen, daß ich keinen anderen Bräutigam verlange als Jesus Christus. Freiwillig habe ich ihn erwählt, und nie werde ich ihn verlassen!“ Hierauf zogen sich ihre Verfolger betroffen zurück. Als jedoch Agnes, die jüngere Schwester, ihrem Beispiel folgte, versuchten die Verwandten noch einmal die Schwestern mit Waffengewalt aus dem Kloster zu entführen. Aber auch jetzt bewirkte Klaras Gebet ihre

Sinnesänderung, und fortan ließ man sie in Ruhe. Dem Beispiel ihrer älteren Schwestern folgten bald Beatrix und nach dem Tode des Gatten auch Hortulana, die ebenfalls den Schleier nahmen.

Nun gelang es Franziskus mit Hilfe gesammelter Almosen, das Klösterchen San Damiano zu kaufen, und hier fanden die ersten Klarissen ihr Heim. Einundvierzig Jahre lebte die Heilige in der klösterlichen Gemeinschaft von San Damiano. Nach dem Beispiel ihres Seelenführers Franz wollte Klara mit ihren Gefährtinnen in vollkommener Armut leben. Sie duldete kein Eigentum, alle sollten nur von der Mildtätigkeit frommer Gaben und ihrer Hände Arbeit sich nähren. Sie unterwies die Schwestern durch Wort und Beispiel; die Gemeinschaft erhielt immer mehr Mitglieder, obgleich das von Klara begründete klösterliche Leben an Strenge alles übertraf, was man bis dahin gekannt hatte. Franz hatte eine Regel für den Konvent ausgearbeitet, die durch Papst Innozenz III. bestätigt wurde. Er ernannte Klara zur Äbtissin. Als der Papst ihr Grundstücke und Einkünfte für ihr Kloster anbot, weigerte sich Klara beharrlich diese anzunehmen, und der Papst mußte auf ihre Bitte dem Orden jenes merkwürdige Privilegium verleihen, das den Schwestern das Recht vollkommener Armut zusicherte. Solange Franziskus lebte, stand Klara mit ihm in enger Fühlung, bei ihm holte sie sich in allen Fragen und Nöten Rat, nie waren die Schwestern glücklicher, als wenn Franz ihrer Einladung folgte und das Klösterchen besuchte. Seinen Sonnengesang hat der Heilige in ihrem winzigen Gärtchen gedichtet.

Klaras bußfertiges Leben war außerordentlich: sie schlief auf einem Bündel Stroh, und ihr Kopfkissen bildete ein Holzklotz, sie fastete so sehr, daß Franziskus selbst eingreifen mußte und ihr auferlegte, an jedem Tag wenigstens etwas Nahrung zu sich zu nehmen. Den größten Teil der Nacht verbrachte sie im Gebet, immer ging sie mit bloßen Füßen, sie pflegte die Kranken, und bei Tische bediente sie die Schwestern. Auch in schweren Prüfungen – achtundzwanzig Jahre wurde sie von schmerzhaftem Siechtum heimgesucht – blieb sie stets geduldig und heiter. Am 3. Oktober 1226 verschied in Portiunkula Klaras großer geistiger Bruder Franz. Nach siebenundzwanzig Jahren, einem halben Menschenleben, folgte die Heilige ihrem Seelenführer nach. Sie entschlief am Morgen des 11. August 1253 ruhig und sanft in der Freude auf den Herrn, dem sie ihr ganzes Leben geweiht hatte. Ihr Leichnam ruht in der Klosterkirche S. Chiara in Assisi. Das kleine Klösterchen San Damiano existiert heute noch fast unverändert, und dem Besucher wird in dem winzigen Refektorium ihr Platz am Tische gezeigt, den stets ein frischer Blumenstrauß schmückt.

Darstellung: im schwarzen oder braunen Wollgewand, mit Strick gegürtet, mit Kreuz, Lilie, Regelbuch, Äbtissinnenstab, mit Monstranz oder brennender Lampe als kluge Jungfrau. Sie ist Patronin der Sticker, Vergolder, Wäscherinnen, bei Augenleiden, gegen Fieber; seit 1958 durch Pius XII. des Fernsehens aufgrund des Wunders, wonach die Heilige Weihnachten 1252 kraft wunderbarer Hellsicht fern von Assisi die dortige Weihnachtsfeier miterlebte.

Legende

Von der hl. Klara werden viele wunderbare Geschichten berichtet, von denen hier nur wenige angedeutet werden können.

In ihrer Liebe zur Armut überließ die Heilige es vertrauensvoll der Vorsehung Gottes, wenn Not die Schwestern ängstigte. So war einst im Kloster nichts mehr als ein Laib Brot zu finden. Als die Stunde der Mahlzeit kam, setzten sich fünfzig Personen zu Tische, Klara segnete das Brot, und siehe da, es sättigte alle, denn Gottes Hand hatte es vermehrt. Einmal fand sich kein Öl im Kloster mehr. Da nahm Klara ein leeres Gefäß, wusch es und plötzlich war es mit Öl gefüllt. – Ihrer glühenden Gottesliebe und Andacht verlieh Gott wunderbare Kräfte: einer Schwester stellte sie die Sprache wieder her, die diese verloren hatte, einer anderen verhalf sie zum Gehör, einen Wahnsinnigen machte sie gesund. Wenn sie die heiligen Sakramente empfing, so sah man sie öfters in die Luft erhoben und schweben.

Wenn der hl. Franziskus in Assisi weilte, besuchte er oft die hl. Klara und gab ihr fromme Lehren. Es war nun ihr sehnlichster Wunsch, einmal mit ihm das Mahl einzunehmen, indessen schlug er es immer ab. Aber seine Genossen bestürmten ihn, er möge den Wunsch von Schwester Klara erfüllen, die auf seine Predigt hin Reichtum und Pracht dieser Welt verlassen hatte. Da sprach Franziskus: „Da es euch recht scheint, scheint es auch mir recht. So will ich, daß dieses Mahl in S. Maria degli Angeli (Portiunkula) bereitet werde, denn sie ist nun so lange Zeit in San Damiano eingeschlossen gewesen, daß es sie freuen wird, die Kirche wiederzusehen, wo sie geschoren und Christi Braut wurde." Als der Tag erschienen war, verließ Klara mit einer Begleiterin das Kloster und kam, von den Gefährten des hl. Franz geleitet, nach S. Maria degli Angeli. Ehrfürchtig grüßte sie die Jungfrau Maria vor ihrem Altar, dann zeigten die Brüder ihr das Kloster, bis die Stunde des Mittagessens heranrückte. Unterdessen ließ der hl. Franziskus den Tisch auf der blanken Erde decken, wie er es zu tun gewohnt war. Als es Zeit war, setzten sich Franziskus mit Klara und einer der Gefährten des hl. Franz mit der Gefährtin der hl. Klara; dann ließen sich alle die übrigen Gefährten bescheiden am Tische nieder. Beim ersten Gang aber hub der hl. Franziskus von Gott zu reden an, so lieblich, hoch und wunderbar, daß sich die Fülle der göttlichen Gnade über sie ergoß und alle in Gott verzückt wurden. Wie sie so mit zum Himmel erhobenen Augen und Händen dasaßen, sahen die Leute von Assisi und die aus dem Lande ringsum, wie S. Maria degli Angeli, das ganze Kloster und der Wald, der damals daran grenzte, in hellen Flammen standen, und es schien, als ob es ein gewaltiges Feuer sei. Die Bürger von Assisi liefen daher in großer Eile zur Ebene hinunter, um das Feuer zu löschen, weil sie wirklich glaubten, alles brenne. Als sie aber am Kloster anlangten und nichts in Flammen sahen, gingen sie hinein und fanden den hl. Franz und die hl. Klara mit ihrer ganzen Gesellschaft im Geist in Gott entrückt um jenen einfachen Tisch sitzen. Daraus konnten sie unzweideutig entnehmen, daß es ein göttliches, kein irdisches Feuer gewesen war, was Gott wie ein Wunder hatte erscheinen lassen zum sichtbarlichen Beweis des Feuers der himmlischen Liebe, von der die Seelen dieser hl. Brüder und Nonnen brannten. Sie entfernten sich daher schweigend, Trost und heilige Erbauung im Herzen.

Besonders bekannt ist das Wunder, wie Santa Clara das Kloster vor den Sarazenen rettete. Diese saßen in der Festung Nocera und machten Raubzüge in die Umgegend. So drangen sie auch in das Tal von Spoleto ein und kamen sengend und plündernd bis an die Tore von Assisi, umstellten das Kloster San Damiano und drohten den Frauen mit dem Untergang. Die hl. Klara lag auf ihrem Krankenlager, als die Schwestern in ihre Zelle stürzten und Schutz bei ihr suchten. Klara erhob sich, nahm aus dem Tabernakel die Monstranz mit dem hochwürdigsten Gute, stellte sie im Angesicht der Feinde auf die Schwelle der Klosterpforte, warf sich zur Erde nieder und betete. Da hörte sie die Stimme eines kleinen Kindes: „Ich werde euch beschützen." Und so geschah es: die Sarazenen flohen, als sie die Monstranz erblickten und diejenigen, die schon die Mauern des Klosters erstiegen hatten, erblindeten und stürzten herab. Zum Andenken an dieses Wunder wird die Heilige mit der Monstranz in Händen dargestellt.

Als der Tag ihres Todes nahte, sprach sie zu ihrer Schwester Agnes: „Siehst Du nicht den König der Herrlichkeit, meine Tochter?" Worauf Agnes, zur Tür blickend, einen großen Zug weißgekleideter Jungfrauen, mit goldenen Kronen auf dem Haupt, eintreten sah. Eine darunter erschien aber als die schönste, prachtvollste und strahlendste Jungfrau, denn sie trug eine kaiserliche Krone mit funkelnden Perlen, und von ihrem Angesichte ergoß sich ein glänzendes Licht. Diese näherte sich der Heiligen und küßte sie. Am folgenden Tag aber starb die Heilige.

Die heilige Radegunde

Der Dichter-Bischof von Poitiers Venantus Fortunatus hat uns das heiligmäßige Leben der Frankenkönigin bereits gegen Ende des 6. Jahrhunderts aufgezeichnet. So können wir uns ein ziemlich genaues Bild von ihr machen. Ein wenig später schrieb eine Nonne, Baudonivia mit Namen, die von der Heiligen selbst erzogen worden war, eine glänzende Lebensbeschreibung.

Radegunde war eine germanische Prinzessin, Tochter des thüringischen Königs Berthachar und wurde um 518 geboren. Schon ihre Jugend stand im Zeichen gewalttätiger Verbrechen. Ihr Vater wurde von seinem eigenen Bruder erschlagen, ihre Mutter und Geschwister bis auf einen Bruder umgebracht. Dann überzogen die Franken das Land, und die Königskinder wurden als Beute mitgeführt. Chlothar, ein Sohn von Chlodwig, brachte die damals dreizehnjährige Radegunde nach Athies bei Soissons. Er ließ sie sehr sorgfältig erziehen und ausbilden und ihr die Taufe erteilen. Wohl von vornherein beabsichtigte er, das Mädchen zu heiraten. Radegunde lernte das Christentum erst bei den Franken kennen. Von da an wohnte ihr eine tiefreligiöse Frömmigkeit inne, die zur Heiligkeit hinstrebte. Der hl. Medardus von Noyon war ihr Lehrer.

Als es soweit war, erschreckte das empfindsame, feingebildete Mädchen zutiefst davor, den brutalen Chlothar zum Gatten zu nehmen. Mit eigener Hand hatte er die Söhne seines Bruders getötet und viele andere Gewalttaten vollbracht. Sie machte einen vergeblichen Fluchtversuch, fügte sich dann aber in das Unvermeidliche und wurde in Soissons getraut. Der wilde Frankenfürst soll sechs Frauen gehabt haben, von denen Radegunde die zweite war.

Radegunde führte nun als Königin schon ein Leben, das eher dem Leben einer Nonne glich. Einen großen Teil ihrer Einkünfte gab sie für gute Werke hin, ihre Wohltätigkeit kannte keine Grenzen. Sie selbst lebte ein denkbar einfaches Leben. Radegunde stand oftmals mitten in der Nacht auf, um in ihrem Betsaal auf einem groben Sack kniend zu beten. Während der Fastenzeit trug sie ein härenes Kleid unter ihren Gewändern und verbrachte ganze Nächte im Gebet. Die Königin ließ in Athies ein Hospital für Arme bauen, dort badete sie die Frauen und bediente die Kranken mit eigener Hand. Das seltsamste ist, daß der unbeherrschte Wüstling Chlothar ihr Ehrfurcht, ja vielleicht sogar Liebe entgegenbrachte. So vermochte sie manches, wie zum Beispiel die Begnadigung von Gefangenen, bei ihm zu erreichen; denn für die merowingischen Könige war die christliche Religion eine Realität, der sie sich beugten. Chlothar mag ihre übernatürliche Macht gespürt haben, die zu beleidigen er zurückschreckte. Die kinderlose Ehe währte sechs Jahre. Da ließ Chlothar aus unbekannten Gründen ihren jüngeren Bruder ermorden, der jahrelang noch ein Stück Heimat für sie bedeutet hatte und den sie über alles liebte. Das war zuviel für die Königin. Sie entschloß sich, Chlothar zu verlassen und ihrer geistlichen Berufung zu folgen.

Radegunde begab sich nach Noyon und bat den hl. Medardus um den Schleier. Dieser zögerte, weil sie in seinen Augen, solange ihr Mann lebte, an die Ehe gebunden war. Als die Edelleute des Königs in die Kirche drangen, um die Königin zurückzuholen, floh diese in die Sakristei, legte ein geistliches Gewand an und kehrte an den Altar zurück. Mit lauter Stimme sagte sie zu Medardus, daß, wenn er sich ihrer Bitte aus irdischen Erwägungen widersetze, Gott ihre Seele einst aus seinen Händen fordern werde. Da gab der Bischof nach und weihte Radegunde sogleich zur Diakonissin, womit er sie von ihrem ehelichen Gelöbnis entbunden und Chlodwig keine Ansprüche mehr auf sie hatte.

Zunächst lebte sie nun auf dem ihr zugehörigen Gute Saix. Sie schenkte ihre Besitztümer als Almosen für die Armen oder zur Ausschmückung der Kirchen her. Von Tag zu Tag steigerte sie ihre Liebesdienste. Sie tat an ihren Armen die niedrigsten Dienste, wusch ihnen die Köpfe, befreite sie von Ungeziefer, reinigte ihre Wunden, gab ihnen saubere Kleidung und pflegte Aussätzige, die sie speiste.

Dann errichtete Radegunde bei Poitiers ein Frauenkloster, das sie zuerst der Muttergottes, später dem Heiligen Kreuz weihte. Es versammelten sich an die zweihundert Nonnen, viele aus vornehmen Familien, um sie; sie setzte aus Demut eine junge Frau Agnes, die sie ihre geistliche Tochter nannte, zur Äbtissin ein. Die eigentliche Leitung des Klosters, das der Regel des hl. Cäsarius unterstellt wurde, lag jedoch wohl in ihren Händen. Hier verbrachte Radegunde ihre letzten dreißig Lebensjahre in Gebet, Studium, Buße und Ausübung praktischer Nächstenliebe. Dabei vernachlässigte sie ihre und der Klosterinsassen Bildung nicht. Bildung gehörte ebenso zur Regel wie Übung der Demut. Sie las viele Bücher, kannte alle Kirchenväter und widmete sich daneben dem Psalmensingen und dem Chorgebet. Sie gönnte sich nur ein Mindestmaß an Schlaf und ließ sich sogar nachts noch vorlesen, um den Schlaf zu bekämpfen. Das Kloster des Heiligen Kreuzes wurde durch sie zu einem Ort des Friedens inmitten von Krieg und Barbarei, zu einer Zufluchtsstätte aller Bedrängten und einem Hort der Kultur. Hier dichtete der Dichter-Priester Venantius Fortunatus, mit dem Radegunde und die Äbtissin Agnes eine edle Freundschaft verband, die Hymnen „Vexilla Regis prodeunt“ und „Pange lingua gloriosi“, die heute noch in der Kirche gesungen werden.

Radegunde starb mit 69 Jahren am 13. August 587. Der hl. Gregor von Tours zelebrierte das feierliche Begräbnis, von dem uns durch ihn und Baudonivia Berichte hinterlassen wurden. „Das Antlitz der Toten übertraf die Schönheit der Lilien und Rosen“, heißt es da. Weinend standen die Nonnen auf der Mauer, als das Trauergefolge vorbeizog. Fortunatus wurde nach ihrem Tode zum Bischof von Poitiers gewählt und starb im Rufe der Heiligkeit.

Das Grab der Heiligen in Sainte-Radégonde ist ein beliebter Wallfahrtsort auch heute noch. Dargestellt wird sie als Äbtissin, Krone zu Füßen, zwei Wölfe neben sich, weil ihr die wilden Tiere gehorchten, Teufel austreibend. Sie ist Patronin der Töpfer und Weber, gegen Aussatz, Geschwüre, Krätze, Wolf.

Legende
Als Radegunde, die heilige Königin, sich in Saix angesiedelt hatte, wo sie das fromme Leben einer Nonne führte, erfuhr sie eines Tages, daß Chlothar, ihr ehemaliger Gemahl, unterwegs war, um sie zurückzuholen. Obwohl sie sich innerlich darauf vorbereitete, diese neue Prüfung zu bestehen, bat sie Gott innigst, ihr zu helfen. Nur von zwei Schwestern begleitet, begab sie sich vertrauensvoll auf die Flucht. Und nun ereignete sich, nach einem Bericht aus dem 14. Jahrhundert, das ‚Wunder des Hafers'. Sie begegnete nämlich einem Bauern, der im Begriff war, Hafer auszusäen, und befahl ihm, falls man ihm eine Frage stellen würde, zu antworten, daß er niemanden habe vorbeigehen sehen. Nach dem Willen Gottes wuchs der Hafer in der gleihen Stunde so hoch, daß die Heilige sich mit ihren beiden Gefährtinnen darin verbergen konnte. Als nun König Chlothar zu dem genannten Ort kam und den Landmann fragte, ob er jemanden habe vorübergehen sehen, da sagte dieser aus gutem Gewissen, nein; seit er den Hafer gesät habe, sei niemand wieder vorübergegangen. Als der König diese Antwort des Bauern hörte und voll Verwunderung sah, daß der Hafer im Frühjahr hier schon fast mannshoch stand, da machte er kehrt.

Die heiligen Hippolyth und Kassian

Das Fest des hl. Hippolyth von Rom, der mit dem am 22. August im Martyrologium erwähnten Märtyrer Hippolyth von Porto identisch ist, wurde schon seit dem 3. Jahrhundert am 13. August gefeiert und ist im Kalender des Philokalus 354 angegeben. Im 5. Jahrhundert wurde das Fest des hl. Kassian mit dem des hl. Hippolyth zusammengelegt und seitdem der hll. Lehrer im römischen Missale an diesem Tage gemeinsam gedacht.

Der Name Hippolythus kommt aus dem Griechischen und bedeutet ‚Rosse-Ausspanner'. Die Legende machte aus diesem Heiligen nacheinander einen Schüler des Novatian, einen Märtyrer von Antiochia, einen Bischof von Porto und schließlich einen römischen Soldaten und Kerkermeister des hl. Laurentius (s. 10. August).

Der Name des hl. Hippolyth befindet sich in allen Martyrologien, viele Kirchen wurden ihm geweiht, mehrere Ortschaften tragen seinen Namen, wie St. Pilt im Elsaß und St. Pölten in Österreich. Er ist Patron von Stadt und Diözese St. Pölten, ferner der Pferde und Gefängniswärter; gegen Körperschwäche. Dargestellt wird der hl. Hippolyth in der historisch richtigen Weise auf einem Sessel sitzend, an dessen Seite der Osterzyklus und ein Verzeichnis seiner Schriften eingegraben sind; aufgrund der Legende auch als römischer Krieger mit Fahne, Lanze, Schild, mit wilden Pferden, mit Marterwerkzeugen.
Der hl. Hippolyth war ein Schüler des hl. Irenäus (s. 28. Juni) und wirkte als Priester und Lehrer in Rom. Trotz der Vielseitigkeit seiner Interessen und der Zahl der von ihm verfaßten Schriften – er wird hierin seinem großen Zeitgenossen Origines an die Seite gestellt –, hielt er unbeugsam an seinen Grundsätzen fest. Bruchstücke seiner Werke – sein Hauptwerk, das zehn Bände umfaßt, hat den Titel ‚Philosophumena oder Widerlegung aller Häresien' – finden sich in den alten orientalischen Übersetzungen verschiedener Sprachen. Unter Papst Kallixtus I. (217–222) verursachte er eine Spaltung und ließ sich als erster Gegenpapst aufstellen. Er verharrte im Schisma bis zum Jahre 235, also auch unter den Nachfolgern des Kallixtus, Urban I. und Pontian I. Während der Christenverfolgung unter Maximinus Trax wurden die Kirchenhäupter zur Zwangsarbeit nach Sardinien verbannt. Pontian und Hippolyth, welcher dort zur Einheit der Kirche zurückkehrte, erlagen bald den Strapazen in den Bergwerken. Die Beisetzung der beiden Märtyrer in Rom erfolgte am 13. August: der hl. Pontian wurde in der Papstgruft der Kallixtuskatakombe, der hl. Hippolyth in einer eigenen Grabanlage an der Via Tiburtina bestattet. Das Fest des HL. PAPSTES PONTIAN wurde ursprünglich zusammen mit dem des Hippolyth gefeiert, aber im 8. Jahrhundert auf den 19. November verlegt.

Legende

Die Legende über den hl. Hippolyth entstand wohl durch die Unleserlichkeit der Laurentius-Akten, so daß er mit diesem Märtyrer in Zusammenhang gebracht wurde. Er soll, wie es heißt, den hl. Laurentius als römischer Krieger in Gewahrsam gehalten haben und von ihm bekehrt worden sein und mit ihm sein ganzes Haus. Die ‚Goldene Legende' berichtet, daß Hippolyth nach dem Martyrium des hl. Laurentius den Leichnam desselben an sich genommen und begraben habe. Hiernach ging er zurück in sein Haus, wo er mit all seinen Knechten und Mägden das hl. Sakrament zu sich nahm, das ihnen Justinus der Presbyter brachte. Aber noch ehe sie sich alle zu Tische gesetzt, kamen des Kaisers Knechte und ergriffen Hippolyth, denn er war angezeigt worden, daß er dem Begräbnis des hl. Laurentius beigewohnt hatte. Der Richter nannte ihn einen Zauberer, denn er habe den Leichnam des Laurentius gestohlen! Da antwortete Hippolyth ihm freimütig, daß er das nicht als ein Zauberer, son-

dern als ein Christ getan habe. Voller Zorn befahl der Richter, daß man seinen Mund mit Steinen zerschlage. Er forderte ihn dann auf, sogleich zu opfern, auf daß er nicht untergehe wie sein Laurentius. Hippolyth aber sprach: „O daß ich Laurentio nachfolgen dürfte, den du mit deinem sündigen Mund so freventlich nennst.“ Hierauf ließ ihn der Richter mit Knütteln schlagen, der Heilige aber bekannte Christum mit lauter Stimme. Als der Richter sah, daß Hippolyth allen Martern spottete, hieß er ihn in das ritterliche Gewand kleiden, das er zuvor getragen, und ermahnte ihn freundlich, er solle als ein römischer Offizier zurückkehren zu seinen Freunden und seiner Ritterschaft. Hippolyth jedoch antwortete mit Festigkeit: „Ich bin ein Ritter Christi.“ Da ließ der Kaiser ihn vor einen anderen Richter führen, der ihm all sein Gut nehmen und ihn unter Qual und Pein töten sollte. Sie entdeckten aber, daß auch sein ganzes Gesinde christlich geworden war und führten alle vor den Richter. Als man die Hausgenossen des Hippolyth zum Opfer zwingen wollte, antwortete Concordia, die alte Amme, in aller Namen: „Wir wollen lieber mit unserm Herrn in Ehren sterben als in Unehren leben.“ Da befahl der Richter, die Amme so lange mit Bleikugeln zu schlagen, bis sie ihren Geist aufgab. Dann ließ er Hippolyth und seine Leute aus der Stadt führen durch das Tor, das Porta Tiburtina genannt ist. Hippolyth aber ermahnte alle, sie möchten nicht verzagen, denn sie und er hätten ein und denselben Herrn, vor dessen Antlitz sie nun in Bälde treten würden. Nun enthauptete man einen nach dem anderen vor seinen Augen; zuletzt band man ihn mit seinen Füßen an den Hals von wilden Rossen, die den Märtyrer so lange durch Dornen und Disteln schleiften, bis er tot war. Justinus der Presbyter aber kam und nahm die Leiber der Heiligen und bestattete sie nahe bei dem Leichnam des hl. Laurentius auf dem Ager Veranus.

Der HEILIGE KASSIAN wird mit Schreibgriffeln, Schreibtafel und Schulgeräten abgebildet. Er ist Patron der Lehrer und der Schüler; Pius XII. ernannte ihn 1953 zum Schutzheiligen der Stenographen. Auch ist er Patron von Brixen in Tirol, weil er nach der Legende der erste Bischof von Säben-Brixen gewesen sei. Heute erinnert an ihn noch im Kloster Säben der sogenannte Kassinsturm, in dem er gefangen war. Die Verehrung dieses Heiligen ist nach wie vor lebendig. Die Stadt Regensburg besitzt eine Kassianskirche; das ‚Cassianeum‘ in Donauwörth zur Förderung der katholischen Erziehung trägt seinen Namen. Im Dom von Brixen sind Fresken des Malers Paul Troger mit Szenen aus dem Leben des Heiligen sowie ein ihm geweihter Altar. Eine monumentale Darstellung als Bischof und Lehrer von der Hand des Michael Pacher befindet sich über dem Portal des Domes von Innichen im Pustertal. Der hl. Kassian starb den Märtyrertod wahrscheinlich unter Diokletian im Jahre 304 zu Imola bei Neapel, wo sich auch sein Grab befindet. Nach dem Bericht des größten altchristlichen abendländischen Dichters Prudentius ist der Heilige ein Lehrer gewesen und wurde von seinen heidnischen Schülern mit eisernen Griffeln zu Tode gequält.

Die heilige Susanna *(Gedenken: 11. August)*

Über die Heiligengestalten mit dem schönen Namen Susanna findet man in den Kalendarien nicht viel, obgleich der Name Susanna, der aus dem Hebräischen kommt und ‚Lilie' bedeutet, häufig anzutreffen ist; – Susi, Sanna und Susette gehen alle darauf zurück. Indessen seien vier heilige Frauen dieses Namens hier erwähnt, die sicherlich alle nach jener vorchristlichen Susanna benannt wurden, die als Sinnbild der christlichen Tugend der Keuschheit gilt und deren aus dem Alten Testament stammende, im Buche Daniel, Kapitel 13, erzählte Geschichte im römischen Meßbuch am Samstag nach dem dritten Fastensonntag verlesen wird. Diese Susanna wird als Vorbild Mariens betrachtet und damit als Gegensatz zur sündigen Eva. Sie wird in der Ostkirche am 19. Dezember und im Martyrologium des Canisius am 12. Februar und 28. August genannt und steht im Alexandrinischen Kalender am 25. September. Sie ist das Urbild jener in der darstellenden Kunst so häufig wiedergegebenen ‚Susanna im Bade', die, von zwei lüsternen Greisen unschuldig verleumdet, durch das weise Verhör des jungen Daniel vor dem Tode gerettet wurde.

Am 24. Mai gedenkt die Kirche einer christlichen Heiligen mit Namen Susanna, die zusammen mit anderen Soldatenfrauen und ihren Kindern im 2. Jahrhundert für Christus den Tod erlitt. Am 12. Juli ist das Gedächtnis der hl. Märtyrin Susanna Cobioje, die man um ihres Glaubens willen in Nagasaki acht Stunden lang nackt an ihren Haaren an einem Baum aufhängte; sie wurde 1867 zur Ehre der Altäre erhoben.

Am 11. August stand bis vor kurzem, zusammen mit dem hl. Tiburtius im Meßbuch verzeichnet, eine hl. Jungfrau und Märtyrin, ebenfalls Susanna genannt, die um das Jahr 304 starb. Diese römische Märtyrin der Frühzeit wurde nach grausamen Qualen enthauptet. Ihre Reliquien befinden sich in der gleichnamigen Titelkirche auf dem Quirinal in Rom. Ihr Fest ist im Martyrologium des hl. Hieronymus unter dem 11. August verzeichnet und seit dem Jahre 800 allgemein. Indessen besitzt ihre aus dem 6. Jahrhundert stammende Passio rein legendären Charakter. Danach soll sie eine Nichte des Papstes Cajus und die Tochter des hl. Gabinus gewesen sein. Da sie in ihrer Liebe zu Christus das Gelübde ewiger Jungfräulichkeit abgelegt hatte, weigerte sie sich, den Adoptivsohn des Kaisers Diokletian zu heiraten. Hierdurch bekannte sie sich als Christin und wurde zum Tode verurteilt. Mit dem hl. Märtyrer Tiburtius, dessen Gedächtnis am gleichen Tage gefeiert wird, besteht kein Zusammenhang. Dargestellt wird sie mit Schwert, Krone neben sich. Sie ist Patronin gegen Regen, Unglück sowie Verleumdungen. Das letzte Patronat ist wahrscheinlich zurückzuführen auf ihre alttestamentarische Vorgängerin aus Babylon.

Das römische Martyrologium erwähnt noch eine weitere hl. Susanna unter dem 19. September. Sie war die Tochter eines heidnischen Priesters und einer Jüdin. Nach dem Tode ihrer Eltern bekannte sie sich zum Christentum und wurde Diakonin in Eleutheropolis, wo sie 362 unter Julian Apostata den Märtyrertod erlitt.

Anstelle der Legende

Anstelle der Legende sei hier die Geschichte der ‚Ur-Susanna', jener keuschen Gattin des reichen Joachims wiedergegeben: In jenen Tagen wohnte ein Mann zu Babylon mit Namen Joachim. Dieser nahm ein Weib namens Susanna, eine Tochter des Helkias, die sehr schön war und gottesfürchtig. Ihre Eltern waren gerecht und hatten ihre Tochter dem Gesetze des Moses gemäß unterwiesen. Joachim aber war sehr reich; er hatte einen Baumgarten, der nahe bei seinem Hause lag. Bei ihm pflegten die Juden zusammenzukommen, weil er unter allen als der Angesehenste galt. Nun waren in jenem Jahre zwei Älteste aus dem Volke als Richter aufgestellt nach der Art jener, von denen der Herr gesprochen: „Ungerechtigkeit ging aus von den Ältesten zu Babylon, von den Richtern, die sich den Anschein gaben, das Volk zu leiten." Diese kamen oft ins Haus des Joachim, und alle, die eine Rechtssache hatten, fanden sich bei ihnen ein. War nun das Volk um die Mittagszeit wieder heimgegangen, so pflegte Susanna sich in den Baumgarten ihres Mannes zu begeben, um darin zu lustwandeln. Die Ältesten sahen sie täglich hineingehen. Da entbrannten sie von böser Begierde nach ihr; sie verkehrten ihren Sinn und wandten ihre Augen ab, um nicht den Himmel anzusehen, noch der gerechten Gerichte zu gedenken. Während sie nun auf einen gelegenen Tag warteten, begab es sich, daß Susanne, wie gewöhnlich nur von zwei Mädchen begleitet, in den Garten kam, um zu baden; denn es war schwül. Es befand sich aber niemand dort außer den zwei Ältesten, die sich verborgen hatten und sie beobachteten. Sie sprach nun zu den Mädchen: „Bringt mir Öl und Salbe und verschließt die Pforte des Gartens, damit ich ein Bad nehmen kann." Nachdem nun die Mädchen hinausgegangen waren, erhoben sich die Ältesten, liefen zu ihr hin und sprachen: „Siehe, die Türe des Gartens ist geschlossen und niemand sieht uns; wir sind von Leidenschaft gegen dich entbrannt, darum sei uns zu Willen und sündige mit uns. Tust du das nicht, so werden wir gegen dich bezeugen, daß ein Jüngling bei dir war und du nur deshalb die Mädchen weggeschickt hast." Nun rief Susanna mit lauter Stimme. Aber auch die Ältesten schrien laut, und der eine lief zu der Gartentüre und öffnete sie. Als die Diener des Hauses das Geschrei im Garten hörten, eilten sie durch eine Seitentüre herbei, um zu sehen, was es gebe. Als die Ältesten ihre Beschuldigungen vorbrachten, schämten sich die Diener sehr; denn niemals war so etwas über Susanna ausgesagt worden. So kam der andere Tag. Als das Volk bei Joachim, ihrem Manne, versammelt war, erschienen auch die zwei Ältesten, ganz beherrscht vom bösen Plane, Susanna dem Tode zu überliefern. Sie sprachen vor dem Volke: „Sendet nach Susanna, der Tochter des Helkias, dem Weibe Joachims." Man sandte alsbald nach ihr. Sie kam mit ihren Eltern und Kindern und allen ihren Verwandten. Die Ihrigen und alle, die sie kannten, weinten. Nun erhoben sich die zwei Ältesten inmitten des Volkes und legten ihr die Hände auf das Haupt. Sie aber blickte weinend zum Himmel auf; denn ihr Herz vertraute auf den Herrn. Die Ältesten sprachen nun: „Als wir im Garten allein lustwandelten, trat diese hier mit zwei Mädchen herein, verschloß die Gartentüre und schickte dann die Mädchen hinweg. Da kam ein Jüngling zu ihr, der sich versteckt hatte, und verging sich mit ihr. Wir aber, die wir in einem Winkel des Gartens waren, eilten, da wir die Schandtat sahen, zu ihnen hin und sahen sie miteinander sündigen. Jenen vermochten wir zwar nicht festzuhalten, weil er stärker war als wir, die Türe öffnete und davoneilte; diese aber ergriffen wir und fragten sie, wer der Jüngling gewesen; sie wollte es uns aber nicht sagen. Dies bezeugen wir." Die Menge glaubte ihnen als den Ältesten und Richtern des Volkes, und man verurteilte jene zum Tode. Susanna aber rief mit lauter Stimme und sprach: „O ewiger Gott, Du kennst das Verborgene und weißt alles, bevor es geschieht; Du weißt, daß sie falsches Zeugnis wider mich abgelegt haben. Siehe, ich sterbe, obwohl ich nichts von dem getan habe, was diese voll Bosheit wider mich erlogen haben." – Und der Herr erhörte ihr Flehen. Denn als man sie zum Tode führte, erweckte Er den hl. Geist in einem noch jungen Manne namens Daniel. Dieser rief mit lauter Stimme: „Ich bin unschuldig an ihrem Blute." Da wandte sich das ganze Volk nach ihm um und sprach: „Was soll das bedeuten, was du da sagst?" Er trat in ihre Mitte und sprach: „Wie seid ihr so töricht, ihr Söhne Israels, daß ihr ohne Urteil, ohne euch über die Wahrheit Gewißheit zu verschaffen, eine Tochter Israels verurteilt? Kehrt noch einmal zurück in das Gerichtshaus; denn jene haben falsches Zeugnis wider sie abgelegt." Da kehrte das Volk eilends zurück. Und Daniel sprach zu ihnen: „Trennt jene voneinander, so will ich sie richten." Als sie nun voneinander getrennt waren, rief er den einen von ihnen zu sich und sprach zu ihm: „In Gottlosigkeit Ergrauter! Wenn du diese hier wirklich gesehen hast, so sage, unter was für einem Baume hast du sie miteinander reden sehen?" Er antwortete: „Unter einem Mastrixbaume." Daniel entgegnete: „Da hast du schön auf dein eigenes Haupt gelogen." Dann ließ er diesen abführen und befahl dem andern, zu kommen. Er sprach zu ihm: „Sage mir also, unter was für einem Baume hast du sie im Gespräche miteinander gefunden?" Er antwortete: „Unter einer Steineiche." Daniel aber sprach: „Auch du hast schön auf dein eigenes Haupt gelogen. Wahrlich, der Engel des Herrn harrt mit seinem Schwerte, um dich mitten entzweizusägen und euch beide zu töten." – Da jubelte das ganze Volk mit lauter Stimme, und sie priesen Gott, der ja die rettet, die auf Ihn hoffen. Und sie erhoben sich wider die zwei Ältesten, denn Daniel hatte sie aus ihrem eigenen Munde überführt, daß sie falsches Zeugnis abgelegt hatten, und taten an ihnen entsprechendes dem Bösen, das sie an ihrem Nächsten verübt hatten; und sie töteten sie. So ward an jenem Tage unschuldiges Blut gerettet.

Mariä Himmelfahrt

Von den großen Marienfesten der Kirche: Mariä Verkündigung (s. 25. März), Mariä Himmelfahrt, Mariä Geburt (s. 8. September) und Mariä Unbefleckte Empfängnis (s. 8. Dezember) ist das Fest des kostbaren Todes und der glorreichen Aufnahme der Gottesmutter in den Himmel, womit ihre Krönung als Himmelskönigin verbunden ist, wohl das bedeutendste. Zumal seitdem Papst Pius XII. dem Festgeheimnis der „leiblichen Aufnahme" Marias in den Himmel durch das am 1. November 1950 verkündigte Dogma besonderes Gewicht verlieh. Die Annahme, daß die sündelose Jungfrau-Mutter samt ihrem Leib in den Himmel aufgenommen wurde – eine ununterbrochene Überlieferung der Kirche –, ist damit zum feierlich verkündeten Lehrsatz geworden. Die demütige Jungfrau erhielt die herrlichste Himmelskrone, bestieg den höchsten Ehrenthron und wurde zur Königin der Engel und Heiligen, aber auch die mächtige und milde Fürbitterin und Schützerin der Gläubigen auf Erden.

Nach alter Tradition gilt als Ort des Hinscheidens Mariens die ‚Dormitio Mariae' in nächster Nähe des Abendmahlssaales auf dem Sionsberg zu Jerusalem und als Begräbnisstätte das Felsengrab beim Garten Gethsemane im Kidrontal. Von alters her schon ist das Hinscheiden der seligsten Jungfrau und ihre Aufnahme in den Himmel, ‚assumptio', das größte Marienfest. Im Orient bald nach dem Konzil von Ephesus (431) aufgekommen, wurde das Fest Mariä Himmelfahrt vom oströmischen Kaiser Mauritius (588–602) auf den 15. August festgesetzt unter dem Titel ‚Tag der Gottesgebärerin (Theotokos) Mariae'. In Rom wurde es seit dem 7. Jahrhundert unter dem Namen ‚Natale sanctae Mariae' – Geburtsfest der hl. Maria für den Himmel – fast allgemein gefeiert. Anlaß für die ursprüngliche Fixierung des 15. August und dessen Anerkennung als staatlichen Feiertag duch Kaiser Mauritius soll ein schon lange im Orient am gleichen Tage gefeiertes Naturfest, das Fest der Weinlese, gewesen sein, das durch die kaiserliche Verfügung nunmehr einen religiösen Charakter erlangte, ähnlich wie die Festsetzung des Weihnachtsfestes am 25. Dezember (s. 6. Januar). Im Abendlande wurde frühzeitig der Name ‚Hinscheiden' – also Tod – durch den jetzigen ‚Assumptio Beatae Mariae Virginis' abgelöst. Papst Sergius I. (687–701) führte die nächtliche Lichterprozession ein. Papst Leo IV. ordnete 847 endgültig eine Vigil- und Oktavfeier an. Letztere bestand bis 1955.

In vielen Kirchen Deutschlands findet am 15. August die sehr alte ‚Kräuterweihe' statt. Sie hat eine sinnige Beziehung auf Maria, die ‚Blume des Feldes', die ‚Lilie der Täler' und auf den Wohlduft ihrer Tugenden. Bei der Weihe der Kräuter und Blumen wird um Wohlfahrt des Leibes und der Seele und um Schutz vor widrigen Einflüssen gebetet. In den Alpenländern wird das Fest der ‚Große oder Hohe Frauentag, Unserer Frauen Heimgang' genannt (nach Wimmer und Schott).

Anstelle der Legende

Nach apokryphen Quellen und frühen Bilddokumenten ist das Wesen des Festgeheimnisses Mariä Himmelfahrt in folgenden Stufen des Geschehens aufgebaut:

Als der Tod und die Stunde gekommen, wo der Himmel sich öffnen sollte, um seine Königin aufzunehmen, hätte Maria, die von der Erbsünde frei war, auch niemals sich einer Sünde schuldig gemacht hatte, eigentlich vom Tode befreit sein müssen, der ja nur eine Strafe der Sünde ist. Doch wie ihr göttlicher Sohn sich freiwillig dem Gesetze des Todes unterworfen hatte, um dadurch den Menschen das ewige Leben zu gewinnen, so sollte auch seine Mutter, seine getreueste Nachfolgerin in allen Stücken, gleichfalls von diesem Gesetz nicht ausgenommen sein. Weil sie vor allen Menschen ausgezeichnet und begnadet war, so war auch ihr Tod nicht wie bei anderen die Folge einer körperlichen Krankheit, sondern, wie die hl. Väter lehren, vielmehr eine Folge der Liebe. „Entweder", so sagt der hl. Ildefons, „mußte Maria nicht sterben oder sie mußte vor Heftigkeit der Liebe sterben." Eines Tages nun, da ihr Herz gar sehr in Sehnsucht nach dem Sohne entzündet war, siehe, da erschien ihr ein Engel mit großem Glanz und sprach: „Empfange, Gebenedeite, den Segen des Herrn. Ich bringe dir einen Palmzweig aus dem Paradies, den sollst du vor deiner Bahre heißen tragen, denn in dreien Tagen wirst du von dem Leib genommen und mit großen Ehren von deinem Sohn empfangen werden." Als es Nacht geworden, umstanden die Apostel und Jünger das Ruhebett ihrer geliebtesten Mutter. Da ertönte wunderbare Musik, und ein helles Licht erfüllte das Gemach. Die Apostel warfen sich auf die Knie, und Maria breitete segnend ihre Hände über sie aus. Als sie ihre Augen zu den Sternen, die draußen glänzten, erhob, sah sie den Himmel offen und den Menschensohn auf einer Lichtwolke heranschweben. Da strahlte ihr Angesicht von seliger Mutterliebe, und in unaussprechlicher Entzückung schwang sich ihre Seele in die geöffneten Arme ihres göttlichen Sohnes.

Des andern Tags hüllte man ihren Leib in kostbare Leinwand, und die Apostel trugen ihn auf ihren Schultern in den Garten Gethsemane, wo sie ihn in das schon bereitete Grab senkten. Drei Tage lang wachten und beteten die Apostel mit den Gläubigen bei dem Grabe. Am dritten Tag erschien der Herr mit der Menge der Engel und grüßte sie. Dann sprach er zu den Aposteln: „Was Gnade und Ehre dünket euch, daß ich meiner Mutter tun soll?" Sie aber antworteten: „Gleichwie du den Tod besiegt hast und ewiglich regierst, so wecke auch du deiner Mutter Leib auf und setze sie zu deiner Rechten in Ewigkeit." Da nickte der Herr Gewährung, und alsbald vereinigte sich Mariens Seele mit dem Leib, und sie stand herrlich auf aus dem Grabe und fuhr auf gen Himmel, geleitet von der Menge der Engel. Der hl. Thomas aber, der nicht anwesend gewesen war, wollte es nicht glauben. Er bat inständig, das Grab zu öffnen, damit er das teure Antlitz der Hochbegnadeten noch einmal schaue. Auf seine Bitte wälzte man also das Felsstück, womit das Grab verschlossen war, hinweg, aber fand nichts mehr darin als die Blumen, womit der Leichnam bedeckt, die Leinwand, worein er gehüllt worden war. Da fiel plötzlich der Gürtel, mit dem Maria gegürtet gewesen, unversehrt vom Himmel herab, damit Thomas erkenne, daß sie leiblich gen Himmel aufgefahren war.

Als nun Maria an der Hand ihres göttlichen Sohnes sich in die Lüfte erhoben hatte, durchschritt sie die Wolken und schwang sich über die zahllosen Sterne zu den Pforten des Himmels empor. Und während sich die ewigen Tore auftaten und die Jungfrau und Mutter eintrat, erscholl tausendstimmiger Jubelgesang, und die Cherubim riefen staunend aus: „Wer ist diese, so sich von der Wüste erhebt, strahlend von Anmut und Tugend geht sie auf ihren Geliebten gestützt einher. Wer ist sie, so den Herrn selbst zu ihrem Führer hat?" Und die Chöre der Engel antworteten: „Es ist die Mutter unseres Königs, es ist die Heilige der Heiligen, die Geliebte Gottes, unserer Königin." Und alle Chöre der seligen Geister, alle Patriarchen und Propheten, alle Heiligen des Himmels stimmten in den Lobgesang ein.

Doch damit hatte die Glorie der göttlichen Mutter ihren Höhepunkt noch nicht erreicht. Zum Strahlenthron der Heiligsten Dreifaltigkeit hinzugetreten, empfing sie der Vater als seine geliebte Tochter, umarmte sie der Sohn als seine geliebte Mutter und nahm sie der Heilige Geist als seine Braut auf. Der Vater rief sie zur Teilnahme an seiner Macht, der Sohn an seiner Weisheit und der Heilige Geist an seiner Liebe. In Anbetung vor dem dreimal Heiligen Gott kniend, empfing Maria die strahlende Sternenkrone aus der Hand der drei göttlichen Personen, und durch den unendlichen Raum des Himmels erscholl eine Stimme: „Höret es ihr Kreaturen alle im Himmel und auf Erden: Maria ist eure Königin!"

Aus der fast unübersehbaren Menge der Darstellungen, die die geschilderten Vorgänge in der bildenden Kunst gefunden haben, seien folgende Beispiele herausgegriffen: ‚Tod Mariens', byzantinisches Elfenbein vom Deckel des Evangeliars Heinrichs II. (um 1000); ‚Himmelfahrt Mariens und Gürtelwunder', Miniatur aus dem Rabula-Kodex des Vatikans (5. Jahrhundert) sowie Raffaels Gemälde ‚Das Gürtelwunder' und schließlich die ‚Marienkrönung', Mosaik von Torriti im Chor von S. Maria Maggiore in Rom (13. Jahrh.).

Der heilige Stephan von Ungarn

Außer dem Erzmärtyrer Stephanus (s. 26. Dezember) feiert die Kirche das Gedächtnis mehrerer anderer Heiliger, die seinen Namen trugen. Besonders berühmt und bekannt ist Stephan, der erste König von Ungarn. Mit seiner Gemahlin, der sel. Gisela (s. 8. Mai), führte er die Christianisierung des wilden Magyarenvolkes durch. Er wurde zusammen mit seinem Sohne, dem hl. Emerich, 1083 von Papst Gregor VII. kanonisiert. Sein Fest wurde seit 1687 zum Andenken an den Sieg über die Türken bei Budapest am 2. September gefeiert. Seit dem Zweiten Vatikanischen Konzil feiert man seinen Gedenktag am 16. August, seinem Todestag. In Ungarn wird sein Begräbnistag, der 20. August, als Nationalfeiertag begangen; stets verehrten die Ungarn in ihm ihren Nationalheiligen und -helden. Er hat das Christentum zur Staatsreligion seines Landes erhoben, weswegen er auch ‚Apostel der Ungarn' genannt wird. Seine rechte Hand, die unverwest blieb, wird in der Burgkapelle von Budapest aufbewahrt.

Der hl. Stephan ist Patron der Ungarn und der nach ihm benannten Orden und Gesellschaften. Dargestellt wird er mit Krone und Szepter, Marienfahne und dem ihm von Papst Silvester II. verliehenen Doppelkreuz.

Stephan wurde im Jahre 969 als Sohn des Arpadenfürsten Geisa geboren. Zwar erkannte dieser die christliche Lehre neben den heidnischen Götterkulturen schon an, war aber noch tief im Heidentum verwurzelt. Trotzdem ließ er seinen Sohn vom hl. Adalbert von Prag christlich erziehen. Stephan wurde von diesem schließlich getauft. Wenig später vermählte er sich mit Gisela von Bayern, einer Schwester Kaiser Heinrichs II. des Heiligen (s. 13. Juli). Die junge Fürstin brachte in ihrem Gefolge viele edle Herren und Priester an den ungarischen Hof. Durch diese Heirat wurde der junge Fürst vom Einfluß des Ostens gelöst und wandte sich dem christlichen Abendland zu. Seine Gattin wurde ihm Helferin und Beraterin bei dem Aufbau eines christlichen Ungarnreiches. Nach dem Tode seines Vaters (997) war Stephan zunächst Herzog und dann vom Jahre 1000 bis zu seinem Tode König von Ungarn. Papst Silvester II. sandte zu seiner Krönung in Gran die von ihm geweihte, heute noch vorhandene Stephanskrone und erkannte damit Ungarn als christliches Land an. Das sogenannte ‚apostolische Privileg', wonach der König für seine reichen Verdienste um die Förderung des Christentums als Zeichen des Apostels ein Kreuz vor sich hertragen lassen durfte, wie es den Erzbischöfen ziemte, ist (nach Miháli) eine nach 1576 gefertigte Fälschung.

Stephan erwies sich als ein guter und gerechter Herrscher. Er vereinte den Adel unter seinem Zepter, bekämpfte die immer wieder auflebende heidnische Reaktion und gab seinem Reich eine christliche Verfassung. Mehrere Aufstände schlug er mit Erfolg nieder, besiegte innere und äußere Feinde und übte eine viele Jahre andauernde Geduld, bis sein Volk einsah, daß mit der neuen Religion Frieden und Gerechtigkeit ins Land einzogen. Zur Befestigung des Christentumes sicherte der König sich die Hilfe berühmter ausländischer Gottesmänner, darunter die des hl. Gerard von Sagredo, Abts von S. Giorgio Maggiore in Venedig, der ihm mit Rat und Tat zur Seite stand. Er richtete zwei Erzbistümer ein, wodurch er die ungarische Kirche von den bayerischen Diözesen löste. Überall im Lande ent-

standen Kirchen und Klöster, Domstifte und Schulen. Die große, heute noch vorhandene Abtei von Pannonhalma ist eine Gründung des hl. Stephan.
Den alternden König trafen in den Jahren kurz vor seinem Tod Fehlschläge und Unglück. Ehe er Emerich, den er wie einen Mönch hatte erziehen lassen, als Mitregenten in Ungarn einsetzen konnte, wurde ihm zu seinem Schmerz sein hoffnungsvoller Sohn durch den Tod entrissen. Die ‚Ermahnung', die er bei der Thronbesteigung an seinen Nachfolger richten wollte, ist uns noch erhalten. Wie schwer muß ihn sein Tod getroffen haben! Nunmehr war sein Lebenswerk stark gefährdet; die anderen Verwandten des Königshauses hingen unverändert dem Heidentum an. König Stephan starb am Feste Mariä Himmelfahrt des Jahres 1038 und wurde in Stuhlweißenburg beigesetzt.

Legende
Als Kaiser Konrad II. *im Jahre 1030 mit einer großen Streitmacht in das Land des ungarischen Königs einbrach, verletzte er Stephans friedliebendes Wesen tief. Obwohl dieser ein tapferer Kriegsheld sein konnte, suchte er dennoch dem Unheil auszuweichen. In der Hoffnung, Gott werde ein so furchtbares Blutbad nicht zulassen, wandte er sich in innigem Gebet an die Jungfrau Maria. Und siehe da, der Kaiser zog sich ganz plötzlich ohne einen Schwertstreich mit seinem Heer aus Ungarn zurück. Er tat dies so eilig, daß jeder glaubte, er hätte die Schlacht verloren. Stephan aber dankte Maria ob der wunderbaren Errettung des Vaterlandes.*

Der heilige Hyazinth von Polen

Der hl. Hyazinth, Apostel des Nordens und Ostens, besonders aber von Polen, stammte aus dem adeligen Geschlecht der Grafen Konski. Er wurde vor dem Jahre 1200 auf einem Schloß bei Oppeln geboren, studierte in Krakau, Prag, Bologna und Paris und erwarb die Doktorwürde mit Auszeichnung. Nach seiner Rückkehr in die Heimat erhielt er von seinem Onkel Ivo, der inzwischen zum Bischof von Krakau gewählt worden war, das Amt eines Kanonikus an der Domkirche. Anläßlich einer Romfahrt, die er zusammen mit seinem Bruder und einem anderen jungen Adeligen, Hermann dem Deutschen, unternahm, wurde er Mitglied des jungen Dominikanerordens. Vom hl. Dominikus (s. 8. August) selbst unterwiesen, unterwarfen sich die begeisterten jungen Männer ganz dem Geist und Willen des großen Ordensstifters. 1219 entsandte Dominikus sie als Missionare des Ordens zurück in den Norden. Der eine der beiden Gefährten des hl. Hyazinth blieb als Prior des ersten deutschen, von Hyazinth gegründeten Dominikaner-

klosters in Friesach (Kärnten), der andere predigte in Prag. Hyazinth aber kehrte in seine Heimatstadt zurück.
Mit Feuereifer ging nun Hyazinth daran, den Auftrag des hl. Dominikus auszuführen. Und reiche Frucht trugen seine Bemühungen. Zahlreiche Jünglinge traten bald dem jungen Orden bei, zu dessen Vorsteher für die polnische Ordensprovinz Hyazinth erhoben wurde. Sein Onkel Ivo, der Bischof von Krakau, übergab dem Orden seines Neffen ein großes Kloster, von wo aus Hyazinth in fast vierzigjähriger Tätigkeit ganz Osteuropa missionierte. Er gründete Klöster in Riga, Lemberg und Kiew (1223) sowie Danzig (1226) und Sandomir. Seine ausgedehnten Missionsreisen führten ihn nach Pommern, Preußen, Dänemark, Schweden, Norwegen und Rußland; ja er drang zum Schwarzen Meer und sogar bis nach Tibet und an die Grenzen von China vor. Nähere Einzelheiten hierüber sind indessen unbekannt. Die vom hl. Hyazinth errichteten Stätten christlichen Glaubens und abendländischer Gesittung bewährten sich besonders, als die Tataren Kiew belagerten und in Polen eindrangen. Obwohl diese wilden Horden viele Kirchen niederbrannten, blieb die einmal empfangene Lehre im Volke unzerstört: die rege Missionstätigkeit des Heiligen hatte Frucht getragen!
Vom hl. Hyazinth werden zahlreiche und großartige Wunder berichtet; deshalb wurde er ‚der Wundertäter seines Jahrhunderts' genannt. Mit der Hilfe Gottes vollbrachte er Krankenheilungen, Totenerweckungen, Weissagungen und viele andere wunderbare Dinge. Nach einem Leben unausgesetzter Entbehrungen und Anstrengungen starb der Heilige am 15. August – dem Feste Mariä Himmelfahrt – des Jahres 1257 und wurde in der Dominikanerkirche zu Krakau begraben. Seine Heiligsprechung erfolgte 1594, sein Gedächtnis wird seit 1913 alljährlich am 17. August gefeiert.
Der hl. Hyazinth wird dargestellt als Dominikaner, Hostienkelch und Marienstatue tragend; auf seinem Mantel einen Fluß überschreitend. Er ist Patron der Polen, der Dominikaner, der Ertrinkenden. In S. Sabina in Rom (s. auch 30. August), einer Kirche, die Papst Honorius III. 1219 dem hl. Dominikus schenkte, befindet sich ein altes Wandgemälde aus dieser Zeit, das den hl. Dominikus zeigt, wie er zwei Jünglingen das Ordenskleid reicht; die beiden Jünglinge sind der hl. Hyazinth und sein Bruder.

Legende
Die große Wundergabe des Heiligen gab Anlaß zu einer großen Zahl sinnvoller Legenden, die sein Wirken und Wesen verdeutlichen, von denen eine hier erzählt sei.
Als die Tataren in das Land einbrachen, erstürmten sie auch die Stadt Kiew und verwandelten sie in einen Aschenhaufen. Während die Flammen loderten und das Blut der Erschlagenen floß, befand sich der hl. Hyazinth gerade in der Kapelle des von ihm gegründeten

Klosters. Furchtlos nahm er in dieser äußersten Gefahr den Speisekelch aus dem Tabernakel und hieß die Brüder ihm folgen. Doch wie er die Kirche verlassen wollte, hielt er plötzlich inne, denn das schöne Muttergottesbild aus Alabaster, vor dem er so oft gebetet hatte, rief ihm zu: „Mein Sohn, du fliehst, und mich läßt du allein zurück? Nimm mich mit und überlasse mich nicht den Händen meiner Feinde." Da ergriff der Heilige vertrauensvoll die schwere Figur, und siehe, sie schien ihm leicht wie ein Schilfrohr. In der einen Hand das heiligste Sakrament, mit der anderen die Marienstatue tragend, eilte er nun unbehelligt mitten durch den tobenden Haufen der wilden Mongolen. Am Dnjepr angelangt, breitete er kurz entschlossen seinen Mantel über das Wasser und glitt sicher ans andere Ufer. Er kam wohlbehalten nach Krakau, wo er das Marienbild in der Klosterkirche aufstellte.

Die heilige Helena (Ellen, Hella, Nelly, Lena)

Flavia Helena, geboren um 250, später römische Kaiserin und Mutter Konstantins, war aus niederem Stande und diente zu Drepanum in Bithynien als Magd und Kellnerin in einem Gasthaus. Dort erblickte sie Konstantius Chlorus, ein vornehmer Illyrier. Die Anmut und Schönheit des jungen Weibes hatten den Offizier so betört, daß er alle Standesunterschiede vergaß und Helena zu seiner rechtmäßigen Gattin machte. Trotz der hohen Stellung, die sie nun einnahm, blieb Helena aber voll Bescheidenheit. Sie schenkte ihm seinen Sohn Konstantin, der als der spätere Kaiser Konstantin in die Weltgeschichte eingehen sollte. Es war eine glückliche Zeit für Helena. Doch als Maximian, der damalige Kaiser des Weströmischen Reiches, ihren Mann Konstantius Chlorus zum Mitregenten der Provinzen Gallien und England ernannte, begann für Helena eine freudlose Zeit. Ihr Gatte mußte auf Geheiß des Kaisers seine Frau verstoßen, den eigenen Sohn als Unterpfand der Treue an den Hof des oströmischen Kaisers Diokletian schicken und selbst die Stieftochter Maximians ehelichen. Helena gab ihren Mann frei, nahm geduldig ihr arges Schicksal auf sich und lebte fortan in stiller Zurückgezogenheit.

Nach dem Tode des Konstantius wurde ihr Sohn Kaiser. Er nahm seine inzwischen betagte Mutter zu sich an den Hof, verlieh ihr den Titel ‚Augusta' und ließ Münzen mit ihrem Bilde prägen. Helena, die in der Zeit ihres Leidens gesehen hatte, mit welcher Freude die christlichen Märtyrer für ihren Glauben in den Tod

gingen, fand nun selber zu Christus. Mit vierundsechzig Jahren erhielt Helena das Sakrament des ewigen Lebens. Inzwischen hatte Konstantin in der Schlacht an der Milvischen Brücke den Heiden Maxentius besiegt und das Christentum zur Staatsreligion erklärt. Von nun an lebte die Kaiserin ganz für ihren christlichen Glauben, sie kümmerte sich um die Armen und diente Christus voller Eifer und Hingabe. Die Erbauung vieler Kirchen geht auf sie zurück, so in Trier, Bonn, Xanten und Köln. Mit achtundsiebzig Jahren unternahm Helena noch ihre denkwürdige Wallfahrt nach Jerusalem, an die Grabstätte Christi. Auf ihre Veranlassung begann man mit dem Bau der Grabeskirche in Jerusalem, die sie, wie die Kirchen auf dem Ölberg und in Bethlehem, reich beschenkte. Kurz nach ihrer Wallfahrt ins Heilige Land fand ihre irdische Pilgerschaft ein Ende. Die hl. Helena starb in Konstantinopel im August des Jahres 329. Beigesetzt wurde sie in Rom. Später wurden ihre Gebeine nach Hautevillers in der Diözese Reims überführt, ihre Kopfreliquie wird im Dom von Trier verehrt. Der Name der hl. Helena ist in der Kirche unauslöschlich verbunden mit der nicht mehr aussetzenden Verehrung des Heiligen Kreuzes, zu der sie den Anstoß gab.
Darstellung: mit Kaiserkrone, Kirchenmodell, Kreuz und Nägel tragend. Piero della Francesca hat die Auffindung des hl. Kreuzes durch die Kaiserin auf einem herrlichen Freskenzyklus in S. Francesco in Arezzo festgehalten. Wie überhaupt die darstellende Kunst die Gestalt der Kaiserin gern zum Thema wählte. Bekannt ist die kniende Bronzefigur der hl. Helena im Bonner Münster. Sie ist Patronin der Färber, Nagelschmiede; sie beschützt uns vor Blitz und Feuersgefahr; sie hilft bei der Entdeckung von Diebstählen.

Legende

Der Tag der Kreuzauffindung, die der hl. Helena zugeschrieben wird, hat in der Kirche ein eigenes Fest am 3. Mai. Auf ihrer Reise zu den Stätten, wo der Heiland einst geweilt hat, soll die Kaiserin Helena das echte Kreuz Christi gesucht – und gefunden haben. In diesem Zeichen hatte ihr Sohn Konstantin gesiegt, das hatte sie nicht vergessen.

Als Adam, der Stammvater aller Menschen, zum Sterben kam, entsetzte sich sein Sohn Seth so über alle Maßen, daß er über Berge und Täler lief und laut zu Gott um Hilfe schrie. Da schickte der Allbarmherzige dem Hilflosen einen Engel, der brachte Seth einen Zweig vom Baum des Paradieses, an dem die Frucht der Erkenntnis gehangen hatte. Der Engel sagte zu Seth: „Pflanze diesen Zweig in die Erde ein, und sobald er die Frucht tragen wird, die für ihn bestimmt ist, wird der Fluch der Sünde und der Tod von den Menschen genommen werden.“

Seth kehrte mit diesem Zweig zu seinem Vater Adam zurück, aber er fand, daß Adam schon gestorben war. Seth vertraute der Wahrheit des allmächtigen Gottes und pflanzte den Zweig auf der Höhe des Berges Libanon in die Erde, seinen Vater Adam begrub er an der gleichen

Stelle. Der Zweig wurde zu einem Baum, der größer und mächtiger war als alle Bäume des Gebirges.

In jenem Jahr, als König Salomon seine Zimmerleute ausschickte, Gott zu Jerusalem einen kostbaren Tempel zu bauen, kamen sie auch auf den Berg Libanon und fanden den Baum und schlugen ihn mit anderen Bäumen und schafften seinen Stamm fort in die Stadt Jerusalem. Es ergab sich aber, daß der Stamm, den sie gehauen, nicht so recht zu den anderen passen wollte; so warfen ihn die Zimmerleute auf die Seite, und König Salomon, der ihn liegen sah, gab Befehl, ihn im Tale Kidron als Steg über den Bach zu legen. Hernach kam eine reiche und über alles weise Königin aus dem Lande Saba, um mit Salomo um den Ruf der Weisheit zu streiten. Sie fand bei Salomon alles, wie sein Ruf es verkündet hatte. Er zeigte ihr die Stadt Jerusalem und führte sie auch nieder zum Tale Kidron und über den Steg, der von dem seltsamen Baum aus dem Paradies gebildet war. Da blieb die Königin von Saba erschreckt auf diesem Stege stehen, kniete sich nieder und betete. Als sie später in ihr Land zurückgekehrt war, schrieb sie Salomon, er solle jenen Stamm gar sehr hüten, denn es komme eine Zeit, in der die Menschen daraus ein Kreuz zimmern und einen armen Menschensohn daran annageln würden, und um des Todes dieses Menschen willen werde das ganze Volk Israel verflucht und das Reich Salomonis zerstört. Darüber erschrak der König über alle Maßen, so daß er den Baumstamm bei Nacht hinwegbringen und an einen einsamen Ort mitten in der Stadt in einer Grube verbergen ließ. Hernach lenkte er es so, daß sich in der Grube Wasser sammelte und ein See entstand, und es geschah, daß immer zu Tagesbeginn vom Himmel ein Engel niederkam und die Wasser bewegte. Um den See lagen viele Kranke, denn der erste Sieche, der am Morgen, sobald sich die Wasser bewegten, in diese niederstieg, wurde gesund.

Es kamen die Jahre, in denen Jesus Christus über die Erde ging und in die Gewalt seiner Feinde fiel. In jener Nacht wurde die Erde erschüttert, so daß der Baumstamm, den König Salomon verborgen hatte, sich aus der Tiefe löste und schwimmend auf dem Wasser jenes Sees erschien. Zimmerleute, die vom Hohen Rat ausgeschickt waren, Holz zu suchen und daraus das Kreuz Christi zu zimmern, gingen in jener Nacht am See vorüber und sahen im Schein des Mondes den schwimmenden Baum. Sie zogen ihn ans Ufer und zimmerten daraus ein Kreuz, an dem hernach der Menschensohn litt und starb. Als Jesus Christus siegreich von dem Grabe auferstanden war, hatte der Hohe Rat Knechte ausgeschickt, die drei Kreuze, an denen Jesus und die beiden Schächer gehangen hatten, zugleich mit den Marterwerkzeugen in einer Grube am Kalvarienberg zu verbergen.

Als nach etlichen hundert Jahren die Kaiserin Helena nach Jerusalem gekommen war, entbot sie die Weisen der Juden zu sich. Die Juden aber erschraken sehr, als sie hörten, die Kaiserin wolle erfahren, wo das Holz des Kreuzes liege, an dem Christus gelitten hatte. Nur einer unter ihnen kannte den Ort, Judas mit Namen. Der wollte sein Geheimnis nicht verraten; denn sein Großvater hatte ihm gesagt, daß „wenn dereinst man das Kreuz Christi suchen wird, alsdann der Juden Reich ein Ende nimmt und fortan die regieren werden, die den Gekreuzigten anbeten ...“. Man führte die Kaiserin zu Judas, weil keiner der Juden etwas mit der

Sache zu tun haben wollte. Judas sagte zur Kaiserin, als sie ihm ihre Frage stellte: „O Herrin, wie kann ich den Ort wissen, da seit der Zeit mehr als 200 Jahre vergangen sind!" Helena schickte alle, die herumstanden, fort und sagte zu Judas: „Ich schwöre dir bei dem Gekreuzigten, daß ich dich durch Hunger werde umbringen lassen, wenn du mir nicht die Wahrheit sagst." Und sie ließ ihn in einen trockenen Brunnen werfen. Da lag Judas nun mehrere Tage lang und litt Hunger und Durst. Schließlich bat er, man möge ihn herausziehen, er wolle der Kaiserin die Stätte des Kreuzes weisen. Und so geschah es. Er führte die Kaiserin und ihr Gefolge an den Ort, und Helena betete in großer Innigkeit. Da bewegte sich die Erde an einer Stelle, und Judas hub an mit Kraft zu graben. Sie fanden unter der Erde drei Kreuze liegen, aber sie konnten das Kreuz Christi nicht von den Kreuzen der Schächer unterscheiden. Darum legten sie die Kreuze mitten in die heilige Stadt und warteten geduldig, ob der Herr seine Macht erweise. Und siehe, man trug einen toten Jüngling vorüber. Da hielt Judas die Bahre an und legte das erste und das zweite Kreuz über den Toten, aber er rührte sich nicht. Als man aber das dritte Kreuz über ihn legte, wurde der Jüngling alsbald lebendig, stand auf und lobte Gott. Da wurde Judas gläubig, empfing die Taufe und wurde fortan Quiriacus genannt, und als der Bischof von Jerusalem starb, setzte man ihn an seiner Stelle als Bischof ein. Helena aber brachte voller Freude das heilige Kreuz ihrem Sohne nach Konstantinopel. Vor ihrem Tode teilte sie das Holz und hinterließ es den drei Söhnen Konstantins, denn sie glaubte, ihnen mit dem durch das Blut des Herrn geweihten Holz eine sichtbare Garantie für die Einheit des Reiches zu hinterlassen. Diese Stücke des heiligen Kreuzes werden in S. Croce in Gerusalemme in Rom aufbewahrt. Viele andere Kirchen erhielten im Laufe der Zeit Partikel von diesen Kreuzteilen, die überall eine große Verehrung der Gläubigen genießen.

Der heilige Sebald

Der Name Sebald kommt aus dem Althochdeutschen und bedeutet der ‚Sieg-Kühne oder See-Starke'. Der Legende nach soll der bekannte Nürnberger Stadtpatron aus dem Norden, wahrscheinlich aus Dänemark in das Land zwischen Regnitz und Pegnitz gekommen sein. Genaues aber weiß man nicht. Sein Leben ist in Dunkel gehüllt, Tatsachenberichte über den Heiligen sind nicht vorhanden. Wir kennen weder den Ort seiner Geburt noch sogar die Zeit, in der er lebte. Einige Quellen nehmen an, daß er im 11. Jahrhundert eingewandert sei. Nach der Überlieferung hauste er als frommer Einsiedler in einem Walde bei Nürnberg und wirkte von dort aus als Glaubensprediger unter dem Volke. Nach anderen soll er ein Mitarbeiter der hll. Willibald und Wunibald gewesen sein, wonach er im 8. Jahrhundert gelebt haben müßte. Schon im Jahre 1072 war sein Grab am Fuße des Nürnberger Burgfelsens in dem kleinen Peterskirchlein wegen der vielen Wunder, die sich hier ereigneten, Ziel der Wallfahrer. Im 13. und 14. Jahrhundert wurde an dieser Stelle die schöne gotische Sebalduskirche erbaut, die auch heute noch sein Grab umschließt. Seine Reliquien ruhen in einem kostbaren, rechteckigen Schrein aus dem Jahre 1397, der mit gestanztem Silberblech überzogen ist. Dieser ruht auf einem hohen Unterbau, der an den Langseiten mit vier Relief-Darstellungen aus der Legende des Heiligen, darunter das ‚Strahlenwunder', geschmückt ist. Peter Vischer schuf dann Anfang des 16. Jahrhunderts das berühmte erzgegossene Sebaldus-Grabmal, einen ins Monumentale erhobenen Baldachinaltar mit reichen figuralen und ornamentalen Verzierungen. So übt das Sebaldusgrab auch auf jene Besucher eine große Anziehungskraft aus, die es nicht wegen der Gnadenerweisungen des Heiligen aufsuchen, sondern als Kunstwerk betrachten wollen. Wenngleich die Gestalt des hl. Sebaldus mehr von der Legende als von historischen Tatsachen geprägt ist, jedenfalls ist eines sicher, daß er ein heiliger und wundertätiger Mann war. Deshalb nahm ihn auch auf Bitten des Nürnberger Rates Papst Martin v. im Jahre 1424 in aller Form unter die Heiligen auf. Meistens wird der hl. Sebald als Einsiedler oder Pilger dargestellt, Muscheln am Hut, mit langem Stab und Tasche, Kirchenmodell der zweitürmigen Sebalduskirche in der Hand, manchmal auch mit Ochsen zur Seite. Seine Fürbitte ist wirksam gegen Kälte.

Legende

Da die Legende fast immer einen wahren Kern enthält, wollen wir hier das Leben des Heiligen schildern, wie sie es erzählt. Sebald entstammte einem vornehmen Geschlecht. Seine Eltern sandten den Knaben nach sorgfältiger Erziehung auf die berühmte Schule in Paris. Später erkoren sie für ihn eine königliche Prinzessin als Braut. Allein Sebald war schon so weit in Tugend und Vollkommenheit vorgeschritten, daß er Gott zu Ehren ein jungfräuliches Leben führen wollte. Mit ihrer Einwilligung verließ er sie in der Brautnacht. Nun zog sich Sebald in die Einöde der Wälder zurück und lebte fünfzehn Jahre lang allein dem Gebet und dem Lesen der heiligen Schriften. Danach wanderte er auf himmlische Eingebung nach Rom, wo er sich den aus Irland gekommenen Missionaren zur Verfügung stellte. Er schloß sich dem hl. Bonifatius auf seinem Weg über die Alpen nach Deutschland an. Hier gesellte er sich zuerst zum hl. Willibald und half diesem bei der Verkündigung und Ausbreitung des Evangeliums. Als die Glaubensboten einmal auf beschwerlicher Wanderschaft dem Hungertode nahe waren, verwandelte er Steine in Brot und rettete sie. Später kam er nach Regensburg, wo seine Wundergabe ihn bald bekannt machte, so daß der Ruf seiner Heiligkeit überall hindrang. Zuletzt kam er in die Gegend von Nürnberg. Auch dort lebte er als Einsiedler, zog jedoch predigend durch das Land. Nun sprach man bald von den Wundern, die er durch Gottes Gnade erwirkte. Als er einmal bei strengem Frost krank im Hause eines Wagenmachers lag, der ihn aufgenommen hatte, aber sich weigerte, für den Pilgrim ein Feuer anzuzünden, verwandelte der Heilige die Eiszapfen, die am Dache hingen, in Brennholz, so daß der Geizige beschämt den Ofen anmachte. Berühmt aber wurde der hl. Sebald durch das Strahlenwunder:

Es geschah nämlich, daß eines Abends, als es schon dunkelte, ein Bauer, dessen Antlitz von Angst und Sorge verdüstert war, zu der Zelle des Einsiedlers kam. Auf Befragen erzählte er dem Heiligen, daß er seine Ochsen vermisse, die sich offenbar verlaufen hätten, da er sie nirgends wiederfinden könne, er habe schon den ganzen Tag nach ihnen gesucht. Nun aber käme die Nacht, und er wisse sich nicht mehr zu helfen. Ob Sebald ihm wohl einen Rat in seinem Unglück geben könne. Da munterte dieser den Bauern auf, er solle nur weitersuchen, denn er werde seine Ochsen bestimmt wiederfinden. Der Bauer war verwundert ob diesem Ratschlag, denn er hielt es für zwecklos, den Wald in der Dunkelheit weiter zu durchforschen. Sebald aber gebot ihm, er solle seine Hände in die Höhe heben. Verwundert gehorchte der Bauer dem heiligen Manne. Aber wie groß war sein Erstaunen, als er sah, daß seine Hände einen Glanz ausstrahlten, wie er bei Tage nur von der Sonne ausgeht. Mit diesem wunderbaren Licht durcheilte er den Wald, wo er alsbald seine Ochsen wiederfand.

Als der hl. Sebald sein Ende kommen fühlte, bat er eine Frau, sie solle nach seinem Tode ihre beiden Ochsen vor einen Karren spannen, seinen Leichnam darauf legen und abwarten, wohin sie ihn trügen, dort nämlich wolle er begraben sein. Tatsächlich geschah es so. Die Ochsen blieben an einer bestimmten Stelle stehen und waren nicht mehr zu bewegen, weiterzugehen. Und dort brachte man ihn dann zur Ruhe. Es war der Platz, an dem später die Sebalduskirche zu Nürnberg erbaut wurde.

Der heilige Bernhard von Clairvaux

Der hl. Bernhard von Clairvaux war einer der Männer, die ihr Jahrhundert geprägt haben. „Auf allen Punkten der sozialen Geschichte seiner Zeit ist seine Gestalt sichtbar. Man kann keinen auch nebensächlichen Vorgang aus dem 12. Jahrhundert berichten, ohne seinen Namen zu nennen. Nichts geschah ohne ihn, er war unentbehrlich. Immer in Verbindung mit Gelehrten und Ungelehrten, mit Frommen und Verbrechern, lebte er sein erfülltes und bedeutendes und gleichzeitig verinnerlichtes, in sich selbst ruhendes Leben. Oftmals Schiedsrichter, bei jeder Gelegenheit Prediger, Ratgeber, Gelehrter, Schriftsteller, Glaubensstreiter: in all den verschiedenen Umständen seines stürmischen und klippenreichen öffentlichen Daseins blieb er immer der heilige Bernhard, der Mönch“ (Ernest Hello).

Bernhard war der Sproß eines altadeligen burgundischen Geschlechts. Seinem Vater, dem Ritter Teszellin, gehörte das Schloß Fontaines bei Dijon, wo der Knabe 1091 geboren wurde. Besonders innig war er mit seiner frommen Mutter Aletha verbunden. Der frühreife und sehr begabte Knabe, mehr zum Nachdenklichen als zum Streitbaren neigend, wurde in der Stiftsschule von St. Vorles erzogen und erwarb sich bald ein umfassendes Wissen. Von Natur aus still, überwand er diese Schwäche bald, sollte er doch später einer der beredtesten Prediger seiner Zeit werden! Mit dreizehn Jahren verlor er die Mutter; dieser Schicksalsschlag traf ihn schwer, und seine Seele widmete sich nun ganz Gott. Vergeblich versuchten sein Vater und seine Brüder ihn davon abzuhalten, die Welt zu verlassen und sich ganz Gott zu weihen. Selbst der Verlockung, an einer deutschen Hochschule sein Studium noch weiter zu vertiefen, widerstand der Heilige. Bernhard blieb bei dem nun eingeschlagenen Weg. Ja, er brachte es sogar durch die Überzeugungskraft seiner Beredsamkeit dahin, daß seine Brüder, einige Vettern und andere Jünglinge aus edlen Familien seinem Anruf folgten und sich mit ihm zusammen in das Kloster Cîteaux – einer jungen Gründung der wegen ihrer Strenge gefürchteten Zisterzienser – begaben, um das Ordenskleid zu nehmen. Dreißig neue Mönche brachte der Jüngling auf diese Weise dem Abte Stephan Harding in das fast völlig verwaiste Kloster. Von da an wurde der Zustrom so stark, daß dieser einige Zeit darauf dreimal je zwölf Mönche zur Gründung neuer Filialklöster aussenden konnte.

Unter den Auserwählten war auch Bernhard. Das ‚Tal der bittren Kräuter' sollte für ihn und seine Gefährten die neue Heimat werden. Aber die öde Gegend verwandelte sich durch die Arbeit seiner Mönche in ‚Lichtental – Clairvaux'. Allerdings verlangte der junge Abt, er war erst 25 Jahre alt, von sich und seinen Söhnen Ungeheures an Arbeitsleistung und an harten Opfern und Entbehrungen. Der sumpfige Boden mußte urbar gemacht werden, Buchenblätter, in Salz gekocht, waren anfangs ihre Nahrung, und oft waren sie nahe daran, Hungers zu sterben. Doch Bernhard gab sein Ziel nie auf. Ohne Rücksicht auf die eigene Person verfolgte er es unermüdlich.

Seine Strenge verband sich aber auch mit weicheren Regungen. So erwählte er Maria zu seiner geistigen Mutter, und die Marienverehrung nahm, von ihm beeinflußt, einen neuen Aufschwung. Zu Ehren der Muttergottes dichtete er wunderbare neue Lieder in der Art der Minnesänger. In diese Zeit seines Lebens fallen die zahlreichen Marienvisionen des Heiligen, die den Stoff für viele Legenden und die Motive für berühmte Kunstwerke gaben. Fast alle großen Maler des 15. Jahrhunderts – in Italien wie in Deutschland – haben die Szenen geschildert. Vor allem aber stand Jesus selbst im Mittelpunkt seiner glühenden Gottesliebe.

Dieser Reformator und Mystiker erwuchs nun immer mehr zu einem Prediger, dem Gott eine wunderbare Macht der Rede geschenkt hatte. Als die ersten schweren Jahre der Klostergründung vorüber waren, begab er sich auf Befehl seines Bischofs in die Welt. Er predigte an vielen Orten, und zwar so eindringlich, daß immer mehr Männer Aufnahme in sein Kloster begehrten. Bernhard war damals durch seine überaus strengen Bußübungen schon sehr krank. Aber in seinem bresthaften Leib lebte ein kraftvoller Geist. Schon zählte sein Kloster 700 Brüder, und in vielen anderen Gegenden Frankreichs, Hollands, Deutschlands und Italiens entstanden Tochterklöster, die der Heilige besuchte und beriet. Zu dieser Zeit galt der hl. Bernhard als das Orakel seiner Zeit: Fürsten, Bischöfe und Gelehrte fragten ihn um Rat. Trotz seiner Hinfälligkeit versuchte er allen Anforderungen gerecht zu werden. Er schreckte vor nichts zurück, sagte jedem die Wahrheit und kümmerte sich nicht um Verleumdungen und Anfeindungen. Er wollte die Kirche aus ihrer Lauheit erwecken, die Geistlichen und Hochgestellten aus der Sittenverderbnis auf den Weg der Buße führen.

Sein Eifer trug wunderbare Frucht. Auf sein Wort hin bekehrten sich viele, darunter der berühmte Abt Suger, die Bischöfe von Paris und Sens, die Herzogin von Lothringen, die Gräfin Ermengard von der Bretagne. Dem unheilvollen Schisma unter Innozenz II. und Anaklet II. machte Bernhard ein Ende, und auch in andere Zwistigkeiten griff er mit der Kraft seiner Beredsamkeit ein. Er erklärte sich im Investiturstreit zu Lüttich gegen König Lothar, trat überall, wo sich ihm die Gelegenheit bot, für Papst Innozenz II. ein, dem er in Freundschaft verbunden blieb. Sein Mund strömte über von Liebe, und wohin er auch kam, überall stiftete er Frieden.

Nach solchen Reisen kehrte er immer wieder in seine stille Klause zurück, verfaßte seine berühmten Schriften, lebte der Betrachtung und übte sein Amt als Abt aus. Als er von den gefährlichen Irrtümern hörte, die der gelehrte Abälard an der Hochschule von Paris vortrug, machte er sich auf, um beim Konzil von Sens öffentlich mit ihm zu streiten. Bernhard, der für die Sache Gottes focht, überwand den gelehrten Gegner, der daraufhin Buße tat und sich vor seinem Tode mit Bernhard versöhnte. Durch seine Kämpfe mit solchen Irrlehrern wurde er wahrhaft zum bellenden ‚Wachhund Gottes', so wie seine Mutter ihn einstmals im Traum gesehen hatte.

Nach Cölestin II. und Luzius II. wurde 1145 Bernhard Paganello, der aus Clairvaux hervorgegangen war, als Eugen III. zum Oberhaupt der Kirche erhoben. Bernhard stand seinem ehemaligen Schüler als enger Ratgeber zur Seite. In dieser Zeit

wurden die Christen von den Sarazenen aufs äußerste bedroht, schon war ihnen Edessa, das Bollwerk für Jerusalem, in die Hände gefallen, das Grab des Erlösers in größter Gefahr. Papst Eugen folgte dem Mahnruf des Heiligen, rief zum Kreuzzuge auf und ernannte Bernhard zum Kreuzprediger. Obgleich schon 54 Jahre alt und völlig entkräftet, vermochte die gebeugte Gestalt des Heiligen die Völker für den Gedanken eines zweiten Kreuzzuges zu begeistern. Die Franzosen hefteten sich zuerst das Kreuz an die Schulter. Als die Kreuze nicht ausreichten, zerriß Bernhard seinen eigenen Mantel und machte neue daraus. Dann reiste er weiter und gewann zuletzt sogar Kaiser Konrad III. für die Kreuzzugsidee.
Nun zogen die vereinten Heere König Ludwigs von Frankreich und des Kaisers aus, um das Heilige Grab gegen die Ungläubigen zu verteidigen. Die große Bewegung endete aber mit einer Enttäuschung. Zwietracht unter den Fürsten, Bestechlichkeit unter den Rittern, Verrat der Griechen, die statt den Pilgern beizustehen, sie in die Hand der Feinde führten, veranlaßten große Niederlagen. Der Mißerfolg ‚seines' Kreuzzuges traf den Heiligen zutiefst. Von allen Seiten klagte man ihn an, überhäufte ihn mit Schmach, als sei er an dem Unglück schuld. Nur die feste Gewißheit, den Willen Gottes getan zu haben, hielt ihn aufrecht. Obwohl er sich leicht hätte verteidigen können, schwieg er zu allen Verleumdungen und trug dies wohl schwerste Leid seines Lebens mit Ergebenheit. „Es ist gut so! Es ist mir ein Ruhm, Leidensgenosse Christi zu sein."
Der Gram über diesen Fehlschlag beschleunigte jedoch den Verlauf seiner Krankheit. Weinend umstanden die Brüder sein Schmerzenslager, denn er rüstete sich offenbar schon zum Sterben. Da kam der Erzbischof von Trier in seine Zelle, warf sich dem Heiligen zu Füßen und beschwor ihn, noch einmal zwischen hadernden Parteien Frieden zu stiften. Kaum hörte der Todkranke von dem Unheil, erhob er sich von seinem Lager und eilte nach Metz. Schon sein Anblick besänftigte die Streitenden; er hörte ihre Beschwerden an und versöhnte sie. Sie legten daraufhin die Waffen nieder, fielen sich in die Arme und gaben sich den Kuß des Friedens. Todesmatt und sterbend brachten die Mönche ihren Abt nach Clairvaux zurück, wo er tief betrauert von den Brüdern am 20. August 1153 sanft entschlief.

Legende

Als Bernhard einmal in der Domkirche zu Frankfurt predigte, drängte sich eine unabsehbar große Menge um den Heiligen. Alle wollten sie den berühmten Mann von der Nähe sehen, der gerade einen lahmen Greis geheilt hatte, den die ganze Stadt sehr verehrte. Der

Ansturm des Volkes war so groß, daß der Heilige, von allen Seiten umringt, beinahe erdrückt worden wäre. Da nahm der Kaiser, der sich ebenfalls unter der Menge befand, seinen Mantel ab, hob den hl. Bernhard mit seinen kräftigen Armen empor und trug ihn in die nahe gelegene Marienkapelle. Dort setzte er ihn vor dem wundertätigen Gnadenbild der Muttergottes nieder. In diesem Augenblick hörte man vom Bild herab eine liebliche Stimme : „Willkommen, mein Bruder Bernhard!" Und der Heilige antwortete : „Großen Dank, meine Gebieterin!"

Der heilige Pius x.

Pius kommt aus dem Lateinischen und bedeutet ‚der Fromme'. Die Kirche verehrt drei heilige Päpste, die diesen verpflichtenden Namen trugen. Da ist zunächst Pius i., der der jungen Kirche von etwa 140–155 in der Zeit der Christenverfolgungen unter Hadrian vorstand. Er hatte schwere Kämpfe gegen die damals auftretenden Gnostiker – Irrlehrer – und ihre Versuche der Abspaltung zu bestehen. Sein Fest wurde nach dem 13. Jahrhundert auf den 11. Juli festgesetzt.
Der 1712 heiliggesprochene Pius v., geboren 1504, leitete die Kirche von 1566 bis 1572. Ursprünglich Dominikaner, wurde er 1556 zum Bischof und ein Jahr später zum Kardinal ernannt. „Er war der erste große Reformpapst, der selbst in strengster Askese lebte, das weltliche Treiben aus der Kurie verbannte und alles vom übernatürlichen Standpunkt betrachtete, weshalb er von politischen Rücksichten und menschlicher Klugheit wenig hielt" (Wimmer). Als scharfer Kämpfer gegen die Ketzerei blieb er jedoch immer darauf bedacht, gegen Irrende Gerechtigkeit und Milde walten zu lassen. Dieser Papst hat die Glaubenseinheit Italiens in der verzweiflungsvollen religiösen Situation seiner Zeit gerettet und das Land vor Zwiespalt und Bürgerkriegen bewahrt. Zum Dank für den Sieg des christlichen Heeres über die Türken bei Lepanto führte er das Rosenkranzfest ein. Er starb am 1. Mai 1572, seine Reliquien wurden nach S. Maria Maggiore in Rom übertragen, wo sich sein prachtvolles, von Sixtus v. gestiftetes Grabmal befindet. Sein Fest ist am 30. April. Dargestellt wird er mit Tiara und geöffnetem Buch, auf das er verweist, und mit Rosenkranz.

Zu den Heiligen der neuesten Zeit gehört der 1914 gestorbene Pius x. Er war der erste Papst, der nach einer Pause von 242 Jahren zur Ehre der Altäre erhoben wurde. Sein Fest ist seit 1969 am 21. August. Beigesetzt ist er in den vatikanischen Grotten unter St. Peter in Rom. Hier ruhen seine sterblichen Überreste in einem schlichten Steinsarkophag, in den die Worte eingemeißelt sind „Papst

Pius x., arm und doch reich, sanft und demütig von Herzen, des katholischen Glaubens tapferer Streiter, bestrebt, alles in Christus zu erneuern, fromm entschlafen am 20. August 1914". Viele Andächtige pflegen diesen stillen Ort aufzusuchen, der im Gegensatz steht zu dem prunkvollen Monument, das sich auf dem ihm geweihten Altar im linken Seitenschiff der Petruskirche befindet.
Schon solange er noch lebte, wurde Pius von den Italienern ‚il Papa Santo' genannt. Guiseppe Melchiore Sarto, wie er mit bürgerlichem Namen hieß, wurde am 2. Juni 1835 als Sohn eines armen Gemeindedieners und Briefträgers in dem kleinen Dorfe Riesi bei Treviso geboren. Schon als unmündiger Knabe äußerte er den Wunsch, Priester zu werden. Trotz ihrer Armut und einer großen Anzahl von Kindern sandten die Eltern den Knaben unter mancherlei Opfern auf die Lateinschule nach Castelfranco. Später ermöglichte der Patriarch von Venedig dem frommen, fleißigen Jüngling durch ein Stipendium das Studium in Padua. 1858 empfing er die Priesterweihe, wurde dann Kaplan in Tombolo, 1867 Pfarrer in Salzano, 1875 Domherr in Treviso und schließlich Bischof von Mantua. Als er seine Ernennung erhielt, war der schlichte Mann davon so überwältigt, daß er wie ein Kind weinte. „Der alte Bauernpfarrer taugt nicht zum Bischof", meinte er damals und wollte durchaus ablehnen. Indes veranlaßte ihn das ausdrückliche Geheiß Leos xiii. zur Annahme. Neun Jahre später, 1893, wurde der ehemalige Bauernjunge mit der Würde eines Patriarchen von Venedig ausgezeichnet. Als er nach dem Tode Leos xiii. in seiner Eigenschaft als Kardinal zum Konklave nach Rom reiste, kam er gewiß nicht auf den Gedanken, daß gerade er daraus als Papst hervorgehen würde. Er hatte eine Rückfahrkarte gelöst und seinen Gläubigen gesagt: „Lebend oder tot, ich komme wieder!" Nachdem die Wahl des Kardinalskollegiums auf ihn gefallen war, sträubte er sich unter Tränen und bat flehentlich, man möge einen Würdigeren für dieses höchste Amt der Kirche wählen. Erst nach schweren inneren Kämpfen gab er endlich seine Zustimmung mit den Worten: „Ich nehme das Kreuz an".
Die Papstweissagung des Malachias bezeichnet diesen Papst als ‚ignis ardens' – brennendes Feuer. Seine Devise „Alles in Christus erneuern" ließ Pius sich vor allem einsetzen für eine innerkirchliche Erneuerung. Wesenhafter Ausdruck hierfür sind die beiden Enzykliken über den Katechismus und die Kinderkommunion. Er war der größte Reformpapst seit Pius V.; unter seiner Regierung wurden das Brevier, die Kirchenmusik, das sakramentale Leben, das Kirchenrecht ebenso erneuert wie die Seminarien, die Bibelstudien (Gründung des Bibelinstituts), ja, der gesamte Klerus und die römische Kurie selbst. 1907 erschien seine sehr umstrittene Enzyklika ‚Pascendi' gegen den Modernismus, d. h. die zeitgenössischen Irrlehren wie Historismus und Evolutionismus.
Als oberster Lehrer der Christenheit stellte er das Christuswort „Wer nicht für

mich ist, ist gegen mich“ als Losung für seine Dekrete auf. Pius x. setzte sich für die Rechte der Arbeiterschaft ein, er baute die Katholische Aktion Italiens auf neuer Grundlage auf mit der praktischen Lösung der sozialen Frage als Hauptaufgabe und förderte vor allem die Heidenmission in allen Ländern. Auch als Papst fühlte er sich immer „als Pfarrer der ganzen Erde, der seine seelsorgerischen Erfahrungen der ganzen Welt nutzbar machen wollte.“

In Pius x. fanden sich alle Eigenschaften eines Heiligen, wie Güte, Milde und persönliche Armut. Über letztere werden erstaunliche Tatsachen berichtet: kannte doch seine Hilfsbereitschaft kaum ihresgleichen. Bereits zu seinen Lebzeiten traten seine übernatürlichen Kräfte vielfältig in Erscheinung und sind bei seiner Heiligsprechung von zahllosen Zeugen bestätigt worden. Seine innere Lauterkeit und Größe in der Einheit von Wort und Wirken fanden bei seinem Tode die uneingeschränkte Anerkennung der ganzen Weltpresse.

Dieser Papst, dessen ganzes Wesen Liebe für die Menschheit war, erlebte noch den Ausbruch des Ersten Weltkrieges, dessen Kommen er ahnend gefürchtet hatte. All seine Bemühungen, ihn zu verhindern, waren fehlgeschlagen. So hatte er die Menschheit zu einem Gebetskreuzzug aufgefordert, um das Unheil aufzuhalten, aber seine Bitten waren ungehört verhallt. Die Völker rannten, vom Kriegstaumel erfaßt und von den luziferischen Kräften mitgerissen, in ihr Verderben. Die Kriegsmeldung vom 15. August brach dem Vater der Christenheit das Herz: er starb am 20. August 1914 vor Kummer und Herzeleid.

Dargestellt wird der Heilige in weißem Papsttalar mit Brustkreuz. Er ist Patron der Esperantisten, des Päpstlichen Werkes der Hl. Kindheit (1955). Ein bekanntes Porträt Pius x. malte Momme Nissen. Den ihm in der Frauenkirche in München geweihten Altar schmückte Sepp Frank mit einem Mosaikbildnis.

Anstelle der Legende

Von der Demut und Güte des hl. Papstes werden viele köstliche Geschichten erzählt. So wird berichtet: Als der Domherr von Treviso einst nach Mantua fuhr, um sein Bischofsamt zu übernehmen, machte er einen Besuch am Grab des hl. Antonius von Padua. Wie er nun in der Sakristei dem Meßner den Wunsch vortrug, an diesem geheiligten Ort das Meßopfer darzubringen, verlangte dieser, wie es Brauch ist, das ‚Zelebret‘ – den bischöflichen Erlaubnisschein, den jeder fremde Priester besitzen muß. Monsignore Sarto, der schon wiederholt in Padua gepredigt hatte, trug diesen Ausweis nicht bei sich. Da begann der Meßner ein regelrechtes Verhör mit ihm: „Woher kommen Sie?“ „Von Treviso.“ „Was sind Sie in Treviso?“ „Nichts.“ „Wie? nichts! Sind Sie nicht Pfarrer, Kaplan, Vikar?“ „Nein.“ „Das ist doch sonderbar, man hat überall Priestermangel, und Sie sind ohne Stelle.“ „Ja, wirklich, es ist so.“ „Soll ich Sie unserm Bischof empfehlen, daß er Ihnen ein Plätzchen gibt?“ „Ja, gerne.“ Nach langem Hin und Her gab der Meßner endlich die Erlaubnis

zum Zelebrieren der Messe. Wie groß wurden seine Augen, als der fremde Priester nach der hl. Messe in das aufliegende Fremdenbuch seinen Eintrag machte: „Josef Sarto, erwählter Bischof von Mantua." – Und eine andere, die seinen Charakter ebenso anschaulich beleuchtet. Im Eisenbahnwagen traf Sarto, damals schon Oberhirte, mit zwei Herren zusammen, die den neuen Bischof von Mantua kräftig heruntermachten. Sie meinten, dieser Sarto sei doch nichts Hervorragendes, nicht sonderlich begabt noch gelehrt. Sarto stimmte ihnen bei und entwickelte die Eigenschaften, die ein Bischof haben sollte. Beim Aussteigen fragten die beiden Reisenden den Begleiter des Bischofs, wer doch dieser feingebildete, beredte Herr sei. „Der Bischof von Mantua", lautete die überraschende Antwort (nach Rathgeber).
Der Heilige verschenkte zeit seines Lebens alles, was er besaß, an die Armen. In seiner unbegrenzten Freigebigkeit entblößte er sich von allem, was er hatte, verzichtete auf jede persönliche Anschaffung, um seine ganzen Einnahmen an Bedürftige zu verteilen, ja, er holte das Fleisch aus dem Topf, die Wäsche aus dem Schrank, um sie Armen zu schenken.
„Lebend oder tot, ich komme wieder", das waren seine Worte, als er von seinen Venezianern schied und zum Konklave nach Rom reiste. Und wirklich, er hielt sein Versprechen. Wenngleich er selbst es nicht mehr konnte, so wußte doch Papst Johannes XXIII. *davon. Auf seine Veranlassung hin wurde der Sarkophag mit den sterblichen Überresten Pius'* X. *für kurze Zeit nach Venedig überführt. Gleichsam in einem Triumphzug holte man den toten Patriarchen ein, und ganz Venedig gab ihm das Geleit.*

Der heilige Rochus (San Rocco) *(Gedenken: 16. August)*

Der hl. Rochus ist einer der volkstümlichsten Heiligen und gilt neben dem hl. Sebastian (s. 20. Januar) als der eigentliche Pestpatron. In einigen Gegenden wird er unter die 14 Nothelfer gezählt. Seine Verehrung fand weiteste Verbreitung: Bruderschaften führen seinen Namen, Bittgänge wurden ihm zu Ehren gehalten, ungezählte Male wich auf seine Anrufung die gefürchtete Seuche. Ein Teil seiner Reliquien wurde von Montpellier, wo er 1327 starb, im Jahre 1485 nach Venedig übertragen. Nachdem durch das Konzil von Konstanz sein Kult offiziell von der Kirche anerkannt worden war, entstanden überall ihm geweihte Kirchen, Klöster, Wallfahrtskapellen, Bildsäulen und nach ihm benannte Spitäler.
Der hl. Rochus wird meist zusammen mit dem hl. Sebastian dargestellt, im Pilger-

kleid mit Pilgerstab und Kürbisflasche, auf seine Pestbeule am entblößten Oberschenkel zeigend, neben sich einen Hund mit Brot im Maul. Auch mit Engel, der eine Arzneibüchse trägt: Pestkranke heilend. Seine Fürbitte ist hilfreich bei Pest, Cholera, Epidemien, Fußleiden, Geschwüren, Knieschmerzen, Tollwut, Viehseuchen, allgemeinem Unglück. Er ist Patron der Ärzte, vor allem der Chirurgen, der Apotheker, Bauern, Gefangenen, Totengräber u. a.
Zuverlässige Quellen über die Lebensgeschichte des hl. Rochus sind nicht vorhanden. Die im 15. Jahrhundert entstandene und auf der Überlieferung beruhende Legende hat folgenden Inhalt:

Legende
In Frankreich lebte in der Stadt Montpellier ein reicher Herr mit Namen Johannes, der hatte eine Ehefrau, die hieß Liberia. Sie waren lange Zeit kinderlos. Endlich wurde ihr Gebet erhört, und die Frau gebar ihrem Mann einen Sohn, der in der Taufe den Namen Rochus empfing. Das geschah um das Jahr 1295. Auf der Brust des Knaben befand sich ein rotes Kreuz in seine Haut eingedrückt, was alle als ein besonderes Gnadenzeichen ansahen. Das Kind wurde in aller Frömmigkeit erzogen. Rochus hatte jedoch kaum sein 20. Lebensjahr erreicht, da starben ihm nacheinander sein Vater und seine Mutter. Sein Vater ermahnte ihn auf dem Totenbette, er solle sich nicht blenden lassen vom Glanz dieser Welt und sein Herz nicht an das Geld hängen, das er ihm hinterlasse, sondern allezeit auf jene sehen, die der Unterstützung bedurften und ihnen im Namen Jesu helfen.
Der Jüngling befolgte des Vaters Rat und teilte von seinem reichen Erbe mit vollen Händen aus, bis ihm nichts blieb als ein Rock, ein Pilgerstab und ein Sack. Den nahm er auf die Schultern und zog von hinnen als einfacher Pilgersmann. Er überquerte die Alpen, denn er wollte an den Gräbern der Apostel zu Rom beten. Auf dem Wege erbettelte er sein Brot und nächtigte in den Häusern der Armen. Als er aber in die fruchtbare Ebene der Lombardei herniederstieg, da hörte er, daß in Italien der schwarze Tod umging und keinen verschonte, der ihm begegnete. Die anderen Pilger, die bei ihm waren, kehrten sogleich voller Schrecken um und entflohen der furchtbaren Seuche. Er aber war angerührt von der Not, die er antraf, und der Worte seines Vaters gedenkend, wandte er sich sogleich denen zu, die seiner Hilfe bedurften. Er besuchte die Häuser der Kranken, ging in die Spitäler und diente den von der Krankheit Befallenen mit all seiner Kraft. Doch auch in Rom wütete die Seuche gar schrecklich; er ließ sich aber nicht abhalten von seinem mitleidigen Tun; er pflegte, reichte Speise und Medizin, wachte in den Nächten bei den Sterbenden und sprach den Ängstlichen Mut zu. Unermüdlich war er bei seinem Liebeswerk, überall brachte er Hilfe und Heilung, Hoffnung und Trost. So erschien er den Unglücklichen wie ein Licht in ihrer leidvollen Dunkelheit.
Auf dem Rückweg gelangte er in die Stadt Piacenza. Dort verhielt er, um auch hier die Pestkranken zu pflegen. Aber nun wurde er selbst vom Pestpfeil getroffen! Sein Leib be-

deckte sich mit häßlichen Beulen, er litt schreckliche Schmerzen und Todesangst, erfuhr also all das an sich selbst, was er vor Augen gehabt. Doch fand sich niemand, der ihn pflegen wollte. Ja, die Einwohner der Stadt beschimpften den fremden Pilgersmann und verfolgten ihn mit ihrem Haß! Um niemandem zur Last zu fallen und keinen anzustecken, schlich Rochus sich geduldig aus der Stadt und schleppte sich mühselig in eine einsam gelegene Holzhütte mitten im Walde. Dort legte er sich nieder und empfahl sich Gott. Doch siehe, es trat ein Engel zu ihm, der seine Wunden pflegte, und es entsprang ein Brunnen, daran der Kranke sich laben konnte. Es ereignete sich aber, daß an jedem Tage ein fremder Jagdhund zu ihm kam, der ein Brot im Maule trug, womit Rochus sich nährte. Der Junker aber, dem der Hund gehörte, wurde durch das seltsame Verhalten des Tieres aufmerksam auf den Kranken in der Hütte. Er nahm sich vor, ihn nicht eher zu verlassen, bis er genesen sei und versorgte ihn zum besten. Als Rochus wieder zu Kräften kam, begab er sich zusammen mit dem Edelmann in die Stadt zurück und heilte daselbst viele, bis die Gewalt der Pest gebrochen war.

Danach machte er sich abermals auf den Weg und gelangte schließlich in seine Heimatstadt. Aber die entsetzliche Krankheit und die Strapazen hatten ihn so verunstaltet, daß ihn keiner mehr erkannte. Wegen der Kriegszeiten hielt man ihn für einen Spion und warf ihn in den Kerker. Rochus dankte Gott, daß er ihn allerlei Unglück erfahren ließ, und brachte geduldig fünf ganze Jahre im Kerker zu. Als er merkte, daß sein Ende nahe sei, bat er um den Beistand eines Priesters. Der Priester erstaunte sehr, als er das finstere Loch von einem hellstrahlenden Licht erfüllt fand. Erschrocken eilte er, nachdem er dem Heiligen die letzten Tröstungen erteilt, zum Stadtrichter und sagte ihm alles, was ihm widerfahren war. Als dies in der Stadt bekannt wurde, liefen alle nach dem Turm, aber sie fanden den Heiligen tot auf dem Boden ausgestreckt und von hellem Glanz umgeben. Da wußten sie, daß sie einen Unschuldigen bezichtigt hatten, jedoch erst nachdem man dem Toten die Brust entblößt hatte, fand man das kreuzförmige Mal und erkannte nun in dem Fremdling den Sohn des Herrn Johannes. Darauf wurde er mit großem Gepränge in der Kirche bestattet.

Die heilige Rosa von Lima

Am 23. August begeht die Kirche überall in der Welt das Fest der hl. Rosa von Lima. Die fromme Dominikanerterziarin wird als ‚die erste Blume der Heiligkeit Südamerikas' bezeichnet. In Rom ist zu Ehren der frühvollendeten Büßerin in der Kirche S. Maria sopra Minerva eine besondere Kapelle geweiht. Murillo und Carlo Dolci haben sie gemalt ebenso wie Rubens; Artus Quellinus d. J. hat eine prachtvolle Marmorstatue von ihr geschaffen, die in St. Paul in Antwerpen steht. In Venedig ist die Heilige auf einem Bilde von Tiepolo zu sehen, das sie mit zwei der anderen heiligen Frauen zu Füßen der Gottesmutter zeigt. Sie steht zwischen Katharina von Siena und Agnes von Montepulciano und hält das Jesuskind

auf dem Arm, das mit einer Rose spielt. Rosa von Lima ist die erste in Amerika geborene Frau, die der Heilige Stuhl in Rom zur öffentlichen Verehrung zuließ: Clemens x. sprach sie 1671 heilig.
Sie kam am 20. April 1586 in Lima in Peru zur Welt und war spanischer Abkunft. Die Heilige erhielt den Namen Isabella; als jedoch ihre Mutter über der Wiege des Kindes eine wunderbare Rose schweben sah, wurde sie Rosa genannt. Später nahm sie auf eigenen Wunsch den Zunamen ‚a Santa Maria' – von der Mutter Gottes – an. Schon von Kind auf erduldete Rosa heroisch vielerlei Leiden. Im Alter von fünf Jahren legte sie das Gelöbnis ewiger Keuschheit ab. Um ihre Eltern, die sehr arm waren, zu unterstützen, arbeitete sie von früh bis spät. Sie verdingte sich als Näherin oder verkaufte herrliche Blumen, die sie in ihrem Garten zog. Bei allem aber waren ihre Gedanken ganz auf Gott gerichtet.
Rosa aß schon seit ihrem sechsten Lebensjahr keine Früchte mehr, fastete an drei Tagen in der Woche und nahm nur mehr Wasser und Brot zu sich. Dabei arbeitete sie angestrengt und kniete zudem stundenlang ins Gebet versunken in einem Winkel der Kirche. Dann war sie für die Außenwelt wie erstorben, oftmals erglühte ihr Gesicht, Feuerfunken schienen daraus wegzuspringen, so brennend war ihre Liebe zu Gott, so glühend ihre Andacht! Ihr Vorbild war die hl. Katharina von Siena. Wie diese trat sie mit sechzehn Jahren in den Dritten Orden des hl. Dominikus. Sie bezog eine armselige Holzhütte, die abgelegen im Garten ihres Elternhauses lag und führte dort ein strenges Bußleben. Auf ihrem Kopf trug sie einen harten Reifen, der innen mit scharfen Stacheln versehen war, um sich stets an die Leiden des Herrn zu erinnern. Auch geißelte sie sich und kasteite sich mit einem Bußgürtel, der tief in ihr Fleisch einschnitt. Als Bett hatte sie einen Tisch mit klobigen Holzstücken belegt und die Zwischenräume mit Scherben ausgefüllt – auf diesem Lager ruhte sie fünfzehn Jahre! Ihre Beichtväter mußten schließlich gegen derartige, über jedes Maß hinausgehende Selbstkasteiungen Einspruch erheben. In ihrer Schule des Leidens und der Buße hatte die Heilige aber auch, besonders in den letzten Jahren vor ihrem frühen Tod, alle Stadien der Finsternis zu durchlaufen. Jahrelang litt sie an unbeschreiblicher innerer Verlassenheit: kein Trost erquickte ihr ausgetrocknetes Herz, sie glaubte sich in die Hölle versetzt. Aber sie schwieg und verbarg ihre Sühneleiden sorgfältig vor der Welt. Jeder, der in Bedrängnis zu ihr kam, ging getröstet von ihr fort, voll von Bewunderung für ihren heiteren Seelenfrieden.
Ihre letzten drei Lebensjahre verbrachte die hl. Rosa in der Familie des königlichen Beamten Gundisalvi, dessen Gattin ihre Freundin geworden war. Sie entdeckte dieser vier Monate vor ihrem Tode – damals war sie 31 Jahre alt –, daß sie nach Ablauf dieser Zeit sterben werde, zuvor aber noch furchtbare Qualen an körperlichen Leiden, vor allem entsetzlichen Durst erdulden müsse. Drei Tage

vor Ausbruch der schrecklichen Krankheit begab sie sich noch einmal in ihre kleine Zelle und sang dort zum Lobe Gottes ihr letztes Lied, so daß alle, die ihr heimlich zuhorchten, von Schauern ergriffen waren. Mit großer Heftigkeit warf sich die Krankheit auf die Schwergeprüfte, vergebens versuchten die Ärzte ihre qualvollen Schmerzen zu lindern. Doch erfüllte Gott ihre Bitte, daß sie bis zuletzt im Besitz ihres klaren Bewußtseins verblieb. Sie betete: „Herr, vermehre meine Leiden, aber vermehre auch Deine Liebe in meinem Herzen." Nach langem Todeskampf starb die hl. Rosa am 24. August 1617 ohne das geringste Zeichen von Furcht mit den Worten: „Jesus, Jesus, Jesus, sei mit mir!"
Zahlreiche Wunder, darunter zwei Totenerweckungen schon Beerdigter, werden ihr zugeschrieben. Sie wurde zur Schutzpatronin von Südamerika ernannt, auf ihre Fürbitte erlangten reuige Sünder die Gnade der Bekehrung. Rosa von Lima ist Patronin für glückliche Entbindung, gegen Grind, gegen Wunden; Schutzheilige der Blumengärtner. Dargestellt wird die hl. Rosa als Dominikanerin mit einer Krone von Rosen, die mit Stacheln bewehrt sind, um das Haupt; eine Rose in der Hand, zwei Hasen neben sich, mit Anker und Jesuskind auf einer Rose.

Legende

Von dieser Heiligen mit dem lieblichen Namen erzählt die Legende anmutige Begebenheiten, neben denen ihr hartes Kreuz- und Sühnedasein schier zu verschwinden scheint.
Die offenkundige Führung der heiligen Mystikerin durch Gott selber wird aus folgendem ersichtlich: als Rosa schon entschlossen war, sich einem Orden anzuschließen, aber noch nicht wußte welchem, machte sie sich an einem Sonntag mit ihrem Bruder auf, um in dem Kloster der Augustinerinnen um Aufnahme zu bitten. Unterwegs aber ging sie in eine Dominikanerkirche, um sich den Segen der heiligen Jungfrau zu erflehen. Als sie ihr Gebet geendet hatte, fühlte sie sich plötzlich am Boden wie festgenagelt, unfähig sich zu rühren. Der Bruder mahnte sie zum Gehen, aber sie vermochte es nicht. Da legte er selbst Hand an, um ihr beim Aufstehen zu helfen, aber beide bemühten sich vergebens, sie war am Boden angewachsen wie ein Fels. Da erkannte Rosa, daß ihr Gott ihren Eintritt bei den Augustinerinnen nicht haben wollte, und kaum hatte sie ihre Augen zur Muttergottes erhoben und das Versprechen abgelegt, im väterlichen Hause zu bleiben, als sie sogleich federleicht und ohne jede Hilfe aufstand und nach Hause ging.
Ihre große Liebe zu Gott wird sinnfällig dadurch, daß sie sogar die unvernünftigen Geschöpfe zur Lobpreisung des Herrn zu bringen vermochte. Im Schatten der Bäume, welche ihre Zelle umgaben, hielten sich Scharen von Mücken auf. Sie bedeckten alle Wände. Bekanntlich ist der Moskitostich in heißen Ländern gefürchtet, und sie sind eine große Plage für die Menschen. Aber die Heilige blieb von ihnen unversehrt. Dagegen, sobald ihre Mutter oder sonst jemand ihre Klause betrat, fielen die Insekten sogleich über den Betreffenden her und stachen zu. Rosa, befragt wie sie das aushalte, gab zur Antwort: „Als ich mich hier niederließ,

habe ich einen Freundschaftsbund mit diesen Tierchen geschlossen, und so bewohnen wir diesen Ort in aller Eintracht, ja, sie helfen mir sogar tapfer mit, das Lob Gottes zu singen." So oft die Heilige nämlich ihre Zelle betrat, rief sie den Mücken zu: Eia Freunde, auf zum Lobe Gottes! – und sogleich begann ein wunderbares Singen, Surren und Summen. Abends machten sie es auf den Ruf der Heiligen ebenso, doch sobald sie ihnen Schweigen gebot, hörten sie auf zu singen und flogen ruhig ein und aus.

Im letzten Jahre ihres Lebens geschah es, daß während der ganzen Fastenzeit bei Sonnenuntergang eine kleine Nachtigall zu ihr geflogen kam, sich auf einen nahen Baum setzte und mit wunderlieblicher Stimme an zu singen fing, wenn die Heilige sie dazu aufforderte. Lind und süß begann der kleine Vogel zu schlagen und steigerte sich immer höher und lauter singend in sein Jubellied. Hatte er geendet, begann Rosa mit leiser Stimme ihren Gesang, und so wechselten sie beide wohl eine Stunde lang im Lobe der Herrlichkeit Gottes miteinander ab in großer Ordnung und wunderbarer Harmonie: wenn Rosa sang, zwitscherte der Vogel nicht einmal und verhielt sich ganz stille, hörte sie auf, so begann er sogleich, als habe er seinen Einsatz bekommen. Und so hielten sie es jeden Tag um die nämliche Stunde.

Der heilige Bartholomäus

In der Heiligen Schrift heißt es bei Lukas: „In jenen Tagen begab sich Jesus auf den Berg, um zu beten, und er betete die Nacht über zu Gott. Als es Tag wurde, rief er seine Jünger herbei und wählte zwölf von ihnen aus, die er Apostel nannte." Unter diesen zwölfen war der hl. Bartholomäus. Jesus wählte schlichte und einfache Menschen für dies hohe Amt – Fischer, Zöllner und Handwerker –, und aus ihnen formte er jene Männer, die die Welt bewegten, indem er sie aussandte, um seine Lehre zu verkünden. Bei den Evangelisten wird Bartholomäus nur in der eben zitierten Stelle erwähnt. Nur sein Name ist hier aufgeführt, ohne daß irgend etwas aus seinem Leben erzählt wird. Sein Name aber bedeutet in der aramäischen Sprache ‚Sohn des Tolmai', also nur seine Familienzugehörigkeit. Die meisten Schriftausdeutungen vermuten, daß Bartholomäus identisch ist mit jenem Fischer Nathanael aus Kana in Galiläa, dessen Berufung wir bei Johannes im 1. Kapitel lesen: „Philippus traf den Nathanael und sagte zu ihm: Wir haben denjenigen gefunden, von dem Moses im Gesetz und die Propheten geschrieben haben, Jesus, den Sohn Josephs aus Nazareth. Nathanael sprach zu ihm: Kann denn aus Nazareth etwas Gutes kommen? Philippus aber erwiderte ihm: Komm und sieh! – Als Jesus den Nathanael auf sich zukommen sah, sagte er über ihn: Das ist ein echter Israelit, an dem kein Falsch ist! Nathanael sprach zu ihm: Woher kennst du mich? Jesus gab ihm zur Antwort: Ehe dich Philippus rief, sah ich dich, als du unter dem Feigenbaume warst. Da erwiderte ihm Nathanael: Rabbi, du bist der Sohn Gottes, du bist der König Israels!" Und dann folgte er ihm nach und blieb sein treuer Begleiter während des ganzen öffentlichen Lebens des Herrn.

Nach der Überlieferung predigte Bartholomäus die Heilsbotschaft in Indien, Mesopotamien, Parthien, Lykaonien und Armenien. Die Kirchenväter berichten, daß Pantenus, als er zu Beginn des dritten Jahrhunderts nach Indien kam, noch zahlreiche christliche Gemeinden angetroffen habe, die von dem hl. Apostel Bartholomäus gegründet worden waren. Er fand auch eine Aufzeichnung des Matthäusevangeliums, die nur Bartholomäus dorthin gebracht haben kann.

Der Heilige starb den Märtyrertod in Albanopolis in Armenien, wo ihm auf Befehl des Königs Astyages die Haut bei lebendigem Leib abgezogen und er danach enthauptet wurde. Im 6. Jahrhundert kamen die Gebeine des hl. Bartholomäus von Albanopolis auf die Insel Lipari, im 9. Jahrhundert wurden sie nach Benevent übertragen. Im Jahre 983 ließ Kaiser Otto III. die kostbaren Reliquien in das von ihm gestiftete Kloster auf der Tiberinsel in Rom bringen, wo sie in der Kirche S. Bartholomeo dell'Isola unter dem Hochaltar eine Ruhestätte fanden. Seine Hirnschale befindet sich seit 1238 im St. Bartholomäus-Dom in Frankfurt am Main. Eine reiche Fülle von Volksbräuchen, Bauernregeln, Familiennamen und Redensarten zeugen bis heute von der großen Beliebtheit des Heiligen im Volke. Bartholomäus gehört zu den Heiligen, die im Kanon der hl. Messe angerufen werden. Seine Vigilfeier stammt aus dem neunten Jahrhundert und bestand bis 1955. Er wird dargestellt mit kurzem Haupt- und Barthaar, in der Rechten ein Messer, mit dem er geschunden wurde, in der Linken ein Buch; auch seine abgezogene Haut in Händen tragend, wie ihn Michelangelo im ‚Jüngsten Gericht' in der Sixtina darstellte. Er ist Patron der Buchbinder, Gerber, Fellhändler, Lederarbeiter, Handschuh- und Schuhmacher, Schneider, Metzger, Weingärtner; gegen Zuckungen und Nervenkrankheiten. Die Stadt Frankfurt am Main wählte ihn zu ihrem Schutzheiligen.

Legende

Wie die Legende erzählt, war Bartholomäus besonders mit der Gnade der Wundertätigkeit ausgestattet. In Armenien wollte er dem König zeigen, daß seine Götzen nichts als Dämonen seien und der Macht des wahren Glaubens unterliegen. Um dem König dies zu beweisen, ging er mit ihm in den Tempel und sprach: „Im Namen Christi, wer bist du, Astaroth?"

Darauf verkündete der Teufel laut, daß nur der Apostel den wahren Gott verkünde. Hierauf entfuhr er aus dem Tempel, und alle Götzenbilder zerbrachen in Scherben.
Der hl. Ambrosius faßte die Legende dieses Heiligen in der Danksagung wie folgt zusammen: O Herr Jesu Christ, du hast deinen Jüngern, die deine Dreiheit in einer Gottheit der Welt predigten, gar wunderbare Majestät erzeigt. Unter ihnen hat deine gütige Fürsorge Sankt Bartholomäus, den du mit besonderen Tugenden geziert, in ein sehr fernes Land gesandt. Das Volk dieses Landes war der Welt fremd und kaum dir nahe durch seine Predigt. Oh, wie müssen wir diesen wunderbaren Apostel preisen, dem die Herzen der nächstliegenden Völker nicht genügten, das Wort Gottes darin zu säen, sondern der mit gleichsam geflügeltem Fuße zu den Indern zog, ans Ende der Welt. Dort geschah es, daß er eine unzählige Schar von Kranken heilte, die im Tempel auf den bösen Geist warteten und er dem Teufel zu antworten verbot. Oh, welch besondere Kraft zeichnete ihn aus, der den Widersacher, welcher die Menschen lange Zeit gepeinigt hatte, durch sein bloßes Gebot zum Schweigen brachte. O welch Wunder seiner großen Heiligkeit, daß er den alten Feind des Menschengeschlechtes zwang, zu bekennen, wer er sei und gar sein eigenes Bild zu zerschlagen! Dieses Wunders Bestätigung erbrachte ein Engel, der vom Himmel erschien; er zeigte den gefesselten Teufel dem Volke in all seiner Scheußlichkeit und schrieb das heilbringende Kreuz des Herrn in den Stein. König und Königin wurden getauft mit all ihrem Volk, und zwölf umliegende Städte gehorchten fortan dir, Vater im Himmel, mit Leib und Seele. Auf der Götzenpriester Bitten ließ dann der tyrannische Bruder des neubekehrten Königs den heiligen Apostel, der im Glauben standhaft blieb, schlagen und bereitete ihm einen bitteren Tod, indem er ihn geschunden hat.

Ludwig der Heilige

Die Lebensgeschichte Ludwigs IX. von Frankreich, der bereits kurze Zeit nach seinem Tode im Jahre 1297 heiliggesprochen wurde, ist zuverlässig und ausführlich auf uns gekommen. Er wird als Patron der Buchbinder und Buchdrucker und einer weiteren Reihe handwerklicher Gewerbe sowie als Schutzherr der Pilger und Blinden verehrt und meist mit der Dornenkrone Christi in der Hand dargestellt.
Ludwig lebte zur Hohenstaufenzeit, wurde 1214 geboren und war das Idealbild eines mittelalterlichen Herrschers. Seine fromme Mutter Blanka von Kastilien rettete dem Knaben durch ihre Umsicht und Tatkraft

nach dem frühen Tode seines Vaters, Ludwig VIII., als Regentin den Thron. Ihr Wort: „Du weißt, Kind, wie sehr ich dich liebe, aber lieber sähe ich dich tot als eine Todsünde begehen“ – beeindruckte den Knaben zutiefst und trug wesentlich zu seiner heiligen Gottesfurcht und Scheu vor dem Bösen bei. Ludwig vermählte sich neunzehnjährig mit Margarete von der Provence. Mit dieser Heirat wurde der Süden mit dem Norden Frankreichs geeint und es gab nur mehr ein Frankreich. Die Ehe war mit elf Kindern gesegnet. Wenige Könige mögen ihr Herrscheramt so ernst genommen haben wie Ludwig. Schon von Jugend auf oblag er frommen Übungen, jeden Morgen besuchte er den Gottesdienst, und auch als König behielt er sein mönchisches Leben bei, soweit es ihm möglich war. Unter seinem Mantel trug er die Kutte der Franziskaner. Deshalb verwunderte es niemand, daß er die beiden jungen Bettelorden der Franziskaner und Dominikaner unter seinen besonderen Schutz stellte. Der König selbst lebte mit seiner Familie so sparsam, daß er oftmals Vorwürfe darüber zu hören bekam. Er speiste die Armen an seinem Tisch, gründete Spitäler und wurde nie müde, Gutes zu tun. Da Ludwig ein unbestechliches Gefühl für Recht und Unrecht besaß, ordnete er das Rechtswesen und saß nicht selten selbst zu Gericht. Seine strengen Verordnungen verboten den Zweikampf, die Ausbeutung der Wehrlosen und die Prunksucht. In allem gab er selbst das edelste Beispiel. Besorgt um die Reinerhaltung des Glaubens und das Wohl der Kirche, baute er Dome und Abteien, gründete zur Abwehr der Häretiker die Universität Toulouse, förderte die Lehrtätigkeit von Thomas von Aquin und Bonaventura in Paris. Die gerade im Mittelalter so berühmt gewordene Universität Sorbonne, die auch heute noch einen glänzenden Ruf genießt, rief König Ludwig ins Leben. Als Balduin II. von Konstantinopel die kostbare Dornenkrone Christi, die einst die Kaiserin Helena vor der Vernichtung bewahrte, in Venedig zum Kauf anbot, gab es für Ludwig kein Zögern. Er erwarb sie für viel Geld und geleitete sie in feierlicher Prozession nach Paris. Zu Ehren der Reliquie ließ Ludwig die bezaubernde Kirche ‚Sainte-Chapelle‘ errichten. Als im Dezember 1243 der König wider Erwarten von einem schweren Fieber genas, gelobte er Gott zum Dank einen Kreuzzug.

Der Adel sträubte sich gegen Ludwigs Plan, stand ihm doch die Erinnerung an die unglücklichen früheren Kreuzzüge noch zu deutlich vor Augen. Aber der König setzte seinen Plan gegen alle Widerstände durch, und die Schiffe verließen schließlich die Heimat. Sogar Margarete, seine Gemahlin, begleitete den König auf der Fahrt ins Heilige Land. Nach der Überwinterung des Heeres in Zypern gelang die Landung in Ägypten im Mai 1249. Die Sarazenen räumten Damiette ohne größeren Kampf, so überrascht waren sie. Die Welt hatte bisher kein größeres Kreuzfahrerheer gesehen. Bei El Mansur stießen die Christen sodann auf den Feind. Man schrieb den 8. Februar 1250: Die Rosen blühten, alles war sehr viel anders als zu Hause. Da brach das unfaßliche Verhängnis herein: das Glück der Kreuzfahrer war zu Ende! Die Ägypter begingen Verrat und sperrten den Übergang über den Nil. Das durch Anstrengungen, Fieber und Hunger geschwächte Heer vermochte den Durchbruch nicht mehr zu erzwingen. So geriet es in Gefangenschaft und mit ihm der König von Frankreich. Nach vielen Demütigungen gelang es Ludwig, gegen ein hohes Lösegeld die Freiheit zu erhalten. Vier Jahre wartete er in Syrien vergeblich, daß ihm das Abendland oder der Papst das versprochene neue Heer schickte. Aber umsonst. Er mußte umkehren. Der Gedanke an den Verlust der heiligen Stätten und die Qualen der gefangenen Christen verfolgten ihn jedoch unablässig. Im Jahre 1267 stellte er sich erneut an die Spitze eines Kreuzzuges. Die Flotte des Königs ging in Aigues-Mortes in Südfrankreich unter Segel und landete in Tunis. Hier sollte Ludwig Entsatz von Karl von Anjou bekommen. Doch die ersehnte Hilfe blieb während der ganzen Belagerung von Tunis aus. Im Lager brach eine große Seuche aus. Unter den Männern starb zuerst ein junger französischer Prinz, dann der Kardinal-Legat des Papstes, schließlich erlag König Ludwig am 25. August 1270 der furchtbaren Seuche. Man trat mit der Leiche des Königs die Fahrt nach Sizilien an, immer noch in der Hoffnung, nach Osten vorstoßen zu können, damit wenigstens dem Toten die Erfüllung seines Gelübdes zuteil werde. Aber die Flotte geriet in heftige Stürme, die meisten Schiffe wurden schwer beschädigt, sechzig gingen mit Mann und Maus unter. An einen Kreuzzug war nicht mehr zu denken. Nun wurde die sterbliche Hülle des frommen Herrschers auf dem Landweg nach Frankreich zurückgebracht und sein Haupt in der ‚Sainte-Chapelle' nahe jener heiligen Dornenkrone beigesetzt, die zum Sinnbild seines priesterlichen Königtums geworden war.

Legende

Ludwig der Heilige, König von Frankreich, begab sich einmal auf eine Pilgerfahrt, um die heiligen Stätten in Rom zu besuchen. Weil aber der gewaltige Ruf von der Heiligkeit des Bruders Egidius, einer der ersten Jünger des hl. Franziskus, auch zu ihm gedrungen war, beschloß er, diesen auf jeden Fall in eigener Person aufzusuchen. Zu diesem Zweck kam der König nach Perugia, wo der genannte Bruder Egidius sich damals aufhielt. Wie ein armer Pilger, unerkannt und mit nur wenigen Begleitern, begab er sich an die Pforte des Klosters und fragte sehr dringend nach dem Bruder Egidius, wobei er dem Torhüter nichts davon verriet, wer er sei. Dieser ging also und sagte dem Bruder Egidius, daß da ein Pilger vor dem Tor stünde, der nach ihm verlange. Von Gott aber wurde es diesem eingegeben und enthüllt, daß es der König von Frankreich war, weshalb er eilig und in großer Aufregung seine Zelle verließ und zur Pforte lief. Und ohne irgend etwas von einander zu wissen oder sich zuvor jemals gesehen zu haben, knieten beide in gegenseitiger Ehrfurcht nieder, umarmten sich und küßten sich mit solcher Herzlichkeit, als ob sie schon lange die besten Freunde wären; aber während alledem sprach weder der eine noch der andere ein Wort, sondern sie lagen sich nur mit allen Zeichen zärtlicher Liebe schweigend in den Armen. Nach geraumer Zeit, während derer sie so verblieben waren, ohne ein Wort zu wechseln, schieden sie voneinander. Der hl. Ludwig setzte seine Fahrt fort und Bruder Egidius kehrte in seine Zelle zurück.

Der heilige Gebhard von Konstanz *(Gedenken: 27. August)*

Der hl. Gebhard II. von Konstanz hält auf Darstellungen einen Totenkopf mit Tiara auf einem Buch in der Hand oder auch ein Kirchenmodell. Vielfach ist er mit einem Stab abgebildet, weil er damit einen Blinden heilte oder einen Lahmen gehend machte. Die Szenen aus seinem Leben in der Wallfahrtskirche auf dem Gebhardsberg bei Bregenz stammen von Meister Fugel. Diese Kapelle wurde auf der Stelle errichtet, wo sich einst seine väterliche Burg Pfannenberg befand. Die kleine Kirche steht auf halber Höhe des Berges und schaut weit hinaus über den Bodensee, an dessen jenseitigem Ufer Konstanz liegt, wo der hl. Gebhard als Bischof wirkte. Für die Gründung des Klosters Petershausen verwandte er einen Großteil seines väterlichen Vermögens. Er gab ihm die Regel des hl. Benedikt, da er diesem Orden durch sein segensreiches Wirken in Einsiedeln besonders verbunden war. Er ist Patron gegen Halskrankheiten und für eine gute Entbindung. Sein Fest wird am 27. August begangen.

Gebhard wurde im Jahre 949 als Sohn des Grafen Ulrich von Bregenz geboren, seine Mutter starb an seiner Geburt. Er wurde in der Konstanzer Domschule unter Leitung des hl. Bischofs Konrad erzogen. Dessen gutem Beispiel ist es sicher zuzuschreiben, daß Gebhard den geistlichen Beruf erwählte und Priester wurde. Der Bischof betraute ihn mit einer Domherrnstelle. Er blieb auch nach dem Tode seines geistlichen Vaters in Konstanz. König Otto II., der mit ihm verwandt war, ließ ihn im Jahre 980 unter allgemeiner Zustimmung des gesamten Klerus zum Nachfolger Konrads weihen. Das Volk nahm die Wahl dieses heiligmäßigen Mannes freudig auf und jubelte seinem neuen Bischof begeistert zu.

Sein vorbildliches und sehr frommes Leben machte ihn bald als besonders guten Hirten im ganzen Alemannenlande bekannt. Er entzog sich den rauhen Sitten der Zeit und stellte sich damit in einen auffälligen Gegensatz zu anderen Kirchenfürsten, die meistens das weltliche Leben des übrigen Adels teilten. Kaiser Otto II. schätzte den Konstanzer Bischof so hoch, daß er seinen Sohn, den nachmaligen Kaiser Otto III., von ihm taufen ließ. Auch die Päpste suchten seine Freundschaft. Als der Heilige 983 von seinem geerbten Vermögen die Benediktinerabtei Petershausen gründete und in Rom um Bestätigung nachsuchte, wurde ihm diese von Johannes XV. nicht nur sofort gewährt, sondern dieser schenkte ihm für die

Klosterkirche die kostbare Reliquie des Hauptes des hl. Gregor. Gebhard trug selber das Kleinod über die Alpen an den Bodensee, worauf auch sein merkwürdiges Attribut zurückzuführen ist. Er berief Mönche aus Einsiedeln in sein Kloster. Es entfaltete sich rasch und bildete einen Hort des Friedens und der Barmherzigkeit. Fünfzehn Jahre regierte der hl. Gebhard seine Diözese als ein leuchtendes Vorbild an nichtversagender Güte und Barmherzigkeit.
Der hl. Bischof wurde, noch keine fünfzig Jahre alt, am 27. August 995 von Gott mitten aus seinem tatkräftigen Leben durch den Tod herausgerissen. Die Mönche von Petershausen setzten ihn in ihrer Klosterkirche bei. Sein Grab war bis zur Auflösung des Klosters ein vielbesuchter Wallfahrtsort.

Noch ein Seliger mit Namen Gebhardus sei hier erwähnt, dessen die Kirche am 15. Juni gedenkt. Er war Erzbischof von Salzburg und stammte aus dem schwäbischen Grafengeschlecht von Helfenstein. Unter Heinrich II. hatte er von 1057–1059 das Amt des Reichskanzlers inne. 1060 wurde er auf den Bischofstuhl von Salzburg erhoben und gründete 1072 das Bistum Gurk in Kärnten sowie 1074 die Benediktinerabtei Admont in Steiermark, wo er auf seinen Wunsch auch die letzte Ruhestätte fand. Der sel. Gebhard zeichnete sich dadurch aus, daß er im Investiturstreit unerschütterlich auf Seiten des Papstes blieb, so daß der Kaiser ihn schließlich absetzte und verbannte. Neun Jahre lebte er im Exil in Schwaben, Sachsen und Dänemark. Er starb am 15. Juni 1088 auf Schloß Werfen an der Salzach.

Die heilige Monika

Eine der anziehendsten Frauengestalten unter den heiligen Witwen, die von der Kirche verehrt werden, ist Monika, die Mutter des großen Augustinus. Sie ist die Patronin der Mütter. Ihr Sohn, um den sie so viel gelitten hat, hat ihr in seinen ‚Bekenntnissen' ein unvergängliches Denkmal kindlicher Dankbarkeit und Liebe gesetzt. So steht uns ihr Leben und Sterben voller Lebendigkeit vor Augen.
Monika, zu deutsch ‚die Ermahnerin', auch ‚die Mutter', wurde im Jahre 332 von frommen und gottesfürchtigen Eltern geboren und verlebte ihre Jugend in Tagaste an der nordafrikanischen Küste. Mehr noch als die Eltern, hielt eine alte Amme, die im Hause eine besondere Stellung einnahm, das zu allerlei Neckereien aufgelegte Kind frühzeitig zu kluger Besonnenheit und Mäßigung an. Sie erlaubte ihm nicht einmal, während des Essens Wasser zu trinken, und flößte ihm frühzeitig innige Liebe zu Gott und Furcht vor der Sünde ein. Von Augustinus erfahren wir eine kleine Geschichte aus dieser Zeit, die ihm sicherlich seine Mutter selbst erzählt hat: Monika wurde öfter in den Keller geschickt, um den Tischwein herauf-

zuholen. Da kam sie eines Tages die Lust an, den Wein zu kosten, und sie nippte von der Kelle. Mit der Zeit fand sie immer mehr Geschmack am Weine, und endlich genoß sie davon ohne Scheu soviel sie wollte. Zum Glück kam eine Dienstmagd hinter das heimliche Treiben des Kindes und warf ihr gelegentlich eines Streites einmal das häßliche Wort „Säuferin“ an den Kopf. Dieses Schimpfwort traf das feinsinnige Mädchen tief, sie sah ihren Fehler ein und legte alsbald ihre schlimme Gewohnheit ab.

Monika war gerade achtzehn, da wurde sie von ihren Eltern verheiratet. Patricius war Heide, sehr jähzornig und sinnlich. Die junge Frau mußte nicht nur seine ehebrecherischen Beziehungen ertragen, sondern auch seine gemeinen Bemerkungen über sich ergehen lassen. Der Zorn riß ihn sogar soweit hin, daß er seine stille, demütige Gattin zuweilen schlug. Monika aber ließ es geschehen und begegnete ihm stets freundlich; wenn sein Zorn vorüber war, redete sie mit ihm freundlich und versuchte auf sanfte Weise, ihm sein Betragen vor Augen zu halten. Immer war sie bemüht, den Frieden in der Ehe zu wahren und ihre Zunge im Zaum zu halten. Ein großer Schmerz war ihr das ausschweifende Leben ihres Mannes, der ihren Bitten, das Christentum anzunehmen, nur Hohn entgegensetzte. Sie gebar ihrem Mann zwei Söhne, Aurelius Augustinus und Navigius, sowie ein Mädchen mit Namen Perpetua. Mit innigster Liebe hing sie an ihren Kindern und war darum besorgt, ihnen eine christliche Erziehung zu geben. Augustinus, der Erstgeborene, war sehr intelligent, zeigte aber schon frühzeitig einen Hang zu Eigensinn und Leichtlebigkeit. Je älter er wurde, desto mehr nahmen seine bösen Leidenschaften, die er vom Vater geerbt hatte, zu. Große Freude dagegen hatte der Knabe an den Wissenschaften und ihnen widmete er sich nur allzu gern. Zwar hatte die Mutter ihn unter die Katechumenen aufnehmen lassen, aber in unbegreiflicher Nachsicht schob sie die Spendung des Taufsakramentes immer wieder hinaus. Hier muß der Einfluß ihres Gatten sowie der Zeitgeist in Betracht gezogen werden, aber auch das Verhalten des Knaben selbst. Monika mußte zu ihrem Schmerz bemerken, daß er sie hinterging, und als er mit siebzehn Jahren auf die Universität nach Karthago zog, bemerkte sie, daß Augustinus sich immer tiefer in sittliche Verirrungen verstrickte. Monika weinte und flehte, mahnte und litt. Aber der heißgeliebte Sohn wandte sich von ihr ab, ja, fügte ihrem Schmerz über sein sittenloses Leben noch ein größeres Leid hinzu, denn er schloß sich der Irrlehre der Manichäer an. In all dieser Trübsal war ihr wenigstens ein Trost vergönnt, denn es war ihr gelungen, ihren Gatten Patricius vor seinem Tode zum Christentum zu bekehren. Augustinus erzählt uns aus dieser Zeit seines Lebens: „Was bot die betrübte Mutter alles auf, um ihren Sohn auf bessere Wege zu bringen! Selbst zu dem, was einer Mutter das Schwerste ist, griff sie, zur Strenge, und befahl ihrem Sohn, ihr Haus zu verlassen und es nicht mehr zu betreten.“ Monika aber ließ den Mut nicht sinken. Ein frommer Bischof, an den sie sich in ihrem Leid um den verlorenen Sohn wandte, und den sie bat, er möchte ihn zur Wahrheit zurückführen, sagte: „Es ist unmöglich, daß ein Sohn solcher Tränen für immer verloren sein kann.“ Trotz der Trennung hielt Monika stets zu dem jungen Gelehrten. Auch als er in Karthago zusammen mit seiner Geliebten lebte, die ihm sogar einen Sohn gebar, vermied Monika alle Auseinandersetzungen mit ihm. Sie betete ständig für ihn und war ihm eine stumme Mahnerin, deren Gegenwart wie ein Stachel in seinem Fleische war. Eines Tages versuchte er die Flucht und bediente sich dabei einer arglistigen Täuschung. Während seine Mutter in der Kirche war, bestieg er ein Schiff und fuhr nach Rom. Die betrogene Mutter empfand tiefen Jammer und hätte sich jetzt endgültig von dem undankbaren Sohn zurückziehen können, doch sowie sie in Erfahrung gebracht hatte, daß sich Augustinus seither in Mailand aufhielt, nahm sie ohne zu zögern die beschwerliche Reise auf sich und reiste ihm nach.

Augustinus hatte in Mailand, wo der große Ambrosius lehrte, eine Professur angenommen. Dieser bedeutende Kirchenlehrer hatte großen Einfluß auf den Verirrten; Monikas Gebete sollten endlich erhört werden. Nach vierzehnjährigem Beharren in der Irrlehre fand Augustinus zur Wahrheit. Der Geist des Herrn kam über ihn, er erkannte, wie tief er seine Mutter beleidigt, welche Irrwege er gegangen war. Aus der Hand des hl. Ambrosius empfing er die Taufe. Monika strömte über von Dank und Lobpreisung Gottes. Von nun an wollte er sie nicht mehr verlassen. Wunderbar schildert Augustinus die Gespräche, die er mit ihr in ihrer letzten Lebenszeit führte. Aber Monika sehnte sich danach, in ihre Heimat zurückzukehren. Der große Sohn teilte ihren Wunsch; schon hatten sie den Hafen von Ostia erreicht, um dort das Schiff zu erwarten, das sie nach Nordafrika zurücktragen sollte, da erkrankte Monika und starb in den Armen ihrer Kinder.

Augustinus hat ihren Tod und ihre letzten Gespräche mit erschütternden Worten beschrieben: „Als sie fühlte, daß sie in Ostia sterben würde, sprach sie: ‚Begrabet diesen Leib, wo immer, er soll euch keine Sorge machen. Nur um das eine bitte ich euch, daß ihr am Altare des Herrn meiner gedenkt, wo ihr auch seid.‘ Ich bewunderte die Mutter, die früher immer den Wunsch geäußert hatte, neben ihrem Ehemann begraben zu werden. Auf die Frage, ob es ihr nicht Kummer bereite, in einem fremden Land zu sterben und begraben zu werden, antwortete sie lächelnd: ‚Nichts ist fern von Gott, und ich fürchte nicht, daß er am Ende der Tage nicht wissen sollte, wo er mich aufwecken will‘. ... Und also ward am neunten Tage ihrer Krankheit, im sechsundfünfzigsten Jahre ihres Lebens, im dreiunddreißigsten meines Lebens, diese gottverbundene edle Seele aus ihrem Leib gelöst.“ Das geschah im Oktober 387. Der Leib der hl. Monika ruht in Sant'Agostino in Rom. 1969 verschob man ihr Fest vom 4. Mai auf den 27. August.

Dargestellt wird die Heilige als Matrone mit Schleier, im Gespräch mit ihrem Sohn; mit Rosenkranz und Buch. Der Abschied des Augustinus von seiner Mutter ist oft gemalt worden, eine besonders merkwürdige Darstellung befindet sich im Neustift bei Brixen.

Anstelle der Legende

Alles, was wir über die hl. Monika wissen, hat uns ihr Sohn berichtet. In seinen wahrheitsgetreuen, weltberühmten ‚Bekenntnissen' gibt es keine Legenden. Wir berichten daraus anstelle der Legende einen Traum der Heiligen, den sie ihrem Sohne schilderte und der einer echten Erscheinung gleicht.

Als Monika von dem unseligen Entschluß ihres Sohnes gehört hatte, der Gemeinschaft der Manichäer beizutreten, weinte und betete sie Tag und Nacht für ihr unglückliches Kind. Da sandte Gott ihr einen tröstlichen Traum. Es war ihr, als stehe sie auf einem Richtscheit und es erschiene ihr ein glänzender, freundlich lächelnder Jüngling, der sie fragte: „Warum läßt du dich vom Grame verzehren?" Als sie erwiderte, daß sie das Verderben ihres Sohnes beweine, sprach er: „Sei getrost und schaue dich um; denn wo du stehst, da steht ja auch dein Sohn!" – und als sie sich umblickte, sah sie ihren Sohn auf dem nämlichen Platze stehen. – Als Monika diesen Traum ihrem Sohne erzählte, wollte er denselben dahin deuten, daß auch seine Mutter zu der Sekte der Manichäer übertreten werde; sie aber antwortete schnell: „Nein, der Engel sagte nicht, wo er, da auch du, sondern wo du, da auch er." Diese Worte machten großen Eindruck auf Augustinus und waren vielleicht das erste Samenkorn zu seiner Bekehrung.

Der heilige Augustinus

„Sechzehn Jahrhunderte", schreibt Henri Marrou in seiner Augustinus-Biographie, die wir u. a. unserer Darstellung zugrunde legten, „trennen uns von der überragenden Persönlichkeit des hl. Augustinus, der am 13. November 354 in Tagaste in Nordafrika geboren wurde und am 28. August 430 als Bischof von Hippo Regius westlich des antiken Karthago starb." Die Künstler späterer Jahrhunderte haben ihn meist mit Chormantel, Mitra und Krummstab zu einem Bischof unserer Zeit gemacht. Wir müssen ihn uns aber in einer weißwollenen Tunika mit Ärmeln und Sandalen vorstellen, wie ihn das älteste Porträt, ein Fresko

im Lateran zu Rom, zeigt. Der große Kirchenlehrer gehörte zeitlich noch der Spätantike an. Augustinus war, wie Wimmer betont, der größte Philosoph der Alten, der genialste und einflußreichste Theologe der Kirche, der ‚doctor gratiae‘, d. h. Gnadenlehrer, das ‚Genie des Herzens‘, der größte unter den vier großen abendländischen Kirchenvätern.
In die Lebenszeit des Augustinus fällt der Untergang des römischen Weltreiches, das schließlich zwei in Zusammenhang stehenden Vorgängen unterliegt, nämlich von innen her dem Abtrünnigwerden des Proletariats und dem Ansturm der Barbaren von außen. Vor diesem Hintergrund spielte sich das Leben des hl. Augustinus ab, hierin gipfelt seine Lehre. Sie lehrt noch uns Heutige die Kunst, in einer Zeit der Katastrophen zu leben! Seine Kindheit fiel in die letzten Phasen der römischen Gewaltherrschaft, der gereifte Mann sah erschüttert – am 24. August 410 –, wie das befestigte Rom von den Westgoten Alarichs erobert wird. Im Meditieren über den Sturz dieser zivilisierten Weltstadt entstand eines seiner Meisterwerke, die 22 Bücher des ‚Gottesstaats‘ – De civitate Dei –. Zwanzig Jahre später sollte er in seiner von den Vandalen Geiserichs belagerten Bischofsstadt Hippo sterben.
Aber Augustinus war nicht nur Zeuge des Untergangs einer Welt. Mit der Bekehrung Kaisers Konstantins d. Gr. war das Reich christlich geworden, hatte die neue Religion endgültig gesiegt. Wenn auch das Heidentum noch eine Zeitlang widerstand, wenn auch Irrlehren und Spaltungen die junge Kirche erschütterten, nichtsdestoweniger ist das augustinische Jahrhundert ein Jahrhundert des sozialen, geistlichen und intellektuellen Aufblühens des Christentums gewesen. Es war das goldene Zeitalter der Kirchenväter und großen Denker, Augustinus war Zeitgenosse der größten Kirchenlehrer sowohl der griechischen wie der lateinischen Kirche.
Augustinus, der mit Familiennamen Aurelius hieß, war ein afrikanischer Römer, dessen Muttersprache lateinisch war. Sein Vater Patricius bekehrte sich erst kurz vor seinem Tode zum Christentum, seine Mutter, die hl. Monika (s. dort) war Christin. Über sein Leben hat der Heilige uns in seinen berühmten ‚Bekenntnissen‘, den Confessiones, wohl der eindrucksvollsten Autobiographie der Weltliteratur, Rechenschaft gegeben. Die Mutter unterwies den Knaben von klein auf in der christlichen Lehre. Die Taufe hat er erst sehr viel später, als reifer Mann, empfangen, sie war mehrmals aufgeschoben worden. Patricius ließ dem begabtesten seiner Söhne um den Preis großer Opfer eine Erziehung zuteil werden, die ihm später die Laufbahn des Lehramtes oder der Rechtsanwaltschaft, und damit Glanz und Reichtum, ermöglichen sollte. Die Grundschule besuchte er in seiner Geburtsstadt, die höhere Schule in Madaura, sein Hochschulstudium, das er mit 16 Jahren aus Geldmangel unterbrechen mußte, wie er erzählt, beendete er in Karthago, der größten Stadt des damaligen römischen Afrika. Er empfing eine durch und durch

aufs Literarische ausgerichtete lateinische Bildung. Seine leidenschaftliche Schönheitsliebe und sein ungezügeltes Temperament trieben ihn in diesen Jahren mancherlei Ausschweifungen entgegen: dem Besuch von Theater und Zirkusspielen, der sogenannten Liebe und anderem. In seinen ‚Bekenntnissen‘ geißelte er selbst aufs härteste sein damaliges, dem sinnlichen Genuß zugewandtes Leben. Schon um 375 wurde er in Karthago Lehrer der Rhetorik und machte bald von sich reden. Seit seinem 18. Lebensjahr lebte er in wilder Ehe mit einer Frau, die ihm einen Sohn gebar, dem er den frommen Namen Adeoatus – der von Gott gegebene – gab.

Augustinus erzählt uns, wie die Lektüre des ‚Hortensius‘ von Cicero in ihm jene „glühende Liebe zur Weisheit“ geweckt hat, jene Suche nach Selbsterkenntnis und Wahrheit, die ihn sein ganzes Leben beseelen sollte. Diese Sehnsucht trieb ihn, zum großen Schmerz seiner frommen Mutter, zunächst auf einen Irrweg, nämlich in die Arme der Manichäer, einer christlichen Sekte, die, wie Otto von Taube darlegt, manches mit den heutigen Theosophen gemeinsam hatte. 383 siedelte Augustinus heimlich und gegen den Willen seiner inzwischen verwitweten Mutter nach Rom über. Auch dort als Lehrer der Beredsamkeit bald allgemein bewundert, wurde er wegen seiner hervorragenden Begabung und Gelehrsamkeit vom Stadtpräfekten Symmachus nach Mailand empfohlen. Monika war ihrem Sohn nach Rom gefolgt, 384 zogen beide nach Mailand.

Doch in Mailand geschah nun die große Wende. Er las Plato; die Gedanken über die Unsterblichkeit der Seele und das Gericht, überhaupt über die Fortdauer nach dem Tode und das Jenseits ergriffen ihn tief. Die Entdeckung der übersinnlichen Welt und ihrer eminenten Realität machte seine früheren materialistischen Abirrungen zunichte. Es ist sein Verdienst, daß diese hellenistischen Lehren in das Christentum eingeschmolzen wurden (O. v. Taube). Jedoch noch wesentlicher als die Lektüre des Plato wurde für ihn seine Begegnung mit dem hl. Ambrosius (s. 7. Dezember), damals Bischof von Mailand. Augustinus begann die Predigten des großen Lehrers der Kirche zu besuchen, die sogleich wegen ihrer schönen Form großen Eindruck auf ihn machten. Er schreibt darüber: „Allmählich kamen mit den Worten auch die Sachen, die ich vernachlässigte, in meinem Geist, und während ich darauf aufmerkte, wie beredt er sprach, prägte sich mir auch ein, wie wahr er sprach.“ Auch die bisher von ihm wegen ihrer Alltagsprache verachtete Bibel erschloß sich ihm jetzt allmählich. Er begann sie zu lesen und zu erforschen, und zwar nicht mehr wie ein Stück Literatur, sondern nach ihrem Gehalt. Jedoch immer noch sträubte sich in Augustinus alles gegen seine Unterwerfung, noch quälten ihn schwere innere Kämpfe.

Da lernte er die Briefe des hl. Paulus kennen; er erfuhr durch Pontitianus, einen hochgestellten Christen, von Antonius dem Großen und dessen Mönchen, ja die-

ser erzählte ihm von seiner eigenen Erschütterung durch die Bekehrung zweier Freunde zum Mönchtum. „Ich mußte mich vergleichen mit diesen Männern, die in heilsam heiliger Glut sich ganz Dir – o Gott – hingegeben haben, daß Du sie heiltest. Und je glühender ich sie liebte, desto grimmiger mußte ich mich hassen ...“, schreibt er von ihnen. Schließlich gab ein von ihm selbst geschildertes Erlebnis den letzten Anstoß zur Entscheidung. Er meditierte im Garten seines Hauses in Mailand in der Nähe seines Freundes Alypius. Da hörte er plötzlich die Stimme eines Kindes, die zu singen schien: „Tolle, lege“ – nimm und lies. Augustinus schlug das Buch des hl. Paulus auf, das er zu dieser Zeit immer bei sich trug und das vor ihm auf dem Tische lag, und stieß auf die Stelle im Römerbrief (13, 13): „Nicht in Schmausereien und Trinkgelagen, nicht in Ausschweifungen, nicht in Zank und Streit sucht euer Heil. Sondern ziehet an den Herrn Jesus Christus und pflegt das Fleisch nicht zur Erregung euerer Lüste.“
Die Gnade traf ihn, eine Erleuchtung überkam ihn, die Entscheidung war gefallen! Sie hieß: ein neues Leben beginnen, in die Kirche eintreten und auf die Welt verzichten. Von der Mutter seines Sohnes hatte er sich schon getrennt, von einer zweiten Geliebten trennte er sich nunmehr, ebenso löste er sein Verlöbnis mit einer Frau, die er zu heiraten beabsichtigt hatte. Um kein Aufsehen zu erregen, blieb er bis zum Beginn der Ferien noch in seinem Lehramt, das er dann still niederlegte. In den Ferien bereitete er sich auf dem Landgut Cassiciacum auf die Taufe vor. Einige christliche Freunde und Monika waren bei ihm. Am Ostersamstag 387 empfing Augustinus nebst seinem Sohne und seinem Freund Alypius aus der Hand des hl. Ambrosius in Mailand die Taufe. Ruhig geworden, verfaßte er nun seine philosophischen Dialoge und führte jenes Leben der Einkehr, des Gebets und des Studiums, in dem er hinfort sein Ideal sah. Seine Mutter Monika starb plötzlich in Ostia in dem Augenblick, als Augustinus sich mit ihr nach Afrika einschiffen wollte. Er brachte noch ein Jahr in Rom zu, dann begab er sich nach Tagaste, verkaufte seine väterlichen Besitzungen und verteilte das Geld an die Armen, versammelte seine treuesten Freunde um sich und baute eine Art Klostergemeinschaft auf, in der er den Rest seiner Tage zu verbringen hoffte. Diese glückliche Zeit dauerte indessen kaum drei Jahre (388–391).
Der greise Bischof Valerius von Hippo war auf den Gottesmann aufmerksam geworden. Er entriß ihn der Stille und erteilte ihm trotz seines Widerstrebens die Priesterweihe. 392 trat Augustinus seine Tätigkeit als Prediger an, fünf Jahre später wurde er zum Hilfsbischof des Valerius und 396 zu dessen Nachfolger erhoben. Fast 40 Jahre bleibt er an die Kirche von Hippo Regius gebunden. Eifrig und liebevoll war er tätig für die Gemeinde, mit der ganzen Hingabe seines Herzens übte er seinen geistlichen Beruf aus. Im Kontakt mit dem Volksglauben lernte er jetzt die verschiedenen Formen der Frömmigkeit wie Märtyrerkult, Reliquien-

verehrung und Wunder verstehen, an denen sich die Ansprüche seiner reinen, aber stolzen Philosophie früher gestoßen hatten. Er begründete in seinem Haus eine Art klösterlich-kanonisches Zusammenleben von Priestern als Zentrum der Betrachtung und des Apostolats, woraus sich später die Augustiner Chorherren und Augustiner-Eremiten entwickelten. Er verfaßte eine Menge von Schriften, denn mehr noch als das Heidentum machten dem Bischof die Sekten und Ketzer zu schaffen, gegen die er schrieb und predigte. Da waren neben den Manichäern die Pelagianer und Semipelagianer, die Arianer und Donatisten und andere Irrlehrer, die das Volk an sich zu ziehen versuchten. Augustinus wirkte als der größte Prediger der abendländischen Kirche, als Kämpfer für den rechten Glauben, als der durch seine Schriften die ganze christliche Welt des Westens erfassende bischöfliche Seelsorger. Er hielt Synoden ab, stand mit allen bedeutenden Männern seiner Zeit in Briefwechsel, leitete die katechetische Unterweisung der Bekehrten, kümmerte sich um die karitativen Werke, verteidigte Arme und Unterdrückte gegen die Obrigkeit, setzte sich für Schuldige ein, verwaltete das Kirchengut. Er mußte Recht sprechen, Reisen unternehmen, Verhandlungen und Dispute führen und vieles mehr, so daß – wie aus seinen Briefen hervorgeht – „das Gewicht seines Amtes ihn fast erdrückte".

Die Abfassung des riesigen Werkes, das uns von dem hl. Kirchenlehrer erhalten blieb, zog sich über viele Jahre hin, es besteht aus 113 Schriften, 218 Briefen und 500 Predigten. Allein am ‚Gottesstaat' arbeitete der Heilige 22 Jahre! Er beeinflußte sowohl Philosophie, Dogmatik, Moraltheologie und Mystik wie auch Sozialleben, Kirchenpolitik und Staatsrecht. Augustinus wurde der große Mitgestalter der abendländischen Kultur des Mittelalters, ohne ihn hätte das Abendland das alte Erbe der Antike niemals übermittelt bekommen, das die Kirche bewahrt. Darstellung des hl. Augustinus, eines der meist verehrten Heiligen der Kirche: mit dem Wasser schöpfenden Kind – aufgrund der Legende – oder mit dem pfeildurchbohrten Herz, was auf die Stelle aus seinen ‚Bekenntnissen' zurückgeht: „Du hast unser Herz mit deiner Liebe getroffen, und wie Pfeile, die im Herzen haften, tragen wir deine Worte in uns." Er wird stets in Bischofskleidung dargestellt, Buch oder Kreuz in der Hand. Der hl. Augustinus ist Patron der Theologen, Bierbrauer und Buchdrucker; er schützt vor Augenleiden. Einer der bedeutendsten Freskenzyklen des 15. Jahrhunderts von der Hand des Florentiners Benozzo Gozzoli schildert seine Lebensgeschichte an den Wänden der Kirche Sant' Agostino in San Gimignano in der Toskana.

Nach seinem Tod hatten flüchtende Christen die Asche des hl. Kirchenvaters 496 nach Sardinien gebracht. Von da holte sie der Langobardenkönig Luitprand 723 nach Pavia und ließ sie in der Kirche San Pietro in Ciel d'Oro beisetzen. Das seltsame Grabmal, das man dort später errichtete, stammt aus dem 14. Jahrhundert.

Legende

Einst, so erzählt eine schöne, tiefsinnige Legende, ging Augustinus am Gestade des Meeres auf und nieder und dachte nach, wie er das Wesen Gottes fassen könne. Da fand er ein Kind am Ufer, das schöpfte Wasser aus dem Meer mit einer Muschel und goß es in eine kleine Sandgrube, die es gegraben hatte. „Was tust du da?", fragte Augustinus. „Ich schöpfe das Meer aus", sagte das Kind ganz ernsthaft und in sein Tun vertieft. „Und meinst du, es wird dir gelingen?", fragte der Weise lächelnd. „Eher gewiß, als es dir gelingen wird, das Wesen Gottes zu erfassen", gab das Kind zur Antwort und verschwand.

Fest der Enthauptung des heiligen Johannes des Täufers

Am 29. August begeht die Kirche das Gedenken an die Enthauptung des hl. Johannes des Täufers. Dieses Fest wird im Orient seit dem 4. Jahrhundert, in Afrika, Gallien, Spanien und Rom seit dem 5. Jahrhundert und allgemein nach dem 8. Jahrhundert gefeiert. Der hl. Johannes ist der einzige unter den Heiligen, mit Ausnahme der Gottesmutter, bei dem nicht allein sein Todestag, sondern auch seine Geburt einen eigenen Festtag hat (s. 24. Juni).

Die Geschichte seines Martertodes hat uns der hl. Evangelist Markus im 6. Kapitel aufgezeichnet. Wir folgen seinem ebenso anschaulichen wie knappen Bericht: In jener Zeit ließ Herodes Antipas, Vierfürst von Galiläa und Paräa, den Johannes ergreifen und gefesselt in den Kerker werfen. Veranlassung war Herodias, die Frau seines Bruders Philippus, die er zum Weibe genommen hatte. Johannes hatte nämlich dem Herodes gesagt: „Es ist dir nicht erlaubt, das Weib deines Bruders zu haben." Daher stellte ihm die Herodias nach und wollte ihn töten, aber sie konnte es nicht. Herodes hatte nämlich Scheu vor Johannes, weil er wußte, daß er ein gerechter und heiliger Mann war und suchte ihn zu schützen. Er hielt ihn zwar in Gewahrsam in seiner Burg Machärus, tat aber vieles auf seinen Rat hin. Da kam ein gelegener Tag. Herodes gab zu seinem Geburtsfeste den Großen, Obersten und Vornehmen von Galiläa ein Gastmahl. Da trat die Tochter der

Herodias herein und tanzte. Sie gefiel dem Herodes wie auch denen, die mit ihm zu Tische waren. Da sprach der König zu dem Mädchen: „Verlange von mir, was du willst, und ich werde es dir geben.“ Ja, er schwur ihr sogar: „Alles, was immer du von mir begehrst, werde ich dir geben und wäre es die Hälfte meines Reiches.“ Da ging sie hinaus und fragte ihre Mutter: „Was soll ich mir erbitten?“ Diese antwortete: „Das Haupt Johannes des Täufers.“ Sogleich eilte sie zum König hinein und forderte also: „Ich will, daß du mir sofort auf einer Schüssel das Haupt Johannes des Täufers gibst.“

Da wurde der König traurig, aber wegen des Schwures und der Gäste wollte er sie nicht abweisen. Er schickte also einen seiner Leibwächter hin mit dem Auftrag, das Haupt auf einer Schüssel zu bringen. Jener ging hin, enthauptete den Johannes im Gefängnis, brachte das Haupt auf einer Schüssel und gab es dem Mädchen, das Mädchen aber gab es seiner Mutter. Als seine Jünger dies erfuhren, holten sie den Leichnam und bestatteten ihn in einem Grabe.

Das Haupt des Heiligen, das sich in der Burg des Herodes befunden haben soll, kam später nach Sizilien und um das Jahr 290 nach Konstantinopel. Danach wurde es nach Emesa, Comana und dann wieder nach Konstantinopel gebracht. Endlich gelangte die Kopfreliquie nach Amiens in Frankreich, wo sich viele wunderbare Begebenheiten ereigneten. Das Grab des hl. Johannes in Samaria wurde im Jahre 362 durch die Heiden entweiht, die seine Gebeine verbrannten und verstreuten. Indessen befinden sich Reliquien des Heiligen in S. Giovanni in Laterano in Rom und wohl auch in mancher anderen Johanneskirche. Die ‚Legenda aurea‘ erwähnt insbesondere seinen Finger, mit dem er auf Christus gewiesen und der nicht verbrannt sei. Die hl. Thekla (s. 23. September) habe ihn von Mönchen erhalten und über die Alpen gebracht. Er sei in die Normandie gekommen, wo eine Johanneskirche den kostbaren Schatz aufbewahre.

Der hl. Johannes starb um der Wahrheit willen. Er gehörte noch dem Alten Testamente an. Franz von Sales sagte, er sei „das große Licht des Gesetzes Mosis“ gewesen. Zwar kann er nicht unter die christlichen Märtyrer gezählt werden, deren erster der Erzmärtyrer Stephanus ist, dennoch hat er Gefangenschaft und Martertod auf sich genommen als der Vorläufer und Wegbereiter des Herrn. „Wahrlich ich sage euch, dieser ist mehr als ein Prophet ...“ Immer, wenn vom ihm die Rede ist, erklingt sein Lob. So rief der hl. Johannes Chrysostomus über ihn aus: „Johannes ist eine Schule der Tugenden, eine Unterweisung des Lebens, eine Gestalt der Heiligkeit, eine Richtschnur der Gerechtigkeit, ein Spiegel der Jungfräulich-

keit, ein Vorbild der Reinheit, ein Weg der Buße, eine Vergebung den Sündern, eine Erziehung zum Glauben ..."
Die von so seltsamen Umständen begleitete Geschichte seines Todes hat vielen Künstlern als Motiv gedient. Aber nicht nur die bildende Kunst hat sich ihrer bemächtigt, auch in der Literatur und Musik ist sie verewigt worden. Noch in unserem Jahrhundert, nämlich durch den englischen Dichter Oskar Wilde, zu dessen Drama ‚Salome' Richard Strauß die Musik geschrieben hat.

Die heilige Sabina *(Gedenken: 29. August)*

Am 29. August wird die heilige Märtyrin dieses Namens in der gleichnamigen Titelkirche auf dem Aventin in Rom verehrt. Die heutige Kirche wurde im 5. Jahrhundert auf den Grundmauern einer wahrscheinlich im Hause der römischen Matrone Sabina gelegenen antiken Titularkirche errichtet. Das Mosaik der Eingangswand berichtet in einer Inschrift von der Erbauung der Kirche durch Petrus von Illyrien. Links und rechts stehen in dunklem Purpur die judenchristliche und die heidenchristliche Kirche in Gestalt römischer Matronen, deren Gestalten vielleicht durch die Besitzerin des Hauses angeregt wurden. Obzwar die hl. Sabina, wie man daraus sieht, schon in frühester Zeit verehrt wurde, sind Akten von historischem Wert über sie nicht vorhanden. Nach der Legende soll die Märtyrin mit ihrer Dienerin, der hl. Serapia, am 29. August um das Jahr 126 in Umbrien oder Rom enthauptet worden sein.
Dargestellt wird die hl. Sabina mit Krone und Palme, einen Krüppel beschenkend. Sie ist Patronin der Hausfrauen und Kinder, die schwer gehen lernen; gegen Blutfluß, Regen.

Legende

Die hl. Sabina war die Gattin eines vornehmen Römers. Sie lebte nur für die Welt, liebte Pracht und Wohlleben, brachte ihre Zeit am Putztische zu und quälte zum Zeitvertreib ihre Sklavinnen mit hunderterlei launenhaften Befehlen. Als ihr Mann starb, zog sie sich auf ein Landgut in Umbrien zurück und lebte dem Genusse weltlicher Vergnügungen. Sie gehörte zu jener Art römischer Frauen, die von eingebildeten Tugenden viel redeten, das rohe Volk verachteten und nach gewissen ethischen Grundsätzen lebten. Sie kannte aber nur die Gerechtigkeit gegen ihresgleichen, ihre Sklaven galten ihr nichts, jedoch ahmte sie die römischen Matronen nicht darin nach, daß sie ihre Dienstleute grausam mißhandelte. Eine ihrer Sklavinnen hatte sogar ihr Vertrauen gewonnen, und Gott bediente sich gerade dieser, um Sabina zu seinem Kinde zu machen.

Serapia, so hieß die Sklavin, stammte aus Syrien und war eine Christin. Bald schon, nachdem sie in das Haus der Sabina gekommen war, erregte ihr Benehmen die Aufmerksamkeit ihrer Herrin. Sie war nämlich nicht leichtsinnig wie die übrigen, sie verschmähte Eitelkeit und Putz und war zufrieden mit ihrem schlichten Gewand. Wenn Sabina ihr ein abgelegtes Kleid schenkte, so sah man gewiß darin bald ein armes Mädchen gekleidet. Serapia schmeichelte ihrer Herrin nie, wie es die anderen taten, auch ließ sie sich niemals herbei, etwas zu tun, was gegen ihre christliche Überzeugung verstieß, selbst wenn man es mit Nachdruck von ihr forderte. Demütig und ruhig sagte sie dann, daß sie nicht tun könne, was gegen Gottes heiliges Gesetz verstoße. Im übrigen war sie gehorsam, pünktlich und fleißig und tat auch die schwerste Arbeit mit Heiterkeit. Sie duldete voller Sanftmut schlechte Behandlung und Ungerechtigkeiten, niemals beklagte sie sich, Zorn und Rachgier kannte sie nicht, jede Beleidigung vergab sie sogleich, und gerade diejenigen, die ihr Unbill zufügten, liebte sie am meisten. Sie half ihren Mitsklaven, wo sie konnte, betreute die Alten und Kranken und vermied alle Lustbarkeiten, mit denen die anderen Bediensteten sich vergnügten. Die Einsamkeit der Nacht sah sie im Gebet, und oft sah man sie noch vor ihrem harten Lager knien, wenn die Sonne schon aufgegangen war. Hatte sie Erlaubnis, aus dem Hause zu gehen, so schlich sie sich in die Wohnungen der Christen, um dem heiligen Opfer beizuwohnen und den christlichen Unterricht zu hören.

Dieses Leben ihrer Sklavin kam Sabina sonderbar vor; ihr Benehmen, das so auffallend gegen das der anderen Sklaven abstach, beeindruckte sie sehr. Sie stellte Serapia zur Rede. Diese, die beständig für die Bekehrung ihrer Herrin gebetet hatte, kam ihrem Verlangen freudig nach und enthüllte ihr nach und nach die wunderbaren Geheimnisse der christlichen Religion. Sabina war zutiefst erstaunt und angerührt von dem herrlichen Bild, das ihr die arme Magd vom Christentum beschrieb. Sie hatte so etwas nie gehört, nie geahnt. Ein heißes Verlangen, die Christen in ihren Versammlungen zu sehen, entbrannte in ihrem Herzen. In einer dunklen Nacht stieg sie mit Serapia hinab in die Katakomben, wo die Christen bei den Gräbern ihrer Brüder heimlich ihren Gottesdienst feierten. Was sie da sah und hörte, verwunderte sie noch mehr. Solche Liebe kannte das Heidentum nicht. Sie widerstand nun nicht länger der Gnade, ließ sich unterrichten und taufen und wurde eine Christin. Jetzt war Serapia nicht mehr ihre Sklavin, sondern ihre geliebte Schwester, und diese hatte nicht Worte genug, um ihren Dank gegen Gott für die Bekehrung ihrer Herrin auszudrücken. Sabina schenkte sogleich allen ihren Sklaven die Freiheit, ihr Vermögen gehörte fortan den Armen, Wohltun wurde ihre höchste Freude.

Unterdessen brach unter Kaiser Hadrian plötzlich eine Verfolgung der Christen aus, denn der Kaiser hielt sie für Juden, welche er wegen ihrer ständigen Auflehnung haßte. Schon waren viele hingerichtet worden, als der Statthalter auch Serapia, die treue Magd, ergreifen ließ. Diese war Tag und Nacht beschäftigt gewesen, den Verfolgten beizustehen und dadurch den Häschern aufgefallen. Kaum hatte Sabina davon gehört, als sie zum Statthalter eilte und von ihm die Gnade erbat, mit ihrer Magd die Ketten tragen und für Christus sterben zu dürfen. Der Statthalter aber, dem ihre hohe Geburt und ihr großes Ansehn bekannt waren, stellte sich, als halte er sie für wahnsinnig und ließ sie unter Spott aus dem Gerichtssaal führen. Serapia aber, die vor dem Gericht standhaft ihren Glauben bekannte, wurde der rohen Soldateska preisgegeben. Jedoch wurden die Soldaten, die sich ihr zu nahen wagten, wunderbarerweise von plötzlichem Krampf befallen – Jesus schützte seine reine Braut. Von Mitleid ergriffen, betete Serapia jedoch für die Betroffenen und verhalf ihnen wieder zur Gesundheit. Jetzt wichen diese vor der Christin, die sie für eine Zauberin hielten, entsetzt zurück. Der Statthalter versuchte alle Mittel, die mutige Sklavin abtrünnig zu machen, aber vergeblich. Er ließ sie geißeln und foltern, allein sie blieb Christus treu. Nun schrie das Volk: Fort mit der Zauberin, zum Tode mit ihr! Das Urteil wurde vollzogen; auf der Richtstätte schlug man sie mit Prügeln tot.

Sabina beweinte bitterlich den Tod ihrer geliebten Schwester in Christo. Ihr einziges Verlangen war, mit Serapia in der Herrlichkeit des Himmels wieder vereint zu werden. Nach einem Jahr wurde ihre Sehnsucht erfüllt: sie wurde gefangengenommen und nach kurzem Verhör ihres Glaubens an Jesus Christus wegen enthauptet.

Die heilige Verena *(Gedenken: 1. September)*

Zurzach ist ein hübsches Städtchen am Ufer des Oberrheins mit stattlichen Häusern. Die Stiftskirche aus rotem Sandstein aus dem 14. Jahrhundert enthält in der gotischen Krypta unter dem Chor das Grab der hl. Verena, einer liebenswürdigen Heiligen, deren Name in jedem Schweizer ‚Vreneli' noch heute fortlebt. Diese heilige Jungfrau wird in der ganzen Schweiz verehrt, namentlich in Zurzach und in Solothurn an der Aare. Aus ihrer Vita erfahren wir, daß sie mit der Thebaischen Legion (s. 22. September) nach Mailand kam, dieser an den Ort ihres Martyriums im Rhonetal folgte und schließlich nach Solothurn gelangte. Dort ist heute noch die in den Felsen gehauene Höhle zu sehen, in der die Heilige lange Zeit gewohnt hat und die später in eine Kapelle umgewandelt wurde. Dann errichtete sie sich am Zusammenfluß der Aare, Reuß und Limat eine Zelle, die nach ihr benannte ‚Verenazelle', zuletzt siedelte die heilige Einsiedlerin nach Zurzach über. Dort pflegte sie zusammen mit anderen Jungfrauen, die sie um sich versammelte, Arme und Aussätzige. Die hl. Verena trug durch ein echt christliches Leben wesentlich zur Ausbreitung des Christentums unter den Alemannen bei. Sie starb um das Jahr 300 in Zurzach, wo sie auch beigesetzt wurde. Unter Herzog Rudolf IV. von Österreich kam ein Teil ihrer Reliquien in die Stephanskirche nach Wien.

Dargestellt wird die hl. Verena als Einsiedlerin oder Nonne mit Wasser- oder Weinkrug und Brot; auch mit zweireihigem Kamm oder Fisch. Ein Wandgemälde in der Stiftskirche in Zurzach und ein Bild im Historischen Museum in Basel geben die Heilige mit ihren Attributen wieder.

Legende

Die Legende der hl. Verena stammt aus dem 11. Jahrhundert, indes ist ihre Verehrung uralt. Sie kam aus Ägypten und soll eine Verwandte des hl. Mauritius gewesen sein. Dieser führte als Feldhauptmann die für Kaiser Maximian in Ägypten ausgehobenen jungen Krieger an, die später durch ihr Martyrium unter dem Namen ‚Thebaische Legion' in die Geschichte der Heiligen eingingen. Auch der Verlobte der Heiligen mit Namen Viktor befand sich darunter. Verena folgte den Soldaten auf ihrem Wege nach Norden bis Mailand. Während die Legion aber von dort über die Alpen in die Schweiz zog, blieb Verena in Mailand zurück, denn sie hatte gehört, daß man viele Christen gefangen hatte. Von großem Mitleid erfüllt, machte sie es sich zur Aufgabe, die Verfolgten in den Gefängnissen zu besuchen und sie mit Speise und Trank zu versorgen. Aber eines Tages drang zu ihr die Kunde, daß man Mauritius mit einer großen Schar seiner Soldaten um seines Christenglaubens willen erschlagen habe. Auch Viktor hatte den Tod für Christus erlitten. Da hielt es Verena nicht länger; sie wollte an den Ort pilgern, wo ihre Landsleute einen so grausamen Tod gefunden hatten. Unter großer Mühsal machte sie sich auf den beschwerlichen Weg und gelangte tatsächlich bis in das Tal der Rhone und an die Stelle des Martyriums. Aber die heidnische Bevölkerung der Gegend verfolgte die Jungfrau, so daß sie es nicht wagte, sich dort niederzulassen. Sie floh ins Solothurner Land und verbarg sich in einer Felsenhöhle.

Hier hauste sie in der Abgeschiedenheit des Waldes und verfertigte mit geschickten Händen allerlei Handarbeiten, die ihr eine christliche Frau gegen einfache Nahrungsmittel wie Kraut, Erbsen und Brot eintauschte. Immer häufiger besuchten die Frauen aus der Umgegend die fremde Klausnerin und suchten Rat und Hilfe bei ihr. Denn Gott tat alsbald viele Zeichen durch die Heilige: sie erlöste durch ihr Gebet die mit dem bösen Geist Behafteten und machte Blinde sehend, weswegen man sie die ‚Mutter der Elenden' hieß. Verena erzählte den Leuten von dem dreieinigen Gott, von Jesus Christus und der Gottesmutter Maria. Da nahmen viele durch sie die Wahrheit des Christentums an.

Der römische Landpfleger, der davon hörte, verfolgte die fromme Einsiedlerin mit seinem Haß. Er schickte seine Leute aus, die sie aus ihrer Waldhöhle führen und zu ihm bringen mußten. Da sie mutig zu ihrem Glauben stand, setzte er sie gefangen und drohte ihr mit ihrer Hinrichtung, wenn sie dem Christentum nicht abschwöre. Als die Heilige des Nachts in ihrem finsteren Kerker so recht innig Gott um Trost und Kraft bat, erschien ihr plötzlich der hl. Mauritius, angetan mit einem weißen Kleid und purpurnem Mantel. Er sagte ihr, sie möge nicht verzagen, denn Gott werde ihr helfen und sie erretten. Mit ihm kam eine ganze Schar weißgekleideter Jünglinge mit Palmzweigen in den Händen, die sie liebevoll grüßten.

Als Verena wieder vor dem Landpfleger erscheinen sollte, wurde dieser alsbald von einer schweren Krankheit befallen, obgleich er vorher ganz gesund war. Voller Angst erblickte er darin eine Strafe des Christengott und bat voller Reue die Jungfrau, sie möge Gott bitten, daß er wieder gesunde. Verena sprach ihr Gebet, und er wurde gesund und bekehrte sich. Nun konnte Verena ungestört wieder in ihre Klause zurückkehren, wo sie Gott wie zuvor diente.

Es hatten sich mittlerweile einige Jungfrauen zu ihr gesellt, die ihr frommes, gottwohlgefälliges Leben teilten. Sie lebten alle von Handarbeiten und schenkten den Erlös den Armen. Als aber ein Hungerjahr ins Land kam, da hatten auch die frommen Frauen kein Stücklein Brot mehr. In dieser großen Not rief Verena vertrauensvoll die Hilfe des Herrn an, und da sie ihr Gebet kaum geendet hatte, sahen sie vierzig Säcke mit Mehl vor dem Felsen liegen, der ihre Zelle umschloß. Da machten sie Brot mit dem Mehl und verteilten es unter die Bedürftigen und sättigten sich selbst. Als nun aber der Zudrang zu ihrer Höhle immer stärker wurde, schlich Verena sich eines Tages davon, denn die Verehrung des Volkes war ihrem demütigen Sinn zuwider.

Sie kam nun in die Gegend von Zurzach am Rhein und lebte dort fortan als Krankenpflegerin und Wohltäterin der Armen, so daß sie auch an diesem Orte bald geehrt und geliebt wurde. In der Nacht vor ihrem Tode erschien ihr die hl. Jungfrau Maria mit dem himmlischen Heerstaat und verhieß ihr die ewige Seligkeit. Da fuhr ihre Seele auf zu Gott. Wer aber die hl. Verena anruft, dem gewährt sie Hilfe bis auf den heutigen Tag.

Im Zusammenhang mit der hl. Verena wäre auch ihr Bräutigam, der hl. Märtyrer VIKTOR, zu erwähnen, dessen Fest zusammen mit seinem Gefährten, dem hl. URSUS, am 30. September begangen wird. Viktor fand seine Ruhestätte in der ehemaligen Viktorsbasilika in Genf, während Ursus in der über seinem Grabe erbauten Kirche zu Solothurn bestattet ist. Die beiden Krieger gehörten der Thebaischen Legion an und hatten sich vor Maximian nach Solothurn geflüchtet. Sie wurden gefoltert und enthauptet. Der hl. Viktor wird als römischer Soldat dargestellt, sein abgeschlagenes Haupt in Händen, von himmlischem Licht umgeben. Er ist Patron der Stadt Genf.

Der heilige Ägidius

Der 1. September ist der Sankt Gilgentag, der Festtag des hl. Ägidius, eines der 14 Nothelfer; er ist seit Urban IV. (1261–64) allgemein. In der Volksmeinung gilt er als Herbstbeginn und ist gleichzeitig ein wichtiger Lostag. An manchen Orten beginnt mit dem Ägidiustag die erste Woche für die Roggenaussaat. Ein Bauernspruch weist darauf hin:

Wenn St. Ägidius bläst ins Horn,
so heißt es: Bauer, sä dein Korn . . .

Der Name kommt aus dem Griechischen und bedeutet ‚Schildträger', im Französischen heißt der Heilige St. Gilles, deutsch auch St. Ilgen oder St. Gilgen. Er wird ebenfalls in England sehr verehrt, wo allein 160 Kirchen seinem Namen geweiht sind. Sankt Ägidius war einer der volkstümlichsten Heiligen des Mittelalters, worauf seine vielen Patronate hinweisen. So ist er der Schutzheilige vieler Orte und Landschaften wie Edinburgh, Toulouse, Klagenfurt, Kärnten, Graz, Nürnberg, Osnabrück u. a. Seine Fürbitte wird angerufen bei Aussatz, Pest, Krebs, Irrsinn, ehelicher Unfruchtbarkeit, bei Dürre, Sturm, Feuersbrunst, Unglück, Menschenfurcht, in großer geistiger Not und Verlassenheit, für eine gute Beichte, von stillenden Müttern, von Krüppeln; er ist Patron der Hirten, des Viehs, der Bettler. Dargestellt wird er als Abt oder Einsiedler mit einer Hirschkuh, die zu seinen Füßen liegt oder den Heiligen anspringt, der sie schützt, auch mit Buch in der rechten Hand.

Das Städtchen Saint-Gilles, wo sich das Grab des hl. Ägidius befindet, liegt südlich von Nîmes in der Provence (Südfrankreich). Von dem uralten Kloster, dessen Anfänge sich im Dunkel der Geschichte verlieren, blieben nur die Kirche mit ihrer romanischen Fassade sowie die mächtige Krypta erhalten, wo der schlichte Steinsarkophag steht, in den die Gebeine des Heiligen eingebettet waren. Seine Reliquien ruhen jetzt in Saint-Sernin in Toulouse. Der hl. Ägidius soll die Abtei selbst gegründet und unter die Benediktinerregel gestellt haben. Ihr eigentlicher Ruhm begann lange nach seinem Tode, als die ersten Pilgerfahrten einsetzten und er zum Patron der Kirche ernannt wurde. Mehrere Päpste, darunter Klemens IV., Urban II., Gelasius II. haben in den Mauern des berühmten Klosters geweilt. Sie ließen Saint-Gilles augenfällige Vergünstigungen zuteil werden. Die Bauzeit der Anlagen von heute fällt erst ins 11. und 12. Jahrhundert, jener Zeit also, in der die Verehrung des Heiligen ihren höchsten Grad erreichte.

Die Wallfahrten zum Grabe des hl. Ägidius trugen wesentlich dazu bei, daß St.

Gilles zu einem wichtigen Widerstandszentrum gegen die schismatischen und häretischen Strömungen der Zeit wurde. Wie groß die Zahl der Pilger gewesen sein muß, die herbeiströmten, bezeugt der Aufwand der Fassade, an der die bedeutendsten Künstler gearbeitet haben, ebenso wie die gewaltigen Ausmaße der Krypta. Von der großen Schauwand der Fassade konnte das Volk die Heilsgeschichte in allen Einzelheiten ablesen. Hier spielt sich der unablässige Kampf zwischen Himmel und Hölle ab. Über der ausführlich geschilderten Zone des Bösen thront Christus als der Überwinder der teuflischen Mächte, von denen die Welt erfüllt ist. Der Ort mit der Begräbnisstätte des Heiligen wurde somit zu einer Offenbarung für die Gläubigen, die hier der begnadenden Macht und Erlösungskraft des Glaubens begegneten, augenfällig in Gegensatz gestellt, zur Gefährdung und Bedrohung irdischer Wirklichkeit.
Über das Leben des hl. Ägidius ist nicht viel bekannt. Nach der Legende stammte er aus Athen und war aus königlichem Geschlecht. Andere halten ihn für einen gebürtigen Provencalen. Sicher ist wohl, daß der Heilige zu Anfang des 8. Jahrhunderts (geboren um 720?) als Einsiedler an der Rhonemündung lebte und später einem von ihm gegründeten Kloster als Abt vorstand. „Seine Beziehung zum Westgotenkönig Flavius Wamba, der ihn durch eine fliegende Hirschkuh entdeckt haben soll, liegt im Bereich der Möglichkeit“ (Wimmer).

Legende

Die Gestalt des hl. Ägidius ist von Legenden eingehüllt wie in ein kostbares Kleid. Immerfort schimmert durch sie die Gnade Gottes, mit der er ausgezeichnet war, so daß die bunten Farben auf einem Untergrund von Gold aufgetragen scheinen. Aus der Fülle wollen wir die Legende von der Hirschkuh wiedergeben, und zwar in der Fassung von Joseph Bernhart, der sie auf zarte und sinnige Weise erzählt. Callot hat sie in der Vignette dargestellt.

Nachdem der hl. Ägidius eine noch größere Einsamkeit suchte und sich von seinem Gefährten Veredemius getrennt hatte, gelangte er in die Gegend, wo die Rhone ins Meer mündet, an eine Stelle, die mit Sträuchern und Bäumen dicht bedeckt, nur von wilden Tieren, die dort ihre Lager hatten, belebt war. Hier fand er eine Höhle, neben der eine Quelle frisch und klar hervorsprang. Drei Jahre verblieb er dort im Gebet für das Heil des ganzen Volkes. Er lebte von Kräutern und Wasser, durch Gottes Fügung aber fand sich auch eine Hirschkuh ein, die ihm zu gewissen Stunden reichlich Milch zu seiner Nahrung bot.

Nun geschah es einmal, daß das Gefolge des Flavius, Königs der Goten, auf der Jagd in jene Gegend kam. Als sie die Hirschkuh sahen, die den Gottesmann mit ihrer Milch ernährte, dieses ungewöhnlich prächtige Tier, vergaßen sie alles andere Wild und ließen, um es zu hetzen, ihre Hunde von der Koppel. Von ihnen verfolgt, rannte es hierhin, dorthin, und geängstigt von alle dem Lärm und Gebell, floh es verzweifelnd zu seinem Pflegling, um sich zu schützen. Am Eingang der Höhle erhob es ein klagendes Schreien, als riefe es den Gottes-

mann zu Hilfe in der höchsten Not. Betroffen kam er heraus und hörte von weitem auch das Gebell der Meute. Da sah er die Hirschkuh, keuchend mit offenem Maule und von Schluchzen am ganzen Leibe gestoßen. Er sank ins Knie und betete einen Augenblick zu Gott, er möge die Ernährerin bewahren, die er ihm gesandt hatte. Und wieder aufstehend, beschwichtigte er die Hirschkuh. Sie dämpfte ihre Stimme und legte sich zu seinen Füßen. Von den Hunden kam auch nicht einer über einen Steinwurf weit heran, alle kehrten mit langem Geheul zu den Jägern zurück, die die einbrechende Nacht zur Heimkehr zwang. Und als es wieder Morgen wurde, kam das Gefolge des Königs abermals in diesen Wald, um die Hirschkuh zu jagen. Es ging nicht anders als am Tage zuvor, und erfolglos kehrten sie zurück. Als dem König das berichtet wurde, dachte er, es gehe hier nicht mit rechten Dingen zu, und rief den Bischof der Stadt Nîmes, in der er sich gerade aufhielt, um ihm alles der Reihe nach zu erzählen. Nun begaben sich König und Bischof mit allen Jägern und Hunden in den Wald, um der Sache auf den Grund zu kommen. Wie gestern und vorgestern hetzten sie die Hirschkuh der Stelle zu, wo der Heilige wohnte. Als nun die Hunde abermals mit Geheul zurückkamen, umringten die Mannen den Ort, dem vor lauter Gestrüpp und Dorn nicht beizukommen war. Einer aber schoß unbesonnen, um das Tier herauszutreiben, einen Pfeil ab, traf den Gottesmann, der eben vor der Höhle für seine Ernährerin betete, und verwundete ihn sehr. Indessen drangen die Jäger noch hitziger vor, hieben sich auch mit der Klinge ihren Weg und gelangten endlich an die Höhle. Sie fanden den Heiligen dasitzen, nach Mönchsweise gekleidet, aus der schwächenden Wunde tropfte noch das Blut, und die Hirschkuh lag bei ihm an seinen Knien. Nur der König und der Bischof gingen zu Fuß zu ihm hin. Sie grüßten ihn und fragten, wer er sei, woher er komme, warum er sich in diese Einsamkeit der Wildnis begeben, und wer sich erfrecht habe, ihn so schwer zu verwunden. Da nannte er seinen Namen, sein Vaterland, den Grund seines Hierseins und die Ursache seiner Wunde. Da fielen sie ihm zu Füßen, baten ihn um Verzeihung und versprachen ihm Arzt und Mittel zu seiner Heilung. Der Gottesmann aber betete auf den Knien, daß ihnen nichts zur Schuld gerechnet werde und sagte, er bedürfe für seine Wunde keiner leiblichen Arznei. Als sie ihn nun reich beschenken wollten, wies Ägidius die Gaben freundlich zurück. Voll Bewunderung für solche Seelengröße empfahlen sie sich in das Gebet des Mannes, und nach Worten des Abschieds gingen sie von ihm fort. Während der heilige Bekenner ein Weilchen noch seinen äußeren Menschen, der die Wunde trug, leidig fand, kam ihm plötzlich die himmlische Antwort in den Sinn, daß die Tugend vollendet werde in der Schwachheit, und er bat den Herrn, daß ihm für diese Erdenzeit die Gesundheit nicht wiederkehren solle. So blieb ihm die Wunde bis an sein Lebensende.

Nicht lange darauf tat ihm der Herr kund, daß der Tag seines Hinscheidens nahe sei. Da bat er die Brüder, daß sie für ihn beteten und entschlief selig im Herrn. Viele aber sagten, sie hätten die Chöre der Engel gehört, die seine Seele in den Himmel trugen.

Die heilige Irmgard von Köln

(Gedenken: 4. September)

Die hl. Irmgard, Gräfin von Aspel, auch Irmgard von Süchteln genannt, wird vornehmlich in der Gegend des Niederrheins und in Köln verehrt. In Rees, ehemals Zentrum der ausgedehnten Grafschaft Aspel, gründete die hl. Jungfrau um das Jahr 1000 ein Kollegiatsstift mit Kirche, in der sich das Grab ihrer Eltern befand. Die Kirche wurde mehrmals umgebaut und schließlich im 19. Jahrhundert abgerissen. Der an ihre Stelle getretene Neubau wurde im Zweiten Weltkrieg zerstört. In Süchteln, wo die Heilige einige Zeit als Klausnerin hauste, befindet sich die vielbesuchte Irmingardiskapelle. Noch heute kündet der sogenannte Irmengardweg zwischen Aspel und Rees von den zahlreichen Wallfahrten vergangener Zeiten. Auf einer ihrer ausgedehnten Reisen soll die Heilige Teile des Kopfreliquiars vom hl. Papst Silvester I. mitgebracht und dem Kölner Domkapitel geschenkt haben. Die hl. Irmgard starb zwischen 1082 und 1089 und wurde im Hohen Dom zu Köln in der Agneskapelle feierlich beigesetzt. Ihre Lebensgeschichte ist so stark mit Legendärem durchsetzt, daß sie bis heute nicht restlos geklärt werden konnte. Die hl. Irmgard von Köln wird dargestellt als Pilgerin mit Stab, vor dem Kreuze betend; mit blutbeflecktem Handschuh. Die Bauern rufen sie bei Viehseuchen, aber auch sonst bei Krankheiten an, vornehmlich bei Bruchleiden.

Der heilige Gregor der Grosse

Das Elternhaus dieses heiligen Papstes und letzten großen Kirchenvaters des Abendlandes lag in Rom auf dem Monte Celio am Clivus Scauri. Heute steht an dieser Stelle die Kirche S. Gregorio Magno. Gregor I. stammte aus einer sehr vornehmen und reichen römischen Familie. Er war in den Jahren 572/73 Stadtpräfekt von Rom, ein Amt, das er als hervorragender Jurist erfüllte. Doch nach dem Tode seines Vaters verkaufte er all sein Hab und Gut und schenkte es den Armen. Den elterlichen Palast verwandelte er in ein Kloster, in dem er selbst mit zwölf Mönchen ein streng asketisches Leben nach der benediktinischen Regel führte; desgleichen stiftete er in Sizilien, wo er reiche Latifundien besaß, sechs Klöster. Von Papst Pelagius II. als Apokrisar – päpstlicher Gesandter – nach Konstantinopel gesandt, wirkte er dort von 579–585 unter sehr schwierigen Verhältnissen und erwarb sich dabei eine große Gewandtheit im Verhandeln, die ihm als Papst zugute kommen sollte, ohne jedoch sein mönchisches Leben aufzugeben. Nach Rom zurückgekehrt, wurde er zum Papst gewählt. Nur ungern nahm er diese Würde an und bat Kaiser Mauritius vergebens ihn abzulehnen. Auch ein Fluchtversuch mißlang.

Gregor der Große war vielleicht der genialste und einflußreichste Papst des ersten christlichen Jahrtausends. Als echt römisches Organisationsgenie ordnete er den päpstlichen Besitz, baute die soziale Fürsorge und Armenpflege auf mit Maßnahmen, die ihrer Zeit weit voraus eilten. Die Juden fanden in Gregor einen Hüter ihrer Rechte, die ihnen seitens der Päpste für Jahrhunderte garantiert blieben. Durch diplomatische Beziehungen zu den Langobarden, Franken und Westgoten steigerte er die politische Machtstellung des Papstes gewaltig und leitete die Christianisierung dieser Völker ein. Besonderen Dank schulden ihm die Engländer, die er durch den hl. Augustin von Canterbury bekehren ließ. Er zeigte maßvolle Weisheit und kluge Weitherzigkeit in der Bewertung nationaler Eigenarten und heidnischer Vorstellungen. Wesentlich war auch seine seelsorgerische Tätigkeit, er regelte die Liturgie, indem er den Meßkanon endgültig festlegte.

„In den Mauern seines Klosters wurde vielleicht zuerst der Gedanke geboren, dem liturgischen Gesang eine verbindliche Form zu geben. Was der Gregorianische Choral für das Abendland bedeutete, kann hier nur andeutungsweise gesagt werden. Das Mittelalter hat auf der geistigen Grundlage dieser Musik aufgebaut, und in der Renaissance haben sich die großen Polyphoniker des Gregorianischen Chorals als eines unausschöpflichen Themenmaterials bedient, ja noch Bach hat aus diesem Geiste heraus seine Musik gestaltet" (R. Raffalt).

Gregor war auch ein bedeutender Schriftsteller und übte durch seine Schriften ‚Liber regulae pastoralis', ‚Moralia', ‚Evangelienhomilien' und andere einen tiefen Einfluß auf das ganze Mittelalter aus. Dabei nannte er sich bescheiden „Servus servorum Dei" – Diener der Diener Gottes – ein Titel, den nach ihm alle Päpste geführt haben.

Der hl. Gregor starb am 12. März 604. Sein Grab befindet sich in Sankt Peter zu Rom.

Dargestellt wird er als Papst mit Buch und Federkiel, Taube auf der Schulter. Er ist Patron der Gelehrten und Lehrer, der Musiker und Sänger, der Schüler und Studenten; seine Fürbitte ist wirksam bei Gicht, denn er war selbst gichtleidend.

Legende

Die erste Tat, die Gregor als neugewählter Papst unternahm, war ein Bittgang, in dem das gesamte leidgeprüfte Volk um Hilfe von Gott und besonders um Abwendung der Pest, die wie eine Geißel über der Stadt war, flehen sollte. Papst Pelagius war ihr erlegen und des

Sterbens war kein Ende. Betend und singend also zog die Prozession mit dem neuen Papste auf Sankt Peter zu. Da bot sich nahe dem Tiber den erstaunten Blicken des Volkes ein wunderbares Schauspiel dar. Über dem altersgrauen Grabmal Kaiser Hadrians schwebte der Erzengel Michael hernieder und steckte mit erbarmender Gebärde sein blutiges Schwert in die Scheide. Und alsbald erlosch die Pest. Noch heute schwebt die mächtige Gestalt des hl. Erzengels mit ausgebreiteten Flügeln über der ‚Engelsburg', wie sie nach dieser wunderbaren Begebenheit genannt wurde.

Eine sehr sonderbare Geschichte über Gregor wollen wir hier nicht auslassen, denn sie erklärt, weshalb Michael Pacher auf seinem berühmten Kirchenväteraltar in der Münchner Pinakothek den großen Gregorius dargestellt hat, wie er Kaiser Trajan aus der Hölle zieht.

Als der römische Kaiser Trajan schon langezeit tot war, geschah es, daß der hl. Gregor über den Trajansmarkt in dieser Stadt ging und darüber nachdachte, daß dieser Kaiser doch milde und gerecht gewesen sei. Je mehr er dies bedachte, um so trauriger wurde er und ging in die Kirche des hl. Petrus und weinte dort bitterlich über des Kaisers Unglauben. Und siehe, eine Stimme vom Himmel sprach: „Dein Gebet ist erhört, ich habe Trajan die ewige Pein erlassen. Aber hüte dich, daß du hinfort für keinen anderen Verdammten mehr bittest." In der Geschichte steht nicht, daß Gregorius gebetet habe, sondern allein, daß er weinte. Gott hat also hier, wie so oft, in seinem Erbarmen das erhört, was der Mensch in seinem Herzen begehrte, wenn er auch nicht darum zu bitten wagte. Somit wurde zwar die Seele des Trajanus nicht ins Paradies versetzt, wie Johannes der Diakon, der diese Fassung der Legende berichtet, glaubte, sondern nur von der Höllenqual befreit.

Die heilige Rosalie

Der 4. September ist der Festtag zweier heiliger Jungfrauen mit dem Namen Rosa. Rosa von Viterbo können wir hier nur kurz erwähnen. Sie lebte im 13. Jahrhundert, war Franziskanerterziarin und rief in öffentlichen Predigten ihre Mitbürger zur Treue gegen den Papst auf. Das geistvolle junge Mädchen wurde von der ghibellinischen Partei verbannt. Wegen ihrer Armut war ihr die Aufnahme bei den Klarissen mehrfach verweigert worden. Auf Anordnung des Papstes Alexander IV. wurde jedoch ihr Leib, der heute noch unverwest ist, sechs Jahre nach ihrem Tode, am 4. September 1258, in der Kirche dieses Klosters Santa Maria de Rosis in Viterbo beigesetzt.

Die hl. Rosalia von Palermo ist die Schutzpatronin von Palermo und wird in ganz Sizilien verehrt. Ihre Gestalt begrüßt den vom Meere Ankommenden mit ausgebreiteten Armen im Hafen von Palermo. Das nahe Stadttor ist oben nicht geschlossen, damit der turmhohe Wagen der Heiligen an ihrem Fest hindurchfahren

kann; denn alljährlich zieht das ganze Volk in feierlicher Prozession an ihrem Erhebungstage, dem 15. Juli, durch die Straßen der Stadt. Ihre Gebeine ruhen im Dom. Besondere Verehrung aber erfährt die Höhle auf dem Monte Pellegrino bei Palermo, in der die hl. Rosalia Jesu zuliebe auf die Annehmlichkeiten des Hofes verzichtete, um sie mit einem heldenhaften Leben strengster Einsamkeit und Buße zu vertauschen.
Goethe schildert in seiner ‚Italienischen Reise' den Besuch des Grottenheiligtums auf dem Monte Pellegrino eingehend:
„Man hat an der Höhle nichts verändert; allein, da die Felsen immer von Wasser träufeln, war es nötig, den Ort trocken zu halten. Man hat das durch bleierne Rinnen bewirkt, welche man an den Kanten der Felsen herangeführt und verschiedentlich miteinander verbunden hat ... Das Wasser wird teils seitwärts, teils hinten in einen klaren Behälter geleitet, woraus es die Gläubigen schöpfen und gegen allerlei Übel gebrauchen. Da ich diese Gegenstände genau betrachtete, trat ein Geistlicher zu mir ... und wies mich an einen Altar, der links in der Höhle stand, als ein besonderes Heiligtum und verließ mich. Ich sah durch die Öffnung eines großen, aus Messing getriebenen Laubwerks Lampen unter dem Altar hervorschimmern, kniete ganz nahe davor hin und blickte durch die Öffnungen. Es war inwendig noch ein Gitterwerk von feinem geflochtenem Messingdraht vorgezogen, so daß man nur wie durch einen Flor den Gegenstand dahinter unterscheiden konnte. Ein schönes Frauenzimmer erblickt' ich bei dem Schein einiger stiller Lampen. Sie lag wie in einer Art von Entzückung, die Augen halb geschlossen, den Kopf nachlässig auf die rechte Hand gelegt, die mit vielen Ringen geschmückt war. Ich konnte das Bild nicht genug betrachten; es schien mir ganz besondere Reize zu haben. Ihr Gewand ist aus einem vergoldeten Blech getrieben, welches reich von Gold gewirkten Stoff gar gut nachahmt. Kopf und Hände von weißem Marmor sind, ich darf nicht sagen in einem hohen Stil, aber doch so natürlich und gefällig gearbeitet, daß man glaubt, sie müßte Atem holen und sich bewegen. Ein kleiner Engel steht neben ihr und scheint ihr mit einem Lilienstengel Kühlung zuzuwehen ... Es war eine große Stille in dieser gleichsam wieder ausgestorbenen Wüste; eine große Reinlichkeit in einer wilden Höhle ..., die Illusion, welche die Gestalt der schönen Schläferin hervorbrachte, auch einem geübten Auge noch reizend – genug, ich konnte mich nur mit Schwierigkeit von diesem Orte losreißen und kam erst in später Nacht wieder in Palermo an."

Legende
Ihre Lebensgeschichte ist legendär. Danach wurde sie um 1150 in einem Marmorpalaste nahe Palermo geboren. Die spätere Einsiedlerin wuchs inmitten feenhafter Gärten auf, die ihrem Vater Sinibaldi, Herr von Quisquina und Rosa, gehörten. Dieser hohe Adelige führte sei-

nen Stammbaum bis auf Karl den Großen zurück. Durch Verwandtschaft mit dem königlichen Hof verbunden, nahm ihre Mutter die junge Rosalia oftmals mit dorthin, so daß der heranwachsenden Jungfrau die Welt mit aller ihrer Pracht und Lust offenstand. Doch hatte Gott das reine Mädchen auserwählt; frühzeitig erkannte es die Vergänglichkeit aller Erdengüter, die Vergnügungen des Hofes wurden der tugendhaften Jungfrau zum Ekel. In stiller Zurückgezogenheit wollte sie dem göttlichen Heilande dienen, dem sie sich als Braut geweiht hatte. Da sie wohl begriff, daß sie ihren Entschluß inmitten des Hoflebens nicht ausführen konnte, zumal man ihr eine glänzende Heirat antrug, verließ sie unbemerkt ihre Eltern und floh in eine dunkle Höhle auf der Anhöhe von Quisquina nahe bei Palermo. Hier in der Verborgenheit dieser armseligen Behausung wollte sie ganz ihrem Jesus dienen, wie die Inschrift es bezeugt, die über dem Eingange gefunden wurde: „Ich, Rosalie, eine Tochter Sinibaldis, Herrn von Montreal und Roses, habe aus Liebe zu Jesus Christus, meinem Heilande, in dieser Höhle zu wohnen beschlossen."

Unermeßlich groß muß der Schmerz der Eltern gewesen sein, als sie Rosaliens Flucht entdeckten. Man sandte Boten aus, die Tochter zu suchen, jedoch vergeblich. Die Jungfrau lebte in ihrer Höhle dem Gebet, eine kleine Quelle löschte ihren Durst, Waldfrüchte waren ihre Nahrung. Trotz der Abgeschiedenheit von der Welt blieb sie nicht ohne Versuchungen. Der Teufel malte ihr das heitere und glänzende Leben am Hofe lebhaft vor Augen und redete ihr vor, daß sie auch in der Welt ein Gott wohlgefälliges Leben führen, ja noch mehr Gutes tun könne. Aber die Jungfrau erkannte, daß diese Einflüsterungen nicht von Gott waren und vermehrte ihren Eifer im Gebet und Fasten. Sie zog sich deshalb noch tiefer in die Bergwildnis zurück und stieg auf jenen Berg, der heute wegen der vielen Wallfahrten, die zu ihrem Heiligtume unternommen werden, Berg der Pilger, ‚Monte Pellegrino', heißt. Dort lebte die Heilige dann bis zu ihrem Tode. Der Stein, auf dem sie verschied, wurde zu ihrem Sarg, die Höhle zu ihrem Grab. Durch die Auffindung der Inschrift an der ersten Klause hatte sich ihre Heiligkeit bald herumgesprochen, so daß das Volk sie schon bald als Heilige verehrte. Aber ihr Leib wurde erst 400 Jahre später entdeckt. Sie lag wie eine Schlafende da, die rechte Hand unter dem Kopf, mit der Linken drückte sie das Kreuz an ihre Brust.

Ida von Herzfeld *(Gedenken: 4. September)*

Es gibt mehrere heilige Frauen dieses Namens. Der Name Ida oder Itta ist nordischer Herkunft und bedeutet ‚die göttliche Frau', ‚die Vortreffliche' oder ‚Jugendkräftige'. Die älteste unter ihnen ist Ida von Herzfeld, die um 813 als heilige Witwe starb und deren Fest am 4. September ist. Ferner ist durch ihre legendenreiche Vita sehr bekannt geworden Ida von Toggenburg, die im 13. oder 14. Jahrhundert gelebt hat und deren Fest in vielen Orten der Schweiz am 3. November (siehe dort) gefeiert wird. Auch die Mutter der hl. Gertrud von Nivelles (siehe 17. März) hieß Iduberga oder Itta und zählt unter die Heiligen. Die sel. Ida von Boulogne hat ihr Fest am 13. April.

Jedes Jahr aufs neue pilgern westfälische Mütter am 4. September nach Herzfeld, um den ‚Idasegen' zu empfangen. Die hl. Ida, Patronin der schwangeren Frauen, war eine Schwester der hll. Äbte Adalhard und Wala. Ihr Vater Theodorich war Befehlshaber der fränkischen Truppen. Ihre Mutter Theodorada, eine Base Kaiser Karls des Großen, ließ ihr eine strenge klösterliche Erziehung angedeihen. Sie wurde dem sächsischen Grafen Egbert vermählt, der trotz der ständigen Fehde zwischen Sachsen und Franken dem Kaiser in Treue anhing. Sie folgte ihrem Gatten in das wilde Westfalen, wo die Sachsen trotz der Missionsarbeit des hl. Ludger (s. 26. März) wieder tief in finsteres Heidentum zurückgefallen waren. Sogleich erkannte Ida, daß sie eine Sendbotin Christi sein müsse: „Hier schickt dich Gottes Wille auf ein Missionsfeld, dich junges, unerfahrenes Weib, das keinen Bischofsstab trägt und keine Weihen empfangen hat, das nur ein Herz hat zum Beten und zwei Hände zum Geben!" Das junge Paar lebte in Hofstadt bei Soest, es führte eine musterhafte Ehe; unter ihren Kindern befand sich der spätere Abt Warin von Corvey.

Ida erbaute zu Herzfeld, durch den Fluß Lippe von der Wohnstatt ihres Mannes getrennt, eine Kirche und stellte sie unter das Patronat der Muttergottes. Bald wurde diese Kirche der religiöse Mittelpunkt des Landes. Das Beispiel des frommen Paares, die Wohltätigkeit und Liebe, die Ida allen Kranken und Armen entgegenbrachte, überwanden in zunehmendem Maße das trotzige Festhalten der Bevölkerung an den alten germanischen Göttern. Immer mehr Menschen schlossen sich dem Christentum an, und sie begannen, ebenfalls treue Christen zu werden. Als Graf Egbert ihr frühzeitig durch den Tod entrissen wurde, zog sich die hl. Ida von der Welt zurück und widmete sich nun ganz ihrer Vervollkommnung. Sie ließ sich eine Zelle neben dem Grab ihres Gatten an der Kirche bauen, wo sie zwölf harte Jahre in Gebet, Buße und werktätiger Nächstenliebe nach der Regel des hl. Benedikt lebte. Um sich den Tod unablässig vor Augen zu halten, ließ sie in ihrer Zelle einen steinernen Sarg aufstellen, der ihr nachts zum harten Lager diente, am Tage jedoch zweimal mit Lebensmitteln, Wolle und Linnen gefüllt wurde, die sie an die Armen austeilen ließ. Der Schilderer ihres Lebens schreibt, daß „es unmöglich sei, darzustellen, wie sehr sie des Gebetes und der Nachtwachen beflissen war. Ihr ganzes Leben brachte sie unter unglaublich großen, nur wenigen Menschen möglichen Abtötungen zu". Obgleich sie häufig an Krankheit und Schmerzen litt, blieb sie geduldig ihrer letzten Stunde gewärtig, die um 813 wohl auf den 4. September fiel. 980 wurde ihre Heiligkeit von der Kirche bestätigt. Zu dieser Zeit kam ein Teil ihrer Reliquien nach Werden an der Ruhr in die Benediktinerklosterkirche, wo ihr Haupt noch bis in die Mitte des 18. Jahrhunderts aufbewahrt wurde. Dargestellt wird sie als Matrone mit einer Haube über ihrem Haupt, oder mit ihrem Gemahl Egbert, welcher von einem Hund begleitet ist, während die hl. Ida mit einem Kirchenmodell und einer Hirschkuh zu Füßen – so auf einem spätgotischen Taufstein in Herzfeld – zu sehen ist. Szenen aus ihrem Leben finden sich auf dem Idaschrein in Herzfeld in Westfalen.

Der heilige Magnus

Im Volksmund wird der Heilige Sankt Mang genannt. Ursprünglich hatte er wohl den Namen Maginold oder Magnoald; Magnus bedeutet ‚der Große', ‚der mit Macht Waltende'. Daß der hl. Magnus ein Schüler und Gefährte des hl. Gallus (s. 16. Oktober) gewesen sei, muß auf einer Verwechselung beruhen, die aber schon im 9. Jahrhundert entstand. Danach soll er zweiter Abt und Mitbegründer von St. Gallen gewesen sein, was jedoch unmöglich scheint, da der hl. Gallus Mitte des 7. Jahrhunderts, der hl. Magnus aber nach neueren Forschungen rund hundert Jahre später starb.

Der Ort, wo der Heilige bestattet wurde, ist die romanische Krypta der ehemaligen Benediktinerkirche St. Mang in Füssen, die nach ihm benannt ist. Sein heiliger Leib war jahrhundertelang das Wallfahrtsziel vieler Pilger, für die in der Krypta, ähnlich wie in St. Emmeram in Regensburg, ein Umgang angelegt wurde. Über den romanischen Fundamenten der Kirche erhebt sich der heutige Bau aus dem 18. Jahrhundert, dessen Freskenschmuck Szenen aus dem Leben des Kirchenpatrons zeigt.

Magnus war Mönch in St. Gallen in der Schweiz, wahrscheinlich unter dem hl. Abt Othmar (s. 21. November). Als nun Bischof Wikterp von Augsburg Mönche zur Missionierung des oberen Lechtals anforderte, wurde Magnus mit einigen anderen vom Kloster ausgesandt. Er gründete mit seinem Gefährten Theodor Kempten und Waltenhofen und errichtete in Füssen Zellen und ein Gotteshaus, woraus hundert Jahre später ein Benediktinerkloster entstand. Nach einem rastlos tätigen Leben, das der Ausbreitung des Glaubens ebenso diente wie der kulturellen Förderung des wilden Allgäuer Bergvolks, starb der Heilige um 750 in Füssen. Er wurde in dem dort von ihm erbauten Oratorium beigesetzt. Reliquien des hl. Magnus befinden sich in Füssen, Wangen in Württemberg und St. Gallen. Seine Vita hat die Legende mit vielen wunderbaren Begebenheiten ausgeschmückt.

Dargestellt wird der hl. Magnus mit Abtstab und Drachen, dem er das Kreuz entgegenhält; allerlei wilde Tiere – Sinnbilder des Heidentums, das er ausrottete – um sich; mit Bären unter einem Apfelbaum. Er ist Patron gegen Mäuse, Raupen,

Schlangen, Ungeziefer und andere Schädlinge. Sein Reisestab, in Silber gefaßt, wird in Füssen aufbewahrt und zuweilen in Prozessionen mitgeführt, wobei seine Fürbitte gegen Feldschädlinge angerufen wird.

Legende

Hier die Lebensgeschichte des hl. Magnus, wie die Legende sie überliefert hat:

Dem hl. Magnus war in jungen Jahren angekündigt worden, daß Gottes Hand mit ihm sei und er in Deutschland das Evangelium verkünden werde. Als nun das Kloster St. Gallen, wo er als frommer Mönch weilte, von Feinden überfallen und das Grab des hl. Gründerabtes Gallus entweiht wurde, entgingen er und sein Mitbruder Theodor nur mit genauer Not dem Tode. Es kam aber ein fremder Priester mit Namen Tozzo, um am Grabe des hl. Gallus zu beten; der schlug den beiden vor, ihn in das unwirtliche Allgäu zu begleiten, wo sie ihm helfen sollten, den Glauben auszubreiten. Freudig nahmen sie an und zogen getrost an ihren neuen Bestimmungsort. Unterwegs sprach sie ein Blinder um Almosen an. Magnus, selbst arm, blickte zum Himmel, betete, bestrich die Augen des Blinden mit Speichel, rief den Namen Jesu an, und sogleich erhielt der Blinde das Augenlicht. Gott lobpreisend, bat dieser den Mönch, ob er ihn begleiten dürfe. Seine Bitte wurde ihm gewährt, und so wanderten sie alle vier der Gegend des heutigen Kempten zu.

Unterwegs geschah es, daß sie nicht wußten, wo sie sich Nahrung beschaffen sollten. Da erblickte Magnus einen Bären unter einem Baum, der naschte von den herabgefallenen Früchten. Der Heilige schalt den Bären und befahl ihm, er solle die guten Früchte liegen lassen und sich mit minderen begnügen, und eilte davon, um seine Gefährten zu holen. Als sie zurückkamen, stand der Bär immer noch unter dem Baum, aber er hatte des Heiligen Gebot treulich befolgt und keinen Apfel mehr angerührt. Nun sammelten sie die Äpfel zu ihrer Nahrung in einem Korb und waren froh darob. Auch später geschah es noch einmal, daß ein Bär dem Heiligen half: das wilde Tier zeigte ihm nämlich einen Baum, den es mitsamt den Wurzeln aus der Erde scharrte. Der Heilige grub sogleich an der Stelle nach und siehe, er fand eine Erzader, die so vielen Menschen zu Arbeit und Brot verhelfen sollte. Sie fanden nämlich, je länger sie gruben um so mehr von dem Eisen und finden es heute noch an diesem Ort.

Damals war das Land noch öd und wild und wegen der Menge giftigen Gewürms unbewohnbar. Der Priester Tozzo wollte deshalb rasch vorübereilen, allein Magnus beschloß im Vertrauen auf Gott die Gegend von den giftigen Tieren zu befreien. Ganz besonders gefürchtet war ein großer Drache in Gestalt einer Schlange, der alle mit Schrecken erfüllte. Magnus forderte seine Gefährten zum Gebete auf, sie kletterten aber vor Angst auf einen hohen Baum. Allein Magnus kniete unerschrocken auf der Erde nieder. Da wand sich plötzlich die Schlange in blitzschnellen Sprüngen daher. Magnus erhob sich, bezeichnete sich mit dem hl. Kreuz und setzte, seinen Stab in der Hand, mit einem kühnen Sprunge über eine breite Kluft. Furchtlos ging er auf das Ungeheuer zu und hielt ihm das Kreuz entgegen. Staunen und Schrecken erfüllte seine Begleiter, als sie sahen, daß die Schlange wie vom Blitze getroffen in den Abgrund stürzte und nicht mehr gesehen ward. Auch das übrige giftige Gewürm war mit einem Male verschwunden. Bald wurde das Wunder den Bewohnern der Umgegend bekannt, sie eilten herbei und nahmen bereitwillig das Wort des Glaubens aus dem Munde des unerschrockenen Mönches an. Es bildete sich eine Gemeinde, und Magnus ließ Theodor zurück, um das angefangene Werk fortzusetzen. Er selbst wanderte weiter durch das rauhe Gebirge des Allgäus in das Gebiet des heutigen Füssen. Dort suchte er sich einen Ruheplatz, erbaute eine Zelle und machte sich mit den Brüdern, die er aufnahm, gleich daran, die Öde in wirtliches Land umzuschaffen und die Menschen für den Glauben an Christus zu gewinnen. Die Lehre fand Eingang in guten Herzen; aber auch das Land hatte guten Boden und gedieh. Ackerbau und Viehzucht und das Graben nach Eisenerz, dessen Gewinnung er sie lehrte, verschafften den Bewohnern reichlichen Unterhalt.

Bischof Wikterp von Augsburg, der Magnus hoch schätzte, weihte den Heiligen zum Priester. Danach arbeitete er noch viele Jahre im Weinberge des Herrn, bis ihn das hohe Alter aufs Krankenlager warf. Beweint von den Ordensbrüdern, tief betrauert von den Bewohnern des Allgäus starb der hl. Magnus den Tod des Gerechten. Im Jahre 829 ward durch Bischof Hanto von Augsburg sein Grab eröffnet, der Leichnam unversehrt befunden und mit großer Feierlichkeit erhoben.

Viele Wunder geschahen an seinem Grabe durch Berührung seines Stabes und seiner Kleidung. Papst Johann IX. sprach ihn heilig, und das Schwabenland verehrt ihn als seinen Apostel.

Die heilige Regina

Der wunderschöne Name Regina bedeutet ‚Königin', abgeleitet sind die Namen Regi, Regerl, Rendel und der französische Name Reine.

Über die hl. Jungfrau und Märtyrin dieses Namens ist wenig bekannt. Authentische Akten über ihr Martyrium fehlen. Die Legende hat ganz und gar Besitz von der im Dunkel frühchristlicher Geschichte untergetauchten Heiligen ergriffen. Die hl. Regina soll unter Kaiser Maximian Herkuleus um 300 bei Alise in Frankreich gemartert und enthauptet worden sein. Im Jahre 864 übertrug man ihre Reliquien in das nicht weit davon gelegene Flavigny-sur-Ozerain. Diesen burgundischen Ort, wie er heute aussieht, hat Helmut Domke beschrieben: „Über romantische Sträßchen in tausend Kehren durch einsame Wiesengründe, gelegentlich ein Bauerndorf im Gewirr von Bäumen und Wiesen. Es kommt das Tal der

Oze. Im Tälchen nebenan fließt der Ozerain. In dieser Gegend liegt ‚sur Ozerain', auf Bergesrücken also, das Nest Flavigny. Von Anis durchduftet. Eine Bonbonfabrik nistet in den Resten einer Abtei aus dem 8. Jahrhundert. Die karolingische Krypta blieb erhalten. Ein Viereckpfeiler aus der Entstehungszeit, ganz mit prachtvollen Bandornamenten überzogen, wurzelt tief im Grund. Auch römische Säulen gibt es, sicherlich vom gegenüberliegenden Bergplateau geholt, wo das antike Alise-Sainte-Reine liegt. Sainte-Reine – die hl. Regina – soll, wie es der Volksmund überlieferte, im dritten Jahrhundert in der Krypta von Flavigny oder ihrer Vorläuferin geschmachtet haben. Irgendwo müssen sie ja gelebt und gelitten haben, die vielen Heiligen von Burgund...!"

Die hl. Regina wird dargestellt als Hirtin, zum Himmel aufblickend, mit Schwert, in Flammen stehend (auch in siedendem Kessel), über ihr ein Kreuz mit weißer Taube. Sie ist Patronin der Zimmerleute; ihre wunderbare Fürsprache erweist sich vor allem wirksam gegen Krätze, Grind, Räude und ähnliche Krankheiten.

Legende

Der Anfang der Legende über die engelreine Hirtin Regina scheint derjenigen der hl. Margareta (s. 20. Juli) nachgebildet zu sein. Da heißt es etwa: Der Vater jener christlichen Märtyrin mit Namen Regina sei ein angesehener Mann zu Alise in Südfrankreich gewesen, der aber der Abgötterei ergeben war. Als nun die Mutter des Kindes bei der Geburt starb, mußte der Vater es einer Amme anvertrauen, die wohnte auf dem Lande und war heimlich eine eifrige Christin. Sie ließ das Kind taufen und erzählte ihm vom Heiland und den vielen tapferen Märtyrern, die aus Liebe zu ihm gestorben waren. Als der Vater Regina wieder zu sich nehmen wollte, sah er voll Stolz, daß sie zu einer wunderschönen Jungfrau erblüht war. Er freute sich, daß seine Tochter bei dem bevorstehenden Feste, das alle Jahre zu Ehren einer heidnischen Göttin stattfand, alle an Schönheit übertreffen werde. Regina weigerte sich jedoch, die prunkenden Gewänder anzuziehen und bekannte ihrem Vater, daß sie Christin sei und an dem Fest nicht teilnehmen könne. Da wies der verblendete Vater in seinem Zorn das Mädchen aus dem Hause. Regina begab sich wieder aufs Land zurück und faßte den Entschluß, als Einsiedlerin ungestört ihrem Glauben zu leben. Um sich ihren Unterhalt zu verdienen, wurde sie Hirtin und hütete die Schafe.

Nun geschah es aber, daß der römische Statthalter vorüberkam und das schöne Mädchen inmitten ihrer Lämmer erblickte, von Liebe zu ihr entbrannte und sie von ihrem Vater zur Gattin verlangte. Dieser wandte alle Mittel an, um seine Tochter vom Glauben abwendig zu machen und zu bewegen, das ehrende Anerbieten des hohen römischen Beamten anzunehmen. Nachdem er jedoch sah, daß sein Tun vergeblich blieb und Regina darauf beharrte, als Christin zu leben und unvermählt zu bleiben, ließ er sie in ein finsteres Verlies sperren und so fest in Ketten schmieden, daß das Mädchen sich nicht bewegen konnte. Zurückgekehrt von seiner Reise, rief der Statthalter die Jungfrau zu sich und versuchte sie mit schmeichlerischen Reden für sich zu gewinnen. Umsonst! Wutentbrannt hieß er die schöne Jungfrau nun aufs Grausamste martern, so daß er schließlich den Anblick nicht mehr zu ertragen vermochte. Das Volk, unwillig über das blutige Schauspiel, brach in lautes Murren aus. Da befahl er aus Furcht, Regina ins Gefängnis abzuführen.

Die tapfere Bekennerin verbrachte die ganze Nacht im Gebet, Gott aber stand ihr mit süßem Troste bei: Sie erblickte ein hellstrahlendes Kreuz, das von der Erde zum Himmel reichte, und oben darauf eine weiße Taube. Dabei vernahm sie die Worte: „Hab Mut, geliebte Braut Jesu Christi! Dein Kreuz ist eine Leiter zum Himmel, dein Leiden wird dir die Krone bringen." Und plötzlich fühlte sie sich von allen Wunden geheilt, lobte und pries Gott, bis der Morgen anbrach und man sie aufs neue vor den Richter führte. Dieser erblaßte vor Staunen, als er die Jungfrau unversehrt vor sich sah in all ihrer vorigen Schönheit. Doch sein Herz blieb hart, und er herrschte sie an, sie solle sofort den Göttern opfern oder sterben. Regina aber blieb standhaft wie zuvor. Voll Ingrimm befahl der Tyrann nun weitere abscheuliche Folterungen, er ließ sie mit Fackeln brennen und danach in eiskaltes Wasser werfen. Die Jungfrau aber sang mit lauter Stimme den Psalm „Wir gingen durch Feuer und durch Wasser, aber du o Herr, befreitest uns daraus zum Heile..." (65, 12). Und sie ermahnte das Volk zur Bekehrung. Während sie sprach, zerbrachen ihre Fesseln, die Erde bebte, die Taube erschien über ihrem Haupte, in ihrem Schnabel eine glänzende Krone haltend. Da bekehrten sich mehr als 800 Heiden. Der verstockte Statthalter aber ließ die christliche Heldin enthaupten, und sie empfing die Krone der Märtyrer.

Das Fest Mariä Geburt und Mariä Namen

Am 8. September feiert die Kirche das Fest der Geburt der seligsten Jungfrau Maria aus dem königlichen Stamme Davids. Maria ist die aufglänzende Morgenröte am Himmel der Erlösung und Gnade. Weil sie dazu bestimmt war, die Mutter Gottes zu werden, war sie von Geburt an das heiligste von allen Geschöpfen. Unter allen Heiligen teilt nur der hl. Johannes der Täufer (s. 24. Juni) mit ihr die Ehre der kirchlichen Feier der Geburt.

Der Überlieferung zufolge ist die St. Annenkirche innerhalb des Marientors in Jerusalem als die Geburtsstätte der Gottesmutter anzusehen. Ihr Geburtsfest, das im Orient entstanden ist, führte Papst Sergius I. (687–701) auch im Abendlande ein. Er schrieb eine Lichterprozession als Vigilfeier vor. Der Weihetag einer Marienkirche in Jerusalem soll für die Festsetzung dieses Festtags ausschlaggebend

gewesen sein. In den Alpenländern wird der Tag ‚Kleiner Frauentag', ‚Unsere Frau im Haberschnitt' genannt. Die Geschichte der Geburt Mariens als der Tochter von Joachim und Anna haben wir am Festtage der hl. Anna (26. Juli) wiedergegeben. In den Evangelien ist darüber nichts verzeichnet. Die Nachrichten über Joachim und Anna und der Geburt ihres Kindes Maria stammen aus dem apokryphen Protoevangelium des Jakobus (um 150). Der Kult ihrer Eltern ist erst seit dem 16. Jahrhundert allgemein.
Das Bildthema der Geburt Mariens wurde von vielen Künstlern gewählt. Die interessanteste Darstellung stammt von Albrecht Altdorfer und befindet sich in der Pinakothek in München. Er verlegt die Geburtsszene in einen Kirchenraum.

Wie auf die Geburt des Herrn das Fest seines hl. Namens, so folgt auf die Geburt Mariä ihr Namensfest. Es wird seit Pius X. vier Tage nach Mariä Geburt, am 12. September, begangen. Zunächst war es seit 1513 der spanischen Diözese Cuenca vorbehalten. Erst nachdem, unter Anrufung des Namens Maria, vor Wien am 12. September 1683 der Sieg über die Türken erfochten worden war, schrieb Papst Innozenz XI. zum Dank für die Befreiung aus der Türkengefahr und bleibenden Gedächtnis dieses weltgeschichtlichen Ereignisses in der Oktav von Mariä Geburt das Fest für die ganze Kirche vor.
„Der erhabene Name Maria, welcher der Gottesmutter erteilt wurde", schreibt der hl. Hieronymus, „ward weder auf Erden erfunden noch von Menschen gegeben und gewählt. Er kam vom Himmel herab und ward ihr auf Befehl des Herrn erteilt." Der Name Maria ist abgeleitet von dem hebräischen Mirjam. Mehr als sechzig Erklärungsversuche soll es für ihn geben. Frau, Herrin, Fürstin, aber auch Meer und Meeresstern sind die bekanntesten Deutungen. ‚Meer' heißt Maria wegen der Menge und Tiefe der bitteren Schmerzen, welche sie erdulden mußte; ‚Frau und Herrin' heißt sie, weil sie den Herrn des Himmels und der Erde geboren hat. Ein ‚Meeresstern' wird sie genannt, weil hell wie der Stern über den Wellen des Meeres ihre Tugenden leuchten und ihr Beispiel der ganzen Welt den Weg zum Himmel weist durch die Stürme, Wogen und Klippen dieser Erde. Auf dem Konzil von Ephesus (431) wurde ihr feierlich der Titel ‚Gottesgebärerin – Theotókos' beigelegt.
Ihr heiliger Name ist von wunderbarer Kraft. „Die Teufel haben eine so große Furcht vor der Himmelskönigin Maria, daß so wie sie nur ihren Namen nennen hören, sie wie vor einem verzehrenden Feuer fliehen", sagt Thomas a Kempis. „Man kann dich, o große, o barmherzige, o liebenswürdige Maria nicht nennen", ruft der hl. Bernhard aus, „ohne von einer heiligen Freude und innerlichen Fröhlichkeit ergriffen zu werden ..."
Ihre Altäre und Bilder sind mit Blumen geschmückt, ihr erklingen die schönsten

Kirchenlieder, ihr ist der lieblichste Monat des Jahres geweiht, ihren Namen tragen unzählige Frauen und Männer, ihre Wallfahrtsstätten sind alljährlich das Ziel von Millionen von Gläubigen. Die Leidenden richten ihre Bitten an sie, der Dank für ihre Hilfe ist in zahllosen Votivgaben ausgedrückt. Es gibt wohl kein hehreres Leitbild eines Menschen als das ihre. Sie ist die reine Jungfrau, die große Mutter der Menschheit, das „Zeichen am Himmel, das apokalyptische Weib, von der Sonne bekleidet, den Mond zu Füßen und auf ihrem Haupt ein Kranz von zwölf Sternen" (Geh. Offb. 12,1). Ihr Patronat ist die gesamte gläubige Welt.

Legende

Der Tag der Geburt der hl. Jungfrau war der Christenheit etliche Zeit unbekannt. Da geschah es, daß ein heiliger Mann, der der Beschauung sehr ergeben war, jedes Jahr, wenn er im Gebete lag, am 8. September große Freude und Jubel der Engel vernahm. Er bat mit großer Andacht, daß ihm geoffenbart würde, warum er gerade an diesem Tag und an keinem anderen derartiges erführe. Da ward ihm von Gott kundgetan, daß die glorreiche Jungfrau Maria an diesem Tage geboren sei, das solle er den Gläubigen kundtun, auf daß dieses Fest auf Erden in gleicher Weise gefeiert werde, wie es im Himmel die Heerscharen der Engel täten. Er sagte es also dem Papst und anderen frommen Menschen. Sie wurden der Wahrheit inne durch Fasten und Gebet, durch die Schrift und das Zeugnis der Vorzeit und setzten fest, daß die Christenheit diesen Tag überall zur Ehre der Geburt der heiligen Jungfrau begehen sollte.

Ein Mönch des Zisterzienserordens, der unsere Herrin gar heiß liebte, geriet einmal in Verzückung und wurde zur Anschauung der himmlischen Glorie erhoben. Da er nun dort die verschiedenen Ordnungen der triumphierenden Kirche sah, die Engel, die Patriarchen, die Propheten, die Apostel, die Märtyrer und die Bekenner und nach bestimmten Abzeichen geordnet die Chorherren, die Regelherren, Prämonstratenser und Cluniazenser, geriet er in Unruhe über seinen eigenen Orden. Da er niemand aus ihm in jener Glorie erblicken konnte, schaute er seufzend die seligste Gottesmutter an und sprach: „Wie ist das, allerheiligste Herrin, daß ich hier niemand aus dem Zisterzienserorden sehe? Weshalb sind deine Diener, die fromm dich ehren, von der Gemeinschaft solcher Seligkeit ausgeschlossen?" Als die Königin des Himmels ihn so in Unruhe sah, antwortete sie: „So lieb und vertraut sind mir die, die im Zisterzienserorden sind, daß ich sie unter meinen Armen hege." Und sie öffnete den Mantel, mit dem man sie gegürtet sah und der gar weit war, und zeigte ihm eine unzählige Menge von Mönchen, Laienbrüdern und Nonnen. Da freute er sich gar gewaltig. Seine Seele kehrte in den Körper zurück, und er erzählte seinem Abt alles, was er gesehen und gehört hatte.

In einem Kloster – der Name tut nichts zur Sache – lebte eine Jungfrau mit Namen Beatrix. Sie war schön von Gestalt, frommen Herzens und gar eifrig im Dienste der Gottesmutter. So oft sie ihr besondere Gebete und Gelübde insgeheim darbringen konnte, war es ihr die höchste Wonne. Als sie zur Küsterin erhoben war, tat sie es um so inbrünstiger, je mehr Freiheit sie dazu hatte. Aber es sah sie einer, begehrte sie und begann um sie zu werben.

Zuerst verschmähte sie die Worte der Lust, aber jener bedrängte sie um so ungestümer, und schließlich entzündete die alte Schlange ihre Brust so heftig, daß sie in Liebe zu ihm entbrannte. Da trat sie an den Altar der seligen Jungfrau und sprach: „Herrin, ich habe dir so fromm gedient, wie ich konnte, jetzt laß ich dir die Schlüssel, ich kann der Versuchung des Fleisches nicht mehr widerstehen." Und sie legte die Schlüssel auf den Altar und entfloh heimlich. Der Elende aber verließ sie bald, nachdem er seine Lust mit ihr gehabt hatte, und sie hatte nichts, wovon sie leben konnte. Da sie sich schämte, ins Kloster zurückzukehren, wurde sie Buhlerin. Als sie dieses Lasterleben fünfzehn Jahre geführt hatte, kam sie eines Tages in weltlicher Kleidung an die Pforte des Klosters. Als sie den Pförtner fragte: „Kennst du Beatrix, die einst die Küsterin dieses Gotteshauses war?", antwortete er: „Gar wohl kenne ich sie. Denn sie ist eine ehrbare und heilige Frau und hat ohne Tadel von der Kindheit bis auf diesen Tag im Kloster geweilt." Sie hörte die Worte des Mannes, aber verstand sie nicht und wollte schon wieder fortgehen. Da erschien ihr die Mutter der Barmherzigkeit, wie sie ihr vom Bilde her bekannt war und sprach zu ihr: „Ich habe durch die fünfzehn Jahre deines Fortseins dein Amt versehen, kehre nun an deinen Platz zurück und tue Buße, denn kein Mensch kennt deinen Wandel." In ihrer Gestalt und in ihrem Gewande hatte die Gottesmutter das Amt der Küsterin versehen. Beatrix trat sogleich an ihre Stelle und dankte der Gottesmutter, solange sie lebte; nur in der Beichte bekannte sie, was mit ihr geschehen war.

Der heilige Adrian (Hadrian) *(Gedenken: 8. September)*

Der hl. Adrian oder Hadrian von Nikomedien wurde als Märtyrer unter Diokletian um 303 zusammen mit 23 anderen Christen hingerichtet. Seine Gattin, die hl. Natalie, deren Gedächtnis im Heiligenkalender unter dem 1. Dezember verzeichnet ist, war bei seinem Martyrium anwesend. Adrianus oder Hadrian ist der Schutzheilige der Schmiede. Er hat den Amboß als Attribut und wird als Ritter dargestellt, auch mit abgehauener Hand und Beil. Seine Leidensgeschichte ist legendär; sein Fest jedoch seit dem 7. Jahrhundert allgemein. Unter Papst Honorius I. (625–638) wurde die ‚Curia Julia', das Sitzungsgebäude des römischen Senats beim Forum, in die Kirche S. Adriano umgewandelt. Der 8. September gilt als ‚Kirchweihfest' dieser dem hl. Märtyrer geweihten römischen Kirche. Der Heilige wurde zunächst besonders in Byzanz verehrt, wohin sein Leib gebracht worden war. Von dort verbreitete sich sein Kult nach Rom, später auch nach Ost-Frankreich, Flandern, der Picardie, Normandie und der Champagne, wo er als Schutzheiliger gegen plötzlichen Tod verehrt wurde. Besonders die Soldaten dieser Gegend erwählten ihn neben dem hl. Georg zu ihrem Beschützer. Während der Pestzeit sollen auf seine Fürbitte in Lissabon viele Kranke geheilt worden sein.

Legende

Über ‚Sankt Adrianus und seine Gesellschaft' berichtet die ‚Legenda aurea': Als der Tetrarch Maximian in der Stadt Nikomedien den Götzen opferte, erließ er ein Gebot, daß man die Christen ausfindig machen sollte. Da gingen die einen wegen der versprochenen Belohnung, die anderen aus Furcht vor Strafe hin und brachten die Christen vor den Richter. Die Nachbarn verklagten ihre Nachbarn und die Nächsten ihre Hausgenossen. Nachdem der Fürst ihr Bekenntnis vernommen hatte, ließ er sie martern und dann mit Ketten gefesselt in den Kerker legen. Als nun Adrianus, der oberste Hauptmann der Kriegsknechte, ihre Standhaftigkeit sah, sprach er: „Ich beschwöre euch bei euerm Gott, sagt mir, welchen Lohn ihr mit diesen Martern gewinnt." Da sprachen die Christen: „Das hat kein Auge je gesehen, noch kein Ohr gehört und ist in keines Menschen Herz gekommen, was der Herr denen bereitet hat, die ihn vollkommen lieben." Da sprang Adrianus mitten unter sie und rief: „Schreibt mich zu ihnen, denn ich bin auch ein Christ."

Als Natalie, sein junges Weib, hörte, daß er im Kerker lag, zerriß sie ihre Kleider und weinte gar sehr. Sobald sie aber erfuhr, daß er um seines Glaubens willen gefangen war, freute sich ihr Herz, und sie lief zum Kerker und küßte seine und der anderen gefangenen Christen Fesseln, denn sie war selbst lange eine Christin, doch hatte sie es wegen der Verfolgungen heimlich gehalten. Sie sprach ihrem Mann Mut zu, stärkte alle im Glauben und ging wieder heim in ihr Haus. Als Adrianus wußte, daß der Tag seines Martyriums bevorstand, ließ er seinem Weibe Botschaft zukommen, denn er hatte ihr versprochen, daß sie seinen Kampf mit ansehen sollte. Natalie blieb an den sieben Tagen, da die Christen gemartert wurden, in Männerkleidern bei ihnen im Gefängnis, pflegte ihre Wunden und verband sie mit köstlichem Linnen. Hiernach kam der Tag, an dem sie sterben sollten. Wegen ihrer Leiden aber vermochten sie nicht mehr zu gehen und mußten zum Hinrichtungsplatz geschleppt werden wie die Tiere. Adrianus, der Hauptmann, folgte ihnen mit gefesselten Händen und mußte seine eigene Folterbank tragen. Natalie begleitete ihren Gatten und sprach: „Du sollst nicht verzagen, mein liebster Mann, denn du leidest hier nur eine kurze Zeit, sodann wirst du mit den Engeln in ewiger Freude sein." Adrianus war zu dieser Zeit 28 Jahre alt, ein gar zarter und schöner Jüngling. Nachdem ihn vier starke Männer geschlagen hatten, sah Natalie ihren Mann auf dem Rücken liegen, legte ihre Hand unter sein Haupt und stärkte ihn also: „Selig bist du, Licht meiner Augen, daß du für den leidest, der für dich gelitten hat. Fahre hin, mein Trost, auf daß du schaust seine Glorie." Danach bat sie ihren Mann, daß er für sie bitte, Gott möge sie rein bewahren und bald von dieser Welt rufen. Nun schlug man ihm auf dem Amboß die Füße ab und brach ihm die Beine, dann schlug man ihm die Hand ab, da gab er seinen Geist auf. Auch die anderen streckten willig ihre Füße hin und fuhren auf zu Gott.

Der Kaiser gebot, die Leiber der Märtyrer zu verbrennen. Natalie aber hatte die abgeschlagene Hand ihres Mannes an ihrem Busen geborgen. Auf einmal kam ein gewaltiger Regen vom Himmel, der löschte das Feuer, so daß die Leichname unversehrt blieben.
Die Christen hielten nun Rat untereinander und kamen überein, daß sie die Leiber der Heiligen nach Konstantinopel führen wollten, bis der Christenheit der Friede wiedergegeben sei und man sie in Ehren könne zurückführen. Nun wohnte Natalie in ihrem Haus und bewahrte die Hand zu Häupten ihres Bettes, denn sie war der Trost ihres Lebens. Da geschah es, daß ein Tribun sah, wie schön, reich und edel Natalie war, und um ihre Hand bat. Natalie aber ersuchte ihn, ihr Frist zu geben, damit sie sich vorbereiten könne. Inständig betete sie zu Gott, daß er ihre Reinheit bewahren möchte. In der Nacht erschien ihr im Traume einer der Märtyrer, tröstete sie liebreich und gebot ihr, daß sie heimlich dahin zöge, wo ihre Leiber ruhten. Sie nahm nichts mit als die Hand ihres Gemahls, bestieg ein Schiff und fuhr gen Konstantinopel. Um Mitternacht aber erschien der Teufel in Gestalt eines Schiffers auf einem anderen Schiff, der wies ihnen den falschen Weg und hieß sie nach links drehen. Damit wollte er sie aber aufs hohe Meer hinaus treiben, damit sie umkämen. Als sie nun gerade die Segel wendeten, siehe, da erschien ihnen plötzlich auf einem kleinen Schifflein Adrianus, der heilige Märtyrer, und sagte ihnen, daß ein böser Geist ihnen falsch geraten hätte. Er fuhr nun vor ihnen her mit seinem Schiff und wies ihnen den rechten Weg. Natalie aber empfand eine unaussprechliche Freude, als sie ihn vor sich herfahren sah. Ehe es Tag geworden war, gelangten sie sicher nach Konstantinopel, und Natalie eilte in das Haus, wo die Leiber der Märtyrer ruhten, und setzte die Hand des Adrianus wieder an seinen Leib. Nachts erschien ihr Adrianus im Traum und sagte ihr, daß sie bald zu ihm auffahren werde in den ewigen Frieden. Und es geschah so. Die Christen aber betteten ihren Leichnam zu den Leibern der Märtyrer.

Die heilige Lioba

(Gedenktag: 28. September)

Der tiefsinnige Name Lioba kommt aus dem Althochdeutschen und bedeutet ‚die Liebe gebende'. Es gibt wohl kaum ein Heiligenbuch, das dieser hl. Benediktinerin nicht Erwähnung täte. Als Verwandte des hl. Bonifatius (s. 5. Juni) wurde sie von ihm zur Christianisierung Deutschlands eingesetzt. Lange Jahre war sie Äbtissin von Tauberbischofsheim bei Würzburg. Die Heilige wurde auf dem Petersberg bei Fulda begraben, so daß sie auch im Tode ihrem Lehrer und väterlichen Freunde nahe blieb, mit dem sie zeit ihres Lebens ein zartes Band der

Zuneigung verband. Diese Freundschaft bildet eine der reizvollsten Episoden der Kirchengeschichte. Einige ihrer Briefe an den großen Apostel Deutschlands, die das bezeugen, sind heute noch vorhanden. Der Name der hl. Lioba steht am 28. September im Martyrologium Romanum.
Dargestellt wird die Heilige als Benediktinerábtissin mit Buch, auf dem eine Glocke liegt; von Blitzen umzuckt, die sie einst abgewehrt hat.
Lioba stammte aus einer vornehmen angelsächsischen Familie. Ihr eigentlicher Name war Truthgeba – ‚Gottesgabe', denn ihre Eltern hatten lange Zeit auf das Kind warten müssen. Ihre Mutter Ebba, durch die sie mit dem hl. Bonifatius verwandt war, gab ihr den Beinamen Lioba, weil sie ihr besonders ‚lieb' war. Und so nannten sie auch später die ihr unterstellten Nonnen, deren Verehrung und Liebe sie allezeit besaß. Lioba erhielt eine klösterliche Erziehung. Um 735 weilte sie in dem berühmten Benediktinerinnenkloster Wimborne in Dorsethire, das damals unter der Leitung der begnadeten Äbtissin Tetta stand. Hier wurde Lioba eingekleidet. Zeit ihres Lebens verband Lioba mit Bonifatius eine zarte Freundschaft. Ein besonders reizendes Zeugnis in Form eines Briefes an den Heiligen ist uns erhalten geblieben. Lioba schreibt darin: „Ich bin die einzige Tochter meiner Eltern und wenn ich dich, so unwürdig ich dessen bin, an Bruder Statt erhalten könnte, wäre ich sehr glücklich, weil ich zu keinem andern Menschen aus meinem Geschlecht ein solches Zutrauen habe wie zu dir." Sie folgte dann bald dem Rufe des hl. Bonifatius, der sich, wie man weiß, zur Mitarbeit an der Missionierung Deutschlands Klosterfrauen aus seiner Heimat kommen ließ, unter denen sich auch die hl. Walburga (s. 25. Februar), die ebenfalls in Wimborne erzogen worden war, befand.
Lioba sollte nicht mehr nach England zurückkehren. Sie gab sich der ihr gestellten Aufgabe mit allen Kräften hin. Bonifatius ernannte sie zur Äbtissin von Tauberbischofsheim und vertraute ihr die Oberaufsicht über die von dort gegründeten Töchterklöster an. „Lioba regierte ihr Kloster im wahren Geiste des hl. Benedikt mit Bescheidenheit und Freundlichkeit und hielt ihre Nonnen gleicherweise zur Handarbeit wie zum Studium an", sagte ihr Biograph. Sie war frei von Stolz, liebreich, umsichtig und geduldig und verband mit ihrem klaren Verstand ein zutiefst heiteres Wesen. Als bedeutende Lehrerin und Erzieherin erfreute sie sich der Zuneigung ihrer Nonnen; auch am Hofe Karls des Großen war sie gern gesehen und wurde eine treue Freundin seiner Gemahlin Hildegard.
Ehe Bonifatius zu seiner letzten Missionsreise nach Friesland aufbrach, ließ er seine Verwandte nach Mainz kommen und befahl Lioba dem Schutz des hl. Lullus, denn er fühlte, daß sein Tod nicht mehr weit sei. Nach seinem Märtyrertod wirkte die hl. Äbtissin noch lange. Im Alter zog sie sich auf das königliche Gut Schornsheim bei Mainz zurück. Nur einmal noch verließ sie ihre Zufluchtsstätte.

Als Hildegard sich in Aachen aufhielt, wollte sie einmal noch Lioba sehen. Und sie kam, es sollte tatsächlich das letzte Zusammentreffen der beiden sein, denn kurz darauf, am 28. September des Jahres 782 (nach anderen 779), starb Lioba. Ihre Base, die hl. Thekla, war Äbtissin von Kitzingen und wahrscheinlich auch von Ochsenfurt.

Legende

Bekannt ist die Legende, weshalb die hl. Lioba auf ihrem Buch eine Glocke trägt. Ihre Mutter nämlich wähnte, als sie das sehnsüchtig gewünschte Kind erwartete, eines Nachts im Traume, sie gebäre eine Glocke, deren Schall über die ganze Erde tönte. In diesem schönen Bild zeigte Gott ihr im voraus, vor welche Aufgaben ihre Tochter gestellt werde und wie voll und ganz sie dieselben ausführen würde. Ist eine Frau wie die hl. Lioba, die in einem fremden Land so viele junge Menschen im Sinne des Herrn geführt und geleitet hat, nicht einer Glocke gleich, deren unüberhörbarer Ton weit hinaus schallt?

Der heilige Maternus

Der hl. Maternus ist der erste Bischof von Köln, über den geschichtlich beglaubigte Nachrichten vorliegen. Die Quellen erwähnen seinen Namen zu Beginn des 4. Jahrhunderts. Er soll gleichzeitig mit Köln auch Bischof von Trier und Tongern gewesen sein. Daher wird er mit drei Infuln oder mit einer dreitürmigen Kirche dargestellt. Die im 9. Jahrhundert entstandene Legende – sie wurde von Petrus Canisius noch für Wahrheit gehalten – machte ihn zum Sohn der Witwe von Naim, den Christus vom Tode erweckte. Danach sei er ein Schüler des hl. Apostels Petrus geworden und wäre von diesem zusammen mit dem hl. Eucharius, dem ersten Bischof von Trier, und dem hl. Valerius, dem zweiten Bischof von Trier, zur Missionierung an den Rhein gesandt worden. Seine Reliquien ruhen im Dom zu Trier. Er ist Patron gegen ansteckende Krankheiten und Fieber und wird angerufen für das Gedeihen des Weinstocks. Im Rheinland ist seine Verehrung allgemein.

Legende

Wunderbares berichtet die Legende von dem Heiligen. Nachdem der Apostelfürst Petrus selbst den Maternus und zwei Gefährten mit Namen Eucharius und Valerius von Rom ausgesandt hatte, damit sie den heidnischen Germanen am Rhein das Evangelium verkündeten, gelangten sie unter vielerlei Entbehrungen ins heutige Elsaß. Durch Mißerfolge und

Strapazen körperlich und seelisch erschöpft, erkrankte Maternus, legte sich nieder und starb. Die beiden Gefährten aber zogen verzweifelt zurück nach Rom, um dem hl. Petrus vom Scheitern ihrer Mission zu berichten. Der Apostelfürst erschrak, warf sich auf die Knie und flehte zum Herrn um Erleuchtung und Hilfe. Diese ward ihm im Traum. Er übergab Valerius und Eucharius seinen Bischofsstab und wies die beiden an, zum Grabe des Entschlafenen zurückzukehren und ihn aufzuwecken, da es noch nicht Zeit sei, zu ruhen. Sie taten vertrauensvoll, was Petrus ihnen befohlen, berührten den unverwest und wie schlafend daliegenden Maternus mit dem Stab. Da öffnete der Abgeschiedene die Augen und stand auf. Auf dieses Wunder hin kamen die Leute in Scharen herbei und ließen sich von den drei Gottgesandten taufen.

Nachdem sie ihr Werk getan, zogen sie weiter nach Trier und bekehrten dort das Volk zum Christentum. Der hl. Petrus hörte davon und entsandte Botschaft, daß er Eucharius zum ersten Bischof dieser Stadt erhebe. Den Stab aber, den sie in Rom erhalten hatten, sollten sie auf sein Geheiß in der Kirche von Trier niederlegen, während der Bischof von Rom bis auf den heutigen Tag keinen Bischofsstab führt. Noch heute findet man in der Schatzkammer des Trierer Doms die kostbare Hülle des Petrusstabes, während der Stab selbst im Dom von Köln aufbewahrt wird. Wie das geschah, wird aus folgendem klar. Maternus, den Eucharius zum Priester geweiht hatte, ging von Trier nach der Stadt der Kaiserin Agrippina am Rhein. Dort predigte er das Evangelium mit beredten Worten, so daß das Volk die heidnischen Tempel alsbald einriß. Dafür errichtete Maternus mit Gottes Hilfe zwei Kirchen, die eine dem hl. Petrus zu Ehren vor der Stadt, wohinein er seinen Stuhl setzte; aus ihr entstand der alte Kölner Dom. Die andere inmitten der alten Römerstadt weihte er der Gottesmutter Maria; an ihrer Stelle erhebt sich die Kirche St. Cäcilien. Während der Umbauten an dieser Kirche im 19. Jahrhundert wurde die alte Krypta mit dem Maternusaltar freigelegt; im Zweiten Weltkrieg erlitt die Kirche starke Bombenschäden.

Nach seinem Tode entstand zwischen den drei Städten Köln, Trier und Tongern ein Streit, wer von ihnen den Leichnam dieses wahrhaft guten Hirten in ihren Mauern bewahren dürfe. Da sie sich nicht einigen konnten, ließen die Kölner auf Befehl eines Engels, der ihnen in Gestalt eines alten Mannes erschienen war, ein Boot zu Wasser, betteten die sterbliche Hülle ihres Bischofs hinein und siehe da, das Boot schwamm zum Erstaunen aller ungelenk von diesem Orte gegen den Strom. Damit bekundete Gott, daß sein treuer Diener rheinaufwärts begraben werden wolle. Da jubelten die Trierer und nahmen die kostbaren Reliquien mit sich fort in ihre Stadt und setzten sie in dem gleichen Grabe bei, in dem auch Eucharius und Valerius lagen, so daß die drei Ausgesandten im Tode wieder vereint wurden; da harren sie zusammen des Tages ihrer Auferstehung. An dem Ort aber in Köln, von dem aus das Boot seine eigenwillige Fahrt angetreten hatte, erbauten die Kölner trauernd eine Kirche und nannten sie Ruwenkirchen, Rodenkirchen. Daselbst findet man auch heute noch dicht am Rheinufer das alte Kirchlein St. Maternus.

Die heiligen Protus und Hyacinthus *(Gedenken: 11. September)*

Im römischen Meßbuch ist unter dem Datum des 11. September das Fest der beiden hll. Märtyrer Protus und Hyazinth verzeichnet; die Kirche begeht es seit 354. Die römischen Märtyrer wurden wahrscheinlich um 303 während der diokletianischen Verfolgung um ihres Glaubens willen hingerichtet. Wie die Öffnung ihres unversehrten Grabes in der Hermeskatakombe an der alten Via Salaria in Rom im Jahre 1845 ergab, wurden sie durch Feuer getötet oder ihre Leichen nach der Hinrichtung verbrannt. Ihre legendäre Leidensgeschichte, die wohl später entstand, bringt sie mit der hl. Eugenia in Verbindung und verlegt ihr Martyrium unter Valerian (um 258).
Hier sei deshalb die Legende der beiden hl. Märtyrer wiedergegeben, die indes so innig mit der hl. Eugenia verbunden ist – ihr Fest ist am 25. Dezember –, daß wir sie nur im Zusammenhang mit der ihren erzählen können. Die ‚Legenda aurea' hat sie der Überlieferung zufolge aufgezeichnet.

Legende

Prothus und Hyazinthus waren Diener der Eugenia, einer Tochter des Philippus, jenes edlen Römers, der vom Senat zum Statthalter von Alexandrien bestellt war. Protus und Hyazinth aber waren ihr beim Studium der Philosophie als Genossen zugesellt, denn Eugenia war in allen freien Künsten und Wissenschaften gleichermaßen bewandert, und ihre Gefährten hatten es darin ebenfalls zu großer Vollkommenheit gebracht. Da kam Eugenia die Lehre des hl. Paulus in die Hände, von der ihr Herz angerührt ward, und sie begann sich für den Christenglauben zu interessieren. In dieser Zeit war es den Christen erlaubt, im Umkreise der Stadt Alexandria zu wohnen. Nun geschah es, daß Eugenia einmal mit ihren Dienern ausging und in ein Dorf kam, wo sie die Christen singen hörte: „Alle Heidengötter sind böse Geister, Gott der Herr allein hat Himmel und Erde geschaffen." Da sprach Eugenia zu Protus und Hyazinth, den Gesellen ihrer Weisheit: „Haben wir nicht mit Fleiß die Schlüsse der Philosophen ergründet und kennen die Gründe des Aristoteles und die Idee Platons und die gute Lehre des Sokrates? Aber was die Poeten gesungen und die Weltweisen erdacht haben, wird hiervon zunichte. Zwar bin ich von Geburt her eure Herrin, doch hat mich die Weisheit zu eurer Schwester gemacht, darum fordere ich euch auf: laßt uns Geschwister sein und Christus nachfolgen!" Dieser Rat gefiel den beiden wohl. Nun kleidete sich Eugenia in Mannskleider und begehrte mit ihren Gesellen Einlaß in dem Kloster, dem Helenus vorstand. Diesem aber hatte Gott kund getan, daß Eugenia kein Mann war, denn er sagte: „Du nennst dich zu recht einen Mann, denn du handelst gar männlich für ein Weib." Sie nahm also mit Protus und Hyazinth zusammen das Mönchsgewand und wurde Bruder Eugenius genannt. Als aber ihre Eltern den Wagen leer heimkommen sahen, darin sie gesessen, waren sie sehr traurig und ließen ihre Tochter überall suchen. Doch fand man sie nirgends. Die Weisen sagten auf ihre Frage, sie müsse von den Göttern unter die Sterne versetzt sein. Eugenia verharrte aber mit ihren Gesellen im Kloster in der Furcht Gottes. Und als der Prior tot war, wählte man sie an seiner Statt.

Nun lebte in Alexandrien eine Frau, Melancia mit Namen, die war von Bruder Eugenius, den sie für einen Mann hielt, geheilt worden. Da sie die zarte Schönheit seiner Jugend sah, entbrannte sie in Liebe zu ihm. Deshalb stellte sie sich wieder krank und sandte zu Eugenius, damit er sie besuche. Als er kam, bekannte sie ihm, daß sie ihn liebe, fiel ihm um den Hals und küßte ihn. Bruder Eugenius aber machte sich unwillig los von ihr und nannte sie eine Tochter der Finsternis, eine Freundin des Teufels, ein Futter der Begierde. Als das Weib sah, daß er sie verschmähte, sann sie darauf, sich zu rächen und ging zum Statthalter Philippus und klagte Eugenius an, daß er ihr Gewalt habe antun wollen. Sie gab ihre Magd zum Zeugnis an, die auf ihren Hilferuf in die Kammer gekommen sei und sie gerettet habe. Der Statthalter ließ nun Eugenia und die anderen Diener Christi mit Ketten binden und vor sich führen und setzte einen Tag fest, an dem sie den wilden Tieren vorgeworfen werden sollten. „Hat euch euer Christus gelehrt, daß ihr Böses tun sollt an unseren Frauen?" Da trat Eugenia vor, verbarg ihr Antlitz, damit er sie nicht erkennen konnte und sprach: „Unser Herr hat uns Keuschheit gelehrt und denen das ewige Leben versprochen, die ihre Reinheit hienieden bewahren." Weil die Magd aber wider sie aussagte und alles andere Hausgesinde der Melancia dazu, denn sie waren von ihr bestochen, rief Eugenia laut: „Die Zeit des Schweigens ist vorüber, die Zeit des Sprechens ist gekommen. Ich will nicht, daß dieses Weib die Diener Christi derartiger Missetaten zeiht. So will ich die Wahrheit sagen um der Ehre Gottes willen, nicht um meinetwegen." Mit diesen Worten zerriß sie ihr Gewand vom Haupt bis zu den Füßen und stand als Frau da. Sie nannte alsbald den Statthalter Vater und seine Gattin Mutter und ihre Geschwister mit Namen und zeigte ihnen Protus und Hyazinth, die ihre Gefährten gewesen von Kindesbeinen an. Philippus aber umarmte seine verloren geglaubte Tochter mit großer Freude und alle weinten sehr. Eugenia wurde in Gold gekleidet und mit Ehren überhäuft, Melancia dagegen vom Feuer verzehrt mit allen denen, die falsches Zeugnis abgegeben hatten. Hiernach bekehrten sich Eugenias Vater und Mutter, ihre Brüder und das ganze Haus zum Christenglauben. Der Vater aber entsagte seines Amtes und wurde von den Christen zum Bischof gewählt. Er wurde später von den Ungläubigen getötet. Eugenia begab sich mit ihrer Mutter und ihren Brüdern nach Rom und bekehrte viele Menschen zu Christus. Auf des Kaisers Gebot wurde sie deswegen an einen großen Stein gebunden und in den Tiber geworfen. Doch fiel der Stein von ihr ab, und sie wandelte unversehrt aus dem Wasser. Dann wurde sie in einen glühenden Ofen gestoßen, der alsbald erlosch. Dann wurde sie in einen finsteren Kerker eingeschlossen; aber ein helles Licht leuchtete ihr. Als sie dort zehn Tage ohne Nahrung gelegen hatte, kam unser Herr selbst zu ihr und brachte ihr ein schneeweißes Brot. Am Weihnachtstage schließlich wurde der Henker zu ihr gesandt und schlug ihr das Haupt ab.

Protus und Hyazinth aber wurden zum Göttertempel geführt, da zerstörten die christlichen

Jünglinge das Bild durch ihr Gebet, und weil sie nicht opfern wollten, schlug man ihnen das Haupt ab. So gingen sie alle drei, mit der Märtyrerkrone geschmückt, ein in die Herrlichkeit des Himmels.

Der heilige Johannes Chrysostomus

Er ist einer der vier großen Kirchenlehrer der Ostkirche und wird heute noch von den Gläubigen in Ost und West tief verehrt. Im besten Sinne volkstümlich, erhielt Johannes, Patriarch von Konstantinopel, später den Beinamen ‚Chrysostomus', zu deutsch ‚Goldmund', weil er durch eine überragende Redebegabung ausgezeichnet war. Viele seiner Predigten, Briefe und Schriften besitzen wir noch heute: immer bleibt er darin Redner, „immer spürt man die Absicht, auf irgendeinen zu wirken, sich unmittelbar an den Menschen zu wenden". Mehr Moralist als Theologe, hatte er unablässig die praktischen Schwierigkeiten vor Augen, mit denen man jeweils im Kampf lag. „... Man spürt immer die Absicht, daß seine Hörer, das einfache Volk, seine Lehren und Auslegungen begreifen sollten, immer benutzt er praktische Beispiele, behandelt seine Themen in konkret faßbarer Weise anstatt sich in theoretischer Gelehrsamkeit zu verlieren." (Hello)

Seine asketisch-moralischen Abhandlungen bilden die älteste ‚asketische Handbibliothek' für die verschiedenen christlichen Stände; als die bedeutendste gilt die Schrift über das Priestertum in sechs Bänden. Wahrhaft weise, stark und gütig muß dieser große Bischof gewesen sein! Sein Leib, der zunächst in der Apostelkirche in Konstantinopel beigesetzt worden war, kam später nach St. Peter in Rom. Die Kirche feiert sein Fest am 13. September, dem Tage der Translation seiner Gebeine. Dargestellt wird der hl. Johannes Chrysostomus als griechischer Bischof mit Evangelienbuch, Bienenkorb, Engel, Taube.

Johannes stammte aus Antiochia, also aus einer Großstadt des Altertums. Er wurde um 344 geboren. Sein Vater, ein höherer Offizier, starb früh. Seine Mutter erzog ihn im christlichen Glauben, doch erhielt Johannes, wie es damals üblich war, seine Taufe erst als Erwachsener. Nach Abschluß seiner Ausbildung gab Johannes sehr bald seinen ursprünglichen Plan, Anwalt zu werden, auf und wandte sich der geistlichen Laufbahn zu. Er wurde zum Lektor geweiht. Aber nach dem Tode seiner Mutter zog ihn zunächst das zu dieser Zeit in Syrien so stark verbreitete mönchische Leben in seinen Bann: er wanderte in die Berge, suchte sich eine Höhle und wurde Asket. Mit großer Hingabe widmete er sich jahrelang schweren geistlichen Übungen und strengem theologischem Studium. Da seine zarte Gesundheit unter den übergroßen Entbehrungen stark gelitten hatte, kehrte Johannes im Winter 380/81 in die Stadt zurück.

Hier empfing er die Priesterweihe und wurde Diakon. Zwölf Jahre arbeitete er seelsorgerisch für die Gemeinde; daneben betätigte er sich literarisch. Bald schon trat Johannes als glänzender Prediger hervor. Neben stürmischem Beifall seiner zahlreichen Zuhörer mußte er aber auch wegen seiner großen Strenge scharfe Kritik hinnehmen. Mehrere Stenographen pflegten seine Predigten mitzuschreiben, „immer wieder brauste der Beifall und ein lautes Händeklatschen durch die Kirche, wenn er sprach". „Das Predigen macht mich gesund; sobald ich den Mund aufmache, ist alle Müdigkeit überwunden", schrieb der oft kränkelnde Gottesmann. Köstlich sind die Beispiele aus seinen Predigten, die immer aufs praktisch Durchführbare zielen: „Nichts hindert eine Frau, während sie am Spinnrocken sitzt oder ihre Leinwand aufzieht, ihre Gedanken auf den Himmel zu richten und Gott mit Inbrunst anzurufen. Nichts hindert einen Mann, aufmerksam zu beten; und wenn er etwa in seinem Laden sitzt und Felle näht, so kann er doch gleichzeitig dem Herrn sein Herz darbringen. Der Sklave auf dem Markt, auf seinen Gängen, in seiner Küche, wenn er nicht zur Kirche gehen kann, ist doch unbehindert, ein aufmerksames und heißes Gebet zu sprechen; nicht der Ort ist es, dessen man sich vor Gott zu schämen hat..."

Ganz wider seinen Willen und eigentlich infolge einer List erhob man den einfachen Priester im Jahre 398 auf den erzbischöflichen Stuhl von Konstantinopel. Es geschah auf Wunsch des Kaisers Arkadius, der unter dem Einfluß seines Günstlings Eutrop stand. Theophil, der Patriarch von Alexandrien, der sich selbst um diesen Posten bemüht hatte, mußte auf Befehl des Kaisers selbst die Weihe vornehmen. Als Hofprediger hatten seine Gottesdienste noch mehr Zulauf. Sogleich wandte Chrysostomus sich den Aufgaben zu, die mit dem neuen Amt verbunden waren. Da die Damen des Hofes ihm reichliche Mittel zur Verfügung stellten, vermochte er eine wohlorganisierte Fürsorge für die Armen seiner Diözese einzurichten. Es entstanden Spitäler und Wohlfahrtshäuser. Vordringlich schien dem neuen Erzbischof die Abschaffung der schlechten Sitten des Klerus. Er enthob unwürdige Priester unnachgiebig ihres Amtes, und in offener Rede tadelte er die Mißstände am Hofe. Aber nicht nur in Konstantinopel selbst, sondern auch darüber hinaus griff er unerschrocken ein: überall, wo er Sittenlosigkeit und Verwahrlosung antraf, setzte er seine strenge Neuordnung durch. Das Volk bewunderte und liebte ihn, aber seine Sparsamkeit mißfiel bei Hofe, der im Luxus lebte. Nach dem Sturz des Eutrop gelang es den Gegnern, denen sich die Kaiserin Eudoxia anschloß, auf der sogenannten ‚Eichensynode' Johannes, den unbequemen Kirchenmann, abzusetzen. Der schwache Kaiser unterzeichnete den Beschluß und schickte seinen Bischof in die Verbannung. Das Volk geriet daraufhin in Aufruhr, aber der Oberhirte ermahnte die Menschen zur Ruhe und Ergebung und ließ sich von den Soldaten des Kaisers in der Nacht abführen. Eudoxia hatte in der gleichen Nacht eine Fehlgeburt. Sie glaubte darin eine Strafe Gottes zu erblicken und bat den Kaiser, den Bischof augenblicklich zurückzurufen. Chrysostomus begab sich erneut an seine Pflicht, als ob nichts geschehen wäre. Jedoch lange ließ man ihn nicht ungeschoren. Um ihn loszuwerden, unterschob man ihm erneut Anschuldigungen gegen den Hof, vornehmlich gegen die Kaiserin. Der Kaiser unterzeichnete einen neuerlichen Verbannungsbefehl, und nachdem der Heilige die ihm treu gebliebenen Geistlichen ermahnt und das Volk getröstet hatte, wurde er ein zweites Mal aus der Stadt gebracht. Die Soldaten schleppten den sehr bald von schlechter Behandlung, Müdigkeit und Kälte Geschwächten über die Steppe gen Kukusus in Armenien. Unterwegs verfaßte er zahlreiche Briefe, die seine Freunde und seine verlassenen Gemeinden über sein Schicksal trösten und beruhigen sollten. Am Bestimmungsort endlich angelangt, fand er eine Zeitlang Ruhe. Doch seine Botschaften an die zurückgebliebenen Glaubensbrüder rissen nicht ab. Um seinen starken Einfluß endgültig zu unterbinden, brachte man ihn erneut an einen anderen Ort. Auch hierhin folgten ihm viele, die ihn sehen, sprechen und hören wollten. Nun schickte Konstantinopel Befehl, den unbequemen Gottesmann weithin an des Reiches Grenze, ans Schwarze Meer, nach Pityus, zu bringen. Diesen beschwerlichen Fußmarsch überlebte der Heilige nicht mehr. Unweit von Koman erlag er den Strapazen am 14. September 407.

Legende

Von diesem aufrechten Wächter über strenge Sitte und ein kräftiges geistliches Regiment wird mancherlei erzählt. So sandte einmal der Barbar Gainas, ein armenischer Ketzer, mit dem Johannes ein Rededuell gehabt hatte, in dem er ihn besiegte, da dieser in der Finsternis seiner Seele nach der Herrschaft trachtete, seine Barbaren in des Kaisers Palast, um ihn anzuzünden. Da aber wurde offensichtlich, wie Johannes nicht nur über strenge Sitte, sondern über die ganze Stadt wachte; denn es erschienen den Kelten eine große Schar Engel in Gestalt eines Kriegsheeres, die schlugen sie alsbald in die Flucht. Als sie das ihrem Herrn meldeten, wunderte dieser sich sehr, denn er wußte, daß des Kaisers Heer an einem anderen Orte lag. In der nächsten Nacht sandte er seine Leute wieder aus, da wurden sie abermals von der Engelserscheinung geschlagen. Zuletzt ging er selber hin und sah das Wunder und floh. In seiner Wut ob des vereitelten Anschlags sammelte er ein großes Heer und verwüstete alles Land, und alle fürchteten sich vor seiner barbarischen Wildheit. Da bat der Kaiser den hl. Johannes, er solle als Bote und Gesandter den Feind versöhnen. Der Heilige machte sich ohne Furcht auf, und als Gainas das sah, wurde er anderen Sinnes und zog ihm entgegen. Und er nahm seine Hand und legte sie auf seine Augen und befahl seinen Soldaten, die Knie des Chrysostomus zu küssen. Denn die Macht des Heiligen war so groß, daß er auch die Wildesten zu Demut und Furcht zwingen konnte.

Die heilige Notburga

(Gedenken: 13. September)

Die Heilige gehört zu den Nothelfern und ist Patronin aller Dienenden und der Arbeitsruhe, sie bewahrt vor Viehkrankheiten und allen Nöten der Landwirtschaft. Sie wird insbesondere im gläubigen Tirol verehrt. Notburga hat vorgelebt, daß alle Stände, alle Arbeiten – in der Liebe getan – vor Gott ebenbürtig sind.

Die hl. Notburga wurde zu Rattenberg am Inn um 1265 als Tochter eines Hutmachers geboren, und ihr Geburtshaus mit dem schlanken Erker steht noch an der Hauptstraße des kleinen Städtchens. Sie war ein braves, frommes Mädchen, das sein Leben als Magd in fremden Diensten verbrachte. Schon mit achtzehn Jahren kam Notburga in den Dienst des Herrn von Rottenburg. Heute liegen die Trümmer der Burg hoch über Rotholz am Berg, unter hohen Buchen verborgen, so daß der Ort vom Tal aus nicht mehr zu sehen ist. Die mildtätige und freundliche Herrschaft erlaubte dem Mädchen, Armen und Kranken zu helfen, denn wegen ihrer Tüchtigkeit hatte man ihr bald das Amt der Wirtschafterin übertragen. Doch nach dem Tod der Herrin zog ihre Schwiegertochter ein, eine herrische, unangenehme Dame, die Notburga streng verbot, Almosen zu geben. Mit ihr endete auch das religiöse Leben auf der Burg. Heimlich trug die Magd – wie einst die hl. Elisabeth von Thüringen (s. 19. November) – die Reste der Mahlzeiten und das, was sie sich selbst vom Munde abgespart hatte, aus der Burg und verteilte es an ihre Schützlinge. Auch diese Gänge der Liebe suchte die harte Herrin ihr durch Beschimpfungen, Bosheiten, Verdächtigungen zu verleiden. Schließlich blieb Notburga nichts mehr anderes übrig, als ihre Stelle auf dem Schloß aufzugeben. Sie trat bei einem Bauern in Eben, einem kleinen Weiler unter der Rofan, als Haus- und Stallmagd in Dienst. Beim Antritt stellte sie eine Bedingung: am Vorabend eines jeden Sonn- und Feiertags sollte sie beim Gebetläuten die Arbeit niederlegen dürfen, um sich im nahen Rupertikirchlein durch Beichte und stilles Gebet auf den Empfang der heiligen Eucharistie vorzubereiten.

Auf Schloß Rottenburg war seit Notburgas Weggang kein rechtes Glück mehr. Kummer und Sorge, Krankheit und böse Zwietracht suchten das gräfliche Haus heim. Als Notburga davon hörte, daß ihre frühere Herrin schwer erkrankt darniederlag, vergaß sie alles Böse und bat ihren Dienstherrn sogleich um Urlaub, um der Gräfin beizustehen. Unter ihrer aufopfernden Pflege änderte sich deren harter Sinn. Sie bekannte sich aufrichtig zu Gott und starb als reuige Büßerin. Danach ging Notburga wieder zu dem Bauern zurück. Doch bald schon kehrte sie auf Bitten des Grafen Heinrich auf das Schloß zurück. Dort lebte die treue Dienerin noch fast zwei Jahrzehnte; nach ihrem Einzug waren auch alsbald Friede und Segen zurückgekehrt. Kein Armer wurde von nun an mehr vom Hof gehetzt.

Als die Stunde des Todes gekommen war, entschlief die hl. Magd Notburga am 14. September 1313. Sie fand ihre letzte Ruhestätte in der von ihr so geliebten Rupertikapelle. Spätere Zeiten erbauten über dem Grab eine größere Kirche, zu deren Bau ganz Tirol beisteuerte und kein geringerer als Kaiser Maximilian zeichnete ihr Grab durch reiche Schenkungen aus. 1718 wurde die Heilige exhumiert, und heute steht ihr Skelett in ein weißes Brokatkleid gekleidet, in der Mitte des Hochaltars der hübschen, reichstukkierten Kirche, deren Deckenbilder uns das Leben der Heiligen in frischer Natürlichkeit schildern.

Die Begebenheit ihrer Erhebung schildert uns Professor Hugo Rahner anhand der Akten im Tratzberger Archiv wie folgt: Die Grafen von Tannenberg betrachteten sich in ihrer Eigenschaft als Inhaber der Lehensherrschaft Rottenburg auch als die Erben der frommen Verehrung zur hl. Magd Notburga. Im Jahre 1735 entschloß sich die Familie, die alte Kirche in Eben zu verschönern und die Gebeine der Heiligen im Geschmack des barocken Reliquienkultes zu schmücken. Am 19. Oktober 1735 wurden die Reliquien erhoben und in feierlichem Zug in den Tannenbergischen Palast zu Schwatz übertragen ... Tausende von Betern säumten alle Straßen. Die Reliquien wurden den frommen Damen aus dem Hause Tannenberg übergeben, die sie nun in Goldfäden und Wachsperlen köstlich zu fassen hatten. Die Gräfin Maria Anna widmete sich mit ihrer Mutter und Schwester Helena Sternbach eifrig diesem Werk, nicht ohne vorher einen heiligen Eid getan zu haben: „Ich, Maria Anna, Gräfin zu Tannenberg, schwöre zu Gott und allen seinen Heiligen, daß ich von dem hl. Gebein nichts entziehen, andertens kein anderes oder fremdes Gebein unter solche einrucken, drittens dieselbe auch von anderwärtiger Einziehung oder Verunehrung sorgfältig bewahren werde.“ Nun hob eine Arbeit von drei Jahren an, in Eben stieg die neue Kirche empor, und die Gräfinnen gaben sich eine fast anatomische Mühe, den Leib der Jungfrau Notburga so echt und sichtbarlich als möglich zusammenzusetzen und zu schmükken. Im September 1738 wurde das glanzvolle Fest der Heimführung nach Eben gefeiert.

Legende

Um dieses einfache und tugendhafte Mädchen ranken sich besonders köstliche Legenden, die uns zeigen, daß die Gnade Gottes auf ihr ruhte. Nachdem Notburga von der neuen Schloßherrin das Wohltun untersagt worden war, überraschte sie der Ritter einmal, als sie heimlich etwas von den Resten der Mahlzeiten, die sie in den Hundezwinger schütten sollte, zu ihren lieben Armen ins Tal hinuntertragen wollte. Er verlangte zornig, den Inhalt ihrer Schürze zu sehen. Notburga gehorchte, und siehe da, der Rottenburger sah nur Hobelspäne und eine Flasche mit Lauge.

Ein anderes Wunder, das in der Kunst immer wieder dargestellt worden ist, ereignete sich, als der Bauer, bei dem sie arbeitete, ihr einmal zur Erntezeit befahl, trotz des gerade einsetzenden Avegeläutes an einem Samstagabend mit der Arbeit fortzufahren, damit die Zeit genutzt und die Ernte eingebracht werden könne. Notburga, im Zweifel, was sie tun solle, bat Gott um Rat, warf ihre Sichel gegen den Himmel und rief: „Diese Sichel soll bezeugen, daß mein Verlangen zu recht besteht.“ Zum staunenden Schrecken aller blieb die Sichel wie aufgehängt in der Luft schweben. Von nun an wagte der Bauer nicht mehr, seine fromme Magd von der Andacht abzuhalten.

Notburga hatte gebeten, daß nach ihrem Tode ihr Leichnam auf einen mit zwei Ochsen bespannten Wagen gelegt werde, dann solle man die Ochsen laufen lassen und sie dort, wo sie stehenblieben, begraben. Und so geschah es. Schnurstracks zogen die Ochsen zum Inn hinunter, dessen Wasser sich teilten, zogen die jenseitige Paßstraße hinauf, von der aus das Tal sich in weiten Kulissen und im Glanz seiner schneebedeckten Berge dem Blicke öffnet und hielten erst an, als sie vor der Rupertikapelle in Eben standen, wo die Heilige so oft gebetet hatte und nun bestattet wurde.

Der heilige Robert Bellarmin *(Gedenktag: 17. September)*

Mehrere Heilige mit Namen Robert kennt die Kirche. Einmal Robert von Molesme, Benediktinerabt und Gründer der Abtei Molesme in Frankreich sowie des Stammklosters der Zisterzienser von Citeaux; sein Fest ist der 29. April. Ferner den englischen Benediktinermönch, ersten Abt von Newminster, Robert, das durch ihn berühmt wurde, wo er auch begraben ist; Fest am 7. Juni. Schließlich den Kirchenlehrer Robert Bellarmin, einen gelehrten Jesuiten und Theologen von europäischer Berühmtheit. Er ist in S. Ignazio in Rom begraben.

Robert Bellarmin ist eine streng geschichtliche Persönlichkeit, die ihrem ganzen Wesen nach zur Legendenbildung keinen Anlaß gegeben hat. Geboren wurde er am 4. Oktober 1542 in Montepulciano bei Siena in Italien. Er stammte aus einem alten Adelsgeschlecht und war mütterlicherseits ein Neffe des Papstes Marcellus II.

Erzogen wurde er bei den Jesuiten in seinem Heimatort. Der junge Mann entschloß sich, in die Gesellschaft Jesu einzutreten. Da er über seltene Fähigkeiten verfügte, rückte er bald nach seinem Noviziat zu wichtigen Ämtern auf. Schon als Zwanzigjähriger hielt er regelmäßig vor seinen Ordensbrüdern geistliche Vorträge. Er studierte in Rom, Padua und Löwen. In diese Stadt kamen englische Protestanten, um ihn zu hören. In Löwen war es auch, wo er seine erste Dozentur antrat. Robert wurde 1570 zum Priester geweiht.

1576 berief ihn Papst Gregor XIII. als Kontroverstheologen nach Rom, wo er Vorlesungen hauptsächlich über die Glaubensinhalte der beiden Konfessionen hielt. Danach war er Lehrer und Erzieher des Ordensnachwuchses. Unter seinen Schülern war der hl. Aloisius von Gonzaga (s. 21. Juni). Großes Aufsehen erregte sein dreibändiges Werk ‚Controversiae', das 1586–93 erschien und von den Protestanten erbittert bekämpft wurde. 1594 wurde er mit der Leitung der Ordensprovinz Neapel betraut. 1597 nach Rom zurückberufen, verfaßte Robert Bellarmin seinen bis in unsere Zeit gültigen Katechismus und wurde Berater der Kurie. 1599 erhob ihn Clemens VIII. zum Kardinal. Zur Annahme dieser Würde mußte er jedoch geradezu gezwungen werden. Aufgrund seines enormen Wissens einerseits und seines besonnenen, klugen, doch dabei stets gütigen Wesens andererseits fand sich Robert bald in die Rolle des Prinzeps inter pares innerhalb des Kardinalskollegiums. Stets blieb sein persönliches Leben bescheiden und demütig.

Von 1602–05 war er Erzbischof von Capua. 1605 wieder in Rom, tat er sich hier als Gelehrter und Berater des Apostolischen Stuhles hervor. Er war ein Freund vieler Heiliger, so von Philippus Neri (s. 26. Mai), Bernhardin Realino, Franz von Sales (s. 24. Januar) und anderen. Viel geschmäht von den Gegnern Roms und der Jesuiten hatte er durch Anfeindung von dieser Seite her manches zu leiden.

Robert Bellarmin arbeitete bis zu seinem Lebensende unermüdlich. Als er das Nahen seines Todes fühlte, begab er sich im Jahre 1621 in die Einsamkeit des Noviziats der Jesuiten am Quirinal. Bereits am 17. September des gleichen Jahres starb der Kardinal. Er hinterließ nichts, weil er schon bei Lebzeiten seine Einkünfte an Arme und Notleidende, an Klöster und Studenten sowie an Hospitäler verschenkt hatte. Das Leben des Heiligen war stete Demut, denn seine ganze Willenskraft hat er immer in den Dienst Gottes und der Kirche gestellt. Von seinen hervorragenden Schriften sind besonders bekannt seine Katechismen, die oft aufgelegt und in sechzig Sprachen übersetzt wurden, sowie das Buch über ‚Die Kunst selig zu sterben'. Heiliggesprochen wurde der berühmte Prediger und Kirchenlehrer aus der Gesellschaft Jesu erst 1930, sein Fest wurde 1932 auf den 13. Mai festgesetzt. Seit 1969 wird sein Gedächtnis am 17. September gefeiert.

Die heilige Ludmilla

Böhmen besitzt vier berühmte Patrone, deren Leben und Wirken für das slawische Volk und seine kulturelle Entwicklung von ausschlaggebender Bedeutung waren. Es sind die hl. Ludmilla, der hl. Wenzel (s. 28. September), die sel. Agnes von Böhmen, Fest 2. März und der hl. Prokop, Fest 4. Juli.

Die hl. Ludmilla, deren Name, aus dem Slawischen übersetzt, ‚die vom Volke Geliebte' heißt, war zunächst keine Christin. Die Legende erzählt, daß sie und ihr Gatte Boriwoj durch den hl. Methodius (s. 14. Februar) bekehrt wurden. Boriwoj war somit der erste christliche Herzog der Böhmen. Ludmilla wurde von ihm mit der Erziehung ihres ältesten Enkels Wenzeslaus zum christlichen Herrscher betraut. Ihr frommer Einfluß legte in dem jungen Prinzen die Wurzel zu jener tief christlichen Gläubigkeit, die ihn später ein Heiliger werden ließ.

Ludmilla ist es auch zu danken, daß Böhmen sich vom heidnischen Osten ab- und dem christlichen Abendlande zuwandte. Ihre Schwiegertochter Drahomira dagegen, die dem alten Götterglauben anhing, hegte wegen des Eifers, mit dem Ludmilla das Christentum im Lande verbreitete, einen tödlichen Haß gegen die Fürstin. Als nach dem Tode Herzog Boriwojs sein Sohn Wratislaw zur Regierung kam, zog Ludmilla sich vom Hofe zurück und lebte ganz den Werken christlicher Nächstenliebe. Aber auch Drahomiras Gemahl Wratislaw wurde frühzeitig vom Tode hinweggerafft. Nun entschloß sich Ludmilla im Alter, nochmals die Führung des Landes für ihren Enkel Wenzeslaus zu übernehmen. Aber Drahomira gelang es, einen Teil des böhmischen Adels auf ihre Seite zu ziehen, so daß sich, wie die Überlieferung berichtet, auf ihr Anstiften hin zwei böhmische Edelleute fanden, die Ludmilla auf ihrem Witwensitz Tetin am 15. September 921 mit ihrem eigenen Schleier erdrosselten.

Der Leib der Heiligen wurde in Tetin begraben, unter Herzog Wenzel jedoch später in die St. Georgskirche auf der Prager Burg übertragen, wo er heute noch ruht.

Dargestellt wird die hl. Ludmilla mit Büchse, Schleier oder Strick um den Hals, so auf dem Relief in St. Lorenz in Nürnberg; im Rudolphinum in Prag zusammen mit den übrigen Patronen Böhmens; im St. Veitsdom befindet sich eine schöne Silberbüste von ihr.

Legende

Die Legende erzählt die Bekehrung und die spätere Erhebung des Leibes der hl. Slawenherzogin Ludmilla folgendermaßen:

Im Burghof von Melnik, dem Sitz des Grafengeschlechtes, dem die hl. Ludmilla entstammte, stand das Bild der heidnischen Wettergöttin Bába aufgerichtet. Zu bestimmten Zeiten pflegte das Volk sich dort zu versammeln, bekränzte und feierte es. Als das wieder einmal geschah, erschien der Einsiedler Ivan. Mit feurigen Worten verdammte er den Götzendienst und pries das Kreuz Christi. Und während er noch sprach, schritt er mutig auf das Götzenbild zu und zerstörte es vor den Augen aller. Stumm und entsetzt wich das Volk zurück und erwartete zitternd die Strafe der Götter. Aber der Einsiedler wandte sich ungehindert wieder dem Walde zu, aus dem er gekommen war. Ludmilla, die alles mit angesehen hatte, war zutiefst erschüttert. In ihrer Seele regte sich eine erste Ahnung des Lichts. Sie folgte dem Einsiedler zu seiner Klause und wurde seine Schülerin. Auf einer Jagd erblickte sie hier der Slawenherzog Boriwoj. Entzückt von ihrer reinen Schönheit, begehrte er sie alsbald zur Gattin. Sie aber verlangte von ihm, daß er sich zuvor bekehre. Nachdem er es ihr versprochen hatte, folgte sie ihm, und beide zogen mit zahlreichem Gefolge feierlich in die Kirche von Velehrad ein, wo sie Bischof Methodius taufte und traute. Das versammelte Volk folgte alsbald dem Beispiel des Herrscherpaares und bekannte sich freudig zum christlichen Glauben. Nach der Ermordung der Heiligen bemerkte das Volk zu seiner Verwunderung einen seltsamen Lichtschein, der von ihrem Grabe in Tetin ausging. Als nun die Mörderin Drahomira hiervon hörte, ließ sie rasch eine Kirche über dem Grab errichten, die auf ihren Befehl dem hl. Michael geweiht werden mußte, denn auf diese Weise hoffte sie, die beunruhigende Erscheinung auf den Engel zurückführen zu können. Doch weiterhin strahlte über dem Grabe das wunderbare Licht. Nachdem nun Wenzel zum Herzog der Böhmen erwählt worden war, befahl er, den Leichnam seiner Großmutter zu erheben. Allerdings knüpfte er daran die Bedingung, wenn er zerfallen und verfault sei, solle er an dem Orte bleiben, wo er lag. Sei er aber unzerstört, so solle er nach Prag gebracht und dort feierlich beigesetzt werden. Und siehe, als man das Grab öffnete, fand man die Heilige unversehrt und von ihrem Leibe ging ein wohlriechender Duft aus. Da führte der hl. Wenzel selbst unter dem Geleit des ganzen Volkes den Leib der hl. Ludmilla in die Georgskirche nach Prag, an welcher Stelle ein Menschenalter später (973) das erste Frauenkloster der Stadt entstand.

Am gleichen Tage wie die hl. Ludmilla feiert die Kirche das Fest des Kanon-Heiligen Kornelius, der nach einer durch die Verfolgungen des Decius bedingten mehrmonatigen Sedisvakanz zum Papst gewählt worden war. Er hatte den Heiligen Stuhl von 251-253 inne. Auf der römischen Synode von 251 schloß er das Haupt der Katharer, Novatian, der sich von seinen Anhängern zum ersten Gegenpapst hatte aufstellen lassen, aus der Kirche aus. Das Pontifikat des hl. Kornelius, der ursprünglich einfacher römischer Priester war, ist ein anschaulicher Beweis dafür, daß die päpstliche Autorität einmütig von allen Gläubigen anerkannt wurde. Das Primat des römischen Bischofs geht ausdrücklich aus dem Briefwechsel des hl. Papstes mit dem hl. Cyprian von Karthago hervor. Unter Gallus wurde Kornelius nach Civitavecchia verbannt, wo er am 14. September 253 starb, weshalb er als Märtyrer gilt. Sein Grab befindet sich in der einen der im 3. Jahrhundert entstandenen Sakramentskapellen der Kalixtuskatakombe in Rom. Reliquien des hl. Kornelius besitzen Kornelimünster bei Aachen und die St. Severinskirche in Köln.

Die heilige Hildegard von Bingen

Wenn man den Rhein von Mainz kommend abwärtsfährt, so gelangt man bald, nachdem die Berge zusammengetreten und die Fahrtrinne eng wird, an das Städtchen Bingen, das gegenüber vom weinseligen Rüdesheim liegt. Hier mündet die kleine Nahe in den großen Strom. Nahe dabei kann man einen mit Weinreben bedeckten Berg, den Rupertsberg, sehen. Hier, dem Niederwald gegenüber, ist in den Ruinen der Wunderbrunnen zu finden, den einst die hl. Hildegard gegraben. Zu dem Kloster, das hier stand, zogen vor 700 Jahren aus allen Gegenden Deutschlands alltäglich eine Menge Menschen, um wunderbare Dinge zu hören. Päpste, Kaiser, Bischöfe, Äbte und Äbtissinnen schickten ihre Boten, um von einer Nonne, die der Herr mit seinem Geist erfüllt und zur Verkündigerin seines heiligen Willens ausersehen hatte, Antwort auf ihre Fragen zu erhalten.

Hildegardis war die Tochter des Grafen Hildebert von Germersheim und wurde geboren im Jahre 1098 auf Burg Böckelheim. Von Hildegard, der ‚Wundertäterin Deutschlands', der ‚Seherin vom Rhein' stammt das große mystische Werk ‚Scivias' – Wisse die Wege – eine Bilderschau tief religiös empfundener Gedanken. Aber sie ist auch die Verfasserin des ‚Buches von den Göttlichen Werken', ferner von Dichtungen und Hymnen, Mysterienspielen und naturkundlichen sowie medizinischen Schriften. Hildegard war gleicherweise ausgezeichnet durch ihr Wissen von Theologie und Mystik, wie bewandert in Medizin, Mineralogie, Botanik, Physik und Astronomie; sie dichtete und komponierte. Sie war ein universeller Geist und eine begnadete Frau, wie es sie nur selten gibt. Doch bedurfte es eines langen Weges, bis sie es wagte, ihre Schauungen preiszugeben; erst nachdem eine himmlische Stimme ihr gebot: „Tue kund die Wunder, die du erfahren, schreibe sie auf und sprich!" – ja, und als sie auf ihr nochmaliges Zögern hin von einer schmerzhaften Lähmung befallen wurde, überwand die heilige Nonne ihre Scheu, die sie bis in ihr vierzigstes Lebensjahr davon abgehalten hatte, anderen ihre inneren Gesichte mitzuteilen.

Als kleines Mädchen schon hatte Hildegard Dinge gesehen und Worte vernommen, die nicht von dieser Welt waren. Damals erzählte sie noch in kindlicher Natürlichkeit darüber. Schon frühzeitig hatten die Eltern ihr kränkliches, in sich gekehrtes Kind zu einer Tante, der heiligmäßigen Äbtissin Jutta von Sponheim, auf den Diesibodenberg gebracht, die hier mit einigen Schülerinnen ein Gott geweihtes Leben führte. Bei ihr wurde Hildegard in den Anfangsgründen der lateinischen Sprache unterwiesen, hier lernte sie Handarbeiten und die Pflege der Musik. Der fromme Ort entwickelte sich bald zu einem Benediktinerinnenkloster. Hildegard empfing aus den Händen Ottos von Bamberg selbst die Weihe zur Benediktinerin. Längst schon schwieg sie über ihre mystischen Gesichte. Als Gräfin Jutta starb, wählten die Nonnen Hildegard zu ihrer neuen Äbtissin. Die kleine Ordensgemeinde hatte sich inzwischen erheblich vergrößert. Bald machte der ständige Zuwachs an Schwestern die Verlegung des Klosters auf den Rupertsberg notwendig, was die hl. Hildegard in ihrer Eigenschaft als Äbtissin nach vielen Hindernissen 1147 durchsetzte. Von dem Augenblick an, da die Heilige ihre Visionen auf göttliche Weisung hin preisgab und schriftlich – meist vermittels Diktats – niederlegte, beschäftigte sich der Klerus mit ihnen. Der Erzbischof von Mainz ließ sie eingehend untersuchen und prüfen. Auf dem Konzil zu Trier im Jahre 1148 wurden Hildegards Schriften Papst Eugen III. vorgelegt. Gemeinsam mit den anderen anwesenden Bischöfen prüfte man sie nochmals und gab Hildegard die Anweisung, ihre Gesichte auch fürderhin schriftlich niederzulegen, damit sie das Ansehen der Kirche mehren helfe.

Hildegard übte neben ihrer schriftstellerischen Tätigkeit ihr Amt als Äbtissin und kluge Ordensfrau unermüdlich und tatkräftig aus. Sie kümmerte sich um Klosterbau und Güterverwaltung und war außerdem als größte Ärztin ihres Jahrhunderts tätig. Tausende kamen zu ihr und gingen sie um Rat an. Mit seltenem Freimut erhob die Seherin ihre Stimme und rief zu Umkehr und Besserung auf. Alle ihre Ermahnungen enthalten tiefe Weisheit, alle sind von großer Kühnheit geprägt; vielen enthüllte sie die Zukunft und die drohenden Gerichte Gottes, und viele nahmen sich ihre Worte zu Herzen und bekehrten sich. Die Sorge um das Reich Gottes veranlaßte Hildegard zu ungewöhnlichem Tun: sie verließ die Klosterzelle und unternahm große Missionsreisen nach Franken, Würzburg und Bamberg, wo sie in eigener Person mit flammender Rede predigte; sie reiste moselaufwärts nach Trier und Metz und rheinabwärts nach Maria Laach, an die Ruhr, nach Köln. Ihr Eifer ließ sie nicht ruhen. In unerhört offener Sprache geißelte sie alle Mißstände, vor allem die allgemein herrschende Zuchtlosigkeit, und forderte die Menschen immer wieder zur Buße auf. Aber Hildegard teilte das Los aller Propheten, sie wurde angegriffen und verleumdet.

Über 40 Jahre leitete sie mit viel Geschick ihr Kloster. Bald darauf läuteten die Glocken zum Heimgang der hl. Nonne. Ungeachtet ihrer vielen körperlichen Leiden, ihrer unablässigen Arbeit, ihrer strengen Buße und Askese erreichte Hildegard das gesegnete Alter von 81 Jahren. Jesus hatte ihr den Tag ihres Todes offenbart, und so starb sie wohlvorbereitet und in freudiger Ergebenheit am 17. September 1179. Ihr Leichnam wurde im Chore der Kirche vor dem Hochaltar

begraben und blieb dort bis zum Jahr 1632, verherrlicht durch zahlreiche Wunder. Da zu dieser Zeit die Schweden Kloster und Kirche auf dem Rupertsberg verheerten, brachte man ihre Reliquien nach Eibingen im Bistum Limburg, wo sie heute noch ruhen. Die Stätte, die von ihrem Lebenswerk geheiligt war, ist zerstört.
Darstellung: Als Nonne, Almosen austeilend oder einem Boten einen Brief übergebend; auch mit drei strahlenden Türmen neben sich. Sie ist Patronin der Sprachforscher.

Anstelle der Legende

Gott hat die Heiligkeit der Nonne vom Rupertsberg während ihres Lebens und bei ihrem Tode durch große Wunder und Zeichen kundgetan. Sie selbst erzählt davon: „Meine Eltern weihten mich Gott mit Seufzern. Da ich drei Jahre alt geworden, erzitterte meine Seele vor einem hellen Lichte, das mir erschien. Damals wußte ich nicht, wie ich von diesen Erscheinungen reden sollte, die sich bis zum Alter von fünfzehn Jahren stets wiederholten. Zitternd schrieb ich mehrere dieser Dinge auf, denn ich glaubte bisweilen mit den Augen zu sehen, was ich nur innerlich gesehen hatte, und wenn ich meine Amme fragte, ob sie auch dergleichen Dinge sähe, antwortete sie nein. Ich war also in großer Verlegenheit und durfte niemanden mehr von diesen Gesichten erzählen."
Und weiter: „Ich war zweiundvierzig Jahre und sieben Monate alt, als plötzlich ein mit blendendem Glanze vom Himmel herabkommender leuchtender Strahl meinen ganzen Körper durchbohrte. Er entzündete meine Seele, durchrieselte Brust und Gehirn und verzehrte mich sanft, ohne mich zu brennen, oder brannte mich vielmehr sanft, ohne mich zu verzehren. Alsbald fühlte ich mich mit neuer Einsicht begabt; ich verstand die heiligen Schriften; das Verständnis der Psalmen, der Evangelien und übrigen Bücher des Alten Testaments ward mir gegeben, und ich betrachtete die Geheimnisse derselben, ohne die Buchstaben des Textes zu kennen."
Manchmal wurde die Heilige mehrere Tage lang von bösen Geistern mit unerträglicher Hitze und innerlichen Schmerzen gepeinigt. Sie hörte die Teufel sich gegenseitig aufmuntern und sprechen: „Laßt uns diese verführen, damit sie an Gott verzweifle und ihn lästere, weil er sie also peinigen läßt." Doch die Heilige wankte nicht im Vertrauen auf Gott und sprach in Demut: „Ich weiß, o Herr, daß alles, was du über mich kommen läßt, gut ist. Ich habe all das verdient, hoffe aber, daß du meine Seele im zukünftigen Leben nicht derart wirst peinigen lassen."
Noch einmal sandte Gott bei ihrem Tode ein Zeichen, das die Größe seiner Prophetin bezeugen sollte. Ein Augenzeuge hat es beschrieben: „Am nächtlichen Himmel erglühte ein wunderbares Licht. Zwei Bogen von verschiedenfarbigem Glanz, breit und prächtig wie Mondregenbogen, wuchsen aus den vier Himmelsrichtungen empor und schnitten sich hoch im Zenit über dem Sterbezimmer der entseelten Meisterin. In der Kreuzung erglänzte ein weißes

Licht, so groß wie die Mondscheibe, und verband beide Bogen. In der weißen Scheibe zeigte sich ein rotschimmerndes Kreuz. Sie wurde größer und größer, und mit ihr wuchs das rotglühende Kreuz zu unermeßlicher Ausdehnung. Rings um die wachsende Scheibe tauchten unzählige kleinere Kreise auf. Sie schillerten in bunten Farben und jeder trug ein kleines rotes Kreuz.“

Unerschrocken sagte sie selbst den Mächtigsten die Wahrheit ins Gesicht. So schrieb sie an Kaiser Barbarossa: „Der höchste Richter läßt Dir sagen: Ein König stand auf einem hohen Berg und sah, was sich unten in den Tälern alles abspielte. Er hielt eine Rute in der Hand und ordnete alles aufs Beste. Einmal schloß er seine Augen und siehe da, ein schwarzer Nebel kam und bedeckte die Täler. Auch Raben kamen und andere Vögel und verzehrten die umliegende Beute. Deshalb, o König, öffne Deine Augen und schaue sorgfältig umher, denn alle Länder sind beschattet von Betrügern, die mit ihren Sünden die Gerechtigkeit verdrängen. Räuber und Irrgeister zerstören den Weg des Herrn. Und Du, o König, regiere die wilden Sitten mit dem Zepter der Barmherzigkeit. Denke nach, wie der höchste Richter Dir zusieht, damit Du nicht einst angeklagt wirst, als hättest Du die Pflicht Deines Amtes nicht wahrgenommen und Du deshalb nicht verdammt werdest.“

Der heilige Lambert

Der Name Lambert oder Lamp, auch Lanz ist eine Neuform von Landebert, ‚der im Lande Glänzende‘. Der hl. Lambert steht am 18. September im Martyrologium Romanum. Er ist Patron von Lüttich, wo er nach seiner Ermordung bestattet wurde. Die nach ihm benannte Lambertuskirche wurde während der Französischen Revolution zerstört und ein großer Teil seiner Reliquien gingen leider verloren. Auch Münster in Westfalen besitzt eine berühmte Lambertuskirche, ferner wird der hl. Lambert vor allem in Freiburg i. Br., Hildesheim, Lüneburg, Gerone verehrt. Er ist Schutzheiliger der Bandagisten, Zahnärzte, Chirurgen; er hilft bei Nierenleiden. Dargestellt wird der Bischof, wie er von einer Lanze oder einem Wurfspieß kniend durchbohrt wird, feurige Kohlen im Chorhemd tragend; unter Anspielung auf seinen Namen auch zuweilen mit Lampe.

Die Lebensgeschichte des hl. Lambert kurzgefaßt: Er wurde in Maastricht um 625 als Sohn reicher Eltern geboren. Erzogen wurde er vom hl. Landoald. Als sein zweiter Lehrer, der hl. Bischof Theodard von Maastricht-Tongern, beim fränkischen König Childerich II. gegen die Bedrückungen und Beraubungen seines Bistums Protest einlegen wollte, wurde er auf seiner Reise in der Nähe von Speyer am Rhein um 670 ermordet. Da Lambert, dem Volk als Schüler Theodards bekannt, ein vorbildliches Leben führte und ein äußerst kluger und gebildeter Mann war, wählten ihn Geistlichkeit und Volk einstimmig zu dessen Nachfolger. Er wurde jedoch schon drei oder vier Jahre später von seinem Bischofsitz durch den Tyrann Ebroin vertrieben, der König Childerich durch Mord beseitigt hatte, und mußte seine Diözese an einen Günstling Ebroins abgeben.

Lambert nahm Zuflucht bei den Benediktinern von Stablo, wo er sieben Jahre das Leben eines einfachen Mönches führte. Als Pipin von Heristal an die Stelle Ebroins trat, der ebenfalls durch Mörderhand gefallen war, wurde Lambert aus der Verbannung zurückgerufen (682) und machte sich sogleich daran, die verworrenen kirchlichen Verhältnisse, die er vorfand, zu ordnen. Auch unternahm er gemeinsame Missionsreisen mit dem hl. Willibrord (s. 7. November) und trug das Licht des Glaubens nach Brabant und Nordholland. Durch die Vorhaltungen, die er Pipin wegen seines sündhaften Zusammenlebens mit der schönen Alpais, deretwegen dieser seine rechtmäßige Gattin verstoßen hatte, immer wieder furchtlos machte, zog er sich dessen Haß zu. Es scheint, daß er mit dem Wissen Pipins auf Anstiften der Alpais 708 oder 709 in seinem Landhaus Leodium, an der Stelle, wo später die Stadt Lüttich entstand, während des nächtlichen Gebets hinterrücks mit der Lanze erstochen wurde. Seitdem wird er allgemein als Märtyrer verehrt.

Legende

Auch in dem bewegten Leben des hl. Lambert, für dessen Ablauf so oft und grausam gerade Mordtaten bestimmend gewesen sind, bis er selbst einer solchen zum Opfer fiel, hat die Legende manches aufgezeichnet, das den Rand der eigentlichen blutigen Geschehnisse blumenhaft säumt und sein Wesen und seinen Charakter heraushebt in eine uns nahegehende liebenswürdige Menschlichkeit. Da ist die Geschichte, die uns erklärt, warum ‚Kohlen' zu seinen Attributen gehören. Als Lambert noch ein Jüngling war, tat er fleißig Dienst am Altar. Nun geschah es einmal, daß er das Rauchfaß nicht vorfand, als er dem Priester während der hl. Messe den Weihrauch bringen mußte. Um den Ablauf der heiligen Handlung nicht zu stören, barg er geschwind die glühenden Kohlen in seinem Chorhemd und trug sie darin zum Altar. Und siehe, weder er selbst noch sein Chorhemd wurden verletzt, und das Opfer des Weihrauchs stieg alsbald ungehindert zum Himmel auf.

Der heilige Januarius (Gennaro)

In Pozzuoli, dem römischen Puteoli bei Neapel, befinden sich die Ruinen jenes mächtigen antiken Amphitheaters, in dem im Jahre 304 oder 305 der hl. Januarius, Bischof von Benevent, zusammen mit mehreren seiner Glaubensgenossen hingerichtet wurde. Sie waren dazu verurteilt worden, von wilden Tieren zerrissen zu werden. Doch die Raubtiere rührten die heiligen Männer nicht an. Dadurch war man gezwungen, sie zu enthaupten. So liest man es auf einer Inschrift in einer diesen Märtyrern geweihten Kapelle an der Nordseite des Theaters.
„In der Stadt Neapel selbst befindet sich in der Nähe des Ospizio dei Santi Pietro e Gennaro an dessen Nordseite die Kirche San Gennaro extra moenia – vor den Mauern –, daneben der Eingang zu den ‚Januariuskatakomben'. Sie sind sehr geräumig, die ältesten Grabkammern stammen noch aus dem 2. Jahrhundert. Man betritt sie durch die ‚Basilika cimeteriale', hinter deren Altar man die Urne sieht, die einst die Januariusreliquie barg. Die eigentliche Januariuskirche aber ist der Dom von Neapel, ein ursprünglich gotischer Bau, der unter Karl I. von Anjou barock umgestaltet wurde. In seinem rechten Seitenschiff öffnet sich die dem Heiligen geweihte geräumige Kapelle. Wer auch nur kurze Zeit in Neapel gelebt hat, weiß, was diese Kapelle den Neapolitanern bedeutet; sie ist das Heiligtum der Stadt! Über dem Eingang ist folgende Inschrift in lateinischer Sprache zu lesen: „Dem heiligen Januarius, durch das Wunder seines Blutes vor Hunger, Krieg, Pest und dem Feuer des Vesuvs gerettet, Neapel, seinem Mitbürger, Patron, Beschützer." Die Reliquien dieses hl. Märtyrers werden seit dem 5. Jahrhundert in Neapel verehrt, von wo aus sein Kult sich weithin verbreitete. An den großen Festen des Heiligen wird sein Blut alljährlich wieder flüssig. Das ist das wohlbekannte ‚Blutwunder von Neapel', zu dem die Pilger auch heute noch in Scharen herbeiströmen.
Auf dem Hochaltar in der genannten Kapelle, die während der Pest 1526–1529 dem Heiligen versprochen und 1608 gebaut wurde, steht die Silberbüste des hl. Januarius, auf Befehl Karls II. von französischen Goldschmieden angefertigt. Sie enthält den Schädel des Märtyrers. In einem Schrein werden die Ampullen mit seinem Blut aufbewahrt. Das Blut hat sich zum ersten Mal verflüssigt, als der Leichnam des Märtyrers von Pozzuoli nach Neapel gebracht wurde. Seitdem wiederholt sich das Wunder zweimal im Jahr, im Mai und September. Der Leib des Heiligen wurde zuerst in den genannten Katakomben, dann in Benevent, dann im Kloster Montevergine beigesetzt und 1497 in den Dom von Neapel überführt." (E. Peterich).
Dargestellt wird der hl. Januarius als Bischof mit Schwert, von wilden Tieren umgeben, in Flammen stehend und betend, in glühendem Ofen, worin er unversehrt blieb; Fläschchen mit seinem Blute über dem Evangelienbuch in der linken,

Bischofsstab in der rechten Hand; auch mit ausbrechendem Vulkan. Er ist Patron von Neapel, der Goldschmiede.
Das legendäre Leben und Sterben des hl. Januarius, wie es die Überlieferung schildert, sei hier kurz wiedergegeben: Der Heilige soll dem edlen Geschlecht der Januarier entstammen. Im 3. Jahrhundert war er Bischof von Benevent. Als während der diokletianischen Verfolgung sein Freund, der hl. Sosius, Diakon der Kirche von Misenum, gemeinsam mit anderen Gleichgesinnten seines Glaubens wegen in den Kerker geworfen wurde, begab sich der Bischof von Benevent, Januarius, nach Neapel, um die Christen in ihrem Kampf zu stärken. Bei dieser Gelegenheit ließ der Statthalter Thimoteus auch ihn festnehmen und verurteilte ihn dazu, in einem glühenden Ofen zu sterben. Aber Gott bewahrte den Heiligen vor dem Feuer, und er entstieg dem Ofen, ohne Schaden gelitten zu haben. Am nächsten Tag führte man ihn mit mehreren anderen christlichen Bekennern in das Amphitheater. Die wilden Tiere, die aus ihren unter dem Theater gelegenen Käfigen mittels Kran in die plötzliche Helle des Schauplatzes gehoben wurden und dort meistens sofort wütend über die Menschen herfielen, legten sich zum Erstaunen aller dem Heiligen zu Füßen und taten ihm nichts zuleide. Daraufhin wurde der hl. Januarius zusammen mit seinen sechs Gefährten enthauptet.

Anstelle der Legende

Legenden verdeutlichen das Wunderbare. So sei hier anstelle der Legende das berühmte ‚Blutwunder' geschildert, das den hl. Märtyrer Januarius in aller Welt so bekannt machte. Am 1. Mai und am 19. September ist die Domkirche der Stadt Neapel von Neugierigen und Andächtigen bis auf den letzten Platz gefüllt. An diesen Tagen werden Haupt und Blut des wundertätigen Stadtpatrons zur Verehrung der Gläubigen ausgesetzt. Auf der Evangelienseite des Altars steht das Haupt des Heiligen und auf der Epistelseite sein einstmals von einer Frau bei der Enthauptung frisch aufgefangenes Blut in zwei alten Glasgefäßen, von denen das eine größer ist. Sobald die Glasgefäße in die Nähe des Hauptes gebracht werden, fängt das vertrocknete und zum Teil am Glase angeklebte Blut flüssig zu werden und zu wallen an. Nimmt man die Fläschchen aus der Nähe des Hauptes weg, wird es augenblicklich dick und fest. Obwohl an dem Altare eine Menge Wachskerzen brennen, bleibt das Glas der Gefäße immer kalt, zudem ereignet sich das Flüssigwerden bei den verschiedensten Temperaturen. Dieses Wunder, welches sich seit mehr als 1000 Jahren immer wieder erneuert und noch immer fortdauert, zieht eine ungeheure Menge Menschen aus allen Ländern und Nationen an, besonders aber erscheinen die Bewohner von Neapel an diesen Tagen in der Kapelle ‚ihres' Heiligen. Viele Gelehrte haben die Sache untersucht und müssen gestehen, daß es sich um einen unerklärlichen Vorgang handelt, Andersgläubige haben die schärfsten Beobachtungen angestellt, doch eingesehen, daß hier tatsächlich ein Wunder vorliegen müsse, das von einer höheren Macht bewirkt wird. Die kostbaren Reliquien werden getrennt voneinander auf-

bewahrt, es gibt zwei Schlösser und zwei verschiedene Schlüssel, von denen zwei der Erzbischof, die beiden anderen ein Mann aus der sogenannten ‚Deputation des Schatzes', die aus zwölf Männern besteht, in Verwahrung hat. Zudem sind die Fläschchen versiegelt – es sind also alle Vorsichtsmaßnahmen getroffen, damit ein Betrug, der sich immerhin durch viele Jahrhunderte wiederholt haben müßte, ausgeschlossen wird.

Der heilige Eustachius

Eustachius kommt aus dem Griechischen und heißt ‚der Ährenreiche, Fruchtbare'. Der Heilige gehört mit dem hl. Hubertus (s. 3. November) zu den bekannten Schutzheiligen der Jäger. Er ist mit Hubertus oftmals verwechselt worden, durch den sein Kult, (nach Wimmer), diesseits der Alpen seit dem späten Mittelalter ersetzt wurde. Sogar sein Fest wurde fälschlicherweise mitunter erst am Festtage des hl. Hubertus begangen. Der Kult des hl. Eustachius ist aus dem Orient eingeführt worden; er ist im Abendlande seit dem 4. Jahrhundert, in Rom spätestens Anfang des 8. Jahrhunderts nachweisbar. Daß – wie ebenfalls Otto Wimmer berichtet – Kardinal Schuster von Mailand auf Grund seiner im ‚Liber sacramentorum' (1929/32) niedergelegten Forschungen erklärt, Eustachius sei identisch mit dem hl. Eustathius, Patriarch von Antiochien, der dort kurz vor dem Jahre 325 das Amt des Erzbischofs innehatte, sich als energischer Bekämpfer des Arianismus auf dem Konzil von Nicäa erwies und um 337 in Thrazien in der Verbannung starb, soll hier nur kurz Erwähnung finden.

Der hl. Eustachius bleibt im Buche der Heiligen aufgrund seiner, wenn auch historisch unbeglaubigten Legende als jener hl. Märtyrer bestehen, dessen Gestalt mit einem Hirsch zusammen dargestellt wird, der ein strahlendes Kruzifix zwischen seinen Geweihen trägt. So ist er allenthalben bekannt und in der Kunst viele Male wiedergegeben worden. Er gehört zu den 14 Nothelfern. Aber auch als Ritter oder Jäger zu Pferde, das Jagdhorn blasend, findet man ihn. Außer seinem Patronat der Jäger hat er das der Förster, Krämer, Strumpfwirker, Tuchhändler. Die wunderbare Hilfe, die so vielen auf seine Fürbitte bei traurigen Familienschicksalen und anderen verzweifelten Situationen zuteil wurde, erklärt sich ebenfalls aus seiner Legende. Eustachius ist der christliche Hiob, so viele Schicksalsschläge trafen ihn, die er alle gottergeben getragen hat.

Auf 33 farbigen Glasgemälden in der Kathedrale von Chartres wie auf Fenstern derjenigen von Tours wird seine und seiner Kinder Geschichte erzählt; ein berühmter, köstlicher Holzschnitt des Meisters Albrecht Dürer zeigt den Heiligen mit der Erscheinung des Wunderhirsches, Perugino behandelte das gleiche Thema.

Legende

Sicherlich möchte jeder gern die rührende Legende über den hl. Eustachius erfahren. In der ‚Goldenen Legende' ist sie so wortreich erzählt, daß wir hier der moderneren Form von W. Jaspert den Vorzug geben wollen, die wir im Auszug wiedergeben. Der römische Kaiser Trajan hatte einen tapferen Heerführer mit Namen Placidus, der war bei seinen Soldaten beliebt wegen seiner großen Gerechtigkeit und wegen seines Verständnisses für die Nöte des einzelnen. Placidus war begütert und lebte mit seiner Frau und zwei Knaben auf einem reichen Hof, doch teilte er aus vollen Händen den Armen mit und übte, obgleich er kein Christ war, im stillen manches Werk der Mildtätigkeit.

Während eines Jagens geschah es ihm, daß er auf der Verfolgung eines gewaltigen Hirsches von den anderen Jägern abkam. So oft er auch ansetzte, das Wild zu erlegen, immer wieder entkam es ihm, bis es in einer Lichtung des Waldes anhielt, mit einem Sprung einen Felsen erklomm und sich dem Jagenden zuwendete. Placidus legte den Pfeil auf, spannte den Bogen und wollte das tödliche Geschoß absenden, da gewahrte er zwischen dem Geweih des Hirsches ein Kruzifix, das funkelte hell im Widerschein der Sonne. Während er voll Staunen zögerte, hörte er eine Stimme, die sprach zu ihm: „Placidus, warum verfolgst du mich? Ich bin Christus, dem du unwissend bereits dienst. Darum habe ich dich erjagt in dieses Hirsches Gestalt, auf daß du dich taufen lassest auf meinen Namen. Wisse: Ich bin der Jäger und du das Wild." Placidus war in die Knie gesunken und mußte den Blick niederschlagen vor dem Glanz, der von dem Kreuze ausging. Als er die Augen wieder aufhob, war die Erscheinung verschwunden. Er eilte nach Hause und ließ sich alsbald taufen mit seinem Weib und den beiden Kindern. In der Taufe empfing er den Namen Eustachius. Bald danach offenbarte der Herr ihm, daß er viel Leid und mannigfache Prüfungen werde zu bestehen haben: „Bleibe tapfer im Leben, wie du es in den Schlachten warst", hörte er sich angesprochen, „dann wirst du alle Nöte der Welt bestehen, wie einst Hiob sie bestand!" Über eine Weile brach unter des Eustachius Herde eine böse Seuche aus, die alles Vieh wegraffte in wenigen Tagen. Zugleich verwüstete Hagelschlag die Äcker, so daß sie keine Frucht trugen. Unter seinem Gesinde wütete ein gefährliches Fieber, dem viele erlagen. Keiner wollte mehr in seinen Dienst treten. Eustachius plagte sich mit seiner Familie mühselig ab, und kein Laut der Klage kam über seine Lippen.

Da überfiel eines Nachts eine Räuberbande seinen Hof und plünderte ihn völlig aus. Weil keine Vorräte zu finden waren, legten sie voller Wut Feuer an, so daß alles niederbrannte. Bettelarm wanderte nun Euchachius mit seiner Familie davon, um anderswo ein neues Leben zu beginnen. Der Schiffsherr jedoch, mit dem er nach Ägypten fahren wollte, war ein böser Mann, dem die junge Frau des Euchachius in die Augen stach. Eustachius hatte für die Überfahrt, wie er es vorher vereinbart hatte, auf dem Schiff Dienst getan, aber der Schiffer forderte überdies nach seiner Ankunft in Ägypten einen teuren Fahrpreis, den dieser nicht bezahlen konnte. So werde er die Frau behalten anstelle des Fährlohns, rief der Mann, und ließ Eustachius mit den beiden Knaben gewaltsam an Land schaffen.

Traurig wanderte der schwer Geprüfte landeinwärts. An einem Fluß, über den eine breite Furt führte, wurden ihm seine Kinder von wilden Tieren geraubt. Der Vater stand verzweifelt im Wasser und raufte sich das Haar. Während er weiter ging, haderte er mit Gott: „Meine Schultern wollen die Last nicht mehr tragen, die du mir auferlegst..." In einem Dorf nahm er Arbeit an als Knecht und diente volle fünfzehn Jahre. Er ahnte nicht, daß sowohl seine Kinder wie seine Frau noch lebten, denn die Knaben waren von Hirten gerettet worden, die den Bestien ihre Beute abgejagt hatten, seine Frau aber lebte von ihrer Hände Arbeit in einer Hafenstadt, da der Schiffseigentümer während der Weiterreise gestorben war.

Um diese Zeit wurden die Grenzen des römischen Reiches von Feinden bedrängt, und man erinnerte sich an den einstigen Feldhauptmann Placidus. Alle Nachforschungen fruchteten lange Zeit nichts, dann erkannte durch Zufall ein alter Krieger, der in jenes Dorf kam, an einer Narbe in dem Knecht seinen alten Anführer. So wurde Eustachius wieder eingesetzt in alle seine Ämter und Würden. An der Spitze seiner Soldaten zog er den Feinden entgegen und schlug sie in ihre Grenzen zurück.

Seine Söhne waren inzwischen zu stattlichen Jünglingen herangewachsen und dienten im Heer. Nun geschah es, daß sie bei einer armen Frau gemeinsam Quartier zugewiesen bekamen, sie erzählten sich ihre Lebensgeschichte und erkannten sich als Brüder, die Frau aber, es war wunderbarerweise ihre eigene Mutter, in ihnen ihre Söhne. Als sie am nächsten Tage zu dem Feldhauptmann eilte, um ihn zu bitten, daß er sie mitziehen lasse in die alte Heimat, siehe, da fand sie in ihm ihren Gemahl! „Gott hat uns schwer geschlagen und böse Prüfungen bestehen lassen", sagte die Frau. „Aber wie er uns nach vielen Jahren des Leidens neu zusammengeführt hat, so wird er uns auch unsere Söhne wiederschenken." Auf ihren Rat rief der Feldhauptmann nun die beiden Jünglinge zu sich und sah, daß es seine verloren geglaubten Söhne waren; da dankten sie Gott aus tiefem Herzen alle vier.

Mit allen Ehren wurden der siegreiche Feldherr und die Seinen in der Hauptstadt empfangen. An der Seite des Kaisers – auf Trajan war Hadrian gefolgt – durfte Eustachius zum Tem-

pel ziehen, wo Hadrian den Göttern das Dankopfer für den Sieg brachte. Der Feldherr aber blieb wartend draußen stehen. Nach dem Opfer fragte der Kaiser, warum Eustachius an dem Opfer nicht teilgenommen habe. Da bekannte dieser, daß er Christ sei: niemals wolle er dem untreu werden, der ihm die Kraft verliehen habe, all die Leiden seiner schweren Prüfungszeit zu überstehen.

Nun ergrimmte der Kaiser, und obgleich Eustachius ihm den Sieg über die Barbaren erfochten hatte, ließ er ihn und seine Familie mit anderen Christen, die ihrem Glauben nicht abschwören wollten, den wilden Tieren in der Arena vorwerfen. Doch die Löwen taten ihnen nichts zuleide und neigten die Köpfe vor Eustachius. Das erbitterte den Kaiser noch mehr. Er ließ sie alle verbrennen in einem eisernen Ofen, der wie ein Stier geformt war. Ihre Leichen, so erzählt man, blieben unversehrt und wurden begraben an einem abgelegenen Orte. Es geschah dies um das Jahr 120. Über ihrem Grab errichtete man später eine Kirche.

Der heilige Matthäus

Sinnbild des hl. Apostels und Evangelisten Matthäus ist der Engel oder vielmehr ein Mensch mit Flügeln. Ihm verdanken wir die erste Niederschrift des Lebens und Leidens Jesu Christi. Er verfaßte sie um das Jahr 40 in der aramäischen Sprache seiner Heimat, damit jeder, auch die einfachen Menschen, sie verstehen konnte. Der hl. Matthäus wird im Kanon der hl. Messe angerufen. Dargestellt wird er mit Engel, Buch, Schwert, Hellebarde, Lanze, Beutel oder Zahlbrett als Kennzeichen seines ehemaligen Berufes. Er ist Patron der Finanz-, Steuer- und Zollbeamten, der Wechsler und Buchhalter (Ernennung 1955 durch Pius XII.).

Matthäus war, wie wir aus der Bibel wissen, ein Zöllner zu Kapharnaum. Damit gehörte er zu dem verachtetsten Stand des jüdischen Volkes, denn die Steuereinnehmer waren, selbst Pächter der Römer, so verhaßt, daß man sie ‚Publikane', d. h. öffentliche Sünder, nannte. Ob Levi, wie er damals noch genannt wurde, schon vor seiner Berufung zum Jünger Jesu ein gerechter Mann war, der nicht wie seine anderen Amtsgenossen seine Stellung zur Selbstbereicherung ausnützte, wissen wir nicht. Die Geschichte seiner Wahl zu den Zwölfen durch Jesus selbst legt diese Vermutung aber nahe. Wahrscheinlich hatte der Zöllner schon vieles über Jesus gehört, ehe dieser ihm von Angesicht zu Angesicht gegenüberstand. Aber niemals wohl wäre er auf den Gedanken gekommen, daß der fromme Mann gerade ihn, der zu den Geächteten gehörte, unter seine Jünger zählen wollte. Jesus predigte zu dieser Zeit oft in Kapharnaum. Als er eines Tages am Zoll vorbeikam, sah er dort Levi sitzen und sprach zu ihm: „Komm und folge mir nach!" Da war Levi der Zöllner sicherlich sehr verwundert, aber alsbald verließ er sein einträgliches Gewerbe und schloß sich dem Meister und seinen Jüngern an, um mit ihnen den beschwerlichen Weg der Armut zu gehen. Von da ab nannte er sich Matthäus, das heißt ‚Gottesgeschenk'. Kirchenväter, wie der hl. Beda, haben uns darüber berichtet: „... Matthäus besann sich nicht lange, er zögerte nicht; er sprach nicht: nun ist noch dies oder das zu tun. Er überlegte nicht, was werden die Leute sagen! Er stand auf und verließ alles, ohne zu bedenken, was daraus werden würde..."

Nach Jesu Tod und Himmelfahrt wußte dieser Zolleinnehmer keine wichtigere Aufgabe, als den Meister vor seinem eigenen Volk zu rechtfertigen. Seine Landsleute sollten einsehen, daß Jesus in der Tat der verheißene Messias war, den sie verkannt und in den schimpflichsten Tod gestürzt hatten. Seine Niederschrift war als Ehrenrettung seines Meisters gedacht; demütig bezeichnet er sich selbst darin nur als ‚den Zöllner'. Und später, als er mit den anderen Jüngern auf des Herrn Geheiß aufbrach, die frohe Botschaft zu verkünden, wurde Afrika sein Missionsgebiet. Er soll nach Äthiopien gewandert sein, wo er wohl um das Jahr 69 für Christus den Tod erlitt.

Seine Gebeine ruhen in der Krypta des Domes von Salerno. Die dortige Bevölkerung begeht sein Fest am 6. Mai, dem Tag der Übertragung der Reliquien. Sein Grab ist das Ziel vieler Pilgerzüge. Auch in Deutschland fand der Heilige zunehmende Verehrung.

Die Geschichte seiner Berufung und seines Martyriums hat Caravaggio in einem großartigen Gemäldezyklus festgehalten, der sich in einer Seitenkapelle der Kirche S. Luigi dei Francesi in Rom befindet.

Legende

Eine alte Überlieferung erzählt von Matthäus, daß er dreiundzwanzig Jahre in Äthiopien gepredigt und eine große Menge für das Christentum gewonnen habe. Auf sein Wort hin soll der König Egippus mit seiner ganzen Familie den christlichen Glauben angenommen haben. Darüber erzählt man sich folgendes: Eine Tochter dieses Königs, Iphigenia mit Namen, war eine Prinzessin von seltener Schönheit. Aber gerade diese Jungfrau starb nach einer Krankheit und habe tot dagelegen, als Matthäus zum Könige kam. Der Apostel befahl daraufhin dem toten Mägdelein, im Namen Jesu sich zu erheben. Und siehe da, sogleich stand sie auf und war völlig gesund. Dieses Wunder bewirkte, daß der König und die Seinen die heilige Taufe empfingen. Iphigenia aber faßte den Entschluß, immer im jungfräulichen Stande zu leben. Hirtakus, der Bruder des Königs, war in Liebe zu der Jungfrau entbrannt und wollte sie, nachdem er nach dem Tode ihres Vaters sich des Thrones bemächtigt hatte, zur Frau nehmen. Sie aber blieb standhaft auf ihrem Entschluß bestehen, worin sie der heilige Matthäus bestärkte. Als Hirtakus dies erfuhr, gab er voller Wut den Befehl, den Apostel während des heiligen Opfers am Altare zu töten. Ein Lanzenstich endete sein Leben. Zunächst wurde sein Leib in Herapolis ehrenvoll bestattet, zur Zeit des hl. Papstes Gregor VI. *(1046) jedoch wurden seine Gebeine nach Salerno im Königreich Neapel übertragen.*

Der heilige Mauritius (Moritz)

Der hl. Mauritius war Anführer der sogenannten Thebaischen Legion, die sich vorwiegend aus Christen aus dem oberen Ägypten zusammensetzte. Das Martyrium der drei Anführer Mauritius, Exsuperius und Candidus sowie zahlreicher Gefährten unter dem Tetrarchen Maximian Herkuleus kann durchaus als historisch gelten. Das im römischen Meßbuch enthaltene Fest ist seit ca. 350 schon am 22. September begangen worden, nach dem 8. Jahrhundert wurde es allgemein üblich.

Der hl. Mauritius soll ein Mohr gewesen sein, sein Name, der im Lateinischen ‚Maure, Mohr' bedeutet, hat wohl zu dieser Annahme geführt. Die von ihm befehligte Legion war aus Afrika herangezogen und über die Alpen geschickt worden, um in Gallien eine Revolte zu unterdrücken. Wie das bei den Römern üblich war, wurde die Schlacht durch Abhaltung öffentlicher Opfer vorbereitet. Die christliche Legion weigerte sich, an den heidnischen Opfern teilzunehmen, eine andere Fassung sagt, die Soldaten hätten sich geweigert, unschuldige Menschen anzugreifen. Daraufhin wurde die Legion zweimal dezimiert. Als sie trotzdem geschlossen bei ihrer Weigerung blieb, wurden sie allesamt niedergemacht. Unter denen, die das Martyrium erlitten, war der Anführer – primicerius – Mauritius, ferner Excuperius, Candidus, Vitalis, zwei mit Namen Viktor, Alexander und Gereon (10. Oktober). In Agaunum im Wallis, dem heutigen St. Maurice im Rhonetal, wo sich ihr Opfertod zutrug, wurde ihnen zu Ehren (etwa 369–391) eine Basilika erbaut, die ihre Reliquien aufnahm. Es sei dahingestellt, ob die ganze Legion – 6600 Mann – sich aus Christen zusammengesetzt hat und alle den Tod fanden. Wahrscheinlich ist eine sehr große Anzahl der Soldaten hingerichtet worden, was Anlaß zu der späteren Form der Passio gab. Die Legende, die, wie immer, die Wirklichkeit überhöht, nahm hier den Teil sozusagen für das Ganze. Wesentlich ist für sie, daß aus der soldatischen Haltung

der Märtyrer ihr Opfertod, wie ein ‚Dienst am höchsten Befehlshaber' aufgefaßt wird. Davon zeugt besonders jener Brief der Legende, in dem Mauritius versucht, dem Vierfürsten Maximian sein und seiner Untergebenen Verhalten zu erklären.
Darstellung des hl. Mauritius: als Ritter in Rüstung zu Fuß, mit Fahne, die zuweilen mit sieben Sternen oder Wappen geschmückt ist. Als gewappneter Mohr (so bei Grünewald). Greco hat das Martyrium des Heiligen und seiner Gefährten auf einem schönen Gemälde, das er im Auftrage Philipps II. schuf, für den Eskorial gemalt.
Der hl. Mauritius ist Patron der Färber, Glasmaler, Hutmacher, Soldaten, Kaufleute, Messer- und Waffenschmiede, Tuchweber, Wäscher; der Weinstöcke; gegen Gicht, Besessenheit, Religionsfeinde, Pferdekrankheiten, Ohrenleiden.
Die Gebeine des hl. Mauritius und seiner Gefährten wurden mehrere Jahre nach ihrem Martertode zu Martinez vom hl. Theodor, Bischof von Sitten, entdeckt und ihre Reliquien an mehrere Kirchen verteilt. Bei diesen Gebeinen fanden viele Wunder statt, unter anderem wurde eine Frau plötzlich von der Gicht geheilt.

Anstelle der Legende

Nach der zweiten Dezimierung seiner Truppe schrieb der hl. Mauritius folgenden Brief an Kaiser Maximian Herkuleus: „Wir sind deine Soldaten, o Kaiser! doch wir sind auch Soldaten Christi. Wir erhalten von dir die militärischen Stellen, von Ihm aber die Unschuld der Seele. Du bezahlst uns die Mühen des Kriegsdienstes, doch Er gab uns das Geschenk des Lebens. Niemals also, o Kaiser, können wir dir gehorchen, wenn Er uns zu gehorchen verbietet. Zu allem übrigen sind wir bereit: zeige uns den Feind, und du wirst uns am Werke sehen. Unsere Arme sind nicht Arme von Henkersknechten, sondern Arme von Soldaten, sie verstehen es wohl, die Feinde des Reiches zu bekämpfen, doch können sie nicht Unschuldige und Bürger töten. Um die Bürger zu verteidigen, nicht um sie zu ermorden, haben wir die Waffen ergriffen. Was hält uns unter den Fahnen? der Eid, den wir geschworen. Was würdest du sagen, wenn wir jenen Eid, der uns an Gott bindet, verletzen würden? Christus haben wir unseren ersten Eid geschworen, Seine Soldaten waren wir eher als die deinigen. Unseren zweiten Eid haben wir dir, o Kaiser, geleistet. Und nun, wenn wir die Gott gemachten Eide brechen, was bindet uns dann, jene zu bewahren, die wir den Menschen geschworen? Um uns sehen wir unsere Kameraden fallen, aber wir beweinen sie nicht. Im Gegenteil, wir freuen uns für sie und beneiden sie, daß Gott sie für würdig befunden hat, für ihn zu leiden und zu sterben. Fürchte endlich nichts, Kaiser, von unserer Verzweiflung. Wir sind bereit zu sterben. Wir haben wohl Waffen, doch werden wir sie nicht gebrauchen, nie werden unsere Schwerter dem Beile deiner Henker begegnen, wir lassen sie in der Scheide. Tue was du willst. Wirf Feuer in unsere Zelte, schicke eine ganze Armee Henkersknechte, um uns zu foltern, lasse uns Mann für Mann töten, wir werden uns nicht einmal regen. Kurz, wir sind Christen, niemals werden wir Bruderblut vergießen. Niemals werden wir den heidnischen Göttern opfern...“

Als der Kaiser diesen Brief des Primicerius Mauritius gelesen hatte, sah er wohl ein, daß er diese tapferen Streiter des Herrn nicht abtrünnig machen könne, und er verdammte nun die ganze Legion zum Tode.

Die heilige Thekla

Thekla – aus dem Griechischen ‚die durch Gott Berühmte' – war der Überlieferung nach eine Schülerin des hl. Paulus (s. 30. Juni) und Erzmärtyrin. Von den Vätern der syrischen Kirche wird sie auch als Protomartyr und Apostelgleiche bezeichnet. „Ihre Verehrung in der östlichen Kirche reicht so weit zurück und war so groß, daß sich bereits im 2. Jahrhundert Legenden um die Gestalt der Heiligen verbreiteten. Ihr Grab in Seleukia in Cilicien war einst ein berühmter Wallfahrtsort" (Wimmer). Sie wird in den Sterbegebeten der Kirche besonders erwähnt. Da heißt es: „O Herr, wie Du einst die seligste Jungfrau und Märtyrin Thekla aus den drei so grausamen Peinen befreit hast, so mögest Du auch die Seele Deines sterbenden Dieners (Dienerin) erlösen und teilhaftig machen mit Dir der Freude des Himmels."

Wichtig ist in diesem Zusammenhang auch ihr Patronat der Sterbenden. Ihr Fest wurde 1568 in das römische Meßbuch aufgenommen. Die sogenannten Paulus- und Theklaakten dagegen wurden von der abendländischen Kirche als Legenden ohne geschichtliche Grundlage schon frühzeitig verworfen und zwar durch Tertullian, Hieronymus und das Decretum Gelasianum.

Dargestellt wird die hl. Jungfrau und Märtyrin als Orantin mit Palme, Löwe oder Stier zu Füßen im Zirkus, auf Scheiterhaufen, mit Schlangen, die sich um ihre Arme winden, zuweilen auch zusammen mit dem hl. Paulus. Ihre Fürbitte erweist sich wirksam bei Augenleiden. Dieser Heiligen sind viele Kirchen geweiht, darunter der Mailänder Dom.

Legende

Wie der heilige Erzmärtyrer Stephanus an der Spitze zahlloser männlicher Bekenner steht, die mit ihrem Blute für den Gottessohn Zeugnis ablegten, so führt die hl. Thekla die Reihen jener unzähligen Jungfrauen an, die mit der Doppelkrone der Jungfräulichkeit und des Martyriums geschmückt, vor Gottes Thron stehen.

Thekla wurde in Ikonium in Kleinasien geboren, hatte heidnische Eltern und wurde auf

Wunsch derselben von großen Gelehrten in alle Geheimnisse des damaligen Standes der Wissenschaften eingeführt. Schön, beredt und weise, war sie die Zierde des Elternhauses. Da traf es sich, daß der Völkerapostel Paulus auf seinen ausgedehnten Reisen nach Ikonium kam, um dort den Juden und Heiden das Evangelium zu verkünden. Die Jungfrau hörte ihn und fühlte ihr Herz bei den begeisterten Predigten des Glaubensboten wie umgewandelt. Sie spürte darin so viel Geist und Wahrheit, Lebendigkeit und Feierlichkeit, wie sie aus dem Munde der Gelehrten niemals vernommen hatte. Thekla beschloß daher, Christin zu werden, und nachdem sie die Taufe empfangen, gelobte sie Christus, als Jungfrau zu leben und zu sterben.

Nun war sie aber von ihren Eltern schon einem reichen, vornehmen Manne zugedacht, und es sollte die Verehelichung vollzogen werden. Allein Thekla erklärte feierlich, daß sie niemals eine Ehe eingehen werde. Keiner aus ihrer heidnischen Verwandtschaft begriff diesen Entschluß eines so gebildeten jungen Mädchens. Allein Thekla ließ sich nicht irre machen, und weil sie sich den Überredungsversuchen, die sich bis zu Drohungen steigerten, nicht entziehen konnte, verließ sie ihr Elternhaus und suchte den hl. Paulus auf. Bald wurde sie seine lernbegierigste Schülerin, lebte verborgen von der Welt ganz für Christus und wäre am liebsten immer bei diesem Leben geblieben. Indessen wurde Paulus von den heidnischen Priestern angezeigt und verfolgt; er mußte aus der Stadt flüchten, Thekla wurde jedoch entdeckt, eingeholt und in Verwahrung gebracht. Noch einmal versuchte man mit glänzenden Versprechungen die Jungfrau umzustimmen. Die Bemühungen aber scheiterten an ihrem Starkmut. Noch am gleichen Tage schleppte man sie vor den Richterstuhl und forderte sie zum Abfall von Christus auf. Da sie sich standhaft weigerte, wurde sie ihrer Kleider beraubt und sogleich in die Rennbahn geführt und die wilden Tiere hereingelassen. Doch leuchtender Glanz umgab sie, so daß keiner sie anzuschauen vermochte. Die Löwen wichen vor der zarten Jungfrau zurück, legten sich ihr zu Füßen und beleckten diese wie sanfte Schoßhunde; auch die Stiere rührten sie nicht an. „Die wilden Tiere", sagte der hl. Ambrosius, „nahmen eine sanfte Natur an in demselben Augenblick, wo aus den Herzen der Menschen Sanftmut, Gerechtigkeit und Mitleid geschwunden waren." Als alle erkannten, daß ihr die Bestien nichts anhaben wollten, verurteilte der Prokonsul sie zum Feuertode. Eine große Menge Volkes folgte in das Amphitheater. Man schichtete das Holz auf, und Thekla bestieg den Scheiterhaufen. Sie streckte ihre Arme in Gestalt des Kreuzes aus, segnete sich, und man legte Feuer an. Aber die Flamme berührte sie nicht. Auf einer Wolke schoß Wasser mit Hagel vermischt vom Himmel herab und löschte das Feuer. Die Volksmenge zerstreute sich, und viele waren von Furcht ergriffen. Doch nicht genug, denn nun warf man Thekla in einen scheußlichen Kerker voll von giftigem Gewürm. Darin sollte die standhafte Christin den Tod erleiden. Aber siehe, es fuhr ein Blitzstrahl vom Himmel und vertilgte die Schlangen, Thekla aber blieb unversehrt. Nachdem sie zum dritten Mal durch Gottes Gnade die Freiheit erlangt hatte, rief der Prokonsul sie zu sich und fragte sie: „Wer bist du und was hat es mit dir auf sich?" Da antwortete sie: „Ich bin eine Dienerin des lebendigen Gottes. Um seinetwillen vermochten alle Martern nichts über mich. Denn er allein ist der Herr über Leben und Tod. Er ist das sichere Boll-

werk für alle, die an ihn glauben!" Als der Prokonsul das gehört hatte, hieß er ihre Kleider bringen und Thekla sich ankleiden. Sie aber sprach: „Der mich nackt und entkleidet den wilden Tieren entriß, der mich im Feuer bewahrte und von den Schlangen erlöste, der wird mich am Tage seines gerechten Gerichtes mit dem Kleide des Heils bekleiden!" Darauf sandte der Prokonsul eine Verfügung aus, die besagte: „Thekla, die gottesfürchtige Dienerin Gottes lasse ich frei." Und alle priesen Gott und sprachen: „Es ist ein wahrer Gott, der Thekla gerettet hat!" Auch ihre Mutter, die von all diesem hörte, ward bekehrt. Thekla aber begab sich zum hl. Paulus nach Myra und kam dann nach Seleukia in Isaurien, wo sie in Frieden entschlief. Dort ist sie auch begraben, und über ihrem Grabe von den ersten christlichen Kaisern eine schöne Kirche gebaut worden, wohin von allen Seiten die Pilger wallten und viele Wunder geschahen.

Zu den Kanonheiligen, deren die Kirche beim Gedächtnis aller Heiligen während der hl. Messe gedenkt, gehört der unmittelbar nach den Aposteln genannte Papst LINUS, der erste Nachfolger des hl. Petrus. Die Jahreszahlen seines Pontifikats werden mit 67–79 angegeben, sind aber nicht zuverlässig überliefert. Sein Grab befindet sich in der Peterskirche neben dem des hl. Petrus. Er wird allgemein als Märtyrer verehrt, wofür jedoch keine historischen Dokumente vorliegen. Sein Fest begeht die Kirche seit dem 8. Jahrhundert am 23. September.

DER HEILIGE EMMERAM (HEIMERAN) *(Gedenken: 22. September)*

Neben den hll. Rupert (s. 27. März) und Korbinian (s. 20. November) gilt der hl. Emmeram als Apostel Bayerns. Wir wissen nun allerdings nicht, ob er vor oder nach dem hl. Rupert gewirkt hat. Sein Todesjahr wird seit dem 14. Jahrhundert mit 652 angegeben, sein Todestag mit dem 22. September. Die Geschichte des Regensburger Heiligen wurde uns von Bischof Arbeo von Freising übermittelt, der sie um 770 aufgezeichnet hat. Er enthält sich einer direkten Zeitangabe. Den Hauptteil des Berichtes von Arbeo bildet das grausige Ende des Märtyrers, der durch frewillige Sühne fremde Schuld tilgte.

Der Überlieferung nach stammte der hl. Emmeram aus Aquitanien, aus der Gegend von Poitiers. Als Wanderbischof gelangte er nach Regensburg. Er befand sich auf dem Wege nach Pannonien (Ungarn), wo er die Avaren bekehren wollte. Herzog Theodo von Bayern jedoch beredete ihn, in seinem Lande zu bleiben, da es dort an Priestern fehlte. Es war eine mühsame Aufgabe, die dem Bischof hier gestellt wurde, denn das Christentum, das mit den Römern in diesen Landstrich gelangt war, geriet im Lauf der Völkerwanderung wieder in Vergessenheit oder wurde

zum mindesten stark von heidnischen Bräuchen überwuchert. So galt es, das Glaubensgut zu reinigen, den Aberglauben auszurotten und falsche Vorstellungen in geduldiger Belehrung wieder richtigzustellen. Drei Jahre lang war Emmeram in der Donaugegend tätig und stand bald in hoher Achtung bei Fürst und Volk. Vermutlich gründete er am Orte des herzoglichen Hoflagers schon eine Art klösterliche Gemeinschaft, die ihm als Ausgangspunkt für seine Missionsarbeit diente.
Um die barbarische Geschichte seines Martertodes bleibt etwas Rätselhaftes, was auch der Bericht Arbeos und andere alte Deutungen nicht zu erklären vermögen. Die Geschichtlichkeit seiner Person und sein segensreiches Wirken dagegen sind unbestreitbar. „Das Bayernland dankt für sein unschuldig Leiden und den reichen Segen seines Lebens dem Herrn immerdar“, schließt Löhe in seinem Martyrologium den Abschnitt über den Heiligen.
Alexander von Reitzenstein schildert in seiner ‚Geschichte der Umgebung Münchens‘ auf Grund der vorliegenden Quellen das Ende des Heiligen so anschaulich, daß wir uns auf ihn stützen wollen. Da heißt es, daß Ota oder Uta, die Tochter des Herzogs Theodo, sich mit dem Sohne eines Vornehmen, Sigibert – der Name wurde wahrscheinlich von ihr selbst später angegeben – etwas zu rückhaltlos eingelassen hatte, so daß ihre heimliche Sünde im Begriffe war, offenbar zu werden. Die Bedrängten zogen nun den ehrwürdigen Bischof in ihr Geheimnis. Was sie dazu trieb, war freilich weit weniger die Angst vor der dereinst zu erwartenden ewigen Strafe als vielmehr die vor der verzweifelt nahen zeitlichen. Da erbarmte sich der Heilige der jungen Sünder. Der Ausweg, auf den er verfiel, ist seltsam genug. Es war des längeren geplant, daß er eine Reise nach Rom unternehmen wollte, um sich den Segen des Heiligen Vaters der Christenheit für seine Missionsarbeit zu holen. Emmeram, der Bischof, nahm nun hiernach raschen Abschied vom Herzog, der ihn nur ungern ziehen lassen wollte, und wandte sich südwärts, den Alpen zu. Drei Tagereisen hatte er vollendet, da kam das Unheil über seine Schützlinge. Das Mädchen konnte nicht länger verbergen, was sie im Leibe trug. Der ergrimmte herzogliche Vater konnte nur mit Mühe davon abgehalten werden, die Ehrlose mit eigener Hand niederzustoßen. Der Zorn seines Sohnes aber, des nur durch Arbeo bekannt gewordenen Landebert oder Landpert, richtete sich gegen den, der von Ota als der Schuldige genannt wurde, nämlich gegen Emmeram – den die Herzogstochter weit genug wähnen mochte, um der Rache ihrer Familie zu entgehen. Unverzüglich nahm der Prinz mit seinen Bewaffneten dessen Verfolgung auf und erreichte ihn in Kleinhelfendorf unweit von Aibling. Hier hatte Emmeram Station gemacht, denn er weiß – immer laut Arbeo –, was ihm bevorsteht. Willig sein Schicksal zu erdulden, für andere Sühne zu leisten, hat er diesen durch einen klaren Quell ausgezeichneten Ort gewählt, „ubi beatus Christi martyr Haimrammus campum elegit certaminis“ – wo der selige Martyrer

Christi den Ort seines Kampfes wählte. „Mit dem Schwert des Glaubens umgürtet, furchtlosen Herzens“ bereitet er sich betend auf seine schwere Stunde vor.
Da erdröhnt der Hufschlag der herzoglichen Reiter. Der Herzogssohn springt vom Pferde, stellt sich inmitten des Hofes auf einen großen Stein und nimmt, Zeichen des Gerichtes, den Stab zur Hand. „Sei gegrüßt, Bischof und Schwager“, höhnt er den Unschuldigen. Das Verfahren ist kurz. Die Reisigen entkleiden auf seinen Befehl den Heiligen, schleppen ihn in eine Getreidescheuer, binden ihn auf eine Leiter, martern, entmannen und verstümmeln ihn. Dann lassen sie ihn in seinem Blute liegen. Nun endlich wagen sich dessen Begleiter, die sich voll Angst versteckt hatten, wieder hervor. Sie laden den Sterbenden auf einen Ochsenkarren, viel mitleidiges Volk sammelt sich um den verblutenden Bischof und gibt ihm auf der Straße gen Aschheim, die man mit ihm einschlägt, das Geleit. Aber nach neun Meilen Wegs starb der Heilige, wie Arbeo berichtet.
Man führte seinen Leichnam nach Aschheim und begrub ihn in dem Sankt-Petri-Kirchlein dortselbst. Bezeugt wird dies durch eine spätgotische Steinplatte, die in dem jetzigen Bau – einer neuen Kirche – in die Südwand des Schiffes eingelassen ist. Sie zeigt das Reliefbild eines Bischofs, nämlich Sankt Emmerams; im 18. Jahrhundert deckte sie noch einen frei in der Kirche stehenden Steinsarg. Die Randinschrift kündet, daß hier der „heilige Bischof Sant Heimram begraben gewesen vierzig Tage und vierzig Nächte“. In Helfendorf erbaute man am Ort seines Martyriums eine Kapelle, die später in eine schöne Wallfahrtskirche umgewandelt wurde. Dargestellt wird Sankt Emmeram als Bischof mit einer Leiter oder Lanze.

Legende

Nun aber gehört zu der fast legendär zu nennenden Geschichte dieses Heiligen eine gar wundersame Begebenheit, mit der Gott seinen Erwählten bedeutungsvoll auszeichnete. Als nämlich der hl. Märtyrer in Aschheim zur Ruhe gebracht worden war, schickte der Himmel vierzig Tage und vierzig Nächte lang Regen. Damit tat er kund, daß der Heilige dort nicht begraben sein wollte und noch im Tode ein anderes Ziel hatte. Herzog Theodo empfand inzwischen tiefe Reue über sein heftiges Tun und die schreckliche Rache seines Sohnes an dem heiligen Mann, zumal dessen Unschuld bald erwiesen ward. Auf sein Geheiß wurde der Leib des Heiligen nun feierlich nach Regensburg geleitet. Das Schiff sei ohne den Gebrauch der Ruder, wie von Engeln angetrieben, die Isar hinab bis unter Deggendorf und dann die Donau aufwärts gefahren bis Regensburg, wo es von selbst vor der Stadt angehalten habe. Dort wurde der Heilige in der damals schon mit seinem Kloster verbundenen Georgikirche innerhalb des frühchristlichen Gräberfeldes vor den Mauern der römischen Stadteinfriedung beigesetzt. Und das Wunder nahm seinen Fortgang: denn um diese seine Grabstätte herum entstand das berühmte benediktinische Sankt Emmeramsstift, aus dem so viele heilige Männer hervorgingen. Heute ruhen die Reliquien des Heiligen in der nach ihm benannten Stiftskirche.

Der heilige Nikolaus von der Flüe

Der Schweizer Einsiedler Bruder Klaus wurde erst im Jahre 1947 von Papst Pius XII. zur Ehre der Altäre erhoben, aber seine Verehrung, zumal seitens seiner Landsleute, ob katholischen oder evangelischen Bekenntnisses, war lange, ehe die Kirche sie rechtlich anerkannte, eine unumstößliche Tatsache. Ja, bereits zu seinen Lebzeiten hat das Volk den Einsiedler als ‚lebenden Heiligen' angesehen, so daß für ihn der seltene Fall zutrifft, daß er schon vor seinem Tode als Heiliger galt. Daß sein Standbild zudem im Bundesgebäude zu Bern aufgestellt ist – eine hagere hohe Gestalt im rauhen Einsiedlergewand –, zeigt, daß er nicht nur als Heiliger verehrt wird, sondern zu den größten Söhnen seines Vaterlandes zählt. Er ist der Hauptpatron der Schweiz.

Dargestellt wird er als bärtiger Einsiedler mit Krückstock und Rosenkranz; auch am Bache stehend mit Holzbecher oder neben einem Dornbusch – in den ihn der Legende zufolge der Teufel geworfen hat. Sein Grab in der Pfarrkirche von Sachseln im Kanton Unterwalden wurde zu einer vielbesuchten Wallfahrtsstätte.

Nikolaus von der Flüe wurde als Sohn des Heinrich Löwenbrugger (oder Leonpontini, da die Familie italienischen Ursprungs war) im Flüeli bei Sachseln geboren. Heute noch findet man unterhalb des Flüeli, einem großen Felsstock, ein altes baufälliges Holzhaus: das Elternhaus von Bruder Klaus. Sein späteres Wohnhaus, wo er mit Frau und Kindern gelebt, steht etwa einen Steinwurf davon entfernt, nach dem Ranfttobel zu. Der Weg zur Schlucht führt nahe beim Haus vorbei. Der denkwürdige Tag seines Abschieds von Frau und Kindern – und damit von der Welt – war der 16. Oktober 1467. Bis zu seinem 50. Lebensjahr hatte Nikolaus als Bauer gelebt, geheiratet, war Vater von zehn Kindern geworden, hatte das Amt eines Ratsherrn und Richters bekleidet und sich an allen öffentlichen Angelegenheiten seines Heimatkantons aufs lebhafteste beteiligt. Im Züricher Krieg (1436–1446) hatte er tapfer und redlich seinen Mann gestellt. In dem Feldzug der Eidgenossen gegen Österreich wurde er mit einer Goldmedaille ausgezeichnet, weil er, als seine Landsleute das Kloster Catharinental, wo sich die Soldaten Herzog Sigismunds von Österreich verschanzt hatten, anzünden wollten, sich mutig widersetzte, wodurch das Kloster gerettet wurde. Nikolaus tat sich als Soldat so hervor, daß er zum Offizier befördert zu den Seinen zurückkehrte. Im ganzen Kanton fing man an, ihn als besonnenen klugen Kopf und glühenden Patrioten zu schätzen. Obgleich ihn zu dieser Zeit schon die unbestimmte Sehnsucht nach dem Leben eines Einsiedlers mitunter in tiefe Melancholie versetzte, sträubte er sich nicht, wenn es galt, die Angelegenheiten dieser Welt verbessern zu helfen. Er verwaltete seine Ämter mit höchstem Ernst und Pflichtbewußtsein. So konnte er später von sich sagen, daß er als Richter niemals gegen sein Gewissen entschieden habe: „Ich habe nie auf eine Person gesehen und bin niemals von der Gerechtigkeit abgewichen..."

Wir folgen nun einem der frühen Biographen von Flües, der die Lebensgeschichte des Bruder Klaus erzählt hat: „Zu dieser Zeit ging der gottselige Mann auf sein Gut, um zu arbeiten. Da hörte er eine Stimme sprechen ‚Du einfältiger Mann! habe allein die Aufmerksamkeit auf den Willen Gottes und verlasse dich nicht auf eigene Kraft und Macht...‘. Durch solche Stimme ermahnt, fing er an, sein Hab und Gut gering zu achten. Und er nahm zu an göttlichen Gnaden, aber er hatte kein Vergnügen mehr an dieser Welt und darin zu wohnen." – So bereit indessen Nikolaus war, dem Ruf der Gnaden für ein ganz von der Welt losgetrenntes Leben zu folgen, so konnte das nach eidgenössischem Recht nicht geschehen ohne die freiwillige Einwilligung seiner Ehegattin. Wie schwer mag es einerseits Nikolaus gewesen sein, von seiner Gattin dies große Opfer zu fordern und wie noch weit schwerer Dorothea, die mit ihrer ganzen Liebe an ihm hing, dasselbe zu bringen! Hierzu sagt der Chronist: „Die Frau wollte aber ihren Ehemann an der göttlichen Berufung nicht hindern und ließ ihn deshalb ziehen und seinem Vorhaben nachkommen. Er verließ also Vater und Brüder, Weib und Kinder und ging in die Einöde, aber", fährt der Text im ersten Kirchenbuche von Sachseln, Anno 1485 fort, „es geschah zu jedermanns Verwunderung, daß sich trotz dieser Anhänglichkeit der Seinigen niemand seinem Vorhaben widersetzte. Sie mochten ahnen, daß der Herr besonderes mit ihm vorhabe..."

Nachdem also Nikolaus seiner Gattin ihr gutes Fortkommen gesichert und jedem seiner Kinder den betreffenden Vermögensanteil bestimmt und seinen noch lebenden Vater und Bruder gebeten hatte, für die Seinen zu sorgen, zog der ‚Waldbruder‘, wie er nun genannt wurde, von dannen.

Er wandte sich zuerst gen Lothringen, kehrte aber in seine Heimat zurück, nachdem ihm in einer Vision kundgetan wurde, nicht außer Landes zu gehen. Zunächst hauste er auf einer ihm gehörenden Alpe, ‚Klüster‘ genannt. Doch machte die Nachricht davon allerwärts ein solches Aufsehen, daß täglich eine immer größere Menschenzahl nach der Alpe ging, um den seltenen Mann zu sehen. Deshalb wollte Nikolaus sich insgeheim entfernen. Und wieder wies ihm ein Gesicht die Stätte, wo er seine Klause aufrichten sollte: er sah nämlich vier leuchtende Strahlen vom Himmel in das vor ihm liegende schauerliche Melchatobel, ‚Ranft‘ genannt, herabscheinen und damit diesen Ort von Gott als Aufenthalt bezeichnet. Ohne Zögern stieg er hinab in die düstere Schlucht. Hier lebte Bruder Klaus beinahe zwanzig Jahre in der Abgeschiedenheit. Zuerst hauste er in einer kleinen selbstgebauten Blockhütte, später ließen fromme Wallfahrer auf Kosten der Landgemeinde ihm eine kleine Klause erbauen. Der hochgewachsene Mann konnte in ihr nicht aufrecht stehen. Es war ein leerer Raum ohne Tisch und Bett oder Herd.

Zum Schlafen legte sich der Einsiedler auf den Boden oder lehnte sich in halb stehender Stellung mit dem Rücken an die Wand. Noch später erhielt er einen eigenen Priester, der ihm täglich die hl. Messe las und die hl. Kommunion reichte, die bis zum Tode seine einzige Speise blieb. Sein außerordentliches Fasten ist urkundlich verbürgt und wird selbst von Gegnern der Kirche anerkannt. Er selbst hat von seinem Fasten niemals Aufhebens gemacht. „Eine Begnadung des Himmels und kein Bravourstück eigener Kraft ereignete sich in der Tiefe des Ranfttobels", sagt Walter Nigg, und weiter: „Dies Wunder war ein eindringliches Zeichen, das aufgerichtet war gegen die der Freß-Sucht verfallene Welt."
Viele Besucher kamen in seine Einsamkeit, allenthalben sprach man über sein Wunderfasten und seine einfache Weisheit, besaß er doch „eine weit über seine Bildung hinausgehende Unterscheidungsgabe". Bruder Klaus wurde ein Tröster der Betrübten und Hilfesuchenden, ein Helfer in Not und Gefahr durch Wunder und Gebet, ein Vater und Ratgeber der Heimat, ein Vorbild hoher Tugend. Als es wegen der Aufnahme oder Ablehnung der beiden Städte Freiburg und Solothurn in die Eidgenossenschaft 1481 beinahe zu einem Bürgerkrieg gekommen wäre, übermittelte er der Tagessatzung zu Stans seinen Einigungsvorschlag, der auch angenommen wurde und zur Versöhnung der entzweiten Eidgenossen führte. Bis zu seinem Tode war er der anerkannte Vater des Landes und wurde mehrmals zum Retter des Bestehens der Eidgenossenschaft. Der hl. Nikolaus von der Flühe starb am 21. März 1487, siebzig Jahre alt, nach schwerer Krankheit, im Ranft; die ganze Schweiz trauerte um ihn.

Legende

Als Bruder Klaus sich vom Leben ab- und Gott zugewandt hatte, aber noch nach einem Orte suchte, wo er in der Abgeschiedenheit Ihm dienen konnte, wandte er sich westwärts und mußte die Nacht unter freiem Himmel zubringen. Er legte sich unter eine Hecke und schlief ein. Mitten im Schlafe jedoch erwachte er plötzlich und sah sich von hellem Glanz umgeben. Zugleich durchzuckte es seinen Leib wie ein Blitz und verursachte in seinem Innern einen Schmerz, als wenn ein Messer darin umgedreht würde. Auch kam es ihm vor, als wenn ihn ein Seil, das vom Himmel herabreichte, in seine Heimat zöge. Von diesem Augenblick an hatte er sein ganzes Leben lang keinen Hunger und Durst mehr und lebte fortan ohne Speise und Trank. Am nächsten Tage aber kehrte er um und ging zurück. Er schlich sich an seinem Hause vorbei und stieg auf eine ihm gehörige Alpe, wo er unter einem großen Lärchenbaum seine Wohnung aufschlug. Nach einigen Tagen kam sein Bruder, der davon erfahren hatte, zu ihm hinauf und wollte ihn bewegen heimzukehren, damit er nicht vor Hunger und Kälte sterbe, denn es war kurz vor Anbruch des Winters. Klaus aber sprach lächelnd zu ihm: „Lieber Bruder, ich werde nicht vor Hunger sterben, schon seit elf Tagen habe ich weder Hunger noch Kälte gefühlt. Gott erhält mich wunderbarlich und wird es weiterhin tun."

Als Bruder Klaus ein Jahr ohne Speise und Trank gelebt hatte, traten die Vorsteher des Landes zusammen und ließen seine Hütte lange Zeit scharf bewachen, aber niemand ging in der Hütte des frommen Bruders aus und ein, er allein war darinnen ohne die geringste Speise, nur den Leib des Herrn ließ er sich öfters reichen, und dieser erhielt seinen Leib an Gesundheit und Kraft, so daß alle, die ihn sahen, erstaunten.

Die heiligen Kosmas und Damian

Schon zu Beginn des 5. Jahrhunderts standen die beiden hll. Märtyrerärzte Kosmas und Damian im Orient in hohen Ehren, was als Beweis für ihre historische Existenz genommen werden kann, wenngleich echte geschichtliche Nachrichten über ihr Leben und die Art ihres Martyriums nicht vorhanden sind. Im Westen wird ihr Gedächtnis seit dem 7. Jahrhundert gefeiert. Sie werden in der ganzen Christenheit verehrt und täglich im Meßkanon angerufen. Dem Martyrium Romanum folgend, feiert die Kirche das Fest der beiden Heiligen am 26. September. Die Legende machte aus ihnen Zwillingsbrüder, die aus Arabien stammten und sich als Ärzte in einer Stadt in Cilicien betätigten. Sie behandelten die Kranken unentgeltlich, weswegen sie den Beinamen ‚Anagyrier', das heißt die Geldlosen, tragen. Ehe sie für den Gottessohn den Märtyrertod erlitten, bekehrten sie viele Heiden zum Christentum.

Dargestellt werden die beiden Blutzeugen als jugendliche, bartlose Ärzte mit Arzneigefäßen, Mörser, Stößel, Salbenbüchse oder Schlangenstab. Sie sind die Patrone der Apotheker und Ärzte, im besonderen der Chirurgen; der Zahnärzte, Physiker, Drogisten, Friseure (Bader), Zuckerbäcker; ihre Fürsprache wird bei Drüsenerkrankungen und Epidemien angerufen.

Außer dem großartigen Mosaikbild in der ihnen geweihten Kirche SS. Cosma e Damiano in Rom findet man sie auf Fresken in der nach ihnen benannten Seitenkapelle in S. Maria Antiqua in Rom, ferner auf zwei Altarflügeln von Hans von Culmbach in Nürnberg, auf einem Relief von Donatello in der Sakristei von S. Lorenzo in Florenz, auf einem Gemälde von Tizian, in S. Maria della Salute in Venedig, auf zwei Kolossalstatuen in Florenz, zu dessen Schutzheiligen sie gehören und auf vielen anderen Darstellungen.

Ihre Kirche in Rom wurde von Papst Felix IV. (526–530) in zwei antike Gebäude

eingefügt, die zum Vespasiansforum gehörten. „Eingetreten, leuchtet einem das Gold aus der Apsis entgegen, deren Mosaik die Muschel des Gewölbes wie eine funkensprühende lebendige Haut überzieht: in der Mitte Christus auf den roten und blauen Wolkenbänken des Jüngsten Tages, von den Seiten führen die Apostelfürsten Petrus und Paulus die beiden Heiligen Kosmas und Damian, denen die Kirche geweiht ist, herbei, der hl. Theodor und Papst Felix mit dem Modell der Kirche in der Hand geben ihnen das Geleite.“ Den Sockel bildet ein Lämmerfries auf Goldgrund. Darunter eine lateinische Inschrift, die in deutscher Übersetzung lautet: „Das Heiligtum des Herrn erstrahlt von schönen Mosaiken, doch köstlicher leuchtet in ihm das Licht des Glaubens. Das Zeugnis der Märtyrer ist für das Volk gewisse Hoffnung des Heils ...“ Dieses Mosaik „wirft noch heute seine magisch-glühende Macht über die Seelen, ja es scheint, als strahle aus dem Gold die starre Macht der Weltgerechtigkeit hervor, in deren Anblick der Mensch nicht betet, weil er will, sondern weil er muß...“ (R. Raffalt). In der heidnischen Zeit war der Tempel der Dioskuren auf dem Forum unweit der Kirche eine Stätte heilenden Schlafs gewesen. Nachdem mit Konstantin das Christentum zur Herrschaft kam, wurden Kosmas und Damian die Erben der Söhne des Zeus. Der Ruf der beiden Ärzte und Märtyrer als himmlische Helfer in Krankheiten hatte sich rasch verbreitet, die Kranken wallten erwartungsvoll und gläubig an diesen Ort ihres Gedenkens und viele fanden hier im Gebete auf wunderbare Weise die erhoffte Heilung. An ihrem Festtag wurde früher eine Salbe geweiht, die man gegen Pest und andere Krankheiten verwendete. Am Donnerstag nach dem dritten Fastensonntag, dem Tag der Mitfasten, wird noch heute in dieser Kirche Stationsgottesdienst gehalten mit dem Evangelium der Krankenheilung.
Am 24. Mai 1924 wurden unter dem Altar der Krypta von SS. Cosma e Damiano zwei Särge aus orientalischem Holz gefunden, die die Reliquien der beiden Heiligen enthielten.

Legende

Über die wunderbaren Heilungen, die durch die Mittlerschaft der hll. Kosmas und Damian mit Gottes Gnade geschahen, wollen wir besonders eine Geschichte herausgreifen, die uns durch ihren Realismus und die geradezu moderne Methode, deren sich die heiligen Ärzte bedienten, fast komisch anmutet.
Einstmals diente in der Kirche ein Mann, dem hatte der Krebs sein ganzes Bein gefressen. Nun geschah es, daß er in der Kirche eingeschlafen war. Da erschienen ihm die hll. Ärzte im Traum und trugen Salben und allerlei ärztliches Werkzeug mit sich. Der eine sprach zum anderen: „Wo sollen wir aber frisches Fleisch hernehmen, das Loch zu füllen, weil wir das faule Fleisch ja herausschneiden müssen?“ Da sagte der andere: „Auf dem Friedhof von Sankt Peter ist heute ein Mohr begraben worden, der ist noch frisch; von dem hole, was wir

für diesen brauchen." Also lief der eine zu dem Friedhof und brachte des Mohren Bein. Danach schnitten sie dem Kranken den Schenkel ab und setzten des Mohren Schenkel an die Stelle und salbten die Wunde mit Sorgfalt. Das Bein des Kranken aber taten sie zu dem Leib des Mohren. Als der Mann erwachte und keinen Schmerz mehr empfand, griff er mit der Hand an seine Hüfte und fand sie ohne Fehl. Da zündete er ein Licht an und sah, daß nichts Böses mehr an dem Beine war und fing an zu zweifeln, ob er es wäre, den er anfühlte, oder ein anderer. Aber als er wieder ganz zu sich gekommen war, sprang er voll Freuden auf und erzählte allen Menschen, was ihm im Traume geschehen war und wie die hll. Märtyrer ihn im Schlafe geheilt hatten. Als sie nun zu dem Grab des Mohren liefen, da fanden sie den Schenkel des Mohren abgeschnitten und den des Geheilten in sein Grab gelegt.
Es war während der Erntezeit, als ein Bauer sich zur Mittagsruhe im Schatten ausruhte. Er schlief so fest, daß er, ohne es zu bemerken, eine Schlange verschluckte. Des Abends fing das Tier an, ihm furchtbare Übelkeit zu verursachen. Er krümmte sich vor Schmerzen, aber keine Medizin half. Da begab sich der Bauer in die nahegelegene Kirche der beiden Heiligen und betete inbrünstig um Linderung. Plötzlich wurde er müde und schlief abermals ein. Als er erwachte, war ihm ganz wohl, und gesund kehrte er heim.

Der heilige Vinzenz von Paul

Vor Jahren lief ein guter Film, der von Zeit zu Zeit wieder in den sogenannten Filmstudios auftaucht; er kam aus Frankreich und trug den Titel ‚Monsieur Vincent'. Dieser Film behandelte in unaufdringlicher aber höchst anschaulicher Weise das Leben jenes Heiligen, der einer der größten Wohltäter Frankreichs war und dessen Einrichtungen noch heute überall in der Welt ihr segensreiches Wirken ausüben. Und wie schon zu Jeanne d'Arcs Zeiten, mußte Frankreich erneut von einem Heiligen gerettet werden. Denn Gott sandte diesen Auserwählten in einer Zeit der sittlichen Verrohung und der tiefen religiösen Unwissenheit aus. Er wurde der große Almosenverteiler, der Vater der Armen, und selten ist ein Mensch bei seinem Tode so tief betrauert worden, wie er.
Der hl. Vinzenz von Paul ist Patron aller religiösen Genossenschaften für christliche Liebeswerke, der Krankenhäuser, der Gefangenen, des Klerus, der Waisen; für das Wiederauffinden verlorener Gegenstände. Dargestellt wird er als Weltpriester, ein Findelkind auf den Armen, Galeerensklaven oder andere Gefangene neben sich.
Vinzenz wurde 1581 als das dritte Kind einer einfachen Bauernfamilie in der Gascogne geboren. Früh schon zeigte er Hilfsbereitschaft für seine Mitmenschen. Der Vater ermöglichte ihm das Studium durch den Verkauf zweier Ochsen. Vinzenz

wurde 1600 zum Priester geweiht. Kurz danach geriet er auf einer Seefahrt in die Hände von Seeräubern, die das Schiff gekapert hatten, und wurde als Sklave in Tunis verkauft. Zwei Jahre lang mußte Vinzenz unter mehreren Herren schmähliche Sklavendienste tun, bis er mit dem letzten, einem abgefallenen Christen, den er wieder bekehrte, nach Avignon fliehen konnte. Von dort kam er nach Rom. 1609 wurde er vom Papst mit einem vertraulichen Auftrag zu Heinrich IV. nach Paris gesandt. Hier traf ihn der Ruf Gottes. Er half einem Arzt auf seine Bitte in schweren Glaubenszweifeln, aber er hatte sich im Gebet Gott selbst angeboten, diese Qualen auf sich zu nehmen, wenn sein Schützling davon befreit werde. Tatsächlich hatte Vinzenz nun vier Jahre selbst unter der Finsternis schwerer Anfechtungen zu leiden. In dieser Bedrängnis kam ihm der Gedanke, sein Leben ganz den Nächsten zu widmen. Die rastlose Liebestätigkeit, die er von nun an entfaltete, befreite ihn auch von seiner inneren Not.
1612 übernahm er auf Wunsch seines Beichtvaters eine Pfarrei in der Umgebung von Paris. Dann wurde er Hausgeistlicher und Hauslehrer bei einem General Graf Gondi, in dessen Haus er mit Unterbrechungen bis 1625 blieb. In der Gräfin fand er eine große Förderin seiner karitativen Bestrebungen. 1617 gründete Vinzenz sein erstes Caritaswerk für weibliche Laienkräfte. Die ‚Dienerinnen der Armen' waren ein konkregationsmäßig geordneter Frauenverein zur Betreuung von Kranken und Kindern. Ihm stellte er 1620 als zweites Werk der Nächstenliebe einen Verband für männliche Laienhelfer, die ‚Helfer der Armen' an die Seite, die für die gesunden Bedürftigen, Obdachlosen und Bettler zu sorgen hatten. 1619 wurde Vinzenz durch den Grafen Gondi, dem das Galeerenwesen in Frankreich unterstand, zum obersten Seelsorger der Galeerensträflinge ernannt. Hier wirkte er unendlich viel Gutes in der Behandlung dieser Ausgestoßenen der Menschheit. 1625 stiftete er eine Bruderschaft von Priestern, die nach ihrem Kolleg Saint-Lazare den Namen ‚Lazaristen' erhielten. Sie beschäftigten sich vornehmlich mit der Volksmission und der Ausbildung von Geistlichen, die er auch ins Ausland als Missionare schickte.
Seine letzte und wohl bedeutendste Gründung war ein regelrechter Frauenorden, seine ‚Töchter der christlichen Liebe'; hieraus bildete sich ein eigener Krankenpflegeorden, die ‚Barmherzigen Schwestern' (Vinzentinerinnen). Bei dieser Stiftung fand er in der hl. Luise von Marillac (s. 15. März) eine tatkräftige Helferin. Diese Schwestern trugen keine Ordenstracht und hatten keine Klausur, damit sie sich ganz der tätigen Nächstenliebe in der Welt widmen konnten, ein Amt, das sie heute wie damals erfüllen.
Neben Kranken und Armen richtete Vinzenz, der immer und überall erkannte, wo es mangelte, sein Augenmerk auf die Findelkinder. Durch wohltätige Stiftungen gelang es ihm, Findelhäuser zu gründen. Während des Krieges leitete er die

Flüchtlingsfürsorge und organisierte Suppenküchen. Ferner rief er Altersheime, Idiotenanstalten, Pilgerhäuser und in Marseille ein Spital für Strafgefangene ins Leben. Auch versuchte er mit Erfolg das Unwesen der Duelle zu bekämpfen, das zu dieser Zeit gang und gäbe war. Lange Jahre war der Heilige der Seelenberater der hl. Johanna Franziska von Chantal (s. 12. Dezember), der ersten Oberin der Salesianerinnen.

Vinzenz wurde von vielen Seiten angegriffen; für seine aufopfernde Mühe erntete er vielfach Undank und Spott. Nach dem Tode Ludwig XIII., der ihn unterstützt hatte, fiel er bei der Königin und ihrem Berater, Kardinal Mazarin, wegen seiner mutigen Weigerung, deren Günstlinge zu Bischofssitzen zu verhelfen, in Ungnade und mußte sogar Paris auf einige Zeit verlassen. Nach seiner Rückkehr wandte er sich jedoch unverdrossen weiter seiner Tätigkeit im Dienste der Nächstenliebe zu. Der Heilige starb am 27. September 1660 in Paris. Sein Leib ruht in einem silbernen Sarg in der Kirche Saint-Lazare. 1737 wurde er von Papst Clemens XII. zur Ehre der Altäre erhoben. Auf die Fürbitte des Heiligen geschahen viele Wunder.

Legendäres

Vinzenz von Paul ist ein so ‚wirklicher' Heiliger, ein so sichtbarer Befolger von Gottes Gebot ‚Liebe Deinen Nächsten', daß alle Geschichten, die über ihn erzählt werden, des Legendären offensichtlich entbehren. Sie könnten heute und zu jeder Zeit vor den Augen der Menschen geschehen sein. Aber darum sind sie gerade für ihn als Sinnbild seines Tuns zu werten. Vinzenz ward einst in der Nacht zu einem Kranken gerufen; ein Bruder des Klosters begleitete ihn mit seiner Laterne. Da hörten sie in der dunklen Nacht starke Schreie hallen. Vinzenz unterschied beim Näherkommen eine Frauenstimme, die jemanden anflehte, ihr doch ihr Kind zurückzugeben. Sie könne nicht zulassen, daß sein unschuldiges Blut zu schändlichen Zaubereien vergossen werde. Als Vinzenz hinzutrat, wollte sie fliehen; aber er hielt sie an und fragte, was es gäbe. Die Frau gestand dem Priester, daß sie in großer Not gezwungen war, ihr Kind auszusetzen, nun aber gehört habe, daß eine Frau mit Namen Landry diese ausgesetzten Kinder aufnehme und sie um wenige Pfennige zu verbrecherischen Zwecken verkaufe. Sie hätte ihr Kind zurückgefordert, aber diese Frau habe es nicht wieder herausgegeben. Vinzenz ließ sich von der Weinenden den Weg zu Frau Landry zeigen, wo er durch strenge Nachforschungen erfuhr, daß die Frau die Wahrheit gesagt hatte. Vinzenz gelang es, das Kind loszukaufen, und da er bei der ‚Engelmacherin' noch mehrere kleine, gänzlich verwahrloste Kinder fand, tat er das Gelübde, diesen unglücklichen Findlingen zu helfen, was ihm mit Hilfe frommer Stiftungen der von ihm zur Wohltätigkeit aufgerufenen Damen auch gelang. Das erste Findelhaus in Paris wurde gegründet und die Barmherzigen Schwestern mit der Pflege der Kinder betraut.

Als Vinzenz das Amt eines Oberpfarrers der Galeerensträflinge übernommen hatte, wollte er sich selbst von den Zuständen auf den Schiffen überzeugen. Er reiste nach Marseille und sah, daß die Gefangenen schlimmer als Tiere gehalten wurden, ob ihres furchtbaren Daseins Gott und den Menschen fluchten und keiner guten Regung mehr fähig waren. Da erblickte er unter ihnen einen Mann von edlem Aussehen, der sich trotz heftigster Züchtigungen weigerte, zu arbeiten. Vinzenz trat herzu und bat den Aufseher, mit seinen Schlägen innezuhalten und erkundigte sich nach dem Schicksal des Verbrechers. Er erfuhr, daß dieser wegen unüberlegter Teilnahme an einem Betrug so grausam bestraft worden sei, Weib und Kinder habe und der Verzweiflung nahe wäre. Von Mitleid erfüllt, eilte er zu dem Aufseher und ließ nicht nach mit Bitten, man solle den Mann los geben und ihn statt seiner die Ketten tragen lassen. Der Sträfling wurde auf seine Vorstellungen hin tatsächlich entlassen, und Vinzenz lebte nun mitten unter den verwilderten Verbrechern. Lange Zeit forschte man in Paris nach ihm; keiner wußte, wo er war. Schließlich fand der Bruder der Gräfin Condi den Priester auf dem Schiffe, mit Ketten beladen an der Ruderbank angeschmiedet. Da eilte der Befehlshaber Gondi selbst herbei und befreite tief erschüttert seinen Geistlichen von den Ketten.

Der heilige Wenzeslaus (Wenzel, Werner)

Der Name Wenzeslaus kommt aus dem Russischen und bedeutet ‚Kranz-Ruhm‘, also der ‚Ruhmgekrönte‘. Hiervon leitet sich auch der deutsche Name Werner ab.

Der hl. Wenzeslaus, Herzog der Böhmen, wurde 907 in Stochow (?) als ältester Sohn des Herzogs Wratislaw aus dem Hause der Premisliden geboren. Er wurde von seiner Großmutter, der hl. Ludmilla (s. 16. September) erzogen und frühzeitig in die Geheimnisse der christlichen Religion eingeweiht. Sein weiches, für alles Gute empfängliches Herz war ein fruchtbarer Boden, auf dem die fromme Saat bald aufging. Wenzel wurde ein echter Christ, der mit der Taufe auch die Gnade des Glaubens empfangen hatte. Darin stand er im Gegensatz zu seiner Mutter Drahomira und seinem jüngeren Bruder Boleslav, die beide im Herzen heidnisch blieben und Zeit ihres Lebens einen unerklärlichen Haß gegen alles Christliche in sich trugen. Drahomira übernahm nach dem frühen Tod ihres Gatten die Regentschaft, und damit wurde das im Lande der Böhmen noch junge Christentum wieder zurückgedrängt. Kirchen wurden niedergerissen, Priester vertrieben, die höchsten Ämter mit Männern heidnischen Glaubens besetzt. Sie soll es auch gewesen sein, die im Einverständnis mit ihrem jüngeren Sohn ihre Schwiegermutter Ludmilla von böhmischen Adeligen durch Mord beseitigen ließ. Einige Historiker indessen halten das für unzutreffend. Immerhin gewann unter ihrer Regierung die heidnische Partei des Landes an Boden. Wenzel, der voller Abscheu über die Bluttat an seiner von ihm so sehr verehrten Großmutter war, übte keine

Rache an den Schuldigen, sondern versuchte nur, die Unbelehrbaren für das Christentum zu gewinnen, was ihm allerdings nicht gelang. Diese Haltung zeigt deutlich die wahrhaft christliche Gesinnung des jungen Prinzen.
Als sich das Volk nun gegen Drahomira empörte und Wenzeslaus als Herzog forderte, setzte dieser seine Mutter ab, fand seinen Bruder mit einem Teil des Landes ab und bestieg selbst den Thron. Auf geduldige und milde Weise stellte er sich dem wieder aufflackernden Heidentum entgegen, beschützte die christlichen Priester und förderte das Wirken der Kirche aufs nachdrücklichste. Vor allem suchte er auch die Situation der untergeordneten Volksschichten gegenüber der Willkür der Großen zu bessern. Als die Deutschen bis vor die Tore Prags kamen, um die Mißhandlung der Gesandten Thankmars, eines Sohnes Heinrichs I., durch böhmische Nationalisten zu rächen, vermochte Wenzel durch sein Eingreifen jedes Blutvergießen zu vermeiden. Ja, er bemühte sich, durch Anschluß an Deutschland und die abendländisch-christliche Welt das Volk der Böhmen in seinem religiösen und kulturellen Leben zu heben.
Von seinem frommen Leben überliefern die alten Chroniken viele Einzelheiten, unter anderem, daß der hl. Wenzel, der ein besonderer Verehrer des Altarsakraments war, selbst Brot und Wein zum Meßopfer bereitete, ja den Weizen mit eigener Hand gesät und gedroschen habe, aus dem das Mehl für die Hostien gemahlen wurde. Ebenso pflanzte und besorgte er die Reben für den Opferwein. Oft besuchte er nachts barfuß die Kirchen, um vor dem Tabernakel seine Andacht zu halten. Auch suchte er die Armen selbst auf, tröstete und unterstützte sie, was für einen slawischen Fürsten in dieser Zeit ganz ungewöhnlich war.
Die große Frömmigkeit des Böhmenherzogs sowie seine deutschfreundliche Politik und der Haß der alten heidnischen Familien sollten Wenzeslaus schließlich zum Verhängnis werden. Der von Drahomira ständig geschürte Haß hatte nun einen willkommenen Anlaß gefunden, den Herzog Wenzel endlich zu beseitigen. Unter dem Vorwand eines Familienfestes lockte sie den Arglosen in die Burg seines Bruders Boleslav, dessen Ehrgeiz, die Herzogswürde an sich zu bringen, die Mutter aufgestachelt hatte. Als der Heilige wie gewöhnlich am frühen Morgen zur Messe ging, traf ihn an der Kirchentür der tödliche Lanzenstich des eigenen Bruders. Diese Bluttat geschah am 28. September 929 (nach anderen 935) in Altbunzlau nördlich von Prag.
Der hl. Wenzeslaus wurde gleich nach seinem Tode vom Volke als Märtyrer hoch verehrt. Nachdem an seinem Grabe auffallende Wunder geschahen, sah Boleslav sich gezwungen, den Leib seines Bruders zu erheben und feierlich im St. Veitsdom in Prag beizusetzen. Die Tschechen betrachten Herzog Wenzeslaus als ihren Nationalheiligen; nach ihm ist der größte Platz in Prag ‚Wenzelsplatz‘ benannt worden.

Dargestellt wird der Heilige als Herzog im Harnisch mit Schild, das mit einköpfigem Adler geschmückt ist, und grüner Fahne, mit Schwert oder Lanze – als Zeichen seiner Ermordung. Die schöne Statue des Heiligen von Peter Parler aus dem Jahre 1373 befindet sich in der Wenzelskapelle im Prager St. Veitsdom, wo zudem die Geschichte des hl. Wenzeslaus auf eindrucksvollen Fresken aus dem 14. Jahrhundert festgehalten ist.

Legende

Die Legende bediente sich auch bei dem heiligen Böhmenherzog faßlicher Bilder, die seine besondere Heiligkeit verdeutlichen: Einst ging Wenzel in der strengsten Winterkälte, nur von einem Diener begleitet, um Mitternacht zur Kirche. Eis und Schnee bedeckten den Boden, der Diener zitterte vor Kälte und beklagte sich, daß seine Füße ihn schmerzten wegen des tiefen Schnees, den er kaum durchwaten konnte. Da gab ihm der Heilige den Rat, er solle nur in seine Fußstapfen treten, und siehe da, eine angenehme Wärme teilte sich den Füßen des Dieners mit, der nun willig dem vor Liebe zu Gott glühenden Heiligen folgte. – Wie die Legende weiter berichtet, war die unbedingte christliche Frömmigkeit des hl. Wenzeslaus vielen ein Dorn im Auge. Ein benachbarter heidnischer Fürst, Radislaus mit Namen, der ihn deswegen für einen schwachen Mann hielt, fiel mit einem zahlreichen Kriegsheer in Böhmen ein. Wenzeslaus aber, der den Frieden liebte, schickte ihm Gesandte entgegen und bot ihm Genugtuung an, falls er ihn beleidigt hätte. Der Übermütige jedoch verlangte, Wenzel solle ihm Reich und Krone abtreten. Nun mußte sich der Herzog dem Feinde stellen. Als die beiden Heere einander gegenüberstanden, war Wenzeslaus betrübt über das Blut, das vergossen werden sollte. Er machte deshalb dem anderen das Anerbieten, die Sache durch einen Zweikampf zu entscheiden. Radislaus nahm an und erschien, von Kopf bis Fuß in Eisen gehüllt, einen mächtigen Speer in der Faust. Wenzeslaus dagegen war nur an der Brust und Rücken mit einem Panzer bedeckt, damit man das härene Bußkleid nicht bemerke, das er immer trug; seine einzige Waffe bestand aus einem kurzen Degen. Er hatte sein Vertrauen auf Gott gesetzt, und siehe, als der Kampf vor allem Kriegsvolk seinen Anfang nahm und Radislaus mit eingelegter Lanze mächtig auf den jungen Herzog eindrang, bezeichnete sich derselbe mit dem Zeichen des hl. Kreuzes, und alsbald erscholl eine Stimme und rief laut: „Halt ein!“ Radislaus erblickte zu seinem Schrecken einen großen Glanz um den Heiligen und stürzte geblendet zu Boden. Wenzeslaus aber hob seinen Gegner auf, verzieh ihm gütig und gab ihn seinen Leuten und seinem Lande zurück.

Auch andere zeitgenössische Zeugnisse gibt es, die belegen, daß der hl. Wenzel zuweilen wie von einer strahlenden Glorie umgeben war. Als Kaiser Otto I. zu Worms Reichstag hielt und bereits alle Reichsfürsten versammelt waren, fehlte nur noch der Herzog von Böhmen, weil er der hl. Messe beiwohnte. Man wartete ungeduldig, und als er immer noch nicht erschien, erhob sich unter den Anwesenden allgemeines Murren. Nachdem die Messe beendet war, begab sich Wenzel wohlgemut in die erlauchte Versammlung. Aber anstatt ihn zu tadeln, erhob sich zum Staunen aller der Kaiser von seinem Sitz und ging dem Herzog von Böhmen entgegen, denn er als einziger sah, daß dieser von zwei glänzenden Engeln begleitet war, die neben ihm herschritten. Bewegt erkannte der Kaiser die Heiligkeit Herzog Wenzels. Der Kaiser forderte ihn auf, er solle eine Gnade von ihm verlangen. Der Heilige jedoch erbat nichts anderes als einen Arm von den Reliquien des hl. Vitus (s. 15. Juni), die erst vor kurzem nach Sachsen gekommen waren, sowie einige Gebeine des hl. Sigismund von Burgund. Heimgekehrt, ließ er in Prag sogleich mit dem Bau einer Kirche beginnen, damit die kostbaren Reliquien würdig aufbewahrt werden konnten. Hieraus entstand später der berühmte Veitsdom, wo sie sich heute noch befinden.

Der heilige Erzengel Michael

Der hl. Michael ist ‚der große Fürst' der himmlischen Heerscharen. Jeden Tag ruft die Kirche den Erzengel im Confiteor an: „... mitten unter den Heiligen, den trotz aller Erhöhung vertrauten Menschengeschwistern, reden wir damit ein Wesen an von unfaßbarer Fremdheit, alt wie der Weltenmorgen, jung wie der Geist, gewaltig über alle Vergleiche unserer Erde hinaus und dennoch einbezogen in die Gemeinschaft der Anbetung des Herrn ..." (J. F. Görres). Michael, der zur Rechten des Altars steht, segnet auf die Bitte des Priesters den Opferweihrauch und trägt die Opfergaben vor Gottes Thron. Wir finden sein Bild als ritterlicher Jüngling mit dem Flammenschwert auf dem besiegten Drachen stehend in unzähligen Kirchen und Kapellen. Auf den Weltgerichtsbildern erscheint er als Seelenwäger, manchmal auch mit dem offenen Buch des Lebens und des Todes, als Kennzeichen der Teilnahme am letzten Gerichtstag. Er bestand den Kampf gegen Luzifer und blieb als Schutzherr des Gottesvolks der Führer und Streiter gegen die Mächte der Finsternis. Michael ist der Bannerträger Christi. Besonders Deutschland verehrt in ihm seinen himmlischen Schirmer, dessen Bild einst die deutsche Reichsfahne zierte. Sankt Michael sind auch die dahinscheidenden Seelen anvertraut.

Der Name Michael bedeutet seinem hebräischen Wortsinn nach ‚Wer ist wie Gott'. Sein Fest als Weihefest seiner Kirche in Rom ist seit Leo dem Großen (siehe dort) am 29. September. Das Fest der ‚Erscheinung Michaels' wird von der Kirche seit dem 11. Jahrhundert am 8. Mai gefeiert. Es hat sich aus dem

Lokalfest der Michaelskirche auf dem Monte Sant' Angelo bei Siponto in Süditalien entwickelt, wo der hl. Erzengel um 490 auf dem Garganogebirge erschienen ist. An diesem Orte hat der Engel zum ersten Mal im Abendland kundgetan, daß ihm ein Heiligtum errichtet werden solle. Hierauf gehen alle Michaelsheiligtümer in Europa zurück.

Der hl. Erzengel Michael ist Patron der Kirche, der armen Seelen, der nach ihm benannten Orden; der Apotheker und Kaufleute (wegen seines Attributes der Waage) und vieler anderer Berufe wie Bäcker, Bankangestellte, Drechsler, Glaser, Maler, Radiofachleute, Schneider, Vergolder, Blei- und Zinngießer, der Soldaten, der Sterbenden, gegen Blitz, Ungewitter, Pest, für guten Tod, der Kirchhöfe.

Er ist der Pestengel des Mittelalters, als welchen ihn Darstellungen wie das Fresko in S. Pietro in Vincoli in Rom zeigen. Siehe hierzu auch den hl. Gregor (3. September) und das Fest der hl. Engel (s. 2. Oktober).

Legende

Anstelle der Legende soll hier von den Erscheinungen des Erzengels berichtet werden. Wir folgen dabei im Auszug der Darstellung von Alfons Rosenberg. Die ‚Erscheinung' (Epiphanie) ist ein wesentlicher Begriff im religiösen Leben der Menschen zu allen Zeiten, als ‚Vision' ist sie heute noch ebenso gut fortwirkend wie in den Urzeiten der Menschheit am Sinai, in Memphis, Delphi und am römischen Palatin. Die ersten Erscheinungen des großen Engelsfürsten Sankt Michael gehören dem byzantinischen Orient an. Er kam also aus dem Osten. Die Legende verlegt sie in die Zeit des ersten christlichen Kaisers Konstantin. Dieser soll in Byzanz drei eherne Kreuze aufgestellt haben und dreimal im Jahr ließ sich der Erzengel aus Himmelshöhen herab, jene Kreuze mit dem Gesang eines Hymnus zu umwandeln. Konstantin erbaute dem Engel zu Ehren eine Kirche, das sogenannte Michaeleion. Die byzantinischen Herrscher übernahmen seine Verehrung, Justinian allein soll ihm sechs Kirchen geweiht haben, in 15 Basiliken besaß der Erzengel eigene Altäre. Der Taufname Michael ist deshalb in den byzantinischen Kaiserfamilien und später in Rußland so häufig anzutreffen. Am berühmtesten war seine Erscheinung in Chonae bei Colossae, wo eine heilkräftige Quelle seit den Tagen der Apostel Johannes und Philippus mit dem Wirken des Erzengels in Verbindung steht. Von dort nahm der Erzengel seinen Flug übers Meer ins Abendland. Dreimal erschien er auf dem Garganus in den Jahren zwischen 490 und 495.

Die erste Erscheinung des Erzengels Michael im Jahre 490 auf dem Monte Gargano war von seltsamen Umständen begleitet. Am 4. Mai klomm ein Herdenbesitzer aus Siponto mit seinen Hirten den steilen Abhang des Gebirges empor, um den schönsten Stier seiner Herde zu suchen, der ihm von seiner auf der Hochfläche des Berges weidenden Herde entlaufen war. Nach langem ergebnislosen Umherstreifen war er schon im Begriff, die Suche aufzugeben, da erblickte er mit einem Male den weißen Stier in seiner ganzen Kraft und Schönheit gelassen vor dem Eingang einer von dichtem Buschwald überwucherten Höhle stehen. Ein blendendes

Licht erschien über dem Tier und seiner Zufluchtstätte, verschwand aber sogleich wieder. So erfreut die Hirten über den Anblick des Wiedergefundenen waren, so enttäuscht waren sie gleichzeitig, es bestand nämlich keine Aussicht, das Tier einzufangen, das Gewirr des Unterholzes verhinderte jede Annäherung. Der erzürnte Besitzer, der den Stier verloren geben mußte, schoß in seinem Zorn einen Pfeil gegen das Tier, um es zu töten. Aber es geschah etwas Merkwürdiges, der Pfeil wurde wie von unsichtbarer Hand im Fluge zurückgehalten und durchbohrte, auf den Schützen zurückfliegend, eines seiner Augen. Entsetzt brachten die Hirten ihren Herrn nach der Stadt zurück und berichteten dort das rätselhafte Ereignis dem Bischof. Dieser ordnete, beunruhigt, eine dreitägige Fasten- und Bußzeit an, während er selbst in seiner Bischofskirche S. Maria Maggiore in Siponto im Gebet verharrte, hoffend, von Gott Aufklärung über den Vorgang zu erhalten. Da erschien ihm in der Morgendämmerung des 8. Mai, an einem Donnerstag, der große Engel und sprach zu ihm: „Ich, der Erzengel Michael, habe diesen Stier unter meinen Schutz gestellt. Dies Zeichen soll anzeigen, daß jene Höhle ein heiliger Ort ist, deren Hüter und Wächter ich bin. Wenn ihr mich dort verehren werdet, werdet ihr Heil erfahren." Sogleich rief der Bischof seine Gemeinde zusammen und zog mit Priestern und Volk auf mühsamen Wegen zu dieser durch den Engel entdeckten Höhle. Aber niemand, selbst der Bischof nicht, wagte in dieselbe vorzudringen, denn geisterhafte Stimmen ertönten beständig aus der dunklen Grotte hervor: „Hier wird Gott angebetet, hier ist der Ort der Verehrung Gottes." Papst Felix, der von dem wunderbaren Ereignis unterrichtet wurde, ließ dieses überall verkünden. Kaiser Zeno von Byzanz aber sandte, tief beeindruckt, dem Bischof von Siponto Weihegeschenke zu Ehren des Großen Engels.

In den Streitigkeiten der Germanen um die Herrschaft in Italien wurde Siponto mehrmals bedroht. Im Jahre 492 zog Odoaker mit starker Übermacht heran, Theoderich aber hatte nur wenige Soldaten in der Stadt. Da erinnerte sich in der großen Gefahr der Bischof des Anführers der himmlischen Heerscharen, der ihm vor nicht langer Zeit seine Huld und Nähe angezeigt hatte. Er flehte ihn um seinen Schutz an. Und siehe, in der Morgenfrühe des 19. September erschien Michael dem Bischof zum zweiten Mal und versprach ihm Hilfe. Als der Kampf begann, verfinsterte sich der Himmel des Garganogebirges, der erwählte Ort des Engels und Siponto an seinem Fuße wurden von dichten Wolken umzogen. Unaufhörlicher Donner erschütterte die Erde, die zu beben schien, zahllose Blitze zuckten aus dem schwarzen Gewölk. Durch den heftigen Aufruhr im Kosmos wurden die feindlichen Krieger so sehr erschreckt, daß sie sich zur Flucht wandten, während die Siponter, die sich in Michaels Schutz wußten, ihnen mit seinem Bild auf den Fahnen bis nach Neapel nachsetzten. Nach dem Siege zog der Bischof mit allem Volk zum Berge, um dem Engel den Dank der Gemeinde darzubringen. Als er selbst nach langem Zögern die feuchte Grotte betrat, da fand sich ein Zeichen von der Gegenwart des Engels: er hatte den Abdruck seines ‚Fußes' hinterlassen.

Nach all diesen Zeichen wollten nun die Siponter dem Erzengel ein Denkmal ihres Dankes errichten. Der Bischof fragte den Papst Gelasius, ob er die Höhle zu einer Kirche weihen dürfe. Der Papst antwortete, „daß es den Sipontern nicht zustehe, den Tag der Weihe zu bestimmen, vielmehr sollten sie den Spruch des hl. Engelsfürsten unter Fasten und Beten erwarten". Und tatsächlich, in der Nacht des 29. September offenbarte sich Michael dem Bischof: „Nicht du sollst meine Höhle zum Heiligtum weihen, denn der sie kund gemacht, hat ihr schon die Weihe verliehen. Ich, der ‚Herr der Höhle', rufe euch nun in mein Heiligtum, damit ihr dort furchtlos den heiligen Gottesdienst feiern möget. Denn ich habe diese Höhle zu einer Basilika geweiht, auf daß in diesem Hause Gottes die Sünden der Menschen vergeben und alle Schuld dort abgewaschen werde." In der Morgenfrühe bereiteten sich darauf der Bischof und das Volk zur Wallfahrt auf den Berg. Als sie noch zagend die Höhle betraten, fanden sie das Zeichen der Weihe: der unregelmäßige Felsen mit dem Fußabdruck des Engels war durch Michael zum Altare bereitet worden. Man fand über den Felsen gebreitet ein rotes Tuch, wie es in der griechischen Kirche die Weihe eines Altars sichtbar anzeigt.

Die letzte Erscheinung Sankt Michaels fand im Jahre 1656 statt. Da wütete in ganz Unteritalien eine furchtbare Pest. Angesichts der menschlichen Ohnmacht ließ der damalige Bischof von Siponto ein dreitägiges Fasten ausrufen. Er zog dann an der Spitze aller seiner Kleriker, gefolgt von einer ungeheuren Menge Volkes, zu der Höhle hinauf, mit Stricken um den Hals, Psalmen und Litaneien singend. Doch erst nachdem sich Bischof und Volk drei Tage lang gedemütigt hatten, bezeugte sich der Engel. An einem Freitag, dem 22. September, eine Woche also vor dem Fest des Engels, erwachte der Bischof, wie er in einem Brief an Papst Alexander VII. *aus dem Jahre 1658 berichtete, „um fünf Uhr morgens von einem schreckenerregenden Geräusch, das von einem Erdbeben herzurühren schien. Da sah er im Osten ein mächtiges Licht, gleich einem sonnenleuchtenden Kristall, und er hörte eine Stimme, die sprach: ‚Wisse, o Hirt dieser Herde, daß ich von dem Dreifaltigen Gott erlangt habe, daß ein jeder, der einen Stein von den Wänden meiner Höhle bricht und ihn in frommer Gesinnung bei sich trägt, von der Pest befreit wird. Ja, alle Häuser, Orte und Städte, wo ein solcher Stein bewahrt wird, sollen von der Pest verschont bleiben. Künde allen diese Gnade des Herrn. Wenn du aber auf mein Geheiß die Steine segnest, so grabe in sie das Zeichen des heiligen Kreuzes ein und dazu meinen Namen. So wird der Gotteszorn abgewendet werden.'"*

Überglücklich und voller Dank fiel der Bischof auf seine Knie, dann rief er seine Diener herbei und berichtete ihnen die Verheißung des Engels. Am nächsten Tage, dem 23. September, verkündete er dem ganzen Volke, daß es sich nicht mehr vor der Pest zu fürchten brauche.

Er befahl, die Steine aus den Wänden der Höhle herauszubrechen, ließ in sie das Monogramm S † M eingraben und segnete sie mit einer eigenen Benediktionsformel. Nachdem er nun die Steine unter das Volk hatte verteilen lassen, erlosch die Pest innerhalb weniger Tage im ganzen Lande.

Aus diesen legendären Berichten erhellen die michaelischen Ämter und Wirkweisen. Michael erscheint als Träger eines fünffachen Amtes: als Hirte und Schützer der Herden, als Kriegsheld und Herr der kosmischen Gewalten, als Priester, der den Kult zurüstet, als ‚Herr der Höhle', das will sagen als Totengeleiter und Fürst des Seelenreiches, und schließlich als Arzt und Kenner der verborgenen Heilkräfte der Erde und der Gewässer, als Heiler des Aussatzes des Leibes wie der Seele.

Der heilige Hieronymus

Jedermann wohl kennt Dürers berühmten Stich ‚Der hl. Hieronymus im Gehäus'. „In einer behaglich anmutenden Gelehrtenstube schreibt ein stiller Greis im Lichte seines Heiligenscheins ganz versunken an einem Buch; zu seinen Füßen kauert ein Löwe, spielt ein Hündchen, denen die warme Sonne durch die Butzenscheiben auf den Pelz brennt – ein Sinnbild des inneren Friedens! Ein Bild des historischen Hieronymus, dem dritten der vier großen abendländischen Kirchenväter, ist das nicht" (v. Campenhausen). Hieronymus war zwar ein großer Gelehrter und ist in seiner Jugend kurze Zeit Einsiedler gewesen. Aber trotz seines asketischen Eifers ist Hieronymus niemals imstande gewesen, der Welt wirklich den Rücken zu kehren. Sein ungeheurer Wissensdurst, seine leidenschaftliche, nach Widerhall verlangende Natur, seine Sehnsucht nach literarischer Unsterblichkeit ließen ihn immer wieder Teilnahme und Echo in der Welt suchen, auch dann, wenn er sie, die sich ihm so oft feindlich entgegenstellte, mit Hohn bedachte und zu verachten schien. Sein hitziges Temperament kannte keine innere Stille; ein feuriger Kämpfer gegen Mißstände, ein gefürchteter Polemiker voll beißender Schärfe, bot er seinen Neidern viele Angriffspunkte und machte sich viele Feinde. Bis ins hohe Alter quälten ihn Versuchungen, behielt er seine streitbare Natur, gegen die er im inbrünstigen Verlangen, ein Heiliger Gottes zu werden, sein Leben lang ankämpfte Hieronymus stellt unter den Heiligen deutlich denjenigen Typ dar, der aufzeigt,

daß Heiligkeit nicht etwas Fertiges ist, nicht nur ein Gnadengeschenk des Himmels, sondern daß es in lebenslangem Ringen schwer erworben werden muß. Ebenso sehr wie viele seiner Zeitgenossen ihn schmähten und ihm wütend nachstellten, priesen ihn spätere Geschlechter. Das Kirchengebet am 30. September, dessen Text beginnt: „O Gott, Du schenktest voll Huld Deiner Kirche in Deinem hl. Bekenner Hieronymus den hervorragendsten Lehrer in der Auslegung der heiligen Schriften ..." beweist, mit welcher Verehrung und Dankbarkeit die Gläubigen noch heute seiner gedenken. Aber schon während der ganzen zweiten Hälfte seines Lebens hat Hieronymus den literarischen Ruhm und die Würdigung seiner Leistung erfahren dürfen. Als er hochbetagt am 30. September 420 starb, war er „der Ratgeber der ganzen Christenheit". Das kleine Bethlehem war, wie G. Bardy sagt, „durch ihn gewissermaßen das geistige Zentrum der Kirche geworden."
Hieronymus wurde um 347 in Stridon – einer längst untergegangenen Stadt – in Dalmatien, nach anderen an der Westgrenze von Bosnien, geboren. Seine Eltern waren wohlhabende römische Christen. Sie schickten ihren Sohn nach Rom, wo er Grammatik, Rhetorik und Philosophie studierte. Hieronymus war von Jugend auf ein fleißiger, unermüdlicher Leser, der sich bald schon eine reichhaltige Bibliothek anlegte. Er besaß ein erstaunliches Gedächtnis und war ein großes Sprachgenie. Rom blieb für ihn allezeit Lebenszentrum, auch wenn er anderswo lebte, kehrte sein Geist immer wieder dorthin zurück. Er schrieb für „römische Ohren" und damit für den ganzen lateinischen Westen. Hier in Rom empfing er auch die Taufe. Doch beklagte er später sein damaliges sündiges und eitles Jugendleben. 367 machte er sich zu einer ersten längeren Reise auf, die ihn nach Trier führte. Dort kam es zur Bekehrung. Trotz seiner Jugend verzichtete er auf eine weltliche Laufbahn und diente fortan als christlicher Gelehrter allein Christus und seiner Wahrheit. 370 begab er sich nach Aquileja, wo er seinen Freund Rufinus und einen Kreis von Gleichgesinnten traf. Er notierte später in seiner Chronik, daß diese Männer von Aquileja einem „Chor von Engeln" geglichen hätten. Man erörterte theologische Probleme, pflegte Askese und den geistigen Austausch mit frommen Frauen. Immer sollte Hieronymus diese Funktion, gerade als Ratgeber gottsuchender Frauen zu wirken, beibehalten. 372–74 pilgerte er nach Kleinasien, um die heiligen Stätten aufzusuchen, gelangte jedoch nicht ans Ziel, weil er unterwegs in Antiochia erkrankte. In dieser Zeit erlernte Hieronymus die griechische Sprache. Jetzt nahm er auch Kontakt zu den Mönchen der syrischen Wüste auf, die damals im sagenhaften Ruf der Vollkommenheit standen. Ein Traum, eher eine Vision, sollte großen Einfluß auf sein weiteres Leben haben. Er rang sich dazu durch, als Mönch das Leben der Eremiten zu teilen. In der Einsamkeit seiner Felsenhöhle bei Chalcis „litt er viel um Christi willen", wie es in der ‚Legenda aurea' heißt; denn das mönchische Dasein fiel dem jungen Gelehrten keineswegs leicht.

Er berichtete darüber in seiner Chronik: „Ach, wie oft versetzte ich mich in Gedanken nach Rom und zu den Herrlichkeiten, die ich dort genossen hatte, in dieser öden, einsamen Wüste, die, ausgebrannt von der Glut der Sonne, den Mönchen eine gar fürchterliche Heimstatt bot ... Meine Glieder staken in häßlichem Sacktuch, meine Haut war dunkel von Schmutz wie die eines Negers. Tagtäglich mußte ich weinen und seufzen, und wenn ich gegen meinen Willen einmal in Schlaf gesunken war, drückte das dürre Erdreich gegen meine abgemagerten Knochen. Von Essen und Trinken gar nicht erst zu reden, da ja auch die kranken Einsiedler nur kaltes Wasser genießen und ein gekochtes Gericht schon als Ausschweifung galt ... Obgleich Geselle der wilden Tiere, war ich doch im Geiste oftmals umgeben von einem Reigen schöner Jungfrauen, und in dem kalten Leib tobte noch das Feuer sündhafter Begier..." Indessen versuchte Hieronymus das körperliche Fasten mit geistiger Arbeit zu verbinden, um es ertragen zu können; er ließ sich Bücher kommen, machte Abschriften, verfaßte Briefe, schrieb die bezaubernde Geschichte des hl. Eremiten Paulus, ja, und hier mitten in der Wüste lernte er Hebräisch! Nach zwei oder drei Jahren aber führte seine Sehnsucht nach Menschen und geistiger Anregung ihn wieder zurück in die Welt; er begründete diesen Schritt mit der menschlichen Unzulänglichkeit und dem geistigen Hochmut seiner Genossen, die ihm das mönchische Leben verleidet hätten. In Antiochien erhielt er die Priesterweihe. In Konstantinopel begegnete Hieronymus dem großen Gregor von Nazianz und gewann ihn zeitlebens als Freund und Lehrer. Jetzt begann er seine Tätigkeit als Übersetzer, die ihn so berühmt machen sollte. Nach Rom zurückgekehrt, wurde Hieronymus von 382 bis 385 Sekretär und vertrauter Berater von Papst Damasus I. Dieser betraute ihn mit den verschiedensten hohen Aufgaben, vor allem mit der Revision und Neuübersetzung der lateinischen Bibelausgabe der ‚Vulgata', aufgrund der griechischen und hebräischen Urtexte. Dieses Riesenwerk sollte ihn Jahrzehnte beschäftigen. Es machte seinen Namen als Gelehrter in der ganzen abendländischen Kirche unsterblich. Auch bei dem Kampf gegen Sekten erwies sich die gewandte Feder und das umfassende Wissen des ‚Polyhistor' – Vielwissers – als nützlich. In Rom scharten sich um ihn vornehme Frauen, die dem christlichen Ideal der Askese nachstrebten und für die er zum unübertrefflichen Führer wurde. Darunter befand sich neben der reichen Marzella, in deren Palast sie sich zu versammeln pflegten, auch die hl. Paula (s. 26. Januar) und ihre Tochter Eustochium. Der unbedingte Ernst seiner Forderungen schenkte ihrem Leben neuen Inhalt. Sie fühlten sich der neuen asketischen Bewegung so eng verbunden, daß sie ihm später nach Palästina folgten.

Nach dem Tode des Papstes nämlich hatten sich die Gegner des Heiligen in offener Feindschaft wider ihn erhoben. Sie waren es wahrscheinlich auch, die seine Wahl zum Papst verhinderten. Aber der neue Papst Siricius hatte für seine wissenschaftlichen Arbeiten keinen Sinn. Da wandte Hieronymus sich kurz entschlossen nach Palästina und ließ sich 386, nach einem nochmaligen kurzen Versuch in der Einsiedlerwelt der ägyptischen Wüste, endgültig in Bethlehem nieder. Hier gründete die hl. Paula unter seiner Leitung drei große Frauenklöster; er selbst stand einem kleineren Männerkloster vor, an das sich Pilgerherbergen und eine Schule, in der er selbst unterrichtete, anschlossen. Vierunddreißig Jahre lebte er im kleinen Bethlehem in strengster Askese ganz seinen Wissenschaften, hier verfaßte er seine bedeutendsten theologischen und exegetischen Schriften, beendete er seine gewaltige Bibelübersetzung. Er beschäftigte ein Heer von Schreibern. Sein Werk über ‚Berühmte Männer' trug ihm Ruhm ein. Riesenhaft türmte sich sein Schrifttum. Hieronymus führte mit zahlreichen Persönlichkeiten aus aller Welt lebhafte Korrespondenz. Er ruhte weder Tag noch Nacht, denn er fand auch noch die Zeit für seine Mönchsgemeinde und die vielen Besucher, die ihn um Rat fragten. Zuletzt machte ihm ein Augenleiden das Lesen unmöglich, aber immer noch schrieb und diktierte der unverwüstliche Gelehrte, bis ihm der Tod die Schreibfeder aus der Hand nahm.

Seine Gebeine wurden nach Rom übertragen und ruhen in S. Maria Maggiore. Sein Missalefest besteht seit dem 8. Jahrhundert.

Die Darstellung des hl. Hieronymus mit rotem Kardinalshut beruht auf einer mittelalterlichen Legende, und man findet sie erst nach dem 13. Jahrhundert. Sie ist, wie V. Larbaud so liebenswürdig meint, „eine Art posthumer Beförderung". Er wird aber auch als abgemagerter Eremit vor einer Höhle stehend wiedergegeben mit Kruzifix und Totenkopf, fast immer in Gesellschaft eines Löwen. Er ist Patron der Asketen, der Gelehrten, Studenten, Schüler, Theologen und vor allem der Übersetzer. Viele Ordensgemeinschaften und Bibelgesellschaften tragen seinen Namen. Seine Fürsprache wird angerufen bei Augenleiden. Oftmals ist er in Gemeinschaft mit der Gottesmutter dargestellt, so zum Beispiel in Correggios Bildern und Fresken in Parma. Das hat seinen Grund in dem besonderen Verhältnis des großen Kirchenvaters zur Frau, zur Jungfräulichkeit und zur Keuschheit. Wir zitieren hier die kühne Analyse Valery Larbauds, der darüber folgendes sagt: „Die Vorteile der Keuschheit sehen wir und kennen ihren Wert... Wir wissen, daß die wissenschaftliche Forschung, das Studium, die Kunst anspruchsvolle Gattinnen sind und daß die Kraft und die Ausstrahlung der Werke des Geistes fast immer, ob wir es wollen oder nicht, auf Kosten der sinnlichen Befriedigung erlangt werden. Wir wären daher durchaus bereit, mit Hieronymus die Ehe für Silber, die Jungfräulichkeit aber für Gold zu erklären, und wie er sind wir der Meinung, daß die leibliche Vaterschaft keineswegs begehrenswert ist, verglichen mit der geistigen oder geistlichen Vaterschaft. Wir bewundern ... seine Lehre über die ‚Immerwährende Jungfräulichkeit' (Mariens) und die ‚Brüder und Schwestern Christi'...;

wir können uns die allumfassende Kirche nicht zu Füßen einer reichgesegneten Familienmutter vorstellen! Hieronymus, der Verkünder Beatricens, der Vater aller ritterlichen Literatur, ist auch der Moralist, der durch seine Ermahnung zur Jungfräulichkeit und zu den Gelübden der Keuschheit am meisten beigetragen hat . . ."

Legende

Zwei sehr merkwürdige und durch viele Deutungsversuche bekannt gewordene legendäre Erlebnisse des Heiligen möchten wir hier wiedergeben, wovon erstere in das Gebiet der ,Visionen' gehört, die so oftmals im Leben des Heiligen eine entscheidende und ,bekehrende' Rolle spielten: jener grandiose Alptraum des hl. Hieronymus, der, obwohl er gewiß unter dem Einfluß des Fiebers und der Krankheit entstand, bestimmt nicht von ihm erfunden worden ist. Er behielt ihn beim Erwachen so deutlich im Gedächtnis, daß er späterhin als von einer Vision davon sprechen konnte.

In der klassischen Legendensammlung über die Heiligen, der ,Legenda aurea', heißt es darüber: Zu dieser Zeit las er am Tage Tullius und des Nachts Plato mit großem Fleiß, denn die ungeschliffene Sprache der prophetischen Bücher (des Alten Testaments) gefiel ihm nicht. Da ergriff ihn mitten in den Fasten ein starkes Fieber, so daß sein Leib ganz kalt wurde und nur in seiner Brust noch Lebenswärme war. Als man schon sein Begräbnis bereitete, wurde er plötzlich vor den Thron des Richters entrückt, und dieser fragte ihn, welchen Glauben er hätte. Er antwortete: „Ich bin ein Christ." Da sprach der Richter: „Du lügst, du bist kein Christ, du bist Ciceronianer, denn wo dein Schatz ist, da ist auch dein Herz." Daraufhin mußte Hieronymus schweigen, und der Richter ließ ihn alsbald hart schlagen. Hieronymus aber schrie auf und sprach: „Herr, erbarme dich meiner!" Die dabeistanden, baten nun den Richter, er möge dem Jüngling verzeihen. Und er selbst hub an zu schwören und sprach: „Herr wenn ich je wieder weltliche Bücher lese, so soll das sein, als ob ich dich verleugnete.' Als er dies Versprechen abgegeben hatte, kam er wieder zu sich und fand sich ganz in Tränen gebadet, und seine Schultern waren voll blauer Flecke von den Schlägen, die er vor Gericht empfangen hatte. Und von dieser Stunde an las er die heiligen Bücher mit demselben Fleiß, mit dem er zuvor die Bücher der Heiden gelesen hatte.

Das spezielle Attribut des hl. Hieronymus ist der Löwe. Die Legende über den Löwen ist natürlich auch symbolisch zu verstehen. Mutig kämpfte der Heilige gegen sein eigenes Fleisch an, besiegte er die Feinde der Wahrheit und blieb allezeit einsam wie der Löwe, der ja auch immer Einzelgänger ist.

Einstmals saß Hieronymus mit den Brüdern beisammen, um die Heilige Schrift zu lesen. Da kam ein Löwe hinkend ins Kloster. Die anderen Brüder flohen, Hieronymus hingegen schritt auf ihn zu und begrüßte ihn wie einen Gast. Der Löwe wies ihm seinen wunden Fuß. Hieronymus rief sogleich die Brüder und gebot ihnen, den Fuß zu waschen und nach der Wunde zu suchen. Das taten sie und fanden, daß der Löwe sich einen Dorn in den Fuß ge-

treten hatte. Sie zogen ihn heraus und pflegten ihn, und der Löwe wurde so zahm und heimisch, daß er im Kloster lebte wie ein Haustier. Da begriff Hieronymus, daß der Herr ihn nicht allein wegen der Heilung seiner Pfote zu ihnen gesandt hatte, sondern zum Nutzen des Klosters, und er trug ihm das Amt auf, daß er den Esel auf die Weide führen und in der Zeit bewachen solle, wenn die Brüder Holz aus dem Walde holten. Also ging der Löwe wie ein braver Hirte täglich mit dem Esel auf die Weide. Nun geschah es einmal, daß der Löwe, während er den Esel hütete, einschlief. Da kamen Kaufleute mit Kamelen des Weges, und weil sie den Esel allein wähnten, raubten sie ihn eilends. Als der Löwe erwachte und seinen Gesellen nicht fand, lief er brüllend hinterher, doch konnte er sie nicht mehr einholen. Da kam er traurig zurück an die Klostertür, aber er wagte vor Scham nicht hereinzugehen. Als die Brüder sahen, daß er später kam als sonst und ohne Esel, glaubten sie, er habe den Esel gefressen, und wollten ihm sein gewohntes Futter nicht geben. Sie meldeten es Hieronymus, dem Abte, und dieser riet ihnen, sie sollten dem Löwen das Amt des Esels auferlegen. Also beluden sie ihn mit dem Holz, das sie schlugen, und der Löwe trug es geduldig auf seinem Rücken. Der Löwe aber hielt immer Ausschau nach seinem alten Gefährten. Und als er eines Tages wieder auf dem Felde war, erblickte er von weitem Kaufleute mit beladenen Kamelen, und vor ihnen her lief ein Esel. Sogleich erkannte der Löwe, daß es sein Esel war, und er stürzte mit lautem Gebrüll auf die Kaufleute zu, so daß sie allesamt flohen. Dann trieb er die erschrockenen Kamele mit ihrer Last vor sich her bis in das Kloster. Jetzt lief er fröhlich wie ehedem durch das Kloster und streckte sich vor jedem Bruder nieder und wedelte mit seinem Schweif, als ob er um Gnade für seine Missetat bäte, der er doch gar nicht schuldig war. Hieronymus aber erkannte sogleich, was geschehen war und wies die Brüder an, sich auf Gäste vorzubereiten. Während er noch sprach, kam ein Bote, der meldete, es seien Gäste vor der Türe, die den Abt sehen wollten. Da ging der Heilige hinaus zu ihnen, und sie fielen ihm zu Füßen, gestanden den Diebstahl des Esels und baten ihn um Verzeihung. Hieronymus hob sie freundlich auf und sprach, sie sollten das Ihre nehmen und hinfort kein fremdes Gut mehr rauben, worauf sie dem Kloster beschämt die Hälfte ihrer Ware als Sühne für den Diebstahl schenkten.

Der heilige Remigius

Der hl. Remigius hat Chlodwig, den ersten König der Franken,getauft und damit die Franken dem Christentum zugeführt und ihnen den Weg zu ihrer späteren Bedeutung für das christliche Abendland erschlossen. Mit der Taufe des Heiden Chlodwig geschah der große Wendepunkt in der Geschichte Europas, nämlich die Entstehung des ‚Allerchristlichsten Königtum Frankreich': ein Heiliger also wiederum als Werkzeug Gottes, wie so oft in der Geschichte der Heiligen. Die Legende hat dieses ausschlaggebende Ereignis, das sich am Weihnachtsfeste des Jahres 496 zutrug, aufs wunderbarste ausgestaltet und somit seinen bedeutsamen Sinn unterstrichen. Auf diese Weise lebt es noch heute im Gedächtnis der Menschen fort.

Der hl. Remigius wird als ‚Apostel der Franken' bezeichnet. Dieser durch Wunderkraft, Wissen und Weisheit ausgezeichnete Gottesmann war von 459–533 Bischof von Reims. In dieser Stadt, deren Schutzheiliger er bis heute ist, ruhen in der ihm geweihten Kirche Saint-Rémy seine Reliquien. Während der Französischen Revolution wurden sie einmal entfernt und in eine Grube geworfen, heimlich aber wieder ausgegraben und erneut beigesetzt.

Der hl. Remigius ist um 437, mitten in der unruhigen Völkerwanderungszeit in Laon geboren; er stammte aus einer gallo-römischen Familie edler Herkunft. Als er im Jahre 459 den Bischofsstuhl von Reims bestieg, hatten die heidnischen Franken die Herrschaft im Lande an sich gerissen, und christlicher Glaube und christliche Gesittung waren stark bedroht. Unermüdlich wirkte der Bischof für die Ausbreitung und Reinerhaltung der Lehre. Er trat als glänzender Redner gegen Heiden und Arianer auf. Viele Wunder und sein vorbildliches Leben ließen seine Worte glaubhaft erscheinen. Groß war die Macht seiner Persönlichkeit, mit der er schließlich den Frankenkönig selbst gewann. Hierbei half ihm dessen Gattin, die hl. Klothilde (s. 3. Juni), die christlich erzogen, das Herz des gewalttätigen Merowingers durch ihre große Frömmigkeit, Tugend und Schönheit bezwungen hatte.

Bei der Taufe des Königs versuchte der hl. Remigius bewußt die Feierlichkeit der christlichen Kulthandlung aufs würdigste hervorzuheben und sie in Gegensatz zu den barbarischen Gepflogenheiten der heidnischen Eroberer zu stellen. Das Gotteshaus war, wie die Überlieferung berichtet, mit kostbaren Tüchern ausgekleidet und erstrahlte vom Schein unzähliger Kerzen, Gesänge erklangen, und der Duft des Weihrauchs stieg als reines Opfer empor. Der König soll tief beeindruckt gewesen sein, als er mit seinem Gefolge die Kirche betrat, und geglaubt haben, sich schon im Himmel zu befinden. Bei der Taufe rief der Bischof ihm das viel zitierte Wort zu: „Beuge dein Haupt, stolzer Sugambrer! Verbrenne, was du angebetet hast, und bete an, was du verbrannt hast!"

Dem Beispiel des Königs folgten die meisten seiner Edlen, was sich auf das ganze Volk der Franken auswirkte. Wenn auch die Getauften erst allmählich in christliches Denken und Handeln hineinwuchsen und es noch Jahrhunderte brauchte, bis mit der Krönung Karls des Großen zum römischen Kaiser deutscher Nation der Sieg des Christentums in Europa sich vollenden sollte, so bleibt es das unvergängliche Verdienst des hl. Remigius, hierzu den ersten Anstoß gegeben zu haben.

Remigius rastete auch nach der Bekehrung der Franken nicht. Als Berater des Königs, der ihm für seine Missionsarbeit königlichen Schutz gewährte und die Kirche durch großzügige Schenkungen unterstützte, bekämpfte er den von den Burgundern und Goten ins Land gebrachten Arianismus und förderte die reine Glaubenslehre mit all seinen Kräften. Über siebzig Jahre lang hatte er sein kirchliches Amt als Oberhirte ausgeübt, als er am 13. Januar 533 oder 35, fast hundertjährig, in den Frieden Gottes einging.

Dargestellt wird der Heilige als Bischof, Taube mit Ölfläschchen über ihm, Teufel aus Reims austreibend. In der Kathedrale befinden sich schöne Tapisserien von Solimena ‚Der Heilige erhält den himmlischen Chrysam'; ebenfalls dort seine Skulptur aus dem 13. Jahrhundert. Eine Statue in der Halle von Saint-Germain-des-Prés in Paris zeigt den hl. Remigius mit einem Ungeheuer zu Füßen, das einen Menschenkopf trägt, das überwundene Heidentum symbolisierend. Er ist Patron der Stadt und Diözese Reims, wird angerufen bei Epidemien, Fieber, Halsweh; gegen Schlangen und religiöse Gleichgültigkeit.

Legende

Schon die Geburt des großen Lehrers und Bekenners Remigius wird auf wunderbare Weise geweissagt. In der schlimmen Zeit, als Gallien von den Vandalen verwüstet wurde, lebte ein blinder Einsiedler und betete Tag und Nacht zu Gott, daß der heiligen Kirche Christi in diesem Lande der Friede wieder gegeben werden möge. Und siehe, es erschien ihm ein Engel des Herrn und sprach: „Wisse, es wird ein Weib mit Namen Celina trotz ihres Alters ein Kind gebären, das wird Remigius heißen, und es wird sein Volk erlösen aus der Gewalt seiner Feinde." Der Eremit würde wieder sehend werden, wenn die Mutter des angekündigten Heiligen seine Augen mit ihrer Milch wüsche. Und alles, was der Engel gesagt hatte, traf ein. Als Remigius die Kinderschuhe abgestreift hatte, floh er die Welt und ging in eine Klause. Der Ruf seiner Heiligkeit erscholl so laut, daß ihn das Volk einmütig zum Bischof erwählte. Er war so sanftmütig, daß die Vögel vom Himmel auf seinen Tisch flogen, wenn er aß, und die Brosamen des Mahles aus seiner Hand nahmen.

Zu dieser Zeit war Chlodwig König der Franken; er war aber noch ein Heide. Er hatte zwar eine fromme christliche Gemahlin, doch vermochte sie es lange nicht, ihn zu bekehren. Als nun die Alemannen mit gewaltiger Heeresmacht ins Land einfielen, da gelobte der König Christ zu werden, wenn der Christengott ihm helfen werde. Und es geschah so, wie er begehrt hatte. Da begab er sich sogleich nach Reims zum hl. Remigius, um sich von ihm taufen zu lassen. Als sie aber zum Taufquell schritten, war kein Chrysam da, um den König zu salben. Da kam eine Taube vom Himmel herab, die trug in ihrem Schnabel ein Gläschen mit Öl, daraus der hl. Bischof den König salbte. Das Gläschen aber, die sogenannte „heilige Ampulle“ wurde bis zur Revolution in der berühmten Abtei Saint-Rémy aufbewahrt und ist viele Jahrhunderte hindurch bei der Krönung der französischen Könige benutzt worden.

Die heilige Therese von Lisieux

Zwei Theresen hat die Kirche unter ihre Heiligen aufgenommen, beide sind allen Gläubigen bekannt, die eine unter dem Zusatz ‚die Große‘, nämlich Teresa von Avila (s. 15. Oktober), die andere als ‚die Kleine‘, nämlich Therese vom Kinde Jesu und vom heiligsten Antlitz. Victorie Sackville-West bezeichnet die beiden Theresen als ‚Adler und Taube‘. Die eine wie die andere war Dienerin des Karmel, jenes Frauenordens, der benannt ist nach dem hl. Berge Karmel in Palästina, von dessen frommen Einsiedeleien er seinen Ausgang nahm, und zwar in der Form der ‚unbeschuhten Karmelitinnen‘ die strengste Observanz aufweist und mit beständigem Stillschweigen und harten Bußwerken für fremde Schuld Sühne übt. In ihrem vielseitigen Buch über die hl. Therese von Lisieux, dessen Gedanken wir bei unseren Ausführungen im Wesentlichen folgen, läßt Ida Friederike Görres „statt einer Einleitung“ Adalbert Stifter über das Große und das Kleine sprechen. Sie wollte damit wohl kundtun, daß Gott im Großen wie im Kleinen wunderbar ist, was gerade an dem Beispiel der beiden Theresen deutlich wird. Die ‚kleine‘ Therese ist eine der rührendsten und zartesten Heiligengestalten. Sie war eine Heilige aus unserer Zeit, wenn sie auch, vierundzwanzigjährig, am 30. September 1897 – also drei Jahre vor Beginn unseres Jahrhunderts – starb. Sie hinterließ uns in ihrem weltbekannten Buch ‚Geschichte einer Seele‘ die minutiöse Schilderung ihres ‚kleinen Wegs‘ zur Vollkommenheit. Dennoch ist, wie I. F. Görres schreibt, „ihr Antlitz verborgen und von vielen Schleiern verhüllt“: nämlich von dem billig vergoldeten süßen Kitsch, mit dem ihre Gestalt vielfach entstellt wurde, von dem „dichten, maskenhaften eines vergangenen Heiligkeitsideals“, zu dem die junge Karmelitin, teilweise noch bei ihren Lebzeiten, stilisiert wurde, von der „Verzeichnung einer allzu eng familienhaft gebundenen Heroisierung“, die ihre Schwestern – selbst Nonnen im Karmel – betrieben haben, nicht zuletzt aber von

dem „leuchtenden Schleier ihres eigenen ... wundersamen Schweigens". Denn keine ihrer Mitschwestern wußte von dem mystischen Opferleben der Heiligen, niemand ahnte wirklich, welche Leiden und Kämpfe sie willig und freudig aus Gottes Hand angenommen hatte. Wie sehr ihr Verlangen nach dem Martyrium erhört worden war, geht aus den Worten hervor, die sie kurz vor ihrem Tode aussprach: „Der Kelch ist bis an den Rand gefüllt. Nein, nie hätte ich für möglich gehalten, daß man so viel leiden könne. Ich vermag es mir nur durch mein außerordentlich großes Verlangen nach Rettung der Seelen zu erklären." Hatte sie doch schon als Fünfzehnjährige, bei ihrer feierlichen Aufnahme in den Orden nach dem Grund ihres Eintritts gefragt, erklärt: „Ich bin gekommen, Seelen zu retten..." Man hielt sie allgemein für eine harmonisch ausgeglichene Persönlichkeit, für eine Heilige, die das ‚Kindsein vor Gott' einzigartig vorlebte und von einer so glühenden Gottesliebe und einem derart unvorstellbar großen Vertrauen zu Gott durchdrungen war, daß sie so kühne Worte wie diese aussprechen konnte: „Im Himmel wird Gott mir stets meinen Willen tun, weil ich auf Erden stets den Seinen erfüllt habe", oder „Ja, jetzt weiß ich es, alle meine Hoffnungen werden überreich erfüllt werden, der Herr wird Wunder für mich tun, die mein unermeßliches Verlangen noch unendlich übersteigen!" Hierzu gehört das berühmte Versprechen der Sterbenden: „Ich werde Rosen vom Himmel regnen lassen", wozu Papst Pius XI. bei ihrer Heiligsprechung feierlich und öffentlich bekannte: „Die Gnaden, die ihrer Fürbitte zugeschrieben werden, sind unzählbar."
Marie Françoise Thérèse Martin wurde am 2. Januar 1873 zu Alençon in der Normandie geboren. Schon ihre Eltern hatten sich in ihrer Jugend, ganz unabhängig voneinander, ein beschauliches Leben im Kloster gewünscht, ihre Gesuche aber waren abschlägig beantwortet worden. Drei Schwestern von Therese waren ins Kloster gegangen, und den ersten tiefen Schmerz empfand das kleine Mädchen, als ihre ältere Schwester Pauline, die nach dem frühen Tode der Mutter deren Platz bei ihr eingenommen hatte, sie verließ, um in den Karmel von Lisieux einzutreten. Damals wurde Therese, wie man weiß, schwer krank. Aber durch die Fürsprache Marias wurde sie wieder gesund. Als Vierzehnjährige bat sie selbst um Aufnahme in den gleichen Karmeliterorden, aber sowohl der zuständige Bischof wie auch Papst Leo XIII., zu dem sie mit ihrem Vater eigens nach Rom gepilgert war, verweigerten die Erlaubnis. Indessen erhörte der Himmel ihre inbrünstigen Gebete: ein Jahr später erhielt sie endlich den Schleier! Nur neun Jahre verbrachte das zarte Mädchen, das den Keim ihrer Todeskrankheit wohl schon in sich trug, bei den Karmelitinnen, dann nahm Gott sie nach einem langen, schmerzensreichen, voller schweigender Geduld getragenen Krankenlager zu sich in die Ewigkeit: Therese durfte die Nachfolge des Herrn bis ans Ende vollziehen.
Das Klosterleben fiel ihr keineswegs leicht: „Ich habe kämpfen müssen, ich hatte

keine gefügige Natur. Es gab keinen Tag, an dem ich nicht verwundet worden wäre." Die eifervolle Strenge der Oberin versuchte mit Rügen, Strafen und Demütigungen das sanfte, wortlose Anderssein der jungen Novizin zu brechen. Vielleicht hatte sie ursprünglich vermutet, Therese sei hochmütiger als man glaube. Jedenfalls hat die junge Nonne immer wieder durch ihren Glauben versucht, jede Auflehnung zu überwinden, was ihr keineswegs mit Leichtigkeit gelang. Aber ihr Gehorsam hatte nichts mit innerer Unfreiheit zu tun. Als sie wegen des häufigeren Empfangs der hl. Kommunion sich in Gegensatz zu der Meinung ihrer Priorin stellte, blieb sie dabei, obwohl sie kein Verständnis fand: „Mutter, wenn ich gestorben bin, werde ich Sie überzeugen." In Lisieux wird der große Umschwung in dieser kirchlichen Übung durch die Dekrete Pius' x. heute in der Tat nicht zuletzt Theresens Fürbitte zugeschrieben.

Eine weitere Qual bedeutete für Therese die ewige Furcht vor ihrem eigenen Versagen, ihrer Unzulänglichkeit. Noch auf dem Sterbebette – zu dieser Zeit war sie schon zwei Jahre lang selbst Novizenmeisterin – fielen sie derartige Selbstpeinigungen an wie Versuchungen des bösen Geistes. Die Heilige hat „das Leben erlitten, wie die Einfachen und Kindlichen es müssen"; sie hat das gewußt, denn „alles, was ich getan habe, muß den kleinen Seelen erreichbar sein", lautete ihr ausdrückliches Vermächtnis.

Ihr hölzernes Grabkreuz auf dem kleinen Stadtfriedhof von Lisieux bekam als Inschrift ihren eigenen Ausspruch: „Ich werde meinen Aufenthalt im Himmel damit verbringen, Gutes auf Erden zu wirken."

Die heiligen Engel

Außer den eigenen Festen, die die Kirche den drei großen Erzengeln Gabriel (s. 24. März), Michael (s. 29. September) und Raphael (s. 24. Oktober) vorbehalten hat, feiert sie am 2. Oktober das Fest aller heiligen Engel. Es wurde durch Paul v. eingeführt, Klemens ix. bestimmte 1667 den ersten kirchlichen Sonntag im September als ‚Schutzengelsonntag'. Klemens x. hat das Fest dann für die ganze Kirche auf den 2. Oktober festgesetzt. Da aber auf diesen Tag öfter das hl. Rosenkranzfest fällt, wird es an manchen Orten weiterhin am ersten Sonntag im September gefeiert. Ursprünglich ist der Engelschöre zusammen mit dem hl. Michael gedacht worden.

Die Engelshierarchie hat wie alle Hierarchien ihre Ordnung. Danach sind die drei obersten Chöre bei Gott selbst und haben mit ihm Gemeinschaft. Die ‚Seraphine' haben die höchste Liebe inne, deshalb werden sie die brennenden oder Feuerengel genannt, die ‚Cherubine' besitzen die vollkommene Erkenntnis, weshalb sie Fülle der Weisheit heißen, die ‚Throne' verfügen über ein immerwährendes Erfassen und Genießen, darum ruht der Herr auf ihnen, indem er sie in sich selbst ruhen läßt. Der mittleren Ordnung gehören die Engel an, die über den Menschen herrschen. Die ‚Herrschaften' oder ‚Dominationes' gebieten und befehlen, sie leiten sie in allen göttlichen Verrichtungen an. Die ‚Kräfte' oder ‚Virtutes' sind die Engel des Wirkens, ihnen ist gegeben, alles zu vollbringen, was befohlen ist, denn nichts ist ihnen unmöglich, darum vermögen sie auch Wunder zu tun. Die ‚Gewalten' oder ‚Potestates' sind die Engel des Hemmens und Verbietens, welche die Gewalt haben, alles Widerwärtige zu zwingen. Die drei Ordnungen der untersten Stufe stehen dem Menschen am nächsten. Sie umfassen ‚die Fürsten' oder ‚Principates', die ganze Völker regieren, ferner die ‚Erzengel', die über eine bestimmte Menge wie über eine Stadt herrschen, und die ‚Schutzengel', die – wie es heißt – nur „kleine Dinge melden", die den einzelnen Menschen angehen im Gegensatz zu den Erzengeln, die „große Dinge melden", weil das Heil einer Menge wichtiger ist als das des einzelnen.

Die Engel sind Boten des Lichts. Sie stehen neben jedem einzelnen Menschen als Welt- wie als Schutzengel. Sie sind ‚Masse', denn ihre Zahl ist, wie der hl. Thomas von Aquin lehrt, „für uns unbegrenzt und nur für Gott begrenzt".

Die römische Kirche ehrt mit dem Schutzengelfest vornehmlich jene seligen Geister, welche Gott dem Menschen auf seinem Wege zum Heil als Schutz beigesellt hat und die ihn von der Kindheit bis zum Tode begleiten. Daß es seit der Erschaffung der Welt Engel gibt, die allezeit und in der Geschichte fast aller Völker von den Menschen verehrt wurden, bezeugt für den Christen die Heilige Schrift des Alten sowohl wie des Neuen Testamentes an vielen Stellen. Moses erzählt, wie ein Engel die Israeliten durch die Wüste geführt hat. „Siehe ich sende Meinen Engel vor dir her, daß er dich bewahre auf dem Wege und dich führe an den Ort, den Ich bereitet." Und weiter: „Höret seine Stimme ... denn Mein Name ist in ihm." König David besingt in seinen Psalmen die Engel: „Seinen Engeln hat Gott befohlen, dich zu behüten auf allen deinen Wegen. Auf den Händen werden sie dich tragen, daß dein Fuß nicht an einen Stein sich stoße ..." Jesus Christus selbst hat uns über die Engel geoffenbart: „... Seht, daß ihr keines dieser Kleinen ärgert, denn ich sage euch, ihre Engel im Himmel schauen allezeit das Angesicht meines Vaters, der im Himmel ist" (Matth. 18). Und der hl. Paulus beschreibt sie im Hebräerbrief als „dienende Geister, denen zum Dienste gesandt, die bestimmt sind, das Heil zu erben". Eine große Rolle spielen die Engel in der Apokalypse.

Gestützt auf die Schrift hat die Kirche von jeher die Lehre über die Engel verkündet. Sie wurden von den hl. Kirchenvätern Basilius, Hilarius, Hieronymus und Augustinus gepriesen, Bernhard von Clairvaux, Thomas von Aquin, Franz Xaverius und viele andere Heilige und Gelehrte beschäftigten sich immer wieder mit ihnen. Alte und neue Dichter und Schriftsteller, darunter Dante sowohl wie Rilke, machten sich ihre Gedanken über Existenz und Funktion der Engel. „Die Wesenheit der Engel ist höher als unsere Erkenntniskraft", schreibt Thomas, „daher vermag unser erkennender Geist nicht dahin zu gelangen, daß er die Engel zu erkennen vermöchte in dem, was sie selber sind."
An die Stelle einer unmöglichen echten Erkenntnis haben die Menschen Bilder gestellt. Diese Bildvorstellungen von den Engeln sind sehr alt, die frühesten uns bekannten stammen aus Mesopotamien, jenem Mutterlande der Menschheit, in dem das Paradies lag und wo nach dem biblischen Bericht der Genesis zum erstenmal ein Engel den Menschen begegnete. Immer wieder versuchten die Künstler das Bild der geflügelten Geistwesen zu schaffen: bei den Griechen findet man sie als Götterboten, bei den Römern begegnet man ihnen als Genien, bei den Etruskern sind sie die Todesdämonen, bei den Germanen die Walküren. In der christlichen Frühzeit ist ihr Bild streng und ernst, hoheitsvoll und gebieterisch wie es ihnen, zugehörig zur Hierarchie des himmlischen Hofstaats, zukommt, als Seraphe und Cherubine hingegen geheimnisvoll und unkörperlich; im Mittelalter, als die Menschen noch in vertrautem Umgang mit ihnen lebten, stehen die Engel beim Jüngsten Gericht als Bevollmächtigte Gottes auf der rechten Seite und führen die Guten hinauf ins Licht, die Bösen aber weisen sie in die dunkle Gottesferne der Hölle. Zu Anfang der Neuzeit bevölkern sie – menschenähnlich – Himmel und Erde, mit großen Flügeln und strahlendem Antlitz, sich aus Jünglingen in liebliche Mädchengestalten wandelnd, bis ihr Bild immer blasser werdend, schließlich zu einer süßlichen Hohlform herabgemindert, nur noch dazu dient, Kinderzimmer und Weihnachtskrippen zu schmücken. In unserer Zeit wird es, aufs neue sich wandelnd zum ‚Engelszeichen', abhold aller Verbrämungen, ohne wogenden Faltenwurf, klar wie der reine Gedanke, hell vor dem Abgrund des Dunkels, unstofflich und transzendent. „Damit bestimmen sie", wie Eckardt Peterich, dem wir die Gedanken des letzten Absatzes verdanken, in seinem Kapitel über die Engel sagt, „den Stil unsrer Zeit. Ja diese modernen Engelsbilder deuten vielleicht schon auf das Morgen hin, denn die Engel schauen weiter – auch das lehrt Thomas – als alle Propheten und Seher. Denn der Aeon ist das Maß ihres Seins."

Anstelle der Legende

Anstelle der Legende wollen wir hier, der Darstellung von Alfons Rosenberg folgend, über den uralten Mythus der Erschaffung der Engel und des Engelkampfes berichten, der sich vielerlei Zeugnissen zufolge in der Urzeit vollzog. Im Anfang schuf Gott Himmel und Erde. In diesem Anfang des Schöpfungswerkes rief der Herr durch seinen Geist, den er als Mitschöpfer aussandte, um das Chaos zu teilen, eine vorerst geistige, im Urlicht leuchtende Schöpfung hervor. Diese erste heile, unversehrte Welt wird vom Propheten Ezechiel einem edelsteinartig leuchtenden Gottesberg verglichen. Auf seiner Höhe, dem „obersten Paradies" erhebt sich der Gottesthron, von ihm aus fließen in Kreuzform die vier Ströme lebendigen Wassers nach den vier Richtungen des Universums. Als Bewohner dieser himmlischen Lichtwelt schuf der Herr aus der feurigen Geistmaterie des Äthers das Heer der Geistwesen, die Engel. Sie sollten seine Helfer beim Schöpfungswerk wie auch seine Boten sein.

Sieben dieser Geistwesen ragten aus der Schar der Engel hervor: die sieben Ersterschaffenen, die Urbilder und Urkräfte der Schöpfung. Diesen höchsten Sieben war es gewährt, allezeit das Antlitz des Schöpfers zu schauen. Gott hat – nach Thomas von Aquin – „in der Wirklichkeit der Dinge nichts hervorgebracht, was er nicht zuvor dem Geist der Engel eingeprägt hätte". Diesen obersten Geistwesen war wiederum ein Führer vorgesetzt, in dem alle Schönheit, Macht und Herrlichkeit zusammengefaßt war. Dieses höchste Lichtwesen, Satanael oder Luzifer – Lichtträger – genannt, wurde zum Sachwalter der Schöpfung berufen unter dem Titel ‚Fürst dieser Welt'. Luzifer leuchtete im Glanze von Karneol, Topas, Jaspis, von Chrysolith, Saphir und Rubin. Einem Smaragde gleich strahlte sein in der späteren Überlieferung so genanntes ‚Geistauge'.

Als aber der Herr seinen Ersterschaffenen samt Luzifer und allen Engeln den Plan seiner künftigen Welt vorführte, ließ er sie wissen, daß unter allen Geschöpfen der Mensch eine Ausnahmestellung einnehmen werde, da Gott ihn nach seinem eigenen Bilde schaffen wolle. Ja, Gottes geliebter Sohn sollte dereinst aus eines Weibes Schoß fleischliche Menschengestalt annehmen. Dann sollten die Engel Gott in Menschengestalt verehren und um seinetwillen den Menschen dienen. Über diesen Ratschluß Gottes empörte sich Satanael. Sich vor dem Menschen zu beugen, erschien dem herrlichen Lichtwesen wie eine Erniedrigung. Überstieg nicht die Natur der Engel durch ihre Reinheit und Kraft bei weitem diejenige des Menschen? Satanael begann in unstillbarem Haß gegen das ganze künftige Menschengeschlecht zu entbrennen. Wie dunkle Blitze zuckten Zweifel durch das Geisterreich. Satanael beschloß, seinem Herrn nicht mehr zu gehorchen, ja sich selbst zum Herrn zu setzen. Er rief die Engelscharen zum Abfall auf. Es entstand eine schauervolle Unruhe und schließlich eine Spaltung im Reiche der Engel, ein Drittel folgte der Verführung Satanaels. Der Herr aber richtete ihn! Michael, einer der treu gebliebenen Engel aus der Stufe der Cherube, sollte Satanael, seiner himmlischen Vorrechte entblößt, hinabstoßen in die Dunkelheit. Als ‚Satan', das heißt ‚Hinderer', fiel er nach dem furchtbaren Kampfe mit den Seinen kopfüber, in der Haltung der Verkehrung aus dem Himmel. „Wie ein Feuerblitz fiel er vom Himmel und verbrannte." Der einst Leuchtende ward so zum ‚Schwarzen', zum Inbegriff der Finsternis. Drei Tage und Nächte wirbelten die Satansscharen, schwarz wie erloschene Kohle, durch den Abgrund der Welt.

Am dritten Tage nach dem Gericht versammelten sich die treuen Engel mit großem Jubel im Himmel, und Michael ward vom Herrn zu ihrem Obersten bestellt. Gott aber berief den Menschen dazu, die Stelle der abtrünnigen Engel einzunehmen. Durch seine Liebe und Zuwendung zu Gott sollte er ‚engelgleich' werden und die Zahl der Engel wieder vervollständigen, indem er die Sitze der Gefallenen einnahm. Satan jedoch, als Drache und Verführer in der Welt wirkend, setzt alles daran, den Menschen an dem ihm aufgetragenen heilenden Tun zu hindern. In diesem Kampf, der noch fortdauert, hat Gott dem Menschen seine Lichtengel als Helfer und schützende Gefährten mitgegeben.

Die heiligen Gerhard

Der Name Gerhard, Gerd, Gertie kommt aus dem Althochdeutschen und bedeutet der ‚Ger-Starke', das heißt der mit dem Speere Tapfere. Die Chronik der Heiligen weist eine ganze Reihe Heiliger dieses Namens auf. Die Geschichte der drei bedeutendsten Namensträger sei hier erzählt.

Am 24. September, dem Gedächtnistag des hl. Gerhard Sagredo, feiern viele, die den Namen Gerhard tragen, ihren Namenstag. Er war Mönch und Abt des Benediktinerklosters S. Giorgio in seiner Geburtsstadt Venedig. In Murano bei Venedig befinden sich einige Reliquien von ihm. Auf einer Pilgerfahrt ins Heilige Land kam der fromme Abt nach Ungarn, wo er von König Stephan festgehalten wurde, der ihn zum Erzieher seines Sohnes Emerich machte. 1035 wird Gerhard zum ersten Bischof von Csanád bestellt. Er wirkte zusammen mit den hll. Stephan (s. 2. September, Gisela s. 8. Mai) und Emerich Segensreiches zur Bekehrung des Ungarnvolkes, von dem er unter dem Namen Sankt Collert verehrt wird. Nach dem Tode des Königs, seines Gönners, erlitt der hl. Gerhard durch die Steinwürfe und Lanzenstiche aufgewiegelter heidnischer Fanatiker am 24. September 1046 den Märtyrertod. Die Untat geschah bei dem nach ihm benannten Gerhardsberg in Ofen (Budapest). Beigesetzt wurde er in Csanád, östlich von Szegedin. Der hl. Gerhard ist Patron der Erzieher; dargestellt wird er als Bischof, der Muttergottes mit dem Jesuskinde Weihrauch spendend.

Legende

Nach Stephans Tod hatte die Kirche schwer unter Ungarns Herrschern zu leiden. Stephans Nachfolger Peter wurde verjagt, und der neue Gegenkönig Abba führte ein grausames Re-

gime. Als Gerhard ihn am Ostertag in der Kirche von Csanád krönen sollte, weigerte er sich und sprach zu ihm: „Die Fastenzeit ist den Sündern zur Sühne, den Gerechten zum Verdienst eingesetzt. Du aber, Abba, hast sie durch Mord entweiht und die Gnade Gottes verwirkt. Da ich für Christus jederzeit zu sterben bereit bin, so schweigt meine Zunge nicht. Dir verkünde ich: In drei Jahren wird das Schwert dir die durch List und Gewalt erlangte Herrschaft und dein eigenes Leben nehmen." Und es kam, wie es der Heilige geweissagt hatte.

Das Fest des hl. Gerhard von Brogne feiert die Kirche am 3. Oktober. Er wird dargestellt als Benediktinerabt mit Geißel und einem Kind oder, wie wir oben in der Vignette von Callot sehen, als Priester, die heilige Messe feiernd. Der Heilige hilft bei Fieber und Gelbsucht.

Gerhard wurde in der Grafschaft Namur, dem heutigen Südbelgien, als Sohn vornehmer Eltern geboren. Am Hof des Grafen Berengar war er mannigfaltigen Versuchungen des weltlichen Treibens ausgesetzt. Gerhard aber bewahrte sich seine christliche Tugend. In politischer Mission nach Paris geschickt, blieb er dort und wurde Mönch in der Benediktinerabtei St. Denis. Der Heilige widmete sich ganz dem Studium der Hl. Schrift und unterwarf sich den härtesten Bußübungen. Nach zehn Jahren kehrte er, ausgestattet mit den priesterlichen Weihen, nach Brogne zurück und erneuerte das dortige Chorherrenstift. Die rechte Ruhe war ihm auch hier nicht vergönnt. Dem Rufe Gottes folgend, begann er die benediktinische Regel in Flandern, Lothringen und der Champagne zu verkünden. Sein Reformationsgedanke griff bis auf englische Klöster über. Mehr als zwanzig Jahre diente Gerhard seinem Orden. Von der Wanderschaft müde, zog er sich in eine kleine Zelle zurück, wo ihn Gott am 3. Oktober 959 zu sich rief.

Legende

Am Hofe des Grafen Berengar hielt er sich oft in der Nähe des Grafen auf. So begleitete er ihn eines Tages auf die Jagd. Nach Beendigung der erfolgreichen Hatz bat er Berengar, noch eine Weile allein sein und erst später zurückkehren zu dürfen. Der Graf erlaubte es und Gerhard ritt zur Kapelle nahe seines Ahnenschlosses Brogne. In tiefer Andacht versunken hatte er ein Gesicht, das ihm auftrug, die Kirche zu erneuern und mit den Reliquien des hl. Eugenius zu schmücken. Bald darauf, in St. Denis, hörte er im täglichen Meßkanon den Namen Eugenius, dessen Gebeine sich daselbst befanden. Sich seiner ersten Vision erinnernd fragte er sich, wie er wohl seine Aufgabe erfüllen könne. Da ward ihm in einem zweiten Gesicht wunderbar geantwortet: Um keinen irdischen, sondern nur um einen himmlischen Preis könne er die Gebeine des hl. Märtyrers erlangen. Gerhard verstand die Erscheinung, wurde Mönch und führte tatsächlich nach zehn Jahren die Gebeine des Heiligen nach Brogne.

Gerhard Majella kam aus dem Volke. Geboren am 23. April 1726 in Muro Lucano bei Neapel, wurde er zunächst Schneidergeselle. Indessen fühlte der wegen seiner übergroßen Frömmigkeit von seinen Kameraden viel verlachte Jüngling sich ins Kloster gezogen. Vergeblich versuchte er bei den Kapuzinern einzutreten. Schließlich gelang es ihm, in dem Orden der Redemptoristen als Laienbruder Aufnahme zu finden. Lange Zeit in seinem Dorfe als Verrückter angesehen, weil er durch sein Leben versuchte, wie so viele Heilige schon vor ihm, das Leiden Christi nachzuempfinden, hatte Gerhard sich durch sein untadeliges Leben zuletzt die Anerkennung seiner Dorfgenossen errungen. Froh verließ er die Welt und trat in den Orden ein. Man übertrug ihm die niedrigsten Arbeiten. Gerhard erfüllte seine Aufträge in bedingungslosem Gehorsam und wurde bald zur Stütze des Klosters. Seinen Gedächtnistag begeht die Kirche am 16. Oktober.
Gerhard war stets mit seinen Gedanken bei Gott. Ungezählte Nächte wachte er in der Nähe des Tabernakels. Gott segnete seine mystischen Andachten mit wunderbaren Visionen. Wo Gerhard auch weilte, freute man sich über sein Erscheinen, und die Erwachsenen holten sich gerne Rat bei dem heiligen Bruder. Nichts blieb ihm verborgen. Mit sichtbarer Gnade ausgezeichnet, vermochte er auch die verstocktesten Gottesverächter zurückzuführen zum Herrn. Das einfache Leben des hl. Gerhard ist reich an höchst wunderbaren Geschehnissen.
Das aufopfernde Leben des Heiligen zehrte immer stärker an seinen Kräften. Doch bis zum letzten Atemzug diente er voller Demut dem Orden. Auf offener Straße zusammengebrochen, verschied der Heilige wenig später am 16. Oktober 1755. Er wurde im Kloster Caposele bei Neapel bestattet.

Der heilige Franziskus

Der Ordensstifter der Franziskaner, der ‚seraphische Heilige', erscheint mit zwei Festtagen im Meßbuch. Sein Fest am 4. Oktober wurde bei seiner feierlichen Heiligsprechung 1228 eingeführt, sein Fest der Wundmale (Stigmatisation) am 17. September durch Sixtus V. (1585–1590), dem Papst, der aus dem Franziskanerorden hervorging. Der Gestalt dieses Heiligen haben sich Kunst und Literatur in einem Maße, wie es wohl bei keinem anderen der Fall ist, bemächtigt, so daß seine allgemein bekannte Lebensgeschichte hier nur in einem kurzen Abriß wiedergegeben werden soll. Der hl. Franziskus erschien wie ein Apostel des Friedens und der Liebe in einer Welt, in der Unrecht, Gewinnsucht und Gewalt herrschten. Es war die Zeit, in der Papst und Kaiser miteinander haderten, Ghibellinen gegen Welfen kämpften, Bürger sich gegen Adelige erhoben. Der ‚franziskanische Frieden' ist die Frucht des beharrlichen Werkes eines einzigen Menschen. Als sich der ‚Poverello' blind und dem Tode nahe auf seiner Bahre aufrichtete, um ein letztes Mal seine Stadt zu segnen, flehte er, als sicherstes Unterpfand seiner Liebe, den Frieden auf sie herab. Gott hat diesen Wunsch in Erfüllung gehen lassen.

Die Heimat des hl. Franziskus ist Assisi in Umbrien. Hier wurde er 1182 als Sohn des reichen Tuchhändlers Pietro Bernadone geboren. Auf den Namen Johannes getauft, nannte man ihn später Franziskus (Französlein). Ein Kind aus reichem Hause, lernte er Latein und Französisch und genoß das Wohlleben, das ihm der Reichtum seines Vaters ermöglichte. Heiteren Gemüts verteilte er Geld an seine Freunde und auch an alle Armen, sang Lieder der Troubadoure, die ihm seine aus der Provence stammende Mutter beigebracht hatte, und wünschte nichts sehnlicher als ein Ritter zu werden. Aber seine Versuche scheiterten ziemlich jämmerlich. Eine schwere Krankheit trug dazu bei, daß er erkannte, wie unbefriedigend sein Leben war, das nur der fröhlichen Geselligkeit, den Tafelfreuden und der Liebe gewidmet war. Franziskus erlebte eine tiefe Krise, in der er Gott bat, ihm die Kraft und Gnade zu völliger Umwandlung zu geben. In seiner Ratlosigkeit pilgerte er nach Rom; auf dem Hinweg noch in teure Gewänder gekleidet, kehrte er als ‚Poverello' zurück. Er hatte die Armut zu seiner Braut erkoren, er hatte sich selbst überwunden!

Ausgestoßen und verlacht von Freunden und Verwandten nahm er nun Wohnung in dem verfallenen Klösterchen S. Damiano. Wie der Geringsten einer erbettelte er Geld und legte selbst Hand mit an, um das Kirchlein wieder aufzubauen. Franziskus, der Schönheit und Reinheit liebte, pflegte Aussätzige und diente Armen und Kranken. Als er einige Zeit ganz den Werken der Liebe an seinen Nächsten gelebt hatte, erging der Ruf Gottes an ihn. Sein Vater sagte sich von ihm los, und Franziskus leistete öffentlich Verzicht auf sein Erbteil. Er trennte sich von seiner Familie mit dem Wort: „Bis heute nannte ich Pietro Bernadone meinen Vater, von nun an sage ich nur noch: Vater unser, der Du bist im Himmel..."

Er wählte zu seinem Aufenthalt Portiunkula, ein kleines Stück Land, das einer Benediktinerabtei gehörte. Hier stieß er eines Tages in der Kapelle S. Maria degli Angeli auf das Wort der Schrift: „Wenn du vollkommen sein willst, so gehe hin, verkaufe alles, gib den Erlös den Armen, dann komm und folge mir..." (Math. 19,21) „Nehmt nichts mit auf den Weg, keinen Stab, keine Tasche, kein Brot, es soll auch keiner zwei Röcke haben..." (Lk. 9,3) Franziskus, tief davon getroffen, vertauschte alsbald seine Kleider mit der rauhen Kutte der Berghirten, gürtete sich mit einem Strick, zog auf nackten Füßen hinaus in die Welt und predigte Buße. Bald schon gesellten sich Gefährten zu ihm: der reiche Bernhard von Quintavalle, der demütige Riese Bruder Masseo, der einfältige Wacholder oder Juniper; andere kamen dazu. Der Heilige sammelte sie um sich und gab ihnen in dem Wäldchen von Portiunkula einen Ort, wo sie ein gemeinsames kontemplatives Leben führten, wenn sie nicht durch das Land zogen, um das Evangelium der Liebe und Armut zu predigen. Um sich ihr Brot zu verdienen, arbeiteten die Brüder bei den Bauern, ließen sich aber nur Naturalien als Lohn geben, überdies betätigten sie sich in der Pflege von Aussätzigen. Franziskus forderte von seinen Jüngern äußerste Armut, strengsten Gehorsam, Demut und kindlichen Glauben, vor allem auch – was ganz neu war – hingebungsvolle Liebe zu allen Lebewesen. Papst Innozenz III., an den sich der Heilige um Bestätigung seiner Ordensgemeinschaft gewandt hatte, weigerte sich zunächst wegen der ihm allzu streng erscheinenden Regel. In der Nacht nach der Audienz aber hatte der Papst einen Traum: die Lateranskirche schwankte in ihren Fundamenten und drohte einzustürzen, als ein unscheinbarer Mann hinzutrat und den Bau stützte. Der Papst erkannte in dem Helfer das Haupt der Minderbrüder: Franziskus. Daraufhin gab er seine Zustimmung zur Ordensregel, erteilte dem hl. Büßer die Tonsur, und die Brüder kehrten frohgemut mit ihrem Vater Franziskus zurück nach Assisi. Dies geschah im Frühjahr 1209. Nach einigen Jahren schon umfaßte der Orden fünftausend Brüder. Sogar Frauen schlossen sich seiner Regel an, Klara (s. 11. August) und Agnes Sciffi begleiteten ihn auf dem Pfad der Armut. 1212 entstand der zweite Orden, die ‚Clarissinnen', der dritte Orden für die Weltleute, die sogenannten ‚Terziaren', einige Zeit später. Er wollte die Härte mönchischer Askese durch demütige und zugleich großherzige Hinnahme von allem, was die Beschaffenheit des Menschen und die Gegebenheiten der Natur ausmachte, überwinden. Die franziskanische Mystik hat nichts Weltflüchtiges. Froh und heiter, demütig und hilfsbereit gegen Mensch und Kreatur, so predigte Franz und verankerte dies in seinen Regeln.

Indessen erlebte der Heilige viele Enttäuschungen, seine Regel wurde angefochten, die meisten vermochten ihm auf dem steilen Weg zur Höhe seiner Ideale nicht zu folgen. Nachdem die ursprüngliche Stiftung unter dem Einfluß mehr praktisch gesinnter Genossen und unter Mitwirkung des Kardinals Ugolino, des späteren Papstes Gregor IX., in eine feste Organisation umgewandelt worden war, zog sich der hl. Franziskus 1224 von der Leitung zurück und begab sich in die Einsamkeit. Auf dem Berge Alverna prägte Christus dem Heiligen zum Zeichen höchster Gnade am Tage des Festes Kreuzerhöhung seine Wundmale ein. Der hl. Bonaventura, der Augenzeuge war, hat eine ausführliche Schilderung davon gegeben. Sein Leben war schon längere Zeit von heftigen Schmerzen begleitet; das Augenlicht verlor er mehr und mehr, und grausame Gliederschmerzen ließen ihn immer

unbeweglicher werden. Dennoch klagte er nicht, sondern nannte die Krankheiten „seine lieben Schwestern“ und den nahenden Tod „seinen Bruder“.
Durch die Nacht des Leidens brach noch einmal die Liebe des sanften Heiligen zu Gesang und Dichtung durch. Franziskus stimmte seinen berühmten ‚Sonnengesang‘ an, ein einzigartiger Lobhymnus, dem Schöpfer geweiht. Als er den Tod nahen fühlte, sang er sein „Willkommen an der Bruder Tod“. Man brachte den Sterbenden zurück nach Assisi. Der Apostel der Freude und des Gebets starb am 3. Oktober 1226 auf dem blanken Fußboden seiner Zelle in Portiunkula, während er mit letzter Kraft seinem Herrn ein Loblied sang. Die Beisetzung fand in der Kirche S. Giorgio statt. Fortan ereigneten sich zahlreiche Wunder an der Grabstätte. Schon zwei Jahre nach seinem Tode verkündete Papst Gregor IX. am 16. Juli 1228 vor einer großen Volksmenge, vor Kardinälen und Königen, daß der ‚Poverello‘ in die Zahl der Heiligen aufgenommen worden sei. Sein Leib wurde in die mächtige, von Bruder Elias zu seinen Ehren erbaute Kirche überführt. Assisi ist seitdem Ziel ungezählter Pilger aus allen Ländern der Welt geworden.
Der hl. Franziskus wird dargestellt als Franziskanerbruder in der dunkelbraunen Kutte, mit den fünf Wundmalen Christi, Erdkugel zu Füßen oder darauf tretend – womit seine Weltverachtung gemeint ist –, mit Totenkopf, Kruzifix, Geißel, Rosenkranz; den Vögeln predigend. Von den vielen Darstellungen des Heiligen ist am bedeutendsten der Zyklus von Wandgemälden, die Giotto vom Leben des Heiligen in S. Francesco in Assisi gemalt hat. Er ist Patron seiner Orden, der Flachshändler, Kaufleute, Posamentierer, Schneider, Tapetenhändler, Weber; gegen Kopfweh. 1939 ernannte Pius XII. ihn zum Hauptpatron Italiens.

Legende

Um den hl. Franziskus als einen der populärsten Heiligen haben sich zahllose Legenden gebildet, die sein kurzes Leben gleichsam wie anmutige, nie welkende Blüten umranken. Die ‚Blümlein des hl. Franziskus‘, die ‚Legenda antica‘, die ‚Dreibrüderlegende‘, der ‚Spiegel der Vollkommenheit‘ sind immer wieder schriftlich und bildlich festgehalten worden. Darunter ist zunächst von dem entscheidenden Ereignis im Leben des Heiligen die Rede, das sich in dem von ihm wieder aufgebauten Kirchlein San Damiano zutrug. In der Unsicherheit seines Herzens, was er tun solle, um Gott zu dienen, kniete Franziskus in der dunklen Kapelle vor dem großen byzantinischen Kreuz nieder und betete inbrünstig: „Herr, ich bitte Dich, verscheuche die Finsternis aus meiner Seele.“ Da kam vom Kruzifix sanft und gütig die Antwort: „Geh hin, Franziskus, mein Sohn, baue mein Haus auf, das einzustürzen droht.“ Von dieser Stunde zerschmolz ihm sein Herz, und er ging hin und tat wie der Herr ihm geheißen.
In der Geschichte der ersten Franziskaner spielten die Tiere eine für die damalige Zeit unerhört große Rolle. Die innige Vertrautheit des hl. Franziskus mit der ganzen Natur wirft

ihr neues und warmes Licht auf die Schar, deren Führer und Vater er war. Alle Geschöpfe waren für ihn Geschwister. Das Wasser – sein Bruder, die Sonne – seine Schwester, waren wie die Tiere und Pflanzen Gegenstände seiner Zärtlichkeit, seiner Liebkosungen und Partner seiner Gespräche. So wird erzählt, daß er den Ameisen bittere Vorwürfe machte wegen ihrer allzu großen Vorsicht. „Was!", so rief er aus, „Vorräte! Speicher! Wißt ihr denn nicht, meine Schwestern, daß dies dem Geist des Evangeliums zuwider ist: denn es ist genug, daß jeder Tag seine eigene Plage hat" (siehe Abbildung neben Seite 624).

Der Heilige ermahnte alle Kreaturen zur Liebe zu ihrem Schöpfer. Berühmt ist seine Predigt an die Vögel, die ihm zuhörten und sich von ihm streicheln ließen und erst von ihm flogen, als er es ihnen gebot. Einstmals, als er predigte, störten ihn die Schwalben durch ihr lautes Zwitschern, doch schwiegen sie sofort, als er sie darum bat.

Giotto stellte auf seinen Fresken folgende schöne Geschichte aus dem Leben des Heiligen dar: Sankt Franziskus kam einmal zu der Stadt Arezzo, wo ein Bürgerkrieg entbrannt war. Da sah der Mann Gottes über der Burg und über dem Land die Teufel in der Luft fröhlich tanzen. Und er sprach zu seinem Gefährten Silvester: „Gehe hin zu dem Stadttor und gebiete den Teufeln im Namen Gottes des Allmächtigen, daß sie aus der Stadt fahren." Da lief der Bruder an das Tor und rief mit lauter Stimme: „Im Namen Gottes des Allmächtigen und auf das Gebot unseres Vaters Franziskus weichet von hinnen!" Worauf alsbald guter Friede unter den Bürgern herrschte.

Die heiligen Gotthelf (Eleazar) und Delphine *(Gedenken: 5. Oktober)*

Allgemein wird dieses heilige Ehepaar als Vorbild christlicher Ehegatten verehrt. Papst Urban v. unterzeichnete im Jahre 1369 die Kanonisationsbulle für Eleazar (Gotthelf) von Sabran, was seine Gattin Delphine, die später mit einem eigenen Gedenktag am 9. Dezember unter die Seligen aufgenommen wurde, noch miterlebt haben soll.

Der hl. Gotthelf stammte aus einer vornehmen provençalischen Familie. Seine Mutter Landine war fromm und mildtätig, so daß sie im ganzen Lande ‚die gute Gräfin' genannt wurde. Sowie sie den Knaben, der 1285 auf Schloß Robians zur Welt kam, geboren hatte, opferte sie ihn Gott auf, indem sie Gott bat, das Kind lieber jung sterben zu lassen, als daß es in einem langen Leben der Sünde anheim fallen könnte.

Aber schon der kleine Knabe bewies, daß er dieselben Anlagen besaß, die seine Mutter so herrlich an sich selbst entwickelt hatte. Er war nicht nur klug und aufgeweckt, sondern gehorsam gegen seine Eltern, freundlich gegen seine Umwelt, voller Mitleid gegenüber den Armen.

Zur gleichen Zeit wuchs auf dem Schloß Puy-Michel ein Mädchen aus dem edlen Geschlecht der de Signe heran. Delphine war um 1284 geboren, hatte aber früh schon beide Eltern verloren; sie war Erbin eines beträchtlichen Vermögens. Ihre Vormünder gaben ihr eine sehr gute Erziehung. Delphine beschloß in frühester Kindheit im jungfräulichen Stande zu bleiben; zur Mutter erkor sie sich die Jungfrau Maria, zum Bräutigam den Gottessohn. Ihre Familie dagegen sah sich sehr bald nach einem geeigneten Gatten für die Waise um. Da König Karl II. von Anjou gern eine Verbindung der Häuser Sabran und Signe gesehen hätte, bestimmte er Delphine, als sie zwölf Jahre alt war, zur Gemahlin Gotthelfs. Dessen Vater Hermengild ging voller Freude auf den Vorschlag ein, der seinem Sohn eine wunderschöne, tugendreiche Braut und große Besitzungen verhieß. Auch die Familie des jungen Mädchens stimmte zu, nur Delphine sträubte sich gegen ihre Verheiratung, allerdings umsonst. Die Hochzeit wurde mit großer Pracht vollzogen.

Als sich Delphine mit ihrem Bräutigam allein befand, eröffnete sie ihm ihren Entschluß, eine jungfräuliche Ehe zu führen. Der fromme Sinn Gotthelfs ging auf die anmutig vorgetragene Bitte ein, und sie versprachen sich, wie Bruder und Schwester miteinander zu leben. Das junge Paar hielt streng die Gebote und heiligte sich, wo es konnte, durch Buß- und Liebeswerke. Alle Bedrängten fanden in Gotthelf einen gütigen Helfer, täglich wusch er zwölf Armen die Füße, besuchte die Kranken in den Spitälern, wobei seine besondere Sorge den vom Aussatz Befallenen galt. Da er mit zwanzig Jahren die Erlaubnis seines Vaters erhielt, sich in Puy-Michel niederzulassen, war er nunmehr selbständig und galt als einer der ersten Herren des Landes.

Nachdem sein Vater gestorben war, mußte Gotthelf sein Erbe, die Grafschaft Ariano bei Neapel übernehmen. Allein die Untertanen wollten ihn, weil er Franzose war, nicht anerkennen. Er lehnte jedoch die Hilfe des Königs ab, der ihm Truppen schicken wollte, um ihm mit Gewalt zu seinem Recht zu verhelfen. „Gott und meine gerechte Sache werden sie schon zur Pflicht zurückführen", antwortete Gotthelf dem König, „es ist nichts Ruhmvolles, wenn ein Löwe über ein Lamm herfällt, aber groß ist es, wenn ein Lamm über den Löwen Herr wird." Drei Jahre ertrug er die Aufsässigkeit des Volkes voller Geduld. Dann geschah das Wunder: die Bewohner von Ariano wurden von der Güte ihres neuen Herrn so beschämt, daß sie sich freiwillig unterwarfen und ihn fortan wie einen Vater liebten. Übeltäter, die zum Tode verurteilt waren, besuchte der Heilige im Gefängnis und gab heimlich die eingezogenen Güter an ihre Weiber und Kinder zurück. Im Kriege war er tapfer, im Frieden weise und immer gerecht. Er verstand das tätige Leben mit dem beschaulichen zu verbinden, so daß keines von beiden zu kurz kam. Während er von Delphine getrennt war, schrieb diese ihm einmal, sie höre so wenig von ihm: da antwortete er ihr, daß es einen Ort gäbe, an dem sie sich Tag für Tag, Stunde für Stunde treffen könnten, nämlich das heiligste Herz des Heilandes, in dem er ständig wohne.

Nachdem Gotthelf fünf Jahre in Italien gelebt hatte, kehrte er in die Provence zurück. Dort legte er zusammen mit seiner Gemahlin feierlich das Gelübde ewiger Keuschheit ab, und beide traten als Terziaren in den Orden des hl. Franziskus. Umgeben von Macht und Reichtum, lebte das Paar still und zurückgezogen nur für Gott und zum Troste aller Armen und Hilflosen. Die Gatten wetteiferten miteinander in der Ausübung höchster Tugenden. In dieser Zeit erhob der König Gotthelf zum Erzieher seines Sohnes. Das war keine leichte Aufgabe, denn der junge Fürst hatte einen unbeugsamen, herrischen Charakter. Der Heilige erteilte ihm jedoch die vortrefflichsten Lehren und erlebte zum Dank, daß der Prinz ein weiser, tugendhafter Herrscher wurde. 1323 wurde Gotthelf von Sabran als Gesandter König Roberts von Anjou nach Paris geschickt, um die französische Prinzessin Maria von Valois für den Kronprinzen als Gemahlin zu gewinnen. Seine Mission hatte zwar Erfolg, aber der Graf erkrankte schwer. Als er erkannte, daß sein Ende nahte, legte er eine ausführliche Lebensbeichte ab unter großer Zerknirschung und vielen Tränen. Sein schmerzhaftes Leiden ertrug er voller Geduld und lobte Gott in Gebeten und Psalmen. Nach dem Empfang der hl. Sterbesakramente verschied der Heilige am 27. September 1323. Er wurde in der Franziskanerkirche zu Apt in der Nähe von Marseille beigesetzt und durch Wunder verherrlicht. Ganz Frankreich und Italien beweinten ihn.

Delphine blieb auf Wunsch des Königspaares in Neapel; ihr Lebenswandel war ein erbauliches Beispiel für den ganzen Hof. Als nach dem Tode des Königs dessen Gemahlin im Kloster der von ihr gegründeten Klarissinnen den Schleier nahm, folgte Delphine ihr voll Freuden und lebte dort noch zehn Jahre mit ihr zusammen. Nach dem Tode der Königin zog sie sich auf ihr Schloß zurück, wo sie um 1360 ihrem Gatten in die Ewigkeit folgte. Sie fand ihre Ruhestätte an seiner Seite. Die Reliquien der Eheleute werden in Apt heute noch aufbewahrt und verehrt. Die beiden Ehegatten werden abgebildet mit einem Blumenstrauß in der Hand.

Der heilige Bruno

Der 6. Oktober ist der Namenstag all derer, die den Namen Bruno tragen. Die Kirche kennt drei große Heilige dieses Namens. Da ist zunächst Bruno von Querfurt, Einsiedler und Mönch, Schüler des hl. Romuald (s. 19. Juni). Er setzte als zweiter Apostel der Preußen die Missionsarbeit des hl. Adalbert (s. 22. April) fort und erlitt 1009 bei Danzig den Märtyrertod; sein Gedenktag ist am 3. März. Ferner Bruno von Köln, der jüngste Sohn Kaiser Heinrichs I. und der hl. Mathilde (s. 14. März), Erzbischof von Köln, gestorben 965 in Reims, begraben in St. Pantaleon in Köln; Fest am 11. Oktober. Schließlich Bruno, der Stifter des Kartäuserordens, dessen Fest seit 1623 am 6. Oktober begangen wird. Bruno gründete seinen strengen Büßerorden um 1084 in der Gebirgswildnis Grande Chartreuse bei Grenoble; hiernach werden die Einzelklöster Kartausen genannt. Die Kartäuser bewahren strengstes Stillschweigen und unterwerfen sich den härtesten Entbehrungen. Sie leben jeder allein in einem besonderen Häuschen, wo sie mit Gebet, Studium und ihrer Hände Arbeit Gott dienen. Nur ein Teil des Stundengebetes, die Sonntagsmahlzeiten und ein beschränkter Wochenspaziergang sind gemeinsam. Sie tragen ein weißes Ordenskleid mit Kapuze. Die großzügige Anlage eines solchen Klosters kann man in der weltberühmten Certosa bei Pavia sehen, die allerdings von den Mönchen verlassen ist. Da die Kartäuserregel, die sich auf benediktinischer Grundlage aufbaut, diese außerordentlich verschärfte, finden sich meist nur wenige, die sich diesem Orden anschließen. Die meisten der niemals sehr zahlreichen Kartausen sind heute verwaist. Kürzlich siedelten die letzten Kartäuser Deutschlands von Hain bei Düsseldorf wegen des Lärms des Flughafens und der Düsenflugzeuge nach Marienau bei Leutkirch ins Allgäu über.

Der hl. Bruno entstammte der alten Kölner Familie derer von der harten Faust (Hardefust). Um 1030 geboren, machte er einen kometengleichen Aufstieg durch. Er besuchte die Schule in Köln, studierte in Reims und Paris, wurde, nach Köln zurückgekehrt, zum Priester geweiht und erhielt sofort ein Kanonikat an St. Kunibert. 1057 holte ihn Erzbischof Gervasius wieder zurück nach Reims und übertrug ihm als Domscholastiker die Leitung der dortigen Domschule. Bruno war ein hervorragender Lehrer. Er unterrichtete seine immer zahlreicher werdende Zuhörerschaft nicht nur in Theologie, sondern auch in Philosophie und den alten Sprachen Latein und Griechisch. Darüber hinaus leitete er seine Schüler in den bildenden Künsten an. Seine Lehre war die richtige Synthese aus religiösem und humanistischem Gedankengut. Bruno übte sein Amt fast zwanzig Jahre aus. Zu seinen Schülern zählte der hl. Hugo von Grenoble (s. 1. April), sowie der nachmalige Papst Urban II. 1075 berief ihn der neue Erzbischof von Reims zu seinem Kanzler. Doch floh der Heilige schon im nächsten Jahre aus der Stadt, denn die gewalttätige Herrschaft und das prunkvoll-weltliche Leben seines Herrn sowie die überall verbreitete Sittenlosigkeit unter den Repräsentanten der Kirche, die ihre einkömmlichen Ämter in offener Simonie meist käuflich erwarben, empörten seinen frommen Sinn.

Nachdem Bruno die Undurchführbarkeit seiner Reformideen hatte einsehen müssen, legte er seine Ämter und Würden nieder. Er wurde Benediktinermönch in Molesme. Aber auch hier im Kloster traf er Wohlleben und Bequemlichkeit an, so daß er es bald verließ und 1080 mit sechs gleichgesinnten Gefährten davonzog. Er begab sich daher zum hl. Hugo, dem die Ankunft der Mönche in einem Gesicht angekündigt worden war. Dieser überließ Bruno auf seine Bitte ein wildes Felsental in seiner Diözese, wo sich die frommen Männer, die mit Gott allein sein wollten, zunächst einige primitive Zellen aus Holz um ein Bethaus herum bauten. Ihre Tage verbrachten sie in immerwährendem Schweigen, sie verständigten sich nur durch Zeichen. Aus diesen bescheidenen Anfängen entwickelte sich nach und nach sein Eremitenorden. In der abgeschiedenen Wildnis von Chartreuse verbrachte der Heilige einige glückliche Jahre und sah sein Kloster mit Wohlgefallen anwachsen. Nun benötigte jedoch Papst Urban II. einen frommen und weisen Mann, der ihm als Ratgeber dienen konnte. Er erinnerte sich seines Lehrers Bruno und rief ihn 1090 zu sich nach Rom. Nur der Gehorsam vermochte den Einsiedlerabt dazu zu bringen, seine Einöde und seine Mönche zu verlassen. Das geräuschvolle Leben am päpstlichen Hof mußte ihm zur Qual werden, er sehnte sich zurück nach dem majestätischen Schweigen seiner Bergeinsamkeit, wo er ungestört Zwiesprache mit Gott gehalten hatte. Er fühlte sich in Rom ausgesprochen unglücklich. Das Erzbistum Reggio, mit dessen Würde ihn der Papst entschädigen wollte, schlug er aus. Seinen inständigen Bitten nachgebend, erlaubte ihm der Papst schließlich, in La Torre, einer Einöde Kalabriens, eine neue Kartause zu gründen. Auch hier führte Bruno wiederum mit sechs Brüdern das gleiche strenge Büßerleben wie in Grenoble. Die Kartäuser rodeten das Ödland, verrichteten die zum gemeinsamen Leben notwendigen Arbeiten und schrieben Bücher ab.

Zehn Jahre noch stand der Heilige der neuen Kartause als Vater und Abt vor.

Nachdem er vor allen Brüdern ein öffentliches Sündenbekenntnis abgelegt hatte, starb er am 6. Oktober 1101 in La Torre, wo er auch begraben wurde. Nach mehr als 400 Jahren fand man seinen Leib unverletzt vor. Er ruht in der dortigen Kirche S. Stefano de Bosco.

Legende

Die Legende versuchte den für die Menschen dieser Welt so unverständlichen Verzicht des hl. Bruno auf seine hohen Ämter durch ein unheimliches Erlebnis auszulegen, das ihm die Welt verleidet habe. Da heißt es, daß der hl. Bruno sehr beeindruckt gewesen sei vom Tode eines berühmten Hochschullehrers, bei dessen Trauerfeierlichkeiten er zugegen war. Als nämlich an dem offenen Sarge das Totenamt gesungen wurde, geschah ein Wunder. Bei den Worten des Lektors: „Reponde mihi – antworte mir!", richtete der Tote sich auf und rief mit lauter Stimme: „Ich bin gerufen zum gerechten Gerichte Gottes!" Leblos sank er wieder zurück und die Menge stob entsetzt auseinander. Am nächsten Tage begann man von neuem die Totenmette zu beten. Aber siehe, bei den Worten: „Reponde mihi ..." erhob der Tote abermals sein Haupt und rief: „Ich bin gerichtet im gerechten Gerichte Gottes!" Und wiederum flüchtete alles. Am dritten Tage, als sich eine ungeheure Menge Volkes versammelt hatte, die schaudernd von dem Wunder gehört, richtete sich der Tote nochmals auf und sagte verzweifelt: „Ich bin verdammt im gerechten Gerichte Gottes!" – Nach diesem Erlebnis entsagte Bruno alsbald der Welt und floh in die schweigende Abgeschiedenheit der Einöde, fortan bestrebt, sich allein dem Lobe Gottes und dem Gebet für andere zu widmen.

Der heilige Eduard *(Gedenken: 13. Oktober)*

Aus der großen Reihe von Heiligen mit dem englischen Namen Edward, in der latinisierten Form Eduardus, sind besonders hervorzuheben der heilige Märtyrer Eduard, von 975–978 König der Angelsachsen, der auf Betreiben seiner Stiefmutter Elfrida 979 auf der Jagd meuchlings ermordet und in Shaftsbury beigesetzt wurde. Er wird seitdem vom Volk als ‚Märtyrer' angesehen; sein Gedenktag ist am 18. März.

Eduard der Bekenner, dessen Gedächtnis die Kirche am 13. Oktober begeht, wurde als Sohn Ethelreds II. um 1003 geboren und war der letzte angelsächsische König. Er hieß im Volksmund ‚der gute König Edward'. Das Andenken an ihn hat sich nicht nur bei den Engländern, sondern im ganzen Abendlande durch viele Jahrhunderte lebendig erhalten. Eduard war ein Mann von hoher Tugend, erfüllt vom Bewußtsein der großen Pflichten eines Königs, denn er versuchte, entgegen den damaligen Gepflogenheiten, auf friedliche Weise zu regieren. Als junger Königssohn mußte er nach dem Einfall der Dänen in die Normandie fliehen, wo seine

Mutter Emma, eine Tochter des Normannenkönigs Richard, Zuflucht mit ihren Kindern fand. Vom englischen Volk jedoch auf den Thron berufen, wurde Eduard 1042 zum König gekrönt. Er war bestrebt, das Ideal eines wahrhaft christlichen Herrschers zu verwirklichen. Er handelte nach dem Grundsatz: der Wohlstand des Landes hängt wesentlich vom Verhältnis des Menschen zu Gott ab. Als wahrer Vater seiner Landeskinder sorgte er in großzügiger Weise für die Armen, baute die zerstörten Klöster und Kirchen wieder auf, förderte überall im Lande das kirchliche und monastische Leben und gab seinem Volke so weise Gesetze, daß sie zum Teil bis heute Geltung behalten haben. Eduard erwählte sich als Gattin die fromme und geistvolle Editha, mit welcher er in jungfräulicher Ehe lebte. Eine besondere Aufgabe sah der König in der Betreuung der Kranken, ja er heilte viele selbst auf wunderbare Weise. Der König hatte eine Pilgerfahrt nach Rom gelobt, weil er eine große Verehrung zu den Gestalten der heiligen Apostel empfand. Seine Räte drängten den Herrscher jedoch, hiervon Abstand zu nehmen, damit die wiederhergestellte Ruhe und Ordnung im Lande nicht durch seine Abwesenheit gefährdet würde. Daraufhin gelobte er anstelle dieses Versprechens den Wiederaufbau von Westminster Abbey, womit in der Tat noch während seiner Regierung begonnen wurde. Nachdem er seinen Tod vorausgesagt hatte, starb der König nach einem heiligmäßigen Leben am 5. Januar 1066. 1161 wurde er von Papst Alexander III. heiliggesprochen, und zwei Jahre später übertrug am 13. Oktober der hl. Thomas Becket (s. 29. Dezember), Erzbischof von Canterbury, den unversehrt gebliebenen Leib des Heiligen feierlich in die Westminster-Abtei. 1680 wurde daher sein Fest auf diesen Tag festgesetzt.
Der hl. Eduard wird dargestellt als König, auf dem Zepter eine Taube – wegen seiner Friedfertigkeit; einen Kranken tragend; seinen Ring einem Pilger schenkend – aufgrund der Legende. Eindrucksvoll geschilderte Szenen aus seinem Leben enthält ein Reliefzyklus in seiner Grabkapelle aus dem 15. Jahrhundert.

Legende

In einer Zeit der Greuel, unter denen das Land der Angelsachsen litt, erstand dem Volke durch Gottes Barmherzigkeit ein heiliger König. Die Dänen hatten das Land verheert, die Fürsten zerstritten sich in blutiger Fehde, anstatt sich dem Feinde entgegenzustellen; Mord, Plünderung und Brand führten das Volk an den Rand des Verderbens. Die Felder waren zertrampelt, Kirchen und Klöster standen als Ruinen, die Priesterschaft war hingemordet oder geflohen. Da ward dem gottseligen Bischof Brithwald in einem Gesichte kundgetan, wie ein schöner und reiner Jüngling vom hl. Apostel Petrus zum Könige der Engländer gesalbt wurde. Da freute er sich in seinem Herzen, daß Gott sich des sündigen Volkes erbarmen wollte und einen Heiligen erwählt hatte, der allem Bösen ein Ende machen würde. Und es geschah, wie er es gesehen hatte: Eduard, der Bekenner, wurde zum König erwählt,

und er war wahrhaft ein heiliger König! Denn Gott hatte ihn zum Zeichen mit den wunderbaren Gaben des Heilens wie des Schauens ausgestattet.
Eines Tages traf der König auf der Straße einen an Händen und Füßen verkrüppelten Irländer, der, weil der König sich ihm freundlich nahte, diesem gestand, daß er schon sechsmal die Kirche des hl. Petrus, welche der König hatte erbauen lassen, aufgesucht und dort um Genesung gebetet habe. Im Traume habe der Apostel ihm dann gesagt, daß er gesund werden würde, wenn der König ihn selbst auf seinem Rücken in die Kirche trage. Ohne sich lange zu besinnen, nahm der gute König den Bedauernswerten auf seinen Rücken und schleppte ihn, trotz des Zulaufs einer großen Volksmenge, in die Kirche, wo er sogleich den Gebrauch seiner Hände und Füße erhielt. Zum Dank machte der Geheilte eine Wallfahrt nach Rom, wozu ihm der König die Reisekosten schenkte.
So wie für den Apostel Petrus hegte König Eduard auch für den Evangelisten Johannes eine besondere Liebe und Verehrung. Er hatte deshalb ein Gelübde abgelegt, niemandem etwas abzuschlagen, wenn er im Namen dieses Heiligen um etwas gebeten würde. Nun trat einmal dem König ein Fremdling in den Weg und bat ihn im Namen des hl. Johannes um eine milde Gabe. Der König hatte gerade nichts bei sich und auch sein Säckelmeister war nicht in der Nähe. Doch leer wollte er den Armen nicht von sich gehen lassen. Da zog er einen kostbaren Ring vom Finger und schenkte ihn dem Bettler. Nach zwei Tagen erschien der hl. Johannes zwei Pilgern, die nach Jerusalem reisen wollten, in Gestalt eines ehrwürdigen Greises und sprach zu ihnen: „Ich bin der Apostel Christi, Johannes, der euren guten König ganz besonders lieb hat. Tragt diesen Ring, den er mir schenkte, als ich mich ihm in Gestalt eines Bettlers nahte, zurück und sagt ihm, daß der Tag seines Hingangs nahe. In sechs Monaten werde ich kommen und ihn abholen zu den ewigen Freuden.“ Als der König das vernommen hatte, bereitete er sich mit größter Sorgfalt auf seinen Tod vor und verschied sechs Monate später in seinem vierundsechzigsten Lebensjahre, beweint und betrauert von seinem Volke wie noch kein König vor ihm.

Der heilige Demetrius (Dimitri)

Der hl. Demetrius von Thessalonike sollte nicht verwechselt werden mit dem hl. Demetrius, Patriarch von Alexandrien, dessen Gedächtnis am 9. Oktober ist. Dieser bestieg den altehrwürdigen Bischofsstuhl im Jahre 189 und starb 231. Unter ihm erlangte die berühmte Katechetenschule von Alexandrien ihre höchste Blüte. 203 berief er den jungen Origines zu ihrem Vorsteher, mit dem ihn eine enge Freundschaft verband. Als jedoch Origines sich widerrechtlich zum Priester weihen ließ, verwies ihn Demetrius aus Alexandrien und erklärte ihn auf einer Synode des Priestertums für verlustig. Origines gründete daraufhin eine eigene

Schule in Cäsarea. Einzelheiten aus dem Leben des hl. Patriarchen sind uns nur im Zusammenhang mit der Lebensgeschichte des Origines durch Eusebius und den hl. Hieronymus überliefert.

Der hl. Demetrius von Thessalonike mit dem Fest am 8. Oktober wird in der westlichen wie in der östlichen Kirche gleichermaßen verehrt. Für seine Beliebtheit in der Ostkirche spricht seine außerordentlich häufige Darstellung. Sein Name erscheint im griechischen Kanon. Die Ostkirche feiert das Fest des ‚Megalomartyr' (Großmärtyrers) am 26. Oktober. Vom Fortleben des Demetriuskultes zeugen über zweihundert ihm allein in Griechenland geweihte Kirchen. Aber auch in Rußland wurde seine Verehrung zusammen mit der byzantinisch-christlichen Religion eingeführt.

Es gibt zwar die Version zweier Heiliger desselben Namens, von denen der eine in Sirmium (Dalmatien), der andere in Thessalonike (heute Saloniki) als Blutzeuge Christi starb. Die neuere Forschung ist indessen der Auffassung, daß es sich um ein und denselben Märtyrer handelt. Demetrius wurde jedenfalls unter Kaiser Maximian hingerichtet. Sein Kult gelangte mit einem Teil seiner Reliquien nach Thessalonike. Die dort im 5. Jahrhundert von dem Präfekten für Illyrien, Leontius, zu seinen Ehren erbaute und wiederholt erneuerte prachtvolle Basilika wurde zum eigentlichen Zentrum seiner Verehrung, die sowohl nach dem Orient wie – später durch die Kreuzfahrer – nach dem Abendland ausstrahlte. Die Bevölkerung der Stadt Saloniki glaubt sich im Besitz der wahren Reliquien des Heiligen, den sie als mächtigen Beschützer vor feindlichen Angriffen und nie versagenden Helfer in allen Alltagsnöten verehrt. Sein Grab in der Demetriuskirche wurde im Mittelalter das Ziel zahlloser Wallfahrer, die von dort ein heilkräftiges Öl mitbrachten. Höhepunkt des Jahres ist auch heute noch das Fest des Heiligen: feierliche Prozessionen ziehen dann zu seiner Ehre durch die Stadt; – dieser Tag ist Markttag des ganzen balkanischen Hinterlandes.

Demetrius gilt als griechischer Soldatenheiliger. Danach habe er eine hohe Stellung als römischer Offizier innegehabt. Andere Berichte sagen, er habe das Amt eines Diakons bekleidet.

Die Attribute des hl. Demetrius sind: Speer oder Lanze, Schild, manchmal Kreuzschild mit fünf Rosen, Pfeile. Ein frühchristliches Relief, das angeblich aus der Hagia Sophia in Konstantinopel stammt, zeigt den Heiligen als jungen Mann in langem Gewande, er hält ein Kreuz vor die Brust und ist mit einem Heiligenschein geschmückt. In S. Maria Antiqua in Rom ist er auf einem Fresko aus der Zeit des Papstes Martin I. (649) dargestellt. In der Kirche des hl. Lukas in Phokis befindet sich sein Mosaikbild als Patron der kaiserlichen Leibgarde. Gern wurde er zusammen mit dem hl. Georg und den übrigen sogenannten ‚Reiterheiligen' des Ostens abgebildet. Ein Glasfenster aus dem 14. Jahrhundert im Straßburger Mün-

ster zeigt ihn in der Tracht der Kreuzfahrer mit Lanze und Schild. Im Russischen Museum in Petersburg wird eine aus Novgorod stammende Ikone des Heiligen aus dem 14. Jahrhundert aufbewahrt.
Eine kulturgeschichtlich bedeutsame Quelle über den hl. Demetrius bilden die ‚Miracula S. Demetrii', eine Sammlung der ihm zugeschriebenen Wundertaten.

Legende

Die Legende des hl. Demetrius ist kurz und sachlich gefaßt. Danach stammte Demetrius aus einer vornehmen Familie und bekleidete einen hohen Posten im römischen Heer. Seiner besonderen Einsicht und Klugheit wegen zum Prokonsul und später zum Konsul von Hellas ernannt, ließ er sich, von wahrer christlicher Demut erfüllt, durch seine hohen Würden nicht blenden. Im Gegenteil, er scheute sich nicht, seinen Glauben an den einen Gott zu bekennen, und war unablässig bemüht, die Heiden zu bekehren. Als nun Maximinian sich in Thessalonike aufhielt, um dort die Christen zu verfolgen, nahm man auch den Demetrius gefangen. Er wurde vor den Kaiser geführt, der sich gerade im Stadion befand, um sich die Spiele anzusehen. Maximinian war derart von dem Schauspiel gefesselt, daß er den christlichen Konsul in die neben dem Stadion gelegenen Bäder einschließen ließ. Das Interesse des Kaisers galt vornehmlich einem berühmten Gladiator mit Namen Lyaeus, der, ehe er nach Thessalonike kam, schon viele Männer besiegt und getötet hatte. Der Kaiser setzte einen Preis aus für denjenigen, der seinen Favoriten zu schlagen vermöchte. Es meldete sich ein junger Mann namens Nestor. Der Kaiser versuchte diesem auszureden, sich mit einem derart starken Gegner einzulassen. Nestor bestand jedoch auf seinem Vorhaben. Demetrius, den man derweil in die unterirdischen Gewölbe der Bäder gebracht hatte, erblickte dort einen abscheulichen Skorpion, der aus der Erde hervorkroch, um ihn zu verderben. Mutig tötete er ihn durch das heilige Zeichen des Kreuzes. Darauf stieg ein Engel vom Himmel herab und setzte ihm die Krone des Martyriums aufs Haupt. Während Lyaeus sich für den Kampf bereitete, erschien Nestor, ein Freund des Demetrius, bei diesem mit der Bitte, ihm durch sein Gebet beizustehen. Der Heilige segnete seinen Freund und sagte ihm den Sieg über Lyaeus voraus. Nestor empfahl sich Gott und besiegte tatsächlich den gefürchteten Gladiator. Der über den Tod seines Lieblings aufgebrachte Kaiser beschuldigte den Sieger sogleich der Zauberei. Als er sich aus dem Stadion entfernen wollte, machte man ihn darauf aufmerksam, daß der in den Bädern wartende Demetrius die Schuld daran trüge. In seiner Wut befahl der Kaiser, den christlichen Konsul auf der Stelle und ohne Prozeß hinzurichten, was auch sofort geschah: Demetrius wurde durch Lanzenstiche getötet, sein Körper an der Stätte der Hinrichtung verscharrt. Lupus, ein Diener des Demetrius, aber barg den blutgetränkten Mantel des Heiligen, mit dessen Hilfe alsbald mehrere Wunder bewirkt wurden.
Leontius, Präfekt von Illyrien, der an einer unheilbaren Krankheit litt, hatte von diesen Wundern gehört. Er ließ sich an den Ort tragen, wo der Leichnam des hl. Demetrius lag, und fand sich sofort geheilt. Aus Dankbarkeit errichtete er über dem Grabe des Heiligen eine

Basilika. Einige Gebeine nahm er mit nach Dalmatien. Er soll es auch gewesen sein, der später in Sirmium eine Kirche zu Ehren des hl. Demetrius erbaut hat, die die kostbaren Reliquien des Heiligen barg.

Der heilige Dionysius

Der Name Dionysius bedeutet ‚der dem Dionysos Geweihte', der Name des griechischen Weingottes aber ‚Himmels- oder Lichtstrom'. Es ist merkwürdig, daß die Heiligenverzeichnisse eine ganze Reihe von Heiligen enthalten, die diesen heidnischen Namen tragen. Unter ihnen nennen wir den hl. Dionysius von Alexandrien, Patriarch und Kirchengelehrter, dessen Fest am 17. November ist.

Am 9. Oktober hingegen wird das Fest des hl. Dionysius von Paris – in Frankreich Saint-Denis – gefeiert, über den uns der hl. Gregor von Tours berichtet hat. Es wird seit dem 9. Jahrhundert zusammen mit dem des hl. Dionysius von Athen begangen, da er fälschlicherweise bis ins 19. Jahrhundert – und auch heute noch häufig – mit dem Paulusschüler identifiziert und daher auch als Verfasser der pseudo-areopagitischen Schriften angesehen wird. Hingegen ist – nach Joseph Pieper – der wahre Name jener rätselhaften Gelehrtenfigur, über die sich ein Jahrtausend getäuscht hat, bis heute unbekannt. Der Name ‚Dionysius Areopagita' stammt, wie man weiß, aus dem Neuen Testament. Als der hl. Paulus auf dem Areopag zu Athen seine Ansprache über den ‚Unbekannten Gott' gehalten hatte, schlossen sich einige Athener ihm an und wurden gläubig, unter ihnen das Mitglied des Areopags, Dionysius (Apg. 17, 34). Die unter diesem Pseudonym auf uns gekommenen Schriften haben im Abendland durch mehr als tausend Jahre einen mächtigen, gar nicht abzuschätzenden Einfluß ausgeübt, weil sie „der fast schon kanonischen Autorität des Paulusschülers zugeschrieben worden sind". „Fast wie die Bibel selbst" wurden die Schriften dieses Unbekannten verehrt. Im Martyrologium wird Dionysius von Athen als Bekenner und Märtyrer aufgeführt. Die neueren Forschungen haben einwandfrei geklärt, daß es sich bei dem um 250 vom hl. Papst Fabian – der unter Decius als christlicher Blutzeuge starb – von Rom zusammen mit mehreren anderen Bischöfen nach Gallien entsandten Dionysius um einen Märtyrer handelt, der erst im 9. Jahrhundert von dem Abte Hildwin von Saint-Denis irrtümlich für den vorher genannten Paulusschüler gehalten wurde. Ludwig der Fromme hatte nämlich im Jahre 827 von dem byzantinischen Kaiser Michael ein Exemplar der areopagitischen Schriften erhalten und diese Hildwin, dem Pariser Abte und einem Schüler Alkuins, gesandt, der sie wohl als erster ins Lateinische übersetzte. In diesem Zusammenhang bat der König den Abt, er möge alle erreichbaren Nachrichten sammeln, die Dionysius, den Pariser Märtyrerbischof betrafen. Von ihm hatte das Kloster seinen Namen erhalten und dort ruhten in der Krypta auch seine Gebeine, zu denen zahlreiche Pilger zogen. Er war der besondere Patron des französischen Königtums. Daraufhin schrieb Hildwin seine ‚Vita Dionysii', worin er indessen den Pariser Bischof mit dem Schüler des hl. Paulus und beide mit dem Verfasser der aus Byzanz gekommenen Schriften gleichsetzt. Noch der hl. Franz von Sales rühmte ja den Autor des Buches ‚Über die Namen Gottes', jenen geheimnisvollen Dionysius Areopogita, als „den großen Apostel Frankreichs".

Der hl. Dionysius von Paris gehört zu der Gruppe der Vierzehn Nothelfer; er ist der Schutzpatron Frankreichs und der Stadt Paris. Wahrscheinlich war er es, der auf der Seine-Insel die erste christliche Kirche errichtete. Während der Christenverfolgungen um 285 wurde er zusammen mit dem Priester Rustikus und dem Diakon Eleutherius auf dem Montmartre enthauptet. König Dagobert ließ seine Reliquien in die Kirche der Benediktinerabtei Saint-Denis übertragen, die dadurch zum größten Heiligtum Galliens und später zu einer Art Nationalmausoleum wurde, da dort fast alle Könige Frankreichs ihre Grabstätte fanden. Die Kirchenfahne von Saint-Denis erlangte unter dem Namen ‚Oriflamme' als Siegesfahne der französischen Könige Berühmtheit.

Dargestellt wird der hl. Dionysius als Bischof mit abgeschlagenem Kopf in der Hand, woher sich auch sein Patronat gegen Kopfweh ableitet. Der Heilige und sein Martyrium wurde von vielen Künstlern in Bildern und Statuen wiedergegeben.

Legende

Die wunderbaren Geschichten, die die alten Legendenbücher über diesen Heiligen aufgezeichnet haben, wurden, da man Dionysius von Athen – den Paulusschüler – und Dionysius – den ersten Bischof von Paris – für ein und denselben hielt, aus alledem zusammengestellt, was über den einen wie den anderen überliefert war. Da heißt es, daß Dionysius von Athen, nachdem er sich durch die feurige Predigt des hl. Paulus auf dem Areopag bekehrt hatte, von diesem nach sorgfältiger Belehrung zum ersten Bischof von Athen geweiht worden sei. Auch habe sein Lehrer ihm anvertraut, was er sah, als er in den dritten Himmel entrückt wurde. Deshalb habe Dionysius so klar von den Hierarchien, Ordnungen und Ämtern der Engel sprechen können. Es müsse danach fest angenommen werden, daß er es nur von dem gehört haben könne, der das alles selbst geschaut hat. Später habe der Paulusschüler eine Reise nach Jeru-

salem gemacht, weil er dort die Apostel selbst hatte hören und die Mutter Jesu Christi sehen wollen. Es wird erzählt, daß er, als er die Heilige Jungfrau erblickte, von ihrer Anmut und Liebenswürdigkeit ganz hingerissen war und bezeugt habe, sie sei so schön und erhaben gewesen, daß er, wenn er nicht gewußt hätte, Jesus sei Gott, geglaubt hätte, sie wäre es. Einige Legenden berichten, daß er um seines großen Glaubenseifers von den Heiden gehaßt und verfolgt und im Jahre 117 öffentlich verbrannt worden sei. Eine andere Fassung der Legende erzählt, daß er nach dem Tode der hll. Apostel Petrus und Paulus nach Rom kam, von wo er vom Papste als Missionar nach Gallien geschickt worden sei. In Paris hat der Heilige viele zum Christenglauben bekehrt. Gar oft geschah es, wenn die Menge mit den Waffen wider ihn auszog, um ihn zu verderben, daß sie all ihre Wildheit ablegten, sobald sie sein Angesicht sahen. Der Teufel aber, der voll Neid erkannte, daß Dionysius der Kirche so viele Seelen zuführte, reizte den römischen Präfekten, daß dieser Dionysius gefangennehmen ließ.
Sein Martyrium wird ausführlich geschildert. Zuletzt nahm man seine Gefährten Rustikus und Eleutherius gefangen und schlug allen dreien, weil sie immer wieder laut die Dreieinigkeit bekannt hatten, zusammen die Häupter ab. Dionysius aber erhob sich alsbald, nahm sein Haupt in die Hände und trug es, von einem Engel geführt und von himmlischem Licht umgeben, zwei Meilen hinweg von dem Ort, der ‚Mons Martyrium' genannt ist, zu der Stätte, wo er nach seiner Wahl und Gottes Willen ruhen wollte. Katulla, eine fromme Matrone, die der Heilige bekehrt hatte, eilte ihm entgegen, nahm das Haupt und bestattete dasselbe nebst dem Leichnam des Heiligen ehrenvoll. Auf seinem Grabe wurde von den Gläubigen eine hölzerne Kapelle errichtet, später erbaute die hl. Genoveva auf den Trümmern dieser Kapelle eine Kirche.

Der heilige Gereon

Köln ist ein Wohnsitz der Heiligen. Der Kölner betrachtet seine Erde selbst als heilig. Die Gebeine der Hl. Drei Könige (s. 6. Januar) werden im Hohen Dom bewahrt; die hl. Ursula und ihre Begleiterinnen (s. 21. Oktober) erlitten dort ihr Martyrium. Aber der Boden der ‚hilligen Stadt Kölle' ist nicht nur mit dem Blut der elftausend Jungfrauen getränkt, sondern auch vom Blute tapferer Jünglinge, nämlich des hl. Gereon und seiner Gefährten. Die Kaiserin Helena, selbst eine Heilige (s. 18. August), ließ zu ihren Ehren „mit großer Kunstfertigkeit zu Cöllen eine schöne Kirche bauen aus glänzendem Metall. Man sagt, sie sei erbaut sonder Holz und es sei darin ein goldener Schrein, und die Bür-

ger von Cölln nannten sie die Kirche zu den ‚goldenen Märtyrern'." Dieser kreisrunde Bau, herrlich mit Gold und edlem Gestein ausgeschmückt, wurde später von den Hunnen geschändet und beraubt. Was davon übrig blieb oder in den nächsten Jahrhunderten wiederhergestellt wurde, demolierten 882 die Normannen. Hernach stand die Kirche Sankt Gereons lange Zeit verlassen, bis der hl. Erzbischof Anno (s. 5. Dezember) das altehrwürdige Heiligtum im 11. Jahrhundert in neuer Pracht erstehen ließ. Die heutige Gereonskirche bildet einen zehneckigen Zentralbau; zum Chor, der beträchtlich höher liegt, steigt man auf vielen Stufen hinan. Die „wunderbare Zusammensetzung der Kirche macht einen geheimnisvollen Eindruck und ist für eine Kirche wohl angemessen, die als ein geheiligtes Gebäude gleichsam ein Nachbild von der ewigen Struktur des Himmels im Kleinen darbieten soll" (F. Schlegel). Hier also ist der hl. Gereon begraben. Man fand die Reliquien der Märtyrer auf einem Felde bei Köln am Orte Mechtern – ad martyres – und setzte sie in der Krypta der ihrem Anführer geweihten Kirche bei.
Die Passio des hl. Gereon und seiner 318 Gefährten ist in ihrem Kern historisch. Sie gehörten zur Thebaischen Legion (s. 22. September) und wurden als Christen um 304 enthauptet. Dargestellt wird der hl. Gereon als römischer Krieger, Kreuz auf dem Panzer, mit Kreuzfahne und Schwert. So zieht er auf dem herrlichen Altarbild des Stephan Lochner seinen Kriegern voran, ein Gegenstück bildend zur hl. Ursula mit ihren Jungfrauen. Die beiden Kölner Heiligen umrahmen das ebenso monumentale wie liebliche Mittelstück mit der Anbetung der Hl. Drei Könige. Dieses berühmte Gemälde wurde für die Kölner Ratskapelle gemalt und wird heute im Kölner Dom gezeigt.
Der hl. Gereon wird bei Kopfweh angerufen.

Legende

Gereon und seine Gefährten waren ein Teil der berühmten Thebaischen Legion, die unter ihrem Anführer, dem hl. Mauritius, im Wallis um ihres Glauben Willen das Martyrium erlitt. Einige Kohorten nämlich waren vorausgeschickt worden in das Land der Treverer und Ubier: ein Trupp marschierte unter Thyrsus nach Trier, eine weitere Schar kam unter Cassius, Florentius und Pius nach Bonn, der dritte Teil, nämlich 318 Mann unter Führung Gereons sowie eine maurische Kohorte von 360 Mann unter Gregorius strebte noch weiter auf Köln zu, wo sie am Abend des 9. Oktober anlangten und sich sogleich in das dortige Heerlager begaben.
Man berichtet, daß diese Krieger sich in vielem von den römischen Soldaten unterschieden. Sie waren stiller, ihr Wesen verhalten. Auch hatten sie eine dunklere Hautfarbe und waren schlanker und geschmeidiger als die Römer. Gar seltsame Zeichen sollen sie auf ihren Kleidern und Waffen getragen haben. Die Anführer verkehrten mit ihren Soldaten aufs freundlichste. Abends, ehe sie sich zur Ruhe begaben, sah man sie zusammen stehen und mit gesenkten

Köpfen beten. Als am nächsten Morgen das Lager im ersten Lichte der Dämmerung lag, ertönten plötzlich Tuben, und die Soldaten strömten aus den Zelten. Die thebaischen Legionäre versammelten sich auf Befehl des Lagerkommandanten. Er machte ihnen bekannt, daß sie sofort nach Xanten abzumarschieren hätten. Zuvor aber sollten sie auf ausdrückliche Anordnung des Kaisers Maximian den Göttern für den glücklichen Ausgang des Feldzugs Opfer darbringen. Der Kommandant verkündete ihnen nun, daß ihre Kameraden zu Bonn, Trier und Octodorum sich geweigert hätten, die römischen Götter zu ehren und deshalb ausnahmslos mitsamt ihrem Anführer Mauritius hingerichtet worden seien: sie möchten nur rasch ihrem Christentum abschwören, wenn sie nicht ihr Schicksal teilen wollten! Stumm und bewegungslos hörten die thebaischen Legionäre sich dies an. Als sie sich umwandten, sahen sie, daß hinter ihnen Mannschaften angetreten waren, ihre kurzen Schwerter schlagbereit in Händen. Da leuchteten ihre Gesichter auf wie in heiligem Triumph. Gereon, ihr Anführer, trat nun vor ihre Reihen und erklärte in ihrer aller Namen, sie wollten gern als treue Soldaten jeden Befehl des Cäsar ausführen, doch als treue Christen nimmermehr den römischen Göttern opfern. Mit der Wahrheit des Glaubens gewappnet, standen die Helden unerschütterlich, als nun auf Befehl des Kommandanten die Marter über sie hereinbrach. Einer ermutigte den andern bis in den Tod dem heiligen Glauben treu zu bleiben. Da die Henker inne wurden, daß in ihnen fester Wille war, nicht von ihrem Glauben abzulassen, noch sich zu wehren, jedoch mit Standhaftigkeit den Namen Christi zu bekennen, enthaupteten sie mit fürchterlichen Streichen die heiligen Männer. So gaben der edle Sankt Gereon und seine Gesellen ihr Leben für Gott hin als ein freiwilliges Opfer. Und die Mörder schleiften die heiligen Leichname über das Feld und warfen sie in einen tiefen Brunnen. Die Kaiserin Helena aber entdeckte ihre Gebeine, ließ sie in kostbare Gewänder hüllen und auf geweihtem Boden beisetzen.

DER HEILIGE GÜNTHER (GUNTHER) *(Gedenken: 9. Oktober)*

Der Name Günther ist ein so beliebter Taufname, daß er in der Kalenderreihe unseres Heiligenjahres nicht fehlen darf. Sein Namensfest ist der 9. Oktober. Gunther kommt aus dem Althochdeutschen und bedeutet ‚Kriegsherr, Kämpfer'. Und der thüringische Gaugraf Gunther, aus dem Gott einen Heiligen machte, war ursprünglich eine recht kämpferische und unruhige Natur. Nur nach langem Ringen und nach mehreren Rückfällen in seine alten weltlichen Neigungen wurde aus dem verwöhnten Ritter durch Gottes Gnade die größte deutsche Büßergestalt des 11. Jahrhunderts. Noch heute ziehen zahlreiche Pilger zum sogenannten Guntharibrunnen an seinem Sterbeort im Böhmerwald, und er wird ebenso von Deutschen wie von den Böhmen und Ungarn verehrt.

Gunther, der ein Vetter Kaiser Heinrichs II. und naher Verwandter König Ste-

phans von Ungarn war, wurde 955 geboren. Der Herrensohn führte bis ins reife Mannesalter hinein ein durch und durch weltliches Leben: Schmausereien und Trinkfeste, vornehme Kleider und glänzende Rüstungen, ritterliche Spiele und Kämpfe erfüllten sein Dasein. Erst durch den Einfluß des heiligen Abtes Gotthart (s. 5. Mai) wurde er auf die geistlichen Dinge aufmerksam und auf bessere Wege geführt. Er bat selbst um Aufnahme in den Benediktinerorden und wurde in dem Gotthart unterstehenden Kloster Hersfeld eingekleidet. Aber der damit verbundene völlige Verzicht auf seine bisherigen Lebensgewohnheiten fiel ihm so schwer, daß seine Profeß immer wieder verschoben werden mußte. Der ehemalige Ritter hatte sich innerlich noch nicht freimachen können von den Versuchungen der Welt. Er, der weder die Weihen empfangen, ja nicht einmal des Lesens und Schreibens kundig war, begehrte den Abtsstab im Kloster Göllingen zu führen und, wie er es gewohnt war, zu herrschen, aber nicht zu gehorchen. Der kluge Gotthart erlaubte es ihm. Aber bald schon kehrte Gunther hilfesuchend zum hl. Gotthart zurück: er hatte einsehen müssen, daß er der Führung eines Klosters nicht gewachsen war. Gotthart tröstete ihn und sprach: „Nur durch viel Trübsal können wir ins Reich Gottes eingehen.“ Eine beschwerliche Pilgerfahrt ins Heilige Land nahm Gunther willig als strenge Bußübung auf sich.
Allmählich geläutert, begleitete Gunther den hl. Gotthart nach Niederaltaich in Bayern, wo er als einfacher Laienbruder Dienst tat. Einst als Missions- und Rodungskloster gegründet, sind im Laufe der Jahrhunderte viele Heilige, Selige, Erzbischöfe, Bischöfe und Äbte aus Niederaltaich hervorgegangen. Heute, nach 1200 Jahren, hat die berühmte Benediktiner-Abtei wieder eine neue und für unsere Zeit entscheidende Aufgabe übernommen: sie wurde nämlich das Zentrum der Una-Sancta-Arbeit in Deutschland, wobei sie besonders um eine gründliche Kenntnis und ein besseres Verstehen der orthodoxen Kirche bemüht ist. In diesem Zusammenhang ist es interessant zu wissen, daß täglich hier neben der lateinischen auch die östliche Liturgie nach dem hl. Johannes Chrysostomus (s. 13. September) gefeiert wird.
Mit Eifer und Hingabe erlangte Gunther endlich die innere Festigkeit, die ihn – in einer zweiten, diesmal wahrhaften Umkehr – endgültig zu dem entsagungsvollen Leben eines vorbildlichen Gottesmannes sich durchringen ließ. Mit Erlaubnis seiner Oberen zog er im Jahre 1008 hinaus in die unbewohnte Wildnis des böhmischen Waldes. Im einsamen Tal der Rinchnach ließ er sich nieder, zimmerte sich eine Zelle und erbaute daneben eine Kapelle. Hier lebte er das an Entbehrungen reiche Leben eines Einsiedlers, ernährte sich von Beeren, Pilzen und Kräutern und unterwarf sich harten Bußübungen. Allmählich fanden sich mehrere Männer bei ihm ein, die sein frommes Leben teilten. In rastloser Arbeit rodeten sie die dichten Wälder und wandelten das gewonnene Land in fruchtbare Äcker

und Wiesen um. Aus der Einsiedlerhütte entstand eine Klosterniederlassung, die 1019 von Bischof Berengar von Passau geweiht und mit Niederaltaich vereinigt wurde. Die von den Mönchen angelegte Straße, die von Bayern nach Böhmen führte, war lange Zeit als der ‚Goldene Steig' bekannt.

Von Rinchnach, das sich zu einem Kulturzentrum des Bayrischen Waldes entwickelte, und seinem Gründer, dem hl. Gunther, ging nach beiden Seiten des Landes ein großer Einfluß aus. Kaiser Heinrich II. verehrte den frommen Mönch so sehr, daß er das Grundstück des Klosters und die umliegenden Landstriche im Jahre 1009 großzügig der Probstei vermachte. Kaiser Konrad II. bestätigte 1029 die Schenkung und erweiterte seinerseits den Klosterbesitz beträchtlich.

An die Glanzzeit des Klosters erinnert uns heute die von Johann M. Fischer erbaute Rokokokirche.

Da sich die Schar der Mönche immer mehr vergrößerte und sich bald eine regelrechte Siedlung bildete, fühlte sich Gunther in seiner Einsamkeit so sehr gestört, daß er sich 1040 tief in den Nordwald zurückzog. Hier bereitete er sich auf seinen Tod vor. Als die Mönche des Klosters Brevnov ihn zu ihrem Abt machen wollten, floh er auf den nach ihm benannten Günthersberg bei Gutwasser, wo er 1045 mit neunzig Jahren starb. Er wurde in der Benediktinerkirche St. Margaretha in Břevnov bei Prag beigesetzt, wo sein Grab 1420 durch die Hussiten zerstört wurde.

Der hl. Günther wird meistens in der Einsiedelei dargestellt, auch wie ihm der Bischof von Prag die hl. Kommunion reicht, während der böhmische Herzog ihm zur Seite steht.

Der heilige Maximilian (Max)

Der Name kommt aus dem Lateinischen und heißt zu deutsch etwa ‚der größte Nacheiferer'. Am Feste des hl. Maximilian von Cilli, dem Namenspatron so vieler bayrischer und österreichischer Fürstenfamilien, versammeln sich die Andächtigen im Dome von Passau, um dort das Gedächtnis des seit mehr als einem Jahrtausend verehrten Heiligen zu begehen. Hier werden an seinem Feste die in einem kostbaren Behältnis aufbewahrten Reliquien des hl. Bischofs und Märtyrers ausgestellt. Schon der hl. Rupert von Salzburg (siehe 27. März) erlebte im 8. Jahrhundert die Verehrung des als ‚Apostel von Norikum' geltenden Heiligen im

Alpengebiet. Er erbaute ihm zu Ehren über seinem Grab in Bischofshofen im Pongau eine Kirche. Von dort brachte König Karlmann die Gebeine des Heiligen nach Altötting. Im 10. Jahrhundert wurde ein Teil der Reliquien nach Passau übertragen, wodurch Dom und Bistum neben dem hl. Valentin einen zweiten Sonderpatron erhielten.

Der hl. Maximilian stammte aus Cilli (Celeia) in der Steiermark (heute Jugoslawien). Er lebte im 3. Jahrhundert; die Zeit seines Todes wird verschieden angegeben, dürfte aber etwa um 284 liegen. Uralte Überlieferung spricht vom hl. Maximilian als von einem Märtyrer, der unter Kaiser Numerian zu Cilli als Blutzeuge Christi den Tod fand. Die Akten über ihn stammen jedoch erst aus dem 13. Jahrhundert. Historisch sicher ist wohl, daß er von Papst Sixtus II. (257–58) zur Verkündigung des Evangeliums nach Pannonien gesandt und eine lebhafte Missionstätigkeit im Pongau ausgeübt hat, von wo er seine Tätigkeit bis nach Freising ausdehnte. Ebenfalls geschichtlich beglaubigt ist, daß Maximilian die Kirche von Loch (Laureacum) bei Enns gründete, als deren Bischof er bezeichnet wird.

Dargestellt wird der hl. Maximilian als Missionsbischof im Pluviale (Chormantel), mit Kreuz in der Hand predigend; mit Schwert, wie in der Stiftskirche auf dem Nonnberg in Salzburg. Maximilian von Cilli darf nicht verwechselt werden mit den beiden anderen christlichen Märtyrern des gleichen Namens, nämlich Maximilian von Theveste mit dem Fest am 12. März; und Maximilian von Antiochien, der als Soldat der herkulianischen Kohorte unter Julian Apostata gemartert wurde, Fest am 21. August.

Legende

Das legendäre Leben des hl. Maximilian wird wie folgt geschildert: Von angesehenen Eltern in der heutigen Steiermark geboren, wurde der fromme Knabe von dem heiligmäßigen Priester Oranius unterrichtet und im Glauben unterwiesen. Demut, Keuschheit und Sanftmut zeichneten den Jüngling aus, dessen große Freigebigkeit ihn dazu bewog, nach dem Tode seiner Eltern das ihm hinterlassene bedeutende Vermögen an die Armen zu verteilen und allen Sklaven, die im Hause gedient hatten, die Freiheit zu schenken.

Er begab sich nun nach Laureacum, wo er zum Priester geweiht wurde und sich bemühte, seine Mitmenschen durch Wort und Beispiel für Christus zu gewinnen. Allgemein wegen seiner großen Herzensgüte geliebt und ob seines frommen Wandels verehrt, wählte man ihn zum Bischof. Obzwar er zunächst aus Demut ablehnen wollte, konnte er dem Drängen des Volkes nicht widerstehen, machte aber, bevor er die Weihe empfing, eine Reise nach Rom, um von Papst Sixtus II. die Bestätigung und den apostolischen Segen zu empfangen. Zurückgekehrt, übte Maximilian sein verantwortungsvolles Amt mit großem Eifer aus und verkündete überall laut und mutig das Wort Gottes. Damals war die Gemeinde des Herrn noch klein, ringsum lebten Heiden, im benachbarten Bayern glich das Licht der Wahrheit noch einem winzigen Funken, der gerade anfing, in der Dunkelheit aufzuleuchten. Bischof Maximilian aber gelang es durch seine Predigten viele zur Taufe zu bewegen. Vor allem nahm er sich auch der Verfolgten und Armen mit großer Liebe an, die in Lorch Hilfe und Zuflucht fanden. Er wanderte als einer der ersten Glaubensboten nach Bayern und kam bis in die Gegend des heutigen Freising, wo er der Himmelskönigin Maria zu Ehren ein Kirchlein erbaute.

Um diese Zeit hatten die kleinen christlichen Gemeinden harte Verfolgungen seitens der römischen Kaiser zu erleiden. Es war besonders Numerian, der sich grausame Folterungen ausdachte, um das wachsende Christentum zu ersticken. Da trieb es den Bischof von Lorch in seine Heimat zurück, denn er hatte gehört, daß die Christen sich dort einschüchtern ließen und auf Befehl des Statthalters Evilasius dem Mars geopfert hätten. Um den bedrängten Brüdern in ihrer Gewissensnot beizustehen, wollte Maximilian selbst öffentlich für die Wahrheit des Glaubens zeugen. Er sprach also vor allem Volk von Christus und seiner Lehre der Liebe; das machte einen so großen Eindruck auf die Verängstigten, daß sie wieder Mut und Kraft zur Standhaftigkeit schöpften. Der kaiserliche Beamte aber ließ den Heiligen ergreifen und verurteilte ihn zum Tode durch das Schwert. Am 12. Oktober des Jahres 284 wurde Maximilian außerhalb der Mauern seiner Vaterstadt enthauptet, heimlich von den Christen begraben und fortan bis auf den heutigen Tag von den Gläubigen verehrt.

Der heilige Koloman

Am 13. Oktober 1014 ließ Markgraf Heinrich I. von Österreich die Gebeine des hl. Koloman – aus dem Altnordischen ‚der behelmte Mann' – ins Benediktinerkloster Melk an der Donau überführen, weshalb sein Fest auf diesen Tag festgesetzt wurde. Sie ruhen in der Stiftskirche unter dem Seitenaltar des nördlichen Kreuzarmes. Seither gilt der irische Pilger in Österreich als Landesheiliger und wird sowohl in Österreich wie in Bayern als Volksheiliger verehrt.

Matthäus Merian schreibt 1677 über ihn: „Anno 1012 ist Sanct Colomanus, von königlichem Geschlecht aus Schottland gebürtig, als er nach Jerusalem durch Österreich reisen wollte, zu Stockerau von dem Landvolk für einen Verräter und Kundschafter gefangen, und an einem Baum aufgehenkt worden; zur Anzeigung seiner Unschuld ist sein Leib anderthalb Jahr gantz unversehrt hangen blieben. Wie dann einer allda, mit Namen Rumaldus, für seinen Sohn, zur Vertreibung des Podagra (welches auch geholfen) ein Stück Fleisch von ihm geschnitten, ist alsbald frisches Blut heraus gerunnen als wann er erst denselben Tag gestorben wäre. Zu diesen hat auch die Witten (Holunderbaum), an welcher er gehangen, angefangen zu grünen. Dieser wunderbarlichen Thaten halber ist der heilige Leib herab genommen, und in einer nächst bey Stockerau gelegenen Kirche ehrlich begraben worden. Folgendes Jahr hat sich die Donau über die Maßen ausgossen, also, daß die Kirchen meistentheils in dem Wasser gestanden, ist gleichwohl durch sonderliche Schickung Gottes nichts hinein gerunnen ..."

Bekannt ist die Kolomanskapelle in Talgau am Mondsee. Ebenfalls im Salzburgischen befindet sich in der Pfarrkirche St. Koloman in der Taugel eine alte Steinstatue des Heiligen und ein Koloman-Brunnen in der Kapelle. Bei seinen Kapellen waren Pferdeumritte und Urnenopfer üblich. Im Volk besteht der Glaube, daß der Kolomansegen unverwundbar mache.

Der hl. Koloman wird dargestellt als Pilger mit einem Strick in der Hand, auch mit Zange und Rute (so auf zwei Holzschnitten von Albrecht Dürer), an einem Baum hängend, manchmal auch mit Lanze durchbohrt. Er war bis 1663 Landespatron von Österreich. Sankt Koloman ist Schutzheiliger des Viehs, der zum Tode durch den Strang Verurteilten, gegen Krankheit, Pest, Gewitter und andere Schäden.

In Oberbayern befindet sich ein gotischer Hochaltar aus dem Jahre 1515 in St. Koloman bei Tengling; dort findet man den Heiligen als Pilger, mit einem Stab in der rechten und einem Kreuz in der linken Hand neben der Muttergottes dargestellt; im Dom von Passau steht eine Holzplastik des Heiligen aus dem 15., im Stift Melk auf der Klosterterrasse eine Steinstatue des hl. Koloman aus dem 18. Jahrhundert.

Legende

Der heilige Pilgersmann aus Irland oder Schottland, der auf seinem Wege nach Jerusalem nahe bei Wien wegen seiner fremdartigen Kleidung als böhmischer Spion aufgegriffen, gemartert und mit zwei Straßenräubern an einem Holunderbaum aufgehängt wurde, hieß Colomanus, welchen Taufnamen vor ihm unzählbar viele irisch-schottische Männer trugen, die lange vor ihm durch ihr heiligmäßiges und beispielhaftes Leben für Glauben und Kirche wirkten. Das Martyrologium von Donegal gibt allein 96 Heilige dieses Namens an, 209 sind im Buch von Leinster aufgeführt und – wenn auch manche doppelt erschienen sein mögen – sind es sicherlich nicht alle. Unter ihnen befand sich auch der hl. Koloman von Elo, der als Einsiedler auf einem Berge in Leinster und später in Ulster lebte. Er stand in engster Geistesfreundschaft mit dem hl. Kolumkille. Joseph Bernhart fand in einer mittelalterlichen Legendensammlung eine so köstliche Geschichte über ihn, daß wir diese hier anstelle der oben erwähnten blutigen Legende des österreichischen Koloman wiedergeben wollen. Das poetische Stück zu deuten versuchen, „hieße an einer Rose sich vergreifen, auf der ein schöner Falter ruht".

„Wahrhaftig – unter den anderen Tugenden, mit denen der Heilige Geist ihn so reich versehen hatte – war Koloman, der Einsiedler, auch ein großer Freund und Wächter der evangelischen Armut, ein so wunderstarker Verächter von Geld und Gut, daß er keinen irdischen Besitz haben wollte, Geschenke und was man ihm sonst antrug, sich verbat und als sein Eigen

nichts behielt – oder man wolle Eigentum nennen, was er für sich besaß: zu lieber Gesellschaft drei kleine Kreaturen, einen Hahn, eine Maus und eine Fliege. Der Hahn, der sollte ihn nachts wie eine Glocke wecken zum Lobgebet. Die Maus aber und die Fliege hatten einen Dienst, der viel seltsamer und erstaunlicher war: ihnen, von Natur doch wohlbelehrt, wie sie die Menschen zu ärgern und zu plagen hätten, ihnen hatte Gott in seiner wunderbaren Güte, ganz entgegen dem Zug der Natur, die Folgsamkeit gegen seinen Diener beigebracht. Die Maus nämlich hatte bei dem Gottesmann den Dienst, daß sie ihn nicht über die feste Stunde hinaus, die er in seinen heiligen Vorsätzen sich bestimmt hatte, schlafen oder in Frieden liegen lasse: sondern wenn er, müd am ganzen Menschen von all dem Wachen, Beten und den anderen Strengigkeiten, seine schlaffen Glieder gern noch länger, als der feste Vorsatz ihm erlaubte, hätte schlafen oder ruhen lassen – brachte ihn die Maus, bald am Gewand nagend, bald am Ohr knabbernd, um allen Frieden. Recht und lieb war's dem Gottesmann, denn also sah er sich im Gelingen seines Vorsatzes und überdem sogar von der unverständigen Kreatur zum Dienste Gottes aufgefordert.

Aber auch das Amt der Fliege war nicht weniger bemerkenswert. So oft nämlich der Gottesmann in seiner frommen Lesung aufhörte, wenn er von jemand gerufen wurde oder zu einer anderen Beschäftigung überging, befahl er der Fliege, die stets, wenn er las, auf seinem Kodex hin und her lief, sich auf die Zeile zu setzen, bei der er stehengeblieben war, und an dieser Stelle zu verweilen, bis er wiederkäme, um die unterbrochene Lesung fortzusetzen, was die Fliege auch unfehlbar tat. Wunderbar sind – wie man sieht – die Gunsterweise der göttlichen Liebe und – wenn man es so nennen darf – das Zusammenspiel Christi mit seinen Heiligen... so daß sie Gott den Herrn, dessen schauerliche Majestät sie in der Höhe thronen wissen und anbeten, wie als einen guten, liebreichen Freund erfahren...“

Der heilige Burkhard

Seit der Mitte des 8. Jahrhunderts wurde der hl. Kilian (s. 8. Juli) zum großen Heiligen von Würzburg erhoben und gilt seither als Bringer des Christenglaubens, Schutzherr und erster in der Reihe der Bischöfe. Indessen ist Würzburg in der Tat erst durch den hl. Bonifatius (s. 5. Juni) kanonisches Bistum geworden, denn dieser setzte 742/43 zum ersten kirchlich bestellten und geweihten Bischof den Angelsachsen Burkhard ein. Die Anfänge der Siedlung, aus der später die Stadt entstand, liegen unterhalb der Burg. Hier gründete der hl. Burkhard das Sankt-Andreas-Kloster, was nach der Übertragung seiner Gebeine dorthin (984/90) in St. Burkhard umbenannt wurde. Die Kirchen von Bamberg, Fulda und Würzburg feiern das Gedächtnis des hl. Burkhard von alters her am 14. Oktober.

Der Name Burkhard oder Burchard bedeutet ‚die starke Burg‘. Vom hl. Burkhard wissen wir, daß er sich unter jenen tatkräftigen jungen Männern und Frauen befand, die der hl. Bonifatius zur Unterstützung seiner Missionsarbeit aus seiner Heimat England rief. Nach seiner Ankunft auf dem europäischen Festland um 732 begleitete er den großen Bonifatius zunächst auf seinen Missionsreisen. Bald wurde er von ihm mit der Verkündigung des Evangeliums in Thüringen und Franken betraut. Die Ausbreitung des Glaubens stieß hier trotz der Vorarbeit, die der hl. Kilian und seine Gefährten sowie auch der hl. Willibald (s. 7. Juli) geleistet hatten, auf große Hindernisse. Die heidnischen Vorstellungen waren zu tief verwurzelt, als daß das Christentum leichte Arbeit gehabt hätte. Burkhards echte Begeisterung und sein Eifer für die ihm gestellte Aufgabe erlitten daher viele Enttäuschungen. Neun Jahre durchwanderte der junge Priester in rastlosem Bemühen das Land. Dabei muß er sich dergestalt bewährt haben, daß Bonifatius gerade ihn für fähig und würdig fand, das Bischofsamt im Frankenland zu führen.

Die fränkischen Herrscher Karlmann und Pippin bedachten das neuerrichtete Bistum mit reichen Stiftungen, so daß bald schon der Bau von Kirchen und Klöstern und damit regelmäßige Gottesdienste gesichert waren. Bischof Burkhard führte mit seinen Priestern das streng asketische Leben eines Mönches. Daß der hl. Burkhard die Gebeine der frühen christlichen Blutzeugen Kilian, Kolonat und Totnan erheben und mit päpstlicher Genehmigung feierlich in dem neuerbauten Gotteshaus beisetzen ließ, entzündete im Volke eine Flamme religiöser Begeisterung. Die Verehrung der ersten Frankenapostel machte Würzburg zu einem geistlichen Zentrum des Landes.

Burkhard hielt während seiner ganzen Tätigkeit enge Verbindung mit Bonifatius und den übrigen Oberhirten aufrecht. Briefe gingen hin und her, er nahm an den Synoden teil und reiste sogar, zum Vertrauensmann der deutschen Bischöfe gewählt, im Jahre 747 nach Rom. Eine neuerliche Reise dorthin sollte Papst Zacharias den Entschluß erleichtern, Pippin als den rechtmäßigen König zu bestätigen. Nachdem Burkhard das Amt des Bischofs zehn Jahre lang ausgezeichnet verwaltet hatte, zog er sich mit Erlaubnis des Königs Pippin um 753 in die Zelle Hohenburg im Odenwald zurück, wo er – wie die Überlieferung sagt – am Lichtmeßtag des Jahres 754 starb. Seinen einfachen Hirtenstab aus rohem Holunderholz hatte er zuvor dem Abt von Fritzlar, Megingoz, als würdigem Nachfolger übertragen Dieser setzte den Leichnam des Heiligen neben den Reliquien des hl. Kilian bei.

Der hl. Burkhard hatte im hohen Maße die Wundergabe besessen und viele Gliederkranke geheilt. Hierauf ist sein Patronat gegen Rheumatismus, Glieder- und Lendenschmerzen, Nieren- und Steinleiden zurückzuführen.Dargestellt wird er als Bischof mit Hostie oder Kirchenmodell in der Hand; mit Buch.

Außer einigen anderen Heiligen des Benediktinerordens mit dem gleichen Namen soll hier ein Schweizer Heiliger erwähnt werden, der ebenfalls BURCHARD hieß. Er

wurde um 1100 in Muri im Aargau geboren, war später Pfarrer von Beinweil am See und starb nach einem heiligmäßigen Leben 1192 (?). Seine Reliquien ruhen in der Krypta der Pfarrkirche Beinweils; sein Fest ist am 18. Mai.
Der Heilige wird dargestellt in Priesterkleidung mit einer Hostie und einem Kranich.

Die heilige Teresa von Avila

Diese bedeutende spanische Ordensfrau wird in allen Ländern der Welt sehr verehrt. Sie ist gleicherweise katholischen, wie evangelischen Christen, aber auch denen, die nicht an den Glauben sich gebunden fühlen, vertraut. Ihre Geschichte wurde in vielen Büchern wiedergegeben, kommentiert und behandelt. Hier kann daher nur gleichsam eine Skizze ihres Lebens und Wirkens, das von dem gleichen weltumspannenden Einfluß gewesen ist wie das ihres Zeitgenossen, des hl. Ignatius von Loyola (s. 31. Juli), entworfen werden.

Teresa lebte von 1515–1582, zur Zeit der Gegenreformation. Als Spanierin hatte sie von Haus aus eine tiefe Religiosität in sich, die in dem langen Behauptungskampf dieses katholischen Landes gegen die Sarazenen, von denen es jahrhundertelang bedroht war, ihre Wurzel hatte. Die Herrscher dieses Landes „opferten Weltreiche für ihren Katholizismus". Teresa war Mystikerin; ihre Mystik war streng und inbrünstig, sie besaß den Mut, bis zum Äußersten zu gehen und bewahrte sich trotzdem immer ihre realistische Denkweise. Man erinnere sich an ihren Ausspruch: „Wenn tanzen, dann tanzen. Wenn fasten, dann fasten!" Neben dem hl. Jakobus (s. 25. Juli) ist Teresa die Nationalheilige Spaniens. In ihrem brennenden Verlangen, „kein Maß zu haben im Dienste Gottes" und in ihrer kühnen Forderung „entweder sterben oder leiden" kommt die ganze Ungewöhnlichkeit dieser leidenschaftlichen Seele zum Ausdruck. Die Fähigkeit zum Beten unterscheidet den Mensch vom Tier – Teresa wollte mit Gott reden: „Wenn ihr mit Gott reden wollt, so müßt ihr auch so mit ihm reden, wie es sich einem so großen Herrn gegenüber geziemt, und da ist es gut, wenn ihr bedenkt, wer er ist, mit dem ihr redet, und wer ihr seid, damit ihr wenigstens mit Anstand redet." Gott ist für sie „Seine Majestät", sie kämpfte um das Gebet, um den geziemenden Ton bei der Anrede des ewigen Du. Sie erkannte, daß es nur durch die

Gnade ihr möglich wurde, mit Gott zu sprechen. Und wie hat sie mit ihm gesprochen! Davon zeugen ihre Schriften, aus denen man einen unvergleichlichen Einblick in dieses wundersame Tun gewinnt.
Teresa wurde in Avila als Tochter des Alfonso Sanchez de Cepeda und der Beatrixe de Ahumad geboren, war also von beiden Eltern her altadeliger Herkunft. Schon als Kind von religiöser Begeisterung hingerissen, entwich sie als Siebenjährige mit ihrem Bruder Rodrigo von zu Hause, um im Maurenland den Martertod zu suchen. Im Backfischalter trat die Versuchung zur Eitelkeit und Lust an der Welt und ihrem oberflächlichen Treiben an das schöne Mädchen heran. Sie hatte Gefallen daran, sich hübsch anzuziehen und ihre Hände und ihr Haar mit Sorgfalt zu pflegen, da sie – wie sie bekennt – „sehr putzsüchtig" war. Teresa scheint in dieser Phase ihres Lebens bedroht gewesen zu sein. Wie anders hätte ihr Leben verlaufen können! Ihr Vater, dem diese Gefahr anscheinend bewußt wurde, gab sie in ein Augustinerinnenkloster zur Erziehung. Anfänglich fühlte sich Teresa dort in der neuen Umgebung ausgesprochen unbehaglich. Sie kämpfte alle inneren Widerstände nieder und teilte ihrem Vater ihren Entschluß, Nonne zu werden, mit. Gegen sein Einverständnis verläßt sie heimlich am Allerseelentag des Jahres 1535 das Haus und tritt als Novizin bei den Karmeliterinnen im ‚Kloster von der Menschwerdung' in Avila ein. Zunächst war sie gerne dort, die Freude über den errungenen Sieg machte sie froh. Sie nahm es mit ihren Pflichten genau und der fromme Eifer ihrer Kindheit erfüllte sie aufs neue. Aber dann trat wiederum die Welt durch die schmale Klosterpforte ein und auf sie zu: im damaligen Spanien war es Sitte, daß Freunde und Verwandte die Nonnen besuchen durften und das Sprechzimmer eher einem gesellschaftlichen Salon glich, wo man sich stundenlang unterhalten konnte. Eine Klausur gab es nicht; Teresa beteiligte sich gedankenlos an dieser Zerstreuung. Die Möglichkeit zur inneren Betrachtung ging ihr verloren. Sie schreibt darüber: „Ich führte ein höchst qualvolles Leben ... auf der einen Seite rief mich Gott, auf der andern folgte ich der Welt ..." In diesem Zwiespalt befand sie sich fast zwanzig Jahre lang!
Und dann griff Gott selber ein, er schickte seiner Erwählten eine Erschütterung, die sie bis in die Tiefen ihrer ringenden Seele aufwühlte. Eine Vision der Leiden Christi und das mystische Sehen der ewig Verdammten bewegte sie so stark, daß sie beschloß, augenblicklich mit ihrem bisherigen Leben Schluß zu machen und sich ganz in den Dienst Gottes zu stellen. Ein Strom von Tränen ergoß sich aus ihren Augen und ihr Herz drohte, von stärkstem Mitgefühl ergriffen, zu brechen. Demütig kniete sie nieder und betete flehentlich: „O Jesus, gib mir die Kraft, Dir, Dir allein anzugehören!" Damit begann die zweite, vollständig andere Hälfte ihres Lebens.
Sie wandte dem geschäftigen Treiben den Rücken und konzentrierte sich auf ihre

Buße, die sie durch immer neue Abtötungen täglich verschärfte. Nun erfuhr sie jene Gebetszustände, in denen ihr gewaltige Erlebnisse zuteil wurden; von Stufe zu Stufe durfte sie aufsteigen bis zum Versenktsein in Gott und zur mystischen Vereinigung, bis zu Ekstasen und Visionen. Über ihre von Gott bewirkten Visionen schreibt Teresa: „... der Glanz einer solchen Vision übertrifft alles, was man sich auf Erden vorstellen kann ... Es ist ein Licht, welches von dem, was man auf Erden sieht, ganz verschieden ist. Im Vergleich mit diesem Lichte erscheint selbst die Klarheit der Sonne, welche wir sehen, so dunkel, daß man ihretwegen nicht einmal die Augen öffnen möchte." Sie gelangt auf ihrem Weg bis zur Erhabenheit der mystischen Ehe mit Gott, jener letzten Verschmelzung, die bis zur Aufhebung ihrer eigenen Existenz ging. Aber dem unbeschreiblichen Glücksgefühl folgte bei der Rückkehr ins Leben die tiefe Trauer des „Verstoßenseins". Es war, als habe sie das Paradies beschritten und sei daraus verbannt worden. Doch lernte sie es, ihren Schmerz zu besiegen und kam dazu „ihn freudig anzunehmen". Nach ihrem Tode fand man ein Zettelchen, das die Worte enthielt: „Nichts verwirre dich, nichts erschrecke dich, alles geht vorüber, Gott ändert sich nicht. Die Geduld erreicht alles. Wer Gott besitzt, dem mangelt nichts; Gott allein genügt." Ihre von Grund auf aktive Natur nahm dies neue Gottesverhältnis, diesen „Weg des inneren Gebets", der ihr beschieden wurde, als Ansporn: „Die Liebe zu Gott besteht nicht in Tränen und süßen Gefühlen", schreibt sie, „sondern darin, daß man Gott diene in Gerechtigkeit, in männlicher Entschlossenheit und in Demut." Diese Frau bewies, daß wahre Heiligkeit nicht lebensfremd und lebensuntüchtig macht. Das beschauliche und das tätige Leben befanden sich bei Teresa in einer harmonischen Einheit. Daß sie die Gestalten von Maria und Martha in sich zu vereinigen vermochte, macht ihre eigentliche Größe aus.

Das große Werk, das Teresa nach dem Willen Gottes hier auf Erden vollbrachte, war die Reform des Karmeliterordens. Hier bewies die Heilige ihren scharfsinnigen Geist, ihre praktische Begabung, ihr Organisationstalent und ihre wahre Katholizität. Sie erkannte den Verfall der Klosterzucht: „O schreckliches Übel, wenn in den Ordenshäusern – der Männer nicht minder als der Frauen – die Ordenszucht nicht beachtet wird ..." und: „... was sollte aus der Welt werden, wenn Gott sie nicht um der Ordensleute willen schonte ...". Sie widmete sich jetzt also ganz der Erneuerung und begann ohne Zögern, der alten, strengen Regel wieder Geltung zu verschaffen. Dazu begründete sie im Jahre 1562 das kleine Josephskloster in Avila, in dem sie fünf Jahre lang mit wenigen Gefährtinnen durch ihr Leben der ‚armen Barfüßerinnen' nach der strengen Regel Sühne leistete. Insgesamt gründete Teresa über dreißig neue Klöster. Wie sie hier vorging, erzählt sie in ihren Abhandlungen ‚Klosterstiftungen und Art und Weise, die Nonnenklöster zu visitieren'. Dieses Werk konnte sie nicht nur von ihrer Zelle aus vollbringen. Sie mußte hierzu in eigener Person Reisen unternehmen, die sie zu allen Jahreszeiten bei brütender Hitze und eisigem Frost durchführte, oftmals von starken Kopfschmerzen gequält.

Ihre Frömmigkeit und Kraft begeisterte viele Seelen, die ihr alle ohne Einschränkung folgten. Aber die rasche Ausdehnung der Reform rief auch die Gegner auf den Plan. Teresa wurde als ‚Landstreicherin' und schlimmer noch beschimpft, ihre Reisen wurden ihr untersagt, und man schloß sie im Kloster von Toledo ein. Demütig und innerlich gestärkt ertrug sie die Verleumdung. Inmitten der Verfolgung schrieb sie: „Es ist etwas Großes um die Sicherheit des Gewissens und um die Freiheit des Geistes." Erst durch ein Machtwort Philipps II. von Spanien wurde diesem aufreibenden Kampf ein Ende gesetzt. Durch seine Vermittlung nahm der Papst unter ausdrücklicher Belobigung die reformierte Regel 1580 an, unter vollständiger Trennung der strengen Regel der ‚Unbeschuhten' von der milden Regel der ‚Beschuhten Karmeliter'. „Nun sind wir alle in gutem Frieden und es stört uns nichts mehr im Dienste Gottes."

Teresa hat in ihrem ‚Buch der Gründungen', in dem sie ihre zahlreichen Reisen beschreibt, in einem so bezaubernden Stil geschrieben, daß wir auch heute noch von ihrer literarischen Fähigkeit überrascht sind. Wir können es kaum glauben, daß diese überragende Heilige trotz ihrer vielen Arbeit und ihren gewaltigen inneren Erlebnissen noch die Zeit gefunden hat zu schreiben. Das ‚Große Buch von den Erbarmungen Gottes' – ihre eigene Lebensgeschichte; der ‚Weg der Vollkommenheit' – ein Lehrbuch mit Anweisungen für ihre Nonnen; sowie ihr mystisches Hauptwerk ‚Die Seelenburg' – zählen alle zur Weltliteratur.

Aber auch Töne hymnischer Dichtung fand diese erstaunliche Frau beim Lobe Gottes. Es ist kein Satz in ihren Schriften, den sie nicht aus eigenem Erleben wahrheitsgetreu niedergeschrieben hat. In ihren Briefen äußert sich der gleiche natürliche und einfache Stil, der auch ihre Sprache auszeichnete. Und noch eine Seite gibt es bei Teresa, die uns verwundert, aber die ganz in das Bild einer Seele mit so weiter Spannung paßt: nämlich ihr Witz, ihre große Heiterkeit und ihr hintergründiger Humor.

Die jahrelangen Kämpfe und Leiden hatten die körperlichen Kräfte der Heiligen aufgerieben. Auf der Rückreise von ihrer letzten Klostergründung in Burgos erkrankte sie in Alba. Im dortigen Kloster erwartete sie, als sie merkte, welche Verschlechterung ihr Leiden nahm, ganz bewußt den Tod. Sie sah ihm voller Freude entgegen: „So ist sie denn gekommen, die heiß ersehnte Stunde, o mein Herr und Bräutigam! So ist denn die Zeit da, daß wir einander sehen werden." Am 4. Oktober 1582 nahm der Herr sie zu sich. Heilig gesprochen wurde sie 1622.

Darstellung: als Karmelitin in braunem Habit mit weißem Mantel und schwarzem Schleier, brennendes Herz mit JHS in der Hand, mit Buch – als Schriftstellerin –,

Pfeil haltend oder Engel mit Pfeil. Mit Taube oder Geißel. In Spanien wird die ‚Seraphische Mutter' (liebeglühend wie die höchsten Engel) auf den Altären als ‚Doctora mystica' mit den Insignien der theologischen Doktorwürde dargestellt. In Rom hat Lorenzo Bernini in der Kirche S. Maria della Vittoria in seiner berühmten Gruppe eine der ekstatischen Visionen der Heiligen dargestellt: Teresa selbst von der glühenden Liebe des Herrn durchbohrt.
Sie ist Patronin ihrer Ordensgenossenschaften, der Bortenmacher, weil sie weibliche Handarbeit in ihren Klöstern gepflegt hat; ferner wird ihre Fürbitte angerufen in geistlichen Nöten, für ein inneres Leben; gegen Herzleiden, gegen Kopfschmerzen.

Legende

Teresa war äußerst demütig, was folgende Begebenheit bezeugen möge: Während einer ihrer Visitationsreisen begleitete Teresa ein Mönch. Er sprach sie auf ihre Heiligkeit an, worauf sie ernst erwiderte: „Drei Dinge hat man zu mir gesagt: daß ich in der Jugend schön war, daß ich klug und daß ich heilig sei. Den beiden ersten Meinungen habe ich leider zu viel Glauben geschenkt und es bitter bereut. Den letzten Ausspruch aber, daß ich heilig sei, weise ich ganz und gar zurück."

Der heilige Gallus

Der hl. Gallus, wie die Gallier den mit seinem irischen Namen Kallech geheißenen Mönch aus dem berühmten Kloster Bangor nannten, war einer der zwölf Gefährten des hl. Kolumban (s. 21. November). Sie kamen von Irland auf das Festland herüber, um das Evangelium zu verkünden. Gallus begleitete den hl. Kolumban nach Luxeuil, Fontaines und zu den Alemannen; als dieser weiterzog, blieb Gallus in der Gegend des Bodensees allein zurück. Er starb dort etwa um 640. Auf den hl. Gallus wird die Gründung des berühmten Benediktinerklosters Sankt Gallen zurückgeführt, das eine Pflanzstätte christlicher Kultur und Wissenschaft, christlicher Kunst und Sitte geworden ist und unermeßlichen Segen gestiftet hat. Die Reliquien des Heiligen wurden 1529 vernichtet.
Dargestellt wird der hl. Gallus als Einsiedler mit Pilgerstab und Brot; oftmals mit

einem Bären, der ihm dient – auf Grund der Legende. Er ist Patron von St. Gallen; der Gänse und Hühner (wohl wegen seines Namens Gallus = Hahn).
Vom hl. Gallus wird berichtet, daß er die fränkische und alemannische Sprache vortrefflich beherrschte und einer der eifrigsten Missionare unter den Gefährten des hl. Kolumban war. Seine ungestüme Natur riß ihn dabei einige Male zur Zerstörung der heidnischen Götterbilder hin, was aber den Haß der Einheimischen hervorrief, so daß die irischen Glaubensboten aus dem Lande der Alemannen sich eiligst zurückziehen mußten. Gallus ließ sich davon nicht beirren. Als Kolumban ihm gebot, daß er mit ihm und den anderen Brüdern weiter nach Oberitalien ziehen solle, blieb er am Bodensee zurück. Kolumban erblickte darin ein schwächliches Versagen des Gefährten, und so schieden die beiden Heiligen leider im Streit voneinander.

Legende

Wir entnehmen die nun folgende Schilderung der Gründung der Galluszelle, aus der das Kloster Sankt Gallen hervorging, der ältesten Lebensbeschreibung des Heiligen aus dem Jahre 771, deren Bearbeitung um 1018 von Walafried Strabo, einem ungewöhnlich begabten und angesehenen Mönch des Klosters Reichenau, stammt.
Da heißt es etwa: Als Kolumban mit den Brüdern fortgezogen war, verließ auch Gallus den Ort, an dem er mit ihnen gelebt hatte und fuhr mit seinem Kahn und seinen Netzen über den See nach Arbon zu dem Priester Willimar, um bei ihm Unterkunft zu suchen. Dieser nahm ihn auch gastfrei auf und hieß zwei Geistliche, Maginold und Theodor, sich seiner anzunehmen. Gallus hatte im Sinn, sich an einem einsamen Orte niederzulassen, um sich ganz dem Dienste des Herrn zu weihen. Er wandte sich deshalb an einen Diakon des Priesters, Hiltibod mit Namen, der die Gegend besonders gut kannte, und fragte ihn nach einem geeigneten Orte, an dem er seine Einsiedelei gründen könne. Hiltibod machte sich sodann mit ihm auf, und sie gelangten an ein Flüßchen, das die Steinach genannt wird. Hier beschlossen sie zu übernachten, da sich im Wasser eine Menge von Fischen zeigte. Sie gingen den Flußlauf hinab an eine Stelle, wo sich das Wasser in einen Felsen eingewühlt hatte, warfen das mitgebrachte Netz aus und fingen eine große Zahl von Fischen. Der Diakon schlug mit einem Stein Feuer und sie bereiteten sich das Mahl. Hierauf wollte der heilige Mann das gewohnte Gebet verrichten. Aber er blieb mit dem Fuße an einem Dornbusch hängen und stürzte zu Boden. Der Diakon versuchte ihm aufzuhelfen, aber Gallus sprach: „Laß mich, hier will ich in Ewigkeit bleiben. Diesen Ort habe ich mir als Wohnstätte auserwählt." Er errich-

tete dann an dem Platze ein Kreuz aus Haselholz und hing daran eine Kapsel auf, in der Reliquien der hl. Jungfrau, des hl. Desiderius und des Herzogs Mauricius waren. Die beiden beteten nun weiter, bis es dunkel wurde, dann hielten sie ihre Mahlzeit und legten sich nieder. In der Nacht aber erhob sich Gallus und verrichtete vor dem Kreuze seine Andacht. Sein Begleiter verfolgte im Geheimen sein Tun. Dabei sah er, wie ein Bär vom Berge herunter kam und in den Überresten ihrer Mahlzeit herumwühlte. Gallus, der Erwählte Gottes, sprach zu dem Bären: „Bestie, im Namen unseres Herrn Jesu Christi befehle ich dir, hole Holz und wirf es ins Feuer." Der Bär kehrte sogleich um, brachte einen schweren Klotz und legte ihn ins Feuer. Da warf Gallus dem Tier zum Lohn ein Stück Brot hin, indem er ihm befahl: „Im Namen meines Herrn Jesu Christi weiche aus diesem Tal. Die Bergeshöhen wollen wir mit dir teilen, aber hier sollst du keinen Schaden tun an Menschen und Vieh." Und sogleich trollte sich der Bär von dannen. Hiltibod aber sprang auf, warf sich dem Gottesmann zu Füßen und sprach: „Jetzt weiß ich, daß der Herr mit dir ist, denn dir gehorchen die Tiere der Wildnis."

Allda, wo er das Kreuz aufgerichtet hatte, baute Gallus eine Zelle und sammelte um sich zwölf Brüder, die seinem Worte folgten und ihn als Vater verehrten. Die Siedlung blühte auf und aus der Einöde wurde fruchtbares Land. Das stille Wirken des Heiligen führte der Lehre Christi mehr Seelen zu, als es zuvor sein Eifer getan. Sein Name ward in Ehrfurcht genannt. Zu dieser Zeit versammelten sich zu Konstanz mehrere Bischöfe zur Wahl eines neuen Bischofs für die schon lange verwaiste Diözese. Unter den Geladenen befand sich auch Gallus mit seinem Diakon Johannes. Gallus wurde einstimmig zum neuen Bischof gewählt, denn er sei: „ein Mann Gottes, von gutem Rufe in der Gegend, in den heiligen Schriften sehr bewandert, weise, gerecht und ein Vater der Witwen und Waisen". Gallus lehnte jedoch ab mit den Worten: „Was ihr sagt, ist gut, wenn es wahr wäre: bedenket, die Kirchengesetze verbieten es einen Fremden zum Bischof zu wählen. Hier aber seht ihr meinen Diakon Johannes, der alle geforderten Eigenschaften besitzt." Und der Wille des Heiligen wurde befolgt.

Nachdem der Heilige im Alter von fast hundert Jahren gestorben war, begruben ihn die Brüder in der Kapelle seiner Einsiedelei (s. auch hl. Otmar, 10. November).

Der heilige Ignatius von Antiochien

Dieser morgenländische Märtyrerbischof wird täglich im Kanon der hl. Messe in der Bitte um Gemeinschaft mit den Heiligen genannt; das ist eine große Auszeichnung und offenbart, welch tiefe Bedeutung Kirche und Gläubige diesem frühen Blutzeugen Christi zumaßen. Die sieben Briefe an die jungen Christengemeinden, die er auf seiner Reise in den Tod verfaßte, als man ihn nach Rom schleppte, wo er – wahrscheinlich im Colosseum – den Raubtieren vorgeworfen wurde, sind auf uns gekommen. „Daß sie echt sind, wird heute nicht mehr bezweifelt. Sie sind der ergreifende Ausdruck seiner für Christus und seine Kirche glühenden und in dieser Glut sich verzehrenden Hirtenliebe und zugleich ein äußerst wichtiges Zeugnis für den christlichen Glauben in der auf die Apostel unmittelbar folgenden Zeit." (W. Schamoni). Sein Martyrium und seine Briefe werden vom hl. Irenäus erwähnt. Diese Briefe gehören zum Schönsten, was aus der frühchristlichen Literatur bekannt ist. Die Legende bezeichnet den Heiligen als das Kind, das Jesus in die Mitte seiner Jünger stellte, wobei er sagte: „Wenn ihr nicht werdet wie die Kinder..." (Matth. 18, 1–6). Glaubhafte Quellen geben an, daß er ein Schüler des Apostels Johannes war und von Petrus und Paulus geweiht als dritter Bischof von Antiochien auf den Stuhl erhoben wurde. Der hl. Bernhard schrieb von ihm: „Der große Ignatius war ein Schüler des Jüngers, den der Herr lieb hatte und wurde selbst ein Märtyrer; von seinem Heiltum ist unsere Armut begabt. Er hat Marien manchen Brief geschrieben und sie darin gegrüßt als Christträgerin, ein Name höchster Würde und ein Lob unermeßlicher Ehren."

Der heilige Ignatius wird abgebildet mit Löwen und dem Monogramm Christi. Er ist Patron gegen Halsweh und Hautausschläge. Von seinem Leben wissen wir nur wenig. Man vermutet, daß Ignatius syrischer Abstammung war. Man gab ihm den Namen ‚Theophorus', ‚Gottesträger', und weit über die Grenzen seines Bistums hinaus war er eine angesehene und hochverehrte Persönlichkeit, deren Autorität unumstritten anerkannt war. Wie lange er der Gemeinde in Antiochien vorstand, wissen wir nicht. Es wird angenommen, daß er die Verfolgungszeit unter Kaiser Domitian miterlebte, sie aber überstand. Als Greis jedoch ergriff man ihn zur Zeit Kaiser Trajans und sandte den zum Tode Verurteilten unter militärischer Bedeckung zusammen mit einigen Gefährten nach Rom. Die alten Akten berichten, daß Kaiser Trajan das Verhör persönlich

leitete. Dabei habe Ignatius sich mit eindrucksvoller Würde und Festigkeit zu Christus bekannt. Als Trajan den Bekenner fragte: „Trägst du denn Gott in dir?“ antwortete der heilige Bischof: „Ja, denn es steht geschrieben: Ich werde Wohnung in ihnen nehmen.“ Erst nachdem alle Überredungsversuche des Kaisers umsonst geblieben waren, fällte er das Todesurteil.
Auf der für den zu dieser Zeit schon hochbetagten Bischof unendlich beschwerlichen Reise nach Westen stärkte er die jungen Christengemeinden, wo er sie antraf, durch Belehrungen und Ermahnungen. Vor allem legte er ihnen nahe, sie sollten sich vor den Irrlehren hüten, die damals zum erstenmal auftauchten. Nach einer gefährlichen Seereise traf er in Smyrna den hl. Polykarp. Er beteuerte ihm, wie sehr er sich freue, für Christus zu leiden. Von dort aus schrieb er Briefe an die Gemeinden in Ephesus, Magnesia und Tralles, sowie einen besonders eindrucksvollen Brief an die Gemeinde der Römer, worin er diese ersuchte, sie möchten ihn nicht vom Martyrium losbitten: „Verzeihet mir, Brüder, hindert mich nicht, das Leben zu gewinnen, wollet nicht meinen Tod, gönnet mich, da ich Gottes eigen sein will, nicht der Welt und betört mich nicht mit Irdischem... Gönnet mir, ein Nachahmer zu sein des Leidens meines Gottes...“ Weiter schildert Ignatius in dem Brief die Qualen, die er durch die Wachmannschaft zu erdulden hatte: „Von Syrien bis Rom kämpfe ich mit wilden Tieren zu Wasser und zu Land, bei Tag und bei Nacht, an zehn Leoparden gefesselt, worunter ich die militärische Bewachung verstehe, die, je mehr man ihr Gutes tut, um so schlimmer wird. Aus ihren Kränkungen lerne ich immer mehr. Doch deswegen bin ich noch nicht gerechtfertigt. Ich möchte der Bestien, die mir bestimmt sind, genießen... Es mögen über mich kommen Feuerqualen, Kreuzigung, aufgehetzte Tiere, es mögen meine Gebeine zerstreut, meine Glieder zerhackt, mein ganzer Leib zermalmt werden, es möge der Teufel mich schinden: wenn ich nur Jesus Christus finde!“ Von Troas aus wandte er sich an die Christen von Philadelphia und Smyrna, einen besonderen Abschiedsbrief sandte er an den Bischof Polykarp. Ihm überantwortete er seine eigene Herde in Antiochien und bat ihn, „eifrig für sie zu sorgen“. In den Briefen des hl. Ignatius begegnet uns zum erstenmal das Wort „Katholische Kirche“ für die Gesamtheit der Gläubigen. In seinem Schreiben an die römische Gemeinde legte er den Primat des Papstes dar, indem er Rom „Vorsteherin des Liebesbundes“ – also der Christen – nennt. Diese Briefe werfen ein wunderbares Licht auf die Größe christlichen Glaubens und Handelns, wie sie sich ein knappes Jahrhundert nach Christi Himmelfahrt äußerten. Immer wieder ermahnt Ignatius die Gläubigen zur Einigkeit untereinander. Er bittet sie ebenso inständig wie demütig, sich zum gemeinsamen Gottesdienst einzufinden, die Eucharistie miteinander zu feiern, wobei er ausdrücklich die Wichtigkeit der Bischöfe als Vorsteher der Gemeinden betont.

Tief beeindruckt sagte Polykarp von den Briefen des Bekenners: „Ihr Inhalt ist Glaube, Geduld und jegliche Erbauung, die zu unserm Herrn führt."
In Rom angekommen, schleppte man den Greis sogleich in die Arena. Dort soll er laut gerufen haben: „Gottes Weizen bin ich, und ich werde von den Zähnen der wilden Tiere gemahlen, um als reines Brot gefunden zu werden." Dann betete er für die Gemeinden und erlitt den grausamen Tod. Das geschah um das Jahr 110 (nach anderen 118) nach Christi Geburt.
Was die Bestien von seinem Leibe übrig ließen, sammelten die Christen und sandten die kostbaren Reliquien nach Antiochien, wo man sie als großen Schatz aufbewahrte und verehrte. Ein Teil von ihnen kam später nach Rom zurück. Die griechische Kirche gedenkt seiner am 20. Dezember.

Legende

*Aus der ‚Legenda aurea' erfahren wir, daß Ignatius einst auf einem Berge Engel Antiphonen singen hörte. Danach ordnete er an, daß man die Antiphonen in der Kirche singen und die Psalmen im Ton der Antiphone halten solle. Auch wird dort von ihm berichtet, daß er während seiner Marter stets den Namen Jesu vor sich hin sagte. Als ihn die Knechte, die ihn auf des Kaisers Geheiß nach Rom schleppten, fragten, warum er so oft den Namen Jesu nenne, antwortete der Heilige: „Ich kann von Seinem Namen nicht lassen, denn Er ist eingeschrieben in mein Herz." Als er nun tot war, wollten die Heiden sehen, ob das wahr sei, rissen ihm das Herz aus dem Leibe und schnitten es auf. Siehe, da stand mit goldenen Buchstaben der Name „*JESUS CHRISTUS*" mitten darin geschrieben. Durch dieses Zeichen wurden viele Heiden zum Glauben bekehrt.*

Der heilige Lukas, Apostel

„Lukas kommt von lux – Licht. Er war ein Licht in der Welt, weil er alle Welt durchleuchtete, wie es bei Matthäus 5,14 heißt: Ihr seid das Licht der Welt! Sankt Lukas glich der Sonne; er ist hoch gewesen durch himmlische Betrachtung, schön in seinem guten Wandel, schnell in seiner feurigen Predigt, nützlich damit, daß er seine Lehre aufgeschrieben hat." So beginnt die ‚Legenda aurea' ihre Geschichte von dem heiligen Evangelisten.
Der hl. Lukas wird allgemein als Patron der Ärzte und der Künstler verehrt. Er wird dargestellt mit dem Stier, zuweilen geflügelt, als Symbol des von ihm ver-

faßten dritten Evangeliums, als Zeichen auch für eines der ‚Vier mächtigen Wesen' der Apokalypse. Einige schreiben dem Stier, als dem Attribut des Lukas, den Sinn des Opfertiers zu, vielleicht weil das Lukasevangelium mit Zacharias, einem Priester des Alten Bundes, beginnt. Lukas wird wie alle Apostel abgebildet mit einem Buch; seit dem Mittelalter die Muttergottes malend, – so auf dem herrlichen Gemälde von Rogier van der Weyden in der Alten Pinakothek in München.

Lukas entstammte einer angesehenen Familie in Antiochien und war, wie der hl. Paulus angibt, von Beruf Arzt (Kol. 4, 14). Leider haben wir nur sehr spärliche Nachrichten über das Leben dieses Mannes, dessen Name in der Christenheit unsterblich geworden und immer genannt werden wird, solange das Evangelium auf dem Erdkreis verkündet wird. Lukas war Heide. Um das Jahr 43 soll er zum Christentum gefunden haben. Die Apostelgeschichte berichtet davon: „Einige (der Jünger) verkündeten nach ihrer Ankunft in Antiochien auch den Heiden die Frohbotschaft vom Herrn Jesus. Die Hand des Herrn war mit ihnen, und eine beträchtliche Anzahl wurde gläubig und bekehrte sich zum Herrn" (Apg. 2. 20). Barnabas und Paulus scheinen ihm Lehrer und Führer gewesen zu sein. Seither war Lukas der ständige Begleiter des großen Apostels Paulus, was wir wiederum aus der Apostelgeschichte erfahren. Lukas reiste mit Paulus von Troas nach Philippi, predigte mit ihm zusammen in Jerusalem und blieb an seiner Seite auch in Rom, als Paulus dort in Gefangenschaft geriet. „Da wir bar nach Rom kamen, überantwortete der Unterhauptmann die Gefangenen dem obersten Hauptmann. Aber Paulus wurde es erlaubt dort zu bleiben, wo er wollte, zusammen mit einem Kriegsknecht, der seiner hütete" (Apg. 28. 16). Im zweiten Brief Timotheus wird bezeugt, daß er bis zum bitteren Tode bei seinem verehrten Meister ausharrte: „Demas hat mich verlassen aus Liebe zu dieser Welt und ist nach Thessalonike gezogen, Crescenz nach Galatien, Titus nach Dalmatien; Lukas ist allein bei mir", schreibt Paulus (Tim. 4. 11). Alten Quellen zurfolge hat Lukas nach dem Martyrium des hl. Paulus in Kleinasien und Achaia gelebt. Als Bischof von Theben soll er um das Jahr 63 im Alter von 84 Jahren gestorben sein, nach anderen zu Patras den Martertod erlitten haben.

Es könnte Paulus gewesen sein, der den gebildeten Lukas veranlaßte, ein Evangelium zu schreiben. Lukas selbst schreibt über den näheren Beweggrund, der zur Abfassung des Evangeliums führte, in der Einleitung: „Schon viele haben es unternommen, einen Bericht zu schreiben über die Begebenheiten, die sich unter uns zugetragen haben, genau nach der Überlieferung der ersten Augenzeugen und Diener des Wortes. So habe ich mich entschlossen, allen Ereignissen von ihren ersten Anfängen an sorgfältig nachzugehen und sie für dich, edler Theophilus, der Reihenfolge nach niederzuschreiben, damit du dich überzeugen kannst von der

Zuverlässigkeit des Unterrichts, den du empfangen." Nach Otto Karrer „ist Theophilus – Gottlieb – ein sonst nicht bekannter Christ und sein Name vielleicht symbolisch gemeint für jeden Leser, der sich angesprochen fühlt."

Von allen Seiten holte sich Lukas den Stoff zu einem wahrhaft getreuen, unbedingt zuverlässigen Bericht über Jesu Leben und Lehre. Er erforschte die Quellen, horchte Augen- und Ohrenzeugen aus, ließ sich von der Mutter des Heilandes, die er vielleicht sogar selbst gekannt hat, erzählen und benützte die bereits vorhandenen Evangelien von Matthäus und Markus. Die griechische Bildung leuchtet aus seiner edlen Sprache. Es ist wahrscheinlich, daß der gefangene Paulus der erste Leser dieser Schrift seines Freundes war. „Lukas zeichnet die erbarmende Güte Jesu als die ergreifende Spiegelung des Geheimnisses Gottes ... Sein Leitgedanke liegt in dem Satz beschlossen: Des Menschen Sohn ist gekommen zu suchen und zu retten, was verloren war." Sein Evangelium bringt die meisten Nachrichten aus dem Leben Marias. So kam es, daß man im Mittelalter Lukas als ‚Kaplan der lieben Gottesmutter' bezeichnete. Hierin liegt wohl auch der Grund für die anmutige Legende, er sei der ‚Maler' des ersten Marienbildes gewesen. Mit Worten jedenfalls hat er sie so innig und eindrucksvoll wiedergegeben, daß keine Palette imstande wäre, ihr schönere Farben mitzuteilen.

Im Anschluß an das Evangelium verfaßte Lukas ein zweites, ungemein fesselndes Buch: die Apostelgeschichte. Man könnte sie sogar die Fortsetzung seines Evangeliums bezeichnen. Denn Lukas berichtet in seinem Evangelium nur vom Leben Jesu und beendet es mit der Himmelfahrt Christi. Dann aber beginnt er das Leben der Apostel bis zum Tode des hl. Paulus in seiner zweiten Erzählung zu schildern. Niemand war zur Abfassung dieses Buches berufener als Lukas, der ja als Begleiter von Paulus die meisten der erzählten Begebenheiten aus eigenem Erleben kannte. Obwohl uns Lukas so ausführlich über das Leben der Apostel berichtet, ist es dennoch eigenartig, daß wir nichts Detailliertes über ihn selbst wissen. Zwei Gründe mögen dafür sprechen. Zum einen erfahren wir deshalb nichts, weil Lukas in seiner Rolle des erzählenden Berichterstatters folgerichtig sich selbst verschweigt. Andererseits mag es der Bibel um andere Dinge gegangen sein, als ausgerechnet genaue Lebensdaten der darin vorkommenden Menschen zu schildern.

Die Reliquien des hl. Lukas wurden im Jahre 357 aus Theben in Böotien nach Konstantinopel gebracht, wo man sie in der Apostelkirche beisetzte.

Legendäres

In S. Maria Maggiore in Rom befindet sich auf der linken Seite des Langhauses, gegenüber der Krippenkapelle das uralte Gnadenbild ‚Salus populi Romani', das die Tradition dem hl. Lukas, dem Evangelisten, als dem Maler des ersten Muttergottesbildes zuschreibt. Unter einer funkelnden Krone blickt das dunkele Antlitz der Madonna auf uns nieder, aus seinen gelassenen Zügen senkt sich auf die Betrübten Trost, auf die Kranken Heilung, auf die Zweifelnden Weisheit herab. Die Hoheit ihrer Gestalt zeigt uns den Umriß des elfenbeinernen Turmes, und ihre Augen strahlen geheimnisvoll wie die Pforten des goldenen Hauses. ‚Salus' – so nennt man diese Madonna, das ‚Heil' des römischen Volkes, und in diesem Wort ist nicht nur die Rettung der Seelen, sondern auch die Gesundheit des Leibes verstanden. Auch hier scheint die Verbindung zu dem Patron der Ärzte wie der Künstler gegeben.

Von der Wunderkraft dieses Gnadenbildes, das so hoch verehrt wird wie wenige andere Marienbilder in der Welt, erzählt man sich viele Legenden. Wir wählen nachstehend zwei davon aus: Einmal hat vor dieser Madonna der hl. Papst Gregor die Messe gefeiert. Als er sich mit den Worten „pax sit semper vobiscum" zum Volke wandte, erschien zu beiden Seiten des Bildes ein himmlischer Chor und sang in nie gehörtem Wohllaut die Antwort „et cum spiritu tuo", die man bis dahin in der Liturgie noch niemals vernommen hatte.

Der Papst Martinus, der sich mit dem Gewalthaber der Stadt Rom in Streit befand, teilte hier an dieser Stelle einmal die Kommunion aus und ahnte nicht, daß einer der vor ihm Knienden einen Dolch mit sich führte, um ihn zu ermorden. Im Augenblick, als der Papst ihm das Sakrament reichen wollte, richtete die Madonna ihre Augen auf den Mörder, und er wurde des Augenlichts beraubt, damit der Heilige Vater gerettet wurde (R. Raffalt).

Die heilige Margareta Maria Alacoque *(Gedenken: 16. Oktober)*

Zusammen mit der kriegerischen Jungfrau Johanna von Orléans (s. 30. Mai) sprach im Jahre 1920 Papst Benedikt XV. jene begnadete Jungfrau heilig, die Gott sich zum Werkzeug erwählt hat, um die Herz-Jesu-Andacht in der Kirche einzuführen. Die Verehrung des Heiligsten Herzens Jesu – als des Geheimnisses der übergroßen Liebe des Herrn zu den Menschen – war zwar schon vom hl. Franz von Sales (s. 24. Januar) empfohlen worden, aber bis zum Tode der hl. Margareta Maria Alacoque nicht allgemein gebräuchlich. Nach Ausbreitung der Herz-Jesu-Andacht und der Einsetzung des Herz-Jesu-Festes am Freitag nach der Oktav des Fronleichnamsfestes erfolgte 1765 die öffentliche Anerkennung.

Die viel gedemütigte und zunächst so tief verkannte Heilige starb im Alter von dreiundvierzig Jahren. Paray-le-Monial bei Digoin an der Loire ist seitdem ein viel besuchter Wallfahrtsort der Herz-Jesu-Verehrung. Im ‚Musée Hiéron' dortselbst kann man in einer ganzen Schaustellung von Andachtsbildern Kenntnis davon nehmen, welche Formen dieser Kult im Laufe der Zeit durchgemacht hat. „Die Heilige selbst, Margareta Maria Alacoque, ruht indessen längst im Frieden Gottes; blütenhaft und gleichwohl unverwelklich schläft sie – ein erstaunlicher Anblick – in der ‚Chapelle de la Visitation' in einem gläsernen Sarg den Schlaf der Erwartung" (H. Domke).

Margareta Alacoque war die Tochter des bekannten Anwalts und Notars Claude Alacoque. In tiefer Frömmigkeit erzogen, gelobte sie, ihre Jungfräulichkeit zu bewahren, um Gott zu gefallen. Nach dem frühen Tod ihres Vaters gab man sie zu den Urbanistinnen von Charolles. Hier versuchte sie den Schwestern in ihren Bußübungen und Andachten nachzueifern, soweit es ihre zarte Gesundheit zuließ. Doch wurde sie von schwerer Krankheit überfallen. Lange Zeit lag sie gelähmt, konnte weder essen noch schlafen noch sich bewegen. Kein Arzt vermochte ihr zu helfen. Als unheilbar Kranke entließ man sie nach Hause. Das junge Mädchen gelobte zuletzt der Gottesmutter, sich ganz dem geistlichen Beruf zu weihen, wenn sie wieder gesund würde. In der Tat genas sie alsbald. Als jedoch Margareta sich dem Leben wiedergegeben sah, erwachte in ihr eine große Lust an weltlichen Zerstreuungen. Diese Vergnügungssucht war allerdings innig gepaart mit einer großen Gottesliebe. Schon in dieser Zeit lag das zarte Mädchen stundenlang im Gebet vor dem Allerheiligsten und betete voller Inbrunst zu Christus. Hin- und hergerissen von ihrer Freude an Putz und Geselligkeit, ihrer Anhänglichkeit an die Mutter und die Welt auf der einen Seite, von ihrer übergroßen Furcht vor der Sünde und Bestrafung im Jenseits und ihrer Liebe zu Jesus auf der anderen, vermochte sie keinen Entschluß zu fassen. Sie züchtigte ihren Leib aufs grausamste und quälte sich in Gewissensnöten, während ihre verarmte Familie alles aufbot, um sie einer vorteilhaften Partie zuzuführen. Nach unsäglichen Kämpfen und Leiden gelang es ihr endlich 1617 in den Orden von der Heimsuchung Mariens, den Franz von Sales gegründet hatte, einzutreten.

In Paray-le-Monial hatte Margareta Maria, wie sie nun hieß, ihre erste Erscheinung. „Gott hatte sich in ihr", wie Hello sagt, dessen Ausführungen wir hier folgen, „das scheinbar allerungeeignetste Werkzeug erwählt." Die stille Klosterfrau war keine große Natur: reizlos, ohne natürliche Einsicht vermochte sie sich mit Worten nicht auszudrücken. Die Dürftigkeit ihrer Mittel war so groß, daß auch ihre hingebende Liebe zum Herrn sie nicht beredt machte. Sie stammelte und stotterte, aber sie liebte und gehorchte. „Ich habe dich erwählt", sprach Christus zu ihr, „als einen Abgrund der Unwürdigkeit und Unwissenheit, damit der große Zweck erfüllt werde, daß alles durch Mich geschehen sei ..." Nie hätte ein Mensch dieses einfältige Wesen zu etwas ausersehen, aber Gott tat es. Ebenso arm an Verstand wie an Vermögen konnte sie nicht einmal Rechenschaft ablegen über das, was in ihr vorging. Aber ihre Liebe war hochherzig bis zur vollkommensten herzzerreißendsten Selbstaufopferung. Trotz ihres völligen Mangels an Einbildungskraft durfte diese arme Nonne Christus sehen und ihn sprechen hören: „Mein göttliches Herz ist von so leidenschaftlicher Liebe entzündet für die Menschen und besonders für dich, daß es die Glut Seiner Barmherzigkeit nicht mehr in sich zurückhalten kann, sondern sie durch dich verbreiten muß."

Die sichtlichen Beweise ihrer Begnadigung aber erregten das Mißtrauen ihrer Vorgesetzten und Mitschwestern. Man erklärte ihr, ihre außergewöhnlichen Wege seien unziemlich und sie müsse ihnen entsagen. Man gab ihr eine Eselin und deren Füllen zu hüten, um sie abzulenken. Alles war gegen sie verschworen, mit allen Mitteln kämpfte man gegen sie, ja, rief ihr eigenes Gewissen auf zum Kampfe gegen ihre Visionen. Alles hatte sie gegen sich, nichts hatte sie für sich, dennoch siegte sie. Sogar ihr Name war gegen sie: das Wort ‚Alacoque' – in der Eierschale. Dieses arme Mädchen, das keinerlei natürliche Gaben besaß, das zufolge seiner geistigen Dürftigkeit in jeder Beziehung unfähig erschien, ist verklärt und berühmt, verklärt in der Kirche, berühmt in der Welt. Wenn sie der natürlichen Vergessenheit anheimgefallen wäre, die Margareta notwendigerweise erwartete, so wäre es unmöglich, sie zu rühmen oder über sie zu spotten, wie es heute noch oft geschieht. Man spottet nicht noch nach fast drei Jahrhunderten über die erstbeste kleine Nonne. Das ganze Leben der Heiligen ist ein Kampf gewesen zwischen der Armseligkeit ihrer Natur und der Erhebung, mit der Gott sie auszeichnete. Christus sprach zu ihr: „Ich werde dich so arm, so niedrig und verächtlich machen in deinen eigenen Augen, und Ich werde dich so sehr zugrunde richten im Denken deines Herzens, daß Ich Mich stützen kann auf dieses Nichts."

Bei der Haupterscheinung in der Fronleichnamsoktav 1675 zeigte ihr der Herr sein Heiligstes Herz „leuchtender als die Sonne und durchsichtig wie Kristall, mit deutlich sichtbarer Wunde, von einer Dornenkrone umrankt und darüber ein Kreuz". Er gab ihr den Auftrag, jeden ersten Freitag im Monat die hl. Kommunion zu empfangen, eine Stunde zu wachen und am Leiden Jesu Christi teilzunehmen, und befahl ihr, sich dafür einzusetzen, daß ein besonderes Fest in der Kirche eingeführt werde zur Verehrung seines Heiligsten Herzens. Gott verkündete ihr dabei folgende Verheißungen: „für jene, die am Heil der Seele arbeiten, für die Gemeinden, für die in der Welt lebenden Personen, für die Häuser, in welchem das Bild des heiligsten Herzens aufgestellt und verehrt wird und Verheißung eines guten Todes für jene, welche an neun ersten Freitagen des Monats kommunizieren". Ferner versprach Jesus der heiligen Margareta: „Im Übermaß der Barmherzigkeit Meines Herzens verspreche ich dir, daß Meine allmächtige Liebe allen, die neun Monate lang am ersten Freitag des Monats zur Kommunion gehen, die Gnade der Buße vor ihrem Tod gewährt wird, so daß sie nicht in Meiner Ungnade und ohne die heiligen Sakramente zu empfangen sterben werden und daß sie in dieser letzten Stunde ein sicherer Zufluchtsort sein wird." Diese ungemein tröstliche Offenbarung, sowie auch die anderen Visionen, hat Pater Tiraud, der Biograph der Heiligen, für uns schriftlich festgehalten, und die Worte haben bis heute nichts an ihrer Bedeutung verloren.

Die demütige Nonne vollbrachte ihre Sendung! Noch kurz vor ihrem frühen Tode

durfte sie erleben, daß trotz aller Widerstände in ihrem Konvent die erste Herz-Jesu-Andacht feierlich begangen wurde. Ihre überstrengen Bußwerke, die Prüfungen und Leiden, welche sie zu tragen hatte, hatten ihre ohnehin zarte Konstitution geschwächt. Die fortwährend Leidende starb am 17. Oktober 1690. Ihre Verehrung setzte bald nach ihrem Tode ein. Zunächst selig-, dann heiliggesprochen, proklamierte Pius XI. in der Sühneenzyklika ,Miserentissimus' ihre Gedanken der ganzen Welt.
Auf Bildern sieht man die hl. Margareta Maria Alacoque, wie Christus ihr erscheint und ihr sein offenes Herz zeigt.

Der heilige Wendelin

Der Königssohn und Hirte Wendelin – sein Name bedeutet im Althochdeutschen ,Wanderer, Pilger' – ist ein beliebter Kapellen- und Wallfahrtsheiliger. Er entspricht als Figur dem hl. Leonhard (s. 6. November), der in Österreich, Bayern und Schwaben als Volksheiliger verehrt wird. Beide sind Patrone der Landleute und für Flur und Vieh.
Dargestellt wird der Heilige als Hirte mit Hirtenstab und Tasche, so in Stuttgart auf Statuen der Altertumssammlung und in Utrecht im erzbischöflichen Museum; auch vor einer Klause sitzend und Lämmer, Rinder und Schweine hütend, im Hintergrund die Türme von Tholey oder St. Wendel. Eine Relieftafel aus dem 15. Jahrhundert auf dem Altar der Wendelinuskapelle in Butzbach zeigt seinen Tod und sein Begräbnis.
Nach seiner aus dem 14. Jahrhundert stammenden legendären Vita war der hl. Wendelin ein iroschottischer Königssohn. Er soll zur Zeit des Trierer Bischofs Magnerich gelebt haben und im Waldgebirge der Vogesen als Einsiedler oder Mönch um 617 gestorben sein. Da außer diesen wenigen Daten nichts bekannt ist, folgen wir der Legende, die mit alten iroschottischen Chroniken übereinstimmt.

Legende
„Wir sind Toren um Christi willen", sagte der Apostel Paulus, nämlich Toren vor der Welt. Auch der hl. Wendelin hat diese christliche Torheit nachgeahmt: er hat um Jesu willen alles verlassen! Er stammte von irischen oder schottischen Königen ab und wurde seinem Stande gemäß erzogen. Aber als er zu einem schönen vielversprechenden Jüngling herangewachsen war, ergriff ihn die Liebe zu Jesus Christus wie ein alles verzehrendes Feuer. Da verließ er Vater und Mutter, Vaterland und Krone, zog ein ärmliches Pilgerkleid an, wanderte

durch England und übers Meer, bis er arm und unerkannt die heilige Stadt Rom erreichte. Hier besuchte er voller Andacht die Gräber der Apostel und holte sich den Segen des Heiligen Vaters für seine Pilgerschaft in der Nachfolge Jesu.

Als er nach Norden zurückwanderte, gelangte er in die waldige Gegend des Bistums Trier. Hier schaute er sich um nach einem Ort, wo er eine Zelle erbauen könne, und fand ihn im Walde auf einem Hügel, fern ab von den Wohnungen der Menschen. Dort ließ er sich nieder. Niemand wußte, woher er gekommen war oder wer er sei, doch gern gab man dem frommen Jüngling das Almosen, das er sich erbettelte, um seinen Hunger zu stillen. Als er einmal auf dem Weg zur Kirche einen Edelmann um eine kleine Gabe bat, schalt ihn dieser aus und sagte, er möge wenigstens die Schweine hüten, wenn er essen wolle. Obgleich Wendelin viel lieber in seine Einsamkeit zurückgekehrt wäre, sah er in dieser Rede den Willen Gottes. Er willigte in aller Demut ein und wurde Schweinehirt. Da er sein Amt zur Zufriedenheit seines Herrn ausübte, vertraute man ihm bald eine Kuhherde an; zuletzt waren es Schafe, die er auf die Weide führen mußte. Und all diese Tiere gediehen unter seiner Hut gar wohl. Er trieb seine Herden fernab in einsame Täler und Triften, und während sie grasten, widmete der fromme Hirte sich dem Gebet oder betrachtete die Schönheiten der von Gott so wohl erschaffenen Natur. Die Stille des Waldes, das Dunkel der mächtigen Bäume, der Gesang der Vögel erhob sein Herz zu Gott. Doch hatte Wendelin auch allerlei Anfechtungen zu bestehen: Heimweh nach seinen Eltern befiel ihn, und ihre Trauer trat ihm lebhaft vor Augen. Der Geist der Versuchung spiegelte ihm das schöne Leben vor, das er zu Hause führen könnte, und mehrfach war er nahe daran, sich zu erkennen zu geben. Auch äußere Prüfungen traten an ihn heran, denn die anderen Dienstleute seines Herrn waren neidisch auf ihn, weil ihm alles so gut gelang und er oftmals Lob erhielt. Aus Mißgunst setzten sie ihm mit allerlei Quälereien zu. Allein Wendelin nahm alles gelassen und friedliebend hin; er bekämpfte sowohl Versuchungen wie Demütigungen durch seine Beharrlichkeit im Gebet.

Groß war sein Verlangen, wieder in seiner kleinen Zelle jenes Leben führen zu können, was die Wüstenheiligen ihm vorgelebt hatten. In inbrünstigem Gebet wandte er sich deswegen viele Male an Gott. Da geschah es, daß er sich mitsamt seinen Schafen in die Luft erhob und nahe dem Hügel, auf dem seine Klause stand, sanft wieder niedergelassen wurde. Da es hier an Wasser fehlte, stieß der Hirte in tiefem Gottvertrauen mit dem Stabe in die Erde, und es tat sich eine Quelle auf, mit der er seine Schafe tränken konnte. Sie trägt seitdem den Namen St. Wendelinsbrunnen und wird fleißig besucht, da ihr Wasser Krankheit von Mensch und Tier abwendet. Manchmal stand dem Hirten auch ein Engel Gottes in seinem Amte bei, der achtete auf seine Tiere, wenn er gar zu tief versunken betete. Doch kam das Wunder, daß Wendelin tagsüber so weit weg auf die Weide zog und dennoch abends immer pünktlich wieder mit der Herde zu Hause war, an den Tag. Denn sein Herr, der zu Pferde unterwegs war, traf ihn einmal an jenem abgeschiedenen Ort. Als er ihn schalt, daß er durch einen so weiten Weg das Vieh und sich selbst unnütz anstrenge, versprach ihm Wendelin, schneller zurück zu sein, als er mit seinem Pferde nach Hause reiten könne. Zu seiner größten Verwunderung fand ihn sein Herr bei seiner Rückkehr dann auch tatsächlich schon im Hofe vor und die Schafe im Stall. Jetzt wurde diesem die Erkenntnis, daß Wendelin das nur mit der Hilfe Gottes hatte bewerkstelligen können. Und er ehrte ihn von da ab als einen heiligen Mann. Nachdem Wendelin ihn freundlich belehrt und ihm von Glaube, Liebe und Hoffnung gesprochen hatte, erlaubte der Edelmann ihm, in seine Einöde zurückzukehren, was der Heilige frohen Herzens tat.

Wendelin begab sich nun in die benachbarte Einsiedelei des Klosters Tholey und ließ sich dort als Einsiedlerbruder förmlich einkleiden. Dann baute er ein Kapellchen neben seiner Klause und setzte sein Büßerleben fort. Die Bauern kamen zu ihm, wenn sie wegen ihres Viehs in Nöten waren oder Viehseuchen drohten, und der fromme Klausner half jedesmal, so daß er bald rundum als Heiliger verehrt wurde. Das veranlaßte auch die Brüder des Klosters Tholey, ihn nach dem Tode ihres Abtes zu dessen Nachfolger zu wählen.

Zwanzig Jahre führte Wendelin das geistliche Regiment über sein Kloster. Als er fühlte, daß seine Sterbestunde kam, empfing er das heilige Sakrament aus der Hand des Erzbischofs von Trier. Hiernach wurde beiden ein liebliches Gesicht zuteil: zwei Engel stiegen vom Himmel herab, breiteten über Wendelins ärmliches Lager ein schneeweißes Tuch und stellten darauf drei herrliche Kronen. Und es wurde ihnen offenbart, daß diese drei Kronen den Heiligen erwarteten, weil er in drei Ständen – als Einsiedler, Hirte und Abt – Gott gedient und ihm zuliebe auf eine Königskrone verzichtet hatte. Da vertraute Wendelin dem Bischofe an, daß er ein Prinz und Königssohn sei und starb danach eines gottseligen Todes. Die Mönche bestatteten ihren heiligen Abt in seiner ehemaligen Klause, zu der das Volk in Scharen zog, um sich seiner Fürbitte zu empfehlen. Und Gott verherrlichte ihn durch auffallende Wunderzeichen!

Die Kapelle wurde durch fromme Stiftungen erweitert, um sie herum entstanden Pilgerhäuser und viele siedelten sich dort an. Im 14. Jahrhundert erhielt der Ort mit dem Stadtrecht offiziell den Namen Sankt Wendel. Außerdem gibt es viele Kirchen und Kapellen, die dem hl. Wendelin geweiht sind, vor allem in der Mainzer Gegend, aber auch in Frankreich und Böhmen, in Tirol und in der Schweiz. Sogar in Nordamerika im Staate Indiana trägt eine Stadt seinen Namen.

Die heilige Ursula

Es gibt kaum eine Heiligengeschichte, deren historischer Kern so schwer zu enthüllen wäre, wie die der hl. Ursula. An der Südwand des Chores von Sankt Ursula in Köln befindet sich eine wahrscheinlich aus dem fünften Jahrhundert stammende Inschrift.
Aus dieser Inschrift können wir nur entnehmen, daß besagter fromme Mann sein Vermögen für die Wiedererrichtung einer Kirche verwendet hat und daß auf dem ihm gehörenden Grundstück viele Jungfrauen einstmals den Tod gefunden haben. Die vielen Frauenschädel, die man an diesem Orte ausgegraben hat, zeigen die deutlichen Spuren eines gewaltsamen Todes. Die Vermutung, die umgekommenen Jungfrauen hätten zu den Familien der thebaischen Legion (s. 22. September) gezählt, ist ebensowenig historisch erwiesen wie die Annahme, zur Zeit der Hunneneinfälle seien die Insassen eines Nonnenklosters nach Köln geflohen und dortselbst nach dem Fall der Stadt von den grausamen Heiden ermordet worden.
Die Legende jedoch ergänzt in blumiger Sprache die so spärliche geschichtliche Überlieferung so wunderbar, daß wir keiner weiteren Quellen bedürfen, um genauso ehrfurchtsvoll wie der innige Volksglaube bisher die hl. Ursula zu verehren. Die hl. Ursula ist heute die Patronin weiblicher Erziehungsinstitute, denn im 16. Jahrhundert wurde von der hl. Angela Merici (s. dort) die der Erziehung der weiblichen Jugend dienende ‚Compania di Santa Orsola' gegründet, deren Nachfolgerinnen die Ursulinen, Schul- und Missionsschwestern, sind. Vielfach findet man die Legende der hl. Ursula von großen Künstlern dargestellt, darunter ist vor allem die Bildfolge des Vittore Carpaccio in Venedig bekannt, Hans Memling hat ihren Reliquienschrein im Sint-Jans-Hospitaal in Brügge mit überaus zarten Darstellungen aus der Ursula-Legende geschmückt.

Dargestellt wird die hl. Ursula Pfeil in der Hand, mit Palme, Kreuzesfahne, Krone, Mantel über die Jungfrauen ausbreitend, Schiff neben sich.
Ihre Legende hat auch in unseren Tagen nichts von dem kostbaren Glanz und der glühenden Farbigkeit eingebüßt, mit der sie die kirchliche und volkstümliche Verehrung, die man dieser Heiligen von früh an darbrachte, immer wieder aufs neue anregte. Die heilige Ursula ist Patronin der Stadt Köln. Deshalb zeigt das Kölner Stadtwappen zu ihrem Gedächtnis die elf goldenen Flämmchen neben den drei goldenen Kronen der Heiligen Drei Könige.

Legende

Der Ruf von der Tochter des Königs von Britannien, der heutigen Bretagne, deren bezauberndes Antlitz jeden Mann verzauberte, drang auch bis zum Königssohn von England, der seinen Vater beschwor, Ursula doch heiraten zu dürfen. So wurden Boten zu ihrem Vater gesandt mit kostbaren Geschenken, denen ihre Zustimmung um jeden Preis zurückzubringen aufgetragen ward. Ursulas Vater war sehr bestürzt, denn seine Tochter war Christin, und er wollte sie keinem Heiden zum Gemahle geben. Ursula aber selbst willigte zum hohen Erstaunen ihres Vaters ein, allerdings knüpfte sie Bedingungen an ihr Versprechen. Ihr Vater solle ihr zehn auserlesene Jungfrauen mitgeben und deren jeder wiederum tausend Mägde. Dann solle man Schiffe vorbereiten und ihr eine Frist von drei Jahren geben, während der sie mit ihrem Gefolge nach Rom pilgern wollte. Inzwischen solle der Jüngling sich im Christenglauben belehren und taufen lassen. Der Jüngling war alles zufrieden und bestürmte seinen Vater, daß er die Bedingungen annehmen dürfe. Dem Zuge der Jungfrauen schlossen sich auch mehrere Bischöfe an. Der englische Prinz wollte Ursula auf ihrer Rückreise bis Köln entgegenreisen und sie alsbald als seine Gemahlin heimführen.

Ursula fuhr mit ihren Jungfrauen mit glückhaftem Wind den Rhein herauf. Unterwegs erschien ihr der Engel des Herrn und verhieß ihr, daß sie alle miteinander wieder nach Köln zurückkommen sollten, denn daselbst sollten sie die Krone der Märtyrer empfangen. Danach reisten sie auf des Engels Geheiß nach Rom. Dort empfing sie der Papst mit großen Ehren, denn er war selbst aus Britannien. Er taufte alle diejenigen unter den Mägden, die noch ungetauft waren. Nachts wurde ihm ein Gesicht, er solle sich den Jungfrauen anschließen, denn er werde mit ihnen das Martyrium erleiden. Dem widersetzten sich die Kardinäle, aber er ließ sich nicht davon abbringen und setzte einen heiligen Mann als Papst an seiner Statt ein. Sein Name aber wurde vom Klerus aus der Zahl der Päpste getilgt. Als nun die heiligen Jungfrauen mitsamt dem Papst und einigen Bischöfen von Rom zurückkamen, wurde der englische Jüngling durch ein Gesicht gemahnt, daß er sich aufmache und seiner Braut entgegenfahre, denn er werde mit ihr zusammen zu Köln die Märtyrerpalme empfangen. Er gehorchte dem göttlichen Gebot und zog den Jungfrauen entgegen. Da sie nun alle zusammen mit ihren Schiffen vor Köln ankamen, fanden sie die Stadt von den Hunnen belagert. Als die Hunnen die vielen Jungfrauen erblickten, fielen sie mit großem Geschrei über sie her und wüteten wie die Wölfe unter den Schafen und töteten allesamt nebst ihren Begleitern. Wie aber die Reihe an Sankt Ursula kam, sah der Fürst der Hunnen ihre große Schönheit und verwunderte sich sehr und wollte sie trösten über den Tod ihrer Gefährtinnen und gelobte ihr, er wolle sie zu seinem Weibe nehmen. Das verschmähte Ursula. Als er sich so verachtet fand, legte er selber den Pfeil auf sie an und tötete sie. Es wird überliefert, dies Martyrium habe sich ereignet zu der Zeit des Kaisers Marcianus, der im Jahre 452 regiert hat.

Die heilige Hedwig (Hedda) von Schlesien *(Gedenktag: 16. Oktober)*

„Das leidenschaftliche Geschlecht der Grafen von Andechs zeichnete sich in einigen ihrer Mitglieder durch eine leidenschaftliche Heiligkeit aus." Wie schon bei dem Lebensbild der sel. Mechtild (s. dort) erwähnt, befindet sich in der herrlichen Barockkirche von Diessen am Ammersee auf dem Deckenfresko die stolze Zusammenstellung der Seligen und Heiligen des hochadeligen Hauses, das neben dem Titel des Markgrafen von Istrien auch den des Herzogs von Meran (Kärnten) trug. Herzog Berthold IV. war durch seine Tochter Gertrud der Großvater der hl. Elisabeth von Thüringen (s. 19. November) und ein Ahnherr der hl. Elisabeth von Portugal, denen beiden die Legende das berühmte ‚Rosenwunder' zuschreibt. Berthold IV. war auch der Vater der hl. Hedwig.

Um 1174 in Andechs geboren, erhielt sie ihre Erziehung im Benediktinerinnenkloster in Kitzingen am Main, das damals einen vorzüglichen Ruf als Bildungsstätte für die weibliche Jugend genoß. Die erst Zwölfjährige folgte 1186 auf Wunsch ihrer Eltern als Gemahlin dem jungen Herzog Heinrich I. dem Bärtigen nach Schlesien. Hedwig gebar ihm in glücklicher Ehe sechs Kinder. Mit so zahlreicher Nachkommenschaft gesegnet lebten die Eheleute später enthaltsam, wohl auf Verlangen Hedwigs. Sie sprachen miteinander seitdem nur noch vor anderen und sahen sich nur an heiligen Stätten. Der Herzog ließ seine mildtätige Gattin mit seinem reichen Gute nach Belieben schalten und walten und hinderte sie nicht an ihren schrankenlosen Liebeswerken.

Hedwig war eine treffliche Landesmutter. Obgleich ihre Wohltätigkeit keine Grenzen kannte und sie aufs großmütigste Bauern und anderen Untertanen Zins und Leistungen zu erlassen pflegte und oftmals Gnade vor Recht ergehen ließ, machte sie sich nie der Verschwendung schuldig. In ihrer eigenen Hofhaltung ging es fast ärmlich zu, so daß im Lande gespottet wurde, es sei besser ein Armer der Herzogin zu sein, denn ihr zu dienen. Gemeinsam mit ihrem Gatten germanisierte und kultivierte die deutsche Fürstin das damals nur von Polen spärlich besiedelte Land. Sie förderte die Einwanderung deutscher Bauern, berief deutsche Mönche und Nonnen nach Schlesien und begründete mit ihnen neue Klöster. So kamen Augustiner, Dominikaner, Franziskaner und die von der Heiligen besonders geschätzten Zisterzienser in diese wilde Gegend. Sie rodeten und bebauten das Land. Auch stiftete auf ihren Wunsch der Herzog das Kloster Trebnitz nördlich von Breslau, für dessen Ausstattung beide Fürsten viel Geld opferten. Es wurde von Zisterzienserinnen besetzt und später Mutterhaus der Borromäerinnen. Die hl. Hedwig liebte ihr Land Schlesien über alle Maßen; sie übte, wie O. v. Taube schreibt, „ihre unerbittlichen Kasteiungen nicht nur um die eigene Seligkeit zu erwerben, sondern um sich selbst Gott zum Sühneopfer darzubieten für die Ihrigen und ihr Land". Die hl. Hedwig war aber nicht nur eine der asketischsten Heiligen, sondern auch eine der leidgeprüftesten. Vor allem geschah ihr Leid durch ihre Familie, der sie allezeit aufs innigste sich verbunden fühlte. 1208 wurden ihre Brüder, die als Mitwisser beim Mord Ottos von Wittelsbach an König Philipp von Schwaben galten, ihrer Würden und gesamten Güter für verlustig erklärt und geächtet. Das Schloß ihrer Väter Andechs wurde geschleift, ihr Vater starb vor Kummer. 1213 wurde ihre Schwester, die Königin von Ungarn, Gertrud, feige ermordet. Ihrer Nichte Elisabeth von Thüringen (s. 19. November) wurde das Leben auf der Wartburg so schwer gemacht, daß sie in die Fremde floh. Ihre andere Schwester, Agnes, die Gemahlin König Philipp Augusts von Frankreich, wurde wegen Ungültigkeit der Ehe verstoßen und starb einsam und verlassen. Besonders schmerzlich traf die Herzogin die Nachricht, daß unter ihren Söhnen Konrad und Heinrich ein Bruderzwist entbrannt war, der durch Konrads frühzeitigen Tod ein schlimmes Ende fand. 1227 wurde ihr Gatte während einer Verhandlung mit Herzog Swantopluk von Pommern auf dessen Befehl im Bade überfallen und halbtot zu ihr nach Breslau gebracht. Kaum genesen, zog er wieder aus, diesmal gegen Herzog Konrad von Masovien. Während der Messe griffen Konrads Mannen ihn heimtückisch an, und man schleppte den Schwerverwundeten nach Plock. Hedwig selbst eilte trotz strengster Winterkälte dorthin.

„Als Konrad von Masovien", so erzählt die alte Biographie der Heiligen, „die Dienerin Gottes und ihr engelsgleiches Antlitz sah, erfaßte ihn ein plötzlicher Schrecken. Er legte seine bisher unbeugsame Wildheit ab, zeigte sich versöhnlich und gab den Herzog frei." Im Jahre 1238 wurde ihr dann der Gatte durch den Tod entrissen. Aber auch für die Witwe waren die Leiden noch nicht erschöpft: 1241 fiel ihr Lieblingssohn Heinrich II. der Fromme im Kampf gegen die Tataren in der bedeutungsvollen Schlacht bei Wahlstatt. Indessen drangen die Mongolen danach nicht weiter vor: der junge Piastenfürst starb als Retter des Abendlandes!

Jetzt zog sich die Geprüfte ganz in die Einsamkeit ihres Klosters Trebnitz zurück, wo die glaubensstarke Frau ihr Leben beschloß, das so hingebungsvoll den Werken der Frömmigkeit und Nächstenliebe geweiht gewesen war. Sie starb im grauen Bußgewand, jedoch ohne die Gelübde abgelegt zu haben, am 15. Oktober 1243. Hedwig wurde in der Klosterkirche von Trebnitz begraben, 1267 heiliggesprochen; ihr Fest ist seit 1929 auf den 16. Oktober festgesetzt.

Sie ist die Schutzheilige Schlesiens und wird heute von den schlesischen Heimatvertriebenen an ihrem Stammsitz Andechs als besondere Patronin verehrt. Dargestellt wird sie als Zisterzienserin, Fürstenmantel und Krone neben sich, Kirchenmodell oder Marienbild in der Hand; oftmals barfuß mit Schuhen in der Hand als Zeichen der Demut. Ebenso wie die hl. Gudula (s. 10. Januar), soll die hl. Hedwig zur Abtötung des Fleisches barfuß gegangen sein, und um dies zu verbergen, Schuhe ohne Sohlen getragen haben. Daher stammt der Ausdruck ‚Hedwigssohlen', das sind Schuhe ohne Sohlen.

Legendäres

Die Heilige wußte, wie berichtet wird, durch göttliche Eingebung, noch ehe die furchtbare Nachricht vom Schlachtfelde bei Wahlstatt sie erreichte, um den Tod ihres geliebten Sohnes. In der Nacht nach der Schlacht hatte sie einen Traum gehabt. Sie weckte ihre Vertraute und sprach: „Demundis, wisse, daß ich meinen Sohn verloren habe. Wie ein Vogel fliegt, so entwich mein lieber Sohn schnell vor mir. Ich werde ihn in diesem Leben nicht wiedersehen." Als Demundis ihr das ausreden wollte, erwiderte die Heilige: „Es ist so, wie ich es gesagt habe." Untröstlich waren Gattin und Schwester des jungen Heinrich, als die Todesnachricht tatsächlich eintraf. Hedwig aber sprach gelassen: „Es war der Wille Gottes, uns steht es zu, ihn hinzunehmen." Dann erhob sie die Augen zum Himmel und sprach: „Herr, ich danke dir, daß du mir einen solchen Sohn gegeben hast, der mich im Leben stets geliebt, mir große Ehrerbietung gezeigt und nie den geringsten Verdruß bereitet hat. Wiewohl ich ihn herzlich gern am Leben gesehen hätte, so freut mich für ihn, daß er durch Vergießung seines Blutes dir, Schöpfer, im Himmel schon verbunden ist." Mit Anna suchte sie den teuren Leichnam auf. Ihm fehlte das Haupt; die Mutter erkannte den Sohn an den sechs Zehen, die sein linker Fuß hatte. Auf dem Schlachtfelde errichtete sie später ein Kloster, dort nahm sie sich der Witwen und Waisen der Gefallenen aufs liebreichste an.

Die wunderbaren Umstände ihres Todes werden wie folgt geschildert: Am Feste Mariä Geburt, als alle zur Vesper gegangen waren und die Heilige wegen ihrer Krankheit allein zurückgeblieben war, sah sie sich umgeben von Heiligen und redete mit ihnen. Ihre Pflegerin Katharina sah „Gestalten und Personen, von lichtem Glanz umflossen" bei ihr eintreten und hörte Hedwig sie willkommen heißen. Der Glanz dieser Erscheinung dauerte bis zur Beendigung der Vesper. Am 15. Oktober empfing die Kranke noch den Besuch einer Edelfrau. Zum Abschiednehmen konnte sie sich nicht mehr aufrichten. „Tritt näher", sprach sie, „und empfange den Kuß meines Mundes. Wir werden uns hienieden nicht wiedersehen." Dann ließ sie sich einen Schleier, das Vermächtnis ihrer ihr voraufgegangenen Nichte, der hl. Elisabeth von Thüringen, um das Haupt winden und betrachtete das kleine Marienbildnis aus Elfenbein, das sie stets bei sich geführt hatte, bis Gott sie zu sich nahm, was noch am gleichen Tage geschah.

Der heilige Johannes von Capistran *(Gedenktag: 23. Oktober)*

Es gibt eine große Zahl von Heiligen, die den Namen Johannes tragen. In der ‚Acta sanctorum' finden wir unter dem heutigen Datum den hl. Johannes von Capistran. Er wurde am 24. Juni 1386 zu Capestrano, einem kleinen Ort in den Abruzzen, geboren.

Er war der Sohn eines aus dem Norden eingewanderten Adeligen, studierte in Perugia beide Rechte und erwarb sich den Doktorhut. 1412 wurde er Richter in Perugia. Begabung, Vermögen und eine reiche Braut gaben berechtigte Aussicht auf eine erfolgreiche Laufbahn. Während des Streites zwischen Perugia und Rimini jedoch wurde er als Gouverneur der Stadt gefangen genommen und von seinen Feinden in schwerer Kerkerhaft mit dem Tode bedroht. Ein kühner Fluchtversuch scheiterte und er blieb der Grausamkeit seiner Widersacher ausgeliefert. Diese Zeit wurde für ihn zur Wende seines Lebens. Während seiner Gefangenschaft hatte er eine Vision des hl. Franz von Assisi, durch welche er bestimmt wurde, in dessen Orden einzutreten, falls er befreit würde. Und gegen alles Erwarten wurde es Johannes ermöglicht, sich gegen eine hohe Summe loszukaufen. Sofort löste er seine Verlobung, wurde 1416 Franziskaner und war von da an als Bußprediger für den Orden tätig.

Seine Reisen führten ihn außer durch Italien auch nach Deutschland, den Niederlanden, Böhmen, Mähren und Polen. Neben seinem Freund und Lehrer, dem hl. Bernhardin von Siena (s. 20. Mai), wurde er der größte franziskanische Wanderprediger seines Jahrhunderts. Überall gründete er Observantenklöster, stiftete Spitäler und wirkte durch Wort und Schrift. Schließlich trat er als feuriger Kreuzzugsprediger gegen die Türken auf und erfocht zusammen mit Johann Hunyadi am 14. Juli 1456 bei Belgrad den glänzenden Sieg über diese größten Feinde der Christenheit. Auch in seinem Orden war er eifrig als Erneuerer tätig gewesen, führte eine schärfere Beobachtung der Regeln ein und stand selbst an der Spitze der Observanten, die die strengere Auffassung vertraten. Papst Alexander VIII. bezeichnete ihn als ‚Apostel Europas', und er wurde als der Retter des christlichen Abendlandes gefeiert. Johannes von Capistran starb am 23. Oktober 1456 in Illock bei Peterwardein und wurde im Jahre 1690 heilig gesprochen. Sein Leib ist verschollen.

Der große Kämpfer der ‚streitenden Kirche' wird dargestellt als Franziskaner, Kreuzfahne und Buch in der Hand oder rotes Kreuz auf der Brust, mit sechseckigem Stern über dem Kopf und einen Türken unter den Füßen. Eine überlebensgroße Statue des Heiligen steht an der Stephanskirche in Wien. Der Sieg, den König Sobieski bei Wien im Jahre 1683 über die Türken errang, wird vor allem seiner Fürbitte zugeschrieben.

Legende

Von Johannes von Capistran erzählt man sich, daß seine Bitte um Aufnahme in den Orden der Minderbrüder zunächst auf Mißtrauen gestoßen sei, da man daran zweifelte, ob die Absicht des stolzen Mannes auch ernsthaft gemeint und er, der bis dahin nur Befehle erteilt hatte, sich in der geforderten Demut würde üben können. Um ihn zu prüfen, wurde ihm seitens der Brüder eine recht absonderliche Aufgabe gestellt: Johannes sollte am hellichten Tage in Perugia in Lumpen gekleidet, auf dem Kopf eine Papiermütze, rücklings auf einem Esel durch die belebten Straßen der Stadt reiten. Ohne Widerrede unterzog sich der ehemalige Gouverneur der harten Probe und machte sich zum Gespött der Menge. Ob solcher Demut überwunden, öffnete sich die Klosterpforte für den Dreißigjährigen und er erhielt das Kleid des hl. Franz.

In Nürnberg, wo Johannes im Jahre 1452 predigte, geschahen während seines Aufenthaltes mehr als sechzig auffallende Krankenheilungen, die Notare bestätigten.

Auf dem Marktplatz vor der Frauenkirche drängten sich die Menschen, um den berühmten Prediger zu hören. Johannes eiferte in seinen Predigten besonders gegen die Spielwut und den Kleiderluxus. Ein Nürnberger Chronist erzählt aus diesen Tagen, daß er in seiner Strafpredigt befohlen habe, die modisch-überspitzten Schuhe, übergroßen Wulsthauben, Brettspiele, Würfel und Spielkarten zu verbrennen. Hierauf seien am Tage St. Laurentii 76 Schuhe dieser Art, 3640 Brettspiele, 40000 Würfel und viele Spielkarten auf dem öffentlichen Markte verbrannt worden.

Der heilige Erzengel Raphael *(Fest: 29. September)*

Der hl. Erzengel Raphael ist einer der sieben gewaltigen, feuerflammenden Engel, „die allezeit vor der Herrlichkeit des Herrn stehen“. Sein Fest wurde 1921 von Papst Benedikt XV. zusammen mit dem Fest der Heiligen Familie für die ganze Kirche verbindlich erklärt. Der hebräische Name des Engels bedeutet wörtlich ‚Gott heilt‘, wie A. Rosenberg schreibt, „als Ausdruck dafür, daß ihm nicht nur die Heilung des Menschen, sondern der ganzen seit dem Sündenfall nicht mehr ‚heilen‘ Schöpfung übertragen ist“. Gott befahl ihm: „Heile die Erde, die durch die bösen Engel verderbt wurde und verkünde der Erde Heilung, auf daß ihre Leiden gewendet werden“ (Henoch, 6. Kap.). Wie kein anderer Engel hat Raphael sich zu den Menschen herabgelassen; er ist nach dem großen Bericht des Tobiasbuches viele Monate lang mit dem Jüngling Tobias, ihn vor Gefahren bewahrend, auf den Straßen des Mederreiches gewandert. Raphael gehört zu den vier Erzengeln, zusammen mit Gabriel (s. 24. März), Michael (s. 29. September) und Uriel, und ist in der Kunst stets als einer der vier ‚Thronengel‘ dargestellt worden. Ihm untersteht eines der Engelheere.

Der hl. Erzengel Raphael wird als Schutzherr aller Reisenden angerufen, auch für die große Reise ins Jenseits gilt er als Beschützer, daher seine Patronate der Reisenden, Pilger, armen Seelen, Eheleute, aber auch der Apotheker, Bergknappen, Schiffer und Dachdecker. Der St. Raphaelsverein wurde zum Schutze deutscher Auswanderer 1917 gegründet. Abgebildet sieht man den großen Engel meist als Wanderer mit Kürbisflasche und Stab; mit Fisch den Jüngling Tobias begleitend. So haben ihn fast alle großen Meister, vor allem der Renaissance – von Leonardo bis Tizian – gemalt. Das gemeinsame Fest aller Erzengel ist der 29. September.

Anstelle der Legende

Die wunderbaren Ereignisse, die im Buche Tobias des Alten Testamentes mitgeteilt werden, schildern das Amt dieses Engels als eines besonderen Schutzengels des Menschen, dem er sich am Ende der langen Wanderschaft in seiner ganzen Herrlichkeit offenbart.

In der assyrischen Hauptstadt Ninive lebte während des Exils der Juden ein frommer Diener Gottes mit Namen Tobit. Obgleich er sein ganzes Vermögen verloren hatte, ließ er nicht ab, die Hungrigen zu nähren, die Nackten zu kleiden und vor allem die bei der Verfolgung Getöteten heimlich und oft unter Lebensgefahr zu begraben. Bei einer solchen Liebestat fiel dem alten Mann Vogelkot in die Augen und er erblindete. Die Not war groß. Da erinnerte er sich, daß sein Vetter in Rages noch Geld von ihm in Verwahrung hatte. Er hätte gern seinen jungen Sohn Tobias ausgesandt, um es zu holen. Doch fürchtete er die Räuber und die große Unsicherheit im Lande und bat ihn sich für die gefahrvolle Reise einen Begleiter gegen guten Lohn zu suchen. Nachdem der junge Tobias nun auf der Straße einen Fremdling gefunden hatte, mit Namen Azarias, der sich ihm als Reisegefährte anbot, entließ ihn sein Vater mit vielen Ermahnungen und seinem Segen. In der Gestalt des Azarias aber verbarg sich ein Engel, den Gott ihm zu seiner Hilfe sandte. Von Azarias wird ausdrücklich gesagt, daß er der Wege kundig war. Er wird immer mehr zum Behüter des Jünglings, ja zu seinem Freunde, den er rettet, ernährt und berät.

Sie zogen zusammen ihres Wegs und gelangten an den Tigris-Fluß. Tobias stieg hinab um zu baden. Da schnellte aus dem Wasser ein Riesenfisch und schnappte nach dem Jüngling. Der Engel aber half ihm den Fisch zu fangen, sie töteten und zerlegten ihn und brieten sein Fleisch und aßen es. Der Reisegefährte jedoch gebot dem Tobias Herz, Galle und Leber des Fisches sorgfältig aufzubewahren. Als sie sich nun dem medischen Ekbatana näherten, erzählte der Engel dem jungen Tobias von seinem Verwandten Raguel. Dieser habe eine sehr schöne Tochter mit Namen Sara, und der Jüngling solle sie zum Weibe nehmen. Tobias aber fürchtete sich, weil er wußte, daß die sieben Männer, mit denen sie verlobt gewesen war, alle im Brautgemach gestorben waren, so daß Sara in der ganzen Stadt als Männermörderin in Verruf stand. Es war aber ein Dämon mit Namen Asmodi, der jedesmal den Bräutigam der Sara getötet hatte. Sara bat in ihrer Verzweiflung den Herrn, sie aus diesem Leben wegzunehmen. Auch der alte Tobias hatte sich ja an Gott um Hilfe in seiner Not gewandt und es heißt in der Schrift: „Das Gebet der beiden wurde erhört im Angesicht der Herrlichkeit des großen Gottes."

Azarias aber versprach dem Tobias Schutz in der Hochzeitsnacht, wenn er nach seinen Anweisungen handeln würde. Tobias, voll Vertrauen zu seinem geheimnisvollen und mächtigen Freund, willigte ein und bewarb sich bei Raguel um Sara. Sie wurden vermählt. Azarias hatte dem Tobias geraten, sich drei Nächte lang seiner Braut nicht zu nähern, sondern in diesen Nächten nur mit ihr zu beten und dabei Herz und Leber des Fisches zu verbrennen; damit werde der böse Geist gebannt. In der Tat entmachtete Raphael auf diese Weise den Dämon, der, als er den Rauch verspürte, für immer entfloh.

Aber nicht genug damit, noch war der Auftrag des Tobias und die Sendung seines himmlischen Freundes nicht beendet. Das Geld aus dem fernen Rages mußte ja noch herbeigeschafft werden. Aber Raphael duldete nicht, daß Tobias, der Neuvermählte, sich von seinem Weibe trennte. An seiner Stelle unterzog er selber sich der Mühe und Gefahr, den Silberschatz zu holen. Nachdem er den Auftrag ausgeführt und mit dem Gelde zurückgekehrt war, zogen nun Tobias und Sara, von ihrem Beschützer geleitet, samt einer großen Mitgift heimwärts zum alten Vater Tobit, der schon an der Rückkehr seines Sohnes zweifelte. Und hier, nach der glücklichen Rückkehr, ereignete sich nun das letzte der Engelswunder. Azarias forderte Tobias auf, mit der Galle des Fisches, die er aufbewahrt hatte, die blinden Augen seines Vaters zu bestreichen. „Da lösten sich die weißen Flecken und er erblickte seinen Sohn und fiel ihm um den Hals." Nachdem der Engel auf diese Weise den alten Tobit von seiner leiblichen Blindheit befreit hatte, öffnete er ihm und den Seinen nun die geistigen Augen: er enthüllte sich als Raphael, einer der Sieben, die allezeit vor Gott stehen. „Gar schön ist es, die Taten Gottes kund zu tun." Als aber die Erschreckten niederfielen auf ihr Angesicht, weil sie sich fürchteten, sprach der Engel zu ihnen: „Fürchtet euch nicht, der Friede sei mit euch. Lobpreiset Gott und danket ihm in Ewigkeit. Ich aber kehre zu dem zurück, der mich gesandt hat." Und er entschwand.

Der heilige Minias

Wer von all den vielen Italienreisenden hätte nicht Florenz besucht und dort vor allem die auf einem Hügel über der berühmten Stadt am Arno gelegene schimmernde Kirche S. Miniato al monte gesehen? Sie bietet zu jeder Tageszeit einen unvergleichlichen Anblick, zauberhaft besonders bei Sonnenuntergang, wenn das letzte Licht über ihre Marmorflächen gleitet und das Mosaik auf der Stirnseite der Kirche aufleuchtet. Der Hügel, der sich steil am linken Ufer des Flusses erhebt, erhielt als der der Stadt zunächst gelegene schon in römischer Zeit den Namen ‚Mons Florentinus' – Florentiner Berg schlechthin. Später, in frühchristlicher Zeit wurde er der ‚Monte Santo' – der heilige Berg von Florenz, weil an seinen Abhängen die ersten Christen, die am Rande der damals noch völlig heidnischen Stadt lebten, Zuflucht fanden. Hier hatten die wenigen ersten Christen auch ihre kleinen Katakomben, hier entstanden in den versteckten Lorbeer- und Zypressenhainen ihre Oratorien, lange ehe die junge Gemeinde Kirchen in der Stadt errichten konnte. Hier also spielte sich bis zum Jahre 250 das christliche Leben ab. Die Christen waren bis dahin zwar geächtet, aber nicht verfolgt worden. Kaiser Decius erließ nun Edikte, die vielen Gläubigen Martyrium und Opfertod brachten. Im Laufe dieser Verfolgung bekam auch Florenz seinen Märtyrer: den hl. Minias oder Miniatus.

Es scheint, daß Miniatus zwar nicht Florentiner, wohl aber Toskaner gewesen ist und aus bescheidenem Stande kam. Die Legende aber, als ob sie den Träger des neuen Glaubens gleichsam hätte adeln und sein Martyrium auch mit äußerlich sichtbarem Glanz verherrlichen wollten, machte aus dem heiligen Blutzeugen einen fremdländischen Königssohn, der aus Armenien gekommen sei. In der Vorstellung des Volkes also war seine Stirn mit einer Königskrone geziert, noch ehe er die Märtyrerkrone empfing.

Der gelehrten Forschung ist es bisher zwar nicht gelungen, in einwandfreier Weise die genauen Lebensdaten dieser Persönlichkeit zu klären, ebensowenig wie die Existenz des Märtyrergrabes auf dem Mons Florentinus nachzuweisen. Indessen erhob sich dort über einer primitiven Kapelle des 4. Jahrhunderts etwa zur gleichen Zeit, als die ‚Passio Sancti Miniati' entstand, eine große Kirche, die 1018 von dem Bischof Hildebrand mit Hilfe Kaiser Heinrichs II. errichtet wurde.

Aber nichts entsteht aus dem Nichts, und das Vorhandensein einer großen, dem hl. Märtyrer Miniatus geweihten Kirche auf dem Florentiner Berge bezeugt ein Faktum, das von der Legende ausgeschmückt sein mag, jedoch in seinem Kern als historisch verbürgt und gesichert gelten muß.

Der hl. Minias wird dargestellt mit Schwert, Palme und Krone. So zeigt ihn, umgeben von Szenen aus seinem Leben, eine bedeutende Tafel von Jacopo de Casentino in der Kirche S. Miniato und ebenso auch eine schöne Terrakottabüste aus dem 15. Jahrhundert, die sich dortselbst in der Sakristei befindet.

Legende

Das älteste uns erhaltene Dokument über den hl. Miniatus ist die genannte ‚Passio Sancti Miniati' aus dem 10. Jahrhundert, in der in reinem Legendenton vom Leiden und Opfertod des Heiligen erzählt wird. Diesem Text zufolge wurde Miniatus, weil er dem Edikt des Kaiser Decius den Gehorsam verweigert hatte, zuerst ins Gefängnis und von dort ins Florentiner Amphitheater gebracht, dessen Grundriß heute noch in der Nähe von S. Croce aus der Fluchtlinie alter Häuser sich ablesen läßt, die der Rundung der antiken Fundamente folgt. Miniatus wurde dort den wilden Tieren vorgeworfen. Ein Leopard suchte ihn zu packen,

Miniatus blickte ihn an und das Raubtier stürzte wie vom Blitz getroffen hin. Dann wurde der Jüngling mit Öl eingerieben und in einen Ofen geworfen, aber die Flammen teilten sich vor ihm und das Öl hielt, statt das Feuer zu nähren, die Hitze fern. Nun führte man ihn in den Zirkus zurück, aber mit dem Zeichen des Kreuzes beschwichtigt er den Löwen, der ihn hätte verschlingen sollen. Dann wird ihm flüssiges Blei auf die Augen und in den Mund gegossen, aber das glühende Metall wirkt wie das klare Wasser eines Gebirgsbaches. Es erfrischte den Heiligen wie der Morgentau die Lilie. Schließlich gelingt es dem Schwerte des Henkers, ihm das Haupt vom Rumpfe zu trennen, ohne daß es freilich die Lebenskraft des Heiligen zu schwächen vermochte. Denn wunderbarerweise erhebt sich der Märtyrer vom Boden, nimmt das eigene Haupt auf und wendet sich mit sicherem Schritt dem Ufer des Flusses zu. Er durchwatet den Strom, steigt am gegenüberliegenden Ufer hinaus und beginnt, von einer in stummer Verwunderung verharrenden Menschenmasse begleitet, den Berg emporzuklimmen, bis er sich, bei den Gräbern der anderen Christen angelangt, friedlich niederlegt, das Haupt zur Seite, und seine Augen sich in dem glorreichen Schlafe der Bekenner schließen.

Der heilige Bernward

(Gedenken: 20. November)

Der hl. Bernward von Hildesheim gehört zu den bedeutendsten Bischöfen Deutschlands. Sein Leben wurde uns durch seinen Lehrer und Erzieher Thankmar übermittelt. Der hl. Benno von Meißen (s. 16. Juni) ließ auf seinen Grabstein in Sankt Michael in Hildesheim die Worte meißeln: „Angenehm dem Herrn. Vom Volke war er geliebt. Denn als überaus kräftiger Hirte regierte er die Kirche.“ Bernward ist nicht nur als Erzieher des jungen Kaisers Otto III. bekannt geworden, sondern vor allem auch als Gründer der berühmten Hildesheimer Kunstschule, in der sowohl die Baukunst wie Malerei, Erzgießerei, Goldschmiede- und Buchkunst betrieben wurden. Er war einer der gelehrtesten und vielseitigsten Männer seiner Zeit. Außer seinen umfassenden Kenntnissen in Theologie, Mathematik, Alchemie und Medizin war er in den schönen Künsten durchaus erfahren, so daß er als ein „Künstler unter den Heiligen“ bezeichnet werden kann. Viele seiner Werke sind noch erhalten, darunter das kostbare Bernwardskreuz, die Bernwardsleuchter, die bronzenen Domtüren von Hildesheim und eine Christussäule, die er nach dem Muster der Trajanssäule in Rom gießen ließ und um welche in acht Spiralen figurenreiche Darstellungen aus dem Leben Christi laufen.

Bernward vereinigte in sich den Priester, der all sein Leben nach Vollkommenheit rang, den Seelsorger und Armenvater, der voller Liebe über die ihm anvertraute Herde wachte, den Gelehrten und Künstler, der anregend auf das gesamte künstlerische Schaffen seiner Zeit wirkte, den Kirchenfürsten, der mit Umsicht regierte und verwaltete, sowie den Reichsfürsten, der seine Pflicht gegen Kaiser und Reich erfüllte und an mehreren Feldzügen teilnahm.

Dargestellt wird der Heilige als Bischof und Künstler, mit Schmiedehammer, Kelch, auch mit Kreuz. Als Bischof, sitzend mit Stab und Buch, zeigt ihn ein altes Stadtsiegel von Hildesheim. Der hl. Bernward ist Patron der Goldschmiede.

Geboren um 960 aus einer sächsischen Adelsfamilie, wurde Bernward, da anscheinend schon im Knabenalter verwaist, von seinem Großvater, dem Pfalzgrafen Athelbero, erzogen. Dieser gab den Jungen in die berühmte Hildesheimer Domschule. Schon damals interessierte sich der vielseitig begabte Jüngling besonders für die technischen Künste. In den der Domschule angeschlossenen Werkstätten übte er sich in der Kunst des Bücherschreibens, lernte zeichnen und malen und gewann seine Fertigkeit, Metall zu bearbeiten, Edelsteine zu schneiden und Juwelen zu fassen. Aber auch auf allen Gebieten der Wissenschaften vervollkommnete er sich. In Thankmar fand er einen vorzüglichen Lehrer und väterlichen Freund; er begleitete ihn auf seinen Reisen. Während eines Aufenthaltes in Mainz weihte Erzbischof Willigis (s. 20. Februar) ihn zum Priester. Nachdem Bernward seinen Großvater bis zu dessen Tode treu gepflegt hatte, empfahl ihn Willigis der Witwe Kaiser Ottos II., Theophanu, als Erzieher ihres unmündigen Sohnes Otto.

Durch sein Amt am Kaiserhof und durch zahlreiche Reisen bekam Bernward stets neue Impulse und Anregungen. Er brachte eine Fülle von neuen Ideen für seine berühmten künstlerischen Werke mit. „Während andere dem jungen König durch Schmeicheln zu willen waren, während selbst die Kaiserin aus Furcht, die Zuneigung ihres Sohnes zu verlieren, sich weichherzig ihm gegenüber zeigte, so daß sie allen Gelüsten seines Knabenalters bereitwillig zustimmte, wußte Bernward allein mit solcher Kunst und Festigkeit sich zu benehmen, daß er durch Furcht den Knaben von Unzulässigem abhielt und doch sein Herz durch die vollste Zuneigung an sich fesselte" (Thankmar n. Ratgeber). Seinen Aufenthalt am Kaiserhof mußte er 992 aufgeben, da er zum Bischof von Hildesheim gewählt wurde.

Das geistige Leben in Hildesheim, das vor seinem Amtsantritt schon rege war, wurde nun durch den neuen Bischof in jeder Richtung befruchtet. Er prüfte in eigener Person die Arbeiten der Bildhauer, Maler, Goldschmiede und Kunsthandwerker. Er ließ kostbare Kodizes reichgeschmückt mit bezaubernden Initialen anfertigen. In der Domschule hielt der Heilige sogar selbst Unterricht. Der unermüdliche Bischof befestigte sein Bistum gegen die Einfälle von Normannen und Slawen, erbaute mehrere Burgen und bewehrte die Stadt mit Mauern und Türmen. Bernward war stets bemüht, der Kirche wie dem Kaiser gleichermaßen zu dienen. Der Heilige stiftete aus eigenen Mitteln die berühmte Abtei Sankt Michael, zu der er 1001 den Grundstein legte. Die Kirche gilt heute als der bedeutendste uns erhaltene Bau aus der ottonischen Epoche – ein Meisterwerk romanischer Baukunst! Als der stets Kränkelnde den Tod nahen fühlte, zog er sich 1022 in das Michaelskloster zurück, nahm die Benediktinerkutte und legte noch die Gelübde ab. Hier starb der große Bischof im gleichen Jahre am 20. November und wurde auch dort begraben. Er wurde 1192 von Papst Cölestin III. heiliggesprochen.

Anstelle der Legende

Der hl. Bernward ist ein Beweis dafür, daß ein großer Heiliger und Kirchenfürst zugleich auch ein schöpferischer Künstler sein kann. In Hildesheim werden drei bedeutende Werke mittelalterlicher Bronzekunst aufbewahrt; es sind die Bernwardssäule, das bronzene Taufbecken und die beiden Flügel der Bronzetüre des Domes. Alle drei gelten als seine Werke. Ganz sicherlich war Bernward zum mindesten der geistige Urheber. Er kannte die Türen von Aachen und Mainz. Sein Bestreben war, diese einfachen und schmucklosen Werke zu übertreffen, indem er die Flächen mit plastischen Darstellungen versah. Die Anregung dazu mag ihm von den Holztüren von S. Sabina in Rom und Sant'Ambrogio in Mailand gekommen sein. Die Hildesheimer Tür war für die Michaelskirche bestimmt. Das Thema der Darstellung ist der Eintritt der Sünde in die Welt und die Erlösung von ihr. Der linke Torflügel zeigt Szenen aus dem Alten Testament: von oben nach unten die Geschichte der ersten Menschen, Sündenfall, Vertreibung aus dem Paradies und Kains Brudermord. Rechts ist von unten nach oben die Geschichte Jesu dargestellt. Selten begegnet man in der Kunst einem Werk, in dem man so stark das Ringen um eine neue Gestaltung spürt. Etwas von Entdeckergeist weht darin, und man ahnt das Bemühen, etwas Neues, noch nicht Dagewesenes zu schaffen. Der Künstler und die Handwerker versuchten offensichtlich ihrer innersten Überzeugung, ihrem absoluten christlichen Glauben, eine gültige Form zu verleihen. Die Ergriffenheit des Künstlers geht besonders stark aus der Darstellung Kains im Gespräch mit Gott nach dem Brudermord hervor. Dem Schöpfer der Türe von Hildesheim gelang mit der plastischen Gestaltung der biblischen Szenen ein Werk, das durch seine ursprüngliche kraftvolle Wirkung noch den heutigen Menschen zutiefst anspricht (H. Leisinger).

Man kann also sagen, daß der hl. Bernward seinen Kontakt mit Gott auf dem Weg über die bildende Kunst gesucht hat. Die Kunstwerke, die sein Geist hervorbrachte, wirken deswegen so stark auf uns Heutige, weil sie auch umgekehrt gleichsam Spiegelungen des göttlichen Geistes sind.

Die heilige Kordula *(Gedenken: 22. Oktober)*

Manch einen mag es merkwürdig anmuten, daß Gott auch solche Menschen zu seinen Heiligen erwählt, die in keiner Weise zum Martyrium geeignet scheinen, sondern im Gegenteil, von Angst überwältigt, zunächst davor zurückschrekken, wenn sie durch ihr Blutzeugnis Christus bekennen sollen. „Tapferkeit setzt", wie Joseph Pieper schreibt, „Verwundbarkeit voraus; ohne Verwundbarkeit gibt es nicht die Möglichkeit der Tapferkeit. Ein Engel kann nicht tapfer sein ... Nur weil er wesenhaft verwundbar ist, kann der Mensch tapfer sein." Wer also von der „freudigen Bereitschaft zum Martyrium" redet, hat den Sinn der christlichen Tugend der Tapferkeit nicht begriffen. Zwar scheint das Gebot der Kirche: der Mensch muß sich dafür bereithalten, eher sich töten zu lassen, als Christus zu verleugnen – zu beweisen, daß die Todesbereitschaft eines der Fundamente christlichen Lebens zu sein hat. Pieper aber sagt weiter: „Was die geschwätzige Begeisterung für das Martyrium betrifft, so höre man dazu, was die Kirche der Märtyrer davon hielt." Und er zitiert aus einem der ältesten Berichte der Verfolgungszeit über ‚das Martyrium des hl. Polykarp' (s. 23. Februar): „Einer aber, ein Prygier namens Quintus, geriet in Angst beim Anblick der wilden Tiere. Gerade er war es, der sich freiwillig dem Gericht gestellt und auch einige andere dazu veranlaßt hatte. Ihn bewog der Prokonsul durch wiederholtes Zureden, zu schwören und zu opfern. Darum Brüder, loben wir nicht die, welche sich selbst darbieten; so lehrt auch nicht das Evangelium." Die Väter der Urkirche haben, wie es scheint, geradezu angenommen, Gott werde die Kraft durchzuhalten denen am ehesten entziehn, die sich mutwillig vertrauend auf den selbsteigenen Entschluß, zum Blutzeugnis drängen. Thomas von Aquin sagt in seiner ‚Summa', daß der Schmerz des Martyriums sogar die geistige Freude an der gottgefälligen Tat überdecke, es sei denn, „daß die überströmende Gnade Gottes die Seele mit überstarker Gewalt zu den göttlichen Dingen erhebt". Tapferkeit bedeutet also nicht schlechthin Furchtlosigkeit; ja sie setzt sogar voraus, daß der Mensch sich fürchtet. Ihr Wesen liegt nicht darin, keine Furcht zu kennen, sondern darin, sich durch sie nicht zum Bösen zwingen zu lassen. (Nach Joseph Pieper).

Georges Bernanos und Gertrud von Le Fort haben in unseren Tagen am Beispiel jener Karmeliternonne, die während der Französischen Revolution in ihrer ‚begnadeten Angst' als ‚Letzte am Schafott' starb, nachdem eine ihrer Mitschwestern, die sich geradezu zum Martyrium gedrängt hatte, von Gott hiervon ausgeschlossen blieb, aufzuzeigen versucht, daß die Furcht, die aus dem natürlichen Sein kommt, kein Hindernis ist, letztlich tapfer zu sein und Zeugnis abzulegen.

Hier sei in diesem Zusammenhang von einer heiligen Jungfrau berichtet, die sich in ihrer Todesangst versteckte, ja zu fliehen versuchte, um dem Blutbad der

Elftausend Jungfrauen zu entrinnen, unter denen sie sich befand. Ihr schöner Name Kordula, von dem auch ‚Kora' abgeleitet wird, kommt aus dem Lateinischen und heißt ‚die Herzliche' oder ‚Herzchen'. Kordula findet man in beinahe allen Heiligenkalendern, obgleich wir nicht wissen, wann und wo sie geboren wurde, noch aus welcher Familie sie stammte. Wie gesagt, gehörte sie zu den Jungfrauen – seien es nun elf gewesen oder elftausend, wie die Legende aufzeichnete –, die mit der hl. Ursula (s. 21. Oktober) aus England gekommen waren und zusammen mit dieser Heiligen vor Köln den Martertod erlitten. Von Kordula sind uns nur überliefert die wilde Angst, von der sie erfaßt wurde, als ihre Gefährtinnen starben, und ihr Martyrium, das sich deshalb hinauszögerte. Das blutige Geschehnis trug sich um 435 zu, als die Hunnen Köln belagerten. In der Johanniterkirche zu Köln befinden sich Reliquien von Kordula. Ihr Fest ist am 22. Oktober.
Dargestellt wird sie, ein kleines Schiff in Händen – so auf einem Glasbild in St. Kunibert in Köln –, mit Lanze und Palme, Krone auf dem Haupte.

Legende

Als die hl. Ursula mit ihren Mägden gen Köln kam, da fanden sie die Stadt von den Hunnen umzingelt. Wie nun die Hunnen die Mägde erblickten, fielen sie mit großem Geschrei über sie her wie die Wölfe über die Schafe und da sie ihnen nicht zu Willen sein wollten, töteten sie allesamt. Nun war aber eine unter den Jungfrauen, Kordula mit Namen, die verbarg sich, erfüllt von großer Furcht, die Nacht über im untersten Schiffsraum. Zitternd und zagend hörte sie die Todesschreie der Getroffenen. Sie brachte es nicht übers Herz, hinzuzutreten und selbst die Marter zu erleiden, wenngleich sie den Glauben an Jesum Christum im Herzen trug wie einen köstlichen Schatz, von dem sie nicht hätte lassen mögen. Kordula machte sich klein, die Angst würgte ihr in der Kehle, sie trachtete danach zu fliehen, um alledem zu entgehen. Allmählich ebbten Geschrei und Todesseufzer draußen ab. Es kam eine große Stille. Die berauschten Hunnen lagen nach Trunk und Gemetzel schlafend. Nur noch ein gelegentliches Stöhnen war im heißen Bauch des Schiffes vernehmbar, wo die Geängstigte zusammengekrümmt am Boden lag. Es ist ihr und Gottes Geheimnis, wie und wann der Lichtstrahl der Gnade in ihr angstvolles Herz fiel, das so laut und schmerzend klopfte. Am anderen Morgen jedenfalls richtete sie sich auf. Erhobenen Hauptes schritt die Jungfrau ins Licht hinaus, wo die Hunnen sie voll Verwunderung erblickten. Langsam zog einer von ihnen das Messer und stach es ihr ins Herz. Nun empfing sie willig den Tod und mit ihm die Märtyrerkrone. Weil sie aber nicht mit den anderen zusammen gelitten hatte, wurde auch ihr Fest lange Zeit nicht gefeiert. Da erschien sie einer Klausnerin und tat ihr kund, man solle ihr Fest einen Tag nach dem der Elftausend Jungfrauen begehen. Und so geschah es.

Der heilige Judas Thaddäus

Judas – aus dem Hebräischen ‚der Gepriesene', mit dem Beinamen Thaddäus oder Lebbäus ‚der Beherzte' – ist Kanonheiliger. Er gehört zu den zwölf Aposteln, die der Herr sich erwählte. Später ist Judas Thaddäus oft mit anderen verwechselt worden. Einmal wegen seines Namens mit Judas, dem Verräter, aber auch mit dem Apostel Simon, der seinen Festtag am gleichen Tage hat, dann wiederum mit einem anderen Thaddäus, der zu der Schar der 72 Jünger des Herrn gehörte. Schon das Evangelium bemüht sich an der Stelle, an der von ihm die Rede ist, ganz ausdrücklich, ihn von Judas zu unterscheiden. Johannes fügt nämlich hinzu: „es ist nicht der von Ischariot" (Joh. 14, 22). Daß Judas Thaddäus lange in Vergessenheit geraten war, ist eine Erscheinung, die man in der Kirchen- wie in der Weltgeschichte oft beobachtet. Die Verehrung dieses hl. Apostels ist erst seit dem 18. Jahrhundert wieder erwacht. Ein Beweis dafür, wie sehr er vergessen war, ist, daß es fast keine ihm geweihte Kirche gibt. Nachdem sich aber das gläubige Volk einmal an ihn erinnert und sich gerade in verzweifelten Fällen vertrauensvoll an ihn gewandt hatte, geschahen auf seine Fürsprache so außerordentliche Gnadenerweisungen, daß der Heilige heute als der Patron für hoffnungslose Angelegenheiten betrachtet wird. Man hat sogar ein besonderes Gebet für ihn geschaffen.

„Wir leben in jenen letzten Zeiten", meint Ernest Hello hierzu, „da scheinbar, und man könnte sagen nach menschlichem Ermessen, alles verloren ist. Alle Dinge sind zur Zeit hoffnungslose Dinge. Die Notwendigkeit der Hilfe Gottes, die in ruhigen Zeiten bisweilen verborgen bleibt, tritt jetzt unverhüllt zutage. Und ein neuer Stern geht auf. Der hl. Judas erscheint, er erscheint als Schutzpatron der hoffnungslosen Angelegenheiten, und das gerade in der Stunde, da alle menschlichen Dinge hoffnungslos geworden scheinen..." Judas wird dargestellt mit dem Buch in der einen Hand, wie alle Apostel, und dem Werkzeug seines Martyriums, einer Hellebarde oder einer Keule, in der anderen Hand. Eine andere Darstellung, siehe obige Vignette von Callot, zeigt ihn, wie er zusammen mit dem hl. Simon sein Martyrium erleidet.

Als Verwandter Jesu trägt Judas Thaddäus ebenso wie sein Bruder, der hl. Jakobus der Jüngere (s. 3. Mai), nach orientalischem Brauch die Bezeichnung ‚Herrenbruder'. Sein Vater Alphäus oder Kleophas war nach der Überlieferung ein Bruder des hl. Joseph, Nährvaters Jesu, seine Mutter eine nahe Verwandte der allerseligsten Mutter des Herrn. Judas Thaddäus richtete beim letzten Abendmahl an Jesus die Frage: „Herr, wie kommt es, daß du willens bist, dich uns zu offenbaren und nicht der Welt?" Jesus überging, wie man weiß, diese Frage und antwortete: „Wenn jemand mich liebt, so wird er mein Wort halten, und mein Vater wird ihn lieben und wir werden zu ihm kommen und Wohnung bei ihm nehmen" (Joh. 14, 22–24).

Nach dem hl. Augustinus hat Judas Thaddäus bei der Abfassung des Glaubensbekenntnisses den Artikel von der Auferstehung des Fleisches vertreten. Er versuchte gemeinsam mit den anderen Aposteln voll Eifer das Reich Gottes unter den Menschen auszubreiten. Ehe er nach dem Pfingstfest, als die Apostel sich getrennt hatten, auszog, richtete er an die junge Christengemeinde den in die Heilige Schrift aufgenommenen ‚Judasbrief', der den Verfasser als eine energische kraftvolle Persönlichkeit ausweist. Dieser Brief ist gegen die Irrlehren und die Sittenlosigkeit gerichtet, Judas kleidet darin seine Mahnungen in großartig-beredte Bilder. So nennt er die Verführten „Wolken ohne Wasser, vom Winde eitler Meinungen vorübergetrieben", oder „herbstliche Bäume ohne Frucht, zweimal erstorben und entwurzelt", „schäumende Meereswogen, die ihre eigene Schande ausschäumen", und „Irrsterne, denen auf ewig die dunkelste Finsternis vorbehalten ist".

Das Martyrologium und das Brevier geben an, daß bei der Aufteilung der Welt unter die Jünger Jesu, Simon Zelotes Ägypten und Judas Thaddäus Mesopotamien als Missionsgebiet erhalten haben. Die Legende berichtet, daß die beiden Apostel später zusammen nach Persien gekommen seien, wo sie den Martertod erlitten. Judas Thaddäus ist danach um das Jahr 70 von den Mithraspriestern mit einer Keule erschlagen worden. Sein Grab befindet sich in der Peterskirche zu Rom.

Des Apostels Simon mit dem Beinamen ‚der Eiferer', weil er vor seiner Berufung so fanatisch für das jüdische Gesetz eintrat, wird in der abendländischen Kirche zusammen mit dem hl. Judas Thaddäus gedacht, während die Ostkirche die beiden Apostel getrennt feiert. Wahrscheinlich ist der Apostel Simon identisch mit dem am 18. Februar (s. dort) gefeierten hl. Simeon, Bischof von Jerusalem. Der Apostel Simon erlitt nach seiner legendarischen Passio am 1. Juli 47 in Persien (wohl Kolchis) den Martertod durch Zersägen seines Leibes.

Legende

Als die beiden heiligen Apostel Judas Thaddäus und Simon der Eiferer in Persien ankamen, zog gerade der Heerführer des Königs mit einem großen Kriegsheer gegen Indien zu Felde, um dieses Land zu erobern. Die Götterbilder, die gewöhnlich vor dem Beginne eines Feldzuges um Rat gefragt wurden, schwiegen plötzlich auf alle Fragen. Der Teufel nämlich, der aus den Götzen sprach, mußte verstummen, weil die Apostel überall im Lande den Namen Jesu Christi verkündeten. Darüber ergrimmten die Mithrasdiener und rieten, man solle die Fremdlinge töten. Doch der Feldherr wollte sie vorher selbst hören. Sie erschienen alsbald furchtlos vor dem mächtigen Manne. Da sie auf seine Fragen einen guten Ausgang des Feldzuges und den Frieden im Lande weissagten, gewannen sie nicht nur das Herz des Kriegsmannes, sondern auch das des Königs. Wie sie es gesagt hatten, so geschah es. Da bekehrten sich beide, der König und sein Feldherr, zum Christenglauben und mit ihnen Tausende des Volkes. Aber die heidnischen Zauberer, hierdurch noch mehr ergrimmt, hörten nicht auf, das Volk gegen die Boten Christi aufzureizen. Schließlich lauerten sie ihnen auf und erschlugen den Judas mit einer Keule, Simon zerschnitten sie mit einer Säge. Die Gebeine der Märtyrer wurden in die Stadt Rom gebracht. Die schönste Reliquie des hl. Judas Thaddäus indessen ist sein Brief, dessen Worte erhalten blieben bis auf den heutigen Tag.

Der heilige Pirmin *(Gedenktag: 3. November)*

Zwar ist als eigentlicher Festtag des hl. Pirmin der 3. November bekannt, doch führen ihn einige auch unter dem 29. Oktober auf. Da nun am 3. November Hubertustag ist, lassen wir den Heiligen in diesem Buch am 29. Oktober erscheinen. Pirmin, ursprünglich Pirmenius, ‚der Ruhmreiche', gilt als Apostel der Pfalz und des Elsaß. Er ist bekanntlich der Gründer des berühmten Benediktinerklosters auf der Reichenau im Bodensee. Seine Reliquien befinden sich seit 1575 in der Jesuitenkirche in Innsbruck. Dargestellt wird der Heilige als Bischof, von Schlangen und anderem Kriechgetier umgeben – aufgrund der Legende –, auch mit Dornstrauch, der edle Früchte trägt oder Brunnenquell zu Füßen; ferner Klosterneubau neben sich. Er ist Patron von Innsbruck, der Insel Reichenau und der Rheinpfalz. Seine Fürbitte wird angerufen gegen Schlangen und Ungeziefer, bei Augenleiden, Vergiftung beim Essen („Damit uns Speis' und Trank gedeih', Sankt Pirmins Hand sie benedei'!"), sowie für eine glückliche Entbindung, weil sich Frauen nach Berührung seines Gürtels oder Meßgewandes einer solchen erfreuten.

Das Leben des hl. Pirmin läßt sich heute weder in seinem Ablauf noch in einzelnen persönlichen Zügen genau erkennen und festlegen. Pirmin muß wohl im zweiten Jahrzehnt des 8. Jahrhunderts auf der Flucht vor den andrängenden Arabern aus dem westgotischen Aquitanien oder Spanien ins Frankenreich gekommen sein. Seine älteste Lebensbeschreibung um 830 kennt einen Aufenthalt des hl. Pirmin in ‚Meltis castellum', einem befestigten Ort also, wo er als Chorbischof gewirkt hat. Wo dieser Ort lag, bleibt unbestimmt, man vermutet in Nordfrankreich. Sicher ist jedenfalls, daß der hl. Pirmin 724 das Kloster auf der Reichenau gegründet und eingerichtet hat, ebenso, daß er wenige Jahre später von da nach Murbach im Elsaß gerufen wurde, um dort das Kloster 728 zu weihen. Auch hier ist er nicht lange geblieben, denn 730 schon heißt der Abt von Murbach Romanus. Pirmin hat anschließend im Gebiete des Oberrheins, vor allem um Straßburg herum, eine größere Zahl von Klöstern gegründet oder zum mindesten reformiert. Bekannt sind davon namentlich Schuttern, Gengenbach, Schwarzach, Maursmünster und Neuweiler. Auch hier ist seine Tätigkeit kaum näher zu fassen, bis er in Hornbach bei Zweibrücken in der Rheinpfalz nach Übereinkunft mit dem Bischof von Metz und den Widonen, als Grundherren, ein Kloster gründete. Dort blieb er als Abt und dort ist er auch gestorben, wohl am 3. November (oder 29. Oktober) 753, und dort auch beigesetzt, bis seine Gebeine in den Wirren der Glaubensspaltung des 16. Jahrhunderts nach Innsbruck übertragen worden sind. Rabanus Maurus (gest. 856) hat dem hl. Pirmin folgende Grabinschrift gewidmet:

Pirminius, Bischof und Christi Bekenner zugleich
wohnt in diesem Haus und heiligt diesen Ort.
Die Freuden dieser Welt hat er um Christi Willen
verschmäht und sich die Armut erwählt.
Die Heimat, das Volk und die Sippe hat er verlassen,
fahrend in fremdes Land hat er den Himmel verdient.
Hier hat er das Volk der Franken mit der Lehre
des Glaubens gesucht,
viele heilige Stätten Gott gegründet.
Hier nun ruht er mit den Gliedern des Leibes,
doch die Seele wohnt droben im seligen Reich.
Allen hilft er, die würdig den Himmel erstreben,
getreu behütet er selbst seine Diener.

„Das Missionsbüchlein, das der hl. Pirmin verfaßte, die ‚Dicta Pirminii', ist das einzige Zeugnis seiner Gattung aus der frühen Zeit des 8. Jahrhunderts. Das Büchlein ist ein Leitfaden, ein Handbüchlein zur missionarischen Arbeit. Ein Katechismus für den, der christlichen Glauben und christliche Haltung zu verkünden hatte ... nicht für die Heidenmission, sondern für den ernsten Versuch, heidnische Restbestände in Glaube und Brauchtum bei einem getauften Volk zu überwinden. Pirmin hat in diesem Büchlein die gesamte Heilsgeschichte und anschließend die Pflichten christlichen Lebens zusammengefaßt." (Nach P. Ursmar Engelmann, OSB).

Legende

Ein eindrucksvolles Gemälde im Münster von Mittelzell auf der Insel Reichenau aus dem Jahre 1627 zeigt den hl. Pirmin segnend über den See fahren; vor ihm ergreifen häßliche

Schlangen und allerlei Gewürm, Frösche und dergleichen eiligst die Flucht. Auf einem Kupferstich von 1615 sieht man den Bischof, wie er dem Landesfürsten den neuen Klosterbau weist, während tote Schlangen zu seinen Füßen liegen. Darunter steht das Sprüchlein:

Kaum hast am See du angeländet,
hat die vergiffte schlangen Zucht,
Die lang das ganze Land geschändet,
genommen übern See die Flucht.

Du fangst fein an bey kleinen würmen,
Du wirst gewiß wöllen bald darauf
den großen Drachen selber stürmen,
Drum baust so vil Gottßhäuser auf.

Ein reicher Grundherr aus der Bodenseegegend namens Sintlaz, so erzählt die Legende, lud den Missionar zu sich an den Untersee ein und schenkte ihm eine Insel unterhalb Konstanz, damit er auf ihr ein Kloster gründen könnte. Pirmin wußte wohl, daß seine Arbeit nur dann Bestand haben würde, wenn er als Stütze für die Ausbreitung des Glaubens feste Klöster gründe. Die Insel schien trefflich geeignet. Zwar warnten die Einheimischen den Bischof vor dem Betreten des Eilandes, wimmelte es doch darauf von giftigen Schlangen und greulichem Gewürm, so daß bisher niemand gewagt hatte, sich dort niederzulassen. Doch Pirmin ließ sich davon nicht abschrecken. Im Vertrauen auf den Herrn, der seinen Glaubensboten Macht gab, den Fuß auf Skorpione und alles teuflische Gewürm zu setzen, stieg er entschlossen in einen Fischerkahn, der ihn alsbald zu der berüchtigten Insel brachte. „Als nun der Diener Gottes Pirmin", so berichtet der Chronist, „die Insel betrat, geschah es auf Gottes Wink, daß all jenes vielgestaltige, absonderliche und schreckhafte Gewürm von der einen Seite der Insel nach der andern hinüberkroch und sich in die Wellen stürzte. Noch drei Tage und drei Nächte lang war die ganze Seeoberfläche von einer erstaunlichen Unzahl wilden Schlangengezüchts bedeckt. Dann ließ Pirmin die Dornen und das Unkraut, das nutzlose Buschwerk und Gesträuch abhauen, rodete mit eigener Hand und mit Hilfe anderer die Insel aus und verwandelte sie in ein liebliches Gefilde. Darauf baute er dem lebendigen und wahren Gott ein schönes Kirchlein und daneben für sich und seine Jünger ein trautes Klösterlein. Seitdem der Diener Gottes Pirmin jenen Ort betreten hatte, ward die Luft dort gesund, das Wasser trinkbar und der Boden fruchtbar." So wurde das wilde Eiland zur „reichen Gottesau", zur Insel Reichenau.

Der heilige Marcellus

Den Namen Marcellus tragen viele Heilige, Marcel ist heute noch ein gebräuchlicher Name in Frankreich. Er kommt auch in der Verkleinerungsform Marcellinus, Marcellianus häufig im Verzeichnis der Heiligen vor. Die hl. Witwe Marcella war eine Schülerin des hl. Hieronymus (s. 30. September); sie führte durch ihr Beispiel die hl. Paula von Rom (s. 26. Januar) zu einem Leben in Gott. – Am bekanntesten ist der Papst Marcellus I. (308–309), der nach einer vierjährigen Sedisvakanz Nachfolger des während der Diokletianischen Verfolgungen als Märtyrer gestorbenen Marcellinus war. Auch er wurde verfolgt und starb in der Verbannung. Deshalb gilt er als Märtyrer. In Rom ist ihm auf dem Corso eine Kirche geweiht. Sie steht an dem Ort, an dem der Legende nach Marcellus von der ihm auferlegten Fronarbeit befreit wurde. Er ist Patron der Stallknechte und Postboten; sein Fest ist am 16. Januar. – Ferner gibt es einen hl. Bischof von Paris aus dem 5. Jahrhundert, der Marcellus hieß. Er ist in der nach ihm benannten Vorstadt Saint-Marcel beigesetzt. Sein Fest ist am 1. November. Die Heiligen Marcellus und Apulejus sind Märtyrer des 4. Jahrhunderts und haben ihr Fest am 7. Oktober. Noch viele andere könnten aufgeführt werden.
Am 30. Oktober wird das Fest des hl. Marcellus von Tanger begangen. Der römische Hauptmann der in der damaligen Provinz Tingitana stationierten Armee starb den Tod als Blutzeuge Christi um 298. Sein Martyrium ist zuverlässig bezeugt. Der Notar, der den offiziellen Bericht darüber zu schreiben hatte, verweigerte, unwillig über das Urteil, die Niederschrift und bekannte sich ebenfalls zu Christus. Er wurde deswegen kurze Zeit später enthauptet. Sein Name ist Kassian; er hat ein eigenes Fest am 3. Dezember. Auch seine Akten sind authentisch; er wird in einer der Hymnen des Prudentius erwähnt.

Legende

Die Legende erzählt aufgrund der alten Berichte folgendes über die heiligen Märtyrer: In der Stadt Tingis (heute Tanger) wurde im Jahr 298 der Geburtstag des Kaisers Maximianus Herkuleus feierlich begangen. Die Soldaten sollten den Göttern der Kaiser opfern. Soeben war die trajanische Legion an der Reihe vorzutreten, um ihr Opfer darzubringen. Da warf plötzlich der Hauptmann Marcellus, ein Christ, sein Wehrgehänge vor die Fahnen, die vor aller Augen aufgerichtet waren, und rief: „Ich bin ein Soldat des ewigen Königs Christus!" Dann riß er sein Leibgardenabzeichen herunter und legte seine Waffen dazu, indem

er fortfuhr: „Von diesem Augenblick an entsage ich dem Dienst eurer Kaiser. Eure Götter sind Götzen aus Stein und Holz, taub und stumm. Wenn das die Bedingung des Kriegsdienstes ist, daß man den Bildern solcher Götzen und Kaiser opfern soll, marschiere ich nicht mehr unter den römischen Fahnen."
Hierüber verblüfft, benachrichtigten die übrigen Offiziere den Obersten der Legion, der Marcellus in das Gefängnis werfen ließ. Nach Beendigung der Feierlichkeiten brachte man den Gefangenen vor den Kriegsrat. Er wurde von Aurelius Agricolus verhört, und der Amtsschreiber Kassian führte Protokoll. Die Anklage lautete, daß der Soldat sein Wehrgehänge unter Verwünschungen gegen die Götter und Kaiser weggeworfen und sich als Christ bekannt habe. Als man Marcellus fragte, ob das wahr sei, bejahte er es. „So kann es nur Wut gewesen sein, die dich so handeln ließ", sprach der Richter. „Keine Wut ist in denen, die den Herrn lieben", antwortete Marcellus. „Einem Christen, der dem lebendigen Herrn Jesus Christus dient, ziemt es nicht, daß er zugleich im Dienste von toten Götzen stehe." Daraufhin sagte der Richter, Marcellus solle durch das Schwert sterben! Kaum hatte er das Urteil in seinem ganzen Wortlaut nebst der Begründung vorgebracht, als Kassian sich entrüstet erhob und mit lauter Stimme seinen Unwillen gegen dieses Urteil aussprach. Er warf Griffel und Tafel zu Boden, womit er bisher geschrieben. Alle Anwesenden waren verwirrt, nur Marcellus lächelte. Der Richter stand wütend auf und fragte den Amtsschreiber, was ihn zu einer derartigen Handlung bewege. Da entgegnete Kassian, er könne ein ungerechtes Urteil nicht niederschreiben. Betroffen befahl der Richter, den Schreiber ins Gefängnis abzuführen. Marcellus lächelte wieder, denn er wußte, daß Kassian ihm auf dem Wege zu Christus folgen werde. Am nächsten Tage wurde Marcellus zur Richtstätte geführt. Er rief seinem Richter zu: „Möge Gott dich mit Seinen Wohltaten überhäufen", und verzieh ihm. Dann beugte er das Haupt und empfing den Todesstreich. Einige Tage danach wurde Kassian wieder vorgeführt. Er erklärte unumwunden, daß er Christ sei, wurde verurteilt und wie Marcellus enthauptet. So hatten die beiden Bekenner die Worte Petri wahrgemacht: „Man muß Gott mehr gehorchen als den Menschen!" Sie werden abgebildet in ihrer Amtstracht, mit Schwert.

Der heilige Wolfgang

Einer der bekanntesten Bischöfe von Regensburg war der hl. Wolfgang. Das Andenken an diesen großen Kirchenfürsten wird vor allem in Bayern und Österreich lebendig erhalten. Viele Orte, die er einst besucht haben soll, tragen auch heute noch seinen Namen.
Wolfgang entstammte einem schwäbischen Adelsgeschlecht, wahrscheinlich aus der Gegend von Pfullingen, und muß gegen 924 geboren sein. Schon in frühester

Jugend bemerkten die Eltern seine große Begabung und die Freude am frommen Leben. Deshalb brachten sie den Knaben schon frühzeitig nach dem Kloster Reichenau, das für seine gute Schule bekannt war. Hier war Wolfgang an der richtigen Stätte, wo er in mönchisches Leben und in die Wissenschaften eingeführt wurde. Nur auf Drängen seines Freundes Heinrich, einem Bruder des Bischofs von Würzburg, riß sich Wolfgang aus der so geliebten Einsamkeit des Klosters los und folgte ihm zur besseren Ausbildung in den Wissenschaften an die Schule nach Würzburg. Als Heinrich später zum Erzbischof von Trier ernannt wurde, übernahm Wolfgang auf seine Bitte das Amt des Leiters der dortigen Domschule. Der Erzbischof hatte noch ehrenvollere Aufgaben für ihn bereit, aber der junge Mann verachtete alle weltlichen Vorteile und war nur darauf bedacht, seinen Schülern das schöne Beispiel strengster christlicher Tugend zu geben.

Nachdem Heinrich ihn später zur Annahme des Postens eines Dechanten des gesamten Domkapitels mehr gezwungen hatte, als daß Wolfgang nach einer solchen Würde verlangt hätte, vollbrachte er auch hierin – obwohl vielfach angegriffen – durch sein Vorbild ein großes Erziehungswerk. Nach dem frühen Tod Bischof Heinrichs im Jahre 964 fühlte Wolfgang die Bande, die ihn an die Welt gefesselt hatten, gelöst und ging alsbald einem lange gehegten Wunsch nach. Er wanderte über Köln, wo der Erzbischof Bruno ihn zurückzuhalten versuchte, der seine Fähigkeiten rasch erkannte, nach Maria Einsiedeln in der Schweiz, um dort hinter Klostermauern ein ganz der Welt abgestorbenes Leben zu führen. Unterwegs hatte er seine Eltern besucht, die ihn von seinem Entschluß ebenfalls vergeblich abzubringen versuchten. In Einsiedeln wurde dem neuen Jünger des hl. Benedikt die Stiftsschule anvertraut. Auch hier hatte er bald einen großen Zulauf von Schülern. Als Bischof Ulrich von Augsburg das Kloster besuchte, weihte ihn dieser, obgleich sich Wolfgang in seiner Demut auch hiergegen sträubte, zum Priester. Als der neue Gottesmann von den heidnischen Ungarn hörte, machte er sich mit einigen Gefährten zu einer Missionsreise in dieses Land auf. Jedoch ließen die durch Krieg und Raubzüge verwilderten Ungarn seine eifrigen Bemühungen, ihnen das Evangelium zu predigen, kläglich scheitern. Nach diesem Fehlschlag weilte er in Passau bei Bischof Pilgrim, der Kaiser Otto II. auf den tatkräftigen Priestermönch aufmerksam machte und vorschlug, ihn auf den verwaisten Bischofsstuhl von Regensburg zu erheben, was im Jahre 972 auch geschah. Der Heilige empfing die neue Würde widerwillig und nahm das verantwortungsvolle Amt nur aus Gehorsam an, nachdem der Kaiser und sein Abt die Wahl bestätigt hatten. Mit Nachdruck und Eifer arbeitete er sodann an der Schaffung eines sittenreinen Priesterstandes und an der Hebung der recht herabgekommenen Klosterzucht. Er verhalf dem Kloster St. Emmeram zu neuer kultureller und geistlicher Blüte, indem er es aus der Herrschaft seines Bistums ausgliederte und die Leitung einem

eigenen fähigen Abt übertrug. Er reformierte die beiden Frauenklöster Nieder- und Obermünster und schuf das neue Frauenkloster Sankt Paul.
Auch beim Weltklerus galt es, die Mißstände zu beheben. 987 spendete er reichlich aus seinen Getreidevorräten, um die ärgste Not zu lindern. Der Heilige erkannte, daß das Bistum Prag, damals noch zu Regensburg gehörend, nur aufblühen konnte, wenn es selbständig wurde. Uneigennützig verzichtete Wolfgang auf seine Rechte samt den reichen Einkünften, und freudig unterzeichnete er die Trennungsurkunde. So übte der Heilige einen großen und segensreichen Einfluß auf seine gesamte Zeit aus.
Während des Aufstands des Bayernherzogs Heinrich des Zänkers, dessen Kinder er erzog (s. hl. Heinrich II. und sel. Gisela), gegen Kaiser Otto II. verließ Wolfgang sein Bistum, verbarg sich zwei Jahre lang im Kloster Mondsee im Salzburgischen und soll sich, wie die Legende berichtet, später in eine selbstgebaute Klause am Abersee zurückgezogen haben, die heute noch in der prächtigen, später erbauten Kirche in St. Wolfgang gezeigt wird.
Wolfgang begleitete Kaiser Otto II. sogar auf seinem Feldzug gegen Frankreich. Auf einer Reise nach Österreich überfiel den greisen Bischof eine tödliche Krankheit. In Pupping, zwischen Passau und Linz, starb Wolfgang am 31. Oktober 994. Sein Grab befindet sich in der Krypta von Sankt Emmeram in Regensburg.
Mehr als 200 Wunder, die der Heilige mit Gottes Hilfe bewirkte, erhöhten seine Verehrung. Es geschahen deren sowohl an seinem Grabe als auch in der Kirche in Pupping wie vor allem auch in St. Wolfgang am Abersee. Die Heiligsprechung des Bischofs wurde von seinem ehemaligen Schüler Kaiser Heinrich II. und Bischof Gerhard von Regensburg warm befürwortet und durch den Papst Leo IX. um 1052 nach feierlicher Erhebung der Reliquien vorgenommen.
Dargestellt wird der hl. Wolfgang mit Bischofsstab und Zimmermannsbeil, eintürmiges Kirchenmodell in der Hand, Beil im Dach der Kirche steckend. Er ist Patron der Bildschnitzer, Hirten, Holzhauer, Köhler, Zimmerleute; seine Fürbitte wird angerufen bei Augenleiden, Gicht, Ruhr und anderen Krankheiten.

Legende

Der Heilige verkündete auf seinen Visitationsreisen überall das Wort mit Eifer und spendete die heiligen Sakramente, vor allem die Firmung. Zu dieser Zeit war das Reisen noch sehr beschwerlich. Als der Bischof einmal spät abends in Egolsheim ankam, ließ er in der Umgegend ansagen, daß er des anderen Tages firmen wollte. Der Bote wollte sein Pferd besteigen, fand aber, daß es gestohlen war; da er so spät kein anderes finden konnte, machte er sich in der Finsternis zu Fuß auf den Weg. Die Pfade waren unwegsam, der Regen fiel herab, oft stürzte er zu Boden, er konnte nicht mehr weiter. Da rief er in seiner Herzensnot: „Er-

barme Dich meiner o Herr und du mein ehrwürdiger Bischof!" Und plötzlich stand ein Pferd mit Zügel und Sattel vor ihm. Er bestieg es, vollzog seinen Auftrag und fragte am anderen Tage überall nach dem Eigentümer des Pferdes. Aber niemand kannte den Gaul. So wurde für alle offenkundig, wie hoch der heilige Bischof in Gottes Gnade stand.

Der Bischof besuchte einmal, wie er das gewöhnlich tat, zur nächtlichen Stunde die Kirchen der Stadt, um für das Heil seiner Herde zu beten. Da geschah es, daß ihm in der Niedermünsterkirche der hl. Bischof Erhard, dessen Gebeine dort ruhen, erschien, angetan mit einem feuchten Kleide und zu ihm sprach: „Wisse, daß ich deine Gebete unterstütze. Mein Kleid aber haben die unwahren Krokodilstränen der Nonnen befeuchtet, denn sie bekehren sich nicht und geben ihre Fehler nicht auf, obgleich sie ihre Tränen und Gebete vor mir ausgießen. Ändere du ihre bisherige Lebensweise und führe die klösterliche Zucht wieder unter ihnen ein. Dasselbe gilt für das Kloster Obermünster." Als der Bischof nun anderntags die Messe feiern wollte, nahm er die Reliquien der Kirche und stellte sie auf die linke Seite des Altars, auf dem er das heilige Opfer feiern wollte. Hierauf flehte er zu Gott, er möge, wenn er wirklich in den beiden Stiften das klösterliche Leben wieder einführen solle, durch seine Allmacht bewirken, daß die Reliquien während der Messe von der linken auf die rechte Seite versetzt würden. Darauf begann er mit der Messe, und siehe da, er hatte diese noch nicht geendet, als sie von unsichtbarer Hand von der linken auf die rechte Seite des Altars gelangten. Nun zweifelte der Oberhirt nicht mehr, daß ihm Gott bei der Verbesserung der beiden Klöster zur Seite stehen werde. Bald hatte er die Freude, zu sehen, daß die Nonnen ihre Lauheit aufgaben und sich eines immer sittenreineren und vollkommeneren Wandels befleißigten.

Während des Baus der Klosterkirche St. Paul, der aus seinen Einkünften geschah, ereignete sich ein großes Wunder. Wie der Heilige einmal bei den Arbeitern stand, um nach dem Bau zu sehen, wurde ein Weib zu ihm gebracht, das vom Teufel besessen war. Voll Mitleid seufzte er und sprach zu den Umstehenden: „Wenn ich würdig wäre, durch mein Gebet etwas von dem allmächtigen Gott zu erlangen, so würde ich gern bitten, daß er dieses Geschöpf vom bösen Geiste befreie. Dies aber überlassen wir lieber denen, die würdig sind, von Gott erhört zu werden. Wir aber wollen aus Mitleid wenigstens einige Psalmen beten." Und so geschah es, indes das Weib im tiefen Schlaf auf der Erde lag und im Fieber zuckte. Endlich sprach Wolfgang: „Nehmet sie mit euch und führt sie nach Hause und gebt ihr, wenn sie mag, zu essen." Als sie mit der Frau nach Hause kamen, war sie vollkommen geheilt.

Das Fest Allerheiligen

Was wäre das liturgische Jahr ohne einen Gedächtnistag für alle Heiligen und Seligen Gottes? Dieses Fest wurde von Gregor IV. (827–844) auf den 1. November festgesetzt. Ursprünglich wurde es ‚zu Ehren aller hll. Märtyrer' am 13. Mai gefeiert, denn an diesem Tage weihte Papst Bonifaz IV. im Jahre 610 den Pantheon-Tempel in Rom zu einer christlichen Kirche mit dem Namen ‚Sancta Maria ad Martyres'. Das Gedächtnis der Märtyrer wurde in Syrien bereits im 4. Jahrhundert festlich begangen. Die Griechen feiern das Gedächtnis aller Märtyrer, und später aller Heiligen insgesamt, seit dem hl. Johannes Chrysostomus (siehe dort) am ersten Sonntag nach Pfingsten. In der römischen Kirche soll die Verlegung des Festes auf den 1. November, wie die Überlieferung erzählt, deswegen vorgenommen worden sein, weil im Mai für die vielen Pilger, die zu dem Tage herbeiströmten, nicht genügend Nahrung in der Stadt vorhanden war, dagegen „nach der Ernte und Weinlese alle leichtlich gespeiset und getränket" werden konnten. Heute ist das Fest Allerheiligen das letzte im Kirchenjahr. Niemand wäre imstande, die Feste aller Heiligen und Seligen, die der Kirche bekannt sind, zu feiern, weil ihrer zu viele sind. Denn, wie der hl. Hieronymus schreibt, gibt es keinen Tag im Kirchenjahr, an dem man nicht mehrerer tausend Märtyrer gedenken müßte. Darum setzte die Kirche in ihrer Weisheit einen Tag im Jahre fest, an dem aller Heiligen insgesamt gedacht wird, der bekannten und unbekannten, jener unzähligen Schar, in der Gott verherrlicht wird, den wir in seinen Heiligen loben und preisen.

Die Heiligen stehen am Throne Gottes, „sie umringen ihn gleich einem lebenden Siegeskranz, gleich einer strahlenden Ehrenkrone". Diese Auserwählten sind Abbilder des Herrn, der sie uns als Beispiel vor Augen stellt. Er begnadete sie, indem er sie zu mächtigen Fürbittern machte, an die wir uns vertrauensvoll wenden dürfen. Wenn wir sie ehren, ehren wir Gott in ihnen. „Es ist verordnet, daß wir am heutigen Tage aller Heiligen Gedächtnis feiern, damit, was menschliche Schwäche bei den Festen der Heiligen aus Unwissenheit, Lässigkeit oder in der Sorge um weltliche Dinge unterlassen hat, mit dieser heiligen Übung gesühnt werde..."

In der Allerheiligen-Litanei werden sie alle angerufen: zu oberst die Königin der Heiligen, Maria, Jungfrau und Gottesgebärerin, dann die Engel, die Patriarchen und Propheten, die Apostel und Evangelisten, die Märtyrer und Bekenner, die Kirchenlehrer, die Mönche und Einsiedler, die Jungfrauen und Witwen. Sie alle

bitten für die Gläubigen mit ihrem Verdienst und ihrer Liebe, denn wie man die Bitten vieler Menschen nicht gut überhören kann, so kann es auch nicht sein, daß die Bitten der Heiligen für uns nicht erhört werden sollten. Betet doch die Kirche an diesem Tage: „Allmächtiger, ewiger Gott, Du lässest uns die Verdienste aller Deiner Heiligen zusammen in einer Feier verehren; da bitten wir Dich nun: schenk uns auf die Bitten so vieler Fürsprecher die ersehnte Überfülle Deiner Gnade..."
Für die Festliturgie des 1. November wählte sie bewußt als Evangelium die Seligpreisungen der Bergpredigt, in denen Christus die Eigenschaften der Heiligen aufzählt: die arm sind im Geiste, die sanftmütig sind, die trauern – also großes Leid tragen –, die nach der Gerechtigkeit streben, die barmherzig sind, die Reinen, Friedfertigen und vor allem diejenigen, die Verfolgung leiden um Seinetwillen. Und er endet: „Groß ist euer Lohn im Himmel!"
Das Fest Allerheiligen verdankt seinen Ursprung, wie gesagt, Papst Bonifaz IV., indem er das Pantheon in Rom zu Ehren der allerseligsten Jungfrau und Gottesgebärerin sowie zum Lobe aller heiligen Märtyrer weihte. Dieser prächtige Tempel wurde von Marcus Agrippa, einem Günstling des Kaisers Augustus im Jahre 27 v. Chr. in seinen Thermen in Rom erbaut und durch Kaiser Hadrian wiederhergestellt und ‚Pantheon' genannt, weil man darin die 3000 Götter zugleich verehrte, die im römischen Reichsgebiet staatlich gebilligt wurden. Der Bau wurde nach Einführung des Christentums nicht zerstört, denn Kaiser Honorius hatte befohlen, daß man ihn als Denkmal der alten Herrlichkeit des Römischen Reiches bestehen lassen solle. Aber seine Tore wurden geschlossen. Nun kam Bonifaz auf den Gedanken, diesen Tempel aller heidnischen Gottheiten zu öffnen und zu reinigen. Der byzantinische Kaiser Phokas machte ihn dem Papst zum Geschenk. Der Tag der Weihe des herrlichen Rundbaus in eine christliche Kirche wurde mit großer Feierlichkeit begangen. Am Vorabend führte man aus den Katakomben eine große Menge Reliquien heiliger Märtyrer auf 18 reich geschmückten Wagen herbei. Am Tage selbst erschien der Papst mit allen Zeichen seiner Würde angetan, begleitet von einer großen Zahl von Priestern. Die Reliquien wurden im Triumph in den Tempel gebracht und dort in die bereitgestellten Behälter gelegt. Nun begann der Papst die Weihe und nannte die Kirche ‚Sancta Maria ad Martyres'. Heute heißt sie im Volksmund einfach ‚S. Maria Rotunda'. Von diesem Tage an wurde das Fest aller Heiligen alljährlich in dieser Kirche begangen, später von Papst Gregor IV. über die ganze katholische Kirche ausgedehnt und am 1. November zu feiern befohlen.

Einen Tag nach dem Fest Allerheiligen begeht die Kirche das Gedächtnis der Armen Seelen. Der hl. Odilo von Cluny (s. 5. Januar) führte den Brauch des ALLERSEELENTAGES zuerst ein. Benedikt XV. erklärte ihn 1915 für die ganze Kirche als verbindlich.

Es ist dies das Fest der armen Seelen im Fegfeuer. „Dieses Feuer", sagt der hl. Augustin, „wenngleich nicht ewig, ist doch so wunderbar heftig, daß es jede Pein übersteigt, welche ein Mensch jemals gelitten hat oder leiden kann." Ganz ähnlich lauten die Zeilen, die der hl. Cyrillus an Augustin geschrieben hat: „Alle Strafen, Qualen und Peinen der Welt, die man sich nur denken kann, sind im Vergleich mit den Leiden des Fegfeuers vielmehr Erquickungen."

Legende

Daß es wahr ist, daß am Tage Allerheiligen die Heiligen sich versammeln, um für uns Menschen zu bitten, wird in einer Erscheinung geschildert, die sich ein Jahr nach der Einsetzung dieses Festes ereignet haben soll. Da heißt es: Als an diesem Tage der Küster von Sankt Peter in großer Andacht alle Altäre umgangen und aller Heiligen Beistand angerufen hatte und zuletzt zurückgekehrt war an den Altar des hl. Petrus, um sich ein wenig auszuruhen, da fiel er in Verzückung. Er sah den König der Könige auf hohem Thron und alle Engel im Umkreis um ihn her. Da kam mit strahlender Krone die Jungfrau der Jungfrauen daher, der folgte die unzählbare Schar der Jungfrauen und Enthaltsamen. Nun erhob sich unser Herr und hieß sie sich setzen auf einen Thron, der neben ihm stand. Danach kam einer, der war mit Kamelhaaren bekleidet, dem folgte eine große Schar ehrwürdiger Greise. Danach kam ein anderer, mit bischöflichem Gewand angetan, dem folgte ein Chor in der gleichen Weise gekleidet. Danach kam eine unzählbare Menge von Rittern und zuletzt eine unendliche Schar unterschiedlicher Völker. Als sie an den Thron des Königs kamen, knieten alle nieder und beteten ihn an. Der im Bischofsgewand begann die Messe zu singen, und alle anderen sangen mit. Der Engel aber, der den Küster bei all diesem geleitet hatte, erklärte ihm das Gesicht und sprach: die Jungfrau in der ersten Schar sei die Muttergottes gewesen, der in den Kamelhaaren Johannes der Täufer mit den Patriarchen und Propheten, der im Bischofskleide Sankt Peter mit den Aposteln, die Ritter die Märtyrer und die übrige Schar die Bekenner. (Aus der Goldenen Legende).

Die selige Ida von Toggenburg *(Gedenken: 3. November)*

Zwischen Zürich und Sankt Gallen in der Schweiz liegt das ehemalige Benediktinerkloster Fischingen. Es ist weit herum bekannt geworden durch die Begräbnisstätte der sel. Ida von Toggenburg, die hier ihre letzte Lebenszeit verbrachte. J. A. Pupikofer schrieb über sie: „Von einer Heiligen, die mit solcher Ungerechtigkeit verfolgt, mit so viel Leiden heimgesucht wurde, dabei aber so gottergeben litt, so milde den Verfolgern verzieh, den Bedrückten so erheblichen

Trost einzuflößen wußte, von einer solchen Heiligen erwartet jeder Bedrückte, der auf die Fürbitte eines Heiligen vertrauen zu dürfen glaubt, Trost, Beistand und Hilfe." Ida von Toggenburg wird besonders verehrt im Kanton Uri, aber auch in den Bistümern Lausanne, Genf und Basel sowie in ihrem Geburtsort Kirchberg. Die Bauern rufen sie als Fürbitterin für verlorengegangenes Vieh an. Dargestellt wird die sel. Ida als Nonne, in einem Buch lesend, Hirsch zur Seite, mit Raben, der einen Ring im Schnabel hält.

Legende

Die Legende ihres rührenden Lebens, die der Genovevalegende 1481 nachgebildet wurde, ist historisch nicht beglaubigt, aber allgemein so bekannt geworden, daß sie diese Heiligengestalt völlig durchdrungen hat. Ida wurde Mitte des 12. Jahrhunderts auf Schloß Kirchberg in Württemberg geboren und soll eine Tochter des Grafen Hartmann II. gewesen sein. Sie begleitete ihren Vater auf ein Turnier nach Köln und lernte dort Heinrich von Toggenburg kennen. Da ihr Vater die eheliche Verbindung mit diesem wünschte, gehorchte sie ihm gegen ihre Neigung und folgte nach ihrer Vermählung ihrem Gatten auf die Toggenburg, die nahe dem heutigen Sankt Gallen lag. Graf Heinrich liebte seine Frau leidenschaftlich, war aber eine sehr jähzornige Natur; unfähig zur geringsten Selbstbeherrschung, konnte er über Kleinigkeiten vor Wut außer sich geraten. Ida war ihm die sanftmütigste und friedlichste Gefährtin, nie widersprach sie ihm, demütig schwieg sie zu allem, was er tat und sagte. Im Gebet holte sie immer wieder Kraft zu ihrem schwierigen Ehestand. Da sie keine Kinder hatte, sorgte sie voller Güte für die Armen und Kranken der Grafschaft, auch stand sie ihrem Hauswesen als beste Verwalterin vor. Ihre Freundlichkeit und Mildtätigkeit aber wurde von einem vertrauten Diener ihres Gemahls mit Namen Domenico mißbraucht, der eine unselige Neigung zu seiner Herrin in sich nährte. Als die Gräfin sich einmal auf dem Wege zur Kirche befand, benutzte er die Gelegenheit und überfiel sie. Ihre Hilferufe wurden von dem Jäger Kuno gehört, der ihr beistand. In ihrer Güte verzieh die Gräfin dem Bösewicht, der sich ihr zu Füßen geworfen hatte und ihre Vergebung erflehte. Da Ida wußte, daß ihr Gatte den Diener sofort mit dem Tode bestraft hätte, wenn er davon erführe, versprach sie, zu schweigen, damit ihretwegen kein Blut vergossen würde. Auch gebot sie Kuno Stillschweigen über die Sache. Domenico, der sich nunmehr in Sicherheit wußte, nährte seine Rachegefühle. Nun geschah es, daß Ida kurze Zeit darauf einmal ihren Schmuck am offenen Fenster ordnete und ein Rabe, von ihr unbemerkt, den prachtvollen rubingezierten Ring stahl, den Graf Heinrich ihr zur Verlobung geschenkt hatte. Als sie den Verlust bemerkte, war sie tief bestürzt, sagte aber nichts davon, um niemanden zu beschuldigen, sondern suchte im stillen nach dem verlorenen Kleinod. Der Jäger Kuno jedoch fand an einem der nächsten Tage den Ring in einem Rabennest und steckte ihn sich ahnungslos, von wem er stammte, stolz an den Finger. Jetzt war der Augenblick für den bösen Domenico gekommen: er bezichtigte Kuno beim Grafen, den Ring von seiner Gattin Ida erhalten zu haben, denn würde er sonst einen so kostbaren Gegenstand so offen zur Schau tragen! Der Graf brachte es nicht fertig, in Ruhe über den schrecklichen Verdacht nachzudenken, sondern ließ Kuno, ohne ihn zu hören an ein Roß binden und zu Tode schleifen. Seine Gattin Ida überfiel er mit den furchtbarsten Anschuldigungen, und weil sie in ihrer Sanftmut ihm nicht widersprach, sondern nur bittend die Hände hob, um seine Wut zu dämpfen, ergriff er sie und schleuderte sie in blindem Jähzorn aus dem Fenster in den Burggraben hinab. Ida hätte nach menschlichem Ermessen bei dem Sturz den Tod finden müssen, aber sie wurde wunderbarerweise gerettet, denn sie blieb mit ihren Kleidern in einem Dickicht hängen.

Als sie Gott für ihre Errettung gedankt hatte, ging sie nicht zurück in die Burg, sondern machte sich alsbald in die Wildnis auf, ihr Mann hätte sie ja doch wieder verstoßen, weil er von ihrer Schuld überzeugt war. Sie suchte sich also in der Tiefe des Waldes einen geschützten Platz und baute sich aus Laubwerk eine Hütte, wo sie von nun an in der Einsamkeit lebte. Sie ernährte sich von wilden Wurzeln und Kräutern und trank aus einer Quelle. Hier widmete sie sich andächtig der Betrachtung Gottes. Die Gnade des Herrn war denn auch bei ihr und schützte sie vor allem, was ihr hätte schaden können. So hauste die fromme Einsiedlerin viele Jahre. Eines Tages jedoch wurde ihre Klause entdeckt und zwar von einem Leibjäger des Herrn von Toggenburg. Die unerwartete Nachricht traf den Grafen wie ein Blitzschlag. Der böse Ankläger hatte sich inzwischen selbst entleibt, und des Grafen Gewissen war schon lange wach geworden. Er ließ sich zu seiner Gemahlin führen, warf sich ihr zu Füßen und bat sie um Verzeihung. Sie versicherte ihm, daß sie ihm und Domenico längst vergeben habe und ihm in Treuen zugetan bliebe, bat ihn aber um die Erlaubnis, ihr weltabgeschiedenes Leben fortsetzen zu dürfen. Der Graf wagte nicht weiter in sie zu dringen. Er schlug ihr jedoch vor, den Ort zu wechseln, da dieser für ihn einen so bitteren Vorwurf bedeute. Sie willigte freundlich ein und bat, man möge ihr eine Klause am Fuße des Hörnli-Berges bauen, unweit des Klosters Fischingen, damit sie daselbst die Kirche besuchen könne. Was sie zu ihrer Erhaltung brauche, werde ihr schon das Landvolk bringen. Geld und Güter habe sie nicht mehr nötig.

Und so geschah es. Ida bezog ihre Klause am genannten Ort und führte ein gottseliges Leben als heilige Einsiedlerin. In der Nachtzeit ging sie oftmals, geführt von einem Hirsch, der auf seinem Geweih zwölf zierliche Lichter trug, mit denen er ihr den Weg erleuchtete, in die Klosterkirche. Von nah und fern wandten sich die Menschen in ihren Angelegenheiten an die fromme Klausnerin. Graf Heinrich starb ohne Nachkommenschaft, und die Grafschaft kam an das Kloster Sankt Gallen. Später bezog Ida eine Zelle des Klosters und blieb dort bis zu ihrem Tode. Ihre Gebeine wurden in einem Steinsarg im Kloster Fischingen begraben. Auf ihre Fürbitte wirkte Gott viele Wunder.

Der heilige Hubertus

Der 3. November ist Jagdtag – Hubertustag. Der hl. Hubertus ist seit dem 11. Jahrhundert Patron der Jäger, aber auch der Forstleute und Schützengilden. Weitere Patronate von ihm sind die der Drechsler, Gießer, Kürschner, Metallarbeiter, Optiker, Metzger; seine Hilfe wird angerufen gegen Tollwut, Hunde- und Schlangenbiß, Irrsinn. Der hl. Hubertus findet sich auf vielen Bildern. Er wird meistens als Jäger mit Jagdhorn abgebildet, aber auch als Bischof, fast immer mit Hirsch und Hunden, zuweilen auch mit Engel, der ihm die Stola reicht. Ein schöner Stich von Albrecht Dürer zeigt die Erscheinung des wunderbaren Hirsches. Der Hubertusorden wurde durch Herzog Gerhard von Ravensberg für einen am Hubertustag 1444 erfochtenen Sieg gestiftet. Bei seiner Belehnung mit dem Herzogtum Jülich erneuerte der Kurfürst von der Pfalz den Orden im Jahre 1708. Durch seine Nachfolger kam er später nach Bayern, wo er bis 1918 Hausritterorden der Wittelsbacher war. Am Hubertustag wird Wasser, Wein, Salz, Brot und Hafer geweiht.

Der hl. Hubertus ist einer der ‚Vier heiligen Marschälle' zusammen mit Antonius (s. 17. Januar), Quirinus (s. 30. April) und Kornelius (s. 16. September). Die von ihm gegründete Abtei St. Hubert in den Ardennen, wohin sein Leib am 3. November 743 übertragen wurde, gehört zu den Wallfahrtszielen ihrer Kultstätten. Hubert oder Hubertus kommt aus dem Althochdeutschen und bedeutet ‚der durch seinen Geist Glänzende'. Hubertus ist der Apostel der Ardennen. Er war Bischof von Tongern-Maastricht, wahrscheinlich als Nachfolger des hl. Lambert (s. 18. September). Der hl. Hubertus starb im heutigen Tervueren am 30. Mai 727. Er wurde zunächst in Lüttich bestattet, dessen Kirche er zur Kathedrale erhob, um die Reliquien des hl. Lambert würdig beizusetzen. Sein Fest wird besonders in den Diözesen Aachen, Köln, Luxemburg, Paderborn und Trier gefeiert.

Legende

Die Lebensgeschichte des hl. Hubertus, wie sie uns heute überliefert wird, ist mit Legenden durchsetzt. Geschichtliches und Legendäres sind darin so eng verflochten, daß sie nicht mehr zu trennen sind. Danach hat der hl. Hubertus dieselbe Erscheinung des kreuztragenden Hirsches gehabt wie der hl. Eustachius (s. 20. September). Die beiden Heiligen sind deshalb oft verwechselt worden. Bei dieser tiefsinnigen Legende handelt es sich um eine Wanderlegende, die von Land zu Land wiederkehrt und bald mit diesem, bald mit jenem Heiligenleben in Verbindung gebracht wird. Sein Patronat der Jäger hat der hl. Hubert jedenfalls nicht aufgrund dieser Legende erhalten, die erst später, im 15. Jahrhundert, entstand. Nach einigen Quellen wird dies auf seinen Namen Hubert – Hupe (Hifthorn) – zurückgeführt.

Hubertus wurde 656 oder 658 geboren. Er war der älteste Sohn des Herzogs Bertrand von Toulouse. Als Jüngling kam er an den Hof Theiderichs III. von Burgund und wurde von diesem zum Pfalzgrafen erhoben. Da er die Gunst des Fürsten besaß und durch ausgezeichnete Klugheit alle seine Missionen erfüllte, gelangte er bald in die höchsten Stellungen des Reiches. Hubertus vermählte sich nun mit der schönen Floribana von Löwen; doch nur kurzes Eheglück war ihm beschieden, da sie nach der Geburt ihres ersten Kindes Floribertus starb. Er empfand unsäglichen Schmerz über den frühen Tod seiner Gemahlin, und um seinen Kummer zu vergessen, stürzte er sich nun um so heftiger in allerlei weltliche Vergnügungen. Da geschah es, daß er, in den tiefen Wäldern der Ardennen seiner Lieblingsbeschäftigung, der Jagd, nachgehend, einen kapitalen Hirsch aufspürte. Zur Verwunderung des leidenschaftlichen Jägers blieb der Hirsch ruhig vor ihm stehen. Schon hatte er den Bogen gespannt, um ihn zu erlegen, da erblickte er zwischen den Geweihstangen des Hirsches ein leuchtendes Kreuz. Betroffen sank er in die Knie. Jetzt vernahm er eine Stimme, die ihn mahnte, über den Dingen dieser Welt das ewige Leben nicht zu vergessen. Diese Erscheinung beeindruckte Hubertus derart, daß er sich mit ganzer Seele Gott zuwandte. Er verließ den Hof, verzichtete auf seine Ämter, verschenkte sein Vermögen an die Armen und zog sich in die Einsamkeit der Ardennen zurück, wo er eine Zeitlang als Einsiedler lebte. Dann begab er sich zu Bischof Lambert von Maastricht, der den Verwandelten belehrte und zum Priester weihte. Im Jahre 708 starb der hl. Lambert, und sein Bistum war verwaist. Papst Sergius, der heilige Mann, erhielt in einem Gesicht die Weisung, den Pilger Hubertus zum Nachfolger des Ermordeten zu weihen. Als Hubertus sich heftig wehrte, die Würde anzunehmen, erschien ein Engel vom Himmel, der ihm die bischöfliche Stola umlegte, worauf er, den Willen Gottes erkennend, sich alsbald fügte. Mit dieser himmlischen Stola konnte er später als Bischof viele heilen.

Der Geweihte zog nach Maastricht zurück, um sein ihm von Gott auferlegtes Amt zu übernehmen. Er waltete als Bischof viele Jahre zum Segen des Landes und missionierte vor allem in seinem früheren Jagdgebiet, den Ardennen, unter großer Mühsal und Anstrengung, denn dort waren zu dieser Zeit die heidnischen Bräuche noch fest verwurzelt. Die Reliquien des hl. Lambert übertrug er in ein wunderschönes Gotteshaus, das er ihm zu Ehren hatte erbauen lassen. Der hl. Hubertus verlegte 721 seinen Bischofssitz von Maastricht an diesen Ort, der später den Namen Lüttich erhielt und sich zu einer reichen Stadt entwickelte. Im Jahre 727 holte Gott den rastlosen Missionar viel zu früh zu sich.

Der heilige Karl Borromäus

In der Krypta des Mailänder Domes ruhen die Gebeine des hl. Karl Borromäus, Zeitgenosse des hl. Philippus Neri (s. 26. Mai) und Neffe des Papstes Pius IV. aus dem Hause Medici. Sein Fest wird seit 1652 am 4. November gefeiert. Der Name dieses heiligen Kirchenfürsten wird bei allen Völkern verehrt; zahllose Kirchen, Altäre und Anstalten sind ihm geweiht. Auch die bekannte Haus- und Volksbücherei des Borromäusvereins in Deutschland und Österreich trägt seinen Namen. Engagiert wie ihr Namenspatron bemühen sich diese Organisationen seit ihrer Gründung um die Verbreitung guter Literatur sowohl in der Familie als auch in den katholischen Pfarrbüchereien, die von ihnen auf vielfältige Weise gefördert werden. Dargestellt wird er im Kardinalspurpur mit einem Kreuz in der Hand, Pestkranken die hl. Kommunion austeilend; ferner mit einem toten Kind, das er zum Leben erweckt. Ein Tafelgemälde in Einsiedeln aus dem 17. Jahrhundert zeigt ihn als Kardinal mit hagerem Gesicht und langer, gebogener Nase. So stellt ihn auch Karl Screta auf einem Gemälde der Prager Nationalgalerie dar. Sehr eindrucksvoll ist das Porträt, das Ambrogio Figino von ihm malte und von dem es in einer notariellen Urkunde vom 28. April 1618 heißt, daß es „für das beste Bildnis von ihm gilt, das gemalt worden ist". Carlo Borromeo ist Patron der Seelsorger, der Seminare, der Salzburger Universität und der Stadt Mailand.

Carlo, aus der hochadeligen Familie der Borromei, wurde in Castel Arona am Lago Maggiore am 2. Oktober 1538 geboren. Er besaß eine edle Gesinnung, Geradheit des Charakters, starken Willen und einen scharfen Verstand. Seine Mutter war eine Medici und die Schwester des späteren Papstes Pius IV. Schon der Siebenjährige erhielt die Tonsur, um ihm die Einkünfte aus der Abtei S. Gratiniano von Arona zu sichern. Als Zwölfjähriger wurde er zum Abt ohne Amtsverpflichtung ernannt. Der junge Geistliche verzichtete, ganz im Gegensatz zu den Gepflogenheiten der Zeit, auf die Pfründenbezüge zugunsten der Armen. Daraus ersieht man, daß er damals seinen geistlichen Beruf schon sehr ernst nahm. Mit sechzehn Jahren bezog er die Universität Pavia, um Jura – nicht Theologie – zu studieren. Inmitten der zügellosen Studenten lebte Karl Borromäus nach dem Zeugnis seines alten Biographen „fromm und anständig". Weil seine Gesundheit durch allzu angestrengte Arbeit litt, mußte er sein Studium mehrmals unterbrechen. In dieser Zeit kümmerte er sich um die Verwaltung seiner väterlichen Güter und straffte den recht komplexen Familienbesitz.

Mit einundzwanzig Jahren bestand er mit ‚summa cum laude' das juristische Doktorexamen. Wenige Monate später bestieg sein Onkel den Stuhl Petri. Dieser holte den begabten Neffen nach Rom und betraute ihn mit immer verantwortungsvolleren kirchlichen Ämtern. Ohne Priester zu sein, leitete Karl Borromäus seit 1560, zuletzt als Kardinal von Mailand und päpstlicher Staatssekretär, die gesamte auswärtige Staats- und Kirchenpolitik. Mit Sorge und Neid verfolgten viele diese Anhäufung von Würde und Macht in den Händen eines noch so jungen Mannes. Jedoch zeigte der junge Kardinal weder Neigung zu Hochmut noch zu dem in seiner Zeit so üblichen Lebensgenuß. Wenngleich er sich bei Ballspiel und Schach entspannte, die Jagd auf Großwild liebte und sich wie andere Kirchenfürsten den Luxus erlesener Kunstsammlungen leistete, war er schon zu dieser Zeit ein Phänomen an Arbeitsleistung. Wie er all seinen Verpflichtungen nachzukommen imstande war, ist fast unbegreiflich. Sein Eifer erregte Aufsehen und Spott. Rom war damals, wie Montaigne bemerkt, „eine Stadt, in der niemand arbeitete". Karl Borromäus fiel jedoch den Versuchungen, denen die Nepoten früherer Päpste erlegen waren, nicht zum Opfer. Sein Leben am päpstlichen Hof blieb untadelig und makellos. Der junge Kardinal galt als unbestechlich. „So bald Karl die Leitung der Geschäfte übernommen hatte, zeigte er sich voll vollendeter und vornehmer Gesinnung", sagt Ranke in seiner ‚Geschichte der Päpste' von ihm. Nun sollte ein Ereignis ihn auf den Weg zum Heiligen führen, von dem er trotz seiner Tugenden damals noch weit entfernt war: sein hoffnungsvoller Bruder Federico, den er über alles liebte, starb eines plötzlichen Todes!„ Dieser Schlag ist so schrecklich, daß keine menschliche Erwägung mich trösten kann ... Mehr als sonst etwas hat dies Ereignis mich unser Elend und die wahre Seligkeit der ewigen Heimat lebendig fühlen lassen", schrieb er und entschloß sich, sein Leben zu ändern. Er ließ sich nachträglich zum Priester und bald darauf zum Bischof weihen, womit er dem vielfältigen Drängen, eine Ehe einzugehen – wozu selbst sein Onkel ihn ermunterte – ein Ende setzte. Er lebte in strengster Askese, verminderte seinen Hofstaat, entsagte allen irdischen Eitelkeiten und wandte sich an den hl. Philippus Neri, der fortan sein vertrauter Freund und Ratgeber wurde.

Die größten Verdienste erwarb sich Carlo um den Abschluß des Tridentiner Konzils. Seinem Einfluß ist es zu danken, daß der Papst die Beschlüsse bestätigte und ihre Durchführung anordnete. Er selbst führte die Reformmaßnahmen bei Geistlichkeit und Volk durch, ja, um sich für das große Werk des Konzils in der Praxis einsetzen zu können, verließ er 1566 Rom und zog nach Mailand, wo er fortan seine Diözese persönlich verwaltete.

Die Zustände, die er antraf, waren trostlos. Seit 80 Jahren lag das Bistum Mailand schon im argen. Die Kirchen waren verwahrlost, die Priester vernachlässigten ihre Amtspflichten und das sittenlose Volk war von Irrlehren angesteckt.

Unermüdlich kämpfte der Erzbischof von nun an um das Vertrauen des Volkes. Jeden Sonn- und Feiertag bestieg er selber die Kanzel und wurde trotz seines Zungenfehlers einer der größten Prediger seines Jahrhunderts. Streng und gerecht leitete er sein Bistum.

Er unternahm zahllose Visitationsreisen, durchquerte seine Diözese mutig zu Fuß oder zu Pferde. Seine Missionsreisen führten ihn bis an die Grenzen seines Bistums. Überall ordnete der Heilige das kirchliche Leben neu, setzte unwürdige Priester ab, gab dem Klerus eine einheitliche Kleiderordnung und prüfte die Register über Taufe und Eheschließung. Er berief Synoden ein und errichtete auf eigene Kosten viele Priesterseminare, die für eine ausgezeichnete Schulung des Priesternachwuchses sorgten. Für die Ausbildung jener Priester, die in die Schweiz entsandt wurden, gründete er ein eigenes, das sogenannte ‚helvetische Seminar', denn sie mußten besonders gegen die Irrlehre des Calvin geschult werden. Er stiftete selbst eine Genossenschaft von Weltpriestern, die Oblaten vom hl. Ambrosius, organisierte die ‚Bruderschaft der christlichen Lehre für Laienkatecheten', gab einen Katechismus heraus, gründete Schulen, Heime für gefallene Mädchen, Waisenhäuser, Altersheime, Armenspitäler, Leihhäuser zur Bekämpfung des Wuchers, unentgeltliche Rechtshilfe für Mittellose. Seine persönlichen Mittel beanspruchte er dabei oft weit über seine Möglichkeiten hinaus, so daß er zu sagen pflegte, „es sei besser für einen Bischof, Schulden zu haben als Geld".

Der Bischof hatte aber auch viele Feinde. Vor allem war der spanische Statthalter in Mailand sein Gegner. Der Erzbischof wehrte sich kraft seiner Stellung gegen die Einführung der unmenschlichen spanischen Inquisitionsmethoden und verteidigte die italienischen Belange gegen die fremden Machthaber.

Als 1570 eine große Hungersnot ausbrach, erkannten die Mailänder endlich, was sie an ihrem Erzbischof besaßen. Monatelang speiste er täglich dreitausend Arme, rief den Adel und die Reichen zur Mithilfe auf und organisierte Abhilfe der großen Not. Wahrhaft als ein Heiliger erwies Karl Borromäus sich aber in der Zeit der Pest, die Mailand 1576 heimsuchte. Der Statthalter floh, der Bischof jedoch, der sich gerade auswärts befand, kehrte sofort in die Stadt zurück und ergriff sogleich die nötigen Maßnahmen zur Bekämpfung der tödlichen Seuche. Ohne Furcht vor Ansteckung tröstete er die Kranken, ließ neue Spitäler einrichten, die argen Zustände in den alten verbessern, versorgte die Kranken aus eigenen Mitteln mit Nahrung und Kleidung. Er ging sogar selbst für die Notleidenden bei den Reichen der Stadt betteln. Zur Bekämpfung der Seuche, man nannte sie bereits „die Pest des hl. Karl", erließ er eine Reihe von Vorschriften, die der Meinung und den Gebräuchen der damaligen Zeit weit überlegen waren. Als die Pest ihrem Höhepunkt entgegenging, unternahm er Bußgänge: Barfuß, ein Kreuz in seiner Hand, aller Abzeichen seiner Würde entledigt, zog der Bischof durch die Straßen der Stadt. Und Gott erhörte ihn: die Pest war nach einem Jahr gebannt. Borromeo und sein ganzes Haus aber waren wunderbarerweise verschont geblieben. Der zurückgekehrte Statthalter verklagte den Erzbischof in Rom: er habe sich gegen die Anordnungen der weltlichen Behörde aufgelehnt, sei trotz Verbot in die Häuser der Pestkranken gegangen und habe auch seine Geistlichen hingeschickt und dadurch die Bewohner der Stadt gefährdet. Aber jetzt stand das Volk auf seiten seines Bischofs. Wohin er auf seiner Reise kam, huldigte man ihm wie einem Heiligen. In Rom fand er Anerkennung und Rechtfertigung, und als er, allen Gerüchten zum Trotz, nach Mailand zurückkehrte, wurde ihm der freudigste Empfang bereitet. Indessen war der Erzbischof zum Skelett abgemagert, seine Kräfte in rastloser Arbeit verzehrt. Doch so hart er auch bis zuletzt gegen sich selbst blieb, sein Wesen hatte eine solche Milde und Freundlichkeit angenommen, daß er überall als ein Heiliger angesehen wurde. Ein Protestant meinte von ihm, daß wenn alle Priester gewesen wären wie dieser, es nie zur Glaubensspaltung gekommen wäre. Der von Krankheit und Tod Gezeichnete vollendete noch Stiftung und Bau des großen Priesterseminars in Askona und ging dann noch einmal den Kreuzweg auf dem Berg Varallo bei Arona. Todkrank kehrte er nach Mailand zurück. Lächelnd verschied er am 3. November 1584, erst sechsundvierzig Jahre alt.

Kaum hatte das Trauergeläute des Domes der Stadt und dem Volke den Tod des Oberhirten verkündet, wie der Chronist berichtet, bemerkte man eine solche Verwirrung, als habe ein Feind die Stadt überfallen. Überall herzzerreißendes Klagegeschrei, Händeringen und Tränen! Vor allem die Armen, denen er ein so liebevoller Vater gewesen, konnten sich nicht trösten. Als die Leiche aufgebahrt wurde, war ein solches Gedränge, daß man die Wand durchbrechen mußte, um einen Ausgang für die Massen zu schaffen. Er selbst hatte seinen Begräbnisplatz und die einfache Grabinschrift bestimmt. Als sein Sterbetag sich das erste Mal jährte, beging ihn das Volk schon als hohen Feiertag. Diese Verehrung des Heiligen wuchs von Jahr zu Jahr. Gott verherrlichte sein Grab mit auffallenden Wundern. So versetzte ihn Papst Paul v. auf allgemeinen Wunsch und aus Ehrfurcht vor den zahllosen Beweisen seiner Tugend und Frömmigkeit im Jahre 1610 unter die Zahl der Heiligen. In der Heiligsprechungsbulle wird Karl Borromäus ein Märtyrer der Liebe, ein leuchtendes Beispiel für Hirten und Herde, ein Engel in Menschengestalt genannt.

Der heilige Engelbert von Köln *(Gedenken: 7. November)*

In der Schatzkammer des Hohen Doms zu Köln am Rhein befindet sich der Engelbertusschrein, eine Arbeit von Konrad Duisbergh aus dem Jahre 1633. Er blitzt in seinem reichen Glanze von Silber und Vergoldung. Auf den Reliefplatten der Langseiten sind Begebenheiten aus dem Leben des hl. Engelbert dargestellt, am Deckel acht Szenen mit wunderbaren Heilungen, die an seinem Grabe geschehen sind. Auf dem Deckel ruht die Figur des Heiligen zwischen zwei verehrenden Engeln. Der Schrein birgt Reliquien des hl. Erzbischofs. Weil Engelbertus im Jahre 1225 heimtückisch ermordet wurde, gilt er als Märtyrer.

Auf die energische Persönlichkeit des streitbaren Kirchenfürsten scheint der Begriff ‚Heiliger' wenig zu passen. Dennoch war auch er, wie aus seiner Lebensgeschichte hervorgeht, ein Erwählter Gottes. Engelbert wurde um 1185 als Sohn des Grafen von Berg und dessen Gemahlin, einer Gräfin von Flandern, geboren. Für den geistlichen Stand bestimmt, besuchte er die Domschule in Köln. Durch familiäre Verbindungen erhielt er frühzeitig hohe Ämter, so findet man ihn fast noch als Kind mit der Würde eines Propstes an St. Georg bekleidet, ein Jahr später sogar als Dompropst. Sein leidenschaftliches Temperament riß ihn zu mancher Jugendtorheit hin. In den jahrelangen Bürgerkriegen nach dem Tode Barbarossas und Heinrichs VI. ergriff Engelbert die Partei seines Vetters, des Kölner Erzbischofs Adolf, der kurze Zeit später seines Amtes entsetzt wurde, gegen König und Papst. Er liebte das Waffenhandwerk und die Jagd und stürzte sich unbesonnen in vielerlei Händel. Die Strafe des Kirchenbanns, die ihn zusammen mit dem ungetreuen Kölner Erzbischof traf, kümmerte ihn wenig. Er kaufte sich einfach davon los. Dann zog er nach Südfrankreich, wo er an dem Kreuzzug gegen die Albigenser teilnahm – auch hier reizte ihn wahrscheinlich das Abenteuerliche der Unternehmung. Indessen läuterte er sich mit zunehmendem Alter. Nur so ist es zu erklären, daß das Domkapitel unter Billigung des Papstes den jungen Dompropst Engelbert 1216 einstimmig zum Erzbischof von Köln wählte, womit er zum einflußreichsten geistlichen Fürsten Deutschlands wurde.

Die langjährigen politischen Streitigkeiten hatten das Land verheert und alle Par-

teien – Adel, Klerus und Bürgertum – gleichermaßen verwildert. Recht und Sitte galten nichts, die Unterordnung unter die feste Hand eines Herrn zu ertrotzen, schien ein Ding der Unmöglichkeit. Engelberts starker Natur gelang es jedoch, die Ordnung binnen kurzem wiederherzustellen. Er begründete einen raschen religiösen, geistigen und wirtschaftlichen Aufstieg in seiner Diözese. Hierbei halfen ihm sein scharfer Verstand und sein unbestechliches, menschlich fundiertes Urteilsvermögen. Sein unbestechliches Rechtsempfinden und seine großzügigen Almosen machten ihn beim Volk sehr beliebt. Er berief fähige Ordensleute und sorgte für eine vorbildliche Priesterschaft; durch ständige Söldnertrupps sicherte er den Landesfrieden. Vor allem war der Erzbischof ausnahmslos für jeden zu sprechen, der Klage zu führen hatte. Er entschied unbeschadet seiner mächtigen adeligen Verwandtschaft auch gegen diese, wenn es die Gerechtigkeit verlangte. Das trug ihm die Feindschaft des Adels ein, dessen Ämter als Vögte er rücksichtslos beschnitt, wenn sie sie, wie es meist geschah, gewissenlos ausnutzten. Der neue Erzbischof verwaltete sein Amt in so hervorragender Weise, daß Kaiser Friedrich II., der sich vorwiegend in Sizilien aufhielt, ihn zum Vormund seines jungen Sohnes Heinrich und zum Reichsverweser bestimmte. Damit war Engelbert eine kaum zu tragende Verantwortung aufgebürdet.
Bei den fortgesetzten Konflikten mit dem gewalttätigen Adel ließ Engelbert diesen bei Auflehnung oftmals seine harte Faust spüren. Er schirmte die Klöster und ihren Besitz ebenso wie Bauern und Handwerker. Seine Herrschernatur paarte sich mit weitschauendem politischen Denken und Handeln, was ihm viele Neider einbrachte. Man warf ihm sein kriegerisches Verhalten und seine so gänzlich ungeistliche Prachtentfaltung vor. Dennoch war der Bischof ein Mann Gottes: er förderte die feierliche Gestaltung des Gottesdienstes, unterstützte die neu aufkommenden Bettelorden; zweimal unternahm er selbst eine weite Marienwallfahrt. Schließlich gab er sein Leben hin, um ein Nonnenkloster gegen seinen eigenen Neffen zu schützen. „Hat es ihm zu Lebzeiten an Heiligkeit gemangelt, so hat ein kostbarer Tod das wettgemacht, und war sein Wandel nicht ganz vollkommen, so ist er doch durch sein Leiden geheiligt worden.“ (Cäsarius von Heisterbach). Dargestellt wird der hl. Engelbert mit Pallium und Buch.

Anstelle der Legende

Die Mordtat auf dem Gevelsberg bei Schwelm hat überall Abscheu und Entsetzen erregt. Noch die Dichterin Annette von Droste-Hülshoff war von der blutigen Geschichte so ergriffen, daß sie sie in einer berühmten Ballade schilderte.
Friedrich von Ysenburg erpreßte als Vogt das reichsunmittelbare Essener Damenstift wiederholt durch allzu hohe Steuern, anstatt das Kloster unter seinem Schutz zu neuer Blüte zu treiben. Sein Onkel Engelbert war erst nicht bereit, seinen habgierigen Ver-

wandten zur Rechenschaft zu ziehen. Ja, er bot ihm aus seinem eigenen Vermögen als Ersatz eine Summe an, wenn er die Abtei künftig schone. Als er auf seinen Vorschlag nicht einging, setzte ihn Engelbert ab. Aufgehetzt von anderen Adeligen, denen Engelbert schon lange ein Dorn im Auge war, weil er sich, entgegen dem Brauche der Zeit, stets für die Wehrlosen einsetzte, beschloß Ysenburg, den lästigen Moralprediger aus dem Wege zu schaffen. Wenn er sich auch seinem Onkel in Soest zu einer Aussprache stellte und zum Schein in dem Streit sich nachgiebig zeigte, mochte Engelbert die Gefahr, in der er schwebte, geahnt haben. Denn er legte – wie berichtet wird – eine Generalbeichte bei Bischof Konrad ab, ehe er in der Frühe des 7. Novembers 1225 von Soest aufbrach, um in Schwelm eine Kirche zu weihen. Auf dem Wege dorthin lauerten ihm die gedungenen Mörder unter Anführung Friedrichs von Ysenburg in einem Hohlweg auf. Das kleine Gefolge des Erzbischofs wurde umzingelt, und Engelbert, der sich der Übermacht nicht mehr erwehren konnte, getötet. Sein Leichnam wies siebenundvierzig Wunden auf. Der Pfarrer von Schwelm weigerte sich aus Angst vor den Mördern, ihn in seiner Kirche aufzubahren. Drum mußten die Leute des Erzbischofs ihren hohen Toten auf einem Düngerkarren bis zum Kloster Altenberg bringen, wo der Erschlagene endlich von den Mönchen aufgenommen wurde. Seitdem befindet sich das Haupt des hl. Engelbert als kostbare Reliquie im Altenberger Dom.

Der heilige Leonhard (Lienhard)

Dieser Heilige ist der Schutzpatron der Gefangenen, weshalb er oftmals mit einer zerbrochenen Kette dargestellt wird, aber er wird auch als Patron des Viehs, vor allem der Pferde, verehrt, was die heute in Süddeutschland noch vielfach üblichen Leonardiritte bezeugen. Diese Doppelfunktion ist darauf zurückzuführen, daß man die zerbrochene Kette als Viehkette ansah.

Seine Lebensgeschichte wurde im 11. Jahrhundert in dem von ihm begründeten Kloster Noblac im Departement Haute-Vienne in Frankreich niedergeschrieben. Namentlich hat sich Jordan, seit 1021 Bischof von Limoges und vorher Propst von Noblac, um die Aufzeichnung der Wundertaten Leonhards verdient gemacht. Bereits unter Kaiser Heinrich III. (1039–1056) kam die Kunde von diesem Heiligen nach Deutschland. Seit dem 15. Jahrhundert ist er, zumal in Süddeutschland, zum großen Volksheiligen und Nothelfer geworden. Es gibt eine Unzahl von Votivbildern, die davon erzählen, wie hilfreich der Heilige sich in allen Nöten, besonders solchen, die mit Pferden in Zusammenhang stehen, immer wieder erwies.

Leonhard lebte im sechsten Jahrhundert und stammte aus einem edlen fränkischen Geschlecht. Der Knabe kam schon früh zu ritterlicher Ausbildung an den Hof König Chlodwigs und machte sich bei ihm sehr beliebt. Dem jungen Ritter stand eine glänzende Zukunft bevor. Aber er war für ein anderes Leben bestimmt. Am Hofe lernte er die christliche Religion durch den Erzbischof von Reims, Remigius (s. 1. Oktober), kennen und war von dieser Lehre alsbald so ergriffen, daß er sich taufen ließ und auf alle Vorteile seiner adeligen Geburt verzichtete. Er gab sich ernstem Studium hin und wurde zum Priester geweiht. Nun predigte der junge Geistliche das Christentum mit so großer Begeisterung und geistlicher Redekraft unter den Heiden, daß viele ihm nacheiferten und die Taufe empfingen. Sein Ruf breitete sich rasch aus, zumal wunderbare Krankenheilungen die Wirkung seiner Worte verstärkten. Daraufhin weihte ihn Remigius zum Bischof. Als Leonhard erfuhr, daß der König ihn mit einem Bistum belehnen wolle, um ihn an sich zu binden, kehrte er Reims den Rücken und begab sich in ein bei Orleans gelegenes Kloster. Später verließ er es wieder und ließ sich als Einsiedler in den Wäldern nahe bei Limoges nieder. Hier lebte er ganz der Askese und Betrachtung. Der Ruf seines tugendhaften Lebens zog viele Leute an, vor allem baten die Bauern der Umgegend um seinen Rat, für die er durch seine Naturkenntnis bei Viehkrankheiten und Seuchen zu einem gütigen Helfer wurde. Nach und nach entstand aus der Einsiedelei eine kleine Klostergemeinschaft. Als der Heilige einmal mit der Gnade Gottes der Gemahlin des Königs Theodebert bei einer schweren Geburt beistand, so daß sie genas, schenkte dieser dem Kloster Land und einen Wald. Der Heilige hatte um ein Stück Land gebeten, „so groß, als er in einer Nacht mit seinem Esel umreiten konnte" und nannte die Stätte ‚Nobiliacum', weil sie ihm von einem edlen König geschenkt worden war.

Bald entstand auf dem Grund eine Kirche, die der Gottesmutter geweiht wurde. Der Heilige übte das Amt des Abtes in großer Vollkommenheit aus, und das Kloster Noblac wurde zum Ziel frommer Pilger, die um seinen Ratschluß baten. Auch allen anderen Notleidenden half er, denn er hatte ein barmherziges Gemüt. Besonders aber lagen ihm die vielen Gefangenen am Herz. Er besuchte sie sooft er konnte, sprach ihnen Mut zu und befreite sie, wo er konnte, von ihrem elenden Dasein. Um die in Freiheit gesetzten Gefangenen vor lasterhaftem Leben und Müßiggang und Rückfall zu schützen, vertraute der kluge Abt ihnen Rodung und Bebauung an und schuf auf diese Weise bäuerliche Siedlungen, die der einheimischen Landwirtschaft zugute kamen. Hochbetagt und geehrt starb der Heilige nach einem erfüllten Leben am 6. November 559.

Legende

Uralt sind die Leonardiritte. Im Salzburger Land erklärt man diesen Brauch mit einer Legende: Die Pinzgauer hatten vor sehr langer Zeit eine schöne braune tragende Stute gekauft und sie in ein Seitental von Zell am See gebracht, wo die Weide besonders fett und kräftig war. Die Braune setzte zwei Fohlen, zeigte sich aber so überaus gefräßig, daß die saftigen Wiesen in kurzer Zeit abgeweidet waren. Mit vieler Mühe wurde die Stute ins Zeller Tal gebracht, wo sie weiterfraß, bis auch hier nichts mehr vorhanden war. Nun jagten die Bauern das nimmersatte Tier ins Fuschertal, doch auch hier fraß es jedes Hälmchen bis auf die Wurzel ab. Dann streckte die Stute ihren langen Hals über die Tauern nach Kärnten und fing dort an zu weiden. Es stellte sich heraus, daß die Braune verhext war, und ein Aufgebot aller Bauern aus der ganzen Gegend erschlug das unheimliche Pferd und versenkte den Körper im Zeller See. Um die Zeit, so berichtet die Legende, war der heilige Leonhard in den Pinzgau gekommen und lehrte die Bauern die beiden Fohlen richtig füttern und aufziehen. So entstand die Pinzgauer Rasse, und zum Dank feiert man dort seitdem den Leonardiritt. Alles innerhalb des Umritts gelegene Land gilt als gegen böse Geister gefeit.

Der heilige Willibrord

Der höchst merkwürdige und weltbekannte Brauch der ‚Echternacher Springprozession' hängt mit dem hl. Willibrord zusammen: als nämlich die Gegend von Trier im 13. Jahrhundert von einer Veitstanzepidemie heimgesucht wurde, wandte sich das Volk in seiner Not an den hl. Willibrord, dessen Leib in Echternach begraben liegt. Tatsächlich wurden die Bitten der Gläubigen erhört und das Land von der Plage befreit. Zum Dank veranstaltet man seither diese seltsame Prozession zum Grabe des Heiligen. Als Greis von über 80 Jahren hatte der angelsächsische Missionar und Friesenapostel sich in das von ihm gegründete Benediktinerkloster zurückgezogen, wo er am 7. November 739 sein unermüdlich der Ausbreitung des Christentums gewidmetes Leben beschloß.

Willibrord wurde 658 in Northumberland geboren und bei den Benediktinern des Klosters Ripon erzogen. Von dort ging er als Zwanzigjähriger nach Irland, wo er im Kloster Ratmelsigi (die heutige Klosterruine Mellifont bei Drogheda) sich zum Missionar ausbilden ließ. Dort empfing er die Priesterweihe und begab sich im Jahre 690 mit elf Gefährten auf die Reise nach Westfriesland, jetzt Holland. Unter seinen Gefährten befanden sich der hl. Suitbert (s. 1. März) und zwei Brüder mit Namen Ewald, nämlich der ‚schwarze' und der ‚weiße', die später von den heidnischen Sachsen erschlagen wurden. Die Reliquien dieser beiden hll. Märtyrer wurden auf wunderbare Weise aufgefunden und befinden sich in St. Kuni-

bert in Köln. Nachdem Pippin von Heristal, der fränkische Hausmeier, ihm Schutz und Unterstützung bei seiner Missionsarbeit zugesagt hatte, zog Willibrord nach Rom, um sich dort die päpstliche Vollmacht erteilen sowie Reliquien für den Bau von Kirchen in seinem Missionsgebiet geben zu lassen. Kurze Zeit später, im Jahre 695, war es Pippin selbst, der den hl. Willibrord mit der Bitte an Papst Sergius nach Rom sandte, den Missionar doch zum Bischof zu weihen Der Papst entsprach gern dem Wunsch Pippins und betraute den hl. Willibrord mit dem Bistum Utrecht. Von da ab wurde Utrecht sein ständiger Wohnsitz und ein guter Ausgangspunkt für seine Reisen zu den heidnischen Friesen. Auch späterhin blieb die Mutterkirche des Landes Utrecht, dessen Domschule hohes Ansehen gewann. Als weiteren Stützpunkt für seine Arbeit gründete er 698 aufgrund einer Schenkung der hl. Hermine (s. 22. Dezember), Gemahlin des Pfalzgrafen Hugobert, in der Gegend von Trier die Abtei Echternach. Echternach, dem Willibrord einige Zeit als Abt vorstand, wurde bald eines der wichtigsten Klöster des Frankenreiches, zumal ihm eine bedeutende Missionsschule angegliedert war.
Willibrord dehnte seine Reisen bis nach Antwerpen und in die Gegend des heutigen Dünkirchen aus, über die Ostgrenze des Frankenreiches drang er bis nach Thüringen vor. Sein kühner Versuch, das Evangelium nach Dänemark zu bringen, scheiterte allerdings.
Er wandte sich nunmehr wieder der Bekehrung des Friesenvolkes zu. In einem fast fünfzig Jahre währenden unausgesetzten Kampf durchzog er das Land, predigte und unterrichtete bis zur völligen Erschöpfung, baute Kirchen und Kapellen und setzte Priester und Mönche ein. Viele seiner Mitarbeiter kamen aus England. Wegen der unsicheren Verhältnisse ließen sich feste Bischofssitze und geordnete Gemeinden meistens nicht einrichten; so ernannte der Heilige sogenannte Chor- oder Wanderbischöfe, die ohne Diözese von Ort zu Ort zogen.
Einen großen Gegner hatte Willibrord in dem Friesenherzog Radbod. Jahrelang wurden zwischen Franken und Friesen schwere Kämpfe ausgetragen, in denen Radbod schließlich von dem Hausmeier besiegt wurde. Doch selbst der Besuch des Bischofs bei Radbod konnte den trotzigen Heiden nicht bewegen, das Christentum anzunehmen. Ja, im Gegenteil, er sah sein ganzes Missionswerk noch mal gefährdet; denn Radbod erhob sich aufs neue: Kirchen wurden zerstört, Priester getötet und vertrieben, und es bedurfte großer Anstrengungen seitens Pippins Nachfolger Karl Martell, ihn endgültig zu unterwerfen. Nachdem Radbods Macht gebrochen war, konnte der heilige Bischof sein Missionswerk vollenden: die wilden Friesen wurden letztlich durch das Christentum überwunden, mit dem Glauben zogen Gesittung und Friede ein. Der Leib des hl. Willibrord ruht in dem weißen Marmorsarkophag in der Krypta der romanischen Basilika von Echternach in Luxemburg. Dargestellt wird der Heilige als Bischof, Götzenbild zertrümmernd, Kirchen-

modell oder Kind tragend; Quelle entspringt unter seinem Stabe, mitunter neben einem Fäßchen, weil er Wasser in Wein verwandelte.
Er ist Patron gegen Zuckungen, Epilepsie, Pest und Veitstanz. In Trier wird sein Tragaltar aufbewahrt, den er auf seinen Reisen immer mit sich führte.

Anstelle der Legende

Nachfolgend geben wir einen Auszug aus der anschaulichen Beschreibung der ‚Echternacher Springprozession' von Vilma Sturm:
Sie springen wirklich noch, wenn auch nicht mehr genau nach dem alten Muster, das die Prozession in der Welt berühmt machte, nämlich drei vor, zwei zurück. Der Anblick hat etwas Bannendes, auch für den, der nicht wüßte, was es mit dem Springen für eine Bewandtnis hat. Zu Tausenden kommen sie über die Grenze, aus Holland und Belgien, aus der Eifel und von der Saar. Die Pilger aus Prüm, die über fünfzig Kilometer zu marschieren haben, brechen sonntags auf, um am Pfingstdienstag morgen rechtzeitig einzutreffen. Früher führten sie einen Leiterwagen mit einem Sarg mit, für den Fall, daß einer die Pilgerfahrt nicht überlebt hätte.
Zu Tausenden kommen sie, wie gesagt ... Das Schauspiel ist in der Tat einzigartig und hat seinesgleichen nicht auf der Welt. Es wird eingeleitet von den Sängern, einer Gruppe von Männern, die den Heiligen anrufen. Die Prozession umkreist sein Grab in der Kathedrale Willibrords, Apostels der Friesen; mit ihm begann die Geschichte des Landes Luxemburg vor dreizehnhundert Jahren. Sie besingen den Heiligen als „hellglänzenden Stern unseres Landes", „sanften Wegweiser der Irrenden", „Stifter des christlichen Friedens". Dann springen Polkatöne in diesen ernsten, rauhen Gesang, die ersten Springer kommen. Junge Männer in weißen Hemden, mit zusammengedrehten Taschentüchern in den Händen, bilden eine Viererreihe; die Tücher verhindern, daß der Wechsel der Hüpfschritte nach rechts und links die Reihe zerreißt. Kräftig springen die jungen Männer, schlagen den Bogen um den Marktplatz zur Kathedrale hinauf. Die jungen Mädchen sind zimperlicher, vor allem, wenn sie hohe Absätze tragen. Lahm und unbeholfen die Frauen, manche mit Hüten, die ihnen auf dem Kopfe schaukeln. Es gibt auch viele gemischte Gruppen, Reihen, in denen Vater, Mutter und Kinder springen, der Direktor des Gymnasiums springt mit seinen Lehrern, ab und zu springt ein Kaplan zwischen den jungen Leuten ... Die wunderlichsten Musikanten, außer den Bläserkorps, spielen auf, Liebhaberorchester, Frauen und Kinder dazwischen, die die Geige streichen, Flöten und Tambouringruppen, junge Mädchen mit Akkordeons, und immer diese lächerliche Polkamelodie, und man wird sie nicht leid, zwei Stunden lang, und man wird auch des Hinsehens nicht überdrüssig, obgleich es doch immer dasselbe ist: vier Menschen und drei Taschentücher; man sieht ihnen entgegen, in die heißen, angestrengten Gesichter, man sieht ihnen nach, eine dahinzuckende Masse, mit ernstem Eifer bewegt zu den Polkaklängen. Sechshundert Jahre springen die Echternacher, mit geringen Unterbrechungen. Aber was sich in dem Springen kundtut, ist weit älter, als daß man es in

Jahrhunderten angeben kann. Es ist dasselbe, was im Alten Testament Mirjam, Aarons Schwester, tat, als sie nach der Vernichtung der Ägypter eine Pauke in die Hand nahm, und alle Frauen folgten ihr nach mit Pauken im Reigen. Dasselbe, was König David tat, als er vor der Bundeslade tanzte ...

Die vier Gekrönten (Quattro Coronati)

Die Kirche des heutigen Nonnenklosters am Cölius in Rom wurde im 4. Jahrhundert zu Ehren von vier Märtyrern gegründet, die die Namen Claudius, Nicostratus, Castor und Symphorianus trugen. Freilich ist das Gotteshaus nicht mehr das ursprüngliche. Papst Leo IV. (847–855) hatte über den Gräbern der Märtyrer einen ungewöhnlich großen Neubau errichtet. Diese Basilika ist im 11. Jahrhundert von den Normannen zerstört worden. Nach der Zerstörung unternahm Papst Paschalis II. um 1111 den Wiederaufbau, benutzte aber vom alten Bau nur Teile des Mittelschiffs und die große Apsis. Die Kirche hat einen bezaubernden Kreuzgang aus dem 13. Jahrhundert. Der vier heiligen Märtyrer, deren Reliquien in dieser Kirche aufbewahrt werden, gedenkt die Kirche seit 354 mit einem jährlichen Fest am 8. November. Die vier durch das Martyrium Gekrönten arbeiteten als Bildhauer in den kaiserlichen Steinbrüchen in Pannonien und wurden unter Diokletian, weil sie sich weigerten, eine Statue des Äskulap und ein Bild des Sonnengottes Sol herzustellen, zusammen mit einem fünften Christen namens Simplicius hingerichtet. Irrtümlich wurden sie mit den vier Märtyrern von Albano, Viktorinus und Genossen, identifiziert, die um 305 litten. Sie werden unter dem Sammelnamen der ‚Vier Gekrönten' von den Gläubigen verehrt, unter dem sie im allgemeinen auch in den Heiligenverzeichnissen zu finden sind.
Dargestellt werden die Vier Gekrönten mit Zirkel, Spitzhammer, Meißel und Reißschiene. Sie sind Patrone der Bildhauer und Steinmetze, werden um Schutz für das Vieh und gegen Fieber angerufen.

Legende

Wir folgen der ‚Legenda aurea': Die Vier Gekrönten mit den Namen Severus, Severianus, Carpophorus und Victorinus wurden auf das Gebot des Diokletian mit Bleiklötzen zu Tode geschlagen, weil sie Christum bekannten. Es geschah aber, daß man ihre Namen lange Zeit vergessen hatte. Viele Jahre danach tat Gott ihre Namen kund, und es wurde fest-

gesetzt, daß ihr Gedächtnis zusammen mit fünf anderen Märtyrern, nämlich Claudius, Castor, Nicostratus, Symphorianus und Simplicius gefeiert werde, die zwei Jahre nach ihnen das Martyrium erlitten hatten. Diese Märtyrer waren große Meister in der Bildhauerkunst. Aber weil sie für den Kaiser ein bestelltes Götterbild nicht schnitzen wollten, wurden sie auf des Kaisers Geheiß lebendig in bleierne Särge eingeschlossen und in das Meer geworfen. Ihre Gebeine kamen später auf wunderbare Weise nach Rom.
Papst Miltiades (311–314) gebot unter den Namen jener fünf auch die vier anderen zu ehren und sie die ‚Vier Gekrönten' zu nennen, was geschah, ehe man ihre Namen kannte. Aber auch als diese später bekannt wurden, blieb der Brauch bestehen und so heißen sie bis auf den heutigen Tag überall die ‚Vier Gekrönten' – le quattro coronati. Somit stehen die mit der strahlenden Krone des Martyriums Gekrönten für viele andere, deren Namen das Dunkel der Geschichte auslöschte im Gedächtnis der Menschen, die aber bei Gott eingeschrieben sind im unvergänglichen Licht seiner Liebe.

Der heilige Theodor (Theo, Ted, Dietrich)

Der hl. Theodor von Euchaïta gehört wie Georg (s. 23. April) und Demetrius (s. 8. Oktober) zu den griechischen Soldatenheiligen. Er ist Patron der Soldaten und gegen Sturm. Dargestellt wird er als römischer Soldat oder Offizier mit Schild und Lanze, mit Fackel einen Tempel anzündend; manchmal auch als Drachentöter wie der hl. Georg.
Der hl. Theodor zählt als Großmärtyrer (Megalomartyr) zu den berühmtesten und verehrtesten Heiligen der Alten Welt. Seit dem 9. Jahrhundert ist sein Fest auch im Abendland allgemein. Der hl. Theodorus – auf griechisch ‚Tyro' – war ein Soldat der römischen Armee und starb den Martertod auf dem Pontus um 306 unter Kaiser Maximianus. Seiner legendären Passio nach entstammte er einer christlichen Familie in Syrien. Im 9. Jahrhundert tauchte in der Legende eine zweite Märtyrergestalt mit dem gleichen Namen auf, von der man aber annimmt, daß sie mit dem ursprünglichen Theodor identisch ist. Aus dem einfachen Soldaten hatte man einen römischen Heerführer – auf griechisch ‚Stratelates' – aus Heraklea gemacht, der als Drachentöter galt, mit anderen Worten, den Teufel überwunden hatte. Grund hierfür mag der berühmte Kult in der über dem Grabe des hl. Theodor in Euchaïta (Kleinasien) gebauten großartigen Wallfahrtskirche gewesen sein, zu der seit

frühester Zeit in zunehmendem Maße die Pilger von überall her strömten. Die Erhebung seiner Reliquien ließ vielleicht eine durch eine ‚gehobenere' Lebensgeschichte geprägte Gestalt entstehen. Euchaïta bei Amasia in der ehemaligen römischen Provinz Helenopont, das man für das heutige Tschorum hält, wird als Hauptzentrum des Theodor-Kultes angesehen. Schon im 5. Jahrhundert hieß dieser Ort Theodoropolis – die Stadt des Theodor. Dank ihres großen Patrons nahm sie bis ins Mittelalter immer mehr an Bedeutung zu, ja noch im 14. Jahrhundert ist das Grab des Heiligen in der Basilika ein starker Anziehungspunkt. Von hier aus verbreitete sich seine Verehrung über den ganzen Orient; es entstanden viele Kirchen zu seinen Ehren, darunter eine der ältesten in Konstantinopel. Später wurden Reliquien des hl. Theodor – wohl durch die Kreuzfahrer – nach Venedig übertragen. In Chartres sind ihm auf einem Glasgemälde des 13. Jahrhunderts im Chor der Kathedrale 38 Bilder gewidmet; dort befindet sich auch am Südportal eine Statue von ihm in Rittertracht.

Legende

Hier sei die Legende des heiligen Theodor Tyro etwa so berichtet, wie sie uns Gregor von Nazianz überliefert hat.

Theodorus diente als Soldat im römischen Heer. Er kam mit seiner Legion nach Kleinasien in die Gegend von Amasia, wo sie Winterquartier bezog. Dies war zu der Zeit, als Maximian als Vierfürst regierte und neue Verfolgungsedikte erlassen wurden. Theodor, von dem man wußte, daß er Christ war, mußte vor seinen Vorgesetzten erscheinen, um sich zu verantworten. Er wurde aufgefordert, den Göttern zu opfern. „Ich kenne keine Götter", sagte der Soldat, „ich kenne nur die Dämonen, die ihr verehrt. Mein Gott ist Christus, der einzige Sohn Gottes. Für ihn würde ich alle Qualen der Welt auf mich nehmen." Nun gab man ihm eine Frist von drei Tagen, binnen der er den römischen Göttern opfern sollte. In der Nacht aber ging Theodor hin und steckte in heiligem Eifer den Tempel der Göttermutter Kybele in Amasia in Brand. Entsetzlich sollte er büßen! Er wurde ergriffen und in den Kerker geworfen. Als Theodor nach furchtbarer Folterung in der Finsternis seines stinkenden Gefängnisses lag, erschien ihm in helles Licht getaucht der Herr und sprach ihm Mut zu. Ihm folgte eine Schar von Männern in weißen Kleidern, die huben an Psalmen zu singen, in die der Gefangene, gestärkt und getröstet, einstimmte. Als die Wächter das hörten, flohen sie voller Furcht. Am nächsten Tage wurde der Heilige auf einem Scheiterhaufen verbrannt.

Der griechische Märtyrer Theodor sollte nicht verwechselt werden mit dem hl. Bekenner THEODOR VON STUDION, dessen Gedächtnis einige Tage später, am 11. November begangen wird. Dieser Einsiedler und Mönch lebte von 759–826. Aus dem Kloster Studion bei Konstantinopel machte er als Abt eine Pflanzstätte monastischer Wiederbelebung, deren Einfluß sich vom Berge Athos über den Orient und weiter nach Rußland, Rumänien und Bulgarien erstreckte. Während des Bilderstreits stand der hl. Theodor unerschütterlich zum Primat des Papstes in Rom sowie zur Bildverehrung in einer Zeit, da sich die ikonoklastischen byzantinischen Kaiser wütend dagegen wandten. Sie bestraften deshalb den aufrechten Mönch mehrmals mit Verbannung, in der er auch starb. Theodor von Studion ist eine der größten Figuren in der Geschichte des Mönchtums.

Der heilige Papst Leo der Grosse

Papst Leo I. hat sich als überragende Gestalt der Welt-, Kirchen- und Geistesgeschichte den Beinamen ‚der Große', den man nur zweimal in der Geschichte der Päpste findet, wohl verdient.
Leo ist in gleich hohem Maße Staatsmann und Papst gewesen, der sein Wirken in umfassender Weise als Dienen ansah. Seine Briefe, Schriften und Predigten zeichnen sich durch klassischen Stil, hohe Formvollendung, Schönheit und bewegenden Ausdruck aus. Benedikt XIV. erhob ihn 1754 zum Kirchenlehrer. Der hl. Papst liegt in der Peterskirche zu Rom unter dem ihm geweihten Altar begraben. Von ihm stammt ein für das Papsttum bedeutsam gewordenes Wort: „Petri dignitas etiam in indigno herede non deficit" – die Würde des Petrus geht auch in einem unwürdigen Erben nicht verloren. Seit 1969 feiert man nicht mehr primär den Tag der ersten Translation, sondern seinen Sterbetag, den 10. Nov. Eine zweite Festfeier ist der 28. Juni, der Vorabend des Festes des hl. Petrus, als zweiter Translation seiner Reliquien. In den Stanzen des Vatikans gibt es ein Gemälde von Raffael, das die Vertreibung des Attila aus Italien durch Leo I. zeigt, dem Petrus und Paulus beistehen. Ein Freskobildnis Leos aus dem 8. Jahrhundert ist in S. Maria Antiqua in Rom erhalten.
Dargestellt wird der hl. Papst mit Papstkreuz, Tiara und Evangelienbuch, einen Drachen neben sich – als Retter Roms vor den Hunnen. Er ist Patron der Musiker und Sänger wegen seiner Verdienste um die Kirchenmusik.
Leo stammte aus der Toskana und wurde Archidiakon unter Papst Cölestin I. Im Jahre 440 wurde er zum Papst gewählt. Selbst seine Gegner bezeichneten ihn als einen der vorzüglichsten Päpste. Er war ein entschiedener Hüter der kirchlichen Rechtgläubigkeit und bekämpfte erfolgreich die verschiedenen Irrlehren, besonders die der Monophysiten, Manichäer, Arianer und anderen Häretiker.

In seinem berühmten dogmatischen Schreiben aus dem Jahre 449 an Flavian von Konstantinopel und später auf dem allgemeinen Konzil zu Chalcedon verteidigte er die zwei Naturen – die göttliche und menschliche – in Christus gegen Eutyches, der den Monophysitismus verfocht. Das 450 zur Regierung gelangte romfreundliche Kaiserpaar Marcian und Pulcheria berief gemeinsam mit Leo das vierte Kirchen-Konzil nach Chalcedon ein. Groß zeigte er sich in der Ordnung straffer kirchlicher Disziplin und in der Steigerung des päpstlichen Primats. So sehr er Eingriffen des Staates in die Regierung der Kirche entgegentrat, so bedingungslos stellte er sich in großer Not dem Staate zur Verfügung. So gelang es ihm zu Mantua 452, durch sein mutiges Entgegentreten den Hunnenkönig Attila von der Verwüstung Italiens abzuhalten. Er bewog ihn zum Rückzug und wurde damit zum Retter des Abendlandes. 455 wurde Rom von dem Vandalenkönig Geiserich bedroht, und auch diesmal wieder gelang es dem persönlichen Eintreten des Papstes, die Stadt wenigstens vor Brandschatzung und Niedermetzelung der Bevölkerung zu retten, obwohl er eine vierzehntägige Plünderung Roms und seiner Kirchen nicht verhindern konnte.
Der hl. Leo starb am 10. November 461. Unter ihm hatte das Papsttum eine geistige Machtfülle erlangt wie nie zuvor.

Legende

Im Leben dieses Papstes wurden seine großen geschichtlichen Taten mit Legendärem verbrämt, um sie noch anschaulicher für die Nachwelt zu machen.
Da wird uns berichtet, daß Papst Leo der Große einmal am Ostertage in der Kirche S. Maria Maggiore die Messe las. Und während er den Gläubigen das Abendmahl spendete, küßte eine Frau seine Hand. Leo aber spürte dabei eine schwere Versuchung, und um dieser zu entgehen, schnitt er sich am gleichen Tage heimlich die Hand ab, die Ursache dazu gegeben hatte. Es entstand aber ein Murren unter dem Volk, warum der Papst nicht mehr Messe halte, wie er es sonst getan. Da wandte sich Leo an die hl. Jungfrau und befahl sich ihr ganz mit Leib und Seele. Und siehe, sie kam und fügte seine Hand wieder an mit ihren heiligen Händen und machte sie heil und hieß ihn in die Kirche gehen und das Meßopfer feiern. Hiernach predigte Leo dem versammelten Volke und erzählte, was ihm widerfahren war und zeigte die Hand, an der die Mutter des Herrn ein so großes Wunder vollbracht hatte.
Über seine denkwürdige Begegnung mit dem Hunnenkönig wird folgendes erzählt: Zu dieser Zeit verwüstete der grausame Attila das ganze Land Italien. In dieser übergroßen Not wandte sich der Kaiser an den heiligen Papst um Hilfe. Drei Tage und drei Nächte lag Leo in der Kirche der Apostel auf den Knien im Gebet. Dann erhob er sich und sprach zu seinem Gefolge: Wer mir folgen will, der tue es! – und zog Attila entgegen bis nach Mantua, nur gefolgt von einer kleinen Schar von Würdenträgern. Als aber Attila den Papst sah, sprang er von seinem Pferd und fiel ihm zu Füßen. Und der Hunnenkönig sagte zu ihm, er möge be-

gehren, was er wolle, er würde es ihm gewähren. Da bat ihn der Papst, er solle aus Italien fortziehen und vorher die Gefangenen freigeben. Und so geschah es. Attila wurde von den Seinen schwer getadelt, daß er, der Überwinder der ganzen Welt, von einem Priester sich habe besiegen lassen. Attila jedoch antwortete ihnen: Das habe ich mir und euch zum Heile getan, denn ich sah zur Rechten des Papstes einen furchtbaren Ritter stehen mit bloßem Schwert, der sprach zu mir: Gehorchst du diesem nicht, so wirst du und dein Volk dem Verderben anheimfallen.

Der heilige Martin von Tours

Am Vorabend des 11. November ziehen die Kinder mit Laternen durch die Straßen, sie folgen einem Reiter auf weißem Pferde, der Sankt Martin darstellt. In ihren Liedern klingt die Barmherzigkeit des Heiligen auf, der einst seinen Mantel durchteilte, um die Blöße eines Bettlers zu bedecken, und sie rufen vor den Häusern: „Hier wohnt ein reicher Mann, der uns was geben kann ..." Meistens erhalten die Kinder Obst und Gebäck, und die schönsten der selbstgemachten Laternen werden mit Preisen belohnt. Dieser alte Brauch gedenkt des Patrons der Bettler und Geächteten.

Der „beliebteste Heilige in Europa, Beschützer aller Bedrängten und Schrecken aller Gewalttätigen" wird seit dem 5. Jahrhundert verehrt. Im Mittelalter war das Grab des ‚Wundertäters von Tours' in der Martinsbasilika dortselbst ein beliebtes Wallfahrtsziel und galt als fränkisches Nationalheiligtum. Sein Mantel wurde von den merowingischen Königen als Reichskleinodíe verehrt und in einem besonderen kleinen, dem Gottesdienst geweihten Raum aufbewahrt, der danach ‚capella' (Mantel = cappa) geheißen wurde. Daher stammt die noch heute übliche Bezeichnung Kapelle für eine kleine Kirche. Berühmt ist die Darstellung des Heiligen vor dem Martinsdom in Lucca (Original heute im Innern des Domes); diese ergreifende Gruppe zeigt den hl. Martin mit dem Bettler und kann als „die plastische Erzählung einer der volkstümlichsten Heiligenlegenden" bezeichnet werden.

Martin wurde um 316 in Steinamanger in Ungarn als Sohn eines römischen Offiziers geboren, der dort als Veteran angesiedelt war. Obgleich seine Eltern Heiden waren, ließ Martin sich mit achtzehn Jahren in Amiens taufen. Anlaß für diesen

Entschluß soll das Erlebnis gewesen sein, von dem die Legende berichtet. Nachdem Martin in einem römischen Reiterregiment in Gallien Dienst getan hatte, suchte er den hl. Hilarius (s. 13. Januar) von Poitiers auf, um sich in der Gotteswissenschaft unterweisen zu lassen; er erhielt die niederen Weihen. Es soll den jungen Christen sehr bekümmert haben, daß seine Eltern noch Heiden waren. Man erzählt, daß er deshalb in seine Heimat zurückgekehrt sei und dort seine Mutter bekehrt habe. Die Arianer aber verfolgten und mißhandelten ihn und vertrieben ihn aus Pannonien. Er floh auf die kleine Insel Gallinaria im Golf von Genua. Dort lebte er fünf Jahre als Einsiedler nach dem Vorbild der ägyptischen Eremiten. Dann ging er nach Gallien zurück.

Martin gründete um 360 in der Nähe von Poitiers eine Zelle, die zum Grundstock der ersten cönobitischen Mönchsgemeinschaft von Frankreich wurde. Er beeindruckte durch sein frommes Büßerleben und seine mannigfachen Wundertaten das Volk so tief, daß es ihn zum Nachfolger des Bischofs von Tours erwählte. Wie sehr er sich in seiner Bescheidenheit zunächst dagegen wehrte, erzählt jene Legende, auf die der Brauch der ‚Martinsgans' zurückgeht. Gewaltsam nach Tours geführt, fügte er sich jedoch und übte sein Amt unbekümmert um Lob oder Tadel aus. Seinem einfachen Mönchsleben treu bleibend, wohnte er in dem von ihm an der Loire gegründeten Kloster Marmoutier, das er zu einer Schule von christlichen Missionaren ausgestaltete. Der Patriarch der gallischen Mönche war ein Vorbild für das ganze abendländische Mönchtum, denn er verband als erster das asketische Leben mit dem Apostolat. Mit unbestechlichem Gerechtigkeitssinn und einer echten Liebe zum Volk war der überragende Gottesmann der erfolgreichste Apostel Galliens; er trug die neue Lehre bis in die letzten Ecken seines Sprengels. Seine erstaunliche Wunderkraft wurde überall gerühmt, er vollbrachte mit Gottes Hilfe sogar mehrere Totenerweckungen, deren das Martyrologium Romanum am 11. November gedenkt. Der hl. Bischof Martin von Tours starb auf einer Visitationsreise in Candes um das Jahr 400.

Dargestellt wird er als römischer Krieger auf weißem Pferd, weil sein Fest zu Winterbeginn liegt, zum Unterschied zum hl. Georg, der auf braunem Pferd mit seinem Fest die Saatzeit einleitet; mit rotem Mantel; auch als Bischof mit Schwert; Gans zur Seite. Außer seinem Patronat der Bettler hat er noch viele andere, vor allem der Schneider, Soldaten, Waffenschmiede und vieler Gewerbetreibender.

Legende

Martin hatte die Taufe noch nicht empfangen, als sich jene schöne, allgemein bekannte Begebenheit zutrug, in der er schon als ganz junger Mann den Geist der wahren Nächstenliebe bewies. Es geschah, daß an einem kalten Winterabend der junge Reiter mit seinen Kameraden auf der Straße nach Amiens ritt. Da trat am Stadttor eine armselig in Lumpen gehüllte

Gestalt auf ihn zu und streckte ihm zitternd die Hand entgegen. Weil der junge Soldat kein Geld bei sich trug, die Blöße des Bettlers ihn aber dauerte, zog er kurz entschlossen sein Schwert, schnitt seinen Mantel in zwei Teile und gab einen davon dem Armen, ohne sich um das verächtliche Gelächter der anderen Soldaten zu kümmern. In der Nacht erschien ihm Christus, mit dem Stück seines Mantels bekleidet, und sagte zu der Heerschar der Engel, die ihn begleitete: „Martinus, der noch nicht getauft ist, hat mich bekleidet." Dieses Gesicht beeindruckte den Jüngling so sehr, daß er hinging und sich taufen ließ.
Oftmals wird der hl. Martin mit einer Gans dargestellt, und, wie man weiß, herrscht der Brauch, zu Martini eine Gans zu verspeisen. Das geht auf folgende Legende zurück: Als man Martin zum Nachfolger des Bischofs von Tours gewählt hatte, wollte er dieser Würde entgehen und versteckte sich in einem Gänsestall. Da man nun aber nach ihm suchte, verrieten die Tiere durch ihr Geschnatter, daß Martin sich bei ihnen verborgen hielt. Und man führte ihn hinweg in die Stadt Tours, wo er geweiht wurde.

Der heilige Kunibert

St. Kunibert in Köln gehört zu dem großartigen Kranz der romanischen Kirchen dieser Stadt. Zwar ist das Bauwerk im letzten Kriege schwer getroffen worden, aber der Wiederaufbau fast beendet. Die Kirche erhebt sich an der gleichen Stelle dicht am Rhein, wo der hl. Kunibert, Bischof von Köln, das nach ihm benannte Stift (aufgelöst 1802) gründete, in dessen Kirche er im Jahre 663 seine Ruhestätte fand. Diese Kirche birgt auch die Reliquien der hll. Ewalde (s. hl. Willibrord, 7. November). Der unermüdliche Erbauer von Kirchen und Klöstern, Kunibert, stammte aus einer vornehmen fränkischen Familie der Moselgegend. Sein Name bedeutet der ‚Sippenglänzende', also ‚Hohe'. Um 590 geboren, wurde er auf Wunsch seiner Eltern Edelknabe am Hof des Merowingerkönigs in Metz. Doch sein frommer Sinn fühlte sich bald abgestoßen von dem recht sittenlosen höfischen Treiben, und er wandte sich nach Trier. Hier wurde er zum Priester geweiht und einige Zeit später Archidiakon. Der Ruf des durch seine Gelehrsamkeit und Tugend ausgezeichneten Gottesmannes drang bis nach Köln. Man holte ihn dorthin und wählte und weihte ihn zum Bischof dieser Stadt.
Kunibert verwaltete sein Bistum so vorbildlich, daß sowohl der Hausmeier Pippin I. wie der fränkische König Dagobert I. ihn zu ihrem Ratgeber machten. In politischen Angelegenheiten zeigte er ein besonderes Geschick, und da sein Ruf unantastbar war, wurde sein Rat überall gehört. So vermochte der Bischof viel zur Erhaltung des Friedens beizutragen. Als Dagobert ihn zum Erzieher seines unmündigen Sohnes Sigibert ernannte, führte Kunibert für diesen, der dreijährig

zum König von Austrasien erhoben worden war, die Regierung. Daß Sigibert sich zu einem gerechten und christlich gesinnten Herrscher entwickelte, ist zweifellos dem heilsamen Einfluß des Heiligen zuzuschreiben. Auch Sigibert wird zu den Heiligen gezählt und als Wetterherr verehrt. Er starb 656 – also noch vor Kunibert – in Metz, seine Gebeine ruhen in Nancy.
In Köln erbaute Kunibert mehrere Kirchen, darunter die St. Klemenskirche, später nach ihm St. Kunibert genannt. In seinem Weitblick erkannte der Kölner Bischof aber auch die Wichtigkeit der Missionierung jener Volksstämme, die jenseits der Grenzen seines Bistums zu dieser Zeit dem Christentum gegenüber noch feindlich gesinnt waren. Er erwirkte, daß das Römerkastell Utrecht zum Ausgangspunkt für die Bekehrung der Friesen gemacht wurde und gründete dort den Martinsdom. Aus dem gleichen Grunde erwarb er von Sigibert das an der Grenze Sachsens liegende Soest und schuf in Schwelm und Menden ebenfalls kirchliche Stützpunkte. Mehrere Martinskirchen und Kapellen gehen auf Stiftungen von ihm zurück. Allerdings waren das erst die Anfänge des großen Missionswerkes, das nach ihm dann die irischen und angelsächsischen Glaubensboten vollenden sollten. Immerhin hatte der Kölner Bischof weitschauend für die Christianisierung des heutigen Holland und Westfalen vorgearbeitet.
Der rastlos für Staat und Kirche wirkende Heilige starb am 12. November 663. Dargestellt wird er als Bischof mit Kirchenmodell, Taube über sich.

Legende

Von Kunibert wird uns in vielen Legenden manch Merkwürdiges berichtet, das ihn kennzeichnet. So wußte man zu seiner Zeit in Köln nicht mehr, an welcher Stelle die heilige Ursula in der ihr geweihten Kirche begraben lag. Kunibert hatte schon oft danach geforscht, ohne jedoch ihre Reliquien finden zu können. Als er nun eines Tages im Jahre 640 in der Ursulakirche die Messe las, schwebte plötzlich eine makellose weiße Taube lautlos mit ausgebreiteten Schwingen von der Höhe des Chores herab und setzte sich sanft auf das Haupt des Bischofs. Dann erhob sie sich wieder, umflog dreimal den Altar und ließ sich in einer Seitenkapelle der Kirche auf dem Boden nieder, worauf sie verschwand. An dieser Stelle ließ der heilige Bischof nachgraben und fand in geringer Tiefe die Begräbnisstätte der heiligen Ursula. Es soll auch eine Tafel dabei gelegen haben, auf der ihr Name zu lesen war. Ihr Haupt hat man seitdem in einem silbernen Schrein aufbewahrt und zur Verehrung der Gläubigen ausgestellt.
Der heilige Kunibert war ein sehr frommer und verehrungswürdiger Mann, der mit großer Liebe an Köln und seinen Landen hing. Wie sehr er ganz besonders den Rhein liebte, sollte sich einmal erweisen, als er einen Besessenen heilte. Da verlangte der böse Geist, in den Rhein zu fahren. Bischof Kunibert aber rief: „Was, du unsauberer und schmutziger Gast, du willst ein solch heiliges Wasser besudeln, das der Weltschöpfer gesegnet hat von seinem Urquell bis dahin, wo es der Ozean aufnimmt! So viele Wunder durchleuchten es, so viele Heilige haben

es verehrungswürdig gemacht. Und nun willst du in dies reine Wasser fahren? Zieh hin in den tiefsten Abgrund des Meeres, unter die Ungeheuer der Nacht!" Und der böse Geist entfuhr wimmernd und tat wie der Heilige es befohlen.

Der heilige Stanislaus Kostka

Die Kirche kennt zwei heilige Polen mit Namen Stanislaus, nämlich Stanislaus von Krakau (s. dort) und Stanislaus Kostka, der 1726 von Papst Benedikt XIII. zur Ehre der Altäre erhoben wurde. Er ruht in der Kirche S. Andrea auf dem Quirinal in Rom. Sein Haupt befand sich im Noviziat der Jesuiten in Feldkirch in Vorarlberg und wurde vor einiger Zeit nach St. Blasien überführt. Auf dem Gemälde von Carlo Maratti in seiner Grabeskirche in Rom sieht man den hl. Stanislaus, das Jesuskind auf den Armen, vor der Muttergottes knien. Dort befindet sich auch seine rührende Grabfigur von Pierre le Gros aus verschiedenfarbigem Marmor. Stanislaus Kostka zeichnete sich vor allem durch Reinheit, Starkmut und innige Marienverehrung aus. Meist wird er in Jesuitenkleidung dargestellt, sein brennendes Herz zeigt den Jesusnamen JHS. Er ist Patron von Polen, der studierenden Jugend, wegen seines frühen Todes auch der Sterbenden. Die Gläubigen wenden sich an ihn bei verzweifelten Krankheitsfällen, Augenleiden, Fieber, Gliederbrüchen, Herzklopfen.

Auffallende Dinge begegnen uns nicht in dem Leben dieses Gottliebenden, indessen nimmt er „unter den heiligen Seelen der Kirche, welche in engelreiner Unschuld wie himmlische Wesen auf Erden lebten, einen vorzüglichen Platz ein". Stanislaus stammte aus einer der ersten Adelsfamilien Polens und wurde am 28. Oktober 1550 auf Schloß Rostkova als jüngster Sohn des Fürsten Johannes Kostka und dessen Gemahlin Margaretha Kriska geboren. 1564 zum Studium in das erst kurze Zeit vorher von den Jesuiten in Wien gegründete Adelskonvikt geschickt, mußte er dasselbe schon nach einem Jahr wieder verlassen, weil es von Kaiser Maximilian II. aufgelöst wurde. Er kam nun zu seinem Leidwesen zusammen mit seinem Bruder und dem gemeinsamen Hauslehrer in das Haus eines Freidenkers. Hier beunruhigte den tief Religiösen nicht nur der Gedanke, im Hause eines Abgefallenen zu wohnen, vor allem litt er auch unter seinem eigenen Bruder Paul, der den Jüngeren wegen seiner frommen Übungen, denen dieser sich im Geheimen hingab, heftig verspottete, ja sogar mißhandelte. Der Hofmeister hielt zu dem weltlich eingestellten Paul und fand Unterstützung bei den Eltern der Knaben. So stand Stanislaus mit seinem glühenden Verlangen, ganz dem Dienste Gottes zu leben, allein. Er litt zutiefst unter der Feindlichkeit der Außenwelt und

deren Verständnislosigkeit für sein innigstes Anliegen. Dies mag der Grund für eine schwere Krankheit gewesen sein, die ihn damals heimsuchte. Als er inständig nach der hl. Eucharistie verlangte, verweigerten seine Hausgenossen ihm diesen Wunsch. Sein Gebet aber wurde erhört: er bekam die hl. Kommunion wunderbarerweise von der hl. Barbara gereicht. Auch hatte er in dieser Zeit die Vision der Muttergottes, die an sein Krankenlager trat und ihm liebreich das Jesuskind in den Arm legte. Von diesen himmlischen Tröstungen gestärkt, erlangte Stanislaus seine Gesundheit wieder. Die Erscheinungen des Heiligen sind als authentisch bezeugt in seinem Kanonisationsprozeß festgehalten, und das Zimmer in dem ehemaligen Pfarrhause am Hof zu Wien, in dem sie sich ereigneten, ist in die vielbesuchte Stanislaus-Kapelle umgewandelt worden.
Genesen, faßte Stanislaus jetzt den festen Entschluß, der Gesellschaft Jesu beizutreten. Aber er erhielt keine Bewilligung von seiten seiner Eltern und wurde deshalb von den Jesuiten abgewiesen. Aus diesem Grunde floh Stanislaus 1567 aus Wien, denn er wollte sich an den hl. Petrus Canisius (s. 27. April) persönlich wenden, der damals Ordensoberer für Deutschland war. Stanislaus begab sich nach Augsburg und von dort weiter nach Dillingen, wo er den Gesuchten endlich fand. Dieser beschäftigte den adeligen Jüngling, um ihn zu prüfen, zunächst mit der Arbeit eines Bedienten der Zöglinge im Jesuitenkolleg. Stanislaus bewies dabei einen solchen Eifer und Fleiß, daß Petrus Canisius ihn schließlich in Begleitung von zwei Ordensbrüdern mit einem Empfehlungsschreiben nach Rom schickte. In Rom erhielt Stanislaus von dem damaligen Ordensgeneral, dem hl. Franz Borgia, endlich die Erlaubnis, in das Noviziat einzutreten. Übergroß war seine Freude, nichts mehr konnte ihn dahin bringen, sich aus dem Kollegium zu entfernen. Immer sah man ihn heiter, auf seinem Gesicht lag himmlischer Friede, den er auch anderen mitteilte. In dem einen Jahr, das ihm noch bis zu seinem frühen Tode am 15. August 1568 blieb, lebte er offensichtlich wie ein Heiliger; sein vollkommener Gehorsam, seine Reinheit und Demut und sein Gebetseifer fanden nicht ihresgleichen, so daß seine ganze Umgebung davon beeindruckt war. Er sagte dem Novizenmeister seinen Sterbetag voraus. In der Stunde seines Todes erschien ihm die Himmelskönigin, die er immer seine Mutter genannt hatte. Noch nicht 18 Jahre alt, verließ der hl. Jüngling die Erde, die er als ein Tal der Tränen bezeichnet hatte, und ging ein in die Seligkeit der himmlischen Heimat, nach der er sich zeit seines Lebens gesehnt hatte.

DER HEILIGE LEOPOLD (LUITPOLD) *(Gedenktag: 15. November)*

Das Gedächtnis des Landespatrons von Österreich, Markgraf Leopold III. dem Heiligen, ist am gleichen Tage wie das Fest des hl. Albertus Magnus (s. 15. November), deshalb erscheint er hier einen Tag früher. Der hl. Leopold gilt mit Recht als Musterbeispiel eines wahrhaft christlichen Fürsten. Sein Leben und seine lange Regierungszeit sind geprägt von tiefer Demut gegen Gott, dem er alles, was er unternahm, unterstellte. Schon bei Lebzeiten wurde Markgraf Leopold ‚der Fromme' genannt, seine Untertanen erblickten in ihm einen Vater der Armen und Beschützer des Rechts. Papst Innozenz VIII., der ihn im Jahre 1485 unter die Heiligen erhob, gab vom Wesen dieses christlichen Herrschers mit folgenden Worten Zeugnis: „Vierzig Jahre hat er Österreich regiert und zwar in Zeiten, da jedermann in Deutschland durch blutige Kriege, durch Mord und Brand und Verwüstung in Schrecken gesetzt wurde; er aber regierte ruhig, höchst gerecht und menschenfreundlich. Und während andere Länder vom Blute trieften, erhielt er das ihm anvertraute Österreich in gottgefälligem Frieden."

Nicht weit von Wien liegt am rechten Ufer der Donau auf einer Anhöhe das prachtvolle Chorherrenstift Klosterneuburg. In der Schatzkammer befindet sich neben vielen Kostbarkeiten ein Stückchen Schleier und ein Holunderstrauch. Diese Dinge erinnern an die legendäre Gründung des Stifts durch den hl. Leopold. Auf wunderbare Weise nämlich hatte ihm der Himmel den Ort angewiesen, wo das Kloster errichtet werden sollte. Gewiß ist jedenfalls, daß Markgraf Leopold III., der von 1095–1136 regierte, seine Residenz von Melk an diesen Platz verlegte und in Verbindung damit ein Stift „bei der Niwenburc" (neuen Burg) erbaute. Anfänglich weltliches Kollegiatsstift, hatte der Markgraf 1133 Augustiner-Chorherren dorthin berufen. Auch das Kloster der Augustiner-Chorfrauen daneben dürfte zu dieser Zeit entstanden sein.

Leopold stammte aus dem Geschlecht der Babenberger. Er wurde um 1073 in Melk (nach anderen in Gars) als Sohn Leopolds II. geboren. Seine Erziehung lag in Händen des seligen Altmann, Bischofs von Passau, auf den die Gründung von Stift Göttweig zurückgeht, wo sich auch seine Reliquien befinden. Er bemühte sich, den jungen Edelmann so zu leiten, daß „er weder dem königlichen Überfluß huldigte noch dem Golde anklebte". Schon frühzeitig folgte Leopold seinem Vater in der Regierung. Er zeigte eine echt kirchliche Gesinnung und große Papsttreue, so daß der Papst ihn ‚Filius S. Petri' – Sohn des hl. Petrus – nannte. 1106 vermählte sich Leopold mit Agnes, der Tochter Kaiser Heinrichs IV., die ebenso fromm war wie er. Die glückliche Ehe des Herzogpaares war mit 18 Kindern gesegnet, unter denen sich auch Otto von Freising befand, einer der berühmtesten Geschichtsschreiber des Mittelalters, sowie Konrad II. von Salzburg.

Außer Klosterneuburg gründete Leopold die Zisterzienserabtei Heiligenkreuz (1135) und die Benediktinerabtei Klein-Mariazell (1134). Zweimal schützte er sein Land gegen die Einfälle der Ungarn, die er siegreich zurückschlug. Unter den deutschen Fürsten hatte er sich größte Achtung errungen, so daß er als Nachfolger Kaiser Heinrichs v. vorgeschlagen wurde. Der fromme und kluge Fürst aber verzichtete 1125 offiziell auf die ihm angebotene Kaiserkrone.
Als Leopold am 15. November 1136 starb, betrauerte ihn das ganze Land. Seine Gruft in der Krypta von Klosterneuburg, wo seine Gebeine ruhen, wurde bald das Ziel von Wallfahrten. Gott würdigte seinen treuen Diener durch viele Wunder. Alljährlich werden an seinem Festtage die Reliquien des Heiligen in einem silbernen Sarge, das Haupt mit dem Herzogshute geschmückt, in der Kirche von Klosterneuburg ausgesetzt; sie ist dann mit Andächtigen aus Wien und der ganzen Umgebung gefüllt.
Dargestellt wird der Heilige im Harnisch mit Fahne und Kirchenmodell, auch mit zwei Brotkörben für die Armen. Die Legende von der Gründung Klosterneuburgs wurde auf einem berühmten Altarwerk von Roland Frueauf geschildert (1507), das sich noch heute in Klosterneuburg befindet.

Legende

Die Schleierlegende erzählt uns Adelbert Müller um 1846 im Biedermeierton wie folgt: Bald nachdem das von Leopold neuerbaute Schloß auf dem Kahlen Berge bezogen war, tritt eines Abends die Markgräfin auf den Söller hinaus um sich die schöne Gegend zu beschauen. Da erhob sich von den Bergen her ein Nachtwind, kräuselte den Spiegel des Stromes, rauschte durch den nahen Wald, spielte mit den Gewändern der hohen Frau, und sieh da, unversehens entfernte er ihrem Haupte den zarten Schleier und riß ihn durch kämpfende Lüfte mit sich fort in das Tal. Am frühesten Morgen suchten zahlreiche Boten die werte Zierde in Wald und Flur – doch vergebens. Gewiß hatten rauhe Stürme das feine Gewebe gleich in den ersten Augenblicken zerrissen. Geraume Zeit später begab es sich, daß der Markgraf im nahen Forst jagte, plötzlich rennen im tiefen Dickicht die Hunde zusammen, anhaltend schallt ihr Bellen. Hastig dringt das Jagdvolk dem Laute nach. Das Schwert muß die Bahn brechen durch Unterholz und Gesträuch. Endlich wird eine freie Stelle erreicht, und mit Staunen erblickt der Markgraf den langvermißten Schleier, der unversehrt an dem Aste eines Holunderstrauches schwebt. Schon früher entschlossen, ein Münster zu bauen, hält Leopold dieses für einen Fingerzeig des Himmels, daß des heiligen Gebäudes Grundstein hier gelegt werden solle, und bald erhebt sich Klosterneuburg. Noch bewahrt das Stift den Schleier und den Holunderstrauch, und in enger kühler Gruft sind dort die irdischen Überreste Leopolds und Agnesens vereinigt bis zum großen Tag der Urständ.

Der heilige Albert der Grosse

Albertus Magnus oder Albert von Köln ist unter den Heiligen derjenige, der Glauben mit Wissen verknüpft hat. Von ihm sagte einmal ein Naturforscher: „Wäre die Entwicklung der Naturwissenschaften auf der von Albert eingeschlagenen Bahn weitergegangen, so wäre ihr ein Umweg von drei Jahrhunderten erspart geblieben." Ein Beweis also gegen die allgemein übliche Meinung, „dem mittelalterlichen Menschen, der die Natur nur als Werk Gottes habe denken können, sei es sinnlos erschienen, nach der materiellen Welt unabhängig von Gott zu fragen". Für Männer wie Albertus Magnus und seinen großen Schüler Thomas von Aquin (s. dort) ist das eine allzu vereinfachende Formulierung. Hat nicht gerade Albert vom Theologen verlangt, „daß ihm vorweg die philosophische und wissenschaftliche Bildung der Zeit präsent und verfügbar sei"! „Verknüpfe, so viel du nur vermagst, den Glauben mit der Vernunft", dieser Satz des Boëthius bedeutete für Albert die Lebensaufgabe schlechthin, zeit seines Lebens war er bemüht, „das Geglaubte in eine immer neu zu stiftende, sinnvolle Zuordnung zu bringen zu dem unaufhörlich und ins Unabsehbare sich vervielfachenden Gesamtbestand des natürlichen Wissens von Mensch und Welt" (Josef Pieper). – Damit steht er unserer Zeit so nahe, als wäre er ein Kind unseres Jahrhunderts. Galten doch die Bemühungen der Väter des letzten Vatikanischen Konzils gerade diesem Problem als einer ihrer vordringlichsten Aufgaben.

Der große Kirchenlehrer und Heilige Albert hat dem lateinischen Abendland das gesamte Werk aristotelischer Philosophie zugänglich gemacht. Er tat es „mit dieser gewaltigen Zürnkraft, die das Schwere anspringt und sich auch einmal derb und geräuschvoll entlädt: gegen Leute, die nichts wissen, aber auf alle Weise das Studium der Philosophie bekämpfen, rohe Tiere, die Geschrei vollführen wider das, wovon sie nichts verstehen". Das ist sein schwäbischer Wesenszug; Albert war – wie bekannt ist – aus Schwaben gebürtig und zwar aus dem Rittergeschlecht von Bollstatt. Sein Geburtsjahr wird vor 1200 vermutet (1193?). Während seiner ersten Studien in Bologna und Padua begegnete er dem ‚Menschenfänger' Jordanus von Sachsen (s. 11. Februar), dem Nachfolger des Ordensgründers der Dominikaner. Er bewog Albert 1223 zum Eintritt in den Predigerorden.

Nach Abschluß seines theologischen Studiums etwa ein Jahrzehnt in verschiedenen deutschen Klöstern lehrend, bestieg Albert 1242 als erster Deutscher einen Lehrstuhl an der Universität Paris. Hier sieht und hört ihn zum erstenmal sein größter Schüler, Thomas. Beide sind 1248, im Jahr der Grundsteinlegung des Kölner Domes, in Köln, wo Albert eine Ordenshochschule einzurichten hat.

Einige Jahre später begann für Albert die unruhige Zeit seiner letzten Lebensjahrzehnte. Als Oberer der deutschen Ordensprovinzen durchwanderte er in drei

Jahren fast ganz Europa von Paris bis Ungarn und von Rom bis an die deutsche Ostsee. 1260 berief ihn Papst Alexander IV. auf den Bischofsstuhl des verwahrlosten Bistums Regensburg. Trotz seiner Abneigung gegen eine solche Stellung fügte sich Albert dem Befehl des Heiligen Vaters und blieb zwei Jahre in Regensburg. Das Volk, wenn auch im Glauben sehr lau, liebte ihn von Anfang an. Er fand, wie es in einem alten Bericht heißt: „In der Kasse kein Geld, im Faß keinen Tropfen und in der Scheune kein Körnchen". Aber er ließ sich nicht entmutigen; seine Tätigkeit war von Erfolg gekrönt: innerhalb von nur zwei Jahren hatte er Ordnung bei Volk und Klerus geschafft und den Vermögensstand des Bistums wieder ausgeglichen.

Nun sandte der Papst ihn als Kreuzzugsprediger durch Deutschland und Böhmen. Ab 1269 ist er wieder in Köln, wo er sich vorwiegend der Wissenschaft widmet. Aber noch ist ihm keine Ruhe vergönnt. 1273 reiste er nach Nymwegen, 1274 nahm er als führender Theologe am Allgemeinen Konzil von Lyon teil. 1275 schlichtete er zum zweitenmal einen langwierigen Streit zwischen der Bürgerschaft der Stadt Köln, dem Erzbischof und der Kurie, mit dem gleichen Erfolg wie schon zwanzig Jahre zuvor. Um die Lehre seines großen Schülers Thomas zu verteidigen, scheute der über Achtzigjährige die beschwerliche Reise nach Paris nicht. Drei Jahre später, am 15. November 1280, starb Albert der Große in seiner Stadt Köln, wo er in der Andreaskirche begraben liegt. Ihr gotischer Chorbau war von ihm selbst begonnen worden. Wie unvergessen der gelehrte Dominikaner auch heute noch in Köln ist, beweist die nach dem letzten Weltkrieg von dem Bildhauer Gerhard Marks geschaffene eindrucksvolle Sitzfigur des Heiligen vor der Universität.

Wegen seiner überragenden Gelehrsamkeit erhielt der hl. Albert noch zu seinen Lebzeiten den Namen ‚Doctor universalis'. Seine hinterlassenen Schriften umfassen 50 starke Bände. Sein staunenerregendes Wissen, das außer Theologie und Philosophie viele andere Wissenszweige, wie Astronomie, Meteorologie, Geologie, Botanik, Zoologie, Mineralogie, Anthropologie, Chemie, Physik, Mechanik und sogar Architektur umfaßte, mußte seinen Zeitgenossen unbegreiflich erscheinen. Vielfach glaubte man daher, Albert stände mit dunklen Geheimkräften im Bunde. Dabei lebte der Heilige während seines ganzen Lebens die Wahrheit, die er lehrte. Seine Zelle stand allen Ratsuchenden offen. Demütig betrachtete er alle seine Erfolge als ein Gnadengeschenk Gottes.

Albertus Magnus wurde 1931 heiliggesprochen; 1941 ernannte ihn Pius XII. zum Patron der Naturwissenschaftler. Dargestellt wird er als Dominikaner oder Bischof, mit Schreibfeder oder Buch in der Hand.

Legende

In seinem Buch über Konrad von Hochstaden erzählt uns Jakob Burckhardt eine köstliche Legende über Albertus Magnus, die beweist, wie sehr man in dem Gelehrten einen ‚Magier' sah: Um Weihnachten, bei vielem Schnee und heftiger Kälte, kam König Wilhelm von Holland nach Köln, um am Tage der Heiligen Drei Könige auf deren Grab die feierliche Königsgabe darzubringen und mit den daselbst versammelten Fürsten und Bischöfen seiner Partei die Reichsgeschäfte zu beraten. Zu dieser Zeit wohnte im Dominikanerkloster zu Köln Bruder Albertus, Lesemeister daselbst, „groß in der Magie, größer noch in der Philosophie, am größten in der Theologie". Dieser bat den König inständig, er möge am Dreikönigsfest im Kloster das Mittagsmahl einnehmen; Wilhelm, irgendein hübsches Wunder von dem weisen Mann erwartend, sagte ihm den Besuch zu. Nach dem Gottesdienste im Dom ging er mit seinem Gefolge zu den Dominikanern. Bruder Albertus empfing ihn am Tor und führte ihn in seinen Garten. Hier lag zwar Eis und Schnee; gleichwohl erschienen zierliche Diener und bereiteten eine große Tafel zum Gastmahl zu. Man setzte sich trotz der Kälte unter freiem Himmel zu Tisch und jeder dachte bei sich selbst: was soll daraus werden? Bruder Albertus aber saß neben dem Könige. Wie nun alle frierend der Speisen harrten, da verschwand auf einmal Schnee und Eis, eine milde Sommerwärme verbreitete sich, die Erde trieb in einem Augenblick frisches Gras und schöne Blumen, die kahlen Bäume erschienen reich belaubt und schwer von Früchten, blühende Weinranken verbreiteten den herrlichsten Duft und trieben zugleich volle prächtige Trauben hervor, und ein Chor von Vögeln sang von allen Zweigen herab. Es wurde immer wärmer, die erstaunten Gäste zogen die Oberkleider aus und lagerten sich unter den Bäumen; die Diener legten ihnen geschäftig vor. Aber sowie das Mahl zu Ende war, verschwanden plötzlich die Diener wie Schatten, der Gesang der Vögel verstummte, die Bäume wurden kahl, die Blumen verdorrten und grimmige Kälte brach mit Schnee und Eis wiederum herein, so daß alle ins Kloster an die Kaminfeuer flohen. Ehe die Gesellschaft sich vom Erstaunen erholt hatte, trat Bruder Albertus zu König Wilhelm hin und bat ihn, bei seiner bevorstehenden Reise nach Utrecht dem Predigerorden daselbst eine Baustelle zu einem Kloster zu schenken. Der König gewährte die Bitte; nach wenigen Tagen nahm er Abschied von den versammelten Herren, reiste den Rhein hinunter und kaufte in Utrecht nicht nur eine Baustelle, sondern beschenkte auch das neue Kloster mit großer Freigebigkeit.

Die zarte Marienverehrung und Demut des großen Heiligen wird erhellt durch eine Legende aus dem 14. Jahrhundert. Da vernehmen wir, es habe den greisen Lehrer während einer Vorlesung plötzlich das Gedächtnis verlassen, so daß er seinen Vortrag abbrechen mußte. Die Zuhörer waren bestürzt. Nach einer Weile faßte sich Albert und sprach: „Hört, meine lie-

ben Brüder, ich will euch etwas erzählen. In jungen Jahren betete ich viel zur Gottesmutter, sie möge mich im wahren Glauben erhalten und nicht zulassen, daß die Beschäftigung mit der Philosophie für mich eine Gefahr würde. Da erschien mir die Mutter der Barmherzigkeit und sprach: Sei beharrlich im Gebet und Studium! Gott wird durch deine Wissenschaft die ganze Kirche erleuchten. Damit du aber nicht im Glauben wankend werdest, soll vor deinem Tode alle Weisheit von dir genommen werden. Gott wird dich in kindlicher Einfalt und aufrichtigem Glauben von dieser Welt nehmen. Und dies soll das Zeichen sein: du wirst in öffentlicher Vorlesung vor deinen Schülern das Gedächtnis verlieren!" – „Ja, meine lieben Brüder", fuhr Albertus nach einer kleinen Pause fort, „ich glaube, die Zeit ist nun gekommen."

Die heilige Margareta von Schottland

Die Heiligengeschichte der Kirche kennt mehrere heilige Frauen, die den Namen Margarete trugen. Darunter befindet sich die Nothelferin Margareta von Antiochien (s. 20. Juli) sowie Margareta Maria Alacoque (s. 19. Oktober). Das Gedächtnis der hl. Margareta, Königin von Schottland, wird am 16. November gefeiert. Sie wurde von Papst Innozenz im Jahre 1251 heiliggesprochen.

Dargestellt wird sie mit Hermelin und Krone, Arme und Kranke betreuend.

Margareta, eine Großnichte des englischen Königs Eduard des Bekenners, wurde um 1045 in Ungarn geboren. Dort hatte ihr Vater Eduard Zuflucht gesucht, weil sein Reich in die Hände der Dänen gefallen war. Er war vermählt mit der ungarischen Prinzessin Agatha, deren Schwester mit dem König Stephan von Ungarn verheiratet war. Deshalb wuchs Margareta am Hofe König Stephans auf. Als aber ihr Vater nach England zurückkehren konnte, begleiteten ihn Frau und Tochter. Jedoch starb er früh, und nach dem Normanneneinfall 1066 mußten die Angehörigen der Königsfamilie England wiederum verlassen. Margareta und ihr Bruder wurden auf der Schiffsreise, die sie zurück nach Ungarn führen sollte, an die Küste von Schottland verschlagen, wo sie König Malcolm gastfreundlich aufnahm. Er erkannte alsbald die großen Tugenden Margaretas und begehrte sie zur Ehe. Die Prinzessin hatte bis dahin ein bescheidenes und zurückgezogenes Leben am Hofe ihres Gastgebers geführt und sich vor allem der Pflege der Armen gewidmet. Der tägliche Umgang mit den Notleidenden war ihr lieber als die höfischen Vergnügungen. Sie willigte indessen ein und wurde im Jahre 1070 zur Königin von Schottland gekrönt. Mit der neuen Königin kehrte wieder der Friede in das Land ein. Ihr gottgefälliges Leben wirkte aber nicht nur auf den König, sondern auch auf sein Volk wie eine lebendig gelebte Predigt.

Margareta suchte gute Priester einzusetzen, unterstützte die Bischöfe in ihren Befugnissen und war darum bemüht, jegliches Unrecht auszurotten und die christlichen Tugenden der Nächstenliebe, Mäßigkeit und Keuschheit nicht nur am Hofe, sondern auch bei ihren Untertanen zu verbreiten. Aberglauben und Lauheit im religiösen Leben bekämpfte sie mit aller Kraft. Auch veranlaßte sie eine Reihe von Kirchenversammlungen, bei denen sie sich für die neuen Reformen männlich einsetzte und die Argumente der Gegner zu widerlegen wußte. Die Schotten waren zu dieser Zeit ein rohes, ungebildetes Volk, weshalb sie mehrere Schulen errichtete. Ihr Gemahl stand ihr hilfreich bei und sah strenge darauf, daß die Anordnungen der Königin befolgt wurden.

So wie sich Margareta als fürsorgliche Landesmutter erwies, war sie auch eine vorbildliche Mutter ihrer eigenen Kinder. Sie hatte dem König im Laufe der Zeit sechs Söhne und zwei Töchter geboren. Margareta entließ alle Höflinge, die keinen einwandfreien Ruf besaßen und für ihre Kinder verpflichtete sie hervorragende Lehrkräfte, die sie in allen damals bekannten Wissenschaften unterrichteten. Die Schule der Herzensbildung behielt sie sich selbst vor.

Ihre hervorstechendste Eigenschaft war jedoch die Barmherzigkeit. Großzügig sorgte sie für die Armen und Kranken und verwandte hierzu alle ihre persönlichen Einkünfte. Ehe sie sich zu Tische setzte, pflegte die Königin Waisen und Arme zu speisen. In der Fasten- und Adventszeit reichten sie und der König an dreihundert Bedürftige höchst persönlich Speise und Trank; Malcolm bediente die Männer und Margareta die Frauen. Auch besuchte sie regelmäßig die Gefängnisse und Spitäler. Jedes menschliche Elend, wo es ihnen nur begegnete, suchte das fromme Königspaar zu lindern. Das Volk hing der Heiligen in großer Liebe an, wo sie sich zeigte, war sie von ihren Schutzbefohlenen umringt. „Ihre Seele war immer zu Gott erhoben“, sagte ihr Beichtvater, „auch besaß sie den Geist der Zerknirschung im vorzüglichsten Maße. Wenn sie mir von der unaussprechlichen Schönheit des ewigen Lebens sprach, waren ihre Worte von wunderbarer Lieblichkeit, und sie ward innerlich dann so gerührt, daß ihr die Tränen aus den Augen strömten.“

Als die Königin in ihrem sechsundvierzigsten Lebensjahre stand, suchte Gott sie mit einer sehr schmerzhaften Krankheit heim, die sie ein Jahr lang mit himmlischer Geduld ertrug. Diese fiel in die Zeit eines Krieges, in dem sich Malcolm entgegen ihrem Rate selbst an die Spitze des Heeres gestellt hatte. Der König und einer ihrer Söhne fielen im Kampfe. Sterbend erhielt Margarita die schmerzliche Nachricht. Ihre letzten Worte waren: „Herr Jesus, der du durch deinen Tod der Welt das Leben gegeben hast, befreie mich von allem Übel."

Ihr Todestag war der 16. November 1093. Begraben wurde sie an der Seite ihres Gatten. Gleich nach ihrem Tode verehrte das schottische Volk sie wie eine Heilige. An ihrem Grabe geschahen zahlreiche Wunder. Ihre Reliquien kamen während der Reformationszeit in den Escorial nach Spanien. Ihr Haupt, das sich einige Zeit im Besitz der unglücklichen Maria Stuart befand, kam später nach Antwerpen und von dort nach Douai.

Die heilige Gertrud von Helfta

Die hl. Gertrud wurde am 6. Januar 1256 in Thüringen geboren und starb gegen Ende des Jahres 1302 im Kloster Helfta. Das Kloster, in dem vier heilige Frauen – Gertrud von Hackeborn, Mechtild von Hackeborn, Mechtild von Magdeburg und diese Gertrud, genannt ‚die Große' – gewirkt haben, ist leider während der Reformationszeit völlig vernichtet worden. Die hl. Gertrud gehört zu den großen deutschen Mystikerinnen; dabei war ihr Leben arm an äußeren Ereignissen. Ihr Festtag wird seit 1738 am 15. November, seit dem II. Vatikanischen Konzil 1969 am 16. November begangen.

Dargestellt wird die hl. Gertrud als Nonne, ihr Herz vom Feuer des Herzens Jesu feurig entfacht, mit Buch, Feder oder Kruzifix; sieben Ringe an der rechten Hand. Sie ist Patronin von Westindien

Gertrud kam schon als Fünfjährige in das Kloster Helfta, das zu dieser Zeit unter der Führung der reichbegabten Äbtissin Gertrud von Hackeborn und der Novizenmeisterin Mechtild (s. 26. Februar), einer leiblichen, viel jüngeren Schwester der Äbtissin, eine Stätte hoher Bildung und tiefster Beschauung war. Das Kind fühlte sich bald im Kloster heimisch und bat selber um den Schleier der Gottesbraut. Gertrud erfuhr eine gründliche und kluge Erziehung und stürzte sich mit großem Wissenshunger auf alle Ausbildungsmöglichkeiten, die ihr das Kloster bieten konnte. Sie lernte Latein so trefflich, daß sie mühelos in dieser Sprache zu lesen und zu schreiben verstand. Mit ihrem scharfen Verstand betrieb sie ihren Lerneifer so weit, daß er beinahe zu einer großen Gefahr für sie geworden wäre, denn eine Zeitlang vergaß sie darüber fast völlig ihre Pflichten als Nonne und Braut Christi.

Ja, die Ordensübungen wurden ihr manchmal zur Qual. Als ihr sechsundzwanzigstes Lebensjahr anbrach, begann eine lange und schwere innere Krankheit sich ihrer zu bemächtigen. Sie erkannte, daß Wissen allein ohne die Gnade Gottes nicht selig mache.

Der Advent des Jahres 1280 brachte ihre ‚Bekehrung': es begann der vertraute Verkehr zwischen Gott und ihrer Seele, jene geheimnisvolle zarte Vereinigung mit Christus. Er wurde ihr ein und alles, ihm gehörten fortan ihr Beten, Opfern, Studieren und Tun, ihm ihre Ruhe, jeder Atemzug. Hiervon zeugen ihre von glühender Gottesliebe erfüllten, in gewandtem Latein geschriebenen Schriften, darunter ihr mehrbändiges Werk ‚Gesandter der Gottesliebe' (Offenbarungen von der göttlichen Liebe) und ihre ‚Geistlichen Übungen' sowie ihre ‚Gebete'. Sie gehören wohl zu den besten Erzeugnissen der mystischen Literatur. Lange vor der hl. Margareta Maria Alacoque (s. 19. Oktober) wurde sie zur Wegbereiterin der Herz-Jesu-Verehrung. Sie war es auch, die als Überlebende die Schriften der beiden aus Kloster Helfta hervorgegangenen Mechtilden und der Äbtissin Gertrud ergänzte und ihr Andenken der Nachwelt überliefert hat.

Trotz ihrer hohen Gelehrsamkeit war sie voll aufrichtiger, wenn auch anfangs hart erkämpfter Bescheidenheit. Neben ihrer vielen täglichen Arbeit, die immer wieder durch ihre heftige Krankheit unterbrochen wurde, brachte sie es noch zustande, Bibeltexte für ihre Mitschwestern nicht nur zu übersetzen, sondern sie auch noch zu interpretieren. Sie redete von Gott und den göttlichen Dingen mit solcher Kraft, daß sie viele Sünder zurück auf den rechten Weg führte.

Gertrud war schon von früher Jugend an von vielen Krankheiten heimgesucht. Einige Bücher ihres Hauptwerkes wurden anscheinend während ihrer Krankheit nach ihrer Anweisung verfaßt. Durch einen Stilvergleich aller Schriften hat man festgestellt, welche Schriften von ihr selbst geschrieben wurden. Sind doch ihre eigenen Texte von erstaunlicher Prägnanz und knapper, aber sorgfältiger Wortwahl – einem klassisch schönen Latein – geprägt. Thematisch befaßt sich Gertrud am meisten mit dem Herz-Jesu-Gedanken. Der Inhalt aller wichtigen Anrufungen unserer heutigen Herz-Jesu-Litanei hat seinen Ursprung in den Gebeten der hl. Gertrud.

Gott würdigte sie vieler Offenbarungen und Gnadenvorzüge. Sie überließ sich ihm ganz und voll vertrauender Hingabe und harrte auf den Tag, an dem er sie erheben würde zur Anschauung Gottes. Gertruds Leben war nicht nur von Visionen erfüllt, sondern sie sah ihre Hauptaufgabe im Dienst am Nächsten. Man sagt sogar, daß sie ihm zuliebe ihre Zwiesprache mit Gott zeitweilig vernachlässigt habe. Gegen Ende ihres Lebens lag sie zweiundzwanzig Wochen in geduldiger Ergebung an den Folgen eines Schlaganfalls darnieder. Sie starb in ihrem sechsundvierzigsten Lebensjahr.

Anstelle der Legende

Da die begnadete Mystikerin Gertrud ihr geheimnisvolles Leben inmitten ihrer irdischen Existenz erfuhr, ist eine Trennung von wahren Vorgängen und ihrem übernatürlichen Leben der Entrückung gar nicht möglich.

Ihre erste ‚Begegnung' mit dem Gottessohn schilderte sie wie folgt: Es geschah, daß sie nach dem gemeinsamen Abendgebet im Schlafsaale stand und ihr Haupt vor einer vorübergehenden älteren Schwester ehrerbietig neigte, wie es die Ordensregel vorschrieb. Als sie wieder aufsah, erblickte sie plötzlich Jesus in der Gestalt eines schönen Jünglings, der mit freundlichen sanften Worten zu ihr sprach: „Dein Heil wird bald kommen. Warum bist du betrübt? Hast du keinen Ratgeber?" Jesus fuhr fort: „Du hast mit meinen Feinden den Staub der Erde gegessen und Honig gesucht unter den Dornen. Komm zu mir, ich will dich aufnehmen und dich mit dem Strom meiner göttlichen Wonne berauschen." Als Gertrud sich dem Heilande nahen wollte, sah sie jedoch eine endlose Dornenhecke zwischen ihm und ihr, die sie hinderte. Da begann sie bitterlich zu weinen über ihre Sünden, die wie eine Schranke zwischen ihr und dem göttlichen Heilande standen. Aber in diesem Augenblick ergriff sie Jesus mit der Hand, an der sie die Wundmale erblickte, und stellte sie neben sich. Von dieser Stunde an entbrannte ihr Herz in der Liebe zu ihrem göttlichen Herrn.

Der heilige Florinus *(Gedenken: 17. November)*

Florinus, aus dem Lateinischen ‚der immer Blühende' war der Sohn eines Briten und einer getauften Jüdin. Er wurde geboren im engen wilden Matscher Tal im Vintschgau (Südtirol), weil sich seine Eltern auf dem Rückweg von einer Pilgerfahrt nach Rom hier niederließen. Sie übergaben ihren Sohn dem Priester Alexander von der Peterskirche in Remus (heute Ramosch) im Unterengadin zur Ausbildung. Dort wirkte er schon als ganz junger Mann erstaunliche Wunder. Er wurde Priester, und als Pfarrer der Nachfolger seines Lehrers. Sein Name und seine Legende sind so anmutig, daß wir ihn nicht auslassen wollten im ‚Jahr der Heiligen'. Auch hat die ihm geweihte spätgotische Kirche nebst ihrem romanischen Glockenturm den Brand des Ortes Remüs von 1880 überstanden. Über sein Leben ist sonst nichts bekannt, sein Todesdatum, der 17. November 856, unsicher. Dargestellt wird er als Priester mit Kelch und Krug.

Legende

Einst war der heilige Florinus in seinen jungen Jahren von seinem Lehrer Alexander zu Remüs geheißen, einen Krug Wein zu seiner Labung aus der nahen Burg Carritia zu holen, deren Herrschaft dem frommen Priester freigebig alle Notdurft des Leibes spendete. Der

Jüngling ging und erhielt einen Krug des besten Weines zum Ärger der Schloßknechte, die dem fremden Pfaffen die Gabe mißgönnten. Auf dem Heimweg traf Florinus eine abgehärmte Frau, die bat ihn um ein Almosen zur Stärkung ihres kranken Mannes. Die Arme dauerte ihn, und da er nichts anderes hatte, goß er ihr den Wein in ein leeres Milchschaff, das sie bei sich hatte. Dann ging er ins Schloß zurück, um sich den leeren Krug abermals füllen zu lassen. Der gottlose Torwart aber, der alles mit angesehen hatte, ließ ihn nicht mehr herein, sondern jagte ihn mit bösen Worten und Schlägen weg. Betrübt kehrte Florinus um, und damit er nicht mit leerem Krug nach Haus komme, füllte er ihn an einer sprudelnden Quelle mit Wasser. Aber was geschah? Wie er zu Tische dem vielgeliebten Meister in seinen Becher einschenkte, siehe, da war das Wasser zu Wein verwandelt. Die Quelle aber, aus der Florinus geschöpft, heißt heute noch: La Fintana da Sankt Florin / inua l'aua s'mündet in vin. (Der Brunnen vom heiligen Florin / Wo das Wasser sich kehrt' in Win.)

Die heilige Elisabeth von Thüringen

Elisabeth, die Landgräfin von Thüringen, wird mit Recht als eine der größten deutschen Heiligen verehrt. Ihr Leben hat nicht lange gewährt, aber was sie gewirkt hat, ist unvergessen.

Geboren 1207 auf der Burg Sáros-Patak in Ungarn als Tochter des Ungarnkönigs Andreas II. und seiner ersten Gemahlin Gertrud von Andechs, einer Schwester der hl. Hedwig (s. 22. Oktober), wurde sie mit vier Jahren dem elfjährigen Sohn des Landgrafen von Thüringen, Ludwig, verlobt und zur gemeinsamen Erziehung auf die Wartburg gebracht. Elisabeth war ein übermütiges, strahlend vergnügtes Kind, ihr ungarisches Temperament riß ihre Spielgefährten mit, ihre bestrickende Liebenswürdigkeit bezauberte die Hofgesellschaft. Früh jedoch schon trafen sie persönliche Schicksalsschläge: 1213 wurde ihre Mutter ermordet, 1215 starb Landgraf Hermann, ihr väterlicher Beschützer im fremden Land. Das tiefinnerlich veranlagte Kind wurde immer ernster. Es beobachtete mit wachen Sinnen den krassen Unterschied zwischen dem Luxus und der Verschwendung auf der Burg und der Armut, die drunten im Land beim einfachen Volk herrschte. Sie erkannte, daß ein solcher Gegensatz zwischen Reichtum und Elend den Grundgeboten Gottes widersprechen müsse. Und dieser Gedanke ließ Elisabeth ihr ganzes Leben lang nicht mehr los! Soweit das möglich war, trug die zukünftige Landesherrin

bescheidene Kleider und ging ohne Schmuck zum Gottesdienst. Wo sie nur konnte, milderte sie die Not der Armen. Es erhoben sich Stimmen gegen die Fremde. Man warf ihr vor, sie eigne sich zu einer Dienstmagd oder bigotten Nonne, aber nicht zu einer deutschen Fürstin. Nur Ludwig hielt zu ihr und drängte auf baldige Vermählung. Elisabeth war fünfzehn Jahre alt, als sie mit ihm getraut wurde. Sie war dem Gatten in tiefer Liebe zugetan und schenkte ihm vier Kinder. Ihr Einfluß auf ihren Gemahl wirkte sich sogleich aus. Das verschwenderische Treiben fand ein Ende; Ludwig erlaubte seiner frommen Gattin Elisabeth, Armen und Kranken beizustehen, auch legte er ihren Bußübungen, Nachtwachen und Fasten nichts in den Weg. Ja, sie erreichte von ihm mancherlei Verbesserungen, wodurch das Los ihrer Untertanen erleichtert wurde. Sie selbst pflegte Aussätzige und nahm sich der zahlreichen Waisenkinder an. In der Hungersnot des Jahres 1225 öffnete sie die eigenen Kornkammern und verteilte die Vorräte an die Armen. Ihre Mildtätigkeit ging so weit, daß die Versorgung der Burg ernstlich gefährdet wurde, so daß Ludwig ihr Einhalt gebieten mußte. Immer mehr wurde sie ein Ärgernis für die so ganz anders eingestellten Hofleute. Jetzt trat Konrad von Marburg, der gestrenge Predigermönch, in ihr Leben. 1227 schloß sich Ludwig, von ihm aufgerufen, dem Kreuzzuge Friedrichs II. an, wenige Monate später traf die Nachricht von seinem Tode ein. Elisabeth stand allein.
Ihre Feinde triumphierten. Aller Haß gegen die Landgräfin brach hervor, als Ludwigs jüngerer Bruder Heinrich die Herrschaft übernahm. Man entzog der Wehrlosen ihre Witwengüter. Mitten im Winter mußte sie die Burg verlassen. Nun selber dem äußersten Elend preisgegeben, klopfte sie zusammen mit ihren Kindern an jede Tür. Nirgends fand sie Aufnahme, denn Heinrich drohte allen mit seiner Rache, die Elisabeth aufnehmen würden. Inzwischen hörten ihre Verwandten von ihrem Elend, und ihr Onkel Egbert, Bischof von Bamberg, holte sie zu sich. Um sie vor ihren Feinden zu retten, bemühte er sich, sie zu einer zweiten Ehe zu bewegen, aber sie, die sich längst in ihrem Herzen der Nachfolge Christi geweiht hatte, lehnte ab. Sie wollte den Weg der Armut, der Keuschheit und des Gehorsams gehen. Ihr Beichtvater Konrad von Marburg verweigerte ihr aber die ersehnte Aufnahme als Franziskanerin. Gemeinsam zogen sie nach Marburg. Dort wurde Elisabeth Mitglied des dritten Ordens. Der harte Inquisitor Konrad verlangte, daß sie ihren Kindern und Verwandten entsagte und nahm ihr zu ihrem Schmerz auch die beiden getreuen Mägde, die mit ihr in die Verbannung gezogen waren. Unter seinem Einfluß erwachte immer stärker das mystische Leben der mittelalterlichen Heiligen in Elisabeth. Sie geißelte ihren Leib, immer gesteigertere Bußen und Fasten legte sie sich auf. Visionen und Verzückungen wurden ihr geschenkt. Nachdem ihre Verwandtschaft einen Teil ihrer Güter für sie zurückgewonnen hatte, gründete Elisabeth 1228/29 in Marburg das Franziskus-Hospital

und widmete sich hier ohne Rücksicht auf ihre rasch verfallenden Kräfte ganz der Kranken- und Armenpflege. Heiteren Gemüts sah sie ihrem Tod entgegen. Sie starb am 17. November 1231 mit vierundzwanzig Jahren. Bald ereigneten sich an ihrem Grab viele Wunder. Schon vier Jahre nach ihrem frühen Tod wurde sie von Papst Gregor IX. heiliggesprochen. Von den zahlreichen Votivgaben und großherzigen Spenden konnte bald schon der Grundstein der berühmten Elisabethkirche zu Marburg gelegt werden, wo ihr Sarkophag eine würdige Ruhestätte fand. Am 1. Mai 1236 hatte die feierliche Erhebung der Gebeine der Heiligen in Anwesenheit von Friedrich II. stattgefunden. Dieser stiftete eine Krone, mit der der Leichnam gekrönt wurde und einen Becher. Die Krone befindet sich heute im Stadtmuseum in Stockholm. Weitere Reliquien der Heiligen befinden sich im Elisabethkloster in Wien.

Alle Berichte über die hl. Elisabeth erzählen, mit welcher Hingabe und Furchtlosigkeit sie die Aussätzigen pflegte, die damals allgemein geächtet waren, wie fürsorglich sie sich um die Wöchnerinnen kümmerte, wie zärtlich sie mit den Kindern umging, wie sie allenthalben Trost spendete und Freude bereitete. Eines der wenigen Worte, die von ihr überliefert sind, lautet: „Ich habe euch immer gesagt, daß wir die Menschen fröhlich machen müssen."

Darstellung: mit Krone, Almosen austeilend, Armen die Füße waschend; Korb mit Broten und Weinkrug in der Hand; Rosen in einem Korbe oder in der Schürze, Bettler neben sich; Modell der gotischen Elisabethkirche in der Hand. Sie ist Patronin der Ordensgenossenschaften von der hl. Elisabeth, der Elisabethenvereine, der Caritas; der Bäcker, Bettler, Witwen und Waisen und unschuldig Verfolgten.

Legende

Am bekanntesten wurde die Rosenlegende: Einst ging Elisabeth wieder mit einem Tuch überdeckten Korb von der Burg herab ins Dorf. Als sie Heinrich sah, fragte er sie: „Was hast du in deinem Korb?" „Rosen, Herr", antwortete sie mit demütiger Miene. Ungläubig sah Heinrich selbst in den Korb und fand statt der eben eingepackten Brote unter dem Tuch lauter frisch duftende Rosen. Lächelnd ging Heinrich davon und ließ Elisabeth gewähren.

Unter allen Notleidenden standen die Aussätzigen unter ihrem besonderen Schutz. Mit besonderer Liebe pflegte sie gerade die ekelhaftesten Kranken. Sie wusch ihnen die Hände und Füße, kniete dann vor ihnen nieder und küßte ihnen voller Demut ihre Wunden und Geschwüre. Als ihr Gatte einmal für einige Tage verreist war, beherbergte sie sogar einen völlig verlassenen aussätzigen Knaben auf ihrem Schloß. Sie wusch ihn und salbte seine Wunden mit heilbringenden Kräuterölen und legte ihn anschließend in ihr Ehebett. Doch überraschend kehrte der Landgraf nach Hause zurück. Sogleich führte ihn seine Mutter in das Schlafzimmer und sprach: „Hier zeige ich dir ein Wunder deiner Frau." Der Gatte trat ans Bett, rieß die Decke weg, aber – was sah er? – Statt des Knaben erblickte er das Bild des Gekreuzigten in seinem Bette liegen! Sprachlos blieb er wie angewurzelt stehen. Zu seiner Frau, die ihm gefolgt war, sagte er demütig: „Meine liebe Frau, solche Gäste sollst du mir oft ins Bett legen! Laß dich von niemandem in der Ausübung deiner Barmherzigkeit irre machen.“

Der heilige Korbinian

Der Name bedeutet ‚Freund des Kummers, Befreier von Sorgen‘. Korbinian war der erste Bischof von Freising. Er wird als Bischof dargestellt, mit Buch, Stab, Kirche, auch mit bepacktem Bären zufolge der Legende. Man findet Darstellungen von ihm in St. Andreas in Freising, auf einem Bild der Rothschildsammlung in Paris, von Michael Pacher in Innichen in Tirol, von Jan Pollack, der seinen Tod schildert, in der Bayerischen Staats-Gemäldesammlung. Der Heilige gehört mit dem hl. Rupert (s. 27. März) und dem hl. Emmeram (s. 24. September) zu den Aposteln Bayerns. Seine Lebensgeschichte hat Bischof Arbeo von Freising um 770 aufgezeichnet.
Geboren wurde der hl. Korbinian um 670 südlich von Paris. Sein Vater war gallofränkischer Abstammung, seine Mutter, deren Namen er später annahm, wohl keltisch-irischer Herkunft. Schon als Jüngling sehnte er sich leidenschaftlich nach einem Leben in Gott und zog sich nach Charette zurück, wo er vierzehn Jahre lang zusammen mit einigen Gefährten das Leben eines frommen Einsiedlers lebte. Allerdings brach die Welt immer wieder in seine Abgeschiedenheit ein. So brach er um 709 zu einer Pilgerreise nach Rom auf. Dort nahm er in einer neben der Peterskirche liegenden Klause seine Wohnstatt. Rasch erkannte der Papst die Fähigkeiten des eifrigen Dieners Gottes; er selbst weihte Korbinian zum Priester und schickte ihn als Missionsbischof in seine Heimat zurück. Aber Korbinian war unzufrieden mit seinen Erfolgen und meinte, vor seinem Auftrag versagt zu haben. Daher zog er ein zweites Mal nach Rom und wollte sich vom Papst von seinem Amt entbinden lassen. Er nahm seinen Weg über Schwaben und Bayern. Seine ehrwürdige Gestalt und seine wortgewaltige, eindringliche Sprache machten unterwegs großen Eindruck auf die Leute, so daß er viele bekehrte. Der Bayernherzog Theodo II. ließ Korbinian, weil er davon hörte, an seinen Hof nach Regensburg kommen und nahm ihn überaus freundlich auf. Es fehlte damals sehr an tüchtigen Priestern in diesem wilden Lande, so suchten er und sein Sohn Grimoald den Bischof zum Bleiben zu bewegen. Doch Korbinian zog weiter nach Rom. Papst Gregor II. ging allerdings auf seine Bitten nicht ein, sondern sandte

ihn zurück nach Bayern. Widerstrebend nur fügte sich der temperamentvolle Mann. Auf dem Rückweg suchte er in Mais in Südtirol die Grabstätte des hl. Valentin (siehe dort) auf und benutzte seinen Aufenthalt, um die Verehrung dieses Heiligen zu erneuern. Er richtete ein kleines Kloster in Kains bei Mais ein, wo er am liebsten geblieben wäre. Da er sich für die Ungeduld der Bayernherzöge zu lange verhielt, ließ der junge Grimoald den heiligen Mann von seinen Gefolgsleuten aufgreifen und gewaltsam nach Freising bringen.

Hier nun trat Korbinian sein eigentliches Wirken für die Kirche an. Immerhin verlangte er mutig als erstes, daß der Herzog seine unerlaubte Ehe mit der ihm blutsverwandten Piltrudis auflöste. Das war eine harte Forderung für den stolzen Herzogssohn und er besann sich vierzehn Tage, ehe er sich dem Priester beugte. Fortan war er dem Bischof ergeben und wählte ihn zu seinem engsten Vertrauten. Um ihm eine Freude zu machen, kaufte er für Korbinian das Gut Kains bei Meran und machte es dem Bischof zum Geschenk. Korbinian, der nicht in Abhängigkeit vom Hofe leben wollte, zog auf einen Berg im Westen von Freising, wo er neben einem alten Kastell eine kleine Kirche zu Ehren des hl. Stephan gründete, aus der später die Benediktinerabtei Weihenstephan hervorging. Von hier aus entfaltete der tatkräftige Gottesmann nun seine segensreiche Tätigkeit. Er kämpfte gegen verstecktes Heidentum, Aberglauben und Zauberspuk, Unwissenheit und Laster. Doch verfolgte Piltrud ihn mit ihrem Haß. Vor einem Mordanschlag, den sie gegen den Bischof anzettelte, wurde dieser rechtzeitig gewarnt. Um ihrer Rache zu entgehen, floh er und wandte sich abermals nach Mais, das er so sehr liebte. Hier ging er friedlich seiner Missionsarbeit nach. Die Versuche Grimoalds, den Gottesmann nach Bayern zurückzuholen, waren vergeblich. Er blieb bis zum Tode des Herzogs, der in einer Fehde mit den Franken fiel, in Tirol, das inzwischen von den Langobarden besetzt war. Piltrudis starb in der Verbannung.

Nun konnte der Nachfolger des Herzogs, Hugibert, den Heiligen bewegen, nach Freising zurückzukehren. Das Volk empfing seinen Bischof mit Jubel, und er fand Rechtfertigung und Anerkennung. Aber nur wenige Jahre noch konnte der durch das Alter und seine Erlebnisse Gereifte als vorbildlicher Hirte sein Amt verwalten. Freising wurde endgültig zum Bischofssitz erklärt, das es bis heute geblieben ist. Am 8. September 730 starb der hl. Korbinian.

Zunächst wurde sein Leib – entgegen seinem Wunsche – in der Domkirche von Freising beigesetzt und erst später in die St. Valentinskirche nach Mais übertragen. Von dort kamen seine Gebeine zusammen mit denen des hl. Valentin nach Trient und dann unter Herzog Thassilo nach Passau. Ende des 8. Jahrhunderts erhob Bischof Arbeo von Freising Anspruch auf die Reliquien des Heiligen und sie wurden wieder nach Freising zurückgebracht.

Der Name des hl. Korbinian steht im römischen Martyrologium am 8. September eingetragen. Im Bistum Bozen-Brixen gedenkt man seiner am 9. September. In der Erzdiözese München-Freising wird der Heilige an seinem Hauptfest, nämlich dem Tag seiner Translation, am 20. November gefeiert. Außer der späteren Grabinschrift erinnern an den ersten Bischof von Freising heute noch ein kostbares Evangeliar, das eigenhändige Eintragungen des Heiligen enthalten soll, sowie das Wappen der Stadt Freising, das einen Bären zeigt und auf die bekannteste Korbinianslegende zurückgeht.

Legende

Die starke Persönlichkeit des Heiligen gab zur Ausschmückung seines Lebens mit manch sinnreicher Legende Anlaß. Die bekannteste sei in Kürze berichtet.

Auf seiner Fahrt nach Rom gelangte Korbinian in das Land der Bayern. Da der Herzog von seinen gewaltigen Predigten vernommen hatte, versuchte er ihn zu überreden zu bleiben. Doch Korbinian ließ sich nicht zurückhalten, versprach dem Herzog aber, daß er in Freising seinen Sohn Grimoald besuchen werde. Auch hier wurde er herzlich empfangen und nur ungern ließ ihn Grimoald wieder ziehen. Er gab dem Heiligen ein sicheres Geleit mit bis an die Landesgrenzen. Zur Nachtzeit gelangten die Reisenden auf den hohen Berg Brenner in Tirol. Korbinian hatte ein Maultier bei sich, das seine Habseligkeiten trug. Während sie nun ein wenig ausruhten, kam ein Bär und riß das Maultier des Heiligen. Furchtlos ging dieser auf den Bären zu und befahl ihm im Namen Gottes zu bleiben und das Gepäck statt des Maultiers zu tragen. Und wirklich legte der Bär seine Wildheit ab, ließ sich bepacken und begleitete ihn gehorsam.

Der heilige Otmar (Audemar) *(Gedenken: 16. November)*

Als das vom hl. Gallus (s. 16. Oktober) gebaute Klösterchen an der Steinach nach dessen Tod sich langsam entvölkerte, entschloß sich der Gaugraf Waltram von Arbon nach einem geeigneten Priester zu suchen, damit er das Werk des Heiligen weiterführen möge. Er fand in Audemar oder Otmar einen würdigen Nachfolger. Otmar stammte aus gräflichem Hause in Alemannien und besuchte die Domschule in Chur in Rätien. Hier wurde er später auch zum Priester geweiht und zum Pfarrer der Kirche des hl. Florinus (s. 18. November) in Remüs im Unterengadin ernannt. Otmar blieb aber nicht lange Seelsorger der Leute von Remüs, so sehr sie ihn schätzen gelernt hatten, nachdem sie anfänglich gegen den Grafensohn voll des Mißtrauens waren. Denn Karl Martell machte ihn auf Anraten des Grafen Waltram zum Abt von St. Gallen.

Es war vermutlich um das Jahr 720 herum, als Otmar die hölzerne baufällige Kapelle des hl. Gallus durch ein steinernes Gotteshaus ersetzte. Er baute Herbergen für Arme und Kranke, erstellte Gebäude für die Mönche, die sich ihm anschlossen und soll auch die erste Schule gegründet haben. 747 führte er in seinem Kloster die benediktinische Ordensregel ein. Die aufstrebende Klostersiedlung erweckte jedoch den Neid des Konstanzer Bischofs Sidonius, und als die fränkischen Grafen Warin und Ruodhart das Kloster bedrängten und unrechtmäßige Zinsen heischten, ja dem Kloster wertvolle Besitzungen raubten, machte sich Otmar auf den Weg zu König Pippin, um bei ihm Hilfe zu erbitten. Aber unterwegs wurde er von den Leuten des Bischofs gefangengenommen und in die Burg Bodman am Bodensee geschleppt. Dann machte man ihm mit Hilfe bestochener Zeugen den Prozeß und verbannte den Unerwünschten auf die Insel Werd bei Stein am Rhein. Dort starb er am 16. November 759 und wurde in der Kapelle beigesetzt. Wie Gott es aber lenkt, Bischof Sidonius sollte seine Wünsche nicht erfüllt sehen. Als er nach St. Gallen kam, befiel ihn eine Krankheit, die innerhalb weniger Tage zum Tode führte. Den Leib ihres hl. Abtes holten die Mönche von St. Gallen zehn Jahre nach seinem Tode heim in sein Kloster. Dort ward er in der heutigen Stiftskirche feierlich bestattet.

Dargestellt wird der hl. Otmar als Abt, Weintrauben neben sich oder Weinfäßchen tragend, das – wie die Legende erzählt – durch Gottes wunderbare Hilfe niemals leer wurde, obwohl er daraus viele Pilger und Arme labte.

Legende

Über die Rückführung des toten Abtes lesen wir in einer alten St. Gallener Handschrift: Die frommen Brüder erhoben ehrenvoll den Leichnam, brachten ihn auf das Schiff, entzündeten Kerzen und stellten die eine zu seinen Häupten, die andere zu seinen Füßen. Sie stießen vom Ufer ab und vertrauten sich den unsicheren Gewalten des tiefen Sees an. Als sie sich mit größter Beharrlichkeit dem Ruderwerk hingaben, weil sie in aller Eile zurückkehren wollten, brach sogleich ein solcher Ansturm von Regen und Winden ein, daß sie kaum mehr an ein Entrinnen glaubten. Doch durch die wunderbare Fügung des allmächtigen Gottes und wohl auch wegen der Verdienste des heiligen Otmar geschah es, daß sogar die Elemente, die scheinbar ohne Sinne sind, dem Befehl ihres Schöpfers dienten und wahrnahmen, welch großen Mannes Reliquien dort überführt wurden. Denn der See, der ringsum vom Regensturm aufgewühlt war und seine Wellen hoch aufwarf, bereitete den Ruderern überhaupt keine Mühe; sondern wohin immer das Schiff kam, verdrängte es den Sturm und zerdrückte es die heranbrausenden Fluten. Das Schiff war also gewissermaßen mit einem Zaun umgeben, so daß kein einziger Tropfen des allüberall heftig niederprasselnden Regens einfiel. Sogar die Kerzen, die zu Ehren des seligen Vaters brennend beim Haupt und den Füßen hingestellt worden waren, verloren ihr anfängliches Licht nicht, bis sein Leichnam zum Kloster überführt worden war.

Die heilige Cäcilia

Seit dem 4. Jahrhundert wird die hl. Cäcilia im Kanon der Messe erwähnt; so früh also genoß diese jungfräuliche Märtyrin schon eine große Verehrung. Nur wenige Einzelheiten sind über sie in den Märtyrerakten festgehalten. Wir finden darin einen Satz, der wohl wörtlich genommen worden ist und auf den es zurückgehen mag, daß sie zur Schutzherrin der Musik wurde. Er lautet: „Während die Musikinstrumente erklangen" – nämlich anläßlich ihrer Hochzeitsfeier – „bat Cäcilia den Herrn, er möge ihr Herz und ihren Leib unbefleckt erhalten." Meist findet man sie mit einer tragbaren Kleinorgel oder anderen Musikinstrumenten abgebildet. „Vielleicht ist keine Schutzpatronin in der Welt zu ihrem Amt unschuldiger gekommen als Cäcilia. Sie kam dazu, weil sie auf die Musik nicht achtete, ihre Gedanken davon abwandte, mit etwas Höherem beschäftigt, sich von ihren Reizen nicht verführen ließ." So hat auch Raffael sie verstanden und gemalt: „Indem die Heilige die Orgel senkt, zu den übrigen am Boden liegenden, verworfenen Instrumenten fallen läßt, anerkennt sie", wie Willibald Gurlitt es ausdrückt, „die Ohnmacht aller sinnlich wahrnehmbaren Musik vor jener absoluten Musik, die keines Menschen Ohr je vernommen, die im Musizieren nur Engeln, im Hören nur Heiligen zugänglich ist".

Cäcilia stammte aus dem erlauchten römischen Geschlecht der Meteller oder Cäcilier und erlitt im dritten Jahrhundert den Tod für Christus. Früh schon als Christin erzogen, gelobte sie in ihrer großen Liebe zum Herrn diesem ewige Jungfräulichkeit. Als ein edler Jüngling um sie warb, versprachen ihre Eltern, die von ihrem Entschluß nichts wußten, sie ihm zur Gemahlin. Cäcilia erzählte ihrem Bräutigam am Hochzeitstage, daß sie Christin sei und das Gelübde der Jungfräulichkeit abgelegt habe. Valerian wurde durch sie bekehrt und nahm mit seinem Bruder Tiburtius den Christenglauben an. Nachdem aber die beiden Jünglinge sich in edler Begeisterung todesmutig in der Öffentlichkeit ihres Christentums gerühmt hatten, wurden sie verhaftet und hingerichtet (s. 15. April).

Als man ihre Güter einziehen wollte, hatte Cäcilia schon alles unter die Armen verteilt. Hierüber wütend, vergaß der Präfekt, welch vornehmer und geachteter Familie Cäcilia entstammte und ließ sie vor sich kommen. Der Richter staunte über die Festigkeit und Furchtlosigkeit ihrer Antworten. Da die Jungfrau seinem Ansinnen, den Göttern zu opfern, widerstand, wurde auch sie zum Tode verurteilt. In ihrer Villa sollte sie durch heiße Dämpfe im Bade erstickt werden. Wunderbarerweise ging sie aber unversehrt daraus hervor. Nun holte man den Scharfrichter. Der Henker tat drei Streiche, traf sie aber erst mit dem letzten. Doch konnte er ihr Haupt vom Rumpfe nicht trennen und ließ sie einfach liegen. Die Heilige lebte noch drei Tage. Da sie selbst nicht mehr reden konnte, bat sie die herbeigeeilten Christen durch Zeichen alles, was sie noch besaß, an die Armen zu verteilen. Das geschah unter der Regierung Kaiser Marc Aurels.

Ihr Leib wurde von den Christen in den Katakomben beigesetzt. Er wurde im 5. Jahrhundert in die ihr zu Ehren erbaute Cäcilienkirche übertragen, die man in Trastevere über dem Haus, wo sie ihr Martyrium erlitten hatte – es war vermutlich das Haus ihres Gatten Valerian – errichtete. Papst Paschalis I. (817–824) ließ die Kirche erneuern. 1599 wurde anläßlich einer Restaurierung der Kirche die vermauerte Gruft geöffnet, in der sie beigesetzt war. Da zeigte sich ein ergreifendes Bild: der Leichnam der Jungfrau lag unverwest auf der rechten Seite, eingehüllt in ein langes Gewand aus Goldbrokat. Der Hals zeigte eine tiefe Wunde, das Gewand trug Blutspuren und zu ihren Füßen lagen blutgetränkte Leintücher. So wie sie damals aufgefunden wurde, hat der Bildhauer Maderno die wie schlafend daliegende Gestalt der Heiligen in Marmor nachmodelliert. Man stellte diese Statue in einer offenen Nische des Hochaltars auf. Neben der Kirche wird heute noch das Caldarium der antiken Thermenanlage gezeigt, wo die hl. Cäcilia eingesperrt war, um den Erstickungstod zu finden, und hier auch soll der Henker sie schließlich erschlagen haben.

Die heiligen Kolumban und Columcille

Von den verschiedenen iroschottischen Heiligen mit Namen Columbanus möchten wir die zwei berühmtesten hier nennen: einmal den älteren, nämlich den hl. Columba oder Columcille, auch mitunter Columbus geheißen, mit dem Fest am 9. Juni, und zum anderen den hl. Kolumban von Bobbio mit dem Fest am 23. November.

„Für die irischen Mönche waren Schottland, England und der Kontinent das Ziel ihres ‚Abenteuers um Christi willen‘. Sie machten sich meist zu zwölft auf den Weg, nach der Zahl der Apostel, in Booten aus Weidengeflecht und Tierfellen. Ihre Ankunft erregte

Staunen, wo immer sie hinkamen. Sie trugen ihre Bücher in einem Ledersack um den Hals; jede Handschrift war ihnen so teuer, als sei sie ein lebendes Wesen. Sie feierten das Osterfest an einem anderen Datum als die römische Kirche. Sie hatten auch eine andere Tonsur: ihr Haar war am Vorderkopf halbmondförmig geschoren, vom Hinterkopf fiel es ihnen in langen Strähnen auf die Schulter. Aber das sind nur Äußerlichkeiten: sie seien Mönche nicht nur der Kleidung, sondern dem Leben nach – so rühmte man sie. Es waren redegewaltige Männer, in denen der Geist glühte, wie beim hl. Patrick (s. 18. März), sie scheuten nicht vor dunklen Orten und tiefen Wäldern zurück, die als Bereiche der alten Götter galten. Sie fürchteten die Könige nicht. Sie predigten Buße wie Johannes der Täufer – ihre Bußbücher bezeugen es –, und sie waren unbeugsam, wenn es um das Heil der Seele ging... Manche von ihnen waren nicht nur Gelehrte, sondern auch Künstler, Dichter zumeist. Das gilt vor allem von den beiden Größten unter ihnen" (Margit Wagner).

Wie eine Legende mutet die Geschichte COLUMBAS, der ,Taube der Kirche' an. Er war ein Königssohn und ein Poet. Er stammte aus Garton bei Donegal, studierte in Moville und Clonard und wurde Mönch im Kloster Glasnevin. Seine Lebensaufgabe sah er in der Gründung von Klöstern. Er begann damit, ehe er noch die Priesterweihe empfangen hatte. Seit 545 entstanden durch ihn in seiner Heimat etwa vierzig Klöster und viele Kirchen. Auf jedem Zweig der Eichen von Derry sah Columba, wie er in einem Gedichte sagt, „einen weißen Engel des Himmels sitzen", weshalb dort kein Baum geschlagen werden durfte.

Aber der so leidenschaftlich der Heimat Verbundene ging 563 außer Landes. Die Legende berichtet, daß dies „um einer schweren Schuld willen geschah", als Buße. Columba hat immer unter dem Heimweh gelitten, es war der Schmerz, der – wie Reinhold Schneider sagt – „sein Martyrium war". Noch heute zeigt man in Columbas Geburtsort den ,Heimwehstein'. Er nahm hunderteinundzwanzig Gefährten mit und landete auf einer Insel Hy vor Schottland, die nach ihm Iona (im Hebräischen ,Taube') genannt wurde. Hier baute er ein neues Kloster, das vornehmste Glied in der Kette der von ihm gegründeten geistlichen Stätten. Von Iona aus wurde ganz Schottland bekehrt, auch Northumbrien.

Die Klöster der irischen Mönche bestanden nicht aus großen Bauten. Sie waren vielmehr, auch später in Deutschland, Ansammlungen nahe beieinander gelegener winziger Einsiedeleien, jedes Hüttchen eine Zelle. Hart war in Irland, wie man weiß, die von der benediktinischen unabhängige Regel! Die Mönche mußten sich selbst ihre Zellen bauen, für ihre Nahrung sorgen, Ackerbau und Viehzucht treiben, die verschiedensten Handwerke ausüben. Columbas Abtszelle stand auf einem Hügel, so daß er alles überblicken konnte. Er schlief auf der nackten Erde und hatte einen Stein zum Kopfkissen. Er sandte seine christlichen Boten über das

Meer, nach den Orkney- und Shetlandinseln, einer seiner Mönche erreichte sogar Island. Nach Iona kamen Pilger, um in ihren Nöten den wundertätigen Abt zu befragen. Eine ungeheure geistige Macht stand Columba zu Gebote und unterwarf ihm die Seelen. Er durchschaute jeden, er wußte, was in der Ferne und was künftig geschah. Erfüllt vom Heiligen Geist gebrauchte der Heilige diese Gaben jedoch nur zur Verherrlichung Gottes. Sein Einfluß und Ansehen hatten bis ins achte Jahrhundert nicht seinesgleichen! Er gewann die Skoten für Christus und bekehrte trotz des Widerstandes der heidnischen Priester auch die wilden Pikten. „Der Norden, dem selbst die Römer das Zeichen ihrer Macht nicht hatten aufpflanzen können, wurde durch die geistliche Macht dieses einzigen Mannes gewonnen."
585 verließ Columcille seine Insel der freiwilligen Verbannung, Iona, und ging nach Irland, um den bedrängten Dichtern zu helfen. Er habe, so erzählt die Legende, die Heimat nur betreten, aber nicht wiedergesehen. Als er seinem geliebten Derry nahte und von dort flußaufwärts ins Land gefahren sei, habe er eine Binde vor Augen getragen, „um, wie er gelobt, die Menschen der Heimat nicht mehr zu sehen, um auch Derry nicht mehr zu sehen und die Mönche nicht, die so schön wie die Vögel sangen, die rauschenden Eichen und die an Früchten reichen Apfelbäume nicht..." Der Hochkönig hatte ihn gerufen, er und das Volk standen gegen die Barden, die Dichter. Columcille gehörte selbst zu den Dichtern. Mehr als tausend hatten sich in Tara versammelt. Es gelang dem Heiligen, zwischen dem irischen Volk und den Dichtern Frieden zu schließen. Der Vertrag von Druim Ceatt hatte ein Jahrtausend lang und mehr Geltung, – so viel galten die Dichter in diesem Lande! Als er die Zelte der Synode verließ und sich dem Kloster Clonmacnois nahte, kamen ihm Abt und Mönche mit einem Traghimmel entgegen, um den Hochgefeierten zu geleiten. Sie neigten sich tief und berührten mit ihren Gesichtern die Erde. So war Columba aus seiner Verbannung als ein „Versöhner und Ordner" in die Heimat gekommen.
Noch viele wunderbare Werke tat er. Wunderbar wie sein Leben war auch der Tod des großen Heiligen. Als der Tag, den er herbeigesehnt hatte – er kannte ihn – kam, es war ein Samstag, sah der Greis noch einmal nach den Vorräten des Klosters in Iona, er fand den Speicher gefüllt und war zufrieden. Dann erstieg er noch einmal seinen Hügel und segnete das Kloster und die Insel. Nachdem er die Brüder ermahnt hatte, legte er sich nieder und schlief bis zur Mitternachtsmesse. Als die kleine Glocke schellte, stand er wie immer auf, eilte aber so rasch zur Kirche, daß niemand ihm folgen konnte. Die Mönche sahen das Gotteshaus ganz erfüllt von Licht. Als sie es betraten, wurde es dunkel wie zuvor. Sie holten Lichter und fanden den Vater vor dem Altare liegen. Er konnte nicht mehr sprechen, stumm segnete der Sterbende die Brüder, und die Kirche war voll ihres Weinens.
Sein Biograph und Nachfolger, Adamman, schrieb über Columcille: „Er hatte

das Antlitz eines Engels, eine ausgezeichnete Natur, er war gesittet in seiner Sprache, heilig in seinem Tun, groß im Rate... von allen wurde er geliebt."

Seinen Festtag am 23. November hat aber eigentlich der HL. KOLUMBAN von Luxeuil oder von Bobbio. Er lebte nur wenig später als Columcille. Um 530 in Leinster in England geboren, wandte er sich nach Irland und wurde Mönch im Kloster Bangor. „Nicht mehr jung", wie es heißt, „begann er sich nach Pilgerschaft zu sehnen". Um 590 soll er mit zwölf Gefährten nach Frankreich gekommen sein. Sein Weg führte ihn an den Hof von Burgund, zu König Childebert, der ihm für seine Missionsarbeit Schutz gewährte. Kolumban gründete drei Klöster in den Vogesen: Annegray, nicht weit davon Luxeuil und Fontaines. Fünfundzwanzig Jahre stand er Luxeuil als strenger und gerechter Abt vor. Seine charaktervolle Persönlichkeit ersieht man daraus, wie wenig er sich scheute, offenes Mißfallen an dem lasterhaften Leben des Hofes zu äußern, ja, daß er der ausschweifenden Königin Brunhilde mutig entgegenzutreten wagte. Der Nachfolger Childeberts, Theuderich, verwies ihn deshalb des Landes. Kolumban zog den Rhein herauf und kam zum Bodensee. Dort predigte er den Schwaben. Er baute bei Bregenz einige Zellen und legte damit den Grund zum späteren Kloster Mehrerau. Als das Land durch Kriege an die Franken fiel, mußte der Heilige weiterwandern. Über Nantes erreichte er 613 mit einigen seiner Jünger Norditalien. Bei Parma gründete er die spätere reichsdeutsche Abtei Bobbio. Wegen seiner etwas ungeduldigen Verteidigung der keltischen Kultgebräuche, die teilweise von denen der römischen abwichen, ist Kolumban stark angegriffen worden. Aber durch die von ihm und seinen Schülern gegründeten zahlreichen Klöster, die nach seinem Tode alle unter die inzwischen aufgekommene benediktinische Regel gestellt wurden, übte er einen nachhaltigen Einfluß auf die gesamte christliche Kultur des westlichen Europa aus. Unter seinen Schülern befanden sich auch die hll. Eustasius und Gallus.
Der hl. Kolumban beendigte sein Leben in Bobbio um 615. „Ich glaube, wir dürfen nicht schweigen von der Insel Irland, die zwischen Spanien und Britannien liegt", schrieb der Mönch Ermenrich von Sankt Gallen im 9. Jahrhundert, „denn von dort ist uns ein Strahl großen Lichtes gekommen."
Dargestellt wird der hl. Kolumban mit Bär, weil er in einer Bärenhöhle wohnte, strahlende Sonne über sich, weil seine Mutter träumte, sie bringe eine solche zur Welt. Er wird bei Geisteskrankheiten und Überschwemmungsnot angerufen.

Legende

Kolumban, der Mann Gottes, kam mit seinen Gefährten nach Bregenz am Bodensee. Er durchzog die Gegend nicht um der eigenen Ergötzung willen, sondern um den Samen des Glaubens unter den Heiden auszustreuen. Nahe dabei wohnte nämlich das Volk der Schwa-

ben. Als er unter ihnen umherzog, traf er sie einmal an, wie sie gerade ein heidnisches Opferfest abhalten wollten. Sie hatten einen großen Bottich in ihrer Mitte aufgestellt. Kolumban trat heran und forschte sie aus, was sie damit tun wollten. Sie sagten, sie wollten für ihren Gott Wotan ein Fest feiern. Als das der Heilige hörte, blies er in den Bottich hinein. Darauf zerplatzte er krachend auf gar wunderbare Weise und zerfiel in Stücke und eine ungestüme Kraft brach mit dem Getränke des Bieres aus ihm heraus, die deutlich zeigte, daß der Teufel darin enthalten war, um durch das Getränk in die Seelen der Heiden zu gelangen und sie sich dienstbar zu machen. Als die Barbaren das sahen, sagten sie verwundert, er müsse einen starken Atem haben, daß er so einen großen, mit Reifen gebundenen Bottich zersprengen könne! Kolumban aber schalt sie und befahl ihnen sogleich nach Hause zurückzukehren und von diesen Opfern abzulassen. Und viele von ihnen wurden durch den Rat und die Lehre des Heiligen bekehrt, so daß sie an Christus glaubten und die Taufe empfingen.

Der heilige Virgilius

Virgilius war einer jener von dem Missionsgedanken besessenen irischen Mönche des 8. Jahrhunderts, die auf dem Kontinent das Wort Gottes verbreiteten. Unermeßliches dankt gerade Deutschland der Missionstätigkeit jener frühen irischen Mönche. Römische Legionäre haben Irland nie erobert, die christliche Lehre kam nicht im Gefolge der Krieger. Im Jahre 431 notiert Prosper von Aquitanien: „Den Iren, die sich zu Christus bekennen, wird Palladius, von Papst Caelestinus geweiht, als erster Bischof gesandt." Sein Nachfolger war der hl. Patrick (s. 18. März). Um 700 geboren, findet man Virgilius zunächst als Abt des Klosters Aghadoe bei Killarney. Wegen seiner überragenden mathematischen Kenntnisse erhielt er in seiner Heimat den Beinamen ‚Geometer'. Im Jahre 743 sandte der fränkische Hausmeier Pippin der Jüngere den irischen Abt nach Bayern. Herzog Odilo machte ihn zwei Jahre später zum Abt des vom hl. Rupert (s. 27. März) gegründeten Klosters St. Peter und ernannte ihn zum Bischof von Salzburg. Die Weihe empfing Virgilius, weil er sich fast starrsinnig gegen dieses hohe Amt sträubte, jedoch erst 22 Jahre später. Einige Zeit sah man den gelehrten Abt wegen seiner für die damalige Zeit unerhört kühnen Erkenntnisse – z. B. die Antipodenlehre – als Ketzer an; er mußte sich in Rom vor dem Papst deswegen verantworten, wurde aber auf seine überzeugenden Erklärungen hin gerechtfertigt entlassen. Virgil gilt als ‚Apostel von Kärnten', weil er dieses Land christianisieren und seinem Sprengel einverleiben ließ. In Salzburg erbaute er eine prächtige Domkirche, in die er die Reliquien des hl. Rupert übertrug, dem sie am 24. September 774 geweiht wurde. Der praktische und dem Leben zugewandte Bischof erschloß die Heilquellen des späteren Bades Gastein, auch veranlaßte er die Öffnung der alten

Erzgruben, wodurch der Erzbergbau wieder auflebte und dem Lande gute Einnahmen verschaffte. Dank seiner Tatkraft hat er den Einflußbereich von Salzburg bis nach Ungarn und an die Drau erweitert. Die Stiftung von Kremsmünster geschah ebenfalls auf seine Anregung. Als der hl. Virgilius nach einem tätigen Leben, soeben von einer Visitationsreise zurückgekehrt, 784 in Salzburg starb, hatten sich Pippins Hoffnungen auf den ehemaligen Abt von Aghadoe in vollem Umfang erfüllt. Das Andenken an ihn geriet lange Zeit in Vergessenheit. Erst als die von ihm gebaute Domkirche im 12. Jahrhundert zerstört und später durch Bischof Konrad von Wittelsbach neu erbaut wurde, fand man sein Grab, dessen Inschrift bezeugt, daß Bischof Virgilius diese Kirche erbaut habe. Nach der Erhebung seiner Gebeine und ihrer Überführung in eine würdige Grabstätte sprach ihn Papst Gregor IX. 1232 heilig.
Dargestellt wird der Heilige als Bischof mit doppeltürmigem romanischen Dom. Er ist Schutzheiliger bei Geburtsnöten. Auf einem Gemälde von 1516 in Klosterneuenburg sieht man den hl. Virgil mit den Heiligen Ulrich und Rupert neben dem Thron der Muttergottes sitzen.

Am gleichen Tage gedenkt die Kirche des HL. CHRYSOGOMUS, eines Märtyrers aus Aquileja, dessen Titelkirche in Rom, S. Crisogono in Trastevere, um 499 errichtet, aber vielfach umgebaut wurde. Seine Lebensgeschichte ist legendär.

DIE HEILIGE KATHARINA VON ALEXANDRIEN

Außer Katharina von Siena (s. 29. April) und Katharina von Schweden (s. hl. Brigitta, 23. Juli) ist die hl. Katharina von Alexandrien allgemein bekannt. Vielmals mit dem Rade dargestellt, wurde sie während des ganzen Mittelalters sowohl im Osten wie im Westen hochverehrt. Sie gehört zu den ‚Vierzehn Nothelfern' und ist eines der ‚drei heiligen Madl', von denen der Volksmund sagt: Margareta mit dem Wurm, Barbara mit dem Turm, Katharina mit dem Radl, das sind die drei heiligen Madl. Die Gestalt der Katharina faszinierte zu allen Zeiten. Sie war so schön, daß sie noch in der Gegenwart von den Modistinnen und Schneiderinnen der Pariser Modehäuser, den ‚Catérinettes', verehrt wird. Von Katharina, zu deutsch ‚die allzeit Reine', werden die Namen Käthe, Kathi,

Kitty und Karin abgeleitet. Die frühchristliche Märtyrin ist Patronin der Gelehrsamkeit, namentlich der philosophischen Fakultät, der Bibliotheken und Schulen, der Studenten und Schüler, aber auch der Jungfrauen und Mädchen. Zahlreich sind ihre Patronate der Gewerbetreibenden, darunter vor allem der Wagner und Müller wegen ihres Attributes, des Rades. Ihre Hilfe wird angerufen bei Migräne, Zungenkrankheiten; zur Auffindung Ertrunkener. Dargestellt wird sie außer mit dem Rad, das manchmal zerbrochen ist und meist Zacken aufweist, mit Buch, Schwert und Palme oder Krone; auch mit Ring, als dem Symbol ihrer mystischen Vermählung mit Christus. Bilder, die diesen Gegenstand zeigen, sind häufig anzutreffen. Berühmt ist die ‚Vermählung der hl. Katharina' von Correggio im Louvre in Paris, ferner von Hans Memling im Sint Jans-Hospital in Brügge, auf dem Katharina die Züge der Maria von Burgund, Tochter Karls des Kühnen, trägt. Eines der ältesten deutschen Katharinenbilder ist ein Glasgemälde in St. Kunibert in Köln. Zahllose weitere Darstellungen der Märtyrin stammen von so bedeutenden Künstlern wie Veronese, Gaudenzio Ferrari, Lorenzo Lotto, Lucas Cranach, Andrea del Sarto, Albrecht Dürer u. a. Ihre Reliquien werden in dem orthodoxen Katharinenkloster auf dem Berge Sinai bewahrt. In den alten Quellen ist ihr Name nicht zu finden, ihre legendäre Lebensgeschichte wird erst seit dem 10. Jahrhundert bezeugt. Es soll – nach Kreitner – allerdings eine lateinische Fassung derselben schon früher existiert haben, wie aus einem Münchner Passionale aus dem 8. Jahrhundert hervorgeht, worin die ‚Passio Ecaterine virgine Dei' aufgeführt wird. Vom 12. Jahrhundert an ist der Stoff der Katherinen-Legende in allen Kultursprachen in Dichtung und Prosa ausgestaltet worden. Man sieht, daß die profilierte Figur der schönen, gelehrten Jungfrau großen Einfluß auf Kunst und Literatur ausgeübt hat.

Katharina erlitt unter Maximianus oder seinem Sohn Maxentius um das Jahr 310 den Märtyrertod. Ihr Fest am 25. November ist seit dem 11. Jahrhundert im römischen Meßbuch enthalten.

Legende

Katharina war die Tochter des Königs Costus und lebte inmitten großen Reichtums und einer zahlreichen Dienerschaft allein in ihrem Palaste, weil ihre Eltern schon gestorben waren. „Sie war gar zart und schön und erschien allen Augen sonderlich lieblich mit wunderlicher, unsäglicher Schönheit", betont die alte Überlieferung. Auch hatte die Jungfrau die Hohe Schule besucht und war in allen Künsten und Wissenschaften vorzüglich ausgebildet, besaß also Reichtum, Schönheit und Klugheit! Als Kaiser Maxentius nach Alexandria kam, war Katharina erst 18 Jahre alt. Ein Einsiedler hatte die ursprünglich Hochmütige, die alle Freier ausschlug, weil sie ihr nicht gut genug dünkten, auf Jesus Christus als den wahren Bräutigam verwiesen. Überwältigt von der Lehre Christi, überwand sie alsbald ihm zuliebe ihren

Stolz. Da zeigte sich ihr Jesus in einer Vision und steckte ihr zum Zeichen seiner mystischen Vermählung mit ihr einen wunderbaren Ring an den Finger.

Als nun der Cäsar nach Alexandrien kam und alles Volk zusammenrief, Reiche und Arme, damit sie den Götterbildern opferten, ließ er die Christen, die sich weigerten, zum grausamsten Tode verurteilen. Katharina hörte in ihrem Palaste das Brüllen der wilden Tiere und die Gesänge der Märtyrer. Sogleich sandte sie einen Boten aus, um zu fragen, was das wäre. Als sie es erfahren hatte, bezeichnete sie sich mit dem Zeichen des heiligen Kreuzes und lief eilends zur Arena, wo schon einige der Christen aus Furcht vor dem Martyrium sich anschickten, den Götzenbildern zu opfern. Von tiefem Schmerz ergriffen, trat die kühne Jungfrau vor den Kaiser und sprach zu ihm: „Das hohe Amt, das du bekleidest, darf von mir Achtung und ehrerbietigen Gruß fordern; die Klugheit könnte mir raten, dir in Demut und blindem Gehorsam zu nahen. Aber Anbetung kannst du weder für dich noch für deine steinernen Bilder verlangen, Anbetung gebührt allein dem einen Gott, dem Herrn, der Himmel und Erde erschaffen.“ Betroffen von dem Freimut ihrer Rede und dem Anstand ihrer Erscheinung, hörte der Kaiser die Jungfrau an, ja, er wandte sich auch nicht ab, als sie fortfuhr: „Warum hast du alle diese hierher befohlen und zwingst sie, törichte Opfer zu bringen? Dein Tempel ist zwar voll der Kunstwerke, die deine Steinmetze gemacht haben, seine kostbare Zierde ist von Menschenhand geformt, und du bewunderst ihn. Dennoch weißt du, daß all dies leichtlich zu Staub zerfallen kann. Betrachte dagegen Himmel und Erde, das Meer und alles was darinnen ist, sieh die Sonne und die Planeten, wie sie von Anbeginn der Welt fleißig Tag und Nacht vom Aufgang zum Niedergang laufen. Dann frage dich, was gewaltiger ist, und bewundere ihren Schöpfer, der auch dich schuf. Denn Er ist der Gott aller Götter und der Herr aller Herren. Auch du sollst Ihn anbeten und preisen!“ Da erschrak der Fürst und ließ sie rasch in seinen Palast bringen, denn ihre Klugheit und Schönheit hatten sein Herz angerührt.

Der Kaiser wollte nun aber die Jungfrau um ihrer Schönheit willen retten und versprach ihr, wenn sie ihrem Glauben abschwöre, solle sie nach der Kaiserin die Erste werden im Palast und ihr Bild solle angebetet werden wie das einer Göttin. Strenge wies ihn Katharina zurück: „Weder deine schönen Worte noch deine grausamen Martern werden mich je von meinem Herrn abbringen können.“ Da ließ der Kaiser sie nackend ausziehen und mit Ruten schlagen und danach in einen finsteren Kerker sperren, und er befahl, sie zwölf Tage ohne jegliche Speise zu lassen. Während dieser Zeit mußte der Kaiser in Staatsgeschäften verreisen. Die Kaiserin empfand jedoch Mitleid mit der Jungfrau. Sie begab sich in der Nacht mit Porphyrus, dem Obersten der Garde, zu ihrem Gefängnis. Wie erstaunte sie aber, als sie die Finsternis in strahlendes Licht getaucht fand und Engel erblickte, die die Wunden der Jungfrau mit Salben pflegten. Katharina erhob sich und predigte der Kaiserin vom Christenglauben in so beredten Worten, daß sie und Porphyrus, der alles mit angehört hatte, auf die Knie fielen und nach der Taufe verlangten. Der Kaiser fand Katharina zu seiner Verwunderung nach seiner Rückkehr ebenso blühend vor wie ehedem, denn der Herr hatte seine Dienerin mit himmlischem Brote genährt. Da ergrimmte er noch mehr und befahl, daß vier

Eisenräder gefertigt würden, mit spitzen Nägeln darin, mit denen sollte sie zum Schrecken aller zu Tode gebracht werden. Als man sie zu der Marter führte, siehe, da kam ein Engel des Herrn und zerstörte das Räderwerk, so daß es mit großer Gewalt auseinanderbarst. Die Kaiserin hatte alles vom Fenster aus mitangesehen. Nun erhob sie ihre Stimme und schalt den Kaiser wegen seiner Grausamkeit und bekannte sich laut als Christin. Als der Kaiser dies vernahm und daß auch Porphyrus mit vielen seiner Ritter Christ geworden sei, ließ er alle martern und dann enthaupten. Katharina verurteilte er zum Tode durch das Schwert. Nachdem man ihr das Haupt abgeschlagen hatte, floß aus ihrem Leibe kein Blut, sondern Milch. Ihr Leichnam aber wurde von Engeln aufgehoben, die trugen ihn zum Berge Sinai, an den Ort, „wo einst das erhabene Ereignis stattgefunden hatte, daß Gott durch Moses dem Volke Israel die Gesetzestafeln übergeben, und ihm damit eine göttliche Willenskundgebung schenkte, die aller menschlichen Verwirrung ein Ende bereitete. Nach vielen Jahren haben Anachoreten ihren unverwesten Leib am Fuße des Gottesberges entdeckt, genau an der Stelle, da Moses vor dem brennenden Busche gestanden hatte.“ (W. Nigg.)

Der heilige Klemens *(Gedenktag: 23. November)*

Papst Klemens I., der dritte Nachfolger Petri – er löste Linus und Kletus (Anaklet) ab, die beide ihr Leben für Christus hingaben – ist Kanonheiliger wie seine Vorgänger.

Wie Irenäus berichtet, war Klemens ein getreuer Jünger, seit er von den Aposteln Petrus und Paulus bekehrt wurde: „Klemens hat die seligen Apostel noch gesehen, mit ihnen Umgang gehabt, ihre Predigten gehört und die Überlieferung noch vor Augen gehabt.“ Als der gelehrte Römer Klemens auf den bischöflichen Stuhl von Rom erhoben wurde, wußte er, daß er in der Zeit der schlimmsten Christenverfolgungen als Märtyrer sterben werde. Aber als ein Mann lebendigen Glaubens und glühender Liebe zu Gott und den Menschen nahm er das Amt demütig an. Sein Name bedeutet ‚der Milde, Gütige‘, und so hat er auch überall Werke der Barmherzigkeit geübt. Unerschrocken versah er sein verantwortungsvolles Amt, und es gelang ihm, die durch die schreckliche Verfolgungszeit aufgestörte römische Gemeinde nicht nur zusammenzuhalten, sondern ihr Festigkeit einzuflößen, so daß die junge Kirche trotz aller Drangsale immer stärker wurde. Während der Greis sich also mühte, erhielt er die Botschaft, daß in der Gemeinde von Korinth

Zwistigkeiten ausgebrochen seien. Es ist zu vermuten, daß der Streit anläßlich der Bischofswahl entstand und sich dann zu einem Schisma ausweitete. Da seine Anwesenheit in Rom unumgänglich notwendig war, verfaßte er ein Hirtenschreiben an die Korinther, in dem er Stellung zu diesen Vorgängen nimmt.
Dieses kostbare Zeugnis christlichen Glaubens ist uns erhalten geblieben. Darin sind wichtige Einzelheiten enthalten über das Wesen der Hierarchie und des Gehorsams. Der Brief stellt somit eines der frühesten Dokumente des römischen Primats dar. Das Schreiben war mit großer Weisheit und diplomatischer Behutsamkeit verfaßt. Es strahlte lebendige Glaubensfrische und apostolische Kraft aus. Noch lange Zeit ist dieser Brief in den Gottesdiensten des Urchristentums verlesen worden.
Während die Verfolgungen zeitweise abebbten, versuchte der Oberhirte der Gemeinde ein ganz bestimmtes Ordnungsgefüge zu geben. So teilte er Rom in sieben Distrikte ein und bestellte für jeden Bezirk einen Notar, der die Tugenden, Taten und Martern derjenigen, die ihr Blut für Christus vergossen, aufzeichnen mußte. Diese Schriften sind als ‚Akten der heiligen Märtyrer' bekannt; es wurde aus ihnen zur Belehrung und Erbauung in den Versammlungen der jungen Gemeinde vorgelesen.
Wie sich die Lebensschicksale des hl. Klemens später gestalteten, ist nicht bezeugt. Man vermutet, daß er wie seine Vorgänger den Martertod erlitt. Die frühchristlichen Überlieferungen erzählen hiervon ergreifende Einzelheiten, deren sich die Legende bediente.
Dargestellt wird der hl. Klemens Romanus mit Papstkreuz, Tiara, Lamm und Anker (Attribute auf Grund der Legende); mit Quelle. Er ist Schutzheiliger der Hutmacher, Marmorarbeiter, Steinmetze und Seeleute; er wird angerufen bei Gewitter, Kinderkrankheiten, Sturm.

Legende

Der Heilige bekehrte viele Angehörige des römischen Adels, unter denen sich auch die Schwester des Kaisers, Flavia Domitilla, befand. Als die Christen sich heimlich versammelten, um ihren Gottesdienst zu feiern, da schlich sich ihr Gatte hinzu, um zu sehen, was sie dort machten. Gott aber schlug ihn wegen seiner Neugierde mit Blindheit. Als der Edelmann sich allein nicht mehr entfernen konnte, gab er sich zu erkennen. Da trat der hl. Papst Klemens zu ihm, betete über ihn und öffnete ihm die Augen. Durch dieses Wunder vermochte er dem staunenden Heiden nicht nur die Augen, sondern auch das Herz zu öffnen, so daß er sich taufen ließ. Seinem Beispiel folgten viele andere. Kaiser Trajan aber, dem dies überbracht wurde, ließ Klemens ergreifen und auf die wüste Halbinsel Chersones (heute Sewastopol auf der Krim) verbannen. Dort befanden sich mehr als zweitausend Christen. Sie mußten schwere Arbeiten verrichten, Steine brechen und nach Erz schürfen. Viele von ihnen starben. Auch der Bischof von Rom mußte trotz seines hohen Alters in den Bergwerken arbeiten. Er ertrug alle Leiden freudig und ermunterte die Mitgefangenen zur geduldigen Hinnahme. Das Schlimmste war der Mangel an Wasser und der grausame Durst, der sie quälte. Von Mitleid ergriffen, warf Klemens sich auf die Knie und flehte den Herrn an um Hilfe in dieser Not. Während er betete, erblickte er auf einem hohen Felsen ein Lämmlein, welches seinen Fuß emporhielt, als wolle es auf eine bestimmte Stelle weisen. Klemens kletterte hinauf und schlug mit seiner Hacke in den Felsen, und siehe da, sogleich sprudelte eine klare Quelle wohlschmeckenden Wassers hervor. Staunend über dies Wunder bekehrten sich von den Strafgefangenen alle jene, die noch nicht Christum bekannten, ja auch die Bewohner der Insel folgten ihrem Beispiel und rissen die heidnischen Tempel ein, um an ihre Stelle christliche Bethäuser zu setzen. Als der Kaiser hiervon hörte, schickte er seinen Landpfleger Ausidianus dorthin, der sollte die Christen von ihrem Glauben abbringen. Doch sah er, daß sie in ihren Qualen immer wieder von dem römischen Bischof gestärkt wurden, der sie zum Ausharren bewegte. Da ließ er Klemens auf einem Schiff hinaus ins Meer bringen, einen Anker um seinen Hals binden und ihn ins Meer versenken, damit die Christen seinen Leib nicht mehr finden könnten. Die am Ufer stehenden Bekehrten aber beteten inbrünstig, Gott möge nicht zulassen, daß der Leib des Heiligen auf dem Meeresgrund bliebe. Und siehe, kaum hatte der Landpfleger sich mit seinen Schergen entfernt, da wich das Meer zurück, und eine schöne, aus Marmor gebaute Kapelle wurde sichtbar. Verwundert stiegen die Christen zu dieser Kapelle hinab und fanden einen steinernen Sarg mit dem Leichnam des Heiligen. Viele Jahre später erhob der hl. Cyrillus die Gebeine und brachte sie nach Rom, wo sie in der Kirche S. Clemente beigesetzt wurden, die schon im 4. Jahrhundert dem Andenken des heiligen Papstes geweiht worden war und heute noch besteht.

Die heilige Bilhildis

Von allem, was über die hl. Witwe und Äbtissin Bilhildis berichtet wird, kann als gesichert nur ihre zu Anfang des 8. Jahrhunderts vollzogene Gründung des Frauenklosters Altmünster bei Mainz angenommen werden. Dargestellt wird sie mit Kirchenmodell und Äbtissinnenstab.

Bilhildis war die Tochter des Grafen Iberich zu Höchheim – das heutige Veits-Höchheim – in Franken und seiner Gemahlin Mechthilde. Ihre Eltern waren Chri-

sten, hatten aber mit ihrer Glaubensüberzeugung in der vorwiegend heidnischen Umgebung einen recht schweren Stand, weshalb auch merkwürdigerweise die Taufe der Neugeborenen unterblieb.
Das schöne junge Mädchen wurde frühzeitig umworben. Ihre edlen Sitten und hohe Herkunft zogen den Frankenherzog Hetan an, der sie zur Ehe begehrte. Bilhildis geriet dadurch in schwere Gewissensqualen, denn der Bewerber war ein Heide. Er verstand es aber, ihre Eltern zu gewinnen, und Bilhildis, die darin den Willen Gottes sah, unterwarf sich gehorsam. Vielleicht glaubte sie, Gott als Werkzeug dienen zu können, um den zukünftigen Gatten für das Christentum zu gewinnen.
Kurz vor ihrer Hochzeit starb ihr Vater, und sie trat ihre Ehe mit großer Trauer im Herzen an, doch nahm der Herzog keine Rücksicht auf derartige Empfindungen. Bald schon sollte sie erkennen, wie wenig ihr Gemahl zu ihrer eigenen Lebensauffassung paßte. Die junge Herzogin lebte einfach und zurückgezogen. Sie fastete und betete und versuchte ihre Werke und ihren Wandel den Lastern des heidnischen Hofes entgegenzustellen. Aber immer bitterer wurde ihr Los, immer schwerer fiel ihr der Ehestand, als sie einsah, daß sie ihren Gemahl nicht werde bekehren können. All ihre Vorstellungen, Bitten und Ermahnungen, ihre Versuche, ihn in der christlichen Religion zu unterweisen, glitten spurlos von ihm ab. Als nun der Herzog als Gefolgsmann des Königs von diesem zu den Waffen gerufen wurde, tat Bilhildis einen Schritt, den ihr Gewissen ihr eingab. Sie hatte sich an König Sigebert gewendet, ihr bei der Trennung von ihrem im Heidentum verstrickten Gemahl behilflich zu sein. Sie zog mit großem Gefolge zu ihrer Mutter, schickte aber ihren ganzen Hofstaat zurück und behielt nur einige wenige vertraute Frauen um sich. Sigebert hatte ihr eine Einladung des Bischofs von Mainz verschafft, in dessen Schutz sie sich begeben wollte, um dort ein zurückgezogenes, Gott geweihtes Leben zu führen. Sie verließ also Höchheim und fuhr mit einem kleinen Schiff den Main hinab, ihr Aufzug war so schlicht, „daß kaum die wenigsten", wie ihr Biograph sagt, „sie für eine gräfliche Person geschweige denn für eine Herzogin würden erkannt haben". Sie lebte in Mainz ganz wie eine Ordensfrau.
Nach dem Tode ihres Gemahls gab sie das erbaulichste Beispiel einer Witwe. Mit dem großen Reichtum, dessen unbeschränkte Herrin sie jetzt war, tat sie unzählige Werke der Barmherzigkeit: sie versah die Hungrigen mit Speise, kleidete die Darbenden, besuchte Kranke und Elende.

Von König Sigebert erhielt sie Grund und Boden, um darauf ein Kloster zu bauen. Nachdem sie all ihr Erbe zu Geld gemacht, den König zum Dank für seine Hilfe mit kostbaren Gaben beschenkt und den Bau mit allem, was sie besaß, unterstützt hatte, war ihr Werk endlich vollbracht. Die Kirche war vollendet, herrlich ausgestattet und das Kloster so angelegt, daß es einer großen Anzahl von Ordensfrauen den Lebensunterhalt sicherte. Bilhildis selbst wurde zur ersten Äbtissin ernannt.
Als sich ihr Leben dem Ende näherte, sandte Gott dreien ihrer geistlichen Töchter den gleichen Traum, nämlich, daß die geliebte Äbtissin die hl. Sakramente der Taufe und Firmung niemals empfangen habe. Die frommen Nonnen verwunderten sich darüber sehr; besorgt teilten sie ihr Gesicht Bilhildis mit. Dieser schien die Nachricht unglaublich, aber um sich zu vergewissern, was daran sei, nahm sie mit dem Bischof Rücksprache. Der entschied nach genauer Untersuchung, das ganze Kloster solle wachen, fasten und beten, damit Gott Aufklärung schicke. Und siehe, sie empfingen Antwort, daß es damit seine Richtigkeit habe. Da zögerte der Bischof nicht länger und spendete der hl. Äbtissin nachträglich die beiden Sakramente.
Die Heilige verließ ihr Kloster fortan nicht mehr und bereitete sich sorgfältig auf ihren Tod vor. Dann ließ sie alle ihre Töchter um sich versammeln, ermahnte sie liebevoll und nahm Abschied von ihnen für diese Welt. Um die neunte Stunde des 27. November 734 schied sie aus diesem Tal der Tränen, um in die ewige Seligkeit einzugehen. Ein wunderbarer Glanz überstrahlte die sterbende Herzogin. Die Heilige wurde im Chor ihrer Münsterkirche beigesetzt. Bei Nacht sah man oftmals Lichter wie Sterne um ihr Grab funkeln; zahllose Gnaden empfingen diejenigen, welche sich ihrer Fürbitte empfahlen. Heute befinden sich einige Reliquien der Heiligen in St. Emmeram in Mainz, dagegen sind ihr Kloster und damit auch ihr Grab der Französischen Revolution zum Opfer gefallen.

Die heilige Felicitas

(Gedenken: 23. November)

Der römische Festkalender enthält die Namen von zwei heiligen Frauen, die Felicitas, aus dem Lateinischen ‚Glückseligkeit', heißen. Einmal die Sklavin Felicitas, die zusammen mit der hl. Perpetua (s. 7. März) in Karthago den Martertod erlitt; sie wird im Meßkanon angerufen und ist Patronin der Gebärenden. Zum anderen die römische Matrone Felicitas, die nach der Legende Mutter von sieben Söhnen war – die sieben Märtyrerbrüder haben ein eigenes Fest am 10. Juli –, und deren Fest seit dem Anfang des 5. Jahrhunderts am 23. November gefeiert wird. Dargestellt wird die römische Märtyrin Felicitas meistens von ihren sieben Söhnen begleitet, oder deren sieben Häupter tragend, sowie mit Schwert und Palme. Sie ist Patronin der Frauen und wird für gute Nachkommenschaft angerufen.

Bei den Ausgrabungen, die man in Rom gemacht hat, fand man im Jahre 1812 in den Trajansthermen einen kleinen, rechteckigen Raum. Dort befindet sich in einer Nische das Bild einer Römerin mit ihren sieben Söhnen, der Christus, über ihr in Wolken thronend, die Märtyrerkrone reicht. Eine Inschrift über ihrem Haupte nennt ihren Namen: Felicitas Cultrix Romanorum. Die vielen eingeritzten Namen lassen vermuten, daß die Stätte während der Christenverfolgungen als Gefängnis verwendet wurde und Felicitas dort mit ihren Söhnen gefangen war. Der ‚Legenda aurea' zufolge, die sich ja auf alte Quellen und Überlieferungen stützt, ist Felicitas zusammen mit ihren Söhnen unter Kaiser Marc Aurel oder Antoninus Pius im zweiten nachchristlichen Jahrhundert hingerichtet worden. Von Felicitas weiß man, daß sie zusammen mit ihrem Sohn Silvanus in der Katakombe des Maximus ihre letzte Ruhestätte fand, während die Grabstätte ihrer anderen Söhne nicht bekannt ist. Papst Leo III. ließ die Gebeine der Mutter in die Kirche der hl. Susanna übertragen, wo sie noch heute ruhen. Ein an die Wand gemaltes Gebet, das sich in dem oben beschriebenen Raum fand, zeigt, daß sich schon die Urkirche in Not an Felicitas wandte. In Florenz ist ihr die Kirche S. Felicita geweiht, auf deren Hochaltar die Heilige im Kreise ihrer Söhne thront.

Legende

Die Legende hat uns überliefert, daß Felicitas eine christliche Witwe war, die wegen ihres Gebetseifers den römischen Götzenpriestern aufgefallen war und von ihnen beim Kaiser angeklagt wurde. Dieser übergab sie dem römischen Stadtpräfekten Publius, der sich vergebens bemühte, die tapfere Frau unter Hinweis auf ihre Söhne zur Ableugnung ihres Glaubens zu zwingen. Darauf wurde ihr der öffentliche Prozeß gemacht. Felicitas ermahnte ihre Söhne, standhaft zu bleiben und auf den Himmel zu blicken, wo Christus sie mit allen seinen Heiligen erwarte. Da ließ der Präfekt ihr Backenstreiche geben. Doch die Mutter und ihre Söhne blieben fest im Glauben. Publius brach das Verhör ab und sandte die Akten an den Kaiser, der die Hinrichtung der Söhne befahl. Januarius wurde mit Geißeln aus Bleikugeln getötet, Felix und Philipp mit Stockhieben erschlagen, Silvanus durch Sturz in einen Abgrund umgebracht, die drei anderen Brüder enthauptet. Nachdem Felicitas, die das mit ansah – eine zweite Makkabäermutter (s. 3. August) –, mit ihren Söhnen siebenmal gestorben war, erlitt sie selbst einige Monate später zum achten Mal den Tod durch das Schwert des Henkers an ihrem eigenen Leibe.

Der heilige Saturnin

Am Vigiltage des Festes vom heiligen Apostel Andreas (s. 30. November) gedenkt die Kirche des hl. Märtyrers Saturninus. In der Figur dieses Heiligen werden eigentlich zwei christliche Märtyrer des gleichen Namens am selben Tage verehrt. Das Fest wird seit 354 am 29. November begangen. Attribut des Heiligen ist ein Stier.

Der eine Saturnin war ein römischer Priester, der, wie es heißt, aus Karthago stammte. Er wurde zusammen mit dem Diakon Sisinus wegen seines christlichen Bekenntnisses zu harter Fronarbeit verurteilt. Obwohl er schon ein sehr alter Mann war, mußte Saturnin Sand zum Bau der Diokletiansthermen herbeischleppen. Indessen fand er noch Zeit und Kraft, während der Arbeit viele seiner Leidensgenossen zu bekehren. Als seine Wächter dies bemerkten, ließ man ihn und Sisinus foltern und enthaupten. Sie wurden an der Via Salaria in Rom bestattet. Dies geschah um das Jahr 304.

Dieser Saturnin wird oftmals verwechselt mit einem anderen Heiligen, der als Saint-Sernin und erster Bischof von Toulouse verehrt wird. Als römischer Missionar nach Gallien gesandt, hielt er sich zuerst im spanischen Gebiet von Navarra und Carcassonne auf. Als er dort keinen Erfolg hatte, ging er in die Gegend von Toulouse, wo er eine Bevölkerung antraf, die eher geneigt schien, das Wort des Evangeliums aufzunehmen. Nachdem er eine Zeitlang segensreich gewirkt und für die ersten Christen eine kleine Kirche erbaut hatte, brachte ihn das Volk von Toulouse, aufgehetzt von den heidnischen Priestern, auf furchtbare Weise durch einen Stier zu Tode. Das ereignete sich zur Zeit der Valerianischen Verfolgung um 257. Zwei fromme Christinnen sammelten seine Gebeine und vergruben sie an der Stelle, wo sich heute die Kirche ‚Notre-Dame-du-Taur' befindet. Der hl. Hilarius (s. 13. Januar), Bischof von Toulouse, fand das Grab des Märtyrers und baute eine hölzerne Kapelle darüber. Ein späterer Bischof mit Namen Eruperius übertrug die Reliquien in die berühmte romanische Basilika, die zu Ehren Saint-Sernin's, wie der hl. Saturnin in Frankreich heißt, erbaut wurde. Dort ist auf seinem Reliquienschrein das Martyrium des Heiligen in schönen Reliefdarstellungen wiedergegeben.

Legende

Die legendäre Leidensgeschichte des hl. Saturnin von Toulouse wird wie folgt überliefert: Über ein halbes Jahrhundert früher, als der römische Märtyrer Saturninus hingerichtet wurde, baute der erste Bischof der kleinen Christengemeinde von Toulouse die erste bescheidene

Kirche in dieser Stadt. Wenn er sich von seiner Wohnung zum Gotteshaus begab, mußte er an dem Haupttempel der Heiden vorübergehen. Nun fingen die Geister der heidnischen Götterbilder, die in dem Tempel Wohnung genommen hatten und durch ihre Wahrsagekunst das Volk zu verwirren pflegten, plötzlich an zu verstummen. Da hielten die heidnischen Priester, entsetzt über dieses Stillschweigen, Rat, was wohl die Ursache hierfür sein könne. Es trat aber ein Mann unter sie, der ihnen sagte, daß eine neue Religion aufgetaucht sei, die den Sturz der alten Götter wolle. Ihr Haupt sei ein gewisser Saturninus, und sehr wahrscheinlich sei es seine Gegenwart, die den Mund der Götter verschließe. Man solle ihn töten, dann würden sie wieder sprechen. Um die Götter zu versöhnen, versammelte sich auf Rat der Priester nun das ganze Volk und brachte einen auserwählten Stier für das blutige Opfer herbei. In diesem Augenblick jedoch ging Saturnin vorüber; er wurde erkannt, umringt, ergriffen und in den Tempel geschleppt. Nun verlangten die heidnischen Priester, daß er den alten Göttern opfere. Saturnin aber rief laut: „Ich kenne nur den einen und wahren Gott. Ihm bringe ich täglich Dank und Opfer dar. Eure Götter sind Dämonen, Sinnbilder des ewigen Todes. Wie soll ich sie fürchten, da sie, wie ihr sagt, vor mir erzittern und verstummen?“ Das Volk heulte auf vor Wut über diese Worte. Sogleich holte man den Opferstier herbei. Der Heilige wurde mit knotigem Riemen an den Schwanz des Tieres gebunden. Dann stachelte man den Stier mit Hieben und Stößen zur Wut auf und jagte ihn von der Höhe des Tempels herab in die Ebene. Das Haupt des Heiligen zerschellte an einem Stein, sein Blut rötete die Erde, sein Geist aber schwang sich in den Himmel empor.

Der heilige Andreas

Welch wunderbare Wege Gottes Heilige gehen können, sei es zu Lebzeiten oder als geistige Wesen nach ihrem Tode, beweist das Leben und Wirken des hl. Apostels Andreas, dessen Fest die Kirche seit dem 4. Jahrhundert kennt. Sein Name wird im Kanon der hl. Messe angerufen. Dargestellt wird er meist mit dem schrägen Kreuz, dem sogenannten Andreaskreuz, das zugleich als Abkürzung des Namens Christi (X) früher hoch verehrt wurde. Er ist Patron von Rußland, Griechenland und Schottland. Sein Beistand wird angerufen als Vermittler bei Heiratswünschen, um Kindersegen, gegen wehen Schlund, Krämpfe, Rotlauf (Andreaskrankheit). Er ist Schutzheiliger der Fischer, Metzger, Seiler; Schirmherr des Ordens vom Goldenen Vlies. Der Name Andreas kommt aus dem Griechischen und bedeutet ‚der Männliche, Mutige‘.

Geboren ist Andreas in Bethsaida. Sein Vater hieß Jonas, und sein Bruder war Simon Petrus. Sie waren Fischer und gläubige Juden. Wir wissen nicht, ob Andreas arm war oder reich, ob verheiratet oder Junggeselle, ob er älter war als Petrus oder jünger. Sicher ist, daß er mit Jakobus und dessen Bruder Johannes, dem Evangelisten, befreundet war. Andreas gehört zu den Urzeugen Christi.
Andreas und Johannes warteten auf den Messias. Sie waren Schüler von Johannes dem Täufer, der ihr religiöses Bewußtsein in Aufruhr versetzt hatte. Durch ihn lernten sie Jesus kennen. Als sie wieder einmal bei ihm waren, deutete der Täufer auf einen, der vorüberging, und sagte: „Dieser ist das Lamm Gottes." Die beiden folgten dem Herrn auf seinem Wege, und er gab sich ihnen zu erkennen. Andreas eilte zurück in die Stadt, suchte seinen Bruder auf und sagte zu ihm: „Simon, wir haben den Messias gefunden." Aber noch verließen sie ihre Arbeit nicht. Erst als Jesus die Brüder später einmal beim Netzewerfen am See traf, erfolgte ihre Berufung: „Folget mir nach, denn ich will euch zu Menschenfischern machen."
Das Evangelium führt Andreas in drei verschiedenen Situationen namentlich auf: zum erstenmal bei der Speisung der Fünftausend, wo er Jesus auf den Knaben hinweist, der die fünf Gerstenbrote und zwei Fische hat und dazu bemerkt: „Allein was ist das schon für so viele!" Später sehen wir ihn mit Jesus und Philippus über den Tempelplatz von Jerusalem gehen und die Bitte der gottesfürchtigen Heiden unterstützen, die Jesus vorgestellt sein wollten. Und endlich ist er beteiligt an dem Gespräch, das am Tage der Himmelfahrt auf dem Ölberg stattgefunden hat – an dem furchtbaren Gespräch über die Zerstörung Jerusalems. Von diesem Augenblick an schweigt die Heilige Schrift, und die Berichte der Kirchenväter über das weitere Leben des Andreas sind spärlich und nicht übereinstimmend. Er soll nach dem Apostelkonzil in das wilde Skythien gegangen sein und predigend in Bythnien, Thrakien und Griechenland gewirkt haben. Als alter Mann ließ er sich in Patras als Bischof nieder, wo ihm wahrscheinlich im Jahre 60 unter der Regierung des Kaisers Nero durch den Prokonsul Ageas der Prozeß gemacht wurde. Das Urteil lautete auf Geißelung und Tod am schrägen Kreuz. Er wurde mit Stricken darangebunden und lebte in dieser qualvollen Stellung noch zwei Tage. Nach der Vollendung seines Martyriums und damit seines irdischen Lebens begann er „jenen ungeheuren geistigen Weg anzutreten, der den armen jüdischen Fischer im Bewußtsein und in der Geschichte der Christenheit zu einer zentralen Macht in der himmlischen Hierarchie werden ließ" (Reinhard Raffalt).

Anstelle der Legende

Nach seinem Tode zog der heilige Apostel zuerst nach Byzanz. Er führte für die neue Hauptstadt des oströmischen Reiches dieselbe Heiligung herbei, die Rom durch die Leiber von Petrus und Paulus erfahren hatte. Die Reliquien des hl. Apostels Andreas wurden im

Jahre 357 aufgrund eines kaiserlich-konstantinischen Dekretes in einem ungeheuren Triumphzug von Patras nach Byzanz gebracht und dort in der Apostelkirche beigesetzt. Konstantinopel hatte in ihm seinen großen Schutzheiligen erhalten, dessen Kult sich bald über den ganzen Osten auszubreiten begann. Welch unerhörte Rolle er dort spielte, ist daraus zu ersehen, daß man im Osten dem Kreuz Christi unterhalb des Querarmes einen zweiten, schräg stehenden Kreuzbalken einfügte, wodurch in besonderer Weise auf den ‚Protoklätos' – den Erstberufenen – hingewiesen wird.

Aber der Geist des Apostels zog weiter. Er brach von Konstantinopel auf, um ein neues Land zu erobern, nämlich Rußland. Eine kaiserliche Prinzessin, Anna, heiratete den Großfürsten Wladimir von Kiew unter der Bedingung, daß Rußland christlich würde. Und es entstand eine neue Andreas-Legende: der Apostel habe sich zu der Zeit, als er das wilde Skythien verließ, nicht nach Griechenland, sondern nach Kiew gewendet, dort eine Metropole, einen Bischofssitz gegründet. Dann sei er nach Norden gezogen bis nach Nishniji Nowgorod und habe dort vergeblich versucht, den Fürsten zu bekehren. Zürnend sei er über die Newa gegangen, habe den Ladogasee überquert und sei um ganz Europa herum über Gibraltar nach Rom zurückgekehrt.

Als fast fünfhundert Jahre später Konstantinopel in die Hand der Türken fiel, war die Trennung von Ost und West vollzogen: Rußland wollte nicht mehr zurück nach Rom. Man betrachtete es als ein Zeichen des Himmels, daß auf dem Fürstenstuhl von Moskau eine byzantinische Prinzessin erschien, die auf der Flucht vor den Türken bedeutende Reliquien des Apostels Andreas gerettet hatte und sie mit nach Moskau brachte. Moskau war das dritte Rom geworden. Rußland fühlte sich als Erbe von Byzanz, und bis zum Jahre 1917 wehte das Kreuz des hl. Andreas – das alte byzantinische Feldzeichen – auf allen russischen Fahnen. Denn Andreas war Patron der Schlachten, der große himmlische Vorkämpfer gegen die Heiden, seitdem er auf dem ersten Kreuzzug 1098 den Christen in höchster Bedrängnis erschienen war. Er zeigte damals den Verzweifelten die Lanze, mit der die Seite Christi geöffnet worden war, reichte sie den Kreuzfahrern und forderte sie auf, mit dieser Lanze die Heiden anzugreifen: und die Christen erfochten einen glänzenden Sieg! Fortan rief man in allen kriegerischen Bedrängnissen die Hilfe des hl. Andreas an.

Die Reliquien des hl. Andreas aber hatten in Konstantinopel keine Ruhe. Nachdem die Heere des vierten Kreuzzuges die Stadt erobert hatten, errichteten sie unter Führung des uralten Dogen von Venedig, Enrico Dandolo, 1204 ein lateinisches Kaiserreich, das über hundert Jahre bestand. In dieser Zeit brachte der Kardinal Peter von Capua die Gebeine des Apostels Andreas von Konstantinopel in die Seestadt Amalfi, am Golfe von Salerno. Von dort nahm 1492, wegen der Bedrohung durch die Türken, Papst Pius II. Piccolomini das Haupt in einem kostbaren Reliquiar mit nach Rom, wo es bis zum Jahre 1964 sich im Domschatz von St. Peter befand. Anläßlich der dritten Sitzungsperiode des Vatikanischen Konzils wurde die verehrungswürdige Reliquie auf dem Luftwege zurück nach Patras gebracht und der griechisch-orthodoxen Kirche zurückgegeben. Papst Paul VI. hat aus diesem

Anlaß ein apostolisches Breve in griechischer Sprache verfaßt, das seine Unterschrift in griechischen Buchstaben trägt. Daß mit dieser bedeutungsvollen Handlung und der Rückgabe des wertvollen Andreashauptes die alte Verbundenheit mit der Schwesterkirche von Ostrom – Byzanz – symbolisch betont werden sollte, versteht sich von selbst. Wiederum ist der Geist des hl. Apostels am Werke, wie man hieraus deutlich erkennen kann! Gebeine des Heiligen befinden sich noch heute in der Krypta des Domes von Amalfi. Dort ist Andreas der Schirmherr der Fischer, und an seinem Festtage behängt man seine Statue mit zahllosen silbernen Fischen, als Bitte und Dank für guten Fang. Aber auch die Schotten nehmen ihn als einen der Ihren in Anspruch. Das Erzbistum St. Andrews rühmt sich einer bis ins 8. Jahrhundert zurückreichenden Tradition. Reliquien des hl. Andreas seien dorthin gebracht worden. Noch heute wird er in Schottland angerufen um gutes Wetter, gegen Gicht, gegen Krämpfe.

Der heilige Eligius

Der hl. Eligius, zu deutsch ‚der Erwählte', im Französischen Saint-Eloi, gehörte im Mittelalter zu den beliebtesten und volkstümlichsten Heiligen. Aber auch heute noch ist er als Schutzheiliger zahlreicher Gewerbetreibender bekannt, die den „Erwählten" Gottes sich als Patron erkoren; darunter natürlich vor allem die Goldschmiede, denn Eligius war ein Goldschmied, ehe er Bischof wurde; desgleichen die Messerschmiede, Metallarbeiter, Eisendreher und Uhrmacher, auch die Hufschmiede, Wagner und Fuhrleute, Korbmacher, Sattler, Pächter, Bauern, Bergleute. Sogar die Tierärzte und Pferdehändler sowie viele andere versichern sich seines mächtigen Beistandes. Seine Hilfe wird angerufen bei Pferdekrankheiten, Epidemien, Geschwüren. Dargestellt wird der so vielseitig sich durch seine Fürbitte hilfreich erweisende Heilige als Bischof mit Goldschmiedegeräten, Kelch, Hammer, Amboß, Blasebalg, Hufeisen und Pferdefuß – wie u. a. seine Statue in Orsanmichele in Florenz es zeigt. Sechs Glasgemälde in der Kathedrale von Angers schildern Szenen aus seinem Leben, sein Bildnis findet sich in der Folge der Bischöfe von Tournay von Jean Cousin, Callot stellt ihn schmiedend dar.

Eligius, eine durchaus geschichtliche Persönlichkeit, über dessen Leben sein Freund Audoin berichtet hat, wurde um 588 in Castelhac (Chatelac) bei Limoges geboren. Da er von Kind auf über eine große manuelle Geschicklichkeit verfügte, gaben ihn seine Eltern zu dem berühmten Goldschmied Abbo in die Lehre. Dort lernte der junge Eligius bald eine große Fertigkeit in diesem Handwerk, wobei ihm sein ausgeprägter Kunstsinn zustatten kam. Aber auch sonst zeichnete sich der Jüngling schon in frühen Jahren durch einen streng christlichen Lebenswandel aus. Der Schatzmeister von König Chlotar II., Bobbo, empfahl Eligius seinem Herrn. Als erstes ließ dieser einen goldenen Thronsessel von ihm anfertigen. Bald ernannte er Eligius zu seinem Münzmeister. Er führte die ihm in Auftrag gegebenen Goldschmiedearbeiten so vollendet aus und bewies in allem eine solch unbestechliche Redlichkeit, daß der König ihn mit der Anfertigung kostbarer Reliquienkästen und -schreine betraute.

Nach Chlotars Tode bezeugte ihm dessen Nachfolger Dagobert das gleiche Vertrauen. Wegen seines lauteren Wesens machte er ihn zu seinem persönlichen Berater und ließ ihn Wohnung im Palast nehmen. Von den von Eligius geprägten und signierten Goldmünzen sind noch einige erhalten.

Gerühmt wird die Fülle der Barmherzigkeit, die Eligius allen Notleidenden erwies. Wie sehr sein Sinn schon zu dieser Zeit auf Gott gerichtet war, beweist, daß er das ihm vom König geschenkte Landgut in die Benediktinerabtei Solignac umwandelte und in einem ihm in Paris geschenkten Haus ein Frauenkloster einrichtete. Auch mehrere andere Kirchen und Klöster gehen auf Stiftungen des Heiligen zurück. Einen Teil seines Vermögens verwandte er zum Loskauf von Sklaven. Nach dem Tode Dagoberts wollte dessen Sohn Chlodwig II., Eligus gern bei sich behalten, doch verließ der Goldschmied mit seinem Freunde Audoin den Königshof und trat in den geistlichen Stand ein. 640 wurde er Priester und ein Jahr später Nachfolger des hl. Acharius auf dem bischöflichen Stuhl von Noyon und Tourney. Eligius nahm sogleich den Kampf auf gegen die damals einsetzende Simonie – den Handel mit geistlichen Ämtern –, wirkte auf Verbesserung des Lebenswandels seiner Geistlichkeit, wandelte vor allem auch in der Nachfolge des Herrn durch Verkündigung des Gotteswortes, das er predigend und missionierend in die heidnischen Gebiete von Flandern trug. Zahlreiche und aufsehenerregende Bekehrungen waren sein Werk. Mit der Wundergabe begabt, vermochte er, Kranke, die an Geschwüren litten, zu heilen, auch besaß er die Gabe der Weissagung; so sagte er die Teilung des Frankenreiches voraus. Manche Geschichte über seine wunderbaren Taten ist überliefert. Fast zwanzig Jahre lang konnte der Heilige sein Bistum segensreich verwalten, bis er 660 unter der Anteilnahme des ganzen Volkes starb. Er wurde mit großen Ehren begraben. Seine Reliquien ruhen im Dom von Noyon, sein Haupt befindet sich in der Kirche Saint-André zu Chelles.

Legende

Am bekanntesten ist die Legende über den Heiligen, auf die sein Attribut mit dem Pferdefuß zurückgeht. Sie ist auf Grund der von Audoin verfaßten, in der Karolingerzeit überarbeiteten Lebensgeschichte des Heiligen entstanden, nach der er, ehe er Goldschmied wurde, als Hufschmied tätig gewesen sein soll. Da heißt es, daß neben Eligius in der Schmiede ein Geselle arbeitete, der eine seltsame Methode hatte, die Pferde zu beschlagen, wenn sie störrisch waren: Er pflegte dem Pferde dann einfach den ganzen Fuß auszureißen, damit zum Amboß zu gehen und nun das Hufeisen in aller Ruhe sachgemäß anzubringen. Nach dem er seine Arbeit getan, heilte er den Fuß dem Pferde wieder an, das dann getrost und lammfromm seine Pflicht tat. Die Deutung dieser seltsamen Geschichte erklärt, es sei Christus selbst gewesen, der seinem Heiligen gezeigt habe, wie man den Pferdefuß des Teufels erkennen und ausreißen könne, und Eligius habe sich als ein gelehriger Schüler erwiesen.

Die heilige Bibiana (Vivian)

Der Hochaltar der sehr alten Basilika S. Bibiana auf dem Esquilin in Rom birgt in einer Alabasterurne die Reliquien der Heiligen. Er ist ein frühes Werk von Bernini. Die Kirche selbst wird schon im ‚Liber Pontificalis' erwähnt, wonach sie von dem späteren Papst Simplicius (468–483) im Jahre 467 gegründet wurde. Jedoch geben die 1961 unternommenen Grabungen einer alten Überlieferung recht, nach der mit dem Urbau dieser Kirche bereits 363 – dem Todesjahr der Heiligen – begonnen worden sei, denn die freigelegten Grundmauern entstammen dem 4. Jahrhundert. Simplicius scheint über diesen Fundamenten einen Neubau errichtet zu haben (nach A. Henze). Ihre gegenwärtige Gestalt verdankt S. Bibiana einer Restaurierung, die Bernini 1625 im Auftrag Urbans VIII. unternahm. Er schuf auch die Statue der Heiligen. An den Wänden des Hochschiffs haben Pietro da Cortona und Agostino Ciampelli die Geschichte der hl. Jungfrau und Märtyrin dargestellt. Am Eingang befindet sich eine kleine antike Säule, an der – wie überliefert ist – die hl. Bibiana gegeißelt wurde. Auch in der Darstellung findet man sie meist an einer Säule lehnend, Märtyrerpalme in der Hand, Dolch in der Brust. Sie wird angerufen gegen Epilepsie, weil sie nach der Legende mit Irren zusammen eingesperrt war, ferner gegen Trunksucht, Kopfweh, Krampf und Unfälle. Urban VIII. (1623–1644) legte ihr Fest auf den 2. Dezember.

Der Name Bibiana leitet sich ab aus dem lateinischen Viviana und bedeutet ‚die Lebensvolle'. Der englische Name Vivian ist auch bei uns gebräuchlich. Ihre legendäre Lebensgeschichte stammt aus dem 6. Jahrhundert, die Akten sind historisch nicht belegt. Bibiana soll den Zeugentod für Christus unter Julian dem Abtrünnigen gestorben sein. Als sicher kann gelten, daß sie eine christliche Märtyrin war. Wie sehr ihre rührende Geschichte gelesen und bewundert wurde, zeigt die große Verehrung, die die Heilige in Europa, vornehmlich in Deutschland und Spanien, genoß. Dies bezeugt auch die große Anzahl der ihr geweihten Kirchen.

Legende

Bibiana war eine Tochter des kaiserlichen Prätors Flavian, ihre Mutter hieß Dafrosa, ihre Schwester Demetria; – sie alle wurden in die Zahl der Heiligen aufgenommen. Die ganze Familie hing treu und überzeugt der Lehre Christi an. Viele Christen fielen unter Julian Apostata vom Glauben ab, denn der Bekenntnismut hatte durch die Jahre der Sicherheit nach-

gelassen. Flavian, ein aufrechter Edelmann, wurde zum Anführer des Widerstandes gegen die Feinde Christi, seine reiche Villa in Rom zur Zufluchtsstätte für die Verfolgten. Er stärkte, tröstete und half, die Christen fanden an ihm Stütze und Vorbild. Doch bald schon holten ihn die Gerichtsdiener vor das Tribunal. Flavianus, der in dem Augenblick, da die Schergen sein Haus betraten, gerade seine Familie und Schutzbefohlenen um sich versammelt hatte, um ihnen aus dem Leben der hl. Agnes beispielhaft vorzulesen, ging heiter und gefaßt in den Tod. Der Schmerz um den Verlust des Vaters wurde vermehrt, als man kurze Zeit darauf Bibianas Mutter vor Gericht zitierte. Nach dem Verhör wurde sie mit ihren beiden Töchtern in ihrem Hause eingeschlossen, damit sie durch den Hunger gezwungen werde, nachzugeben und die alten Götter anzubeten. Aber das Leben der drei Frauen blieb wunderbar erhalten. Der Statthalter ließ Dafrosa nochmals vor sich führen, und als er sie weiterhin ungebeugt sah, enthaupten.

Die beiden wohlbehüteten jungen Mädchen standen nun allein. Ihre Güter hatte man eingezogen, sie litten Not, und der Richter versuchte durch Schmeicheleien und Versprechungen ihre Umstimmung zu erreichen. Alle Versuche aber prallten an dem mutigen Glauben der jungen Christinnen ab. Einmütig bekannten sie ihren Herrn Jesu als den wahren Gott. Um sie gefügig zu machen, ließ der Statthalter ihnen die Marterwerkzeuge zeigen, mit denen er drohte, sie zu foltern. Die zarte Demetria, geschwächt von den voraufgegangenen Leiden, sank bei ihrem Anblick tot um.

Alle Wut wandte sich nun gegen Bibiana, weil der Statthalter, dessen Name mit Apronian angegeben wird, seine Aufgabe gescheitert sah; denn keiner aus der angesehenen Familie hatte dem Gebot des Kaisers gehorcht. Er ließ sie in das Haus einer Dirne schaffen, die mit listigen Verführungskünsten die Standhaftigkeit des Mädchens zu brechen suchte. An der leuchtenden Kraft ihres Glaubens und der wunderbaren Reinheit der Heiligen wurden alle Bosheiten des Weibes zunichte. Da ließ Apronian die Jungfrau in einen Raum mit Epileptikern und Wahnsinnigen sperren. Doch entgegen seinen Erwartungen taten ihr die Kranken nichts zuleide. Ja, es wird berichtet, daß auch hier das Böse sich in das Gute kehrte und sie viele von ihnen geheilt hat.

Schließlich ließ der Statthalter die Heilige an eine Säule binden und zu Tode geißeln. Einer der Henker stieß der Sterbenden seinen Dolch in die Brust. Ihren Leichnam warf man wilden Hunden vor, die ihn jedoch nicht berührten. Ein christlicher Priester barg ihn und bestattete ihn neben ihrer Mutter und Schwester. Über den Gräbern erbauten die Christen eine Kapelle, aus der einige Zeit später zu Ehren der hl. Jungfrau und Märtyrin die Kirche S. Bibiana entstand.

Der heilige Franz Xaver

Francisco de Xavier war einer der ersten jener jungen Männer, die der hl. Ignatius von Loyola (s. 31. Juli) für würdig hielt, in seine neue ‚Gesellschaft Jesu' aufgenommen zu werden. Er wurde zu einem der größten Missionare des christlichen Abendlandes. Als ‚Apostel Indiens und Japans' ist er der „Begründer der Mission in der Kulturwelt des Fernen Ostens und der Jesuitenmission überhaupt, der Bahnbrecher der neuzeitlichen Mission durch planmäßige Erforschung des Missionsgebietes, durch Anpassung und Heranziehung heimischer Kräfte und durch Missionsberichterstattung, um in der alten Heimat Begeisterung für die Missionen zu wecken" (Schurhammer). Er wurde 1622 von Gregor XV. heilig gesprochen, sein Fest ist seit 1663 am 3. Dezember. 1747 erklärte Papst Benedikt XIV. den hl. Xaver zum Schutzheiligen aller Länder Ostindiens. Seit 1927 ist er mit der hl. Theresia vom Kinde Jesus Patron aller Missionen. Reliquien des Heiligen befinden sich in der Jesuitenkirche ‚Il Gesù' in Rom.

Dargestellt wird der Heilige als Jesuit, Kruzifix in der Hand, auch mit Pilgerhut, Inder taufend, Kranke heilend, Tote erweckend. Die Seefahrer rufen seinen Beistand an. Er hilft gegen Pest und Sturm und für eine gute Sterbestunde. Seit 1952 ist er Patron des Tourismus.

Francisco de Xavier wurde am 7. April 1506 auf Schloß Xavier in Navarra (Nordspanien) geboren. Sein hochadeliger Vater war Großkanzler des letzten Baskenkönigs. Zu dieser Zeit standen die freien Basken in aussichtslosem Endkampf um ihre Unabhängigkeit gegen Spanien. Franz hatte die besten Eigenschaften seines Geschlechtes geerbt: Großzügigkeit, Liebe zu allem Schönen und Guten und eine unbändige Abenteuerlust. Als der Jüngling einsah, daß mit dem Waffenhandwerk nichts mehr auszurichten war, wandte er sich dem Studium der Wissenschaften zu und ging 1525 nach Paris. Hier erwarb er an der Universität die Doktorwürde der philosophischen Fakultät. Der eifrige Sportsmann und lustige Gesellschafter lernte nun den seltsamen Gottsucher Ignatius von Loyola kennen, der sich dem Jüngeren bald, ihn unmerklich führend, freundschaftlich verband. Anfangs interessierte sich der ganz im weltlichen Denken stehende Franz Xaver keineswegs für das Ideal des geistlichen Lebens, das Ignatius ihm eindringlich vortrug. Aber allmählich gelang es diesem, den heißblütigen jungen Mann für seine Ziele zu entflammen, so daß er zusammen mit acht anderen gottbegeisterten Gefährten am 15. August 1534 in Saint-Denis auf dem Montmartre die Gelübde ablegte, die ihn

an Ignatius, den Gründer der ‚Gesellschaft Jesu' banden. Nachdem Franz Xaver die von Ignatius geforderten geistlichen Übungen beendet und sich einige Zeit dem Studium der Theologie und Werken der Wohltätigkeit gewidmet hatte, empfing er 1537 die Priesterweihe. Nun war er vollgültiges Mitglied der Gesellschaft Jesu. Der temperamentvolle Mann hatte seine Natur, die zu Eitelkeit und Stolz neigte, in harten Kämpfen besiegt.
Seine erfolgreichen Predigten in Rom, wohin er dem Ordnungsgründer über Venedig gefolgt war, veranlaßten diesen, Franz Xaver 1540, dem Jahre, in dem Papst Paul III. die Jesuiten bestätigt hatte, als Missionar nach Indien zu entsenden. 1542 landete er in Goa, der Hauptstadt der portugiesischen Kolonie an der Westküste Indiens, die erst in unseren Tagen Portugal verloren ging. Er stellte sich die Aufgabe, sowohl unter den Heiden wie auch unter der weißen Kolonialbevölkerung zu missionieren, denn gerade diese war durch ihr unsittliches Leben das denkbar schlechteste Beispiel für die heidnischen Einwohner, die für das Christentum gewonnen werden sollten. Trotz des anstrengenden Klimas, trotz der fast unüberwindlichen Sprachschwierigkeiten, trotz seiner oftmals verzagenden Gefährten und vielen anderen Schwierigkeiten, stellte sich Franz Xaver allen Hindernissen mit Mut und voll Tatkraft entgegen. Von Goa aus begann er sein ungeheures Missionswerk, das an die Tätigkeit des hl. Paulus erinnert. Zu Fuß und zu Schiff durchzog der Jesuit Länder und Meere; überall entstanden christliche Gemeinden; in den zehn Jahren seines Schaffens spendete er gegen dreißigtausend Taufen. 1545 war er in Malakka auf der malaiischen Halbinsel, 1546 auf den Molukken, den südlich der Philippinen gelegenen Inseln. 1549 kam er nach dem gerade neu entdeckten Japan, wo er ebenfalls erfolgreich zu wirken vermochte. Sein größter Wunsch war, als Apostel nach China zu gehen. Allein alle diesbezüglichen Versuche dazu scheiterten. Als es endlich soweit war und er sich auf der Fahrt nach China befand, erkrankte Franz schwer. Man mußte ihn auf der einsamen Insel Sancian bei Kanton im südchinesischen Meer aussetzen, wo er gottergeben, nur von einem armen Matrosen betreut, allein und verlassen in einer Blätterhütte am 3. Dezember 1552 starb. Sein Leichnam wurde mit ungelöschtem Kalk bedeckt, nach Goa zurückgebracht und dort mit großen Ehren bestattet. Als unterwegs das Boot mit seinen Reliquien in Malakka anlegte, erlosch die auf der Halbinsel wütende Pest wie durch ein Wunder. Sein Reliquienschrein ist heute noch Gegenstand höchster Verehrung des indischen Volkes. Er wird in jedem Jahr vierundvierzig Tage ausgestellt und von Hunderttausenden besucht.
Obgleich sein großes Missionswerk auf nahezu unüberwindbare Schwierigkeiten stieß, war es von Anfang an von Erfolg gekrönt; so zählte Japan allein schon einige Jahrzehnte später mehr als 400000 Christen. Vielleicht kann Franz Xaver nach Paulus als der größte Missionar gelten, den die Kirche aufzuweisen hat.

Legende

Die Japaner sind ein zudringliches und neugieriges Volk. Nicht zufrieden mit den Predigten des Heiligen, bestürmten sie ihn Tag und Nacht mit Fragen. Xaver hätte mehrere Zungen haben müssen, um diese einzeln beantworten zu können. Aber was die Natur ihm versagt hatte, verlieh ihm Gott wunderbar. Er hörte alle, die ihn fragten, ruhig an, sprach dann einige Worte, und siehe, sie wurden durch göttliche Kraft so geordnet und vervielfältigt, daß jeder Frager eine befriedigende Antwort erhielt. Die Japaner bemerkten dieses Wunder staunend und schrieben es einer geheimen Wissenschaft zu, in deren alleinigem Besitze sie den Missionar wähnten. Da der Heilige aber auf diese Weise mehr Zeit bekam, predigte er zweimal am Tage öffentlich in der Stadt. Auch die chinesischen Kaufleute, deren sich viele in Japan befanden, hörten ihm zu, konnten ihn aber nicht verstehen. Da verlieh ihm Gott die Gabe, auch in dieser Sprache predigen zu können, was er nun jeden Morgen tat. Das Aufsehen über dieses neue Wunder, die Kraft der Wahrheit, die aus seinen Worten leuchtete, und sein strenges, tadelloses Leben machten den tiefsten Eindruck auf das Volk, so daß die früheren Feinde Christi nun zu seinen besten Verteidigern wurden.

Die heilige Barbara (Babette, Betty, Bärbel)

Die Forschung hat bisher nicht ergründen können, wann die geheimnisvolle Gestalt der hl. Barbara auf Erden gelebt und gelitten hat. Nach der Überlieferung stammte sie aus Nikomedien in Kleinasien. Origines selbst soll sie zum Christentum geführt haben. Daß die Jungfrau mit einer Standhaftigkeit und einem Mut um ihres Glaubens willen in den Tod ging, die die Menschen aller Jahrhunderte immer wieder tief ergriffen, kann als verbürgt gelten. Es heißt, daß sie um 306 unter Maximinus Daja starb.

Ihr Fest ist seit dem 12. Jahrhundert am 4. Dezember. So steht sie in der adventlichen Dämmerung vor dem Weihnachtsfeste als eine Botin der Hoffnung und des Friedens. An ihrem Festtag stellt man nach altem Brauch Kirschzweige ins Wasser, die dann gleichnishaft zu Weihnachten erblühen. Uralt ist der Glaube an die mächtige Fürbitte dieser Heiligen. Sie gehört deshalb auch zu den 14 Nothelfern. Und vielerlei Nöte sind es, in denen ihr Beistand erfleht wird: die Sterbenden sind ihr anvertraut, weil Barbara ihre Seelen, wie man glaubt, sicher an den Thron Gottes führt. Ihre Fürbitte gilt

jedem jähen und unversehenen Tod. Vielleicht ist sie deswegen auch zur Schutzpatronin der Artillerie geworden. Der Bauer bittet sie um Abwendung von Blitzgefahr, Feuer und Fieber, also plötzlich auftretenden Schrecknissen wiederum. Viele Stände verehren sie als besondere Schutzheilige, darunter die Bergleute, Hüttenarbeiter, Architekten und alle Arten von Bauarbeiter – wohl wegen ihres Attributs, des Turms –, aber auch die Glöckner (Türmer), Büchsenmacher, Hutmacher, Köche und Totengräber, sowie die Feuerwehr. Sankt Barbara ist eines der ‚drei heiligen Madeln' und wird vielfach zusammen mit Katharina (s. 25. November) und Margareta (s. 20. Juli) dargestellt. Diese drei gelten als Schützerinnen des Wehrstandes, des Nährstandes und des Lehrstandes.
Die Legenden um diese kleine Märtyrerin aus dem Morgenlande haben eher einen sinnbildlichen als geschichtlichen Kern, dennoch glühen sie seltsam hoffnungsvoll auf.

Legende
Die Legende erzählt, der heidnische Vater der Heiligen habe sie sorgfältig erzogen und behütet, um sie später mit einem edlen Jüngling zu vermählen. Barbara jedoch wollte davon nichts wissen. Um in ihr die Lust an der Ehe zu wecken, verreiste er und ließ sie allein in einem Turm eingesperrt zurück. Auf ihren Wunsch ließ er ein Badezimmer mit zwei Fenstern einbauen. Als der Vater jedoch zurückkehrte, waren es drei Fenster und an der Wand hing noch ein Kruzifix. Zur Rede gestellt, bekannte Barbara beides mit den Worten, daß „durch die drei Fenster die erleuchtende Gnade des dreifaltigen Gottes Eingang bei ihr gefunden" hätte. Außerdem eröffnete sie dem Vater, daß sie Christin geworden sei und sie das Gelöbnis ewiger Jungfräulichkeit abgelegt habe. Der Vater stellte die zarte Jungfrau vor die Wahl, entweder ihrem Glauben zu entsagen oder sich auf einen furchtbaren Tod gefaßt zu machen. Wie leicht wäre es für sie gewesen, abzufallen : man brauchte sich nur in die Staatsliste einzutragen. Es gab damals viele sogenannte ‚lapsi' – Abgefallene. Barbara jedoch blieb standhaft. „Den Fluch deiner Götter fürchte ich nicht, denn mich hat Jesus gesegnet." Auf diese Worte hin ließ sie der grausame Vater foltern. Aber in der Nacht kamen Gottes Engel und pflegten sie. Am anderen Tage quälten die Menschen sie noch ärger, brannten ihr Wunden und jagten sie völlig entkleidet durch die Straßen der Stadt, wobei die Ruten, mit denen sie geschlagen wurde, sich in Pfauenfedern verwandelten.
Schweigend trug die Glaubensstarke Schmerz und Schmach, gestärkt durch ihre Liebe zum Herrn. Über ihre Standhaftigkeit maßlos erzürnt, tötete sie schließlich ihr Vater mit eigener Hand.
Der Turm, mit dem Barbara dargestellt wird, ist das Symbol jeglicher Gefangenschaft; der Turm der sich plötzlich öffnet, das Bild der wunderbaren Rettung aus auswegloser Not, die Gott allein bewirkt. Der Kelch, den die Heilige mitunter trägt, bedeutet die Stärkung, die ihr durch ihren Glauben zuteil ward.

DER HEILIGE ANNO (Hanno)

Auf dem Michaelsberg in Siegburg bei Köln am Rhein gründete Erzbischof Anno II. von Köln 1064 eine Benediktinerabtei. Hier wurde er auch nach seinem Tode am 4. Dezember 1075 bestattet. Seine Gebeine ruhen in der Gruftkapelle. Es war nicht die einzige Gründung dieses Kirchenfürsten, der viel Großes für seine Stadt wie für das ganze Reich getan hat. Viele Händel hatte er auszufechten, die ihm wohl meist sein jähzorniges Temperament und sein stark ausgebildetes Rechtsgefühl einbrachten. Dennoch fand er zu Einkehr, Reue und Buße. Wie viele andere Heilige hatte auch er einen langen Weg zu gehen, bis er vordrang zur Erwähltheit Gottes und richtig verstand, was der Herr ihm aufgetragen hatte. Aus einem großen Staatsmann wurde Anno von Köln zum Heiligen. Seine Geschichte ist mit der heiligen Stadt Köln eng verknüpft. Sein Andenken wird durch das ‚Annolied' lebendig gehalten, 1183 wurde er kanonisiert. Dargestellt wird er mit Buch und Schwert, was seinem ganzen Wesen entspricht; mit Kirchenmodell, was ihn als Kirchenbauer kennzeichnet. Seine Fürbitte erweist sich hilfreich bei Gicht.

Um 1010 als Sohn eines armen Ritters aus schwäbischem Geschlecht geboren, kam Anno nach Bamberg auf die Domschule. Nach der Priesterweihe einige Zeit Domprobst in Goslar, übergab man ihm die Leitung der Bamberger Schule. Kaiser Heinrich III. holte sich den geschickten und zielbewußten Geistlichen an seinen Hof als persönlichen Berater und bestellte ihn zum Vormund seines minderjährigen Sohnes. Als der Kaiser ihn 1056 – in seinem Todesjahr – zum Erzbischof von Köln weihen ließ, erwies er sich als ein Mann, der das Gesetz streng achtete und keine Kompromisse schloß. Gemeinde und Klerus hielten ihn für dieses hohe Amt nicht hochgeboren genug, und so sah er sich bald von vielen Gegnern umringt, die sein herrscherliches Regiment nur ungern ertrugen.

In seiner Eigenschaft als Reichsverweser mußte er nach dem Tode des Kaisers das Reich vor verhängnisvollen Wirren schützen. Hinzu kam, daß seine Bemühungen, den Prinzen Heinrich im Geiste seines Vaters zu erziehen, von Annos Gegnern leider zunichte gemacht wurden.

Deshalb legte der Erzbischof im Jahre 1072 seine Regierungsgeschäfte nieder und widmete sich nunmehr ganz der Kirchenreform in seiner großen Diözese. Er erbaute die Klöster Siegburg, St. Georg in Köln und Saalfeld bei Coburg. Ein merkwürdig „handfestes" Traumgesicht soll ihn veranlaßt haben, die dem hl. Gereon (s. 10. Oktober) geweihte Kirche ‚zu den goldenen Märtyrern' wiederherzustellen (siehe Legende). So hatte die Stadt dem tatkräftigen Anno viel zu danken. Dennoch kam es zu einem Aufstand gegen ihn. Gereizt durch die schroffe Haltung des Oberhirten, kam es am 23. April 1074 zu Tumulten in der Stadt, in deren Verlauf die erzbischöfliche Residenz erstürmt und verwüstet wurde. Der Bischof konnte den Aufstand niederschlagen und bestrafte die führenden Bürgerfamilien äußerst streng.

Bald darauf zog sich Anno, aller Streitigkeiten müde, nachdenklich in seine Siegburger Abtei zurück, wo er die letzten Monate seines Lebens verbrachte. Er starb am 4. Dezember 1075. Sein Leichnam wurde dortselbst beigesetzt. Seine Gebeine werden in einem kostbaren Reliquienschrein aus der Werkstatt des Nikolaus von Verdun aufbewahrt.

Legende

Der heilige Anno war noch nicht lange Erzbischof von Köln, da fuhr er eines Nachts aus dem Schlafe auf und fand sein Zimmer von einem seltsamen Licht erfüllt. Er erblickte dicht um sein Bett geschart viele römische Krieger in goldglänzenden Rüstungen und erkannte in ihnen die heiligen Blutzeugen jener maurischen Kohorte, die einst zusammen mit dem hl. Gereon zu Köln ihr Leben für Christus geopfert hatte. Der Anführer der Märtyrer erhob nun mit lauter Stimme Klage wider den Bischof, weil seine Kirche ‚Zu den goldenen Heiligen' seit ihrer Verwüstung durch Hunnen und Normannen nicht wiederhergestellt worden sei. Auch er, Anno, habe die Heiligen mißachtet, als er Auftrag zum Bau neuer Kirchen erteilte, anstatt zunächst ihre Grabeskirche wieder instandzusetzen. Zur Sühne für eine solche Vernachlässigung rissen die Märtyrer-Legionäre nun den Bischof aus dem Bett und strichen ihn so lange mit Ruten, bis er ächzend gelobte, das Versäumte raschestens nachzuholen. Andern Tags aus tiefem Schlaf erwachend, glaubte er geträumt zu haben, doch fand er seinen Leib voll blutiger Striemen und erinnerte sich seines Versprechens. Noch am gleichen Tage bestellte er Steinmetzen und sonstige Werkleute und begann mit dem Neubau von Sankt Gereon. Hierbei fand man unter dem Mosaikfußboden den Leib des Heiligen und eine große Menge heiliger Gebeine.

Der heilige Sabas

Auf Wunsch von Papst Paul VI. übergab am 24. Oktober 1965 der Patriarch von Venedig, Kardinal Urbani, einer griechisch-orthodoxen Delegation des Patriarchats von Jerusalem die Reliquien des hl. Sabas. Diese Handlung unterstreicht die versöhnliche Haltung, die die Kirche heute bei der Annäherung der getrennten Christenheit einnimmt. Die Gebeine des Heiligen, der vor allem in der griechischen Kirche als einer der großen Mönchsväter und Gründer des ältesten Klosters ‚Mar Saba' in Palästina tief verehrt wird, ruhten jahrhundertelang in Venedig. Dorthin hatten sie die Kreuzfahrer bei der Eroberung von Konstantinopel gebracht. Damit hatten sie der orthodoxen Kirche, die seit dem Schisma 1054 von der römischen Kirche getrennt war, eine schmerzliche Wunde geschlagen, die nie mehr vernarbte. Mit der feierlichen Rückgabe wurde der Geist der Brüderlichkeit wieder lebendig, und man kann hoffen, daß der hl. Sabas, der sich zu seinen Lebzeiten so viele Verdienste um die Einheit der Kirche erwarb, heute noch einmal eine wichtige Rolle spielen wird, wenn es darum geht, die getrennten Glaubensbrüder wieder zu vereinen.

Sabas kommt aus dem Hebräischen und bedeutet ‚der Bekehrte'. Er wurde um 439 zu Mutalska bei Cäsarea in Kleinasien geboren. Sabas war der Lieblingsschüler des berühmten Asketen Euthymius des Großen.

Seit 456 weilte Sabas in Palästina, wo er sich in eine Höhle der Kedronschlucht als Eremit zurückgezogen hatte. Das Leben als einzelner Mönch gab er indessen 492 auf, um seine Idee verwirklichen zu können, die verstreut lebenden Eremiten zu einer Mönchsgemeinschaft zusammenzuführen. Er gründete mitten in der Felsenwildnis an einem Ort, auf den er durch eine Erscheinung der Gottesmutter hingewiesen worden war, das Kloster, das nach ihm ‚Mar Saba' genannt wurde. Es besteht noch heute. Die Klostergemeinschaft umfaßte zu seinen Lebzeiten schon 500 Mönche. Saba starb dort im Jahre 532, seine Gebeine ruhten dort so lange, bis sie die Mönche aus Furcht vor den islamischen Eroberern nach Konstantinopel überführten.

Durch ständige Anbauten wuchs das Kloster im Laufe der Zeit zu einem mächtigen Bauwerk heran, mehrmals wurde es verwüstet, aber immer wieder fanden sich die Mönche an dem Orte ein, um Gott zu dienen und ihn zu verherrlichen. Noch heute ziehen sie Tag für Tag in der Frühe, am Mittag und noch einmal vor Einbruch der Dunkelheit durch die langen verwinkelten Gänge zur Grabkapelle des Heiligen, um dort ihre Gebete zu verrichten. Trotz der jahrhundertelangen Abwesenheit der Reliquien des hl. Sabas behielten die Mönche diesen Brauch bei.

Sabas trägt im Orient die Titel: ‚der Gottesträger, der Stern der Wüste, der Bewohner der heiligen Stadt, Patriarch der Mönche'. Cyrill von Alexandrien überlieferte uns Aufzeichnungen aus dem Leben des Heiligen. Er bezeichnete ihn und seine Mönche als „die feste Stütze des katholischen Glaubens in Palästina". Sabas stand nämlich in den Kämpfen, die aus dem Streit um die monophysitische Irrlehre des Eutyches, nach ihrer Verwerfung durch das Konzil von Cacedon entstanden, an der Spitze jener, die sich klar und unerschütterlich auf die Seite der Kirche stellten.

Dargestellt wird der hl. Sabas als Einsiedler mit Löwen, einen Apfel in der Hand.

Der heilige Nikolaus, Bischof von Myra

Am 8. Mai wird in Bari zur Erinnerung an die Übertragung der Reliquien des großen Wundertäters von Myra die Statue des hl. Nikolaus hinaus aufs Meer gefahren, und die Pilger und Gläubigen mieten kleine Boote, um ihr zu folgen. Abends wird sie zurück in die Stadt gebracht und in einer Prozession durch die Stadt getragen. Seit dem 8. Mai 1087 befinden sich die Reliquien des Heiligen in der Krypta der Basilika San Nicola in Bari. Über dem Gruftaltar hängen unzählige Weihegaben, darunter viele von Seeleuten in Gestalt von Schiffsmodellen. Von großer Bedeutung für die Verehrung des hl. Nikolaus ist sein Manna. Schon in Myra hatten seine Gebeine die besondere Fähigkeit, eine Flüssigkeit abzusondern, die eine heilkräftige Wirkung besaß. Das wunderbare Manna wird bis auf den heutigen Tag aus dem Grabe des Heiligen gewonnen. Die Griechen nannten das Manna ‚Myron', und seine Wunderkraft hatte Myra zu einem berühmten Wallfahrtsort gemacht. In der Ostkirche überstrahlte der hl. Nikolaus Ende des 9. Jahrhunderts alle übrigen Heiligen und stand gleich hinter der Gottesmutter. Seit der Übertragung seiner Gebeine nach Bari findet sich das Fest des Heiligen am 6. Dezember auch im römischen Kalender. Er ist seitdem einer der gefeiertsten Volksheiligen des Abendlandes. Jedes Kind kennt den hl. Nikolaus, der zu Anfang der Weihnachtszeit an jede Tür klopft.

Viele Stände haben ihn zum Patron erwählt, so die Seeleute, Schneider, Weber, Metzger, Notare, Advokaten und Schüler. Die Gefangenen bitten um seinen Beistand, er wird angerufen um eine gute Heirat, zur Wiedererlangung gestohlener Sachen, gegen falsches Urteil. So ist er Nothelfer und Wohltäter geblieben bis auf den heutigen Tag und übt als heiter-gütige Gestalt eine viel stärkere Wirkung aus denn als strafender Niklas (oder Knecht Ruprecht), der die bösen Buben in den Sack steckt, wozu er manchenorts entstellt wird.

Den vielen Kauffahrteifahrern des Mittelalters ist es besonders zu danken, daß sie die Kunde von diesem Heiligen in alle Welt hinausgetragen haben. Im Norden wie im Süden gibt es kaum eine Stadt, in der nicht ein Gotteshaus wenigstens seinen Namen trägt. Dargestellt wird der hl. Nikolaus in bischöflicher Kleidung, drei goldene Kugeln auf einem Buche tragend oder mit drei Broten in der Hand, mit drei aus einem Bottich aufsteigenden Knaben, mit Anker und Schiff.

Daß der hl. Nikolaus Bischof von Myra war und bei der letzten frühchristlichen Verfolgung viel zu erleiden hatte, kann als geschichtlich beglaubigt gelten. Sein

Leben und Wirken enthält jedoch viel Legendäres. Pater Giry beginnt das ‚Leben des hl. Nikolaus' wie folgt: Euphemius, ein reicher, aber sehr frommer und wohltätiger Mann, war sein Vater, und Anna, Schwester des früheren Erzbischofs von Myra, seine Mutter. Er kam erst viele Jahre nach ihrer Hochzeit zur Welt, als sie nicht mehr auf Kinder hoffen konnten. Ihre Barmherzigkeit gegen die Armen erlangte, was die Natur ihnen verweigerte. Ein Bote vom Himmel brachte ihnen die frohe Nachricht, er verhieß ihnen einen Sohn zum Trost ihres Alters und gebot ihnen, sie sollten ihn Nikolaus nennen; der Name bedeutet ‚Sieg des Volkes'. Sie erzogen ihn gottesfürchtig und schickten ihn auf eine gute Schule. Schon ganz jung soll der Heilige ein vorbildliches Leben geführt haben. Er widmete sich der Erkenntnis Gottes und haßte die Sünde. Sein Onkel, der Bischof, weihte ihn zum Priester. Zu dieser Zeit wurden seine Eltern von der Pest hinweggerafft. Nikolaus verteilte das große Vermögen, das er erbte, unter die Armen. Der Onkel des Heiligen hatte ein Kloster erbaut und bestellte zum Abt seinen Neffen Nikolaus. Lange hatte dieser sich bescheiden dagegen gewehrt, aber auf Wunsch der Brüder mußte er das Vorsteheramt übernehmen, und er verwaltete es mit der größten Weisheit. Nach dem Tode seines Onkels begab er sich auf eine Wallfahrt, die ihn ins Heilige Land führte. Es wird erzählt, daß man sich über die Neuwahl des Nachfolgers auf dem Bischofsstuhl von Myra nicht hatte einigen können und die Versammelten inbrünstig den Heiligen Geist um Erleuchtung anriefen. Sie beschlossen, daß derjenige Priester Bischof werden solle, der am nächsten Tage als erster die Kirche betreten würde. Und siehe, Nikolaus, der von alledem nichts wußte, wurde von Gott in die Kirche geführt und somit zum Bischof ernannt. Es gehörte viel Mut und Klugheit dazu, in dieser Zeit der letzten Christenverfolgungen unter Kaiser Diokletian ein solches Amt zu verwalten. „Sollen meine Worte Kraft haben, in die Herzen einzudringen, so muß ich meinen Schäflein voranleuchten als ein Muster aller Tugenden", pflegte Nikolaus zu sagen und sein Wort zu befolgen; denn er war barmherzig und lebte keusch, fastete und schlief auf dem bloßen Boden, vor Tagesanbruch schon versammelte er seine Geistlichen zum Gebet. Aber Nikolaus wurde ergriffen und in den Kerker geworfen. Hier hatte er viel zu erdulden und erhielt deshalb den Ehrennamen ‚Bekenner'. Als Konstantin jedoch die christliche Religion im Staate einführte, konnte der Bischof nach Myra zurückkehren. Auf dem Konzil von Nicäa verurteilte er mit den anderen Bischöfen die arianische Irrlehre. Nikolaus starb um 350 in hohem Alter.

Legende

Über den heiligen Nikolaus gibt es unzählbare Legenden, durch die das Volk sein Andenken bis heute lebendig erhielt. Einige seien hier wiedergegeben, zumal sie, obgleich meist im Osten entstanden, von der westlichen Malerei in vielen Bildern dargestellt sind.

Nikolaus hatte erfahren, daß ein durch traurige Geschicke verarmter Edelmann auf den Gedanken gekommen war, seine drei unverheirateten Töchter ein lasterhaftes Leben führen zu lassen, damit sie durch sündhaften Gewinn sich und die Ihren vor Not retteten. Nikolaus, der davon erfuhr, beschloß sofort zu helfen. Um als Wohltäter unbekannt zu bleiben, warf er in drei Nächten hintereinander jedesmal einen Beutel Goldstücke durch das Fenster in die Schlafkammer der Töchter, womit sie ihre Aussteuer bestreiten konnten. Auf diese Weise wurde ihre ehrbare Verheiratung ermöglicht, Schande und Not abgewendet. Aus dieser Legende mag später der Brauch entstanden sein, die Kinder in der Nacht zum Nikolaustag heimlich zu beschenken.

Hier die Legende, durch die Nikolaus der Schutzheilige der Seeleute geworden ist: Es geschah, daß Leute auf dem Meere fuhren und in große Not kamen durch Wasser und Wind. Da riefen sie den hl. Nikolaus an und sprachen: „Nikolaus, Knecht Gottes, wenn das wahr ist, was wir von dir gehört haben, so laß uns deine Hilfe erfahren." Da erschien ihnen einer, der ihm gleich sah, und sprach: „Ihr ruft mich, hier bin ich." Und fing an und half ihnen an den Segeln und Stricken und dem anderen Schiffsgerät. Alsbald war das Meer gestillt. Als sie nun an das Land kamen, gingen sie gleich zu seiner Kirche und dankten ihm für ihre Rettung. Da hörten sie seine Stimme, die sprach: „Nicht ich, sondern euer Glaube und Gottes Gnade haben euch geholfen!" –

Drei Hauptleute des Kaisers waren in hohe Gunst gekommen. Von Neid erfüllt, klagte der Anführer der Leibwache sie fälschlich beim Kaiser an, sie hätten sich des Hochverrats schuldig gemacht. Der Kaiser gab dem Verleumder Gehör und verurteilte die Unglücklichen zum Tode. In ihrer großen Not gedachten sie des heiligen Bischofs. Und obwohl sie weit von Myra entfernt in einem Turm eingesperrt waren, flehten sie zu Gott, er möge ihnen seinen Diener Nikolaus zu Hilfe schicken. In der Nacht vor der Hinrichtung erschien der Heilige dem Kaiser, der im Schlafe lag, und hielt ihm sein Unrecht vor. Er drohte mit der Rache Gottes, wenn er das Todesurteil vollstrecken lasse. Erschreckt von diesem Gesichte, ließ der Kaiser die drei Hauptleute vor sich kommen, sie von ihren Fesseln befreien und sandte sie nach Myra, um dem heiligen Bischof für ihre Rettung zu danken.

Diese Legende mag Anlaß gewesen sein, daß später im Westen die grausige Mär von den drei fahrenden Schülern entstanden ist, die ein Metzger getötet und in ein Faß eingepökelt hatte und die Sankt Nikolaus wieder zum Leben erweckte. Sie ist oftmals von den italienischen Malern gemalt worden. Wahrscheinlich wurde der Turm mit den drei Gefangenen für ein Pökelfaß gehalten. In einem französischen Kinderlied, das Eckart Peterich voller Poesie übersetzt hat, sind aus den Schülern drei kleine Buben geworden, denen es so ergeht. Nach ihrer Erweckung endet das Lied wie folgt:

Der erste sagte: „Ich schlief so schön." – Der zweite: „Das ist auch mir geschehn."
Der dritte Bube, der sprach dies: „Ich wähnte mich im Paradies."

Der heilige Ambrosius

Die schönste und ehrwürdigste Kirche Mailands, die Basilika Sant'Ambrogio, ist dem hl. Ambrosius geweiht. Er hat sie selbst begründet. In der Krypta sind seine Gebeine neben denen der hll. Gervasius und Protasius (s. 18. Juni) beigesetzt, deren Reliquien er auffand. Ambrosius – aus dem Griechischen ‚der Unsterbliche, Göttliche' – ist der älteste unter den vier großen abendländischen Kirchenlehrern. Sein Einfluß auf die Liturgie blieb so stark, daß die heilige Messe in Mailand heute noch in einer von der allgemein gebrauchten römischen abweichenden, nämlich der ambrosianischen Form gelesen wird. Der Komponist Ambrosius ist der ‚Vater des Kirchengesangs', hingegen ist der sogenannte ‚Ambrosianische Lobgesang' – das Tedeum – nicht von ihm. Nach O. Wimmer stammt dieser von dem Bischof Nicetas von Remisiana (ca. 340–414) und hat erst allmählich seine heutige Gestalt erhalten. Der bedeutende theologische Schriftsteller Ambrosius hat viele Schriften und zwölf herrliche Hymnen hinterlassen. Er war ein blendender Kanzelredner und hat den hl. Augustinus bekehrt und getauft. Auch kann er wohl als Mitschöpfer der mittelalterlich-christlichen Kultur gelten, deren Werden er förderte. Ambrosius setzte sich für das jungfräuliche Leben als christliches Ideal ein. Seine größte Bedeutung aber liegt in der Kraft und Furchtlosigkeit, mit denen er als unbeugsamer Vorkämpfer der Kirche gegenüber Heidentum und Irrlehren für den rechten Glauben eintrat, selbst gegenüber der Staatsgewalt. Von ihm stammt das Wort: „Der Kaiser steht innerhalb der Kirche, nicht über ihr." Wie O. v. Taube schreibt, „verschmolzen in ihm in wunderbarer Weise Römertugend und Christentum". Sein großer Schüler Augustinus nannte ihn „einen der besten Männer, die auf der Erde wandelten".
Ambrosius ist der einzige Kirchenvater, von dem wir noch heute ein Porträt besitzen. Es handelt sich um ein mit Namen bezeichnetes Mosaik in der seinem Bruder Satyrus geweihten Kapelle der Ambrosianischen Basilika und wurde zu Beginn des 5. Jahrhunderts, also wenige Jahre nach seinem Tode, geschaffen. Es ist durchaus nicht idealisiert und kann mit guten Gründen beanspruchen, als „authentisch" zu gelten.
Ambrosius entstammte einer christlichen Familie. Er war der Sohn des vornehmen römischen Präfekten von Gallien und kam um 340 in Trier zur Welt. Nach dem Studium der Rhetorik und der Rechte findet man den begabten Jüngling als ‚advocatus' beim Gerichtshof in Sirmium. Nach dem frühen Tod seines Vaters

war seine Mutter nach Rom zurückgegangen. Hier stand Ambrosius im Dienste des Oberstatthalters von Italien. Dieser betraute ihn mit dem Amt des Konsuls zweier norditalienischer Provinzen mit dem Amtssitz in Mailand. Die ganze Provinz stand zu dieser Zeit im Zeichen der arianischen Glaubensspaltung. Als der Bischof von Mailand, Auxentius, starb, entstand zwischen Katholiken und Arianern wegen der Wahl eines neuen Bischofs ein erbitterter Streit. Da erschien Ambrosius, um den Frieden wiederherzustellen, in der Kirche. Und plötzlich einigten sich die beiden Parteien, einer höheren Eingebung folgend – die Legende berichtet, ein kleines Kind habe seinen Namen laut gerufen –, auf den jungen Staatsbeamten als Bischof. Obgleich christlich erzogen, war Ambrosius zu dieser Zeit noch Katechumene. Er ließ sich taufen und wurde am 7. Dezember – dem Tag, der später als sein Festtag festgesetzt wurde – 374 unter Billigung des Kaisers zum Bischof geweiht.

Ambrosius wurde zu einem der beliebtesten und bedeutendsten Bischöfe aller Zeiten. Sogleich verkaufte er alles Gold und Silber und gab den Erlös den Armen. Seine väterlichen Güter stiftete er der Kirche. Neben Predigt-, Seelsorge und Lehrtätigkeit, Wohltun, Bekämpfung des Irrglaubens und kirchenpolitischen Angelegenheiten mußte er gründliche Studien treiben. „Lehrer geworden, bevor ich Schüler war", schreibt er, „bin ich gezwungen, in dem Grade zu lernen, als ich lehre..."

Nach dem Tode Kaiser Valentinians I. traten die politischen Aufgaben noch mehr in den Vordergrund. Der erst siebzehnjährige Sohn des Kaisers, Gratian, ließ sich von Ambrosius beraten; er beseitigte auf dessen Anregung die öffentlichen Restbestände der heidnischen Religion im Staate. Nachdem der junge Kaiser auf Veranlassung des Usurpators Clemens Maximus in Lyon durch Verräterhand ermordet worden war, entsandte der Hof Ambrosius als Legaten zu Verhandlungen nach Trier. Ambrosius hielt Maximus seine Bluttat unnachsichtig vor Augen; 384 erreichte er den Frieden, bei dem Maximus neben Valentinian II., einem Stiefbruder des gefallenen Gratian, und dem Ostkaiser Theodosius als dritter Kaiser anerkannt wurde.

Nun setzte Justina, die Kaiserinwitwe, die eine leidenschaftliche Arianerin war, dem Bischof Widerstand entgegen. Als sie für ihre Glaubensgenossen eine Kirche innerhalb Mailands verlangte, kam es zu Tumulten. Das Volk stellte sich auf die Seite seines Oberhirten. In dieser Zeit schloß man den mutigen Bischof mitsamt seiner Gemeinde einmal zwei Tage lang in einer Kirche ein. Der Kirchenfürst beruhigte die Verstörten, indem er mit ihnen den aus dem Osten stammenden Hym-

nengesang übte, so daß sie Angst und Hunger vergaßen. Auch als man Soldaten gegen ihn aussandte, nutzte das nichts, weil diese dem hl. Bischof in das Gotteshaus folgten und ihre Waffen niederlegten. Der Hof mußte nachgeben.
Ruf und Ansehen des Heiligen stiegen immer mehr. Die feierliche Erhebung der Gebeine der Mailänder Märtyrer Gervasius und Protasius im Jahre 386 befestigte seine Stellung weitgehend. Sogar Theodosius der Große mußte sich ihm beugen. Nach dem Blutbad von Thessalonike redete er dem Herrscher ins Gewissen und forderte von ihm das öffentliche Bekenntnis, daß er gesündigt habe. Ja, er nötigte ihn durch die Strafe des Kirchenbanns zur Zurücknahme ungerechter Strafedikte. Als der Kaiser trotzdem die Mailänder Kirche zu betreten versuchte, stellte sich ihm der Bischof im vollen Ornat entgegen und wies ihn zurück. Theodosius nahm daraufhin die ihm auferlegte Buße ohne Murren auf sich. Der Kaiser, inzwischen Herrscher von Ost- wie von Westrom, starb, nur 50 Jahre alt, im Januar 395. Ambrosius, der ihn um zwei Jahre überlebte, spendete ihm in seiner großartigen Trauerrede das höchste Lob, als er sagte: „Der Kaiser warf den Glanz seiner Krone von sich, beweinte seine Sünden öffentlich in der Kirche und erflehte unter Tränen und Seufzen die göttliche Vergebung... Ich habe diesen Mann lieb gehabt!“, schloß er ergriffen seine Rede.
Wie viele andere Heilige sah Ambrosius seinen Tod voraus. Die Mailänder, die in allen Kirchen für ihn beteten, ließen ihm sagen, er selbst möge Gott um eine Frist bitten und noch ein Jahr bei ihnen bleiben. Er erwiderte: „Ich habe so unter euch gelebt, daß ich mich nicht zu schämen brauche, auch ferner in eurer Mitte zu leben, aber ich fürchte mich auch nicht zu sterben, denn wir haben einen guten Herrn.“ In der Nacht vom 3. auf den 4. April – es war ein Karfreitag – empfing er die hl. Kommunion und entschlief in der Frühe des Ostersamstag 397.
Dargestellt wird der hl. Ambrosius mit Bienenkorb – auf Grund der Legende –, Buch und Geißel, mit den Gebeinen der hll. Märtyrer Gervasius und Protasius. Er ist Schutzpatron der Stadt Mailand seit 1338, weil er in diesem Jahr die Feinde mit einer Geißel in die Flucht geschlagen hat; ferner der Wachszieher, Bienenzüchter, Bienen; Haustiere.

Legende

Die Darstellung des Heiligen mit einem Bienenkorb und einem Bienenschwarm um sich herum geht auf folgende sinnvolle Legende zurück:
Als Ambrosius noch in der Wiege lag und schlief, flog ein Schwarm Bienen daher. Der ließ

sich nieder auf seinem Gesicht und drang in seinen Mund, als sei er ein Bienenstock. Die Bienen taten dem Knäblein jedoch nichts zuleide und flogen nach einer Weile weiter, ehe die erschreckten Eltern ihnen wehren konnten. Der Vater legte diese seltsame Ereignis als ein Zeichen dafür aus, daß die Zukunft Großes mit seinem Sohn vorhabe. Später wurden die Bienen als Sinnbild der Beredsamkeit und der Gelehrsamkeit gedeutet.

Das Fest der unbefleckten Empfängnis Mariä

Im ‚Jahr der Heiligen' darf dieses große Fest der Kirche nicht fehlen. Es ist das vierte der Haupt-Marienfeste neben Mariä Verkündigung (s. 25. März), Mariä Himmelfahrt (s. 15. August), Mariä Geburt und Namen (s. 8. September). Da gerade über dieses Festgeheimnis in der Laienwelt und in nicht-katholischen Kreisen viel Unkenntnis herrscht, möchten wir hier in einfachen Worten den Sinn dieses Festes umreißen. Wir stützen uns dabei auf von der Kirche anerkannte Quellen.

In der Ostkirche feierte man schon im 7., nach einigen sogar im 5. Jahrhundert das Fest der Empfängnis Mariens am 9. Dezember. Dieser Tag kam nach römischer Berechnung neun Monate vor dem bereits am 8. September eingeführten Geburtsfeste der Gottesmutter zu liegen. Im byzantinischen Reich galt er 1166 als bürgerlicher Feiertag mit Arbeitsruhe. Vom 12. Jahrhundert an breitete sich das Fest auch im Abendlande aus, und zwar tauchte es zuerst in England, später in Deutschland auf. Papst Klemens XI. schrieb das Fest der Unbefleckten Empfängnis Mariä 1708 für die Kirche vor, nachdem es 1476 von Sixtus IV. als Fest mit Messe und Offizium (Amt) gutgeheißen worden war. Innozenz XII. (1691–1700) fügte eine Oktav an, die 1854 von Pius IX. erneut bestätigt, 1955 von Pius XII. aufgehoben wurde. Am 8. Dezember 1854 hatte Papst Pius IX., umgeben von zweihundert Bischöfen, feierlich den Glaubensatz verkündet: „Die allerseligste Jungfrau Maria ist vom ersten Augenblick ihres Daseins durch eine besondere Gnade Gottes im Hinblick auf die Verdienste Jesu Christi vor allem Makel der Erbsünde bewahrt geblieben" und das Fest damit zum gebotenen Feiertag für die katholische Welt erhoben. Zur Erklärung des Sinncharakters dieses vielumstrittenen Dogmas zitieren wir Bernhard van Acken: „Bei diesem Fest geht es um die einzigartige Weise, in der Maria erlöst worden ist. Wir alle sind durch das Blut Christi von der Erbsünde befreit worden. Bei uns wirkt die Gnade Christi heilend. Bei Maria wirkte sie vorbeugend. Maria wurde nach dem Ratschluß Gottes von Anfang an frei von Erbschuld geschaffen im Hinblick auf Würde und Werk ihres Sohnes. Denn es geziemte sich, daß sie, die bestimmt war, Mutter Christi zu sein und ihm Fleisch von ihrem Fleisch zu geben, auch nicht durch einen Schatten von Sünde verunreinigt sein und nicht einen Augenblick außerhalb der Gnade stehen durfte. Jesus Christus ist also auch der Erlöser seiner Mutter gewesen. Maria ist die schönste und edelste Frucht der Erlösung. Die unbefleckte Empfängnis Mariens bezieht sich also nicht, wie viele meinen, auf die Empfängnis Christi im Schoße seiner jungfräulichen Mutter, auch nicht auf das Tun und Verhalten der Eltern Mariens, sondern sie besagt, daß Maria geschmückt mit der heiligmachenden Gnade aus der Hand des Schöpfers hervorging." Nach dem Meßbuch von A. Schott ist „Gegenstand des Festes der erhabene Vorzug, kraft dessen Maria durch die Erlöserverdienste Jesu Christi vor der Erbsünde bewahrt blieb und mit einer Fülle von Gnaden ausgestattet wurde. Die Messe dieses Tages ist ein jubelndes Bekenntnis der hohen Gnadengaben der Unbefleckten", der ‚neuen Eva', wie sie vor dem Sündenfall aus Gottes Hand hervorging: niemals hat Maria auch nur einen Augenblick unter der Gewalt des Satans gestanden! Was die Heilige Schrift von der unerschaffenen göttlichen Weisheit sagt (Spr. 8, 22–25), überträgt die Kirche in der Lesung der Festmesse vom 8. Dezember auf die allerseligste Jungfrau: „Der Herr besaß mich im Anfang Seiner Wege, von Anbeginn, noch bevor Er etwas geschaffen hat ..."

In ihrer wunderbaren Erscheinung vor der hl. Bernadette (s. 16. April) hat sich Maria selbst in rätselhafter Formulierung als die ‚Unbefleckte Empfängnis' bezeichnet. Es war selbstverständlich, daß Bernadettes Zeitgenossen darauf den Reim auf das ‚neue' Dogma heraushörten und alle Deutung einzig darum kreiste. Es war ja die wunderbare, unmittelbar himmlische Bestätigung zu dem Wort, das eben von der Kirche ergangen war! „Aber", so fragt mit Recht Ida F. Görres, „kann es nicht auch heißen: ich bin das makellose Konzept, das nicht verdorben worden ist, ich bin der ganz geglückte Einfall Gottes, ich bin der erste, der ursprüngliche Entwurf, das meisterliche Modell – wovon? Von der ganzen Schöpfung, von der heilen Welt."

Viele Male hat die Kunst sich die geheimnisvolle Gestalt der ‚Immaculata' zum Gegenstand gewählt. Auf den meisten dieser Darstellungen – hier seien nur die beiden berühmten Gemälde von Murillo und Ribera erwähnt – steht die jungfräuliche Himmelskönigin, weiß gekleidet, auf der Mondsichel oder auf der Erdenkugel, manchmal auch auf der Schlange, über ihrem Haupt glänzt ein Sternenkranz aus zwölf Sternen, dem Sinnbild ihrer Tugenden. Vorbild mag die Vision des Johannes aus der Geheimen Offenbarung (12, 12) gewesen sein, in der Maria, wie

Otto Karrer erklärt, als „Urbild der Kirche“ zu verstehen sei, als „die bräutliche Tochter Zions“, die „himmlischen Wesens, obschon in der Pilgerschaft, eine kurze Weile auf Erden“ ist. All dies trifft zu auf jene, „die schon empfangen war, ehe die Abgründe sich auftaten, ehe die Wasserquellen hervorbrachen, ehe noch der Berge wuchtige Masse stand, die vor den Hügeln geboren ward...“
Schon in den frühesten Zeiten der Kirche bezeichneten die Kirchenväter und -Lehrer die selige Jungfrau Maria in bezug auf ihre sündenlose und makellose Empfängnis mit Ausdrücken, die diese Lehre unmißverständlich beinhalten. Da wird sie ‚ganz unbefleckt‘ genannt, ‚durchaus unberührt‘, ‚gänzlich unversehrt‘. Sie heißt: die allerreinste Jungfrau, die Heilige, Schuldlose, Schönste – in der Schönheit der Unschuld –, sie wird gepriesen als die unschuldige Wohnung der Unschuld, das Fundament der Heiligkeit, zehntausendfältig rein, ganz und gar überunschuldig, alles Lob, alle Glorie, alles Wunderbare übersteigend. Im Vergleich mit anderen Menschen sagten die Alten von Maria: sie sei heiliger als alle Heiligen, erhabener und strahlender als die Engel, glorreicher als alles, was geschaffen ist. Sie bezeichneten sie als Fülle des Lichts, leuchtenden Palast, strahlendste Leuchte ohne Schatten, unendlich reiner als die glänzendste Sonne, Rosenzweig ohne Dornen, Lilie, unberührter Zweig, unberührte Blume, unschuldigste, fleckenlose Taube, Tempel der Jungfräulichkeit, Gnadenhütte, Wohnung des hl. Geistes, unverdorbenstes Gefäß, Purpurmantel von Gott selbst gewebt!

Die heilige Leokadia. Der heilige Miltiades

Nach dem römischen Martyrologium war die hl. Leokadia eine Jungfrau und Märtyrin, die unter dem Legaten Dacianus, wahrscheinlich in Toledo, um 303 oder 304 um ihres Glaubens willen zu Tode gequält wurde. Ihre Verehrung ist jedenfalls in Toledo seit dem 5. Jahrhundert bezeugt. Sie ist Patronin von Toledo. Ihr schöner Name erscheint in den Heiligenkalendern am 9. Dezember.
Die legendäre Leidensgeschichte der Heiligen sei hier kurz wiedergegeben. Leokadia war eine eifrige Christin. Sie wurde während der diokletianischen Verfolgungen gefoltert. Da sie trotz aller Qualen ihren

Glauben nicht verleugnete, wurde sie eingekerkert und starb gefesselt in ihrem Gefängnis. Vor ihrem Tode hatte die Bekennerin das Kreuz Christi in den harten Fels eingedrückt – ein wunderbares Gleichnis für die Kraft des christlichen Bekenntnisses, das auch den härtesten Widerstand zu überwinden vermag! Ihre Gebeine wurden in Toledo beigesetzt, später wegen der Maureneinfälle zunächst nach Oviedo, dann in die Abtei Saint-Ghislain bei Mons überführt. König Philipp II. ließ ihre Reliquien unter großen Ehren nach Toledo zurückbringen.

Da über diese Heilige nicht mehr berichtet werden kann, führen wir unter dem gleichen Datum noch den HL. MILTIADES auf, dessen Festtag am 10. Dezember ist. Bei diesem Heiligen, der fälschlich in den meisten Kalendern unter dem Namen Melchiades vorkommt, handelt es sich um den hl. Miltiades, Bischof von Rom. Er hatte den Heiligen Stuhl von 311 bis 314 inne. Er wird im römischen Brevier als Märtyrer aufgeführt, obwohl er nicht als solcher gestorben ist. Die Bezeichnung ‚Bekenner' weist auf die unter Maxentius erlittenen Verfolgungen hin. Trotz alter Angaben, die ihn ‚Afrikaner' nennen, ist er (nach Kühner) wohl kaum afrikanischer, sondern römischer Herkunft gewesen.
In seinen Pontifikat fällt die für das Christentum sich so bedeutsam auswirkende Schlacht an der Milvischen Brücke nördlich von Rom, in der Konstantin der Große am 28. Oktober 312 über den Mitkaiser Maxentius siegte. Hierdurch wurde für das Papsttum eine entscheidende Wende eingeleitet. Giulio Romano hat in der ‚Sala di Costantino' im Vatikan ein Riesenfresko gemalt, auf dem diese Schlacht geschildert wird. Konstantin gab 313 durch Erlaß des Mailänder Edikts der christlichen Kirche die Gleichberechtigung mit den heidnischen Religionen und brachte ihr damit die Freiheit. Damit haben sich, wie Leopold von Ranke es ausdrückte, „die beiden Weltkräfte, die einander widerstrebten, die Macht des Römischen Imperiums und die neue Weltreligion, das Christentum, ausgesöhnt."
Das Grab des heiligen Papstes befindet sich an der Appischen Straße, in der Kalixtus-Katakombe in Rom. Reliquien von ihm werden in vielen römischen Kirchen bewahrt. Seinen Namen findet man in allen Martyrologien.
Nachfolger von Miltiades auf dem Heiligen Stuhl war der heilige Papst Silvester I.

DER HEILIGE VICELIN VON LÜBECK *(Gedenken: 12. Dezember)*

In der Gestalt des ‚Apostels der wagrischen Wenden' haben wir eine streng geschichtliche Persönlichkeit vor uns, die zur Legendenbildung kaum Anlaß gab. Vicelin, Wetzel oder Wizo kommt aus dem Althochdeutschen und bedeutet ‚der Weise'. Das Lebensbild des Heiligen verdanken wir der Schilderung seines Schülers Helmold von Bosau. Die Gebeine des hl. Vicelin kamen 1332 nach Bordesholm. Eine Inschrift vor dem Hochaltar weist auf den Platz, an dem sie ruhten, wenn auch die Reliquien selbst während der Reformationszeit beseitigt wurden. Ein in der gleichen Kirche befindliches Glasgemälde ist dem Andenken des Missionars von Holstein gewidmet. Neuerdings ist die Erinnerung an ihn wieder aufgelebt; man hat mehrere evangelisch-lutherische Kirchen nach ihm benannt.

Dargestellt wird der Heilige, in der Rechten eine Kirche tragend, die er mit dem linken Arm abstützt. Sinnbildlich mag damit gemeint sein, daß seine Kräfte für seine gewaltige Aufgabe nicht ausreichten, – ein rührend-menschlicher Zug!

Vicelin wurde um 1090 zu Hameln an der Weser geboren. Zunächst war er als Hauslehrer bei einer adeligen Familie tätig. Als er aber erkennen mußte, wie gering seine Kenntnisse waren, entwich er heimlich auf die Paderborner Domschule. Dann kam er als Kanonikus nach Bremen; dort tat er sich durch eine fast übermäßige sittliche Strenge hervor. In Frankreich, wo er sich von 1123–1126 aufhielt, setzte er seine theologischen Studien fort. Einen großen Einfluß auf ihn hatte der Gründer der Prämonstratenser, Norbert von Magdeburg (s. 6. Juni). Vicelin trat vermutlich seinem Orden bei und wurde von ihm zum Priester geweiht.

Ab 1126 unternahm Vicelin im Auftrag des Erzbischofs Adalbero von Bremen von Alt-Lübeck aus die Missionierung der heidnischen Wenden (Wagrier), der er von da an sein ganzes Leben widmete. Die ständigen Unruhen und Aufstände der wendischen Bevölkerung im heutigen Holstein erschwerten sein Missionswerk sehr. Immer wieder empfing der eifrige Glaubensbote neue Rückschläge, geriet in große Bedrängnis des Leibes und der Seele, befand sich mehrmals in Lebensgefahr, hielt sich in Verstecken auf und mußte einige Male sogar die Flucht ergreifen, um sich und seine Geistlichen in Sicherheit zu bringen. Doch obgleich er für den Augenblick auch keine glänzenden Erfolge aufzuweisen hatte, blieb Vicelin voll Zähigkeit bei der einmal übernommenen Aufgabe.

Er gründete von Lübeck aus die Augustiner-Chorherren-Stifte Neumünster (südlich von Kiel), Wipenthorn (Faldern) und, in dem von Kaiser Lothar II. zum Schutze der Missionierung erbauten Kastell, Segeberg, zu dessen Füßen eine christliche Siedlung entstand. Die auf ihn zurückgehenden Kirchen tragen noch heute die Bezeichnung ‚Vicelin-Kirchen'. Nachdem Lübeck 1138 von dem Wendenkönig überfallen und viele Christen erschlagen worden waren, erfolgte der unglückliche Kreuzzug gegen die Wenden, der das in mühevoller Arbeit bis dahin aufgebaute Missionswerk von Grund auf zerstörte. Daran änderte auch die Ernennung und Weihe Vicelins zum Bischof von Oldenburg (1159) nichts; sie hatte nur neue Verwicklungen zur Folge. Der schlichte Wendenbischof war dem politischen Getriebe nicht gewachsen. Selbst sein persönliches Erscheinen vor Friedrich Barbarossa auf dem Merseburger Reichstag blieb erfolglos. Durch den

Investiturstreit geriet Vicelin abermals in Konflikte; er mußte sich schließlich Heinrich dem Löwen beugen, um sich in seiner Stellung halten zu können. Auch als Bischof behielt er noch die Leitung des Klosters Neumünster bei, zu dessen Prior er seinen Freund Ebbo eingesetzt hatte. Die Siedlung Segeberg wurde mehrmals, auch gelegentlich der Däneneinfälle, zerstört, das Kloster dagegen vermochte sich durch seine befestigte Lage zu halten. Trotz all dieser Enttäuschungen setzte Vicelin sein Missionswerk unbeirrt fort. Er trat, wie Helmold berichtet, mit lebendiger Beredsamkeit auf und verkündete unermüdlich die Botschaft des Evangeliums, bis er, vom Schlage getroffen, sich von seiner Arbeit zurückziehen mußte. Die letzten beiden Jahre seines Lebens lag er gelähmt und unter großen Schmerzen in Kloster Neumünster. Er starb am 12. Dezember 1154. Sicherlich litt er tief darunter, daß seinem Lebenswerk scheinbar solch große Mißerfolge beschieden waren, und ahnte nicht, daß die Kultivierung eines der rauhesten Landstriche Deutschlands ihm zu danken ist und sein Name mit der Geschichte des Landes Holstein immer eng verbunden bleiben wird.

Der heilige Damasus

Damasus kommt aus dem Griechischen und bedeutet ‚Bändiger, Bezwinger'. Der heilige Papst Damasus I. wurde 366 unter recht dramatischen Umständen gewählt. Von der arianischen Gegenpartei war Ursinus als Gegenpapst aufgestellt worden. Da dieser auf seinen vermeintlichen Rechten bestand, kam es zu handgreiflichen Kämpfen der beiden Parteien, die erst nach der Verbannung des Ursinus nach Gallien beigelegt wurden. Damasus war Nachfolger des Papstes Liberius. Aus einer spanischen Familie in Rom geboren und zunächst als Diakon unter Liberius tätig, begleitete er diesen in die Verbannung nach Beroea. Nach seiner Rückkehr nahm er an der Verwaltung teil. Als Jüngling hatte er im päpstlichen Archiv gearbeitet und damals wohl schon die Schicksale der Märtyrer erforscht, denen er später die berühmten sogenannten ‚damasianischen Inschriften' widmen sollte. Mit dichterischem Schwung sondergleichen verfaßte er während seines Pontifikats jene Epigramme, mit denen er viele Märtyrergräber in Rom schmückte. Sie wurden durch seinen Kalligraphen Philokalus auf Marmorplatten eingemeißelt. Noch heute zeigt man an der Eingangswand von S. Sebastiano ad catacumbas eine derartige Schrifttafel, die den Lobgesang des Papstes Damasus auf den hl. Entichius verkündet. In diesen Zusammenhang gehört auch die Öffnung der von Diokletian geschlossenen Katakomben durch Damasus. Auf seine Veranlassung wurden die verschütteten Gänge wieder zugänglich gemacht, Treppen, Stützmauern und Lichtschächte angelegt und damit der späteren Forschung ein unschätzbarer Dienst erwiesen. Über den Gräbern der christlichen Zeugen erbaute der kunstsinnige Papst Kirchen.

Aber nicht nur als Dichter und Bauherr zeichnete Damasus – nach dem im übrigen der Damasushof im Vatikan seinen Namen hat – sich aus, er war auch geistesgeschichtlich eine höchst bedeutsame Gestalt. Unter ihm erstanden dem Papsttum in den sechs großen Kirchenlehrern und Heiligen Basilius d. Gr., Gregor von Nazianz, Gregor von Nyssa, Ambrosius, Hieronymus und Hilarius von Poitiers Helfer, die – unterstützt von Kaiser Theodosius – den Arianus und die Irrlehren der Donatisten, Apollinaristen und Pneumatomachen „in ihren gewaltigen Denkgebäuden auf friedliche Weise entmachteten. Zwar hielt sich die Häresie der Arianer noch etwa 100 Jahre lang vorwiegend in den germanischen Ländern, bedeutete aber keine dogmatische Gefahr mehr" (H. Kühner). Voller Weitblick berief Damasus den hl. Hieronymus zu seinem Geheimsekretär. Er betraute den großen Gelehrten mit der Revision der alten Bibeltexte und ihrer Übersetzung aus dem Griechischen und Aramäischen in die lateinische Sprache, wodurch die sogenannte ‚Vulgata' entstand, die auch heute noch in der Liturgie benutzt wird. Die Lehre von der Trinität wurde während seines Pontifikats endgültig gefestigt, das Glaubensbekenntnis erhielt unter ihm seine heutige gültige Form, obgleich es erst von Benedikt VIII. (1012–1024) in das römische Meßbuch aufgenommen wurde. Weiterhin bereicherte Damasus die Liturgie durch Einbeziehung des Kirchenjahres und bestimmte, beraten vom hl. Hieronymus, auf der Synode von 382 den Kanon der biblischen Bücher. Auch das ‚Gloria Patri' am Schluß der Psalmen ist von ihm eingeführt worden. Daß er am 2. Allgemeinen Konzil zu Konstantinopel teilgenommen hätte oder vertreten gewesen sei, ist nicht erwiesen. Indessen geht die Festigung des päpstlichen Primats ganz sicherlich auf Damasus zurück. Dieser heiligmäßige Papst, der Aufwand und Repräsentation pflegte, um damit den Herrn zu verherrlichen, legte für die Vorrangstellung des alten Rom im Gegensatz zum sogenannten zweiten Rom, nämlich Konstantinopel oder Byzanz, das eigentliche Fundament. Unter ihm gewann die päpstliche Hofhaltung zum erstenmal ganz bewußt ihren „fürstlichen Zuschnitt". Er war der erste große Papst-Herrscher der Spätantike, der erste, der den Titel ‚Pontifex Maximus' von den römischen Kaisern auf die Päpste übertrug. Und wenn er die Statue der Victoria aus dem Senat in Rom entfernen ließ, so symbolisierte er damit den Untergang des heidnischen Rom. Der von ihm geprägte, aus der Geschichte bewiesene, bis heute gültige

Begriff des Apostolischen Stuhles schuf klare Rechtsverhältnisse: der Schlußpunkt der Definition des Primats war damit gesetzt! (nach H. Kühner). Seine lange Regierungszeit gab der Kirche nach den Verfolgungen und Wirren der inneren Spaltungen endlich die Möglichkeit zu friedlichem Aufbau, so daß sie den dann folgenden Stürmen der Völkerwanderung standhalten konnte.
Papst Damasus I. starb am 10. Dezember 384. Er wurde zunächst in der Grabstätte neben der Domitilla-Katakombe beigesetzt, die er für sich, seine Mutter und seine Schwester Irene hatte anlegen lassen. Von dort wurden seine Reliquien später in die 380 von ihm erbaute Titelkirche S. Lorenzo in Damaso übertragen. Auf ihrem Platz entstand Ende des 15. Jahrhunderts der Palazzo della Cancelleria, in den sie als Palastkapelle eingefügt ist. Sein Fest wird seit dem 8. Jahrhundert am 11. Dezember gefeiert.
Dargestellt wird der hl. Damasus mit Papstkreuz und Buch, das die Aufschrift ‚Vulgata' trägt; mit Kirchenmodell. Er wird angerufen gegen Fieber, weil seine Reliquien Heilkraft dagegen besitzen.

Die heilige Johanna Franziska von Chantal

In keinem Heiligenbuch fehlt Johanna Franziska von Chantal, mit der der hl. Franz von Sales (s. 24. Januar) ein Bündnis reiner Gottesliebe einging und deren Seelenführer er bis zu seinem Tode blieb. Der geistige Verkehr der beiden Heiligen ist uns in einer Reihe ergreifender Briefe hinterlassen, die einen hohen theologischen Wert besitzen. Niemand hat diese wahrhaft heilige Frau so genau beobachtet wie Franz von Sales. Er schrieb von ihr: „Nur mit Hochachtung spreche ich von dieser durchaus heiligen Seele. Man kann wohl nicht größeren Verstand mit tieferer Demut vereint sehen. Sie ist einfach und innig wie ein Kind, verbindet aber damit eine ernste und erhabene Urteilskraft. Sie ist eine große Seele, die für heilige Unternehmungen einen Mut beweist, der sonst ihrem Geschlecht nicht eigen ist. Mit einem Wort: ich lese nie die Beschreibung Salomons von der vollkommenen Frau, ohne an die ehrwürdige Mutter von Chantal zu denken."
Das Leben der hl. Johanna Franziska ist oftmals beschrieben worden. Wir fassen es noch einmal kurz zusammen: Sie war eine Tochter des burgundischen Parlamentspräsidenten Frémiot und wurde am 23. Januar 1572 in Dijon geboren. Sehr früh schon verlor sie ihre Mutter und wurde zusammen mit ihren Geschwistern von ihrem Vater in strenger Gläubigkeit erzogen. Dabei ist zu bedenken, daß zu dieser Zeit noch die Hugenottenkämpfe in Frankreich tobten und gerade viele Adelige der kalvinistischen Lehre beitraten. Allein ihr Vater beharrte standhaft in

seinem Glauben, wobei er weltliche Vorteile aufgab, und prägte diese Haltung auch seinen Kindern ein. So wurde der Irrglaube für Johanna von Kind auf Anlaß tiefster Traurigkeit. Sie schlug die Hand mehrerer glänzender Bewerber aus, weil diese nicht katholisch waren. „Ich würde lieber tausend Tode sterben, als mich durch Heirat einem Feind der Kirche verbinden..." Im Jahre 1592 vermählte sie sich mit Baron Christoph von Chantal, mit dem sie acht Jahre in glücklicher Ehe auf dessen Schloß Bourbilly lebte und ihm vier Kinder gebar. Eine hingebende Mutter und vortreffliche Erzieherin ihrer Kinder, leitete sie ihr Hauswesen mit Umsicht und führte, während sich ihr Gatte bei Hofe aufhielt, die Verwaltung seiner Güter aufs beste. Den Armen war sie schon damals eine gütige und aufopfernde Helferin.

Ihr Glück fand ein jähes Ende, als ihr Mann durch einen Jagdunfall plötzlich 1601 ums Leben kam. Die Witwe legte das Keuschheitsgelübde ab und lebte nur mehr ganz ihren Kindern und der Ausübung christlicher Werke. Sie hatte viel zu leiden, als sie wegen des Erbes ihrer Kinder mit diesen zu ihrem Schwiegervater nach Monthelon ziehen mußte, in dessen Haus sie viele Jahre heimtückischen Quälereien ausgesetzt war. Schon zu dieser Zeit flehte sie den Himmel unablässig an, ihr einen Seelenführer zu schicken, der ihr zu erkennen gäbe, wozu Gott sie berufen habe. Im Jahre 1604 lernte sie den Bischof von Genf, Franz von Sales kennen, dessen Predigt in Dijon sie so beeindruckte, daß sie ihn zu ihrem Beichtvater wählte. In seiner gütigen, besonnenen Art suchte der Heilige sie nun ganz im Geiste seiner ‚Philothea' zur gänzlichen Hingabe an Gott zu führen. Schon bald machte sie große Fortschritte in ihrem Streben nach Vervollkommnung, sie zog sich mehr und mehr von der Welt zurück, trug unter ihren Kleidern ein härenes Bußgewand, schnitt ihr schönes Haar ab und hielt strenge Fasten.

Franz von Sales hatte rasch erkannt, daß ihm in ihr die Frau begegnet war, mit deren Hilfe er seine langgehegte Idee, einen neuen Frauenorden ohne Klausur ins Leben zu rufen, durchführen könne. So gründete Johanna Franziska auf seinen Rat die Genossenschaft der ‚Schwestern von der Heimsuchung Mariens' – auch Salesianerinnen oder Visitantinnen genannt –, die sich mit der Pflege der Kranken und der Sorge für die Armen beschäftigen sollten. Nachdem Franz von Sales die Versorgung ihrer Kinder geregelt hatte und auch sonstige anfängliche Schwierigkeiten überwunden waren, empfing Johanna im Jahre 1610 in Annecy aus der Hand des Heiligen das Ordenskleid und die Regel der neuen Kongregation, die sich durch eine besondere Milde auszeichnete. Johanna war der schweren Aufgabe als Ordensleiterin voll gewachsen. Bald schon erkannte man, wie segensreich diese frommen Dienerinnen das große Elend des Volkes bekämpften. Viele edle Frauen des französischen Adels traten dem Orden bei oder unterstützten ihn durch großherzige Spenden und Schenkungen. In den 30 Jahren, in denen sie als Oberin wirk-

te, entstanden 75 Klöster. Aber zunächst traf der Orden auf große Widerstände. Die neuen Schwestern, die die Armen und Kranken in ihren Behausungen aufsuchten und frei von klösterlicher Einengung lebten, erregten Anstoß und Aufsehen. Die Empörung im Volk ging so weit, daß der hl. Franz sich auf Veranlassung des Erzbischofs de Marquemont gezwungen sah, den Orden umzustellen, die Strenge der Klausur einzuführen und die Krankenpflege als Aufgabe aufzugeben, wofür die Erziehung der weiblichen Jugend trat. Die Salesianerinnen verbinden das beschauliche Leben mit dem tätigen wie Caritas, Schule und Erziehung, ihre Tracht besteht aus einem schwarzen gefältelten Kleid, weißem Brusttuch, silbernem Brustkreuz, zwei vom Gürtel nach vorn herabhängenden Tuchstreifen. Der Orden hat sich besonders um die Ausbreitung der Herz-Jesu-Andacht verdient gemacht; erwuchs doch aus ihm die hl. Margaretha-Maria Alacoque (s. 17. Oktober), deren höchstes Anliegen die Verehrung des heiligsten Herzen Jesu gewesen ist.
Johanna Franziska von Chantal hatte auch später viele Heimsuchungen zu bestehen, sie wurde von Krankheiten geplagt, und auch andere Schicksalsschläge blieben ihr nicht erspart, aber sie bewies immer wieder, daß sie nicht umsonst durch die Schule eines Heiligen gegangen war: ihr Gottvertrauen konnte durch nichts gebrochen werden, hieraus schöpfte sie immer wieder Fröhlichkeit und Frieden. Ihre Liebe war so groß, daß man sie fast eine ‚Märtyrerin der Liebe' nennen kann. Sie selbst sagte: „Die echte Liebe besteht nicht im Verkosten der Süßigkeiten Gottes. Sich verdemütigen, dulden und leiden, sich selber absterben, nur von Gott allein gekannt sein wollen, das ist wahre Liebe."
Bei der Visitation eines ihrer Klöster erlitt die Heilige einen Schwächeanfall. Den nahen Tod vor Augen, ließ sie noch einen Abschiedsbrief an ihre Schwester niederschreiben und, mit den hl. Sakramenten gestärkt, empfahl sie Gott ihre Seele. Johanna Franziska starb am 13. Dezember 1641 in Moulins. Ihr Leib wurde später nach Annecy gebracht, wo auch ihr hl. Lehrer und geistiger Führer Franz von Sales seine letzte Ruhestätte fand. Ihr Grab wurde durch Gebetserhörungen reich begnadet. Im Jahre 1767 wurde sie von Papst Clemens XII. heiliggesprochen und ihr Fest auf den 21. August – den Tag der Gründung ihres Ordens – festgesetzt. Seit neuem feiert die Kirche ihr Fest an ihrem Todestag, dem 12. Dezember.
Dargestellt wird die hl. Johanna Franziska von Chantal als Ordensfrau in der Tracht der Salesianerinnen, Herz mit dem Namen Jesu in der Rechten, Buch in der Linken. Sie ist Patronin ihres Ordens; für glückliche Entbindung.

Legendäres

Die umfassende Nächstenliebe dieser bedeutenden Heiligen erscheint uns Heutigen fast unvorstellbar. Sie wird durch viele Beispiele erhellt, die das Außerordentliche ihrer Barmherzigkeit kennzeichnen. Schon als Schloßherrin pflegte sie alle Sonn- und Feiertage nach dem Essen zu Fuß durch die Häuser der Pfarrei zu gehen, wo sie die Kranken besuchte. Sie machte ihnen das Bett, stand ihnen im Sterben bei und wusch die Leichen. Einmal fand ein Bauer einen armen aussätzigen Knaben am Wege, den er auf seinem Wagen mitnahm und zu ihr brachte. Sogleich nahm sie das schwerkranke Kind freudig auf, reinigte es von Ungeziefer, salbte seinen grindigen Kopf und fütterte ihn eigenhändig. Mehrere Monate pflegte sie den Knaben aufopfernd; als er dem Tode nahe war, wachte sie Tag und Nacht bei ihm, obgleich sein übler Geruch alle vertrieb. Nachdem er verschieden war, hielt sie selbst die Leichenwäsche und bestattete ihn. Als einer ihrer Verwandten sie darob tadelte, entgegnete sie sanft: „Seitdem ich weiß, daß Jesus in seinem Leiden einem Aussätzigen ganz gleich gesehen hat, verabscheue ich keinen Aussatz mehr außer dem Aussatz der Sünde."

Um diese Zeit geschah es, daß, während Franziska abends in der Nähe des Schlosses wandelte, drei wohlgestaltete Jünglinge ihr in den Weg traten und um ein Almosen baten. Sie hatte aber nichts bei sich als einen kostbaren Ring, den sie von ihrem verstorbenen Gatten erhalten hatte und der ihr sehr teuer war. Ohne sich lange zu besinnen, gab sie einem Jüngling den Ring mit dem Bedeuten, sie sollten sich den Wert desselben untereinander teilen. Dieser nahm freundlich lächelnd den Ring, Franziska aber fühlte sich plötzlich von der Gegenwart Gottes angerührt, so daß sie auf die Knie fiel. Als sie sich erhob, hatten die Jünglinge sich in Luft aufgelöst. Von nun an kannte ihre Liebe gegenüber den Armen und Bresthaften keine Grenze mehr!

Die heilige Lucia von Syrakus

Unter den Heiligen des Meß-Kanons befindet sich die hl. Lucia von Syrakus. Die Existenz der Heiligen ist zweifellos historisch, ihrer Leidensgeschichte hat sich die Legende bemächtigt. Sie erlitt ihr Martyrium in Syrakus auf Sizilien, wahrscheinlich während der diokletianischen Verfolgungen. Eine Inschrift in der dortigen Giovanni-Katakombe erwähnt ihr Fest schon schon um 400. An der Stelle, wo sie der Überlieferung nach für ihren Glauben starb, wurde ihr zu Ehren eine Kirche errichtet. Das heutige, stark restaurierte Gotteshaus ist ein Bau des 12. Jahrhunderts. Rechts vom Chor steht die Granitsäule, an der die hl. Lucia hingerichtet worden ist. In der Apsis hat Caravaggio 1609 das Begräbnis der Heiligen dramatisch erzählt. In Syrakus wird noch eine Rippe der Heiligen bewahrt, ihre anderen Reliquien wurden dagegen von den Byzantinern nach Konstantinopel gebracht, von wo die Venezianer 1204 einen Teil nach Venedig mitnahmen.

Dort werden sie noch heute in der Kirche S. Geremia verehrt. Durch Vermittlung Kaiser Ottos des Großen soll ein anderer Teil der Gebeine der hl. Lucia 970 ins Vinzenzkloster von Metz gebracht worden sein.
Der Name Lucia – ‚die Lichte, Leuchtende' – gab wohl Anlaß zu ihrem Patronat als Schützerin des Augenlichtes, gegen Blindheit des Leibes und der Seele, gegen Augenkrankheiten. Lucia ist die Schutzheilige von Syrakus; ferner der Blinden, Bauern, reuigen Dirnen, Glaser, Kutscher, Näherinnen u. a. Im Dom von Syrakus, jener eindrucksvollen Basilika, die in einen antiken Tempel eingebaut ist, ist ihr eine Kapelle geweiht. Dort steht eine gekrönte Silberstatue der Heiligen mit Palmzweig und Öllämpchen. Oft sieht man sie aber auch mit einer Schüssel dargestellt, auf der zwei Augen liegen.
Ihr Fest wird vor allem in Schweden gefeiert. Hier ist sie die ‚Lichtträgerin', an die sich allerlei heidnische Bräuche knüpfen. Überhaupt hat die lichte Gestalt der Heiligen im Norden, wo die Dunkelheit des Winters dräuender und bedrohlicher wirkt, eine besonders große Bedeutung angenommen. Hier, wo Licht und Finsternis noch aus dem unmittelbaren Erleben erfahren werden, weist Lucia schon auf das Licht hin, das nach den Rauhnächten, den dunkelsten Tagen des Jahres aus dem Stall von Bethlehem aufstrahlt und der Welt Trost und Frieden schenkt.

Legende

Die heilige Lucia war eine edle Jungfrau in der Stadt Syrakus. Ihre Mutter hatte Blutfluß und kein Arzt konnte ihr helfen. Deshalb wallfahrteten Mutter und Tochter nach Catania an das Grab der hl. Agatha. Im Gebet erschien Agatha der Heiligen und sprach: „Meine Schwester, warum verlangst du von mir, was du selbst sogleich deiner Mutter gewähren kannst? Dein Glaube hat sie geheilt!" Gesund kehrten beide nach Syrakus zurück. In ihrer Freude erreichte Lucia von ihrer Mutter, daß sie ihre Mitgift zum Dank gegen Gott an die Armen verschenken durfte. Auch legte sie das Gelübde der Keuschheit ab. Der enttäuschte Bräutigam, ein heidnischer Jüngling, war darüber so erbost, daß er sie beim Statthalter Paschasius als Christin anzeigte. Als Paschasius sie verhörte, gab Lucia ihm die kühnen und geraden Antworten, die die Christen der Verfolgungszeit auszeichnen. Sein Urteil lautete: Lucia solle in ein öffentliches Haus gebracht werden, auf daß sie ihre Keuschheit verliere und der Heilige Geist, der sie, wie Lucia dem Richter gesagt hatte, erleuchte, von ihr weiche. Da wurde die Heilige eben von jener Kraft und Gnade des Heiligen Geistes so schwer, daß man sie, wie einen unbeweglichen Felsen, nicht von der Stelle bewegen konnte. Nun errichtete man einen Scheiterhaufen, doch auch Feuer und siedendes Öl, mit dem man die Jungfrau übergoß, taten ihr keinen Schaden. Da bekam der Statthalter große Angst und befahl, sie mit dem Dolche zu töten. Mit dem Dolch im Halse hat sie noch so lange gelebt, bis sie die hl. Kommunion empfangen hat. Erst dann starb sie.

Am gleichen Tage wie der hl. Lucia von Syrakus gedenkt die Kirche der HL. OTTILIA (Odilia), die ebenfalls bei Augenleiden angerufen wird. Diese trägt als Attribut zwei Augen auf einem Buch, weil sie vom hl. Erhard von Regensburg (s. 9. Januar) von ihrer Blindheit wunderbar geheilt wurde. Sie wird vor allem in Süddeutschland hoch verehrt. Ihre Heiligtümer finden sich meist an Quellen oder auf Bergen. Sie ist die Landespatronin des Elsaß; denn sie gründete auf ihrem väterlichen Schloß Hohenburg südwestlich von Straßburg das Kloster Odilienberg und stiftete, als dieses nicht mehr ausreichte, das Kloster Niedermünster mit der Martinskirche am Fuße des Odilienberges. Beiden Klöstern stand sie als Äbtissin vor bis zu ihrem Tode um 720. Der Odilienberg ist seither bis auf den heutigen Tag für die Elsässer ein beliebter Wallfahrtsort. Niemand geht an dem Odilienbrunnen vorbei, ohne sich die Augen zu netzen.

Legende

Ottilias Vater enterbte seine Tochter, als sie den Schleier nahm. Eines Tages begegnete er ihr und fragte, was sie täte. Darauf sprach Ottilia: „Ich trage Hafermehl zu einem Kranken, um ihm daraus eine Speise zu kochen.“ Das ging Adalrich so zu Herzen, daß er Ottilia verzieh und ihr als sichtbares Zeichen seiner Versöhnung das Schloß Hohenburg schenkte.

DER HEILIGE JOHANNES VOM KREUZ

Johannes vom Kreuz unterhielt sich einst mit Teresa von Jesus über die Dreieinigkeit. Mitten in der Unterhaltung fühlte er, wie seine Seele von einer göttlichen Entrückung überwältigt wurde. Er versuchte, sich noch schnell am Stuhl festzuklammern, aber die Gewalt der Ekstase war zu stark und er schwebte samt dem Stuhl in die Höhe. Zu gleicher Zeit wurde auch Teresa von der Verzückung ergriffen und schwebte innerhalb des Gitters knieend in die Luft. Eine daherkommende Nonne sah bestürzt das wunderbare Ereignis, das wohl die ungewöhnlichste Begegnung zweier Menschen in der ganzen christlichen Literatur genannt werden kann“ (Walter Nigg).

Der Heilige, von dem hier die Rede ist, mag in der Tat als ungewöhnlich bezeichnet werden und er ist den wenigsten wirklich bekannt. 1926 wurde der ‚Doctor mysticus‘ zum Lehrer der ganzen Kirche erhoben. Johannes vom Kreuz hat den männlichen Zweig des Karmeliterordens reformiert, wie dies für den weiblichen die hl. Teresa von Avila (s. 15. Oktober) tat, mit der ihn eine innige Freundschaft verband. Der begnadete Dichter und spanische Mystiker ist für den heutigen Menschen wohl eine der unzugänglichsten Gestalten unter den Heiligen, aber er ist zweifellos einer der größten Heiligen, die die Kirche kennt. Voll von Geheimnis, wird er kaum jemals volkstümlich werden. Sein Leben und seine Lehre hängen eng zusammen. „Er lebte, was er lehrte." Beschaulich und praktisch zugleich, ist er der „bedeutendste theologische Systematiker der Mystik in der Neuzeit", wie seine Werke bezeugen, die Pius XI. „Gesetzbuch und Schule der gläubigen Seele" genannt hat.

Johannes vom Kreuz wird dargestellt als Karmelit in braunem Habit, Skapulier, Kapuze und weißem Mantel, mit Federkiel und Buch; auch Adler zu Füßen; Christus erscheint ihm mit dem Kreuz; Marienstatue haltend.

Juan de Yepes, wie er von Haus aus hieß, wurde 1542 in Fontiveros in Westspanien geboren. Sein Vater Consalvus war ein verarmter adeliger Seidenweber. Nach seinem frühen Tod kam Johannes in ein Waisenhaus, wurde im Kirchen- und Spitaldienst beschäftigt und mußte Almosen für die Kranken sammeln. Da er sich zur Erlernung eines Handwerks nicht eignete, seine hohe geistige Begabung indessen erkannt wurde, durfte er mit siebzehn Jahren die Jesuitenschule besuchen. 1563 trat Johannes in den Karmel ein und erhielt den Beinamen ‚vom Kreuz'. Gefördert von Don Alvarez di Toledo, studierte er an der berühmten Universität von Salamanca, wo gerade zu dieser Zeit hervorragende und fortschrittliche Professoren lehrten. Zum Priester geweiht, findet seine erste Begegnung mit der großen Teresa statt. Johannes gesteht ihr, daß er Kartäuser werden will, weil der Karmel seinen Vorstellungen nicht entspreche. Teresa verspricht ihm die Reform auch des männlichen Zweiges dieses Ordens. Johannes kehrt nach Salamanca zurück und beendet seine Studien. Die Vorlesungen über die Traktate des hl. Thomas von Aquin üben einen nachhaltigen Einfluß auf ihn aus.

Immer auf der Suche nach der echten Gottesbegegnung, trat Johannes der Reform bei und nahm die erste Klostergründung der sogenannten ‚Unbeschuhten Karmeliter' in Durvelle vor, wo er zunächst mit einem einzigen Bruder unter unsäglichen Entbehrungen lebte. Eine weitere Gründung in Kastilien folgt. 1572 kommt er nach Avila und wird Beichtvater der Karmelitinnen. Er bewohnt mit einem zweiten Pater ein kleines Gartenhaus. Teresa hatte sofort in ihm den Heiligen erkannt. Nun aber begannen die Auseinandersetzungen mit dem alten Karmel, der in den Reformen einen regelrechten Abfall sah. Die nun folgende Leidenszeit, der man Johannes unterwarf, ist nur aus der fanatischen Einstellung des ‚spanischen Katholizismus' des 16. Jahrhunderts zu begreifen. Er wird als Haupt der Reform verurteilt, gefangen genommen und mit verbundenen Augen in strengste Haft nach Toledo geführt. Die Zelle ist dunkel und heiß, er wird bei Wasser und Brot gehalten und darf die Wäsche monatelang nicht wechseln; er hat nichts zum schreiben, wird peinlichen Verhören unterzogen, oft grausam gegeißelt, um ihn zu zermürben. Man verbietet ihm die Messe zu lesen und zu kommunizieren. Johannes, von zarter körperlicher Konstitution, ist dem Tode nahe. Aber der Heilige betrachtet diese Leidenszeit als Läuterungsweg. Furchtlos steht er ungebrochen zu seiner Überzeugung. Als ein mitleidiger Bruder ihm Papier und Tinte verschafft, schreibt er im Gefängnis seine schönsten Gedichte und legt damit den Grundstock zu seiner Lehre. Durch die ‚Dunkle Nacht', in der der Mensch, entblößt von allem, allein ist mit Gott, geht er den ‚Aufstieg zum Berge Karmel', bis sich in ihm die ‚Lebendige Liebesflamme' entzündet, die der vollkommen geläuterten Seele die Vereinigung mit Gott schon hier auf Erden schenkt. Nach qualvollen anderthalb Jahren Haft zeigt ihm eine Eingebung der Muttergottes den Fluchtweg: er entkommt auf abenteuerliche Weise. Zunächst wendet er sich an die Karmelitinnen; denn noch wird er gesucht. Einigermaßen wiederhergestellt, wirkt er als Rektor in Baënza, fängt an seine Gedichte zu kommentieren und entwickelt seine mystische Lehre. 1580 endlich wird der Streit zwischen dem alten Karmel und den Anhängern der Reform beigelegt und die ‚Unbeschuhten Karmeliter', im Gegensatz zu den ‚Beschuhten', vom Papst bestätigt. Im Todesjahr der hl. Teresa, 1582, wird Johannes Prior in Granada. Dort war noch ein starker maurischer Einschlag vorhanden, und er kann überaus segensreich als Seelsorger und Beichtvater wirken. Hier entstehen seine Hauptschriften. 1585 wird er Provinzdekan, aber die Armut des neuen Karmel war so groß, daß er so arm wie ein Bettler reisen mußte, wenn er seine Klöster zu visitieren hatte. Zum Provinzial der ‚Unbeschuhten' wurde nun Pater Doria gewählt, der aus dem Bankfach kam. Dieser ganz aufs Praktische eingestellte Ordensmann vermochte dem Gedankenflug des Johannes vom Kreuz nicht zu folgen und quälte ihn mit kleinlichen Anordnungen. 1588 kam Johannes als Prior nach Segovia, wo er drei Jahre lebte.

Jedoch seine Oberen verstehen ihn nicht mehr, man verfolgt ihn mit Anschuldigungen und verleumdet ihn auf häßliche Weise, so daß die Schwestern in ihrer Angst seine Briefe verbrennen. Johannes zieht sich in die Einsamkeit zurück. Er sagte damals von sich: „... man hat mich weggeworfen wie einen alten Lumpen!" Aber er trug sein Kreuz! Man erwog zu dieser Zeit sogar seine Ausstoßung aus dem Orden, man wollte ihn los werden und als Missionar nach Mexiko schicken. Dies wurde nur dadurch verhindert, weil ein schmerzhaftes Fußleiden den ohnehin Leidenden aufs Krankenlager wirft. Er gehorcht dem Befehl, sich in das Kloster Ubeda zu begeben, dessen Abt einer seiner größten Gegner ist. Vier Monate noch leidet er furchtbare Qualen, eine unwürdige Behandlung kommt dazu. Er trägt es voller Geduld. Als er am 14. Dezember 1591 durch einen ruhigen, heiligen Tod von seinem Leiden erlöst wird, verbreitete sich köstlicher Rosenduft in der Zelle. Nun erkannte auch der irregeleitete Prior, daß ein Heiliger unter ihnen geweilt hatte.

Der Leib des hl. Johannes vom Kreuz wurde in Segovia beigesetzt und ist bis heute unverwest. 1726 wurde er heiliggesprochen.

Der selige Berthold von Regensburg

(Gedenken: 14. Dezember)

In den meisten Kalendern ist unter dem 14. Dezember außer dem hl. Nikasius und Gefährten (s. dort) auch der sel. Berthold von Regensburg aufgeführt. Der selige Franziskanermönch wurde um 1210 wahrscheinlich in Regensburg geboren. Er starb dort am 14. Dezember 1272 und ist in der Kirche der Minderbrüder beigesetzt. Sein Familienname ist unbekannt. Vielleicht befand er sich unter den allerersten, die um 1226 in das neu gegründete Franziskanerkloster Regensburg eintraten. Er soll in Magdeburg studiert haben. Urkundlich erscheint er das erstemal als Visitator der Benediktinerinnen in Niedermünster bei Regensburg. Er wanderte als Prediger durch Süddeutschland (1240), die Schweiz, Schlesien, Böhmen. 1262/63 predigte er in Ungarn gegen Geißlerfahrten und Judenverfolgungen. Als Freund des hl. Albertus Magnus (s. 15. November) wurde er diesem als Gehilfe bei seinen Kreuzzugspredigtreisen gegen den Irrglauben beigegeben und durchzog wiederum Deutschland und die Schweiz; er kam auch nach Paris, wo er dem hl. Ludwig IX. begegnete.

Der Franziskanerbruder Berthold wurde als der größte Volksprediger des deutschen Mittelalters gepriesen. Immer wieder hat die Kirche derartige Prediger hervorgebracht, zumal in Zeiten religiöser Verfallserscheinungen. Wenn die christlichen Tugenden der Nächstenliebe, der Demut und des Maßhaltens nachlassen, wenn Sittenlosigkeit und Roheit um sich greifen, wenn nur noch weltliche Klugheit das Handeln der Menschen rücksichtslos zu bestimmen scheint, wenn, wie Christus in seinem Gleichnis beschreibt, „kein Öl mehr in den Lampen brennt", also nur wenige noch bereit sind, vor Gott zu bestehen, dann tauchen sie auf. Meist sind es Gottesmänner, die sich aus Liebe zu Gott und den Menschen auf zugige kalte Plätze oder die Straßen stellen und predigen, weil der Kirchenraum für ihr Ziel, alle anzusprechen, weniger geeignet ist. Auch der sel. Berthold suchte die Menschen in voller Öffentlichkeit durch sein Wort zu packen. Sie kamen von der Arbeit oder unterbrachen diese, um ihn zu hören, sie kamen aus Neugier oder unbefriedigter Sehnsucht, sie kamen, um sich erschüttern zu lassen, kamen aber auch in der Absicht zu spotten und zu lachen. Das Anliegen des schlichten Franziskaners aus Regensburg war einzig und allein, die Irrenden auf den Weg zu Gott zurückzuführen. In unseren Tagen könnte man ihn mit dem sogenannten ‚Speckpater' vergleichen oder mit Pater Lombardi, der das Zirkuszelt für seine Predigten bevorzugt, auch mit anderen noch, die die Leute wie zu einer Sportveranstaltung ins Stadion laden. Ähnlich wie sie verfügte Berthold über eine große Anschaulichkeit und Lebendigkeit des Vortrages und erörterte konkrete Gegenwartsfragen im Vergleich mit den Lehren der Heiligen Schrift oder der Kirchenväter, zur damaligen Zeit ein recht ungewöhnliches Vorgehen.

Leider sind seine Predigten nicht mehr in der ursprünglichen Form erhalten. Von anderen aus seinen Entwürfen gesammelt oder aus Hörernachschriften zusammengestellt, sind sie auf uns nur ‚aus zweiter Hand' gekommen. Doch auch in dieser Form machen sie noch den stärksten Eindruck, zumal seine Redewendungen und seine Bilder oftmals recht derb und volkstümlich sind. Wandten sie sich doch häufig gegen die Spielleute, Possenreißer und Gaukler, gegen die Vagantendichter und fahrenden ‚Goliarden', die als „Schalksknechte des Lasters" damals zum Gaudium des Volks die Lande durchzogen. Sie schlug er manchmal mit ihren eigenen Waffen, nannte er doch „das Lachen seine süßeste Speise", ganz im Gegensatz zu anderen Predigern seiner Zeit, die in ihrem Eifer jedes Lachen verfemten – „denn es sei in Wahrheit doch nur ein Pfand des Todes" (Willy Andreas). Von weither strömten die Menschen herbei, um Bruder Berthold zu lauschen. Ungeheuer war der Zulauf zu ihm, die alten Chroniken nennen schier unglaubliche Zahlen. Außer der Macht seiner Rede und des großen Rufes seiner Wundergabe war es noch die Gabe der Weissagung, die ihm beim Volk großes Ansehen verschaffte. Dem Burgherrn von Andechs beispielsweise weissagte er die Zerstörung seines Schlosses. Ein altdeutsches Gedicht hat die Prophezeiungen festgehalten und deren Verwirklichung bestätigt: „Was Bruder Berthold einst sprach vor manchem Jahr, ist alles wahr; durch seinen Mund red't Gott vom Himmelreiche."

Die heilige Adelheid, Kaiserin

Der Name Adelheid kommt aus dem Althochdeutschen, er bedeutet ‚die edle Schöne', und edel kann man die Trägerin dieses Namens, die deutsche Kaiserin Adelheid, deren Gedächtnis die Kirche am 16. Dezember feiert, in der Tat nennen. An diesem Tag haben auch Namenstag: Elke, Adele, Heidi, Alice, Alix. Bis heute ist die hl. Adelheid das Vorbild einer christlichen Mutter und Herrscherin geblieben. Aus ihrer Lebensgeschichte, die der hl. Odilo von Cluny verfaßte, geht aber auch hervor, daß Gott seine Erwählten immer wieder durch Leiden gehen läßt, bis sie heranreifen zur Heiligkeit.
Geboren um 931 als Tochter Rudolfs II. von Burgund und der Bertha von Schwaben, wurde Adelheid streng christlich erzogen und in sehr jungen Jahren schon mit Lothar II. von der Lombardei verheiratet. Aus der nur drei Jahre währenden glücklichen Ehe ging ein Töchterchen Emma hervor. Nun traf der erste Schicksalsschlag die Vielgeprüfte: Lothar starb plötzlich eines, wie vermutet wird, unnatürlichen Todes. Er soll von dem Ursurpator Berengar von Ivrea vergiftet worden sein, denn dieser warf sich sofort nach seinem Tode zum König auf. Er stellte

an Adelheid das Ansinnen, seinen Sohn zum Gemahl zu nehmen, was sie ablehnte. Daraufhin setzte er die Witwe mit ihrem Kind auf einem festen Schloß am Gardasee gefangen. Hier hatte die Fürstin Kränkungen und Mißhandlungen zu erdulden. Die tief religiöse Frau ließ sich jedoch nicht entmutigen. Es gelang ihr schließlich die abenteuerliche Flucht, bei der sie ein Fischer heimlich in seinem Boot über den See brachte. Bettelnd gelangte sie auf die Burg Canossa in den Voralpen und fand Schutz bei einem Freunde ihres Mannes.

Jetzt rief sie die Hilfe Ottos I., zu dieser Zeit noch deutscher König, an, der sich der Bedrängten annahm, mit starker Heeresmacht in die Lombardei einzog und Berengar bei Pavia besiegte. Er erkannte bald die Vorzüge des Geistes und des Herzens, die Adelheid auszeichneten, und bat sie um ihre Hand. 951 vermählte sich der spätere Kaiser unter Zustimmung von Papst und Volk in Pavia mit ihr.

Aus der Ehe mit Otto stammen die beiden früh verstorbenen Söhne Heinrich und Bruno, der spätere Kaiser Otto II. sowie eine Tochter Mathilde, die 999 als Äbtissin in Quedlinburg gestorben ist. Adelheid holte die beiden Töchter ihres Feindes Berengar liebreich an ihren Hof und erzog sie mit ihrer eigenen Tochter zusammen. Sie nahm ein reges Interesse an den Staatsgeschäften, soweit sie ihren Bereich als Mutter der kommenden Herrscher betrafen. Ihr Schwager Bruno von Köln wurde hierbei ihr vertrauter Berater. 962 wurde sie mit Otto zusammen in Rom von Papst Johannes XII. zur Kaiserin gekrönt. Die starke, großzügige Natur der Herrscherin betätigte sich auf vielerlei Gebieten. Als gebildete Frau von kluger Urteilskraft war sie vor allem aufgeschlossen für die von Cluny ausgehenden Reformbestrebungen. Sie pflegte eine enge Verbindung mit den cluniazensischen Äbten Maiolus und Odilo (s. 5. Januar), aber auch mit anderen Großen ihrer Zeit, wie Gerbert und Adalbert von Magdeburg. Die Kaiserin förderte die Klöster Peterlingen im Kanton Waadt in der Schweiz, San Salvatorin in Pavia und stiftete ein Benediktinerdoppelkloster in Selz im Elsaß, in dem sie ihre letzten Lebensjahre verbrachte. Überall unterstützte Adelheid in freigebiger Weise die Kirche, war bemüht, das Los der Armen zu mildern und Gutes zu tun. Ihrem Einfluß ist es zuzuschreiben, daß die Kirche unter Kaiser Otto I. eine solch gefestigte Stellung erlangte; Otto gründete die Königsgewalt auf kirchliche Würdenträger (Ottonisches System), was für das ganze Mittelalter beispielgebend wurde. Nach dem Tode des Kaisers führte Adelheid von 973–983 mit Erfolg und Geschick die Regentschaft für Otto II. Allerdings traten Spannungen mit ihrem Sohne und dessen Gemahlin Theophanu, einer griechischen Prinzessin, ein; die beiden lehnten sich gegen die sittenstrenge Kaiserin auf. Die Zwistigkeiten führten dazu, daß Otto seine Mutter vom Hofe verstieß. Adelheid wandte sich nach Italien und später nach Burgund, wo sie bei ihrem Bruder Zuflucht fand. Adelheid litt tief unter dem Zerwürfnis, zumal Otto ohne ihre kluge Führung törichte Handlungen beging, die sich für ihn

und das Reich unglücklich auswirkten. Als er erkannte, daß er ihr Unrecht getan hatte, rief er sie zurück, doch es war zu spät: Otto starb kurze Zeit darauf (983) und fügte ihr durch seinen Tod neuen Schmerz zu. Wenig später verlor die Kaiserin auch ihre Tochter Emma. Als Erzieherin ihres Enkels Otto hatte Adelheid die Vormundschaft für den Minderjährigen übernommen. Hierbei wurde sie vom hl. Willigis, Erzbischof von Mainz (s. 20. Februar) tatkräftig unterstützt. Von 991–995 betraute man sie nochmals mit der Regentschaft des Reiches für Otto III. Es mag der alternden Frau schwer angekommen sein, sich erneut den verantwortungsvollen Regierungsgeschäften zuwenden zu müssen. Nach drei Jahren zog sie sich in ihre Klosterstiftung Selz am Rhein zurück und bereitete sich wie eine Heilige auf ihren Tod vor. Hier starb die Kaiserin 999 in tiefer Demut. Im Elsaß schon gleich nach ihrem Tode als Heilige verehrt, erfolgte ihre Kanonisation 1097 durch Urban II.
Dargestellt wird die hl. Adelheid mit kaiserlicher Krone, Almosen austeilend, kleines Fischerboot in der Hand, was sich auf ihre mutige Flucht bezieht. Die älteste vorhandene Darstellung der Heiligen zeigt eine Elfenbeinplatte der Sammlung Trivulzio in Mailand.

Anstelle der Legende

Gertrud Bäumer, Dichterin und Historikerin, hat der heiligen Kaiserin in einer vielgelesenen Biographie ein schönes Denkmal gesetzt. Aus ihr entnehmen wir die Schilderung von Adelheids Tod.
Am 7. Dezember, dem Todestag ihres Sohnes Otto, kam der Erzbischof von Mainz, um für ihn nach ihrer Anordnung die Totenmesse zu lesen. Alljährlich versammelten sich an diesem Tag in Selz die Geistlichkeit und das Volk der Umgegend. Die zu dieser Feier gekommen waren, blieben beisammen, da das Ende der Kaiserin nahe war. Am 16. Dezember verlangte sie, wie einst ihr Vater, in der Kapelle vor dem Altar zu beichten und die Wegzehrung zu empfangen. Sie war so schwach, daß nur wenige ihre Beichte hören konnten. Aber mit erhobener Stimme sagte sie die offenen Worte: „Ich bekenne, daß ich die irdische Krone geliebt habe, um des Dienstes willen, zu dem sie mich berief, und daß es mich viele Tränen gekostet hat, sie zu lassen!“
Nachdem sie das heilige Mahl empfangen hatte, bat sie die Geistlichen, die Bußpsalmen anzustimmen. Man hörte ihre Stimme im Chor der anderen, bis ihr Auge brach.

Der heilige Sturmius (Sturmi)

Ein Name wie Sturmius, oder richtiger noch Sturmi, muß uns Heutigen höchst merkwürdig vorkommen. Er findet sich aber in allen Heiligenkalendern unter dem 16. Dezember. Vielleicht ist es gerade deshalb interessant zu erfahren, wer er war. Sturmius hieß nämlich der Lieblingsschüler des hl. Bonifatius (s. 5. Juni). Er war der Gründer und erste Abt von Fulda. Wahrscheinlich ist sein Name ganz wörtlich zu nehmen – er bedeutet ‚Stürmer, Kämpfer', denn sicher ist damit eine Charakterisierung des temperamentvollen, unverwüstlichen Wesens dieses Heiligen gemeint. Unter den frühen deutschen Heiligen ragt der hl. Sturmius als eine Figur heraus, die durch realistische Tatkraft gekennzeichnet ist. In seiner Vita finden sich so gut wie keine legendären Züge.

Bonifatius brachte den Jüngling, Sohn eines bayrischen Edlen, um 735 von seiner ersten bayrischen Reise mit. Er ließ ihn in Fritzlar ausbilden, wo er Schüler des hl. Abtes Wigbert war. Schon damals hieß es von ihm, „sein Benehmen sei voll edlen Anstandes, sein Wandel ohne Tadel, wobei sein heitres, lebhaftes Wesen gemäßigt werde durch Demut und Sanftmut". Auf diese Weise gewann sich Sturmius bald die Zuneigung seiner Mitmenschen. Um 740 zum Priester geweiht, war er zuerst für Bonifatius als Glaubensbote in Hessen tätig. Kurze Zeit lebte er als Eremit in der Einöde, bis er, wiederum im Auftrag von Bonifatius, unter mancherlei Mühen einen Platz suchte und fand, der zur Gründung eines Klosters geeignet schien. Es war der Ort, wo sich heute Fulda befindet. Das 744 entstandene Kloster sollte unter dem Abt Sturmius zu einem Hort echt monastischen Geistes werden; Wissenschaft, Kunst und Kultur wurden hier gleicherweise gepflegt, bedeutende Mönche, Priester und Bischöfe gingen daraus hervor. Zunächst aber rodeten und bebauten die Mönche mit eigenen Händen das wüste Land, das ihnen Karlmann zum Geschenk gemacht hatte. Ehe Sturmius zum Abt bestellt wurde, schickte ihn Bonifatius 747/48 nach Montecassino in Italien, um dort die echte benediktinische Klosterordnung zu erlernen. Sturmius stellte sein Kloster als erster in Deutschland unter die Regel des hl. Benedikt (s. 11. Juli). 751 erhielt Kloster Fulda, damals noch ‚Buchenwald' geheißen, durch Vermittlung von Bonifatius von Papst Zacharias die Exemption, d. h. die unmittelbare Unterstellung unter den Heiligen Stuhl. Dieses vom Frankenkönig Pippin bestätigte Privileg hatte jedoch schwere Auseinandersetzungen mit dem Erzbischof von Mainz, Lullus, zur Folge, der auch ein Schüler des Bonifatius war. Unter dem Zerwürfnis muß Sturmius sehr gelitten haben, wie aus dem Bericht seines Schülers und Biographen Eigil hervorgeht. Viele machten sich den Streit zunutze und schürten ihn noch. In Fulda meinte man, wie der Chronist schreibt, „es ist dem Lullus der Ruf des Abtes von Fulda zuwider und was Lullus tut, geschieht nur aus Neid"; in

Mainz dagegen: „allerdings ist der Abt von Fulda ein ausgezeichnetes Talent und ein heiliger Mann, aber seine Gemütsart ist heftig und ungebärdig". Man sieht daraus, daß auch unter Heiligen Menschliches, Allzumenschliches eine Rolle spielen kann. Falsche Anschuldigungen bewirkten eine Vorladung des Abtes vor Pippin. Sturmius wurde vorgeworfen, unehrerbietige Reden gegen den König in seinem Kloster geduldet zu haben. Er wurde schuldig gesprochen und nach Jumièges verbannt. In den zwei Jahren, während er vom Kloster abwesend war – Lullus hatte einen Nachfolger eingesetzt –, herrschte nach zeitgenössischen Zeugnissen „große Trauer unter den Brüdern", die ihren Abt verehrten und liebten. Aufrechten Sinnes stand dieser die Kämpfe um die Freiheit seines Klosters durch. Mehrere Abordnungen aus Fulda setzten sich beim König für die Begnadigung ein, bis dieser einlenkte, Sturmius zu sich entbot und ihm verzieh. Sturmius sagte bei dieser Gelegenheit: „Von Sünden bin ich nicht frei, aber gegen dich, o König, habe ich niemals etwas verbrochen." Auch mit Lullus fand einige Zeit später die Aussöhnung statt.

Die Klosterbrüder und Bürger Fuldas zogen ihrem geliebten Abt entgegen und führten ihn unter Lobgesängen heim. Schon bald nach seiner Rückkehr stiegen Ruf und Ansehen des Klosters gewaltig an. Reiche Gaben von allen Seiten flossen ihm zu, sein Besitz dehnte sich über Hessen, Thüringen, Bayern und Schwaben aus, in Westfalen reichte er bis hinauf zur Nordsee. Noch zu seinen Lebzeiten gründete Sturmius eine Klosterschule; sie sollte bald dieselbe Berühmtheit erlangen wie die von Sankt Gallen. Pippin und auch Karl der Große blieben den Benediktinern von Fulda fortan aufs äußerste gewogen. Karl betraute Sturmius ausdrücklich mit der Bekehrung der Sachsen, von denen er die christlich gewordenen in und um Fulda ansiedelte. In seinem wirtschaftlichen Weitblick richtete der Abt die verschiedensten Gewerbezweige sowohl für die Mönche wie für die Ansiedler ein. Der Schutz des Königs bedeutete hierbei eine große Hilfe.

Bei seinem Tode umfaßte das Kloster Fulda über vierhundert Mönche, und die Stadt, die rund herum entstand, war in ihren Anfängen schon erkennbar. Viel dazu beigetragen hat später auch die Verehrung seines eigenen Grabes, denn Sturmius wurde nach seinem am 17. Dezember 779 erfolgten Tod in der Klosterkirche begraben, seine Reliquien, 1779 erhoben, sind in einem kostbaren Schrein beigesetzt. Im Dome von Fulda befindet sich aus dieser Zeit auch eine Alabasterplastik, die den 1139 heiliggesprochenen Gründerabt von Fulda wiedergibt. Dargestellt wird der hl. Sturmius mit Kirchengrundriß, Abtsstab und Regelbuch.

Die heiligen Ananias, Azarias und Misael *(Gedenken: 16. Dezember)*

Am 18. Dezember ist das Fest des HL. WUNIBALD, des Bruders der Heiligen Willibald (s. 7. Juli) und der Walburga (s. 25. Februar). Da wir jedoch den in Thüringen wirkenden Glaubensboten schon bei seinem Bruder Willibald (s. dort) erwähnt haben, mit dem er zusammen in der Diözese Eichstätt die Gründung des Benediktinerklosters Heidenheim vornahm, wo er am 18. Dezember 761 starb und auch begraben wurde, möchten wir hier dreier vorchristlicher Heiliger gedenken.

ANANIAS, AZARIAS und MISAEL haben ihren Gedenktag am 16. Dezember. Bei ihnen handelt es sich um die drei in der Liturgie oft genannten ‚Jünglinge im Feuerofen'. Ihr großartiger Lobgesang hat die Jahrhunderte überdauert und ist auch heute noch im Gottesdienst als Danksagung gebräuchlich. Da heißt es: „Den Lobgesang der drei Jünglinge lasset uns singen; im Feuerofen sangen ihn diese Heiligen zum Preise des Herrn." Eine der Lesungen des Quatembersamstag im Advent enthält ihre Geschichte. Sie sind ebenso wie der Prophet Daniel, dessen Gefährten sie waren, wie die Susanna der Bibel, die Makkabäischen Brüder, Esther und Ruth, Gamaliel und andere vorbildhafte Gestalten aus dem Alten Testament von der Kirche als Heilige anerkannt worden. Sie alle befinden sich unter jenen, die Christus vor seiner Auferstehung aus der Vorhölle erlöste. Genau wie die christlichen Heiligen haben sie einen eigenen Gedenktag, oft auch besondere Patronate. Im Kalender der Heiligen wird sogar der Stammeltern der Menschheit, Adam und Eva, gedacht (s. 24. Dezember).

Anstelle der Legende

Hier sei die Geschichte der drei Jünglinge aus dem Feuerofen erzählt, die im Alten Testament im Buche Daniel im 3. Kapitel aufgezeichnet ist.

Im dritten Jahr der Herrschaft Joakims (608–598 v. Chr.) kam der König von Babylon, Nebukadnezar, nach Jerusalem und schloß es ein. Da gab der Herr den Judenkönig mitsamt allen Schätzen des Tempels in seine Hand. Von den Söhnen Israels aber ließ der König die schönsten Jünglinge auswählen aus königlichem wie aus adeligem Geblüt und ließ sie in sein Land bringen und in der Chaldäer Sprache und Schrift unterrichten, auf daß sie ihm aufwarten könnten. Darunter waren auch Daniel und Ananias, Misael und Azarias aus dem Stamme Juda. Diesen vier Knaben gab Gott Wissen und Verständnis für jede Schrift und Wissenschaft, dem Daniel auch Verständnis für jederart Gesichte und Träume. Als ihre Ausbildung abgeschlossen war, ließ der König sie vor sich kommen, und sooft der König sie befragte in den Fällen, bei denen es auf Weisheit und Einsicht ankam, da fand er sie in zehnfach größerem Maß bei ihnen als bei allen Magiern und Wahrsagern seines Reiches. Um ihrer Weisheit willen ernannte der König Daniel zu seinem Ratgeber. Seine Gefährten Azarias, Ananias und Misael setzte er trotz ihrer Jugend zu Verwaltern seiner Provinzen ein. Bald darauf ließ der König ein goldenes Bild machen und befahl, daß alle es anbeten sollten. Wer sich jedoch zur Anbetung nicht niederwerfe beim Schalle der Zimbeln und Trompeten, der werde den Flammen eines Feuerofens übergeben. Und alle Völker, Nationen und Zungen kamen und warfen sich nieder und beteten das Bild an. Die Chaldäer aber verklagten die jüdischen Jünglinge, die der König über die Provinzen eingesetzt hatte, daß sie das goldene Bild nicht anbeteten. Da rief der König Ananias, Azarias und Misael zu sich in den Palast und fragte sie, ob das, was man ihnen vorwerfe, wahr sei. „Wenn ihr es nicht anbetet", so sprach der König, „werdet ihr zur selben Stunde den Flammen eines Feuerofens übergeben werden, und welcher Gott sollte euch dann aus meiner Hand befreien?" Da huben die drei an zu sprechen und sagten: „Nebukadnezar, wir brauchen dir keine Antwort zu geben. Denn siehe, unser Gott, den wir verehren, hat die Macht, uns aus des Feuerofens Glut zu retten und aus deiner Hand, o König." Da wurde Nebukadnezar von Wut erfüllt und sein Angesicht ward entstellt, und er gab Befehl, den Ofen siebenmal so stark wie angemessen zu heizen. Dann ließ er die drei Jünglinge binden und in des Feuerofens Glut werfen. Der Ofen aber war so stark geheizt, daß die Glut jene Männer tötete, die die Jünglinge hineinwarfen. In den Flammen wandelnd, verherrlichten die drei Jünglinge Gott und lobten laut den Herrn. Und riefen an den Herrn, er möge ihnen Gerechtigkeit widerfahren lassen.

Der Engel des Herrn war aber mit Azarias und seinen Gefährten in den Feuerofen gestiegen. Er trieb die Flamme aus dem Ofen und machte, daß es mitten im Ofen so kühl ward, wie wenn der Tauwind weht. Die Flamme aber schlug 49 Ellen über den Ofen hinaus, brach hervor und verzehrte, wen sie von den chaldäischen Knechten des Königs, die das Feuer schürten, erreichte. Jene aber berührte das Feuer nicht im mindesten, noch verletzte oder belästigte sie es irgendwie. Da stimmten die drei wie aus einem Munde ein Loblied an und verherrlichten und priesen Gott im Feuerofen: „Jubelt dem Herrn, all ihr Geschöpfe Gottes, lobet und preiset Ihn ewiglich . . ." Als der König das hörte, ward er von Staunen ergriffen. Und er ließ die Jünglinge aus dem Feuerofen heraustreten. Da sah der König und alle, die mit ihm waren, daß das Feuer ihnen nicht hatte schaden können, ja, daß nicht ein einziges Haar ihres Hauptes versengt worden war. Nebukadnezar aber sprach: „Gepriesen sei ihr Gott, der Seinen Engel gesandt und Seine Diener errettet hat. Sie übertraten lieber meinen Befehl und gaben sich selber preis, damit sie keinen anderen Gott verehren und anbeten mußten als den ihrigen." Und er machte Frieden mit ihnen.

Der heilige Papst Urban

In der Vorstellung der Gläubigen ist mit dem Namen Urban immer der bekannte ‚Weinheilige' gemeint, der vor allem in Tirol, Österreich und Süddeutschland – in den Weingegenden – besondere Verehrung genießt. Da bisher der Name Urban – aus dem Lateinischen ‚der Städter, der fein Gebildete' – in den vorhergegangenen Monaten dieses Buches keine Berücksichtigung finden konnte, seien hier die beiden bekanntesten Heiligen dieses Namens aufgeführt: einmal der selige Papst Urban v., mit dem Festtag am 19. Dezember, zum anderen der heilige Papst Urban i., Patron der Weinberge und der Weinbauern.

Urban v., Guilleaume de Grimoart, war der vorletzte Papst im Exil der Päpste von Avignon, das von 1309–1376 dauerte. Zweifellos war er von ihnen der beste. Er war um 1310 in Grisac im Languedoc (Südfrankreich) geboren. Benediktinermönch zu Chirac, Professor des Kirchenrechts in Montpellier und Avignon, Generalvikar in Clermont und Uzès, wurde er 1352 Abt von Saint-Germain in Auxerre. 1361 stand er dem Kloster Saint-Victor in Marseille vor. Der heiligmäßige, kluge Benediktiner war eine Persönlichkeit, die von hohem Ernst und ausgeprägtem Gerechtigkeitssinn getragen war. Bald gewann er allgemeines Ansehen, so daß ihn eine Mainzer Chronik als ‚Lux mundi' – Licht der Welt – bezeichnete. Längere Zeit schon mit päpstlichen Sonderaufgaben betraut, wurde er 1562 vom Kardinalskollegium nach dem Tode Innozenz' vi. zum Papst gewählt. Sein Pontifikat stand unter dem Zeichen unablässiger Bekämpfung der Mißstände innerhalb der Kirche. Gleich nachdem er den Heiligen Stuhl inne hatte, wandten sich Karl iv. und der Dichter Boccaccio persönlich, sowie die hl. Birgitta (s. 23. Juli) und Petrarca durch eindringliche schriftliche Mahnungen, an Urban v., daß die Rückkehr der Päpste nach Rom ein Gebot der Stunde sei. Das Exil hatte die innere Kraft des Papsttums geschwächt, und auch sein äußeres Ansehen war gesunken. An der Residenz der Päpste in Avignon herrschte ein höchst weltliches Treiben. Die Mittel dazu wurden vorwiegend mit Hilfe der einträglichen Pfründen beschafft. Rom selbst bot ein Bild erschütternder Trostlosigkeit. Die Kirchen verfielen, das üppige Leben des Adels stand in krassem Gegensatz zu dem Elend der Armen. Überall herrschte Unsicherheit. Aber es vergingen noch drei Jahre, bis sich auf diesen Appell hin der Papst entschloß, Avignon zu verlassen. In Italien gelandet, residierte er zunächst in Viterbo. Am 16. Oktober 1367 hielt er seinen feierlichen Einzug in Rom, von Petrarca hymnisch begrüßt. Der nun folgende Romzug des in

Prag residierenden Kaisers Karl IV., der 1368 zur Krönung der Kaiserin nach Rom kam, demonstrierte auch nach außen ein schönes Bild der Einigkeit zwischen Papsttum und Kaisertum. Der hochgebildete Kaiser Karl IV. zeigte sich in nachdrücklicher Weise als Freund des Papstes. Als nun auch der Kaiser von Byzanz, Johannes V. Paläologus, nach Rom kam und zur katholischen Kirche übertrat, wobei er um Hilfe für sein vom Islam eingekreistes Reich bat, schienen alle Hoffnungen erfüllt. Urban glaubte damit die lang ersehnte Union eingeleitet zu haben. Der fromme und allem Luxus abholde Stellvertreter Christi begann mit der Herstellung des stark zerstörten Rom und ließ die heiligen Stätten wieder aufbauen. Er förderte Kunst und Wissenschaft und bestätigte die Gründung der Universität Wien. Auch die Reform des Klerus mit Verordnungen gegen Simonie, Wucher, Pfründenhäufung und Weltsinn war eines der Anliegen, für die er sich einsetzte. Indessen war er zu weich, um augenfällige Erfolge erzielen zu können. Die Enttäuschungen waren ungeheuer: die Konversion des Ostkaisers blieb ohne Wirkung, die orthodoxe Geistlichkeit schloß sich nicht an, es blieb bei dem unheilvollen Schisma. Der letzte Kreuzzug, zu dem der Papst emphatisch aufgerufen hatte, endete in einer Tragödie. Die Schwäche des Papstes, all dem zu steuern, war offensichtlich und wurde wohl auch von ihm selbst erkannt. So vermochte sogar die hl. Birgitta Urban nicht mehr davon abzuhalten, 1370 nach Avignon zurückzukehren, obgleich sie ihm seinen nahen Tod prophezeit hatte, wenn er das täte. Tatsächlich starb Urban V. drei Monate später, am 19. Dezember 1370, in Avignon. Er wurde 1870 seliggesprochen. Erst die hl. Katharina von Siena (s. 29. April) erreichte die endgültige Rückkehr der Päpste nach Rom.

URBAN I. war Römer. Der ‚Liber Pontificalis' bringt die Nachricht, daß er angeordnet habe, daß Kelch und Patene beim heiligen Meßopfer aus Silber oder Gold gefertigt sein müßten. Daher sei ihm der Kelch als Attribut beigegeben worden. Das wiederum habe zu seinem Patronat des ‚Weinheiligen' geführt. Die Winzer gaben ihm eine Weintraube in die Hand. Daß sie gerade diesen Papst sich zum besonderen Schutzheiligen des Weines und damit zu ihrem eigenen erwählten, mag seinen Grund darin haben, daß das Fest von Urban I. am 25. Mai ist, der Zeit also, wo die Weinstöcke in unseren Breiten die ersten Blüten ansetzen. Dieses Datum ist entscheidend für die ganze Entwicklung des Weines: sind die Eisheiligen glücklich vorübergezogen, dann hoffen die Weinbauern auf den Segen des hl. Urban. Sein Fest war nach altem deutschem Recht für sie ein ‚Stichtag'. Sein Bild wird in den Weingegenden bei Prozessionen feierlich mitgetragen. In Lana, Algund und dem Ort Tirol bringen die Saltner die Urbansstatue noch heute am 25. Mai in die Keller der südtiroler Weinbauern, damit der Heilige den Fässern seinen Segen spende. Papst Urban I. regierte von 222 bis 230 und ist in der Praetextus-Katakombe beigesetzt.

Der heilige Jodokus (Jobst, Jost, Josse) *(Gedenken: 13. Dezember)*

Jodok ist ein keltischer Name und bedeutet ‚der Kämpfer'. Dieser Heilige hat besonders viele Patronate, die seine große Beliebtheit bezeugen. Er ist, obgleich aus der Bretagne stammend, ein außer in Frankreich auch in den Niederlanden, Deutschland, Österreich und der Schweiz sehr verehrter Heiliger. Ein wenig gleicht er dem hl. Jakobus d. Ä. (s. 25. Juli), weil auch er Patron der Pilger ist und im Pilgerkleid mit Stab dargestellt wird. Seine Reliquien befinden sich in Saint-Josse in Frankreich und in der Jodokskirche Landshut in Bayern. St. Jost in der Eifel ist heute noch ein besuchter Wallfahrtsort. Dem hl. Jodokus sind in den genannten Ländern viele Kirchen und Altäre geweiht. Mittelpunkt seines Kults, der sich von Frankreich über Prüm in der Eifel und Trier verbreitete, wurde Walberberg bei Bonn (Rheinland). Hier ruhen seine Gebeine in einer zweigeschossigen Kapelle, die im 13. Jahrhundert an der Südseite der St.-Walburgis-Kirche angebaut wurde. Herrliches Kreuzrippengewölbe schließt den quadratischen Raum ab.
Seine zahlreichen Patronate gehen zum Teil auf seine Legende zurück. Der hl. Jodokus ist Schutzheiliger der Schiffer und Siechenhäuser; seine Hilfe wird angerufen gegen Krankheiten aller Art, vor allem gegen Pest und Fieber; seine Fürbitte erweist sich mächtig bei Feuersbrunst, Getreidebrand, Gewitter. Obst, Feldfrüchte und Kellervorräte werden seinem Schutz empfohlen. Wichtig für die Bedeutung seiner Verehrung ist die Tatsache, daß die Jakobspilger, die sich in Deutschland zu Bruderschaften vereinigten, den ‚Pilger' Jodokus als Patron erwählten und sich oft nach ihm „in honorem S. Judoci" benannten.
Dargestellt wird er als Einsiedler oder Pilger, Krone zu Füßen, weil er diese ausschlug. Es gibt zahllose Darstellungen, auf denen der Heilige allein oder mit anderen abgebildet ist. Seine Vita ist mit legendären Zügen durchsetzt.
Der hl. Jodokus, geboren um 600, war der Sprößling eines bretonischen Fürstengeschlechts. Er war der Sohn des Juthaël und ein Bruder des hl. Judicaël. Als sein Bruder sich in ein Kloster zurückzog, sollte Jodokus 637 oder 640 Herrscher über die Bretagne werden. Er erbat sich eine Frist und besprach sich längere Zeit in der Einsamkeit mit Gott; hiernach lehnte er ab und stellte zum Zeichen seines Verzichts die ihm angebotene Krone auf die Erde.
Von nun an wandte er sich allein dem Himmel zu. Er erwählte den geistlichen Stand und begab sich auf eine Pilgerfahrt nach Rom. Zurückgekehrt, lebte er als Einsiedler in Brahic und Runiac. 652 empfing er die Priesterweihe und betreute die von ihm mit Hilfe seines Freundes, des Grafen Haimo von Ponthieu, in Brahic erbaute Martinskirche. 665 gründete der Heilige jene Einsiedelei, aus der später die Benediktinerabtei Saint-Josse-sur-Mer bei Boulogne in Nordfrankreich hervorging. Dort ist der hl. Jodokus etwa um das Jahr 669 in den Frieden Gottes eingegangen.

Die heiligen Nikasius, Eutropia und Gefährten

Am Nordportal der Kathedrale von Reims ist das Martyrium des hl. Nikasius (in Frankreich Saint-Nicaise) dargestellt. Auf der Steinskulptur sieht man den Heiligen mit seinem abgeschlagenen Kopf in der Hand. An dem ihm geweihten Sixtusportal an der gleichen Kirche stehen die überlebensgroßen Statuen des Heiligen und seiner Schwester Eutropia. Nikasius ist der Titularheilige der Diözese Reims. Er war der Gründer der ersten Basilika von Reims, deren Platz heute die weltbekannte gotische Kathedrale einnimmt. Sein Kult war schon im 6. Jahrhundert verbreitet.

Nikasius stammte, wie sein Name besagt, wahrscheinlich von der griechischen Insel Nikasia bei Naxos. Seit etwa 400 befand er sich als Erzbischof in Reims. Er war, wie die alten Chroniken erzählen, ein Geistlicher von hohen Qualitäten; große Tugenden und eine außerordentliche Heiligkeit zeichneten ihn aus. Vor allem setzte er größten Eifer daran, den Gläubigen als guter Hirte vorzustehen und ihnen seine stets hilfsbereite Sorge angedeihen zu lassen. Als die Vandalen – nach anderen die Hunnen – in Frankreich einfielen, das Land aufs furchtbarste verheerten und auch die Stadt Reims eroberten, ging der Erzbischof ihnen mutig entgegen. Er bat den Anführer mit flehenden Worten, Milde walten zu lassen und seine Stadt zu schonen. Als der Oberhirte sah, daß seine Bitten fruchtlos waren, ja auf völliges Unverständnis stießen, schlug er sich selbst als Opfer vor, auf daß seine Herde nicht umkomme. Kaum hatte er das ausgesprochen, da hieb ihm einer der Soldaten mit dem Schwert den halben Kopf ab, so daß die obere Hälfte zu Boden schlug. Wie die tiefsinnige Legende wissen will, bückte sich der Bischof, nahm sein halbes Haupt, auf dem noch die Mitra saß, in die Hände und trug es zum Erstaunen der Barbaren lobsingend noch einige Schritte weit, bis er zusammenbrach und seinen Geist aufgab.

Auch sein Lektor Florentinus und sein Diakon Jukundus erlitten das Martyrium. Des Bischofs leibliche Schwester Eutropia aber, eine tugendreiche Jungfrau, die sich Gott geweiht hatte, wollte lieber sterben, als Glauben und Ehre verlieren. Deshalb ging sie nach dem Tod ihres Bruders kurz entschlossen auf den heidnischen Anführer zu und ohrfeigte ihn. Damit wollte sie ihn veranlassen, auch sie zu töten, was auch sofort geschah. Dies alles ereignete sich am 14. Dezember 407 oder 451. Bei der Gründung von Saint-Nicaise, 893, wurden die Reliquien des heiligen Märtyrerbischofs von Reims in die von ihm erbaute Domkirche überführt. Sein Haupt kam nach Saint-Vedast in Arras, andere Reliquien von ihm nach Tournay. Der sel.

Rabanus Maurus, mit dem Beinamen ‚Praeceptor Germaniae', von 822–842 Abt von Fulda, brachte einige Reliquien des hl. Nikasius für seine Abteikirche Fulda mit.

Dargestellt wird der hl. Nikasius als Bischof mit Schwert. Er trägt den halben Kopf mit der Inful in der Hand. Sein Beistand wird angerufen gegen Cholera, Keuchhusten, Mäuse und Pest.

Der heilige Dagobert (Dagmar) *(Gedenken: 23. Dezember)*

Dagobert – aus dem Althochdeutschen – ist soviel wie ‚der gleich dem Tag Glänzende'. Der heilige König Dagobert II. ist während des Mittelalters und auch noch später oft verwechselt worden mit seinem Großvater Dagobert I., der zwar der tüchtigste unter den Merowingerkönigen war und sich durch seine hervorragende politische Tätigkeit hervortrat, aber nicht zu den Heiligen zählt. Dieser landläufige Irrtum zeigt sich auch in der Darstellungsfolge eines Bildzyklus in der Vorhalle der Klosterkirche von Weißenburg (heute fast ganz zerstört). Weißenburg geht ebenso wie Surburg und St. German in Speyer auf Stiftungen des hl. Dagobert II. zurück. Die dort geschilderten Ereignisse beziehen sich aber offensichtlich auf Dagobert I.

Der hl. Dagobert II. wird dargestellt mit Krone und Zepter, einen Nagel in der Hand (als Symbol seines Martyriums); mit Kirchenmodell.

Dagobert II. wurde um 652 geboren. Nach dem Tode seines Vaters, des sel. Sigibert III. (s. hl. Kunibert, 12. November) übernahm zunächst der Hausmeier Grimoald die Regierung für den unmündigen Knaben. Um seinem eigenen Sohn die Krone zu sichern, ließ er Dagobert in ein irisches Kloster schaffen (656). Zwanzig Jahre später wurde Dagobert auf Betreiben seiner Mutter vom Bischof von York, dem hl. Wilfrid (s. 28. April), zurückgebracht und in Metz zum König von Austrasien erhoben. Während der Verbannung hatte er sich mit einer sächsischen Prinzessin Bathildis oder Mathildis vermählt. Tatsächlich führte jedoch der fränkische Hausmeier Pippin von Heristal die Regierung, während Dagobert sich mit dem Elsaß begnügte.

Die Kirche von Straßburg verdankt dem heiligmäßgen König zwei tüchtige, gottesfürchtige Bischöfe, nämlich einmal den hl. Arbogast, der des Königs Sohn durch ein Wunder vom Tode erweckt hatte. Er ist der Erbauer des ersten Straßburger Doms an der heutigen Stelle und Hauptbegründer des Christentums im Elsaß. Er wird am 21. Juli verehrt. Zum anderen dessen Nachfolger, den hl. Florentinus mit dem Fest am 7. November; Reliquien in der Pfarrkirche von

Niederhaslach. Auch unter den vier Kindern Dagoberts befanden sich zwei Heilige, nämlich IRMINA (Hermine), Gründerin der Benediktinerabtei Echternach in Luxemburg, gestorben um 710 (s. hl. Willibrord, 7. November) und ADELA, die erste Äbtissin von Pfalzel bei Trier, wo sie um 730 starb.

Bald aber wurde der friedfertige Dagobert von König Theuderich III. von Neustrien und Burgund mit Krieg überzogen. Um seinem Herrn zu helfen, zettelte der Hausmeier Theuderichs, Ebroin, unter den Austrasiern eine Verschwörung gegen Dagobert an, die zur Folge hatte, daß der Heilige auf der Jagd im Walde Woëvre 679 oder 680 unvermutet überfallen und ermordet wurde. Der Ort liegt bei Stenay im Gebiet von Verdun in Lothringen; an der Stelle wurde später ein Kloster errichtet.

Sein Leib, der zuerst in Rouen beigesetzt worden war, wurde 872 nach Stenay an der Maas überführt. Das Kloster ist später von den Hugenotten zerstört worden. Dagobert gilt wegen seiner Tugendhaftigkeit und Frömmigkeit als Heiliger. Die Bezeichnung ‚Märtyrer' erhielt er, weil er nach einem heiligmäßigen Leben eines ungerechten und gewaltsamen Todes starb. Im Martyrologium Romanum ist sein Name nicht genannt.

Die heiligen Viktoria und Anatolia

Viktoria und Anatolia sind der Legende nach Schwestern gewesen. Daher werden sie wohl auch gelegentlich zusammen abgebildet. Indessen scheint ihnen nur gemeinsam, daß beide das Martyrium erlitten und ihre Jungfräulichkeit bewahrten. Die Bezeichnung ‚Schwester' war bei den frühen Christen gang und gäbe und bedeutete keineswegs immer leibliche Schwesternschaft, sondern die geistige ‚in Christus'. VIKTORIA war eine Blutzeugin aus der Umgebung von Rom und wurde nach einigen Quellen während der Verfolgungen unter Decius 250, nach anderen um 303 unter Diokletian, hingerichtet. Sie ist Patronin für Regen. Ihr Fest ist am 23. Dezember. Ihr Name bedeutet ‚Siegerin'. Abkürzungen ihres Namens Viki oder Vica sind auch heute noch gebräuchlich.

Nach ihrer legendären Vita war Viktoria eine reiche, vornehme Jungfrau, die sich dem Herrn anverlobt hatte. Ein Heide mit Namen Eugenius warb um sie. Da sie

ihn nicht erhörte, verklagte er sie um ihres christlichen Bekenntnisses willen beim Richter. Nachdem man der Jungfrau den Prozeß gemacht hatte, soll Eugenius ihr mit eigener Hand sein Schwert ins Herz gestoßen haben.
In Vittoria auf Sizilien werden Reliquien der Heiligen verehrt sowie ein Dolch aufbewahrt, mit dem sie durchstoßen worden sein soll.

Auch der Name der hl. Jungfrau und Märtyrin ANATOLIA befindet sich am 23. Dezember im Römischen Martyrologium. Dort steht, daß sie zahlreiche Wunder vollbrachte, viele Kranke heilte und dadurch viele Seelen für Gott gewann. Auch Anatolia soll – nach der Legende – eine ihr angebotene Ehe ausgeschlagen haben. Wegen ihres Glaubens zunächst verbannt, erlitt sie den Tod für Christus durch Enthauptung. Einer ihrer Wächter, so heißt es, mit Namen Audax, wurde durch ihre Wundertaten bekehrt. Gewisse Quellen geben an, daß diese Anatolia identisch ist mit einer Jungfrau und Märtyrin Anatolia, deren Fest am 9. Juli ist. Sie habe zu Thora bei Rieti in Italien gelitten. Wie die Legende erzählt, habe man diese heilige Jungfrau zuerst mit brennenden Fackeln gequält und sie dann mit einer gefährlichen Giftschlange zusammen eingesperrt, die jedoch vor ihr zurückwich und ihr nichts tat, so daß man das Mädchen enthaupten mußte. Die Attribute dieser hl. Anatolia sind Fackeln und Schlange. In der Gegend von Rieti beim Velinosee gibt es ein Dorf, das nach ihr den Namen Sant'Anatolia trägt.

Das heilige Weihnachtsfest und Adam und Eva

Am 24. Dezember gedenkt die Kirche der Stammeltern des Menschengeschlechts Adam und Eva. Adam ist ein hebräischer Name und bedeutet ‚der Erdgeborene, Erdmann, d. h. von rötlicher Erde gemachter Mensch'. Nach der Lehre der Väter wurden Adam und Eva von der Sünde befreit durch die Erlösungstat Christi, die sich auf alle Menschen bezieht, und erhielten einen Platz im christlichen Heiligenkalender nicht ohne tiefere Bedeutung am Vorabend von Weihnachten. Adam und Eva haben die Sünde in die Welt gebracht, Christus, der zweite Adam, hat sie hinweggenommen. Adam ist der Stammvater des durch die Sünde verderbten Menschengeschlechts, Christus der Stammvater des durch seinen Sühnetod gereinigten und geheiligten Menschen. Adam und Eva haben ihren Nach-

kommen durch die Sünde den Himmel verschlossen, Christus hat ihn wieder geöffnet. „Reiß auf vom Himmel Tür und Tor, reiß ab, wo Schloß und Riegel vor!" – so singen die Gläubigen im Advent. Adam und Christus stehen daher mit Recht beisammen.

Nach ihrer Vertreibung aus dem Paradies erreichten die Stammeltern, wie die Bibel berichtet, ein sehr hohes Alter: Adam soll 930 Jahre auf Erden gelebt haben. Er wurde auf dem Kalvarienberg begraben und zwar, wie die legendäre Tradition erzählt, an der Stelle, wo Tausende von Jahren später das Kreuz des Heilands aufgerichtet wurde. Auf alten Bildern ist das häufig dargestellt (s. dazu auch 18. August). An Adam war das Wort ergangen: Du bist Erde und sollst wieder zu Erde werden! (Gen. 3, 19). Christus hob dieses Urteil wieder auf durch seine Erlösungstat, denn er sprach: Stehe auf, der du schläfst, und gehe hervor aus deinem Grabe! (Ephes. 5, 14). „Gleichwie die Verdammnis durch den Fall des einen (Adam) über die ganze Menschheit kam, so kommt auch die Rechtfertigung, das Leben, durch die heilschaffende Tat des Einen (Christus) über die ganze Menschheit" (Röm. 5) – wie von Adam das Unheil, so von Christus das Heil. Auch Adam und Eva haben Patronate: nämlich – aus naheliegenden Gründen – die der Gärtner und der Schneider. Ihre Darstellung ist hinlänglich bekannt.

Adam und Eva stehen also ebenfalls in der Reihe der Heiligen, die dem König der Heiligen, dem Gottessohn in der Krippe, ihre Gaben weihen. Mit dem 24. Dezember wird das Fest der Geburt des Herrn, der Menschwerdung Gottes eingeleitet.

Am 24. Dezember feiert die Kirche die Vigil von Weihnachten, wörtlich bedeutet das ‚die Nachtwache', also den nächtlichen Gottesdienst, der vor den großen Festen Weihnachten, Pfingsten, Christi Himmelfahrt, Johannes Baptist, Peter und Paul sowie Laurentius stattfindet. Seit dem 14. Jahrhundert ist er auf den Morgen des Vortages – als Vorfeier – verlegt. Das Warten auf den Erlöser, das sich in der vorangegangenen Adventszeit von Tag zu Tag gesteigert hat, hat damit seinen Höhepunkt erreicht. Der Gedanke, was heute noch Erwartung ist, wird morgen, am 25. Dezember, Erfüllung sein, weckt große Freude auf die Ankunft des Herrn.

Der wirkliche Geburtstag Christi ist unbekannt. Feststeht die mitternächtliche Geburt zu Bethlehem in Juda im Jahre 5 vor der christlichen Zeitwende. Das Weihnachtsfest wurde in Rom spätestens 336 am 25. Dezember gefeiert, vielleicht auch gleich nach dem Konzil von Nicäa (325). Von Rom aus trat das Weihnachtsfest seinen Siegeszug in der Welt an und kam noch im 4. Jahrhundert in den Orient, wo bis dahin die Geburt des Herrn am Erscheinungstage (s. 6. Januar) begangen wurde, was in der Ostkirche noch heute der Fall ist. Die römische Kirche hat den 25. Dezember als Geburtsfest Jesu Christi gewählt, weil sie damit den heidnischen Mithraskult, des am gleichen Tage gefeierten „sol invictus – des unbesiegten Sonnengottes" verdrängte durch die Geburt Christi, der „Sonne der

Gerechtigkeit". Natürlich hängt die Wahl dieses Zeitpunktes auch mit dem Hohersteigen der Sonne zusammen, die nach dem 21. Dezember – ihrem tiefsten Stand – den Weg wieder „hinauf" nimmt. So lag es auf der Hand, daß schon damals die Christen dieses Naturereignis als Gleichnis für die menschliche Geburt dessen empfanden, der das wahre „Licht der Welt" ist. Eine Aussage hierzu gibt das in der dritten Weihnachtsmesse verlesene Johannes-Evangelium „Im Anfang war das Wort..." (Joh. 1–14).

Der Heilige Abend ist für die Christenheit das zarteste und innigste aller Feste; die Christnacht verbindet alle Menschen guten Willens in Friede und Liebe, ihr Licht entzündet die Hoffnung. Die Kirche feiert diese in der ‚Mitternachtsmesse'.

Mit der Christmette ist bei den Bauern auf dem Land folgender alter Brauch verbunden: Da kein Hof während des Mettenganges unbeaufsichtigt bleiben konnte, schenkte die Bäuerin dem daheimgebliebenen Knecht das Mettenbrot, einen Brotlaib mit einer Kerze in der Mitte. Das Licht brannte so lange, bis die Familie wieder zu Hause eintraf.

In der Morgendämmerung des 25. Dezember feiert sie dann das ‚Hirtenamt' – am späteren Vormittag die ‚Festmesse'.

Gegenstand des Weihnachtsfestgeheimnisses bildet die Geburt des menschgewordenen Sohnes Gottes aus der jungfräulichen Mutter im Stalle von Bethlehem. Alle Gnaden und alles Heil, das wir im gegenwärtigen Leben erhalten und im zukünftigen Leben erhoffen, gründen darin. Weihnachten ist das Fest der Liebe und der erbarmenden Herablassung Gottes zu uns Menschen. „So sehr hat Gott die Welt geliebt, daß er seinen eingeborenen Sohn dahingab..." (Joh. 3,16).

Neben dem göttlichen Sohn steht Maria, seine Mutter, die Gottesgebärerin. Neben Maria erscheinen in mannigfachen Einzelfesten die Heiligen als Zeugen der in ihnen vollendeten Erlösung und als Lehrmeister für uns, die wir uns für die Erlösung, die durch die zweite Wiederkunft Christi vollendet wird, vorbereiten sollen.

Die heilige Anastasia

Anastasia kommt aus dem Griechischen und bedeutet ‚die vom Tode Auferstandene'. Wahrscheinlich wurden zwei heilige Märtyrerinnen dieses Namens verehrt und ihre Geschichten miteinander verquickt, nämlich Anastasia, die Römerin, meist die Jüngere bezeichnet, und Anastasia von Sirmium (heute Mitrovicza in Jugoslawien). Für beide wird 304 als Todesjahr angegeben. Die Kirche feierte das Fest der hl. Anastasia seit dem 5. Jahrhundert, als ihr Name in den Meßkanon aufgenommen wurde, zwischen der Vigilmesse und der Frühmesse von Weih-

nachten am 25. Dezember, dem Hirtenamt (s. 24. Dezember). Heute wird das Fest der Heiligen nur mehr kommemoriert. Die große Verehrung dieser Heiligen gründet sich aller Wahrscheinlichkeit nach darauf, daß Sirmium einst die Hauptstadt der römischen Provinz Illyrien und zeitweise Residenz des kaiserlichen Hofes war. Ihre Gebeine wurden unter dem oströmischen Kaiser Leo I. (457–474) nach Konstantinopel übertragen. In Rom wurde zum Hauptsitz ihrer Verehrung die Titelkirche S. Anastasia am Fuße des Palatin, neben dem Circus Maximus.
Dargestellt wird die Heilige mit Salbengefäß, womit sie die Leiber der christlichen Märtyrer einbalsamierte, auf Scheiterhaufen an drei Pfähle gebunden, so wie sie den Tod erlitten haben soll. In S. Apollinare Nuovo in Ravenna trägt sie eine Krone. Auch mit Schere sieht man sie, weil sie Patronin der Pressezensur ist. Die hl. Anastasia gilt bei Kopfleiden und Brustkrankheiten als Fürsprecherin.
Anastasia war der Überlieferung zufolge eine Tochter des kaiserlichen Beamten Praetextatus und seiner christlichen Frau Fausta oder Flavia. Im christlichen Glauben unterwies sie auf Bitten ihrer Mutter der hl. Chrysogomus, der ebenfalls während der diokletianischen Verfolgung um 304 den Märtyrertod starb. Gegen ihren Willen wurde sie mit Publius, einem vornehmen, aber sittenlosen Heiden vermählt. Jedoch wußte sie sich ihre Keuschheit zu bewahren. Mit ihren Mägden besuchte sie die Christen in den Gefängnissen und versuchte deren Qualen nach besten Kräften zu lindern. Als ihr ohnehin auf sie erboster Gemahl hiervon erfuhr, schloß er sie in eine Kammer ein und gab ihr so wenig zu essen, daß sie zu sterben meinte. Es gelang ihr aber, sich brieflich an ihren Lehrer Chrysogomus zu wenden, der ihr in seiner Antwort Trost und Mut zusprach. Kurze Zeit darauf starb ihr Gatte Publius auf einer Reise, und sie erlangte ihre Freiheit wieder. Sogleich verteilte sie ihr gesamtes Vermögen an die Armen und begleitete Chrysogomus nach Aquileia, wo dieser während der diokletianischen Christenverfolgung enthauptet wurde. Auch Anastasia wurde ergriffen und erlitt nach unsäglichen Martern den Feuertod für Christus.

Legende

Vielerlei Legenden knüpfen sich an die Gestalt der Heiligen, die vor allem ihre große Reinheit zum Gegenstand haben. So hatte ihre wunderbare Keuschheit auch auf ihre Mägde einen so großen Eindruck gemacht, daß sie ihr darin nacheiferten. Man erzählt sich, daß drei ihrer Mägde – es waren Schwestern von großer Schönheit und Christinnen wie ihre Herrin – vom Richter aufgefordert, den Göttern zu opfern, diesem den Gehorsam verweigerten, weil sie das Christentum nicht verleugnen wollten. Da ließ der Richter sie in einen engen Raum sperren, in dem man Küchengerät aufbewahrte, und ging eine Weile später selbst zu ihnen in die Kammer, um seine Lust an ihnen zu haben. Gott aber verwirrte seine Sinne, so daß der Liebes-

tolle Töpfe, Pfannen und Kessel herzte und küßte, dieweil er wähnte, er umarme die schönen Jungfrauen. Als er seine Lust gestillt hatte und herausging, war er berußt von oben bis unten, sein Antlitz war schwarz verschmiert und seine Kleider zerrissen. Da glaubten seine Knechte, er sei der Teufel, schlugen nach ihm und entflohen. Weil er selbst nicht wußte, was mit ihm vorgegangen war, ging er zum Kaiser und klagte, man spotte seiner und schlüge ihn. Doch auch das Gesinde des Kaisers machte sich sogleich über ihn lustig und hielt ihn für einen Narren. Als man ihm endlich sagte, in welchem Aufzuge er herumliefe, glaubte er, die Jungfrauen hätten ihn verzaubert. Und er ließ sie vor sich bringen und befahl, daß man sie zu ihrer Schande nackend auszöge. Doch siehe, ihre Kleider blieben so fest an ihren Leibern haften, daß kein Mensch sie von ihnen ablösen konnte. Als der wütende Richter sah, daß man ihnen nichts anhaben konnte, ließ er sie zu Tode prügeln. Aber ihre Seelen fuhren auf zu Gott.

Der heilige Erzmärtyrer Stephanus

Der erste Zeuge, der für Christus den Martertod auf sich nahm, ist der hl. Stephanus. Er wird daher Protomartyr oder Erzmärtyrer genannt und gilt als Vorbild für alle übrigen Blutzeugen. Sein Fest ist am zweiten Weihnachtstag; es wurde 380 eingeführt. Der Erzmärtyrer huldigt als erster dem göttlichen Kind. Sein Martertod ist sein Geburtsfest für den Himmel. Stephanus war ein jüdischer Christ und lebte in Jerusalem. Die junge Gemeinde hatte ihn zusammen mit einigen anderen zum Diakon ernannt. „Er ging umher, Gutes tuend“ ... „getrieben vom Heiligen Geist, redete er mit Kraft und Vollmacht, erweckte die Herzen und wirkte große Zeichen und Wundertaten im Volk“, lesen wir in der Apostelgeschichte. Er betreute die Armen, kümmerte sich um die Witwen und „zeichnete sich aus in Reinheit und Freigebigkeit“. Überall verkündete er die frohe Botschaft Christi; durch ihn belehrt, wandten sich viele Juden der Lehre Jesu zu, so daß die Schar der Jünger in Jerusalem mächtig anschwoll. Auch eine große Zahl von Priestern befand sich darunter.

Das erboste die Juden der Synagoge. Sie beriefen eine Versammlung ein, vor der sich Stephanus verantworten mußte. Und nun hält Stephanus seine glänzende Rede vor dem Hohen Rat. Er beschämt darin auch die geschultesten unter den gelehrten Gesetzeslehrern. Er beweist ihnen in diesem Wortstreit klar und deutlich die Halsstarrigkeit des auserwählten Volkes, das die Gnadenführung Gottes nicht erkannte. Der beredte und vom Heiligen Geist erleuchtete Stephanus läßt die ganze jüdische Geschichte von den Patriarchen bis zu Moses und von Moses über die Propheten bis zu Jesus vor seinen Hörern erstehen. Da die Juden solches hörten, ging es ihnen durchs Herz, sagt die Apostelgeschichte darüber. Stephanus aber, voll des Heiligen Geistes, sah auf gen Himmel und erblickte die Herrlichkeit Gottes und Jesus zur Rechten des Herrn, und er rief in staunendem Jubel: „Ich sehe den Himmel offen..." Weiter heißt es nun, daß die Juden voller Abscheu laut schrien und sich die Ohren zuhielten, wie rasend auf ihn einstürmten und ihn zur Stadt hinausstießen. Sie hielten ihn für einen Gotteslästerer, weil er es wagte, Jesus neben Gott zu stellen. Und nun geschieht es schon: Stephanus empfängt den furchtbaren Tod durch die Volkswut. Er hat keine Möglichkeit mehr, ein Gericht anzurufen. Das ungesprochene Urteil wird auf der Stelle vollstreckt; er erfährt das, was man heute als ‚Lynchjustiz' bezeichnet: das Volk steinigt ihn! Stephanus aber, der wirklich seinem Herrn nachfolgt, nicht nur durch das Martyrium, nicht nur durch seine Liebe und seinen Glauben, spricht, schon vornüberfallend unter den Steinwürfen, die erschütternden Worte: „Herr, rechne ihnen dies nicht zur Sünde an!" „Nach diesen Worten entschlief er", so endet die Schrift seltsamerweise. „Das sanfte Wort ‚er entschlief' steht fremd und still, ein Lilienstengel, im Aufruhr der Gasse. Wie Elias im Feuerwagen zum Himmel fuhr, so raffte der jähe Bluttod Stephanus aus dem kurzen Wirken hinweg und hinauf. Seine Gestalt, die nur flüchtig durch die Seiten der Schrift streift, ist wie ein feuriger Umriß von der erwachenden Kraft der jungen Kirche" (Ida F. Görres).

Ein Jüngling hatte dabeigestanden und Aufsicht über die abgelegten Oberkleider derer gehalten, die die Steinigung vornahmen: Saulus. Er beteiligte sich an der nach dem Tode des Diakons einsetzenden Verfolgung der Christen als der eifrigste und unerbittlichste der Verfolger. Die Mitglieder der jungen Gemeinde zerstreuten sich, die Flüchtlinge aber verbreiteten das Wort Christi weithin. Jener Saulus wurde, wie man weiß, auf der Straße nach Damaskus, zum Paulus (s. 25. Januar). Großer Segen also ging von diesem ersten Märtyertode aus!

Dies alles ereignete sich sieben Monate nach der Himmelfahrt des Herrn. Der Leib des Heiligen wurde von Gamaliel, einem jüdischen Gesetzeslehrer, der ebenfalls zu den christlichen Heiligen rechnet (s. 6. August), auf seinem Landgute bei Jerusalem an der Stätte begraben, die er für sein eigenes Grab ausgesucht hatte. Seine Reliquien wurden dort im Jahre 415 aufgefunden (s. Fest der Auffindung, 3. August). Die Krypta von S. Lorenzo fuori le mura in Rom birgt neben den Reliquien des hl. Laurentius solche des hl. Stephanus.

Dargestellt wird der Erzmärtyrer als Diakon, oft zusammen mit den hll. Laurentius und Vinzentius, Palme in der einen, Steine in der anderen Hand. Manchmal liegen auch Steine auf dem Buch, das er in der Hand hält, oder neben ihm. An der Kathedrale von Bourges, deren Patron er ist, sind ihm ein Portal sowie verschiedene Glasgemälde geweiht. Auch in Paris gibt es an Notre-Dame ein Stephansportal, wo im Tympanon sein Martyrium ausdrucksstark geschildert ist. Carpaccio hat einen Zyklus von dem Heiligen gemalt, der heute auf die Galerien in Mailand (Brera), Stuttgart und Paris verteilt ist. Fra Angelico schuf als sein letztes Werk eine Freskenfolge mit der Geschichte des Erzmärtyrers in der Nikolaus-Kapelle des Vatikan.

Der hl. Stephanus ist Patron von vielen Ländern und Orten, der verschiedensten Gewerbe, wie der Böttcher, Kutscher, Maurer, Steinhauer, Pferdeknechte, Weber, Schneider, Zimmerleute; Sankt Stephanus wird angerufen bei Besessenheit, Kopfweh, Seitenstechen, Steinleiden; seine Fürbitte ist wirksam für einen guten Tod. Außerdem ist der Heilige der „älteste und patroziniumsgeschichtlich hervorragendste Pferdepatron", was vielleicht mit alten heidnischen Kultbräuchen in Zusammenhang steht. An seinem Festtage werden in manchen Gegenden Umritte um ihm geweihte Kapellen vorgenommen.

Der heilige Johannes, Evangelist

Johannes der Evangelist, der Jünger, „den der Herr lieb hatte", und Jakobus der Ältere (s. 24. Juli) sind die Söhne des Zebedäus der Heiligen Schrift, deren Mutter Salome nach der Überlieferung eine Verwandte Marias war. Jakobus soll der älteste Jünger Jesu gewesen sein, Johannes der jüngste. Beide arbeiteten als Gehilfen bei ihrem Vater, einem Fischer am See Genezareth. Beide wurden von Jesus berufen, der sie zu „Menschenfischern" machte. Sie entstammten einer frommen jüdischen Familie und werden sich im theologischen Schrifttum der Zeit gut ausgekannt haben. Einen ersten Anstoß, sich Jesus anzuschließen, erhielten sie durch Johannes den Täufer (s. 24. Juni), der im Lande umherzog und Buße predigte. Der junge Johannes stand mit Andreas (s. 30. November) zusammen, als der Täufer auf den Herrn wies: „Sehet das Lamm Gottes ..." Von da an wenden sich die beiden Brüder dem Messias zu. Über ihre eigentliche Berufung steht bei Markus (1, 20): „Und sie ließen ihren Vater Zebedäus im Schiff mit den Tagelöhnern und folgten Ihm nach."

Johannes ist mit Petrus und Jakobus Zeuge der Verklärung des Herrn auf dem Berge Tabor, zweifellos eine besondere Auszeichnung der drei Jünger! Er liegt als der Lieblingsjünger beim Abendmahl an der Brust des Herrn. Er ist anwesend bei dem letzten Ringen Jesu auf dem Ölberg, wenngleich er wie die anderen Jünger, übermannt von seiner Trauer, in Schlaf fällt. Johannes folgt als einziger dem Herrn nach seiner Gefangennahme und verbirgt sich nicht. Er begibt sich in das Haus des Hohenpriesters Kaiphas, zusammen mit Petrus, der aber draußen bei dem Gesinde wartet, während Johannes mutig mit hineingeht. Johannes steht unter dem Kreuz und fürchtet nicht die Gefahren, die ihm als Jünger des Verurteilten drohen. Er vernimmt das Vermächtnis Jesu: „Siehe, das ist deine Mutter!" Man hat den Eindruck, daß Johannes und Petrus die bedeutsamsten und auch für die spätere Zeit wichtigsten unter den Apostelgestalten sind (nach O. v. Taube).
Johannes und Petrus eilten zum Grabe, nachdem ihnen Maria Magdalena (siehe 22. Juli) die Auferstehung des Herrn verkündet hatte, und fanden es leer. Nach Christi Himmelfahrt und der Ausgießung des Heiligen Geistes erschienen Petrus und Johannes als die führenden Persönlichkeiten der jungen Christengemeinde. Sie heilten den Lahmen an der Schönen Pforte. Dreimal wurde Johannes in dieser Zeit verhaftet und einmal in der Gefangenschaft gegeißelt. Er wirkte mit Petrus zusammen „als Säule der Gemeinde" (Gal. 2, 9) und wurde zusammen mit diesem nach Samaria geschickt, um auf die dort von Philippus Getauften den Heiligen Geist herabzuflehen. Johannes sorgte wie ein Sohn für Maria bis zu deren Tode. Er nahm am ersten Apostelkonzil teil (51 n. Chr.) und lernte Paulus kennen.
Später verließ er wie die anderen Apostel Jerusalem, um die Botschaft Christi hinauszutragen in die Welt. Sicher scheint die Überlieferung, daß der hl. Johannes sich um 66 nach Kleinasien wandte, wo er von Ephesus aus die neuen Gemeinden leitete, unsicher dagegen, ob er zu den Parthern nach Persien ging. Von Ephesus aus gründete er jene sieben Gemeinden in Kleinasien, an die seine Sendschreiben gerichtet sind (Off. 1, 4). Die Christenverfolgungen, die unter Kaiser Domitian mit großer Schärfe einsetzten, brachten dem hl. Johannes Verbannung auf die Insel Patmos ein. Hier erfuhr er in einer geheimnisvollen Vision die ‚Offenbarung', jene vielgedeutete und niemals ganz enträtselte apokalyptische Prophetie, die in ihrer gewaltigen Vorstellungskraft die Menschen zu allen Zeiten beängstigt und erschüttert hat. Ehe Johannes nach Patmos kam, soll er – wie die alte Überlieferung angibt – von den Beamten des Kaisers nach Rom gebracht und dort zum Tode verurteilt worden sein. An einem öffentlichen Platz vor der Lateinischen Pforte hatte man ihn in einen Kessel mit siedendem Öl geworfen, doch war er wunderbarerweise unversehrt daraus hervorgegangen. Den Gedenktag dieses Wunders begeht die römische Kirche am 6. Mai.
Unter Kaiser Nerva wurden die Gesetze gegen die Christen aufgehoben; Johan-

nes kehrte nach Ephesus zurück. Hier wurde er Nachfolger des Bischofs Timotheus, der gestorben war. Und hier schrieb er, erleuchtet vom Heiligen Geist, sein Evangelium, das, wie Otto von Taube schreibt, „in so wunderbarer Weise an Tatsachen und Begebenheiten vorübergehend, den tiefen Sinn und das Wesen von Christi Erdenwandel erschließt". Auch seine drei Episteln entstanden in Ephesus. Der hl. Evangelist Johannes starb zu Beginn der Regierung Kaiser Trajans um das Jahr 100 im hohen Greisenalter eines natürlichen Todes.

Johannes ist Kanonheiliger. Am 27. Dezember wird in vielen Gegenden der Johanneswein gesegnet und die Johannesminne getrunken. Dargestellt wird er mit dem Adler, als dem Symbol des vierten Evangeliums, Sinnbild aber auch eines der ‚Vier großen Wesen' aus der Apokalypse; mit Schlange, die sich aus einem Becher windet (siehe Legende); mit Kessel (auf Grund seines Martyriums), als Greis schreibend, wobei er die Eingebungen des Himmels empfängt; als Apostel mit Buch. Die meisten Darstellungen zeigen indessen den Evangelisten als Jüngling. Er ist Patron der Bildhauer, Buchbinder, Buchdrucker, Buchhändler, Glaser, Graveure, Kerzenfabrikanten, Korbmacher, Maler, Notare, Papierfabrikanten, Schriftsteller, Schreiber, Spiegelmacher, Weingärtner. Seine fürbittende Hilfe ist bewährt bei Epilepsie, Fußleiden, Vergiftung, Brandwunden; gegen Hagel, für Fruchtbarkeit der Felder.

Legende

Bekannt ist die sinnbildlich zu deutende Legende, auf die das Attribut des hl. Johannes mit dem Giftbecher zurückgeht. Wir teilen sie in gekürzter Form nach W. Jaspers mit:

Als Johannes wieder im Lande Kleinasien predigte, trat einer der heidnischen Priester zu ihm, um ihn zu versuchen, und sprach: „Willst du, daß ich an deinen Gott glaube, so gib uns ein Zeichen deiner Stärke. Ich werde dir einen Gifttrank bereiten: trinkst du ihn ohne Schaden, so soll dein Gott auch der meine sein." Furchtlos stimmte Johannes zu. Der heidnische Priester aber erbat sich zwei Mörder, die zum Tode verurteilt waren, und reichte ihnen vor den Augen des Heiligen den Trank, so daß sie augenblicklich unter Schmerzen starben. Doch ohne Zögern nahm Johannes den Giftbecher, schlug das Zeichen des Kreuzes darüber, setzte ihn an die Lippen und trank ihn aus. In atemloser Spannung wartete die Menge der Zuschauer auf das Ende des Apostels. Aber das Gift blieb ohne Wirkung. Das wurmte den heidnischen Priester, und er sagte: „Noch habe ich Zweifel an der Macht deines Herrn. Rufst du aber diese beiden Toten, die dem Gift erlagen, wieder zurück ins Leben, so will ich meine Götter verfluchen und mich taufen lassen auf Christi Namen." Da nahm Johannes seinen Mantel von den Schultern und hieß den Priester damit die Leiber der Toten bedecken. Das tat dieser, während Johannes niederkniete und ein Gebet sprach. Als er darauf das Tuch fortzog, erwachten die Toten und erhoben sich, als seien sie nur vom Schlafe aufgestanden. Der heidnische Priester aber und seine Anhänger wurden gläubig.

Die heilige Fabiola

Die hl. Fabiola, deren Leben und Wirken historisch bezeugt ist, gehörte der alten römischen Familie der Fabier an. Sehr jung wurde sie an einen Mann verheiratet, der zwar gleichen Standes war wie sie, jedoch ein sittenloser Wüstling. Sie ließ sich von ihm scheiden. Dann aber lebte sie mit einem anderen Manne zusammen, was ihr die römischen Christen sehr verübelten, weil das kirchliche Ehegesetz eine zweite Ehe zu Lebzeiten des ersten Mannes ausschließt. Nach dem Tode ihres zweiten Gatten leistete Fabiola öffentlich Buße vor der Lateransbasilika und fand danach in der Kirchengemeinschaft, aus der sie ausgestoßen worden war, wieder Aufnahme. Jetzt widmete sich Fabiola ganz der Wohltätigkeit.
Sie verwendete ihren großen Reichtum zum Besten mittelloser Kranker und gründete zu diesem Zwecke ein Siechenhaus in Rom, das als das erste Spital des Abendlandes gilt. Ihre Hilfsbereitschaft erstreckte sich aber gleichermaßen auf Bedürftige aller Art, auch auf Klerus und Klöster. Bei dieser karitativen Tätigkeit stand ihr der Senator Pammachius bei, der mit einer der Töchter der hl. Paula (s. 26. Januar) verheiratet gewesen war und nach dem Tode seiner Frau ein mönchisches Leben führte. Von ihm erhielt sie Anregungen und geistliche Stärkung. Pammachius zählt ebenfalls zu den Heiligen (Gedächtnis: 30. August); über seinem Hause in Rom entstand die spätere Titelkirche SS. Giovanni e Paolo, deren Urbau (401–417) noch von ihm selbst errichtet sein dürfte.
Im Jahre 394 besuchte Fabiola den hl. Hieronymus im Heiligen Lande, mit dem sie seit seiner römischen Zeit freundschaftlich verbunden war. Hieronymus (s. 30. September) hatte sich in Rom mit Erfolg und Eifer ja gerade die Seelsorge und geistliche Beratung der vornehmen reichen Römerinnen zur Aufgabe gemacht. Viele von ihnen pilgerten, von ihm angeregt, an die Stätten, wo Jesus gelebt, gelehrt und gelitten hatte. In Bethlehem wohnte Fabiola in dem von der hl. Paula gegründeten Kloster und traf hier auch mit ihr zusammen. Während dieser Zeit beschäftigte sie sich eingehend mit der Lektüre der Heiligen Schrift. Auf Wunsch von Hieronymus kehrte Fabiola jedoch beim Einfall der Hunnen (395) nach Rom zurück, um sich dort weiter ihren Werken der Nächstenliebe zu widmen. Der hl. Hieronymus schrieb zwei Briefe geistlichen Inhalts an sie (397), die überliefert sind. Seit 396 wirkte die fromme Matrone wiederum zusammen mit Pammachius an der Errichtung eines neuen Pilgerhospizes in Rom. Sie starb 399 oder 400.
Ein Beweis für die Verehrung, die das Volk ihr schon bei ihren Lebzeiten entgegenbrachte, ist ihr Begräbnis, das unter Beteiligung der gesamten römischen Bevölkerung vor sich ging. Es glich einer wahren Demonstration der Armen von Rom, die durch ihre Anwesenheit zeigen wollten, wie sehr sie um ihre Wohltä-

terin trauerten. Hieronymus verfaßte anläßlich ihres Todes eine Lobrede auf die Heilige. Sie wurde durch viele Wunder verherrlicht. Die heilige Fabiola wird im Büßerkleid – ins Gebet versunken – dargestellt.

Der heilige Thomas Becket

Kurz nach dem Weihnachtsfest zelebriert der Priester das Meßopfer noch einmal in den roten liturgischen Gewändern „zu Ehren eines Märtyrers". Die Kirche feiert am 29. Dezember das Gedächtnis des hl. Thomas Becket, Erzbischof von Canterbury, der 1170 in seiner Kathedrale ermordet wurde. Dieses grausige Verbrechen hat nicht nur die rechtlich denkenden Menschen seiner Zeit erregt, es blieb ein bis in unsere Tage hinein viel diskutiertes Ereignis. Dichter und Historiker haben sich mit der Figur dieses Staatsmannes und Priesters beschäftigt; noch in unserm Jahrhundert sind zwei viel beachtete Bühnenwerke erschienen, die sich damit auseinandersetzen. T. S. Eliot behandelt in seinem Mysterienspiel ‚Mord im Dom' das Phänomen des ‚Heiligen', während Jean Anouilh in seinem Schauspiel ‚Becket oder die Ehre Gottes' sich mehr der politischen Seite des großen Erzbischofs zuwendet. Unsere Ausführungen folgen der Darstellung von G. Kranz.

Wer war dieser Mann, dessen Gestalt so modern geblieben ist, daß sie die Jahrhunderte überdauerte? Der hl. Thomas Becket ist sehr bald schon nach seinem Tod – ein seltener Fall – 1173 von der Kirche als Märtyrer heilig gesprochen worden. Er wird dargestellt als Bischof mit Buch und kurzem, breitem Schwert (mit dem er getötet wurde), mit Märtyrerpalme als Zeichen seines Sieges in Christus. Die Szene seiner Ermordung ist seit dem Ende des 12. Jahrhunderts bis weit ins 15. hinein oft auf Reliquiaren, Miniaturen und Bildern geschildert worden.

„Ich nehme den Tod an für den Namen Jesu und für die Kirche", waren die letzten Worte des Mannes, der einen fast kometengleichen Aufstieg genommen hatte und, von seinen Feinden mehrmals zu Fall gebracht, immer wieder sich erhob, um seinen ihm nur von seinem Gewissen und von Gott vorgeschriebenen Weg zu gehen. Als einer der Mörder nach der Untat im Weggehn triumphierend meinte: „Der steht nicht mehr auf!", hat er sich, wie alle Rohen und Verblendeten dieser Welt, geirrt. Sind nicht alle, die Blutzeugnis abgaben für Christus, wieder aufgestanden und leben mitten unter uns?

Thomas Becket wurde 1118 in London geboren, seine Eltern stammten aus der Normandie. Sein Vater, ein wohlhabender Kaufmann, konnte es sich leisten, den begabten Sohn auf die Schulen von Paris, Bologna und Auxerre zu schicken. Hier

studierte Thomas weltliches und kirchliches Recht. Der Erzbischof Theobald von Canterbury machte den klugen jungen Mann zu seinem Sekretär. Während dieser Zeit schon entsandte er den geschickten Verhandler als Legaten nach Rom. Auf dem Konzil zu Reims traf Thomas mit Bernhard von Clairvaux zusammen. 1154 wurde er Archidiakon von Canterbury und damit Repräsentant des höchsten kirchlichen Gerichts von England und Verwalter der Diözese. Doch sollte Thomas auf dieser erstaunlichen Erfolgsleiter noch eine Stufe höher steigen. Sein liebenswürdiger Charme, seine gewandten Umgangsformen, sein Verhandlungstalent und seine Schlagfertigkeit mögen dazu beigetragen haben. Noch als er Archidiakon war, hatte König Heinrich II. von England die Freundschaft des großen Mannes gesucht, der nicht nur im übertragenen, sondern auch im rein physischen Sinne ein Riese war. Heinrich ernannte Thomas Becket zu seinem Kanzler.
Von da an waren der König und Becket unzertrennlich. Anouilh zeigt diese Freundschaft auf der Bühne in bewegten Bildern: auf Hoffesten, Jagden, Turnieren, auf Reisen, beim Schachspiel, bei allerlei übermütiger Kurzweil steckten sie zusammen. Mit seiner Stellung als höchstem Beamten des Landes hatte Becket auch das Großsiegel in Händen und damit alle Gewalt nächst dem Könige. Er stellte seine genialen Fähigkeiten, seinen politischen Scharfsinn und sein diplomatisches Geschick in den Dienst Englands. Thomas führte das Leben eines fürstlichen Weltmannes, groß waren seine Prachtliebe und sein verfeinerter Geschmack. Sein Haus stand in so hohem gesellschaftlichem Ansehen, daß der König ihm den Thronfolger zur Erziehung anvertraute. Becket reiste im Auftrag Heinrichs als Brautwerber für seinen Sohn nach Frankreich. Er pflegte mit eigenen Truppen zu Felde zu ziehen, die er persönlich anführte, wobei er großen Mut bewies. Nach dem Kriege verstand er es, dem König die jeweils besten Friedensbedingungen zu sichern. Kurzum, Becket war dem König unentbehrlich.
Aber dann kam der Augenblick, an dem Gott aus dem Politiker Becket den heiligen Thomas machte. Thomas begann über sein Leben nachzudenken. Er fühlte, daß es nicht das Leben eines Gottesdieners war. Er wandte sich nun dem Gebete und der Buße zu. „Man hat von ihm gesagt, daß er von Natur kein guter Mensch war, daß er vielmehr erst lernte, was einem Heiligen zu tun aufgetragen ist, und dann hinging und es tat" (Alfred Duggan). Erste Ursache zu diesem Wandel soll ein Buch des Johannes von Salisbury gewesen sein, das scharfe Kritik an den Zuständen am englischen Hof übte. Als der König seinen Freund Becket zum Erzbischof und Primas von England vorschlug, um in ihm ein willfähriges Werkzeug für seine Ziele zu haben, sagte Thomas warnend: „Sollte das geschehen, so würde sich die Liebe, die Ihr jetzt zu mir hegt, in bittren Haß verwandeln; denn Ihr würdet von mir manches verlangen, das ich nicht ruhig ertragen könnte."
Auf Wunsch des Königs wählte das Domkapitel Thomas. Er wurde 1162 zum

Priester und zum Bischof geweiht. Zur Verblüffung des Königs legte er sein Kanzleramt nieder. Thomas war entschlossen, ein guter Erzbischof zu werden. Sofort fiel die völlige Änderung seiner Lebensgewohnheiten auf. Er pflegte fortan in aller Frühe aufzustehen, nahm am Chorgebet teil, trug statt der eleganten Weltkleider die lange schwarze Kutte mit Chorhemd und Stola, hörte bei den Mahlzeiten fromme Lesungen und teilte freigebig Almosen aus. Thomas folgte nur mehr seinem Gewissen und scheute sich nicht, sich unbeliebt zu machen. Er stellte Plünderungen von Kirchen und Klöstern unter schwere Strafen und forderte von den Baronen das gestohlene Kirchengut zurück. Den Abt eines Augustinerklosters, der ein sündiges und üppiges Weltleben führte, machte er sich zum Feind, indem er ihn streng zur Ordnung rief. Bald sah er sich zunehmenden Konflikten gegenüber. Schließlich stellte er sich kraft seiner Würde als Erzbischof den Bestrebungen Heinrichs, aus der englischen Kirche eine Nationalkirche zu machen, offen entgegen. Als der König merkte, daß er mit der Willfährigkeit des Primas nicht rechnen konnte, trachtete er, ihn zu vernichten. Auf dem Reichstag von Clarendon kam der Gegensatz von Kirche und Krone zum offenen Ausbruch. In Northhampton, wo man ihn vor Gericht stellte, ließ die Geistlichkeit den Erzbischof im Stich und billigte das ungerechtfertigte Urteil des Königs. Da der Verurteilte seines Lebens nicht mehr sicher war, verließ er heimlich in Verkleidung das Land. Er flüchtete nach Flandern und wurde im Kloster Pontigny aufgenommen. Von dort setzte er seinen Kampf um die Freiheit der englischen Kirche fort. Unausgesetzt verfolgte ihn dabei die Rache des Königs. Der französische König Ludwig versuchte eine Aussöhnung und führte ein Treffen der beiden Gegner herbei. Obwohl Thomas Unterwerfung versprach, fügte er die Klausel hinzu: „... unbeschadet der Ehre Gottes, der heiligen Kirche und meines Standes." Die Versöhnung scheiterte, auch Ludwig wandte sich vorübergehend von Thomas ab. Er schien allein zu stehen.

Erstaunlicherweise gab Heinrich II., der sich damals in der Normandie aufhielt, bald darauf scheinbar nach. Nach sechsjähriger Verbannung konnte der Primas von England, umjubelt von der Geistlichkeit und vor allem vom armen Volke, das in ihm einen Vertreter seiner Rechte sah, nach Canterbury zurückkehren. Ehe er den Kontinent verließ, hatte Thomas zu einem Freunde gesagt: „Ich gehe nach England, um zu sterben." König Heinrich hatte ihm bei der Verabschiedung den Friedenskuß verweigert.

Der Erzbischof geriet nach seiner Rückkehr in einen Wirbel von Freundschaftsbezeugungen und offener Feindschaft. Als man dem König davon berichtete, soll er ausgerufen haben: „Habe ich nur Feiglinge in meinem Königreich? Gibt es niemanden, der mir diesen unruhigen Priester vom Halse schafft?" Vier Ritter verließen daraufhin schweigend die Halle und segelten unverzüglich nach England.

Am Weihnachtstage des gleichen Jahres, 1170, hielt der Erzbischof in seiner Kathedrale ein feierliches Pontifikalamt. In seiner Predigt sagte er zu seinen Gläubigen, Gott werde ihnen bald einen neuen Märtyrer schenken. Vier Tage später wurde Thomas Becket, als die Glocken zur Vesper läuteten, von den vier Rittern, die mit Gewalt eingedrungen waren, in seiner Kathedrale erschlagen.
Was Thomas zu seinen Lebzeiten nicht gelungen war, erreichte er nach seinem Tode: die Konstitution von Clarendon wurde widerrufen! König Heinrich tat öffentlich Buße und ließ sich an Beckets Grab von Mönchen geißeln. Die Kirche von England war stärker als zuvor. Die Tyrannei des absolutistischen Königtums wurde gebrochen. Der Ermordete lebte mächtiger denn je. An seinem Grabe geschahen große Wunder, wie Johannes von Salisbury schreibt. Niemand vermochte sie zu unterdrücken. Man nannte den neuen Heiligen den ‚Arzt von Canterbury'. Wenige Jahre nach seinem Tode schon wurde der Name des hl. Thomas Becket im ganzen Abendlande verehrt und angerufen. Selbst in Sizilien und Palästina weihte man ihm Kirchen und Altäre. Unter den auf die Fürbitte des Heiligen wunderbar Geheilten befanden sich bald schon Menschen aus aller Welt. Die Wallfahrt nach Canterbury wurde eine der berühmtesten der Christenheit. Kaiser und Könige knieten und opferten am Sarkophag des hl. Thomas. Und man sagte, „daß von der Krypta, in der er begraben ist, eine Kraft ausgehe, um die ganze Welt zu heilen!"

Die heilige Melania (Melanie, Mela) *(Gedenken: 31. Dezember)*

Der auch heute noch gebräuchliche Name Melanie kommt aus dem Griechischen und bedeutet ‚die Schwarze'. Die hl. Melanie die Jüngere war eine Enkelin der hl. Melanie der Älteren und stammte wie diese aus dem reichen römischen Haus der Valerier. Ihre Großmutter war eine der ersten Damen der römischen Gesellschaft gewesen, die, um den Spuren Jesu zu folgen, das Heilige Land aufsuchten und dort büßend den Rest ihrer Tage verbrachten.
Die jüngere Melanie nun war die einzige Erbin des unermeßlichen Vermögens ihrer Familie. Im Hinblick auf ihren Glauben fürchtete sie aber, jenem Reichen der Bibel zu gleichen, der wegen seines Reichtums vom Himmelreich ausgeschlossen wird. Und so gab sie alles dahin: „Melanie ging frohlockend zum Himmel empor", schreibt ihr Biograph, „indem sie in der Einfalt ihres Herzens froh alles darbrachte." Mit der ‚Einfalt' der Heiligen ist immer ihr Mut zu letzter Konsequenz gemeint, mag sie sich in den Augen der Welt auch den Anschein der Torheit geben.
Melanie wurde um 383 in Rom als verwöhntes Kind des Senators Valerius Publicola

geboren und wuchs auf in einem Palast, der an Schönheit und Kostbarkeit seinesgleichen suchte. Früh schon empfand sie den krassen Gegensatz zwischen dem Leben ihrer eigenen Standesgenossen und der unterdrückten Kaste der Dienenden und Armen, die nach der Auffassung der römischen Gesellschaft wie die Tiere nur nach ihrem Arbeitswert eingeschätzt wurden. Das Evangelium dagegen lehrte, daß alle Menschen Brüder seien. Da Melanie ihren christlichen Glauben ernst nahm, litt sie darunter und wünschte nichts sehnlicher, als ein Leben der Entsagung zu führen; damit stellte sie sich aber in Widerspruch zu ihrem Vater. Dieser verheiratete sie rasch an seinen reichen Neffen Pinianus. Doch in ihm gerade fand Melanie einen Gefährten, der Verständnis für ihre Absichten hatte.

Nachdem die beiden Kinder, die sie ihrem Gatten geschenkt hatte, in zartem Alter gestorben waren, lebten Melanie und Pinianus in vollkommener Enthaltsamkeit. Sie entäußerten sich nach und nach zur Empörung der römischen Gesellschaft ihres ungeheueren Reichtums und stellten alles für gute Zwecke zur Verfügung. Das fromme Paar kehrte sich nicht an der Meinung der Welt, sondern sie opferten den Armen ihre Einkünfte auf, beherbergten Bedürftige in ihren Häusern und Villen, pflegten Kranke und besuchten – ein Wagnis für die damalige Zeit –, die Gefangenen in ihren Gefängnissen, bei der Zwangsarbeit, ja sogar in den Bergwerken. Wo sie konnten, kauften sie die Bedauernswerten los. Auch gaben sie ihre eigenen 8000 Sklaven frei. Sie selbst lebten auf das bescheidenste, ja, ihre Gebefreudigkeit brachte Melanie zuletzt völlige Verarmung ein.

410 siedelte sie mit ihrem Mann und ihrer Mutter nach Afrika über, wo sie aus der Freundschaft mit dem hl. Augustinus und dem hl. Alypius starke Impulse für ihre Frömmigkeit empfing. 415 besuchte sie den hl. Cyrillus von Alexandrien, 417 schlug sie ihren endgültigen Wohnsitz in einer elenden Bretterhütte auf dem Ölberg in Jerusalem auf. Unter Anleitung des hl. Hieronymus entwickelte die Heilige hier ein wunderbares Leben der Gotteserkenntnis und Askese. Melanie überragte alle frommen Frauen ihrer Zeit an wahrhaft gelebtem Christentum. Pinianus trat in ein von ihm gegründetes Männerkloster ein. Die hl. Melanie starb am 31. Dezember 439 in Jerusalem. Sie wird vor einer Höhle dargestellt, neben sich Kohlgemüse, Krug und Totenkopf.

Der heilige Silvester

Am letzten Tage des Jahres 335 hatte man in Rom Papst Silvester zu Grabe getragen. Er fand sein Grab auf dem Friedhof der Priscilla, deren Besitztum beim dritten Meilenstein an der Via Salaria angrenzte. Spärlich fließen die geschichtlichen Quellen über das ohne Zweifel wichtige Pontifikat dieses Papstes, dessen Regierung sich fast auf das Jahr mit der des großen Konstantin deckte. Abgesehen von dem üppig wuchernden Rankenwerk späterer Legendenschreiber, die ohne Zweifel diesem großen Bischof den ihm zukommenden Standort im Rahmen des neuerkannten Weltbildes zuweisen wollten, haben ihn die eigenen Zeitgenossen durch zwei Worte ausgezeichnet: ‚Confessor' und, Catholicus'. Weltweite Schau, weltumfassende Güte und weltdurchdringende Liebe mochten die Welt ebenso in seinen Bann gezogen haben wie der ihm eigene Mut eines Bekenners, die Gesinnungstreue eines Felsenmannes und die Gloriole eines von Gott begnadeten Bischofs auf der Kathedra Petri in Rom (Ludwig Voelkl).
Papst Silvester I. (314–335), Nachfolger des Papstes Miltiades (s. 9. Dezember), wurde als 34. Oberhirte der Kirche gewählt. Er war ein geborener Römer. Ohne nennenswertes Aufsehen hatte er die für den Klerus vorgeschriebenen Rangstufen durchlaufen und sich immer wieder in die Einsamkeit der Berge zurückgezogen, die er nur ungern verließ, und trotzdem stand er bereits im Bannkreis der aufgehenden Sonne, die ihm den Sieg in Christus, seinem Meister verbürgte. Unter Papst Silvester nämlich vollzog Kaiser Konstantin der Große die grundlegende Umstellung der bisher christenfeindlichen römischen Staatsgewalt. Während seines Pontifikats fand auch das erste allgemeine Konzil zu Nicäa (325) statt, auf dem die Lehrautorität des Papstes vor der Welt manifestiert wurde. Nach der Legende soll Silvester während der Verfolgungen des Diokletian sich auf dem Berg Soracte bei Rom aufgehalten und Kaiser Konstantin ihn dann von dort zurückgeholt haben. Ein Bildzyklus dieser Legende befindet sich in der Silvester-Kapelle in SS. Quattro Coronati in Rom.
Silvester war es auch, der mit Unterstützung Konstantins die beiden Hauptbasiliken Roms, die Lateranskirche und die Peterskirche über dem Grabe des Apostels, erbauen ließ. Auch S. Croce in Gerusalemme entstand während seines Pontifikats. Die Mutter des Kaisers, die hl. Helena (s. 18. August), hatte aus Jerusalem die wertvollen Kreuzreliquien selbst mitgebracht. Silvester erließ einige wichtige kirchliche Gesetze. Mit ihm begann für die Kirche eine Zeit des Friedens und des

Aufblühens. Er starb am 31. Dezember 335. Sein Fest besteht seit dem Jahre 354. Der hl. Silvester wird mit Papstkreuz und Tiara, mit Engeln und Buch dargestellt. Auch hat er einen Stier neben sich, weil er nach der Legende einen solchen, den ein Zauberer getötet hatte, um den Christengott herabzusetzen, in Jesu Namen wieder zum Leben erweckte, womit er die Macht des einzigen Gottes über alle Götzen erwies. Die Darstellung mit gefesseltem Drachen beruht ebenfalls auf einer Legende (s. dort); der Olivenzweig wurde ihm beigegeben als Sinnbild des Friedens, den die Kirche endlich unter ihm erlangte. Der Heilige ist Patron der Haustiere (wegen seines Attributes), für ein gutes Futterjahr, was sich auf die Jahreswende bezieht in Verbindung mit einem auf das Neujahr bezüglichen Brauchtum.

Legende

Auf dem Forum Romanum – so glaubt das römische Volk – liege unter den Säulen des Castor- und Polluxtempels ein Drache begraben. Noch vor wenigen Jahrzehnten wurde dieser Ort gemieden, weil, wie es hieß, die Luft dort verpestet sei, obgleich der Drache schon lange tot war. Im Altertum hatte dieser Drache den Menschen mit seinem Gifthauch geschadet und den Tod gebracht. Da hatte sich der heilige Papst Silvester an den verfemten Ort begeben. Unerschrocken trat er unter Zurücklassung seines Gefolges mit dem Kreuz in der Hand dem Untier entgegen, um es mit der Kraft des Gebets zu besiegen. Der Drache, so berichtet die Legende, sei beim Anblick des Papstes gelähmt vor seiner Höhle liegen geblieben. Man habe ihn mit einem dünnen Seidenfaden fesseln und dann töten können. Der riesige Leib aber sei unter den drei hochragenden korinthischen Säulen des Dioskurentempels verscharrt worden. Zum Dank für die Hilfe des Himmels errichtete der Papst an dieser Stelle eine Kirche, die den Titel S. Maria Liberatrice bekam. Sie wurde abgerissen, als man das Forum ausgrub, wobei man die versumpfte Juturna-Quelle entdeckte, die wahrscheinlich als Ursache der Volksmeinung von der verpesteten Luft gelten kann (nach R. Raffalt).

Die Fresken in der Silvesterkapelle in SS. Quattro Coronati erzählen die Konstantinslegende, deren Symbolik offensichtlich ist, wie folgt: Der mit Aussatz behaftete Konstantin beruhigt, von plötzlichem Mitleid bewegt, die Frauen, deren Kinder getötet werden sollten, um – wie die Götzenpriester geraten hatten – den Kaiser in ihrem warmen Blut gesund zu baden. Der Kaiser träumt von den Aposteln Petrus und Paulus, die er für fremde Götter hält. Er schickt Boten zu Papst Silvester, der auf dem Berg Soracte in der Einsamkeit lebt und ihm erklärt, wer die Apostelfürsten sind. Silvester befiehlt dem Kaiser, die Bilder der Apostel zu verehren. Er heilt den Kaiser durch die Taufe vom Aussatz. Der Kaiser schenkt dem Papst die Herrschaft über Rom. Er geleitet ihn, sein eigenes Pferd zu Fuß am Zügel führend, zum Lateran, wo er dem Papste knieend die Tiara überreicht.

Als der hl. Silvester den Tod nahen fühlte, stellte er seinen Priestern drei Forderungen: sie sollten mit Milde die Kirche regieren, ihre Herde behüten vor den Wölfen und einander von Herzen lieb haben.

Verzeichnis der Heiligen nach dem Regionalkalender für das deutsche Sprachgebiet

Um den Informationswert dieses Buches zu erhöhen, sind hier die Fest- und Gedenktage aller Heiligen aufgeführt, die der Regionalkalender nennt. Eine Kurzdarstellung des Heiligen mit dem jeweiligen Sterbejahr vervollständigen die Daten. Aus Gründen der Übersichtlichkeit wurde auf die Rangstufe des jeweiligen Fest- oder Gedenktages verzichtet.
Ergänzt wird dieser Kalender durch die Aufnahme der Patronatsfeiern deutschsprachiger Bistümer (durch *Kursivschrift* erkennbar).

JANUAR

1 Neujahr, Oktavtag von Weihnachten, Namengebung des Herrn, Hochfest der Gottesmutter Maria
2 Basilius der Große (379) und Gregor von Nazianz (um 390), Bischöfe, Kirchenlehrer
6 Erscheinung des Herrn
7 Valentin, Bischof in Rätien (um 475) *(Diözesanpatron von Passau)*
Raimund von Peñafort, Ordensgründer (1275)
8 Severin, Mönch in Norikum (482) *(Diözesanpatron von Linz; Erhard, Bischof von Regensburg, Diözesan-Nebenpatron von Regensburg)*
13 Hilarius, Bischof von Poitiers, Kirchenlehrer (um 367)
17 Antonius, Mönchsvater in Ägypten (356)
20 Fabian, Papst, Märtyrer (250)
Sebastian, Märtyrer (288)
21 Meinrad, Mönch auf der Reichenau, Einsiedler, Märtyrer (861) *(Diözesanpatron von St. Gallen, Hauptpatron des Ortes Einsiedeln)*
Agnes, Jungfrau, Märtyrin in Rom (304)
22 Vinzenz, Diakon, Märtyrer in Spanien (304)
23 Heinrich Seuse, Ordenspriester, Mystiker (1366)
24 Franz von Sales, Bischof von Genf, Ordensgründer, Kirchenleherr (1622) *(Zweiter Diözesanpatron von Fribourg)*
25 Bekehrung des Apostels Paulus
26 Timotheus und Titus, Bischöfe, Apostelschüler
27 Angela Merici, Jungfrau, Ordensgründerin (1540)
28 Thomas von Aquin, Ordenspriester, Kirchenlehrer (1274)
31 Johannes Bosco, Priester, Ordensgründer (1888)
Sonntag nach dem 6. Januar: Taufe des Herrn

FEBRUAR

2 Darstellung des Herrn
3 Ansgar, Bischof von Hamburg-Bremen, Glaubensbote in Skandinavien (865)
Blasius, Bischof von Sebaste in Armenien, Märtyrer (um 316)
4 Rabanus Maurus, Bischof von Mainz (856)
5 Agatha, Jungfrau, Märtyrin in Catania (um 250)
6 Paul Miki und Gefährten, Märtyrer in Nagasaki (1597)
8 Hieronymus Ämiliani, Ordensgründer (1537)
10 Scholastika, Jungfrau (um 547)
11 Gedenktag Unserer Lieben Frau in Lourdes
14 Cyrill, Mönch (869), und Methodius, Bischof (885) Glaubensboten bei den Slawen
17 Sieben Gründer des Servitenordens (14. Jh.)
21 Petrus Damiani, Bischof, Kirchenlehrer (1072)
22 Kathedra Petri
23 Polykarp, Bischof von Smyrna, Märtyrer (155)
24 Matthias, Apostel *(Diözesanpatron von Trier)*
25 Walburga, Äbtissin von Heidenheim in Franken (779) *(Diözesanpatronin von Eichstätt)*

MÄRZ

3 *(Kunigunde, Kaiserin, 1033, Diözesanpatronin von Bamberg)*
4 Kasimir, Königssohn (1484)
6 Fridolin von Säckingen, Mönch, Glaubensbote (7. Jh.)
7 Perpetua und Felicitas, Märtyrinnen in Karthago (202/203)
8 Johannes von Gott, Ordensgründer (1550)
9 Bruno von Querfurt, Bischof von Magdeburg, Glaubensbote bei den Preußen, Märtyrer (1009)
Franziska, Witwe, Ordensgründerin in Rom (1440)
14 Mathilde, Gemahlin König Heinrichs I. (968)
15 Klemens Maria Hofbauer, Ordenspriester (1820)
17 Gertrud, Äbtissin von Nivelles (655)
Patrick, Bischof, Glaubensbote in Irland (461)
18 Cyrill, Bischof von Jerusalem, Kirchenlehrer (386)
19 Josef, Bräutigam der Gottesmutter Maria *(Diözesanpatron von Köln und Osnabrück)*
23 Turibio von Mongrovejo, Bischof von Lima (1606)
25 Verkündigung des Herrn
26 Liudger, Bischof von Münster, Glaubensbote (809) *(Diözesanpatron von Essen und Münster)*

APRIL

2 Franz von Paula, Einsiedler, Ordensgründer (1507)
4 Isidor, Bischof von Sevilla, Kirchenlehrer (636)
5 Vinzenz Ferrer, Ordenspriester, Bußprediger (1419)
7 Johannes Baptist de la Salle, Priester, Ordensgründer (1719)

11 Stanislaus, Bischof von Krakau, Märtyrer (1079)
13 Martin I., Papst, Märtyrer (656)
19 Leo IX., Papst (1054)
21 Konrad von Parzham, Ordensbruder in Altötting (1894)
Anselm, Bischof von Canterbury, Kirchenlehrer (1109)
23 Adalbert, Bischof von Prag, Glaubensbote bei den Preußen, Märtyrer (997)
Georg, Märtyrer in Kappadozien (4. Jh.)
(Diözesanpatron von Limburg)
24 Fidelis von Sigmaringen, Ordenspriester, Märtyrer (1622)
(Diözesan-Nebenpatron von Feldkirch)
25 Markus, Evangelist
27 Petrus Kanisius, Ordenspriester, Kirchenlehrer (1597)
(Diözesanpatron von Innsbruck)
28 Pierre Chanel, Priester, erster Märtyrer in Ozeanien (1841)
29 Katharina von Siena, Ordensfrau, Kirchenlehrerin (1380)
30 Pius V., Papst (1572)
(Maria, Trösterin der Betrübten, Diözesanpatronin von Luxemburg, Patronatsfest am Samstag nach dem 4. Ostersonntag)
(Kassian, Märtyrer in Juda, 304, und Vigilius, Bischof von Trient, 405, Diözesanpatrone von Bozen-Brixen, Patronatsfest am Samstag nach dem 2. Ostersonntag)

MAI

1 Josef, der Arbeiter
2 Athanasius, Bischof von Alexandrien, Kirchenlehrer (373)
3 Philippus und Jakobus, Apostel
4 Florian (304) und die Märtyrer von Lorch
(Diözesanpatron von Linz)
5 Godehard, Bischof von Hildesheim (1038)
(Diözesan-Nebenpatron von Hildesheim)
12 Nereus und Achilleus, Märtyrer (um 304)
Pankratius, Märtyrer (um 304)
16 Johannes Nepomuk, Priester, Märtyrer (1393)
(Zweiter Diözesanpatron von Salzburg)
18 Johannes I., Papst, Märtyrer (526)
20 Bernhardin von Siena, Ordenspriester, Volksprediger (1444)
21 Hermann Josef, Ordenspriester, Mystiker (1241)
25 Beda, der Ehrwürdige, Ordenspriester, Kirchenlehrer (735)
Gregor VII., Papst (1085)
Maria Magdalena von Pazzi, Ordensfrau (1607)
26 Philipp Neri, Priester, Gründer des Oratoriums (1595)
27 Augustinus, Bischof von Canterbury, Glaubensbote in England (um 604)
Erster Sonntag nach Pfingsten: Dreifaltigkeit
Donnerstag nach Dreifaltigkeit: Fronleichnam
Freitag nach dem 2. Sonntag nach Pfingsten: Herz Jesu
Samstag nach dem 2. Sonntag nach Pfingsten: Herz Mariä

JUNI

1 Justin, Philosoph, Märtyrer (um 165)
2 Marcellinus und Petrus, Märtyrer in Rom (303)
3 Karl Lwanga und Gefährten, Märtyrer in Uganda (1886)
5 Bonifatius, Bischof, Glaubensbote in Deutschland, Märtyrer (754)
(Diözesanpatron von Fulda)
6 Norbert von Xanten, Ordensgründer, Bischof von Magdeburg (1134)
9 Ephräm der Syrer, Diakon, Kirchenlehrer (373)
11 Barnabas, Apostel
13 Antonius von Padua, Ordenspriester, Kirchenlehrer (1231)
15 Vitus (Veit), Märtyrer in Sizilien (um 304)
16 Benno, Bischof von Meißen (1106)
(Diözesanpatron von Meißen)
19 Romuald, Abt, Ordensgründer (1027)
21 Aloisius Gonzaga, Ordensmann (1591)
22 Paulinus, Bischof von Nola (431)
John Fisher, Bischof von Rochester (1535) und Thomas Morus, Lordkanzler, Märtyrer (1535)
24 Geburt Johannes' des Täufers
(Diözesanpatron von Görlitz und Gurk-Klagenfurt)
27 Hemma von Gurk, Stifterin von Gurk und Admont (1045)
Cyrill, Bischof von Alexandrien, Kirchenlehrer (444)
28 Irenäus, Bischof von Lyon, Märtyrer (um 202)
29 Petrus *(Diözesanpatron von Berlin)* und Paulus, Apostel
30 Otto, Bischof von Bamberg, Glaubensbote in Pommern (1139)
(Mitpatron der Diözese Berlin)
Die ersten Märtyrer der Stadt Rom

JULI

2 Mariä Heimsuchung
3 Thomas, Apostel
4 Ulrich, Bischof von Augsburg (973)
(Diözesanpatron von Augsburg)
Elisabeth, Königin von Portugal (1336)
5 Antonius Maria Zaccaria, Priester, Ordensgründer (1539)
6 Maria Goretti, Jungfrau, Märtyrin (1902)
7 Willibald, Bischof von Eichstätt, Glaubensbote (787)
(Diözesanpatron von Eichstätt)
8 Kilian, Bischof von Würzburg, und Gefährten, Glaubensboten, Märtyrer (um 689)
(Diözesanpatron von Würzburg)

10 Knud, König von Dänemark, Märtyrer (1086); Erich, König von Schweden, Märtyrer (1160); Olaf, König von Norwegen (1030)
11 Benedikt von Nursia, Vater des abendländischen Mönchtums (547)
13 Heinrich II. (1024) und Kunigunde (1033), Kaiserpaar
(Diözesanpatrone von Augsburg, Bamberg, Zweiter Diözesanpatron von Basel)
14 Kamillus von Lellis, Priester, Ordensgründer (1614)
15 Bonaventura, Ordensmann, Bischof, Kirchenlehrer (1274)
16 Gedenktag Unserer Lieben Frau auf dem Berge Karmel
(Hauptpatronin des Bezirkes Einsiedeln)
20 Margareta, Jungfrau, Märtyrin in Antiochia (um 307)
21 Laurentius von Brindisi, Ordenspriester, Kirchenlehrer (1619)
22 Maria Magdalena
23 Birgitta von Schweden, Ordensgründerin (1373)
(Liborius, Bischof von le Mans, 397, Diözesanpatron von Paderborn)
24 Christophorus, Märtyrer in Kleinasien (um 250)
25 Jakobus, Apostel
26 Joachim und Anna, Eltern der Gottesmutter Maria
29 Martha von Betanien
30 Petrus Chrysologus, Bischof von Ravenna, Kirchenlehrer (nach 451)
31 Ignatius von Loyola, Priester, Ordensgründer (1556)

AUGUST

1 Alfons Maria von Liguori, Ordensgründer, Bischof, Kirchenlehrer (1787)
2 Eusebius, Bischof von Vercelli, Märtyrer (371)
4 Johannes Maria Vianney, Pfarrer von Ars (1859)
5 Weihe der Basilika Santa Maria Maggiore in Rom
6 Verklärung des Herrn
7 Sixtus II., Papst, und Gefährten, Märtyrer (258)
Kajetan, Priester, Ordensgründer (1547)
(Afra, Märtyrin in Augsburg, 304, Diözesanpatronin von Augsburg)
8 Dominikus, Priester, Ordensgründer (1221)
10 Laurentius, Diakon, Märtyrer in Rom (258)
11 Klara von Assisi, Jungfrau, Ordensgründerin (1253)
13 Pontianus, Papst, und Hippolyt, Priester, Märtyrer (235)
(Hippolyt, griechischer Kirchenschriftsteller in Rom, um 200, Diözesanpatron von St. Pölten)
14 Maximilian Kolbe, Ordenspriester, Märtyrer in Auschwitz (1941)
15 Mariä Aufnahme in den Himmel
(Patronatsfest in den Diözesen: Aachen, Freiburg, Hildesheim, Speyer)
16 Stephan, König von Ungarn (1038)
(Theodorus, Bischof im Wallis, um 400, Diözesanpatron von Sitten)
19 Johannes Eudes, Priester, Ordensgründer (1680)
20 Bernhard von Clairvaux, Abt, Kirchenlehrer (1153)
21 Pius X., Papst (1914)
22 Maria Königin
23 Rosa von Lima, Jungfrau (1617)
24 Bartholomäus, Apostel
25 Ludwig, König von Frankreich (1270)
Josef von Calasanza, Priester, Ordensgründer (1648)
27 Monika, Mutter des Augustinus (387)
(Gebhard, Bischof von Konstanz, 995, Diözesanpatron von Feldkirch)
28 Augustinus, Bischof von Hippo, Kirchenlehrer (430)
29 Enthauptung Johannes des Täufers
31 Paulinus, Bischof von Trier, Märtyrer (358)

SEPTEMBER

3 Gregor der Große, Papst, Kirchenlehrer (604)
8 Mariä Geburt
(Patronatsfest in Fribourg)
12 Mariä Namen
13 Johannes Chrysostomus, Bischof von Konstantinopel, Kirchenlehrer (407)
14 Kreuzerhöhung
15 Gedächtnis der Schmerzen Mariens
16 Kornelius, Papst (253) und Cyprian, Bischof von Karthago, Märtyrer (258)
17 Hildegard von Bingen, Äbtissin, Mystikerin, Gründerin von Rupertsberg und Eibingen (1179)
Robert Bellarmin, Ordenspriester, Bischof von Capua, Kirchenlehrer (1621)
18 Lambert, Bischof von Maastricht (Tongern), Glaubensbote in Brabant, Märtyrer (um 705)
19 Januarius, Bischof von Neapel, Märtyrer (um 304)
21 Matthäus, Apostel und Evangelist
22 Mauritius und Gefährten, Märtyrer der thebäischen Legion (280–305)
(Emmeram, Apostel der Bayern, 652, Diözesan-Nebenpatron von Regensburg)
24 Rupert (718) und Virgil (784), Bischöfe von Salzburg, Glaubensboten
(Diözesanpatrone in Graz-Seckau, Gurk-Klagenfurt, Salzburg)
25 Niklaus von Flüe, Einsiedler, Friedensstifter (1487)
26 Kosmas und Damian, Ärzte, Märtyrer in Kleinasien (303)
27 Vinzenz von Paul, Priester, Ordensgründer (1660)
28 Lioba, Äbtissin von Tauberbischofsheim (um 782)
Wenzel, Herzog von Böhmen, Märtyrer (929)
29 Michael, Gabriel und Raphael, Erzengel
30 Hieronymus, Priester, Kirchenlehrer (420)
(Urs und Viktor, Märtyrer um 300, Diözesanpatrone von Basel)

OKTOBER

1 Theresia vom Kinde Jesu, Ordensfrau (1897)
2 Schutzengel
4 Franz von Assisi, Ordensgründer (1226)
6 Bruno, Mönch, Einsiedler, Ordensgründer (1101)
7 Gedenktag Unserer Lieben Frau vom Rosenkranz
9 Dionysius, Bischof von Paris, und Gefährten, Märtyrer (nach 250)
Joannes Leonardi, Ordensgründer (1609)
11 *(Maria, M. v. g. Rat, Diözesanpatronin von Essen)*
12 *(Maximilian, Bischof und Märtyrer, um 284, Zweiter Diözesanpatron von Passau)*
14 Kallistus I., Papst, Märtyrer (222)
15 Theresia von Avila, Ordensfrau, Kirchenlehrerin (1582)
16 Hedwig von Andechs, Herzogin von Schlesien (1234) *(Diözesanpatronin von Berlin)*
Gallus, Mönch, Einsiedler, Glaubensbote am Bodensee (645)
(Diözesanpatron von St. Gallen)
Margareta Maria Alacoque, Ordensfrau (1690)
17 Ignatius, Bischof von Antiochien, Märtyrer (um 115)
18 Lukas, Evangelist
19 Jean de Brébeuf, Isaac Jogues, Priester, und Gefährten, Märtyrer in Nordamerika (1642–1649)
Paul vom Kreuz, Priester, Ordensgründer (1775)
20 Wendelin, Einsiedler im Saarland (6. Jh.)
21 Ursula und Gefährtinnen, Märtyrinnen in Köln (um 304)
23 Johannes von Capestrano, Ordenspriester, Wanderprediger in Süddeutschland und Österreich (1456)
24 Antonius Maria Claret, Bischof von Santiago in Kuba, Ordensgründer (1870)
25 *(Krispin und Krispinian, Märtyrer in Rom, um 287, Zweite Diözesanpatrone von Osnabrück)*
28 Simon und Judas, Apostel
31 Wolfgang, Bischof von Regensburg (994)
(Diözesanpatron von Regensburg)

NOVEMBER

1 Allerheiligen
2 Allerseelen
3 Hubert, Bischof von Lüttich (727)
Pirmin, Abtbischof, Glaubensbote am Oberrhein (753)
Martin von Porres (1639)
4 Karl Borromäus, Bischof von Mailand (1584)
6 Leonhard, Einsiedler von Limoges (6. Jh.)
7 Willibrord, Bischof von Utrecht, Glaubensbote bei den Friesen (739)
9 Weihe der Lateranbasilika
10 Leo der Große, Papst, Kirchenlehrer (461)
11 Martin, Bischof von Tours (397)
(Diözesanpatron von Mainz, Rottenburg, Eisenstadt)
12 Josaphat, Bischof von Polozk in Weißrußland, Märtyrer (1623)
15 Albert der Große, Ordensmann, Kirchenlehrer, Bischof von Regensburg (1280)
Leopold, Markgraf von Österreich (1136)
16 Margareta, Königin von Schottland (1039)
17 Gertrud von Helfta, Ordensfrau, Mystikerin (1302)
18 Weihe der Basiliken St. Peter und St. Paul zu Rom
19 Elisabeth, Landgräfin von Thüringen (1231)
20 *(Korbinian, Bischof von Freising, 730, Diözesanpatron von München)*
21 Gedenktag Unserer Lieben Frau in Jerusalem
22 Cäcilia, Jungfrau, Märtyrin in Rom (um 250)
23 Kolumban, Abt von Luxeuil und von Bobbio, Glaubensbote in Frankreich (615)
Klemens I., Papst, Märtyrer (101)
25 Katharina von Alexandria, Märtyrin (4. Jh.)
26 Konrad (975) *(Zweiter Diözesanpatron von Freiburg)* und Gebhard (995), Bischöfe von Konstanz
30 Andreas, Apostel
Letzter Sonntag im Jahreskreis: Christkönig

DEZEMBER

2 Lucius, Bischof von Chur, Märtyrer (5./6. Jh.)
(Diözesanpatron von Chur)
3 Franz Xaver, Ordenspriester, Glaubensbote in Indien und Ostasien (1552)
4 Barbara, Märtyrin in Nikomedien (306)
Johannes von Damaskus, Priester, Kirchenlehrer (um 750)
5 Anno, Bischof von Köln, Reichskanzler (1075)
6 Nikolaus, Bischof von Myra (um 350)
(Diözesanpatron von Fribourg)
7 Ambrosius, Bischof von Mailand, Kirchenlehrer (397)
8 Hochfest der ohne Erbsünde empfangenen Jungfrau und Gottesmutter Maria
(Patronatsfest von Köln, Trier)
11 Damasus I., Papst (384)
12 Johanna Franziska von Chantal, Ordensgründerin (1641)
13 Odilia, Äbtissin, Gründerin von Odilienberg und Niedermünster im Elsaß (um 720), *(Diözesanpatronin von Straßburg und Landespatronin des Elsaß)*
Lucia, Jungfrau, Märtyrin in Syrakus (um 304)
14 Johannes vom Kreuz, Ordenspriester, Kirchenlehrer (1591)
23 Johannes von Krakau, Priester (1473)
25 Weihnachten, Hochfest der Geburt des Herrn
26 Stephanus, erster Märtyrer
(Diözesanpatron von Wien)
27 Johannes, Apostel und Evangelist
28 Unschuldige Kinder
29 Thomas Becket, Bischof von Canterbury, Märtyrer (1170)
31 Silvester I., Papst (335)
Sonntag nach Weihnachten: Heilige Familie

REGISTER

Namen der Heiligen und Seligen und von diesen abgeleitete Vornamen

BENUTZTE UND ZITIERTE LITERATUR

QUELLENSCHRIFTEN UND SAMMELWERKE

Aubert, Marcel: Gotische Kathedralen in Frankreich, übersetzt von Erna und Hans Melchers, Wiesbaden 1960 – Auer, Ludwig: Heiligen-Legende, Donauwörth 1958 – Augustinus: Bekenntnisse, übersetzt von J. Bernhart, 1957 – Augustinus, in Selbstzeugnissen und Bilddokumenten, Hamburg 1958 – Bayerische Frömmigkeit: 1400 Jahre Christliches Bayern, München 1964 – Catarina von Siena: Briefe, hrsg. v. Anette Kolb, Berlin o. J. – Darmstaedter, R.: Künstler-Lexikon, Maler, Bildhauer, Architekten, Bern-München 1961 – Drei Könige: Das Buch der Heiligen Drei Könige, Köln 1964 – Ferguson, G.: Signs and Symbols in Christian Art, New York 1954/1961 – Franziskus: Die Blümlein des heiligen Franziskus, Leipzig 1935 – Franziskus: Die schönsten Legenden des heiligen Franz, übertragen von R. G. Binding, Leipzig o. J. – Franz von Assisi, in Selbstzeugnissen und Bilddokumenten, Hamburg 1958 – Hello, Ernest: Heiligengestalten, Frankfurt a. M. 1959, Titel der Originalausgabe »Physiognomies des Saints«, aus dem Französischen übertragen von R. Kühn – Heilige für heute, herausgegeben von Claire Bothe-Luce, Recklinghausen 1953 – Herder-Lexikon: Der große Herder, 10 Bde., Freiburg i. Br. 1956–1958 – Hümmeler, Hans: Helden und Heilige, Sonderausgabe, Siegburg 1959 – Jaspert, Werner: Heiligenlegenden für unsere Zeit, Berlin 1955 – Kranz, G.: Politische Heilige, 2 Bde., Augsburg 1958 – Kreitner, Maria: Heilige um uns, Wien-München 1956 – Kühner, Hans: Lexikon der Päpste, Frankfurt a. M. 1960 – Künstle, Karl: Ikonographie der Heiligen, Freiburg i. Br. 1926 (Bd. 2) – Legenda aurae (Die Goldene Legende) des Jacopus de Voragine, Jena und Heidelberg – Lexikon für Theologie und Kirche: Freiburg i. Br. 1957 ff. – Manns, Peter: Die Heiligen, Mainz 1975 – Matt, Leonard von, Kühner, Hans: Die Päpste, Zürich 1963 – Nachkonz. Dokument. Band 29: Die Neuordnung d. Eigenkalender im dtsch. Sprachgebiet, Trier 1975 – Ott, Georg: Legende von den lieben Heiligen, Regensburg 1854 – Passional, Kölner: Der Heiligen Leben und Leiden, hrsg. von S. Rüttgers, 2 Bde. Leipzig 1913 – Ponsonailhe, Ch.: Les Saints par les grands Maîtres, Hagiographie et Iconographie du Saint de chaque jour, Tours, o. J. – Rathgeber, Alphons Maria: Heiligen-Legende, Nürnberg 1956 – Reclams Kunstführer, Italien: Rom und Latium, bearb. v. A. Henze, Stuttgart 1962, dto. Florenz, bearb. v. G. Kauffmann, Stuttgart 1962 – Schott, A.: Das Meßbuch der heiligen Kirche, Freiburg i. Br. – Schütte, Albert: Handbuch der deutschen Heiligen, Köln 1941 – Schwann-Reiseführer: Bayern I von Johanna von Herzogenberg, Düsseldorf 1959 – Stadler-Heim: Vollständiges Heiligen-Lexikon 5 Bde., Augsburg 1858–1882 – Suso, Heinrich: Leben und Schriften, eingeleitet v. Friedrich Görres, Augsburg 1854 – Testament, Altes: Die Heilige Schrift des Alten Bundes (Übersetzung von Paul Riessler), Mainz 1956 – Testament, Neues: Neues Testament (übersetzt und erklärt von Otto Karrer), München 1953 – Thomas von Aquin, in Selbstzeugnissen und Bilddokumenten, Hamburg 1960 – Thomas a Kempis: Von der Nachfolge Christi, übersetzt von Joh. Michael Sailer, Freiburg 1912 – Torsy, Jakob: Der große Namenstagskalender, Freiburg 1976 – Derselbe, Lexikon der deutschen Heiligen, Seligen, Ehrwürdigen und Gottseligen, Köln 1959 – Wimmer, Otto: Handbuch der Namen und Heiligen, Innsbruck-Wien-München 1959 – Derselbe, Die Attribute der Heiligen, Innsbruck-Wien-München 1964.

AUSSERDEM WURDE ZITIERT AUS WERKEN FOLGENDER AUTOREN, DENEN DIE HERAUSGEBER AN DIESER STELLE IHREN DANK AUSSPRECHEN

Andreas, W.; Bäumer, Gertrud; Bernhart, Joseph; Bitschnav, Otto; Campenhausen, H. Frh. von; Cecana, A.; Claudel, Pierre; Decarreaux, Jean; Delehaye, Hippolite; Domke, Helmut; Engelmann, Ursmar, P. (OSB); Frenken, Goswin; Fülöp-Miller, R.; Gath, Goswin P.; Goethe, J. Wolfgang von; Görres, Ida F.; Hahn-Hahn, Ida Gräfin von; Hasinger, H.; Hässlin, Joh. Jakob; Huppertz, Andreas; Larbaud Valéry; Lavater-Sloman, Mary; Lacarrière, J.; Leisinger, H.; Merton, Thomas; Nigg, Walter; Nyssen, Wilhelm; Ott, Georg; Peterich, Eckart; Pieper, Josef; Quadflieg, Joseph; Raffalt, Reinhard; Reitzenstein, A. Frh. von; Romstoeck, Walter; Rosenberg, Alfons; Sackville-West, V.; Sayn-Wittgenstein, Franz Prinz zu; Sertillanges, A. E.; Söll, Georg; Stolz, Alban; Taube, Otto von; Voelkl, Ludwig; Vogel, Matthäus; Wagner, Margit; Weismantel, Leo.